Fidel Castro
Mein Leben

Zu diesem Buch

Einen echten Einblick in sein Leben fern von offiziellen Darstellungen hat Fidel Castro lange Zeit verwehrt. Im hohen Alter erzählt er endlich seine eigene, persönliche Geschichte.

Der erste sozialistische Regierungschef in der westlichen Hemisphäre berichtet unter anderem von seiner Kindheit und enthüllt unbekannte Fakten zur Geschichte des Landes. Er, der unzählige Attentate überlebte, spricht über seine Freundschaft zu Che Guevara und Hugo Chávez genauso wie über internationale Politik und die Herausforderungen des kubanischen Sozialismus. Aber auch heikle und kritische Themen werden behandelt: Demokratie und Menschenrechte, die Verhaftung von Dissidenten und die Todesstrafe für Oppositionelle.

Ignacio Ramonets Aufzeichnungen intensiver Gespräche und Interviews sind ein Meilenstein in der Auseinandersetzung mit Fidel Castro und ein faszinierender Beitrag zu Vergangenheit, Gegenwart und Zukunft der Revolution.

Zum Autor

Ignacio Ramonet, geboren 1943 in Spanien, war von 1991 bis 2008 Chefredakteur der französischen Monatszeitung *Le Monde diplomatique* und ist Professor für Theorie der audiovisuellen Kommunikation an der Universität Denis Diderot in Paris. Der Autor zahlreicher Publikationen ist Mitbegründer und Ehrenpräsident von Attac und einer der Organisatoren des Weltsozialforums.

Fidel Castro
Mein Leben

FIDEL CASTRO MIT IGNACIO RAMONET
Aus dem Spanischen von Barbara Köhler

Rotbuch Verlag

ISBN 978-3-86789-128-8

1. Auflage dieser Ausgabe
© 2008, 2010 by Rotbuch Verlag, Berlin
Titel der Originalausgabe: »Fidel Castro. Biografía a dos voces«
Aktualisierte und überarbeitete Neuausgabe, September 2007
© 2004, 2007 by Ignacio Ramonet
© 2004, 2007 by Random House Mondadori, S. A.
Übersetzungsredaktion: Waltraud Hagen
Umschlagabbildung: Burt Ginn / Magnum Photos / Agentur Focus
Druck und Bindung: GGP Media GmbH, Pößneck

Ein Verlagsverzeichnis schicken wir Ihnen gern:
Rotbuch Verlag GmbH
Neue Grünstraße 18
10179 Berlin
Tel. 01805/30 99 99
(0,14 Euro/Min., Mobil max. 0,42 Euro/Min.)

www.rotbuch.de

Für Alfredo Guevara

*Für meine Söhne,
Tancrède und Axel*

INHALT

Hundert Stunden mit Fidel 9

1. Die Kindheit eines Anführers 33
2. Ein Rebell wird geboren 63
3. Der Einzug in die Politik 95
4. Der Sturm auf die Moncada-Kaserne 117
5. Hintergründe der Revolution 149
6. »Die Geschichte wird mich freisprechen« 173
7. Che Guevara 187
8. In der Sierra Maestra 199
9. Lektionen einer Guerilla 225
10. Revolution: Erste Schritte, erste Probleme 237
11. Die Verschwörung beginnt 265
12. Die Invasion in der Schweinebucht 283
13. Oktoberkrise 1962 299
14. Der Tod Che Guevaras 321
15. Kuba und Afrika 339
16. Die Migrationskrisen mit den Vereinigten Staaten 367
17. Der Zusammenbruch der Sowjetunion 387
18. Der Fall Ochoa und die Todesstrafe 401
19. Kuba und die neoliberale Globalisierung 421
20. Der Besuch des Expräsidenten Jimmy Carter 443
21. Festnahme von Dissidenten im März 2003 473
22. Die Entführungen im April 2003 503
23. Kuba und Spanien 527
24. Fidel und Frankreich 551
25. Lateinamerika 567
26. Kuba heute 587
27. Bilanz eines Lebens und einer Revolution 621
28. Was kommt nach Fidel? 649

Anmerkungen   683
Chronologie: Fidel Castro und die Kubanische Revolution   723
Literaturverzeichnis   759
Danksagung   763
Register   765
Karte   782

EINLEITUNG

HUNDERT STUNDEN MIT FIDEL

Es ist zwei Uhr morgens, und wir haben bereits viele Stunden miteinander gesprochen. Wir befinden uns in seinem persönlichen Büro im Revolutionspalast, einem großen, einfach ausgestatteten Raum mit breiten Fenstern hinter hellen Vorhängen, die auf eine große Terrasse führen, von der aus man auf eine Hauptstraße Havannas blickt. An der hinteren Wand steht ein riesiges Bücherregal, davor ein langer, massiver Arbeitstisch, übersät mit Büchern und Dokumenten. Alles sehr ordentlich. Zwischen den Büchern, auf Regalen oder kleinen Tischen an beiden Seiten eines Sofas befinden sich eine Bronzefigur und eine Büste des »Apostels« José Martí, eine Statue des »Befreiers« Simón Bolívar, eine weitere des Marschalls Antonio José de Sucre und eine Büste von Abraham Lincoln.

In einer Ecke steht eine aus Draht gearbeitete Skulptur des Don Quichotte auf dem Rücken von Rosinante. Und an den Wänden hängen außer einem großen Ölgemälde von Camilo Cienfuegos, einem seiner wichtigsten Leutnants in der Sierra Maestra, drei gerahmte Dokumente: ein handgeschriebener Brief von Bolívar, ein signiertes Foto von Hemingway mit einem riesigen Schwertfisch (»Für Dr. Fidel Castro, auf dass er einen solchen in den Gewässern von Cojímar fange. In tiefer Freundschaft, Ernest Hemingway«) sowie eine Fotografie seines Vaters, Don Ángel, bei seiner Ankunft 1895, der aus seinem fernen Galicien nach Kuba gekommen war.

Mir gegenübersitzend, groß, korpulent, mit einem fast weißen Bart und seiner immerwährenden tadellosen olivgrünen Uniform, ohne jede Auszeichnung oder Dekoration, antwortet Fidel ruhig und ohne eine Spur von Müdigkeit, trotz der späten Stunde. Manchmal ist seine Stimme so leise wie ein Flüstern, sodass ich ihn kaum verstehen kann. Es ist Ende Januar 2003, und wir haben mit dem ersten Teil unserer langen Gespräche begonnen, die mich bis in den Dezember des Jahres 2005 hinein immer wieder nach Kuba führen werden.

Die Idee für diesen Dialog ist ein Jahr zuvor geboren worden, im Februar 2002. Ich war nach Havanna gekommen, um im Rahmen der Buchmesse eine Konferenz abzuhalten. Auch Joseph Stiglitz war da, der 2001 den Nobelpreis für Wirtschaft erhalten hatte. Als Fidel ihn mir vorstellte, sagte er: »Er ist Wirtschaftswissenschaftler, und er ist US-Amerikaner, aber er ist der radikalste, den ich bisher kennengelernt habe. An seiner Seite bin ich regelrecht moderat.« Wir sprachen über die neoliberale Globalisierung und über das Weltsozialforum in Porto Alegre, von wo ich gerade kam. Fidel wollte alles darüber wissen. Die debattierten Themen, die Seminare, die Teilnehmer, die Perspektiven ... Er drückte seine Bewunderung für diese Bewegung aus: »Es ist eine neue Generation von Rebellen geboren, und viele von ihnen sind Nordamerikaner. Sie nutzen neue Formen, andere Methoden des Protestes. Und sie machen die Herren der Welt zittern. Ideen sind wichtiger als Waffen. Um die Globalisierung zu bekämpfen, muss man alle Argumente nutzen – mit Ausnahme der Gewalt.«

Wie immer sprudelte Fidel nur so vor Ideen. Stiglitz und ich hörten ihm begeistert zu. Er hatte eine alles umfassende Sicht der Globalisierung, analysierte ihre Folgen und die Mittel, sich ihr zu stellen, mit Argumenten von einer Modernität und Cleverness, die seine von Biografen viel zitierten Qualitäten deutlich machten: seinen Sinn für Strategie, seine Fähigkeit, eine konkrete Situation zu erfassen und zu bewerten, und seine blitzartigen Analysen. All das gespickt mit der gesammelten Erfahrung aus vielen Jahren des Regierens, des Widerstandes und des Kampfes.

Während ich ihm zuhörte, erschien es mir ungerecht, dass die jüngeren Generationen so wenig über sein Leben und seinen Weg wissen und dass sie – unbewusste Opfer der anhaltenden Propaganda gegen Kuba –, in Europa vor allem engagiert in der alternativen Umweltbewegung, ihn manchmal als Relikt des Kalten Krieges betrachten, als Staatsmann einer überwundenen Etappe der Zeitgeschichte, der wenig zu den Kämpfen des 21. Jahrhunderts beitragen kann.

Bei vielen, auch innerhalb der Linken, weckt Kuba heute Argwohn, Kritik und Opposition. Und obwohl die Kubanische Revolution in Lateinamerika bei sozialen Bewegungen und bei vielen Intellektuellen noch immer Begeisterung findet, ist sie in Europa ein Streitobjekt. Ein leidenschaftliches Thema, das spaltet. Es wird immer schwieriger, jemanden – für oder gegen Kuba – zu finden, der, wenn es um eine Bilanz geht, ernst und leidenschaftslos eine Meinung abgeben kann.

Ich hatte gerade ein kurzes Buch über Gespräche mit dem Subcomandante

Marcos herausgebracht, dem romantischen und galaktischen Helden der mexikanischen Zapatisten[1]. Fidel hatte es gelesen, und es hatte ihn interessiert. Ich schlug dem kubanischen Comandante vor, etwas Ähnliches mit ihm zu machen, aber sehr viel ausführlicher. Er hat seine Memoiren nicht geschrieben, und es ist ziemlich sicher, dass er dies aus Zeitmangel auch nicht mehr tun wird. Es würde eine Art »zweistimmiger Biografie« werden, ein politisches Vermächtnis, eine in Form eines Gespräches von ihm selbst im Alter von achtzig Jahren gezogene Bilanz seines Lebens – mehr als ein halbes Jahrhundert nach dem Sturm auf die Moncada-Kaserne in Santiago de Cuba im Juli 1953, wo in gewissem Sinne sein öffentliches Heldenepos begann.

Nur wenige Menschen haben es zu dem Ruhm gebracht, lebend in Geschichte und Legende einzugehen. Fidel ist einer von ihnen. Er ist das letzte »heilige Monster« der internationalen Politik. Er gehört jener Generation der mythischen Aufständischen an – Nelson Mandela, Ho Chi Minh, Patrice Lumumba, Amílcar Cabral, Che Guevara, Carlos Marighela, Camilo Torres, Mehdi Ben Barka –, die, einem Ideal von Gerechtigkeit folgend, sich in den Jahren nach dem Zweiten Weltkrieg mit Leidenschaft und Hoffnung in politische Aktionen stürzten, um eine Welt der Ungleichheiten und Diskriminierungen, gezeichnet vom Beginn des Kalten Krieges zwischen der Sowjetunion und den Vereinigten Staaten, zu verändern. Wie Tausende Intellektuelle und fortschrittlich denkende Menschen überall auf der Welt – unter ihnen die brillantesten Köpfe – war diese Generation davon überzeugt, dass der Kommunismus der Beginn einer strahlenden Zukunft war und dass Ungerechtigkeit, Rassismus und Armut in weniger als einem Jahrzehnt von der Erdoberfläche verschwunden sein würden.

Die halbe Welt war damals in Bewegung. In Vietnam, Algerien, Guinea-Bissau – überall erhoben sich die unterdrückten Völker. Noch immer lag in weiten Teilen die Schande des Kolonialismus über der Menschheit. Fast ganz Afrika und ein großer Teil Asiens waren noch immer von den westlichen Imperien dominiert und ihnen unterworfen. Zur gleichen Zeit wurden die lateinamerikanischen Nationen, formal seit 150 Jahren unabhängig, von privilegierten Minderheiten ausgebeutet und unterlagen vielfach dem Joch brutaler Diktatoren (Batista in Kuba, Trujillo in der Dominikanischen Republik, Duvalier in Haiti, Somoza in Nicaragua, Ydígoras in Guatemala, Pérez Jiménez in Venezuela, Stroessner in Paraguay ...), die mit Unterstützung aus Washington an die Macht gekommen waren.

Fidel hörte sich meinen Vorschlag mit einem leichten, fast belustigten Lächeln an. Argwöhnisch sah er mich an und fragte ironisch: »Wollen Sie wirklich Ihre Zeit damit verschwenden, mit mir zu plaudern? Haben Sie nichts Wichtigeres zu tun?« Natürlich verneinte ich das. Dutzende Journalisten aus aller Welt, unter ihnen die bekanntesten, warten seit Jahren auf eine Gelegenheit, mit Fidel zu sprechen. Was kann es Wichtigeres geben für einen Journalisten als ein Gespräch mit einer der herausragendsten historischen Persönlichkeiten der zweiten Hälfte des 20. Jahrhunderts? Schließlich gilt Fidel Castro als der am längsten amtierende Staatsmann der Geschichte.[2] Zum Vergleich lässt sich heranziehen, dass am 8. Januar 1959, demselben Tag, an dem Fidel mit zweiunddreißig Jahren nach dem Sieg über Batista in Havanna einmarschierte, in Frankreich General Charles de Gaulle sein Amt als erster Präsident der Fünften Republik antrat.

Fidel Castro musste sich mit nicht weniger als zehn US-amerikanischen Präsidenten anlegen (Eisenhower, Kennedy, Johnson, Nixon, Ford, Carter, Reagan, Bush senior, Clinton und Bush junior). Er unterhielt persönliche und oft freundschaftliche Beziehungen zu einigen der wichtigsten Staatsmänner, die den Lauf der Welt nach 1945 geprägt haben (Nehru, Nasser, Tito, Chruschtschow, Olof Palme, Willy Brandt, Ben Bella, Boumedienne, Arafat, Indira Gandhi, Salvador Allende, Breschnew, Gorbatschow, Mitterrand, Jiang Zemin, Johannes Paul II., König Juan Carlos, Nelson Mandela usw.). Und er hat einige der wichtigsten Intellektuellen und Künstler unserer Zeit kennengelernt (Jean-Paul Sartre, Simone de Beauvoir, Ernest Hemingway, Graham Greene, Arthur Miller, Pablo Neruda, Jorge Amado, Oswaldo Guayasamín, Henri Cartier-Bresson, Oscar Niemeyer, Julio Cortázar, José Saramago, Gabriel García Márquez, Claudio Abbado, Kommandant Cousteau, Harry Belafonte, Angela Davis, Jesse Jackson, Danielle Mitterrand, Costa-Gavras, Gérard Depardieu, Danny Glover, Robert Redford, Jack Nicholson, Steven Spielberg, Eduardo Galeano, Diego Maradona, Oliver Stone, Noam Chomsky und viele andere).

Unter seiner Führung hat sein kleines Land (100 000 Quadratkilometer und elf Millionen Einwohner) es erreicht, eine weltweit beachtete Politik zu betreiben, die sogar die Vereinigten Staaten auf Trab gehalten hat, deren Machthaber es weder geschafft haben, ihn zu stürzen, noch ihn zu beseitigen, ja nicht einmal, die Richtung der Kubanischen Revolution zu verändern.

Im Oktober 1962 befand sich die Welt am Rand des Dritten Weltkrieges – aufgrund der Haltung der US-amerikanischen Regierung, die gegen die Errichtung von sowjetischen Nuklearraketen auf Kuba protestierte. Deren Funktion bestand vor allem darin, das Land zu verteidigen und eine erneute Landung – wie die im Jahr 1961 in der Schweinebucht, aber diesmal direkt von den USA ausgeführt, mit dem Ziel, das kubanische Regime zu stürzen – zu verhindern.

Seit 1960 führen die Vereinigten Staaten einen Wirtschaftskrieg gegen Kuba und legen dem Land – trotz der immer stärkeren Opposition innerhalb der UNO[3] – ein verheerendes Handels- und Finanzembargo auf, das in den 90er-Jahren durch das Torricelli- und das Helms-Burton-Gesetz und im Jahr 2004 noch einmal durch die Bush-Administration verschärft wurde. Dies geschieht mit der Absicht, eine normale Entwicklung zu verhindern und die schwierige wirtschaftliche Situation des Landes zu verschärfen,[4] mit tragischen Folgen für die kubanische Bevölkerung. Darüber hinaus führen die Vereinigten Staaten einen permanenten ideologischen und medialen Krieg über die mächtigen Sender Radio Martí und TV Martí, die in Florida installiert wurden, um die Insel wie in den schlimmsten Zeiten des Kalten Krieges mit Propaganda zu überfluten. Die Vereinigten Staaten finanzieren im Ausland Gruppen, die gegnerische Propaganda über Kuba verbreiten,[5] häufig über Tarnorganisationen wie die NED (National Endowment for Democracy), eine »NGO«, die im Jahr 1983 von Ronald Reagan gegründet wurde.

Zum Beispiel hat die NED, nach Angaben der US-amerikanischen Nachrichtenagentur Associated Press, im Jahr 2005 2,4 Millionen US-Dollar an Organisationen verteilt, die in Europa für einen Regierungswechsel in Kuba kämpfen. Auf der anderen Seite hat die USAID (United States Agency for International Development), die direkt der Regierung der Vereinigten Staaten untersteht, seit 1996 mehr als fünfundsechzig Millionen Dollar an kubafeindliche Gruppen vorwiegend in Florida verteilt. Im Mai 2004 schuf die Bush-Administration einen zusätzlichen Fonds von achtzig Millionen Dollar für die Stärkung und Unterstützung dieser Gruppen.[6] Dutzende von Journalisten in aller Welt werden dafür bezahlt, erfundene Informationen über Kuba zu verbreiten.[7]

Ein Großteil dieser Summen wird darauf verwendet, terroristische Organisationen zu finanzieren, die der kubanischen Regierung feindselig gegenüberstehen – Alpha 66 und Omega 7 unter anderem – und die ihren Sitz in Florida haben. Sie unterhalten Trainingscamps, aus denen unaufhörlich bewaffnete Kommandos auf die Insel geschickt werden, um dort Sabotage und Attentate auszuführen – all dies mit stillschweigendem Einverständnis der Regierung der Vereinigten Staaten. Kuba ist eines der Länder, das in den letzten vierzig Jahren die meisten Opfer durch Attentate zu verzeichnen hatte (mehr als 3500 Tote und 2000 auf Lebenszeit Versehrte) und das am meisten unter Terrorismus gelitten hat.[8]

Unter Missachtung der Souveränität Kubas und mit der Auffassung, es handele sich bei der Insel – sagen wir einmal – um eine »innere Angelegenheit«, hat Washington nicht gezögert, im Jahr 2005 einen »Koordinator für den Übergang in Kuba« zu ernennen, und zwar Caleb McCarry, der zuvor für Afghanistan zuständig war.

Am 10. Juli 2006 forderte ein Bericht der »Hilfskommission für ein Freies Kuba«, dem u. a. die Außenministerin Condoleezza Rice und Carlos Gutiérrez, der Handelsminister der USA, vorstehen, alles Notwendige dafür zu tun, »dass die Strategie der Nachfolge des Castro-Regimes nicht von Erfolg gekrönt ist«. Das Dokument, das den Betrag, mit dem die Vereinigten Staaten ihre Verbündeten auf der Insel unterstützen – jene, die der US-amerikanische Schriftsteller Ernest Hemingway in einem ganz anderen Kontext als »fünfte Kolonne«[9] bezeichnet hatte –, auf mehr als 62,8 Millionen Euro festlegt, ordnet an, dass diese Summe direkt den »Dissidenten« an die Hand gegeben wird. Diese erhalten eine spezielle Ausbildung, und ihnen wird Ausrüstung und Material zur Verfügung gestellt.

Es handelt sich um den nicht zu leugnenden Versuch der Einmischung einer Großmacht mit dem Ziel, ein kleines Land zu destabilisieren, und gleichzeitig um einen wahrhaftigen »Todeskuss« für die Oppositionellen.[10] Denn, wie Ricardo Alarcón, der Präsident des kubanischen Parlaments, unterstrich: »Solange es diese Politik gibt, wird es Kubaner geben, die mit den US-Amerikanern konspirieren, die ihr Geld annehmen ... Ich kenne kein einziges Land, das eine solche Aktion nicht als Straftat bewerten würde.«[11] Besonders wenn man bedenkt, dass der amerikanische Plan einen »geheimen Anhang ... aus Gründen der nationalen Sicherheit« enthält, um seine »effektive Umsetzung« zu garantieren. Was die »geheimen Maßnahmen« angeht, kennt die Geschichte Lateinamerikas – vom Chile Salvador Allendes bis zum Nicaragua der Sandinisten – keine Harmlosigkeit. Worum es hier zweifellos geht, ist ein »geheimer Krieg«.

Trotz der anhaltenden Angriffe seitens der Vereinigten Staaten und der mehr als 600 Anschläge auf sein Leben hat Fidel nie mit Gewalt geantwortet. In den letzten achtundvierzig Jahren hat es in den Vereinigten Staaten keinen einzigen von Kuba ausgehenden Akt der Gewalt gegeben. Im Gegenteil: Fidel erklärte am Tag der schrecklichen Angriffe gegen New York und Washington am 11. September 2001: »Ihre Haltung gegen uns verringert um nichts den tiefen Schmerz, den wir für die Opfer der terroristischen Angriffe des 11. September fühlen. Wir haben immer gesagt, dass, egal wie unsere Beziehungen zu der Regierung in Washington auch sein mögen, von dieser Insel niemals ein terroristischer Akt gegen die USA ausgehen wird.« Und er hat ebenfalls hinzugefügt: »Sie sollen mir die Hand abhacken, wenn sie hier auch nur einen einzigen Satz finden, der das Volk der Vereinigten Staaten diskriminiert. Wir wären fanatische Ignoranten, würden wir die Menschen in den USA für die Differenzen zwischen unseren beiden Regierungen verantwortlich machen.«

Als Reaktion auf die ständigen Angriffe von außen hat die Regierung die Einheit innerhalb des Landes bis aufs Äußerste vorangetrieben. Sie hat das Prinzip der Einheitspartei aufrechterhalten, und Meinungsverschiedenheiten wurden zum Teil hart bestraft. Auf ihre eigene Weise hat sie sich das alte Motto des heiligen Ignatius von Loyola zu eigen gemacht: »In einer umstellten Festung ist jede Form von Spaltung Verrat.« Aus diesem Grund kritisiert Amnesty International im Jahresbericht 2006 das Verhalten der kubanischen Regierung in Bezug auf Freiheiten (Versammlungsfreiheit, Meinungsfreiheit, Reisefreiheit) und erinnert daran, dass es in Kuba weiterhin etwa »siebzig politische Gefangene« gibt.[12] Welche Ursache es auch haben mag, es ist eine Situation, die nicht zu rechtfertigen ist. Das Gleiche gilt für die Anwendung der Todesstrafe, die in den meisten entwickelten Ländern abgeschafft wurde (mit den bemerkenswerten Ausnahmen der Vereinigten Staaten und Japans). Kein Demokrat kann die Existenz von politischen Gefangenen oder die Aufrechterhaltung der Todesstrafe akzeptieren.[13]

Auf der anderen Seite enthalten die kritischen Berichte von Amnesty International keine Hinweise auf Fälle von Folter oder vom »Verschwinden« von Menschen in Kuba, von Morden an Journalisten, von politischen Verbrechen oder Demonstrationen, die von den Behörden mit Gewalt niedergeschlagen werden. Es gab auch seit 1959 keinerlei Volksaufstand. Die gleichen Berichte zeigen dagegen, dass in einigen Nachbarländern Kubas, die nicht die Aufmerksamkeit der großen Medien wecken – wie Guatemala, Honduras, die Dominikanische Republik, auch Mexiko, ganz zu schweigen von Kolumbien[14] –, Frauen, Gewerkschafter, Oppositionelle, Journalisten, Priester, Bürgermeister und führende Persönlichkeiten aus der Zivilgesellschaft ermordet werden und die Mörder straffrei ausgehen, ohne dass diese Verbrechen in der weltweiten Presse größere Emotionen hervorrufen würden.

Dem wäre noch die ständige Verletzung der wirtschaftlichen, sozialen und kulturellen Rechte von Millionen Menschen in all diesen Staaten und in der großen Mehrheit der armen Länder weltweit hinzuzufügen: die skandalöse Kindersterblichkeitsrate, die geringe Lebenserwartung, Hunger, Analphabetismus, Obdachlosigkeit, Arbeitslosigkeit, Mangel an Hygiene und sanitären

Einrichtungen, die Bettler, die Straßenkinder und die Barackensiedlungen, Drogen, Kriminalität und alle Arten von Verbrechen ... Erscheinungen, die in Kuba unbekannt oder zumindest kaum existent sind. So, wie es auch den offiziellen Personenkult in Kuba nicht gibt. Obwohl das Bild von Fidel in der Presse, im Fernsehen und auf der Straße sehr präsent ist, gibt es kein offizielles Fidel Castro oder einem anderen lebenden Anführer der Revolution gewidmetes Porträt, keine Statue, keine Münze, keine Straße, kein Gebäude und kein Monument.

Trotz der ständigen Angriffe von außen hat es dieses kleine Land, das so auf seine Souveränität bedacht ist, zu beachtlichen Resultaten im Bereich der menschlichen Entwicklung gebracht: Abschaffung des Rassismus, Emanzipation der Frau, Ausmerzung des Analphabetismus, drastische Reduzierung der Kindersterblichkeit[15], generelle Steigerung des kulturellen Niveaus ... Auf dem Gebiet der Bildung, der Gesundheit, der medizinischen Forschung und des Sports hat Kuba Ergebnisse erzielt, um die es viele entwickelte Länder beneiden.[16]

Die kubanische Diplomatie gehört zu den aktivsten der Welt. In den Jahren 1960 bis 1970 hat Kuba die Guerillabewegungen in vielen Ländern Zentralamerikas (El Salvador, Guatemala, Nicaragua) und im Süden (Kolumbien, Venezuela, Bolivien, Argentinien) unterstützt. Seine Streitkräfte haben in vielen Teilen der Welt an militärischen Einsätzen von großer Tragweite teilgenommen, besonders in den Kriegen von Äthiopien und Angola. Der Eingriff in die Geschehnisse in Angola endete mit der Zerschlagung der Elitetruppen aus Südafrika, was zweifellos den Fall des rassistischen Apartheidregimes beschleunigt und zur Befreiung Nelson Mandelas geführt hat, der keine Gelegenheit auslässt, an seine Freundschaft mit Fidel Castro und an seine Schuld der Kubanischen Revolution gegenüber zu erinnern.

In den 8oer-Jahren setzte sich Kuba an die Spitze der Bewegung der blockfreien Staaten und führte eine intensive internationale Kampagne gegen die Zahlung der Auslandsschulden der lateinamerikanischen Länder. Nach dem Debakel der sozialistischen Länder in Osteuropa und dem Untergang der Sowjetunion 1991 brach eine schwere Zeit für die Kubanische Revolution an, die als »Sonderperiode« bezeichnet wurde. Zur Überraschung der Mehrheit ihrer Gegner schaffte sie es jedoch, zu überleben.

Zum ersten Mal in seiner Geschichte hängt Kuba nicht von einem Imperium ab; weder von Spanien noch von den Vereinigten Staaten noch von der Sowjetunion. Endlich völlig unabhängig, hat Kuba eine Art zweites politisches

Leben begonnen, links von der internationalen Linken, in Partnerschaft mit allen progressiven Kräften weltweit, und hat sich der breiten Offensive gegen den Neoliberalismus und die Globalisierung angeschlossen.

Die Kubanische Revolution ist in diesem geopolitischen Kontext nach wie vor dank ihrer Erfolge und trotz ihrer beachtlichen Schwächen (wirtschaftliche Schwierigkeiten, kolossale bürokratische Inkompetenz, Korruption im kleinen Stil, Versorgungsmängel, Stromabschaltungen, chronische Transportprobleme, Wohnraumprobleme, Rationierungen, Härte im alltäglichen Leben und Einschränkung gewisser Freiheiten) eine wichtige Referenz für Millionen von Entrechteten auf diesem Planeten.

Auch wenn Kuba keinesfalls einen »Export« seines sozialpolitischen Modells anstrebt, so protestieren, kämpfen und sterben auch manchmal in zahlreichen Regionen der Welt Frauen und Männer bei dem Versuch, soziale Ziele zu erringen, wie sie die Kubanische Revolution erreicht hat. Dies wird vor allem in Lateinamerika deutlich, wo die Solidarität mit Kuba und der Zuspruch für Fidel Castro noch nie so stark waren.

Seit Hugo Chávez' Wahlsieg in Venezuela im Dezember 1998 haben demokratische Abstimmungen zur Wahl (oder Wiederwahl) linker Kandidaten geführt: Néstor Kirchner in Argentinien, Lula da Silva in Brasilien, Tabaré Vázquez in Uruguay, Martín Torrijos in Panama, René Préval in Haiti, Michelle Bachelet in Chile, Evo Morales in Bolivien, Daniel Ortega in Nicaragua und Rafael Correa in Ecuador. In anderen Ländern wurde der Sieg linker Kandidaten nur durch Wahlbetrug verhindert (z. B. im Juli 2006 in Mexiko der von Andrés Manuel López Obrador aufgrund von 0,56 Prozent der Stimmen!).[17]

Diese Situation ist in Lateinamerika vollkommen unbekannt. Es ist noch nicht lange her, dass unter verschiedenen Vorwänden ein Militärputsch (der letzte Versuch war der vom 11. April 2002 gegen Hugo Chávez in Venezuela) oder eine direkte militärische Intervention der Vereinigten Staaten (wie 1989 in Panama gegen Präsident Manuel Noriega) jedwedes Projekt wirtschaftlicher oder sozialer Reformen schnell wieder beendete, ungeachtet der Zustimmung durch die Wählermehrheit. Man muss daran erinnern, dass demokratisch gewählte Regierungschefs, wie Jacobo Árbenz in Guatemala, João Goulart in Brasilien, Juan Bosch in der Dominikanischen Republik oder Salvador Allende in Chile, um nur die vier bekanntesten Fälle zu nennen, jeweils durch einen von den USA unterstützten Militärputsch – in den Jahren 1954, 1964, 1965 und 1973 – gestürzt wurden, um die Realisierung struktureller Reformen in Gesellschaften mit großer Ungleichheit zu verhindern. Reformen, die die Interessen der Vereinigten Staaten beeinträchtigt hätten und die – es war die Zeit des Kalten Krieges (1947–1989) – zu einer Veränderung im Kräfteverhältnis der Bündnisse beigetragen hätten, die Washington nicht zu dulden bereit war. Im geopolitischen Kontext jener Zeit war Kuba das einzige linke Projekt, das es geschafft hatte, zu überleben. Aber wir haben gesehen, zu welchem Preis.

Der Druck und die Aggressionen haben das Land gezwungen, härter zu werden als nötig und mehr als zwanzig Jahre lang – um der politischen Isolierung und der von den Vereinigten Staaten geförderten ökonomischen Strangulierung zu entkommen – eine wenig natürliche Allianz zur weit entfernten Sowjetunion zu bevorzugen, deren plötzliches Verschwinden im Dezember 1991 dem Land große Schwierigkeiten bereitet hat. Mit Ausnahme Kubas sind alle Versuche, Veränderungen im Hinblick auf Eigentumsverhältnisse umzusetzen und die Reichtümer dieses Kontinentes gerechter zu verteilen, brutal abgebrochen worden.

Warum akzeptieren die Vereinigten Staaten heute etwas, das sie jahrzehntelang nicht tolerierten? Warum kann heute eine rote (oder wenigstens eine rosa) Welle über so viele lateinamerikanische Staaten fluten, ohne wie früher gestoppt zu werden? Was hat sich verändert? Zunächst ist eines von entscheidender Bedeutung: das Versagen der manchmal sehr radikalen neoliberalen Erfahrungen der 90er-Jahre in ganz Lateinamerika. In vielen Ländern war diese Politik der Anlass für: mannigfache Privatisierungen, die damit den Ausverkauf von nationalem Vermögen zu Schleuderpreisen bedeutet haben; übergroße Korruption; schamlose Plünderungen; massive Verarmung der mittleren und unteren Bevölkerungsschichten; Zerstörung ganzer Bereiche der nationalen Industrien und schließlich die Rebellion der Bürger. In Venezuela, Bolivien, Ecuador, in Peru und Argentinien haben Volksaufstände dazu geführt, dass Präsidenten zurücktreten mussten, die zwar demokratisch gewählt worden waren, aber nach dem Wahlsieg glaubten, für den Rest ihrer Amtszeit einen Freibrief zu haben, um nach Gutdünken zu handeln und ihre Wahlversprechen zu brechen.

In diesem Sinn bilden die Rebellion des Volkes in Argentinien im Dezember 2001, die zum Rücktritt des Präsidenten Fernando de la Rúa führte, und vor allem das Scheitern der neoliberalen Politik Carlos Ménems von 1989 bis 1999 für Lateinamerika in gewisser Weise ein Äquivalent zu dem, was für Europa der Fall der Mauer in Berlin am 9. November 1989 war, das heißt die endgültige Ablehnung eines dogmatischen, arroganten und antipopulären Modells.

Ein weiteres wichtiges Element: die Vereinigten Staaten, der »Pate« dieser Region (im Sinne der Mafia), die sie als ihren »Hinterhof« betrachten. Seit dem Golfkrieg von 1991 und verstärkt nach dem 11. September 2001 haben sie ihr geopolitisches Interesse auf den Nahen und Mittleren Osten gerichtet, wo sich sowohl das Öl als auch ihre größten gegenwärtigen Feinde befinden. Diese Achsenverschiebung hat in Lateinamerika das Aufblühen verschiedener linker Projekte und Erfahrungen begünstigt und ohne Zweifel verhindert, dass diese wie zu früheren Zeiten bereits im Keim erstickt wurden. Eine Gelegenheit für Havanna, das die Zahl neuer und solider Verbündeter in der Region hat wachsen sehen, mit denen es politische Abkommen und Wirtschafts- und Handelsvereinigungen vervielfacht hat, vor allem mit dem Bolívar'schen Venezuela von Hugo Chávez. Auch auf dem Mercosur-Gipfeltreffen in Córdoba (Argentinien) unterzeichnete Fidel Castro am 21. Juli 2006 eine wichtige Handelsvereinbarung mit den Mitgliedsländern dieser Gruppe, darunter Brasilien und Argentinien, die auf diese Weise das US-amerikanische Embargo offen herausforderten und ihre Unterstützung für ein kleines Land in den Vordergrund stellten, das sich seit fast fünfzig Jahren weigert, vor der größten Macht der Welt in die Knie zu gehen.

Was wird passieren, wenn der kubanische Präsident aus biologischen Gründen von der Bildfläche verschwindet? Es ist offensichtlich, dass es Veränderungen geben wird, denn niemand innerhalb der Strukturen des kubanischen Staates (weder im Staat noch in der Partei oder in den Streitkräften) verfügt über seine Autorität. Eine Autorität, die ihm seine vierfache Rolle als Theoretiker der Revolution, siegreicher Militärführer[18], Staatsgründer und Stratege der kubanischen Politik seit achtundvierzig Jahren verleiht. Einige Analysten orakeln, dass, ähnlich wie in Osteuropa nach dem Fall des Eisernen Vorhangs, die aktuelle Regierung sehr schnell gestürzt werden würde. Sie irren sich. Sie sind Opfer der gleichen Fata Morgana wie die Neokonservativen in den Vereinigten Staaten, die sich selbst mit der Überzeugung geblendet haben, alle autoritären Regimes seien ausnahmslos hohle Fassaden, die beim ersten Schlag zusammenbrächen. Eine Überzeugung, die bekanntermaßen die USA in die Afghanistanfalle und in den irakischen Morast geführt hat. Es ist sehr unwahrscheinlich, dass wir in Kuba einen ähnlichen Übergang wie in Osteuropa erleben werden, wo ein von außen aufgezwungenes System, das von einem großen Teil der Bevölkerung abgelehnt wurde, in sehr kurzer Zeit zerbröckelte.

Den Beweis für diesen Irrtum erhielten wir am 31. Juli 2006, als Fidel nach einem komplizierten chirurgischen Eingriff, der nach einem Darmbruch, einer akuten Darmkrise, die starke Blutungen nach sich zog, erfolgt war, zum ersten Mal seit 1959 und nur provisorisch all seine Ämter auf eine Gruppe von sieben Personen übertrug, die von Raúl Castro angeführt wurde.[19] Zahlreiche Gegner beeilten sich daraufhin, den unmittelbar bevorstehenden Untergang des Regimes und den Aufstand der Bevölkerung zu prognostizieren. Die Kubanisch-Amerikanische Nationalstiftung (FNCA) rief umgehend von Florida aus zu einer »militärischen oder zivilen Erhebung« auf, um die Regierung zu stürzen. Am 2. August stiftete auch George W. Bush einen Aufstand an und richtete folgende Botschaft an die Bewohner der Insel: »Wir werden euch in euren Anstrengungen für die Errichtung ... einer demokratischen Übergangsregierung unterstützen.« Gleichzeitig drohte Bush den Befürwortern der Revolution, die sich einem »freien Kuba« widersetzen sollten, mit Repressalien.[20] Und dennoch vergingen die Tage, und gegen Ende Dezember 2006 verkündeten alle Beobachter, dass das Leben in Kuba seinen normalen Lauf nehme.

Auch wenn es die Gegner Fidel Castros nicht akzeptieren wollen, die Loyalität der großen Mehrheit der Kubaner (wenngleich nicht der Gesamtheit) zu ihrer Revolution ist eine politische Realität. Diese Loyalität basiert auf einem Patriotismus, dessen Wurzeln, im Gegensatz zu dem, was in den osteuropäischen Staaten geschah, im historischen Widerstand gegen die Annexionsambitionen der Vereinigten Staaten liegen.

Ob es den Verleumdern gefällt oder nicht – Fidel Castro hat seinen Platz im Pantheon der Persönlichkeiten der Weltgeschichte, die für soziale Gerechtigkeit gekämpft und ihre Solidarität mit den Unterdrückten dieser Erde unter Beweis gestellt haben. Wie der katholische Theologe Frei Betto aus Brasilien, ehemaliger Berater des Präsidenten Lula, es einmal ausdrückte: »Fidel Castro hat sein Volk nicht nur vom Hunger befreit, sondern auch vom Analphabetismus, von der Bettelei, der Kriminalität und der Unterwerfung unter das Imperium.«

Aus all diesen Gründen – und hinzu kam im März 2003 meine Ablehnung der Verhängung von langen Freiheitsstrafen für etwa siebzig Dissidenten und die Erschießung von drei Entführern eines Schiffes – schien es mir unbegreiflich, dass ein Machthaber von solcher Größe, der von den westlichen Medien derart scharf angegriffen wird, nicht die Gelegenheit haben sollte, seine eigene Version der Dinge darzustellen und Zeugnis abzulegen über die großen Kämpfe, die sein Leben geprägt haben.

Fidel Castro, ein so ausschweifender Redner, hat in seinem Leben nur wenige Interviews gegeben, und in fünfzig Jahren wurden nur vier längere Gespräche mit ihm veröffentlicht. Zwei mit dem italienischen Journalisten Gianni Miná, eines mit Frei Betto und zuletzt eines mit dem nicaraguanischen Schriftsteller und ehemaligen Minister der Sandinisten, Tomás Borge. Nach fast einem Jahr des Wartens ließ er mich wissen, dass er meinen Vorschlag akzeptierte und dass er mit mir das fünfte lange Gespräch seines Lebens führen würde. Schließlich wurde es das längste und umfangreichste von allen.

Ich hatte mich gründlich vorbereitet, wie für einen Marathonlauf. Ich habe Dutzende von Büchern, Artikeln und Berichten gelesen oder noch einmal gelesen. Ich habe viele Freunde konsultiert, die den komplexen Verlauf der Kubanischen Revolution besser kennen als ich, die mir Fragen, Themen und Kritiken nahelegten. Ihnen ist das Interesse, das die Leser der in diesem Interviewbuch an Fidel Castro gerichteten Fragen empfinden mögen, zu danken.

Ein Interviewbuch ist ein literarisches oder journalistisches Mischgenre. Es ist altertümlich, denn eines der wichtigsten Werke dieses Genres, *Eckermanns Gespräche mit Goethe in seinen letzten Jahren*[21], stammt aus dem Jahr 1836, und gleichzeitig modern, weil die jüngsten Aufnahmetechniken die Verbreitung dieser Art von Werken begünstigt haben. Es gehört sowohl zur Welt des Journalismus als auch zu der des Essays. Zum Journalismus, weil das Interview ein journalistischer Vorgang schlechthin ist, wenn auch nicht so neu, wie man glauben mag: Das erste moderne Interview – zwischen dem Mormonenführer Brigham Young und dem Journalisten Horace Greeley – wurde am 20. August 1859 in der *New York Tribune* veröffentlicht.[22] Und es gehört zum Essay, weil die Ausführlichkeit und die Langsamkeit bei der Herstellung eines Buches das Interview in gewisser Weise von seinem oberflächlichen, schnellen und improvisierten Aspekt befreien, den ihm vor allem die direkten und schnellen Medien wie Radio, Fernsehen und Internet verliehen haben.

Die Zeit für ein Buch ist tatsächlich länger und sein Status ein anderer, was dem Interviewten die Gelegenheit gibt, seine Erklärungen noch einmal zu lesen, eventuelle Verbesserungen und Korrekturen vorzunehmen und, wenn nötig, einige nützliche Präzisierungen hinzuzufügen. Auch der Interviewer seinerseits kann, frei vom Druck der Unmittelbarkeit bei Livesendungen, seine Fragen neu ordnen und gliedern, um dem Dialog einen besseren Rhythmus zu geben, denn das Interview ist auch ein literarisches Genre. Im vorliegenden Fall war es mir ein Bedürfnis, dass es auch ein zeitgeschichtliches Buch sein sollte, sodass ich die Erklärungen des kubanischen Präsidenten mit einem aufwendigen und üppigen Fußnotenteil ergänzt habe, um Zusammenhänge zu erklären, über zitierte Persönlichkeiten zu informieren und an Geschehnisse zu erinnern; ganz zu schweigen von der Notwendigkeit ergänzender Beiträge, wie einer breiten Bibliografie und einer Chronologie, die nützliche Referenzen in Bezug auf Zeit und Geografie liefern.

Bevor wir uns niederließen, um in der Stille und im Dämmerlicht seines Büros zu arbeiten – ein Teil des Interviews wurde für einen Dokumentarbericht gefilmt –,[23] wollte ich diese Persönlichkeit ein wenig besser kennenlernen, sie bei ihren täglichen Arbeiten begleiten. Bis dahin hatte ich nur bei kurzen professionellen Treffen mit ihm gesprochen und nur über sehr präzise Themen: bei Reportagen über die Insel, meiner Teilnahme an einem Kongress oder irgendeinem Ereignis, wie die eingangs bereits erwähnte Buchmesse von Havanna. Er hat die Idee akzeptiert und mich eingeladen, ein paar Tage mit ihm unterwegs zu sein – sowohl innerhalb Kubas (Santiago, Holguín, Havanna) als auch im Ausland (Ecuador).

Die ganze Zeit über sprachen wir – in seinem offiziellen Fahrzeug, einem gepanzerten schwarzen Mercedes aus den 80er-Jahren mit einem im Fußraum hin und her polternden Maschinengewehr, im Präsidentenflugzeug, einer betagten sowjetischen Iljuschin Il-18, die seit 1970 nicht mehr produziert wird, oder auch zu Fuß, beim Mittagessen oder beim Abendessen – über die Nachrichten des Tages, über seine vergangenen Erfahrungen und aktuellen Sorgen. Über alle Themen, die man sich vorstellen kann, und ohne Aufnahmegerät. Später habe ich die Dialoge aus der Erinnerung heraus rekonstruiert und aufgeschrieben, denn wir hatten vereinbart, dass er diese vor der Veröffentlichung lesen und gegebenenfalls berichtigen könne.

So habe ich einen intimen, fast schüchternen Fidel kennengelernt. Gebildet, sehr gut erzogen und stets freundlich. Er hört seinen Gesprächspartnern intensiv zu und spricht selbst ohne Getue, mit Manieren und Gesten und mit einer etwas antiquierten Höflichkeit, die ihm manchmal die Bezeichnung »letzter spanischer Kavalier« einträgt. Er verhält sich anderen gegenüber stets rücksichtsvoll und aufmerksam, vor allem seinen Mitarbeitern und seiner Eskorte gegenüber – nie erhob er seine Stimme. Und niemals habe ich ihn einen Befehl erteilen hören. Aber wo immer er sich aufhält, er ist die absolute Autorität, ausschließlich aufgrund seiner überragenden Persönlichkeit. Wo er ist, hört man nur eine Stimme: seine. Er ist es, der alle Entscheidungen trifft, ob kleine oder große. Auch wenn er sich mit den politischen Entscheidungsträgern der Partei- und Staatsführung berät und die kollektive Entscheidungsfindung respektiert, so bleibt er doch stets die letzte Instanz. Seit dem Tod Che Guevaras gibt es im Zirkel der Macht, in dem er sich bewegt, niemanden, der ein dem seinen vergleichbares intellektuelles Kaliber hätte. In diesem Sinn weckt er den Eindruck, ein einsamer Mann zu sein, ohne einen engen Freund, ohne intellektuellen Partner gleichen Formats.

Er ist ein Mann, der, soweit ich das beurteilen kann, bescheiden lebt, fast spartanisch: keinerlei Luxus, nüchterne Einrichtung, gesundes und genügsames, makrobiotisches Essen. Er hat die Gewohnheiten eines Mönch-Soldaten. Die Mehrheit seiner Feinde gibt zu, dass er zu den wenigen Staatschefs gehört, die ihre Position nie dazu missbraucht haben, sich persönlich zu bereichern.

Er schläft kaum vier Stunden und, manchmal, eine oder zwei weitere Stunden irgendwann am Tag. Sein Arbeitstag, sieben Tage in der Woche, endet in der Regel um fünf oder sechs Uhr morgens, wenn der neue Tag beginnt. Mehrmals unterbrach er unser Gespräch um zwei oder drei Uhr morgens, um müde, aber lächelnd zu einer »wichtigen Sitzung« zu gehen, an der er teilnehmen musste. Auch ist er ein eingefleischter Frühaufsteher. Reisen, Unterwegssein, Sitzungen, Besuche und Reden reihen sich in intensivem Rhythmus wie eine Kette aneinander. Seine Assistenten – allesamt junge Leute um die dreißig und durchweg brillante Köpfe – sind am Ende des Tages gerädert. Sie schlafen im Stehen, erschöpft und unfähig, dem Rhythmus dieses unermüdlichen achtzigjährigen Señors zu folgen.

Fidel fordert Notizen und Berichte an, Telegramme, Nachrichten aus der nationalen und internationalen Presse, Statistiken, Zusammenfassungen von Fernseh- oder Radiosendungen, Ergebnisse von Meinungsumfragen im Land. Pausenlos telefoniert er mit dem Handy seines persönlichen Assistenten, Carlitos Valenciaga. Von einer unermüdlichen Neugier getrieben, hört er niemals auf, zu denken, zu grübeln, seine Berater anzuspornen. Stets wachsam, in Bewegung, an der Spitze eines kleinen Generalstabs – der Gruppe seiner Assistentinnen und Assistenten –, um eine neue Schlacht zu schlagen. Die Revolution immer und immer wieder neu zu erschaffen. Nichts widerstrebt ihm mehr als das Dogma, als Vorschriften, Regeln, System oder fertige Wahrheiten. Er ist der Antidogmatiker schlechthin. Instinktiv überschreitet er Grenzen, und, es liegt auf der Hand, er ist ein Rebell.

Fidel in Aktion zu sehen ist mitreißend. Als würde man die Politik in vollem Lauf erleben. Immer mit Ideen, das Undenkbare denkend, sich das Unvorstellbare vorstellend, mit einer Kreativität, die man nur als genial bezeichnen kann. In diesem Sinne könnte man sagen, dass er ein Schöpfer der Politik ist, so, wie andere Menschen Schöpfer auf dem Gebiet der Malerei oder Musik sind. Er ist unfähig, eine Idee zu haben, die keine große Idee ist, und seine Kühnheit ist spektakulär.

Ist ein Projekt durchdiskutiert und angenommen, hält ihn nichts auf. »Die Umsetzung folgt auf dem Fuße«, pflegte General de Gaulle zu sagen. Fidel denkt ebenso: Gesagt, getan. Er glaubt leidenschaftlich an das, was er tut, und sein Enthusiasmus treibt die anderen an. Das muss Charisma sein. Worte werden zu Taten. Immer wieder sagt er: »Es sind die Ideen, die die Welt verändern, so wie Werkzeuge den Gegenstand verändern.«

Vor seiner gesundheitlichen Krise, die am 26. Juli 2006 begann, war Fidel ein Mann mit einem beeindruckenden Körper: ein Meter fünfundachtzig groß, athletisch und robust. Auf die zahlreichen Besucher, die er empfängt – viele aus dem Ausland –, übt der kubanische Comandante eine große Anziehungskraft aus, und wie ein großer Schauspieler weiß er seine unleugbare Verführungskunst zu nutzen.

Brillant und barock, es ist ihm ein Bedürfnis, in Kontakt mit einem Publikum zu kommunizieren. Er ist sich bewusst, dass eine seiner großen Stärken das Wort ist, mit dem er überzeugt und überredet. Wie kein anderer versteht er es, die Aufmerksamkeit des Publikums zu fesseln, es zu bezwingen, zu elektrisieren, zu begeistern und Beifallsstürme auszulösen. Es gibt kein Schauspiel, das mit Fidel Castro vergleichbar wäre. Die ganze Zeit steht er, wiegt seinen Körper und klatscht auf das Mikrofon, lässt seine Stimme ertönen, setzt lange Pausen und fixiert die Menge mit seinem Blick, bewegt die Arme, als würde er ein Pferd zureiten, hebt den Zeigefinger und deutet auf das gezähmte Publikum. Es ist also ganz richtig, was der spanische Essayist Gregorio Marañón behauptet: »Ein großer Redner muss die Gestik eines Dompteurs beherrschen.«

Der Schriftsteller Gabriel García Márquez, der Fidel gut kennt, beschreibt ihn folgendermaßen, wie er zu den Massen spricht: »Er beginnt stets mit fast unhörbarer Stimme, mit unbestimmter Richtung, aber er nutzt jeden Funken, jeden Geistesblitz, um Boden zu gewinnen, Schritt für Schritt, bis er sich plötzlich mit einem großen Paukenschlag seiner Zuhörer bemächtigt. Es ist die Inspiration, ein unwiderstehliches und blendendes Begnadetsein, das nur jene leugnen, die nicht das Privileg hatten, es zu erleben.« Wie er die Redekunst beherrscht, unzählige Male beschrieben, ist sagenhaft. Ich spreche dabei nicht von seinen öffentlichen Reden, die größtenteils bekannt sind, sondern von einem einfachen Tischgespräch: ein Fluss von Worten – einfachen, ergreifenden Worten –, eine verbale Lawine, die er unentwegt mit tänzerischen Gesten seiner langen, feinen Hände begleitet.

Der ehemalige Präsident Ecuadors, Rodrigo Borja, erzählte am 1. Dezember 2006 in Havanna, dass er den damaligen französischen Präsidenten François Mitterrand in einem Gespräch gefragt habe: »Welcher politische Führer von allen, die Sie kennengelernt haben, hat Sie am meisten beeindruckt?« Und

Mitterrand antwortete: »Ich werde Ihnen drei nennen: de Gaulle, Gorbatschow und Fidel Castro.« – »Warum Fidel Castro?«, wunderte sich Borja. »Für seine Fähigkeit, die Zukunft vorauszusehen, und seinen Sinn für Geschichte«, erklärte Mitterrand.

In der Tat, Fidel besitzt einen tief in ihm verwurzelten Sinn für Geschichte und eine extreme Sensibilität gegenüber allem, was mit nationaler Identität zu tun hat. Er zitiert José Martí, den Helden der kubanischen Unabhängigkeit, dessen Werk er wieder und wieder liest, mehr als jede andere Persönlichkeit der sozialistischen oder Arbeiterbewegung. Wissenschaft und Forschung faszinieren, medizinischer Fortschritt begeistert ihn. Kinder heilen zu können, alle Kinder. Und es ist Realität, dass Tausende kubanischer Ärzte in Dutzenden von armen Ländern weltweit im Einsatz sind, um den ärmsten Menschen dieser Erde zu helfen.[24]

Getrieben von menschlichem Mitgefühl und internationaler Solidarität, ist es sein tausendfach wiederholtes Bestreben, Gesundheit und Wissen zu säen, Medizin und Bildung für die ganze Welt. Ein utopischer Traum? Nicht umsonst ist Don Quichotte sein literarischer Held. Die Mehrheit seiner Gesprächspartner und sogar einige seiner Feinde geben unumwunden zu, dass Fidel Castro ein Mensch ist, der aus einer edlen Überzeugung heraus handelt, einem Ideal von Gleichheit und Gerechtigkeit. Diese seine Eigenschaft, die an den Satz Che Guevaras erinnert: »Eine große Revolution kann nur aus einem tiefen Gefühl der Liebe heraus entstehen«, hat den US-amerikanischen Filmproduzenten Oliver Stone tief beeindruckt. »Castro«, erklärte Stone, »ist ein außergewöhnlicher Gesprächspartner. Er schaut dir direkt in die Augen. Er erweckt den Eindruck, dass er dir sein Vertrauen schenkt, und das hat mir gefallen ... Castro ist einer der großen Weisen dieser Welt, eine Art Überlebender aus *Don Quichotte*. Ich bewundere seine Entschlossenheit, sein Selbstvertrauen und seine Ehrlichkeit.«[25]

Er liebt die Präzision, die Genauigkeit, die Pünktlichkeit. Zu jedem Thema führt er akribische Berechnungen durch – und das in einer furchterregenden Geschwindigkeit. Ungefähr ist ihm nicht genug, er erinnert sich auch an das kleinste Detail. Bei unseren Gesprächen wurde er häufig von Pedro Álvarez Tabío begleitet, einem brillanten Historiker, der ihm – wenn nötig – half, sich an Einzelheiten zu erinnern, irgendein Datum, irgendeinen Namen, irgendeinen Sachverhalt ... Manchmal ging es dabei um seine eigene Vergangenheit (»Um wie viel Uhr bin ich damals auf der Siboney-Farm angekommen vor dem Sturm auf die Moncada-Kaserne?« – »Um soundso viel Uhr, Comandante«, antwortet Pedro.) oder manchmal auch um irgendeine Randerscheinung eines entfernten Ereignisses (»Wie hieß noch gleich der zweite Vorsitzende der Kommunistischen Partei Boliviens, der Che nicht helfen wollte?« – Pedro beantwortet auch diese Frage.). Er ist das zweite Gedächtnis neben Fidels eigenem, das für sich bereits so umfangreich und faszinierend ist, dass es ihn manchmal daran zu hindern scheint, an ein Ereignis als solches zu denken, ohne bis ins letzte Detail zu gehen. Seine Gedanken sind wie ein Baum. Alles ist verzweigt und miteinander verbunden, alles hat mit allem zu tun. Ständige Exkurse, permanente Einschübe. Wenn er sich mit einem Thema beschäftigt, dann führt ihn eine Idee zur nächsten, weil er sich dabei an eine Situation oder eine Person erinnert, und führt ihn zu einem Nebenthema oder einem neuen Aspekt und noch einem und noch einem. So weit fort vom ursprünglichen Thema, dass sein Gesprächspartner für einen Moment befürchtet, er habe den Faden verloren. Aber Fidel geht den ganzen Weg wieder zurück und nimmt den ursprünglichen Gedanken wieder auf.

Während der gesamten Zeit des einhundertstündigen Interviews hat es Fidel zu keinem Zeitpunkt abgelehnt, über ein bestimmtes Thema zu sprechen. Er hat nie – auch wenn dies für ein Interview dieses Ausmaßes nicht ungewöhnlich gewesen wäre – um eine Liste der Fragen oder der anzuschneidenden Themen gebeten. Er wusste – wir hatten kurz darüber diskutiert –, dass ich die lange Liste der Vorwürfe, Kritiken und Vorbehalte gegenüber der Kubanischen Revolution ansprechen wollte, sowohl die einiger ihrer Freunde als auch die ihrer Gegner. Er ist ein Intellektueller, und er fürchtet die Diskussion nicht. Im Gegenteil, er braucht sie, er fordert sie, er stimuliert sie, immer bereit, zu streiten, mit wem es auch sei. Mit Argumenten im Überfluss und einer beeindruckenden rhetorischen Meisterschaft. Mit großem Respekt vor seinem Gesprächspartner, mit viel Takt. Er ist einer, der gern diskutiert, und ein gefürchteter Polemiker, dabei kultiviert – lediglich Unredlichkeit und Hass stoßen ihn ab.

Wenn in diesem Buch irgendeine Frage oder irgendein Thema nicht angesprochen wurde, dann ist das auf mich als Interviewer zurückzuführen und nicht darauf, dass Fidel es abgelehnt hätte, den einen oder anderen Aspekt aus seinen langen politischen Erfahrungen anzusprechen. Allerdings muss ich anerkennen, dass einige Dialoge aufgrund der intellektuellen Ungleichheit zwischen den Gesprächspartnern am Ende eher Monologe geworden sind. Es ging in den Gesprächen nicht darum, zu debattieren oder zu polemisieren – ein Journalist ist kein Staatsmann –, sondern darum, eine persönliche Interpretation des biografischen und politischen Weges eines Mannes zu erhalten, der bereits Teil der Geschichte ist.

Nie habe ich diese narzisstischen Interviewer gemocht, die nicht aufhören, ihren Gesprächspartner anzugreifen, und denen es in erster Linie darum geht, zu beweisen, dass sie raffinierter, weiser und belesener sind als die Person, die ihnen gegenübersitzt. Diese Journalisten hören ihrem Gesprächspartner nicht zu; sie hindern ihn daran, nachzudenken, und drangsalieren uns mit ihrem Gehabe. Auch jene gefallen mir nicht, die ihr Interview wie ein Polizeiverhör führen – als gäbe es auf der einen Seite einen Richter und folglich auf der anderen Seite einen Schuldigen, der ein Geständnis abzulegen hat. Oder sie betreiben es auf eine inquisitorische Art – der Henker vor dem Hinzurichtenden, dem er ein Geständnis entreißen soll. Für jene ist der Journalismus ein Gerichtsverfahren, eine Macht, die über allen anderen Mächten steht.

Eine ebenfalls unehrliche und sogar feige Auffassung vom Interview als journalistischem Genre ist es, der befragten Person unter dem Vorwand des freien Journalismus in den Rücken zu fallen (im Namen eines pervertierten Konzepts der Pressefreiheit) und mit den erhaltenen Aussagen zu machen, was man will: bestimmte Passagen zu bewahren und andere dagegen nicht, eine Erklärung aus ihrem Kontext zu reißen, gewisse Präzisierungen auszulassen und dem Befragten nicht zu gestatten, seine eigenen Erklärungen vor der Veröffentlichung noch einmal zu lesen.

Eines der Ziele dieser Gespräche mit Fidel Castro war es, die Argumente einer Person zu »hören«, die von den großen Massenmedien zugleich unerbittlich angegriffen und am häufigsten zensiert wird. Es scheint, als erschöpfe sich der journalistische Mut einiger Kollegen darin, sich der »Zensur des Konsenses« unterzuordnen, indem sie faul immer wieder das nachplappern, was die großen Medien seit Jahrzehnten zu bestimmten Themen gebetsmühlenartig wiederholen. Eine Art pawlowsche Dressur, die dazu führt, dass allein das Wort Kuba in bestimmten Ländern eine Litanei von Verallgemeinerungen auf den Plan ruft, die *ad nauseam* von jenen wiederholt werden, für die nach dem Leitsatz Goebbels' eine ständige Wiederholung einem Beweis gleichkommt. Niemand macht sich die Arbeit, die einzige und unilaterale Version der Tatsachen zu hinterfragen, die einige sich als Ergebnis von »Enthüllungen« – oder, noch stärker im Trend, als »Rechercheergebnisse« – zu präsentieren wagen. Eine journalistische Misere.

Ein weiteres Ziel dieses Buches war es, das »Geheimnis Fidel Castro« zu enthüllen. Wie kommt es, dass ein Kind, das in einer isolierten ländlichen Umgebung von reichen, konservativen und wenig gebildeten Eltern geboren und von Francos Jesuiten ausgebildet wird – in katholischen Schulen, die der Elite vorbehalten sind –, dass ein junger Mann, der mit den Söhnen der Bourgeoisie auf den Bänken der Rechtsfakultät saß, sich zu einem der größten Revolutionäre der zweiten Hälfte des 20. Jahrhunderts entwickelt?

Auch wollte ich den »Menschen Fidel Castro« finden, der sich hinter seinen zahlreichen Funktionen verbirgt. Ich ging davon aus, dass ein Individuum seine wahre Persönlichkeit in einem zehnminütigen oder auch einem ein- bis zweistündigen Interview vielleicht verschleiern kann. Aber niemand kann das über einen so langen Zeitraum aufrechterhalten. In einem solchen Zeitfenster wird der Interviewte irgendwann seine Seele enthüllen, ob er will oder nicht. Er wird seine Maske fallen lassen und uns zeigen, wer er wirklich ist. Der Leser wird das in diesem Buch nachvollziehen können.

Die langen Arbeitssitzungen mit Fidel Castro, im Januar, Februar und Mai 2003, haben mir einen ersten Entwurf dieses Buches gebracht. Aber die Monate schritten voran, und der Text war noch immer nicht druckreif. Währenddessen ging das Leben in Kuba und in der Welt weiter. Die Verschiebung zwischen den besprochenen Themen und den neuen Problemen, die in der Welt auftraten (Irakkrieg, neue Situation in Lateinamerika, die Ausbreitung der Korruption in Kuba, der Unfall in Santa Clara, bei dem sich der Präsident das Knie zerschmetterte), setzte neue Akzente. Im Herbst 2004 kehrte ich also nach Havanna zurück, um einige Themen, über die wir gesprochen hatten, zu vervollständigen. Ende 2005 konnten wir dann nach vielen Stunden ergänzender Interviews das Buch aktualisieren und schließlich beenden.

Als Antwort oder Vervollständigung von Antworten zu bestimmten Themen, über die wir gesprochen hatten, schlug der Comandante vor, mir einige seiner jüngsten Reden oder Erklärungen zu überlassen, da er es für unnötig befand, bereits Geäußertes zu wiederholen. Er gestattete mir, in Zusammenarbeit mit einem seiner Mitarbeiter, dem Historiker Pedro Álvarez Tabío, Teile aus diesen Texten im Rahmen unseres Interviews abzudrucken. Fidel wollte seine eigenen Worte wieder aufgreifen, und es schien mir sehr wichtig für ihn, sie in diesem Buch reproduziert zu sehen, das letztendlich eine Bilanz seines Lebens und seiner Gedanken zieht, womit seinen Äußerungen neue Bedeutung und Reichweite verliehen wird.

Schließlich beschlossen wir außerdem, gemeinsam Anmerkungen anzufügen, die es dem Leser ermöglichen würden, Hintergründe und weitere Informationen zu den von uns angesprochenen Themen zu erfahren. Dort, wo es mir für das Verständnis einer Sache notwendig erschien, habe ich mir erlaubt, die Notizen zu aktualisieren. Es kam mir zu keinem Zeitpunkt in den Sinn, sein Privatleben oder sein Liebesleben, seine Frau oder seine Kinder ins Spiel zu bringen ...

Fidel Castro hatte mir versprochen, all seine Antworten noch einmal gegenzulesen; aber seine zahlreichen Verpflichtungen ließen es nicht zu, sodass die erste Ausgabe dieses Buches im Jahr 2006 in Spanien erschien und im Monat darauf in Kuba – ohne dass er sie persönlich noch einmal gelesen hatte.

Der Comandante hält jedoch gern seine Versprechen, und so begann er, seine Antworten zu lesen und zu verbessern, nachdem das Buch bereits veröffentlicht worden war. Wie es seine Art ist, hat er sich dieser Aufgabe voll und ganz gewidmet. Er hat dieses minutiöse und langwierige Unterfangen neben seinen täglichen Verpflichtungen erledigt. Seine ohnehin sehr kurzen Nächte hat er weiter verkürzt, um Präzisierungen anzubringen, Sätze zu ergänzen und einige noch mündlich anmutende Ausdrücke der geschriebenen Sprache eines Buches besser anzugleichen. Er hat sogar einige der Personen, über die er in seinem Buch spricht, konsultiert, um sie zu fragen, ob das, was er über sie gesagt hat, der Wahrheit entspricht. Einige dieser Persönlichkeiten – unter ihnen Raúl Castro oder Hugo Chávez – haben ihn an interessante zusätzliche Details erinnert, die in diese Ausgabe mit eingeflossen sind.

Alle, die während dieser Zeit, im Juni und Juli 2006, mit Fidel zusammen waren, vor allem seine direkten Assistenten, haben erwähnt, wie sehr er sich diese Arbeit des Nachlesens zu Herzen genommen hat – ein weiteres Beispiel für seinen fast manischen Hang zur Perfektion. Einige seiner Mitarbeiter schließen nicht aus, dass diese Aufgabe – neben den Vorbereitungen zum Mercosur-Gipfel in Córdoba (Argentinien) – zu dem extremen Stress beigetragen hat, der am 26. Juli 2006 in die akute Darmkrise mündete.

Bereits Anfang August setzte Fidel nach einer komplizierten Darmoperation die Lektüre des letzten Buchkapitels fort. Dem argentinischen Schriftsteller Miguel Bonasso sagte er: »Ich habe das Buch weiter Korrektur gelesen, als es mir wirklich schlecht ging. Ich wollte es zu Ende bringen, denn ich wusste nicht, wie viel Zeit mir bleiben würde.«

Die vorliegende Ausgabe wurde also bis November 2006 von Fidel Castro persönlich überarbeitet, berichtigt und vervollständigt.

Welches sind nun die wichtigsten Unterschiede im Vergleich zur ersten spanischen Ausgabe? Es wurde ein Kapitel, das Kapitel 24, hinzugefügt. Dieses Kapitel, »Fidel und Frankreich«, war in der ersten Ausgabe nicht enthalten, weil es nicht rechtzeitig fertig geworden war. Es ist das letzte Kapitel, das Fidel Korrektur gelesen und ergänzt hat. Abgesehen davon sind die meisten Änderungen, die der kubanische Präsident vorgenommen hat – vielleicht werden die Historiker eines Tages eine vollständige Liste derselben erstellen –, stilistischer Art, oder es handelt sich um eine Präzisierung bestimmter Details, wie vor allem in Kapitel 8, »In der Sierra Maestra«, bei denen es darum geht, den Kontext verständlicher zu machen, nicht aber darum, inhaltliche Änderungen vorzunehmen.

In vier Fällen wollte er jedoch Ergänzungen einbringen, die eine große Bereicherung dieses Werkes sind. Im 1. Kapitel hat er die Gedanken und Ausführungen über seine Mutter Lina beträchtlich ausgeweitet. Noch nie hat Fidel Castro, ein eher reservierter und fast keuscher Mann, so offen über seine Mutter gesprochen.

In Kapitel 13 hat er wichtige Briefe eingebracht, die er mit Nikita Chruschtschow während der Raketenkrise im Oktober 1962 ausgetauscht hat, die die Welt an den Rand eines Atomkrieges führte. Es ist nicht so, dass die Briefe nie veröffentlicht wurden, aber sie waren bisher nur einigen wenigen Experten zugänglich.

Das Kapitel 25, »Lateinamerika«, hat wahrscheinlich die meisten Änderungen zu verzeichnen. Besonders in dem Teil, wo Fidel über sein Wirken während des Staatsstreiches gegen den venezolanischen Präsidenten Hugo Chávez am 11. April 2002 berichtet. Mit den neuen, bisher unveröffentlichten Beiträgen – vor allem der Transkription der Telefongespräche mit den Offizieren, die Präsident Chávez treu geblieben waren – ist dieses Kapitel zu einem außerordentlichen historischen Dokument geworden.

Schließlich spricht Fidel in Kapitel 26, über den Irakkrieg, erstmals über die beiden persönlichen Briefe, die er an Saddam Hussein geschrieben hat und in denen er ihn mahnt, sich aus Kuwait zurückzuziehen.

In einem einzigen Fall hat Fidel seine ersten Erklärungen »zensiert«. Auch dies geschah in Kapitel 26 und in Bezug auf Saddam Hussein. In der ersten Ausgabe hatte er auf die Frage »Was denken Sie über Saddam Hussein?« geantwortet: »Wie soll ich das sagen ... ein Desaster ... ein verirrter Stratege, unbarmherzig gegenüber seinem Volk.« Diese Worte wurden in der vorliegenden Ausgabe gestrichen. Warum? Hier meine Erklärung: Fidel hatte diese Erklärung im Mai 2003 abgegeben, als Bagdad von der US-amerikanischen Armee eingenommen worden war. Damals war Saddam Hussein ein freier Mann, und man konnte sogar annehmen, dass er sich an die Spitze einer der bewaffneten

Widerstandsbewegungen gesetzt hatte. In seinem Urteil über einen Mann, der mit der Waffe in der Hand kämpft, versteckt er die Empfindungen nicht, die der irakische Diktator in ihm hervorruft: »Ein verirrter Stratege. Unbarmherzig gegenüber seinem Volk.« Dreieinhalb Jahre später ist Saddam Hussein ein Gefangener der US-Amerikaner, zum Tode verurteilt und kurz vor seiner Exekution. In diesem Augenblick zieht Fidel seine Worte zurück. Man urteilt nicht mit solcher Härte über einen Menschen – unabhängig davon, was er getan hat –, der auf diese Weise erniedrigt und gedemütigt wird.

Der Fall der Berliner Mauer, das Verschwinden der Sowjetunion und das historische Scheitern des autoritären Staatssozialismus scheinen den Traum Fidel Castros nicht beeinträchtigt zu haben, in seinem Land eine neue, gerechtere Gesellschaft aufzubauen. Eine Gesellschaft, die gesünder lebt und besser gebildet ist, ohne Privatisierungen und Diskriminierungen, mit einer integralen, globalen Kultur. Und seine neuen, engen Bündnisse mit Hugo Chávez' Venezuela, Evo Morales' Bolivien und anderen Ländern Lateinamerikas stärken diese Überzeugung.

Im Winter seines Lebens und durch seine angeschlagene Gesundheit von der Macht entfernt, macht er mobil für die Verteidigung der Energierevolution, der Umwelt gegen die neoliberale Globalisierung und die interne Korruption. Er bleibt im Schützengraben, in vorderster Front und führt den Kampf für die Ideen, an die er glaubt. Und von denen, so scheint es, kann nichts und niemand ihn abbringen.

IGNACIO RAMONET
Limeil-Brévannes, 31. Dezember 2006

I

DIE KINDHEIT EINES ANFÜHRERS

*Kindheit in Birán – Don Ángel – Das Dorf –
Die Mutter – Das »Hungerhäuschen« – Colegio de La Salle –
Widerhall des Spanischen Bürgerkrieges – Die Jesuiten
des Colegio de Dolores*

Geschichtliche Wurzeln sind wichtig, und genau aus diesem Grund möchte ich Sie Folgendes fragen: Sie sind in einer relativ wohlhabenden Familie aufgewachsen, haben die Religionsschulen der Reichen besucht und später Jura studiert. Mit dieser Ausbildung hätten Sie überall auf der Welt ein perfekter konservativer Staatsmann werden können, oder?
Das ist vollkommen richtig, denn der Mensch ist nicht gänzlich Herr seiner Bestimmung. Er ist auch ein Kind der Umstände, der Schwierigkeiten, des Kampfes. Die Probleme formen ihn, wie die Drehbank ein Metallstück bearbeitet. Der Mensch wird nicht als Revolutionär geboren, wage ich zu behaupten.

Wie ist der Revolutionär in Ihnen erwacht?
Ich bin selbst zu einem Revolutionär geworden. Ich habe schon manches Mal darüber nachgedacht, welche Faktoren Einfluss auf diese Entwicklung hatten. Das fängt schon an mit der Situation in der Gegend, in der ich geboren wurde, mitten auf dem Land, innerhalb eines Großgrundbesitzes.

Können Sie den Ort, an dem Sie geboren sind, beschreiben?
Ich wurde auf einem Gutshof geboren. Im nördlichen Zentrum der alten Provinz Oriente, nicht weit entfernt von der Nipe-Bucht, nahe der Zuckerfabrik von Marcané. Der Ort hieß Birán. Es war kein Dorf, nicht einmal ein kleines Dorf, nur ein paar vereinzelte Häuser standen dort. Das Haus meiner Familie lag am Rand des alten Camino Real. So nannten sie den Pfad aus Schlamm und Erde, der vom Hauptort der Gemeinde in den Süden führte. Die Wege waren damals ein einziger Morast, und man musste sich mit Pferden oder Och-

sengespannen vorwärtsbewegen. Motorisierte Fahrzeuge gab es nicht, nicht einmal elektrisches Licht. Als ich klein war, hatten wir Wachskerzen und Kerosinlampen zur Beleuchtung.

Erinnern Sie sich an Ihr Geburtshaus?
Es war ein Haus von spanischer Architektur. Galicischer, besser gesagt. Mein Vater war spanischer Abstammung, ein Galicier. Er kam aus dem Dorf Láncara in der Provinz Lugo und war ein Sohn armer Bauern. In Galicien war es Brauch, die Tiere zu schützen, indem man sie unter dem Haus unterbrachte. Mein Geburtshaus war dieser Architektur nachempfunden, denn es war auf Pfählen erbaut. Das Ganze in einer Höhe von etwa sechs Fuß, so wie es in Galicien Usus war. Ich kann mich noch erinnern, als ich etwa drei oder vier Jahre alt war, schliefen die Kühe unter dem Haus. Man brachte sie über Nacht dorthin, und dort wurden sie auch gemolken, währenddessen sie an einigen der Pfähle festgebunden waren. Genau wie in Galicien gab es bei uns unter dem Haus einen kleinen Stall mit Schweinen und Geflügel. Hühner und Enten liefen dort herum, Perlhühner, Truthähne und sogar ein paar Gänse.

Ich war in Birán. Ich habe das Haus besucht, in dem Sie geboren sind, und es hat wirklich eine sehr originelle Architektur.
Es war ein Holzhaus. Die Pfähle waren aus sehr hartem Holz, aus *caguairán* und ähnlichen Hölzern, und direkt über diesen Pfählen befand sich die Wohnung. Ich denke, dass das Haus ursprünglich quadratisch war. Dann wurde ein Bad angebaut, eine Speisekammer, Esszimmer und Küche. Nachträglich kam dann in einer Ecke noch eine Art Büro hinzu. Über dem ehemals quadratischen Teil des Hauses befand sich noch ein weiteres, kleineres Stockwerk, das wir »Aussichtspunkt« nannten. In diesem Haus kam ich, wie man erzählt, am 13. August 1926 um zwei Uhr morgens zur Welt.

Dieses Umfeld hat mich von klein auf an die Bilder und die Arbeit auf dem Land gewöhnt. An die Bäume, das Zuckerrohr, die Vögel und die Insekten.

Was an Birán beeindruckt, ist, dass der starke unternehmerische Charakter Ihres Vaters, Don Ángel, fast greifbar zu spüren ist.
Er war ein Mann mit einem sehr starken Willen. Er hat sich unter großen Anstrengungen selbst das Lesen und Schreiben beigebracht. Zweifellos war er ein sehr aktiver Mann, ständig in Bewegung, mit einem enormen Tatendrang, und er war ein geborenes Organisationstalent.

Unter welchen Umständen war Ihr Vater nach Kuba gekommen?
Mein Vater war der Sohn einer sehr armen Bauernfamilie. Als ich 1992 in Galicien zu Besuch war, habe ich sein Dorf kennengelernt und das Haus, in dem er geboren wurde. Es ist ein kleines Haus, etwa zehn Meter lang und sechs Meter breit, aus Steinplatten gebaut, von denen es in der Region mehr als ausreichend gibt. Traditionell haben die Galicier ihre Häuser aus diesem Material gebaut. In diesem einfachen Haus lebten die ganze Familie und, wie ich annehme, auch die Tiere. Der einzige Raum des Hauses beherbergte Schlafzimmer und Küche. Man besaß dort kein eigenes Land, nicht einmal einen einzigen Quadratmeter. Die Familien bewirtschafteten verstreut und isoliert liegende kleine Parzellen.

In sehr jungen Jahren, mit sechzehn oder siebzehn, wurde mein Vater in Spanien zum Militärdienst eingezogen, aber als er zum Zweiten Unabhängigkeitskrieg im Jahr 1895 nach Kuba kam, war er schon Anfang zwanzig. Man weiß nicht genau, unter welchen Umständen er hierherkam. Ich habe nie mit meinem Vater über dieses Thema gesprochen. Unter Freunden, während eines Essens etwa, sprach er manchmal von diesen Dingen. Vielleicht wissen meine älteste Schwester Angelita oder Ramón, der Zweitgeborene – beide leben übrigens noch –, mehr darüber, denn sie haben häufiger mit ihm geredet. Auch später dann, als ich in Havanna studierte oder bereits mit revolutionären Aktivitäten, wie der Vorbereitung des Angriffs auf die Moncada-Kaserne, beschäftigt war, mich in Gefangenschaft und noch später auf der *Granma*-Expedition befand, haben meine jüngeren Brüder, wie Raúl, der vier Jahre jünger ist als ich, und meine beiden jüngeren Schwestern Emma und Juana, die im Haus blieben, viel öfter mit ihm gesprochen. Er hat ihnen mehr von seinem Leben erzählt als mir.

Von ihnen habe ich einiges erfahren, und meine Theorie ist, dass mein Vater einer der armen jungen Galicier war, die von einer reichen Familie Geld bekamen, um deren Sohn beim Militärdienst zu ersetzen. Es ist sehr wahrscheinlich, dass mein Vater einer dieser Bauern war, die häufig auf diese Weise rekrutiert wurden. Sie wissen ja, wie das in diesen Kriegen war.

Es wurde per Verlosung rekrutiert, und die Reichen konnten die Armen bezahlen, damit diese an ihrer statt den Militärdienst ableisteten oder in den Krieg zogen.[1]
Ja, so war es sicherlich in vielen Fällen. Wenn ein Reicher das Los gezogen hatte und den Militärdienst ableisten oder in den Krieg ziehen sollte, dann besorgte

er sich Geld und zahlte es jemandem, der keines hatte, der in großer Armut lebte – auf einem Fleckchen Land oder von irgendeiner Feldarbeit.

Meinen Vater schickten sie als spanischen Soldaten nach Kuba und setzten ihn auf dem Weg zwischen Júcaro und Morón ein, wo im Wald ein Stützpunkt der Armee lag.[2] Dort kam es unter anderem zum Zusammenstoß mit den kubanischen Aufständischen aus dem Osten unter Befehl von Máximo Gómez und Maceo, kurz nach dem Tod von Martí. Man musste in jedem Fall durch dieses Gebiet, eine ziemlich schwierige Operation. Es war eine befestigte Linie, die sich an der schmalsten Stelle kilometerweit von Norden nach Süden durch das Zentrum des Landes zog. Es mögen von Morón im Norden bis Júcaro, einem kleinen Hafen im Süden, an die hundert Kilometer gewesen sein. Ich weiß, dass mein Vater in dieser Festung stationiert war. Aber als Maceo an dieser vorbeimusste, war er, glaube ich, noch gar nicht dort. Ständig kreuzten hier die Kubaner, oder sie zogen in den Norden über einen Ort, der sich Turiguanó nannte, eine Art Insel, die über ein Sumpfgebiet mit Morón verbunden ist. Dort, in dieser Festung, war mein Vater als Soldat stationiert. Das ist es, was ich weiß, vielleicht wissen meine Geschwister mehr.

Können Sie sich an kein Gespräch mit Ihrem Vater über diese Geschichte erinnern?
Ein Mal habe ich ihn darüber reden hören, als ich auf dem Weg zu den Arbeitercamps in Pinares de Mayarí war. Ich wollte überall sein, nur nicht zu Hause. Das Haus bedeutete für mich Autorität, und in mir begann bereits der rebellische Geist zu erwachen.

Sie waren also schon von Kind an ein Rebell?
Ich hatte verschiedene Gründe dafür angesichts eines gewissen spanischen Autoritarismus und vor allem des Spaniers, der zu Hause das Sagen hatte und der die Autorität verkörperte, den unbedingten Respekt. Ich konnte die Autorität nicht leiden, denn zu dieser Zeit war sie auch mit körperlicher Züchtigung verbunden. Hier ein Hieb, dort ein Schlag auf den Kopf; wir nahmen das in Kauf und lernten gleichzeitig, uns dagegen zu wehren.

War Ihr Vater autoritär?
Er hatte so seine Art. Ohne einen starken Charakter kann man nicht leisten, was er geleistet hat – sich selbst etwas aufbauen, so jung, erst im Krieg und weit weg von seiner Familie und seinem Land und dann später aus dem Nichts,

ohne einen Centavo in der Tasche, im Prinzip als Analphabet, nur aus der eigenen Kraft heraus einen Großgrundbesitz und einen gewissen Reichtum aufbauen. Wie die meisten galicischen Einwanderer war er vom Geist her ein bescheidener und arbeitsamer Mensch. Er hatte einen starken Willen und einen starken Charakter. Aber er war nicht ungerecht. Niemals hat er jemandem seine Hilfe verweigert, der ihn darum bat, immer achtsam gegenüber Schwierigkeiten der anderen. Er selbst hatte als Kind große Entbehrungen gelitten. Schon früh – mit elf Jahren – war er Halbwaise, seine Mutter starb. Sein Vater heiratete wieder, und seine Kindheit war geprägt von großem Leid. Trotzdem hatte er sich die noblen Tugenden des galicischen Einwanderers bewahrt: Güte, Gastfreundschaft und Großzügigkeit.

Viele Zeugnisse belegen, dass er ein großzügiger Mann war, sogar gutmütig. Mit dem Herzen am rechten Fleck. Jemand, der seinen Freunden half, den Arbeitern und Menschen in Not. Manchmal hat er geklagt und lamentiert, aber er hat nie jemanden weggeschickt. In den toten Zeiten, wenn die Zuckerrohrernte eingebracht war und es wenig Beschäftigung gab, kam jemand und sagte: »Sehen Sie, meine Kinder haben Probleme. Wir haben nichts, und ich brauche dringend irgendeine Arbeit.« Es gab dann so eine Art Abgleich wie: »Okay, Sie säubern dies und jenes für soundso viel.« Diese Art von Abgeltung war eine der Formen, die man in Kuba eingeführt hatte, um die Kosten zugunsten der Großgrundbesitzer zu senken: Man schloss einen Vertrag mit einer Familie oder mit einem Arbeiter, um ein Zuckerrohrfeld zu säubern, und man gab ihm einen bestimmten Betrag pro *caballería* oder pro *roza*[3]. Damals benutzte man den Begriff Hektar noch nicht. Ich glaube, eine *caballería* hatte achtzehn *rozas*. In all diesen Ländern Mittel- und Südamerikas gab es andere Maßeinheiten. Wie gut, dass das in der Epoche der Französischen Revolution erfundene metrische System eingeführt wurde. Sie schlossen also einen Vertrag: »In Ordnung, für zwanzig Peso mache ich dir diese Arbeit.« Mein Vater erfand neue Säuberungsarbeiten oder Aufgaben, die gar nicht wichtig und wirtschaftlich auch nicht sinnvoll waren, nur um den Leuten Arbeit zu geben. Später, als ich dann während der Ferien manchmal im Büro des Gutshofs arbeitete, konnte ich das sehen. Dort gab er Arbeitern die Erlaubnis, in den umliegenden Geschäften einzukaufen, obwohl sie keinen Arbeitsvertrag hatten. Er war ein gütiger und nobler Mann.

Nach dem Unabhängigkeitskrieg im Jahr 1898 beschließt Ihr Vater, in Kuba zu bleiben?
Nein, er wurde nach Spanien zurückgeführt, aber er hatte Gefallen an Kuba gefunden und kehrte wie viele galicische Einwanderer im darauffolgenden Jahr nach Kuba zurück. Alte Dokumente belegen, dass er im Jahr 1899 in Havanna von Bord gegangen ist. Ohne einen Centavo in der Tasche und ohne irgendwelche Beziehungen begann er zu arbeiten. Ich weiß nicht, wie er schließlich im Osten der Insel landete. Das war zu der Zeit, als große US-amerikanische Plantagen das Land und die Wälder überzogen und die wertvollen Tropenbäume abgeholzt wurden, um sie in den Zuckerfabriken zu verbrennen; das gleiche wertvolle Holz, aus dem der Palast El Escorial gebaut wurde und andere Werke oder berühmte Schiffe, wie die *Santísima Trinidad* – das größte und mächtigste Kriegsschiff jener Zeit, gebaut in den Werften von Havanna, das später, nachdem es von den Engländern während der Schlacht von Trafalgar im Jahr 1805 erbeutet worden war, in einem Sturm sank.

Die US-Amerikaner setzten Leute ein, um Bäume zu fällen und Zuckerrohr anzubauen. Wo vorher ein Wald stand, ist die Erde immer fruchtbar und die ersten Ernten sind sehr gut.

Hat Ihr Vater für die US-Amerikaner gearbeitet?
Mein Vater hat sich zunächst im Osten als einfacher Arbeiter bei der berüchtigten United Fruit Company verdingt, die sich im nördlichen Zentrum jener Provinz niedergelassen hatte. Später organisierte er sich eine Gruppe Arbeiter und führte Auftragsarbeiten für das Yankee-Unternehmen aus, sozusagen als Subunternehmer, mit einer Gruppe von Männern, die ihm unterstanden. Mein Vater hatte, glaube ich, bis zu 300 Männer unter sich – ich habe diese Zahl einmal gehört –, und das ergab natürlich einen Mehrwert. Er war ein guter Organisator, aber er konnte nicht lesen und schreiben. Mit großer Mühe brachte er es sich selbst bei. Er begann mit einem kleinen Unternehmen, das Wälder abholzte, um Zuckerrohr zu säen und Holz für die Öfen der Zuckerfabriken zu produzieren. So begann er einen kleinen Gewinn zu erzielen, als Organisator dieser Gruppe von Arbeitern. Ich könnte mir vorstellen, dass es ebenfalls Immigranten waren – viele von ihnen Spanier und Bewohner der Antillen, Haitianer oder Jamaikaner.

Wie viel Land hatte Ihr Vater am Ende?
Er hatte etwa 900 Hektar Land erworben, die in seinem Besitz standen, und

später von zwei kubanischen Generälen des Unabhängigkeitskrieges mehrere Tausend Hektar dazugepachtet. Bis heute weiß keiner, wo diese das Land herhatten. Unglaubliche Flächen voller Kiefernwälder, die meisten jungfräulich. Diese Ländereien überzogen Täler und Berge und eine große Hochebene auf einer Höhe von etwa 600 Metern, wo jene Kiefern in einem natürlichen Wald wuchsen. Mein Vater hat die Kiefernwälder von Mayarí ausgebeutet. Jeden Tag fuhren siebzehn Lastwagen voll beladen mit Kiefernholz von dort herunter. Die Einkünfte aus dem Zuckerrohranbau und der Viehzucht waren enorm, denn er besaß auch einige andere Ländereien, meist ebene Flächen oder Vorgebirge. Alles in allem über 10 000 Hektar.

Eine unglaubliche Menge an Land.
Wenn Sie alles zusammennehmen, die eigenen und die gepachteten Flächen, dann hatte mein Vater nicht weniger als 11 000 Hektar Land.

Eine beachtenswerte Menge.
Ja, sie war beträchtlich. Ich kann Ihnen das sagen, denn ich gehörte unter diesen Umständen zu einer Familie, die mehr als nur leicht vermögend war. Sie war nach damaligen Maßstäben ziemlich reich. Ich stelle das nicht als einen Verdienst oder etwas in dieser Richtung dar, sondern als Präzisierung, um die Dinge exakt darzustellen.

Sie sind also der Sohn eines Millionärs.
Na ja, eines Millionärs nicht gerade. Von meinem Vater hat man niemals gesagt, er sei ein Millionär. Zu jener Zeit war ein Millionär etwas Kolossales, jemand, der wirklich sehr, sehr viel Geld hatte. Damals hatte der Dollar einen gewissen Wert, und wenn man davon ausgeht, dass ein Arbeiter durchschnittlich einen Dollar am Tag verdiente, dann war derjenige Millionär, der eine Million Mal so viel hatte, wie ein Arbeiter an einem Tag verdiente. Die Ländereien meines Vaters konnte man nicht so hoch bewerten. Man kann nicht sagen, dass er ein Millionär war, obwohl er schon ziemlich vermögend war und sich in einer guten wirtschaftlichen Position befand. Zumindest hat man uns Kinder in dieser von Armut und Leid geprägten Gesellschaft immer als Kinder von Reichen betrachtet. Viele Leute haben unsere Freundschaft gesucht, weil sie damit ein Interesse verbanden, wir haben das aber oft gar nicht realisiert.

Ihr Vater hat in Birán nicht nur ein Haus gebaut. Später kamen am Rand dieses Wegs noch andere Gebäude hinzu: eine Bäckerei, ein Gasthaus, eine Taverne, eine Schule, Häuser für die haitianischen Arbeiter ... ein richtiges kleines Dorf.

Wo wir wohnten, gab es kein Dorf, es gab lediglich ein paar Einrichtungen. Etwas, das man *batey*[a] nennen könnte. Als ich klein war, war die Molkerei unter dem Haus. Später haben sie dann eine Molkerei etwa vierzig Meter vom Haus entfernt gebaut. Gegenüber befand sich eine Werkstatt, wo die Pflüge und anderes Werkzeug repariert wurden, und ganz in der Nähe war eine kleine Schlachtbank. Von dort aus vierzig Meter in die andere Richtung stand die Bäckerei und nicht weit davon entfernt die Grundschule, eine kleine öffentliche Schule. Am Wegesrand lag auch ein Geschäft, wo man Lebensmittel und andere Waren des täglichen Bedarfs kaufen konnte, und auf der anderen Seite befanden sich die Post und das Telegrafenbüro. Nicht weit davon standen ein paar ärmliche Baracken. Einfache Hütten, der Fußboden aus Erde und das Dach aus Palmwedeln, wo in großer Armut ein paar Dutzend haitianische Einwanderer lebten, die in der Landwirtschaft und auf Zuckerrohrplantagen arbeiteten. In der Nähe unseres Hauses gab es einen großen Orangenhain, in dem mein Vater persönlich die Bäume beschnitt, mit einer großen Schere, die man mit beiden Händen hielt. Das waren vielleicht zwölf oder vierzehn Hektar, und außer den Orangenbäumen gab es noch vereinzelte oder in kleinen Einheiten frei stehende andere Obstanlagen, wo Bananen, Papaya, Kokosnüsse, Guanábanas wuchsen, wirklich von allem etwas, und dann noch drei Bienenhäuser mit bis zu vierzig Bienenstöcken, die immer voll waren mit Honig. Ich könnte noch immer mit geschlossenen Augen durch diesen Apfelsinenhain laufen, in dem ich genau wusste, wo jeder einzelne Zitrusbaum zu finden war; ich schälte die Orangen mit meinen bloßen Fingern. Fast den gesamten Sommer und die Weihnachtsferien verbrachte ich dort draußen. Niemand aß so viele Apfelsinen wie ich.

Auch eine spektakuläre Galerie gab es dort. Fanden auch Hahnenkämpfe statt?

Ja, etwa hundert Meter von unserem Haus entfernt, ebenfalls am Rand des besagten Weges, war die Umzäunung für die Hähne, von denen Sie sprechen. Das war der Ort, wo während der Erntezeit jeden Sonntag, aber auch an Weihnachten, Neujahr, am Samstag des Ruhmes und am Sonntag der Auferstehung Hahnenkämpfe stattfanden. Auf dem Land war das der beliebteste Sport.

Eine lokale Art der Zerstreuung.
Ja, denn Unterhaltungsmöglichkeiten waren sonst kaum vorhanden. Man spielte Domino – auch Karten. Mein Vater hat als junger Mann und als Soldat das Kartenspielen geliebt, und er muss ein guter Kartenspieler gewesen sein. Und in meinem Haus stand auch noch ein Phonograph, so einer, den man aufziehen muss. Es war ein Markengerät, ich glaube RCA Victor, mit dem wir Musik hören konnten. Niemand hatte dort ein Radio. Ich glaube, mein Vater war der Einzige, der ein Radio hatte, und als wir das bekamen, war ich schon größer, also sagen wir mal sieben oder acht Jahre alt. Ach was! Älter! Ich war bestimmt schon zehn oder zwölf Jahre alt, denn es muss irgendwann zwischen 1936 und 1937 gewesen sein; der Spanische Bürgerkrieg war damals bereits im Gange. Wir hatten also dieses Radio und eine Art kleines Kraftwerk, einen Motor, der etwa zwei Stunden am Tag lief und mehrere Akkus füllte. Man musste fast täglich ein wenig Regenwasser einfüllen.

Und all das gehörte Ihrem Vater?
Außer der kleinen Schule und der Post, die öffentlich waren, gehörte alles meiner Familie. Als ich 1926 geboren wurde, hatte mein Vater schon eine Menge Besitz angehäuft, und er war bereits ein einflussreicher Landbesitzer. Don Ángel, »Don Ángel Castro«, nannten sie ihn. Er war eine sehr respektierte Person und genoss viel Autorität auf jenem Anwesen. Deshalb sage ich, dass ich Sohn einer Familie war, die Ländereien besaß; mein Vater hat das Land über Jahre aufgekauft.

Erzählen Sie mir von Ihrer Mutter.
Sie hieß Lina. Sie war eine Kubanerin aus dem Westen, aus der Provinz Pinar del Río. Kanarischen Ursprungs, aber auch aus einer armen Bauernfamilie. Mein Großvater mütterlicherseits war Fuhrmann. Er transportierte Zuckerrohr auf einem Ochsenwagen. Als sie in die Region um Birán zogen, war meine Mutter vielleicht dreizehn oder vierzehn Jahre alt und kam zusammen mit ihren Eltern, ihren Brüdern und Schwestern aus Camagüey dorthin. Nach Camagüey waren sie von Pinar del Río aus mit dem Zug gekommen, auf der Suche nach einem besseren Auskommen. Dann sind sie lange Strecken mit einem Karren umhergefahren, zunächst bis Guaro und schließlich bis Birán.

Meine Mutter war praktisch Analphabetin und hat sich, ähnlich wie mein Vater, selbst das Lesen und Schreiben beigebracht. Auch unter großen Anstrengungen und mit einem starken Willen. Ich habe sie niemals sagen hören, dass sie eine Schule besucht hätte, sie war Autodidaktin. Sie war eine außergewöhnliche Arbeiterin, und kein Detail entging ihrer Beobachtung. Sie war Köchin, Ärztin, Beschützerin von uns allen und kümmerte sich um jede Sache, die wir brauchten. Es gab kein Problem, das sie nicht zu meistern wusste. Sie hat uns nicht verzogen; sie hat Ordnung, Sparsamkeit und Hygiene von uns gefordert, und sie hatte sowohl innerhalb als auch außerhalb unseres Hauses alles im Griff. Sie war die Wirtschaftsexpertin der Familie. Niemand weiß, woher sie die Zeit und Kraft nahm für all diese Aktivitäten; man sah sie nie sitzen oder sich ausruhen, den ganzen Tag war sie in Bewegung.

Sie hat sieben Kinder zur Welt gebracht, die alle mithilfe einer bäuerlichen Hebamme in jenem Haus geboren wurden. Es gab dort nie einen Arzt, in dieser abgelegenen Region existierte schlichtweg keiner. Niemand hat sich so wie sie abgemüht, damit die Kinder studieren konnten. Sie hat alles gegeben, damit wir das haben konnten, was sie niemals hatte. Ich habe das Studium immer genossen, aber ohne sie wäre ich heute nichts anderes als ein funktionsfähiger Analphabet. Meine Mutter verehrte ihre Kinder, auch wenn sie das nicht ständig sagte. Sie hatte Charakter, war mutig und uneigennützig. Sie ertrug stark und standhaft jedes Leid, das einige von uns ihr unabsichtlich zufügten. Ohne Bitterkeit hat sie die Agrarreform akzeptiert und die Verteilung des Landes, das sie zweifellos sehr geliebt hat.

Sie war sehr religiös und hat in ihrem Glauben, den ich immer respektiert habe, Trost gefunden für den Kummer, den sie als Mutter manches Mal erdulden musste. Mit der Liebe einer Mutter hat sie auch die Revolution akzeptiert, für die sie so viel litt, ohne jemals die Möglichkeit gehabt zu haben, etwas darüber zu wissen: aufgrund ihrer Herkunft aus einer einfachen, armen Bauernfamilie und ohne Schulbildung. Sie hatte keine Ahnung von der Geschichte und dem Schicksal der Menschheit sowie den weitreichenden Gründen, die zu den Ereignissen in Kuba und in der Welt geführt hatten und die sie nun am eigenen Leib erfuhr. Sie starb am 6. August 1963, dreieinhalb Jahre nach dem Triumph der Revolution.

Und Ihr Vater? Wann starb er?
Er war schon vorher gestorben, denn er war sehr viel älter als meine Mutter. Er starb am 21. Oktober 1956, zwei Monate nach meinem dreißigsten Geburtstag und zwei Monate bevor wir in Mexiko mit der *Granma* zur Rückkehr nach Kuba aufbrachen.

Sprach Ihr Vater Galicisch?
Ja, er konnte es, aber er sprach es nie.

Haben Sie ihn einmal galicisch sprechen hören?
Irgendwann habe ich ihn mal ein paar Sätze auf Galicisch sprechen hören. Es lebten noch andere Galicier in der Gegend, und vielleicht hat mein Vater mit denen galicisch gesprochen, schon möglich. Es wohnten aber auch Spanier aus anderen Provinzen da, Asturier zum Beispiel, und die sprachen kein Galicisch. Die Galicier schienen sich schon an das Spanische gewöhnt zu haben, denn so verstanden sie sich untereinander, und sie konnten ja mit den Kubanern auch nicht galicisch sprechen, weil niemand sie verstanden hätte. Mit einem Arbeiter mussten sie spanisch sprechen, sogar mit der Frau oder der Freundin, denn diese sprachen kein Galicisch, und so habe auch ich ihn nie in dieser Sprache sprechen hören.

Sie waren zu Beginn des Spanischen Bürgerkrieges zehn Jahre alt.
Ich war noch nicht einmal zehn. Ich wurde am 13. August 1926 geboren, und der Spanische Bürgerkrieg begann am 18. Juli 1936. Ich war neun Jahre und elf Monate alt und konnte natürlich schon lesen und schreiben.

Können Sie sich erinnern, wie Ihr Vater zum Spanischen Bürgerkrieg stand oder ob er darüber gesprochen hat?
Es gab in Birán zwei Fraktionen unter den zwölf oder vierzehn Spaniern, die dort lebten und arbeiteten.

Waren das die Spanier, die sich mit Ihrem Vater trafen oder zu Ihnen nach Hause kamen?
Sie arbeiteten in bestimmten Bereichen mit ihm zusammen oder eben als Arbeiter. Es gab einen Asturier, er war Buchhalter und verfügte über eine gute Bildung. Er sagte, er spräche sieben Sprachen, und ich bin sehr geneigt, das zu glauben, denn immer wenn er zu uns nach Hause kam und das Radio lief, übersetzte er die englischen oder sogar die deutschen Programme für uns. Er hatte eine wunderbare gotische Handschrift und konnte Latein. Dieser kleine Asturier – ich nenne ihn so, weil er wirklich nicht groß war – war zweifellos die Person, die dort von allen am meisten wusste. Er war sehr gebildet. Er wusste viel von Griechenland, er sprach über Demosthenes. Das war das erste Mal, dass ich jemanden über Demosthenes sprechen hörte, den großen Redner.

Was er für ein Mensch war und dass er sich ein kleines Steinchen in den Mund gesteckt hatte, um sein Stottern zu überwinden. Dieser Asturier war es, der mir von diesen und anderen Dingen erzählte.

Diese Gruppe und einige andere waren beim Ausbruch des Bürgerkrieges Anhänger der Rebellen, wie man damals diejenigen nannte, die gegen die Republik waren.

Also der Franquisten?
Ja. Und dann gab es eine andere Gruppe, die die Republikaner unterstützte. Das waren die Knechte, und einige von ihnen konnten nicht lesen und schreiben. Obwohl es unter ihnen auch einen Kubaner gab, Valero, den Chef des Telegrafenbüros und des Postamtes, der auch Republikaner war, sowie eine größere Anzahl von Arbeitern. Einer von ihnen war Koch. Zuvor hatte er im Viehbetrieb gearbeitet, bekam dann aber so eine Art Rheuma und konnte kaum noch laufen. So haben sie ihn in die Küche übernommen. Ehrlich gesagt – und das sage ich mit allem Respekt vor seinem Andenken, denn ich mochte ihn sehr –, er war kein guter Koch, bei uns zu Hause beklagten sie sich oft über sein Essen. Er hieß García und war ein völliger Analphabet.

Analphabet?
Ja. Aus meiner Kindheit in Birán kann ich berichten, dass dort weniger als zwanzig Prozent der Bevölkerung schreiben und lesen konnten, und wenn, dann mit großen Schwierigkeiten. Kaum jemand kam bis zur sechsten Klasse. Was ich dort erlebt habe, hilft mir heute, zu verstehen, wie sehr ein Analphabet leidet. Das kann sich keiner vorstellen, denn es geht um etwas wie Selbstbewusstsein. Was ist ein Analphabet? Das ist jemand, der auf der untersten Stufe der Gesellschaftsleiter steht und einen Freund bitten muss, ihm einen Brief für seine Freundin zu schreiben. In Birán baten diejenigen, die nicht lesen und schreiben konnten, jemanden, der es konnte, darum, einen Brief für die Angebetete zu schreiben. Aber nicht so, dass er ihm einen Brief diktierte, in dem zum Beispiel stand, dass er die ganze Nacht von ihr geträumt habe oder nicht mehr essen könne, weil er ständig an sie denken müsse, oder was immer man hätte sagen wollen. Nein. Man sagte zu dem, der lesen und schreiben konnte: »Nein, nein. Mach du das mal. Schreib du, was du denkst, was ich schreiben sollte.« Um die Frau, die man begehrte, zu erobern! Ich übertreibe nicht. Zu meiner Zeit war das so.

Können Sie sich an die Diskussionen um den Spanischen Bürgerkrieg erinnern?
Im Jahr 1936 war ich auf einer Schule in Santiago de Cuba und kam im Sommer, als der Bürgerkrieg begann, in den Ferien nach Birán. Ich war noch keine zehn Jahre alt und ungefähr am Ende der zweiten Klasse.

Was war passiert? Als ich von Santiago kam, um die Ferien in Birán zu verbringen, kam Manuel García, der Koch, zu mir, weil ich ja lesen und schreiben konnte. Er wohnte zu dieser Zeit in einem Häuschen nahe der Post und bat mich, ihm die Zeitung vorzulesen. Er war ein aufgebrachter Republikaner – da kann man sehen, was Klassenbewusstsein bedeutet, ich habe mich immer gefragt, warum er so aufgebracht und, um die Wahrheit zu sagen, auch gegen die Kirche war –, und ich las ihm also die Zeitung vor und informierte ihn über den Spanischen Bürgerkrieg. So habe ich mit noch nicht einmal zehn Jahren von diesem Krieg erfahren. Ich habe ihm verschiedene Zeitungen vorgelesen. In Birán gab es eine, die hieß – glaube ich – *Información*, und dann noch einige weitere wie *El Mundo*, *El País* und *Diario de Cuba*, aber die bedeutendste Zeitung dort war die *Diario de la Marina*.

War das eine Zeitung aus Havanna?
Nein, nicht nur Havanna. Es war eine Zeitung für die ganze Republik. Seit dem Unabhängigkeitskrieg eine prospanische Zeitung, die rechteste von allen, die es im Land gab, bis zum Triumph der Revolution. Sie hatte sogar eine in Fotogravüren gedruckte Beilage, die sonntags veröffentlicht wurde und sehr populär war. Sie war sehr dick und voller Anzeigen, und ich ging immer in das kleine Holzhäuschen, um sie dem Koch vorzulesen. Alles habe ich ihm vorgelesen. Für die »Rebellen«, wie sie in der Presse genannt wurden, was wie ein Lob klang ...

Die Anhänger Francos?
Für die »Nationalisten«, wie sie auch genannt wurden. Die anderen waren die »Roten«, die »kleinen Roten«, mit einem abfälligen Unterton, aber manchmal wurden sie in dieser Zeitung freundlicherweise auch »Republikaner« genannt. Es war das wichtigste Medium, das es in Birán gab. Die angesehenste und dickste Zeitung, auf gutem Papier gedruckt und voller Anzeigen. Auch wenn hier und da mal eine andere Zeitung ankam, die meisten Nachrichten über den Spanischen Bürgerkrieg standen in der *Diario de la Marina*.

Ich erinnere mich an diesen Krieg fast von seinem Beginn an. Ich erinnere mich etwa an die Einnahme von Teruel durch die republikanischen Truppen.

Die Ebro-Front?
Ebro war dann viel später, fast am Ende.

Die Schlacht von Madrid?
Ja. Das belagerte Madrid. Der Schlag, den die Republikaner den Soldaten Mussolinis in Guadalajara versetzten, als diese in Richtung Madrid vorrückten; und, wie schon gesagt, als die Republikaner Teruel einnahmen. Als die Gegenoffensive des Generals Mola kam, um die Stadt zurückzuerobern, und an viele andere Nachrichten, die von jenen Leuten aus Burgos kamen, der franquistischen Hauptstadt. Wie hieß noch gleich diese Festung, die von den Franquisten belagert wurde?

Der Alcázar von Toledo.
Der Alcázar von Toledo. Ich habe García von dem Kampf um die Festung von Toledo vorgelesen, und ich stand auf der Seite dieses Galiciers. Ich habe ihn sogar getröstet und ihm gesagt: »Aber sehen Sie, in Teruel läuft es doch gut ... Sehen Sie, was sie gemacht haben, sehen Sie, sie kämpfen hier und dort.« Jede gute Nachricht für die Republikaner, die ich ihm geben konnte, gab ich ihm. So war die Situation dort in Birán, genau so, wie ich es erzähle.

War Ihr Vater für eine bestimmte der beiden Parteien oder eher desinteressiert?
Nein, mein Vater war gegen die Republik.

Gegen die Republik?
Ja, ja. Er und viele andere. Der Asturier, der Buchhalter, auf jeden Fall und noch einige andere. Ich glaube fast, dass die meisten Spanier, die dort in Birán lebten, gegen die Republik waren. Es gab aber auch die andere Gruppe, zu der García gehörte und noch ein paar andere Spanier und Valero, der kubanische Telegrafist. Das waren überzeugte Republikaner. Und manchmal spielten die unterschiedlichen ideologischen Gegner dann Domino gegeneinander.

Sie haben so eine Art Dominokrieg gespielt.
Sie trafen sich, die Sympathisanten und die Feinde der Republik. In angeregten Spielen traten sie sich gegenüber. Ein bisschen wie Don Camillo in den berühmten Romanen von Guareschi, der Pfarrer mit dem Kommunisten.[4]

In den Ferien – egal ob im Sommer oder an Weihnachten und Heiligabend – war ich für fünfzehn Tage als Vorleser dort, und das Gleiche tat ich in der Karwoche. Ich habe keine Ahnung, wer García die Zeitung vorgelesen haben mag, wenn ich in der Schule war. Er hatte kein Radio. Nur mein Vater hatte eines in seinem Haus.

Dank diesem Manuel García haben Sie den Spanischen Bürgerkrieg sehr nah verfolgt?
Ja, deshalb erinnere ich mich so gut daran. Auch an die Zeit vor dem Zweiten Weltkrieg, als die republikanischen Ideen auf die westlich »demokratischen« Ideen trafen – das möchte ich jetzt in Anführungszeichen setzen –, die völkermörderischen, hegemonialen und imperialistischen Ideen des italienischen Faschismus und des deutschen Nationalsozialismus. Was ist in Spanien passiert, und warum ist die Spanische Republik zusammengebrochen? Was war das für eine »Nicht-Einmischung« der sogenannten westlichen Demokratien angesichts der Intervention Hitlers und Mussolinis seit Beginn des Krieges? Was hatte das zu bedeuten? Das hat dazu beigetragen, dass der Zweite Weltkrieg ausbrechen konnte.

Die ersten Kämpfe wurden genau dort geführt, in Spanien, und dort waren die Linken und die Rechten; die sogenannten »Nationalisten«, die von Mussolini und Hitler unterstützt wurden; und die Spanische Republik, eine Mischung linker Gruppierungen innerhalb des »demokratischen Systems«, und doch war sie zu diesem Zeitpunkt das Fortschrittlichste und Gerechteste, was zu erreichen war. Denn die Spanische Republik stand bereits für den Fortschritt innerhalb einer fast feudalen Gesellschaft, einer Gesellschaft, die noch nicht einmal industrialisiert war, die lange Zeit von den Einkünften des Kolonialismus gelebt hatte. Die Spanier sind ein sehr kämpferisches Volk.

Dort prallten sogar Geistliche aufeinander und erschossen sich gegenseitig. Es gab Priester, die für die Republik waren, und Priester – möglicherweise sogar die Mehrheit –, die auf der Seite der »Rebellen« oder »Nationalisten« oder Franquisten standen. Die spanischen Lehrer an meiner Schule in Santiago sprachen damals über den Spanischen Bürgerkrieg. Vom politischen Standpunkt aus waren sie Nationalisten, ehrlicherweise müssen wir sagen, dass sie ausnahmslos auf der Seite Francos standen. Sie sprachen viel über die Schrecken des Krieges, über hingerichtete Nationalisten, sogar über die erschossenen Geistlichen. Aber von den Republikanern, die hingerichtet wurden, sprachen sie nie. Der Spanische Bürgerkrieg war sehr blutig, und beide Seiten führten ihn mit harter Hand.

Ich weiß noch, wie nach diesem Krieg einer meiner Lehrer mir lange Vorträge hielt über die hingerichteten republikanischen Gefangenen gegen Ende des Bürgerkrieges. Ich besuchte das Colegio de Belén in Havanna, auch eine Jesuitenschule, und ich hatte einige Freunde unter den jüngeren Priestern. Pater Llorente zum Beispiel, der während des Krieges Sanitäter war, erzählte mir, wie sie nach dem Krieg Zehntausende von Menschen hinrichteten und es seine Aufgabe als Sanitäter war, jeden einzelnen Erschossenen zu überprüfen, ob er tot oder lebendig war. Anschließend wurden sie begraben. Ich erfuhr sehr viele Details von den Dingen, die er erlebt hatte, und zweifellos litt er sehr unter diesen Vorkommnissen. Es gab auch nicht wenige Katholiken und Christen, die für die Republik waren.

Später habe ich natürlich viel über diese Zeit gelesen, aber das, was ich hier erzähle, sind meine Erinnerungen an das, was ich damals wusste.

Die Schlacht am Ebro fand 1938 statt, wenn ich mich nicht irre. Es war die letzte republikanische Offensive. Es wurden Bücher darüber geschrieben und Filme gedreht. Aber ich lese Zeitung, seit ich zehn Jahre alt war, und habe gesehen, wie sich dieser Krieg entwickelt hat.

Glauben Sie, dass das Interesse an dem Krieg in Spanien in irgendeiner Weise Einfluss auf Ihre eigene Entwicklung hatte?
Ja. Im Sinne der Wichtigkeit des internationalen Geschehens. Jungs mögen Kriegsepisoden. Ich liebte auch Western, wie fast alle, und ich habe sie außerdem ernst genommen.

Die waren zu jener Zeit aber sehr rassistisch, oder? Ich meine, sehr gegen die Indianer.
Wir haben die Tricks der Cowboys ernst genommen. Na ja, als Junge habe ich sie ernst genommen. Später, als ich dann erwachsen war, habe ich Western als eine Art Komiksendung betrachtet. Den Hieb, den sie dem Gegenüber hinter dem Tresen verpassten, jene rote Whiskeyflasche. Ich erinnere mich an all diese Details. Die Revolver, die endlos viele Kugeln vorrätig hatten und denen sie nur ausgingen, wenn es gerade in eine Szene passte. Obwohl es zu dieser Zeit noch keine Maschinengewehre gab, wurde geschossen, was das Zeug hielt. Wenn einer auf einem Pferd floh und ihm die Kugeln ausgingen, rettete er sich auf den Ast eines Baumes.

Alle Jungs haben diese Filme gesehen. Gewalt bekommt man von klein auf unterrichtet. Wie hätte ich, während ich die Nachrichten über jenen Krieg las, ahnen können, was auf der Welt noch alles passieren sollte!

Danach kam der Zweite Weltkrieg.
Auch an diesen Tag erinnere ich mich genau, den 1. September 1939. Ich war dreizehn Jahre alt, und ich las alles: über die Rheinlandbesetzung, die Annektierung Österreichs, die Besetzung des Sudetenlands, den Hitler-Stalin-Pakt und den Einmarsch in Polen. Die Bedeutung all dieser Vorgänge war mir nicht wirklich bewusst, aber ich habe alles mitbekommen.

Ich kann mich an alle wichtigen Schlachten und Episoden von Beginn des Zweiten Weltkrieges im Jahr 1939 an bis 1945 erinnern, als die Atombomben über Japan abgeworfen wurden. Ich habe mich sehr dafür interessiert und könnte stundenlang darüber reden. Aber zuvor gab es ja auch noch den Krieg in Äthiopien, als ich in den ersten Schuljahren war.

Sie erinnern sich an den Äthiopienkrieg?
Ja, denn damals wurden hier Kekse verkauft mit Postkarten dieses Krieges der Italiener in Abessinien[5], wie sie ihn nannten.

Man nannte ihn den Abessinienkrieg.
Ja, der Abessinienkrieg. So hieß er damals. Sie verkauften hier Kekse mit einer Postkartenkollektion, als Kaufanreiz, die aus zehn oder zwölf unterschiedlichen Motiven bestand. Ich glaube, einige Karten aus dieser Reihe wurden niemals gedruckt, damit die Kinder ihre Eltern ruinierten, die immer wieder Kekse kaufen mussten.

Ich wurde durch das Spiel mit den Postkarten fast zum Experten für diesen Krieg. Damals war ich auf dem Colegio de La Salle in Santiago, und dort lernte ich, wie man mit den Postkarten spielte; man hielt sie ungefähr so an die Wand und fixierte sie an der oberen Kante leicht mit dem Daumennagel. Dann schnippte man sie, sodass sie wegflogen. Die Karte, die oben auf dem Stapel landete, gewann, und man konnte sie behalten. In der Wand hatte ich kleine Markierungen angebracht, achtete auf die Windrichtung und eine Menge anderer Details, ich entwickelte eine ausgefeilte Technik. Keine Ahnung, wie viele dieser Postkarten ich letztendlich in meiner Sammlung hatte.

Ich erinnere mich noch an die Bilder und Farben auf den tatsächlich gedruckten Karten. Und immer wieder suchten wir die Postkarten, die es nicht gab.

Es haben immer welche gefehlt?
Einige tauchten vorsätzlich nicht auf, damit man immer wieder kaufte und

kaufte. Einfälle des Kapitalismus. Ich kann mich an keine einzige vollständige Sammlung erinnern.

Eines Tages kam ein Junge und erzählte mir, er hätte ein wunderbares Album von Napoleon Bonaparte. Das waren keine Postkärtchen mit Farbdruck auf dünner Pappe; die Bilder in dem Album waren aus einem viel eleganteren Material. Sie sahen aus wie Fotos, und die Sammlung war vollständig – ich habe es immer noch, Eusebio Leal[6] hat es kürzlich gefunden. Der Junge schlug mir vor, dieses Album gegen die Hunderte von Postkarten zu tauschen, die ich über den Abessinienkrieg gesammelt hatte. Das habe ich sofort angenommen, denn dieses Album war ein Juwel.

Der Krieg schien Sie wirklich zu interessieren.
Sehen Sie, die Bibel spricht viel über dramatische Vorkommnisse und Kriege. Von der ersten Klasse an wird in der Heiligen Geschichte – so hieß dieses Fach damals in meiner Schule – die babylonische Strafe behandelt, die Sklaverei der Israeliten oder Juden, wie sie sie nannten, die Überquerung des Roten Meeres, die Trompeten des Joshua und das Einstürzen der Türme von Jericho, Samson mit seinen herkulischen Kräften, fähig, einen Tempel mit den Händen niederzureißen, die Gesetzestafeln, das Goldene Kalb, das zum Objekt der Bewunderung wird. Dieses letzte Beispiel habe ich in meiner Rede »Die Geschichte wird mich freisprechen« verwendet, um einen sozialistischen Gedanken auszudrücken: »Wir glauben nicht an Goldene Kälber.« Das war, als ich mich nach dem Sturm auf die Moncada-Kaserne in Santiago de Cuba selbst vor Gericht verteidigte, 1953, und wir sprechen hier von 1936, als ich etwa zehn Jahre alt war.

Aber der Abessinienkrieg war noch vor dem Spanischen Bürgerkrieg. Da waren Sie noch jünger.
Sie haben recht, der Krieg in Abessinien war noch etwas früher. Ich glaube, ich war in der zweiten Klasse im La Salle. Neun Jahre alt war ich da vielleicht. Und all das hat dazu geführt, dass ich dank eines Tauschgeschäfts ein wundervolles Album von Napoleon bekommen habe, das unser Stadthistoriker, der das alles weiß und dem ich vielleicht die Geschichte des Albums erzählt habe, gefunden hat. Oder es war einfach nur ein gleiches. Das vergilbte Papier hat mich glauben lassen, es sei exakt das Buch, das ich so viele Jahre aufbewahrt und an dessen Bildern berühmter Schlachten ich mich ergötzt hatte. In Arcole zum Beispiel, als Napoleon in einem entscheidenden Moment die Fahne ergreift, die Brücke

überquert und ruft: »Folgt eurem General!« Das beeindruckt jeden Jungen. Und dann Austerlitz und all die anderen Schlachten. Die wichtigsten Episoden aus dem Leben Napoleons waren dort bildlich dargestellt. Ich habe mich natürlich sehr damit beschäftigt und sympathisierte mit diesem Anführer, so wie ich mit Hannibal, Alexander und anderen Anführern sympathisierte, die in den Geschichtsbüchern immer wieder verherrlicht werden. Ich hätte es damals gern gehabt, dass Hannibal Rom erobert. Vielleicht einfach, weil er die Kühnheit besessen hatte, mit seinen Elefanten die Alpen zu überqueren, oder einfach, weil er weniger mächtig war. Auch die Spartaner gefielen mir, wie sie den Engpass der Thermopylen mit nur 300 Männern verteidigten. Zumindest tröstet es mich heute, dass mein Album von Napoleon viel besser war als ein Westernfilm.

Sie mochten die Anführer dieser Kriege.
Alle Jungs mögen die. Das beginnt, wie ich schon sagte, mit der Heiligen Schrift. Das Alte Testament ist voller Kriege und anderer einzigartiger Episoden: die Arche Noah, die Sintflut, die vierzig Tage, die es regnete. Bis dahin, wo in der Schöpfungsgeschichte davon berichtet wird, dass Noah nach der Sintflut Weinstöcke gesetzt hat. Er hat Trauben angebaut und Wein produziert. Er hat ein bisschen zu viel getrunken, und einer seiner Söhne hat den Vater ausgelacht, daraufhin hat Noah ihn dazu verdammt, ein Sklave und ein Schwarzer zu sein![7] Das ist eines dieser Dinge, die in der Bibel stehen und von denen ich glaube, die Kirche sollte sich selbst eines Tages davon distanzieren und das korrigieren, denn es wird suggeriert, dass schwarz zu sein eine Strafe Gottes ist. So wie es eine Schuld sein soll, eine Frau zu sein, weil man damit die Verantwortung für den Sündenfall trägt.

Sie bitten die katholische Kirche, das zu korrigieren?
Ich bitte nicht darum, dass man in Glaubensfragen etwas verändert oder korrigiert. Aber Johannes Paul II., der ein mutiger, entschlossener Mann war, hat einmal gesagt, die Evolutionstheorie sei nicht unvereinbar mit der Schöpfungsgeschichte.

Ich habe zu verschiedenen Gelegenheiten mit Kardinälen und Bischöfen über dieses Thema gesprochen. Vor allem über diese beiden Punkte. Ich meine, dass eine Institution, die über die Weisheit von mehr als 2000 Jahren verfügt, in der Lage sein sollte, zur Idee der Gleichheit der Frau beizutragen, indem sie ihr nicht für alles Leid auf dieser Welt die Verantwortung aufbürdet. Und dass es keine Strafe Gottes ist, schwarz zu sein, nur weil ein Sohn Noahs sich ein wenig über seinen Vater lustig gemacht hat.

Sie haben sich auch zuallererst gegen Ihren Vater aufgelehnt, richtig?
Eigentlich habe ich mich nicht gegen meinen Vater aufgelehnt; das war schwierig, denn er war ein großherziger Mann. Ich habe mich gegen die Autorität aufgelehnt.

Sie konnten Autorität nicht ertragen?
Das ist eine lange Geschichte. Es ist nicht erst mit zehn oder zwölf Jahren zutage getreten, ich war schon mit sechs oder sieben Jahren ein Rebell.

Welche anderen Erinnerungen haben Sie an Ihre Kindheit in Birán?
Ich erinnere mich an viele Dinge, und sicher hatten einige großen Einfluss auf mein späteres Leben. Aber mit dem Tod, zum Beispiel, war ich als Kind nie konfrontiert, obwohl ich eine Tante, Antonia, verlor, die während einer Geburt starb, als ich noch keine drei Jahre alt war. Ich erinnere mich an die Traurigkeit und die tragische Atmosphäre, die die Erwachsenen umgab. Sie war die Schwester meiner Mutter und mit einem Spanier verheiratet, der mit meinem Vater zusammen in Birán arbeitete, wo er ein Zuckerrohrfeld verwaltete. Soto hieß er. Ich weiß noch, dass wir auf einem Pfad über ein Zuckerrohrfeld liefen und dass Frauen weinten. Auch an ein kleines Holzhäuschen erinnere ich mich. Das Ganze hat mich aber nicht sonderlich berührt, glaube ich, denn ich wusste nicht, worum es ging, und es war mir gar nicht bewusst, was Tod bedeutete.

Und dann erinnere ich mich an das erste Mal, als ich eine Lokomotive sah. Alles an einer Dampflok ist beeindruckend. Die Räder, das Geräusch, ihre Kraft, das Pfeifen. Sie kam zu einem Verladegleis, um Zuckerrohr zu holen, und sie kam mir vor wie ein Fabelmonster.

Als ich in der Grundschule war, mit sieben oder acht Jahren, habe ich von der Reise von Barberán und Collar[8] gehört. In Birán haben sie das stets bekräftigt: »Hier sind Barberán und Collar vorbeigekommen«, zwei spanische Piloten, die den Atlantik überquert hatten und nach Mexiko weiterflogen. Aber man hat nie wieder von ihnen gehört, und bis heute diskutiert man darüber, wo sie abgestürzt sind. Ob ins Meer zwischen Pinar del Río und Mexiko oder in Yucatán oder an irgendeinem anderen Ort. Aber niemals hat man wieder etwas von ihnen gehört, die den Atlantik in einem kleinen Propellerflugzeug überquert haben, als die Luftfahrt noch ganz am Anfang stand. Sie starben in diesem kleinen, mit unzähligen Treibstofftanks beladenen Flugzeug, weil es das Einzige war, was man damals tun konnte. Sie waren gestartet, hatten diese tollkühne Aktion durchgeführt – die Überquerung des Atlantiks –, waren in Spanien gestartet und in Kuba gelandet. In Kuba wieder gestartet, um nach Mexiko zu fliegen, und sind dort nie angekommen.

Wirbelstürme habe ich von klein auf gesehen. Orkanartige Winde, Wassertromben, Unwetter mit Windstößen von enormer Geschwindigkeit. Sogar ein Erdbeben habe ich mit vier oder fünf Jahren erlebt.[9] Unser Haus bebte und schepperte an allen Ecken und Enden. Sicherlich haben mich alle diese natürlichen Phänomene in irgendeiner Weise geprägt.

Welche anderen Dinge haben Ihrer Meinung nach noch zur Entwicklung Ihrer Persönlichkeit beigetragen?
Ein Privileg und eine Art Glück. Ich war Sohn eines Großgrundbesitzers und nicht sein Enkel. Wäre ich Enkel gewesen, dann wäre ich schon in einem aristokratischen Umfeld aufgewachsen, und all meine Freunde und all meine Bildung und Kultur wären darauf ausgerichtet gewesen, mich als etwas Besseres zu empfinden als andere Menschen. Wo ich geboren wurde, waren alle Menschen arm, Kinder von Landarbeitern und bettelarmen Bauern. Meine eigene Familie mütterlicherseits war arm, und einige Neffen meines Vaters, die aus Galicien kamen, waren ebenfalls arm.

Was mich sicher am meisten beeinflusst hat, ist, dass ich dort, wo ich geboren wurde, mit sehr einfachen Leuten zusammenlebte. Ich erinnere mich an die arbeitslosen Analphabeten, die in der Nähe der Zuckerrohrfelder Schlange standen und denen nicht einmal jemand auch nur einen Tropfen Wasser brachte. Sie hatten kein Frühstück, kein Mittagessen und kein Dach über dem Kopf, auch keine Möglichkeit der Fortbewegung. Ebenso wenig habe ich die barfüßigen Kinder jemals vergessen. All die Kinder, mit denen ich in Birán spielte, mit denen ich den ganzen Tag zusammen war, gehörten zu den ärmsten Familien. Einigen von ihnen habe ich mittags oft eine Dose mit dem Essen gebracht, das bei uns zu Hause übrig geblieben war. Wir gingen zusammen zum Fluss, zu Fuß oder ritten auf dem Pferd, warfen Steine und jagten Vögel. Letzteres muss man natürlich verurteilen, aber dort auf dem Land war es üblich, mit Steinschleudern auf Vögel zu schießen. Auf der Schule in Santiago und später in Havanna war ich dann aber mit Privilegierten zusammen. Das waren echte Söhne von Großgrundbesitzern.

Und Sie haben auch mit ihnen zusammengewohnt.
Es waren Kinder von reichen Leuten. Natürlich waren wir befreundet. Ich spielte mit ihnen, wir machten Sport zusammen und all solche Dinge, aber ich habe nicht mit ihnen in den Vierteln der Reichen gelebt.

Wir hatten dort ganz andere Dinge im Kopf, vor allem Sport, den Unterricht, Exkursionen und all das. Ich liebte den Sport und das Bergsteigen, das waren meine zwei Hobbys. Die vom Colegio de La Salle hatten außerdem ein Grundstück auf einer Halbinsel in Santiago, wo heute eine Raffinerie steht. Renté hieß das, und es gab dort einen Badeort. Im Wasser musste alles mit Palmrohr abgesteckt werden, um einen geschützten Bereich zu haben, denn es war eine Bucht, und die Haie waren gefährlich. Es gab dort Sprungbretter. Einen Einer, einen Zweier und einen Dreier. Ich hätte Klippenspringer werden sollen, denn ich weiß noch genau, als ich das erste Mal dorthin kam, bin ich, ohne nachzudenken, gleich vom höchsten Sprungbrett gesprungen, eine Art Wettstreit unter Jugendlichen. Wer traut sich? Paff, bin ich gesprungen, allerdings mit den Füßen zuerst. Gott sei Dank habe ich keinen Kopfsprung gemacht, denn das Sprungbrett war ziemlich hoch. Ich bin einfach runtergesprungen, ohne darüber nachzudenken.

Konnten Sie schon schwimmen?
Ich habe schon früh in den Bächen und Flüssen von Birán schwimmen gelernt, zusammen mit den Kindern, mit denen ich auch alle anderen Abenteuer geteilt habe.

Mit Ihren Freunden aus einfachen Verhältnissen.
Ja, mit all diesen Leuten, meinen Freunden und Spielkameraden. Ich habe keine bürgerliche Kultur mitbekommen. Mein Vater war eigentlich ein sehr isoliert lebender Landbesitzer. Meine Eltern gingen nie weg zu Besuch, und selten bekamen sie welchen. Sie hatten weder Kultur noch Gewohnheiten einer reichen Familie. Die ganze Zeit arbeiteten sie, und wir waren als Kinder ausschließlich mit den Menschen zusammen, die in Birán lebten.

Waren unter den Kindern, mit denen Sie spielten, auch schwarze Kinder?
Meine Eltern haben mir nie gesagt: »Spiel nicht mit diesen oder jenen Kindern.« Niemals. Ich war ständig in den Baracken der Haitianer unterwegs, weswegen ich zu Hause sogar ausgeschimpft wurde. Das hatte aber nichts mit dem sozialen Umfeld zu tun, sondern mit der Angst um meine Gesundheit, weil ich

geröstete Maiskolben mit ihnen aß. Sie drohten damit, mich nach Guanajay zu schicken, in eine Erziehungsanstalt westlich von Havanna.

Ein Erziehungsheim für rebellische Kinder?
Bei mir zu Hause sagten sie: »Wir werden dich nach Guanajay schicken, wenn du weiterhin gerösteten Mais in den Baracken der Haitianer isst!« Mehr als einmal haben sie mir deswegen, aber auch aus anderen Gründen, gedroht. Als ich dann anfing, Dinge wahrzunehmen, hatte ich meiner Meinung nach bereits die beste Schule durchlaufen: durch das Landleben und den Ort, wo ich aufgewachsen war. Das Landleben war die Freiheit.

Später wurde ich, weil ich Sohn einer reichen Familie war, ein Opfer der Ausbeutung.

Opfer der Ausbeutung?
Der Ausbeutung.

Wie meinen Sie das?
Ganz einfach, das kann ich Ihnen erzählen. Mein Kindergarten war die öffentliche Schule von Birán. Ich hatte zwei ältere Geschwister, Angelita und Ramón, die auf diese Schule gingen, und sie nahmen mich mit, obwohl ich eigentlich noch zu jung war, und setzten mich mitten auf eine Schulbank in der ersten Reihe. Ich erinnere mich noch sehr genau daran. Ich weiß nicht, wie ich schreiben lernte. Sicherlich, indem ich den anderen Kindern zuschaute, gezwungenermaßen, dort, in der ersten Reihe. Das muss im Jahr 1930 gewesen sein.

Da waren Sie vier Jahre alt.
Vier Jahre alt war ich. Ich lernte, zu schreiben und zu krakeln, indem ich den anderen Kindern zusah und der Lehrerin, was sie mit der Kreide an die Tafel schrieb. Ich machte auch Unfug, typisch für das Kind eines Landbesitzers. Die Lehrerin kam immer zu uns nach Hause, aß mit unserer Familie, und in der Schule gab es Strafen. Manchmal einen Hieb mit dem Lineal, das ist mir noch ganz präsent. Manchmal musste man sich auch hinknien, und sie legten dir Gewichte auf die ausgestreckten Hände. Sie ließen uns nicht drei Stunden dort sitzen, das nicht, aber da reichten schon ein paar Sekunden. Und manchmal, das war noch schlimmer, streuten sie Maiskörner auf den Boden.

Man musste darauf knien?
Ja, ich habe die schulische Folter kennengelernt, auch wenn es keine alltägliche Praxis war, nicht einmal sehr oft angewendet wurde. Es waren eher Methoden zur Abschreckung, die hin und wieder eingesetzt wurden.

Sie nennen die Dinge beim Namen: Folter.
Ich war damals schon sehr rebellisch und könnte lange Geschichten erzählen. Wenn Sie möchten, kann ich Ihnen später mehr über diese Dinge erzählen, die dazu geführt haben, dass ich ein Rebell wurde. Ich musste schon sehr früh Probleme lösen, die dazu beigetragen haben, dass ich ein Bewusstsein in Bezug auf das Unrecht erwarb und dafür, was in der Welt vor sich ging. Aber darüber haben wir nicht gesprochen, und es wird Sie nicht sonderlich interessieren.

Doch, es interessiert mich.
Wenn die Zeit gekommen ist, werde ich Ihnen davon erzählen. Aber wir haben uns die Frage gestellt: Wie bin ich zu einem Revolutionär geworden, welche Faktoren in meinem Leben hatten Einfluss darauf, dass ich diesen Weg eingeschlagen habe? Obwohl ich der Sohn eines Großgrundbesitzers bin, obwohl Jungen egoistisch und auch ein bisschen eitel sind und schon früh, zumindest ein wenig, ein Bewusstsein ihrer sozialen Klasse entwickeln.

Waren Sie das einzige Kind reicher Leute in der Schule von Birán?
Ich war das einzige, abgesehen von meinen beiden älteren Geschwistern. Es gab dort niemanden, der auch nur halbwegs reich war oder dem auch nur ein kleines Geschäft gehörte. Die Eltern der anderen Kinder waren Tagelöhner, und mit etwas Glück gehörte ihnen ein winziges Stückchen Land. Alle Kinder dort entstammten sehr, sehr armen Familien.

Haben Ihre Eltern Sie deswegen nach Santiago geschickt? Damit Sie Kinder aus einem anderen sozialen Umfeld kennenlernen?
Nein, ich glaube nicht, dass ihnen auch nur ein solcher Gedanke durch den Kopf ging. Was taten meine Eltern? Im Alter von sechs Jahren schickten sie mich nach Santiago, weil die Lehrerin ihnen erzählt hatte, ich sei »ein sehr intelligenter Junge«. Es war bereits beschlossen worden, dass die Lehrerin der Schule von Birán, sie hieß Eufrasia Feliú, meine große Schwester, Angelita, mit nach Santiago nehmen sollte. Sie war drei Jahre und vier Monate älter als ich. Also, wenn ich sechs Jahre alt war, dann war sie vielleicht neun oder zehn. Sie

haben sie also mitgenommen, und mich haben sie gleich mit eingeschlossen: Es kann nicht schaden, wenn der Junge auch nach Santiago geht, um im Haus der Lehrerin an seiner Erziehung zu arbeiten. Ich, begeistert und neugierig, ging mit – ohne einen weiteren Gedanken zu verschwenden.

Welchen Eindruck hatten Sie von Santiago als jemand, der vom Land kam?
Santiago de Cuba war damals eine kleine Stadt, verglichen mit dem, was sie heute ist, aber mich hat sie sehr beeindruckt. Sie erschien mir riesig, und ich war sehr bewegt. Später, mit sechzehn Jahren, hatte ich ein ähnliches Gefühl, als ich zum ersten Mal nach Havanna kam, in die Hauptstadt der Republik. Hier, in Havanna, sah ich damals große Häuser und Gebäude mit vier oder fünf Stockwerken, was mir gigantisch erschien. Die Stadt, die ich kannte – Santiago –, hatte eigentlich nur kleine Häuser, und Gebäude mit mehreren Stockwerken waren eine Ausnahme. Havanna hat mir damals also auch stark imponiert. Ich muss aber hinzufügen, dass ich damals, als ich mit sechs Jahren nach Santiago kam, zum ersten Mal das offene Meer gesehen habe. Ich kam vom Land, von den Bergen, aus dem Inland, und als ich das erste Mal in der Bucht von Santiago das offene Meer sah, war ich erstaunt.

Wie war dieses Haus in Santiago, in dem Sie wohnten?
Es war ein Haus aus Holz auf der Loma del Intendente im Stadtteil El Tivolí, einem eher ärmeren Viertel. Ein enges, dunkles und feuchtes kleines Haus mit einem kleinen Wohnzimmer, in dem ein Klavier stand, zwei Schlafzimmern, einem Bad und einem Balkon mit schönem Ausblick auf die Berge der Sierra Maestra und einen Teil der Bucht von Santiago, die nicht weit entfernt war.

Das Häuschen mit den Holzwänden und den kaputten, verblichenen Dachziegeln ging auf einen kleinen Platz, eine freie Fläche, ohne Bäume. Daneben eine Reihe von Häusern, die nur aus einem Raum bestanden. Im nächsten Häuserblock gab es ein kleines Geschäft, wo beispielsweise mit Rohrzucker hergestellte Kokosnuss-Nugat-Süßigkeiten verkauft wurden. Auf der anderen Seite des Platzes stand ein großes Haus, das dem Mauren Yidi gehörte, einem sehr reichen Mann. Und direkt daneben das Instituto de Segunda Enseñanza, ein Gymnasium. Dort war ich Zeitzeuge einiger wichtiger Ereignisse. Ich weiß noch, dass die Schule von Soldaten besetzt wurde, weil die Schüler Gegner von Machado[10] waren. An eine Szene in der besetzten Schule kann ich mich erinnern. Die Soldaten schlugen einen Passanten mehrfach mit ihren Gewehrkolben, weil dieser möglicherweise im Vorbeigehen eine Bemerkung gemacht hatte. Ich entsinne mich einiger solcher Szenen, da wir direkt gegenüber wohnten und alles sehen konnten.

Die Atmosphäre war sehr angespannt, die Soldaten nahmen einfach Passanten fest. Der Mechaniker von Birán – Antonio hieß er – wurde zu dieser Zeit verhaftet. Später hörte ich: weil er, wie sie sagten, Kommunist sei. Seine Frau ging ihn im Gefängnis besuchen und nahm mich mit, obwohl ich noch sehr klein war. Das Gefängnis befand sich am Ende der Alameda de Santiago. Ein unheimlicher, düsterer Ort mit schmutzigen Wänden. Ich denke mit einem Schaudern an die Gefängniswärter, die Zäune und die Blicke der Gefangenen ...

In diesem kleinen Haus in Santiago, wo ich wohnte, war das Dach undicht, und wenn es regnete, dann wurde immer alles nass. Es regnete drinnen fast mehr als draußen, und man stellte Waschschüsseln auf, um das Regenwasser aufzufangen. Das Haus war unglaublich feucht. Dorthin nahmen sie uns mit, meine Schwester und mich. In einem kleinen Zimmer mit einem riesigen Bett wohnte der Vater der Lehrerin, der Néstor hieß, und in dem anderen Zimmer ihre Schwester Belén, die Klavierlehrerin war. Eine würdevolle Frau, aber sie hatte keinen einzigen Schüler.

Gab es Strom?
Ja, es gab bereits elektrischen Strom, aber es wurde nicht viel verbraucht. Auch hier wurde mit Petroleumlampen beleuchtet, weil das wahrscheinlich billiger war.

Wie viele Personen lebten in diesem Haus?
Zunächst die Schwestern, deren Vater, glaube ich, Haitianer war. Ich weiß nicht, ob sie in Haiti oder in Frankreich studiert hatten, sie waren Mestizinnen. Eine war Schullehrerin, die zweite Klavierlehrerin, und die dritte hatte Medizin studiert. Sie starb nach kurzer Zeit. Die beiden Schwestern wohnten mit ihrem Vater Néstor zusammen, der Witwer war. Dann waren da noch meine Schwester und ich, also waren wir fünf Personen in diesem Haus mit der Lehrerin, die während der Schulzeit weiterhin in Birán unterrichtete, in den Ferien aber nach Hause kam. Kurz darauf zog noch eine Frau vom Land, eine Bäuerin, als Dienstmädchen in das einfache, heruntergekommene Häuschen ein. Sie wurde nie bezahlt. Wir waren jetzt schon zu sechst. Und zu guter Letzt mein Bruder Ramón, den ich überredete, in Santiago zu bleiben, als er eines Tages zu Besuch kam. Da waren wir dann mit der Lehrerin sieben Personen.

Wir alle, fünf, sechs oder sieben, haben wirklich aus einem Essenskanister gelebt.

Zu welcher Zeit war das?
Das war zur Zeit der Machado-Diktatur. Es gab sehr viel Hunger im Land. Machado wurde vor allem vom Hunger gestürzt, denn zusätzlich zu der Wirtschaftskrise im Jahr 1929 hatten uns die Vereinigten Staaten schon in den ersten Jahren der abhängigen Republik mit einem Handelsvertrag geknebelt, mit dem sie uns verboten, viele Dinge zu produzieren, um uns so wiederum zu zwingen, diese Dinge zu importieren. Und obwohl sie von uns zu jener Zeit den Zucker kauften, erhoben sie aufgrund der genannten Wirtschaftskrise Zölle auf den Zucker. Das begrenzte den Export, und der Preis war auf ein Minimum gefallen. Die Wirtschaft ging noch tiefer in die Knie, und der Hunger breitete sich im ganzen Land aus.

Es war eine Epoche der Wirtschaftskrise, aber auch der politischen Repression.
Machado hatte sein Mandat mit gewisser Unterstützung seitens der Bevölkerung erhalten, mittels einiger nationalistischer Maßnahmen. Er ließ Fabriken und andere Werke bauen, um das Land zu industrialisieren, aber er war autoritär und sein Regime wurde bald zu einem blutigen. Er geriet schnell in Opposition zu den Studenten. Vor allem zu Julio Antonio Mella[II], dem Gründer des Studentenverbandes und der Kommunistischen Partei, im Alter von zwanzig oder einundzwanzig Jahren. Er war ein Idol und Sinnbild für die Studenten, die Arbeiter und das gesamte Volk. Auf Befehl von Machado wurde er in Mexiko ermordet.

Mella war ein sehr fähiger und reifer junger Mann. Eine der überragendsten Figuren nach José Martí. Er sprach sogar von einer »Arbeiteruniversität«, eine brillante Idee. Die Studenten kamen damals zur Universität und hörten ihn über die Geschichte und ihre Helden reden. 1917 hatte ja bereits die Oktoberrevolution stattgefunden, und als er die Kommunistische Partei gründete, war er mit Sicherheit von der Radikalität dieser Revolution und ihren Prinzipien beeinflusst. Mella war ein Anhänger Martís und ein entschlossener Sympathisant der Oktoberrevolution. Das hatte sicherlich große Auswirkungen auf die Tatsache, dass er zusammen mit Carlos Baliño, einem Marxisten, der ein Freund Martís war, die erste Kommunistische Partei Kubas gründete.

Machado wurde im Jahr 1933 gestürzt, richtig?
Ja. Machado wurde im Kampf von 1933 gestürzt. Im August war das, und im September gab es den »Aufstand der Unteroffiziere«. Ich war gerade sieben Jahre alt geworden. Die Unteroffiziere tauchten mit dem Nimbus auf, gegen die Offiziere, die Komplizen Machados waren, rebelliert zu haben. Zu diesem Zeitpunkt kamen alle aus dem Untergrund hervor. Unter den verschiedenen Anti-Machado-Gruppen gab es einige linke, andere hatten eher rechtes Gedankengut, und unter Letzteren gab es sogar eine, die die faschistischen Theorien Mussolinis vertrat.

Im Universitätsbereich gab es Studenten – sie hatten ein Direktorium gegründet –, die gegen die Diktatur gekämpft und Opfer zu verzeichnen hatten, sogar einige herausragende Professoren befanden sich darunter. In einer der kämpferischsten Studentenbewegungen gab es einen Professor für Physiologie namens Ramón Grau San Martín, der als Präsident Kubas vorgeschlagen und schließlich nominiert wurde. In seiner Regierung, die nach der »Bewegung des 4. September« zum Vorschein kam, drei Wochen nach dem Fall Machados, wurde Antonio Guiteras[12] zum Regierungsminister ernannt, ein sehr beherzter und mutiger junger Mann. Er hatte eine Kaserne in San Luis im Osten eingenommen und einen bewaffneten Kampf gegen Machado geführt.

Antonio Guiteras.
Guiteras sorgte dafür, dass die Gesetze geachtet wurden. Er intervenierte beim Stromversorger und anderen US-Unternehmen. Etwas, das es in Kuba bislang nicht gegeben hatte. Und er trieb Gesetze voran, die den Gewerkschaften gestatteten, den Arbeitstag auf acht Stunden zu begrenzen, sowie eine Reihe andere fortschrittlicher Maßnahmen, die die Politik jener Regierung charakterisierten.

Eine dieser Maßnahmen hatte eine erklärbare gute Motivation, war aber nicht besonders gerecht. Man nannte sie »Gesetz zur Nationalisierung der Arbeit«, und obwohl es nicht ihr Ziel war, hat sie zur brutalen Vertreibung einer großen Anzahl von Haitianern geführt. Die Regierung, in der der stärkste und entschlossenste Minister Guiteras war, hatte das Gesetz erlassen, um die kubanischen Arbeiter vor der sozialen Ausgrenzung durch spanische Händler zu schützen, die die Arbeit mit Vorliebe an die aus Spanien geholten Familienmitglieder vergaben.

Jene Regierung, die zu Beginn eher eine Pentarchie – eine Herrschaft von fünf Mächten – war, ehe die Präsidentschaft auf Grau San Martín überging, hat in nur drei Monaten eine Reihe von Gesetzen und Maßnahmen zum Nutzen des kubanischen Volkes durchgesetzt. Die Yankees aber hatten über ihren Botschafter Benjamin Summer Welles bereits damit begonnen, auf Batista einzuwirken – obwohl der US-amerikanische Präsident damals kein Geringerer als Franklin Delano Roosevelt war, der zu dieser Zeit eine »Diplomatie der guten Nachbarschaft« mit Lateinamerika vorantrieb.

Abgesehen vom Charakter und Wesen des politischen Systems der USA, die nach Großbritannien und Frankreich eine starke und wachsende imperiale Macht verkörperten, versunken in einer tiefen Weltwirtschaftskrise, die das Volk der Vereinigten Staaten hart getroffen hat, war Roosevelt für mein Empfinden einer der besten Staatsmänner, die unser Nachbar im Norden jemals hatte. Er war ein Mann, mit dem ich Jahre später als Schuljunge sympathisierte. Er hatte eine Behinderung. Die warmherzige Stimme, mit der er seine Reden hielt, zog die Menschen an.

Roosevelt, der möglicherweise vom Kampfgeist des kubanischen Volkes beeindruckt war und sich eine bessere Beziehung zu den Ländern Lateinamerikas wünschte, ahnte vielleicht, welch unsichere Zukunft uns mit der Machtübernahme Hitlers bevorstand. Ihm obliegt das Verdienst, das Platt-Amendment[13] außer Kraft gesetzt zu haben. Er gab außerdem seine Einwilligung zu einem Vertrag mit dem Namen Hay-Quesada, nach dem die Vereinigten Staaten die Isla de Pinos, das heutige Gebiet der Insel der Jugend, an Kuba zurückgaben. Das Gebiet war mit unbestimmtem Schicksal besetzt worden.

War es von den US-Amerikanern militärisch besetzt?
Sie hielten die Isla de Pinos seit 1898 besetzt.

Sie unterlag nicht der Verwaltung durch die Regierung der Republik?
Nein, sie war seit der Verabschiedung des Platt-Amendments in US-amerikanischem Besitz. Sie wurde zurückerobert, und übrig geblieben ist Guantánamo. Das Platt-Amendment räumte den USA ein verfassungsmäßiges Recht ein, sich in die inneren Angelegenheiten Kubas einzumischen.

Dieser Vertrag wurde 1902 unterzeichnet.
Er wurde uns 1901 auferlegt und 1934 abgeschafft. Das genaue Datum weiß ich nicht mehr.

Die Regierung mit Guiteras dauerte nur etwa drei Monate. Anfang 1934 kam Fulgencio Batista und entriss ihnen einfach die Macht. Antonio Guiteras wurde im Jahr 1935 ermordet, als er versuchte, nach Mexiko zu reisen, um dort den Kampf vorzubereiten. So, wie es vorher Mella und später wir getan haben.

Während der Zeit der revolutionären Regierung von 1933 gab es ein paar Kämpfe, einen davon im *Hotel Nacional* in der Hauptstadt, wo sich eine Gruppe von Armeeoffizieren versteckt hatte, die den gestürzten General Machado unterstützt hatten. Unter ihnen gab es ein paar Scharfschützen und andere sehr gut ausgebildete Leute. Sie wurden am Ende von den Soldaten und Unteroffizieren rausgeholt, aber zuvor haben sie sich heftige Gefechte geliefert.

Auch die ABC-Leute, eine Gruppe von Machado-Gegnern, die aber faschistoide Ideen vertraten, erhoben sich, nahmen Polizeistationen ein und lieferten sich Gefechte. Der letzte Kampf fand in der Festung von Atarés statt. All das gegen die fortschrittliche Regierung und gegen die Gesetze Guiteras'.

Batista beschaffte sich den Oberbefehl über die Streitkräfte. Es war seine Armee. Auf Druck des Botschafters der Vereinigten Staaten setzte er die Regierung ab und ernannte einen neuen Präsidenten. Batista beförderte sich zum Oberst, andere Unteroffiziere wurden von ihm zum Oberstleutnant gemacht. Generäle gab es nicht. Einige der alten Offiziere niederen Ranges und einige Unteroffiziere wurden zu Leutnants, Hauptmännern, Comandantes und Oberstleutnants ernannt. Ich glaube, der einzige Oberst war zugleich Chef der Armee, Fulgencio Batista.

Das war 1934. Batista regierte sieben Jahre lang, im Jahr 1940 wurde sogar eine verfassungsgebende Versammlung einberufen. Während dieser ganzen Zeit hielt ich mich in Santiago auf. Zunächst im Haus der Lehrerin, später im Colegio de La Salle und anschließend im Colegio de Dolores bei den Jesuiten. Im Jahr 1942 brach ich zum Colegio de Belén nach Havanna auf, ebenfalls eine Jesuitenschule, die, wie schon gesagt, den Ruf hatte, die beste Schule Kubas zu sein. 1945 habe ich dann Abitur gemacht.

Das kann ich Ihnen über meine ersten Lebensjahre erzählen.

2

EIN REBELL WIRD GEBOREN

Erstes Auflehnen – Das politische Umfeld – Die Diktaturen Machados und Batistas – Havanna – Das Colegio de Belén

Die Jahre, in denen sich Ihre intellektuelle Entwicklung abspielt, fallen mit zwei tragischen Perioden zusammen: der ersten Diktatur Fulgencio Batistas und dem Zweiten Weltkrieg.
All das hat meine Entwicklung zweifellos beeinflusst, aber es wirkte vor allem im Hinblick auf die Entwicklung der politischen und revolutionären Kräfte. Ende der 30er-Jahre waren die berühmten Volksfronten entstanden. Aber darüber möchte ich jetzt nicht sprechen.

Worin bestand Ihr Unterricht im Haus der Lehrerin?
Sie haben mir überhaupt nichts beigebracht, ich hatte keinen Unterricht. Sie haben mich auch auf keine Schule geschickt. Ich war einfach nur dort und tat nichts. In diesem Haus gab es nicht einmal ein Radio. Das Einzige, was ich hörte, war das Klavier: do, re, mi, fa, sol, la, si, tapp, tapp, tapp ... Können Sie sich das vorstellen? Jeden Tag stundenlang dieses Piano zu hören? Das ist einer der Gründe, warum ich eigentlich Musiker hätte werden müssen.

Die Schwester der Lehrerin, die Pianistin, hätte mich eigentlich als Grundschüler unterrichten sollen, das tat sie aber nicht. Das ist der Anfang der Geschichte, und ich werde sie jetzt nicht ganz erzählen. Vielleicht später, wenn Sie mögen. Ich sage Ihnen, wie ich Addieren, Multiplizieren, Subtrahieren und Dividieren lernte. Ganz allein, auf dem Umschlag eines dieser Schreibhefte, die es in der Schule gibt, mit einem roten Umschlag und wo sich auf der hinteren Seite des Einbands die Tafeln zum Addieren, Multiplizieren, Subtrahieren und Dividieren befinden. Ich lernte sie auswendig, sonst nichts, denn nicht mal das haben sie mir beigebracht. Die Unterrichtsstunden bestanden darin, dass ich ganz allein die Tafeln auf der Rückseite des Hefteinbands auswendig lernte. Tatsache ist, dass ich dort zwei Jahre lang meine Zeit verschwendet habe.

Sie waren noch sehr klein. Hatten Sie Sehnsucht nach Ihrer Familie?
Meine Familie hatte mich einfach an einen Ort geschickt, wo ich nichts lernte und eine Menge durchmachen musste. Ich habe sogar Hunger gelitten, ohne zu wissen, dass es Hunger war. Ich dachte, es sei Appetit.

Unglaublich.
Es sind sehr ernste Dinge passiert. Hier wurde ich zum ersten Mal rebellisch, so mit acht Jahren etwa. Diese Geschichte spielte sich in zwei Etappen ab.

Haben Sie nach dieser Erfahrung nicht die Liebe zu Ihren Eltern verloren?
Nein, ich habe meine Eltern schon gemocht. Zumindest geachtet habe ich sie beide, meinen Vater und meine Mutter. Meine Mutter habe ich verständlicherweise mehr geliebt, denn Mütter sind einem ja immer näher.

Obwohl Sie dort nach Santiago auf ein Internat geschickt worden waren?
Ein Internat? Nein, das konnte man wirklich nicht auf ein Internat schicken nennen. Ich war verbannt, hatte Hunger und verwechselte den Hunger mit Appetit!

Wem haben Sie dafür die Schuld gegeben?
Ich konnte weder meinen Eltern noch sonst jemandem die Schuld dafür geben. Am Anfang verstand ich gar nicht, was los war. Es war mir nicht bewusst, und ich konnte diese Umstände auch nicht bewerten. In Birán war ich glücklich. Dann schickten sie mich an einen Ort, wo ich weit weg war von der Familie, von unserem Haus und dem Leben auf dem Land, das ich so sehr geliebt habe. Und dann wurde ich auch noch ungerecht behandelt, von Leuten, die gar nicht zu meiner Familie gehörten.

Hatten Sie einen Freund zum Spielen?
Ja, glücklicherweise. Gabrielito hieß der Junge, Gabrielito Palau. Seine Eltern hatten irgendein Geschäft. Sie befanden sich somit in einer wirtschaftlich besseren Situation. Sie wohnten in einem schönen Haus nahe des kleinen Platzes. Dort in den Nebenstraßen spielte ich mit ihm und anderen. Er hat später sehr lange für das Fernsehen gearbeitet, bis nach dem Triumph der Revolution. Ich glaube, er arbeitet noch immer für das Fernsehen, seit Langem aber habe ich nichts von ihm gehört.

Ansonsten hatte ich es dort sehr schwer, und ich war dieses Leben, dieses

Haus und diese Familie bald leid. Diese Normen. Es war wie die instinktive Reaktion eines in die Ecke gedrängten Tieres.

Welche Normen?
Diese Leute hatten eine französische Erziehung genossen. Sie sprachen perfekt Französisch und waren sehr förmlich in ihrem Verhalten. All diese Manieren und Umgangsformen haben sie schon früh bei mir angewendet. Man musste immer sehr wohlerzogen sprechen, die Stimme nicht erheben und niemals ein ungebührliches Wort aussprechen. Manchmal schlugen sie einen mit der Rute, um solche Dinge zu unterdrücken. Und wenn ich mich nicht gut benahm, drohten sie mir damit, mich ins Colegio de La Salle zu schicken, wo ich schließlich während der letzten Etappe dieser Odyssee die erste Klasse besuchte. Unter anderem haben sie mich zwei ganze Jahre verlieren lassen. Heute sind in Kuba die Kinder in diesem Alter schon in der dritten Klasse.

Kann man sagen, dass Sie als Kind misshandelt wurden?
Na ja, das war schrecklich. In den ersten Monaten musste ich mir sogar die Schuhe, die ich trug, selbst nähen. Die Schelte, die ich eines Tages bekam, weil ich eine Nähnadel abgebrochen hatte. Meine Schuhe waren an der seitlichen Fabriknaht aufgerissen, und die Sohle löste sich. Ich hatte, wie schon so oft, versucht, sie zu reparieren. Ich habe natürlich das feine Garn benutzt, denn es gab kein anderes. Deshalb hatte ich ein Problem. Ich konnte nicht barfuß gehen und musste diese Sache irgendwie lösen. Ich weiß heute nicht mehr, wie dieser Streit ausging, aber irgendwie hat er sich letztendlich gelöst.

Ich will natürlich auch nicht übertreiben. Ich war nicht in einem Konzentrationslager. Und es gibt mildernde Umstände: Die Familie der Lehrerin war arm. Sie lebte einzig und allein von deren Gehalt. Und die Regierung damals zahlte den Lehrern häufig ihren Lohn nicht aus, sodass sie oft drei Monate warten mussten, um ihr Geld zu bekommen. Das führte zu Unsicherheiten und einem übertriebenen Egoismus. Bei dieser Familie ging es mit jedem Centavo um Leben oder Tod.

Und Sie sagen, Sie haben dort gehungert?
Ja, ich habe dort gehungert. In Birán haben sie mich immer zum Essen zwingen müssen, und dort in Santiago hatte ich immer Lust, zu essen. Plötzlich wurde mir bewusst, wie lecker Reis schmeckt. Manchmal gab es zum Reis ein Stück Süßkartoffel oder ein wenig Gehacktes. An Brot kann ich mich nicht erinnern.

Aber das Problem war, dass von dem Essen aus dem Kanister alle sechs oder sieben Personen im Haus essen mussten, und es musste für mittags und abends reichen. Das Essen kam von einer Cousine der Lehrerin, die sie »Kleine« nannten. Das war eine sehr dicke Frau. Ich weiß nicht, warum sie sie so nannten, sie war anscheinend diejenige, die am besten genährt war. Sie kochten bei ihr zu Hause, und ein Cousin, Marcial – wer könnte seinen Namen vergessen –, brachte regelmäßig den Topf mit ein wenig Reis, Bohnen, Süßkartoffeln oder Bananen und in seltenen Fällen, wie ich schon sagte, mit ein wenig Gehacktem. Das wurde dann geteilt. Ich kann mich erinnern, wie ich mit den Zähnen auch noch das letzte Reiskorn von der Gabel knabberte.

Aber wenn das so schrecklich war, warum ist dann Ihr älterer Bruder, Ramón, auch in diesem Haus geblieben?
Ramón kam eines Tages nach Santiago, ich weiß nicht, warum, und er hatte eine dieser Ledertaschen um, in denen man Geld aufbewahrt. Dort hatte er ein paar Peso zusammen, in Zwanzig-Centavo-Stücken, Zehn-Centavo-Stücken, Fünf-Centavo-Münzen und sogar in Ein-Centavo-Stücken. Damals bekam man für einen Centavo ein *durofrio*[a] oder eine Süßigkeit aus Kokosnuss mit Rohrzucker. Ich beneidete die anderen Kinder – Kinder sind ziemlich egoistisch –, denn die Nachbarn waren zwar auch arm, aber sie hatten immer mal einen Centavo übrig oder zwei oder drei. Aber die französische Erziehung der Lehrerin und ihrer Schwester prasselte auf mich nieder, und sie sagten mir immer wieder, dass es von schlechter Erziehung zeuge, jemanden um etwas zu bitten. Die anderen Kinder wussten, dass ich diese Regeln einhalten musste, und wenn sie dann mit ihrem Eis oder ihrer Kokossüßigkeit vor mir standen und ich sie fragte, ob ich etwas abhaben durfte, rannten sie sofort zur Lehrerin oder ihrer Schwester und verrieten mich.

Einmal bat ich die Schwester der Lehrerin, die eine sehr gütige, aber eben arme Frau war, um einen Centavo. Ich werde nie vergessen, wie sie völlig irritiert ablehnte und mir sagte: »Ich habe dir bereits zweiundachtzig Centavo geliehen.« Das stimmte, und sie gab mir nie wieder einen Centavo, und ich bat sie auch nie wieder darum.

Als Ramón dann Monate später mit diesem ganzen Geld in der Tasche ankam, dachte ich, es sei nun ein großer Gewinn an Süßigkeiten und Eis über mich hereingebrochen, und überredete ihn, zu bleiben. Obwohl damit, ehrlich gesagt, die Armut größer geworden ist, denn jetzt musste die Essensration mit einer weiteren Person geteilt werden.

Erst später ist mir diese ganze Situation bewusst geworden. Das war etwa nach einem Jahr, als meine Eltern entdeckten, was los war.

Ihre Eltern haben nicht gemerkt, was Sie durchmachten?
Eines Tages kam mein Vater. Ich hatte gerade die Masern oder so etwas hinter mir. Meine Haare waren lang, denn man schnitt sie uns nicht; ich war dünn, wie man sich vorstellen kann; und mein Vater merkte nichts! Sie erzählten ihm, das sei nur wegen der Masern, die ich gerade durchgemacht hatte.

Dann kam irgendwann meine Mutter – die Lehrerin, ihre Schwester und ihr Vater waren bereits umgezogen. Sie hatten ihre Situation verbessert; wir waren bereits drei Zöglinge, und sie bekamen jeden Monat hundertzwanzig Peso für uns – und sie findet uns abgemagert und hungrig vor. An diesem Tag ging sie mit uns in das beste Café von Santiago. Ich glaube, wir haben das komplette Eis in dem Laden verschlungen. Das Café hieß *La Nuviola*. Es war gerade Mangozeit, und meine Mutter kaufte uns einen ganzen Sack voller Toledo-Mangos. Sie waren klein, aber köstlich, und wir hatten sie in Kürze aufgegessen. Einen Tag später nahm sie uns mit nach Hause, nach Birán.

Ich habe kürzlich mit meiner großen Schwester, Angelita, gesprochen, und ich kritisiere sie deswegen bis heute. Warum hat sie, die lesen und schreiben konnte, nicht angeprangert, was ich selbst noch nicht verstehen konnte? Ich kam doch von den Pferdekoppeln in Birán. Einem Paradies, wo es alles im Überfluss gab und wo man uns oft zwingen musste, etwas zu essen. »Iss deine Suppe, iss das Fleisch, iss dies oder jenes.« Weil wir den ganzen Tag am Essen waren, Süßigkeiten aus dem Laden oder aus der Vorratskammer des Hauses, hatten wir beim Mittagessen oft keinen Hunger. Meine Schwester hätte zu Hause erzählen müssen, was dort vor sich ging, und ich habe ihr das als Bruder vorgeworfen, weil sie es unterlassen hat. Sie sagte mir, man habe sie die Briefe, die sie geschrieben hatte, nicht wegbringen lassen, man habe sie immer abgefangen.

Na ja, drei Schüler à vierzig Peso, das muss ja schon ein richtig gutes Geschäft gewesen sein.
Ja, sie haben sich damals – ich weiß nicht mehr genau, zu welcher Zeit das war – wirtschaftlich deutlich verbessert. Wir waren drei aus Birán, vierzig plus vierzig plus vierzig: hundertzwanzig Peso. Das war vielleicht so viel wert wie heute 3000 US-Dollar in irgendeinem Dritte-Welt-Land. Dazu kommt dann noch der Konsul von Haiti, der die Klavierlehrerin heiratete. Das war schon eine enorme Verbesserung.

Die Lehrerin hat dann Geld gespart und sogar eine Reise in die Vereinigten Staaten unternommen, um die Niagarafälle zu besuchen. Sie brachte uns ein paar Fähnchen als Souvenir mit. Was für eine Plage, niemand weiß, wie oft und wie lange ich mir die Geschichten über diese Wasserfälle anhören musste! Ich müsste sie hassen, denn es waren immer und immer wieder die gleichen Geschichten über die Niagarafälle, genau das Gegenteil der »Ode an Niagara« von Heredia[1]. Mir hingen nach der Rückkehr dieser Frau die Wasserfälle zum Hals heraus. Außerdem kaufte sie auch noch Möbel – die wir mit unserem Hunger bezahlt hatten.

Bis hierhin erzähle ich Ihnen ganz offen und ehrlich. Und dann kommt die Auflehnung.

Sie haben sich gegen die Lehrerin aufgelehnt?
Als ich zum ersten Mal nach Birán zurückkam, nachdem uns meine Mutter gerettet hatte, wurde mir bewusst, wie kriminell das war. Alle merkten, dass wir drei gehungert hatten, und wir kamen in unser Elternhaus zurück, nach dem wir uns so sehr gesehnt hatten, als erklärte Feinde der Lehrerin, die immer in unserem Haus in Birán zu Mittag gegessen und sich die größten Stücke Hühnchen aus dem Reis herausgefischt hatte … Zu diesem Zeitpunkt, als meine Mutter uns nach Birán zurückgeholt hatte, war Schulzeit. Die Lehrerin war da und gab Unterricht, und hier organisierten Ramón und ich unsere erste Aktion – gegen sie.

Rebellion.
Nein, es war keine Rebellion. Die erste Rache, so könnte man es nennen; oder sagen wir besser: Revanche. Mit unseren Steinschleudern machten wir Lärm, indem wir das kannelierte Zinkdach der Schule beschossen. Es wurde schon dunkel, in der Nähe war die Bäckerei, und wir verschanzten uns hinter dem Holz, das dort zur Verbrennung im Ofen aufgeschichtet war. Mit Steinschleudern, die aus der Astgabel eines Guavenbaums und aus einem Gummiband bestanden, bombardierten wir das Haus für etwa ein halbe Stunde; vielleicht war es auch gar nicht so lange, aber ich fand es grandios. Die Steine, die auf das Zink prallten. Immer wenn einer oder zwei Steine gerade auf das Dach fielen, waren schon wieder drei in der Luft; wir hielten uns wirklich für Experten, was das anging. Der Lärm der Geschosse ließ uns die anzunehmenden Schreie der Lehrerin, die dort wohnte, nicht hören. Wir waren rachsüchtig!

Das Unvorstellbare ist, dass meine Eltern später mit der Lehrerin Frieden schlossen und mich wieder in ihr Haus nach Santiago schickten. Ich hatte wirklich kein Glück. Ramón blieb in Birán. Sein Asthma rettete ihn.

Unglaublich!
Ja, aber diesmal sollte ich keinen Hunger leiden, denn es hatte ja deswegen bereits Aufruhr gegeben. Trotzdem verlor ich dort weiterhin meine Zeit. Monat um Monat verlor ich, denn ich tat nichts wirklich Sinnvolles, vertrieb mir irgendwie die Zeit und lernte arithmetische Tafeln auswendig wie zuvor. Als der Januar kam, schickten sie mich als externen Schüler in die erste Klasse der Schule von La Salle. Zum ersten Mal in meinem Leben ging ich regelmäßig zum Unterricht.

Zu dieser Zeit hatte der Übergang nach Machados Sturz – das war Batistas Aktion – bereits stattgefunden, und ich erinnere mich an jene Tage, an den großen Streik von 1935. Gegenüber dem Haus befand sich das Instituto de Segunda Enseñanza, wo man das Abitur machen konnte. Die Schule war vom Militär besetzt, und ich habe viele gewalttätige Auseinandersetzungen gesehen. Einundzwanzig Jahre später, am 30. November 1956, haben die Kameraden von der »Bewegung des 26. Juli«[2] sie angegriffen, als wir, von Mexiko kommend, in der Nähe von Las Coloradas an Land gingen.

Diese gleiche Einrichtung?
Ja, genau dieses Gebäude. Es war aber keine Bildungseinrichtung mehr, denn sie hatten es in eine Kaserne verwandelt, als Batista wieder an die Macht kam. Im Jahr 1956 war dort eine Polizeikaserne. Als ich in die Grundschule ging, war das noch das Instituto de Segunda Enseñanza, aber später dann eine Militär- oder Polizeikaserne, als ich noch im Haus der Lehrerin wohnte. Das Militär war auch dort, und Soldaten hielten das Institut besetzt. Ich weiß, dass die Kameraden von der »Bewegung des 26. Juli«, die dort im Osten unter Frank País[3] agierten, es am 30. November 1956 angriffen. Sie wollten, dass die Aktion zeitgleich mit unserer Landung stattfand, sie kalkulierten in etwa die Tage, und am 30. November griffen sie an. Das war aber zwei Tage vor unserer Landung. Wir hatten uns um achtundvierzig Stunden verspätet, durch das Schiff, das Wetter auf dem Meer und aus anderen Gründen. Und sie griffen am 30. November an, weil an diesem Tag ihrer Berechnung nach die *Granma* ankommen sollte. Ich wollte nicht, dass die beiden Aktionen zeitgleich stattfanden, ich wollte zuerst die Landung.

Welche Erinnerungen haben Sie noch an diese Jahre?
In dieser Zeit, noch lange bevor ich in die Schule aufgenommen wurde, entwickelte sich eine Romanze zwischen der Schwester der Lehrerin, also der Klavierlehrerin, und dem Konsul von Haiti. Das waren sehr angenehme Leute, Mestizen, die perfektes Französisch sprachen. Und so kam eine neue Person in dieses Haus, der Konsul von Haiti. Luis Hibert hieß er. Der Status quo veränderte sich. Die Familie zog in ein besseres Haus um, direkt daneben, aber dort wurde man nicht mehr nass, und größer war es auch. Der Hunger wurde jetzt weniger, denn es gab ein zusätzliches Einkommen. Vielleicht kassierte die Lehrerin schon ihr Einkommen. Die Schwester heiratete also den Konsul von Haiti, der ein Monatsgehalt hatte, und das Essen wurde ein wenig besser, obwohl, na ja ...

Sie waren es, die mich mitnahmen zur Kathedrale von Santiago, um mich taufen zu lassen, denn bis dahin nannten sie mich »Jude«; so bezeichnete man jene, die nicht getauft waren. Obwohl ich davon überzeugt bin, dass die Bezeichnung »Jude« mit religiösen, antisemitischen Vorurteilen zu tun hat. Sie nannten mich Jude, und ich hatte keine Ahnung, warum. Daran können Sie sehen, was es damals schon für Vorurteile gab.

Sie waren nicht getauft?
Sie tauften mich erst mit acht Jahren. Denn während wir darauf warteten, dass der Millionär, der mein Pate werden sollte – ein Freund meines Vaters –, der Pfarrer und ich einmal alle zusammen in Birán sein würden, vergingen die Jahre. Meine Geschwister waren Patenkinder der ein oder anderen Tante, aber ich wurde erst mit acht Jahren getauft. Wie schon gesagt, hatten sie auf den Millionär gewartet, der mein Taufpate sein sollte, Fidel Pino Santos hieß er. Der Ursprung meines Namens ist dieser, ich kann also nicht stolz darauf sein. Ich wurde am 13. August geboren, und der Namenstag von San Fidel ist der 24. April. St. Fidelis von Sigmaringen, ich habe später versucht herauszufinden, wer das war.[4] Der 13. August war eigentlich der Tag der Heiligen Hippolyt und Cassian, aber sie nannten mich Fidel nach diesem Mann, der mein Pate sein sollte. Er war reich, sehr reich, und manchmal kam er in unser Haus in Birán, draußen auf dem Land.

Ihr eigentlicher Pate ist also der Konsul von Haiti?
Ja. Dieser Konsul heiratete die Klavierlehrerin, Schwester der Lehrerin meiner Grundschule. Und diese beiden sind meine Patin und mein Pate bei der Taufe.

Eines Tages nahm mich mein Patenonkel, der Konsul von Haiti, mit, um ein großes Passagierschiff zu besuchen, die *La Salle*, mit zwei großen Schornsteinen. Ein Schiff für Transatlantikrouten, das voller Haitianer war. Wie Bienen in einer Wabe wurden sie dort im Namen des Gesetzes zur Nationalisierung der Arbeit, von dem ich ja schon gesprochen habe, abgeschoben. Ich habe die Haitianer erlebt von den Strohhütten bei mir zu Hause, wo ich mit ihnen Maiskolben aß, bis zu diesen luxuriösen Transatlantikschiffen, wo man sie aus Kuba abschob, ohne zu wissen, welches Elend sie in ihrem Land würden erleiden müssen. Einem Land, das noch ärmer war als Kuba. Man brachte sie aus einem großen Elend in ein noch größeres.

Sie wurden aus Kuba abgeschoben?
Ja. In den Jahren des Zuckerreichtums waren sie zu Zehntausenden gekommen, um zu säen, die Felder zu bestellen und das Zuckerrohr zu schneiden. Sie arbeiteten auf den Zuckerrohrfeldern wie Halbsklaven und brachten große Opfer für einen winzigen Lohn. Ich glaube, die Sklaven des 19. Jahrhunderts lebten unter besseren Bedingungen als diese Haitianer. Die alten Sklaven waren Eigentum eines Sklavenhalters, der sie beschützte, wie ein Bauer seine Tiere beschützt. Die Sklavenhalter kümmerten sich darum, dass ihre Tiere gesund waren, und gaben ihnen zu essen, aber die Kapitalisten interessierten sich weder für die Gesundheit noch für die Ernährung ihrer angeblich freien Arbeiter, die ehemaligen Sklaven.

Als die sogenannte Revolution von 1933, die wirklich eine Bewegung gegen solche Auswüchse war, das Gesetz zur Nationalisierung der Arbeit verabschiedete und forderte, dass Kubaner bei der Vergabe von Arbeit bevorzugt werden sollten, passierten solche Dinge wie die von mir geschilderten. Dieses Gesetz, das eigentlich mehr Gerechtigkeit schaffen sollte, zog brutale Maßnahmen nach sich und führte vor allen Dingen dazu, dass Tausende und Abertausende von Haitianern abgeschoben wurden, die nach Kuba gekommen waren und dort seit mehr als zwanzig Jahren gelebt hatten. Die Bevölkerung war gewachsen, der Anteil der Haitianer zu sehr, und man verlud sie auf grausame und umbarmherzige Weise auf Schiffe, um sie in ihre ursprüngliche Heimat zurückzubringen. Das war unmenschlich. Sie nahmen mich mit, um mir das zu zeigen, und hatten keine Ahnung davon, wie sehr mir dieses Erlebnis später helfen würde, die Welt zu verstehen.

Wie viele Jahre haben Sie im Haus der Lehrerin verbracht?
Dreimal habe ich den Tag der Heiligen Drei Könige dort erlebt. Das ist die einzige Angabe, an die ich mich halten kann, um in etwa die Zeit zu messen. Ich habe ja nebenbei schon erzählt, dass ich eigentlich Musiker hätte werden müssen, weil meine Patentante Pianistin war. Schade, dass es ihr nicht in den Sinn gekommen war, mich zu unterrichten, um meine Zeit sinnvoll zu nutzen. Aber am Tag der Heiligen Drei Könige schenkten sie mir jedes Mal ein Instrument. Beim ersten Mal ein kleines Kornett aus Pappe, eine Art Tröte, mit einem Aluminiummundstück. Das zweite Mal wieder ein Kornett, diesmal die Hälfte aus Pappe und die andere Hälfte aus Aluminium, und beim dritten Mal war das ganze Kornett aus Aluminium und hatte sogar drei kleine Tasten. Dreimal die Heiligen Drei Könige bedeuten aber nicht drei Jahre; denn wenn sie mich in einem September zur Schule schickten, dann waren es nach dem letzten Dreikönigstag nicht mehr als zwei Jahre und acht Monate. Davon muss man auch die Zeit abziehen, die wir in Birán verbrachten, als wir damals bei Einbruch der Nacht das Haus mit dem Zinkdach bombardierten, wo die Lehrerin sich aufhielt.

Ich hatte den Heiligen Drei Königen, jenen der Kornetts, lange Briefe geschrieben und haufenweise Kräuter unter das Bett gelegt, volle Wassergläser für die Kamele hingestellt und so weiter, und ich habe sie um alles gebeten, was sich ein kleiner Junge so vorstellen kann: eine Modelleisenbahn zum Beispiel und sogar eine Filmkamera, aber ich bekam immer wieder nur die Tröten und sonst nichts.

Im neuen Haus gab es eine Kletterpflanze mit breiten Blättern, die ein wenig Schatten gaben. Unter diesen saß ich auf einem Stuhl, der auf einem Boden mit roten Steinplatten stand, und lernte immer und immer wieder die famosen Tafeln auswendig. Ich habe mich sozusagen selbst unterrichtet, seit damals bin ich Autodidakt.

In diesem neuen Haus schlief ich in einem kleinen Gang, der zur hinteren Straße hinausführte, auf einem Sofa. Mit nichts weiter. Es war eines dieser Sofas aus Korbweide. Das war zu einer Zeit, als in Santiago ständig Bomben explodierten. Fast jede Nacht gab es eine oder mehrere Explosionen. Ich kann mich an eine Nacht erinnern, in der mehr als zwanzig oder dreißig Bomben explodierten. Ich hatte ständig das Gefühl, dass irgendwann eine Bombe genau dort, direkt neben mir, explodieren würde. Ich hatte keine Ahnung, warum diese Bomben explodierten und wer sie legte. In dem kleinen Gang, in dem ich schlief, hörte man die ganze Nacht den Lärm der Bomben.

Wer legte diese Bomben?
Die Revolutionäre, die gegen Machado oder gegen Batista kämpften, denke ich.

Gegen Machado?
Ja, gegen Machado und später gegen Batista, denn Batistas Staatsstreich war am 4. September 1933. Diese Bomben müssen mit den letzten Monaten des Kampfes gegen Machado zu tun gehabt haben. Direkt im Anschluss gab es für etwa drei Monate eine Regierung, die man revolutionär nannte.

Der »Aufstand der Unteroffiziere« war, wie ich schon sagte, eine dieser Aktionen; aber vorher hatten Zivilisten monatelang, bis August 1933, gegen die Regierung Machado gekämpft, der sich selbst für ein zweites Mandat sozusagen wiedergewählt hatte, inmitten einer großen Krise. Das war die Zeit der Weltwirtschaftskrise von 1929. Wie schon gesagt, gab es zu dieser Zeit großen Hunger im Land. Man hat gegen Machado gekämpft, aber als er stürzte, gab es eine Art Waffenruhe. Im September putschte Fulgencio Batista, der als Stenograf im Rang eines Unteroffiziers arbeitete, mithilfe eines anderen Unteroffiziers und übernahm das Kommando; die Unteroffiziere vereinten sich mit den Studenten und anderen revolutionären Kräften.

In jener Zeit lebten die Kämpfe mit den *Abecedarios* – den faschistischen ABC-Gruppen – wieder auf. Vielleicht waren es diese, die im letzten Drittel des Jahres, also im Oktober, November und Dezember 1933, die Bomben legten. Und dann begann der Kampf gegen Batista.

Ich kann Ihnen nicht sagen, wer bis zu dreißig Bomben in einer Nacht legte, denn die Erinnerungen verwischen sich im Dunst der Zeit, und ich kann nur meine Erinnerungen als Kind wiedergeben. Als das berüchtigte Gesetz zur Nationalisierung der Arbeit in Kraft trat und die Haitianer abgeschoben wurden, wohnte ich im zweiten Haus der Lehrerin. Das weiß ich mit Gewissheit; daraus schlussfolgere ich, dass ich etwa gegen Ende 1932 das erste Mal nach Santiago gekommen sein muss. An die genauen Daten kann ich mich nicht erinnern, ich kann sie ableiten von den Eindrücken, an die ich mich erinnere, und von den bekannten Tatsachen der Ereignisse, die damals in Kuba stattfanden.

Da waren Sie etwa sechs oder sieben Jahre alt?
So etwa sechs Jahre. Sicher nicht älter, denn länger als ein Jahr war ich nicht im ersten Haus der Lehrerin. Ich erinnere mich jetzt, dass auch in der Zeit im neuen Haus die Bomben noch explodierten, lange Zeit. Also, das muss gegen

Ende des Jahres 1933 gewesen sein. Machado stürzte im August, dann kam die Batista-Bewegung, ein Bündnis, das etwa drei Monate überlebte, eine revolutionäre Regierung, die gegen Ende des Jahres entmachtet wurde. Es gab Gruppen – innerhalb der ABC – mit faschistischen Tendenzen, die zunächst gegen die revolutionäre Regierung kämpften und sich später mit Batista verbündeten. Deshalb frage ich mich, wer damals all die Bomben gelegt hat.

Im Jahr 1932?
Nein, da wussten wir, wer es war. Die Frage ist: Wer legte später die Bomben? Das Wahrscheinlichste ist, dass es diesmal die Feinde der Revolution waren. Ende 1933 gab es dann den Aufstand der ABC-Leute, die sich gegen Grau San Martín, den Physiologieprofessor, und Guiteras, seinen linken Flügel, auflehnten; vielleicht waren die ABC-Leute die Einzigen, die so viele Bomben legen konnten.

In Santiago gab es keine Universität; die Studenten hatten weder die Organisation noch das Geld, um dreißig Bomben auf einmal zu legen; vielleicht waren es auch nicht so viele, aber es kam mir so vor. Daraus leite ich ab, dass die Bomben, die ich nachts auf dem Sofa hörte, nach August explodierten, gegen Ende 1933 und vielleicht sogar noch später, nachdem ich mich damals in Birán zum ersten Mal aufgelehnt, oder sagen wir besser, revanchiert hatte. Ich war damals bereits zum zweiten Mal nach Santiago geschickt und dort im Colegio de La Salle als externer Schüler eingeschrieben worden.

Sind Sie zu Fuß dorthin gegangen?
Ja, ich ging zu Fuß dorthin und ich ging zu Fuß wieder zurück, und ich aß zu Hause zu Mittag. Das Mittagessen war nun besser geworden, denn sie hatten die französische Gewohnheit angenommen, Gemüse zu essen und andere Dinge. Es gab den Essenskanister nicht mehr. Das Essen war damals billig, fast niemand hatte Geld, und nur wenige hatten eine Arbeit; über meine Eltern kamen monatlich hundertzwanzig Peso, seinerzeit ein kleines Vermögen.

Ich musste zum Mittagessen nach Hause gehen und dann wieder zurück in die Schule. Ich hatte das alles satt und lernte weiterhin für mich selbst. Dann kamen zum dritten Mal die Heiligen Drei Könige. Im Februar 1935 musste man in die Schule gehen, um zu fragen, ob es »Papiere« gab. Sie hatten mir gedroht, mich ins Internat zu stecken, wenn ich mich nicht wie ein Erzengel benahm. Und das war genau das, was ich wollte.

Sie wollten aus diesem Haus flüchten.
Ich hatte in der Zeit ein Bewusstsein entwickelt, und die französischen Normen und dieses ganze Martyrium langweilten mich. Eines Tages verletzte ich all diese französischen Manieren und Umgangsformen. Sie zwangen mich, Gemüse zu essen: Rüben und Karotten, Chayote. Ich war das nicht gewohnt. Letzteres erschien mir fade und Ersteres ekelerregend süß. Einige dieser Gemüsesorten konnte ich noch viele Jahre später nicht essen. Es herrschten französische Sitten und eine feudale Disziplin. Eines Tages begehrte ich auf: »Das tue ich nicht. Ich habe keine Lust.« Meine Aufsässigkeit richtete sich nicht gegen die französischen Manieren, sondern gegen den Machtmissbrauch, dessen Opfer ich war.

Sie rebellierten.
Ich hatte keine andere Wahl, ich tat es instinktiv. Es war die erste bewusste Rebellion meines Lebens. Und es passierte das, was ich mir gewünscht hatte. Sie schickten mich ins Internat des Colegio de La Salle, in die erste Klasse, zweites Halbjahr. Nun war ich glücklich, denn ich war mit all den anderen Schülern zusammen. Wir spielten, wir machten donnerstags und sonntags jeweils einen Ausflug ans Meer, und es gab einen großen Platz mit vielen Möglichkeiten für Sport und Abenteuer. Endlich war ich ein freies Kind.

Empfinden Sie eine Art Groll gegenüber dieser Familie?
Ehrlich gesagt, kann ich ihnen keine Schuld geben. Sie lebten in dieser Gesellschaft, und man kann nicht sagen, dass sie irgendwie pervers waren. Diese Gesellschaft war voller Ungerechtigkeiten, Schwierigkeiten, Bedürfnisse und großer Opfer; die Menschen wurden dadurch sehr egoistisch, viele verhielten sich eigennützig und versuchten, aus allem einen persönlichen Profit herauszuschlagen. Güte und Großzügigkeit waren Gefühle, die sich kaum entwickeln konnten. Sie mussten irgendwie leben und stellten fest, dass es eine Form der Ausbeutung gab; letztendlich beuteten sie den Jungen des Spaniers aus, der hatte Geld. Sie hatten keins. Ich war Opfer der Ausbeutung, weil das Einkommen, das diese arme Familie durch unseren Aufenthalt in ihrem Haus erzielte, für sie immens wichtig war. Die Folgen bekam ich zu spüren.

Als Sie später Dickens lasen, *Oliver Twist* oder *David Copperfield* zum Beispiel, da müssen Sie daran gedacht haben, selbst einmal so etwas durchlebt zu haben.
Sie werden mir nicht glauben, dass ich einige dieser Bücher erst gelesen habe,

nachdem ich bereits meinen Schulabschluss hatte, denn in den Schulen, die ich besuchte, lehrten sie uns nichts über französische oder englische oder US-amerikanische Literatur. Die Werke von Shakespeare wurden kaum erwähnt. Alle Texte waren vorschriftsmäßig spanische. Den berühmten Roman *Onkel Toms Hütte*[5] habe ich erst gegen Ende meiner Schulzeit gelesen. Wir, Privilegierte und Schüler einer Luxusschule der Oberschicht, hatten dennoch große Lücken im Bereich der Kunst, der Malerei und der Musik. In der dritten Klasse steckten sie mich in einen Chor und warfen mich wieder raus, als sie entdeckten – ich habe keine Ahnung, wie –, dass ich keinen Ton halten konnte.

Ich erinnere mich, dass von der fünften Klasse an bis zum Abitur alle meine Lehrer spanische Nationalisten waren. Ihre Ideologie war rechts, franquistisch und reaktionär. Trotzdem waren es die besten Lehrer, die ich hatte, in Bezug auf Disziplin, Charakter und Strenge.

Und religiös dazu.
Ich kannte diese Leute sehr gut. Besonders die Jesuiten, bei denen ich mehr als sieben Jahre in der Schule war; das sind Menschen mit Charakter, sehr gebildet. Es waren bezahlte Schulen, aber sie waren nicht teuer, es gab keinen merkantilen Geist. Diese Priester bekamen kein Gehalt, und sie lebten sehr einfach. Sie waren rigorose, sich aufopfernde Arbeiter. Sie halfen mir, das muss ich so sagen, denn sie förderten meine Liebe zur Natur. Ich liebte es, Berge zu besteigen. Jeder Berg, den ich sah, schien mir eine Herausforderung; der Wunsch, ihn zu besteigen, den Gipfel zu erreichen, bemächtigte sich meiner. Manchmal musste der Bus vier Stunden auf mich warten, weil ich auf einen Berg gestiegen war. Ich ging allein oder mit anderen, aber ich brauchte immer mehr Zeit für die Rückkehr, als ich ursprünglich eingeplant hatte, und niemand machte jemals ein Problem daraus. Wenn diese Lehrer an einem Schüler eine Eigenschaft beobachteten, etwas, das dem Jungen wichtig war – Opferbereitschaft, Anstrengung, Risiko –, dann ermunterten sie ihn. Sie beschäftigten sich mit dem Charakter des Schülers.

Sie haben viele Jahre bei den Jesuiten studiert, nicht wahr?
Ja, aber nicht in den ersten Jahren im La Salle. Dort war ich mit den sogenannten Brüdern von La Salle zusammen, von der ersten bis zur fünften Klasse, wobei ich die vierte übersprungen hatte. Fast vier Jahre war ich dort und froh, im Internat zu sein. Wie ich schon sagte, sie nahmen uns donnerstags und sonntags mit zum Meer oder aufs Land. Wir gingen zu einer kleinen Halbinsel in

der Bucht von Santiago. Es gab dort einen Badeort und ein paar Sporteinrichtungen. Baseballplätze, Bäder, Freizeit und die Möglichkeit zum Schwimmen, Angeln und Wandern. Ich war glücklich, zweimal pro Woche dorthin gehen zu können. Später, im Colegio de Dolores in Santiago de Cuba, bei den Jesuiten, gab es so ein Anwesen nicht, obwohl es eine bessere Schule und ich schon älter war.

Gab es unter Ihren Schulkameraden, die ja alle aus reichen Familien stammten, auch dunkelhäutige Schüler?
Im Colegio de La Salle wurden dunkelhäutige Schüler zugelassen, aber es waren sehr wenige. In meiner Klasse war Alejandro Larrinaga das einzige schwarze Kind, ein sehr intelligenter Junge, daran kann ich mich erinnern. In den anderen beiden Einrichtungen, also in den Colegios de Dolores und Belén, gab es keinen einzigen Farbigen, nicht einmal Mestizen gab es dort. In diesen Schulen studierten die Reichen, und wir waren natürlich alle weiß.

Fanden Sie es nicht seltsam, dass es dort keine Schwarzen gab?
Ich habe ein paarmal gefragt. Nicht dass ich ein Bewusstsein oder auch nur eine Ahnung gehabt hätte, was dieses Thema betrifft. Ich fand es einfach seltsam, und deshalb fragte ich. Im Colegio de La Salle gab es, wie ich schon sagte, einen. Aber bei den Jesuiten, in den vornehmen Schulen, wo die Jungen des Großbürgertums unterrichtet wurden, gab es weder Schwarze noch Mestizen. Sie erklärten irgendwie, warum das so war, aber richtig rechtfertigen konnten sie es nicht.

Es gab eine Art Auslese?
Es waren Schulen für Reiche, und sie ließen sie nicht zu. Selbst wenn es einer hätte bezahlen können, hätten sie ihn nicht zugelassen. Natürlich wurden keine Blutproben entnommen, wenn sich jemand zur Schule anmeldete, wie das die Nazis gefordert hätten, aber wenn jemand nicht ganz offensichtlich weiß war, hatte er keine Chance, aufgenommen zu werden.

Selbst dann nicht, wenn er die Schule hätte bezahlen können?
Nein, selbst dann nicht. Trotz der Widerspenstigkeit, für die die Jesuiten bekannt sind, die sich ja mehrfach gegen Autoritäten und politische Hierarchien aufgelehnt haben.

Gerade in Lateinamerika hat es in letzter Zeit sehr wagemutige Jesuiten gegeben, die viel protestiert haben.
Einige der revolutionärsten Persönlichkeiten, wie die Priester der Universität von El Salvador und andere, waren Jesuitenpriester. Sehr mutige Männer, die sogar ihr Leben gegeben haben. Sie scheinen etwas vom Ursprung ihres Ordens bewahrt zu haben. San Ignacio[6] war ein Soldat. Ich erinnere mich an die Hymne der Jesuiten, die Hymne des San Ignacio: »Ein Gründer bist du, Ignacio, und General der königlichen Gesellschaft, die Jesus mit seinem Namen ausgezeichnet hat.«[7] Text und Musik waren onomatopoetisch, sie beschrieben den Kampf der Engel gegen die Dämonen. Es war eine Kriegeshymne, und San Ignacio war der General des Ordens. Das kann ich kritisieren; aber ich bin auch fähig, anzuerkennen, dass sie viel besser und gebildeter waren als die Lehrer vom La Salle. Sie hatten ein lebenslanges Gelübde abgelegt und mussten sehr viel lernen, viele Jahre zusätzlich studieren. Die herausragenden Botaniker in Kuba waren Jesuiten; hervorragende Astrologen, die Wirbelstürme vorhersagen konnten, wie Pater Viñes. Andere wiederum waren ausgezeichnete Lehrer für Spanisch und Literatur, wie Pater Rubinos.

Die Jesuiten haben zudem eine besondere Auffassung von Organisation, nicht wahr? Eine fast militärische Auffassung von Disziplin.
Sie wissen, wie man den Charakter eines Jungen herausbildet. Wenn sie sehen, dass einer risikoreiche und schwierige Aufgaben liebt, dann nehmen sie das als Beweis für eine Art Pioniergeist und dafür, dass jemand zäh ist. Sie entmutigen ihn nicht. Außerdem waren sie Spanier, zumindest an den Schulen, die ich besuchte. Dadurch vermischten sich die Tradition der Jesuiten – ihr militärischer Geist und ihre militärische Organisation – mit den spanischen Eigenschaften. Der spanische Jesuit kann einem einen großen Sinn für persönliche Würde einschärfen, ein Ehrgefühl. Er weiß Dinge wie Charakter, Ehrlichkeit, Aufrichtigkeit und Mut einer Person zu würdigen und anzuerkennen. Oder die Fähigkeit, ein Opfer zu bringen. Das sind Werte, die sie begeistern.

Das ist also eine gute Schule für einen Revolutionär?
Für mich war sie nützlich, obwohl sie Schwarze diskriminierten und es eine Schule für junge Leute aus dem Großbürgertum war. Ich habe einmal ein literarisches Werk mit dem Titel *Die Rebellenschmiede*[8] gelesen, das davon erzählt, wie ein Rebell – und ich spreche nicht von einem Revolutionär – zum Teil durch das Leben und zum Teil durch seine eigenen Erfahrungen geschmiedet

wird. Natürlich hat auch der Charakter eines Menschen einen Einfluss darauf, sein Temperament. Ich glaube, dass mein Temperament, das zum Teil angeboren ist, sich dort bei den Jesuiten erst richtig entfaltet hat.

San Ignacio selbst ist ja ein gutes Beispiel dafür. Jemand, der mit einer militärischen Strategie den Geist der Menschen zu erobern sucht.
Ich glaube, er war Soldat. Und er hat einen militärischen Orden organisiert. Ich kann mich nicht an viel mehr erinnern, doch die Hymne, die sie bis heute haben, ist eine kriegerische. Das hat mich aber nicht sonderlich interessiert. Ich mochte das gesunde und einfache Leben, das wir dort führten.

Auf jeden Fall mochten Sie Sport.
In der Oberschule war ich in erster Linie Sportler und Bergsteiger. Meine Lieblingsbeschäftigungen waren Sport und Entdeckungsreisen, das liebte ich! Ich hatte den Pico Turquino noch nicht erklommen und wollte das unbedingt tun. Einmal stand ich kurz davor, es tun, zusammen mit einem Pater vom Colegio de Belén, er hieß Amando Llorente. Er hatte noch keinen Abschluss, sondern absolvierte sein Praktikum und war der Bruder des anderen Llorente, der als Missionar unter den Eskimos in Alaska lebte und wunderbare Reportagen über das Land des ewigen Eises schrieb. Wir beide waren eines Tages zusammen im Hafen von Santiago und bereit, den Turquino anzugehen. Ich hatte sogar ein Browning-Gewehr aus meinem Haus mitgenommen. In diesem Alter, nachdem ich bereits das Abitur gemacht hatte und für mich unmittelbar bevorstand, die Universität zu besuchen, war mein Vater so stolz auf meine Leistung, dass er keine Erklärungen mehr verlangte für das, was ich in der Freizeit machte. Ein kaputter Schoner, der nicht in einer Nacht repariert werden konnte, machte den Plan dann leider zunichte. Pater Amando Llorente, ein junger spanischer Jesuit aus der Region von León, war mein Freund, denn auch er liebte Sport und Entdeckungsreisen.

Ich war bereits bei einer Expedition im Yumurí-Tal zum Gruppenführer ernannt worden. Der Gruppenführer war derjenige, der sich die ganze Nacht mit einer Kerze um die Ohren schlug und Wache hielt. Die Pfadfinder trugen Uniform und übernachteten auf dem Land in Zelten oder im Freien. Auf eigene Faust fügte ich einige Aktivitäten hinzu, Bergsteigen zum Beispiel. Und dann ernannten sie mich zum General und zum Leiter der Pfadfinder in der Schule. Das war das erste Mal, dass ich in der Schule einen Rang erhielt. Beim Sport machte ich alles mit, und im letzten Jahr wurde ich unter den mehr als tausend Schülern dieser Einrichtung zum besten Sportler der Schule ernannt. Ich war der Beste beim Basketball, beim Fußball, beim Baseball, beim Lang- und Kurzstreckenlauf und in fast allen anderen Disziplinen.

Ich habe eben wirklich sehr viel Sport getrieben. Ich bin zum Unterricht gegangen, aber ich habe meist nicht mitgemacht, sondern später dann zu Hause gelernt. Ich habe das getan, wovon ich den Schülern heute abrate. Ich wurde noch mehr zum Autodidakten, sogar in Mathematik, Algebra, Physik, Geometrie, den Theoremen, das habe ich alles allein gelernt. Und dann hatte ich auch noch das Glück, in den Abschlussarbeiten immer gute Noten zu schreiben, die manchmal sogar besser ausfielen als die Noten der vorausgegangenen Arbeiten. Während des Kurses sagten die Jesuiten nichts, aber wenn der Kurs zu Ende ging, sprachen sie mit einem Tutor, dem Freund meines Vaters, der auch mein Pate werden sollte. Er war sehr reich, dieser Mann, Darlehensgeber im Kongress der Republik, und er besaß ein Haus in Havanna, denn er war auch Abgeordneter. Sein Sohn, aus demselben Geschäft und mit ebenso viel Geld, war Senator. Sie riefen ihn und sagten ihm, dass ich in allen Unterrichtsfächern durchfallen würde. Während der drei Jahre, die ich dort war, haben sie das jedes Mal gegen Ende des Schuljahres vorausgesagt.

Es schien, als seien Sie am Unterricht nicht interessiert.
Ehrlich gesagt, habe ich im Unterricht nie aufgepasst. Vielleicht im Landwirtschaftsunterricht, keine Ahnung, warum. Es gab dort einen Professor, der mein Interesse an der Materie geweckt hatte. Ich lernte aus Büchern; oft blieb ich bis zum Morgengrauen wach, denn ich war dafür verantwortlich, dass am Abend im Studiensaal die Lichter ausgeschaltet wurden. Wenn alle anderen dann schlafen gingen, blieb ich bis zwei oder drei Uhr morgens auf und lernte. So habe ich Mathematik und all die anderen Fächer ganz allein gelernt.

War Ihr Bruder Raúl auch mit Ihnen dort?
Dazu gibt es eine Geschichte. Er lebte zu der Zeit in Birán. Er war fünf Jahre jünger als ich und der Kleinste von uns allen. Zu Hause haben wir immer mit ihm gestritten. Im Colegio de La Salle war er mit uns im Internat, als er vielleicht viereinhalb Jahre alt war. Er kam einmal mit meiner Mutter, um uns zu besuchen, und wollte bleiben. Er weinte, strampelte und bestand so sehr darauf, dass meine Mutter ihn dalassen musste. In einem Vierbettzimmer waren Ramón, er und ich zusammen mit Cristobita, dem Sohn des Verwalters eines Sägewerks, das zu einem ausländischen Unternehmen gehörte, der Bahamas

Cuban Company, die zusammen mit meinem Vater die Kiefernwälder von Mayarí ausbeutete. Damals war Raúl ein bisschen verzogen, ich musste manchmal mit ihm schimpfen, aber Ramón war sein Beschützer.

Er war der Älteste.
Ramón war der Älteste, ja. Und Raúl war damals also mit uns im Internat von La Salle.

Und Sie haben Raúl ausgebildet?
Wenn ich in die Ferien ging, erntete ich nur Kritik von meinen Eltern, sodass ich sagte: »Gebt mir die Verantwortung, dann kümmere ich mich um ihn.« Und dann habe ich mich seiner angenommen. Er lebte dort einfach ungehindert vor sich hin.

Später habe ich ihm Bücher zu lesen gegeben, die ihn interessiert haben, und die Lust, zu lernen, erwachte in ihm. Ich dachte, dass auch er eine Menge Zeit verloren hatte und dass er auch an der Universität studieren könnte. Und es gab eine Möglichkeit: Man konnte eine Verwaltungsausbildung durchlaufen, einen Studienzweig, der mit Sozialwissenschaften und Jura verbunden war. Es war nicht besonders schwierig. Wenn man diese Ausbildung abgeschlossen hatte, konnte man später Geisteswissenschaften, Sozialwissenschaften oder Internationales Recht studieren und es bis zum Anwalt bringen. Das war meine Idee; ich konnte meine Eltern davon überzeugen, und Raúl kam nach Havanna. Zu dieser Zeit war ich aber schon damit beschäftigt, alle Welt zu indoktrinieren. Das ist eine andere Geschichte, aber nun habe ich sie vorgezogen.

Sie haben mir von Ihrer ersten Rebellion im Haus der Lehrerin erzählt. Wann kamen die anderen?
Es gab zwei weitere und dann fast noch eine vierte. Vom Haus der Lehrerin haben sie mich zum Colegio de La Salle geschickt. Ins Internat. Dort habe ich die erste, zweite und dritte Klasse absolviert. Die vierte Klasse habe ich übersprungen, und eines Tages hatte ich einen großen Streit mit unserem Betreuer. Das war mein zweiter Aufstand. Es sind sehr ungerechte Dinge passiert, und ich wurde auf eine andere Schule geschickt. Meine Eltern wollten mich zur Strafe nicht studieren lassen. Aber an allem war der Schulleiter schuld.

Ich erzähle es Ihnen. Es gab zwei Schulleiter: Der erste war der Bruder von Fernando, ein sehr guter Mann; der zweite Neón Marí. Ich habe mich mit ihm angelegt wegen der Schläge, die Bruder Bernardo, einer unserer Betreuer, unter den Schülern austeilte. Dafür wurde ich bestraft. Es war das dritte Mal, dass dieser Betreuer mich geschlagen hatte. Die letzten beiden Male waren nicht so schlimm, aber das erste Mal war furchtbar. Es ging dabei um einen Streit, den ich mit einem anderen Jungen auf einem Boot hatte, mit dem die Internatsschüler donnerstags und sonntags aufs Meer fuhren. Danach überquerten wir die Bucht, kreuzten die Alameda und gingen normalerweise durch eine Straße, die steil bergauf führte, denn die Schule befand sich im oberen Teil der Stadt, hinter dem Céspedes-Park. Diese Straße führte durch eine sogenannte »Toleranzzone«, das heißt eine Zone mit Prostituierten. Diese fingen nun an, einen oder zwei der Brüder zu ärgern, die ihre Soutanen trugen, und riefen: »Hey, Pfarrerchen, komm doch mal rein«, und solche Dinge. Die Jungs haben über dieses Schauspiel natürlich lachen müssen.

Der Streit hatte auf dem Boot begonnen, als wir von der Bucht zurückkamen, und war noch nicht beendet. Es ist ein Wunder, dass wir im Boot nicht auf den Motor gefallen sind, denn der war nicht geschützt. Das Boot nannten sie *El Cateto*. Die anderen sind dazwischengegangen und haben uns getrennt, aber der Streit schwelte noch, als wir zurück in der Schule waren. Der Junge war eigentlich in Ordnung. Jahre später habe ich von ihm gehört, dass er für die Revolution arbeitete. Ich werde seinen Namen nicht nennen, aber er war der Liebling des Betreuers und wurde von ihm verhätschelt. Solche Dinge gibt es ja, dass man eine Tendenz entwickelt, einen Schüler besonders zu bevorzugen. Ich möchte diesem Jungen überhaupt nichts Unnormales unterstellen. Diese Brüder, viele sehr gut ausgebildet, gehörten zu einem weniger strengen und weniger disziplinierten Orden als die Jesuiten. Die Situation gefiel einigen von uns nicht besonders, denn wir empfanden es als eine Art Begünstigung, die wir ablehnten.

Ich weiß heute gar nicht mehr, warum wir uns auf diesem Boot gestritten haben, aber dieser Streit war noch nicht ausgestanden. Als wir in der Schule ankamen, sagte ich zu ihm: »Steh auf!« Er stand auf, und ich schlug ihm die rechte Faust ins Gesicht. Wir haben noch mehrere Schläge ausgetauscht, dann trennten sie uns. Die Konsequenzen ließen nicht auf sich warten. Ich war in der fünften Klasse, und zum ersten Mal schlug mich Bruder Bernardo, der Betreuer der Schule.

Ansonsten war ich aber glücklich in der Schule, denn ich hatte den Sport, das Meer und das Fischen.

Aber was passierte dann?

Nichts weiter, als dass ich einen Konflikt mit einem Schüler hatte, der – wie schon gesagt – der Lieblingsschüler, der Günstling des besagten Betreuers war.

Im Colegio de La Salle gab es einen großen Wassertank, an der höchsten Stelle eines großen, lang gestreckten Hofes, wo dieser auf einer Höhe mit einem Teil der Schule war. Unter diesem Teil des Hofes befand sich das Wasser, deshalb hatte der Hof zwei Ebenen. Um den oberen Hof herum lagen der Speisesaal und gleich nebenan die Sakristei, in einer Ecke die Kapelle, die an einer Seite in die Mitte hineinragte, in der anderen Ecke ein Raum zum Studieren, und wenn man am Ende des Ganges rechts abbog, befanden sich gleich links die Klassenzimmer. Dieser ganze Teil aus Holz umschloss den oberen Hof.

An diesem Tag – es war fast schon Nacht – wurde in der Kapelle eine religiöse Zeremonie abgehalten. Nach der Prügelei mit dem anderen Jungen war ich sehr vorsichtig, denn ich hatte irgendwie so ein Gefühl, dass etwas Ernstes passieren würde. Ich trete also in die Sakristei ein, von wo aus man die Tätigkeit am Altar beobachten konnte. In diesem Augenblick öffnet sich die schwere Tür, die vom Hof aus in die Sakristei führt, und der Betreuer macht mir mit dem Finger ein Zeichen, dass ich zu ihm rüberkommen soll – es geht doch nichts über den Instinkt, Dinge vorauszuahnen –, nicht einmal die Liturgie hielt ihn zurück. Er nimmt mich mit sich durch den Flur, wir biegen um eine Ecke, er bleibt vor den Klassenräumen stehen und fragt mich: »Was war mit dem und dem los?« Ich sage: »Was passiert ist ...« Ich stehe direkt vor ihm, und er lässt mich nicht ausreden. Mit seiner rechten Hand schlägt er mir mit aller Kraft ins Gesicht. Darauf war ich nicht vorbereitet.

Eine richtige Ohrfeige.

Danach schlägt er mich mit der linken Hand, mit gleicher Kraft, auf die rechte Seite. Es waren die Hände eines starken, kräftigen Mannes gegen einen Jungen, der gerade mal in die fünfte Klasse gekommen war. Ich war völlig benommen; beide Ohren brummten von den Schlägen. Es war bereits nachts.

Das war beschämend, unwürdig, und es war Missbrauch. Der Junge, mit dem ich gestritten hatte, war kein Schwächling, sondern ein starker Jugendlicher, der auf die gleiche Weise antworten konnte. Der Bruder Betreuer war ein Mann und doppelt so stark wie ich.

Einige Wochen später gab er mir erneut ein paar Faustschläge auf den Kopf, weil ich mich mit jemandem unterhalten hatte, während wir in einer Reihe die

Treppe zu den Schlafsälen hinaufgingen. Vielleicht gar nicht so sehr fest, aber tief in mir drin haben sie mir noch mehr wehgetan.

Aufgrund der Demütigung.
Diese Art der physischen Aggression, der Gewalt, war mir völlig unbegreiflich. Das dritte Mal – es war die letzte Abreibung dieser Art – war, als ich einmal nach dem Frühstück den Speisesaal verließ. Das Frühstück dauerte immer ein paar Minuten, in denen man eine Milch trinken und ein oder zwei kleine Brote essen konnte. Es gab Butter in grünen Dosen, wo man sie ungekühlt aufbewahren konnte, und die Jungs schmierten sich immer noch ein oder zwei Brote, um sie mit rauszunehmen. Der Appetit in diesem Alter ist enorm.

Wir stellten uns in einer Reihe in einem kleinen Hof auf, der zugleich die Decke des Wasserspeichers bildete, von dem ich bereits erzählt habe. Dort wetteiferten wir miteinander, um die letzte in einer Reihe von Säulen zu berühren, denn wer als Erstes die Säule berührte, durfte als Erster den Ball schlagen. Wir hatten ungefähr acht bis zehn Minuten, die wir nutzten, um mit einem Gummiball zu spielen.

Mitten in diesem Streitspiel bekam ich ein paar Faustschläge auf den Kopf. Es war der Betreuer. Und es waren die letzten Schläge, denn ich explodierte. Voller Wut griff ich die Butterbrote, die ich in der Hand hielt, und warf sie dem Bruder mit aller Kraft ins Gesicht. Dann bin ich auf ihn losgegangen wie ein wildes Tier und habe ihn gebissen, getreten und gekniffen, vor der ganzen Schule. Das war meine zweite Rebellion. Ich war ein Schüler, und er war eine Autorität, der Schüler quälte und erniedrigte. Wenn die Jungs wütend waren, sagten sie jedes Mal: »Dem Soundso werde ich das Tintenfass an den Kopf werfen«, »... ich werde dieses oder jenes mit ihm machen«. Ich habe nie gesagt, ich würde jemandem ein Tintenfass an den Kopf werfen. Aber beim dritten Mal war ich nicht bereit, das ein weiteres Mal hinzunehmen. Der Betreuer konnte mich nur schwer bremsen. Dann sah ich den Direktor, Neón Marí, der in der Aula am Ende des Ganges, also ganz in der Nähe, war; ich wende mich an ihn und sage: »Haben Sie gesehen, was gerade passiert ist?« Er unterbricht mich: »Nein, er hat dir doch nur einen kleinen Stoß versetzt.« Er hatte die Faustschläge nicht gesehen, sondern nur die Bisse und Schläge, die ich ausgeteilt hatte. Das war alles, was ich an Gerechtigkeit von diesem Schulleiter bekam. Der selbstherrliche Betreuer hatte jedoch einen moralischen Schlag für seinen Machtmissbrauch bekommen. Alle Schüler gaben mir recht. Ich bin sicher, er hätte weder mich noch einen anderen Schüler jemals wieder geschlagen, denn dann hätte es unweigerlich Tintenfässer gehagelt. Niemand wusste, was passieren würde.

Wir waren im ersten Drittel der fünften Klasse, und es gab wöchentlich drei Noten für das Verhalten der Schüler: weißes Mitteilungsblatt für gutes Benehmen, rotes Mitteilungsblatt für schlechtes Benehmen und dann, sehr selten, ein grünes Mitteilungsblatt für sehr schlechtes Benehmen.

Und Sie haben ein grünes bekommen.
Nein. Als es so weit war, wartete ich. Weißes Mitteilungsblatt: Fulano, Mengano, Zutano. Rotes Mitteilungsblatt: Fulano, Mengano. Grünes Mitteilungsblatt: niemand. Sie gaben mir weder ein weißes oder ein rotes noch ein grünes Blatt. Er ignorierte mich und ich ihn. Nie hatte ich mich besser benommen. Das war eine Sache der Würde. Es fehlten noch wenige Wochen bis Weihnachten, und wir sprachen in dieser ganzen Zeit kein einziges Wort mehr miteinander.

Als die Ferien begannen, kamen meine Eltern, um uns abzuholen, und der Direktor sagte ihnen – jetzt werden Sie lachen, Sie wissen ja, wie feinsinnig diese Spanier sind –: »Ihre Söhne sind die drei größten Banditen, die diese Schule jemals besucht haben.«

Stellen Sie sich das einmal vor: Raúl, ein Bandit! Er war sechs Jahre alt und besuchte die erste Klasse; Ramón, der die Seele eines Heiligen hatte. Und was ich verbrochen hatte, war das, was ich Ihnen gerade erzählt habe. So nehmen uns unsere Eltern also mit nach Birán.

Ihre Eltern haben das geglaubt?
Das Schlimmste ist, dass sie das wirklich für bare Münze genommen haben. Vor allem mein Vater, denn ich hörte, wie er es seinen Freunden im Vertrauen erzählte, wenn sie zu Besuch zu uns nach Hause kamen. Der Asturier war im Büro, und als wir nach Birán kamen, sagte er zu mir: »Na dann, auf zum Rechnen!« Zur Strafe sollten wir rechnen, aber glücklicherweise hatten wir – irgendwas mussten wir ja anstellen – das Lösungsheft, das die Lehrer benutzten. Ich habe keine Ahnung, wie wir dazu gekommen waren, Ramón hatte es irgendwie besorgt, und ich habe ihn nie gefragt, wie. Aber Tatsache war, dass wir aufgrund der Intrigen des Neón Marí jeden Tag mehrere Stunden zum Rechnen verdammt waren, und ich habe erfahren, dass mein Vater einigen Freunden, die zu Besuch nach Birán kamen, Landbesitzer oder Geschäftsmänner, erzählte,

was im La Salle passiert war, und er schwor, uns auf keine andere Schule mehr zu schicken.

Ramón, der ohnehin lieber auf Traktoren und Landmaschinen herumkletterte, war glücklich darüber. Raúl war noch zu jung, um sich darüber im Klaren zu sein. Ich war der Betroffene und der Erniedrigte; ich fand es furchtbar ungerecht, dass sie mir all diese Dinge unterstellten und dass ich diese Schläge hatte ertragen müssen, und nun war ich auch noch dazu verurteilt, auf keine Schule mehr gehen zu dürfen.

Ich musste mich auflehnen. Ich sagte ihnen, sie müssten mich in eine Schule bringen. Ich habe darauf bestanden, studieren zu dürfen, und dafür gekämpft. Diesmal fand die Rebellion in meinem eigenen Haus statt. Ich erklärte, dass ich es nicht akzeptieren würde, wenn sie mich nicht studieren ließen. Das war ein ziemlich harter Aufstand angesichts der Dinge, mit denen ich drohte, dass ich sie tun würde. Das heißt nicht, dass ich das auch hätte tun wollen, aber gesagt habe ich es.

Wem sagten Sie das? Ihrem Vater?
Ich sagte es meiner Mutter, denn sie war diejenige, die vermittelte. Es war der Tag nach den Heiligen Drei Königen, der 7. Januar, und normalerweise brachten sie uns an diesem Tag in die Schule zurück. Es gab aber weder eine Ankündigung noch irgendwelche Vorbereitungen, die auf eine Rückkehr hindeuteten. Ich sah keinen Ausweg aus dieser Bestrafung, also musste ich schärfere Geschütze auffahren.

Mit elf Jahren?
Ja, so in dem Alter muss es gewesen sein, denn ich war in der fünften Klasse und habe etwas ziemlich Schlimmes gesagt.

Was sagten Sie?
Ich sagte ihnen, wenn ich nicht mehr in die Schule gehen dürfe, dann würde ich das Haus abfackeln.

Ihr eigenes Haus?
Ja, es war aus Holz.

Aber das hatten Sie nicht wirklich vor, oder?
Ich bin mir sicher, dass ich das niemals getan hätte. Aber ich habe es gesagt,

und es muss sehr überzeugend geklungen haben, denn ich war entschlossen, gegen diese Ungerechtigkeit in der Schule und in meinem Haus anzukämpfen. Ich glaube, das hat sie irgendwie berührt.

Hat Ihre Mutter Sie ernst genommen?
Meine Mutter war immer die Anwältin, mein Vater sehr verständnisvoll. Vielleicht hat ihn die Entschlossenheit beeindruckt, mit der ich mein Recht, zu lernen, verteidigte. Jedenfalls entschieden meine Eltern, mich abermals zur Schule zu schicken. Es war Trockenzeit, und auf einem Pick-up brachten Sie mich über staubige Wege nach Santiago. Es muss etwa im Jahr 1938 gewesen sein, kurz vor den Wahlen zum Kongress. Sie brachten mich in das Haus eines Handeltreibenden, Mazorra, Besitzer eines Ladens, der »Die Puppe« hieß. Ein Galicier, der mit einer großen, stämmigen Mulattin aus Santiago verheiratet war. Sie war etwa doppelt so groß wie er, aber sie dominierte ihn nicht. Dieser kleine Galicier fackelte nicht lange. Wenn ein Schlappen im Weg herumlag, dann hob er ihn auf, und es gab ein Donnerwetter. Er ließ sich von niemandem etwas sagen. Er besaß ein Bekleidungsgeschäft. Für die Frau war es die zweite Ehe. Aus erster Ehe hatte sie einen Sohn, der zu diesem Zeitpunkt voll in den Wahlkampf eines Kinderarztes eingebunden war, der Abgeordneter werden wollte und ihm eine Stelle angeboten hatte, und mit dem Galicier einen weiteren Sohn, der in den Vereinigten Staaten eine Pilotenausbildung machte.

Unglücklicherweise gab es genau in diesen Tagen einen Unfall. Das Ausbildungsflugzeug hatte einen technischen Fehler, und der Sohn musste mit dem Fallschirm abspringen; man ließ sofort den Vater holen, und Sie können sich schon vorstellen, was dann passierte. Es gab auch ein Mädchen, Riset, das im dritten Jahr der Oberstufe war. Sie hatte drei weiße Bändchen an ihrem blauen Rock und war ebenfalls eine gemeinsame Tochter der beiden. Eine entzückende Brünette. Sie wissen ja, dass sich die Jungs in diesem Alter gern in ältere Mädchen verlieben. In diese und jene, in die Lehrerin, in fast alle wahrscheinlich. Na gut, ich werde nicht weiter darüber reden, wir waren ja bei der Politik, oder? Und dort musste ich die letzte Rebellion meiner Kindheit inszenieren.

Gegen den Händler?
Der Händler Mazorra war der Chef der Familie und Besitzer des Hauses, in dem wir im zweiten Stock wohnten. Es war ein langes, nicht sehr breites Haus. Ich schlief in einem winzigen Zimmer am Ende des Ganges. Ich weiß noch, dass ich damals den letzten Kampf von Joe Louis und Max Schmeling im

Radio hörte, ein großer Kampf, sehr kurz, eine Runde glaube ich, weil einer schnell durch K. o. siegte.

Joe Louis siegte, richtig?
Joe Louis siegte in ein paar Sekunden.[9] Später wurde dieser Max Schmeling zu einer Art Werbeträger der Fallschirmspringer, die im Zweiten Weltkrieg Kreta überfielen, kurz vor dem Einmarsch in die Sowjetunion.[10] Er war Fallschirmspringer und Symbolfigur für die »Überlegenheit der deutschen Rasse«, gedemütigt durch seine Niederlage gegen Joe Louis, ausgerechnet gegen einen Schwarzen.

Sie sprachen von der vierten Rebellion.
Die vierte, denn auch dieses Haus hing mir bald zum Hals heraus. Ich könnte Ihnen von einigen Streichen erzählen, die ich dort gespielt habe.

Erzählen Sie mir davon.
Soll ich wirklich?

Unbedingt!
Nun gut, das soll dann aber für heute Abend genug sein. Der Händler war auf der sozialen Leiter aufgestiegen. Er und seine Frau, die große, kräftige Mulattin, waren schon in der Mittelschicht angelangt, und nun bauten sie sich ein Haus in Vista Alegre, einem aristokratischen Viertel.

Mich hatten sie auf das Colegio de Dolores geschickt, die Jesuitenschule, wo die Söhne der Aristokraten studierten, also das Großbürgertum von Santiago. Die Frau war glücklich darüber, dass auch ich, ihr Zögling, dort zur Schule ging, denn so konnte sie mit den Reichen, deren Kinder dort zur Schule gingen, auf gleichem Fuß stehen. Sie und der Spanier bauten sich gerade ihr Haus in Vista Alegre, wie ich schon sagte. Sie nahmen mich sogar mit dorthin, und ich kann mich sehr gut daran erinnern. Eine Familie von solcher Herkunft musste einen Zögling auf dieser Schule haben, und der sollte dann auch noch der beste Schüler sein. Und diesem Zögling sind einige Dinge passiert.

Was ist ihm passiert?
Meine Schwester Angelita lernte, um die Oberstufe besuchen zu können. Eine Lehrerin, Emiliana Danger, eine schwarze Frau und sehr gute Lehrerin, unterrichtete sie im siebten Schuljahr und bereitete sie auf die Oberstufe vor. Ich

ging in diesen Ferien nicht nach Birán, oder sie holten mich nicht ab, und ich kam von der fünften in die sechste Klasse. Ich konnte aber nach der sechsten Klasse nicht in die Oberstufe wechseln, denn dazu musste man ein bestimmtes Alter erreicht haben, ich glaube, dreizehn. Die Lehrerin Danger interessierte sich aber für mich, weil ich ein aufmerksamer Schüler war, alle Fragen beantwortete und das dicke Buch, das man durchgearbeitet haben musste, um in die Oberstufe zu kommen, fast auswendig konnte. Sie war also angetan. Sie war der erste Mensch, der mich für etwas begeisterte. Sie setzte alles daran, dass ich die sechste und siebte Klasse und die erste Klasse der Oberstufe gleichzeitig machen konnte, damit ich, wenn ich das Alter erreichte hatte, die siebte Klasse und die erste Klasse der Oberstufe gleichzeitig absolvieren konnte.

Ich war sehr motiviert. Doch ausgerechnet zu Beginn des Schuljahres, also vor der sechsten Klasse, hatte ich das Pech, dass bei mir eine Blinddarmentzündung diagnostiziert wurde. Damals wurden alle am Blinddarm operiert, und auch mich operierten sie wegen eines kleinen, unbedeutenden Schmerzes. Sie machten es wie in den Vereinigten Staaten, wo Leute völlig unnötigerweise operiert wurden. Wir waren Mitglieder der Spanischen Kolonie, einer guten kooperativen Einrichtung, denn es gab Tausende Spanier, und für einen oder anderthalb Peso im Monat erhielt man die medizinische Versorgung im Krankenhaus. So kamen auch die Mittelschichtfamilien in den Genuss einer günstigen und passablen medizinischen Versorgung.

Man muss sagen, dass die spanischen Kooperativen der medizinischen Dienste einer sozialistischen Genossenschaft am ähnlichsten waren, denn sie verfügten über eine bestimmte Anzahl von Ärzten, Krankenschwestern und Abteilungen und nahmen genügend Geld ein, um die medizinische Versorgung zu gewährleisten. Eine Familie wie meine konnte mit ein bis zwei Peso pro Person im Monat ihre medizinische Versorgung absichern. Wenn man operiert werden musste, taten sie das, und die nötigen Medikamente erhielt man auch. Also operierten sie mich mit lokaler Betäubung. Früher wurde das spinal gemacht, egal ob allgemeine oder lokale Anästhesie – ich weiß immer noch nicht, warum zum Teufel sie mich unter Lokalanästhesie operierten. Diese Operation werde ich nicht vergessen. Es tat ziemlich weh, aber das Schlimmste war, dass am siebten Tag ... Sie wissen ja, dass sich die Leute damals eine ganze Woche lang nicht bewegen durften.

Nein, das wusste ich nicht.
Heute sorgt man dafür, dass sich die Patienten bald bewegen, um einer Embo-

lie aufgrund eines Blutgerinnsels oder anderen Problemen vorzubeugen. Damals war die Medizin noch nicht so weit. Nach sieben Tagen ließen sie mich aufstehen. Sie zogen die Fäden, und achtundvierzig oder zweiundsiebzig Stunden später entzündete sich die Wunde. Glücklicherweise war die Entzündung nur oberflächlich und ging nicht weiter nach innen, denn damals gab es kein Penizillin oder so etwas. Die Wunde öffnete sich komplett, und ich musste drei Monate im Krankenhaus bleiben. Den Plan der Lehrerin Danger konnte ich vergessen. Ich musste die sechste Klasse im Colegio de Dolores besuchen, wohin ich nach der Hälfte der fünften Klasse wechselte. Das erste Drittel der sechsten Klasse verbrachte ich im Krankenhaus.

Ohne dass Sie in die Schule gehen konnten?
Ohne zur Schule zu gehen. Na ja, was hatte ich in der fünften Klasse gemacht? Ich konnte keine wirklich guten Noten bekommen: eine neue Umgebung, neue Lehrer, neue Fächer und neue Schulbücher. Aber meine Pflegemutter, die Frau von Mazorra, dem Geschäftsmann, bestand darauf, dass ich die besten Noten mit nach Hause bringe. Mir blieb also nichts anderes übrig, als sie auszutricksen.

Ich dachte nach und sagte mir: Okay, ich muss das Notenheft mit nach Hause nehmen, wo es von den Pflegeeltern unterschrieben wird, und dann muss ich es in der Schule wieder vorlegen. Es gab fünf mögliche Noten: Sehr gut, Gut, Befriedigend, Ausreichend und Mangelhaft, fünf Möglichkeiten, und mit ihrem sozialen Anspruch forderte sie die höchste. Ich musste in allem die Note »sehr gut« haben, und wenn nicht, dann würden sie mir die fünf Centavo streichen, die ich jede Woche bekam, wofür ich mir am Kiosk *El Gorrión*[11] kaufte, ein argentinisches Comicheft.

Mochten Sie Comichefte?
Ja, sehr. Ich las damals im *El Gorrión* auch die Geschichte »Der Apfel fällt nicht weit vom Stamm«[12] und natürlich all die anderen Comics. Also, jeden Donnerstag bekam ich diese fünf Centavo, und sonntags bekam ich zwanzig Centavo: zehn für das Kino, fünf für ein Eis und fünf für ein kleines Sandwich mit Schweinefleisch. Das war sehr günstig. Fünfundzwanzig Centavo pro Woche. Das macht also einen Peso im Monat. Und sie kündigten an, wenn ich nicht in allen Fächern mit »sehr gut« abschneide, würden sie mir diese fünfundzwanzig Centavo pro Woche streichen.

Also dachte ich mir etwas aus. Ich habe kein Problem damit, das hier zu erzählen, und ich bin fast stolz darauf, dass ich auf diese Idee gekommen bin. Ich dachte mir: Was passiert eigentlich, wenn ich das Notenheft verliere? Ich nahm also das alte Heft mit, ließ es abzeichnen und behielt es. In der Schule sagte ich dann, dass ich das Notenheft verloren hätte. Man gab mir ein neues Heft, und somit hatte ich jetzt zwei. Eines mit den echten Noten – die waren nicht schlecht, aber auch nicht so, wie von mir gefordert – und ein zweites mit den Noten, die ich selbst eintrug.

Sie haben sie gefälscht?
Ja, die Zensuren. Da ich zwei Hefte hatte, schrieb ich in das eine meine Noten und ließ es von meinen Pflegeeltern abzeichnen, und das andere, mit den echten Noten, das unterschrieb ich. Das dicke Ende kam zur Abschlussfeier des Schuljahres. Meine Pflegemutter war ja davon überzeugt, dass ich der brillanteste Schüler von allen gewesen sei. Sie ließ sich aus diesem Anlass ein langes schwarzes Kleid nähen, denn all die Söhne der Reichen waren dort, die ihre Nachbarn in Vista Alegre werden sollten. Und sie glaubte, ich würde dort vor aller Augen geehrt werden.

Sie dachte, dass Sie dort sämtliche Preise gewännen?
Ein brillanter Schüler!

Sie haben sich also selbst die besten Noten gegeben?
Ich hatte immer nur zehn Punkte, nicht ein einziges Mal neun Punkte oder so. Und dann kam der Schulabschluss, und ich hatte keine Ahnung, wie ich das jetzt hinbiegen sollte, denn dort wurden in einem feierlichen Akt die besten, herausragendsten Schüler mit Preisen geehrt.

Ich glaube, ein Mal wurde ich erwähnt, ich weiß gar nicht mehr genau, in welchem Fach. Ich glaube, es war Geografie. Dann ging es los mit der Ehrung. Der Beste: Enrique Peral. Ich kann mich sogar an den Namen erinnern. Sprache, erster Preis: der und der; zweiter ... Ich tat so, als wäre ich überrascht, ich, der so exzellente Noten hatte, tauchte nirgendwo auf – und ich hatte keine vernünftige Erklärung zur Hand –, ich machte ein erstauntes Gesicht; ich sollte keinen Preis gewinnen? Das Ganze ging zu Ende, und ich wurde weder unter den Besten noch sonst irgendwo genannt, mit Ausnahme des schon erwähnten Preises. Und gerade in dem Augenblick, als ich etwas dazu sagen sollte, fiel mir die Antwort ein: »Jetzt weiß ich, was passiert ist. Es liegt daran, dass ich mitten im Schuljahr in die Klasse gekommen bin, und deshalb habe ich fürs erste

Halbjahr keine Punkte erhalten. Deshalb habe ich keinen Preis bekommen.« Das war ein Trost, meine Pflegemutter blieb ruhig, alle waren glücklich. Das werde ich nie vergessen, dass ich diese Geschichte erfinden musste.

In der sechsten Klasse kam dann das mit der Blinddarmoperation, drei Monate verlor ich dadurch. Ich kehrte in das Haus des Spaniers zurück und tat das Gleiche wie zuvor. Es hing mir zum Hals heraus, dieses ständige Getue um die Noten und diese Eitelkeiten. Ich beschloss, von dort wegzuziehen. Im Grunde habe ich überhaupt nicht wirklich gelernt, denn unter den Bedingungen dort schweiften die Gedanken immer ab. Es wiederholte sich, was ich sowieso schon kannte. Sie drohten mir damit, mich aufs Internat zu schicken. Die gleiche Masche wie damals im Haus meiner Patentante, als ich ins Colegio de La Salle kam. Ich habe also rebelliert, bin gegen alles angegangen, war überhaupt ungehorsam. Schließlich brachten sie mich ins Internat. Ich hatte mit dem Internat ja schon eine glückliche Erfahrung gemacht, und so fing ich an, gute Noten zu schreiben, und in der siebten Klasse war ich der Primus.

Auf normalem Weg, ohne Noten fälschen zu müssen.
Ohne Noten zu fälschen und ohne besonders viel zu lernen, nur durch ein bisschen Aufmerksamkeit und ohne den Sport zu vernachlässigen. Ich lernte damals Englisch, und ich glaube, der Krieg stand kurz bevor – 1939 war das –, als ich beschloss, den Brief an Roosevelt zu schreiben. Wir lernten Englisch mit dem Schulbuch von einem Lehrer aus Santiago. Darin ging es um eine Familie, die Familie Blake. Wir lernten alles über das Haus, die Namen, das Esszimmer, die Lebensmittel, das Geld. In dem Brief an Roosevelt habe ich dann sogar geschrieben, dass ich gern eine Zehndollarnote hätte, *»a ten dollar green bill«*.[13] Ich glaube, ich habe ihm sogar von den Mineralien in den Kiefernwäldern von Mayari geschrieben, über Eisen für die Schlachtschiffe und all solche Dinge. Und es kam eine Antwort. Sie wissen ja, wie das ist. Man ist gut organisiert, und eine Gruppe von Mitarbeitern des Präsidenten beantwortet solche Briefe. Eines Tages also komme ich aus dem Klassenzimmer und höre eine Menge Lärm auf dem Gang. Roosevelt, schrien sie, habe Fidel einen Brief geschrieben. Eine Kopie dieses Briefes wurde ans Schwarze Brett geheftet. Nach dem Triumph der Revolution haben die US-Amerikaner meinen Brief gefunden und veröffentlicht, deshalb habe ich nun auch eine Kopie davon. Und es gibt einige, die mir im Spaß gesagt haben, dass, wenn Roosevelt mir damals auch die zehn Dollar geschickt hätte, ich den US-Amerikanern später vielleicht nicht so viel Kopfschmerzen bereitet hätte.

Zehn Dollar hätten ihm einen guten Freund eingebracht.
Na ja, da habe ich Ihnen jetzt so Sachen erzählt. Wir haben uns kein Zeitlimit gesetzt, und ich muss über all das sprechen, wie es passiert ist.

Sie haben mir von Ihren vier Rebellionen in der Kindheit erzählt. Wie sehen Sie im Nachhinein Ihr Verhalten in jener Zeit?
Dass ich natürlich nicht als Revolutionär geboren wurde, aber als Rebell schon. Ich denke, ich habe schon sehr früh – bei mir zu Hause, in der Schule – begonnen, Dinge wahrzunehmen und zu erleben, die ungerecht waren. Ich wurde in einen großen Besitz hineingeboren, und ich wusste, wie alles funktionierte. Ich habe eine unauslöschliche Erinnerung daran, was Kapitalismus auf dem Land bedeutete. Ich werde nie vergessen, wie viel Armut es gab in Birán. Wie viele hart arbeitende, demütige Menschen dort Hunger litten, wie viele nicht einmal ein Paar Schuhe hatten. Dies war in der ganzen Gegend so und betraf besonders die Arbeiter aus den Zuckerfabriken der US-Amerikaner. Dort war es am schlimmsten, und in der »toten Zeit« kamen die Arbeiter und baten meinen Vater um Hilfe. Mein Vater war, wie ich schon sagte, kein habsüchtiger Mensch.

Auch ich war Opfer von Ungerechtigkeiten. Nach und nach habe ich ein gewisses Gefühl für Gerechtigkeit und Würde und für bestimmte Werte entwickelt. So formte sich mein Charakter aufgrund harter Proben, die ich durchlebte, Schwierigkeiten, die ich bewältigen musste, zu lösender Konflikte und zu treffender Entscheidungen. Aufbegehren. Ich habe für mich diese ganze Gesellschaft infrage gestellt – etwas ganz Normales, eine Gewohnheit, mit gewisser Logik zu denken und zu analysieren. Ohne dass mir dabei jemand half. Diese Erfahrungen haben dazu geführt, dass ich schon in jungen Jahren Missbrauch, Ungerechtigkeit oder einfach nur die Erniedrigung von Menschen unfassbar fand. Ich bekam einen Sinn dafür. Ich habe im Fall von Machtmissbrauch niemals resigniert, sondern im Gegenteil einen tiefen Gerechtigkeitssinn entwickelt, eine Ethik und einen Sinn für Gleichheit. All das, gepaart mit einem rebellischen Temperament, hatte sicherlich einen großen Einfluss auf meine politische und revolutionäre Berufung.

Ihre Kindheit war also entscheidend für die Rolle des Rebellen.
Meine speziellen Lebensumstände mögen zu diesen Reaktionen geführt haben. Ich hatte es von klein auf nicht leicht und habe mich allmählich entwickelt – das mag meine Rolle als Revolutionär erklären. Man spricht ja immer

von den »Rebellen ohne Grund«, aber ich denke, ich hatte viele Gründe, Rebell zu sein, und bin dem Leben dankbar, dass ich es geblieben bin. Bis heute und vielleicht mit noch mehr Gründen als früher, denn ich habe mehr Ideen und mehr Erfahrung. Ich habe sehr viel gelernt durch meinen eigenen Kampf und verstehe dieses Land, in dem wir geboren wurden, und diese Welt, in der wir leben, heute besser.

3

DER EINZUG IN DIE POLITIK

*Die Universität – Eduardo Chibás – Cayo Confites –
Der »Bogotazo« – Nachdenken über Moncada*

Ich kann mir vorstellen, dass Sie später, während Ihres Studiums, einige Enttäuschungen erlebten, die dazu beigetragen haben mögen, die Menschen besser zu verstehen.
Ja. Der Erste, der uns verraten hat, war der Sohn von Valero, dem Telegrafisten aus Birán, dem Republikaner, von dem ich schon erzählt habe, als wir über den Spanischen Bürgerkrieg sprachen. Er war ein Compañero. Er lebte in Havanna. Ich kam hierher, studierte, machte den Abschluss, und er war ein Freund und Sympathisant unserer Partei. Ich vertraute ihm, das war mein Fehler. Man darf niemandem vertrauen, nur weil er ein Freund ist.

Wie hat er Sie verraten?
Wir benutzten eine Vervielfältigungsmaschine, um eine Untergrundzeitung, ein Flugblatt oder ein Manifest zu drucken, und versuchten, im Geheimen einen revolutionären Verlag zu betreiben und auch einen Radiosender zu gründen, einen Kurzwellensender. Unsere Basis war ja eine populäre Partei, die Partei des Kubanischen Volkes (Orthodoxe), die sehr beliebt war. Sie war von Eduardo Chibás[1] gegründet worden, einem politischen Führer, der sehr stark in der Bevölkerung verwurzelt war. Viele junge Leute folgten ihm. Es waren Arbeiter, ohne Klassenbewusstsein, aber sie hatten alle einen unbändigen Hass auf Batista; auf die Korruption, den Raub, den Staatsstreich vom 10. März 1952 einige Wochen vor den Wahlen, als Batista bereits wusste, dass er verloren war.

Dieser Sohn Valeros verriet Batistas Polizei, wenn ich mich recht erinnere, den Ort, wo die Maschine stand, auf der wir die kleine Zeitung mit dem Titel *El Acusador* (»Der Ankläger«) druckten. Dort habe ich das erste Manifest gedruckt, geschrieben im Jahr nach dem Tod Chibás' am 16. August 1952, vier Monate nach dem Staatsstreich Batistas.

Hatte Chibás einen politischen Einfluss auf Sie?
Chibás führte eine Volkspartei, die Diebstahl, Spekulation und Korruption bekämpfte. Unablässig klagte er an, vor allem Batista.

Sein Ansehen rührte aus einer wöchentlichen Radiosendung, die über viele Jahre sonntags abends zwischen 20.00 und 20.30 Uhr übertragen wurde. Dadurch gewann er großes Ansehen. In unserem Land war dies der erste Beweis für die politische Wirkung eines Radiosenders, denn Chibás wurde Chibás durch dieses Medium, und er entwickelte sich zu einer starken und populären politischen Persönlichkeit durch die dreißig Minuten pro Woche, in denen er zu dem Volk sprach. Er hatte ein riesiges Publikum.

Chibás prangerte die Korruption an.
Hauptsächlich. Er wollte die Diebesbande aus der Regierung werfen, und gelegentlich klagte er auch eine »Krake« an: die Stromwerke oder die Telefonnetzbetreiber, wenn es mal wieder eine Gebührenerhöhung gegeben hatte. Er war ein Mann mit bürgerlich fortschrittlichem Gedankengut, aber die sozialrevolutionäre Umgestaltung der Gesellschaft war nicht sein vorrangiges Ziel. Es war in jedem Fall der Beginn eines neuen politischen Zeitalters.

Im ersten Jahr meines Jurastudiums an der Universität von Havanna kam ich in Kontakt mit den Anhängern Chibás'. Er war bekannt für seine radikale Opposition gegen Batista und seine beständige Verurteilung der Korruption.

Ausgehend von den Studenten, die in den 30er-Jahren gegen Machado gekämpft hatten, gründete sich die Partido Revolucionario Cubano (Auténtico), die (authentische) Kubanische Revolutionspartei. Sie knüpfte an die von Martí gegründete Revolutionäre Partei an, aber man fügte den Begriff »authentisch« hinzu, weil es eine weitere PRC gab. Dieser Authentischen Partei, die 1934 von Grau Martín gegründet worden war, der 1944 die Wahlen gewann, gehörte Eduardo Chibás an, der bereits Senator war. Nur zweieinhalb Jahre später, im Jahr 1947, gründete dieser selbst eine Partei, die Partei des Kubanischen Volkes, auch Orthodoxe Partei genannt, und denunzierte all die Unanständigkeiten der Regierungspartei, der er selbst viele Jahre angehört hatte und die nun sehr schnell ihre politische und moralische Schwäche zeigte.[2] Vom revolutionären Geist des Jahres 1933 war nichts übrig geblieben. Wissen Sie, wie Parteien gegründet wurden?

Nein.
Manchmal, wenn es sich beispielsweise um eine revolutionäre Arbeiterpar-

tei handelte, reichten zehn bis zwölf Personen. Mit wie vielen Leuten – zum Beispiel – hat Lenin in der weißrussischen Hauptstadt Minsk die Partei gegründet? Es waren etwa zehn Delegierte, wenn ich mich recht erinnere. Das steht in der Geschichte der Partei der Bolschewiki. Wir waren gerade einmal drei oder vier Leute, die die Keimzelle der Bewegung bildeten, die dann die Moncada-Kaserne angriff. Kurioserweise hatten wir von Anfang an eine kleine Führungsriege und ein Exekutivkomitee, das aus nur drei Personen bestand. Die Partei Chibás' hingegen stützte sich auf eine starke Bewegung innerhalb der sogenannten Kubanischen Revolutionspartei, die bereits an der Regierung war, und erhielt Rückendeckung von einer Gruppe diverser Persönlichkeiten, die unzufrieden war mit der demagogischen und korrupten Politik desjenigen, der im Jahr 1933 Präsident der Revolutionären Regierung war. Wie Sie sehen, zwei unterschiedliche Formen der politischen Organisation. Die radikalen revolutionären Parteien sind häufig im Untergrund unter der Führung nur weniger Personen entstanden. Sie sind in der Regel solider und haben lange Zeit Bestand.

Chibás brachte sich um?
Chibás beging Selbstmord, das ist eine andere Geschichte.

Können Sie mir sagen, warum Chibás sich umbrachte? Wie passt es zusammen, dass ein Machthaber, der das Schicksal seines Landes verändern will, sich umbringt? Gibt es da nicht einen Widerspruch?
Er ist in eine furchtbare Depression gefallen. Warum? Chibás brachte sich um, nachdem er schwere Anschuldigungen gegen den Bildungsminister vorgebracht hatte, einen Mann mit einer gewissen politischen Kultur, der in der Zeit seiner Kämpfe gegen Machado und Batista, als Student und Lehrer, links gewesen war. Es ist eben so, die Leute mit der größten politischen Bildung sind irgendwann Marxisten oder zumindest promarxistisch orientiert gewesen, wohingegen viele Politiker kaum wissen, was »Gesellschaft« eigentlich bedeutet.

Nun war dieser Mann Bildungsminister einer korrupten Regierung, die stark an Ansehen verloren hatte. Chibás beschuldigte ihn, Ländereien in Guatemala zu besitzen, und dieser wiederum forderte Chibás auf, seine Behauptungen zu belegen. Chibás konnte es aber nicht beweisen. Offenkundig hat eine Quelle, der er vertraute, ihm diese Informationen zugespielt, ohne jedoch Beweise dafür zu erbringen. Chibás stand daraufhin unter starkem Druck, und man beschuldigte ihn, ein Lügner und Verleumder zu sein. Er fiel in eine große

Depression und schoss sich eines Sonntags nach dem Ende seiner Radiosendung eine Kugel in den Bauch, ohne dass es jemand hätte verhindern können. Kurz darauf starb er.

Wochen später brachte ich das Thema zur Sprache: »Man muss nicht erst nach Guatemala gehen.« Und ich brachte Beweise für Dutzende von Besitztümern vor, die sich führende Regierungsmitglieder bis hin zum Präsidenten der Republik auf unehrliche Weise und über abgezweigte Gelder angeeignet hatten. Diese Artikel wurden in den Tagen vor dem Staatsstreich Batistas in der Zeitung *Alerta* veröffentlicht, die damals großen Einfluss hatte, vor allem die Sonderausgabe am Montag, die in Rekordauflage erschien. Deshalb warfen sie – die an der Regierung waren – mir später vor, die verfassungsmäßige Regierung mit diesen entlarvenden Anschuldigungen unterminiert zu haben.

José Pardo Llada übernahm nach dem Tod Chibás' dessen Radiosendung. Im Gegensatz zu Chibás griff er Batista nie an. Wenn Chibás von Batista und seinen Leuten gesprochen hatte, nannte er sie oft »die Generäle des Palmacristi und des Gesetzes der Flucht« und erinnerte somit an ihre blutige Vergangenheit. »Palmacristi« war eine Art Rizinusöl, mit dem sie die Menschen folterten, so wie es die Faschisten unter Mussolini getan hatten. Und das »Gesetz der Flucht« bestand darin, dass sie Menschen erschossen unter dem Vorwand, diese hätten versucht zu fliehen.

Der dramatische Tod Chibás' hat der Partei, die er gegründet hatte, viel Kraft gegeben, aber das Fehlen seiner ständigen Anprangerungen erleichterte die Machtübernahme Batistas, den er mit seiner Peitsche stets in Schach gehalten hatte. Chibás war eine starke Figur, zum zähen Widerstand gegen Putschisten fähig.

Hatten auch Sie eine Radiosendung?
Einige Wochen vor dem Putsch hatte ich mich um Chibás' Radiosendung bemüht, um Batista anzuklagen, denn der Versuch eines Militärputsches war zu diesem Zeitpunkt vorhersehbar. Ich hatte ja, wie gesagt, Zugang zu *Alerta*, der Zeitung mit dem höchsten Verbreitungsgrad. Der Herausgeber dieser Zeitung war ein brillanter Journalist und in diesem Augenblick ein wichtiger Verbündeter sowie Kandidat für einen Senatorenposten für Chibás' Partei. Aber obwohl er mich immer respektvoll behandelte, war ich aufgrund seiner früheren Verbindungen zu Batista skeptisch, ob er sich an einer so delikaten Angelegenheit beteiligen würde. Ich selbst hatte täglich eine fünfzehnminütige Sendung auf Radio Álvarez, der jedoch nur ein lokaler Sender war und dessen Reichweite

sich auf die Hauptstadt und das Gebiet beschränkte, das heute zur Provinz Havanna zählt. Die Führung der Orthodoxen Partei, der ich von den konspirativen Aktionen Batistas berichtet hatte, versprach mir, den Vorwürfen nachzugehen. Sie sprachen allerdings nur mit einigen Parteimitgliedern, Professoren einer Militärakademie für höhere Offiziersdienstgrade, und ich erhielt die Antwort, dass »alles in bester Ordnung« sei. Ich habe die sonntägliche Radiosendung nicht bekommen, und es wurde nicht weiter öffentlich angeprangert. Wenige Wochen später sollten mir die Ereignisse auf dramatische Weise recht geben.

Chibás' Radiosendung wurde also von Pardo Llada übernommen, der in seiner Jugend zumindest Berührungen mit dem Marxismus hatte. Populär geworden war er durch eine Nachrichtensendung, die zweimal täglich im Radio übertragen wurde, ihre Meldungen brachte und am Schluss einen kurzen Kommentar. In der Regel verteidigte er Streiks und andere Anliegen der Arbeiter. Bei den Wahlen von 1950 erhielt er 71 000 Stimmen. Unglaublich! Hier konnte man bereits erkennen, dass die Massenmedien immer wichtiger wurden.

Chibás war aufgrund seiner halbstündigen Sendung, die sonntags zwischen 20.00 und 20.30 Uhr ausgestrahlt worden war, zu einer nationalen Führungsfigur geworden, und Pardo Llada wurde dank einer zweimal täglich ausgestrahlten Nachrichtensendung ein Phänomen an Popularität. Alle gingen zu ihm, Gewerkschaften und andere Organisationen, um ihre Anklagen und Anliegen mit seiner Hilfe zu verbreiten. Ich will hier nicht weiter über ihn sprechen, aber Pardo Llarda war nicht Chibás, er machte nicht, was Chibás getan hatte, der Batista systematisch angegriffen und in Schach gehalten hatte. Wäre Chibás nicht gestorben, hätte es keinen Staatsstreich gegeben. Dass ich nicht selbst über diese so prestigeträchtige und einflussreiche Tribüne Anklage erhob, verhinderten gewisse Rivalitäten, Eifersüchteleien sowie Mittelmaß und Einfalt. Der subjektive Faktor spielte eine Rolle.

Chibás begeht im August 1951 Selbstmord. Sie sind zu diesem Zeitpunkt fünfundzwanzig Jahre alt und haben Ihr Jurastudium abgeschlossen, richtig?
Ja. Chibás starb 1951, fast zehn Monate vor den Präsidentschaftswahlen von 1952. Er war eine wichtige Figur seit dem Kampf gegen Machado. Er kam aus einer reichen Familie, aus Oriente, aus der Region um Guantánamo. Interessanterweise hat er die gleichen Schulen besucht wie ich, Jesuitenschulen, das Colegio de Dolores in Santiago und hier in Havanna das Colegio de Belén. Er war ein Gegner Machados und Senator, als die Authentische Partei im Jahr

1944 triumphierte. Ich war damals gerade im letzten Jahr der Oberstufe, als der Professor für Physiologie Präsident wurde, der 1933 für drei Monate an der Regierung war und dann von Batista ausgesperrt wurde.

Grau San Martín?
Ja. Grau wurde 1944 zum Präsidenten gewählt, als sich der Zweite Weltkrieg langsam dem Ende näherte und die Welt voller Propaganda war für Demokratie, Volkssouveränität und all die anderen Dinge, die von Politikern während der Jahre des Krieges immer wieder gepredigt worden waren.

Batista nahm sich, auf einigen Druck hin, etwas zurück; sie hatten ihn bereits 1940 zum Präsidenten gewählt, kurz nachdem die Verfassung verabschiedet worden war, die aufgrund der Allianz mit den Kommunisten, damals in einer Volksfront mit ihm verbündet, in einigen Punkten recht fortschrittlich war.

In München kommt es zu dem Versuch Frankreichs und Großbritanniens – der zwei größten Kolonialmächte weltweit –, Hitler zum Angriff gegen die Sowjetunion zu treiben.[3] Ich denke übrigens, dass diese imperialistischen Pläne den Pakt zwischen Hitler und Stalin niemals rechtfertigen sollten. Das war schon hart. Die kommunistischen Parteien, die sich durch Disziplin auszeichneten, waren gezwungen, den Hitler-Stalin-Pakt zu verteidigen und sich selbst politisch bloßzustellen. Das waren schwere und kostspielige Schritte. Aber die diszipliniertesten Kommunisten der Welt, die zahlreichsten treuen Anhänger der großen Oktoberrevolution – das sage ich mit großem Respekt vor ihrem Opfergeist und ihrer Standhaftigkeit – waren die kommunistischen Parteien Lateinamerikas, einschließlich Kubas, die ich immer sehr geschätzt habe.

Schon vor dem Hitler-Stalin-Pakt hat die Notwendigkeit, den Kampf gegen die Faschisten gemeinsam zu führen, in Kuba dazu beigetragen, dass die Kommunisten sich mit Batista verbündeten, nachdem dieser bereits den Streik von 1934 blutig niedergeschlagen hatte. Dieser Streik folgte auf seinen Putsch gegen die provisorische Regierung von 1933, die unbestreitbar einen revolutionären Charakter ausstrahlte, was größtenteils ein Verdienst der Arbeiterbewegung und der Kommunistischen Partei Kubas war, der Martínez Villena[4] damals vorstand, so wie zuvor Mella und Baliño. Niemand weiß, wie viele Menschen Batista ermordet und wie viel Geld er gestohlen hat; er war immer, seit seinem Verrat Ende 1933, ein Lakai des Yankee-Imperialismus.

Die Kommunisten waren Teil der Regierung Batistas.
Ja. Das war der Auftrag der Internationalen, die keine wirklich kollektive Füh-

rung hatte. Es waren dennoch wunderbare Leute. Einige von ihnen, wie Carlos Rafael Rodríguez[5] – ein sehr aufrichtiger Mann, an den ich mich mit großer Zuneigung erinnere und der mit mir in der Sierra Maestra war, als die Diktatur ihre letzte Offensive startete –, erfüllten Funktionen als Minister oder verantworteten andere Posten als disziplinierte Mitglieder einer Partei, die gezwungen war, die Losungen der Internationale zu erfüllen.

Im Juni 1945 war der Zweite Weltkrieg noch nicht vollständig beendet, obwohl die rote Fahne über dem Reichstag in Berlin wehte, getränkt mit dem Blut von Millionen sowjetischer Soldaten, die bei der Verteidigung des Sozialismus starben. Japan hielt noch immer durch, ein Überbleibsel jener unheilvollen Allianz. Zwei Atombomben wurden über japanischen Städten auf unschuldige Zivilisten abgeworfen, um die Welt zu terrorisieren. Unmittelbar danach begann die weltweite Repression gegen den Kommunismus. In den Vereinigten Staaten selbst begann die McCarthy-Ära, und mutige, progressive Männer und Frauen, wie das Ehepaar Rosenberg, wurden exekutiert, inhaftiert oder verfolgt. Hier in Kuba wurden unter der Regierung des Professors für Physiologie rechtschaffene kommunistische Arbeiterführer brutal ermordet. Die historische Lehre ist, dass eine revolutionäre Partei taktische Bewegungen machen kann, aber keine strategischen Fehler begehen darf.

Unsere eigene Revolution hat sowohl die rettende Zuwendung des Internationalismus erfahren als auch die verachtenswerten und fast zerstörerischen Schäden, die der Chauvinismus in der Welt angerichtet hat. Mit Chauvinismus gibt es keinen wirklichen Internationalismus, und ohne Internationalismus gibt es keine Rettung für die Menschheit.

Wann haben Sie Ihr Universitätsstudium beendet?
Ich habe mein Jurastudium im September 1950 im Alter von vierundzwanzig Jahren abgeschlossen. 1952 war ich für die Wahlen im Juni, die durch den Staatsstreich Batistas am 10. März zunichtegemacht wurden, Anwärter auf einen Abgeordnetenposten für die Provinz Havanna, aber unabhängig, aufgrund der Kämpfe, die ich als Student geführt hatte.

Nicht im Namen der Orthodoxen Partei?
Ich habe während meines ganzen Studiums mit studentischen Anhängern der von Chibás gegründeten Orthodoxen Partei zu tun gehabt und von Anfang an mit dieser Bewegung sympathisiert. Später sah ich dann einige Dinge, die mir nicht gefielen, ich wurde radikaler in meinem politischen Bewusstsein und

lernte immer mehr über Marx und Lenin. Ich las auch Engels und andere Autoren und Werke, die sich mit wirtschaftlichen oder philosophischen Themen beschäftigten. Vor allem aber politische Bücher, die Konzepte und politischen Theorien von Karl Marx.

Welche Werke von Marx kannten Sie?
Die Schriften, die mir neben dem *Manifest der Kommunistischen Partei* am besten gefielen, waren *Der Bürgerkrieg in Frankreich, Der achtzehnte Brumaire des Louis Bonaparte,* die *Kritik des Gothaer Programms* und andere politische Analysen. Ich war beeindruckt von Marx' Strenge und Disziplin, seinem uneigennützigen Leben und der Gründlichkeit seiner Studien. Von Lenin *Staat und Revolution* und *Der Imperialismus als höchstes Stadium des Kapitalismus* sowie andere kritische Reflexionen zu den unterschiedlichsten Themen. Von Engels hat mich besonders sein Werk über die Geschichte der Arbeiterklasse in England beeindruckt. Ein anderes Buch von ihm, das mir sehr imponierte, war die *Dialektik der Natur,* in dem er davon spricht, dass eines Tages die Sonne erlöschen wird, dass der Treibstoff, das Feuer dieses Sterns, der unsere Erde erleuchtet, sich erschöpfen und es kein Sonnenlicht mehr geben wird. Und das, obwohl Engels weder die *Kurze Geschichte der Zeit* von Stephen W. Hawking hatte lesen können noch Einsteins Relativitätstheorie kannte.

Ich kann mich erinnern, dass anlässlich des Staatsstreiches vom 10. März 1952 eine Menge Leute Lenins Schrift *Was tun?* gelesen haben. Als suchten sie nach einer Art Rezept, um aus dieser misslichen Lage herauszukommen. Ich habe einmal *Technik des Staatsstreichs* von Curzio Malaparte[6] gelesen. Allerdings nicht vor dem Sturm auf die Moncada-Kaserne, sondern später im Gefängnis und aus purer Neugierde, denn es schien mir absurd, dass ein Staatsstreich oder eine Machtergreifung, die von so vielen Faktoren abhängt, eine Frage der Technik sein sollte. Malaparte hat einen Fantasieroman geschrieben: Wenn du die Telekommunikation, das Eisenbahnnetz und andere strategisch wichtige Elemente beherrschst, dann gehört dir bereits der Staat. Das ist nicht das, was in Venezuela am 11. April 2002 während des Staatsstreiches gegen Chávez passiert ist, bei dem sich Verräter aus dem Militär, ausgebildet nach Doktrinen des Imperialismus, gelbe Gewerkschafter, Grundbesitzer, Eigentümer der Fernsehanstalten und aller wichtigen Medien des Landes, die alten korrupten Parteien und alle Arten von Kriminellen miteinander verbündeten. Eine Macht mit faschistischen Ideen, mächtigen Ressourcen und Medien, die darauf abzielten, die Bolivarische Revolution zu zerstören. Das ist die wahre

Technik eines konterrevolutionären Staatsstreiches, die der Imperialismus vielfach erprobt und durchgeführt hat, um jede Art von gesellschaftlicher Veränderung in Lateinamerika zu unterdrücken.

Damals, während des Staatsstreiches in Kuba ...

Am 10. März 1952.
Ja, 1952 war es, als ich mit einer kleinen Gruppe hervorragender Mitstreiter, Abel[7], Montané[8] und anderen, den Hauptteil der 1200 Leute organisierte und vorbereitete. Alles junge Leute, mit denen ich persönlich sprach, um ihnen die Regeln und Ziele unserer Organisation zu erklären. Sie kamen fast ausnahmslos aus der Orthodoxen Jugend.

Für den Angriff auf die Moncada-Kaserne?
Wir haben diese Bewegung nicht ins Leben gerufen, um auf eigene Faust eine Revolution zu beginnen, sondern mit dem Ziel, dass jeder Einzelne dafür kämpfen sollte, den Zustand vor dem 10. März wiederherzustellen. Also die verfassungsmäßige Ordnung, die am 10. März durch den Staatsstreich unterbrochen worden war. Ich dachte, dass jeder sich anschließen sollte, um die Tyrannei Batistas zu beseitigen. Für mich war klar, dass man Batista mit Waffen stürzen musste. Das Wichtigste schien in diesem Augenblick der Zusammenhalt zu sein. Bis zu diesem Tag habe ich, der ich bereits eine ziemlich genaue Vorstellung davon hatte, was in Kuba getan werden müsste, mit legalen Mitteln gearbeitet, die aber auf eine revolutionäre Machtübernahme hinausliefen. Der Staatsstreich hatte dieses Projekt zunichtegemacht, und innerhalb dieser neuen Situation lag es im Interesse aller politischen Gruppen, so dachte ich, zum Ausgangspunkt zurückzukehren.

Haben Sie während Ihres Jurastudiums an der Universität begonnen, sich für Politik zu interessieren?
Als ich zur Uni kam, war ich ein politischer Analphabet. Die Universität war politisch von einer Gruppe dominiert, die eng mit der Regierung von Grau San Martín verknüpft war. Von Anfang an, schon im ersten Jahr meines Studiums, spürte ich eine Atmosphäre aus Macht, Furcht und Waffen. Es gab eine Universitätspolizei, die von regierungsnahen Gruppen komplett kontrolliert wurde, ein Bollwerk in den Händen der korrupten Regierung. Die wichtigsten Studentenführer erhielten Posten, Stipendien, Privilegien und sämtliche Ressourcen, die sie benötigten, von der Regierung. Exakt in diese Zeit fällt die

Rebellion Chibás' gegen die Authentischen, die mit der Gründung der Partei des Kubanischen Volkes endet, also der Orthodoxen Partei. Als ich an die Universität kam, gab es bereits im Ansatz eine solche Bewegung.

Wann kamen Sie zur Universität?
Ich begann mein Studium am 4. September 1945. Als Sohn eines Großgrundbesitzers konnte ich die Grundschule absolvieren und nach der siebten Klasse auf die Oberstufe wechseln. Später hatte ich die Möglichkeit, nach Havanna zu gehen und auf der hiesigen Universität zu studieren, weil mein Vater in der Lage war, mir das Studium zu finanzieren. Bin ich vielleicht etwas Besseres als die Hunderte von armen Kindern in Birán, von denen nur wenige die sechste Klasse geschafft haben und keines Abitur machen oder gar studieren konnte?

Wer kann ohne Abitur eine Universität besuchen? Welches Kind eines Bauern oder Arbeiters irgendwo im Osten, das auf einer Zuckerplantage oder einem der vielen Dörfer des Landes lebte, außer vielleicht in Santiago de Cuba oder Holguín, vielleicht noch in Manzanillo und zwei, drei Orten mehr in der alten Provinz Oriente, hatte denn die Möglichkeit, auch nur Abitur zu machen? Überall war es das Gleiche, außer in der Hauptstadt. Und selbst wenn, danach musste man zum Studium nach Havanna gehen. Und die Universität von Havanna konnte nicht die Universität der einfachen Leute sein; sie war eine Universität der Mittel- und Oberschicht, die Universität der Reichen. Obwohl – gerade die jungen Leute standen oft über dem Egoismus ihrer Klasse. Sie waren Kämpfer und Idealisten, wie es sie in der Geschichte Kubas immer gegeben hat.

An dieser Universität, zu der ich nur mit einem rebellischen Geist und einigen elementaren Ideen über Gerechtigkeit gekommen war, wurde ich zum Revolutionär. Ich wurde zum Marxisten-Leninisten und eignete mir die Werte an, für die ich fortan mein ganzes Leben gekämpft habe.

In diesem studentischen Ambiente beginnt also Ihre politische Lehrzeit.
Ja. Ich begann auf so viele Dinge, die ich erlebte, zu reagieren. Ich war rebellisch und wissbegierig, voller Ideen, voller Neugierde und voller Energie. Ich wusste aufgrund all der Dinge, die ich erlebt hatte, schon bald, dass es eine Menge zu tun gab.

In relativ kurzer Zeit hatte ich mich in das verwandelt, was ich heute einen »utopischen Kommunisten« nennen würde, ausgehend von meinen Erfahrungen und den Erkenntnissen, die ich mir über die traditionelle politische Ökonomie in jener kapitalistischen Gesellschaft aneignete. Etwas von dieser

Materie wurde im letzten Jahr der Oberstufe mehr schlecht als recht auch im Unterricht thematisiert.

Und wenn ich Ihnen sage, dass ich auf dieser Universität zum Revolutionär wurde, dann weil ich in Kontakt mit einigen Büchern kam. Aber schon bevor ich diese Bücher las, hatte ich die kapitalistische politische Ökonomie infrage gestellt, die mir schon früh irrational erschien. Im ersten Jahr meines Studiums hatte ich einen sehr anspruchsvollen Professor für politische Ökonomie, Portela hieß er – es gab kein gedrucktes Werk, als Material benutzte man einen Stapel aus 900 vervielfältigten Seiten –, er war berüchtigt und furchterregend, dieser Professor, der reinste Terror. Ich hatte Glück, denn das Examen war mündlich, ich konnte problemlos antworten und bekam eine überraschend gute Note.

Es war ein Studienfach, bei dem die Gesetze des Kapitalismus erklärt wurden, aber die verschiedenen Theorien wurden kaum erwähnt. Während des Studiums der kapitalistischen Volkswirtschaftslehre spürte ich immer mehr Zweifel in mir aufkommen. Ich stellte das System infrage, denn ich hatte ja auf einem Großgrundbesitz gelebt und erinnerte mich an viele Dinge, für die ich nach Lösungen suchte, wie das viele Utopisten in aller Welt tun.

Was für ein Student waren Sie?
Ich war ein schlechtes Beispiel von einem Studenten, ich besuchte nie die Vorlesungen. Das war schon in der Oberstufe so. Als Internatsschüler war ich natürlich gezwungen, am Unterricht teilzunehmen, aber mit meinen Gedanken war ich immer woanders. Lernen tat ich nur vor dem jeweiligen Examen. Auch an der Uni ging ich dann nicht in die Vorlesungen. Stattdessen ging ich oft in den Park, und dort, unter den Lorbeerbäumen, unterhielt ich mich mit den Studenten, es gab da einige Bänke. Vor allem sprach ich aber mit den Mädchen, sie widmeten mir ein bisschen mehr Aufmerksamkeit, sie waren besser erzogen; immer gab es Zuhörer. Und ich erklärte Theorien. Was gäbe ich heute dafür, wenn ich mich erinnern könnte, mit welchen Argumenten ich sie zu überzeugen versuchte! Und wovon! Ab dem dritten Jahr konnte ich kein offizieller Studentenführer mehr sein, denn ich musste mich als freier Student immatrikulieren – aus Gründen, die ich später noch erläutern kann. Trotzdem hatte ich tatsächlich Einfluss unter den Studenten, ziemlichen Einfluss sogar.

Von da an studierte ich praktisch frei, wie man das nannte. Das bedeutete, dass man keiner bestimmten Fakultät zugeordnet war, sondern sich für alle Kurse einschreiben konnte, die man belegen wollte. Und ich schrieb mich für etwa fünfzig Kurse ein.

Fünfzig?
Fünfzig – und ganz freiwillig. Am Ende meines Studiums studierte ich nämlich wirklich, und zwar drei verwandte Studiengänge: Rechtswissenschaften, Internationales Recht und Sozialwissenschaften. Wenn man alle drei Titel hatte, konnte man ein Stipendium beantragen. Meine politischen Ideen hatte ich schon ziemlich deutlich vor Augen, aber ich wollte noch weiter studieren und meine Kenntnisse im Bereich der Wirtschaft vertiefen. Ich dachte, ein Stipendium würde es mir erlauben, in Europa oder sogar in den Vereinigten Staaten zu studieren. Ich lernte nun fünfzehn bis sechzehn Stunden am Tag. Wenn ich frühstückte, zu Mittag oder zu Abend aß, hatte ich immer ein Buch bei mir und las die ganze Zeit durch, ohne auch nur einmal von der Seite aufzublicken.

Ihr Vater war ein Rechter, und Sie haben Ihre ganze Schulzeit in konservativen, religiösen Schulen verbracht. Zu welchem Zeitpunkt Ihres Studiums entdeckten Sie für sich die Linke?
Als ich zur Uni kam, waren die Linken nur eine kleine, unbedeutende Gruppe. Ich studierte an der Universität, die zwanzig Jahre zuvor die angesehene und kämpferische Universität von Mella war und wo nur zwölf Jahre vorher die Studenten unter der Führung von Rubén Martínez Villena von der Kommunistischen Partei die Proteste auf Straßen und den revolutionären Streik organisiert hatten, der den Sturz Machados schließlich beschleunigte. Das war nach dem Krieg, die McCarthy-Ära und der Antikommunismus hatten ihren Höhepunkt erreicht, und unter den 15 000 Studenten, die 1945 an der Universität eingeschrieben waren, gab es sicherlich nicht mehr als fünfzig aktive Antiimperialisten. Natürlich gab es zu jener Zeit an der Uni keine Studenten vom Land oder aus der Arbeiterklasse. Die Studenten beschäftigten sich mit anderen politischen und ethischen Themen, aber es ging dabei weniger um eine wirklich radikale Veränderung der Gesellschaft. Die Linken sahen in mir eher einen seltsamen Typen, denn sie sagten: »Sohn eines Großgrundbesitzers, der das Colegio de Belén besucht hat, das muss der reaktionärste Typ der Welt sein.« In den ersten Tagen des Studiums verbrachte ich viel Zeit mit Sport, wie ich das schon früher getan hatte; aber ich interessierte mich auch schon in den ersten Wochen für Politik und machte erste Schritte, bis ich nach zwei oder drei Monaten Basketball, Baseball und Fußball völlig vergessen hatte wie all die anderen Dinge auch. Ich widmete mich jetzt vollständig der Politik. Ich wurde Kandidat, meinen Kurs als Sprecher zu vertreten, und mit 181 zu 33 Stimmen gewählt.

Dieser politischen Aktivität widmete ich immer mehr Zeit. Als die Wahlen für die Präsidentschaft des Studentenverbandes FEU (Federación Estudiantil Universitaria) anstanden, trat ich dem Regierungskandidaten mit aller Entschlossenheit entgegen. Das barg unendlich viele Gefahren für mich, denn es traf die Interessen der Mafia, die die Universität dominierte.

Welche Art von Gefahren?
Die Drohungen und der physische Druck waren stark. Kurz vor den Wahlen, als ich bereits im zweiten Kurs der Rechtswissenschaften war, bediente sich die Mafia nach vielen Zwischenfällen, irritiert dadurch, dass ich mich nicht unterordnete, einer sehr drastischen Einschüchterungsmaßnahme: Sie verbot mir den Zutritt zur Universität. Ich konnte nicht mehr dorthin zurück.

Was haben Sie gemacht?
Nun, ich habe geweint. Ja. Ich ging zum Strand, um nachzudenken. Dort lag ich dann mit meinen zwanzig Jahren, mit dem Gesicht nach unten im Sand, und weinte bitterlich. Das Problem war äußerst komplex. Ich hatte es mit allen Mächten und gleichzeitig mit geballter Rechtlosigkeit zu tun. Sie waren bewaffnet und bereit, zu töten, besaßen die Unterstützung der Polizei und der korrupten Regierung Graus. Einzig eine moralische Kraft hatte sie zurückgehalten: die steigende Anzahl von Studenten, die mich unterstützten. Niemand hatte sich ihnen in ihrem Universitätsfeudalismus offen widersetzt, und sie waren nicht gewillt, eine solche Herausforderung zu tolerieren. Auch die Universitätspolizei stand auf ihrer Seite, und ich lief Gefahr, in einer fingierten Auseinandersetzung verschiedener Gruppen getötet zu werden. Ich weinte, aber ich beschloss zurückzukehren. Zurückzukehren, um zu kämpfen, obwohl mir bewusst war, dass dies meinen sicheren Tod bedeuten könnte.

Ein Freund besorgte mir eine Pistole, eine Browning mit fünfzehn Schuss, ähnlich wie die, die ich bis heute benutze. Ich war entschlossen, mein Leben teuer zu verkaufen und die Schmach des Rauswurfs von der Uni nicht zu akzeptieren. So begann mein erster, eigentümlicher bewaffneter Kampf gegen die Regierung und die Staatsmacht. Das Entscheidende an diesem Kampf war allerdings nicht der Einsatz von Waffen, sondern es waren die enormen Risiken und Herausforderungen, die daraus entstanden. Sehr selten konnte ich die Waffe tragen, wie eben an diesem Tag. Es bestand das Risiko, von der Polizei festgenommen und in beschleunigtem Verfahren vor ein Gericht gestellt zu werden; die waren flink und ließen keine Kaution zu. Mit dieser Maßnahme hätte mich der

Feind sehr leicht aus dem Verkehr ziehen können. Das war vielleicht eine der schwierigsten und gefährlichsten Etappen meines Lebens. Ich kehrte also zurück, zusammen mit fünf weiteren Studenten, die sich spontan und aus einer Art Bewunderung für meinen einsamen Kampf heraus entschlossen hatten, mich zu begleiten. Auch sie trugen Waffen wie ich. Jene Aktion war ein Schock für die, die mir verboten hatten, das Gelände noch einmal zu betreten, aber allzu oft konnte man das nicht wagen. Gezwungenermaßen war ich danach oft allein und unbewaffnet, und das über sieben Jahre lang, bis zum 26. Juli 1953. All meine Kämpfe führte ich ohne Waffen, mit Ausnahme des Feldzuges gegen Trujillo und meiner Beteiligung am Volksaufstand in Bogotá. Oft wurde ich von einer Gruppe von Leuten begleitet, ohne Waffen – als einzig möglicher Schutz. Die ständige Anklage der Regierung, die Missachtung aller Risiken, das ist wie die Peitsche in den Händen des Dompteurs; sie lehrten mich, dass die Würde, die Moral und die Wahrheit unbesiegbare Waffen sind. Seit ich am 2. Dezember 1956 von der *Granma* an Land ging, war ich nie wieder unbewaffnet.

Konnten Sie denn mit einer Waffe umgehen? Welche Erfahrung hatten Sie mit Waffen?
Ich war ein guter Schütze, denn ich war ja auf dem Land geboren, und ich hatte viele Male die Gewehre aus unserem Haus benutzt, ohne jemanden zu fragen. Eine Winchester, ein Browning-Jagdgewehr, die Revolver, alle möglichen Waffen.

Haben Sie geschossen?
Ich hatte in Birán die Geschichte erfunden, dass die Aasgeier[9] die Hühner fraßen. Also, richtig erfunden hatte ich das nicht, denn die Leute sagten immer, dass diese Vögel die Eier und die Küken fräßen. In der Nähe des Hühnerstalls stand ein Pfosten, eine Art Radioantenne, auf dem sich die Aasgeier oft niederließen, und so übernahm ich häufig die Rolle des Beschützers; man nahm an, die Geier würden für die Küken gefährlich sein, obwohl die Geschichte nicht wahr ist. Die Aasgeier fungierten lediglich als Sanitäter, die die Kadaver fraßen, wenn ältere Tiere starben.

Es sind Aasfresser, die keine lebenden Tiere angreifen.
In Birán lief ich von klein auf mit Waffen herum. Wir hatten zu Hause ein halb automatisches Gewehr, mit vier Patronen im Magazin. Wenn man eine in den Lauf legte, konnte man bis zu fünf Schüsse in zwei Sekunden abfeuern. Dann

gab es noch drei etwas ältere Gewehre, für die man aber moderne Kugeln verwendete, das waren eine Mauser und zwei Winchester, Kaliber 44. Das waren solche, wie Buffalo Bill sie benutzte, mit mehreren Kugeln im Magazin.

Haben Sie die Browning, die Sie an der Universität mit sich führten, einmal benutzt?
Damals nicht. Der große Kampf um die FEU ließ sich erstaunlicherweise ohne Opfer bestreiten, aber die Risiken, die mich begleiteten, waren beträchtlich. So war das an dieser Universität, an die ich 1945 kam. Es gab viele Aufs und Abs, es herrschten schwierige Bedingungen für mich, es gab auch sehr wechselhafte Situationen, viele Anekdoten. Aber das alles zu erzählen wäre eine lange Geschichte.

Es reicht, was ich gesagt habe. Bleibt nur noch anzufügen, dass einige der Studenten, die sich damals in gutem Glauben mit der alten Universitätsleitung verbündeten und meine Gegner waren, sich später der Revolution angeschlossen und einige dafür sogar ihr Leben gegeben haben. Ich trage ihnen nichts nach, ich bin ihnen dankbar für ihre spätere Haltung. Heute gibt es keine solchen Konflikte an unseren Universitäten, wo mehr als eine halbe Million junge Leute einen Hochschulabschluss erwerben und ein solides antiimperialistisches und sozialistisches Bewusstsein, das sie ihre Revolution und ihr Vaterland verteidigen lässt. Welch eine Belohnung!

Und inmitten all dieser Ereignisse kommt die Expedition nach Cayo Confites zum Kampf gegen Trujillo[10], Diktator der Dominikanischen Republik.
Ja, im Juli 1947 schloss ich mich der Expedition nach Cayo Confites an, um gegen Trujillo zu kämpfen. Ich war ja seit dem ersten Jahr meines Studiums innerhalb des Studentenverbandes Vorsitzender des Komitees für Demokratie in der Dominikanischen Republik und Vorsitzender des Komitees für die Unabhängigkeit Puerto Ricos. Ich hatte diese Verantwortung immer sehr ernst genommen. Wir sprechen vom Jahr 1947, wo sich die Vorstellung vom irregulären Kampf bereits in mir festgesetzt hatte. Ausgehend von den kubanischen Erfahrungen in den Unabhängigkeitskriegen und infolge anderer Analysen war ich davon überzeugt, dass man mit den Methoden eines irregulären Krieges gegen eine konventionelle moderne Armee kämpfen könnte. Ich dachte zum Beispiel, dass ein Guerillakrieg in den Bergen von Santo Domingo besser wäre, als eine schlecht trainierte und unerfahrene Gruppe gegen die reguläre Armee Trujillos zu werfen.

Als ich das Chaos und die Desorganisation sah, die die Expedition nach Cayo Confites beherrschten, beschloss ich, mich bei Ankunft in der Dominikanischen Republik mit meiner Kompanie in die Berge abzusetzen, denn ich war schon bei der Überfahrt Kompaniechef. Das war im Jahr 1947, und der Überfall auf die Moncada-Kaserne war im Jahr 1953, gerade einmal sechs Jahre später. Ich hatte schon eine Vorstellung jener Art des Kampfes, die sich dann in der Sierra Maestra verwirklichte. Ich habe aus einem Instinkt heraus an diese Form des Kampfes geglaubt, weil ich auf dem Land geboren bin, die Berge kannte und weil ich spürte, dass diese Expedition ein Desaster war. Meine Überzeugung bestätigte sich, dass es unmöglich war, frontal gegen eine Armee zu kämpfen, ob in Kuba oder in der Dominikanischen Republik, denn diese Armee verfügte über Marine und Luftwaffe, sie hatte alles – und es wäre dumm gewesen, das zu ignorieren.

Am 9. April 1948 befinden Sie sich in Bogotá. Es ist der Tag, an dem der populäre Politiker Jorge Eliécer Gaitán ermordet wird. Sie erleben dort einen Aufstand, den man den »Bogotazo«[11] nannte. Was für eine Art Erfahrung war das? Diese Erfahrung war für mich politisch sehr wichtig. Gaitán war für Kolumbien die Hoffnung auf Frieden und Entwicklung. Sein Tod hatte eine Explosion zur Folge. Der Aufstand eines Volkes, das Gerechtigkeit wollte, die Massen, die plötzlich zu den Waffen griffen, die Polizei, die sich dem Kampf anschloss, das Fehlen einer Führung in diesem Kampf, die Zerstörung, die Tausende von Toten. Ich schloss mich diesen Menschen an und eroberte ein Gewehr beim Sturm auf eine Polizeiwache, deren Insassen sich angesichts der Menge, die auf sie zuströmte, ergaben. Ich erlebte eine völlig spontane Revolution des Volkes. In einem Buch des kolumbianischen Historikers Alape[12] habe ich darüber schon ausführlich gesprochen.

Aber ich kann Ihnen sagen, dass ich mich seit dieser Erfahrung stärker mit der Sache der Völker identifiziert habe. Die sich gerade erst fortpflanzenden marxistischen Ideen hatten damit gar nichts zu tun. Es war eine spontane Reaktion von uns, von jungen Menschen, mit Ideen von Martí, mit antiimperialistischen, antikolonialistischen und prodemokratischen Ideen.

In diesen Tagen, kurz vor dem Mord an Gaitán, hatte ich mich in Panama mit Studenten getroffen, die gerade einen hinterlistigen Angriff der US-amerikanischen Truppen hinter sich hatten, die den Kanal besetzt hielten. Diese hatten sie bei einem Protestmarsch für die Rückgabe des Kanals mit Maschinengewehren beschossen, und es hatte zahlreiche Tote und Verletzte gegeben.

Ich erinnere mich an eine Straße, die wir passierten, voller Bars und Frauen, die gezwungen waren, ihre Körper zu verkaufen. Ein gigantisches, kilometerlanges Bordell. Einige der Jungs lagen im Krankenhaus, unter ihnen einer, der aufgrund eines Schusses in die Wirbelsäule gelähmt war. Ich besuchte sie und war voller Bewunderung für den Mut dieser jungen Menschen.

Zuvor war ich in Venezuela, wo zu diesem Zeitpunkt Rómulo Betancourt Anführer der Acción Democrática (»Demokratische Aktion«) war. Damals war diese Partei nicht, was sie heute ist. Die venezolanische Revolution[13] hatte in Kuba viele Sympathisanten. Carlos Andrés Pérez war damals ein Grünschnabel, der für die offizielle Zeitung der Regierungspartei arbeitete. Rómulo Gallegos[14], ein einfacher, aufrichtiger und angesehener Mann in der Politik wie in der Literatur, war der frisch gewählte Präsident Venezuelas. Ich selbst war kurz zuvor an der Trujillo-Expedition in der Dominikanischen Republik beteiligt gewesen, die von weiten Teilen der progressiven und revolutionären Strömungen in Zentralamerika und der Karibik unterstützt worden war. Zu ihnen gehörte, wie man sich denken kann, die Acción Democrática. Chávez war noch nicht einmal geboren. Gaitán hatte in Kolumbien die Liberalen geeint; innerhalb der Universitäten hatte er einen enormen Einfluss. Wir haben uns mit den Studenten in Verbindung gesetzt und auch ihn, Gaitán, kennengelernt. Wir haben uns mit ihm getroffen, und er hat uns Unterstützung für den Kongress Lateinamerikanischer Studenten zugesagt, den wir organisieren wollten. Er wollte ihn eröffnen. Es war reiner Zufall, dass unsere Planung mit der Gründung der OAS (Organisation Amerikanischer Staaten) in Bogotá zusammenfiel.

Wir haben dort versucht, einen Lateinamerikanischen Studentenverband zu gründen, und unterstützten unter anderem den Kampf der Argentinier für die Falklandinseln, die Unabhängigkeit Puerto Ricos, den Sturz Trujillos, die Rückgabe des Panamakanals und die Souveränität der europäischen Kolonien in der Region. Das waren unsere Programme. Sie waren vor allem antiimperialistisch und antidiktatorisch, sozialistisch aber waren sie noch nicht.

Hatten Sie zur Zeit des Staatsstreiches Batistas am 10. März 1952 aufgrund Ihrer Kämpfe an der Universität und Ihrer Erfahrungen mit der Expedition nach Cayo Confites, der Teilnahme am »Bogotazo« und Ihrer Aktivitäten im Rahmen der Orthodoxen Partei schon ansatzweise eine Gesellschaftstheorie und eine Theorie der Machtübernahme?
Ich hatte zu diesem Zeitpunkt zahlreiche Bücher über die Unabhängigkeitskriege in Kuba gelesen. Bei meinem Eintritt in die Universität kam ich mehr

und mehr in Kontakt mit den Ideen der politischen Ökonomie, und sehr schnell, ausgehend von den Texten, die man dort benutzte, wurde mir das Absurde der kapitalistischen Gesellschaft klar.

Später stieß ich, wie schon gesagt, auf die marxistischen Schriften. Ich war zwar politisch aktiv, hatte mich aber im ersten Jahr an der Universität nicht sehr intensiv mit dem Fach befasst, das man Politische Ökonomie nannte, deshalb habe ich darin auch nie eine Prüfung abgelegt. Es wurde von diesem bereits erwähnten sehr strengen Professor gelehrt, Professor Portela. Und es gab die fast 1000 Seiten, die in schlechter Qualität vervielfältigt worden waren. Als ich beschloss, mich intensiv mit diesem Thema zu beschäftigen, stieß ich auf die Theorie über das Wertgesetz und die verschiedenen Interpretationen zu den maßgeblichen Ursachen. Das war die Volkswirtschaftslehre, die man die Studenten der Bourgeoisie lehrte. Ich begann, dieses System zu hinterfragen.

Ich merkte von ganz allein, dass die kapitalistische Wirtschaft absurd war. Lange bevor ich mit den Schriften Marx' oder Lenins überhaupt in Berührung gekommen bin, hatte ich mich bereits zu einem utopischen Kommunisten entwickelt. Der utopische Kommunist ist einer, der weder von einer wissenschaftlichen noch von einer historischen Grundlage ausgeht, sondern von etwas, das ihm als sehr schlecht erscheint, die Existenz von Armut, Ungerechtigkeit, Ungleichheit, ein unüberwindbarer Widerspruch zwischen Gesellschaft und wahrhaftiger Entwicklung. Natürlich hat man auch eine Ethik, die in unserem Fall vorwiegend von Martí geprägt war.

Das Leben selbst hat mir sehr geholfen, die Art, wie ich gelebt habe und wie ich mein Leben selbst gesehen habe. Als man von der Krise der »Überproduktion« sprach und von der »Arbeitslosigkeit« und anderen Problemen, zog ich die Schlussfolgerung, dass dieses System nichts taugt. Die Unterrichtsfächer Geschichte der gesellschaftlichen Doktrinen und Arbeitergesetzgebung, die mit Texten von Professoren arbeiteten, die eine linke Ausbildung genossen hatten, halfen mir, genauer über diese Dinge nachzudenken.[15]

Eine der ersten Schriften, die ich von Marx las, war das *Kommunistische Manifest*. Es machte großen Eindruck auf mich. Ich begann zu verstehen und mir einige Dinge zu erklären, denn ich war auf einem Latifundium geboren, das wiederum von unermesslich großen Latifundien umgeben war. Ich wusste, wie die Leute dort lebten. Ich habe am eigenen Leib erfahren, was Imperialismus bedeutet – Beherrschung, unterworfene und korrupte Regierungen. In der Orthodoxen Partei erhob man Anklage gegen den Missbrauch und die Korruption, aber ich stand bereits links dieser Volkspartei. Von da an habe ich die marxistischen Schriften verschlungen, und ich fühlte mich mehr und mehr zu ihnen hingezogen. Ein Gefühl für Gerechtigkeit und bestimmte ethische Werte war in mir verwurzelt. Ich verabscheute die Ungleichheit und den Missbrauch. Ich hatte das Gefühl, von dieser Literatur erobert worden zu sein. Es war eine Art politische Untermauerung der Schlussfolgerungen, die ich selbst bereits gezogen hatte. Einmal sagte ich, wenn Odysseus in den Bann der Sirenen und ihrer Gesänge geraten sei, so sei ich in den Bann der unanfechtbaren Wahrheiten der marxistischen Anklagen geraten. Ich hatte utopische Ideen entwickelt und trat nun auf festeren Grund.

Der Marxismus hat mich gelehrt, was die Gesellschaft ist. Ich kam mir vor wie ein Spaziergänger nachts im Wald, der weder weiß, wo Norden, noch, wo Süden ist. Wenn man die Geschichte des Klassenkampfes nicht wirklich versteht oder sich zumindest nicht deutlich vor Augen führt, dass die Gesellschaft in Arme und Reiche geteilt ist und dass die einen die anderen unterwerfen und ausbeuten, dann irrt man wirklich im Wald umher und weiß gar nichts.

In Ihrem Umfeld dürfte diese Einstellung nicht allzu geläufig gewesen sein ...
Nun, den meisten schien die Gesellschaft, so wie sie war, das Normalste in der Welt zu sein. So wie die Familie, in die man hineingeboren wird, oder das Dorf, in dem man lebt. Das war etwas ganz Natürliches und ein alter Brauch. Wenn man das ganze Leben über sagen hört: »Der ist der Besitzer eines Pferdes, dem gehört ein *bohío*[16], und jenem gehört ein unglaubliches Stück Land und alles, was sich darauf befindet«, dann erscheint das nicht seltsam. Das Konzept des Eigentums war universal und umfasste alle Bereiche, sogar die Kinder. Das ist der Sohn von dem und dem und das die Frau von jenem. Alles war Eigentum von irgendjemandem. Dieses Konzept des Eigentums wendete man auf alles an, auf das Pferd, den Lkw, die Finca, die Fabrik, die Schule, auf alles außer den öffentlichen Gütern.

Der Mensch wird in eine kapitalistische Gesellschaft und mit ihr in die Idee des Eigentums hineingeboren. Alles dreht sich um Eigentum und die eigenen Schuhe, den eigenen Sohn, die Frau und die Fabrik, wo es einen Herrn gibt, der der Eigentümer ist, und einen, der dieses Eigentum verwaltet und dir einen Gefallen tut, wenn er dir ein bisschen Arbeit gibt, und sie nutzen jene aus, die nicht lesen und nicht schreiben können. Die Kapitalisten arbeiten sehr viel mit Psychologie, was die Sozialisten meist nicht tun. Der sozialistische Verwalter geht davon aus, dass es die Pflicht eines jeden Arbeiters ist, seine Arbeit gut zu machen, wohingegen der Kapitalist weiß, dass der Arbeiter ihm einen Mehrwert verschafft. Der Kapitalist weiß aber oft nicht bewusst, was das ist, Mehrwert. Für ihn ist das alles ganz normal: Er hat ein bisschen Geld organisiert und sich ein Geschäft aufgebaut, ist reich geworden, manchmal sogar sehr reich.

Und die Menschen lebten in so großer Armut und mit einem solchen Minderwertigkeitskomplex, dass sie sogar einen Politiker, von dem sie wussten, dass er sehr reich und vielleicht sehr korrupt war, mit Bewunderung bedachten.

Als ich anfing, Ideen auszuarbeiten – zu Beginn meiner Ökonomiestudien –, erfuhr ich, dass es einen Mann namens Karl Marx gab, dass es Marxisten gab, Kommunisten und Utopisten. Und da stellte ich fest, dass ich einer dieser Utopisten bin, verstehen Sie?

Denken Sie, dass Sie zu diesem Zeitpunkt schon genug Wissen und Erfahrung hatten, um einen klaren Weg in der Politik einzuschlagen?
Ich war natürlich weiter als an dem Tag, an dem ich an die Uni kam, einige Jahre zuvor, aber ich musste noch sehr viel lernen, und auch heute muss ich noch sehr viel lernen.

Welches waren die drei wesentlichen Dinge, die mich die großen revolutionären Denker lehrten? Von Martí Inspiration, sein Beispiel und viele andere Dinge; im Wesentlichen aber die Ethik, vor allem die Ethik. Er sagte jenen berühmten Satz, den ich nie vergessen kann: »Der ganze Ruhm der Welt passt in ein Maiskorn.« Das war für mich ein wunderschöner Ausdruck angesichts der Eitelkeiten und Ambitionen, auf die man allerorts trifft und vor denen wir Revolutionäre ein Leben lang auf der Hut sein müssen. Ich habe diese Ethik verinnerlicht. Die Ethik als Verhalten ist essenziell und ein grenzenloser Reichtum.

Von Marx lernen wir, was die menschliche Gesellschaft ist; wer das nicht gelesen oder wen das nicht gelehrt wurde, der muss sich fühlen wie nachts in einem Wald, ohne die Himmelsrichtungen zu kennen. Marx lehrte uns, was die Gesellschaft ist und wie sie sich geschichtlich entwickelt hat. Ohne Marx kann man kein Argument formulieren, das zu einer vernünftigen Interpretation geschichtlicher Ereignisse führt – was die Tendenzen sind, welche die wahrscheinliche Entwicklung der Menschheit sein wird, die ihre soziale Evolution noch nicht abgeschlossen hat.

Sie und viele andere Menschen auf der Welt machen sich Sorgen über Doktrinen und Theorien wie die neoliberale Globalisierung, die heute so in Mode ist und die für einen Menschen zur Zeit des Kolonialismus erschreckend gewesen wäre. Für Martí wäre sie schrecklich gewesen, als Kuba eine spanische Kolonie war, und überhaupt hätte sie noch vor dreißig Jahren die Menschen in Angst und Schrecken versetzt. Es sind viele wichtige Dinge, die einem heute bewusst sind. Sie sehen also, dass die Geschichte der Menschheit ...

Und auch Ihre eigene Geschichte, oder?
Wie ich schon sagte, war die Tatsache, dass ich auf dem Land geboren wurde, sehr wichtig. Und dass ich als Sohn und nicht als Enkel eines Großgrundbesitzers zur Welt kam. Ich habe das alles gelebt, und als ich Marx las, kannte ich das bereits, weil ich am eigenen Leib das Leben auf einem Latifundium erfahren habe. Mein Vater war wahrscheinlich der menschlichste aller Großgrundbesitzer, und das sage ich nicht, weil er mein Vater war. Er war immer da, er hat mit den Menschen gesprochen, und wenn er sah, dass sie litten, dann konnte er eine Entscheidung treffen.

Im Fall der anderen Großgrundbesitze, die der US-amerikanischen Gesellschaften, saßen die Aktionäre in New York, und die Verwalter der Ländereien waren reine Aufpasser, die nicht die Wahl hatten, jemandem zu helfen. Sie hatten einen Haushaltsplan, an den sie sich zu halten hatten. Che Guevara hat sich intensiv mit den Dokumenten über die Verwaltungsform der Ländereien der großen transnationalen Unternehmen beschäftigt – ich weiß, dass Sie sich für alles interessieren, was mit Che zu tun hat –, und er hat untersucht, wie das damals war: »Es gab keinen Centavo, um irgendjemandem zu helfen.« Mein Vater – ich habe Ihnen ja erzählt, wie groß sein Besitz war – war immer dort und sah die Leute den ganzen Tag. Er kam ihnen nahe, hatte keinen Leibwächter bei sich. Er ging allein. Kilometerweit. Die Leute konnten sich ihm nähern. Zum Geschäftsführer eines Unternehmens wie der United Fruit Company, das in New York saß, hatten sie keinen Zugang. Ich habe all das erlebt, und es war eine Art Rohstoff für meine Gedanken zugunsten jener, die nichts besaßen.

Ich habe Ihnen erzählt, dass ich Hunger gelitten habe, ich habe Ihnen viele Dinge erzählt, die ich erlitten habe. Es war nicht schwer für mich, festzustellen, dass wir in einer ungleichen und ungerechten Gesellschaft lebten.

Wann beschlossen Sie, von der Theorie in die Praxis überzugehen?
Erinnern Sie sich, ich war schon ein halber Internationalist, ich war 1948 in Bogotá, ich schloss mich den Studenten dort an, wir hatten bereits ein Programm. Erinnern Sie sich, dass es in diesem Programm unter anderem um den Kampf um die Falklandinseln ging, um die Rückgabe des Panamakanals. Ich hatte an

der Expedition nach Cayo Confites teilgenommen und an anderen Aktivitäten. Und das Wichtigste: Am 10. März 1952, dem Tag des Staatsstreiches Batistas, war ich bereits seit einigen Jahren ein überzeugter Marxist und Leninist – aufgrund der Werte, die ich gewonnen hatte, aufgrund der Dinge, die ich in all den Jahren auf der Universität gelernt hatte. Ohne diesen Hintergrund hätte ich nie irgendeine Rolle spielen können.

Ohne Kompass wäre Kolumbus nirgendwo angekommen. Aber es gab einen Kompass, ich hatte einen: das, was ich bei Marx und Lenin gelernt hatte. Und die Ethik – das muss ich noch mal sagen –, die ich bei Martí gefunden hatte. Vielleicht haben noch andere Faktoren Einfluss genommen; ich war Sportler und Bergsteiger; die Umstände übten Einfluss aus, und das Leben hat mir geholfen.

Zur Zeit des Staatsstreiches Batistas hatte ich bereits eine Strategie für die Zukunft ausgearbeitet: ein revolutionäres Programm in Umlauf zu bringen und einen Volksaufstand zu organisieren. Von diesem Augenblick an hatte ich die Konzeption des Kampfes und die fundamentalen revolutionären Ideen, die in meinem Buch *Die Geschichte wird mich freisprechen*[17] stehen. Mir war klar, dass die Machtübernahme durch eine Revolution erfolgen musste. Ich überlegte mir, was nach den Wahlen am 1. Juni dieses Jahres passieren würde: Nichts würde passieren. Frustration und Enttäuschung würden sich wiederholen, und wir konnten nicht wieder zurück auf jene ausgetretenen Pfade, die nur ins Nichts führten.

4

DER STURM AUF DIE MONCADA-KASERNE

*Die Vorbereitung – Die Männer – Die Waffen – Die Strategie –
Die Farm von Siboney – Der Angriff – Der Rückzug*

Wann beschlossen Sie, die Moncada-Kaserne anzugreifen?
Ich hatte den Verdacht, dass Batista einen Staatsstreich plante. Zumindest gab es Anzeichen dafür. Ich teilte es der Leitung der Orthodoxen Partei mit, die dann einige Personen ihres Vertrauens beauftragte, das zu prüfen. Das taten diese und informierten die Parteiführung – zu der ich nicht gehörte –, dass keinerlei Gefahr bestand, alles sei ruhig. Davon hatte ich Ihnen ja bereits erzählt.
  Wann beschlossen wir, die Moncada-Kaserne zu stürmen? Als wir überzeugt waren, dass niemand etwas tun würde, dass es keinen Kampf gegen Batista geben würde und dass all die existierenden Gruppen – in denen es viele Personen gab, die verschiedenen Gruppen zugleich angehörten – weder vorbereitet noch organisiert waren, um den bewaffneten Kampf zu führen, den wir erwarteten.
  Ein Universitätsprofessor beispielsweise, Rafael García Bárcena, kam zu mir, weil er die Columbia-Kaserne in Havanna angreifen wollte, die wichtigste Bastion des Regimes. Er sagte mir: »Ich habe Leute da drin, die uns unterstützen.« Ich entgegnete: »Sie wollen die Columbia-Kaserne angreifen, weil sie Ihnen den Weg frei machen werden? Dann sprechen Sie mit keinem Menschen darüber. Wir haben genügend Leute und können die Aktion geheim halten.« Er tat das genaue Gegenteil. Er sprach mit mehr als zwanzig Organisationen, und nach wenigen Tagen wusste ganz Havanna – natürlich auch das Militär –, was dieser Professor plante. Der Professor war ein sehr anständiger Mann. Er unterrichtete einige der Fächer, in denen man ranghohe Militärs auf ihre Aufgaben vorbereitet. Bárcena war einer dieser Professoren. Wie zu erwarten war, wurden alle verhaftet, einschließlich des Professors.
  Schon vor diesem abzusehenden Ende, das sich einige Wochen nach meinem Gespräch mit Bárcena zutrug – als wir erfuhren, dass die Übernahme der Columbia-Kaserne *vox populi* war –, beschlossen wir, in sehr naher Zukunft aus

eigener Kraft zu reagieren. Wir hatten mehr Leute und waren in Bezug auf Disziplin und Ausbildung stärker als alle anderen zusammen. Es tut mir leid, das so zu sagen, aber so war es. Eine der seriösesten und kämpferischsten unter all diesen Organisationen war der Studentenverband FEU (Federación Estudiantil Universitaria). Aber die brillantesten Seiten ihrer Geschichte – unter der Leitung von José Antonio Echeverría[1], der gerade erst an die Universität gekommen war und ebenso in die Revolutionäre Leitung, die er 1956 gegründet hatte – sollten erst noch geschrieben werden.

Wir analysierten die Lage und arbeiteten einen Plan aus. Wir hatten entschieden, den Kampf in Santiago zu beginnen. Mit dem Professor habe ich nicht mehr gesprochen. Eines Tages, als ich von Santiago aus kommend zurückfuhr, hörte ich im Radio die Nachricht von der Festnahme Bárcenas und mehrerer Gruppen an verschiedenen Ecken rund um die Columbia-Kaserne.

Wie bekamen Sie die Gruppe von Kämpfern zusammen, die die Moncada-Kaserne angreifen sollten?
Ich habe echte Bekehrungsarbeit geleistet und viel gepredigt, denn ich hatte ein revolutionäres Konzept und die Angewohnheit, jeden Einzelnen der Kämpfer, die sich freiwillig anboten, zu studieren, ihre Motivation zu ergründen, ihnen Normen für Organisation und Verhalten einzuschärfen, ihnen alles zu erklären, was ich erklären konnte und musste. Ohne diese Konzeption hätte man sich den Plan für Moncada nicht ausdenken können. Auf welcher Grundlage? Mit welchen Kräften kannst du rechnen? Mit welchen Kämpfern? Wenn du nicht auf die Arbeiterklasse, die Bauern und die Armen setzt, in einem Land, das so ausgeblutet ist und so gelitten hat, dann hat alles keinen Sinn. Es war kein Klassenbewusstsein vorhanden, aber es gab etwas, das ich oft als Klasseninstinkt bezeichne; bei den Mitgliedern der Sozialistischen Volkspartei, den Kommunisten, die politisch gut vorbereitet waren, war das anders. Es gab diesen Studentenführer Mella, jung und brillant, der zusammen mit einem Kämpfer des Unabhängigkeitskrieges im Jahr 1925 die Kommunistische Partei Kubas gegründet hatte. Ihn habe ich schon mehrfach erwähnt. 1952 aber war diese Partei politisch isoliert, mitten in der McCarthy-Ära und unter dem Einfluss einer grausamen imperialistischen Kampagne, der alle Mittel zur Verfügung standen, gegen jede Sache, die auch nur im Entferntesten nach Kommunismus roch. Die politische Unkultur war enorm.

Haben Sie lange gebraucht, um die Männer zusammenzubekommen?
Das ging relativ schnell. Ich war erstaunt, wie schnell man mit der richtigen Argumentation und ein paar Beispielen jemanden davon überzeugen konnte, dass diese Gesellschaft absurd war und dass man sie verändern musste. Am Anfang verfügte ich für diese Aufgabe nur über eine Handvoll Kader. Es gab viele Menschen, die gegen Raub, Unterschlagung, gegen Arbeitslosigkeit, Missbrauch und Ungerechtigkeit waren; sie glaubten aber, dies sei schlechten Politikern geschuldet. Sie konnten nicht begreifen, dass es das System war, das all das hervorbrachte.

Man weiß ja, die Einflüsse des Kapitalismus wirken für die meisten unsichtbar auf das Individuum, ohne dessen bewusste Wahrnehmung. Viele waren davon überzeugt, wenn man einen Erzengel vom Himmel holte, einen richtigen Experten, und ihn die Republik regieren lassen würde, dann käme mit ihm die Ehrlichkeit in die Administration, mehr Schulen würden gebaut und niemand würde mehr das Geld stehlen, das fürs Gesundheitswesen und andere wichtige Dinge benötigt wird. Sie konnten nicht verstehen, dass Arbeitslosigkeit, Armut, Fehlen von Land für die Bauern und all die anderen Katastrophen von keinem Erzengel in den Griff zu bekommen waren, denn die enormen Latifundien und herrschenden Produktionsstrukturen würden es nicht zulassen, dass irgendetwas verändert würde. Ich war fest davon überzeugt, dass man dieses System auslöschen musste.

Diese jungen Leute waren Orthodoxe, vollkommen anti Batista, sehr anständig, doch hatten sie keine politische Erziehung. Sie hatten Klasseninstinkt, würde ich sagen, aber kein Klassenbewusstsein.

Wie ich zu Beginn erklärte, begannen wir damit, Männer zu rekrutieren und zu trainieren, um für die Wiederherstellung des verfassungsmäßigen Status von 1952 zu kämpfen, der zwei Monate und zwanzig Tage vor den Wahlen durch den Staatsstreich Fulgencio Batistas beendet worden war, der in seiner alten Armee militärisch großen Einfluss hatte und überzeugt war, dass er keine Chance hatte, die Wahlen zu gewinnen.

Wir organisierten uns, um eine Schlagkraft zu bilden, nicht, ich wiederhole es, um eine Revolution zu machen, sondern um uns all den anderen Gruppen, die gegen Batista kämpften, anzuschließen, denn nach dem 10. März 1952 war es entscheidend, alle Kräfte zu bündeln. Die Authentische Partei, die 1948 die Wahlen gewonnen hatte und regierte, war korrupt, doch Batista war weitaus schlimmer. Es gab eine Verfassung, der Wahlprozess war in vollem Gange, und achtzig Tage vor diesen Wahlen, am 10. März 1952, putschte Batista.

Die Wahlen wären am 1. Juni gewesen. Er war zwar Kandidat seiner Partei für die Präsidentschaftswahlen, aber die Umfragen ergaben, dass er bei den Wahlen chancenlos war. Die Mehrheit hätte eindeutig die von Chibás gegründete Orthodoxe Partei gewonnen. Also führte Batista seinen hinterlistigen Militärputsch durch. Alle Welt begann, sich zu organisieren und Pläne zur Niederschlagung dieser illegalen und despotischen Regierung zu schmieden.

Wie stark waren Sie?
Wir hatten keinen einzigen Centavo, nichts besaßen wir. Was ich hatte, waren die Beziehungen zur Orthodoxen Partei und damit zu vielen jungen Leuten, die Batista hassten. Sie waren die Antithese zu Batista; in diesem Sinn gab es keine vergleichbare Organisation im Land. Die ethischen und patriotischen Prinzipien dieser Jugend waren sehr hoch, man kann allerdings nicht sagen – wie schon erwähnt –, dass sie über ein ausgeprägtes politisches oder revolutionäres Bewusstsein verfügten, denn am Ende lag auch die Führung dieser Partei in den Händen der Reichen und der Landbesitzer – mit Ausnahme von Havanna, wo es eine starke Gruppe von Fachkräften und Intellektuellen gab.

Die Masse der Parteibasis aber waren wirklich sehr gute Leute; Arbeiter und sogar Leute aus der Mittelschicht, die nicht einmal besonders antiimperialistisch waren, denn über Imperialismus wurde zu dieser Zeit nicht diskutiert. Darüber sprach man fast ausschließlich im Kreis der Kommunistischen Partei. Der revolutionäre Geist des kubanischen Volkes nach dem Zweiten Weltkrieg war minimal, vernichtet durch das erdrückende Gewicht der ideologischen Propagandamaschinerie der Yankees.

Wie viele Männer haben Sie für den Angriff ausgebildet?
Wir haben 1200 Männer trainiert. Die genaue Angabe von 1200 legt dar, dass wir bei Erreichen dieser Zahl aufgehört haben, weitere zukünftige Kämpfer zu rekrutieren und auszubilden. Wir hatten eine kleine Armee aufgebaut. Ich sprach mit jedem Einzelnen von ihnen, arbeitete mit ziemlichem Fleiß daran, viele Stunden täglich. Meine Argumentation war im Wesentlichen politisch, wir mussten uns organisieren und bereithalten. Die Absicht war klar, auch wenn wir die konkreten Pläne nie aussprachen. Disziplin war entscheidend. In wenigen Monaten hatten wir die 1200 Leute rekrutiert, waren 50 000 Kilometer mit dem Auto gefahren! Der Motor gab wenige Tage vor dem Angriff auf die Moncada-Kaserne seinen Geist auf. Es war ein beigefarbener Chevrolet mit dem Kennzeichen 50315, daran erinnere ich mich bis heute. Dann tauschte

ich ihn gegen einen anderen Wagen, den ich wenige Tage vor dem 26. Juli mietete.

Wir infiltrierten andere Organisationen. Es gab eine Gruppe, die der am 10. März gestürzten korrupten Regierungspartei angehörte und sich ebenfalls gegen den Usurpator verschworen hatte. Sie verfügte über große Mengen von Kriegswaffen, hatte alles außer Männern. Ehemalige Militärführer aus dieser Regierung organisierten ihre Kräfte und suchten Kämpfer. Wir nutzten die Persönlichkeit und die geistige Agilität Abels, um sie glauben zu machen, dass sie drei Gruppen zu je einhundertzwanzig gut ausgebildeten Männern bekommen könnten, die sie wiederum in Gruppen zu je vierzig Personen an verschiedenen Punkten der Hauptstadt begutachten könnten. Sie waren beeindruckt, denn das war genau das, was sie wollten. Doch es war viel, unser Ehrgeiz war zu groß. Sie misstrauten uns und brachen den Kontakt ab. All die jungen Leute und auch die Anführer waren neu, und sie haben das Manöver wohl durchschaut. Mein Name durfte nie genannt werden. Einer unserer Kontakte tat dies dennoch leichtfertig. Ich hatte diese Artikel in der Tageszeitung *Alerta* geschrieben, in denen ich schreckliche und höchst unmoralische Dinge der Regierung anprangerte und alle Beweise dafür offenlegte. Es war die Zeitung mit der größten Verbreitung, sie brachte meine Artikel stets in der Sonderausgabe am Montag. Das passierte wenige Monate nach dem Tod Chibás' und wenige Wochen vor dem Putsch, und deshalb beschuldigten sie mich, die Regierung unterminiert und den Putsch damit erst möglich gemacht zu haben.

In weniger als einem Jahr also haben wir all diese jungen Leute rekrutiert und ausgebildet. Sie kamen fast alle aus der Orthodoxen Jugend, und wir erlangten große Einheit und Disziplin in der Gruppe. Sie vertrauten auf unsere Kraft, glaubten an unsere Argumente und nährten unsere Hoffnung.

Sie waren alle damals sehr jung.
Ja, alle. Sie waren zwanzig, zweiundzwanzig, dreiundzwanzig, vierundzwanzig Jahre alt. Vielleicht zwei über dreißig Jahre – Doctor Mario Muñoz, der Truppenarzt, und Gildo Fleitas, der im Büro des Colegio de Belén arbeitete und den ich von dort kannte. Sieben Jahre waren vergangen, seit ich dort 1945 mein Abitur gemacht hatte. Die anderen zählten zu kleinen Zellen, die wir in den verschiedenen Gemeinden organisierten, und waren junge Leute mit unbestreitbaren menschlichen Qualitäten. Solche gab es viele in unserem Land. Der Gemeindebezirk, dem die meisten Mitstreiter entstammten, war Artemisa, das damals zur Provinz Pinar del Río gehörte. Aus Artemisa kam eine exzellente

Gruppe von zwanzig bis dreißig künftigen Kämpfern. Andere kamen aus der Hauptstadt und aus verschiedenen Bezirken der alten Provinz Havanna, die ein Gebiet umfasste, das heute in zwei Provinzen unterteilt ist.

Zu dieser Zeit existierten viele verschiedene Organisationen, und eine Menge junger Leute gehörte gleich mehreren an.

Ich hatte einige rekrutiert, die ich kannte, viele andere kannte ich aber auch nicht, denn mit der offiziellen Führung der Orthodoxen Partei hatte ich nichts zu tun. Nun, mit einigen schon: Max Lesnik, den hier in Kuba jeder kennt und respektiert, denn er kämpft heute in Florida gegen die skrupellosen Gegner Kubas; dann Ribadulla und eine Führungskraft der Orthodoxen Jugend, Orlando Castro, der vor dem Putsch für einen Posten nominiert worden war und später nach Venezuela ging, wo er zum Millionär wurde. Am Anfang irrten viele umher und verloren sich in politischer Scharlatanerie.

Ich benutzte das Zentralbüro der Orthodoxen Partei am Prado 109, denn dort kamen jeden Tag viele Leute hin, um zu reden und Nachrichten auszukundschaften. Das war gut zur Tarnung und Desinformation. Dort gab es keine Chefs, die Angestellten des Büros ausgenommen. In einem kleinen Zimmer traf ich mich mit Gruppen von fünf, sechs oder sieben jungen Leuten. Die Rekrutierungsarbeit habe ich Ihnen schon erklärt. Unsere Aufgabe war es, zu überzeugen, zu indoktrinieren und die ersten organisatorischen Schritte zu tun. Wir mussten sie gründlich studieren und durften keine Pläne enthüllen. Die Orthodoxe Partei war eine Partei der Mittelschicht, der einfachen Leute, Arbeiter, Bauern, Angestellten und Studenten. Auch Arbeitslose gab es. Einige arbeiteten in Geschäften, andere in Fabriken, wie Pedro Marrero, oder als Selbstständige, wie Fernando Chenard, der Fotograf. Andere, wie die Brüder Gómez, waren Köche am Colegio de Belén, die ich ebenso wie Gildo Fleitas dort kennengelernt hatte. Wunderbare Menschen.

Ich entsinne mich, dass die Ersten, mit denen ich mich in den Tagen direkt nach dem Putsch vom 10. März 1952 traf, Jesús Montané und Abel Santamaría waren. Ich organisierte einen kleinen marxistischen Studienzirkel in Guanabo, wo sie mir ein Haus zur Verfügung stellten, und als Arbeitsmaterial verwendete ich die Marx-Biografie von Mehring[2]. Ich mochte dieses Buch, das eine schöne Geschichte enthält. Abel und Montané nahmen an dem Kurs teil, und ich entdeckte etwas: Es gab in diesem Augenblick nichts Leichteres auf der Welt, als jemanden zum Marxismus zu bekehren. Im Reden, im Predigen des Wortes, bin ich einigermaßen gut.

Das muss an Ihrer christlichen Bildung liegen.
Vielleicht. Ich hatte meine Phase als utopischer Kommunist, in der ich weder Bücher von Marx noch anderen sozialistischen Autoren las, bereits hinter mir gelassen. In dieser Zeit habe ich, wie gesagt, sehr von dem Ort, an dem ich geboren bin, und den besonderen Erfahrungen, die ich dort gemacht hatte, profitiert.
Diese Gesellschaft war chaotisch, entbehrte jeglicher Rationalität.

Waren Sie damals bereits Anwalt?
Ich war der erste Berufsrevolutionär der Bewegung, denn zu dieser Zeit waren es die Aktivisten, die mich unterhielten. Sie arbeiteten; ich war der professionelle Revolutionär, denn als Anwalt verteidigte ich einfache Leute, denen ich nichts berechnete, und ich hatte keine andere Arbeit. Außerdem widmete ich meine ganze Zeit den revolutionären Aufgaben.

Montané hatte sogar ein kleines Bankkonto mit vielleicht 2000 oder 3000 Peso, nicht besonders viel, und eine recht gut bezahlte Arbeitsstelle inne, und auch Abel verdiente für die damalige Zeit nicht schlecht und hatte ein Apartment in einem Hochhaus in Vedado, das er mit seiner Schwester Haydée[3] teilte. Alle drei lernte ich nach dem Putsch Batistas kennen. Mein Geld steckte ich hauptsächlich in Benzin für mein Auto, die Miete für meine Wohnung und ein Minimum in meinen Lebensunterhalt. Ich muss dazu sagen, dass das Auto mit dem Kennzeichen 50315 mir nicht wirklich gehörte. Ich hatte es in Raten gekauft. Man musste einen monatlichen Betrag entrichten, sonst lief man Gefahr, dass das Auto von der Gläubigerfirma auf irgendeiner Straße einkassiert wurde. Mehr als einmal mussten Abel und Montané das Auto mit ihrem Einkommen retten.

Einige Historiker haben festgestellt, dass viele Teilnehmer des Sturms auf die Moncada-Kaserne Söhne von Spaniern waren und vor allem von Galiciern. Können Sie das bestätigen?
Ja, das ist mir auch aufgefallen. Einmal habe ich zufällig die wichtigsten Organisatoren und Anführer der Moncada gezählt, und mir fiel auf, dass viele von uns Nachfahren von Spaniern waren. José Martí selbst, der Held unserer Unabhängigkeitskämpfe, ist ein bemerkenswertes Beispiel dafür, denn er war Sohn einer spanischen Mutter und eines spanischen Vaters. Ich muss sagen, dass an unseren historischen Kämpfen für die Unabhängigkeit viele Spanier und Galicier teilgenommen haben. Soviel ich weiß, gab es etwa hundert Galicier, die gemeinsame Sache mit den Kubanern gemacht haben.

In unserer Bewegung war der zweite Chef, Abel Santamaría, ein mutiger und außergewöhnlicher Mitstreiter, ebenfalls Sohn eines Galiciers. Wir beiden Anführer waren Söhne von Galiciern. Natürlich war da noch Raúl, der ebenfalls eine sehr wichtige Rolle spielte, selbstverständlich auch Sohn von Galiciern.

Andere historische Anführer der »Bewegung des 26. Juli«, wie Frank País und sein Bruder Josué, waren ebenfalls Söhne von Galiciern – Galiciern aus Galicien. Das muss ich noch einmal verdeutlichen, denn hier in Kuba nennen wir alle Spanier Galicier, mit einem leicht abwertenden Unterton. In unserem ganzen revolutionären Prozess, im Kampf in der Sierra Maestra, zeichneten sich einige militärische Führer besonders aus, die Söhne oder Enkel von Galiciern waren, wie Camilo Cienfuegos. Und wir lernten uns nicht in einem sozialen Klub kennen, sondern beim Kampf auf der Straße.

Sympathisierten Sie alle mit dem Marxismus?
Die wichtigsten Anführer von uns schon: Abel, Montané und ich. Raúl war zu diesem Zeitpunkt noch kein Anführer, denn er war sehr jung und studierte noch. Er war erst kurz zuvor an die Uni gekommen. Einen weiteren Anführer gab es, Martínez Ararás[4], der als Organisator sehr fähig und aktiv war und der allerdings mehr die Aktion liebte und sich nicht sonderlich mit der Theorie beschäftigte. Er hatte den Auftrag bekommen, die Kaserne von Bayamo einzunehmen, als Anführer der Truppe, die für den Kampf gegen die Schwadronen in dieser Stadt bestimmt worden war.

Wenn wir uns nicht mit dem Marxismus beschäftigt hätten – das ist eine viel längere Geschichte, aber ich möchte nur so viel sagen –, wenn uns die politischen Theorien Karl Marx' nicht über die Bücher bekannt gewesen wären und wir nicht von den Gedanken Martís, Marx' und Lenins inspiriert gewesen wären, hätten wir nicht einmal die Idee einer Revolution in Kuba entwickeln können, denn Sie können nicht mit einer Handvoll Männer, von denen keiner eine Militärakademie besucht hat, einen Krieg gegen eine gut organisierte, gut bewaffnete und militärisch instruierte Armee führen und von null ausgehend den Sieg erringen. Die Ideen waren der wichtigste Rohstoff für die Revolution.

Ihr Bruder Raúl war damals Mitglied der Sozialistischen Jugend, die der Kommunistischen Partei angehörte, ist das richtig?
Raúl war damals schon ziemlich links, und ich selbst war es, der ihn in die marxistisch-leninistischen Ideen einführte. Er kam mit mir nach Havanna, lebte

mit mir in einem kleinen Penthouse gegenüber einer Kaserne, genau dort, wo sich heute das berühmte *Hotel Cohíba* befindet.[5]

Das *Hotel Meliá Cohíba*?
Das *Meliá Cohíba*, das Kuba mit seinem Kapital erbaut hat und das die Meliá-Kette mit einem Verwaltungsvertrag betreibt. Auf diesem Gelände gab es eine Kaserne, deren Gebäude sehr niedrig waren, in der Nähe des Meeres standen keine hohen Bauten. Raúl folgte in dem, was er tat, konsequent seiner Interpretation der marxistischen Doktrin: Er trat dem Jugendverband der Kommunistischen Partei bei.

War das seine eigene Entscheidung?
Ja, er hat seine Entscheidungen immer selbstständig getroffen.

Waren Sie niemals Mitglied der Kommunistischen Partei?
Nein. Und das war wohlüberlegt und sehr gut analysiert. Aber das ist ein anderes Thema. Vielleicht sprechen wir zu einem späteren Zeitpunkt darüber.

Wo trainierten Sie für den Angriff?
Unsere Männer trainierten in der Universität. Wir haben sogar Kommandogruppen ausgebildet. Dort hat ein Herr mit uns zusammengearbeitet, ein ziemlicher Experte auf dem Gebiet, der immer um unsere revolutionären Zirkel herumstrich, so seltsam, dass er eher Verdacht als Begeisterung bei uns weckte. Aber er kannte unsere Pläne nicht und sah nie eine Schusswaffe. Unser Training wirkte eher, als betätigten wir uns sportlich.

War das an der Universität von Havanna?
Ja, dort war auch Pedrito Miret[6], der Ausbilder war.

Haben Sie an der Universität auch Schießübungen gemacht?
Nein, das taten wir anderswo. An der Uni ging es ums Zerlegen und Zusammenbauen der Waffen und um Trockenschussübungen mit Pedro Miret. Im »Saal der Märtyrer« hatte Pedrito sein Trainingszentrum aufgebaut. Die Autonomie an der Universität war ziemlich groß, und die Studenten bewegten sich frei. Der Universitätshügel besaß bis zu einer bestimmten Zeit eine gewisse Immunität, während dieser ganzen Anfangszeit. Aus diesem Grund gingen die Protestierenden dorthin. Batista und seine Armee haben darüber sicher gelacht.

Miret studierte Ingenieurwissenschaften. Ich hatte viele Freunde an der Universität und kannte Miret. Ich begann, unsere Leute in kleinen Zellen zu sechs, acht, zehn oder zwölf Mann zu organisieren und auszubilden; jede Zelle hatte einen Anführer. Ich erledigte die politische und organisatorische Arbeit, ließ mich aber an den Ausbildungsplätzen innerhalb der Universität nicht sehen. Für Batista und die anderen Organisationen gab es mich praktisch nicht.

Hatte Miret eine bestimmte militärische Erfahrung?
Nein, gar keine. Niemand war auf irgendeiner Militärakademie gewesen, keiner von denen, die an diesem Kampf beteiligt waren. Oder doch, ein einziger Soldat, den wir rekrutiert hatten und der sich vor allem in einer Kaserne in Havanna auskannte. Wissen Sie, wo wir das Schießen mit Gewehren übten?

Außerhalb von Havanna?
Nein, in den Schießklubs Havannas. Wir verkleideten einige unserer Kameraden als Gutbürgerliche, Geschäftsleute und dergleichen, je nach ihrem Typ, ihrem Stil und ihren Gewohnheiten. Sie waren beispielsweise vorsätzlich Mitglieder in Jagdklubs geworden und luden uns dann ein, im Klub Tontaubenschießen zu üben. Wir konnten tatsächlich 1200 Männer auf die eine oder andere völlig legale Weise trainieren, auch wenn nur ein Teil von ihnen im realen Schusswaffengebrauch ausgebildet wurde. Die repressiven Organe Batistas schenkten uns keine große Aufmerksamkeit, denn sie wussten, dass wir keinen Centavo besaßen, nichts. Natürlich ließ ich mich an diesem Ort auch nicht oft sehen.

Die Millionen waren im Besitz jener aus der vorangegangenen Regierung. Außerdem gehörten ihnen Waffen, die sie aus dem Ausland mitgebracht hatten, und sämtliche Kontakte und Ressourcen für diese Aktivitäten.

Sie hatten ja bereits während des »Bogotazo« eine militärische Ausbildung.
Ja, während des »Bogotazo« schon, aber vor allem zu Hause in Birán, wo ich schon mit zehn oder elf Jahren immer mit irgendwelchen Schusswaffen herumlief, mit denen ich ziemlich gut zielen konnte.

Auch in Cayo Confites haben Sie ganz gut trainiert, oder?
Ja, da habe ich sogar den Umgang mit Mörsern und anderen Waffen gelernt. Damals waren wir wirklich fast im Krieg. Ich erinnere mich, bei jener Expedition waren viele meiner Feinde dabei, trotzdem habe ich teilgenommen, aus

dem einfachen Grund, weil ich der Vorsitzende des Komitees für Demokratie in der Dominikanischen Republik war. Wir haben uns schon ein wenig darüber unterhalten. Das hat seine eigene Geschichte, wie sich diese Kraft formiert und bewaffnet hat, wer sie organisierte und zu welchem Zeitpunkt. Das war 1947. Der Zweite Weltkrieg war zu Ende, Trujillo seit Langem an der Macht, und die kubanischen Studenten empfanden eine tiefe Abneigung gegen ihn.

Haben Sie aus diesem Abenteuer irgendeine militärische Erfahrung ziehen können?
Das hatte dort weder etwas mit Taktik noch mit Strategie zu tun.

Und außerdem funktionierte es nicht.
Das ist eine lange Geschichte. Wie haben sie über 1000 Leute angeworben? Sie haben sie auf der Straße aufgesammelt.

Also eine Art Lumpenproletariat?
Na ja, ein gut ausgebildeter Lumpenproletarier mag nicht schlecht sein. Ich wollte mich nicht abfällig äußern, aber sie hatten keine ideologische Basis. Was ich in Cayo Confites vor allem gelernt habe, ist, wie man so etwas nicht organisieren sollte, wie man Leute auswählt.

Das half Ihnen dabei, gewisse Fehler zu vermeiden.
Ich hatte seit damals schon an einen irregulären Krieg gedacht, denn das in Cayo Confites war eine Armee, die keine war. Sie hatten sogar Jagdflugzeuge und dachten daran, einfach an der Küste von Santo Domingo zu landen, was ihnen einen frontalen Zusammenstoß mit der dominikanischen Armee beschert hätte – mit Tausenden von gut organisierten Männern, die von der US-Regierung ausgebildet und bewaffnet worden waren. Eine Armee, die zudem über Kriegsmarine und Luftwaffe verfügte. Diese Expedition war ein einziges Chaos. Die Kommandos wurden politisch verteilt, jede Persönlichkeit griff sich ein Kommando. Unter ihnen war ein großer Gauner mit einem gewissen Intellekt, Rolando Masferrer, der einmal zur Linken gehörte, Kommunist gewesen war und im Spanischen Bürgerkrieg gekämpft hatte. Später wurde er zu einem der schlimmsten Schergen Batistas, organisierte paramilitärische Gruppen und beging schlimme Verbrechen. Nun, es wäre eine Sache von wenigen Stunden gewesen, die Expedition schon direkt nach der Landung niederzuschlagen.

Lassen Sie uns über den Sturm auf die Moncada-Kaserne sprechen. Würden Sie sagen, dass der Angriff letztendlich ein Fehlschlag war?
Die Moncada-Kaserne hätte eingenommen werden können. Wenn wir sie eingenommen hätten, wäre es das Ende des Batista-Regimes gewesen, keine Diskussion. Wir hätten einige Tausend Waffen in unseren Besitz gebracht. Totale Überraschung, gepaart mit List und Betrug am Feind. Wir waren alle als Unteroffiziere gekleidet und simulierten den früheren »Aufstand der Unteroffiziere«, der im Jahr 1933 von Batista selbst angeführt worden war. Er war damals zwar nicht der Hauptorganisator, doch da er ein bisschen besser ausgebildet und zudem gerissen war, hat er sich als Stenograf des Generalstabs selbst zum Anführer des »Aufstandes der Unteroffiziere« erhoben. In Santiago de Cuba hätten sie Stunden gebraucht, um sich von dem Chaos und den Verwirrungen in den eigenen Reihen zu erholen, was uns die nötige Zeit für die nächsten Schritte verschafft hätte.

Sie glauben, dass der Plan für den Angriff gut war?
Wenn ich noch einmal einen Angriff auf die Moncada-Kaserne organisieren müsste, würde ich es wieder ganz genauso machen. Das, was dort schiefging, war einzig und allein auf unsere mangelnde Erfahrung im Kampf zurückzuführen. Die haben wir erst später erworben.

Der Zufall spielte ebenfalls eine entscheidende Rolle dabei, dass ein Plan, der in Bezug auf Konzeption, Organisation, Geheimhaltung und andere Faktoren außerordentlich gut war, nur aufgrund eines Details scheiterte, das wir sehr leicht hätten überwinden können. Wenn ich heute gefragt würde, was besser gewesen wäre, würde ich über die Alternative sprechen, denn wenn wir triumphiert hätten – das muss ich dazu sagen –, wäre das zu früh gekommen. Auch wenn es nie kalkuliert war, nach dem Sieg 1959 war die Unterstützung durch die Sowjetunion entscheidend. 1953 wäre das in dieser Form nicht möglich gewesen. In der Sowjetunion überwogen Geist und Politik Stalins. Obwohl Stalin im Juli 1953 bereits einige Monate zuvor gestorben war, im März 1953, existierte das Stalinzeitalter noch. Und Stalin war nicht Chruschtschow.

Zu diesem Zeitpunkt hatte ich über die gewagten Operationen im Zweiten Weltkrieg noch nicht viel gelesen. Ich hatte dagegen von einigen aus unserer eigenen Geschichte erfahren. Ich kann Ihnen darlegen, welche Faktoren die Guerilla und das Vorgehen in unseren Kämpfen beeinflusst haben. Einiges davon wird Sie überraschen. Von Gegebenheiten wie der Rettung Mussolinis durch Skorzeny[7] nach dem Zusammenbruch des faschistischen Regimes in Italien hatte ich aber nichts gelesen. Ich muss Ihnen nicht sagen, dass ich alles über den Zweiten Weltkrieg las, was mir in die Finger kam, ob von den Sowjets oder von den Deutschen geschrieben, verstärkt nach dem Sieg unserer Revolution.

Es gibt grundsätzliche Prinzipien, was man tun kann oder muss, wenn sich bestimmte Situationen ergeben. Wenn wir bewältigt hätten, was vielleicht nur ein kleines Hindernis gewesen war, wäre die Moncada zweifellos gefallen.

Griffen Sie nur die Moncada-Kaserne oder gleichzeitig auch andere Ziele an?
Wir griffen zwei Kasernen an: die Moncada und die von Bayamo, als eine Art Vorhut, um den Gegenangriff zu bekämpfen. Wir dachten daran, die Brücke der Landstraße über den Rio Cauto, die wenige Kilometer nördlich von Bayamo lag, zu sprengen oder sonst wie zu zerstören, denn die erste Verstärkung wäre sicher aus dem Regiment von Holguín und später aus dem Rest des Landes gekommen. Über den Luftweg hatten sie nicht genügend Kräfte, und der andere Weg war die Eisenbahn, wogegen man sich viel leichter verteidigen konnte. Du lässt einen Zug entgleisen oder reißt ein paar Schienen raus. Das ist leichter zu neutralisieren als eine solide Stahl- oder Betonbrücke. Wir stellten vierzig Männer für die Einnahme der Kaserne von Bayamo ab, um dem vorhersehbaren Vorrücken des Feindes 200 Kilometer von Santiago entfernt etwas entgegenzusetzen.

Der Gegenangriff würde auf dem Boden erfolgen. Um Bombardierungen aus der Luft zu entgehen, dachten wir daran, die Kaserne schnellstmöglich zu verlassen und alle Waffen an unterschiedlichen Orten in Santiago zu lagern, um sie später unter der Bevölkerung zu verteilen, eingedenk ihrer kämpferischen und unabhängigkeitsliebenden Tradition. Als das Regiment dieser Stadt dem Putsch vom 10. März aufgrund des Einflusses einiger Offiziere, die daraufhin ausgetauscht wurden, zunächst nicht folgte, mobilisierte sich anschließend die Bevölkerung von Santiago, um es zu unterstützen. Diese Stadt war voller Hass und Ablehnung gegen diesen Putsch.

Sie haben diesen Angriff minutiös geplant. Am Vorabend des Angriffs trafen sich alle, die daran teilnehmen sollten, heimlich außerhalb von Santiago auf der kleinen Farm von Siboney.
Wir waren alle einen Tag zuvor aus der Hauptstadt gekommen, wenige Stunden vor dem vorbereiteten Angriff. Von Siboney aus brachen wir zur Moncada-Kaserne auf.

Als Sie nach Siboney kamen, wussten die meisten Ihrer Männer noch nicht, welches Ziel sie angreifen würden?
Nun, nachdem sich von Havanna aus alle Gruppen mit ihrem jeweiligen Anführer in Bewegung gesetzt hatten, brach ich um 2.40 Uhr am Morgen des 25. Juli, einem Samstag, auf, sodass ich vor dem Angriff mehr als achtundvierzig Stunden nicht geschlafen hatte. Ich kam in der Nacht des 25. auf der Finca an. Abel Santamaría wartete auf mich, während die anderen sich in dafür vorgesehenen Gästehäusern in der Stadt aufhielten, alle mit ihren Autos, um zum gegebenen Zeitpunkt aufzubrechen. Niemand wusste etwas von Siboney außer Abel, Renato Guitart[8] und mir. Später dann auch Elpidio Sosa, Melba[9] und Haydée.

Diese Farm wurde im April 1953 angemietet, drei Monate vor dem Angriff. All diese Angelegenheiten hat Renato erledigt, ein junger Mann aus Santiago – sehr pfiffig, sehr gut, sehr mutig und entschlossen. Er kannte sich in Santiago und der Umgebung gut aus und war der Hüter eines wichtigen Geheimnisses und der Einzige aus der Provinz, der das erste Ziel der bewaffneten Aktion kannte.

Von denen, die aus dem Westen kamen, war Abel der Erste, danach Elpidio Sosa. Alle Kämpfer waren mental darauf vorbereitet, dass das ausgewählte Ziel erst kurzfristig mitgeteilt werden würde. Mehrmals hatten wir sie für den einen oder anderen Ort mobilisiert, eine mögliche Aktion simulierend, und danach gingen alle wieder nach Hause. Dieses Mal war es endgültig. Wir kannten alle nun schon viel besser, jede Zelle hatte ihren Anführer. Wir mieteten Autos, die sie von der Hauptstadt aus etwa 1000 Kilometer weiter beförderten.

In Santiago?
Nein, in Havanna, um die fast 1000 Kilometer nach Santiago zurückzulegen. Am 26. Juli griffen wir morgens an, und ich verließ Havanna im Morgengrauen des 25. Juli, fuhr über Santa Clara. Dort kaufte ich eine Brille. Ja, ich war ein bisschen kurzsichtig, was mit dem Älterwerden aber zurückgeht.

Hatten Sie Ihre Brille vergessen?
Nein, nein, vergessen hatte ich sie nicht, es ist schwierig, eine Brille zu vergessen. Ich weiß nicht mehr, was war, ob sie kaputt war, ob ich zwei haben wollte oder was sonst.

Bei einem Optiker in Santa Clara habe ich mir dann schnell eine besorgt. Ich setzte die Reise fort und hielt in Bayamo, um mich mit den Leuten in Verbindung zu setzen, die die Kaserne dieser historischen Stadt angreifen sollten. In Palma Soriano hielt ich, um Aguilerita zu treffen, ein weiterer engagierter Mann aus dem Osten, und kam am Abend des 25. Juli außerhalb Santiagos auf der Farm von Siboney an, wenige Stunden vor dem Angriff. Die meisten anderen fuhren in Autos auf der Landstraße von Havanna nach Santiago. Einige der Autos waren mit Fähnchen der Batista-Anhänger versehen, die vom 4. September; meins nicht, denn ich war einigermaßen bekannt, und wenn mich jemand mit einer Batista-Fahne gesehen hätte, hätte er sicherlich geargwöhnt: »Was ist das denn für eine Geschichte!«

Letztendlich hatten wir die Farm von Siboney aufgrund ihrer strategisch günstigen Lage ausgewählt. Sie schien uns der unauffälligste und geeignetste von allen Orten, wo sich Leute sammeln konnten. Auf der Straße, die vor der Farm verläuft, fährt man von Santiago aus ans Meer, genau dorthin, wo die US-Amerikaner 1898 im Krieg gegen Spanien an Land gingen: Siboney – und von dort aus geht es heute an der Küste entlang fast bis Guantánamo. Das war genau der richtige Ort für unseren Plan. Es gab Bäume, unter ihnen dicht belaubte Mangobäume. Hier simulierten wir eine Geflügelfarm mit Hühnerzucht und allem Drum und Dran. In einem Brunnen neben dem Wohnhaus bewahrten wir einen Teil der Waffen auf, die Mehrzahl der Waffen kam aber direkt mit uns. Wie schon gesagt, gab es einen einzigen Mann aus Santiago, Renato Guitart; alle anderen kamen aus dem Westen, um keinerlei Verdacht aufkommen zu lassen.

Aber der Mann, der Ihr Auto fuhr, kam aus Santiago, oder?
Der Fahrer kam aus Havanna.

Er war mit Ihnen aus Havanna gekommen?
Ja, als ich aus Havanna kam, war der Fahrer Mitchell, Teodulio Mitchell. Nun, wir kamen am späten Abend auf der Farm an. Es wurde gerade dunkel, als wir die Stadt erreichten, sofort nahm ich Kontakt mit Abel Santamaría auf; jede Gruppe befand sich in einem der Gästehäuser, in die sie sich bei ihrer Ankunft begeben hatte.

Es war Karneval, auch dies ein Grund, warum wir diesen Tag gewählt hatten. Zum Karneval kamen viele Leute in die Stadt, und das Ambiente, die Atmosphäre des berühmten Karnevals, kam uns sehr entgegen. Aber wider Erwarten beeinträchtigte er uns auch, denn gewisse Maßnahmen in der Kaserne wurden durchgeführt, die Hauptursache für die späteren Schwierigkeiten waren. Von der Farm würden wir mit den Autos in Richtung Kaserne aufbrechen. Alles war vorbereitet, die Autos waren auf der Farm gut versteckt worden.

Wie haben Sie die Autos getarnt?
Die Autos standen in Schuppen, es waren nicht allzu viele – sechzehn –, und wir hatten einige Pflanzen gezüchtet, die verhindern sollten, dass man die Ansammlung von Autos dort sehen konnte. Wer immer dort vorbeifuhr, sah nichts anderes als Hühnerställe.

Wo hatten Sie die Waffen versteckt?
In einem Brunnen nahe dem Haus, der offensichtlich nicht mehr genutzt wurde und auf dem ein Baum stand. Dort bewahrten wir einen Großteil der Waffen auf, viele kamen erst in letzter Minute. Wir hatten in Havanna am Freitag Waffen besorgt, die erst wenige Stunden vorher eintrafen. Jedes Detail war geplant.

Für den Angriff, der am Sonntag, den 26. Juli stattfinden sollte?
Eine große Zahl der Waffen, die um 5.15 Uhr am Sonntagmorgen zum Einsatz kamen, hatten wir am Freitag, den 24. besorgt. Einige kauften wir auch in Santiago, in gewöhnlichen Geschäften, in einem Waffengeschäft, wo sie frei verkauft wurden. Als sie kamen, versteckten wir diese nicht im Brunnen, sondern nahmen die, die Samstag kamen, direkt mit aufs Zimmer oder bewahrten sie an anderer Stelle im Haus auf.

Waren es hauptsächlich leichte Waffen?
Das kann ich Ihnen sagen. Die beste Waffe, die wir hatten, war ein belgisches Jagdgewehr; ich kannte es, denn mein Vater hatte auch ein solches zu Hause in Birán, wie Sie wissen. Dann gab es ein leichtes halb automatisches nordamerikanisches Gewehr M-1, eine Springfield mit Ladehahn, ebenfalls aus amerikanischer Produktion, ein Thompson-Maschinengewehr Kaliber 45 mit einem Kamm an der Unterseite, obwohl man auch einen Kolben benutzen konnte. Das M-1 war die kleine Flinte, die alle mochten. Leicht, klein, wirkungsvoll, halb automatisch. Doch die effektivsten Waffen für die Operation, die wir durchführen wollten, waren die belgischen Jagdgewehre Kaliber 12, mit Patronen, die jeweils neun kleinkalibrige Geschosse aufnehmen und in wenigen Sekunden fünf dieser Patronen abfeuern konnten. Ein solches trug ich bei mir. In einem Kampf auf kurze Distanz waren sie wesentlich wirkungsvoller

als ein Maschinengewehr, denn mit einem Schuss kommen neun Projektile heraus, von denen jedes für sich tödlich sein kann. Von dieser Waffe hatten wir ein paar Dutzend.

Hatten Sie auch welche mit abgesägtem Lauf?
In der Geschichte vieler politischer Bewegungen, auch in Kuba selbst, wurden Gewehre mit abgesägtem Lauf bei allen möglichen Attentaten benutzt. Aber wir brauchten sie nicht. Einige hatten nur ein einziges Projektil in der Patrone, offensichtlich um Großwild zu jagen, aber davon hatten wir nur sehr wenige.

Dann waren Flinten vom Kaliber 22 in unserem Besitz. Das 22er-Gewehr war unter bestimmten Umständen eine gute Waffe. Aber es gibt Situationen, wo es im Vergleich zu einem Kriegsgewehr vom Kaliber 30-06 Nachteile hat, bei einer Distanz von über 150 Metern.

Sie sind nicht sehr effektiv.
Wenn das Ziel wirklich weit weg ist, sind sie nutzlos. Die Gewehre taugen in solchen Fällen auch wenig.

Ist die Reichweite zu gering?
Für einen Kampf auf etwas größere Distanz kann man ein 22er nutzen, aber um eine Kaserne anzugreifen, ist die ideale Waffe das Jagdgewehr – und das Maschinengewehr vom Kaliber 45, eine automatische Waffe, aber von der hatten wir nur eine, vielleicht auch zwei. Die halb automatische 22er hat eine gute Reichweite, man konnte Metallkugeln benutzen. Wir versuchten, ein paar von den effizientesten Waffen aufzutreiben, und mussten uns ansonsten mit dem zufriedengeben, was wir bekommen konnten.

Woher bekamen Sie die Waffen?
Die halb automatischen Gewehre vom Kaliber 12 kauften wir in den Waffengeschäften. Nach dem Putsch Batistas war alles so ruhig. Die Putschisten fühlten sich so sicher, dass die Waffengeschäfte Waffen sogar auch verkauften. Ich habe mich fast um alle Waffenkäufe gekümmert, einen nach dem anderen, und das Geld dafür besorgt. Wir mussten unsere Leute als reiche Bürger oder als Sportler verkleiden und die Waffenverkäufer hintergehen, indem wir so taten, als handelte es sich bei unseren Operationen um ein reines Geschäft. Wie schon gesagt, kauften wir sogar in einem Waffengeschäft in Santiago unsere Waffen.

Welche Waffe benutzten Sie?
Ich benutzte ein belgisches Jagdgewehr, Kaliber 12. Das ist eine Waffe, die eine Menge Patronen mit kleinkalibrigen Geschossen transportieren kann, und sie funktionierte gut. Die einzige M-1, die wir besaßen, war die von Pedrito Miret. Wir hatten eine oder zwei Thompson-Maschinengewehre dabei, eine Springfield und zwei Winchester, die man an einer Klappe an der Seite öffnete und die das gleiche Kaliber hatten wie die Springfield, 30-06er Kugeln. Die Winchester-Gewehre hatte ich aus meinem Haus in Birán. Im Haus meiner Eltern gab es immer Gewehre, vier oder fünf Waffen hatten wir dort. Ich wusste, dass sie dort waren, und da bei uns ein großer Mangel an Waffen herrschte, mussten wir alles nehmen, was wir kriegen konnten. Raúl lernte von Pedro Lago, einem Angestellten der Finca, wie man die Winchester zerlegte. Dann holte er zwei aus dem Schrank bei uns im Haus und nahm sie mit nach Marcané, um von dort aus nach Holguín weiterzufahren. Von da schickte er uns dann eine der beiden Waffen per Expresspostsendung nach Havanna. Mit der anderen stieg er in den Bus von Santiago nach Havanna. Er legte das Gewehr vorne auf einen Sitz und setzte sich selbst nach hinten, um für den Fall einer Kontrolle besser entscheiden zu können, was zu tun war.

Ihr Bruder Raúl sagt, Sie seien auch im Besitz eines Handmaschinengewehrs Marke Browning, Kaliber 45, gewesen?
Es gab eine oder zwei Thompson dieses Kalibers. Ich glaube mich zu erinnern, dass es nur eine war, die wir über die Universität besorgt hatten. Es gab kein Browning-Maschinengewehr, Kaliber 45. Die automatische Waffe dieses Kalibers, an die ich mich erinnere, hatte einen Kamm und war ebenfalls vom Kaliber 30-06. Diese Waffen wurden von den Soldaten der Armee benutzt, nicht von uns.

Alles in allem hatten wir eine M-1, eine Thompson, eine Springfield, zwei Winchester. Die anderen waren Gewehre vom Kaliber 22, halb automatische oder Mehrlader und Gewehre vom Kaliber 12. Dazu verschiedene Pistolen, die einige von uns besaßen. Die furchtbarste Waffe, ich wiederhole es, war das halb automatische Gewehr vom Kaliber 12, mit vier Magazinen à neun Patronen und einer im Lauf. Mit dieser Waffe kannst du in wenigen Sekunden fünfundvierzig tödliche Schüsse abgeben. Du ziehst in einer Nahkampfbegegnung damit jeden aus dem Gefecht, also bei der Art von Kampf, auf die wir uns eingestellt hatten, denn wir sollten ja in der Kaserne sein, ganz nah bei den Soldaten. Eine tödliche Waffe.

Mit den Waffen, die wir hatten, hätten wir die Moncada-Kaserne erobern können. Es war kein Problem, nicht einmal mit weniger Männern, als wir hatten. Das wissen wir aufgrund der Berechnungen, die wir angestellt haben. Es handelte sich um ein Regiment Soldaten und eine Truppe Landpolizisten: etwa 1500 Mann, deren Leitstände und Schlafsäle beim Morgengrauen überraschend gestürmt werden sollten. Das halb automatische Gewehr Kaliber 22 ist eine Kriegswaffe für die mittlere Distanz. Für das, was wir wollten – nämlich die Kaserne einnehmen und uns der Waffen bemächtigen –, waren sie ideal. Die Kriegswaffen hatten sie, unsere Aufgabe war es, diese Waffen zu erobern. Warum sollten wir sonst eine Kaserne überfallen? Mit der Einnahme der Moncada-Kaserne hätten wir Tausende von Waffen gehabt, da wir außer den Waffen der Soldaten auch die Reservewaffen sowie die Waffen der Marine und der Polizei mitgenommen hätten, Letztere viel schwächere Institutionen, die mit Sicherheit keinen Widerstand hätten leisten können, nachdem wir das Regiment einmal außer Gefecht gesetzt hätten.

Über welche Waffen verfügten die Soldaten in der Kaserne?
Über alle möglichen. Springfields mit fünf Kugeln, Garands und halb automatische M-1, Thompson-Maschinengewehre, automatische Waffen und dreibeinige Maschinengewehre vom Kaliber 30-06 und Kaliber 50, Mörser et cetera.

Wie viele Kämpfer beteiligten sich an dem Angriff?
160 waren es. Vierzig in Bayamo, die die Kaserne einnehmen und einen Gegenangriff über die Landstraße verhindern sollten, und hundertzwanzig für den Überfall auf die Moncada-Kaserne. Mit neunzig Männern würde ich in die Kaserne eindringen.

Alle bewaffnet?
Alle. Jeder von ihnen.

Und uniformiert?
Alle mit der Uniform der Batista-Armee und dem Dienstgrad eines Unteroffiziers.

Woher hatten Sie die Uniformen?
Wir haben sie in Havanna genäht bei Melba Hernández, die noch lebt, und Yeyé (Haydée Santamaría), alle haben mitgeholfen. Wir hatten auch, wie gesagt,

einen Soldaten unter uns, der in die Hauptkaserne von Havanna infiltriert war, und dieser Mann kaufte die meisten Uniformen; ich habe keine Ahnung, wie er das gemacht hat, er war wirklich gut. Wenn du für eine bestimmte Aufgabe Leute suchst, dann findest du sie auch. Dieser Mann hatte uns die Mützen, die Schirmmützen, besorgt und eine Menge schon fertiger Uniformen von der Armee.

Und wie wollten Sie sich inmitten der Soldaten der Garnisonsstadt gegenseitig erkennen?
Wissen Sie, worin wir uns unterschieden? Abgesehen von unseren Waffen, die unverwechselbar waren, waren das die Schuhe. Unsere Schuhe waren nicht vom Militär. Wir trugen alle flache Schuhe, die Mützen und alles andere waren normal. Sie können sich vorstellen, was das für eine Arbeit war, die Uniformen, die Mützen, all das. Die Familie von Melba Hernández hat uns viel geholfen, und außerdem Yeyé, die noch sehr jung war. Sie gehörten nicht zur selben Familie, sie waren Freundinnen. Yeyé kam aus der Provinz Las Villas, im Zentrum der Insel, und war mit ihrem Bruder Abel in Havanna, denn er war Buchhalter in einer dieser Agenturen, die Autos verkauften. Sein Gehalt betrug mindestens 300 Dollar oder 300 und etwas. Montané hatte eine ähnliche Arbeitsstelle.

Hatten Sie auf der Farm so viel Platz, dass hundertzwanzig Personen dort schlafen konnten?
Nein, nein, wir haben uns dort nur getroffen. Zum Schlafen war keine Zeit.

Wo schliefen Sie?
In Gästehäusern in der Stadt, die wir vorher angemietet hatten. All das hat Abel organisiert. Es waren mehrere Häuser, und jede Gruppe ging zu dem, das ihr zugeteilt war. Das Zusammenfallen mit dem Karneval, zu dem stets viele Besucher kamen, hat das erleichtert.
  Sie kamen nachts an, trafen zwischen 22.00 und 23.00 Uhr auf der Farm ein. Der Angriff sollte um 5.00 Uhr morgens erfolgen, und es gab keinen Grund, sich dort länger aufzuhalten. Auf der Farm erhielten sie ihre Instruktionen.

Als Sie zur Farm von Siboney kamen, schlug für Ihre Kameraden die Stunde der Wahrheit. Kannten sie das Ziel?
Sie waren mental darauf vorbereitet, denn wir hatten mehrfach mobilgemacht für Schießübungen oder andere Dinge.

Ja, aber wussten sie, dass sie die Moncada-Kaserne angreifen würden?
Nein. Das erfuhren sie auf der Farm. Sie waren dahingehend ausgebildet, dass sie es nicht wissen würden, dass es eine Mobilmachung war, wie verschiedene Male schon für andere Dinge.

Und nun entstand ein Problem. Es gab eine Zelle von fünf Studenten, »Feuerfresser« nannten wir sie, weil sie großtuerisch waren, sich für die Mutigsten hielten, aber als sie nun erfuhren, dass wir die Moncada angreifen würden, da bereuten sie, sich angeschlossen zu haben. Es kam fast einer Gefälligkeit von uns gleich, dass wir sie zu der Aktion eingeladen hatten, denn Pedrito Miret hatte mehrere Hundert Studenten ausgebildet, und einige von ihnen hatten von unseren Aktivitäten erfahren. Sie gehörten nicht zur Hauptorganisation innerhalb der Uni, sondern waren eher eine Art freie Kämpfer, sehr überspannt, die die Welt zum Frühstück verspeisen wollten. Um Missstimmung und Komplikationen mit ihnen zu vermeiden, hatten wir ihnen versprochen, dass sie im Ernstfall dabei sein würden.

Sie haben sich angeschlossen und sind mitgekommen. Es war eine Art Allianz oder Mikroallianz, die wir mit dieser Gruppe hatten. Sie waren aktive Feinde Batistas und konnten es kaum abwarten, irgendetwas zu tun. Deshalb hatten wir diese Leute mitgenommen, die glaubten, die Tollsten unter den Tollen zu sein, denn für gewöhnlich waren die Studenten sehr mutig.

Und auf der Farm, als sie erfuhren, dass die Moncada-Kaserne das Ziel war, machten sie einen Rückzieher?
Als sie das alles sahen, wie die Truppen nacheinander einliefen, denn die ganze Zeit über kamen unsere Leute, Gruppe auf Gruppe, gut ausgebildet für den Kampf ... Als sie im Morgengrauen endlich erfuhren, was wir vorhatten, und wir Uniformen, Waffen und alles andere verteilten, bekamen sie kalte Füße. Diese Gruppe von sehr überspannten, sehr angeberischen Jungs beschloss, nicht teilzunehmen.

Also sagte ich ihnen: »Gut, dann bleibt im Hintergrund und geht am Ende der Kolonne raus und folgt uns, wir werden euch nicht zwingen, zu kämpfen.«

Wie war der Angriff geplant?
Die Aufgabe meiner Gruppe war es, das Stabsquartier der Kaserne einzunehmen, was sehr leicht gewesen wäre. Egal, wo wir die Leute hinschickten, wir hätten das Überraschungsmoment auf unserer Seite. Der Tag, den wir ausge-

wählt hatten, der 26. Juli, war sehr wichtig, denn am 25. Juli ist Karneval in Santiago.

Ich hatte hundertzwanzig Männer, die ich in drei Gruppen teilte. Die erste sollte den Teil des Zivilkrankenhauses einnehmen, der an die hintere Seite der Baracken der Kaserne angrenzte. Das war das sicherste Ziel, weshalb ich den zweiten Anführer der Organisation hinschickte, Abel, ein großartiger Bursche, sehr intelligent, agil und wagemutig. Mit ihm kamen die beiden Mädchen, Haydée und Melba, und auch Mario Muñoz, der Arzt, der unsere Verletzten versorgen sollte, die zu diesem Punkt gebracht werden würden. An der Rückseite gab es eine Mauer, die hervorragend dafür geeignet war, den hinteren Teil der Schlafräume in der Kaserne einzunehmen.

Die zweite Gruppe, mit einem Jungen als deren Chef, sollte das Gerichtsgebäude besetzen, den Justizpalast, der mehrere Stockwerke hatte. In dieser Gruppe befand sich auch Raúl, mein Bruder. Wir hatten ihn rekrutiert, und er war ein normaler Kämpfer.

Ich hatte, mit den neunzig Männern der dritten Gruppe, die Aufgabe, die Wachposten und den Generalstab zu überwältigen, mit acht oder neun Männern, während die anderen die Baracken besetzen sollten. Wenn ich anhielt, sollten die anderen Autos vor den Baracken halten, wo die Soldaten noch schliefen, die dann in den Hinterhof der Baracken gedrängt würden. Der Hof würde von dem Gebäude aus beherrscht, das Abel einnehmen sollte, und vom Gerichtssaal aus, den die Männer stürmten. Die Soldaten wären noch in Unterhosen, denn sie hätten keine Zeit gehabt, sich anzuziehen und zu ihren Waffen zu greifen, sie hätten nichts tun können. Wir hätten als Unteroffiziere verkleidet dort gestanden, das waren unsere Insignien.

In der Theorie schien alles ohne großes Risiko.
Abel hatte im hinteren Teil die geringsten Risiken. Die, die sich gegen den Gerichtssaal wandten, sollten auch keine Probleme haben. Ich hatte logischerweise, da mich Abel im Falle meines Todes ersetzen musste, ihn auf diese Position geschickt. Raúl, obwohl erst kürzlich rekrutiert, war Teil einer Gruppe, die eine etwas gefährlichere Aufgabe zu erfüllen hatte, eine wichtige, aber nach meiner Meinung auch nicht zu kompliziert. Ich fühlte all die Last der Verantwortung meinen Eltern gegenüber auf meinen Schultern liegen, dafür, dass ich ihn in seinem Alter in diese tollkühne und waghalsige Aktion einbezogen hatte; ich hatte mir, wie es meine Pflicht, aber auch reale Notwendigkeit war, die Aufgabe zugeteilt, die ich für die komplizierteste hielt. Ich ging hinter der Gruppe von

Jesús Montané, leitendes Mitglied unserer Bewegung, Ramirito Valdés, Guitart und einigen aus der Gruppe von Artemisa, die den Eingang besetzen und die Ketten entfernen sollten, die eine Zufahrt mit dem Auto verhinderten. Für diese Mission hatte ich hervorragende Kämpfer dabei.

Um wie viel Uhr brachen Sie von der Farm auf?
Gegen 4.45 Uhr etwa.

Und um wie viel Uhr griffen Sie an?
Exakt um 5.15 Uhr griffen wir an, denn um diese Zeit mussten die Soldaten schlafen, der Angriff musste stattfinden, bevor sie aufstanden. Wir brauchten ein wenig Tageslicht, aber gleichzeitig war es wichtig, dass die Soldaten noch schliefen.

War es schon Tag?
Santiago befindet sich im Osten des Landes, dort wird es etwa zwanzig Minuten früher hell als in der Hauptstadt. Es war hell genug, um anzugreifen. All das hatten wir berechnet, sonst hätten wir diese Aktion nicht durchführen können. Die Aufgabe war nicht leicht, mit Männern, die zwar in kleinen Gruppen trainiert, aber niemals zusammen agiert hatten. Wir mussten alle Einzelteile suchen, das Puzzle zusammensetzen und jedem seine Aufgabe zuteilen.

Der Angriff begann um 5.15 Uhr. Wie genau wurde er ausgeführt?
Für diese Operation, darauf gerichtet, drei Ziele zu besetzen, hatte ich hundertzwanzig Männer, wovon wir die Studenten abziehen müssen, die es sich anders überlegt hatten, und etwa sechzehn Autos. In jedem Auto waren wir mindestens acht Leute. Da in einem Auto Studenten saßen, die nicht mehr mitmachen wollten, ein anderes unterwegs kaputtging, hatten wir zwei Fahrzeuge weniger. Zuerst fuhren jene los, die das Flachdach des Krankenhauses im hinteren Teil der Moncada besetzen sollten, und die Gruppe, die den Gerichtssaal einnehmen sollte, denn sie hatten eine größere Entfernung zurückzulegen als wir. Meine Gruppe bestand aus zehn oder zwölf Autos, die sich auf den Haupteingang der Kaserne zubewegten. Ich saß im zweiten Wagen in einer Entfernung von etwa hundert Metern zum ersten, und wir fuhren über die Landstraße von Siboney nach Santiago. Es wurde gerade hell, und wir stellten uns die totale Überraschung vor, die die Soldaten kurz vor dem Aufstehen erleben würden. Es war Juli, und die Sonne geht im Osten etwas früher auf. Als

wir ankamen, war es also schon Tag. Um in die Stadt zu kommen, musste man über eine kleine, enge Brücke fahren, ein Auto nach dem anderen, wodurch wir uns ein wenig verspäteten.

Etwa einhundert Meter vor mir fuhr der erste Wagen die Avenida Garzón entlang, bog rechts in eine Seitenstraße in Richtung Haupttor der Kaserne ein. Auch ich bog ab und andere Autos hinter mir.

Vorn, im ersten Wagen, saßen die Leute von Ramirito Valdés, Jesús Montané, Renato Guitart und andere. Montané hatte sich freiwillig für die Mission gemeldet, die Zufahrt zur Kaserne einzunehmen. Ich war in diesem Augenblick etwa achtzig Meter hinter ihnen, genau die richtige Entfernung, um in einer gewissen Geschwindigkeit heranzufahren, während sie die Wachen am Eingang der Kaserne überwältigten und die Ketten entfernten, die die Zufahrt behinderten.

Der erste Wagen hielt bei seiner Ankunft am Ziel, und die Männer stiegen rasch aus, um die Wachen zu neutralisieren und zu entwaffnen. In diesem Augenblick sah ich links auf dem Bürgersteig, etwa zwanzig Meter vor meinem Wagen, eine Patrouille mit Thompson-Maschinengewehren. Sie merkten, dass am Eingang irgendetwas passierte, ungefähr sechzig Meter von ihnen entfernt, und verhielten sich, als wollten sie auf Ramirito, Montané und die anderen schießen, die die Wachen bereits entwaffnet hatten. Zumindest sah es für mich so aus.

In einem Bruchteil von Sekunden schossen zwei Gedanken durch meinen Kopf: die beiden Soldaten, die eine Gefahr für meine Kameraden darstellten, zu neutralisieren und ihre Waffen an mich zu nehmen. Als ich sah, dass die Soldaten mit ihren Waffen auf den Eingang zielten, also mit dem Rücken zu mir standen, verringerte ich die Geschwindigkeit und fuhr auf sie zu, um sie gefangen zu nehmen. In diesem Augenblick fuhr ich selbst den Wagen, hatte ein Gewehr in der linken Hand und eine Pistole in der rechten; mit halb offener Tür war ich schon fast neben ihnen mit der Absicht, zwei Dinge zu tun: zu verhindern, dass sie auf Ramiritos und Montanés Leute schossen, und mir gleichzeitig die zwei Thompson-Maschinengewehre zu schnappen.

Es hätte auch eine andere Art, zu reagieren, gegeben. Das wurde mir später klar, als ich mehr Kenntnisse und Erfahrung hatte: Ich hätte sie einfach stehen lassen und weiterfahren müssen. Wenn diese Soldaten ein Auto nach dem anderen hätten vorbeifahren sehen, hätten sie nicht geschossen. Ich aber versuchte, sie zu überraschen und gefangen zu nehmen. Ich war vielleicht noch zwei Meter entfernt, als sie sich aufgrund eines Geräusches umdrehten und instinktiv ihre Waffen auf uns richteten. Noch immer in meiner Bewegung, fuhr ich mit dem Wagen direkt auf sie zu und stieg aus der bereits halb geöffneten Tür aus.

Die Leute, die bei mir waren, stiegen ebenfalls schnell aus, und die Nachkommenden taten das auch. Die glaubten, dass wir bereits in der Kaserne waren. Ihre Aufgabe war es, die Schlafsäle einzunehmen und die Soldaten in den Hinterhof zu drängen; barfuß, in Unterwäsche, ohne Waffen und noch halb verschlafen, würden wir sie gefangen nehmen.

Was ging schief?
Von dieser Patrouille, die anscheinend aufgrund der Karnevalsfeierlichkeiten zwischen dem Eingang zur Kaserne und der Avenida Garzón auf und ab marschierte, hatten wir nichts gewusst. Und aufgrund ihrer Nähe zur Einfahrt hat sie unsere Operation massiv gestört. Beim Versuch, diese Patrouille zu neutralisieren und zu entwaffnen, das Auto gegen sie fahrend, sprangen wir alle mit unseren Waffen in den Händen raus. Einer der Männer aus meinem Wagen stieg vom Beifahrersitz aus und feuerte einen Schuss ab, den ersten, der in diesem ungewöhnlichen Kampf zu hören war; nun schossen auch andere. Die Schießerei breitete sich aus. Die Alarmsirenen tobten los und verbreiteten einen unaufhörlichen höllischen Lärm, der mit den Schüssen verschmolz. Alle Männer aus den nachkommenden Fahrzeugen stiegen wie geplant aus und drangen in ein langes, relativ großes Gebäude ein, das die gleiche Bauweise wie die anderen Gebäude der Kaserne aufwies. Es war nichts anderes als das Militärkrankenhaus, und sie verwechselten es mit dem Ziel, das sie eigentlich hätten einnehmen sollen.

Ein Gebäude, das kein Zielobjekt war?
Das Problem war, dass der Kampf, der sich eigentlich drinnen in der Kaserne abspielen sollte, nun schon draußen losging, und in dieser Verwirrung nahmen einige das falsche Gebäude ein. Als wir ausstiegen, verschwand die Patrouille. Ich trat augenblicklich in das Krankenhaus ein, um den Leuten zu sagen, dass sie sich geirrt hatten. Sie waren erst im unteren Stockwerk des Gebäudes angekommen. Es ging schnell. Fast konnte ich die Kolonne mit sechs oder sieben Autos neu organisieren, denn trotz allem war die Wache am Eingang der Kaserne ja bereits überwältigt.

Die Gruppe von Ramirito und Montané hatte die Posten eingenommen und drang direkt in die erste Baracke der Kaserne ein. Sie liefen zum Waffenarsenal und trafen dort auf die Musikkapelle des Militärs, die noch schlief. Die Waffen hatten sie anscheinend in die Hauptkaserne ausgelagert. In den anderen Baracken sah es ähnlich aus, sie hätten bei einem Überraschungsangriff gar nicht reagieren können. Die Gruppe von Abel hatte das ihr zugeteilte Gebäude eingenommen, und die Gruppe, zu der Raúl gehörte, beherrschte schon den Justizpalast.

Aber alle schossen bereits.
Im ersten Moment waren die Soldaten noch dabei, sich anzuziehen, in ihre Schuhe zu kommen und sich zu sammeln, ihre Waffen zu suchen, und nur die Wachen schossen, und sei es bloß, um Lärm zu machen. Die Guardia Rural, eine ländliche Schutztruppe, schlief in diesen Baracken zusammen mit dem Militär. Sie hatten ihre Waffen nicht bei sich und in den ersten Minuten auch keinen Kommandeur; einige Anführer des Regimentes schliefen zu Hause. Weder die Offiziere und anderen Ränge noch die Truppen der Moncada wussten, was geschah.

Der Kampf fand vor der Kaserne statt, und somit war der enorme und entscheidende Vorteil der Überraschung verloren.

Ich drang, wie gesagt, in das Krankenhausgebäude ein und schaffte es, eine begrenzte Zahl von Leuten rauszuholen und wieder in die Autos zu setzen, um zum Generalstab vorzudringen, als plötzlich eines der Autos von hinten seitlich in Richtung Kaserneneinfahrt an uns vorbeigeschossen kam, mit gleicher Geschwindigkeit wieder zurücksetzte und auf meinen Wagen prallte. So wie ich es erzähle: Inmitten der sich ausbreitenden Schießerei überholte einer auf eigene Faust, setzte mit Tempo zurück und knallte gegen meinen Wagen. Ich musste erneut aussteigen.

Unter diesen widrigen und unerwarteten Umständen zeigte der Rest unserer Leute bemerkenswerte Hartnäckigkeit und Mut. Es kam zu heroischen Einzelinitiativen, aber wir hatten keine Chance mehr, die Lage in den Griff zu bekommen; der Kampf war in vollem Gange, und es gab eine unvermeidliche Desorganisation in unseren eigenen Reihen.

Wir hatten den Kontakt zu der Gruppe verloren, die den Wachposten genommen hatte. Die Gruppen von Abel und Raúl, zu denen wir keinen Kontakt hatten, konnten sich nur von den Schüssen, die sie hörten, leiten lassen, die von unserer Seite aus abnahmen, während der Feind, der sich von der Überraschung erholt und organisiert hatte, nun seine Positionen gegen die Angreifer verteidigte. Der Compañero Gildo Fleitas, von dem ich bereits erzählt hatte, stand mit großer Gelassenheit an der Ecke eines Gebäudes nahe der Stelle, wo wir auf die Patrouille gestoßen waren, und beobachtete die entstandene verzweifelte Situation. Ich sprach einige Sekunden mit ihm, und es war das letzte Mal, dass ich ihn sah. Fast vom ersten Augenblick an war mir völlig klar, dass nicht mehr die geringste Chance bestand, unser ursprüngliches Ziel zu erreichen. Du kannst eine Kaserne mit einer Handvoll Leute einnehmen, wenn die Truppen schlafen, aber eine Kaserne mit mehr als tausend Soldaten, wach und schwer bewaffnet, konnte man nicht besetzen. Mehr als an die Schüsse erinnere ich mich an den bitteren und betäubenden Lärm der Alarmsirenen, die unseren Plan zunichtegemacht hatten.

Es war eine unerfüllbare Mission.
Die Kaserne hätte mit unserem Plan eingenommen werden können. Wenn ich noch einmal einen Plan für eine solche Mission ausfertigen müsste, würde ich es ganz genauso machen. Nur dass ich aufgrund dieser Erfahrung die Patrouille einfach links liegen lassen würde. Solche Dinge gehen einem in Sekundenbruchteilen durch den Kopf. Das Hauptanliegen in jenem Augenblick war für mich, meine Kameraden zu schützen.

Wann beschlossen Sie, den Rückzug anzuordnen?
Die Schießerei setzte sich intensiv fort. Ich habe schon im Detail erklärt, was passiert ist. Aber wenn ich mich daran erinnere, in aller Ehrlichkeit und mit vollkommener Objektivität, denke ich, dass keine dreißig Minuten vergangen waren, vielleicht sogar viel weniger, als ich mich damit abfand, dass es unmöglich war, unser Ziel zu erreichen. Mehr als jeder andere kannte ich die Einzelheiten und die Kriterien. Ich hatte den Plan in all seinen Details entworfen und ausgearbeitet.

Es kam der Augenblick, wo ich den Rückzug anordnete. Was machte ich? Ich stand mitten auf der Straße, nicht fern vom Eingangsposten, in der Hand mein Jagdgewehr vom Kaliber 12, und auf dem Dach eines der Hauptgebäude der Kaserne stand ein schweres Maschinengewehr vom Kaliber 50, das die Straße hätte wegfegen können, denn es zielte genau auf diese Stelle. Ein Mann versuchte, es zu manövrieren, er schien allein zu sein und sprang wie ein kleiner Affe hin und her bei dem Versuch, die Waffe herumzudrehen und damit zu schießen. Ich musste mich um ihn kümmern, während die Männer in ihre Wagen sprangen und sich zurückzogen. Immer wenn er versuchte, die Waffe zu greifen, schoss ich auf ihn. Na ja ... Sie können sich vorstellen, in welcher Verfassung ich selbst war ...

Schon war niemand mehr zu sehen, kein einziger Kämpfer stand mehr da. Ich stieg in den letzten Wagen, und als ich gerade darin saß, auf dem rechten hinteren Sitz, kam plötzlich einer unserer Männer auf das volle Auto zu, er würde zurückbleiben. Ich stieg aus, überließ ihm meinen Platz und befahl ihnen, loszufahren.

Ich blieb dort, mitten auf der Straße, allein, ganz allein. Es passieren unglaubliche Dinge unter solchen Umständen. Ich stand dort direkt gegenüber der Kaserneneinfahrt; es ist anzunehmen, dass ich dem Tod völlig teilnahmslos ins Auge blickte. In diesem Moment rettete mich eines unserer Fahrzeuge. Ich weiß nicht, wie und warum, plötzlich kam ein Wagen in meine Richtung bis dahin, wo ich stand, und nahm mich auf. Es war einer der Jungs aus Artemisa, der mit mehreren Leuten im Auto auf mich zusteuerte und mich rettete. Leider hatte ich später keine Zeit mehr, ihn nach allen Details zu fragen. Ich wollte immer mit diesem Mann sprechen, um zu wissen, wie er es geschafft hatte, durch diesen Kugelhagel durchzukommen. Aber wie bei vielen anderen Gelegenheiten glaubt man, noch hundert Jahre Zeit dafür zu haben. Und dieser Mann ist leider vor mehr als zehn Jahren gestorben.

Hatte er zu Ihrer Gruppe gehört?
Ja, er war einer von uns. Santana hieß er. Anscheinend hatte er bemerkt, dass ich zurückgeblieben war, und kam, um mich zu holen. Er war einer von denen, die schon fort waren, und offensichtlich ging ihm an einem Punkt auf, dass ich noch da war, drehte um und holte mich. Irgendwo gibt es sicher Zeugnisse und Dokumente über diese Episode.

Ich stand dort allein mit meinem Gewehr Kaliber 12, ich weiß nicht, was ich getan hätte oder wie es ausgegangen wäre. Möglicherweise hätte ich versucht, mich über eine der kleinen Gassen zurückzuziehen.

Haben Sie geschossen?
Ja, mehrmals, auf den Mann, der versuchte, auf uns zu schießen. Vom Dach eines der Kasernengebäude mit dem Maschinengewehr 50. Er schaffte es kein einziges Mal.

Sie verhinderten, dass er schießen konnte?
Ja, immer wenn er sich bewegte, um das Maschinengewehr in Gang zu setzen, schoss ich auf ihn und er warf sich auf den Boden. Nach einer Weile versuchte er es wieder, und ich tat das Gleiche. Er versuchte es mehrfach, ich weiß nicht,

irgendwann hat er es dann möglicherweise aufgegeben, aber während ich ihn in Schach hielt, konnten sich unsere Wagen mit den Leuten, die mich begleiteten und deren Aufgabe es war, in die Kaserne einzudringen und sie zu besetzen, zurückziehen.

In einem solchen Augenblick handelt man zumeist auf eigene Initiative. Dieser Santana, der mich da abgeholt hat, hat dies sicher aus eigenem Antrieb getan. Es gab niemanden, der ihm diesen Befehl hätte erteilen können. Er fuhr rein, kam und holte mich. Der Wagen war voll, und ich sagte zu ihm: »Wir fahren nach Caney.« Mehrere Autos warteten an der Straße, und wir gaben die Anweisung an sie weiter. Aber ein oder zwei Autos, die vorn fuhren, wussten nicht, wo Caney lag, und anstatt geradeaus auf der Avenida Garzón durch Vista Alegre weiterzufahren, bogen sie rechts in Richtung Siboney ab. Es waren drei oder vier Autos. Das, welches mich aufgesammelt hatte, war das zweite oder dritte der kleinen Kolonne.

Ich kannte El Caney sehr gut. Dort hatte es am Ende des Zweiten Unabhängigkeitskrieges von 1898 ein wichtiges Gefecht gegeben. Es gab dort eine relativ kleine Kaserne. Meine Idee war, überraschend aufzutauchen und sie einzunehmen. Ich dachte daran, denen in Bayamo zu helfen. Ich wusste nicht, was dort los war. Ich ging davon aus, dass sie die Kaserne dort eingenommen hatten. Und das war in diesem Augenblick meine Hauptsorge. Aber unsere Leute hatten einen harten Schlag erlitten, und es war schwierig, sie zu einer neuen Aktion zu bewegen.

Was taten die anderen Gruppen?
Von der Gruppe, die mit mir zusammen gewesen war, war niemand mehr zu sehen, nirgendwo. Später erfuhren wir, dass einige von ihnen, wie Pedro Miret, sich irgendwo verschanzt hatten. Wir wussten nichts und hatten keinen Kontakt zu ihnen.

Die Gruppe, die den Justizpalast eingenommen hatte, bemerkte, was passiert war, und der Anführer nahm seine kleine Truppe, der auch Raúl angehörte, mit nach unten. Am Ausgang stand ein Unteroffizier mit mehreren Männern und forderte sie auf, sich zu ergeben. Der Anführer gab seine Waffe ab; Raúl, der einfacher Soldat war, und die anderen taten es ihm nach. Doch in diesem Augenblick rettete Raúl sich und den anderen das Leben. Er handelte sehr schnell: Er sah, dass dem Unteroffizier die Pistole in der Hand zitterte, entriss sie ihm und nahm die Soldaten gefangen, dann zogen sie sich zurück. Sie waren bereits Gefangene, als sie den Spieß umdrehten und die Soldaten selbst gefangen setzten.

Hätten sie das nicht getan, wäre ihnen das gleiche Schicksal zuteilgeworden wie den anderen: Folter und Hinrichtung. Als sie sich zurückzogen, suchten sie nach einer Möglichkeit, zu fliehen, sich umzuziehen und zu zerstreuen.

Hatten Sie das vorausgesehen?
Nein, das hatten wir nicht vorausgesehen.

Hatten Sie keinen Plan für einen eventuellen Rückzug?
Nein, wie zum Teufel hätten wir so etwas vorhersehen können? Wie kann man den Rückzug bei einer solchen Operation wie dieser planen?

Aber gab es gar keinen Rückzugsplan für den Fall, dass irgendetwas schiefgehen sollte?
Nein, nein. Wie soll man sich bei einer solchen Operation zurückziehen, wenn man mitten in einer Kaserne ist und es nicht schafft, sie einzunehmen? Sie haben an allen möglichen Ein- und Ausgängen Wachen postiert. Wohin soll man sich zurückziehen?

Das Wichtigste war erreicht, das war die totale Überraschung, bis zu der zufälligen und unvorhersehbaren Begegnung mit den patrouillierenden Soldaten – es ist sehr bedauerlich, nicht zu wissen, was geschehen wäre. Ich hege nicht den geringsten Zweifel, dass wir alle Soldaten in nur wenigen Minuten gefangen genommen hätten. Die Verwirrung in ihren Reihen wäre enorm gewesen, und unsere Uniformen hätten ihren Teil dazu beigetragen.

Versuchten die Männer von Abel zu fliehen, als sie sahen, was vor sich ging?
Nein, sie blieben dort, denn die Menschen im Krankenhaus versuchten, sie zu schützen. Alle im Krankenhaus halfen ihnen, verkleideten sie und versuchten, sie zu beschützen, als sie merkten, dass der Plan gescheitert war, und sie glaubten, wir seien alle tot. Ich hatte in ihrem Fall keine Sorge, denn Abel kannte den Plan bis ins letzte Detail. Meine Sorge, als mich das Auto aufnahm, war, wie wir die Leute unterstützen könnten, die die Kaserne von Bayamo angegriffen hatten.

Wir mussten mit Melba sprechen, die sich noch heute erinnert; all das wurde aufgeschrieben, und ich spreche hier nur ausnahmsweise darüber. Wie hieß noch dieser Historiker der ersten Zeit? Der kennt die ganze Geschichte, denn er hat die halbe Welt interviewt. Wie hieß er noch, der Franzose, der diese Episode niedergeschrieben hat?

Robert Merle. Er hat ein wunderbares Buch geschrieben.[10] **Aber mich interessiert Ihre ganz persönliche Version.**
Ja, ich hatte nie die Gelegenheit, Merle zu erzählen, was ich Ihnen jetzt erzähle.

Wie viele Tote gab es unter Ihren Leuten?
Es gab fünf Tote im Kampf, und weitere sechsundfünfzig wurden ermordet. Die fünf, die im Kampf gefallen sind, waren Gildo Fleitas, Flores Betancourt, Carmelo Noa, Renato Guitart und Pedro Marrero. Es waren fast all jene, die im ersten Wagen gesessen hatten. Sie hatten den Wachposten überwältigt und sich im ersten Gebäude der Kaserne verschanzt. Einige haben es jedoch geschafft, zu überleben. Gildo gehörte nicht zu dieser Gruppe, denn Gildo war mit mir draußen, als wir versuchten, erneut unsere Fahrzeuge in Gang zu setzen, um in die Kaserne zu kommen.

Sie müssen fürchterlich niedergeschlagen gewesen sein aufgrund dieser Entwicklung.
Im ersten Augenblick empfand ich schreckliche Bitterkeit über das, was passiert war. Aber ich war bereit, den Kampf fortzusetzen. Ich sagte: »In Bayamo werden sie allein bleiben«, in der Annahme, dass sie die Kaserne eingenommen hatten.[11] Aus diesem Grund wollte ich zur Kaserne von El Caney fahren, sie angreifen, um die Leute in Bayamo zu unterstützen. Es sollte zumindest eine Art Kampfstimmung in der Umgebung von Santiago entstehen. Ich wollte direkt über die Landstraße in Richtung Caney fahren; wir waren etwa zwanzig Männer. Aber das Fahrzeug, das ganz vorn fuhr, verfuhr sich, wie gesagt, und bog rechts ab nach Siboney. Es war zu spät, das Auto aufzuhalten und in Caney anzugreifen, bevor sie dort etwas merkten. Ich fuhr zu diesem Zeitpunkt nicht mehr selbst, weil ich von dem anderen Wagen aufgelesen worden war.

Trugen Sie immer noch die Uniformen?
Ja, noch immer.

Und die Waffen?
Wir hatten alle Waffen die ganze Zeit bei uns – sogar noch Tage nach der Operation.

Kehrten Sie zur Farm zurück?
Ja, wir kehrten nach Siboney zurück, um uns nach dem Angriff neu zu organisieren. Einige Autos waren bereits angekommen, und ich fand alle Varianten vor: einige, die weitermachen wollten, andere, die sich gerade umzogen. Einige versteckten bereits die Waffen, und es gab Verletzte, die zum Teil nicht mehr laufen konnten. Ein trauriges Bild.

Ich kam dort an und schaffte es, eine Gruppe zu überzeugen, und brach mit neunzehn Mann in die Berge auf. Den Männern in Bayamo konnte ich nicht mehr helfen. Ich würde mich nicht ausliefern oder mich ergeben oder so etwas Ähnliches, das hatte keinen Sinn, nicht weil ich getötet worden wäre, sondern weil der Gedanke an Kapitulation nicht in unser Konzept passte.

5

HINTERGRÜNDE DER REVOLUTION

Bolívar – Sklaverei und Unabhängigkeit – Autonome und Anhänger der Vereinigten Staaten – Die beiden Unabhängigkeitskriege – Carlos Manuel de Céspedes – Máximo Gómez – Antonio Maceo – José Martí

Comandante, im Jahr 2003 feierte Kuba nicht nur den 150. Geburtstag José Martís, sondern auch den 50. Jahrestag des Sturms auf die Moncada-Kaserne. Würden Sie sagen, dass der 26. Juli 1953 der Beginn der Kubanischen Revolution war?

Das wäre nicht gerecht, denn die Kubanische Revolution begann mit dem Ersten Unabhängigkeitskrieg 1868. Sie begann im kubanischen Osten am 10. Oktober jenes Jahres, angeführt von einem sehr gut vorbereiteten Kubaner, von Carlos Manuel de Céspedes[1]. In dieser Region war die Sklaverei nicht ganz so weit verbreitet, wohingegen sie im Westen des Landes sehr ausgeprägt war, dort, wo sich die großen Kaffee- und später Zuckerrohrplantagen befanden. Diese erlebten einen großen Aufschwung aufgrund des Sklavenaufstandes in den französischen Plantagen.

Sie meinen den von Haiti im Jahr 1791?[2]

Ja, in Haiti. Viele dieser französischen Kolonisten siedelten nach Kuba um, in die Provinz Oriente, nahe Haiti, das nur durch die »Passage der Winde« genannte Meerenge von ihr getrennt ist.

Es hat immer, sogar zur Zeit der Ureinwohner, einen Austausch zwischen Kuba und dem heutigen Haiti gegeben, also dem westlichen Teil der Insel Santo Domingo, die von den Spaniern Hispaniola getauft wurde. Die dortigen Volksstämme, zum Teil Kariben, waren kämpferischer und haben den Spaniern ziemlichen Widerstand geleistet. Einige von ihnen setzten über bis in die östliche Region Kubas.

Zum Zeitpunkt der Eroberung und Kolonialisierung waren einige Eingeborene aus Santo Domingo nach Kuba eingewandert und organisierten im östlichsten Teil der Insel den Widerstand. Einer von ihnen hieß Hatuey. Er ist eine der historischen Figuren Kubas, der Erste, der Widerstand zu leisten versuchte, denn die Eingeborenen in unserem Land waren in der Regel eher friedlich. Die Eroberer kamen mit Pferden, Schwertern, Armbrüsten und Pfeilen, wohingegen die Eingeborenen dem nicht viel entgegenzusetzen hatten. Dennoch leisteten einige Widerstand.

Der Unterschied im Hinblick auf den technischen Fortschritt war viel zu groß.
Die Spanier hatten, als sie ankamen, 800 Jahren Krieg hinter sich, und sie überschwemmten diese Inseln mit Kriegern. Das waren Leute, die für ihre eigene Unabhängigkeit, gegen die Besetzung durch die Araber, gekämpft hatten.

Und die Sklaven, sagen Sie, begehrten eines Tages in Haiti auf.
Zur Zeit des Sklavenaufstandes in Haiti im Jahr 1791, der von Toussaint L'Ouverture angeführt wurde, gab es dort etwa 400 000 Sklaven. Ein paar Hundert – vielleicht auch ein paar Tausend, aber ein paar Hundert genügten – französische Kolonisten flohen nach Kuba. Einige brachten ihre Sklaven mit und richteten sich im Osten der Insel ein.

Gab es im Rest des Landes keine Sklaven?
Wie schon gesagt, gab es die meisten im Westen Kubas. In der alten Provinz Oriente gab es zwar Sklaverei, aber in geringerem Ausmaß, denn dort wurden vorwiegend Rinderzucht und etwas Ackerbau betrieben. Es war das Gebiet mit der größten Zahl an Landbesitzern, an zweiter Stelle kam Camagüey mit großen Rinderzuchtbetrieben und ebenfalls sehr wenig Sklaven.

Vom Zentrum des Landes nach Westen gab es sehr viele Kaffee- und Zuckerrohrplantagen, die alle mit Sklaven arbeiteten. In Matanzas und in Havanna fand man Hunderte kleiner Zuckermühlen vor, die meist noch mit Zugtieren arbeiteten. Kuba stieg damals zum größten Kaffeeproduzenten und -exporteur auf und nahm die Märkte ein, die zuvor Haiti beherrscht hatte.

In den 1840er-Jahren zerstörten zwei große Wirbelstürme die Kaffeeplantagen. Zuckerrohr ist widerstandsfähiger gegen Wirbelstürme und Dürreperioden, es ist sicherer. Ein starker Orkan kann die Ernte um zwanzig bis fünfundzwanzig Prozent vermindern, wird aber die Pflanzung nicht vollständig zerstören. Der Anbau war also sinnvoller, aber man benötigte auch viel mehr Sklaven dafür.

Damals, zwanzig oder dreißig Jahre vor dem Ersten Unabhängigkeitskrieg von 1868, gab es etwa 300 000 Sklaven in Kuba.

Wie hoch war die Gesamteinwohnerzahl?
Genau kann ich das nicht beantworten, aber ich schätze zwischen einer und eineinhalb Millionen, die Sklaven inbegriffen. Der Rest der Bevölkerung stammte von Spaniern aus der ersten Etappe der Kolonialisierung ab, den sogenannten Kreolen, Herren der Ländereien und Pflanzungen, und den Mestizen, Kinder spanischer Väter und indianischer Mütter, und später den Nachkommen aus der Vermischung von Spaniern, Indigenen und Schwarzen. Die Festlandspanier, die direkt aus dem Mutterland kamen, hatten die Kontrolle über die Verwaltung, den Handel, die innere Ordnung und die Landesverteidigung.

Die meisten Sklaven arbeiteten auf den Zuckerrohrplantagen, die den Kreolen gehörten. Diese Tatsache hatte großen Einfluss. Nach den Unabhängigkeitskriegen im spanischen Amerika blieben Spanien in der Region nur noch Kuba und Puerto Rico. Obwohl es in Santo Domingo 1821 eine Unabhängigkeitsbewegung gab, die sogar ihren Anschluss an das Großkolumbien Simón Bolívars proklamierte, besetzte Spanien im 19. Jahrhundert für eine Weile erneut die Insel Hispaniola. Kriege führte man dort aber eher gegen den Nachbarn Haiti. Zwischen 1850 und 1860 etwa, vor unserem Ersten Unabhängigkeitskrieg, kam eine gewisse Anzahl Dominikaner nach Kuba. Einige dienten der spanischen Armee und kamen als spanische Bürger, obwohl sie dominikanischen Ursprungs waren. Sie hatten militärische Erfahrung und schlossen sich später – sie waren meist Arbeiter und Bauern – den kubanischen Patrioten an.

Wie kam es zum Ersten Unabhängigkeitskrieg?
Dieser Krieg, der 1868 begann, ging von einer Gruppe von Großgrundbesitzern aus. Sie waren vorbereitet und verfügten über eine gewisse Kultur. Viele von ihnen waren Anwälte. Ihr Denken war liberal, sie waren Befürworter der Unabhängigkeit und in kleinem Umfang Sklavenhalter, denn einige besaßen Zuckerrohrfelder. Große Kaffeeplantagen, ebenfalls mit zahlreichen Sklaven, gab es nur im Gebiet um Guantánamo in der Nähe Haitis.

Der Anführer der Unabhängigkeitsrevolution war, wie gesagt, ein vornehmer, gebildeter Mann, Carlos Manuel de Céspedes, Besitzer einer kleinen Zuckermühle. Im Osten hatten sie sich von Camagüey ausgehend verschworen, doch die Verschwörung flog auf. Die Behörden hatten einen Haftbefehl erteilt, aber die Verschwörer hatten Freunde bei der Post. Carlos Manuel de Céspedes erfuhr, dass er festgenommen werden sollte, und verlegte die Rebellion auf den 10. Oktober 1868 vor, auf seiner eigenen Zuckermühle. Die kleine Gruppe seiner Sklaven erklärte er für frei. Es waren nicht viele, aber er hat sie alle, ohne zu zögern, freigelassen und mit dieser Aktion auf revolutionäre Weise die Abschaffung der Sklaverei in Kuba verfügt.

War es zu dieser Zeit üblich, Sklaven freizulassen?
Nein, das war es nicht. Diese Aktion war ein absoluter Präzedenzfall. Es war genau das Gegenteil von dem, was in Südamerika passierte. Als in Südamerika im Jahr 1810 – aufgrund der Besetzung Spaniens durch Frankreich und der Errichtung einer neuen Monarchie, bei der Napoleon seinen Bruder Joseph Bonaparte zum König ernennt – der Unabhängigkeitskrieg beginnt, erheben sich diese Kolonien nicht gegen Spanien, sondern gegen die napoleonische Monarchie, die Spanien auferlegt wurde. So keimen patriotische Juntas in Südamerika und in anderen Teilen der Hemisphären auf, die spanische Kolonien waren.

Die erste dieser Juntas entsteht 1810 in Venezuela und heißt »Konservative Junta für die Rechte Fernandos VII.«, also nach dem spanischen König, der von Napoleon entthront worden war. In Venezuela gab es einen Wegbereiter für die Unabhängigkeit, Francisco de Miranda[3], der sogar am Amerikanischen Unabhängigkeitskrieg beteiligt war, denn Spanien hatte unter der Regierung Karls III. Soldaten südamerikanischen Ursprungs und Kubaner, sogar Schwarze und Mestizen sowie Spanier in den Kampf für die Unabhängigkeit der Vereinigten Staaten geschickt. Das war im Jahr 1776, vor der Französischen Revolution, die drei Jahre später beginnt. La Fayette, der später für die Französische Revolution kämpfte, hatte gemeinsam mit vielen freiwilligen Spaniern[4] an diesem Krieg teilgenommen. Die Rivalität zwischen Frankreich und England war groß, und Spanien stand an der Seite Frankreichs. So kam es, dass Kubaner für die Unabhängigkeit der Vereinigten Staaten kämpften.

Sie sind seltsam, die Verbindungen, die der Lauf der Geschichte mit sich bringt. Miranda, ein spanischer Soldat venezolanischen Ursprungs, beschließt, in Kuba aus der kolonialistischen Armee zu desertieren, und beginnt in Havanna seinen langen antiimperialistischen Weg bis zur Ausarbeitung des Projektes »Kolumbien« – der Befreiung und Vereinigung unserer Völker in einem großen unabhängigen politischen Block. Er wanderte nach Frankreich aus, wurde ein richtiger militärischer Führer unter dem Befehl der französischen Revolutionäre, kämpfte gegen die Invasoren des revolutionären Frankreich und profilierte sich außerordentlich. In einem bestimmten Augenblick aber fiel er in Ungnade, wie es damals eben geschah, und wurde fast guillotiniert. Die Entscheidung wurde revidiert. Seine großen Verdienste für Frankreich retteten ihn. Er war bereits durch Europa gereist, wurde berühmt und war der Vordenker für die Unabhängigkeit Südamerikas. Im August 1806 ging er in Venezuela an Land, um den Kampf zu beginnen.

Das war, bevor Simón Bolívar seinen Kampf für die Unabhängigkeit Iberoamerikas begann?
Eine ganze Weile vorher. Während die Dinge passieren, die in Spanien zur Errichtung einer napoleonischen Monarchie führen, bilden sich gleichzeitig in einem Akt der Loyalität zu Spanien die Juntas in Lateinamerika, obwohl es in ihnen auch entschiedene Befürworter der Unabhängigkeit gibt. Einer von ihnen ist Simón Bolívar. Es bildet sich die Junta von Caracas, die erste im spanischsprachigen Amerika, die die Unabhängigkeit ausruft. Bolívar ist als junger Offizier dabei.

Er hatte mit seinem Lehrmeister, Simón Rodríguez, Italien bereist und dort, am 15. August 1805, auf dem Monte Sacro seinen berühmten Schwur geleistet, für die Unabhängigkeit Venezuelas zu kämpfen. Es ist schwer, sich eine so unglaubliche Antizipation vorzustellen.

Haben sie die Sklaven befreit?
Nein, die Kreolen befreiten ihre Sklaven anfangs nicht. Es gab damals noch kein ausreichendes Bewusstsein für diese Problematik. José Tomás Boves[5], ein ausgekochter Asturier, nutzte diesen Widerspruch aus. Er ging zu den Menschen im Flachland, den Llaneros, die Eingeborene und Mestizen waren, Sklaven oder Halbsklaven, gefürchtete Reiter in diesen riesigen Ebenen voller halbwilder Pferde. Er führte dort auf seine Art eine Agrarreform durch; da die Ländereien rebellierenden Kreolen gehörten, enteignete er sie und verteilte das Land, verteilte die Haziendas, verwandelte die Llaneros in, sagen wir, Besitzer all dessen, und an der Spitze der so gewonnenen Truppe drang er unaufhörlich weiter in das Flachland vor, alles überrollend, niederbrennend und tötend. Das war wie grausamer Klassenkampf unter Venezolanern, gefördert von den spanischen Kolonialisten. Es war der sogenannte Aufstand der Armen von 1814.

Ein herausragender venezolanischer Autor, genial als Schriftsteller, wenn auch nicht als Politiker, Arturo Uslar Pietri[6], hat den Nachfahren den wertvollen Dienst erwiesen, einen exzellenten Roman mit dem Titel *Die roten Lanzen* über dieses Thema zu schreiben. Er beschreibt es so, dass man sogar die Pferde durch das Flachland galoppieren hört. Es war diese Armee der armen Llaneros, Sklaven und Halbsklaven, die mit ihrer unaufhaltsamen Kavallerie die Unabhängigkeitskämpfer niederschlug und Caracas einnahm. Damit begann eine Episode, die in den Unabhängigkeitskämpfen des Kontinentes ihresgleichen sucht: der Rückzug der Bevölkerung von Caracas in den Osten des Landes, in der Geschichte Venezuelas als »Emigration in den Osten« bekannt. Sie wurde von Bolívar persönlich angeführt und kostete viele Frauen und Kinder, junge und alte Menschen das Leben. Welch unglaublich hohen Preis zahlte das venezolanische Volk für seine Unabhängigkeit, mit welcher Kraft war es in der Lage, das zu ertragen!

All das geschah, nachdem die Zweite Republik bereits gegründet war – geboren nach den bolivianischen Schlachten, dem sogenannten »Bewundernswerten Feldzug«. Bolívar war Ende 1812 vom Río Magdalena in Neu-Granada, dem heutigen Kolumbien, aus gestartet und marschierte im August 1813 in Caracas ein, wo er zum »Befreier« erklärt wurde.

Aber vorher, als 1810 die Erste Republik ausgerufen wurde, war Bolívar weder politischer noch militärischer Anführer; es war Miranda, den die Revolutionäre verlangten und den sie unterstützten. Miranda schloss angesichts der drohenden Niederlage einen Friedensvertrag ab. Er wollte gerade ein englisches Schiff in La Guaira besteigen, als Bolívar mit einer Gruppe von Offizieren auftauchte, die mit dem mit Spanien geschlossenen Friedensvertrag nicht einverstanden waren. Miranda hatte viele französische Gewohnheiten übernommen, das Benehmen, Bäder – das Leben der feinen Leute, der Adligen. Anstatt auf dem englischen Schiff zu übernachten, verbrachte er jene Nacht an Land und wurde beinahe versehentlich festgenommen. Man sperrte ihn ein, weil man seinen Vertrag als einen Akt von Verrat ansah.

Aber Spanien hatte die Macht durch die Offensive der Llaneros zurückerobert.

Nein, die Llaneros kommen ins Spiel, als die Unabhängigkeit wiederhergestellt war und man die Zweite Republik gründete. Was ich gerade erzählte, geschah vorher, als Miranda den Friedenspakt mit Spanien schloss. Bolívar und seine Freunde müssen flüchten und schaffen es, ein Schiff zu nehmen. Miranda wurde dem spanischen Chef, Domingo Monteverde, übergeben. Bolívar reiste nach Westen, zur Insel Bonaire, die in holländischem Besitz war, ging später in der Nähe des Río Magdalena wieder an Land und begann flussaufwärts mit ein paar Männern die Blitzoffensive, über die ich schon gesprochen habe, die als der »Bewundernswerte Feldzug« in die Geschichte eingegangen ist.

Im Gebiet um Neu-Granada gab es noch einen Teil der patriotischen Truppen. Bolívar kam, sammelte sie und nahm den Kampf wieder auf. Er eroberte Caracas erneut und stellte die patriotische Macht wieder her. Aber die Sklaven waren noch immer nicht befreit. Damals, am 26. März 1812 – es war ein Gründonnerstag –, gab es ein großes Erdbeben, und Bolívar sprach den berühmten Satz: »Wenn sich die Natur unseren Zielen widersetzt, dann werden wir gegen sie kämpfen und dafür sorgen, dass sie uns gehorcht.« Ein schreckliches Erdbeben – ein berühmter Satz.

Nach der zweiten Niederschlagung der Republik zog sich Bolívar aus Venezuela zurück und ging nach Jamaika. Wie durch ein Wunder überlebte er ein Mordkomplott gegen ihn. Dort schrieb er im September 1815 die berühmte »Charta von Jamaika«. Und dort kommt er 1816 mit dem haitianischen Präsidenten Pétion[7] in Kontakt. Pétion hat, was die Freilassung der Sklaven angeht, einen positiven Einfluss auf Bolívar. Er unterstützt ihn mit Waffen, und Bolívar verspricht ihm etwas, das zu seinem damals schon stark ausgeprägten revolutionären Bewusstsein passte: die Abschaffung der Sklaverei. Die Ereignisse der Ersten und Zweiten Republik waren ihm eine Lektion. Dann begann er den Kampf um die Dritte Republik. Von Haiti aus kommend, ging er auf venezolanischem Territorium an Land und lancierte am 6. Juli 1816 das »Manifest von Ocumare«, in dem er wörtlich erklärt: »Dieser armselige Teil unserer Brüder, der unter der Last der Sklaverei leben musste, ist von nun an frei. Die Natur, die Gerechtigkeit und die Politik fordern die Emanzipation der Sklaven; von heute an wird es nur eine Klasse von Menschen in Venezuela geben; alle werden Bürger sein.«

Von der Insel Margarita aus zog der Befreier zum Orinoko weiter bis dahin, wo sich heute Ciudad Bolívar befindet. Dort, in Angostura, arbeitete er die Verfassung von 1819 aus und verordnete die Abschaffung der Sklaverei. José Antonio Páez, ein Patriot aus der Tiefebene, dem viele Eingeborene und Mestizen aus den Llanos folgten, unterstützte ihn. Nach diesen Ereignissen war der Sieg sicher. Damit haben Sie ein eindrückliches Beispiel für die Beziehung zwischen der Abschaffung der Sklaverei und der Unabhängigkeit.

War Céspedes in Kuba der Erste, der seine Sklaven freiließ?
Ja. Carlos Manuel de Céspedes ergriff diese Maßnahme im Osten und in Camagüey, als er seinen Kampf begann. Viele der befreiten Sklaven haben sich

den Patrioten angeschlossen. Dieser Krieg dauerte zehn Jahre, und ein brillanter Anführer dominikanischen Ursprungs ging aus ihm hervor: Máximo Gómez[8]. Und ein weiterer brillanter Anführer, ein Schwarzer.

Antonio Maceo?
Antonio Maceo[9], einer unserer bemerkenswertesten Soldaten, ein Schwarzer, 1845 in Santiago de Cuba geboren. Beim Ausbruch des Krieges war er dreiundzwanzig Jahre alt.

Es scheint, als hätten einige der Kreolen, die sich im Jahr 1868 gegen Spanien erhoben, dies getan, um sich mit den Vereinigten Staaten zu verbünden. Ist das richtig?
Die Idee der Unabhängigkeit musste sich im Verlauf des 18. und 19. Jahrhunderts vielen Strömungen stellen, unter ihnen reformistische, autonomistische und annexionistische.

Der spanische Kolonialismus unterschied sich vom britischen. Die Spanier sind anders als die Briten, und ihr Kolonialismus war dementsprechend auch ein anderer; es gab verschiedene Typen des Kolonialismus, unterschiedliches Verhalten, auch gegenüber den Sklaven. Etwas Positives bei den Spaniern war: Sie erlaubten beispielsweise den afrikanischen Sklaven, ihre religiösen Rituale abzuhalten, sie genehmigten es. Es war sogar eine Art, sie ruhig zu halten, denn bei dem Klima in diesem Land, bei der Ausbeutung und der schlechten Behandlung der Sklaven gab es viele Aufstände. Zahlreiche Sklaven flohen und wurden anschließend erbarmungslos verfolgt, aber ihre religiösen Traditionen und Gewohnheiten durften sie beibehalten.

Wie viel anders war das in den Vereinigten Staaten! Dort wurde den Sklaven die Ausübung ihrer Religion nicht gestattet; das Resultat ist, dass dort heute allgemein die christliche Religion vorherrscht, einschließlich der katholischen; auch andere Religionen gibt es – muslimische, jüdische, buddhistische –, aber es gibt keine Kultur afrikanischen Ursprungs. Im Gegensatz dazu herrschte hier bei uns der Katholizismus vor, und es gab in geringem Maße andere christliche Konfessionen; unter den Massen von Sklaven aber hatten sich die afrikanischen Religionen erhalten. Als Folge der religiösen Verschmelzung wurden einige Figuren der katholischen Kirche übernommen, mit anderen Namen bedacht und für die Rituale der Afrikaner adaptiert, ausgehend von den Göttern, an die sie glaubten. Das war ein gewichtiger Unterschied.

Vielleicht wollten sich einige Kreolen deshalb den Vereinigten Staaten anschließen.
Es gab sicherlich annexionistische Bestrebungen, sogar bei einigen von denen, die sich mit Waffen erhoben hatten, denn es war noch nicht viel Zeit seit den Sezessionskriegen in den Vereinigten Staaten vergangen, die der Norden gewonnen hatte. Abraham Lincoln ging als angesehene Figur aus diesen hervor.

In Kuba gab es seit dem Beginn des 19. Jahrhunderts unter vielen kreolischen Großgrundbesitzern, die Sklaven hielten – vor allem im westlichen Teil des Landes –, eine annexionistische Tendenz und den Wunsch, sich den Vereinigten Staaten anzugliedern. Die Engländer hatten den Sklavenhandel verboten, und diese Kreolen befürchteten, dass die Briten im gesamten karibischen Raum die Abschaffung der Sklaverei anordnen könnten. Was England bereits verboten hatte, war der Sklavenhandel selbst, also der Transport von Sklaven aus Afrika. So entstand eine annexionistische Strömung, in Nordamerika gefördert durch die Südstaaten, die sich dem Norden widersetzten und im Senat um Stimmen kämpften. Da die Südstaaten einen neuen Sklavenstaat schufen, organisierten die Nordstaaten einen entgegengesetzten, bis zu dem Augenblick, wo die Nordstaatler, die sich aus ökonomischen Gründen, aber auch aufgrund ihrer liberaleren Ideen, dem Sklavenhandel widersetzten, die Mehrheit der Stimmen erreichten. In diesem Moment begann der Sezessionskrieg, und die Sklaverei wurde abgeschafft. Das war im Jahr 1862.

Abraham Lincoln, Anführer des Nordens, war bereits ein sehr geachteter Mann. Aber bis dahin wollten die Sklavenbesitzer im westlichen Teil Kubas – die große Mehrheit, nicht alle, es gibt immer Ausnahmen – sich dem Süden der USA anschließen. Man schuf eine annexionistische Stimmung, aber, wie schon gesagt, eher in den westlichen Gebieten und viel weniger im Osten, wo der Unabhängigkeitskrieg begann.

Wollten sie sich wirklich von Spanien trennen und sich den Vereinigten Staaten anschließen?
Carlos Manuel de Céspedes nicht und die große Mehrheit der Aufständischen auch nicht, aber in der Region um Camagüey gab es einigen Einfluss von Leuten, die annexionistische Ideen hatten. Ich denke, das hing hauptsächlich mit dem Hass auf Spanien zusammen. Die Tatsache, dass in den Vereinigten Staaten gerade nach einem blutigen Krieg die Sklaverei abgeschafft worden und eine so berühmte und attraktive Figur wie Abraham Lincoln, der später ermordet

wurde, aufgetaucht war, übte in dem Moment Einfluss aus. Zu Beginn unseres Ersten Unabhängigkeitskrieges 1868 waren diese annexionistischen Tendenzen bei einem Teil dieser Leute noch nicht ausgemerzt, und sie sahen in Céspedes eine Art Caudillo. Er war genau das Gegenteil, ein außergewöhnlicher Mann, patriotisch, stark und uneigennützig. Er begann den Kampf vor seiner Festnahme, befreite die Sklaven, übernahm die Position des führenden Generals und nahm eine Flagge an, die sich stark von jener der Vereinigten Staaten unterschied. Diese Leute waren sehr formalistisch. Mitten in einem ungleichen Krieg versammelten sie sich in einer verfassungsgebenden Gruppe und diskutierten eine Menge, sogar die Idee der Flagge. Aufgrund offensichtlicher Rivalitäten und Skepsis eines Teils der Versammelten gegenüber Céspedes wurde die Flagge abgelehnt, mit der er den Kampf begonnen hatte.

Schließlich einigte man sich auf eine Flagge, die Narciso López[10] im Jahr 1850 mitbrachte und die der Flagge von Texas sehr ähnlich war, mit einem Stern in einem Dreieck. General Narciso López galt in Kuba lange Zeit als Held. Er war einer der spanischen Militärführer, die 1821 in der Schlacht von Carabobo gekämpft hatten, der Schlacht, die drei Jahre später die Unabhängigkeit Venezuelas besiegelte.

Kämpfte er mit Bolívar zusammen?
Nein. Narciso López, herausragender Offizier der spanischen Armee, kämpfte mit den Spaniern, gegen Bolívar. Er kehrte nach Spanien zurück, kam anschließend nach Kuba und ging dann in die Vereinigten Staaten. Es war sehr seltsam, dass er an der Spitze einer in den Vereinigten Staaten entstandenen Kraft als Befreier Kubas auftauchte, während die Vereinigten Staaten sich die Insel immer hatten einverleiben wollen. Narciso López organisierte diesen Feldzug, der von den Befürwortern der Sklaverei in den Südstaaten finanziert wurde, und daher kam auch seine Idee für die Flagge, die der texanischen ähnlich ist. Mitten in einer großen historischen Verwirrung war seine Fahne die erste, die in einem Krieg gegen Spanien gehisst wurde; sie wurde zum Symbol für die Unabhängigkeit, obwohl es sich in der Sache um einen annexionistischen Krieg gehandelt hatte.

Die Geschichtsschreibung hat all das später aufgedeckt; aber lange Zeit, sogar als die angebliche souveräne Republik Kuba schon existierte, galt jener Krieg als ein patriotischer. Offenkundig hatten der Imperialismus und seine Verbündeten kein Interesse daran, diese Episode aufzuklären.

In der verfassungsgebenden Versammlung von 1868/69, als das Parlament gegründet wurde – ein Wanderparlament inmitten eines irregulären Krieges, also einer sehr komplizierten Situation –, wurde diese Flagge angenommen, hingegen nicht die von Carlos Manuel de Céspedes.

Und doch ist diese Fahne zweifelhaften Ursprungs noch immer die aktuelle Flagge Kubas.
Ja, denn sie ist zu einer ruhmreichen Flagge geworden. In dieser verfassungsgebenden Versammlung angenommen, ist sie die Flagge der heroischen Kämpfe unseres Volkes, die glorreiche Fahne aller Kubaner während der 135 Jahre des unaufhörlichen Kampfes, gestern für die Unabhängigkeit, heute für den Sozialismus. Von ihrem seltsamen Ursprung wurde sie tausendfach reingewaschen durch das edelste und solidarischste Blut, das je vergossen wurde, dank dessen Kuba existiert, in Konfrontation mit dem mächtigsten Imperium, das es in der Geschichte der Menschheit je gegeben hat. Sie ist zur nationalen Flagge geworden und hat bis zum heutigen Tag all unsere Kämpfe begleitet.

Wenn ich richtig verstehe, wollten viele kubanische Kreolen nicht die Unabhängigkeit Kubas, sondern sie wollten sich von Spanien loslösen, um sich als ein weiterer Staat den Vereinigten Staaten von Amerika anzugliedern, vor allem den Südstaaten, den Anhängern der Sklaverei.
In Kuba gab es eine Sklavengesellschaft. Die große Mehrheit dieser Reichen waren Sklavenhalter und befürworteten die Annektierung aus Angst vor der Abschaffung der Sklaverei. In den Ostregionen war es anders, abermals mit Ausnahme von Guantánamo, wo die Sklaverei sehr stark verbreitet war. Das ging so weit, dass Maceo, der schwarze Anführer, der sich herauszuheben begann, im Auftrag von Máximo Gómez in Guantánamo einmarschieren und blutige Kämpfe gegen die Spanier führen musste, um die Sklaven der Kaffeeplantagen zu befreien. In Santiago de Cuba und der ganzen Region gibt es viele französische Namen, denn die Sklaven erhielten die Namen der Plantagenbesitzer. Das ist der Grund für die vielen französischen Nachnamen dort.

Die Patrioten verloren den ersten Krieg im Jahr 1868.
So ist es. Letztendlich aufgrund der mangelnden Einheit auf der letzten Etappe des Krieges.

Obwohl dieser Krieg verloren wurde, sagen Sie, dass mit ihm die Kubanische Revolution begann.
Dort, so sagen wir, begann die Kubanische Revolution. Für uns begann der

große Kampf. Und dieser erste Kampf dauerte viele Jahre, zehn Jahre! Der Widerstand gegen die Spanier, die mächtig und hartnäckig waren, und gegen einen Teil der Kubaner, der gegen die Unabhängigkeit war – diese Plantagenbesitzer –, war unglaublich; und obwohl in den Vereinigten Staaten die Sklaverei im Jahr 1862 abgeschafft wurde, hatten wir sie in Kuba noch bis 1886. Die befreiten Sklaven aus dem östlichen Teil der Insel jedoch – wo immer die patriotischen Truppen hinkamen –, vom Osten bis nahe Matanzas, haben sich dem Kampf für die Unabhängigkeit angeschlossen, angeführt von Personen, die logischerweise besser ausgebildet waren und über mehr Kultur verfügten. Es gab jede Menge brillante schwarze Offiziere unter den Anführern; von Maceo, der in Santiago de Cuba geboren wurde, habe ich bereits erzählt. Er war ein großer Patriot, der aus sehr einfachen Verhältnissen kam und besondere Führungseigenschaften besaß, große Intelligenz und ein gutes kulturelles Niveau, trotz seiner bescheidenen Herkunft.

Dieser Krieg hatte auch einen internationalistischen Charakter. Viele Ausländer, die manchmal von sehr weit her kamen, schlossen sich den kubanischen Patrioten an. Ich könnte Ihnen beispielsweise den Fall von Henry Reeve nennen, den die Mambises den »kleinen Engländer« nannten, obwohl er US-Amerikaner war, geboren in Brooklyn, New York. Er hatte schon als sehr junger Mann mit den Truppen von Abraham Lincoln gegen die Sezessionisten aus dem Süden gekämpft und kam nach dem Bürgerkrieg freiwillig nach Kuba, um sich den Kolonialisten und Sklavenhaltern entgegenzustellen. Hier erreichte er einen hohen Offiziersrang. Er kämpfte unter dem Befehl von Ignacio Agramonte, einem unserer großen Helden, und nach dessen Tod unter Máximo Gómez, der ihn wegen seines Mutes und seiner Konditionen als Anführer und als Kämpfer sehr schätzte. Nach sieben Jahren heldenhaften Agierens fiel er im Alter von nur sechsundzwanzig im Jahr 1876 im Kampf gegen die Spanier.

Was passierte nach diesem Krieg?
Nach dem Zehnjährigen Krieg gab es eine Pause; das Land war erschöpft. Dann kam es zu einem sogenannten kleinen Krieg: ein paar Landungen und andere Aktionen. Es gab aber nicht genügend Kräfte, denn weder die Bevölkerung noch die Wirtschaft hatten sich von dem zerstörerischen zehnjährigen Krieg erholt. Und erst siebzehn Jahre später, im Jahr 1895, begann der zweite Krieg.

Dessen Hauptperson José Martí war.
Ja. Martí, der vor 150 Jahren, im Januar des Jahres 1853, geboren wurde. Zu Beginn des Ersten Unabhängigkeitskrieges im Jahr 1868 war Martí fünfzehn Jahre alt. Er war Sohn eines spanischen Offiziers, eines Hauptmanns der Armee.

Der an dem Krieg teilgenommen hatte ...?
Nein, nein. Er hatte sich nicht beteiligt. Er gehörte der Garnison von Havanna an. Als sein Sohn geboren wurde, gab es keinen Krieg. Martí kam 1853 zur Welt, und als dieser Krieg begann, war er fünfzehn Jahre alt.

Er hatte ein einzigartiges Talent. Als Jugendlichen warfen sie ihn ins Gefängnis, legten ihm Fesseln an und zwangen ihn, im Steinbruch zu arbeiten. Er hatte einen guten Lehrer, der sich durch seine Unabhängigkeitsideen auszeichnete. Ein Wunder von einem Mann, mit einem außergewöhnlichen Talent. Er war im Steinbruch gefangen und schrieb danach wundervolle Sachen: *El presidio político en Cuba* (»Das politische Gefängnis in Kuba«) zum Beispiel. In Spanien entstand: *La República española ante la Revolución cubana* (»Die Spanische Republik vor der Kubanischen Revolution«), denn es hatte sich eine Bewegung gegründet, die in Spanien eine Republik errichtete, und diese Republik führte einen blutigen Krieg gegen Kuba, das unabhängig sein wollte. Er analysierte diese Widersprüche: *El presidio político ...* als Erstes und *La República española ...* danach. Welch außergewöhnliche Dokumente, verfasst mit sechzehn und zwanzig Jahren, das ist unglaublich!

Was tat Martí danach? Blieb er eine Weile in Spanien?
Danach? Er studierte dort. Er war in keiner guten körperlichen Verfassung, entwurzelt und seit der Jugend im Ausland. Anschließend wanderte er nach Mexiko und Guatemala aus. Nach Kuba kam er mit dem Frieden von Zanjón zurück, der den Zehnjährigen Krieg beendete, und nach einer zweiten Verbannung in Spanien reiste er bei seiner Rückkehr nach Lateinamerika über Frankreich und England. Er blieb auch eine Weile in Venezuela und kam 1880 in die Vereinigten Staaten.

Man spürt, dass Sie für José Martí große Bewunderung empfinden.
Das Verdienst José Martís, sein größtes Verdienst, ist das Folgende: Der Krieg, der von 1868 bis 1878 tobte, ist zu Ende, er ein junger Intellektueller, Patriot, Poet und Schriftsteller mit Ideen der Unabhängigkeit. Am Ende der Auseinandersetzung war er gerade einmal fünfundzwanzig Jahre alt, und er unternahm

die ersten Schritte auf dem Weg, der zur Einheit der Veteranen dieses harten und glorreichen Zehnjährigen Krieges und zum Kommando über sie führte. Es gibt nichts Schwierigeres auf der Welt, als eine Gruppe von militärischen Veteranen anzuführen, vor allem wenn derjenige, der versucht, sie zu einen, ein Intellektueller ist, der in Spanien gelebt und nie an einem Krieg teilgenommen hat. Martí hat es geschafft, sie zu einen! Welch Talent und Fähigkeit! Was für ein Denken, welche Standhaftigkeit, welch eine moralische Stärke! Er erarbeitete eine Doktrin, entwickelte eine Philosophie der Unabhängigkeit und außergewöhnliche humanistische Gedanken. Martí hat mehr als einmal über den Hass gesprochen: »Wir hegen keinen Hass gegen die Spanier.« Er war sehr einfühlsam in solchen Dingen.

Das war sein größtes Verdienst?
Sein größtes Verdienst ist meines Erachtens, dass er es schaffte, eine Gruppe von berühmten Generälen zu vereinigen und politisch zu leiten. Er hatte einen starken Charakter, konnte gut diskutieren und brach sogar zu einem bestimmten Zeitpunkt mit einigen von ihnen. Aber er vereinte die kubanischen Auswanderer, organisierte sie in einer revolutionären Partei, predigte, sammelte Geld und vollbrachte eine kolossale Arbeit, konkret und vielseitig. Er entwickelte zudem ein Konzept der Integration für Lateinamerika. Er war ein großer Bewunderer Bolívars, ein großer Bewunderer von Juárez[II], all der Kämpfer für die Unabhängigkeit der lateinamerikanischen Völker. Er schrieb, dass er bei seiner Ankunft in Venezuela die Statue von Bolívar besuchte, noch bevor er sich den Staub der Reise von den Schuhen geklopft hatte. Es ist schade, dass seine Gedanken in »Unseren Amerikas« nicht weiter verbreitet sind.

Natürlich, Martí wurde danach in Kuba bekannter. Er hatte es geschafft, die angesehensten Generäle und Vollführer großer Heldentaten zu vereinen, und sie dazu gebracht, seiner Sache und seiner Partei treu zu bleiben. Er organisierte den Krieg, und kurz vor dessen Beginn wurden seine Waffen in den Vereinigten Staaten beschlagnahmt.

Und trotz allem hielt er an dem Projekt des Krieges fest?
So ist es. Sie haben ihm die Waffen weggenommen, trotzdem gab er den Befehl, er kam und hob die Entscheidung, den Krieg zu beginnen, nicht auf – der Befehl war bereits erteilt. Es blieb ihm kein Geld mehr, er sammelte ein wenig und ging nach Santo Domingo, wo er sich mit Máximo Gómez traf, dem herausragendsten Militärstrategen. Maceo war in Zentralamerika. Die wichtigsten

Anführer hielten sich an verschiedenen Orten auf, einige in den Vereinigten Staaten. Martí organisierte ihre Ankunft. Der Krieg begann in der Region um Matanzas, wo es die großen Zuckerrohrplantagen und zahlreiche Sklaven gab, aber auch im Osten, wo die Tradition des Aufstandes noch lebendig war. Martí ging nach Santo Domingo, wo er das »Manifest von Montecristi« verfasste, in dem er die fundamentalen Programmpunkte der Unabhängigkeitsrevolution festschrieb. Unter unglaublichen Anstrengungen schaffte er es, auf das deutsche Schiff *Norstrand* zu kommen, das dort vorbeifuhr, und dann in einer stürmischen Nacht mit einem Boot an Land zu gehen. Mit sechs Personen, unter ihnen Máximo Gómez, gingen sie an einem Ort namens Playitas an Land.

Diejenigen, die aus Zentralamerika kamen, wie Maceo, hatten auch eine sehr schwierige Fahrt hinter sich, so wie wir später bei der Landung der *Granma* im Jahr 1956. Aber es gab ein paar alte Kämpfer. Außerdem gab es Gruppen von furchterregenden Ureinwohnern in diesem Gebiet, die von den Spaniern indoktriniert worden waren. Maceo war nach seiner Landung in der Nähe von Baracoa isoliert, aber er schaffte es, in die nahe gelegenen Gebiete um Santiago vorzudringen. Als Martí und Máximo Gómez zehn Tage später an Land gingen, hatte Maceo bereits Tausende Berittene organisiert.

War dieser Krieg, seine Taktik und die Guerillatechniken, hilfreich für Sie bei Ihrem Kampf in der Sierra Maestra nach 1956?
In dem Krieg von 1895 bis 1898 standen den Kubanern etwa 300 000 Spaniern gegenüber. Das war ein wahnsinniger Krieg, das Vietnam des 19. Jahrhunderts. Die kubanischen Kämpfer, die Mambises, sahen sich gezwungen, einen irregulären Krieg zu führen. Nach der damaligen Auffassung war es notwendig, die reichen Gebiete im Westen einzunehmen. Die Mambises haben alles verbrannt.

Auf diesem Gebiet waren wir anders, denn wir haben entsprechend unseren Notwendigkeiten eine Anpassung vorgenommen: Die Zuckerindustrie wurde nicht zerstört. Wenn du diese Industrie zerstörst, dann hast du keine Steuereinnahmen, kannst keine Ausrüstung kaufen, nicht einmal Kugeln oder Waffen, oder eine Truppe dort postieren, um die Industrie zu schützen. Wir folgten einem völlig anderen Konzept. Das der Kämpfer von 1895 war die Fackel: Sie verbrannten alles, das Zuckerrohr und die Fabriken. So verbrannten sie alle Fabriken von einem bis zum anderen Ende der Insel, denn mit den Geldern aus diesen Betrieben wurden die spanischen Kriege finanziert. Als wichtigster

Zuckerexporteur lieferte diese Kolonie Spanien unendliche Ressourcen. Man exportierte in die Vereinigten Staaten, nach Europa und auch sonst überallhin, und die Idee dieser Kämpfer war es, jene Geldquelle zu vernichten.

Wir hingegen haben die Zuckerfabriken nicht verbrannt und stattdessen Steuern eingenommen, wenn wir es konnten. Schließlich hatten wir so viele Steuergelder, dass wir am Ende des Krieges etwa acht Millionen Dollar Bargeld hatten. Einige der Besitzer zahlten später, aber sie zahlten. Die Zuckerfabriken waren außerdem die einzige Quelle für Arbeitsplätze und sorgten für den Lebensunterhalt all der Arbeiter und Bauern, die uns unterstützten.

Gab es im Unabhängigkeitskrieg von 1895 Rivalitäten zwischen Martí und den anderen Anführern, Maceo oder Máximo Gómez?
Martí beschreibt die ganze Odyssee der Vorbereitung und des beginnenden Krieges. In seinem Tagebuch schildert er alle Einzelheiten. Es ist wunderbar, was er geschrieben hat. Und es ist wichtig, dass ich dies hinzufüge: Maceo war der Meinung, dass es nicht genug Geld war, das sie ihm für seine Landung in Kuba schickten, und Martí sah sich gezwungen, einen anderen Anführer zu benennen, der in der Lage war, die Expedition mit den zur Verfügung stehenden Mitteln durchzuführen. Maceo kam also auf diese Weise an, unter einem anderen Befehlshaber, und das obwohl er der herausragendste militärische Führer mit der größten Erfahrung war, der angesehenste. Er ging in der Nähe von Baracoa unter der Führung von Flor Crombet an Land, der von Martí provisorisch ernannt wurde, und das, unter sehr schwierigen Umständen; kurz darauf setzte Maceo sich an die Spitze Tausender Männer. Auf dem Boden war er derjenige, der die Situation unter Kontrolle hatte.

Es war schwer, ihn davon zu überzeugen, dass Martí angesichts des verzweifelten Mangels an Ressourcen in einem kritischen und entscheidenden Augenblick richtig gehandelt hatte. Máximo Gómez und José Martí kamen im Camp an. Maceo empfing sie, aber eher so, als seien sie geladene Gäste. Es habe einen Moment gegeben, schrieb Martí in seinem Tagebuch, da Maceo verbittert war. Am Tag der Ankunft schliefen sie außerhalb des Camps; später kamen sie herein und diskutierten, und anscheinend wurden die Debatten sehr scharf geführt. Martí erzählte, dass Maceo sich beschwerte. Er war noch immer ärgerlich. Aber am Ende akzeptierte er die Entscheidung. Er war ein ehrlicher, nobler und disziplinierter Mann, und das ist er immer geblieben.

Martí nahm ebenfalls am Kampf teil? Hatte er denn als Intellektueller irgendeine Erfahrung im Kampf?
Logischerweise hatte er aufgrund der Dinge, die ich bereits geschildert habe, nicht die Möglichkeit, sich diese Erfahrung anzueignen. Wenige Tage nach dem Aufbruch aus Maceos Camp, am 19. Mai 1895, kam es zu einem Überraschungsangriff. Eine spanische Kolonne machte mobil und hielt ein Treffen in der Nähe des Ortes ab, wo Martí sich befand – sie sehnten sich nach einem Kampf. Máximo Gómez, als eine erfahrene militärische Autorität und langjähriger Kämpfer, sagte etwas barsch zu Martí: »Sie bleiben hier!«, und ließ ihn mit einem jungen Adjutanten zurück. Das ist so, als würde man einem Mann mit solchem Ehrgefühl wie José Martí sagen: »Sie haben keine Ahnung von diesen Dingen, bleiben Sie hier.« Mir ist in Bogotá 1948 etwas Ähnliches passiert. Ich hatte mich zu diesem Zeitpunkt bereits in mehr Kampfaktionen und Gefahren befunden als die Militärs dort, die mir so einen Befehl erteilten.

1948, als man Gaitán[12] tötete.
Ja, mir sagten sie auch so etwas wie: »Du bleibst hier.« Es waren kubanische Soldaten, die zu Besuch in Kolumbien waren und im Konsulat übernachteten. Vor dem Eingang gab es eine Schießerei. Aber das ist wieder eine andere Geschichte.

Die Leute empfingen Martí mit viel Sympathie, nannten ihn Präsident: »Es lebe der Präsident! Es lebe Martí!« Er sprach mit den Menschen, sie kannten ihn, er hatte das alles organisiert, und sie nannten ihn Präsident. Es gab keinen anderen. Die Details über die Umstände, die zu seinem Tod geführt haben, können wir dem entnehmen, was Martí selbst geschrieben hat und was der Adjutant erzählte, der ihn sterben sah.

Und das gefiel Máximo Gómez nicht?
Darum geht es nicht. Der dominikanische Oberbefehlshaber Máximo Gómez war ein ehrenwerter, außergewöhnlicher Mann, streng und sehr diszipliniert, aber er war auch sehr launisch. Seinerzeit äußerte er sich über Martí, der in sein Tagebuch schrieb: ›Nennt ihn nicht Präsident‹ – als hätte er Angst, dass das nicht gut gehen würde –, ›ich werde es nicht zulassen. Solange ich lebe, wird Martí niemals Präsident sein.‹ Ich zitiere hier nicht wortwörtlich, nur das Wesentliche, an das ich mich erinnere. Máximo Gomez sagte das auch, weil er keine gute Meinung vom Amt des Präsidenten einer Republik unter Waffen hatte, weil er der Meinung war, dass mitten im Krieg dieses Amt nicht

praktikabel sei – ohne einen möglichen Sitz. Für ihn war Martí ein Mann von ungewöhnlicher Reinheit.

Als an diesem Tag im Mai 1895 durch Zufall ein Kampf ausbrach, sagte er Martí, er solle bei seinem Adjutanten, Ángel de la Guardia, bleiben. Martí blieb aber nicht, sondern nahm seinen Adjutanten, sprach: »Packen wir es an, junger Mann!«, und lenkte sein Pferd aus freien Stücken auf die mächtigen spanischen Truppen zu, die sich hinter dem Gebäude einer Viehzucht verschanzt hatten. Er starb fast sofort.

De la Guardia erzählt das in einer wertvollen Denkschrift, die nach dem Krieg veröffentlicht wurde. Bevor er zum Kampf aufbrach, schrieb Martí sein Tagebuch und verfasste einen Brief an Manuel Mercado, einen Mexikaner, mit dem er viele Jahre befreundet war. In diesem Brief, den er nicht beendete, gesteht er: »Ich lebe nun tagtäglich mit der Gefahr, mein Leben für mein Land zu geben und für meine Pflicht – weil ich es so sehe und die Absicht habe, es zu tun –, rechtzeitig mit der Unabhängigkeit Kubas zu verhindern, dass die Vereinigten Staaten sich über die Antillen ausbreiten und mit ihrer großen Macht in die Länder unseres Amerika einfallen. Alles, was ich bis heute getan habe und noch tun werde, dient dem.« Und später fügte er hinzu: »Es musste in aller Stille geschehen und auf indirekte Art, denn es gibt Dinge, die man verbergen muss, um sie zu erreichen, und wenn man sie kundtun würde, täten sich so große Schwierigkeiten auf, dass man das Ziel nicht mehr erreichte.« Originalzitat. Das sagt er in jenem letzten, unvollständigen Brief.

Es ist das Letzte, was Martí schrieb.
Es ist außergewöhnlich, was er sagt: durch die Unabhängigkeit Kubas und Puerto Ricos zu vermeiden, dass die Vereinigten Staaten mit all ihrer Macht über die Völker Amerikas hereinbrechen. »Alles, was ich bis heute getan habe und noch tun werde, dient dem«, fügt er hinzu. »Es musste in aller Stille geschehen«, und er erklärt, warum. Das ist das unglaubliche Erbe, das dieser Mann uns kubanischen Revolutionären hinterließ.

Diese Sätze scheinen Sie sehr geprägt zu haben. Haben Sie sie auch zu Ihrem politischen Projekt gemacht?
Ja, meine politische Bildung begann mit diesen Worten, praktisch direkt nach dem Abitur, denn ich hatte bis dahin die ganze Zeit in den religiösen Schulen verbracht, auf die mich meine Eltern geschickt hatten: zunächst das französische Colegio de La Salle bis zur Hälfte der fünften Klasse; dann Dolores,

eine Jesuitenschule, bis zum zweiten Jahr der Oberstufe und dann Belén in Havanna, ebenfalls unter der Leitung spanischer Jesuiten, direkt nach dem Ende des schrecklichen Spanischen Bürgerkrieges, wo die einen die anderen erschossen.

Nach dem Abitur las ich sehr viel und spürte eine tiefe Sympathie für die kubanischen Patrioten und ihre Kämpfe. In der Schule lehrten sie uns ein wenig darüber. Aber weil man sagte, dass die damalige Republik ihre Unabhängigkeit durch die Vereinigten Staaten erhalten hatte, konnte ich nicht wissen, welche Rolle diese Patrioten in unseren Unabhängigkeitskriegen gespielt hatten.

In Santiago ging ich zur Festung Castillo del Morro und zur Bucht im Süden, wo es die berühmte Seeschlacht der US-amerikanischen und spanischen Geschwader gegeben hatte.[13] Ich konnte nicht wissen, wie und warum diese Intervention stattgefunden hatte. Ich sah riesige Kanonengeschosse an verschiedenen Orten, die an die Bombardierung erinnern sollten – später habe ich all das erfahren –, aber ich verstand nicht, was für ein Krieg das gewesen war und warum es ihn gegeben hatte. Ein Schüler der vierten, fünften oder sechsten Klasse war nicht in der Lage, das zu verstehen, wenn er keinen Lehrer hatte, der ihm das erklärte.

Aber als Jugendlicher begannen Sie, Martí zu lesen und seine politische Bedeutung zu verstehen.

Das Erste, was ich in meiner Jugend las, war über die Unabhängigkeitskriege und waren die Texte von Martí. Ich wurde augenblicklich zu einem Sympathisanten Martís, als ich seine Bücher las. So wie Bolívar im Jahr 1823 den Imperialismus intuitiv erfasste, als er schrieb: »Es scheint die Bestimmung der Vereingten Staaten zu sein, Amerika im Namen der Freiheit mit Elend zu überziehen«, hatte Martí eine Vorahnung. Der Erste, der von Imperialismus sprach, war Martí – vom aufkommenden Imperialismus. Er wusste um den Expansionsdrang, den Krieg der Vereinigten Staaten gegen Mexiko und andere Kriege. Er war sehr oppositionell und kritisch, was die Außenpolitik der USA anging. Er war ein Wegbereiter. Noch vor Lenin organisierte Martí eine Partei für die Revolution, die Kubanische Revolutionspartei. Das war keine sozialistische Partei, weil es sich hier um eine Gesellschaft von Sklavenhaltern handelte, wo eine Handvoll freier und patriotischer Männer für die Unabhängigkeit kämpfte. Dennoch, er dachte sehr fortschrittlich, lehnte die Sklaverei ab und war ein Kämpfer für die Unabhängigkeit und zutiefst humanistisch.

Hatte Martí Marx gelesen?
Er scheint etwas von ihm gelesen zu haben, denn in seinen Werken erwähnt er ihn. Es gibt zwei oder drei wunderbare Sätze, wenn er Marx erwähnt, und an einen erinnere ich mich: »Weil er sich auf die Seite der Armen stellt, gebührt ihm Ehre.«[14] Und so gibt es noch andere Sätze, in denen Marx lobend erwähnt wird.

Glauben Sie, dass die Thesen von Marx das Denken Martís in irgendeiner Weise beeinflusst haben?
Marx' Theorie geht von der Entwicklung der Produktivkräfte in den fortgeschrittensten kapitalistischen Ländern aus. Er geht davon aus, dass die Entstehung der Arbeiterklasse dieses kapitalistische System unter sich begraben würde. Er schreibt das genau in dem Augenblick, als die Vereinigten Staaten in Mexiko einmarschieren und 1845 Texas annektieren. Und Marx schreibt auch, wenn ich richtig informiert bin, dass er diese Annektierung für positiv hält, weil sie zur schnellen Entwicklung der Produktivkräfte beitragen würde, der Arbeiterklasse, der Widersprüche und der Krise, die letztendlich zum Sozialismus führen würde. Das war sein Raster. Zu dieser Zeit spielte die Situation der Kolonien keine Rolle. Lenin war der Erste, der dieses Thema von einem sozialistischen Standpunkt aus beleuchtete.

Welchen Einfluss Marx auf Martí hatte? Ich weiß nicht, ob die größten Experten, die sich mit Martí beschäftigt haben, darüber Bescheid wissen, was er von Marx gelernt hat, aber er wusste sehr wohl, dass er ein Kämpfer für die Armen war. Denken Sie daran, dass Marx für die Organisation der Arbeiterklasse gekämpft hat; er gründete die Kommunistische Internationale. Martí hat davon sicherlich gewusst, obwohl diese Debatten seinerzeit fast ausschließlich in Europa geführt wurden, während Martí für die Unabhängigkeit eines kolonisierten Landes kämpfte, in dem noch immer die Sklaverei vorherrschte.

Eines der Ereignisse, das eine große Wirkung auf Martí hatte, war die Hinrichtung der acht kubanischen Medizinstudenten im Jahr 1871. Als sie am 27. November dieses Jahres erschossen wurden, war Martí gerade mal achtzehn Jahre alt. Er schrieb ein wunderbares Gedicht neben den anderen Arbeiten, die ich sowieso schon erwähnt habe: »A mis hermanos muertos el 27 de noviembre« (»An meine am 27. November verstorbenen Brüder«). Er wusste auch von der Exekution der Märtyrer in Chicago am 1. Mai 1886, dem Tag, der seither als Internationaler Tag der Arbeiter gilt. Martí kämpfte, startete seinen Krieg im Jahr 1895 und starb im Mai desselben Jahres.

Er starb bei einer Kriegshandlung, also im Kampf?
Er, ein Intellektueller, starb im Kampf, tief von seiner Sache überzeugt.

Er träumte. Welch Bewunderung empfand er für die kubanischen Unabhängigkeitskämpfer! Er gedachte der Opfer des 27. November und des 10. Oktober, dem Tag an dem 1868 der Erste Unabhängigkeitskrieg begann. Er ist der Schriftsteller, fast ein Biograf, der Apologet all dieser großen Patrioten. Er hat einen ganz besonderen Schreibstil. Seine Reden sind nicht leicht zu verstehen. Ein Fluss von Ideen, der seinem Mund entspringt. Ich habe das bisweilen so ausgedrückt: »Ein Katarakt an Ideen in einem kleinen Bach von Worten.« Er legt das Universum in sie, Satz für Satz; das war der Stil seiner Reden. Und es gibt sehr berühmte Reden von ihm, vor allem jene, die er zu wichtigen Jahrestagen hielt.

Wie jedes westliche humanistische Denken, so hat auch Martís Philosophie einen Anteil an christlicher Ethik. Er war ein Mann mit großer Ethik. Die besten christlichen Werte hatten starken Einfluss auf ihn, zusammen mit der heldenhaften Tradition der Unabhängigkeitskämpfe in dieser Hemisphäre, den Kämpfen in Europa und der Französischen Revolution. Er war Journalist, Schriftsteller, Dichter, Staatsmann, Visionär.

Er organisierte die Partei – wie gesagt, bevor Lenin seine organisierte –, um den Kampf für die Unabhängigkeit zu führen, gegen annexionistische Strömungen kämpfend, die es noch immer gab; er kämpfte gleichzeitig gegen die Autonomieströmungen, die sich nicht trauten, das Wort Unabhängigkeit auszusprechen, und polemisierte unaufhörlich mit den Wortführern dieser Bewegungen. Als Mann des Friedens, mit der tiefen und ehrlichen Sehnsucht nach Frieden, war er ein Befürworter des Krieges, aber er rief zu einem »notwendigen und schnellen Krieg« auf. Er wollte den Krieg so organisieren, dass es so wenig wie möglich Opfer gab. Er war von ganzem Herzen gegen Sklaverei und Rassismus und hat wunderbare Dinge darüber geschrieben.

Er war Befürworter einer Republik: »Mit allen und für das Wohl aller« – der Kubaner, der Spanier und der verschiedenen Ethnien. Sein Manifest ist ein großartiges Zukunftsversprechen, das er in Santo Domingo gemeinsam mit Máximo Gómez unterschrieb, der der militärische Führer werden sollte: Er drückte darin seine Gedanken darüber aus, wie die Republik aussehen sollte, und es war das Fortschrittlichste, was man sich angesichts dieser Umstände vorstellen konnte. Man kann aber nicht behaupten, dass er Marxist war. Zweifellos aber ein Sympathisant der Arbeiter und aus diesem Grund ein Bewunderer der Ziele Marx', weil diesem aufgrund seines Eintretens für die Arbeiter Ehre gebührte.

Er verfügte über profundes Wissen in allen Bereichen, bis hin zur Wirtschaft. Es gibt Schriften von ihm, prophetische Artikel, aus der Zeit, als die Vereinigten Staaten zum ersten Mal eine Art ALCA vorschlagen,[15] eine Wirtschaftsgemeinschaft mit Lateinamerika. Ich weiß nicht, ob Sie diese Schriften kennen. Sie haben ja sehr viel geschrieben über die neoliberale Globalisierung und über ALCA. Martí kämpfte gegen eine Art ALCA, ein Äquivalent der damaligen Zeit, und erklärte mit einer unendlichen Weisheit, warum diese Wirtschaftsgemeinschaft für die Länder Lateinamerikas nichts taugte, warum ein solches Bündnis mit einem Land, das viel höher entwickelt war, ihren Interessen nicht entsprach.

Martí lehnte eine Freihandelszone rundheraus ab.
Man könnte die fantastischen Artikel, die Martí seinerzeit geschrieben hat, heute neu auflegen, um gegen die Annektierungspläne der Yankees zu kämpfen. Da können Sie sehen, welch tiefe Wurzeln die heutigen Ideen haben. Damit wird klar, wie universal sein Denken war.

Er dachte darüber hinaus nicht nur an die Unabhängigkeit Kubas, sondern auch an die von Puerto Rico, richtig?
An beide. Sein Ziel war die Unabhängigkeit beider Inseln.
Es tauchten unvorstellbare Hindernisse auf, kurz bevor der Befehl zum Beginn des Krieges gegeben werden sollte, als er das Datum bereits festgelegt und die Waffen unter großen Schwierigkeiten besorgt hatte, mit Geldern, die er bei den Arbeitern von Tampa gesammelt hatte. Martí war ein kubanischer Arbeiterführer seiner Zeit und ein Idol der Tabakarbeiter von Tampa, von denen die größte finanzielle Unterstützung für den Unabhängigkeitskampf kam.

Diese Tabakarbeiter waren emigrierte Kubaner, die in Florida arbeiteten.
Kubaner, die aus dem ein oder anderen Grund dort arbeiteten. Er genoss großes Ansehen unter den Auswanderern. Besonders in dieser Stadt, wo sie darauf spezialisiert waren, kubanische Zigarren zu drehen. Der Tabak wurde unbearbeitet von Kuba nach Florida verschickt, und dort drehten sie die Zigarren. Viele seiner Reden hielt er dort; die Basis seiner Partei waren die Arbeiter, hauptsächlich waren es jene Leute. Auch wenn damals keine Rede von einer sozialistischen Republik war, war sein Programm das humanste und fortschrittlichste seiner Zeit. Wenn Sie diese Gedanken linear fortsetzen, werden sie letztendlich in einem sozialistischen Programm enden. Das sage ich auch über das Neue Testa-

ment und die christliche Predigt. Mit den Predigten Jesu Christi kann man ein radikales sozialistisches Programm ausarbeiten, ob Sie gläubig sind oder nicht.

Vor allem mit der Bergpredigt.[16]
Die Predigten, die Gleichnisse und das Denken Christi wurden laut Bibel von ein paar Fischern gesammelt, die weder lesen noch schreiben konnten. Ich sage manchmal: Christus hat Wasser in Wein verwandelt und Brot und Fisch vermehrt. Das ist genau das, was wir tun wollen, Brot und Fisch vermehren.[17] Der reiche Epulion hat denjenigen, die vier Stunden arbeiteten, das Gleiche gezahlt wie denjenigen, die acht Stunden arbeiteten.[18] Das ist eine kommunistische Verteilung, keine sozialistische. Und sogar Christus hat zu einem bestimmten Augenblick Gewalt angewendet, als er die Händler aus dem Gotteshaus hinausprügelte.[19] Später sind jedoch einige Strömungen aufgetaucht, die nicht mehr viel vom Christentum hatten, denn sie verbündeten sich mit den Reichen.

Im Grunde sind Sie ein wahrer Christ.
Ich habe kürzlich Hugo Chávez, dem venezolanischen Präsidenten, gegenüber – denn er ist ein gläubiger Christ und spricht sehr viel darüber – geäußert: »Wenn Sie mich Christ nennen, dann sicherlich nicht von einem religiösen Standpunkt aus, aber vom sozialen Standpunkt aus kann ich bekräftigen, dass ich ebenfalls ein Christ bin«, aufgrund der Überzeugungen und Ziele, die ich vertrete.

Das war die erste Doktrin, die seinerzeit aufkam, und es waren barbarische Zeiten; diese Lehre brachte eine Reihe von sehr humanen Geboten hervor. Man muss nicht im religiösen Sinne christlich sein, um die ethischen Werte und die soziale Gerechtigkeit zu verstehen, die von diesem Denken veranlasst wurden.

Ich bin natürlich Sozialist. Ich bin Marxist und Leninist, ich habe es nicht aufgegeben, und ich werde es niemals tun.

Und ein Anhänger Martís natürlich auch.
Natürlich, zuerst war ich Martíaner, und danach war ich Martíaner, Marxist und Leninist.

Würden Sie sagen, dass Sie die Fortsetzung des Denkens José Martís sind?
Mein politisches Denken begann mit Martí. Beim Angriff auf die Moncada-Kaserne im Jahr 1953 hatte ich allerdings schon eine Menge über den Sozialismus gelesen, und die radikalen sozialistischen Ideen trafen auf mein ausgeprägtes

martíanisches Denken. An diesem Denken habe ich mein ganzes Leben lang unerschütterlich festgehalten. Wenn Sie sagen, dass die Revolution am 26. Juli 1953 begann, entgegnen wir deshalb, dass sie am 10. Oktober 1868 begann und sich durch die Geschichte zieht.

Ich habe Ihnen die Rolle Martís erklärt und warum wir zu Martíanern geworden sind. Bitte entschuldigen Sie, dass ich so weit ausgeholt habe, aber wo wir schon beim Thema waren, musste ich ein paar Dinge erzählen.

6

»DIE GESCHICHTE WIRD MICH FREISPRECHEN«

Die Gefangennahme – Der Oberleutnant Sarría –
»Ideen kann man nicht töten« – Der Prozess –
Die Verteidigungsrede – Das Gefängnis

Von der Farm in Siboney zogen Sie in die Berge.
Ich war entschlossen, den Krieg fortzusetzen. Ich schaffte es, fast zwanzig Männer zu rekrutieren, obwohl die Waffen, die wir organisiert hatten, zwar für den Angriff auf eine militärische Einrichtung und den Nahkampf taugten, für andere Kriegsformen aber nicht ideal waren. Ich begab mich in die Berge, um den Kampf fortzusetzen. Ich sagte den Kameraden: »Auf in die Berge!«

Ursprünglich hatten wir die Idee, von der anderen Seite der Bergkette aus zum Realengo 18 zu gelangen, dem historischen Ort der Bauernkämpfe. Dort wollten wir den in der Moncada begonnenen Kampf fortsetzen. Da wir auf Meeresspiegelniveau waren, mussten wir zunächst zum Gipfel der Berge aufsteigen, mehr als tausend Meter. Das war die durchschnittliche Höhe in diesem Gebiet. Die Soldaten bewegten sich natürlich in Fahrzeugen auf den Straßen und Bergwegen, sodass sie vor uns dort waren und die Höhen besetzten.

Von unseren neunzehn Männern waren einige verletzt, andere erschöpft, somit nicht in der Lage, die täglichen oder nächtlichen Märsche auf sich zu nehmen, um sich schnell aus diesem Gebiet, das voll von Soldaten war, zu entfernen. Ohne Führer, ohne Informationen, ohne Wasser, Verpflegung und andere Dinge. Batistas Leute folterten die Gefangenen grausam und systematisch und ermordeten danach fast alle. Es waren Dutzende. Der Skandal und die Empörung breiteten sich im Osten aus und dann im ganzen Land. Der Erzbischof von Santiago de Cuba, Monsignore Pérez Serantes, begann zusammen mit anderen Persönlichkeiten zu agieren und versuchte, die Überlebenden des Angriffs zu retten.

Bei dem Versuch, die Belagerung zu durchbrechen, sahen wir die Soldaten mehrmals. Ihre Flinten und Maschinengewehre vom Kaliber 30-06 und andere

Kriegswaffen hatten eine viel größere Reichweite als die vom Kaliber 22 und die Gewehre Kaliber 12, die wir benutzten. Ich hatte unter diesen Umständen meine Waffe durch ein Kaliber 22 mit einer größeren Reichweite und Präzision ersetzt.

Das Gelände war zerklüftet und steinig. Durch unbeabsichtigte Schüsse vermehrte sich die Anzahl unserer Verletzten. Es gab keinen Arzt. Ich beschloss, einen angesehenen Kameraden damit zu beauftragen, die Verletzten und die Erschöpften zu evakuieren und nach Santiago zu bringen, um dort bei der Bevölkerung Hilfe für sie zu finden. Wir schafften es, zwölf Männer zu verlagern.

Aufgrund des Drucks durch die Bevölkerung hatte das Morden und Foltern nachgelassen. Batista und sein Regime zeigten erste Anzeichen von Angst. Ich verblieb mit acht Männern, von denen fünf Verantwortung innerhalb der Organisation trugen – sie würden mit uns weiterziehen, und wir mussten sie gut beschützen, auch wenn einige von ihnen in einem ziemlich heiklen Gesundheitszustand waren. Drei von den acht Leuten waren Anführer mit einer größeren Verantwortung: Óscar Alcalde[1], leitender Anführer, José Suárez[2], Anführer des Verbandes von Artemisa, und ich.

Trotz all dieser Hindernisse gab ich die Idee, den Kampf weiterzuführen, nicht auf. Weil ich daran zweifelte, dass wir unter diesen Umständen die Bergkette in der Höhe überqueren könnten, beschloss ich, die Richtung zu ändern. Wir würden in die Küstenregion bis zur Bucht von Santiago vordringen; ich wollte zu einem Punkt gelangen, den man La Chivera nannte, in einem Boot die Bucht zum anderen Ufer überqueren und bis zur nahe gelegenen Sierra Maestra vordringen.

Es war unmöglich, dieses Manöver mit den drei physisch Angeschlagenen durchzuziehen, die weniger Verantwortung innerhalb der Organisation hatten. Glücklicherweise konnten die anderen drei es versuchen. Gemeinsam analysierten wir die Lage bis ins letzte Detail. Alcalde, Suárez und ich konnten laufen. Die anderen fünf sollten sich an die Garantien halten, die von der katholischen Kirche und anderen Institutionen gefordert und zum Teil erreicht worden waren, wonach Leben und physische Unversehrtheit der Gefangenen respektiert wurden. Da es unter den Gefangenen einige Überlebende gab, würden sich die fünf mit ihnen treffen und ihnen Nachrichten und Instruktionen überbringen.

Nachdem die Entscheidung getroffen war, beschlossen wir, die Nacht abzuwarten, um das Haus eines Bauern zu erreichen, der einen guten Ruf hatte und ein Gehöft nahe der Landstraße von Santiago nach Siboney besaß. Er sollte den Kontakt mit dem Erzbischof aufnehmen und die Formalitäten abwickeln. Wir stießen in der Nacht einige Kilometer in Richtung des Hauses vor und begleiteten die fünf Kameraden. Unterwegs versteckten wir die Waffen derer, die evakuiert werden sollten. Wir anderen drei zogen mit unseren Waffen weiter.

Wir besprachen die Details mit dem Bauern und traten den Rückzug an. Wir wollten die Nacht in einem bewaldeten Gebiet nahe der Landstraße abwarten. Wir waren sicher, dass wir sie in der Frühe würden überqueren können, um durch die unwegsame Küstenvegetation so schnell wie möglich in Richtung Bucht vorzudringen, ohne dass der Feind des neuen Manövers gewahr wurde.

Unter solchen Umständen war meine Leidenschaft für das Bergsteigen, die ich während der ganzen Jahre meines Studiums kultiviert hatte, von großem Nutzen.

Wenige Kilometer nordwestlich vom anderen Ufer entfernt, das wir erreichen wollten, befindet sich das Dorf El Cobre, und rundherum teilten sich verschiedene hohe und bewaldete Berge in Richtung Südwesten, die ich während meiner Zeit als Schüler im Colegio de Dolores öfter bestiegen hatte. Wir planten nun, bis zur Bucht vorzudringen, um das Ufer zu erreichen und mitten durch dieses imposante Bergmassiv zu marschieren.

Wer hätte zu diesem Zeitpunkt vermutet, dass ich dreieinhalb Jahre später von Alegría de Pío aus nach Osten aufbrechen müsste, um genau diese Berge zu erreichen?

Aber die Überquerung der Bucht blieb leider ein Traum. Wir begingen einen dummen Fehler. Nachdem wir zwei oder drei Kilometer bergauf gegangen waren, um einen Platz zu finden, wo wir schlafen und die nächste Nacht abwarten konnten, stießen wir auf eine *varaentierra* – eine *varaentierra* ist ein kleines Haus, wo die Bauern Königspalmen und andere Dinge aufbewahren. Anstatt das zu tun, was wir bis zu diesem Tag immer getan hatten, nämlich im Wald schlafen, ließen wir uns von der Versuchung verleiten, in diesem Häuschen auszuruhen. Wir hatten viele Tage gefroren, gehungert und zahlreiche Entbehrungen hingenommen, und in der nächsten Nacht sollte der lange Marsch zur Bucht von Santiago beginnen, sodass wir der Versuchung erlagen, in jener Hütte, in der Nähe des Ortes, wo die Waffen der anderen Kameraden versteckt waren, zu übernachten, ohne die Nähe des Feindes zu berücksichtigen. So schliefen wir ohne Kälte, Nebel und Feuchtigkeit.

Ich erinnere mich, dass ich, kurz bevor ich vollständig aufwachte – wir hatten vielleicht vier oder fünf Stunden geschlafen –, ein Geräusch hörte wie von Pferdehufen, die sich langsam bewegten, und darauf folgte ein lauter und kräftiger Schlag gegen die Tür. Sie wurde aufgestoßen, und wir erwachten mit den Gewehrläufen der Soldaten auf unserer Brust. So gingen wir innerhalb weniger Sekunden auf eine solch traurige und unrühmliche Weise ins Netz, überrascht, gefangen genommen und mit den Händen auf den Rücken gefesselt.

Waren Sie unbewaffnet?
Wir hatten unsere drei Waffen, aber meine war eine 22er-Flinte mit einem langen Lauf. Später, als wir 1956 in Alegría de Pío mit der *Granma* an Land gingen, passierte mir fast das Gleiche, doch hatte ich andere Maßnahmen ergriffen: Ich schlief mit dem Gewehrlauf unter dem Kinn, denn dass ich einschlief, konnte ich nicht verhindern, nach einem fürchterlichen Luftangriff, bei dem fünf oder sechs Jagdbomber mit Maschinengewehren vom Kaliber 50 mehrere Minuten lang direkt auf uns feuerten und uns zwangen, uns unter dem Stroh des Zuckerrohrs einzugraben. Auch damals waren wir nur zu dritt, nach einem anderen unglückseligen Schlag. Aber das ist eine andere Geschichte.

Nur Folgendes möchte ich Ihnen sagen: Diese Patrouille nahm uns gefangen. Warum? Man sagt, dass der Bauer, dem wir die fünf Kameraden anvertraut hatten, per Telefon den Erzbischof oder was weiß ich wen anrief. Es sind unterschiedliche Szenarios vorstellbar: Der Bauer war ein Informant, oder das Telefon des Erzbischofs wurde abgehört. Das Stabsquartier hatte auf diese Weise wahrscheinlich herausbekommen, dass ich dort gewesen war und mich zurückgezogen hatte.

Sehr früh am Morgen gingen einige Patrouillen auf die Suche, und eine von ihnen fand den Ort, an dem wir schliefen, und nahm uns gefangen.

Es waren vielleicht ein Dutzend Soldaten, und sie waren wütend. Die Adern an ihrem Hals waren geschwollen. Sie wollten uns an Ort und Stelle erschießen und verschwinden lassen. Wir fingen an, uns gegenseitig zu beschimpfen. Wir waren bereits gefesselt, und sie setzten uns mit auf den Rücken gebundenen Händen auf den Boden. Sie erkannten mich nicht. Wir sahen so armselig aus, dass sie nicht bemerkten, wen sie vor sich hatten. Sie fragten mich nach einem Namen, und ich gab ihnen einen anderen. Mir fiel ein Witz ein, in dem der Name von jemandem vorkommt, und ebendiesen Namen gab ich ihnen: »Francisco González Calderín«, sagte ich schnell. Wenn ich in diesem Augenblick meinen Namen genannt hätte, hätte diese Soldaten nichts zurückgehalten. Ich handelte instinktiv.

Der Streit begann – wie ich gesagt habe – schon gleich am Anfang. Sie schrien uns an: »Wir sind die Nachfolger der Befreiungsarmee«, und all solche Dinge. Das glaubten diese Schergen, diese Mörder, weil es ihnen jemand eingeimpft hatte. Wir antworteten: »Die Nachfolger der Befreiungsarmee sind wir.«

Das sagten Sie?
Ja. »Die Nachfolger sind wir. Ihr seid die Nachfolger der spanischen Armee.« Das war eine aufgeheizte Situation, und der Oberleutnant sagte seinen Soldaten: »Nicht schießen«, und versuchte, sie zu beruhigen. Er war ein großer Schwarzer, vielleicht dreißig oder vierzig Jahre alt. Pedro Sarría hieß er. Anscheinend beschäftigte er sich in seiner Freizeit mit den Gesetzen. Er versuchte, die Soldaten im Zaum zu halten, die alle ziemlich dick, kräftig und wohlgenährt waren und, wenn sie sich bewegten, die Pflanzen unter ihren Füßen niederwalzten. Sie standen da, die Waffen auf uns gerichtet und kurz davor, das zu tun, was sie mit den Gefangenen getan hatten, ohne sich vorzustellen, dass ich darunter war. Der Oberleutnant murmelte mit kaum hörbarer Stimme: »Nicht schießen, nicht schießen. Ideen tötet man nicht, Ideen tötet man nicht.« Es vergingen ein paar Minuten, bevor ein weiteres Unglück passierte.

Die aufgebrachten Soldaten fingen an, in der Umgebung zu suchen, und fanden die Waffen der anderen fünf Kameraden. Eine schöne Bescherung! Das war ein sehr, sehr schwieriger und kritischer Augenblick, als sie die Waffen fanden, fünf Waffen, die ihr Adrenalin wieder steigen ließen. Sie rannten von einer Seite zur anderen, und der Oberleutnant hatte sie fast nicht mehr im Griff. Aber er insistierte weiter: »Ruhe!« Er schrie nicht besonders laut, denn ein solcher Ton wäre in dieser Situation unpassend gewesen. Aber er sagte: »Ruhe, Jungs, seid still.« Er erteilte Befehle, damit sie nicht auf uns schossen, denn das war es, was sie unbedingt wollten, und irgendwie schaffte er es, sie zu beruhigen – ich weiß nicht, wie. Aber das Wichtigste, was er gesagt hatte, war: »Nicht schießen. Ideen tötet man nicht.«

Ein schöner Satz.
»Ideen kann man nicht töten«, murmelte der Oberleutnant, fast als redete er mit sich selbst. Ich habe es, glaube ich, besser gehört als die Soldaten. Nun, wir waren am Leben. Sie hoben uns hoch, um in Richtung der Straße zu marschieren.

Der Oberleutnant wusste nicht, dass Sie Fidel Castro waren.
Er wusste es immer noch nicht. Aber davon erzähle ich gleich. Sie hoben uns hoch und gingen los. Plötzlich hörte man Schüsse aus der Richtung, in die wir gingen. Es schien, als sei in diesem Augenblick der Bauer auf Leute der Armee gestoßen, und sie nahmen die fünf Kameraden fest, die sich dem Schutz des Erzbischofs unterstellen wollten. Kurzzeitig glaubte ich, dass all das ein Trick sein könnte, um auf uns zu schießen.

Ich erinnere mich an die aufgebrachten Soldaten. Das Ganze dauerte Minuten, keine Ahnung, vielleicht acht oder zehn Minuten. Als sie die Schüsse hörten, gerieten sie erneut in Wallung, zertraten das Gestrüpp, in dem sie von einer Seite zur anderen rannten, und warfen sich auf den Boden. Sie schrien uns an: »Runter auf den Boden!« Ich sagte: »Ich werfe mich nicht hin, ich werfe mich nicht auf den Boden. Wenn ihr mich töten wollt, dann tötet mich im Stehen.« Ich verweigerte den Befehl und blieb stehen. Und der Oberleutnant Sarría, der in meiner Nähe ging, sagte mit leiser Stimme: »Ihr seid sehr mutig, Jungs, sehr mutig.« Als ich sah, wie dieser Mann sich verhielt, sagte ich zu ihm: »Oberleutnant, ich bin Fidel Castro.« Er antwortete schnell: »Sag das niemandem, tu das nicht!« Von diesem Augenblick an wusste er, wer ich war. Und wissen Sie, was er tat? Wir kamen zum Haus des Bauern, das nah bei der Landstraße lag, und dort stand ein Lastwagen. Sie luden mich ein. Es war der gleiche, in dem schon andere Soldaten mit den übrigen Gefangenen saßen.

Er setzte den Chauffeur hinter das Lenkrad, mich in die Mitte und sich selbst auf die rechte Seite. In einem anderen Fahrzeug näherte sich Comandante Pérez Chaumont[3], ein Mörder, Kommandeur der Soldaten, die die Gefangenen getötet hatten, und bestand darauf, dass der Oberleutnant mich an ihn übergibt.

Dieser Pérez Chaumont war sein Vorgesetzter, er war nur ein Oberleutnant.
Der andere war der Comandante, aber der Oberleutnant sagte Nein: »Dieser Gefangene gehört mir.« Er sagte, er habe die Verantwortung für mich und bringe mich ins Vivac. Der Comandante konnte ihn nicht überzeugen, und der Oberleutnant bewegte sich auf das Vivac zu. Wenn er mich zur Moncada gebracht hätte, hätten sie Hackfleisch aus mir gemacht und kein Stück von mir übrig gelassen. Stellen Sie sich meine Ankunft dort vor! Batista hatte finstere Gerüchte in alle Himmelsrichtungen gestreut, dass wir den kranken Soldaten im Hospital der Kaserne die Gurgel durchgeschnitten hätten. Keiner weiß, wie viel Blut aufgrund dieser Verleumdung geflossen ist.

Sarría beschloss, nicht durch die Avenida Garzón zu fahren, die sehr nah an der Kaserne vorbeiführte, sondern sie zu umgehen und mich zum Vivac zu fahren, eine Einrichtung, die unter Kontrolle der Polizei stand. Das Vivac war ein ziviles Gefängnis im Zentrum der Stadt, und die Gefangenen dort unterstanden direkt dem Zuständigkeitsbereich der Gerichte. Keiner der acht Gefangenen durfte in die Moncada-Kaserne gebracht werden. Sie hätten uns sicherlich alle getötet. Die Kaserne war voller blutgieriger Bestien. Chaumont war einer der schrecklichsten Mörder in der Moncada-Kaserne.

Alles war geplant. Sie hatten über die Tageszeitungen sogar schon die Nachricht meines Todes verbreitet.

War das nicht nach der Landung mit der *Granma*?
Das ist richtig. Aber diesmal, am 29. Juli 1953, wurde die Nachricht in der Zeitung veröffentlicht. Da war ich noch immer in den Bergen. Sie hatten mich noch nicht gefangen genommen. Es wurde in der Zeitung *Ataja*, aber auch in anderen veröffentlicht. Ich starb in jenen Tagen gleich mehrfach.

Ich kann mir vorstellen, dass es dem Oberleutnant Sarría sehr schlecht ergangen ist.
Sie haben ihm das nie verziehen. Als Oberst Chaviano erschien, der Anführer des Regimentes, der von Batista am 10. März zum Kommandeur ernannt worden war, kam er zum Vivac, um mich persönlich zu vernehmen. Bei dieser Gelegenheit entstand ein Foto, auf dem ich stehe und im Hintergrund ein Bild von Martí zu sehen ist. Sie machten noch weitere Fotos in diesem Raum. Ich übernahm die ganze Verantwortung: »Ich erkläre mich für alles verantwortlich«, sagte ich ihnen.

Sie waren sich sicher, dass die Operation mit dem Geld des ehemaligen Präsidenten Carlos Prío Socarrás durchgeführt worden war, den Batista am 10. März gestürzt hatte, und ich sagte ihnen, dass es keinerlei Verbindung zu Prío oder irgendjemand anders gegeben hatte und dass ihre Annahme falsch sei. Ich erklärte es ihnen. Ich hatte nichts zu verbergen, und ich übernahm die volle Verantwortung für alle Handlungen: Die Waffen hatten wir in den Waffengeschäften gekauft, niemand hatte sie uns gegeben. Niemand anders hatte irgendeine Verantwortung. Sie ließen einige Journalisten zu mir. Einer von ihnen gehörte einem bekannten Presseorgan an, und mit ihm konnte ich sprechen. Am nächsten Tag konfiszierten sie die Zeitungen, denn in der Euphorie hatten sie die Nachricht veröffentlichen lassen: »Gefangen!« Aber meine

Erklärungen hatten einen gewissen Einfluss; es war nun nicht mehr so leicht, mich zu liquidieren.

Vor der Befragung war ich mit einigen der Kameraden zusammen, die überlebt hatten, aber danach trennten sie mich von ihnen und brachten mich in eine isolierte Zelle.

Haben Sie diesen Oberleutnant Sarría später kennengelernt?
Ja, natürlich. Der Krieg ging weiter, und er war weiterhin bei der Armee, aber das Regime war nicht gut auf ihn zu sprechen – man steckte ihn sogar ins Gefängnis, als wir in der Sierra Maestra kämpften, denn er war es gewesen, der mich gefangen genommen und meine Ermordung verhindert hatte. Selbstverständlich kannte niemand außer mir seine berühmten Sätze, von denen ich erst Jahre später erzählte. Letzten Endes war es seine Patrouille. Ich kann mir vorstellen, wie sehr sie ihn hassten.

Am Ende des Krieges, im Jahr 1959, beförderten wir ihn zum Hauptmann und ernannten ihn zum Adjutanten des Ersten Präsidenten der Republik nach dem Sieg. Leider lebte er nicht mehr sehr lange. Er hatte sich eine bösartige Krankheit eingefangen, erblindete, und nur wenige Jahre später starb der Mann, der sich so außergewöhnlich verhalten hatte. Das ist eine dieser Geschichten, die einem kaum jemand glauben kann, wenn man sie erzählt.

Offensichtlich verdanken Sie ihm Ihr Leben.
Mindestens drei Mal!

Er hat Sie weder verraten noch seinem Anführer übergeben.
Als ich gewahr wurde, wie ehrenhaft dieser Mann sich verhielt, stellte ich mich vor ihn und sagte: »Ich bin also der und der.« Und er sagt: »Sagen Sie das niemandem!« Einige Dinge erfuhr ich erst später – wie er sich weigerte, mich dem Kommandanten Chaumont zu übergeben. Ich hatte die Entschiedenheit, mit der er mich neben den Chauffeur setzte, in die Mitte, und sich rechts daneben, natürlich beobachtet. Was hatte das zu bedeuten? Er war ein gebildeter, anständiger und mutiger Mann. Das ist der Grund, dass sie mich nicht gleich ermordeten.

Das dritte Mal rettete er mir das Leben, als er sich weigerte, mich in die Moncada-Kaserne zu bringen, und mich stattdessen dem Vivac übergab.[4]

Ich war gefangen im Provinzgefängnis von Boniato, und als am 21. September 1953, einem Montag, die Gerichtsverhandlung begann, übernahm ich als

Anwalt meine eigene Verteidigung. Als Anwalt befragte ich alle Zeugen und alle Mörder. Das war Wahnsinn. Sie konnten es nicht ertragen und schafften mich aus dem Gerichtssaal, weil sie meine Anklagen nicht verhindern konnten. Sie verurteilten dann nur mich, zusammen mit einem anderen, der unter den Verletzten gewesen war, in einem kleinen Zimmer des zivilen Krankenhauses.

Sie haben sich selbst verteidigt?
Ja. Und ich habe alles angeklagt.

Und es endete mit Ihrer berühmten Verteidigungsschrift »Die Geschichte wird mich freisprechen«.
Ich traute ihnen in jedem beliebigen Moment jede Grausamkeit zu. Im Gefängnis von Boniato, wo ich gefangen war, trat ich in Hungerstreik, als sie mir verboten, mit den anderen Gefangenen zu sprechen, die an meiner Zelle vorbeigingen. Ich erreichte mein Ziel. Anschließend verbrachte ich erneut fünfundsiebzig Tage in Isolationshaft, ohne mit jemandem sprechen zu dürfen. Ich suchte nach Möglichkeiten, eine minimale Form der Kommunikation aufrechtzuerhalten.

Irgendwann mussten sie sogar die Wachen austauschen, die auf mich aufpassten, denn einige von denen freundeten sich mit mir an. Sie suchten neue Wachen, solche, die besonders hasserfüllt waren. Aber auch von diesen wurde einer mein Freund. Drei Jahre später, gegen Ende 1958, war er als Infanteriesoldat in der Schlacht von Maffo von unseren Truppen eingeschlossen. Sein Bataillon leistete hartnäckigen Widerstand. Im Gefängnis von Boniato war er mein Freund. Er war ein *guajirito*, das Landei in einer Gruppe kaltherziger Soldaten, die sie zu meiner Bewachung abgestellt hatten.

In den Tagen des Hungerstreiks brachten sie mir Essen, und ich schrie: »Ich will kein Essen. Sagt Chaviano« – das war der Anführer des Moncada-Regimes –, »er soll es sich in den Hintern schieben.« Okay, ich habe, ehrlich gesagt, ein weniger schönes Wort benutzt, aber das möchte ich hier nicht wiederholen. Das mag verrückt erscheinen, aber man muss sich vorstellen, in welchem Gemütszustand man sich in dieser Situation befindet. Wenn man sich an all das erinnert, was sie getan haben. Die Folter, die Ermordungen, all die schrecklichen Verbrechen, die sie an unseren Kameraden begangen hatten.

Wir waren ja eigentlich schon lange tot, und es kostete überhaupt keine Überwindung, das alles zu tun. Ich habe mit einem Hungerstreik auf sie »geschossen«, sie mussten mich schließlich anhören, und dann erlaubten sie mir, mit Haydée, Melba und anderen zu sprechen. Von ihnen erfuhr ich vieles, was ich zu diesem Zeitpunkt noch nicht wusste und das wichtig für die Gerichtsverhandlung war. Natürlich habe ich meine Papierchen schon vorher weitergegeben. Manchmal musste ich sie fallen lassen, denn es war immer irgendein Soldat in der Nähe, doch wir kommunizierten. Schließlich gingen sie auf meine Forderungen ein, und ich konnte wieder essen. Diese kriminellen Gefängniswärter hielten ihr Wort nur für vierundzwanzig Stunden, danach isolierten sie mich wieder, aber einen Kampf hatte ich bereits gewonnen. Ich trat nicht wieder in den Hungerstreik, denn ich hatte das Gefühl, dass sie aus irgendeinem Grund diesmal darauf warteten, dass ich es tat.

In den Tagen meiner Kampfansage sprach einer der Anführer mich an. Wissen Sie, was er mir sagte? »Sie sind ein anständiger Mann, Sie sind ein gebildeter Mann. Gebrauchen Sie solche Wörter nicht.« All die Wörter, die ich ihnen dreimal täglich entgegenschrie, hatten sie wirklich getroffen. Das ganze Gefängnis hörte sie, die Soldaten, die Gefangenen, die zivilen Arbeiter – jedermann. Sie waren demoralisiert.

Ich hatte ein wenig schriftliches Material, obwohl das nicht erlaubt war. Die Kenntnisse, die ich als Student der politischen und sozialen Wissenschaften erworben hatte, waren noch immer gegenwärtig, und einiges konnte ich auffrischen. Auch einige Materialien von Martí konnte ich besorgen.

Wenn die Moncada-Kaserne gefallen wäre – was hätten Sie dann getan?
Mit dem Sturz der Moncada wären 3000 Waffen in unsere Hände gefallen. Vergessen Sie nicht, dass wir alle Unteroffiziere waren. Hätten wir den Aufstand der Unteroffiziere ausgerufen, wäre in den Reihen unseres Feindes Chaos ausgebrochen. Einige von denen, die wir gefangen genommen hätten, hätten mit ihren Namen und Abzeichen Nachrichten an die Truppenführer in der gesamten Provinz geschickt, worüber sie ihnen mitgeteilt hätten, dass eine Rebellion der Unteroffiziere stattgefunden hat, was, wie gesagt, eine deutliche und einzigartige Vorgeschichte in unserem Land hat. In diese Desinformationskampagne hätten wir drei oder vier Stunden investiert.

Direkt im Anschluss hätten wir zu verkünden begonnen, wer die Moncada wirklich eingenommen hat. Das heißt, wir hätten offengelegt, wer wir waren. Währenddessen wären alle Waffen in der Stadt verteilt worden, um sie vor einem möglichen Angriff der Luftwaffe auf die Kaserne in Sicherheit zu bringen. Denen wäre es vollkommen egal gewesen, ob dort Soldaten waren oder nicht.

Unser Plan war es, die Waffen sofort aus der Moncada herauszuholen und sie in verschiedenen Gebäuden der Stadt zu verstecken, denn der einzig sofort mögliche Gegenschlag hätte aus der Luft kommen können. Die Eisenbahn bereitete uns keine Sorgen, die konnte man leicht sabotieren. Was uns zu denken gab, war die Landstraße, über die Verstärkung für einen Gegenangriff hätte kommen können – aus dem Regiment von Holguín und den anderen Kasernen der Umgebung. Deshalb hatten wir Bayamo angegriffen, was sehr wichtig war, um auf Höhe der Brücke über den Cauto die Landstraße zu blockieren. Das Volk hätte sich erhoben, haben Sie da keine Zweifel! Jeder, der sich gegen Batista erhob, hätte sofort die Unterstützung unseres Volkes gehabt.

Wir wären zunächst Unteroffiziere gewesen, und in der Moncada hätte keiner mehr gewusst, was los war. Wir wollten Nachrichten an alle Truppen in der Provinz schicken.

Mit der Übertragungstechnik der Militärs?
Ja, mit ihrer eigenen Fernmeldetechnik. Im Namen der Unteroffiziere des Regiments hätten wir Nachrichten an die anderen Kasernen geschickt, um Verwirrung zu stiften und sie zu lähmen, während wir dort die Waffen rausholen.

Es hätte zunächst wie ein interner Aufstand ausgesehen, was ein echtes Chaos innerhalb der Streitkräfte ausgelöst hätte.

Nach zwei, drei oder vier Stunden hätten wir unsere Identität preisgegeben und die Rede des Vorsitzenden der Orthodoxen Partei erneut übertragen, nach der er sich tragischerweise das Leben genommen hatte.

Eduardo Chibás.
Wir hätten seine letzten Worte vom wichtigsten Radiosender Santiagos aus übertragen.

Hatten Sie vor, den Radiosender zu besetzen?
Natürlich, das wäre eine der wichtigsten Handlungen nach der Besetzung der Moncada gewesen.

Nicht gleichzeitig?
Nein, mein Lieber, nein, das war gar nicht nötig! Zuerst musste die Kaserne besetzt werden und erst danach ein weiteres Ziel.

Am Anfang hätten wir etwas weniger öffentlich gearbeitet, direkt über die militärischen Fernmelder. Wir hätten sie eingenommen und ein möglichst großes Chaos unter den Soldaten der Armee gestiftet.

Von der ersten Aktion an hätten alle geglaubt, dass die *guardias* – wie die Bevölkerung sie nannte – unter sich kämpften, was ihnen geschadet und sie durcheinandergebracht hätte, während wir die nächsten Schritte vorbereiten konnten.

Anschließend hätten wir die Radiostation der Provinz besetzt. Alles war vorbereitet: die Gesetze, die später in der Verteidigungsschrift »Die Geschichte wird mich freisprechen«[5] erschienen, die Aufforderung an das Volk und der Aufruf zum Generalstreik. Die Zeit dafür war reif, da gibt es keinen Zweifel.

Das taten wir dann am 1. Januar 1959, als einige Anführer nach ihrer Niederlage versuchten, in der Hauptstadt einen Putsch zu organisieren.

Als Sie die Moncada stürmten, hatten Sie da eine Vorstellung, welche Art Regierung Sie nach einem eventuellen Sieg aufbauen wollten? Dachten Sie zum Beispiel an die Sowjetunion?
Wir dachten weder an die Sowjetunion noch an irgendetwas Ähnliches. Das kam später. Wir glaubten, dass so etwas wie Souveränität existiert, dass sie ein reales und unveräußerliches Recht ist, nach zwei Unabhängigkeitskriegen, die Kuba 50 000 Menschenleben kosteten, als die kubanische Bevölkerung noch sehr klein war. Das glaubten wir. Ebenfalls glaubten wir, dass man unser Recht auf eine Revolution respektieren würde; zwar noch keine sozialistische, aber sicherlich eine Art Vorläufer der sozialistischen Revolution. Um das zu verstehen, muss man die Verteidigungsschrift »Die Geschichte wird mich freisprechen« lesen. Sie enthält die Grundpfeiler einer zukünftigen sozialistischen Revolution, die keine Eile hatte. Sie würde langsam und progressiv aufgebaut werden, dafür solide und unaufhaltsam. Aber wir hätten nicht gezögert, sie zu radikalisieren, wenn nötig.

Die Erstürmung der Moncada-Kaserne hat Folter und Tod vieler Ihrer Kameraden nach sich gezogen. Warum sind Sie nach dieser Niederlage nicht zu dem Schluss gekommen, dass der bewaffnete Kampf unmöglich war?
Im Gegenteil. Als wir die Kaserne angriffen, hatten wir bereits geplant, uns mit den Waffen in das Gebirge zurückzuziehen, falls das Regime nicht zusammenbrechen sollte. Aber ich bin sicher, dass es zusammengebrochen wäre.

Zu jener Zeit gab es keine andere Guerillabewegung in Lateinamerika, oder?
Als ich 1948 den Aufstand in Bogotá erlebte, gab es einige irreguläre Kampfgruppen in Kolumbien, aber keine Guerilla mit dem späteren Konzept von

Guerilla, wie es sie in Kuba gegeben hat. In Lateinamerika hatte es viele Bewegungen und bewaffnete Aktionen gegeben. Es gab die Revolution in Mexiko, die uns sehr inspirierte, und es gab auch den heldenhaften Kampf Sandinos[6].

Sandino im Nicaragua der 30er-Jahre.
Der »General der freien Menschen« … Das sind historische Vorläufer.

Wussten Sie damals über Sandino Bescheid?
Mehr als genug. Wir kannten die großen Leistungen Sandinos fast auswendig. Er hatte eine kleine Armee, in den Büchern schrieben sie: »Die kleine verrückte Armee.« Und ich hatte sehr viel darüber gelesen, was Maceo, Gómez und die anderen Anführer der kubanischen Unabhängigkeitskriege getan hatten.

Sie kannten sich sehr gut aus mit den kubanischen Kriegen.
Ja. Sie halfen uns dabei, eine andere Strategie auszuarbeiten, denn sowohl Maceo als auch Máximo Gómez hatten Kavallerie, eine sehr mobile Waffe, und sie hatten Bewegungsfreiheit, sie waren überall unterwegs. Fast alle Gefechte waren beinahe zufällige Zusammenstöße. Unsere wichtigsten Kämpfe hingegen, nach den Maßgaben unseres Krieges jedenfalls, waren geplant – mit vorbereiteten Schützengräben und anderen unerlässlichen Maßnahmen. Unsere Vorfahren in den Unabhängigkeitskriegen haben nie Schützengräben ausgehoben; ich glaube, irgendwo in der Nähe von Pinar del Río vielleicht einmal. Es waren damals mehr oder weniger zufällige Gefechte, wohingegen wir gezwungen waren, sie vorauszusehen und vorzubereiten.

Was uns anfangs als typisch für den Kampf in bewaldeten Bergregionen auf 1200 Meter Höhe schien, taten wir später auch in den Ebenen, auf den Straßen, auf den Kaffeeplantagen, im Mangrovensumpf oder mitten im Zuckerrohr. All das lernt man. Batistas Leute zum Beispiel hatten in allen Kämpfen die Luftwaffe über uns zur Verfügung und andere Vorteile. Das war eine harte Schule, denn der Unterschied war riesig, aber dieser enorme Unterschied war es meines Erachtens, der uns lehrte, Ideen und Taktiken zu entwickeln, um diese Ungleichheit zu kompensieren.

Wir wurden beinahe schon zu Beginn vernichtet, aufgrund eines Verrats. Doch irgendwann kam der Augenblick, wo sie uns nichts mehr anhaben konnten. Weder durch Verrat, noch indem sie uns jagten. Niemals geriet unsere Truppe in der Sierra Maestra in einen Hinterhalt. Häufig waren wir die Jäger. Da kam zum Beispiel eine große Kolonne – sagen wir mal, etwa 300 Mann –, eine kleine Armee, und wir hatten nur siebzig oder achtzig Männer zur Verfügung, um sie zu schlagen und die feindlichen Kräfte aufzuhalten.

Kannten Sie die Schriften von Giap[7], Ho Chi Minh[8] und Mao[9] über den revolutionären Kampf?
Sehen Sie, wir wussten, dass die Vietnamesen außergewöhnliche Soldaten waren; sie hatten 1954 die Franzosen in Dien Bien Phu geschlagen, doch das in einer völlig anderen Form des Krieges, bei der viele Männer, Artillerie und all die anderen Waffen zum Einsatz kamen. Sie hatten eine richtige Armee. Wir haben bei null angefangen, hatten keine Armee.

Als Mao im Jahr 1935 seinen Langen Marsch in China zurücklegte, vollbrachte er eine militärische Leistung, über die wir in Kuba wenig wussten. Danach habe ich viel darüber gelesen. Das Szenario eines Langen Marsches wäre für Kuba untauglich gewesen, obwohl seine Taktiken und politisch-militärischen Prinzipien in jedem Krieg wertvoll gewesen wären. Mao zeigte damit, dass alles möglich ist, denn sie legten 12 000 Kilometer kämpfend zurück. Unser Problem war hingegen, dass wir unter ganz anderen Bedingungen zu kämpfen hatten.

7

CHE GUEVARA

*Mexiko – Die Begegnung mit Che – Intellektuelle Verbündete –
Persönlichkeit und Wille – Vorbereitung der Guerilla – Ausbildung*

Nachdem Sie zwei Jahre auf der Isla de Pinos im Gefängnis verbracht hatten, gingen Sie ins Exil nach Mexiko. Bei Ihrer Ankunft trafen Sie das erste Mal auf Ernesto Che Guevara. Würden Sie mir erzählen, unter welchen Umständen Sie ihn kennenlernten?
Ich liebe es, über Che zu sprechen, wirklich.[1] Man kennt die Reisen Ches aus der Zeit, als er in Argentinien studierte. Die Motorradreisen durch sein Land,[2] später durch andere lateinamerikanische Länder, Chile, Peru und Bolivien und andere Orte.[3] Nicht zu vergessen, dass es in Bolivien im Jahr 1952, nach dem Militärputsch von 1951, eine starke Arbeiter- und Bauernbewegung gegeben hat, die dort kämpfte und großen Einfluss ausübte.[4]

Die von Che kurz vor seiner Abschlussprüfung in Medizin mit seinem Freund Alberto Granado unternommene Reise ist gemeinhin bekannt. Während dieser besuchten sie verschiedene Krankenhäuser und landeten schließlich in einer Leprastation im Amazonasgebiet, wo sie als Ärzte arbeiteten.[5] Che hat viele Länder Lateinamerikas bereist; er war in den Kupferminen von Chuquicamata in Chile, wo die Arbeit sehr hart ist; er durchquerte die Atacama-Wüste, besuchte die Ruinen von Machu Picchu in Peru, befuhr den Titicacasee; lernte die Einheimischen kennen und interessierte sich für sie. Auch in Kolumbien war er und in Venezuela. Er zeigte an all jenen Themen viel Interesse. Schon als Student hatte er sich für den Marxismus und Leninismus begeistert. Schließlich kam er nach Guatemala, während der Zeit von Árbenz[6].

Der Präsident Jacobo Árbenz hatte in diesem Augenblick sehr fortschrittliche Reformen in Guatemala eingeleitet.
Ja. Es gab eine wichtige Agrarreform, im Zuge derer große Bananenplantagen, die einem bedeutenden US-amerikanischen Unternehmen gehört hatten, an

die Bauern verteilt wurden. Die Militärs stürzten die Regierung mithilfe der Vereinigten Staaten, und so wurde diese Agrarreform umgehend vereitelt. Damals überhaupt von Agrarreform zu sprechen hieß, Kommunist zu sein, automatisch wurde man als Kommunist betrachtet.

Aber in Guatemala hatten sie eine durchgeführt, und wie überall begannen die Mächtigen sofort, sich zu widersetzen. Auch die Nachbarn im Norden und ihre spezialisierten Institutionen organisierten augenblicklich konterrevolutionäre Aktionen, um den gewählten Präsidenten, Jacobo Árbenz, mittels einer militärischen Expedition von der Grenze aus und unter der Komplizenschaft von Militärführern der alten Armee zu stürzen.

Als unsere Bewegung die Moncada-Kaserne am 26. Juli 1953 angriff, schafften es einige unserer Kameraden, aus dem Land zu fliehen. Antonio »Ñico« Lopez[7] und einige andere gingen nach Guatemala. Che war schon dort, und er erlitt die bittere Erfahrung des Sturzes Jacobo Árbenz', lernte unsere Compañeros kennen und ging mit ihnen nach Mexiko.

Ihr Bruder Raúl wurde vor Ihnen mit Che bekannt?
Ja, denn Raúl war einer der Ersten, der Kuba in Richtung Mexiko verließ. Sie beschuldigten ihn, Bomben gelegt zu haben, worauf ich ihm riet: »Du musst raus!« Im Gefängnis hatten wir die Idee entwickelt, von Mexiko aus eine bewaffnete Rückkehr in Angriff zu nehmen. Das war Tradition in Kuba. Raúl ging nach Mexiko und kam über unsere Kameraden, die bereits vor Ort waren, mit Che in Kontakt. Nun, damals war er noch nicht Che, sondern Ernesto Guevara, aber da die Argentinier sich gegenseitig mit »Che!« ansprechen, begannen die Kubaner ihn nur noch »Che« zu rufen, und so wurde er schließlich bekannt.

Ich konnte meine Ausreise noch ein wenig hinauszögern, denn ich befand mich nicht in unmittelbarer Gefahr; aber ich konnte in Kuba nicht mehr in Erscheinung treten, und es kam der Augenblick, da auch ich nach Mexiko gehen musste. Unter anderem deshalb, um so schnell wie möglich die Rückkehr vorzubereiten. In den Wochen nach unserer Freilassung hatten wir eine intensive Kampagne zur Verbreitung unserer Ideen gestartet, mit dem Ziel, das Bewusstsein der Menschen zu schärfen. Wir hatten unsere eigene revolutionäre Organisation – die »Bewegung des 26. Juli« – aufgebaut und bewiesen, dass es unmöglich war, den Kampf mit legalen und friedlichen Mitteln fortzusetzen.

Che sympathisierte bereits mit Ihren Ideen?
Er war bereits Marxist. Obwohl er keiner Partei angehörte, war er zu dieser

Zeit bereits überzeugter Marxist. Dort in Mexiko war er in Kontakt mit Ñico Lopez, einem der Anführer unserer Bewegung, ein guter Compañero aus der Orthodoxen Partei, äußerst radikal und mutig. Ich hatte ihm viel über den Marxismus erzählt, und er war von diesen Ideen überzeugt. Er war an dem Angriff auf die Kaserne von Bayamo beteiligt. Die Übereinstimmung unserer Ideen war einer der Faktoren, die meine Beziehung zu Che am maßgeblichsten bestimmten.

Haben Sie gleich bei Ihrem ersten Treffen gespürt, dass Che anders war?
Ihm gehörten die Sympathien der Menschen. Er war eine dieser Personen, für die man aufgrund ihrer Natürlichkeit, Bescheidenheit, Kameradschaft und all ihrer sonstigen Tugenden sofort Zuneigung empfindet. Er war Arzt und arbeitete in einem Zentrum des Sozialversicherungsinstitutes, wo er Untersuchungen machte. Ich weiß nicht, ob es um kardiologische Dinge ging oder um Allergien – Che war ja Allergiker.

Er litt unter Asthma.
Unsere kleine Gruppe in Mexiko mochte ihn sehr, Raúl hatte bereits Freundschaft mit ihm geschlossen. Ich lernte ihn kennen, als ich nach Mexiko kam; damals war er siebenundzwanzig Jahre alt.

Er selbst erzählte später,[8] dass wir uns an einem Abend im Juli 1955 in der Calle Emparan in Mexiko-Stadt begegnet waren, im Haus einer Kubanerin, María Antonia González. Seine Sympathie war nichts Außergewöhnliches; er war durch Südamerika gereist, hatte die Ereignisse in Guatemala mitbekommen, war Zeuge der nordamerikanischen Intervention geworden, er kannte unseren Kampf in Kuba und wusste, wie wir dachten. Wir kamen an, ich sprach mit ihm, und er schloss sich uns an, ohne zu zögern.

Er wusste, dass es in unserer Bewegung auch Kleinbürger gab und dass wir zu einer Revolution der nationalen Befreiung aufbrachen, einer antiimperialistischen Revolution. Noch gab es keine Anzeichen dafür, dass es eine sozialistische Revolution werden würde, aber das war für ihn kein Hindernis, sich an Ort und Stelle mit uns zu verbünden.

Er wollte an diesem Abenteuer teilhaben.
Das Einzige, was er sagte, war: »Wenn die Revolution in Kuba siegreich verlaufen ist, dann verbietet mir nicht, aus Staatsräson nach Argentinien zu gehen, um auch dort für die Revolution zu kämpfen. Das ist mein einziger Wunsch.«

In seinem Land?
Ja, in seinem Land. Das sagte er mir. Unsere politische Arbeit hatte damals bereits einen starken internationalistischen Charakter. Was sonst spiegelte unser Verhalten in Bogotá, der Kampf gegen Trujillo, die Verteidigung der Unabhängigkeit Puerto Ricos, die Forderung nach der Rückgabe des Panamakanals, nach argentinischer Hoheit über die Falklandinseln und Unabhängigkeit der europäischen Kolonien in der Karibik? Wir waren keine simplen Anfänger. Che vertraute uns voll und ganz. Ich antwortete ihm: »Einverstanden«, mehr gab es dazu nicht zu sagen.

Nahm er an Ihren militärischen Übungen teil?
Er nahm an einem Taktikkurs teil, den ein spanischer General für uns abhielt. Alberto Bayo[9], geboren 1892 im kubanischen Camagüey, vor der Unabhängigkeit. In den Zwanzigerjahren hatte er in Marokko für die Luftwaffe gekämpft und später als republikanischer Offizier im Spanischen Bürgerkrieg, bevor er nach Mexiko ins Exil ging. Che hat an all diesen Unterrichtseinheiten teilgenommen, und Bayo nannte ihn seinen »besten Schüler«. Beide liebten Schach und spielten dort in dem Camp, wo sie vor ihrer Festnahme waren, jeden Abend.

Bayo unterrichtete vor allem, wie ein Guerillakämpfer sich verhalten sollte, um eine Belagerung zu durchbrechen – auf Grundlage seiner Erfahrungen, als die marokkanische Guerilla von Abd-el-Krim im Krieg von Rif die spanischen Belagerungen durchbrochen hatte. Er arbeitete keine Strategie aus, denn es kam ihm nicht in den Sinn, dass sich eine Guerilla in eine Armee verwandeln und diese Armee dann die andere besiegen könnte – was unsere grundlegende Idee war.

War es das, was Sie tun wollten?
Wenn ich von einer Armee spreche, dann spreche ich davon, eine Kraft zu entwickeln, die eine andere Armee schlagen kann. Das war unsere Grundidee, als wir nach Mexiko gingen. Die Leistungen unserer kleinen Gruppe in den ersten Monaten des Kampfes in der Sierra Maestra bestärkten uns darin.

Sie wollten also die Guerilla in eine Armee verwandeln und eine neue Art von Krieg führen?
Es gibt zwei Arten von Krieg: einen irregulären Krieg und einen regulären, konventionellen Krieg. Wir arbeiteten eine Theorie aus, um uns Batistas Ar-

mee entgegenzustellen, die über Flugzeuge, Panzer, Kanonen und Kommunikationsmittel verfügte. Wir hatten weder Geld noch Waffen und mussten eine Möglichkeit finden, die Diktatur zu stürzen und die Revolution in Kuba durchzuführen. Der Erfolg krönte unsere Idee. Ich will nicht behaupten, dass es ausschließlich Verdienst war, auch der Zufall spielte eine große Rolle. Man kann Fehler begehen, man kann die Sachen so perfekt wie möglich machen, es wird immer unvorhersehbare Dinge geben; Sterben oder Überleben, das kann die Frage eines Details sein – ob man eine bestimmte Information bekommen hat oder eben nicht. Denken Sie daran, wie schmerzhaft es für mich war, über die zufälligen Faktoren zu sprechen, die die Eroberung der Moncada-Kaserne scheitern ließen, nach so viel organisatorischer Anstrengung. Und später werden wir über die dumme Überraschung sprechen, deren Opfer wir bei der Landung mit der *Granma* wurden. Wie viele wertvolle Menschenleben hätte man im einen oder anderen Fall retten können?

In Mexiko trainierten viele unserer Kameraden mit Bayo. Ich musste mich um die organisatorischen Aufgaben und die Beschaffung von Waffen kümmern und trainierte die Leute auf dem Schießplatz. Ich hatte viel zu tun, und es war sehr schwierig für mich, an den Kursen Bayos teilzunehmen.

Che nahm regelmäßig an den Kursen teil?
Ja, sowohl an den theoretischen Kursen als auch an den Schießübungen. Er war ein sehr guter Schütze. Unsere Schießübungen in Mexiko hielten wir auf einem Platz in der Nähe der Hauptstadt ab. Das Land gehörte einem alten Kameraden von Pancho Villa, und wir hatten es gepachtet. Bei der Landung verfügten wir über fünfundfünfzig Gewehre mit Zielfernrohr. Wir trainierten das freihändige Schießen mithilfe von Schafen, die in 200 Meter Entfernung von uns Schützen losgelassen wurden. Wir konnten auf 600 Meter Entfernung einen Teller treffen. Unsere Leute waren sehr gute Schützen. Wir stellten einen Mann in einer Entfernung von 200 Metern auf und platzierten neben ihm eine Flasche, visierten über das Zielfernrohr an, mit großer Präzision, und gaben Hunderte von Schüssen ab. Einer der Freiwilligen war »der Koreaner«[10]. Wir stellten die Flasche nur einen Fußbreit von ihm entfernt auf; den Schuss übte ich oft, und niemals ging er zwischen Flasche und Person hindurch, wenn man das Gewehr gut abstützte natürlich. Beim schnellen Feuern konnte man das nicht tun, denn die kleinste Schwankung hätte zur Verletzung eines der Kameraden führen können. Bei diesen Übungen lernte man, darauf zu vertrauen, was man mit den Waffen alles anstellen konnte.

Che hatte zu diesem Zeitpunkt keinerlei Kampferfahrung?
Nein, gar keine.

Und dort lernte er alles?
Er lernte und übte, aber eigentlich war er als Truppenarzt bei uns, er war ein hervorragender Arzt, der sich um unsere Kameraden kümmerte. Ich spreche von einer besonderen Qualität, die ihn auszeichnete. Unter all seinen Qualitäten ist es eine, die ich am meisten schätzte. Che litt unter Asthma. In der Nähe der mexikanischen Hauptstadt gibt es einen Vulkan, den Popocatepetl, und er versuchte jedes Wochenende, diesen Vulkan zu besteigen. Er bereitete seine Ausrüstung vor – dieser Berg ist sehr hoch, mehr als 5000 Meter, der Gipfel immer schneebedeckt – und begann mit dem Aufstieg, vollbrachte eine wahnsinnige Anstrengung, kam aber nie bis zur Spitze, sein Asthma hinderte ihn daran. Aber am darauffolgenden Wochenende versuchte er wieder, den »Popo« – wie er ihn nannte – zu besteigen und kam nicht hoch. Kein einziges Mal erreichte er den Gipfel des Popocatepetl. Doch stieg er immer und immer wieder auf, um es erneut zu versuchen, er hätte sein ganzes Leben damit verbringen können. Es war eine heroische Anstrengung, die er vollbrachte, obwohl er es nie schaffte. Das sagt sehr viel über seinen Charakter aus, über seine geistige Stärke und seine Beständigkeit.

Ein starker Wille ...
Am Anfang waren wir eine sehr kleine Gruppe, und immer wenn ein Freiwilliger für eine bestimmte Aufgabe gesucht wurde, war Che der Erste, der sich anbot.

Eine andere Eigenschaft Ches war sicherlich seine prophetische Voraussicht, die sich beispielsweise zeigte, als er mich bat, ihm nach dem Triumph der Revolution nicht die Rückkehr in sein Geburtsland zu verwehren, wo er für die Revolution kämpfen wollte.

Er wollte nach Argentinien zurückkehren?
Ja. Und später, in unserem Krieg, da musste ich ihn sehr oft zurückhalten, um ihn zu schützen, denn wenn ich ihn all das hätte tun lassen, was er wollte, hätte er das nicht überlebt. Von Anfang an zeichnete er sich besonders aus. Immer wenn irgendwo ein Freiwilliger für eine schwierige Mission gesucht wurde, wenn es darum ging, ein paar Waffen zu retten, damit sie nicht in die Hände des Feindes fielen, war Che der Erste, der sich freiwillig meldete.

Er meldete sich freiwillig für die gefährlichsten Missionen?
Ja, er war immer der Erste. Er war außergewöhnlich wagemutig und verachtete die Gefahr. Manchmal schlug er auch sehr schwierige und riskante Dinge vor. Dann sagte ich ihm ganz klar: »Nein.«

Weil er sich zu vielen Gefahren aussetzte?
Sehen Sie, Sie schicken einen Mann in einen Hinterhalt, dann in einen zweiten, dritten und in einen vierten. Irgendwann, beim fünften oder sechsten Mal vielleicht, ist es wie Kopf oder Zahl; im Nahkampf mit einem Zug oder Geschwader sterben Sie wie beim russischen Roulette.

War es kein Problem, dass er kein Kubaner war?
In Mexiko hatten wir ihm die Verantwortung für ein Camp übertragen, und einige fingen an, sich zu beschweren, dass er Argentinier sei, und haben ziemlichen Ärger mit mir bekommen. Ich werde aber keine Namen nennen, denn später haben diese Leute gute Arbeit geleistet. Ja, das war in Mexiko. Hier im Krieg war er Arzt, aber weil er sehr mutig war und die Voraussetzungen dazu mitbrachte, haben wir ihn später zum Anführer einer Kolonne gemacht, wo er sich aufgrund all seiner Qualitäten besonders hervortat. Niemand hat das angezweifelt.

Menschliche, politische oder militärische Qualitäten?
Menschliche und politische. Als Mensch, als außergewöhnlicher Mensch. Er war zudem sehr gebildet und hochintelligent und verfügte auch auf militärischem Gebiet über unbestreitbare Qualitäten. Che war ein Arzt, der zum Soldaten geworden war und doch keine Sekunde aufgehört hat, Arzt zu sein. Zusammen haben wir sehr viele Schlachten geschlagen. Manchmal vereinte ich die Truppen der beiden Kolonnen, um eine mehr oder weniger große oder komplizierte Operation durchzuführen, bei der wir mit einem Hinterhalt oder unvorhergesehenen Bewegungen der feindlichen Kräfte zu rechnen hatten.

Als Revolutionäre erlernten wir die Kunst des Krieges mitten im Kampf und entdeckten, dass unser Feind an seinen Stützpunkten stark war, schwach hingegen in der Bewegung. Eine Kolonne von 300 Mann hat die Stärke von einem oder zwei Geschwadern, die an der Spitze stehen: Die anderen schießen im Kampf nicht oder schießen ausschließlich in die Luft, um Lärm zu machen. Sie sind nicht in der Lage, diejenigen zu sehen, die auf ihre Vorhut schießen. Dieses wichtige Prinzip machten wir uns zunutze: den Feind dann anzugreifen, wenn er am schwächsten oder am verletzlichsten war. Wenn wir ihre Stützpunkte angegriffen hätten, wäre es in unseren Reihen immer zu Todesfällen gekommen. Wir hätten Munition verbraucht und das Ziel nicht immer einnehmen können, während der Feind verschanzt und in größerer Sicherheit war und über mehr Informationen verfügen konnte. Wir entwickelten mögliche Taktiken. Ich will nicht zu sehr ins Detail gehen, aber wir haben gelernt, gegen einen weitaus stärkeren Gegner zu kämpfen, dabei war die Kolonne 1 die Grundausbildung.

In Mexiko wurden Sie einmal während des Trainings verhaftet. Können Sie sich daran erinnern?
Ja, das ist eine ganz eigene Geschichte. Wir wurden verhaftet, ich fast zufällig gefangen genommen. Hier ein Papierchen, dort ein Zettelchen, das die mexikanische Polizei in den Hosentaschen einiger Gefangener fand, einiger Leute von uns – irgendeine Adresse oder Telefonnummer. Niemand hatte auch nur das Geringste verraten.

Wir hatten Glück, dass wir auf die Bundespolizei und nicht auf die Geheimpolizei gestoßen waren. Der Leiter dieser Einheit war ein Armeeoffizier. Sie glaubten zunächst, wir seien Schmuggler oder so etwas, denn wir hatten Schutzmaßnahmen ergriffen, um nicht von Batistas Schergen entführt zu werden. Unsere Aktivitäten schienen ihnen seltsam. Es war ein Wunder, dass sie uns im darauf folgenden Zwischenfall nicht erschossen.

Batista besaß durch Bestechung Einfluss auf die Geheimpolizei, und er hatte Pläne, uns in Mexiko zu entführen. Wir waren gezwungen, Maßnahmen zu unserem Schutz zu ergreifen, und als wir uns eines Nachts in einer gewagten Aktion von einem Haus zu einem anderen bewegten, wurden einige Vertreter der Bundespolizei, die in einer anderen Angelegenheit unterwegs waren, auf uns aufmerksam und verhafteten uns. Sie gingen sehr geschickt vor. Zu Fuß verließ ich meinen Standort – denn wir hatten seltsame Manöver einiger Autos beobachtet – und konnte Ramirito etwa dreißig, vierzig Meter hinter mir auf dem linken Gehsteig ausmachen. Ich bewegte mich auf dem gleichen Gehsteig weiter bis zur nächsten Ecke. Es gab nur sehr wenige Wohnhäuser in dieser Gegend, und an dieser Ecke stand ein Haus, an dem noch gebaut wurde. Plötzlich näherte sich von hinten, von der gleichen Straße kommend, ein Wagen, bremste scharf, sehr nah an der Ecke, und eine Gruppe von Männern sprang heraus. Ich versteckte mich hinter einem Pfosten und versuchte, eine automatische Pistole mit fünfundzwanzig Schuss herauszuholen. In genau diesem

Moment stieß mir jemand eine Pistole in den Nacken. Es war ein Mann von der Bundespolizei. Ramiro hatten sie festgenommen – es begann eine lange Odyssee für uns in Mexiko.

Was war passiert? Während ich glaubte, Ramirito und Universo Sánchez als Nachhut hinter mir zu haben, hatten sie sie einkassiert, und in dem Augenblick, als ich mich verteidigen wollte, setzten sie mich von hinten außer Gefecht. Sie können sich vorstellen, wie viele Sekunden ich überlebt hätte, wenn ich es geschafft hätte, zu schießen. Sie nahmen mich genau in dem Moment fest, als ich die Waffe ziehen wollte. Sie glaubten, sie hätten Schmuggler verhaftet, oder so etwas. Das Drogenproblem existierte zu dieser Zeit kaum, die Aufmerksamkeit der Behörden konzentrierte sich mehr auf Schmuggel. Sie brachten uns in ihre Zentrale.

Was uns sofort beruhigte, war die Tatsache, dass sie mit uns sprachen. Es waren harte Männer, die ziemlich energisch vorgingen. Sie handelten bei dieser Festnahme und der darauf folgenden Untersuchung wirklich sehr professionell, denn sie verfügten über irgendein Papierchen und hatten den Faden minutiös aufgerollt. Wie ich gelitten habe, als mir einfiel, dass Cándido – einer der Kameraden, die immer an meiner Seite waren – mir einen Zettel mit der Telefonnummer des Hauses in die Tasche gesteckt hatte, wo wir einen Großteil unserer besten Waffen versteckt hatten. Nur wir beide wussten davon! Ich hatte nicht mehr an dieses Zettelchen gedacht, und zum Glück kamen die Agenten nicht auf die Idee, diese Telefonnummer näher zu überprüfen. Das hätte das Ende für uns bedeutet. Aber auf anderen Wegen fanden sie viele unserer Waffen und beschlagnahmten sie. Man muss jedoch anerkennen, dass sie uns mehr respektierten, je besser sie uns kennenlernten.

Che war zum Zeitpunkt der Festnahme nicht bei Ihnen?
Nein. Che wurde im Camp verhaftet, wo wir trainierten. Auf der Santa Rosa Ranch in Chalco, die ganz am Rand der Stadt liegt. Sie hatten Hinweise auf diesen Ort erhalten und waren auf der Suche nach ihm. Eines Tages sagte mir ihr Boss: »Wir kennen Ihr Trainingslager bereits.« Es war wie ein Spiel oder eine Herausforderung. Sie hatten lange gesucht, und ich weiß nicht, wie sie uns auf die Schliche kamen. Sie erhielten Informationen von irgendjemandem darüber, dass es in der Gegend um Chalco seltsame Manöver einer Gruppe von Kubanern gegeben habe, und teilten mir den exakten Ort mit, wo die Ranch stand. Ich wusste, dass sich dort etwa zwanzig unserer Leute aufhielten und dass sie bewaffnet waren. Angesichts dieser präzisen Information sprach ich

den Leiter der Bundespolizei an: »Ich möchte Sie um etwas bitten. Erlauben Sie mir, mit Ihnen dorthin zu gehen, um eine Konfrontation zu vermeiden.« Er war einverstanden. Wir kamen dort an, und ich bat sie, mich allein zu lassen. Ich sprang über ein Tor und zeigte mich. Die Compañeros freuten sich, weil sie dachten, ich sei freigelassen worden. Ich sagte ihnen: »Nein, nein, ruhig, bewegt euch nicht!« Dann erklärte ich ihnen, was passiert war.

Da wurde Che verhaftet. Einige waren draußen auf dem Land oder außerhalb des Hauses und konnten sich retten. Bayo war einer von ihnen. Er wurde nicht festgenommen, er war nicht da. Kurioserweise hatte er einige Wochen zuvor zwanzig Tage lang gefastet, nur um seine Willensstärke zu beweisen. Er war ein Spartaner. Während des Spanischen Bürgerkrieges hatte er eine Expedition zu den Balearen geleitet, konnte die Inseln aber nicht von den Franquisten befreien.

Nach jedem militärischen Abenteuer und seinem unaufhaltsamen Scheitern schrieb er ein Buch, und er arbeitete bereits an einem, während wir in Gefangenschaft waren: »Meine gescheiterte Expedition nach Kuba«.

Er war ein Genie bis zu seinem Tod, dieser Spanier, der in Kuba geboren und auf den Kanarischen Inseln aufgewachsen war.

Und er wurde nicht verhaftet?
Nein. Bayo wurde nicht verhaftet, weil er gerade nicht anwesend war. Aber sie beschlagnahmten Dutzende von Waffen, die wir dort aufbewahrt und mit denen die Compañeros trainiert hatten, wobei das nicht die besten und präzisesten waren. Diese Gewehre hatten kein Zielfernrohr. Auf der Ranch gab es eine kleine Milchwirtschaft und Ziegenkäse. Die Bewirtschaftung wurde von unseren freundlichen Nachbarn verwaltet und war die Tarnung für unser Ausbildungslager.

Aber die Polizei, wie schon gesagt, hatte mühselig nachgeforscht, war einigen Hinweisen nachgegangen und hatte schließlich den Ort gefunden. Dort war es, wo Che verhaftet wurde.

Waren Sie zusammen im Gefängnis?
Ja, wir waren fast zwei Monate zusammen im Gefängnis. Wann brachte er uns in Schwierigkeiten? Als sie Che verhörten und ihn fragten: »Sind Sie Kommunist?«, antwortete er: »Ja, ich bin Kommunist.« Daraufhin schrieben die Zeitungen in Mexiko, dass es sich um Kommunisten handelte, die konspirierten, um »die Demokratie zu beseitigen«, und was sonst noch alles. Sie brachten

Che vor den Staatsanwalt, der ihn befragte, und er fing auch noch an, mit ihm über Stalin zu diskutieren, über den Personenkult und die Kritik an Stalin. Können Sie sich das vorstellen? Che, vertieft in eine Grundsatzdiskussion mit der Polizei, dem Staatsanwalt und den Einwanderungsbehörden über die Fehler Stalins. Das war im Juli 1956, und im Februar desselben Jahres hatte es die Chruschtschow'sche Kritik an Stalin gegeben.[11] Che vertrat natürlich die offizielle Position des sowjetischen Parteikongresses. Er sagte ihnen: »Ja, sie haben hier und da Fehler gemacht«, und verteidigte seine Theorie und seine kommunistischen Ideen. Stellen Sie sich das vor! Für ihn als Argentinier war das in diesem Augenblick sehr gefährlich. Ich bin fest davon überzeugt, dass es in solchen Situationen, wenn das ganze Projekt gefährdet ist, am besten ist, dem Feind falsche Informationen zu geben. Aber Che, der von der epischen Literatur des Kommunismus sehr stark beeinflusst war, konnte man keinen Vorwurf für diesen taktischen Schlamassel machen, der ihn nicht daran hinderte, mit uns nach Kuba zu reisen.

Wir beide waren die Letzten, die freikamen. Ich wurde sogar, glaube ich, einige Tage vor ihm freigelassen. In Bezug auf die festgenommenen Kubaner intervenierte Lázaro Cárdenas[12], und die Besorgnis, die er ausdrückte, verhalf uns zu unserer Befreiung. Er wurde vom Volk verehrt, und seine moralische Autorität konnte jede Gefängnistür öffnen.

Man sagt, dass Che eher trotzkistische Tendenzen hatte. Teilten Sie in jenem Moment dieses Gefühl?
Nein, nein, lassen Sie mich Ihnen sagen, wie Che wirklich war. Che besaß bereits eine politische Kultur. Natürlich hatte er eine Menge Bücher über die Theorien von Marx, Engels und Lenin gelesen. Er war Marxist. Ich habe ihn nie über Trotzki sprechen hören. Er verteidigte Marx, er verteidigte Lenin, und er kritisierte Stalin. Sagen wir mal, er kritisierte damals den Personenkult und die Fehler Stalins; aber über Trotzki habe ich ihn nie sprechen hören. Er war Leninist, und in gewisser Weise erkannte er auch einige Verdienste Stalins an. Die Industrialisierung und andere Dinge zum Beispiel.

Ich selbst war tief in meinem Innersten wegen einiger seiner Fehler kritischer. Ich bin der Meinung, dass er die Verantwortung dafür trägt, dass die Sowjetunion 1941 von der mächtigen Militärmaschine Hitlers überrollt wurde, ohne dass die sowjetischen Streitkräfte in Alarmbereitschaft versetzt worden wären. Stalin hat außerdem schwere Fehler begangen. Seinen Machtmissbrauch und die Willkür, mit der er handelte, brauche ich nicht zu erwähnen. Dennoch hat er auch Leistungen vollbracht. Die Industrialisierung der Sowjetunion sowie die Verlagerung und Entwicklung der Militärindustrie nach Sibirien waren entscheidende Faktoren im Kampf der ganzen Welt gegen die Nazis.

Wenn ich das analysiere, dann bewerte ich seine Leistungen und zugleich seine großen Fehler. Einer dieser Fehler war die Säuberung der Roten Armee aufgrund einer Intrige der Nazis, womit er die UdSSR kurz vor dem faschistischen Prankenschlag militärisch schwächte.

Er hat sich selbst entwaffnet.
Er hat sich entwaffnet, geschwächt und anschließend das verheerende deutsch-sowjetische Ribbentrop-Molotow-Abkommen, den Hitler-Stalin-Pakt, unterzeichnet und andere Dinge mehr. Ich habe schon davon gesprochen. Weiteres werde ich dem nicht hinzufügen.

8

IN DER SIERRA MAESTRA

Die Granma *– Alegría de Pío – Erste Siege – Che im Kampf – Raúl und Camilo – Strategien der Kriegführung – Die Niederlage Batistas – Triumph der Revolution*

Sie gingen am 2. Dezember 1956 in Alegría de Pío an Land, und kurz darauf wurden Sie Opfer eines verheerenden Angriffs.

Das war am 5. Dezember. Wir hatten all unsere Navigationsübungen mit einem leeren Schiff gemacht, ohne viel Ahnung von der Seefahrt. Als wir die *Granma* mit zweiundachtzig Männern, Waffen, Munition, Verpflegung und zusätzlichem Treibstoff beluden, verlor sie an Geschwindigkeit, und wir kamen erst nach sieben, anstatt wie geplant nach fünf Tagen an, mit einem minimalen Rest Benzin in den Tanks. Wir hatten uns zwei Tage verspätet, und drei Tage nach der Landung griffen sie uns an.

Im Morgengrauen des 5. Dezember marschierten wir von Alegría de Pío in Richtung der Berge, die noch ein ganzes Stück weit von uns entfernt lagen. Wir kamen nahe an einem kleinen Berg vorbei, dessen Fläche nicht mehr als einen Hektar betrug, liefen vielleicht ein- oder zweihundert Meter weiter auf den großen Berg zu, der zwischen der Küstenlinie mit dem Meer im Süden und dem von Zuckerrohr und Weide bedeckten flachen und fruchtbaren Landstreifen im Norden liegt. Wir erreichten den Rand eines Waldes, erkundeten ihn und schwärmten über mehrere Hundert Meter aus. Es war ein guter Ort, von dem aus man einen großen Teil des Weges, den wir nunmehr zurückgelegt hatten, überblicken konnte, aber der Boden war steinig und uneben. Gegen Ende des Tages zeichnete sich ab, dass wir eine weitere Nacht durchmarschieren mussten, um aus der Belagerungszone herauszukommen. Einige unserer Compañeros waren völlig erschöpft. Ich beschloss, auf dem kleinen Berg mit seinem weichen Boden zu kampieren, nur wenige Meter von einem Feld mit frischem Zuckerrohr entfernt, von dem wir problemlos essen konnten. Die Männer legten sich mit ihren jeweiligen Truppen hin, um auszuruhen und die Nacht abzuwarten, die Wachen nur hundert Meter von uns entfernt. Zu großes Vertrauen.

Es war Nachmittag, als feindliche Flugzeuge begannen, die Gegend zu erkunden. Gegen 16.00 Uhr flogen Jagdflugzeuge mit rasender Geschwindigkeit über den kleinen Wald. Gegen 17.00 Uhr fielen die ersten Schüsse, und nur Sekunden später wurde ein Infanteriefeuer eröffnet, als wir durch den ohrenbetäubenden Lärm der Jagdflugzeuge abgelenkt waren. Wir wurden überrascht.

Totale Auflösung. Ich blieb mit zwei weiteren Kameraden allein in dem Zuckerrohrfeld zurück, in das ein Teil unserer Leute sich gerade zurückzog oder das sie überqueren wollten. Jeder Mann oder jede kleine Gruppe erlebte eine eigene Odyssee. Wir drei, im Zuckerrohr versteckt, warteten die Nacht ab und gingen in Richtung des großen Waldes und versuchten dort, ein wenig Schlaf zu bekommen. Truppenstärke: drei Mann; Anzahl der Waffen: mein Gewehr mit neunzig Kugeln und das von Universo Sánchez mit dreißig. Das war alles, was unter meinem Kommando geblieben war.

Das Gebiet war voller Soldaten. Wir mussten Richtung Osten gehen und die verstreuten Männer so weit wie möglich sammeln. Ich war dafür, am Rand des Waldes entlang in Richtung Osten vorzurücken. Faustino Pérez, der ebenso wie ich einer der Anführer der Bewegung war, schlug vor, ein großes Zuckerrohrgebiet zu durchqueren, wo die Pflanzen noch jung und höchstens einen Meter hoch waren. Das bedeutete, dass man uns von überall her sehen konnte. Ich reagierte falsch, denn ich war wütend über die Sturheit Faustinos und sagte: »Du meinst, da lang? Na gut, dann gehen wir eben da lang!« Man kann sich meinen Gemütszustand leicht vorstellen, als ich sah, wie innerhalb von Minuten die Anstrengungen von fast zwei Jahren zunichtegemacht wurden. Es war völliger Unsinn, in diese Richtung zu gehen. Wir waren bereits einige Kilometer bei vollem Tageslicht marschiert, als ich ein mittelgroßes ziviles Flugzeug ausmachte, das über uns seine Runden drehte, in etwa 1000 Meter Höhe. Ich wurde mir der Gefahr bewusst, und wir beschleunigten unseren Schritt. Vor uns ein zerstörtes Zuckerrohrfeld und drei Marabusträucher – eine Stachelpflanze, die spontan auf verwahrlosten Böden wächst –, jeweils etwa im Abstand von dreißig Metern voneinander entfernt. Im ersten Gestrüpp versteckten wir uns. Das Flugzeug, das uns beobachtet hatte, wartete auf die Jäger, die in diesem Augenblick auch schon zur Stelle waren und das dritte Gestrüpp beschossen, sechzig Meter von uns entfernt. Wenige Meter von unserem Standort begann ein weiteres altes Zuckerrohrfeld. Ich sagte, dass wir umgehend das Gestrüpp verlassen müssten, das einen Durchmesser von höchstens zehn Metern hatte, und wir legten uns unter die Blätter und das Stroh des nahegelenen Zuckerrohrfeldes. Fast im gleichen Augenblick beschossen die Jäger aus Osten kommend unser Gebüsch und überzogen es mit mehreren Maschinengewehrsalven, die uns unendlich vorkamen. Die Erde bebte unter den Schüssen der acht Maschinengewehre Kaliber 50, mit denen jedes Einzelne der Flugzeuge ausgerüstet war. Wenige Meter vom Marabustrauch entfernt, rief ich nach jeder Maschinengewehrsalve laut nach Universo und Faustino, den ich, trotz seines Dickkopfes, sehr schätzte und aufgrund seiner revolutionären Fähigkeiten immer schätzen werde. Keiner von uns dreien wurde getötet oder verletzt. Eine kurze Feuerpause erlaubte es uns, dreißig oder vierzig Meter weiterzukommen, dorthin, wo das Zuckerrohr höher und dichter stand. Es war unmöglich, weiter wegzugehen. Die Maschinengewehrsalven hatten aufgehört, und über uns kreisten die Suchflugzeuge, die Gegend aus geringer Höhe absuchend, eins nach dem anderen. Wir begruben uns unter den Blättern und dem Stroh und bewegten uns keinen Millimeter.

Damals durchlitt ich einen der dramatischsten Momente meines Lebens. Ich wurde in diesem Zuckerrohrfeld müde, furchtbar müde, wenige Meter von der Stelle entfernt, die sie beschossen hatten. Ich sagte mir: »Mit Sicherheit kommen sie mit Bodentruppen, um das Resultat ihres ungleichen Angriffs zu begutachten.«

Sie konnten nicht wissen, wer die Männer waren, die sich da draußen im Feld befanden. Aber wer immer die Angreifer auch waren, sie handelten in blinder Wut. Ich weiß nicht genau, wie spät es war. Ich weiß, dass wir von Blättern und Stroh des Zuckerrohrs bedeckt lagen, weil eines der Flugzeuge unaufhörlich über uns kreiste und das Gebiet überwachte, sodass wir uns nicht bewegen konnten. Unter diesem Zuckerrohr und in dieser Situation brach die ganze Erschöpfung der letzten Tage über mich herein.

Das war eine der dramatischsten Erfahrungen Ihres Lebens?
Ja, von allen, die ich erlebt habe, war es diese, an diesem Nachmittag und zu dieser Stunde – keine andere kam der gleich. Ich habe Ihnen ja schon von Sarría erzählt, als sie mich nach dem Angriff auf die Moncada-Kaserne gefangen genommen hatten.

Ja, aber diese war schlimmer, oder?
Ich erinnere mich, dass ich die Müdigkeit fast nicht mehr im Zaum halten konnte. Mein Gewehr hatte zwei Abzüge: Der eine erleichterte die Berührung

des anderen, und den anderen musste man dann nur noch antippen, um einen präzisen Schuss abzugeben. Mein Gewehr hatte ein Zielfernrohr mit zehnfacher Verstärkung.

Was tat ich in dieser Situation? Als ich spürte, dass ein Einschlafen nicht mehr zu verhindern war, legte ich mich auf die Seite und platzierte den Gewehrkolben zwischen meine Beine und die Spitze des Laufs unter mein Kinn. Ich wollte nicht, dass sie mich lebend in die Finger bekämen, falls der Feind mich im Schlaf überraschte. Es wäre besser gewesen, eine Pistole zu haben: Die ziehst du leicht und richtest sie gegen deinen Feind oder gegen dich selbst; mit einem solchen Gewehr machst du nichts, wenn sie dich im Schlaf erwischen. Wir lagen unter dem Stroh, das Flugzeug über uns. Da ich mich nicht bewegen konnte, fiel ich in einen tiefen Schlaf. Ich war so erschöpft, dass ich etwa drei Stunden lang schlief. Gegen Abend begann es, etwas frischer zu werden.

Trotz dieser tragischen Landung und der Verluste haben Sie sich nicht entmutigen lassen?
Nein. Wir begannen, uns mit zwei Gewehren neu zu organisieren. Zwei Wochen später trafen wir an einem Ort auf Raúl, der mit fünf weiteren Gewehren gekommen war. Mit den zweien von uns waren das schon sieben. Zum ersten Mal sagte ich: »Jetzt werden wir den Krieg gewinnen!« Ich erinnerte mich an das, was Carlos Manuel de Céspedes den Pessimisten entgegnet hatte, als ihm in einer ähnlichen Situation nur zwölf Männer geblieben waren: »Wir haben noch immer zwölf Männer! Die reichen aus, um die Unabhängigkeit Kubas zu erlangen.« Raúl und ich hatten immer die gleiche Vorstellung: In die Berge gehen und den Krieg fortsetzen.

Es gab also einen Zeitpunkt, wo wir unseren Kampf mit sieben Gewehren fortsetzten; aber wir wurden nun schon von Bauern unterstützt, die ein paar Gewehre gesammelt hatten – von Kameraden von uns, die ermordet worden waren oder die Waffen irgendwo versteckt hatten, um sie später wieder abzuholen. So brachten wir siebzehn Kriegswaffen zusammen, und mit diesen errangen wir unseren ersten Sieg.

Was war das für ein erster Sieg?
Den ersten Kampf führten wir gegen eine gemischte Patrouille aus Infanterie- und Marinesoldaten. Das war am 17. Januar 1957, sechsundvierzig Tage nach unserer Landung am 2. Dezember 1956. Unser erster siegreicher Kampf, der erste kleine, aber symbolische Kampf. Fünf Tage später ging ein Trupp von Fall-

schirmjägern einer Kolonne von insgesamt 300 Mann als Vorhut voraus und geriet in einen von uns minutiös vorbereiteten Hinterhalt. Sie hatten etwa fünf Tote zu verzeichnen, und wir erbeuteten eine halb automatische Garand mitsamt Munition. Es würde lange dauern, die ganze Geschichte der ersten beiden Siege zu erzählen: La Plata und Los Llanos del Infierno de Palma Mocha. Aus den neunzehn Männern, die die erste Schlacht geschlagen hatten, waren nun dreißig bewaffnete Männer geworden.

Danach kamen wir in große Schwierigkeiten – wegen eines beklagenswerten und schändlichen Verrats durch den einzigen Führer, den wir hatten. Wir waren wieder nur noch zwanzig und später zwölf Mann. Nachdem wir uns von der Landung und dem harten Rückschlag von Alegría de Pío erholt und recht schnell die Truppe wieder aufgebaut hatten, kam es zu diesem Verrat.

Welches waren die größten Schwierigkeiten in dieser ersten Phase?
Was das Schwierigste war? Das Lernen. Wenn wir mit den zweiundachtzig Mann von der *Granma* an dem Ort, der für die Landung vorgesehen war, an Land gegangen wären, dann hätte der Krieg möglicherweise nur sieben Monate gedauert. Warum? Aufgrund der Erfahrung. Mit dieser Truppe – den fünfundfünfzig Gewehren mit Zielfernrohr, exzellenten Schützen und unserer Erfahrung – hätte der Krieg nicht einmal sieben Monate gedauert. Auf der *Granma* hatte ich die fünfundfünfzig Gewehre treffsicher auf eine Entfernung von 600 Metern eingestellt. Wir hatten Gewehre dreier verschiedener Marken, und alle hatten unterschiedliche Spannung, je nach dem verwendeten Stahl oder der Art der Munition. Auf der *Granma* habe ich in mehr als zwei Tagen mittels einer geometrischen Formel alle Waffen auf die gleiche Entfernung eingestellt.

Che litt unter Asthma, was sicherlich ein ernstes Hindernis in einem Partisanenkrieg ist. Dennoch haben Sie sich, als es darum ging, die Truppe für die *Granma* zusammenzustellen, dafür entschieden, ihn mitzunehmen, während andere außen vor blieben. Gab es später Probleme aufgrund seines Asthmas?
Che kam natürlich mit auf die *Granma*. Alles wurde ordentlich vorbereitet. Jeder musste zu jedem Augenblick bereit sein, aufzubrechen. Niemand wusste, wann das sein würde. An diesem Abend, dem 24. November 1956, als wir uns zu einem Haus am Rand des Río Tuxpan in Bewegung setzten, hatte Che sein Asthmaspray nicht dabei. Trotzdem kam er selbstverständlich mit auf die *Granma*.

Ohne seine Asthmamedikamente?
Ja. Und einige Wochen später, dort in der Sierra, nach dem Treffen mit dem Journalisten der *New York Times*, Herbert Matthews[1], im Februar 1957 – wir waren bereits wieder zwanzig Kämpfer, mit dem Gelände immer vertrauter, abgehärteter im Überlebenskampf, und wir entwickelten uns unter der unversöhnlichen und unnachgiebigen Verfolgung eines in seinem Berufsstolz verletzten und von Verachtung für unsere kleine Kraft erfüllten Feindes –, da brachte uns Ches Asthma in eine komplizierte Lage.

Wir wurden von einer starken Kolonne angegriffen. Aufgrund eines starken Asthmaanfalls Ches hatten wir uns bei unserem Marsch gefährlich verspätet. Che konnte in diesem Moment kaum noch laufen. Wir mussten einen sehr steilen Abhang hinauf, stiegen bergauf in Richtung eines Waldstücks, und plötzlich tauchte eine Kolonne von etwa 300 Soldaten auf, die an der linken Flanke vorrückte, oberhalb von uns, und als sie uns ausmachten, gerieten wir unter Mörser- und Gewehrfeuer. Wir stiegen trotzdem kontinuierlich weiter auf, um das Waldgebiet vor dem Feind zu erreichen, und mussten Che richtiggehend hinter uns herschleppen. Es war schon spät, und die Nacht brach herein. Wir erreichten den Wald, wenige Minuten bevor ein heftiger Regenguss über die gegnerischen Truppen hereinzubrechen begann – wir waren nicht mehr als 600 oder 700 Meter voneinander entfernt. Das Wasser zwang uns, ohne Rast auf die andere Seite des Gipfels zu gelangen, wo wir mitten in der Nacht auf einige Bauernfamilien trafen, deren Häuser mehrere Hundert Meter voneinander entfernt lagen. Wir froren und waren völlig durchnässt. Che konnte sich gar nicht mehr bewegen.

Hatte er einen Asthmaanfall?
Ja, einen wirklich schlimmen. Das hat uns in eine sehr knifflige Situation gebracht. Es gab kein Medikament. In Manzanillo, wo wir uns mit Matthews getroffen hatten, hätten wir das leicht besorgen können, aber Che hatte kein Wort gesagt. Er war jetzt völlig hilflos, und uns saß die Armee im Nacken. Es war nicht zu erwarten, dass sie sich in der Nacht vorwärtsbewegen würde auf dem dunklen, schlammigen Waldweg. Aber sicher würde sie es im Morgengrauen tun, direkt bis zu unserem Aufenthaltsort.

Ich stellte mich den Bauern mit aller Ernsthaftigkeit als Oberst der Batista-Armee vor. Das war nichts Seltsames, wenn man die nahen Explosionen der Mörser und das intensive Gewehrfeuer, das bis vor Kurzem zu hören gewesen war, bedachte. Manchmal war dieser Trick notwendig, denn die Bauern erschraken am Anfang sehr, wenn sie von einer Gruppe Rebellen aufgesucht wurden – aufgrund der Repressalien, denen sie dann möglicherweise vonseiten der Armee ausgesetzt waren. Aber meine falsche Identität hatte einen Makel: Ich war zu dezent. Ich sagte mir: »Ich muss diese beiden Männer genau auskundschaften, denn irgendwie muss ich es schaffen, dass einer von ihnen die Medizin besorgt.« Stundenlang sprach ich dort mit den Männern. Ich werde den Namen des einen, der wirklich ein Anhänger Batistas war, nicht nennen. Er sagte: »Grüßen Sie mir meinen General, sagen Sie ihm dies und jenes.« Wie freundlich er mich behandelte! Der andere sprach etwas gelassener. Zu Isaac – so hieß er – sagte ich: »Nun, was halten Sie von diesem Mann?«, indem ich mich auf Batista bezog. Er antwortete: »Wissen Sie, ich war ein Orthodoxer.« Die Partei, die Isaac erwähnte, war vollkommen gegen Batista. »Hören Sie«, sagte er dann weiter, »man muss aber auch berücksichtigen, was dieser Mann alles getan hat.« Damit meinte er Batista. Ich dachte an all die Häuser, die seine Truppen in der Sierra Maestra verbrannt, an die Schrecken, die sie verbreitet, und an die Leute, die sie ermordet hatten. Ich spürte sofort, dass dies der Mann war, den ich brauchte, ich hatte ihn genau beobachtet. Er sympathisierte nicht wirklich mit Batista, und ich sagte: »Hören Sie, Isaac, ich bin kein Oberst, ich bin Fidel Castro.« Seine Augen leuchteten vor Freude auf.

Ich erklärte ihm: »Wir sind in einer sehr schwierigen Lage. Einer unserer Kameraden benötigt dringend ein Medikament aus Manzanillo, und wir brauchen einen Ort, an dem wir ihn verstecken können, sodass er nicht gefunden wird.« Wir gaben ihm Geld, mit dem er im Morgengrauen nach Manzanillo aufbrechen sollte, um das Medikament zu besorgen, und er ging.[2]

Wir ließen Che an einem gut versteckten Ort mit seiner Schusswaffe und einem unserer Kameraden zurück. Mit dem Rest der Truppe, zu diesem Zeitpunkt achtzehn Mann, stiegen wir den gleichen Weg auf, den auch die Armee nutzen musste. Ein breiter und schlammiger Weg bis Minas del Frío.

Jetzt marschierten wir schnell. Seit den ersten Kämpfen trug Guillermo García[3] die Uniform eines Unteroffiziers und einen Helm, den wir erbeutet hatten. Wir litten schon psychisch unter dem Hunger, und so schickten wir immer jemanden voraus, um etwas vorzubereiten. Wir waren schon oben in der Maestra[4], als es Verwirrung über den Vorstoß der feindlichen Truppe gab, die unserer Gruppe, die wegen verschiedener Aufgaben verstreut war, am nächsten kam. Fazit: Von den achtzehn Männern, die wir noch waren, gingen sechs auf die eine Seite – es waren alles Bauern, die sich uns angeschlossen hatten –, und wir auf der anderen blieben zu zwölf übrig, alle von der *Granma*.

An diesem Tag hielt Batistas Armeechef – stellen Sie sich diesen Zufall vor! – im Hauptquartier der Armee in Columbia eine Rede und verkündete: »Wir werden so lange auf den Krug einschlagen, bis der Boden herausbricht. Es sind nur noch zwölf, und sie werden sich entweder ergeben oder flüchten müssen, wenn sie können.« Che war in diesem Moment nicht bei uns. Er hielt sich noch immer an besagtem Ort auf. Der Bauer José Isaac hatte seine Mission erfüllt.

Er hat das Medikament besorgt?
Er brachte das Medikament. Als wir uns trennten, gab ich Che eine Aufgabe. Er sollte den Nachschub an Männern und Waffen, die Frank País aus Santiago schicken würde, empfangen und auf mich warten. Währenddessen führte ich mit einer kleinen Abteilung eine Erkundung in Richtung Osten der Sierra Maestra durch. Die Angeworbenen – das konnten wir Monate später beobachten – hatten einen Nachteil: Sie hatten weniger Erfahrung, und daran konnte beispielsweise ein Hinterhalt oder eine andere Operation scheitern. Sie waren aber entschlossener, denn sie wollten in ein, zwei oder drei Monaten das erreichen, wozu, wie sie gehört hatten, andere ein Jahr gebraucht hatten. In solchen Situationen sind Rekruten besser, vorausgesetzt sie haben gute und erfahrene Anführer.

Als mehrere Wochen später die Verstärkung kam, gab es Probleme, weil Che Argentinier war und sie ihn gewissermaßen chauvinistisch behandelten.

Wurde Che immer noch als Argentinier angesehen?
Er war noch kein Comandante. Er war der Arzt unserer Truppe, der sich auszeichnete durch …

Wie verhielt er sich als Truppenarzt?
Che blieb bei den Verletzten und behandelte sie mit Sorgfalt. So war er. Als Arzt blieb er bei den Kranken, denn in dieser wilden und bewaldeten Gegend, wo unsere Kämpfer aus allen Richtungen angegriffen wurden, war die wichtigste Gruppe die, die sich nach dem Kampf in Bewegung setzte und eine sichtbare Fährte hinterließ, damit sich der Arzt und die Verletzten an einem sicheren Ort in der Nähe gefahrlos niederlassen konnten. Er war lange Zeit der einzige Arzt, bis sich weitere unserem Kampf anschlossen.

Nach dem ersten Kampf hatten wir den Hinterhalt für die Fallschirmjäger geplant; jetzt waren wir dreißig bewaffnete Männer. Weder im ersten noch im zweiten Kampf hatten wir Verletzte, sodass es für Che als Arzt nichts zu tun gab.

Der härteste Kampf war, als wir die Kaserne in Uvero direkt an der Küste angriffen.[5] Eine für uns alle sehr riskante Aktion, denn als wir in den Bergen die feindlichen Truppenbewegungen beobachteten, um einen harten Schlag auszuüben, erfuhren wir von der Landung bewaffneter Kubaner im Norden der Provinz. Sie gehörten einer anderen Organisation an, die sich mit niemandem absprach. Wir dachten an unsere großen Schwierigkeiten und Leiden in den ersten Tagen und beschlossen aus reiner Solidarität eine Aktion, die, vom militärischen Standpunkt betrachtet, nicht besonders sinnvoll war und lediglich darin bestand, eine feindliche Einheit anzugreifen, die sich direkt am Ufer des Meeres an der südlichen Küste der Sierra verschanzt hatte, nicht fern unserer Zone.

Das war eine tollkühne Aktion, und wir führten sie durch, um einer Gruppe zu helfen, mit der wir nicht einmal in Kontakt standen. Aber es waren Landsleute, und wir wussten, was ihnen passieren könnte. Auch setzten wir bereits großes Vertrauen in uns. Um sie zu unterstützen, wurden wir unserer Doktrin untreu. Bei dem draufgängerischen Angriff wurde ein Drittel der Mitstreiter verletzt oder getötet. Wir agierten am helllichten Tag. Glücklicherweise konnten wir gleich zu Beginn die Kommunikation des Feindes zerstören, sodass weder Kriegsschiffe noch Flugzeuge dort auftauchten.

Ich hatte das Gewehr mit dem Zielfernrohr dabei, das ich Ihnen gezeigt habe,[6] und in diesem Stadium war ich es, der den ersten Schuss abgab. Das war der Befehl für den Start der Operation. Stellen Sie sich vor, was für eine Schießerei es in dieser aus Holz gebauten Kaserne gab; von den sieben Vögeln, Papageien übrigens, die dort waren, starben fünf durch Kugeln. Als wir die Aktion begannen, hatten wir zwei Reservetruppen, die mit mir von einer kleinen Anhöhe aus das Ziel beschossen. Wir mussten die Reaktion der Soldaten in ihrer Garnison beobachten. Hinter der Kaserne lagen ein paar Baumstämme aufgeschichtet, denn wir befanden uns in einer forstwirtschaftlichen Zone, von der aus Holz für Santiago de Cuba verladen wurde. Hinter diesen Holzbarrikaden verschanzten sie sich ebenfalls und beschossen von dort die Anhöhe, auf der wir standen. Die Soldaten hatten außerdem Holzbunker, aus denen sie auf die Rebellentruppen schossen.

Nicht wenige Truppenführer zeichneten sich bei diesem Kampf aus. Zum Beispiel Guillermo, der an der Spitze von Männern stand, die von Westen kommend angriffen und den Bunker einnahmen, zusammen mit Furry[7] und anderen mutigen Männern der Truppe aus Santiago.

Juan Almeida[8] wurde mit seiner Gruppe umgehend, als die ersten Schüsse fielen, zum Hauptgebäude geschickt, drang zum Gebäude vor und nahm praktisch sofort den Kampf mit einer kleinen Festung auf, die links seines Weges lag. Er wurde von drei Kugeln getroffen.

Ramiro Valdés, zweiter Anführer von Raúls Truppe, informierte uns, dass neben ihm gerade Julito Díaz durch einen Schuss ins Auge gestorben sei.

Der Feind hatte sich von dem Überraschungsangriff schnell erholt und kämpfte trotz der Verluste erbittert.

Inmitten dieser komplizierten Situation schickte ich Raúl, der von Anfang an bei mir gewesen war, zu unserem Hauptziel vor, um die anderen Männer, die dort kämpften, zu unterstützen. Das war die letzte Reserve. Bei mir waren nur noch Celia[9] und vier oder fünf andere Kameraden des Generalstabs, die ebenfalls seit zwei Stunden, also seit Beginn der Operation, gekämpft hatten. Zuvor hatte ich Che zum linken Flügel abkommandiert, er hatte ein Maschinengewehr. Er befand sich in unserer Kommandogruppe und war ungeduldig, weil er die Angreifer dort unterstützen wollte. Ich schickte ihn mit zwei, drei Leuten zur Verstärkung dorthin, von wo unsere Feinde möglicherweise Unterstützung bekommen konnten, obwohl wir wussten, wo ihre Truppen waren und wie lange sie brauchen würden.

Erstaunlicherweise waren an diesem Angriff die wichtigsten Truppenführer beteiligt. Drei von ihnen, Raúl, Almeida und Ramiro, hatten zu den Angreifern auf die Moncada und zur *Granma*-Expedition gehört sowie zwei weitere, Guillermo García, der erste Bauer, der sich uns nach Alegría de Pío angeschlossen hatte, und Abelardo Colomé, »Furry«, einer der Kämpfer aus Santiago, die Frank País geschickt hatte.

Wir hatten Glück, dass die Luftwaffe nicht auftauchte, denn Flugzeuge über uns wären eine ernsthafte Angelegenheit gewesen. Oder Schiffe, die vom Meer aus ihre Kanonen auf uns gerichtet hätten, auf die Anhöhe, auf der wir ohne Schutz waren und von wo aus wir feuerten. In diesem Fall hätten wir spätestens eine Stunde nach dem Angriff den Rückzug anordnen müssen. Sie hatten automatische und halb automatische Waffen und verteidigten sich sehr heftig. Es handelte sich um eine Einheit für Sonderoperationen der Armee.

Che erfüllte seine Mission dort, wo ich ihn hingeschickt hatte. Der Kampf von Uvero dauerte etwa drei Stunden. Aufseiten des Gegners gab es elf Tote und neunzehn Verletzte, unter ihnen der kommandierende Leutnant der Kaserne. Wir verloren sieben Kämpfer und zählten acht Verletzte, einige darunter hatte es schwer getroffen. Nachdem wir gesiegt hatten, kümmerten wir uns um alle, die Hilfe benötigten. Che und der Militärarzt der Kaserne versorgten gemeinsam die Verletzten, wobei unter den Soldaten mehr waren als bei uns. Che leitete die Behandlung aller Verletzten. Sie können sich die Sensibilität dieses Mannes nicht vorstellen!

Wir beschlagnahmten fünfundvierzig Gewehre, davon vierundzwanzig halb automatische Garands, ein Browning-Maschinengewehr, etwa 6000 Patronen Kaliber 30-06 und weitere Ausrüstungsgegenstände: Pistolen, Uniformen, Stiefel, Rucksäcke, Patronengurte, Helme und Bajonette.

Einige der Gefangenen nahmen wir mit, während wir zwei unserer Leute dort lassen mussten, weil sie sich nicht bewegen konnten.

Sie haben Ihre Verletzten im Stich gelassen?
Lassen Sie es mich erklären. Wir haben die Gefangenen mitgenommen, um sicherzugehen, dass sie unsere beiden verletzten Revolutionäre nicht töten würden. Wir hatten unter keinen Umständen irgendwelche Repressalien geplant, aber so konnten wir Druck auf den Feind ausüben. Mit fünfzehn oder sechzehn Gefangenen hast du eine kleine Garantie. Hier ihre Verletzten, dort unsere beiden, so schwer verletzt, dass sie nicht transportiert werden konnten. Wir nahmen also die Gefangenen mit, die transportfähig waren.

Che kümmerte sich um die Verletzten. Er wusste, dass einer unserer Kameraden im Sterben lag, ein wunderbarer Junge. Wissen Sie, was Che tat? Er küsste den im Sterben liegenden Kämpfer. Es hat mich sehr bewegt, als er mir voller Schmerz davon erzählte. In dem Augenblick, wo ihm klar wurde, dass es keine Rettung für den verletzten Jungen geben würde, beugte er sich zu ihm herunter und küsste ihn auf die Stirn. Che wusste, dass er sterben musste.[10] Der andere überlebte. Natürlich nahmen wir alle anderen Verletzten mit, so wie wir das immer taten. Unter ihnen Almeida. Danach stieg Che zu uns auf den letzten Lastwagen. Ich schickte die Truppen vor, und wir versuchten dann, so schnell wie möglich von diesem Ort wegzukommen. Wir mussten, so schnell wir konnten, in eine höhere Zone und in den Wald gelangen, denn jeden Augenblick konnte feindliche Verstärkung eintreffen, einschließlich der Kampfflugzeuge, die nicht lange auf sich warten ließen. Einer der Soldaten hatte aus der Kaserne flüchten können und Meldung gemacht. So erfuhr der Feind von unserem Angriff.

Che schickten wir mit einer kleinen Gruppe, damit sie keine Spuren hinterließen, und mit den Verletzten, die noch dazu in der Lage waren, in ein Gebiet, wo die dort lebenden Bauern ihnen halfen. Er hatte mehrere bewaffnete Männer bei sich. Mit dieser Handvoll Leute kümmerte er sich um die Patienten. Mehrere feindliche Kolonnen näherten sich, und es war vorauszusehen, dass sie auf unseren gewagten und provozierenden Angriff reagieren würden.

Wir verteilten uns und stießen zwischen den feindlichen Truppen in Richtung Nordwesten vor. Das war die Richtung, in die sie uns verfolgen mussten, und es war ganz bestimmt kein leichter Marsch. Che und seine Gruppe bildeten in großem Abstand die Nachhut. Nach mehr als einem Monat stieß er mit seiner Gruppe und mit mehreren Bauern, die sich angeschlossen hatten, wieder zu uns. Danach war Che der Erste, dem der Rang des Comandante verliehen wurde. Es gab zwei, die sich vor allen auszeichneten: Che und Camilo.

Camilo Cienfuegos.
Ja, Camilo hatte zwar nicht Ches Intellekt, aber auch er war sehr mutig, ein vorzüglicher Anführer, beherzt und sehr menschlich. Die beiden respektierten einander und mochten sich sehr. Camilo war ein bemerkenswerter Mann, er war der Leiter unserer Vorhut in der Kolonne 1 an den schwierigsten Tagen der ersten Monate. Nun hatten wir ihn Ches Kolonne zugeteilt. Einige Zeit später marschierte er im Flachland ein und bildete schließlich auf diesem Gebiet eine Front; eine schwierige Aufgabe, mit der wir keinerlei Erfahrung hatten. Camilo hat Hervorragendes geleistet.

Sie organisierten dort bereits die verschiedenen Guerillafronten mit Che, Camilo und Ihrem Bruder Raúl?
Einen Teil der Truppe, der mit mir vom Kampf an der Küste zurückkam, ein paar sehr gute Offiziere mit ihren Männern, unter ihnen Camilo und andere, schickte ich mit Che, um die zweite Kolonne in östlicher Richtung des Pico Turquino zu bilden, unweit der ersten Kolonne. Diese bildeten die Erste Front, die ursprüngliche Kolonne, und die neue Kolonne stand unter Ches Kommando.

Zu dieser Zeit handelte die Guerillakolonne gemäß der Taktik der Bewegungskriege, also Angriff und Rückzug ohne ständigen Stützpunkt. Ich hatte immer den Befehl über Kolonne 1, während des ganzen Krieges. Aus ihr gingen all die anderen hervor; die erste war Ches Kolonne, dann kam die von Raúl, die die Sierra Maestra bis zur Bergregion im Nordosten der Ostprovinz überquerte. Mit fünfzig Männern führten sie diese Operation durch; es war die erste Überquerung der Ebene in dieser Richtung. Sie hatten ganze Arbeit geleistet und bildeten nun die Zweite Front im Osten. In diesem fernen und weiten

Territorium hatte Raúl die Aufgabe, Kolonnen zu bilden und Kommandeure zu ernennen. Es bildete sich umgehend die Kolonne von Juan Almeida, die die Dritte Front darstellte.

Die neuen Kolonnen von Camilo und Che, von Raúl, Almeida und weitere im Osten, im Nordwesten der Ostprovinz und in Richtung Zentrum des Landes, vor oder nach der letzten feindlichen Offensive, alle waren der Kolonne 1 entsprungen.

Sie hatten zu dieser Zeit keinen Zweifel, dass Che ein außergewöhnlicher Anführer war?
Er war beispielhaft, hatte viel Moral und genoss Autorität innerhalb seiner Truppe. Ich denke, er war der Revolutionär par excellence.

Es heißt, vom Charakter her war er vielleicht zu waghalsig.
Er war sehr kühn. Manchmal bevorzugte er eine Truppe, beladen mit Minen und anderem Kriegsgerät. Camilo war anders. Er hatte am liebsten eine etwas kleinere Gruppe, während Che dazu neigte, sich viel zu viel aufzubürden. Er hätte manches Mal einem Kampf aus dem Weg gehen können, aber das tat er nie. Auch das unterschied ihn von Camilo. Che war unerschrocken, doch er ging auch zu viele Risiken ein; deshalb bekräftigte ich ihm gegenüber manchmal: »Du trägst die Verantwortung für die Leute, die mit dir gehen.«

Also war er manchmal zu tollkühn?
Che hätte diesen Krieg nicht überlebt, wenn man nicht ständig seine Kühnheit und Waghalsigkeit im Zaum gehalten hätte. Denken Sie daran, bei der letzten Offensive des Feindes waren weder Camilo noch Che oder einer der anderen Anführer an vorderster Front. Ich schickte Che an die Schule für die Rekruten, wo es fast tausend von ihnen gab. Ramiro Valdés und Guillermo García befanden sich noch an dem Punkt, wo seine Kolonne kämpfte, als es zur letzten Offensive Batistas kam. Später holten wir sie auch, um die Kolonne 1 zu verstärken. Aber Che wurde der Schule zugeteilt und hatte außerdem die Verantwortung für die Verteidigung des westlichsten Sektors der Ersten Front, um der feindlichen Offensive entgegenzutreten.

Taten Sie das, um kein zu großes Risiko einzugehen?
Ja, denn sie waren Anführer, und wir brauchten sie für zukünftige strategische Operationen. Strategisch war Raúls Kolonne an der Zweiten Front, die von

Almeida an der Front von Santiago, die von Che in Las Villas und die von Camilo, die nach Pinar del Río gehen sollte.

Wir verloren im Kampf gegen die Offensive wertvolle und schlagkräftige Anführer, die sich besonders ausgezeichnet hatten. Ich blieb an der Front der Kolonne 1 fast ohne Anführer. Aber die Compañeros, die ich genannt habe, waren sehr sicher, und alle hatten die gleiche Schule: wo immer sie hinkamen, die gleiche Politik im Umgang mit der Bevölkerung, mit dem Feind, und sie verfügten über all die Erfahrungen, gesammelt in den schwierigen und kritischen Monaten unseres Krieges, zu denen jeder Einzelne von ihnen ständig Neues beigetragen hatte.

Nach der letzten Offensive Batistas schickten wir Che als Anführer einer Kolonne nach Las Villas. Mit 140 Männern und den besten Waffen – er nahm eine der Bazookas mit, die wir beschlagnahmt hatten –, gute Waffen und gute Kämpfer. Camilo ebenso. Wir hatten also zwei exzellente Anführer ausgewählt, wobei Camilo weniger Gewicht trug, Che hatte mehr dabei. Er wollte noch ein paar Panzerabwehrminen mitnehmen und dachte daran, an einem bestimmten Punkt Fahrzeuge einzusetzen, und er war fähig, sie zu benutzen, man hätte ihn autorisieren können; aber als sie aufbrachen, wurde die Zone von einem Tropensturm heimgesucht. Heftige Regenfälle überschwemmten das Einsatzgebiet und ließen die Flüsse anschwellen. Beide Kolonnen mussten zudem durch das Flachland von Camagüey ziehen, wo die »Bewegung des 26. Juli« schwach war, und 400 Kilometer in einem Gebiet zurücklegen, wo Batistas Luftwaffe eine allgegenwärtige Gefahr war. Sie mussten Hunger und schreckliche Mängel ertragen, wie man es in den historischen Dokumenten Camilos und Ches nachlesen kann.

Es ist eine großartige Leistung, dass diese Männer in Zeiten der motorisierten Infanterie und der Luftwaffe in der Lage waren, diese schlammigen Ebenen zu Fuß zu durchqueren. Selbst unter den widrigen Umständen führten sie mehrere erfolgreiche Kämpfe. All die Heldentaten wurden niedergeschrieben. Camilo hat einen minutiösen und packenden Bericht verfertigt, und Che schrieb alles in sein Feldtagebuch. Ausgehend von diesem Tagebuch schrieb er später ein Buch mit dem Titel *Episoden aus dem Revolutionskrieg*. Er hatte die Angewohnheit, das Geschehene schriftlich festzuhalten, und eine exzellente Erzählweise, sehr kurz und sehr dicht. Das Tagebuch, das er später in Bolivien schrieb, ist ein Wunder an Synthese und Knappheit.

Ich mache hier einen Einschub: Wann beschlossen Sie, sich als Symbol der Rebellion die Bärte wachsen zu lassen?
Die Geschichte der Bärte ist eine ganz einfache: Sie hat mit den Bedingungen zu tun, unter denen wir in der Guerilla lebten. Wir hatten weder Rasiermesser noch -klingen. Als wir uns im Herzen der Berge befanden, ließ jeder seinen Bart und seine Mähne wachsen, und schließlich wurde daraus eine Art Identifikation – für die Bauern und für jedermann, für die Presse, für die Journalisten waren wir die »Bärtigen«. Das hatte einen positiven Aspekt: Um einen Spion in die Guerilla einzuschleusen, musste man ihn eine ganze Weile vorbereiten, damit er einen mindestens sechs Monate alten Bart vorweisen konnte. So wurde der Bart zum Erkennungsmerkmal und gleichzeitig zu einer Schutzmaßnahme, bis er schließlich zum Symbol der Guerillakämpfer wurde. Nach dem Triumph der Revolution behielten wir die Bärte, um das Symbol aufrechtzuerhalten.

Außerdem hat der Bart einen ganz praktischen Vorteil: Man muss sich nicht täglich rasieren. Wenn Sie die fünfzehn Minuten der täglichen Rasur mit den Tagen des Jahres multiplizieren, haben Sie am Ende eines Jahres fast 5500 Minuten nur mit Rasieren verbracht. Wenn wir davon ausgehen, dass ein Arbeitstag aus acht Stunden, also 480 Minuten, besteht, gewinnen Sie pro Jahr etwa zehn Tage, die Sie der Arbeit widmen können, dem Lesen, dem Sport oder was immer Sie gern tun.

Dann haben wir noch nicht ausgerechnet, was Sie an Rasierklingen sparen oder an Seife und Lotion, an heißem Wasser. Es ist also eine sehr praktische und zudem äußerst sparsame Angelegenheit, sich den Bart wachsen zu lassen. Der einzige Nachteil ist, dass die grauen Haare zuerst im Bart auftauchen. Das führte dazu, dass einige, die sich den Bart hatten wachsen lassen, ihn sofort wieder abrasierten, als die ersten grauen Haare zum Vorschein kamen. Einfach, weil man ohne Bart jünger aussieht.

Im April 1958 gibt es einen Generalstreik gegen Batista, aber Sie und Ihre Leute in den Bergen unterstützen ihn nicht. Warum?
Am 9. April 1958 kam es zu dem Generalstreik, der scheiterte. Wir waren zu diesem Zeitpunkt gegen den Streik. Die Führung der »Bewegung des 26. Juli« kritisierte uns. Sie sagte sogar, wir seien uns der Reife, die der revolutionäre Prozess bereits habe, nicht bewusst. Trotz allem unterschrieb ich den Aufruf zum Streik aufgrund der Sicherheit, die uns die Spitze der Bewegung vermittelte. Wir unterstützten sie auch konkret mit militärischen Aktionen auf unserem Gebiet gegen die feindlichen Truppen.

Es gab Spaltungen und zum Teil Ausgrenzungen. In den Gewerkschaften beispielsweise hatten die kommunistischen Kader zwar einen wichtigen Einfluss, dennoch gab es Vorurteile gegen die Kommunisten, eine Sache, die in den Bergen nicht auftrat. In der »Bewegung des 26. Juli« selbst gab es Kader, die uns als Leute ansahen, die agitierten, die an Prestige gewannen, die etwas bewirkten und Batista das Leben schwer machten. Sie glaubten, dass dieser Kampf in einen Militärputsch im Zusammenhang mit der »Bewegung des 26. Juli« gipfeln würde, angetrieben von den Untergrundkämpfern und der Guerilla. Wir sahen uns nicht so, wir sahen uns als Keimzelle einer kleinen Armee mit Mut und Erfahrung, die mit der totalen Unterstützung des Volkes und dem revolutionären Generalstreik die feindlichen Streitkräfte zerschlagen würde.

Das war genau das, was letztlich passierte.
Ja, genau das passierte, aber das Scheitern dieses Streiks im April 1958 war hart, denn es führte zu einer Demoralisierung, die die feindlichen Kräfte zu ihrer letzten Offensive gegen uns ermutigte.

Sie griffen die Frontstützpunkte der Kolonne 1 an, den Sitz des Generalstabs und von Radio Rebelde, mit einer Truppe von 10 000 Mann, die aus vierzehn Bataillonen und zahlreichen zusätzlichen unabhängigen Einheiten der Infanterie, Artillerie und Panzern bestand und von der Luftwaffe sowie von Marineeinheiten unterstützt wurde. Sie glaubten, einem solchen Angriff könnten wir nicht standhalten. Es war das erste Mal, dass wir unser Land Stück für Stück verteidigten, und wir hatten nicht mehr als 200 Männer, als sie ihren Angriff starteten. Ich beschloss, die Truppen von den anderen Fronten zusammenzuziehen. Ich wies Camilo, der in der Ebene operierte, an, sich zu unserer Front zu begeben, schickte ähnliche Anweisungen an Almeida, damit er uns mit einem Teil seiner Truppen unterstützte, die im östlichen Gebiet der Sierra Maestra, nahe Santiago, bereits eine weitere Front eröffnet hatten. Die einzigen Truppen, von denen ich keine weitere Unterstützung anforderte, waren die von Raúl, denn die waren zu weit weg. Die Kämpfe dauerten mehr als siebzig Tage an.

Nachdem diese letzte Offensive niedergeschlagen war, hatte sich unsere Truppenstärke von 300 auf 900 bewaffnete Männer erhöht, mit denen wir fast das ganze Land einnahmen. Nach dem Ende dieses Gegenschlages organisierten wir unsere Kolonnen neu. Zuerst rüsteten wir zwei ziemlich starke neu aus: die von Che mit 140 Mann und die von Camilo mit neunzig Mann. Mit diesen beiden stießen wir bis ins Zentrum der Insel vor. Was die Zahlen angeht, scheinen sie und sind sie in der Tat ziemlich klein. Aber bezüglich ihrer Schlagkraft waren die Truppen furchterregend. Camilos Kolonne sollte bis Pinar del Río weiterziehen, aber wir hielten sie in Santa Clara auf.

Warum?
Warum wir Camilo anhielten und ihn nicht nach Pinar del Río schickten? Wir hatten bei der Planung die Geschichte der Invasion im Unabhängigkeitskrieg von 1895 im Kopf, und dieser historische Einfluss wog schwer. Aber als Camilo im Zentrum des Landes ankam, war es strategisch sinnlos, die Invasion dorthin fortzusetzen. Zudem gab es gewisse Umstände, die es sinnvoll erscheinen ließen, dass Camilo in Las Villas blieb, um die militärische Aktion und unsere Politik der Einheit zu unterstützen, die Che in diesem Gebiet vollbringen sollte. Wir wurden uns bewusst, dass wir in einer anderen Zeit lebten und dass es unter diesen anderen Umständen nicht sinnvoll war, die Invasion bis nach Pinar del Río zu führen. Also sagte ich Camilo: »Bleib hier im Zentrum und schließ dich Che an.«

Hatten Sie nach dem Scheitern der letzten Offensive Batistas beschlossen, nun in die Gegenoffensive zu gehen?
Die Rebellengruppen gewannen in allen Richtungen Kubas an Boden, ohne dass etwas oder jemand sie hätte aufhalten können. In kürzester Zeit hatten wir Batistas beste Truppen besiegt und eingeschlossen. In der Provinz Oriente gab es nicht weniger als 17 000 feindliche Soldaten. Wenn wir die operativen Kräfte und die Garnisonen hinzurechnen, denen die Fluchtwege versperrt waren, so kam keiner mehr aus dem Osten heraus, wo wir mit der Landung der *Granma* den Krieg begonnen hatten.

Zwei der drei Fregatten, über die der Feind verfügte, saßen in der Bucht von Santiago fest und hatten keine Möglichkeit, zu entkommen. Acht unserer Maschinengewehre, die wir vom Feind erbeutet hatten, kontrollierten von höheren Punkten aus die enge Ausfahrt der Bucht und hätten die Decks schlichtweg leer fegen können.

Nachdem der Krieg zu Ende war, besuchte ich die Fregatten und sah, dass sie unter den Maschinengewehrsalven zusammengebrochen wären. Sie hätten ihre Kommandozentrale verloren, und keine Kanone hätte von Deck aus abgefeuert werden können, da die Fregatten dazu gebaut waren, auf See über mehrere Kilometer Distanz zu kämpfen, nicht gegen acht Maschinengewehre auf einer Anhöhe in nur 300 Meter Entfernung. Das Metall und Glas des Kommandostandes auf diesen Schiffen war verwundbar gegen solche Waffen. Sie wären wehrlos gewesen.

In dieser Situation schlugen Sie Ihren militärischen Gegnern einen »eleganten Ausstieg« vor. Wie sah dieser Vorschlag aus?
Der Anführer der feindlichen Operationen, General Eulogio Cantillo, traf sich auf eigenen Wunsch mit mir und anderen Kameraden am 28. Dezember 1958 in der alten, zerstörten Zuckerfabrik »Oriente«, in der Nähe von Palma Soriano. Dieser Mann war kein Scherge, und wir betrachteten ihn auch nicht als einen blutrünstigen Korrupten. Er hatte ein gewisses Prestige und war ein Offizier der Militärakademie. Einer der wenigen, die Batista am 10. März 1952 in der Armee belassen hatte. Er hatte mir sogar eine Nachricht zukommen lassen, als Batista die 10 000 Mann gegen uns aufbrachte. Ich antwortete ihm, denn er sagte, es tue ihm leid, was passieren würde. Wir seien tapfere Leute, und es schmerze ihn, dass das Land Menschen wie uns verlieren würde. Ich dankte ihm dafür und antwortete, er solle sich keine Sorgen machen über unser Schicksal, für den Fall, dass sie uns schlagen würden. Dass, wenn sie es schafften, den erbitterten Widerstand, auf den sie treffen würden, niederzuschlagen, wir eine Seite in der Geschichte unseres Landes schreiben würden, auf die sogar die Söhne der Soldaten, die gegen uns kämpften, eines Tages stolz sein würden. Unsere Antwort war hochmütig, aber ritterlich.

Manchmal kommunizierte ich mit ihm, wenn wir beispielsweise Hunderte von Gefangenen freilassen mussten. Häufig tauschten wir Nachrichten mit den Anführern umzingelter Einheiten oder in schwierigen Situationen aus und versuchten, sie davon zu überzeugen, die Waffen niederzulegen. Es waren Stil und Methode des Kampfes. Voller Vertrauen kam Cantillo am 28. Dezember, um mit mir zu sprechen. Er kam allein, im Hubschrauber. Sehen Sie – was für eine Vertrautheit. Ich erinnere mich, was er mir sagte: Er erkannte an, dass er den Krieg verloren hatte, und bat mich um eine Formel, dem Ganzen ein Ende zu setzen. Ich gab ihm zur Antwort: »Gut. Wir können viele Offiziere und Soldaten retten, die keine Verbrechen begangen haben. Ich schlage Ihnen vor, die Garnison in Santiago de Cuba aufzugeben, sodass sie sich in eine Art bürgerlich-militärische Bewegung umformen kann, in Einklang mit der Rebellenarmee.« Cantillo war zudem der Anführer aller Truppen im Osten. Er war einverstanden, akzeptierte meinen Vorschlag, und wir einigten uns auf ein Datum. Ich sagte ihm: »Wenn das geschieht, wird Batista keine vierundzwanzig Stunden mehr an der Macht sein.«

Er aber wollte nach Havanna gehen und erzählte, dass er dort einen Bruder habe, der ebenfalls ein hochrangiger Offizier der Armee sei und dem Regiment von Matanzas vorstehe. Ich fragte ihn: »Was wollen Sie in Havanna? Warum wollen Sie dieses Risiko eingehen?«

Ich war bei diesem Treffen in Begleitung eines früheren Offiziers der Armee, José Quevedo, Anführer eines Bataillons, das in El Jigüe von uns umzingelt und zur Aufgabe gezwungen worden war, nachdem es uns vom 11. bis 21. Juli 1958 zehn Tage lang erbittert bekämpft hatte. Die Gefangenen aus diesem Bataillon wurden umgehend dem Internationalen Roten Kreuz übergeben. Dieser Offizier schloss sich später unseren Truppen an. Er war angesehen und erlangte den Rang eines Generals unserer Streitkräfte für sein Verhalten und seine langjährigen Dienste.

Er hatte sich der Rebellenarmee angeschlossen?
Er war umzingelt, und ich lernte ihn dort kennen, in El Jigüe, denn die Truppen, die ihn bekämpften und umzingelten, standen in diesen Tagen der letzten feindlichen Offensive unter meinem Befehl. Mehrere Bataillone hatten uns umzingelt, doch wir hatten dieses Bataillon unter Kontrolle. Unsere Belagerung war dicht, während ihre Belagerung strategisch war. Wir brachen das Gleichgewicht, als wir Quevedos Bataillon schlugen, nahmen viele Gefangene. Sie hatten hohe Verluste, und wir erbeuteten eine große Anzahl Waffen. Den Sieg verkündeten wir nicht gleich, um den Feind über den Ausgang im Ungewissen zu lassen.

Wir informierten ihn erst achtundvierzig Stunden später, nachdem wir neue Kämpfer bewaffnet und unsere Truppen in Richtung anderer Bataillone in Bewegung gesetzt hatten, die wir zu umzingeln begannen, ohne auch nur eine Minute zu verlieren.

Waren Sie bereit, Santiago anzugreifen?
Das geschah fünf Monate nach der Niederschlagung der feindlichen Offensive im August. Wir hatten den Angriff auf Santiago nach dem Treffen und den Vereinbarungen mit Cantillo Ende Dezember gestoppt. Diese Attacke war mit etwa 1200 Mann geplant. Sie hatten 5000. Dennoch gab es nie zuvor ein so günstiges Kräfteverhältnis, und wir hatten die gleiche Taktik wie in der Sierra Maestra geplant: Umzingelung und Kampf gegen die Verstärkung innerhalb der Stadt. Nach meinen Berechnungen hätte diese Operation fünf Tage gedauert. Über die Bucht hatten wir bereits hundert Waffen für die Kämpfer in

Santiago eingeführt, denn am fünften Tag hätte sich die Stadt erhoben. Vier eingeschlossene Bataillone, vier Schlachten gegen die Verstärkung und am Ende der Aufstand der Bevölkerung.

Maximal sechs Tage sollte dieser Kampf, den wir verschoben hatten, dauern. Er sollte um den 30. Dezember herum beginnen. Nach dem Treffen mit Cantillo warteten wir die Erfüllung der Vereinbarung ab, die wir mit ihm hatten. Camilo hatte ein feindliches Bataillon in Yaguajay umzingelt, und Che war auf dem Vormarsch zur Hauptstadt von Las Villas.

Sie warteten die Vereinbarung mit dem Anführer der feindlichen Truppen ab, um den Krieg zu beenden?
Ja. General Cantillo ging schließlich nach Havanna. Ich hatte ihm drei Bedingungen gestellt, und er hatte sich verpflichtet, sie einzuhalten. Ich sagte ihm: »Wenn Sie gehen wollen, dann gehen Sie, aber erstens: Wir wollen keinen Staatsstreich in der Hauptstadt.« Das mit dem Staatsstreich in der Hauptstadt war die erste Bedingung. »Zweitens: Wir wollen nicht, dass Sie Batista zur Flucht verhelfen. Drittens: Wir wollen keinen Kontakt zur Botschaft der Vereinigten Staaten.« Das waren die drei wichtigsten Bedingungen, ganz präzise. Der General akzeptierte sie und brach nach Havanna auf.

Die vereinbarte Zeit war um, und wir hatten keine Nachricht von ihm erhalten. Er hatte mich in Kontakt mit dem Chef der Garnison von Santiago gelassen. Um es kurz zu machen: Cantillo tat in allen drei Fällen genau das Gegenteil. Erstens, in der Nacht zum 31. Dezember 1958 aß er mit Batista zu Abend und begleitete ihn zum Flugzeug, in dem er mit anderen Generälen floh; als Zweites begünstigte er einen Staatsstreich in der Hauptstadt und ernannte den Richter Carlos Piedra, das älteste Mitglied am Obersten Gerichtshof, zum Regierungschef; und drittens hatte er sich natürlich mit der Botschaft der Vereinigten Staaten in Verbindung gesetzt. Ein feiger Verrat!

Was taten Sie daraufhin?
Was wir am 1. Januar 1959 taten? Exakt fünf Jahre, fünf Monate und fünf Tage war es her, dass wir am 26. Juli 1953 die Moncada-Kaserne angegriffen hatten. Darunter waren fast zwei Jahre Gefängnis und fast zwei Jahre, in denen wir im Ausland die bewaffnete Rückkehr vorbereitet hatten, und weitere zwei Jahre und ein Monat Krieg.

Als wir am 1. Januar 1959 erfuhren, dass Batista geflüchtet und es in der Hauptstadt zu einem Staatsstreich gekommen war, wandten wir uns schnell zur Sendestation von Radio Rebelde in Palma Soriano und instruierten unsere Truppen: »Ihr dürft keine Minute haltmachen und keinen Waffenstillstand akzeptieren.« An alle Kolonnen. Befehl, weiter vorzurücken und zu kämpfen. An die Arbeiter und die gesamte Bevölkerung erging der Aufruf zum revolutionären Generalstreik.

Die Arbeiter beschlossen übereinstimmend den Streik, und sogar die Radio- und Fernsehstationen stimmten ihre Sender auf unsere Kurzwellenstation von nur einem Kilowatt ab. So konnte ich über sämtliche Radiosender im Land und das beginnende Fernsehen sprechen und alle Kräfte instruieren. So machte ich es mit all unseren Kämpfern und mit der ganzen Nation.

Die Mehrheit der Arbeitergewerkschaften war damals in den Händen einer gelben Gruppe Yankee-treuer Batista-Anhänger, aber die kubanischen Arbeiter übergingen den ganzen Apparat, und alle unterstützten den Streik.

Ich fuhr mit dem Jeep das Ufer entlang nach Santiago, um von Norden her in die Stadt zu kommen. Unterwegs traf ich einige Uniformierte, die sich uns anschlossen. Da wir eine Absprache hatten, trat ich mit dem Chef der Garnison in Santiago in Kontakt. Wir hatten einige Briefe ausgetauscht, und es gab ein paar Zweifel, denn er hatte eine Aussage von mir fehlinterpretiert: »Wenn die Vereinbarung am 30. Dezember nicht eingehalten wird, dann werden wir angreifen, und es wird so lange keinen Waffenstillstand geben, bis die Garnison aufgibt.« Er schrieb mir einen Satz: »Die Soldaten werden nicht aufgeben, ohne zu kämpfen, und auch nicht ehrlos ihre Waffen abgeben.« Ich antwortete, dass ich ihm nicht befohlen hätte, aufzugeben, sondern ihm lediglich mitgeteilt hätte, dass es – wenn der Kampf beginnt – keinen Waffenstillstand gibt, bis zur vollständigen und bedingungslosen Kapitulation.

Er antwortete mir: »Vertrauen Sie dem General« – offensichtlich bezog er sich auf Cantillo –, und bot mir einen Hubschrauber an, um über Santiago zu fliegen. Ich protestierte gegen die Ermordung zweier junger Leute am Vorabend und sagte ihm, dass ich keinen Hubschrauber bräuchte. Er bedauerte die Verbrechen. Nun war ich auf dem Weg von Palma Soriano zum Dorf El Caney im Norden Santiagos. Das gleiche Dorf, dessen Kaserne ich damals am 26. Juli 1953 nach der Moncada-Kaserne einnehmen wollte. Am selben Tag, dem 1. Januar 1959, hatten unsere Kräfte in weniger als acht Stunden, die Befehle ausführend, die sie über Radio Rebelde erhalten hatten, jedweden Widerstand niedergeschlagen. Währenddessen saß ich ohne Kenntnis der Geschehnisse – da es keine Kommunikation gab – mit den Offizieren der Garnison von Santiago und den operativen Einheiten der Stadt zusammen. Und sie waren mit großem

Enthusiasmus dabei. Ich traf mich mit etwa 300 Offizieren. 300 Offiziere der Truppen, die Santiago de Cuba verteidigt hatten!

Ich diskutierte mit ihnen, erklärte ihnen die Vereinbarung, die ich mit General Eulogio Cantillo getroffen und die dieser nicht eingehalten hatte, erklärte ihnen den Verrat, und sie wechselten auf unsere Seite. Den Verantwortlichen dieser Truppen ernannte ich zum Anführer der restlichen Armee.

Raúl sagt, dass er es damals aus Gründen der Disziplin akzeptiert hatte, als ich ihm mitteilte, dass ich José M. Rego Rubido zum Chef der Garnison gemacht hatte, aber verstanden hat er es nicht. Er sagte sich: »Er wird hoffentlich wissen, was er tut.« Und Rego Rubido war für eine ganze Weile Anführer dieser Armee und hielt sein Wort.

Währenddessen marschierten Camilo und Che in Havanna ein?
Nein, Che griff Santa Clara an. Er hatte bereits die Hauptwache der Polizei besetzt. Ein gepanzerter Zug fuhr ein, und Ches Leute rissen einige Teile aus dem Schienenstrang, der in die Stadt führte. Als der Zug zurückfahren wollte, entgleiste er. Sie erbeuteten alle Waffen und nahmen die Soldaten gefangen.

General Cantillo hatte sein Versprechen nicht eingehalten, und am 1. Januar instruierte ich Che und Camilo: »Rückt nach Havanna vor!« Zu Camilo sagte ich: »Geh in Richtung Columbia«, und zu Che: »Geh in Richtung La Cabaña.« Sie waren noch dabei, ihre Ziele zu besetzen, aber da die Diktatur im Sturz begriffen und der Generalstreik in vollem Gange war, brauchten Che und Camilo nicht mehr als einen Tag, um den Rest der Armee zu unterwerfen, sich zu organisieren und weiterzuziehen. Ich glaube, sie brachen in der Nacht oder am frühen Morgen auf. Ich teilte ihnen mit: »Rückt so schnell wie möglich über die Landstraße vor.« Die Moral von Batistas Leuten war am Boden. Che und Camilo organisierten zwei Kolonnen und drangen bis zur Hauptstadt vor. Sie benötigten mehrere Stunden, erreichten aber ihre Ziele. Niemand leistete irgendeinen Widerstand, sie mussten keinen einzigen Schuss abgeben. Unsere Leute in der Stadt hatten bereits fast alles unter Kontrolle – völlige Demoralisierung bei unseren Gegnern, das ganze Land lahmgelegt, die Städte im Aufstand, und überall setzte die Bevölkerung sich durch.

Columbia und La Cabaña waren die beiden großen Kasernen Havannas?
Ja. Die erste Festung von Havanna war Columbia, und dorthin ging Camilo. Hier saß der Generalstab der Armee. Che zog in Richtung der anderen großen Festung, La Cabaña. Der Augenblick war sehr günstig. Sie waren die Anfüh-

rer zweier mächtiger Einheiten, niemand konnte ihren Vormarsch aufhalten. Camilo widmete sich in Columbia umgehend der Reorganisation der Streitkräfte, denn es gab dort sogar US-amerikanische Berater, und sie waren ganz unbesorgt.

Che begann, als die Festung eingenommen und der Krieg beendet war, sofort mit der Organisation der Schulklassen für all die Bauern, er ließ Schulen bauen und unterrichtete seine Leute. Seine erste Tat als militärischer Führer sollte es sein, das Alphabetisierungsprogramm durchzuführen und die Kämpfer zu unterrichten.

Camilo fand in Columbia einige Offiziere der alten Armee, die als Gefangene auf der Isla de Pinos waren – die heutige Isla de Juventud –, weil sie gegen Batista konspiriert hatten. Sie wurden am 2. Januar, gleich nach dem Zusammenbruch des Regimes, freigelassen. Sie genossen ein gewisses Ansehen: Ein Oberst, der die Gruppe angeführt hatte, wollte die alte Armee organisieren, um die Moral der Leute aufrechtzuerhalten. Sie waren vor Camilo aus dem Gefängnis entlassen worden und nach Columbia gekommen – mit dem Flugzeug war es nur wenige Minuten von der Hauptstadt entfernt – und wollten vom Generalstab aus mit mir in Santiago sprechen. Ich antwortete: »Teilen Sie Oberst Barquín mit« – er war der Anführer der verhafteten Offiziere, der in den Vereinigten Staaten studiert hatte – »dass ich in Columbia mit niemand anders als mit Camilo und in La Cabaña nur mit Che spreche.«

Sie versuchten zu schlichten und irgendwie herauszukommen, aber wir gaben ihnen keine Gelegenheit dazu.

Wir verloren nicht eine Minute oder Sekunde in dieser Situation, wo wir auf totale Unterstützung des Volkes zählen konnten, das nun Herr der Straßen und des Landes war.

Was ist aus diesem General Cantillo geworden?
Cantillo wurde festgenommen und zu mehreren Jahren Haft verurteilt. Dann ließen wir ihn frei.

Wann kamen Sie nach Havanna?
Ich verließ Santiago am 2. Januar in Richtung Bayamo. Die dort stationierten Truppen, die so verbissen gegen uns gekämpft hatten, haben sich den 300 Offizieren aus El Caney angeschlossen und sich augenblicklich mit uns vereinigt, nachdem wir in einem Stadion in Bayamo zum Gespräch zusammengetroffen waren. Sie empfingen mich mit unglaublicher Begeisterung, das kann man

wirklich kaum erklären. Ich zog mit tausend Rebellensoldaten nach Havanna, wo die Situation wegen der alten Armee noch geklärt werden musste, und ich versuchte, diese 2000 Männer in unser Heer einzugliedern. Das war ein ziemlich schwieriges und heikles Unterfangen.

Ich hatte diese 2000 Soldaten aufgefordert mitzukommen, mit all ihren Waffen – sie hatten Sherman-Panzer, mit denen wir nicht umgehen konnten, Artillerie et cetera –, da in Havanna die Lage noch ungewiss war. Ich traf diese Entscheidung, während Che und Camilo in Havanna einrückten. Ich kam also nach Havanna mit 1000 Kämpfern der Rebellenarmee und 2000 Soldaten der besten operativen Truppen der alten Armee, die sich noch wenige Tage zuvor in Guisa, Baire, Jiguaní, Maffo und noch davor während der letzten Offensive in der Sierra Maestra harte Gefechte mit uns geliefert hatten. Sie hatten möglicherweise die Hälfte ihrer Männer in diesen Kämpfen verloren, aber wir haben uns unentwegt um ihre Verletzten gekümmert und die Gefangenen freigelassen. Jetzt waren sie bereit, an unserer Seite zu kämpfen. Sie kamen mit mir und bedienten die Panzer und andere schwere Waffen und Gerät, mit dem unsere Leute nicht umgehen konnten, und sie waren glücklich. Nun, sie wurden Zeugen der jubelnden Menschenmassen, ein wahres Volksmeer.

Ich brauchte acht Tage, um nach Havanna zu kommen, denn in jeder Provinzhauptstadt musste ich haltmachen und an ausgelassenen Festen der Bevölkerung teilnehmen. Man kam nur mit Panzern durch, mit einem anderen Fahrzeug wäre es unmöglich gewesen, ohne zerquetscht zu werden. In der Hauptstadt, die in den ersten zweiundsiebzig Stunden unser einzig wunder Punkt war, hatte es keinerlei Widerstand gegeben. Der Streik wurde von den Leuten selbst dann noch begeistert fortgesetzt, als es gar nicht mehr nötig war. Aber jetzt feierten wirklich alle.

Ich kam am 8. Januar 1959, nach all den unumgänglichen Festakten auf dem Weg, in Havanna an, ging nach Cienfuegos, wo ich während meiner rebellischen Studentenzeit als Gefangener war und wo es zu dem heldenhaften Aufstand der Marinesoldaten an der Seite der Revolutionäre gekommen ist. Che und Camilo warteten auf ihren festen Positionen. In Havanna hatte die »Bewegung des 26. Juli« vom ersten Tag an alle Polizeiwachen besetzt.

Seit dem 1. Januar?

Ja, unsere Leute. Sogar noch, bevor Camilo und Che kamen, hatten unsere Kameraden von der »Bewegung des 26. Juli« alle Polizeiwachen unter ihre Kontrolle gebracht. Viele dieser Männer starben im Kampf, sie waren sehr mutig, aber sie verfügten nicht über, sagen wir, das Veteranentum der Berge. Viele Kämpfer aus dem Flachland zogen die tödlichen Risiken der Städte den Opfern beim Auf und Ab in den Bergen vor. Viele ausgezeichnete Stadtkämpfer waren schlechte Guerillakämpfer, denn das Härteste in der Guerilla war das ständige Auf- und Absteigen in den Bergen. Man musste große physische Anstrengungen aushalten und harte Opfer auf sich nehmen. So war die Guerilla, und so waren die Männer.

So endete der Krieg.
Unsere Armee wuchs gegen Ende sehr schnell, denn im Dezember 1958 hatten wir nach meinen Berechnungen nur 3000 Mann unter Waffen. Als wir am 1. Januar 1959 alle Waffen beschlagnahmten, wuchs unsere Armee in nur wenigen Wochen auf 40 000 Mann an. Den Krieg hatten in weniger als zwei Jahren 3000 Kämpfer gewonnen. Man darf die zeitliche Dimension dabei nicht verlieren.

9

LEKTIONEN EINER GUERILLA

Gewalt und Revolution – Moral gegenüber den Bauern –
Verhalten gegenüber den Gefangenen – Kriegsjustiz in der Sierra

Glauben Sie, dass Sie diesen Krieg aufgrund Ihrer militärischen Taktik oder eher aufgrund Ihrer politischen Strategie gewonnen haben?
Beides. Schon vor meiner Haft hatte ich den Plan für den Krieg in der Sierra Maestra, den ganzen Plan. Wir führten, wie gesagt, einen Bewegungskrieg, Angriff und Rückzug. Überraschung. Angreifen und wieder angreifen. Und wir haben psychologisch gekämpft. Zuckerrohr verbrannt, um Batista gegen uns aufzubringen, um ihn zu zwingen, sich zu bewegen und seine Truppen zu verteilen, ihm die Unterstützung durch Ressourcen und Großgrundbesitzer zu entziehen. Sabotage der Kommunikations- und Transportwege. Die Guerilla funktionierte für uns wie eine Art Zeitzünder für einen Prozess, dessen Ziel die revolutionäre Machtübernahme war. Mit einem Kulminationspunkt: einem revolutionären Generalstreik und dem Aufstand des ganzen Volkes.

Warum haben Sie den irregulären Krieg gewählt?
Ich habe immer an die Möglichkeiten eines irregulären Krieges geglaubt. Die ganze Geschichte hindurch, schon in den Zeiten Alexanders des Großen und Hannibals haben immer diejenigen gesiegt, die die Kunst beherrschen, ihre Manöver geheim zu halten und den Überraschungseffekt, was Waffen, Truppen, Gelände und Taktik angeht, auszuspielen. Wie oft haben diese Strategen Wind oder Sonne gegen ihre Feinde eingesetzt! Wer seine eigenen Mittel und in einigen Fällen sogar die Natur am besten einzusetzen wusste, der trug am Ende den Sieg davon.

Wir brachten all unsere Vorstellungskraft auf, sahen uns gezwungen, Ideen zu entwickeln, mit denen wir in der Lage wären, das unermessliche Hindernis zu überwinden, das es bedeutete, eine Regierung zu stürzen, die auf eine Armee von 80 000 schwer bewaffneten Soldaten zählen konnte. Wir hatten sehr geringe Ressourcen und mussten deren Anwendung optimieren. Das betraf vor allem die Waffen und die Männer und war gleichzeitig unser größtes Problem.

Schließlich entwickelten wir aber schnell die Kunst, unter unseren Widersachern Verwirrung zu stiften und sie somit zu zwingen, das zu tun, was wir wollten, dass sie es tun. Ich würde sagen, wir brachten eine Methode hervor, die feindlichen Truppen zu provozieren und sie zu zwingen, sich zu bewegen, aufgrund des Prinzips, das wir nach und nach entdeckten und das ich Ihnen bereits geschildert habe: Der Gegner war zwar stark in seinen Stützpunkten, aber schwach bei Manövern seiner Truppen. Wir zwangen den Feind, loszumarschieren, um ihn dann an seiner schwächsten Stelle anzugreifen.

Man muss begreifen, dass eine Kolonne von 400 Mann in einem Wald nur im Gänsemarsch vorankommt. An einigen Stellen lässt das Gelände es nur zu, dass man einzeln hintereinander hergeht, und die Schlagkraft eines Bataillons, das im Gänsemarsch daherkommt, ist minimal, da es sich nicht ausbreiten kann. Wir erledigten ihre Vorhut, griffen ihr Zentrum an und lagen anschließend dort auf der Lauer, wo die Nachhut sich zurückziehen wollte. Es waren immer Überraschungsangriffe, und die Angriffsorte hatten wir selbst bestimmt. So wurden wir mit dieser Taktik ziemlich effizient.

Sie entwickelten die Kunst des Hinterhaltes.
Nun, der Hinterhalt ist so alt wie die Kriege. Wir diversifizierten die Art der Hinterhalte. Der erste richtete sich immer gegen die Vorhut. Der Verlust derselben führt oft dazu, dass die gesamte feindliche Kolonne sich zurückzieht. Danach griffen wir sie von der Flanke an und zum Schluss, wenn sie sich zurückzogen, lauerten wir ihrer Nachhut auf, wenn die demoralisierte Truppe versuchte, sich zurückzuziehen, und die Nachhut dabei zur Vorhut wurde.

Du greifst auf einem bestimmten Weg in der Nacht an, zwei- oder dreimal, dann wird der Feind nachts nicht mehr rausgehen. Du greifst sie bei Tag an – zu Fuß, wenn sie zu Fuß gehen. Wenn sie ihre Leute auf einen Lastwagen packen, dann greifst du an, wenn sie einen Berg hinauffahren müssen oder aufgrund eines unwegsamen Geländes in den Bergen sehr langsam fahren; du greifst sie mit automatischen Waffen an, wenn du kannst und welche hast, oder eben mit anderen. Wenn sie gepanzerte Fahrzeuge benutzen, dann setzt du Minen ein. Wenn du sie mit deinen Taktiken nicht mehr überraschen kannst, musst du dir wieder neue einfallen lassen.

Du musst immer einen Schritt voraus sein. Überraschen und nochmals überraschen. Dort angreifen, wo sie nicht damit rechnen, und so angreifen, wie sie es sich nicht vorstellen können. Wenn sie sich nicht bewegen, umzingelst du einen ihrer Stützpunkte. In diesem Fall wartet die festgesetzte Einheit immer auf Verstärkung. Wenn keine Verstärkung kommt, gibt sie auf. Sie wussten mit der Zeit, dass die revolutionären Gruppen das Leben und die Unversehrtheit der Gefangenen respektierten.

Aber für Sie war das Militärische dem Politischen untergeordnet, denke ich. War die militärische Strategie das Wichtigste?
Wenn die politische Front, die Einheit aller Anti-Batista-Kräfte, die wir erreichen wollten, gleich zu Beginn zustande gekommen wäre, dann wäre das Regime von allein gestürzt, vielleicht ohne dass ein weiterer Tropfen Blut hätte fließen müssen. Das waren unsere Vorstellungen und Taktiken. Wir sprechen über taktisches Verhalten und darüber, wie man einen Krieg gewinnt. Unser taktisches Verhalten war sowohl politisch als auch militärisch in der Situation, in der sich Kuba befand, mehr als korrekt. Deshalb habe ich immer gesagt, dass man die eine Politik gegenüber der Bevölkerung anwenden muss und eine andere Politik auf den Gegner. Ansonsten werden Sie niemals siegen. Sie dürfen keine unschuldigen Menschen töten, sondern müssen gegen die Truppen des Feindes im Gefecht kämpfen. Es gibt keine andere Rechtfertigung für die Anwendung von Gewalt. Das ist meine Auffassung.

Sie haben einen informellen Krieg geführt, aber dennoch beschlossen, die Gesetze des Krieges zu respektieren?
Ja. Denn das ist ein entscheidender psychologischer Faktor. Wenn der Feind seinen Gegner bewundert und respektiert, dann hat man einen großen psychologischen Sieg errungen. Er bewundert dich, weil du es geschafft hast, ihn zu schlagen, weil du ihm harte Schläge zugefügt hast, und außerdem, weil du ihn respektierst. Weil du keinen der gefangenen Soldaten geschlagen hast, weil du ihn nicht erniedrigt und beleidigt, und vor allem, weil du ihn nicht ermordet hast. Es kam der Augenblick, wo unsere Gegner zu uns aufschauten und uns respektierten. Sie wussten, wie Kriege normalerweise waren und wie unbarmherzig in aller Welt mit den Besiegten umgegangen wurde.

Haben Sie aus dem Respekt für die Gefangenen ein Prinzip gemacht?
Und gegen die Folter. Denn was uns inspiriert hatte, den Kampf gegen das Regime aufzunehmen, war die Tatsache, dass es folterte und mordete. Ich habe

denen, die uns Menschenrechtsverletzungen vorwerfen, einmal gesagt: »Zeigen Sie mir einen einzigen Fall außergerichtlicher Tötung oder einen einzigen Fall von Folter in unserem Land.«

Seit dem Beginn der Revolution?
Seit dem Triumph der Revolution und vorher, seit wir den Kampf in der Moncada begannen, oder dann, als wir 1956 an Land gingen. Ich kann mich daran erinnern, dass im Kampf gegen *bandidos*, gemeint sind konterrevolutionäre Gruppen, in den 60er-Jahren einmal einer unserer Anführer Methoden zur Abschreckung angewendet hat, indem er einige Gefangene in ein Becken getaucht und andere in einen Hubschrauber verfrachtet hat. Zwar nicht mit der Absicht, sie hinauszuwerfen, aber er wollte sie damit einschüchtern. Als mir das zu Ohren kam, bin ich sofort ins Escambray-Gebirge gefahren, wo diese Dinge passiert waren. Diese Leute wurden aufs Schärfste zurechtgewiesen. Sie haben nicht physisch gefoltert, aber es war eine Art psychologische Folter, die sie angewendet haben. Dieses Verhalten war völlig inakzeptabel.

Außerdem entwickelt sich eine Polizei oder ein Geheimdienst, der foltert, nicht weiter. Sie entwickeln keine Methoden, wie wir sie entwickelt haben, speziell für die Infiltration und die Suche nach Beweisen. Wenn Leute verhaftet wurden, dann erinnerten sie sich nicht, wo sie an einem bestimmten Tag gewesen waren; unsere Sicherheitsorgane wussten es, denn sie hatten es notiert. Wenn Sie gefragt werden: »Was haben Sie zu der und der Stunde, an jenem Tag im Mai letzten Jahres gemacht?«, dann können Sie sich nicht erinnern, und den Gefangenen ging es genauso. »Mit wem haben Sie sich getroffen? Wer hat Ihnen die Waffen beschafft?« Bei uns wurden die Leute dann verhaftet, wenn es unumstößliche Beweise gab. Das Infiltrieren, das Eindringen, funktionierte sehr gut, niemals aber wurde physische Gewalt angewendet.

Waren Sie die erste Guerilla, die es sich zum Prinzip gemacht hatte, die Bauern nicht zu bestehlen, keine Frauen zu vergewaltigen und Gefangene nicht zu foltern?
Nein, nein. Das kann man auf keinen Fall sagen, denn ich glaube nicht, dass die Vietnamesen, die ihren Krieg im Jahr 1946, also vor unserem, begonnen hatten, oder die Algerier, die im Jahr 1954, also auch vor uns, gekämpft hatten, Frauen vergewaltigt oder Bauern bestohlen haben. Das glaube ich nicht. Es hat viele Kämpfe gegeben, wo diese Prinzipien respektiert wurden, und ich habe keine Beweise für das Gegenteil.

Die Widerständler gegen die deutschen Soldaten hinter der sowjetisch-deutschen Front – ich glaube nicht, dass sie gefoltert oder Frauen vergewaltigt haben. Diejenigen, die rauben, morden, vergewaltigen und brandschatzen, sind in aller Regel die Armeen der reaktionären, diktatorischen Regime, gegen die Revolutionäre kämpfen, obwohl niemand weiß, was auf den Schlachtfeldern des Zweiten Weltkrieges alles passiert ist. Ich kann mir vorstellen, dass es Fälle gab, wo man sich gegenseitig erschoss, denn die Truppen der Nazis hatten sicherlich kein Mitleid mit einem Bolschewiken. Ich habe auch keine Ahnung, wie die Leute aus dem sowjetischen Widerstand die Nazis behandelten, wenn sie einen gefangen genommen hatten. Sie konnten es vielleicht nicht so machen wie wir, denn wenn sie einen dieser Faschisten freigelassen hätten, hätte dieser am nächsten Tag wieder sowjetische Männer, Frauen und Kinder ermordet. In solchen Fällen hätte ich ihnen recht gegeben, wenn sie jemanden auf diese Art aus dem Verkehr ziehen.

In Mexiko gab es 1910 eine starke Revolution, die viele Jahre andauerte. In Spanien gab es 1936 auch einen blutigen Bürgerkrieg.

Wo auf beiden Seiten Gräueltaten begangen wurden.
In Spanien hat es sogar Kriege hinter der Front gegeben, was Hemingway zu seinem Roman *Wem die Stunde schlägt*[1] inspiriert hat. Die Geschichten über die Geschehnisse hinter der Front während des Spanischen Bürgerkrieges waren sehr nützlich für uns. Zu erfahren, wie es die republikanischen Guerillakrieger schafften, sich hinter der Front der franquistischen Armee deren Waffen zu bemächtigen. Mir hat dieses Buch dabei geholfen, mein Konzept des irregulären Kampfes in Kuba herauszuschälen.

Der Roman von Hemingway?
Ja, denn ich habe mich häufig an dieses Buch erinnert. Eines Tages, wenn wir davon sprechen, erzähle ich Ihnen mehr.

Warum erzählen Sie es mir nicht jetzt?
Nun gut, wenn Sie möchten. Ich habe das Buch *Wem die Stunde schlägt* zum ersten Mal während meines Studiums gelesen. Und später muss ich es noch mehr als dreimal wiedergelesen haben. Ich kenne auch den Film, den man dann gedreht hat. Mich interessierte dieser Roman, denn es geht darin unter anderem um den Kampf hinter den Fronten einer konventionellen Armee. Es erzählt vom Leben hinter der Front und von der Existenz einer Guerilla, die in

einem Territorium operiert, das offensichtlich vom Feind besetzt ist. Ich spreche von den detaillierten Beschreibungen Hemingways in diesem Roman.

Wir hatten eine vage Vorstellung davon, wie ein irregulärer Krieg vom militärischen und politischen Standpunkt her geführt werden könnte, aber *Wem die Stunde schlägt* vermittelt konkrete Erfahrungen. Denn Hemingways Erzählungen sind immer sehr realistisch, von großer Klarheit und Präzision. Alles wirkt echt und überzeugend. Es fällt einem schwer, das Gelesene wieder zu vergessen, denn man hat das Gefühl, es selbst erlebt zu haben. Er schafft es, dass sich der Leser auf den Schauplatz des grausamen Spanischen Bürgerkrieges versetzt fühlt. Später haben wir das Leben dieser Guerillakämpfer in der Sierra Maestra am eigenen Leib erfahren, und das Buch wurde zu etwas Vertrautem. Wir kehrten immer zu ihm zurück, um uns zu inspirieren – auch als wir schon in der Guerilla kämpften. Natürlich haben wir viele andere Texte über reale oder erfundene Geschichten gelesen, die dieses Thema behandeln. Und wir versuchten unter den besonderen Bedingungen in unserem Land, eine Ethik in unseren Krieg einzubringen.

Ich wiederhole es: Man kann nicht behaupten, dass wir die einzige mit einer Ethik versehenen Guerilla gewesen wären.

Sie haben aber aus dieser Ethik ein fundamentales Prinzip gemacht.
Ohne diese Philosophie hätten die Kämpfer möglicherweise auf Teufel komm raus Gefangene erschossen und viele andere Dinge getan. Der Hass auf die Ungerechtigkeit und Verbrechen war immens.

Haben Sie terroristische Anschläge oder Attentate gegen Batistas Truppen verübt?
Weder Terrorismus noch Attentate und auch keine Morde an hochgestellten Persönlichkeiten. Sie wissen, dass wir Gegner Batistas waren, aber wir haben nie ein Attentat gegen ihn verübt, obwohl wir es hätten tun können. Er war verletzlich. Viel schwieriger war es, in den Bergen gegen seine Armee zu kämpfen oder zu versuchen, eine Festung einzunehmen, die von einem Regiment verteidigt wurde. Wie stark war die Besetzung in der Moncada-Kaserne am 26. Juli 1953? Um die tausend Mann, vielleicht sogar mehr.

Ein Attentat auf Batista wäre um ein Vielfaches leichter gewesen, aber wir haben es nie verübt. Hat der Tyrannenmord irgendwann in der Geschichte einmal zu einer Revolution verholfen? Nichts würde sich verändern an den objektiven Bedingungen, die eine Tyrannei hervorbringen.

Die Männer, die die Moncada-Kaserne angegriffen haben, hätten Batista auf seiner Farm ermorden können, auf der Straße, wie es im Fall Trujillos passierte, oder irgendwo sonst. Aber wir hatten eine klare Vorstellung: Der Mord an einem Diktator löst das Problem nicht. Die reaktionären Kräfte ernennen einen anderen Tyrannen an seiner Stelle, und der Getötete wird in den eigenen Reihen zum Märtyrer erhoben. Die Unzweckmäßigkeit eines solchen Mordes war im Lauf der Geschichte schon von anderen Revolutionären erkannt worden.

Innerhalb der Kommunistischen Internationalen wurde auch viel darüber diskutiert, ob es korrekt sei, durch Banküberfälle Geld zu sammeln. In der Geschichte der Sowjetunion beschuldigen einige Stalin, solche Banküberfälle vorgenommen zu haben. Das stand in völligem Widerspruch zum gesunden Menschenverstand. Sowohl die Theorie des Tyrannenmordes als auch die Idee, Banken zu überfallen, um Geld zu sammeln. Letzteres war in der kubanischen Gesellschaft bürgerlichen Charakters vollends geächtet. Die Banken wurden als Institutionen sehr respektiert. Das hat gar nichts mit einer bestimmten Moral zu tun, sondern mit einer ganz praktischen Frage: Unterstützt du den Feind oder die Revolution?

Und die Theorie des Attentates, das unschuldige Opfer verursachen kann?
Wenn wir vom Krieg sprechen, dann hatten wir dieses Problem nicht, denn unser Krieg dauerte fünfundzwanzig Monate, und ich kann mich nicht daran erinnern, dass es in all den Kämpfen unserer Kolonne 1 auch nur ein einziges ziviles Opfer gegeben hätte. Ich müsste die Anführer der anderen Bataillone befragen, ob sich jemand an einen solchen Fall im Rahmen seiner Operationen erinnern kann.

Für uns ist es eine Philosophie, dass keine unschuldigen Personen geopfert werden dürfen. Das war immer unser Prinzip, fast ein Dogma. Es gab einige Fälle, wo Untergrundkämpfer Bomben gelegt haben, was im Übrigen eine Tradition in allen revolutionären Kämpfen unseres Landes war, aber wir wollten das nie, denn wir erklärten uns mit diesen Methoden nicht einverstanden. Wir sorgten uns immer um die Zivilisten, wenn es zu Kämpfen kam, wo es ein gewisses Risiko gab.

Sie kennen den Fall der Moncada-Kaserne. Ich habe Ihnen unseren Plan erläutert, und es hätte keine Gefahr für auch nur einen einzigen Zivilisten gegeben. Die einzigen Zivilen, für die ein Risiko bestand, waren wir, die bewaffneten Revolutionäre.

Es scheint, als hätten Sie die Parole ausgegeben, nach Möglichkeit auch Tote in den Reihen Batistas zu verhindern. Ist das richtig?
Über die feindlichen Soldaten, die im Kampf starben, machten wir uns keine großen Sorgen. Aber über diejenigen, die sich ergaben oder in irgendeinem Kampf gefangen genommen wurden, schon. Wenn Sie das nicht tun, werden Sie nicht siegen. Im Krieg wie in der Politik gibt es elementare Prinzipien. Es ging hier nicht um ein frommes Verhalten. Die Ethik ist nicht einfach eine moralische Sache; wenn sie wahrhaftig ist, dann trägt sie auch Früchte.

Heute versuchen gewalttätige Gruppen in aller Welt über terroristische Anschläge politische Ziele zu erreichen. Missbilligen Sie diese Methoden?
Auf der Grundlage terroristischer Anschläge gewinnt man keinen Krieg, so einfach ist das. Denn solche Aktionen bringen Widerstand, Feindseligkeit und Ablehnung all derer hervor, die man zweifellos benötigt, um den Krieg zu gewinnen.

Deshalb hatten wir die Unterstützung von neunzig Prozent der Bevölkerung. Glauben Sie, wir hätten das erreicht, wenn wir unschuldige Menschen geopfert hätten? Glauben Sie, wir hätten das mit Bomben erreicht oder mit der Ermordung von Zivilisten und gefangenen Soldaten? Hätten wir damit die Waffen bekommen, die wir erbeutet hatten? Wie viele Menschenleben hingegen haben wir gerettet!

Ich habe Ihnen erzählt, was im Kampf in Uvero passierte, als wir eine Garnison am Ufer des Meeres angriffen. Nicht nur eine sehr gefährliche Aktion, sondern auch einer der härtesten Kämpfe, die wir je geführt haben und in dem ein Drittel unserer Kämpfer starb oder verletzt wurde. Wir haben die verletzten Soldaten unserer Gegner medizinisch behandelt und zurückgelassen, damit die Armee sie abholen konnte, und nur einige Unverletzte gefangen genommen, die nicht gleich freigesetzt wurden.

Vom ersten Kampf an haben wir unsere Medikamente unterschiedslos für alle Verletzten eingesetzt, sowohl für unsere als auch die der Armee. Im ersten Kampf waren wir nur neunzehn Männer gegen eine gemischte Besatzung aus Soldaten und Marinesoldaten und konnten unseren ersten Sieg verzeichnen. Davon habe ich schon berichtet. Am Ende des Kampfes waren mehrere feindliche Soldaten tot, und von den Übrigen war nur einer unverletzt. Wir hatten keinen einzigen Verlust. Es war 2.40 Uhr morgens, als wir den Kampf begannen, der aufgrund des heftigen Widerstandes fast eine Stunde dauerte: Sie glaubten, wir würden sie töten, wenn sie sich ergäben. Als der Kampf beendet war, behandelten wir ihre Verletzten und ließen die notwendigen Medikamente für deren Versorgung zurück. Einer von unseren Leuten blieb dort, um sich um sie zu kümmern. Wir nahmen die Waffen und entfernten uns vor dem Morgengrauen von diesem Ort.

Unsere spärlichen Medikamentenvorräte teilten wir mit den verletzten feindlichen Soldaten. Manchmal hatten wir nicht einen einzigen Verletzten, aber wenn es Verletzte auf beiden Seiten gab, kümmerten wir uns um alle. Wenn wir vor der Wahl gestanden hätten, ob wir das Leben eines unserer Kameraden oder das eines gegnerischen Soldaten retteten, dann hätten wir uns sicherlich für unseren Kameraden entschieden. Wenn wir aber selbst keinen einzigen Verletzten hatten, dann überließen wir die Medikamente, die wir hatten, denen, die sie benötigten. Das haben wir vom ersten bis zum letzten Kampf in unserem Krieg so gehandhabt.

Unser Land hat nicht viel, aber wir würden alles hergeben, wenn sich auch nur ein einziger Fall eines gefangenen Soldaten findet, der in unserem Befreiungskrieg exekutiert oder misshandelt wurde.

Diese Ideen – das Warum unseres Kampfes gegen ein sehr repressives Regime, das folterte und mordete – haben sich mehr als neunundvierzig Jahre gehalten, seit jener Landung der *Granma* am 2. Dezember 1956. Ich zähle die Jahre bis zum Dezember 2005.

Neunundvierzig Jahre.
Ja, seit neunundvierzig Jahren, seit wir von der *Granma* an Land gingen, haben wir diese Prinzipien aufrechterhalten: kein Tyrannenmord, keine zivilen Opfer, kein Terrorismus. Warum? Weil uns das niemals in den Sinn kam.

Vergessen Sie nicht, was ich Ihnen erzählt habe: Wir hatten bereits eine marxistisch-leninistische Bildung, die Einfluss auf unsere Strategien nahm – und ich habe gesagt, was ich dachte. Ein Tyrannenmord ist nicht notwendig, wenn man begreift, dass er keinen Sinn hat. Ich habe Ihnen auch erzählt, was ich von diesen Formen der Enteignung von Fonds im besonderen Falle Kubas hielt, mehr aus praktischen als aus ethischen Gründen. Weder die Theoretiker unserer Unabhängigkeitskriege noch die des Marxismus-Leninismus haben jemals Attentate oder andere Aktionen gepredigt, durch die unschuldige Menschen getötet würden; die revolutionäre Doktrin kennt keine solche Waffe.

Etwas anderes sind die Fehler, die man begeht, wenn man an der Macht ist. Ich spreche von unserer eigenen Geschichte. Ich glaube, wir haben ihr eine neue Seite hinzugefügt, vor allem bezüglich der Aufrechterhaltung unserer Prinzipien über einen solch langen Zeitraum und obwohl wir harte und schlimme Episoden erlebt haben.

Wenn umzingelte Bataillone sich ergaben, machten wir den Gefangenen gegenüber folgendes Zugeständnis: Die Soldaten ließen wir uneingeschränkt frei; denjenigen, die für ihre Verbrechen bekannt waren – wenn es jemanden gab –, boten wir an, nicht die Höchststrafe gegen sie auszusprechen. Bei den Vereinbarungen mit einem belagerten Bataillon oder welcher Einheit auch immer überließen wir den Offizieren ihre persönliche Waffe. Die physische Integrität des Gegners musste uneingeschränkt respektiert werden. Wenn man sie ermorden will, nachdem sie sich ergeben haben, werden sie bis zum Tod kämpfen und kosten dich somit mehr Kugeln und mehr Menschenleben. Um es in zwei Sätzen zu sagen: Du gewinnst den Krieg nicht. Der Gegner wird immer mehr Waffen, mehr Ressourcen und mehr ausgebildete Männer haben.

Es gab Soldaten, die sich bis zu drei Mal ergaben, und drei Mal ließen wir sie frei. Schließlich hatten sie uns ja ihre Waffen überlassen. Sie wurden in eine andere Gegend oder eine andere Provinz versetzt, aber auch dorthin kamen die Kämpfe. Die feindlichen Soldaten waren unsere Waffenlieferanten, und die Bauern waren unsere wichtigsten Stützen und unsere Lebensmittellieferanten. Batistas Soldaten raubten, brannten Häuser nieder und ermordeten Menschen. Die Bauern sahen hingegen, dass wir sie respektierten. Wir zahlten, was wir konsumierten, und manchmal sogar zu einem höheren Preis; wenn wir ein Huhn oder Schwein mitnahmen und gerade niemand zu Hause war, hinterließen wir eine Nachricht, wo wir das Geld deponiert hatten. In keinem noch so kleinen Geschäft, das es gab, hatten wir irgendwelche Schulden. Das war die Politik gegenüber der Bevölkerung. Anders hätten wir niemanden für uns gewonnen. Glauben Sie nicht, die Bauern hätten irgendeine Schule für revolutionäre Instruktionen besucht. Keiner von uns kannte die Sierra. Wie hätten wir ohne sie diesen Krieg gewinnen können?

Nur mit dieser Politik?
Ohne sie und ohne bestimmte operative Konzepte hätten wir diesen Krieg nicht gewonnen.

Dennoch mussten Sie in der Sierra eine »Revolutionäre Justiz« einführen, die in manchen Fällen zur Anwendung der Todesstrafe geführt hat, oder?
Nur im Fall von Verrat, und die Anzahl der bestraften Personen war sehr gering. Ich erinnere mich, dass es innerhalb einer Gruppe von Mitgliedern der

Rebellenarmee den Keim eines Banditentums gab, als wir noch eine kleine Truppe von vielleicht 200 Männern waren, oder eher noch weniger, vielleicht 150. Obwohl wir uns da schon verteidigen und verhindern konnten, zerstört zu werden! Es ging um den Umgang mit der Bevölkerung, ein sensibles Thema. Wir zahlten den Bauern mit unseren geringen Mitteln jede Ware, die wir verbrauchten, selbst wenn sie es nicht wollten, und meist noch zu einem besseren Preis. Wir respektierten – wie gesagt – ihre Felder und ihr Vieh, ihre Familien, Kinder, Frauen. Das war sprichwörtlich. Während die Armee Batistas mordete, raubte und plünderte ...

Für uns war dieses aufkeimende Banditentum innerhalb der Gruppe tödlich, und wir mussten die Verantwortlichen schlichtweg erschießen. Es wurden Urteile gesprochen über einige, die Häuser oder Geschäfte brutal überfallen hatten. Und bei dieser Gelegenheit, mitten im Krieg, wurde die Strafe angewendet. Sie war unumgänglich und wirkungsvoll, denn von diesem Augenblick an hat nie wieder ein Mitglied der Rebellenarmee ein Geschäft überfallen. So wurde eine Tradition geschaffen. Wir haben eine revolutionäre Ethik durchgesetzt – einen uneingeschränkten Respekt vor der Bevölkerung.

10

REVOLUTION: ERSTE SCHRITTE, ERSTE PROBLEME

Übergang – Sektierertum – Öffentlicher Prozess gegen die Folterer – Die Revolution und die Homosexualität – Die Revolution und die Schwarzen – Die Revolution und die Frauen – Die Revolution und der Machismo – Die Revolution und die katholische Kirche

Sie haben im Januar 1959 den revolutionären Wandel nicht über Nacht vollbracht, sondern eine Art Übergangsregierung installiert, richtig?
Wir hatten bereits eine Regierung ernannt. Ich hatte erklärt, dass ich die Präsidentschaft nicht anstrebe. Es war mir wichtig, zu zeigen, dass es bei meinem Kampf nicht um persönliche Interessen ging. Wir suchten einen Kandidaten, und wir wählten einen Richter aus, der sich Batista widersetzt und die Revolutionäre in einem wichtigen Gerichtsverfahren freigesprochen hatte.

Manuel Urrutia?
Urrutia. Er war ein angesehener Mann. Schade, dass er nicht etwas weniger ehrgeizig, bescheidener und vernünftiger war.

Sie wollten zu diesem Zeitpunkt nicht Präsident werden?
Nein, daran war ich nicht interessiert. Ich wollte die Revolution, den Kampf, den Ausbau unserer Rebellenarmee. Gut, es hätte später dann irgendwann eine Wahl geben können und da hätte ich mich vielleicht als Kandidat aufstellen lassen, aber es war nicht mein Anliegen. Mich interessierten die Gesetze der Revolution und das Programm der Moncada.

Das heißt, Sie haben diesen ganzen Kampf geführt ohne den persönlichen Ehrgeiz, unmittelbar danach Präsident zu werden?
Ich kann Ihnen versichern, dass es so war. Vielleicht spielten andere Faktoren mit, neben dem Desinteresse; kann sein, dass ein bisschen Stolz dabei war,

irgend so etwas; aber sicher ist, dass es mich nicht interessierte. Ich erinnere mich, dass ich eine ganze Zeit lang schon so gut wie tot war. Ich habe für eine Revolution gekämpft, die Posten interessierten mich nicht. Die Genugtuung des Kampfes, des Erfolges und des Sieges wogen weitaus mehr als jedes Amt. Es war gut überlegt, als ich sagte, dass ich nicht Präsident werden wollte. Unsere Bewegung schlug Urrutia als Präsidenten vor, und wir respektierten das. Urrutia und die »Bewegung des 26. Juli« ernannten gemeinsam das Kabinett, und in der »Bewegung des 26. Juli« gab es innerhalb des Führungskaders eine Gruppe aus der Mittelschicht, die eher Rechte waren und sich im Laufe der Zeit angeschlossen hatten; andere wiederum waren Linke.

Einige von ihnen haben ihre Memoiren geschrieben, und viele sind später der Revolution treu geblieben. Sie haben interessante Dinge berichtet und offen darüber geschrieben, was sie über ihre Diskussionen mit Che und Camilo dachten.

Misstraute Che einigen der Anführer?
Che war argwöhnisch und misstraute einigen, denn auch er hatte die Probleme des Streiks im April 1958 gesehen und war der Auffassung, dass einige der Anführer der »Bewegung des 26. Juli«, mit denen er während des Krieges in Villa Clara gesprochen hatte, ideologisch unverbesserliche Bourgeois waren. Che war ein großer Befürworter der Agrarreform, und sie sprachen von einer moderaten Agrarreform, mit Entschädigungszahlungen und anderen Einschränkungen.

Aber Che war dennoch für die Einheit der revolutionären Kräfte. Auf der anderen Seite gab es eine starke und einflussreiche Tendenz zum Antikommunismus, die er ablehnte. Während der McCarthy-Ära wurde Gift versprüht und Verleumdungen über alle Medien verbreitet. Und dem Antikommunismus nicht weniger bürgerlicher und kleinbürgerlicher Leute stand das Sektierertum nicht weniger Kommunisten gegenüber.

Der Ultralinken?
Nein, der Kommunisten, der Leute der PSP (Partido Socialista Popular – Sozialistische Volkspartei)[1]. In gewisser Weise hatten sich in ihren Reihen sektiererisches Verhalten und Gewohnheiten entwickelt.

Diese Partei hatte immer gute Beziehungen zu mir und später zur »Bewegung des 26. Juli«. In ihrer Bücherei in der Carlos-III.-Straße hatte ich die meisten Klassiker der marxistischen Literatur erstanden, die ich während meines Studiums gelesen habe.

REVOLUTION: ERSTE SCHRITTE, ERSTE PROBLEME

Als unsere Bewegung, die nach dem Putsch entstanden war, sich organisierte, um mit dem Angriff auf die Moncada-Kaserne das unrechtmäßige und bei der Mehrheit der Bevölkerung verhasste Regime zu stürzen, taten wir das unter völliger Geheimhaltung, weil das die einzige Möglichkeit war, eine solche Aktion durchzuführen. Ich habe es Ihnen erklärt. In der darauf folgenden Repression wurden mehrere kommunistische Führungskräfte, unter ihnen Lázaro Peña, von den repressiven Kräften verhaftet, die auf der Suche nach Blas Roca waren, der sich zufällig in Santiago aufhielt und die Stadt einen Tag vor dem 26. Juli verlassen hatte. Im selben Gebäude, in dem ich in einer vergitterten Zelle gefangen war, sah ich Lázaro Peña über den Flur gehen. Sein Gesicht spiegelte seine Würde und seinen Edelmut wider, während er unschuldig als Mitschuldiger für den Angriff denunziert worden war. Außerhalb des Landes bauten einige aus der Linken die Theorie eines Putsches auf. Man kann ihnen keine Vorwürfe machen, denn niemand konnte die innersten Gedanken derer, die die Aktion durchgeführt hatten, kennen noch in der Lage sein, zu verstehen, dass unter den 1001 möglichen Formen des Kampfes für die Veränderung einer Gesellschaft eine neue Taktik aufgetaucht war. Als die Leute unserer Gruppe erneut auf die Straße gingen, nachdem wir auf Druck der Bevölkerung freigelassen worden waren, nahm ich meine Beziehung zu den Kommunisten wieder auf, mit denen ich auf der Universität gemeinsam gekämpft hatte. Flavio Bravo, ein ehemaliger Anführer der PSP-Jugend, war mein Kontaktmann. Wir von der »Bewegung des 26. Juli« und die PSP waren Verbündete, und sie kannten unsere Pläne, nach Mexiko zu fliehen. Die geheime Führung der Partei wusste von unseren Absichten und war grundsätzlich einverstanden und bestrebt, den Austausch und die Zusammenarbeit im Kampf gegen die Tyrannei aufrechtzuerhalten.

Das Jahr 1956 verstrich. In Mexiko hatten wir ernsthafte Schwierigkeiten, und einige von uns wurden festgenommen. Die Lage in Kuba war noch nicht kritisch. Nach den klassischen Thesen des Kommunismus folgt die Revolution immer auf eine große Wirtschaftskrise. Die Bedingungen schienen in diesem zweiten Halbjahr des Jahres 1956 nicht die günstigsten für den Ausbruch einer Revolution zu sein. Flavio Bravo besuchte uns in Mexiko. Er überbrachte uns die Nachricht seiner Parteiführung, die uns bat, die Aktion zu verschieben. Flavio war wie ein Bruder. Vielleicht haben wir unserem eigenen Versprechen, im Jahr 1956 entweder frei zu sein oder als Märtyrer zu sterben, zu große Bedeutung beigemessen. Aber niemand gibt das auf, woran er glaubt, und ich glaubte fest an das, was wir taten.

Wir verließen Mexiko, gingen in Kuba an Land, und drei Tage später erlitten wir den schrecklichen Rückschlag in Alegría de Pío. Ich habe schon erzählt, was geschah. Eine erbitterte Verfolgungsjagd gegen die in alle Winde verstreuten Revolutionäre begann, viele von ihnen wurden ermordet. Die Kommunisten verurteilten die Verbrechen. Die Tyrannei, ermutigt, säte ihren Hass und ließ im Dezember zahlreiche Revolutionäre ermorden, unter ihnen mehrere kommunistische Gewerkschaftsführer.

Alles schien verloren. In einer linken Zeitung, die nicht von der »Bewegung des 26. Juli« herausgegeben wurde, wurden Theorien über objektive und subjektive Faktoren veröffentlicht, die zu den Schwierigkeiten geführt haben sollten. Sogar einer unserer Kameraden, der mit uns auf der *Granma* gekommen war und jetzt im Gefängnis saß, teilte diese Meinung. In diesen sehr schwierigen Tagen glaubten wir Überlebenden in der Sierra Maestra trotz dieser Umstände, weiter für den Sieg kämpfen zu müssen. Sicherlich spielten in unserem Land die subjektiven Bedingungen eine entscheidende Rolle.

Es kam der Augenblick, als die Überlebenden der *Granma* mit Unterstützung der Bauern und der Verstärkung aus Manzanillo, Bayamo, Santiago und anderen Landesteilen, die von Frank País und Celia Sánchez Manduley geschickt worden waren, es schafften, unsere Truppe wieder aufzubauen. Auch wenn wir mit knapp 250 Männern eine sehr kleine Truppe waren, so hatten wir doch Erfahrung und waren zwischenzeitlich abgehärtet. Wir konnten mit vier Kolonnen unsere Operationen bis nach Santiago hin ausdehnen und in die weite, strategisch sehr wichtige östliche Region eindringen.

Der in die Geschichte eingegangene Chef der Sozialistischen Volkspartei, Blas Roca, kam aus sehr einfachen Verhältnissen. Ein Autodidakt, geboren in Manzanillo, der unermüdlich für die Verbreitung der marxistisch-leninistischen Ideen und die Entwicklung seiner Partei in Kuba kämpfte. Blas Roca musste aus politischen Gründen einige Zeit außer Landes leben. Während dieser Zeit im Untergrund übernahm Aníbal Escalante als Sekretär der Organisation die Hauptverantwortung. Beim Triumph der Revolution verfügte er über eine große Autorität und agierte praktisch als Chef seiner Partei. Er war ein fähiger und intelligenter Mann, ein guter Organisator, aber mit der sektiererischen Angewohnheit, alles im Sinne seiner Partei kontrollieren zu wollen. Das waren die alten Taktiken und Manien aus einer Phase in der Geschichte des Kommunismus, die Gettomentalität, verursacht durch Diskriminierung, Ausschluss und antikommunistische Gefühle, denen sie für so lange Zeit ausgesetzt waren.

In der ersten Zeit der Revolution, als der Krieg bereits zu Ende war, haben sie das trotz unserer guten Beziehungen auch mit der »Bewegung des 26. Juli« gemacht. Das waren falsche Methoden, angewandt von Leuten, die zweifellos ehrlich und selbstlos, revolutionär und antiimperialistisch waren. Aníbal Escalante hat diese Methode in die Organisation eingebracht und damit ein ernstes Problem des Sektierertums geschaffen, das der Einheit großen Schaden zugefügt hat – als wir bereits die ORIs[2] gegründet und eine nationale Einheitsführung installiert hatten. Ich kritisierte dies öffentlich, da es die einzige Möglichkeit der Richtigstellung in dieser Situation war. Was wehtat, war, dass Aníbal innerhalb der Leitung seiner Partei für den bewaffneten Kampf gegen Batista eingetreten war.

Trotz dieser bedauernswerten Fehler hielt die Einheit. Ich konnte über diese politische Untreue einfach hinwegsehen. Eitelkeiten meinerseits gab es nicht, denn die Bescheidenheit und das einheitliche Verhalten jener, die die Gesellschaft verändern wollen, müssen immer im Vordergrund stehen. Auch unter diesen schwierigen Bedingungen verteidigte ich immer ruhig und gelassen die Einheit der Kräfte.

Aníbal war niemals ein Verräter, und ich trage ihm nichts nach. Sein Bruder César, der ideologische Sekretär der ORI, starb vorschnell und nur wenige Jahre nach dem Triumph der Revolution. Er war einer der aufrichtigsten und loyalsten Kommunisten, die ich je kennengelernt habe. Mit großem Schmerz verfolgten wir seine lange und schmerzhafte Krankheit. Mit jedem neuen Medikament, das wir ihm brachten, hatte ich teil an seiner Hoffnung. Heute hätten wir ihn vielleicht retten können.

Aber um auf den Ausgangspunkt unseres Gespräches zurückzukommen: Ich kann Ihnen bestätigen, dass diese kleine Insel ganz allein durchgehalten hat, als die Sowjetunion zusammenbrach und das Imperium im Norden als einzige dominierende Macht übrig blieb. Wir haben alldem getrotzt und damit gezeigt, dass nichts unmöglich ist.

Im realen Leben vermischen sich die großen politischen Ereignisse der Welt und der Kampf zwischen den Nachfolgern der Pariser Kommune und den Regierenden des Imperiums, das uns nicht nur den Reichtum und den Schweiß unseres Volkes geraubt hat, sondern auch die Unabhängigkeit und damit das Schönste in der Geschichte und Tradition eines Landes. Unser Volk hat all die Leistungen erbracht, die Sie angesprochen haben, und es ist zu erwarten, dass es in der Lage sein wird, im Kampf für eine bessere Welt auch weiterhin Geschichte zu schreiben.

Am Ende des Krieges hatten Sie versprochen, Mitglieder des repressiven Staatsapparates Batistas zu richten und gegebenenfalls die Todesstrafe zu verhängen. Die »Revolutionstribunale« wurden gebildet, und es wurde eine Säuberung vorgenommen, die viele Beobachter als exzessiv bezeichneten.
Sie wurden vor Gericht gestellt, und einige von ihnen wurden zum Tode verurteilt.

Glauben Sie, dass das ein Fehler war?
Was?

Die öffentlichen Gerichtsverfahren mitsamt den Exekutionen, die es in den Wochen nach dem Triumph der Revolution gab.
Wenn es Fehler gegeben hat, dann mögen sie in der Form gelegen haben, also sagen wir, dass öffentliche Orte gewählt wurden, zu denen möglichst viele der Menschen kommen konnten, die über die Tausende von begangenen Verbrechen entrüstet waren. Das konnte schockieren und tat es auch, es widersprach unserem eigenen Konzept von Gerechtigkeit. Von den Vereinigten Staaten wurde das massiv ausgeschlachtet. Wir erkannten, dass es ein Fehler war, und haben ihn schnellstmöglich korrigiert. Aber die Völkermörder wurden verurteilt und nach den Gesetzen der Revolution, die noch im Krieg verabschiedet worden waren, gerichtet. Das bereuen wir nicht, obwohl es mir leidtut, wenn ich daran denke, wie bitter der Hass für sie gewesen sein muss, den die Bevölkerung aufgrund ihrer Verbrechen zu Recht ihnen gegenüber empfand.

Ich habe Ihnen ja erzählt, dass ich beim »Bogotazo« dabei war und erlebt habe, was es bedeutet, wenn ein Volk sich erhebt. Als Machado 1933 hier gestürzt wurde, hat man Machados Leute durch die Straßen geschleift, überfallen, aus den Häusern geholt, eine Volksrache. Während des ganzen Krieges haben wir unser Volk davor gewarnt, denn wir kannten die Gewalt der Massen, die häufig den Sieg eines Volkes begleitet. Wir hatten gegen Ende des Krieges einen Kurzwellensender mit einem Kilowatt auf dem Gipfel eines Berges, der zu jener Zeit manchmal die beste Einschaltquote von ganz Kuba im Vergleich zu anderen Radiosendern verzeichnen konnte. Über diesen Sender ließen wir das Volk wissen, dass unsere Bewegung nicht wollte, dass Menschen durch die Straßen geschleift und persönliche Rachefeldzüge geführt werden, denn es würde Gerechtigkeit geben. Noch immer hatten die berühmten Nürnberger Prozesse großen Einfluss auf uns. Sie hatten nur zwölf Jahre vorher, nach dem Ende des Zweiten Weltkrieges, stattgefunden.

Niemand spricht darüber, dass dies vielleicht die einzige Revolution war, die die schlimmsten Kriegsverbrecher gerichtet und bestraft hat, dass es keine persönlichen Rachefeldzüge gab und auch niemand durch die Straßen geschleift wurde. Hier gab es keine Lynchjustiz, obwohl es sicher viele Menschen gab, die Lust darauf hatten, denn die Verbrechen, die von den Schergen dieser Diktatur begangen wurden, waren abscheulich. Und es gab nur einen Grund dafür, dass es nicht zu einem Blutbad oder zur Lynchjustiz kam: unser Versprechen, dass die Kriegsverbrecher verurteilt und gerichtet würden.

Wir wendeten das Moncada-Programm an, das alle Welt kannte. Die Bestrafung der Kriegsverbrecher wurde jedoch sehr stark zur Diffamierung der Revolution genutzt, auch wenn sie unserer Ansicht nach beispielhaft vonstattenging. Der Fehler war der, den ich Ihnen geschildert habe, die massive Teilnahme der Bevölkerung.

Es gab ein öffentliches Rechtsverfahren in einem Sportstadion.
Ja, aber das ist eine andere Geschichte, die sehr viel mit dem menschlichen Charakter zu tun hat. Wenn irgendwelche kriminellen Schergen irgendwo auf der Welt monströse Verbrechen begehen, dann sind fast ausnahmslos alle dafür, dass diese Menschen hart bestraft werden sollten; wenn dann aber die Stunde der Wahrheit geschlagen hat und der Hauptverantwortliche für diese barbarischen Verbrechen verurteilt wurde und hingerichtet werden soll, dann gibt es Menschen, die mit Schmerz und vielleicht sogar Mitleid reagieren.

Aus Barmherzigkeit.
Es gibt keine Verbindung zwischen dem Bewusstsein der Menschen davon, dass jemand seine Strafe verdient, seiner Überzeugung, dass die von der Person begangenen Verbrechen ungeheuerlich sind, und seiner emotionalen Ablehnung der Todesstrafe. Für die Kriegsverbrecher der Nazis hat es die Nürnberger Prozesse gegeben, ohne dass zuvor – das dürfen wir nicht vergessen – entsprechende Gesetze verabschiedet worden waren. Es wurde teilweise die Todesstrafe verhängt, lebenslängliche Haftstrafen oder andere harte Strafen. Ich glaube, Rudolf Heß, der als Fallschirmjäger über England abgesprungen war, saß, ich weiß nicht, wie lange, im Gefängnis; andere starben ... Und dabei waren diese Nazis die Weltmeister der Barbarei.

Wir gingen folgendermaßen vor: Wenn es um Leben oder Tod für uns ging – also in einem schlimmen Fall von Verrat oder Spionage –, dann konnte ein Kriegsrat die Todesstrafe verhängen. In den zwei Jahren Krieg hatten wir nur sehr wenige solche Fälle. Und wissen Sie, was passierte? Unsere Leute verabscheuten diese Aufgabe. Man musste die Leute sehr gut auswählen, die in der Lage sein würden, eine so unangenehme Pflicht wie die Vollstreckung der Todesstrafe zu erfüllen.

Sie hatten bereits in der Sierra die Todesstrafe anwenden müssen?
Ja, denn es gab einige Leute, die unsere ganze Truppe in Gefahr brachten. Es gab Verräter, die bis zu dreimal die Armee auf uns hetzten. Einer der Ersten, die sich uns angeschlossen hatten, wurde von Batistas Truppen gefangen genommen, und sie machten einen Verräter aus ihm[3]. Es gab Späher, die kamen und gingen und Nachrichten in die und aus der Sierra und dem Flachland beförderten, und manchmal wurden sie gefangen genommen. Manchmal gerieten gute Leute versehentlich in einen unserer Hinterhalte; sie kamen als Gefangene des Feindes mit der scheinbar von ihnen akzeptierten Aufgabe, uns zu töten, aber ihre wahre Absicht war es, uns über die Geschehnisse zu informieren. Es war ein Wunder, dass sie in unserem Hinterhalt nicht ums Leben kamen.

Batistas Soldaten gingen sehr geschickt mit solchen Dingen um. Sie schenkten demjenigen das Leben, von dem sie glaubten, dass er ihnen nützlich sein konnte; also töteten sie ihn nicht, sie ließen ihm sein Leben und boten ihm alle möglichen Dinge dafür, dass er ihnen dabei half, uns zu finden, um mich zu töten oder die ganze Truppe zu eliminieren.

Wir mussten urteilen und richten, es gab keine Alternative und kein Zögern.

Und was später mit den öffentlichen Verfahren in Havanna passierte, war ein Fehler, aber nicht vor dem Hintergrund von Hass oder Grausamkeit. Ein Mann, der Dutzende von Bauern ermordet hatte, wurde verurteilt. Aber er wurde in einem Saal verurteilt, wo er den Hass einer ganzen Menschenmasse zu spüren bekam.[4]

In einem Stadion, oder?
Es war keine Zirkusmanege und auch kein Baseballstadion, aber es war ein Sportzentrum, und das wurde von der imperialistischen Propagandamaschinerie ausgenutzt. Es wurden Gerichte aufgebaut, die einer traditionellen Form folgten und Kriegsverbrecher sanktionierten. Der Fall war eine Ausnahme. Aber man selbst sieht einen Menschen, der vor den Augen von tausend anderen verurteilt wird, und obwohl er der schrecklichste Mörder ist, neigt man dazu, Mitleid zu haben.

REVOLUTION: ERSTE SCHRITTE, ERSTE PROBLEME

Es hatte den Anschein eines Exempels.
Das war es. Aber es wurde berichtigt.

Einer der Vorwürfe gegen die Revolution in den ersten Jahren war, es habe ein sehr aggressives, fast repressives Verhalten gegen Homosexuelle gegeben. Dass es Internierungslager gab, in denen Homosexuelle eingeschlossen wurden. Was können Sie mir darüber sagen?
Um es kurz zu fassen, Sie sprechen von einer mutmaßlichen Verfolgung der Homosexuellen.

Ich muss Ihnen erklären, woher das kommt, wie diese Kritik entstanden ist. Ich kann Ihnen versichern, dass es niemals eine Verfolgung von Homosexuellen gegeben hat und auch keine Camps, in denen Homosexuelle interniert wurden.

Aber es gibt zahlreiche Zeugnisse darüber.
Welches Problem hatten wir? In den ersten Jahren war unser ganzes Land ständig mit der Mobilmachung beschäftigt aufgrund der Risiken einer bevorstehenden Aggression der Vereinigten Staaten, die dann tatsächlich stattfand: der schmutzige Krieg, die Invasion in der Schweinebucht, die Oktoberkrise. Während dieser ganzen Zeit gab es viele Gefangene.

Es wurde die Wehrpflicht eingeführt. Wir waren mit drei Problemen konfrontiert: Aufgrund der hoch entwickelten Technologien im Militärsektor brauchten wir Leute mit einer gewissen Schulbildung. Die zweite, dritte oder sechste Klasse brachte nichts, man musste mindestens sieben, acht oder neun Schuljahre absolviert haben, später mehr. Einige mussten wir sogar aus der Uni abziehen, sogar Absolventen. Um eine Batterie Boden-Luft-Raketen zu bedienen, brauchte man Leute mit Universitätsabschluss.

Aus dem naturwissenschaftlichen Bereich, denke ich.
Sie kennen sich gut aus. Es waren Hunderttausende von Männern, und es betraf die verschiedensten Bereiche. Nicht nur den Bildungsbereich, sondern auch wichtige Zweige der Wirtschaft. Wir hatten Leute, die nicht die Qualifikation besaßen, aber das Land brauchte sie, wegen der Abwanderung aus den Produktionszentren. Das war ein Problem, das wir dringend angehen mussten.

Dann gab es religiöse Gruppen, die aufgrund ihrer Lehre oder ihrer Prinzipien unter keiner Fahne dienen oder keine Waffen tragen wollten. Einige nahmen das wiederum zum Anlass, sie zu kritisieren oder anzufeinden.

Und schließlich war da die Situation der Homosexuellen, die nicht in die Armee einberufen wurden. Gegenüber Homosexuellen gab es teilweise eine große ablehnende Haltung, zum Zeitpunkt des Triumphes der Revolution, in der Etappe, von der wir sprechen, war der Machismo in unserer Gesellschaft äußerst stark verbreitet. Und es überwogen die Auffassungen gegen Homosexuelle in der Armee.

Diese drei Faktoren bestimmten, dass sie nicht zum Militärdienst einberufen wurden; aber zusätzlich verwandelte sich das wiederum in einen Umstand der Irritation, waren sie doch von einem so harten Opfer ausgenommen. Einige nutzten dieses Argument dann, um die Homosexuellen noch stärker zu diskriminieren.

Mit diesen drei Gruppen von Menschen, die aus dem einen oder anderen Grund ausgeschlossen waren, schufen wir die sogenannten Unidades Militares de Ayuda a la Producción (UMAP – »Militärische Einheiten für die Unterstützung der Produktion«), in denen diese Leute mitarbeiteten. Das war es, was geschah.

Es waren keine Internierungslager?
Diese Einheiten wurden im ganzen Land gegründet, und sie leisteten Arbeit hauptsächlich in der Landwirtschaft. Das heißt, es betraf nicht nur die Homosexuellen, wenn auch sicherlich einen Teil von ihnen, den, der aufgerufen war zum Militärdienst, denn das war eine Verpflichtung für jedermann im Land.

So entstand dieses Problem, und es waren weder Internierungslager noch Straflager; im Gegenteil, es ging darum, eine Moral unter den arbeitenden Menschen aufzubauen und ihnen eine Möglichkeit aufzuzeigen, in dieser schwierigen Ausgangssituation am Aufbau ihres Landes teilzuhaben. Es gab auch viele Menschen, die aufgrund ihres Glaubens die Möglichkeit hatten, auf anderen Wegen dem Land zu helfen; sie leisteten ihren Dienst nicht an der Waffe, sondern in den Arbeitsgruppen und hatten dabei die gleiche materielle Absicherung wie all die Rekruten der Streitkräfte, die ihren Militärdienst ableisteten.

Später, als ich einmal Camagüey besuchte, um eine der Agraranlagen zu begutachten, erlebte ich, wie an einigen Orten der ursprüngliche Plan verzerrt worden war. Ich kann nicht sagen, dass es keine Vorurteile gegen Homosexuelle gegeben hat. Jedenfalls habe ich persönlich für Aufklärung gesorgt. Diese Einheiten haben wir dann nicht einmal drei Jahre lang aufrechterhalten.

Später, nachdem die anfänglichen Defizite überwunden waren, entstand unser Jugendarbeitsheer, das es nun bereits seit dreißig Jahren gibt. Das Programm bestand zunächst aus einer Wehrertüchtigung, und im Anschluss produzierten die jungen Menschen für die Bevölkerung. Sie arbeiteten beim Bau von Häusern oder Schulen mit, reparierten und verlegten Eisenbahnschienen und übernahmen andere ökonomische Aufgaben im Bereich der Infrastruktur. Ihre Arbeit in der Landwirtschaft war besonders in den Regionen wichtig, wo es einen Arbeitskräftemangel gab. Ihre Verdienste in den Zeiten der Sonderperiode haben ihnen die Anerkennung der Bevölkerung eingebracht.

Glauben Sie, dass diese Vorurteile auf den Machismo zurückzuführen sind?
Das war die Kultur. Auch in anderen Bereichen passierte das. Was ich Ihnen sagen kann, ist, dass die Revolution solche Vorurteile niemals gefördert hat, sondern sich im Gegenteil für die Abschaffung jeglicher Art von Diskriminierung einsetzte. Es gab sehr starke Vorurteile in Bezug auf Frauen und auch in Bezug auf Homosexuelle. Ich will mich jetzt nicht verteidigen; den Teil der Verantwortung, der mir zufällt, trage ich. Ich hatte sicherlich eine andere Auffassung in dieser Hinsicht. Ich hatte meine Meinung zu den Dingen, und ich habe mich immer gegen jede Art von Missbrauch eingesetzt. Diese Gesellschaft, die aus der Ungerechtigkeit hervorgegangen war, bestand aus lauter Vorurteilen. Mit Sicherheit wurden Homosexuelle diskriminiert. Auch wenn es anderswo noch viel schlimmer gewesen sein mag, aber in Kuba wurden sie diskriminiert. Heute hat unsere Gesellschaft aufgrund ihres höheren Bildungs- und Kulturniveaus diese Vorurteile weitgehend überwunden.

Es sei hinzugefügt, dass es hervorragende Leute im Bereich der Kultur und Literatur gab und gibt, die homosexuell sind, und die aufgrund ihrer Persönlichkeit und trotz aller Vorurteile in unserem Land hohes Ansehen und Respekt genießen und sehr geschätzt werden. Wir dürfen das nicht zu sehr verallgemeinern. In den gebildeteren Bevölkerungsschichten gab es weitaus weniger Vorurteile gegen Homosexuelle, und ich denke, dass in der heutigen Zeit Diskriminierung und Machismo in zunehmendem Maße vom Bildungsniveau und der Aufklärung der Menschen abhängen.

Würden Sie sagen, dass die Vorurteile gegen Homosexuelle erfolgreich bekämpft wurden?
Ich würde gern glauben, dass die Diskriminierung Homosexueller ein Problem ist, das nach und nach der Vergangenheit angehört, und ich empfinde das so. Ich vertraue darauf, ebenso wie ich darauf vertraue, dass unser Volk bald eines

der Völker in der Welt sein wird, das am gebildetsten und sensibelsten ist. Alte Vorurteile und engstirniges Denken bleiben auf der Strecke.

Zu Beginn gab es auch Konflikte zwischen der Revolution und einigen Kirchen. Vorurteile, die auf der einen Seite von Antisozialisten und auf der anderen Seite von Antireligiösen geschürt wurden. Die Partei hatte die drastische Maßnahme ergriffen, keine Gläubigen in ihren Reihen zuzulassen. Ich schreibe mir einen großen Teil der Verantwortung dafür zu, denn wir sahen es als ein Risiko eines möglichen Loyalitätskonfliktes. Es gab zum Beispiel sehr viele Katholiken …

In der Partei?
Nein. Katholiken, die Revolutionäre waren.

Die aber nicht in die Partei eintreten konnten?
Wir legten fest, dass Gläubige keine Parteimitglieder werden durften. Sie wurden je nach ihrer politischen Einstellung in ihrem Glauben respektiert, konnten aber nicht Parteimitglied werden. Und Sie können mir glauben, dass es viele Jahre Überzeugungsarbeit gebraucht hat, um deutlich zu machen, dass wir den Gläubigen diese Tür öffnen mussten.

Und Sie haben diese Idee am Ende gestützt?
Obwohl ich damals, als wir bei der Parteigründung diesen Beschluss fassten, eine andere Auffassung vertrat, war ich später einer der ersten Befürworter der Zulassung von Gläubigen zur Partei. Vor mehr als dreißig Jahren kam ich in Kontakt mit der Befreiungstheologie. Mein erstes Treffen mit Vertretern dieser Richtung hatte ich im Jahr 1971 in Chile, wo ich mich mit vielen Priestern und Pastoren unterschiedlicher Herkunft in der kubanischen Botschaft traf. Nach vielen Stunden des Ideenaustausches und der Diskussion schlug ich ihnen etwas vor, das schon seit Langem in mir am Reifen war. Die Vereinigung von Gläubigen und Nichtgläubigen, das heißt von Marxisten und Gläubigen, für die Revolution.

So, wie die Sandinisten sagten: »Christentum und Revolution sind kein Widerspruch.«
Das haben wir schon viel früher ausgesprochen, denn die Sandinistische Revolution siegte im Jahr 1979, und zu diesem Zeitpunkt verteidigte ich bereits überall, wo ich hinkam, diese Idee: in Chile, als ich 1971 Salvador Allende

besuchte, und in Jamaika, als ich 1977 Michael Manley besuchte. Das war die Politik, die bei uns umgesetzt wurde. Fast alle Kirchen dieser Strömung waren sehr empfänglich für dieses Thema. Ich erklärte, dass die revolutionäre Veränderung in unserer Hemisphäre eine Union der Marxisten und der Christen erforderte. Ich vertrat diese Meinung, und ich vertrete sie heute mehr denn je.

Und dann kam der Augenblick, als ich sagte: »Wir sprechen über die Vereinigung von Marxisten und Christen, und gleichzeitig halten wir an unseren alten Parteistrukturen fest.« Es war nicht leicht, auf diesem Gebiet gegen Vorurteile und Überzeugungen anzukämpfen, es war harte Arbeit.

Mussten Sie innerhalb der Revolution auch gegen rassistische Vorurteile gegenüber der schwarzen Bevölkerung kämpfen?
Subjektive Diskriminierung gab es nicht. Jeder Revolutionär weiß, dass der Rassismus zu den schlimmsten Auswüchsen einer menschlichen Gesellschaft gehört.

Die Sklaverei, die Frauen und Männer mit Gewalt aus Afrika verschleppte, herrschte für Jahrhunderte in unserer gesamten Region und auch in Kuba. In unserem Land wurde sie vor einhundertzwanzig Jahren, im Jahr 1886, wenn auch nur formell, abgeschafft. Die Frauen und Männer, die diesem schändlichen System ausgeliefert waren, lebten anschließend noch fast ein Dreivierteljahrhundert als scheinbar freie Arbeiter in Baracken und Elendshäusern auf dem Land und in der Stadt, wo es oft nur ein Zimmer für eine große Familie gab, keine Schule und keine Lehrer. Sie waren diejenigen, die bis zum Triumph der Revolution die niedersten und am schlechtesten bezahlten Arbeiten durchführten. Sie können sich das nicht vorstellen. Ich musste damals drei Mal im Radio sprechen, als ich das Thema Rassismus ansprach. Unsere Gegner hatten zu einem bestimmten Zeitpunkt die Parole ausgegeben, dass wir den Eltern per Amtsgewalt das Sorgerecht entziehen und ihre Kinder nach Russland schicken würden – stellen Sie sich das einmal vor! –, und hier kommt wieder das Goebbels'sche Prinzip ins Spiel, dass man eine Lüge nur oft genug wiederholen müsse, damit sie zur Wahrheit wird. Aber nicht nur der niederträchtige Nazifaschist Goebbels sprach über dieses Thema, sondern auch, in einem anderen Zusammenhang, dieser berühmte Psychologe, Gustave Le Bon[5] – ich glaube, er war ein französischer Psychologe –, der die schädliche Wirkung der wiederholten Lüge thematisierte.

Massenpsychologie.
Ich kann mich daran erinnern, das Buch Le Bons über die Bedeutung des Formalismus im militärischen Bereich gelesen zu haben – der Habitus des Strammstehens, während man einen Befehl erhält. Die Menschen gingen bis in den Tod für jemanden, der ihnen einen Befehl erteilte. Wie heißt dieses Buch? Ich glaube, es heißt *Psychologie der Massen*.

Ja, auf Französisch heißt es *Psychologie des foules*.
Und wie heißt der Autor?

Gustave Le Bon.
Gustavo Lebón in meinem Französisch! Obwohl es lange her ist, seit ich es gelesen habe, kann ich mich an diese grundsätzlichen Thesen erinnern. Damals studierte ich noch.

Das Buch ist ein Klassiker.
Wie ich schon sagte, als ich damals im Radio über den Rassismus sprach, musste ich das noch zwei Mal wiederholen. Natürlich ergriffen wir von Anfang an revolutionäre Maßnahmen und machten Schluss mit den Klubs, den Schulen und den anderen Einrichtungen, wo Schwarze und Mischlinge nicht geduldet waren. Obwohl wir bei der Durchsetzung sehr behutsam vorgingen.

Gab es auch Hotels, in denen Schwarze nicht zugelassen waren?
Natürlich, all das gab es hier: auch Strände, die zum größten Teil privat und für Schwarze verboten waren. Oft auch für arme Weiße. Auch Schulen. Ich habe Ihnen ja von der Schule erzählt, die ich selbst besucht habe, das private Colegio de Belén, auf dem es etwa 1000 Schüler gab und wo weder Schwarze noch Mischlinge zugelassen wurden.

Es gab in Belén eine kleine angeschlossene Schule, und dort wurden einige wenige aufgenommen. Als im Januar 1998 Papst Johannes Paul II. zu Besuch war, erzählte ich ihm von den katholischen Schulen, die keine Schwarzen zuließen, und ich sprach über Erscheinungsformen des Rassismus.

Wir waren nach unserem Sieg zunächst ziemlich unwissend, was das Phänomen des Rassismus angeht, denn wir glaubten, es reiche aus, die Gleichheit vor dem Gesetz herzustellen, und das würde dann angewendet werden, ohne Diskussion. In einer Fernsehsendung habe ich über dieses Problem gesprochen: Der Unsinn, die Gerüchte, die daraufhin über Kuba in Umlauf gebracht wurden, waren widerwärtig und abscheulich. Ich hatte Ihnen ja schon davon erzählt, dass gesagt wurde, wir würden Eltern ihre Kinder wegnehmen und sie nach Russland schicken. Und einige dieser immer wieder verbreiteten Lügen verfehlten ihre Wirkung nicht. Ich weiß nicht, ob es auch Le Bon war, der erklärte, dass, je übertriebener und absurder eine Lüge ist, die Wahrscheinlichkeit desto größer sei, dass man sie als Wahrheit annimmt.

Anschließend kam die Oktoberkrise von 1962; die Flüge in die Vereinigten Staaten wurden ausgesetzt, denn bis zu diesem Zeitpunkt hatte es Direktflüge zwischen unseren Ländern gegeben. Wir haben die Ausreise für diejenigen Leute, die das Land verlassen wollten, niemals behindert, und mehr als einmal haben wir ihnen den Weg bereitet. Es gab sogar eine Situation, wo wir den Leuten sagten: »Kommen Sie mit Ihren privaten Booten, und holen Sie Ihre Familien so mit größerer Sicherheit ab.«

Als wir das Thema des Rassismus ansprachen und ich dieses Fernsehinterview hatte, da erzählten sie anschließend, wir würden die Weißen zwingen, Schwarze zu heiraten, und umgekehrt. Und nicht wenige erschraken über diese Unwahrheit und brachten erneut Vorurteile in Umlauf, denn es gab noch immer einige Leute, die an Überlegenheitstheorien glaubten.

Wie hat Hitler es geschafft, die Menschen glauben zu machen, sie seien allen anderen Menschen überlegen, und wie hat er sie dazu gebracht, diese Verbrechen gegen andere Menschen zu begehen, obwohl er selbst nichts von einem Arier hatte – dem Ideal, von dem er immer wieder sprach –, auch weder Himmler noch Goebbels? Stellen Sie sich einmal vor, man hätte in jenen Zeiten klonen können! Wenn Faschismus auf Klonen träfe, das heißt Rassismus gepaart mit der Fähigkeit, zu klonen, das wäre wirklich fatal.

Bei dieser Art neuer Eugenik könnte es sich um eine der größten Bedrohungen der Zukunft handeln.
Es wurden wissenschaftliche Untersuchungen gemacht, die die Unterschiede zwischen einzelnen ethnischen Gruppen aufzeigen sollten. Und sie haben nichts gefunden außer unbedeutenden Kleinigkeiten, die absolut nichts mit Begabung zu tun haben. Die Wissenschaft hat in diesem Sinne jene unterstützt, die gegen den Rassismus kämpfen, und aufgezeigt, dass es eine intellektuelle Gleichheit aller Menschen gibt. Dennoch besteht die Diskriminierung weiter.

Für uns als Revolutionäre ist der Kampf gegen die Diskriminierung ein heiliges Prinzip. Aber es gab, wie gesagt, Meinungen und Unsicherheiten in Teilen der Bevölkerung, als ich dieses Thema zum ersten Mal ansprach. Ich sprach das Thema erneut an. Drei Mal sprach ich über den Kampf gegen die Diskriminierung und dass es nicht darum ginge, irgendjemanden zu zwingen, mit einem anderen Menschen zusammenzuleben, sondern darum, Diskriminierungen, Ungerechtigkeiten und Ungleichheiten in Bezug auf Arbeit, Freizeit und Bildung abzuschaffen. Wir waren damals wirklich so naiv, zu glauben, dass wir nur die Gesetze in diesem Sinne ändern müssten, und schon gäbe es keine Diskriminierung mehr. Aber es gibt zwei Formen der Diskriminierung, die subjektive und die objektive.

Sind Sie heute zufrieden mit der Situation der schwarzen Bevölkerung in Kuba? Oder glauben Sie, dass es noch Handlungsbedarf gibt?
Nein. Wir wären eitel, chauvinistisch und selbstherrlich, wenn wir behaupten würden, dass wir zufrieden sind. Auch in einer Gesellschaft wie der kubanischen, die aus einer radikalen sozialen Revolution heraus entstanden ist und wo die gesamte Bevölkerung völlige Gleichheit vor dem Gesetz genießt und ein Bildungsniveau, das einen großen Teil der subjektiven Komponente der Diskriminierung umgestoßen hat, ist sie in anderer Form noch immer existent. Ich bezeichne sie als objektive Diskriminierung, ein Phänomen, das eng mit der Armut und dem historisch gewachsenen Monopol des Wissens verbunden ist.

Obwohl die Revolution es erreicht hat, dass alle Bürger die gleichen Rechte und Sicherheiten haben, egal welcher ethnischen Gruppe sie angehören, hatten wir beim Kampf gegen die Unterschiede im gesellschaftlichen und wirtschaftlichen Status der schwarzen Bevölkerung nicht die gleichen Erfolge. Die Schwarzen leben nicht in den besten Häusern, sie verrichten noch immer meist die schwersten Arbeiten und verdienen dabei nicht selten geringer, und es sind weitaus weniger Schwarze, die finanzielle Unterstützung von Familien im Ausland erhalten, als ihre weißen Landsleute.

Aber ich bin zufrieden mit dem, was wir tun, wenn wir Zustände entdecken, die – wenn man nicht gegen sie ankämpfen würde – die Marginalisierung sogar noch auf die nächste Generation übertragen würden. Welches sind die Ursprünge? Wen findet man in den Gefängnisses und warum?

Die sozialen Umstände.
Warum gibt es Marginalisierung? Die Sklaverei wurde lange vor dem Triumph der Revolution im Jahr 1959 abgeschafft. Es waren damals bereits dreiundsiebzig Jahre seit der Abschaffung der Sklaverei im Jahr 1886 vergangen. Mittlerweile sind es hundertzwanzig Jahre.

Wir haben festgestellt, dass es eine umgekehrt proportionale Beziehung zwischen Bildung, Kultur und Straftaten gibt. Das heißt, je mehr Wissen, Kultur und Zugang zur Universitätsebene, desto weniger Straftaten. In einem Land mit 800 000 Fachleuten und Akademikern werteten wir Daten aus, führten Untersuchungen in Gefängnissen durch und kamen zu diesen Ergebnissen.

Also je weniger Bildung, desto höher die Marginalisierung, die Kriminalität und die Diskriminierung, richtig?
Ja, das ist sehr wichtig für uns – der Zugang der Ärmsten zu mehr Bildung. Denjenigen, deren Eltern kein Universitätsstudium hatten, müssen wir den Zugang zu den besten Schulen ermöglichen, für die man ein Zeugnis und eine Aufnahmeprüfung benötigt.

Es wird Sie überraschen, wie viele junge Leute zwischen zwanzig und dreißig Jahren – wir untersuchen es noch – im Gefängnis sitzen und dass, trotz der hohen Anzahl von qualifizierten Fachleuten und Akademikern in unserem Land, nur zwei Prozent darunter sind, die Kinder von Akademikern sind. Wenn Sie ins Gefängnis gehen, dann werden Sie sehen, dass die meisten Insassen aus Randbezirken und aus Familien stammen, die seinerzeit in nur einem Zimmer in diesen vergessenen Stadtteilen lebten.

Konnte die Revolution dieser Tragik kein Ende bereiten?
Zu Beginn haben wir einige dieser Randbezirke aufgelöst. Aber es gab bereits eine Kultur der Marginalisierung: Auch wenn du neue Häuser baust, setzen sich diese Phänomene fort. Es sei denn, du schaffst es, eine neue Kultur zu prägen, die auf Wissen aufbaut. Akademiker oder Leute, die eine Berufsausbildung haben, beschäftigten sich viel häufiger mit ihren Kindern. Sie lernen mit ihnen oder wiederholen das Gelernte. Und so haben diese eine deutlich bessere Ausgangsposition für den Besuch der besten Schulen.

Wie viele hat die Revolution mittlerweile ausgebildet? Nun, es sind Millionen. Ich glaube, unsere Revolution hat zurzeit drei Akademiker oder Intellektuelle – Ärzte, Ingenieure et cetera – auf jeden Bürger, der 1959 sein sechstes Schuljahr abgeschlossen hat. Wir haben heute viel mehr Lehrer, und die haben fast alle einen Universitätsabschluss. Auch unter den Pflegekräften gibt es eine große Anzahl Akademiker.

Die Kultur der Marginalisierung scheint sich mit all ihren Konsequenzen zu reproduzieren. Welche Bedeutung haben die positiven Aktionen?

In einigen Ländern hat die positive Diskriminierung sehr stark zugenommen.
Ja. Aber für uns war das keine Frage der Gesetze oder so etwas. Wir glaubten, dass es hier um Gerechtigkeit und politische Konzepte geht, und die Diskriminierung ist hier in der Tat subjektiv verschwunden.

Manchmal kommt in einer Fernsehreportage, bei der es darum geht, wie effizient eine bestimmte Polizeieinheit arbeitet, eine Gruppe von schwarzen Jungs oder Mischlingen vor, die die Verbrechen begangen haben … Dabei gibt es doch zwei verschiedene Arten von Raub: den gewöhnlichen Raub, der die Leute aufregt, und dann den Raub mit Schlips und Kragen, der von denjenigen begangen wird, die hier oder dort verwalten … Sie haben die Gesellschaft bestohlen und keiner hat es gemerkt; aber wenn jemand in ein Haus geht, es ausraubt und irgendwelche Dinge stiehlt, ein Schmuckstück oder ein anderes Produkt, dann weiß jeder davon. Und das sind die Straftaten, die in der Regel von den Ärmsten begangen werden.

Es gab einen Moment, da musste ich mit den Programmdirektoren des Fernsehens sprechen, die Sendungen über die Verbrechensbekämpfung machen und damit zeigen wollen, wie effizient diese Einheiten gegen Kriminalität vorgehen. Eigentlich wollten sie damit das Vertrauen in die Arbeit der Polizei stärken, aber ich sagte ihnen, dass ich solche Beiträge nicht mehr sehen wollte. Jeder von ihnen sollte in seinem Büro und an seinem Arbeitsplatz zeigen, wie effizient er ist. Denn die Kriminellen und Verbrecher, die in diesen Filmen auftauchten, waren fast ausnahmslos junge Schwarze. Es gab auch den einen oder anderen Weißen darunter, aber sie waren in der Minderheit. Wozu soll das gut sein? Um die Verbrechen, die die Menschen am meisten aufregen, einer bestimmten ethnischen Gruppe zuzuordnen?

Durch die ideologische Arbeit haben wir sehr viel erreicht. Durch das Verhalten der schwarzen Bevölkerung und ihre Loyalität zur Revolution. Sie zählten zu den Ärmsten der Gesellschaft, aber sie haben die Revolution am stärksten unterstützt.

Wurden sie auf anderer Ebene weiterhin diskriminiert?
Viele nutzten die Möglichkeiten, die sich ihnen nun boten, aber sie hatten nicht die gleichen Voraussetzungen, um sich für die Universität oder die bevorzugten Schulen einzuschreiben, für die man ein Zeugnis oder einen bestimmten Notendurchschnitt brauchte und eine Aufnahmeprüfung ablegen musste. Es gab unglaublich viele Schüler, die das Schuljahr wiederholen mussten.

Man könnte uns dafür kritisieren, dass wir so lange gebraucht haben, das herauszufinden, aber wir haben es herausgefunden. Ich musste eines Tages eine sehr kritische Rede halten, denn all diese Probleme mussten angesprochen werden, und ich hatte da, wie gesagt, schon meine Erfahrungen. Ich denke, dass die noch vorhandene subjektive Diskriminierung relativ gering ist bei jenen, die über Jahre die Revolution erlebt haben und die Erfolge, die wir erzielt haben. Aber die Diskriminierung spiegelt sich immer noch in der Gesellschaft wider, das müssen Sie wissen.

In den höheren Kadern des Staates sieht man immer noch wenige Schwarze.
Ja. Es gibt recht wenige Schwarze auf der Führungsebene, denn die heutige Zeit ist ja immer noch davon geprägt, dass viel weniger junge Schwarze und Mischlinge die Universität oder höhere Schulen besucht haben. Der Wehrdienst dauerte drei Jahre, und wir versuchten, die Leute zum Studium zu bewegen. Wenn sie ihr Abitur hatten, konnten sie je nach Führung den Militärdienst auf zwei Jahre abkürzen. Wir haben dann die Wehrdienstzeit weiter verkürzt und boten vielen jungen Leuten die Möglichkeit, in einer Internatsschule Intensivkurse zu belegen und ihre Kenntnisse aufzufrischen, damit sie anschließend studieren konnten. Viele kamen auf diese Art zur Uni, vor allem die Ärmeren, die vielleicht auf einer Schule, die eine Aufnahmeprüfung erfordert, keine Chance gehabt hätten gegenüber den Anwärtern, die einer höheren Schicht angehörten.

Ich bin wirklich sehr zufrieden mit den 106 Programmen des »Kampfes der Ideen«, den wir führen. Darunter gibt es viele Bildungsprogramme, und die erste Frage, die ich stelle, ist die nach der ethnischen Zusammensetzung – ein Begriff, der aus unserem Wortschatz gestrichen worden war, da er uns diskriminierend erschien.[6]

Achten Sie nun besonders auf die ethnische Zusammensetzung?
Ja. An allen neuen Schulen, bei den Lehrern und Professoren, den Sozialarbeitern, bei Kunst- und Kulturprogrammen. Wir schulen zurzeit Dozenten im Bereich der Künste: Es gibt fünfzehn Ausbildungszentren für diese Kunstlehrer, eines in jeder Provinz, und wir gehen davon aus, dass wir in den nächsten zehn Jahren 30 000 Kunstlehrer ausgebildet haben werden, die je nach Talenten ausgewählt werden und ihre Kenntnisse in Bildungszentren und in den Gemeinden selbst weitergeben, denn es gibt einen sehr großen Bedarf. Die ethnische Zusammensetzung in den einzelnen Provinzen ist unterschiedlich. Es gibt Provinzen, in denen siebzig Prozent der Bevölkerung Schwarze sind.

In den östlichen Provinzen, nehme ich an.
Ja. Und in anderen ist es umgekehrt. In der Provinz Holguín sind zum Beispiel die Weißen in der Mehrheit, da sie von Landwirten der Kanarischen Inseln oder aus anderen Teilen Spaniens abstammen. Je nachdem, ob es in einer Region aufgrund der dort ansässigen Plantagen viele Sklaven gab, wie in Guantánamo, und aufgrund anderer historischer Faktoren in unserem Land, variiert der Anteil der schwarzen oder weißen Bevölkerung.

In den Kunstschulen für Bildende Künste – Malerei und Bildhauerei – müssen sie Musik, Tanz, Dramaturgie studieren und sich dann auf einem dieser Gebiete spezialisieren und gleichzeitig Grundkenntnisse in den anderen Bereichen erwerben, denn dann können sie später an einer Schule lehren und auch Unterricht in den anderen Disziplinen erteilen.

Es gibt sehr viele junge Leute, die sich zu dieser Arbeit berufen fühlen, und sie werden gefördert, etwa 16 000 junge Leute, und unter Berücksichtigung der Talente und der ethnischen Zusammensetzung ausgewählt. Ich kann Ihnen sagen, dass ich immer noch darauf achte und immer nachfrage, wie viele Kader aus welcher ethnischen Gruppe stammen. In einigen Institutionen gibt es mehr als in anderen.

Achten Sie auch auf die Frauenquote?
Gegen die Diskriminierung der Frau zu kämpfen war eine schwierige Angelegenheit. Es wurde sogar ein Gesetz erlassen, eine Art Moralkodex, das Familiengesetz. Es regelt die Verpflichtung der Männer, mit ihren Frauen die Hausarbeit zu teilen. Sowohl die Küchenarbeit als auch die Betreuung der Kinder und andere Dinge. Wir haben auf diesem Gebiet große Fortschritte erzielt.

Die große Mehrheit der Studenten, die sich für die Universität einschrieben, waren Frauen. In diesem Alter, wenn sie in der Mittelstufe und dann in der Oberstufe sind, sind sie lerneifriger und haben die besseren Noten. So einfach ist das. Und da sie sich mit ihrem Zeugnis bewerben mussten …

Wir schickten unsere Ärzte in viele Länder der Welt. Es gibt viele Länder, deren Kultur es erschwert, dass es Frauen sind, die dort medizinische Dienste leisten, aber wir riefen Männer und Frauen zum Studium der Medizin auf, und von jeweils drei Abschlüssen waren die zwei besten immer von jungen Frauen.

Manchmal brauchten sie in einem bestimmten Berufszweig dringend Leute, und in diesem Fall wurden dann sogar die jungen Männer vom Wehrdienst befreit, aber von jeweils dreien, die ausgewählt wurden, waren zwei Frauen. Wir mussten dann irgendwann eine Quote einführen, also sagen wir mal, fünfundvierzig Prozent Männer und fünfundfünfzig Prozent Frauen, denn es waren stets mehrheitlich Frauen, die die Anforderungen erfüllten. Diese Entwicklung hat dazu geführt, dass wir auch in den technischen Berufen mittlerweile fünfundsechzig Prozent Frauen haben.

Ein spektakulärer Fortschritt.
Frauen sind ja auch diejenigen, die gebären, und wenn sie ihr Kind bekommen, dann geben wir ihnen ein Jahr frei, damit sie sich um ihr Kind kümmern können. Nicht weil wir damit die Geburtenrate steigern wollen, sondern weil es das Beste ist, was einem Kind passieren kann, wenn es gestillt und von seiner Mutter selbst betreut wird.

Es gibt noch andere Möglichkeiten der Kindererziehung im Rahmen der sogenannten informellen Wege. Aber wir müssen schon bei den Eltern dafür sorgen, dass sie ausgebildet sind. Es ist viel besser, wenn das Kind am Anfang bei der Mutter ist. Die Trennung der Familie hat einen großen Einfluss; das sieht man zum Beispiel bei denjenigen Kindern, die die Schule abbrechen, und auch bei jenen Jugendlichen, die im Gefängnis landen, kann man das beobachten. Wenn aber zumindest ein Elternteil eine gute Ausbildung hat, vor allem wenn es die Mutter ist und das Kind bei ihr bleibt, dann reduziert sich dieser Negativeffekt beträchtlich.

Sie meinen die Auswirkungen in Bezug auf die Marginalisierung und die Straftaten?
Von einundsiebzig Prozent der straffälligen Jugendlichen sind neunzehn Prozent weder mit Mutter noch mit Vater aufgewachsen. Sobald also die Mutter oder der Vater des Kindes anwesend ist – meist ist es die Mutter – und dazu ein gewisses Bildungsniveau besitzt, spüren Sie den ungünstigen Effekt nicht, den eine Scheidung, eine Trennung der Familie bedeutet. Wenn ein Elternteil sich dann um das Kind kümmert oder sogar beide, dann wird es kaum einen Unterschied geben. Unser Ziel ist es, dass Frauen den höchstmöglichen Bildungsgrad, auch auf technischer Ebene, erreichen. Für das Wohl der Familie und für das Wohl der Gesellschaft. Früher wurden Frauen furchtbar diskriminiert und erhielten nur niedere Arbeiten. Heute bilden Frauen durch ihre eigene Willenskraft und harte Arbeit von sich aus ein bestimmendes und angesehenes Segment der Gesellschaft und stellen außerdem, wie ich schon sagte, fünfundsechzig Prozent der technischen und wissenschaftlichen Fachkräfte in unserem Land.

Frauen ebnen sich selbst ihren Weg, sie verfügen über eine überwältigende Kraft. Was wir in der Zukunft vielleicht brauchen werden, ist ein »Verband Kubanischer Männer«.

Um sich zu verteidigen!
Genau! Denn wo immer Sie hinschauen, sehen Sie die Frauen immer weiter nach oben steigen, und sie sind noch nicht an der Spitze angelangt, aber die sechsundvierzig Jahre der Revolution sind nicht spurlos an ihnen vorübergegangen.

Viele Frauen haben sich am Kampf gegen Batista beteiligt. Sie haben selbst von Haydée Santamaría und Melba Hernández gesprochen, die bereits beim Angriff auf die Moncada-Kaserne beteiligt waren, und wir könnten andere berühmte revolutionäre Frauen nennen wie Celia Sánchez oder Vilma Espín. Was ich fragen wollte: Gab es Frauen, die in der Sierra gekämpft haben?
Ja. Ich habe eine Fraueneinheit in der Sierra gegründet, die wir die »Marianas«[7] nannten. Wir bewiesen, dass Frauen genauso gute Soldaten sein können wie Männer. Natürlich musste ich einen harten Kampf gegen den Machismo führen, denn wir hatten eine gewisse Menge leichter Waffen für sie reserviert, und die Männer sagten: »Wir können doch einer Frau keine M-1 geben – das war nach der letzten Offensive Batistas –, warum bekomme ich die nicht?« Ich hatte für einige von ihnen eine bestimmte Antwort parat. Ich sagte ihnen: »Sieh mal, weißt du, warum? Ich werde es dir erklären: Sie sind bessere Soldaten als du.«

Ich selbst habe die ersten Fraueneinheiten trainiert, und sie waren exzellent. Besser als der Durchschnitt der Männer, warum sollte ich das leugnen. Und sie haben gekämpft. Sie waren nicht in irgendwelchen Büros oder so was. Das ist keine Rechtfertigung, sondern Realität.

Glauben Sie, dass Kuba kein Land des Machismo mehr ist?
Heute können wir sicherlich behaupten, dass wir das Land sind, das am wenigsten vom Machismo geprägt ist. Ich würde nicht sagen, in der Welt, aber zumindest in dieser Hemisphäre. Wir haben eine Kultur der Gleichheit und des Respekts aufgebaut, und Sie wissen, dass das in unseren Gesellschaften nicht selbstverständlich ist.

Ich habe nie Vergleiche angestellt, denn den Machismo haben wir geerbt, und wir wissen sehr gut, wie das alles vererbt und von der kapitalistischen Gesellschaft gepflegt wurde. Es ist ein Erbe, und wir waren ziemlich unwissend in dieser Hinsicht. Ich hatte da eine andere Ansicht; von der Frauentruppe in der Sierra habe ich Ihnen gerade erzählt. Ich hatte eine andere Auffassung, ich war solidarisch mit ihnen, denn ich sah, wie die Frauen in dieser Gesellschaft diskriminiert wurden, und ich litt darunter.

Aber gut, wir sind bereit, alles anzuhören, was mit diesem Thema zu tun hat. Ich würde nicht sagen, dass wir den Machismo völlig überwunden haben, aber es gibt einen großen Unterschied zu dem, was in den ersten Jahren passiert ist, auf die Sie sich beziehen, und ich habe Ihnen ehrlich erzählt, wie es war. Wir übernehmen die Verantwortung dafür, und ich wünschte, wir hätten genügend Bildung und Kultur gehabt oder die Umstände hätten verhindert, dass es ungerechte oder verletzende Diskriminierungen gab. So viel kann ich in wenigen Worten zu diesem Thema sagen.

Eine andere Anschuldigung gegen Sie ist, dass es in den ersten Jahren der Kubanischen Revolution religiöse Verfolgung gegeben hat. Sie verstaatlichten die katholischen Schulen, vertrieben einen Teil des Klerus und nahmen Priester gefangen. Glauben Sie, dass es auch hier zu Unmäßigkeiten kam?
Wir verstaatlichten alle Schulen, nicht nur die katholischen. Dies war eine zutiefst radikale Revolution, so bewerte ich sie, und ich kann beweisen, dass kein einziger Priester erschossen wurde. Das ist Teil einer Politik und eines Konzepts, es hat nicht nur mit ethischen, sondern auch mit politischen Prinzipien zu tun. Der Imperialismus, die Regierung der Vereinigten Staaten, hatte ein Interesse daran, die Kubanische Revolution als eine antireligiöse Revolution darzustellen – aufgrund der Konflikte, die es in den ersten Jahren gab und die uns dazu zwangen, gewisse Maßnahmen zu ergreifen. Genau dort begann die Verschwörung gegen uns, und wir konnten nicht einfach die Arme verschränken und zusehen. Es sind sehr schlimme Dinge passiert.

Welche Dinge?
Nun, zum Beispiel die Operation »Peter Pan«. Praktisch die Entführung von 14 000 kubanischen Kindern, nachdem unsere Gegner die fürchterliche Verleumdung verbreitet hatten, dass wir Eltern ihr Sorgerecht entziehen würden. Unter diesem Vorwand oder aufgrund dieser Angst wurden 14 000 kubanische Kinder heimlich in die Vereinigten Staaten geschickt, und an dieser Entführung haben katholische Priester teilgenommen, die gegen die Revolution waren, aber auch katholische Priester aus Miami.[8]

Es wurden 14 000 Kinder in die Vereinigten Staaten gebracht?
Ja, sie wurden weggeschafft, nachdem sie erfunden hatten, dass bereits die richterlichen Verfügungen vorliegen würden, die den Eltern das Sorgerecht über ihre Kinder entzögen. Wenn es um so empfindsame Dinge und Gefühle geht, dann werden die Leute verrückt vor Angst und lassen sich sehr leicht täuschen. Auch aufgrund der Art, des Augenblicks und der Form, mit der diese Lüge verbreitet wurde. In diesem Fall, wo ein Gefühl wie die Elternliebe beteiligt war, traf diese irrsinnige Idee genau den Instinkt der Leute – sie konnten das nicht verarbeiten. So schaffte man es, die Mütter und Väter in Angst und Schrecken zu versetzen und den Exodus, das heimliche Wegschicken, zu erleichtern. Einige Familien trennten sich für immer von ihren Kindern.

Später las ich dann Scholochows Bücher, *Der stille Don*[9] und seine anderen Don-Bücher, und entdeckte für mich selbst, was ich bisher nicht wusste, nämlich dass die Lügen über den Entzug des Sorgerechts schon sehr alt waren. Stellen Sie sich vor, ich musste den Leuten sagen: »Wer sollte sich denn um all diese Kinder kümmern, wenn wir den Eltern das Sorgerecht entziehen würden?«

Nach sechsundvierzig Jahren Revolution haben wir noch immer nicht genügend Einrichtungen für alle Mütter, die ihre Kinder in den Kindergarten bringen möchten.

Sie haben sogar noch viel schrecklichere Dinge verbreitet: dass wir diese Kinder zu Dosenfleisch verarbeiten würden.

Was für ein Horror!
Ja. Sie sagten, wir würden die Kinder in die Sowjetunion schicken. Dort würde man Dosenfleisch aus ihnen machen und sie später wieder zurückschicken.

Das ist wirklich ungeheuerlich!
Das war reine Fantasie, aber trotzdem glaubten es eine Menge Leute; sie glaubten es, weil diese Lüge an einen natürlichen Instinkt, nämlich den Mutter- oder Vaterinstinkt gekoppelt war.

Und sie haben die Kinder weggebracht?
Sie haben 14 000 Kinder weggeschafft.

Aber sie haben sie heimlich außer Landes gebracht?
Na ja, nicht so ganz, denn es konnte ja jeder reisen, der es wollte. Sogar Ärzte ließen wir ausreisen, obwohl wir sie in Kuba sehr nötig gehabt hätten. Sie ha-

ben uns die Hälfte der Ärzte unseres Landes genommen. Es wurden nicht viele Papiere für die Ausreise benötigt, und die Kinder wurden in eher betrügerischer Art außer Landes gebracht. Man schickte sie allein oder mit irgendeinem Freund, umging die Regeln, ohne jede Gewissheit, was aus diesen Kindern werden würde. Es wurde vielleicht ein Pass verlangt und das ein oder andere Dokument. Natürlich waren es nicht die Armen, die ihre Kinder schickten; sie hatten blindes Vertrauen in die Revolution und waren in der Mehrheit. Es waren die Leute, die ein höheres Einkommen hatten, und nicht wenige reiche Familien, aber die Kinder traf keinerlei Schuld.

Es gab Leute, die gehen wollten, und niemand hielt sie zurück. Aber was sie taten, ist mit nichts zu rechtfertigen. Viele Eltern warteten und glaubten, dass die Revolution nicht lange andauern würde und dass sie dann ihre Kinder zurückholen könnten; die Wahrheit ist, dass sie 14 000 Kinder wegschickten, von denen viele heute erwachsen sind und ihre Eltern anklagen. Sie hatten niemanden dort in Miami, wo sie wohnen konnten, und man brachte sie zum Teil in Strafanstalten unter. Viele kubanische Kinder wurden quer über die Vereinigten Staaten verstreut.

Und die Kirche hatte eine Verantwortung in dieser Massenentführung?
Das ist vielleicht das Schmerzhafteste. An dieser Aktion waren einige Priester und Kirchenobere sowohl in Kuba als auch in Miami beteiligt; das ist etwas, woran wir nicht rühren möchten. Die Ausreise in die Vereinigten Staaten war nicht verboten. Es gab keinerlei Hindernisse, lediglich die normalen Unterlagen zur Identitätsfeststellung wurden verlangt – das war schon alles. Es ist egal, ob die Kinder mit oder ohne Papiere ausreisten, das war nicht zu rechtfertigen. Die Konterrevolution hat mit Unterstützung der Vereinigten Staaten den unwahren Beschluss für den Entzug des Sorgerechts durch den Staat fabriziert, verbreitet und auf der Grundlage von Angst und Schrecken 14 000 Kinder weggeschickt.

Haben Sie das nicht gemerkt?
Ich sage ja, wir hatten keine Ausreisebeschränkungen, und die Leute kamen und gingen. Die Regierung der Vereinigten Staaten machte die Türen sperrangelweit auf für die Techniker, für die Lehrer, für die Ärzte, die Facharbeiter. Und damit verfügte sie außerdem über genügend Personal, um die Reihen der Invasoren und Soldaten für einen Angriff aufzustocken. Das waren äußerst ernste Tatsachen. Was haben die nicht alles erfunden!

Es sind sehr schlimme Dinge in dieser Hinsicht passiert. Wir werden die Schuld nicht auf Rom schieben und auch die katholische Kirche nicht beschuldigen, denn es gab viele katholische Revolutionäre. Aber einige wurden als Konterrevolutionäre bestraft.

Priester?
Ja, aber sie befanden sich nicht lange in Haft. Bei der Invasion in der Schweinebucht gingen zusammen mit den Söldnern drei Priester als ... wie nennt man noch mal die Priester, die die Soldaten begleiten und ihnen predigen?

Kapläne.
Ja. In der Sierra Maestra hatten wir auch einen Kaplan. Einen katholischen Priester, der sich den Rebellen angeschlossen hatte und sogar den Rang eines Comandante erreichte und die olivgrüne Uniform trug. Pater Guillermo Sardiñas, ein sehr bekannter und beliebter Mann. Nicht dass unsere Kameraden die katholische Religion besonders praktiziert hätten oder in die Kirche gegangen wären, aber alle waren getauft, und diejenigen, die nicht getauft waren, nannten sie »Juden«, das hatte ich ja schon erzählt.

Ich sagte Ihnen, dass es nicht nur um Prinzipien ging, sondern um guten politischen Menschenverstand; hätten wir einen Priester getötet, dann hätten sie ihn als Heiligen und Märtyrer in den Himmel gehoben. Ein Geschenk für das Imperium und eine Beleidigung für viele ehrliche Gläubige in Kuba und in aller Welt.

Hat die Kubanische Revolution Priester mit Samthandschuhen angefasst?
Es geschahen einige schlimme Dinge, aber es wurde nie ein Priester erschossen. Und hierbei handelt es sich um die einzige radikale Revolution, die keine Priester exekutiert hat. Sie kennen ja die Sache mit den Cristeros in Mexiko,[10] und in vielen anderen Revolutionen sind ähnliche Dinge passiert. Wenn Sie die Geschichte Frankreichs analysieren, des Landes, wo Sie sich, wie ich glaube, viel von Ihrer Art zu denken erworben haben, auch wenn Sie nicht dort geboren sind ...

Die Französische Revolution war sehr antiklerikal.
Denken Sie an die drei Stände. In der Revolution von 1789 töteten die einen die anderen, denn der niedere Klerus war für die Revolution, und die kirchliche Elite stand auf der Seite der Feudalmacht, obwohl sogar einige aus der

Hierarchie dann zur Revolution überliefen. Ich kenne keine Revolution, bei der solche oder ähnliche Dinge sich nicht ereignet hätten.

Während der Oktoberrevolution – ich weiß nicht, ob es vielleicht Leute gibt, die heute leugnen, dass es 1917 in jenem Land, das sich später Sowjetunion nannte, eine Revolution gegeben hat – sind auch solche Dinge vonstattengegangen.

Im Jahr 1910 kam es zur Revolution in Mexiko, einer bedeutenden sozialen Revolution, einer wahrhaftigen sozialen Revolution – keine sozialistische, aber eine tief greifende soziale Revolution –, und dort brachten sie sich gegenseitig um, ohne die Gläubigen auszunehmen.

Dann kam der Spanische Bürgerkrieg. Die Spanier sind sehr gläubig, und die Mehrheit der Spanier trat für die Republik ein. Dennoch wurden auf beiden Seiten Priester erschossen. Das soll heißen, dass ich mich, im Hinblick auf die religiöse Sphäre, an keine Revolution erinnern kann, wo man sich nicht gegenseitig erschossen hätte.

Wir sind die Ausnahme. Und das zeigt, dass wir uns von bestimmten Kriterien und politischen und ethischen Prinzipien haben leiten lassen. Von beidem. Das ist sehr wichtig.

Wenn man das nicht weiß, wenn es nicht ausgesprochen wird, wenn diese Wahrheit in den Medien, die Kuba Tag für Tag auf das Schärfste kritisieren, verschwiegen wird, dann macht mir das nicht wirklich Sorgen. Sie stellen mir eine Frage, und ich erkläre Ihnen den Sachverhalt. Wie viele Lügen und Verleumdungen hat es gegen unsere Revolution nicht gegeben, über Folter und ähnliche Dinge?

II

DIE VERSCHWÖRUNG BEGINNT

Die ersten revolutionären Gesetze – Che in der Regierung – Die Agrarreform – Che Guevara und die freiwilligen Arbeitseinsätze – Erste Sabotageakte – Der Bruch mit den Vereinigten Staaten – Terrorismus – Attentate gegen Fidel Castro

Als am 2. Januar 1959 der Krieg endete, waren Sie gerade einmal zweiunddreißig Jahre alt und hatten keinerlei Regierungserfahrung. Wie begannen Sie und Ihre Gefährten, die Revolution in Gang zu bringen? Ich kann mir vorstellen, dass es eine gewisse Unordnung gab?
Was taten wir zuerst? Das Versprechen, die Kriminellen zu bestrafen, wurde eingelöst. Etwas, das in dieser Hemisphäre nie passiert ist. Das Versprechen, alle Güter zu konfiszieren, die in der Zeit Batistas gestohlen oder veruntreut worden waren, wurde erfüllt. Wir haben das nicht weiter in die Vergangenheit ausgedehnt, denn für uns war die Einheit in der Bevölkerung sehr wichtig, und wenn wir auch noch all das enteignet hätten, was unter den vorherigen Regierungen gestohlen worden war, dann wäre fast kein Besitz mehr geblieben. Nennen wir das mal Straferlass im Sinne der Einheit. Alle befolgten die Entscheidungen der »Bewegung des 26. Juli« und der siegreichen Rebellenarmee im Sinne der Einheit aller Kräfte, die in kleinerem oder größerem Umfang gegen die Diktatur gekämpft hatten.

Was taten Sie danach?
Wir machten eine andere Sache: Wir gaben allen Arbeitern, die unter Batista aus den Fabriken vertrieben worden waren, ihre Arbeitsplätze zurück. Unsere Rechnungen waren nicht besonders wirtschaftlich und auch nicht sehr an die Konzepte der Chicago Boys und an die, die wir heute neoliberale Pro-Yankees nennen würden, angepasst.

Wir senkten die Mieten erheblich. Später wurde daraus eine neue Reform, die die Mieter in Besitzer der Immobilie verwandelte. Natürlich entschädigten wir die Eigentümer, die nur wenige Wohnungen besaßen. All das geschah bis Mai 1959.

Anschließend begannen wir mit den Gesetzen für die Agrarreform, von denen das erste am 17. Mai desselben Jahres proklamiert wurde.

Wir mussten gegen jede Menge Unsinn ankämpfen, und ständig gab es irgendwelche Probleme. Urrutia sagte zum Beispiel eines Tages, dass wir alle Kasinos schließen müssten – damals gab es das Glücksspiel noch –, und die Reaktion seitens der Arbeiter, die in diesen Einrichtungen beschäftigt waren, die vorwiegend von Touristen benutzt wurden, war ziemlich heftig.

Die Kasinoarbeiter demonstrierten auf der Straße?
Ständig gab es irgendwo Auseinandersetzungen, weil wir all diese Dinge taten.

Und dann wurden 10 000 neue Klassenzimmer geschaffen. Es gab kein Geld, Batista hatte fast alles mitgenommen. Seitens der Sozialistischen Volkspartei (Kommunisten) gab es einige anarchistische Maßnahmen, die in Rivalitäten politischer Organisationen begründet lagen und in der vorrevolutionären Angewohnheit, die Leute zu Landverteilungen anzustacheln. Ich sagte öffentlich, dass dies nicht geduldet würde. Ich musste eine feste Position einnehmen. Das ging so weit, dass wir es gesetzlich regeln mussten: »Das Gesetz erkennt keinerlei Recht auf Boden an für diejenigen, die ihn sich auf eigene Faust genommen haben.« Alles hätte im Chaos enden können bei einer Revolution, die, laut Umfragen, von mehr als neunzig Prozent der Bevölkerung unterstützt wurde. Es gab Rivalitäten und außerdem einige Differenzen.

Das war in der ersten Zeit, und dann im Mai wurde bereits das Gesetz zur Agrarreform verkündet, wie ich sagte, am 17. des Monats, unterzeichnet in der Kommandantur von La Plata.

Es war noch kein Jahr vergangen, seit bei dem Kampf zwischen dem kleinen Dorf Santo Domingo, wo das erste Bataillon von Sánchez Mosquera[1] über uns hereinbrach, und dieser Kommandantur, Hauptziel der ungeheuerlichen Truppe, die Batista in seiner letzten Offensive gegen uns in den Kampf geschickt hatte, meine Waffe als einzige Reserve übrig geblieben war.

Während des Fluges in die Provinz Oriente brachte ich in das Gesetz noch ein paar zusätzliche Elemente ein. Diese besprach ich anschließend in der Kommandantur mit den übrigen Ministern, die befugt waren, das Gesetz in Kraft treten zu lassen, und wir verabschiedeten es gemäß der provisorischen Verfassung der Republik. Dabei ging es zum Beispiel um die Idee der Kooperativen, die in meinem Buch *Die Geschichte wird mich freisprechen* enthalten ist. Anschließend haben wir hart daran gearbeitet, die Landwirtschaftskooperativen zu entwickeln. Gleichzeitig waren wir Befürworter von staatlichen Landwirtschaftsbetrieben. Wie sollten wir diese riesigen Latifundien, die zum Teil landwirtschaftlich oder für Viehwirtschaft erschlossen waren, in Hunderte von Kleinparzellen verwandeln?

In den Zuckerrohrgebieten haben wir Kooperativen gegründet, die zum Teil sehr schnelle Erfolge erzielten. Es gab eine große Unwissenheit in Bezug auf wirtschaftliches Denken, und alte Losungen der Gewerkschaften und Bauernorganisationen herrschten noch immer vor. Sie hatten sicherlich ihre Berechtigung, waren aber alle im Rahmen einer kapitalistischen Gesellschaft entstanden, die verändert werden musste. Ich kann mich an die ersten Wochen des Jahres 1960 erinnern, als das Theater des kubanischen Gewerkschaftsverbandes CTC (Central de Trabajadores de Cuba), das 3000 Plätze bietet, zum Bersten gefüllt war mit den Vertretern der Zuckerarbeiter, die vier Schichten für die Zuckerfabrik anstatt der drei Schichten forderten. Anführer der »Bewegung des 26. Juli« und der PSP überboten sich lautstark in der Unterstützung dieser populären Idee. Wie sollten wir all diesen aufgebrachten Leuten erklären, dass eine solche Maßnahme ruinös wäre für die Wirtschaft? Dass es jetzt darum gehen müsse, neue Arbeitsplätze zu schaffen, und nicht darum, die bestehenden aufzuteilen. Der Sozialismus war noch nicht proklamiert worden, und die Zeit war auch noch nicht reif dafür; die Unternehmen waren in privater Hand, und die wichtigsten darunter waren US-amerikanische. Aber unsere Vorstellungen waren sozialistisch und ziemlich radikal. So wäre unser Projekt von Anfang an zum Scheitern verurteilt gewesen. Ich musste alle Kunst aufbieten, um sie zu überreden, ohne die Dinge klar beim Namen zu nennen. Am Ende habe ich sie, glaube ich, überzeugt. Heute würde niemand mehr daran zweifeln, dass es richtig war. Ich hatte das Glück, dass man mir immer sehr großes Vertrauen entgegenbrachte, und ich habe dieses Vertrauen nie verraten. Ich konnte nicht sagen: »Seht mal, ihr werdet auf diese Art die Unternehmen und die Industrie ruinieren.« Ich überzeugte mit Argumenten: »Das ist aus diesem und jenem Grund nicht ratsam.« Sogar unter den Aktivisten der »Bewegung des 26. Juli« musste ich harte Überzeugungsarbeit leisten. Es gab auch Konkurrenz unter den Anführern, man musste immer wachsam sein. In den ersten Monaten haben wir all diese Gesetze verabschiedet.

Welches Amt bekleideten Sie zu diesem Zeitpunkt?
Ich hatte zwei Posten, aber vor allem kümmerte ich mich damals um meine

Pflichten als Anführer einer Armee und eines siegreichen Volkes, das nun plötzlich die Macht über das nationale Territorium innehatte. Ich hatte die Rolle des Staatschefs von Anfang an abgelehnt und versucht, loyal mit der höchsten politischen Autorität, für die wir uns entschieden hatten, zusammenzuarbeiten. Aber ich musste teilweise die Fehlentscheidungen unseres unerfahrenen und leider unfähigen Präsidenten zurücknehmen. Die Minister hatten bereits die Nase voll von ihm. Dann begann er auch noch, ein antikommunistisches Verhalten an den Tag zu legen, und die Eitelkeit stieg ihm zu Kopfe. Er schickte Machadito[2], einen Arzt und ehemaligen Guerillero, den wir ihm als Assistenten zugeteilt hatten, mit seiner Frau zum Einkaufen in die Luxusläden. Dieser Mann glaubte, er sei jetzt Präsident irgendeiner beliebigen Bananenrepublik oder was weiß ich was.

Es begannen nun auch die Verschwörungen. Da gab es eine, angeführt von Hubert Matos. Er war ein Rechter und hatte gewisse Beziehungen. Mit all solchen Problemen mussten wir uns herumschlagen. In den Tagen der Agrarreform war Che noch kein Minister. Er erholte sich an einem Ort in der Nähe der Küste von seinem angeschlagenen Gesundheitszustand. Carlos Rafael Rodríguez, andere Genossen und ich besuchten ihn dort, und wir trafen uns mehr als ein Mal mit ihm, um das Gesetzesprojekt für die Agrarreform zu diskutieren. Er trug natürlich auch weiterhin die Verantwortung für die Truppen in der Festung La Cabaña.

Che war Militärführer, deshalb mussten wir wachsam bleiben. In dem Moment, da sich die Gefahr einer Invasion andeutete, sollte Raúl nach Oriente gehen, Che nach Pinar del Río, Almeida nach Zentralkuba, und ich würde in Havanna bleiben: Wir verteilten die Kommandos.

Bei der Schweinebucht ebenfalls: Che nach Pinar del Río, Almeida nach Zentralkuba, Raúl nach Oriente und ich nach Havanna. Während der Schweinebucht oder während der Oktoberkrise hatte jeder seinen Platz; und jeder würde ihn einnehmen, unabhängig davon, was er gerade tat.

Bestand Che Guevara nach dem Sieg darauf, nach Argentinien zurückzukehren und dort die Revolution voranzutreiben?
Diese Vereinbarung gab es, und ich sagte ihm immer: »Mach dir keine Sorgen, unsere Absprache wird eingehalten.« Aber Che fühlte eine große Begeisterung für die Revolution. Er ging sogar – wie ich erzählte – an einen Strand in der Nähe von Cojímar, wegen seines Asthmas. Wir trafen uns dort in einem Haus in Tarará. Núñez Jiménez[3], Carlos Rafael Rodríguez und ein oder zwei andere

und ich besprachen das Gesetz der Agrarreform, mit dem wir nicht länger warten durften. Nahezu alle in dieser Runde waren für ein eher moderates Gesetz. Che war bewusst, dass die Konfrontation mit den großen US-amerikanischen Unternehmen gewaltig sein würde; sicherlich erinnerte er sich noch an seine Erfahrungen in Guatemala, und seine Kriterien waren gut bedacht, in intelligenter und ehrlicher Form vorgebracht. Ich muss ganz unverhohlen sagen, dass Che überrascht war, als ich eine viel radikalere Agrarreform forderte.

Es gab hier einen Großgrundbesitz von 200 000 Hektar, der ausländischen Firmen gehörte. Einige US-amerikanische Unternehmen besaßen große Zuckerfabriken und Produktionsflächen mit enormen Ausmaßen. Sie unterhielten Ländereien in vielen Ecken der Welt, aber hier in Kuba waren sie historisch gesehen immer sehr mächtig und einflussreich. Wir mussten sie früher oder später verstaatlichen, es gab keine Alternative. Dieser Prozess beschleunigte sich in der Tat, ohne dass wir ihn vorantreiben oder den Konflikt mit den Vereinigten Staaten suchen wollten. Das Problem war, dass das erste Gesetz für die Agrarreform, egal wie radikal oder nicht es ausfallen würde, absolut inakzeptabel war für ein Land, dessen Unternehmen die besten Ländereien für den Zuckerrohranbau in Kuba besaßen.

Das Gesetz sah vor, dass man nicht mehr als hundert *caballerías*[4] besitzen durfte. Es gab Latifundien mit 10 000 oder mehr *caballerías*. Eine *caballería* entspricht 13,4 Hektar. Wenn das Land landwirtschaftlich genutzt wurde, waren bis zu hundert *caballerías* gestattet, ansonsten maximal dreißig. Das waren die Regeln. Kein Unternehmen konnte mehr als hundert *caballerías* besitzen, und das unter der Bedingung, dass die Fläche gut genutzt wurde; das heißt, dass niemand mehr als 1340 Hektar Land besitzen durfte. Wenn es brachliegende Flächen waren, dann durften dreißig *caballerías* nicht überschritten werden.

In *Die Geschichte wird mich freisprechen* spreche ich von den Kooperativen, der Wiederaufforstung, der Industrialisierung, und ich spreche von den »goldenen Kälbern«, um mit symbolischen Worten zu sprechen. Damals glaubte niemand an irgendein Programm irgendeines kubanischen Revolutionärs, denn viele hatten Dinge versprochen und keiner hatte seine Versprechen gehalten. Unsere »Schuld« war wohl eher, dass wir zu viel erfüllen wollten.

Es gab Hunderttausende von Menschen in den ländlichen Gebieten, die nicht das kleinste Stückchen Land besaßen, Zehntausende von Bauern, die Pacht bezahlten. Andere bebauten Land, für das sie Besitzrecht hatten. Sie konnten jederzeit nach Gutdünken vertrieben werden. Letztere benutzten vorwiegend Land in den Bergen, das dem Staat gehörte. Andere wiederum nannte man Halbpächter, die sich in einer noch schlimmeren Lage befanden: Sie säten, und die Besitzer verlangten von ihnen ein Drittel der Ernte oder sogar noch mehr. Alle Ländereien waren bereits verteilt. Das, was wir tun mussten, war, den Bauern das Land zu übereignen, das sie bereits bestellten, und das taten wir.

Wir wollten aber auch die Zuckerindustrie nicht über den Haufen werfen. Die letzten Ländereien, bei denen wir intervenierten, waren die großen Zuckerrohrplantagen. Das waren die größten der Latifundien. Schließlich verwandelten wir die großen Zuckerunternehmen in kollektive Staatsbetriebe, die heute Genossenschaften sind. Sogar während der Sonderperiode, als wir unter einem großen Mangel an Treibstoff litten, beschlossen wir, Parzellen an Familien zu verteilen, die zur Nahrungsmittelversorgung der Bevölkerung beitragen würden. Wir wollten nicht das tun, was die Russische Revolution in bestimmten schwierigen Momenten getan hatte: eine erzwungene Kollektivierung, die kostspielig und verlustreich war.

Und die außerdem keine Ergebnisse brachte, denn die Nahrungsmittelknappheit in der Sowjetunion hielt noch lange Zeit an.
Wir haben die Bauern nie gezwungen, Parzellen zusammenzulegen. Die Kubanische Revolution hat vom ersten Tag an den freien Willen der Landbevölkerung respektiert. Nie ist ein Bauer gezwungen worden, sein Land mit einem benachbarten Stück Land zu vereinen, um größere landwirtschaftliche Einheiten zu bilden, die vielleicht pro Mann und Hektar effizienter gewesen wären – wenn auch nicht immer –, was aber, wie alles, was man mit Gewalt durchsetzt, auch traumatische Folgen gehabt hätte.

Die Kooperativen, die während der Sonderperiode[5] entstanden, wurden aus bestehenden Staatsbetrieben gebildet. Viele von ihnen arbeiteten effizient und hatten technisch gute Perspektiven, solange sie nicht der Bürokratisierung und der Gigantomanie anheimfielen. All das ist während unseres langen und schwierigen Lernprozesses als revolutionäre Produzenten geschehen. Wir haben immer noch nicht alle Herausforderungen gelöst, die auf unserem Weg hinzutraten und die das Ergebnis einer speziellen Situation sind, in der die grausame Wirtschaftsblockade des Imperiums sich mit idealistischen Träumen vermengte und mit Mischformeln aus Kapitalismus und Sozialismus, die Verwirrung und Chaos gestiftet haben bei dem Versuch, die Ausbeutung des Menschen durch den Menschen abzuschaffen als Teil der Suche nach einer gerechteren Gesellschaft.

Die effizientesten landwirtschaftlichen Produktionsbetriebe entstanden durch den bewussten und freiwilligen Zusammenschluss kleiner, unabhängiger Bauern, die Häuser, Schulen, Krankenstationen und Vertriebszentren bauten, sich um Strom und Wasser und andere Dinge kümmerten, was letztendlich die Isolierung vieler Familien beendete. Noch immer werden andere, zusätzliche Produktionsformen geschaffen oder perfektioniert, die meines Erachtens durchaus möglich sind und in nicht wenigen Fällen bereits erfolgreich getestet wurden und die neben den bereits genannten bestehen können.

In der Sowjetunion gab es nur alles oder nichts. Null Kollektivierung in den Jahren der NEP[6] – und dann die totale Kollektivierung in einer minimalen Zeitspanne, was furchtbare Gewalt, zahlreiche Konflikte und Schäden verursachte.

Tatsache ist, dass ich, was die Agrarreform anging, ziemlich radikal war, warum sollte ich das nicht zugeben. Nun, wenn einer nicht radikal ist, dann passiert auch nichts, man gründet eine Partei, hält zwanzig Wahlen ab, und nichts geschieht. Ich aber war davon überzeugt, dass wir mit dem Gesetz einen entscheidenden Schlag landen mussten.

Und Che stand auf Ihrer Seite?
Er war glücklich. Es gab überhaupt kein Problem. Er selbst war vorsichtig, denn er hatte immer noch ein wenig das Problem, dass er ein Ausländer war, trotz all seiner Verdienste …

Dass er Ausländer war?
Er hat sich in der Sierra viele Gedanken gemacht über die Industrie und ähnliche Dinge. Nach dem Triumph der Revolution wurde das INRA (Nationales Institut für die Agrarreform) zu einer sehr mächtigen Institution, die praktisch alle Ländereien übernahm. In der INRA gab es eine gewisse Unordnung. Ein Compañero etwa, der Chef eines landwirtschaftlichen Entwicklungsgebietes in der Nähe von Moa war, verstaatlichte ohne jegliche Rücksprache ein wichtiges US-amerikanisches Nickelunternehmen, das dort gebaut wurde und kurz vor der Fertigstellung stand. Er agierte völlig eigenständig. Es gab ziemlich anarchistische Tendenzen zu dieser Zeit, mit denen nicht leicht umzugehen war. Daraus entwickelte sich ein handfester Streit.

Ich beschloss, über das Thema zu diskutieren, aber sie hatten bereits in dem besagten Unternehmen interveniert, und es war nicht einmal ratsam, es rückgängig zu machen, sodass wir diskutierten und verhandelten. Eine andere Geschichte war der Arbeitsminister. Ein sehr radikaler Typ, der Entscheidungen von größter Tragweite auf eigene Faust beschloss. Glauben Sie nicht, dass es in der ersten Zeit viel Disziplin gab.

So intervenierte das INRA aufgrund seiner Eigendynamik mittlerweile nicht nur in Ländereien, sondern kontrollierte auch Industrien und gründete eine Abteilung für Industrie und Industrialisierung. Ich bat Che, die Leitung dieser Abteilung zu übernehmen. Er war weiterhin eine politische und militärische Figur, und in jeder Situation, bei jeglicher Gefahr einer Invasion, stand er als Militärchef einer Region zur Verfügung. Abgesehen davon, dass er auch ein politischer Führer war, Mitglied der Nationalen Leitung der Organizaciones Revolucionarias Integradas (Zusammenschluss Integrierter Revolutionärer Organisationen).

Die ORI.
Ja. Es handelt sich um einen Zusammenschluss von drei Organisationen im Jahr 1961: die »Bewegung des 26. Juli«, das Revolutionäre Direktorium und die Sozialistische Volkspartei. Jede Woche trafen wir uns, die Mitglieder der Nationalen Leitung, in Cojímar und sprachen über grundlegende Probleme. Che und Raúl nahmen als Mitglieder der Nationalen Leitung an diesen Sitzungen teil.

In der Abteilung für Industrialisierung des INRA begann das Industrieministerium zu entstehen. Danach kam die Zeit, als die Nationalbank kein Geld mehr zur Verfügung hatte; die Mittel waren minimal, denn Batista hatte alle Reserven gestohlen, und wir brauchten dringend einen Chef für die Nationalbank. Und zu dieser Zeit musste das ein Revolutionär sein. Aufgrund des Vertrauens in ihn, des Talentes, der Disziplin sowie seiner Fähigkeiten und Integrität wurde Che zum Präsidenten der Nationalbank ernannt.

Darüber gab es Witze. Die Feinde versuchten immer, sich lustig zu machen, und auch wir scherzten. Aber unser Witz hatte eine politische Intention und bezog sich darauf, dass ich eines Tages gesagt hatte: »Wir brauchen einen *economista* (Wirtschaftsexperten)«, und sie hatten verstanden: »Wir brauchen einen *comunista* (Kommunisten).« Deshalb riefen sie Che, denn Che war Kommunist. Sie hatten sich verhört. Und Che war genau der Mann, den wir an dieser Stelle brauchten, daran dürfen Sie keine Sekunde zweifeln, denn Che war ein Revolutionär, er war ein wahrhaftiger Kommunist, und er war ein exzellenter Ökonom.

Ein exzellenter Wirtschaftsexperte?
Ja, denn um ein exzellenter Wirtschaftsexperte zu sein, müssen Sie eine Vor-

stellung davon haben, was Sie als Verantwortlicher für die Ökonomie eines Landes tun wollen. Also in diesem Fall als Leiter der Nationalbank. Mit diesem doppelten Charaktermerkmal als Kommunist und Ökonom war er exzellent. Er hatte zwar keinen Universitätsabschluss in diesem Bereich, aber er hat viel gelesen und beobachtet. Wo immer Che Verantwortung hatte, erfüllte er sie voll und ganz. Ich habe bereits über seine Hartnäckigkeit und seinen Willen gesprochen. Welche Aufgabe auch immer man ihm übertrug, er war in der Lage, sie wahrzunehmen.

Als die Bankgeschäfte geregelt waren – viel Geld besaß die Bank ja nicht –, wurde die Industrialisierung wichtiger. Es waren nicht wenige Zuckerfabriken und andere Industrien und Betriebe des Landes unter staatlicher Kontrolle, denn unsere Gegner begannen, Maßnahmen zu ergreifen, und wir ergriffen Gegenmaßnahmen; ehe wir's uns versahen, waren die wichtigsten Industrien verstaatlicht. Immer wenn irgendwo eine Maßnahme gegen die Revolution ergriffen wurde, mussten wir intervenieren. Ein Großteil der Industrie, darunter die Zuckerfabriken und die Nickelindustrie, blieben in der Hand der Revolution, und wir beauftragten Che mit der Leitung dieses aufstrebenden Ministeriums. Was für eine Arbeit er geleistet hat! Exzellent! Welch Disziplin, welch Hingabe, welch Wissbegierde, wie beispielhaft, wie uneigennützig, wie ernsthaft! Welche Aufgabe man ihm auch immer übertrug, er gab sich ihr vollständig hin.

Er war ein politischer Führer, er war ein militärischer Führer, aber seine konkrete Arbeit zu dieser Zeit betraf das Industrieministerium. Und wie er studierte! Dort widmete er den Leitungsmethoden besondere Aufmerksamkeit.

Gab es Diskrepanzen mit Carlos Rafael Rodríguez, der auf diesem Gebiet ja ein Verfechter der sowjetischen Methoden war?
Nun, es gab durchaus einige Auseinandersetzungen zwischen Che und anderen Genossen. Eine fast byzantinische Diskussion – mir war die Wichtigkeit dieser Angelegenheit zu diesem Zeitpunkt noch nicht so bewusst –, Che favorisierte die Methode der Haushaltsfinanzierung, andere Genossen verteidigten die finanzielle Selbstverwaltung.[7]

Ches Sorge war nicht nur eine bestimmte Form der Wirtschaftsführung; er widersetzte sich zwar bestimmten materiellen Anreizen nicht, aber er warnte immer vor den Risiken, die deren Missbrauch als Hauptmotor der Produktion und deren Auswirkungen auf das Bewusstsein der Arbeiter beinhalten würden.[8]

So begannen diese freundschaftlichen Auseinandersetzungen und Diskussionen, die allerdings nicht bis in alle Einzelheiten hinein geführt wurden. Der Geist der revolutionären Kämpfer beschäftigte sich mit anderen Dingen. Ich sagte: »Nun, dann soll jeder seine Positionen verteidigen, und alle sollen ihre Argumente austauschen.« Als utopischer Kommunist muss ich gestehen – obwohl ich mich vor allem mit dem politischen und ideologischen Kampf gegen den Imperialismus und die Konterrevolution beschäftigte –, dass mir Ches Positionen besser gefielen, denn sie waren unserer Lebensweise in den Bergen der Sierra sehr ähnlich. Ehrlich gesagt gefiel mir auch, wie Che sich auf die Moral berief.

Che gab dem kommunistischen Bewusstsein und der Vorbildfunktion einen großen Stellenwert.

Che war Anhänger der freiwilligen Arbeit, richtig?
Che war der Begründer der freiwilligen Arbeit in Kuba. Jeden Sonntag ging er zur freiwilligen Arbeit. Einmal in der Landwirtschaft, ein andermal auf den Bau – oder er arbeitete an irgendeiner Maschine. Es gab nichts, was er nicht getan hätte.

Er stand in engem Kontakt zu den Betrieben, sprach mit den Arbeitern, ging manchmal zum Hafen, in die Bergwerke oder zum Zuckerrohrschneiden. Wurde eine Zuckerrohrmaschine entwickelt und musste sie getestet werden, so stieg er auf den Zuckerrohrmähdrescher. Wenn irgendwo gebaut werden musste, sah man ihn mit einer Schubkarre. Wenn Säcke geschleppt werden mussten, sah man ihn Säcke schleppen. Er hat uns das Erbe dieser Vorgehensweise hinterlassen, mit der er sich die Sympathien und die Anhängerschaft von Millionen Landsleuten erobert hat.

Er war ein wirkliches Vorbild! All diese Eigenschaften sind bewundernswert, und ich habe diesen Charakterzug von Che sehr geschätzt.

Verstand er sich gut mit Raúl?
Raúl und Che hielten immer zusammen, auch wenn sie manchmal Auseinandersetzungen führten. Zwischen Che und mir standen niemals politische Differenzen, und ich glaube auch nicht, dass es die mit Raúl gegeben hat. In einigen Dingen, zum Beispiel als es darum ging, dass die Bauern das Land selbst verteilen sollten, waren sie sich in ihrem Argwohn einig, denn beide misstrauten einem Flügel der »Bewegung des 26. Juli«, der von antikommunistischen Strömungen beeinflusst war – ich weiß nicht, ob ich verleumderisch

rede –, ich vermute das, aber ich weiß es nicht mit Bestimmtheit. Das geschah in den ersten Monaten der Revolution. Beide waren überzeugt davon, dass die Agrarreform nicht auf diese Weise umgesetzt werden dürfe.

Wir verabschiedeten eine radikale Agrarreform und führten sie dann sogar noch weiter. Ich übernehme die volle Verantwortung für den Radikalismus bei den Agrargesetzen und in anderen Bereichen der Revolution. Ich habe einen gewissen Idealismus mit Che gemein gehabt, und er mit mir, aber ich bereue nichts. Je mehr ich im Laufe meines revolutionären Lebens die Lasten des Kapitalismus kennenlernte, desto überzeugter bin ich von der Wichtigkeit des Vorbildes, der Ideen und des Bewusstseins. Und davon, dass sie letztendlich von entscheidender Bedeutung für den Fortbestand der Revolution sind.

Als uns nach den ersten Monaten die Waren ausgingen, die uns unerschöpflich erschienen waren, und die wenigen Devisen, die uns die Diktatur nicht gestohlen hatte, exportierten die Oligarchen und die Bourgeoisie, die noch immer an den Hebeln der Wirtschaft rührten, ihre Produkte. Sie stellten reduzierte Rechnungen aus und legten einen Teil des Geldes außer Landes an. Wenn sie also etwas für 200 Dollar verkauften, dann wurden in der Rechnung nur 150 Dollar aufgeführt. Das war das Geld, das hier ankam. Wir zahlten viel Lehrgeld für unsere Unerfahrenheit. Es gab Fehler auf unserer Seite, die es den Vereinigten Staaten ermöglichten, mehrere Millionen Dollar des kubanischen Staates einzufrieren, die wir nicht nordamerikanischen Banken weggenommen hatten.

Sie sagten mir vorhin, dass direkt nach dem Triumph der Revolution »die Verschwörungen begannen«. Was meinten Sie damit?
Es begannen die Sabotageakte und die Infiltration. Es wurden Männer und Kriegsgerät ins Land gebracht, um zu sabotieren sowie Terrorismus und Volksaufstände zu fördern. Unser Land ist sowohl Opfer des längsten Wirtschaftskrieges der Geschichte geworden als auch eines unaufhörlichen und grausamen Feldzuges des Terrorismus, der nun schon mehr als fünfundvierzig Jahre andauert. Sie begannen damit, Flugzeuge mit Brandbomben zu schicken, die unsere Zuckerrohrfelder zerstörten. Sie entführten unsere zivilen Flugzeuge, brachten sie in die USA, viele wurden zerstört, andere beschlagnahmt. Zeitungsbesitzer riefen zu Angriffen auf die Revolution auf, so wie es heute in Venezuela gegen Chávez geschieht. Die Tageszeitung *Diario de la Marina*, eine der wichtigsten Kubas, und andere Presseorgane veröffentlichten etwa Erklärungen von Leuten, die nach Miami ausgewandert waren.

Das war Teil eines Krieges: Piratenangriffe auf unsere Küsten, auf unsere

Fischereiflotte, auf Lieferungen, die nach Kuba kamen. Sie ermordeten Diplomaten, sie ermordeten Leute von uns sogar bei den Vereinten Nationen. Sie brachten Dynamit aus den Vereinigten Staaten und sogar weißen Phosphor! Sie führten ihn in Zigarettenschachteln ein und warfen ihre Brandbomben dann in Theater und Geschäfte, um Brände und Tote zu verursachen. Das waren ernsthafte Probleme. Gleich in den ersten Jahren der Revolution wurden über das ganze nationale Territorium bewaffnete Gruppen verteilt, die Bauern, Arbeiter, Lehrer und Alphabetisierungshelfer ermordeten; sie brannten Häuser nieder, zerstörten landwirtschaftliche Betriebe und Industrien. Unsere Häfen, die Handelsflotte und Fischerboote waren ein ständiges Ziel von Angriffen. Am 4. März 1960 jagten sie an einem Kai des Hafens von Havanna das französische Schiff *La Coubre* in die Luft. Es gab mehr als hundert Tote – darunter sechs französische Seeleute – und Hunderte verletzter Kubaner. Im März 1961 lösten sie Explosionen in einer Raffinerie aus. Am 13. April desselben Jahres zerstörten und verbrannten sie die Lager von El Encanto in Havanna. Und das abscheulichste war das Attentat im Oktober 1976 auf ein voll besetztes kubanisches Zivilflugzeug, das dreiundsiebzig Todesopfer forderte, die in Hunderten Meter Tiefe auf dem Grund des Meeres begraben liegen.

All das wurde von den Vereinigten Staaten organisiert?
Sagen wir mal so, in den ersten Tagen wurden die terroristischen Aktivitäten eher von Batistas alten Leuten geplant und durchgeführt. Von ehemaligen Polizeibeamten, die sich mit Konterrevolutionären zusammentaten. Aber die Administration der Vereinigten Staaten nutzte diese Elemente für ihre intensive Kampagne gegen Kuba. Die Wirtschaftsblockade gegen Kuba begann. In den Monaten vor der Landung in der Schweinebucht bildete die CIA wie wahnsinnig Gruppen gegen uns aus. Sie schafften es, mehr als 300 konterrevolutionäre Organisationen aufzubauen. Heute weiß man, dass Präsident Eisenhower bereits im März 1960 per Dekret eine mächtige Propagandaoffensive gegen die Revolution bewilligt hat sowie einen geheimen Aktionsplan für den Sturz der kubanischen Regierung.[9]

Von November 1961, nach der Schweinebucht, bis Januar 1963, also in vierzehn Monaten, hatte es insgesamt 5780 terroristische Angriffe gegen Kuba gegeben. Darunter 717 schwere Angriffe auf kubanische Industrien mit 234 Toten. Diesem Terrorismus fielen mehr als 3500 Menschenleben zum Opfer, und 2000 wurden zu Invaliden. Kuba ist eines der Länder in der Welt, das am meisten vom Terrorismus betroffen war.

Es wurde auch ein biologischer Krieg gegen Sie geführt, unbekannte Viren wurden eingeschleppt. Ist das richtig?
Unter der Präsidentschaft Nixons wurde 1971 – gemäß einer Quelle der CIA über einen Container – das Schweinepestvirus eingeführt. Wir mussten daraufhin mehr als eine halbe Million Schweine opfern. Dieses aus Afrika stammende Virus war auf der Insel völlig unbekannt. Es wurde zwei Mal eingeführt.

Und es gab etwas Schlimmeres: Das Denguevirus 2, das bei Menschen Fieber und Blutungen auslöst, die meist tödlich enden. Das war 1981. Mehr als 350 000 Menschen wurden damals angesteckt, von denen 158 starben – darunter einhunderteins Kinder. Dieses Infektionsvirus war bis zu dem Zeitpunkt weltweit unbekannt. Es war in einem Labor hergestellt worden. Einer der führenden Köpfe der terroristischen Organisation Omega 7 mit Sitz in Florida gab 1984 zu, dass seine Organisation dieses tödliche Virus in Kuba eingeführt habe mit dem Ziel, so viele Todesopfer wie möglich zu verursachen.

Über die Attentate gegen mich habe ich dabei noch gar nicht gesprochen.

Attentate gegen Sie?
Es gab Dutzende von Plänen, von denen einige fast erfolgreich gewesen wären. Wenn man alle zusammenrechnet, gab es mehr als 600 Attentatsversuche.[10] Unterschiedliche Pläne, zum Teil im Anfangsstadium, andere wiederum weit fortgeschritten, was nur bedeutet, dass sie in unterschiedlichen Stadien von uns aufgedeckt wurden. Es gab drei verschiedene Formen: Einige waren direkt von der CIA organisiert; in anderen Fällen wurden sogenannte unabhängige Gruppen gegründet, die man mit allen notwendigen Ressourcen ausstattete, sodass sie selbstständig handeln konnten, ohne dass die Vereinigten Staaten in Erscheinung traten; die dritte Form war die Anstiftung zu Attentaten. Eine sehr effektive Variante, die bei den potenziellen Attentätern eine Art Jagdinstinkt weckte, also das Bewusstsein, dass es jemanden gab, der gejagt werden musste. Man erteilte ihnen einen Freibrief für die Jagd und beschaffte die Mittel dafür. Gelder für sogenannte politische Gruppen, wie die berühmte Stiftung und Dutzende mafiöser Gruppen in Miami und in anderen Teilen der Welt. Die Stiftung wurde zum Teil direkt für die Verteilung von Geldern an terroristische Gruppen genutzt.

Die Kubanisch-Amerikanische Nationalstiftung?
Ja. Ihr Ziel war die politische und die Lobbyarbeit bis zu dem Augenblick, als sie, nach dem Zusammenbruch des sozialistischen Lagers in der Sowjet-

union, eine Aktionsgruppe gründeten.¹¹ Jorge Mas Canosa, der diese Gruppe leitete, war der Sohn eines Offiziers aus Batistas Armee. Diejenigen, die den meisten Einfluss in dieser Organisation hatten, waren die Leute Batistas, die viel Geld mitgenommen hatten und die Stiftung leiteten. Später haben sie diese Gruppen finanziell unterstützt. Sie verfügten für die bewaffneten Aktionen über keine eigenen Institutionen, bis sie zu Beginn der Sonderperiode im Jahr 1992 eine gründeten, aber sie arbeiteten mit allen Terroristen, die von der CIA ausgebildet worden waren, zusammen und bezahlten sie für ihre Attentatspläne und die Planung anderer terroristischer Aktionen.

Und dann kommt die letzte Form, nämlich die Anstiftung. Sie haben einer Menge Leute eingeimpft, dass sie etwas ganz Großartiges tun müssten, zum Beispiel diesen Teufel ermorden. Ich nenne das »Anstiftung zum Attentat«. Alles in allem, die verschiedenen Typen zusammengenommen, gab es mehr als 600 Pläne, und einige waren ziemlich nah dran, von Erfolg gekrönt zu sein.

Oft ist ihnen der Zufall in die Quere gekommen, der nicht zu vernachlässigen ist. Einmal hatte ein Agent eine Zyanid-Tablette und wollte sie gerade in ein Glas Schokoladenmilchshake werfen, an einem Ort, wo ich mich häufig aufhielt, in einer Cafeteria im Hotel *Habana Libre*. Glücklicherweise war die Ampulle eingefroren, und zu dem Zeitpunkt, als er sie hätte reinwerfen können, war sie im Eisfach, wo er sie aufbewahrt hatte, festgefroren.

Es gab hier eine Spiel- und Schmuggelmafia, Gangster, deren Interessen die Revolution in Gefahr gebracht hatte, und die Vereinigten Staaten nutzten sie für ihre Attentatspläne und für die Konterrevolution. In einigen Hotels hatten sie Leute installiert, Freunde. Obwohl die große Mehrheit der Arbeiter gute Leute waren, fanden sie doch immer wieder irgendein käufliches Element, das bereit war, mit ihnen zu kooperieren, und sie nutzten das schamlos aus; die Beweise dafür lieferte später der Senat der Vereinigten Staaten selbst.¹²

In einem anderen Fall hatten sie den Einsatz eines chemischen Wirkstoffes geplant, der ähnliche Auswirkungen hat wie LSD. In einem Fernsehstudio, wo ich sprechen sollte, wollten sie damit die Luft infizieren. Einmal besprühten sie eine Schachtel Zigarren, die ich rauchen wollte, mit einem tödlichen Gift. 1971, als ich Chile besuchte, hatten sie mich auf wenige Meter Entfernung im Sucher einer Fernsehkamera, in der eine Waffe versteckt war. Wenn sie mit dieser Waffe geschossen hätten, wären sie dort mit Sicherheit selbst gestorben; als ihnen klar wurde, dass ihr eigenes Leben in Gefahr war, schossen sie nicht.

Der letzte spektakuläre Plan, mich zu ermorden, bestand während eines Treffens in Panama, und an diesem Plan war Luis Posada Carriles beteiligt, der

Verantwortliche für die Sprengung des kubanischen Flugzeuges im Jahr 1976. Er war der Organisator der Gruppe, die diese Aktion durchführen sollte.

Während eines Treffens im Rahmen des Iberoamerikanischen Gipfels?
Ja, und zwar war das im Jahr 2000. Sie nahmen ihn gefangen. Und jetzt besteht das Problem, dass Washington sich weigert, Posada Carriles auszuliefern.[13]
Und all das wurde vonseiten der Vereinigten Staaten finanziert.

Welche Verantwortung hat Posada Carriles Ihrer Meinung nach in all diesen Attentaten gegen Kuba?
Posada Carriles und sein Komplize Orlando Bosch sind die blutrünstigsten Exemplare des imperialistischen Terrorismus gegen unser Volk. Sie haben Dutzende scheußlicher Verbrechen in zahlreichen Ländern dieser Hemisphäre begangen, sogar auf US-amerikanischem Territorium selbst. Tausende von Kubanern, aber auch Bürger aus anderen Ländern, verloren ihr Leben oder wurden zu Krüppeln als Resultat der feigen und schändlichen Aktionen der Regierungen der Vereinigten Staaten.

Dieselben US-amerikanischen Institutionen und Dienste, die diese in Kuba geborenen Terroristen trainierten, bildeten auch, wie gemeinhin bekannt, jene aus, die am 11. September 2001 den brutalen Angriff auf die Zwillingstürme in New York organisierten, bei dem Tausende von US-amerikanischen Bürgern ihr Leben verloren.

Posada Carriles hat nicht nur zusammen mit Orlando Bosch – der damals Chef der von der CIA gegründeten CORU (Koordinierung der Vereinten Revolutionären Organisationen) war – an der Zerstörung des kubanischen Flugzeugs mit dreiundsiebzig Passagieren an Bord teilgenommen, sondern auch Dutzende von Attentaten gegen führende Mitglieder der Kubanischen Revolution geplant und zahlreiche Bomben in kubanischen Hotels gelegt. Orlando Bosch, offensichtlich flüchtig vor den nordamerikanischen Behörden, war in Zusammenarbeit mit den repressiven Kräften Augusto Pinochets an der Entführung und Ermordung führender chilenischer Politiker wie Carlos Prats und Orlando Letelier beteiligt, ebenso wie am Verschwinden zahlreicher Kämpfer gegen den Faschismus in Chile sowie an der Entführung und Ermordung kubanischer Diplomaten. Aus seiner Gefängniszelle in Venezuela, wo er elf Jahre in Haft war, erteilte Orlando Bosch seinen bezahlten Killern Befehle für die Umsetzung terroristischer Pläne.

Solche dunklen Gestalten haben immer unter den Befehlen der Regierungen und der speziellen Dienste der Vereinigten Staaten agiert, und sie sind gesetzeswidrig von allen Anklagen und Strafen befreit worden, so wie es bei einem »Pardon« eben ist, wie es Präsident George Bush senior für Bosch ausgesprochen hat. Oder man toleriert wochenlang ihre Anwesenheit und ihre Manöver auf US-amerikanischem Territorium, wie es der aktuelle Präsident der Vereinigten Staaten mit Posada Carriles gemacht hat, was einer offenen Verletzung der Gesetze der Vereinigten Staaten gleichkommt – seitens derer, denen die höchste Verantwortung für den Schutz der Bevölkerung der Vereinigten Staaten vor terroristischen Anschlägen zukommt.

Sämtliche terroristischen Handlungen Posada Carriles', einschließlich der Bomben in Touristenhotels in Havanna und der Planung von Attentaten, wurden von den Regierungen der USA finanziert, und zwar über die unrühmliche Kubanisch-Amerikanische Nationalstiftung, seit diese 1981 von Reagan und Bush geschaffen wurde. Alles von den USA aus bezahlt. Niemand zuvor agierte mit so viel Täuschung und Heuchelei.

Die Vereinigten Staaten standen immer hinter diesen Attentaten?
Vom ersten Augenblick an hat die US-Administration versucht, der Kubanischen Revolution ein schlechtes Ansehen zu verschaffen. Es wurde ein großer Werbefeldzug gegen uns in Gang gesetzt, und es gab starke Bestrebungen, Kuba zu isolieren. Das Ziel war, den Einfluss der revolutionären Ideen zu bremsen. Im Jahr 1961 brachen die USA die diplomatischen Beziehungen ab und ergriffen Maßnahmen für eine Wirtschaftsblockade.

Das hatten sie bereits im Fall der Mexikanischen Revolution zur Zeit von Lázaro Cárdenas gemacht, als dieser im Jahr 1938 das Öl verstaatlichte. Sie erzählten grauenhafte Dinge über diese Revolution. Dasselbe haben sie auch 1954 gegen die Revolution von Jacobo Árbenz in Guatemala unternommen, weil er eine Agrarreform durchführte. Später starteten sie eine große Kampagne gegen Salvador Allende und seine Reformen in Chile sowie gegen die Sandinistische Revolution in Nicaragua. Mit allen Revolutionen haben sie es so gemacht, und heute tun sie das Gleiche mit der Bolivarischen Revolution von Hugo Chávez in Venezuela.

Aber in Ihrem Fall konnte Washington auf die Unterstützung antirevolutionärer Kubaner zählen.
Ja. Aber ich will Ihnen etwas sagen: Wir haben gesehen und gelernt, dass viele der Kubaner, die damals nach Miami gegangen sind, viele, die in terroristischen

Aktivitäten steckten, nicht daran dachten, die Revolution zu stürzen. Sie lebten in der Überzeugung, dass die Vereinigten Staaten mit ihren mächtigen Streitkräften es sein würden, die die Revolution stürzen. Viele der Reichen oder Privilegierten, die das Land verließen, ihr Haus, alles zurückließen – nicht dass wir sie dazu gezwungen hätten oder dass wir ihnen ihre Häuser weggenommen hätten –, sagten sich: »Das dauert vielleicht vier oder fünf Monate. Wie sollte in diesem Land eine Revolution bestehen können?«, und sie gingen. Aber auch die Konterrevolutionäre waren davon überzeugt – und das hat sich auch in anderen Vorgängen immer wieder gezeigt –, dass ihre infame Sache irgendwann aus dem einen oder anderen Grund triumphieren würde, und in diesem speziellen Fall, weil sie ihren Kampf an der Seite der Vereinigten Staaten führten. Es ging also mehr oder weniger darum, irgendwelche Verdienste zu erwerben, in dem ein oder anderen Gefängnis zu sitzen – obwohl das nicht so wichtig war – oder in einer konterrevolutionären Guerilla, wo es nicht darum ging, zu kämpfen oder in irgendeiner Weise offensiv zu agieren, sondern lediglich darum, zu zeigen, dass man aufseiten der Yankees war.

Sie warteten darauf, dass die US-Amerikaner intervenierten, um die Revolution zu zerbrechen.

12

DIE INVASION IN DER SCHWEINEBUCHT

*Der Angriff – Die Söldner – Die Intervention der Vereinigten
Staaten – Der militärische Sieg – Der Umgang mit den
Besiegten – Der Gefangenenaustausch – Der schmutzige Krieg –
Die Rolle Präsident Kennedys*

Zu dieser Invasion kam es am 17. April 1961 in Playa Girón, der Schweinebucht.

Ja. An diesem Tag erreichte eine Expedition von etwa 1500 von der CIA ausgebildeten Söldnern die Schweinebucht. In sieben Bataillonen von je 200 Mann waren sie auf fünf Transportschiffe verteilt. Vorher, im Morgengrauen, hatten sie eine Truppe von Fallschirmjägern lanciert mit dem Auftrag, die zwei Landstraßen zu besetzen, die über die Ciénaga de Zapata führen, um an die Spitze des Strandes zu gelangen. An Bord US-amerikanischer Kriegsschiffe, unter ihnen der Flugzeugträger *USS Essex*, lag wenige Meilen von unserer Küste entfernt die Marineinfanterie der Vereinigten Staaten bereit, mit See- und Luftunterstützung an Land zu gehen, wenn die provisorische Regierung das Zeichen dafür gab. Sie selbst sollte eingeflogen werden, sobald ein Brückenkopf in Girón installiert war.

Die Söldner verfügten über eine Flotte von Kampfflugzeugen des Typs B-26, deren Besatzung sich nicht nur aus US-Amerikanern zusammensetzte, sondern auch aus Piloten Batistas bestand. Am 15. April griffen sie überraschend unsere bescheidene Luftwaffe an, mit Maschinen, die kubanische Hoheitszeichen trugen. Dieser Angriff war die Ankündigung, dass eine Invasion unmittelbar bevorstand. Als wir am nächsten Tag die Opfer beisetzten, verkündete ich den sozialistischen Charakter unserer Revolution.

Für ihre Landung wählten sie einen isolierten Ort, Playa Girón, der durch ein großes Sumpfgebiet vom Rest des Territoriums getrennt ist. Der Gegenangriff war äußerst schwierig, denn man konnte nur über die beiden einzigen Straßen vorrücken und musste dabei zehn Kilometer unwegsame Strecke durch

Sumpf zurücklegen, was die beiden Straßen in eine Art Thermopylenpass[1] verwandelte.

In einem sechzig Stunden dauernden pausenlosen Kampf vom Morgengrauen des 17. April bis etwa 18.00 Uhr am 19. April besiegten wir sie, nach einer verbissenen Schlacht, bei der wir 150 Tote und Hunderte von Verletzten zu verzeichnen hatten. Diese Schlacht fand vor den Augen der US-amerikanischen Flotte statt. Etwa 1200 Söldner wurden gefangen genommen, fast alle kampffähigen feindlichen Kräfte, die Gefallenen aufseiten der Invasoren nicht miteingerechnet.

Sie schickten diese Gefangenen nach kurzer Zeit zurück, richtig?
Ja. Sie verbrachten kurze Zeit im Gefängnis, und wir forderten von der Regierung der Vereinigten Staaten eine Entschädigung in Form von Medikamenten und Nahrungsmitteln für die Kinder. Wäre das in den Vereinigten Staaten passiert, hätten sie lebenslänglich bekommen, wenn man nicht gleich einige wegen Hochverrats erschossen hätte. Der Rest wäre noch immer hinter Gittern, lebenslänglich verurteilt. Hätten wir tausend und mehr US-Amerikaner rekrutiert, um die Vereinigten Staaten zu überfallen, dann hätte jeder diese Strafmaßnahme verstanden. Sie hingegen haben im Dezember 2001, vierzig Jahre später, fünf unserer Männer, die Informationen über terroristische Aktivitäten gegen Kuba gesammelt hatten, zu schweren Haftstrafen verurteilt – drei von ihnen zu lebenslänglicher Haft, einen sogar zu zweimal lebenslänglich. Das sind die fünf Compañeros, die wir hier in Kuba zu »Helden der Republik Kuba« erklärt haben.[2] Was hätten sie wohl mit 1000 US-Amerikanern gemacht, die von Kuba für eine Invasion der Vereinigten Staaten rekrutiert worden wären? Wie lange hätten die im Gefängnis gesessen? Wohingegen wir für die Söldnerarmee der Schweinebucht eine Lösung gesucht und eine Entschädigung vorgeschlagen haben.

Sie haben sie gegen Medikamente getauscht, glaube ich.
Ja, und gegen Rohstoffe für die Nahrungsmittelproduktion. Es wurde auch über landwirtschaftliche Geräte, Traktoren und solche Dinge gesprochen. Wir wollten eine Lösung finden, die von den Menschen in unserem Land akzeptiert würde, und die Söldner zurückschicken. Was sollten wir mit 1200 gefangenen »Helden« anfangen? Dann sollten sie ihre 1200 sogenannten »Helden« lieber zurückhaben.

Ich habe viel mit ihnen gesprochen, denn ich war an der Gefangennahme beteiligt, und ich kann Ihnen sagen – auch das ist vielleicht ein in der Geschichte einzigartiger Fall –, dass es nach dem fürchterlichen Kampf nicht einen einzigen Gewehrkolbenschlag gegen sie gab!

Die Gefangenen wurden nicht misshandelt?
Nicht einen einzigen Gewehrkolbenschlag gab es, und das sage ich Ihnen als jemand, der zu den ersten Kämpfern gehörte, die dort ankamen. Der letzte Angriff war gegen Abend. Wir wollten nicht, dass die US-amerikanische Flotte sie rettete. Deren Kriegsschiffe lagen nur wenige Meilen vor unserer Küste zusammen mit dem Flugzeugträger, auf dem Dutzende von Kampfflugzeugen bereitstanden. Die gesamte Ausrüstung für eine Landung der Marineinfanterie war einsatzklar.

Ich werde jetzt nicht die ganze Geschichte dieser Schlacht erzählen, aber ich kann Ihnen sagen, dass ich in diesen letzten Minuten vor meiner Ankunft in Girón, als mich die Nachricht einer Straßensperre von Panzern mit 105 Millimeter-Geschützen ohne Rückschlag erreichte, in jeden der drei Panzer vom Typ T-34, die sich in der Nähe befanden, einen erfahrenen Anführer setzte und sie aufforderte, die Barriere mit voller Geschwindigkeit zu durchbrechen. Es war fast Nacht, und ich schickte sie im Abstand von jeweils fünf Minuten los.

Ich geriet sogar unter den Beschuss unserer eigenen Artillerie, denn als unsere Luftwaffe die Nachricht ausgab, dass der Feind mehr Truppen an Land brachte, sagte ich: »Nein, sie schiffen gerade wieder ein.« Die Artillerie instruierte ich, je ein paar Salven auf den Boden und ein paar Salven auf das Meer abzufeuern. Es gab jede Menge Geschütze und eine ganze Batterie von 122-Millimeter-Granaten.

Keiner der drei Anführer zögerte, aber ich konnte mich nicht zurückhalten. Ich wartete auf eine Truppe schwerer Panzer mit 122-Millimeter-Geschützen, ich frage danach, aber sie hatten sich verspätet und würden noch eine Weile brauchen, bis sie ankamen. Ich stieg also in irgendeines der Vehikel, die dort standen. Es handelte sich um ein selbstfahrendes Geschütz von 100 Millimetern, SAU-100, das sich im Halbdunkel kaum von einem Panzer unterschied, und ich machte das Gleiche, was die anderen taten – in voller Geschwindigkeit. Ich verkannte, dass das gepanzerte Fahrzeug, das den ganzen Nachmittag im Einsatz gewesen war, nicht mehr als drei oder maximal fünf Projektile übrig hatte.

Es gibt ein berühmtes Foto von Ihnen in Girón, wo Sie gerade von einem Panzer springen.
Ja, ich war in mehreren Panzern in verschiedenen Augenblicken bei diesen Aktionen, nicht nur in einem. Aber das ist eine andere Geschichte.

Wie ich schon sagte, war ich zufällig von den ersten Minuten an bei der kleinen Vorhut, die von Norden aus über zwei verschiedene Landstraßen vorstieß, eine im Osten und eine im Westen. Wir drangen hinter den Panzern, die ich kurz vorher losgeschickt hatte, nach Girón vor, bei schon völliger Dunkelheit. Auf beiden Seiten der Straße lagen Waldstücke auf steinigem Boden in Meeresnähe. Die Panzerabwehr löste sich auf, und niemand schoss.

Ich nahm teil an der Gefangennahme von ich weiß nicht wie vielen Leuten. Ich rettete noch am selben Abend einem das Leben, der sagte: »Tötet mich!«, der sogar einen Bart trug. Er hatte ein blutendes Geschwür. Ich antwortete ihm: »Wir töten keine Gefangenen.« In einem Jeep brachten wir ihn mit voller Geschwindigkeit zum nächsten Krankenhaus und retteten so sein Leben.

Wurde keiner der Gefangenen von Girón misshandelt?
Es gab nicht einmal einen Schlag. Das war immer unser Grundsatz, ich habe es Ihnen bereits gesagt, und jeder wusste das. Das Bewundernswerteste ist, dass an den einzelnen Fronten Tausende von Männern hart kämpften – und sie sahen mehr als 450 ihrer Kameraden tot oder verletzt fallen.

Diese Männer, die so leidenschaftlich gekämpft hatten, waren in der Lage, ihre Empörung zurückzuhalten und keinem der Gefangenen auch nur einen Kolbenstoß zuzufügen – nicht einmal einen leichten Stoß –, von anderen Dingen ganz zu schweigen. Nicht einem einzigen von jenen Leuten, bezahlten Söldnern im Dienst einer ausländischen Macht, für die sie keinerlei Sympathien hegten, was Sie sicherlich verstehen werden. Ich frage mich, ob es so etwas in der Geschichte schon einmal gegeben hat.

Auch das kann helfen, deutlich zu machen, dass das Bewusstsein wichtiger ist als jegliche Disziplin. Es gibt keine Disziplin ohne Bewusstsein.

Ich meine, was ist in Vietnam passiert? Wie viele Menschen wurden von der US-amerikanischen Armee und ihren Verbündeten in Vietnam ermordet? Zivile, Gefangene, nicht nur diejenigen, die im Kampf fielen.

Man geht davon aus, dass zwei Millionen Vietnamesen während des Vietnamkrieges ums Leben kamen.
Viel mehr. Und dann muss man noch genau hinsehen, wie viele wirklich im

Kampf starben und wie viele ermordet wurden. Sie wissen, dass sich so etwas in allen Kriegen ereignet. Ihr, die Franzosen, habt einen Krieg gegen Algerien vom Zaun gebrochen, und man müsste mal sehen, wie viele Algerier gefoltert und ermordet wurden. Das ist in vielen Teilen der Welt passiert. Im Kosovokrieg von 1999; ob die Soldaten der NATO einige umbrachten, das kann ich nicht sagen. Ich weiß nicht, wie diszipliniert diese Männer waren. Dort töteten vor allem Lenkbomben und die »unsichtbaren« Flugzeuge, es war ein technologischer Krieg, die B-52-Bomber, die aus den USA angeflogen kamen, und eine Menge anderer Formen des Tötens und der Zerstörung. Es sind kaum noch Männer an Gefechten beteiligt, bei denen es zu einer Situation kommen könnte, dass ein Soldat Gefangene tötet.

Die Vereinigten Staaten können nicht garantieren – in keinem ihrer modernen Kriege –, dass ihre Soldaten keine Gräueltaten begangen haben. Der Koreakrieg war extrem grausam, und in Vietnam hatten die Vereinigten Staaten ihre Kumpane installiert. Ich weiß nicht, wie sich die anderen Verbündeten verhielten, das kann ich nicht beurteilen, aber dort wurden eine Menge Gefangene ermordet, und die Marionettenregierung in Vietnam ließ eine Menge Leute umbringen.

Suchen Sie nach einem Beispiel, wo die Gefangenen einer Schlacht nicht misshandelt worden wären. Später kämpften wir in anderen Gebieten; wir waren fünfzehn Jahre in Angola unterwegs, von 1975 bis 1990, und haben an der entscheidenden Schlacht von Cuito Cuanavale teilgenommen.[3] Sie können nach Südafrika gehen und dort die Armeeführung befragen, ob auch nur einer ihrer in Gefangenschaft geratenen Männer von kubanischen Soldaten misshandelt oder auch nur geschlagen wurde. Sie fühlten sich sicher in unseren Händen. Es gibt keinen einzigen Fall, und wir haben im Kampf in einigen Ländern solidarische Hilfe geleistet.

Wir haben in Äthiopien gekämpft gegen den aggressiven Krieg, den Siad Barre gegen die Revolution in seinem Land führte.[4] Niemals haben unsere Soldaten einen Gefangenen exekutiert oder misshandelt. Und immer haben wir ihnen gegenüber medizinische Hilfe geleistet.

Wir hätten den Krieg gegen Batista niemals gewonnen, wenn wir während unseres fünfundzwanzig Monate dauernden Kampfes die Gefangenen ermordet hätten.

Sie gaben die Gefangenen von Girón wohlbehalten zurück?
Ja, und ich habe Ihnen ja erzählt, in welchem Zustand sich unsere Leute nach

dem Kampf befanden. Adrenalingeladen und voller Empörung über ihre toten und verletzten Kameraden, dann die Anspannung während der Kämpfe. In den ersten Jahren unserer Revolution waren viele unserer Kämpfer Milizen, also Freiwillige, Arbeiter, Bauern, Studenten, und trotzdem ist es gegen die Gefangenen niemals zu Ausschreitungen gekommen. Die damaligen Gefangenen leben noch immer in Miami, und Sie können dorthin gehen und fragen, ob irgendeiner von ihnen geschlagen wurde. Es gab keinen einzigen Fall.

Einmal gab es einen Unfall, das will ich Ihnen erzählen: Die Gefangenen wurden so schnell wie möglich nach Havanna gebracht, auf Lkws, Anhängern et cetera. Es waren viele, und wir hatten nicht die Mittel und die Organisation, die uns heute zur Verfügung stehen. Einer der Anhänger war verschlossen, und der Verantwortliche für den Transport hatte nicht die notwendigen Maßnahmen getroffen, sodass einige Männer in dem Fahrzeug erstickten.

Gab es Tote?
Ja, aber das war wirklich ein Unfall. Welches Interesse hätten wir am Tod dieser Männer haben sollen? Unsere Leute wollten nicht, dass auch nur ein einziger Gefangener stirbt, denn je mehr Gefangene wir hatten, desto größer war unser Sieg; in diesem Fall durch die Zahl der gefangenen Söldner. Obwohl man einen Sieg nicht nur an den feindlichen Verlusten messen kann – die Anzahl der Toten auf unserer Seite war wesentlich größer.

Die Söldner waren gut ausgebildet und hatten gute Waffen. Aber wir griffen sie wieder und wieder an, Tag und Nacht, und schlugen die imperialistische Aggression nieder. Tausende US-amerikanischer Soldaten und Hunderte US-amerikanischer Offiziere können das alles bezeugen.

Kampfflugzeuge vom Typ B-26, getarnt mit kubanischen Hoheitszeichen, griffen die Fahrzeuge an, die unsere Infanterie transportierten. So täuschten sie unsere Truppen, es passierten schreckliche Dinge. Trotzdem haben wir keinen einzigen Gefangenen misshandelt.

Wir verurteilten sie zu einer Entschädigung von 100.000 US-Dollar pro Gefangenen oder alternativ zu einer Gefängnisstrafe. Worum es uns bei dieser Entschädigung ging, war weniger das Geld als die Anerkennung des revolutionären Sieges durch die Regierung der Vereinigten Staaten. Es ging also eher um eine moralische Strafe.

Es musste eine Sanktion geben.
Ja, es gab Gefangene, man verhandelte mit uns. Das Unglaubliche ist, dass

die CIA versuchte, den Anwalt, der mit mir über die Gefangenen verhandelte, dazu zu bringen, mir einen Taucheranzug zu schenken, der mit so viel Pilzen und Bakterien imprägniert war, dass er mich getötet hätte. Der Anwalt, der mit mir über die Rückgabe der Gefangenen von Girón verhandelte!

Sie hatten keinerlei Skrupel.
Ich kann nicht sagen, ob er sich für diesen Plan hergab. Was wir wissen, ist, dass sie versuchten, ihn zu instrumentalisieren. Donovan hieß dieser Anwalt, James Donovan. Es gibt keine Anzeichen für eine bewusste Beteiligung seinerseits, nur dass sie es über ihn versuchten. Ich benutzte natürlich aufgrund des warmen Klimas hier beim Tauchen nie einen Taucheranzug. Man zieht diesen ja an und bestückt ihn um die Taille noch mal mit Blei, was aber in unseren Gewässern nichts taugt. Nun, unter all den Attentatsversuchen haben wir also auch diesen, der von einer Kommission des US-amerikanischen Kongresses untersucht und veröffentlicht wurde.

Die Church-Kommission?
Ja. Sie haben all das untersucht, das ist keine Erfindung von mir. Aber stellen Sie sich vor, was für eine Moral! Das war der Mann, der die Freilassung der Gefangenen verhandelte, von denen viele wegen Vaterlandsverrats zum Tode hätten verurteilt werden können. Und wir lassen sie frei!

Was waren das für Männer, die in der Schweinbucht an Land gegangen waren?
Wer diese Söldner waren? Einige waren Kriegsverbrecher, die in die Vereinigten Staaten geflüchtet waren, denn die Offiziere und die wichtigsten Anführer waren fast ausnahmslos Offiziere der alten Batista-Armee, und in der Truppe der Invasoren gab es eine Menge Söhne von Großgrundbesitzern und anderen reichen Familien. Hier wurde der klassenspezifische Charakter der Invasion besonders deutlich.

Welche Entschädigung erhielten Sie am Ende für die Rückgabe der Gefangenen?
Ich glaube, sie bezahlten in bar zwei Millionen Dollar – nach den Verhandlungen mit Donovan –, die wir in Brutapparate aus Kanada für unsere Geflügelzucht investierten. Und auf einen Umfang von weiteren fünfzig Millionen Dollar beliefen sich, nach den Schätzungen Donovans, die Lieferungen an Kin-

dernahrung und Medizin. Den Preis für die Medizin hatten sie ziemlich hoch angesetzt, glauben Sie nicht, dass die damals viel billiger war als heute. Die Höhe des Betrags war nicht das Entscheidende, sondern dass es eine Entschädigungsleistung gab.

Und die gab es. Wir waren es, die für so viele Söldner in unseren Gefängnissen eine Lösung suchten. Die Regierung der Vereinigten Staaten besaß dafür einfach nicht genügend Fantasie. Wir entwickelten ihnen gegenüber sogar einen gewissen Grad an Nähe, und schließlich sagten sie die ganze Wahrheit, und zwar öffentlich. Die Sanktion beruhte nicht auf Hass oder Rachegelüsten. Der Sieg selbst war die größte Belohnung für uns. Wozu sollten wir 1200 Gefangene hierbehalten, die sie dann in Miami zu Märtyrern erklärt hätten.

Hatten Sie keine Angst davor, dass sie, zurück in Miami, umgehend damit beginnen würden, neue gewalttätige Aktionen gegen Kuba zu planen?
Einige von denen, die wir zurückschickten, haben später wieder Bomben gelegt und feindliche Aktionen durchgeführt. Konnte man uns dafür die Verantwortung geben? Nein. Ein Schiff voller »Helden« ist furchtbar, denn jeder Einzelne von ihnen macht sich zum Anführer, jeder Einzelne ist ein »Held«. Und wir schickten ihnen tausend und mehr Möchtegernhelden.

Aber wie viele von den anderen haben wir ihnen geschickt, den sogenannten »Dissidenten«? Und wer hat sie freigelassen? Die Regierung Kubas. Zeuge ist Kardinal John O'Connor[5], der damalige Erzbischof von New York.

Tausenden von Straftätern, die wegen gewalttätiger Handlungen und anderer schlimmer Straftaten im Gefängnis saßen, viele von ihnen Terroristen, hat er mitgenommen. Denn es hatte Tausende konterrevolutionärer Aktionen gegeben, die in der ersten Phase der Revolution von den Regierungen der Vereinigten Staaten organisiert worden waren.

Wir ließen sie frei, obwohl sie nur einen Teil ihrer Strafe abgesessen hatten. Dem Kardinal sagten wir: »Versuchen Sie, ihnen die Visa zu besorgen, denn sie werden in die Vereinigten Staaten ausreisen wollen.« All diese sogenannten »Dissidenten« erhielten Vergünstigungen in den Vereinigten Staaten, unter anderem bekamen sie Arbeit; sogar jene, die gar nicht viel zur versuchten Zerschlagung der Revolution beigetragen hatten.

Ich schätzte diesen Kardinal aus New York, John O'Connor. Tausende von Konterrevolutionären wurden von der Revolution in Freiheit gesetzt. Und einige von ihnen griffen uns erneut an, bildeten Gruppen, trainierten und erfanden Lügengeschichten aller Art. Deshalb muss man in solchen Dingen vorsichtig sein, denn manchmal sind wir großzügig, gewähren einem Gefangenen Straferlass, der dann in die Vereinigten Staaten reist, sich dort ausbilden lässt und Aktivitäten gegen Kuba organisiert. Er landet erneut in Kuba, was vielleicht einen unserer Landsleute das Leben kostet.

Sie beziehen sich auf die Aktivisten von Alpha 66 und Omega 7?[6]
Unter anderem. Ich habe Ihnen ja bereits erzählt, dass in den ersten Jahren Tausende in konterrevolutionäre Banden verwickelt waren. Der schmutzige Krieg zog sich durch alle Provinzen des Landes, einschließlich der Provinz Havanna. Eine Hecke von Marabusträuchern oder Röhricht reichte aus. Es gab im ganzen Land diesen schmutzigen Krieg. Man kann sagen, dass Kuba das einzige revolutionäre Land unserer Zeit war, das das imperialistische Instrument des schmutzigen Krieges geschlagen hat, jenes Krieges, der so viel kostete und einem Land der Dritten Welt so viel Verschleiß brachte.

Wenn Sie von »schmutzigem Krieg« sprechen, beziehen Sie sich dann zum Beispiel auf Attentate an öffentlichen Orten?
Nein, nein, auf irreguläre bewaffnete Gruppen, die eine Art Guerilla gegen uns bildeten, denn die US-Amerikaner sind schlau. Während die sowjetischen Freunde sehr langsam und akademisch vorgingen, waren die US-Amerikaner, die nordamerikanischen Militärs, flexibler. Ihnen wurde sofort klar, mit welcher Strategie wir Batista geschlagen hatten; wie wir diese Armee mit einer Kombination aus bewaffnetem Kampf und Kampf der Bevölkerung besiegt hatten.

Sie wollten nun also im Gegenzug Guerillas gegen die Revolution bilden?
Das versuchten sie. Es war das erste Mal, dass sie so vorgingen. Sie haben unser Patent auf diese Vorgehensweise nicht respektiert! Sie wendeten es für sich selbst an und organisierten sich. Der Kampf gegen die Banditen kostete uns mehr Menschenleben als der Krieg gegen Batista. All das begann schon vor der Invasion in der Schweinebucht. Sie benutzten den Gebirgszug in der Escambray, im Zentrum des Landes, aber wir schickten 40 000 Milizen dorthin, alles Freiwillige, viele von ihnen kamen aus der Hauptstadt.

Wenn wir Einheiten des Militärs im Kampf gegen den schmutzigen Krieg einsetzten, dann sollten die teilnehmenden Rekruten Freiwillige sein. Grundlage war ein Konzept: Im internen Kampf oder bei einer internationalistischen Mission sollen die Kämpfer Freiwillige sein.

Ich schiebe einen Gedanken ein – wie erklären Sie es sich, dass die Sandinisten in Nicaragua, wissend um Ihre Erfahrung mit dem schmutzigen Krieg, es in den 80er-Jahren nicht geschafft haben, die ebenfalls von den USA finanzierten, bewaffneten und ausgebildeten »Contras« zu beseitigen?

Ich glaube, dass es dort einen Fehler gab, aber den kann man ihnen nicht zum Vorwurf machen. In Nicaragua wurde eine Armee gegründet, um die imperialistische Aggression abzuwehren. Aber der Imperialismus entfesselte einen inneren Krieg, und einen inneren Krieg kann man nicht mit Soldaten des Militärdienstes bekämpfen. Kraft eines Wehrpflichtgesetzes zieht man einen Jungen ein, bildet ihn aus und schickt ihn in einen Kampf. Er kommt ums Leben, und seine Familie wird davon überzeugt sein, dass der Staat oder die Revolution für seinen Tod verantwortlich ist.

Die Sandinisten haben vielleicht den höchsten Preis des schmutzigen Krieges bezahlt, weil sie den Wehrdienst eingeführt haben, was wir nie getan haben, um gegen Banden im schmutzigen Krieg zu kämpfen. Zu einem bestimmten Zeitpunkt ließen sie sich von akademischen Theorien leiten, und die Akademisierung führt dazu, dass die Leute sich von dem entfernen, was die Revolution ausmacht; das ist der kreative Geist für politische und militärische Taktiken und Rezepte, die zum Sieg führen. Wenn du dich von den Dogmen verführen lässt, die in den akademischen Veröffentlichungen zu finden sind, dann bist du verloren.

Ich hatte immer eine antiakademische Auffassung. Stellen Sie sich einmal vor, dass wir in der heutigen Zeit, wo es »unsichtbare« Flugzeuge und intelligente Waffen gibt, wo man einen Panzer auf sechs oder sieben Kilometer Entfernung mit einer ziemlich treffsicheren Waffe zerstören kann, wo Panzer vom Radar erfasst und zerstört werden, die gleichen Prinzipien und die gleichen Mittel zur Verteidigung hätten wie in den Jahren 1959, 1960, 1961 und 1962. Du musst die Waffen nutzen, die dir zur Verfügung stehen, und du musst dich von Büchern und akademischen Formeln befreien.

So gewannen Sie den schmutzigen Krieg im Escambray-Gebirge?
Wir umzingelten die Escambray. Wir teilten das Gebirge in vier Gebiete auf und platzierten jeweils eine Gruppe Soldaten in jedes Haus jeder einzelnen Zone. Dann reinigten wir das Gebiet Quadrant für Quadrant. Eine Belagerung hat oft nur einen relativen Wert. Eine nächtliche Belagerung gibt häufig Auskunft darüber, wo sich der Feind bewegt, denn sie erreichen die Linie, nähern sich, werfen eine Granate, schießen, und die Männer rechts und links des an-

gegriffenen Punktes können nicht viel tun, denn sie müssen darauf achten, ihre eigenen Kameraden nicht zu verletzen.

Die Unterstützung von zehn Prozent der Bauern reicht bereits aus als Basis für einen irregulären Krieg, und dort in der Escambray hatte die Revolution nicht so viel Unterstützung. Sagen wir mal, sie lag bei etwa achtzig Prozent. Das hing mit bestimmten Umständen zusammen, mit einigen Gruppen, die dort während des Kampfes gegen Batista operiert hatten. Einen Guerillakrieg kann man mit nur fünf Prozent Unterstützung durch die Bevölkerung führen.

Der Unterschied unseres irregulären Krieges zu dem, den sie führten, war, dass wir immer in Aktion waren. Wir beobachteten den Feind, um ihn an einem bestimmten Punkt oder in der Bewegung anzugreifen, auf die eine oder andere Art. Diesen Geist hatten sie nicht, die Mitglieder der Banden, die den bewaffneten Kampf praktizierten, den man später, seit Nicaragua, den schmutzigen Krieg nannte. Sie waren Experten dafür, vor dem Kampf zu flüchten und sich ihrer Verfolgung zu entziehen. Im Flüchten hatten sie besondere Fähigkeiten, die wir niemals entwickelt hatten, denn uns ging es damals darum, immer wieder zuzuschlagen, selbst als wir noch eine kleine Gruppe darstellten. Sie hingegen hoben sich Gruben aus und versteckten sich in Tunneln unter der Erde, die teilweise sogar mit elektrischem Licht ausgestattet waren und Öffnungen besaßen, durch die sie wie die Besatzungsmitglieder eines U-Bootes Luft einatmen konnten. Wenn ein revolutionäres Bataillon das Gebiet durchkämmte – eine intensive Aktion, ein Mann alle zehn Meter, der alles detailliert durchsuchte –, trafen sie auf keinen einzigen Banditen. Diese wurden regelrechte Experten darin, dem Kampf auszuweichen, der Verfolgung zu entgehen, aber sie entwickelten keinen wirklichen Angriffsgeist.

Später, in den 80er- und 90er-Jahren, änderte der Imperialismus seine Taktik. Sie schickten Söldner, junge Männer, die sie für Massaker und Völkermord in El Salvador und anderen Ländern einsetzten und die für 5000 Dollar Bomben in kubanischen Hotels legten. Posada Carriles und die anderen Terroragenten der Regierung der Vereinigten Staaten kamen nicht selbst. Sehen Sie, wir haben hier einen Salvadorianer, der herkam, 5000 US-Dollar pro Bombe, und er legte fünf Bomben an einem Tag. Sie können in vielen Ländern dieser Welt für Geld Tausende von Söldnern bekommen; manchmal schon für 2000 Dollar. Sie zahlten ihnen den Hin- und Rückflug, und das Geld erhielten sie bei ihrer Rückkehr, wenn die Bomben gelegt waren.

Deshalb wollte dieser Mann aus El Salvador einen olympischen Rekord erzielen: Er versuchte, die fünf Bomben gleichzeitig explodieren zu lassen. Die

Kubanisch-Amerikanische Nationalstiftung in Miami erklärte unterdessen, es handle sich bei den Bombenattentätern um Leute des militärischen Geheimdienstes Kubas und der Staatssicherheit, die unzufrieden seien und Bomben in Hotels legten, und dass das legitim und richtig sei. Sie veröffentlichten eine Menge Artikel in der Presse über dieses Thema.

Gab es später noch andere Angriffe?
Nun, ich habe Ihnen von den Tausenden terroristischer Handlungen erzählt, von den Attentaten, den Brandbomben auf das Kaufhaus El Encanto, der Sprengung des Schiffes *La Coubre*, des Passagierflugzeuges, das auf voller Flughöhe explodierte; ich habe die Virusattacken erwähnt, die Schweinepest und das hämorrhagische Denguefieber, das Hunderttausende von Kranken und mehr als hundert tote Kinder zur Folge hatte.

In den 80er-Jahren gab es zudem biologische Angriff auf unsere Landwirtschaft. Zum Beispiel griff ein Parasit mit dem Namen »Blauer Schimmel« unsere Tabakpflanzen an; kurz darauf zerstörte ein unbekannter Pilz unsere beste Zuckerrohrsorte, die Barbados 4362, und wir verloren neunzig Prozent der Ernte von dieser Sorte. Eine Sache, die sich nie zuvor ereignet hatte. Das Gleiche geschah mit dem Kaffee. Andere Pflanzungen wurden mit einer Plage, der sogenannten *Thrips palmi*, infiziert, das Gleiche geschah mit der Kartoffelernte. Und es gab weitere zerstörerische Plagen, die unserer Landwirtschaft großen Schaden zufügten. Es ist sehr schwer nachzuweisen, aber all unsere Untersuchungen deuteten darauf hin, dass diese Katastrophen keine Zufälle waren, sondern auf bösartige Weise herbeigeführt wurden. Diese Plagen sind sehr schwer zu bekämpfen. Man braucht wissenschaftliche Kenntnisse, mit militärischer Ausbildung kommt man da nicht weit.

Hatten Sie vom militärischen Standpunkt aus betrachtet genügend Männer unter Waffen, um diesen ständigen Aggressionen und Bedrohungen entgegenzutreten?
Wir benötigten zu einem bestimmten Zeitpunkt in den 60er-Jahren Hunderttausende von Männern für die Landesverteidigung, angesichts der Tatsache, dass unser Gegner nicht mehr und nicht weniger als die Vereinigten Staaten waren ...

Es war die Zeit, als konventionelle Kriege noch einen Kampf zwischen Männern bedeuteten, zwischen Kämpfern, Brigaden, Bataillonen, Streitkräften; zu jener Zeit musstest du eine Seelandung vorhersehen. Der Hauptweg, um ein

Land, eine Insel zu besetzen, war die Schiffslandung; wir mussten auch mit Luftangriffen rechnen, aber das war nicht die wichtigste Kampfform. Hauptsächlich mussten wir dort vertreten sein, wo die Gefahr einer Flottenlandung bestand. Wir beobachteten die technologische Entwicklung der Truppentransporte und mögliche Orte, vor allem bei der Verteidigung unter verschiedenen Gesichtspunkten strategisch wichtiger Gebiete. Bei so vielen Möglichkeiten für eine Flottenlandung und natürlich der Möglichkeit einer Landung aus der Luft waren wir gezwungen, das ganze Land zu mobilisieren und vorzubereiten.

Glücklicherweise hatte es damals bereits die Alphabetisierungskampagne gegeben, die weiterhin fortgesetzt wurde, und es gab schon allerorts Schulen.

Dadurch standen Ihnen mehr Leute zur Verfügung, die ausreichend gebildet waren, um mit modernem militärischem Gerät umzugehen?
Genau. Nach der Krise im Oktober 1962 mussten wir zum Beispiel die komplette Bewaffnung der 42 000 sowjetischen Soldaten übernehmen, unter anderem mit Boden-Luft-Raketen, die eine mindestens zwölfjährige Schulbildung und zudem spezielle Studien erfordern. Das betraf sogar die Ausbildung von Fachleuten an den Universitäten. Wir konnten nicht so viele Medizinstudenten zulassen, wie wir gern wollten, denn die Anzahl der Abiturienten war zu gering, da viele der Abiturienten eingesetzt wurden als provisorische Lehrer oder als Kämpfer an moderner Technik – Radar, Kommunikation, also fast das ganze technische Gerät, das qualifiziertes Personal benötigte.

So war zu einem bestimmten Zeitpunkt ein Großteil der Soldaten, die ihren dreijährigen Wehrdienst ableisteten, Techniker oder Abiturienten. Es gab natürlich auch Ausnahmen, vor allem in Bereichen, wo wir dringend Personal benötigten. Im medizinischen Bereich zum Beispiel, denn von den 6000 Ärzten, die wir vor 1959 hatten, sind in den ersten Jahren 3000 weggegangen.

Wir haben nicht weniger als zwanzig Jahre gebraucht, um jährlich 6000 ausgewählte Studierende für die medizinische Laufbahn einschreiben zu können, und heute haben wir mehr als 70 000 Ärzte, von denen jeder auf ein oder zwei Fachgebiete spezialisiert ist. Aus einer einzigen medizinischen Fakultät sind in der Zwischenzeit einundzwanzig geworden, die fast alle in den zehn Jahren vor der Sonderperiode entstanden sind. Die zweiundzwanzigste Fakultät ist vorwiegend für Studierende aus dem Ausland eingerichtet worden.

Sowohl die Landung in der Schweinbucht als auch der schmutzige Krieg waren von John F. Kennedy, dem Präsidenten der Vereinigten Staaten, au-

torisiert. Dieser war später, gemeinsam mit Ihnen und Chruschtschow, ein Protagonist der Oktoberkrise im Jahr 1962, die Sie eben erwähnt haben. Wenn man Sie jedoch über Kennedy sprechen hört, dann spürt man keinerlei Animosität, sondern fast eine Art Sympathie. Wie kommt das?

Damals in der Schweinebucht, im April 1961, hatte Kennedy den Plan von Eisenhower und seinem Vizepräsidenten Nixon geerbt. Die Invasion war eine beschlossene Sache. Die Pläne zur Zerstörung der Revolution existierten, obwohl diese damals formell noch keinen sozialistischen Charakter besaß.

Die wichtigsten Maßnahmen, die wir zu diesem Zeitpunkt ergriffen hatten, waren die Agrarreform und die Verstaatlichung großer Unternehmen aus Industrie, Handel und Bankwesen. Gleichzeitig hatten wir wichtige soziale Reformen angestoßen wie die Alphabetisierung, die Senkung der Strom- und Telekommunikationspreise, die Stadtentwicklung, das Mietgesetz, die Konfiszierung der veruntreuten Güter. Es waren sehr wichtige Programme umgesetzt worden. Aber wir hatten weder den Sozialismus proklamiert noch offen die marxistisch-leninistische Doktrin. Die Schweinebucht hat den revolutionären Prozess weiter vorangetrieben.

Ich muss dazu sagen, dass unsere Agrarreform damals weniger radikal war als die von General MacArthur in Japan. Denn als die Vereinigten Staaten 1945 Japan besetzten, löste MacArthur die Latifundien auf, verteilte die Ländereien und übergab Parzellen an viele arme japanische Bauern. In Japan gehörte der Großgrundbesitz nicht den US-amerikanischen Unternehmen, wie das in Kuba der Fall war. Deswegen konnte hier die Agrarreform nicht akzeptiert werden, so wie sie in Guatemala unter der Regierung Árbenz im Jahr 1954 nicht akzeptiert wurde.

Damals verwirklichte Kennedy, mit Zweifeln, Skrupeln und einigem Zögern, den Aktionsplan Eisenhowers und Nixons. Er glaubte, dass dieser von der CIA und vom Pentagon ausgearbeitete Plan die Unterstützung des Volkes hätte und dass dieses sich den Invasoren anschließen würde, dass die Milizen nicht kämpfen würden und die Erhebung des Volkes gegen seine Regierung sicher sei. Vielleicht haben sie an ihre eigene verlogene Propaganda geglaubt, aber zweifellos unterschätzten sie das kubanische Volk und die Revolutionäre.

Kennedy zögerte, und schließlich, als die Invasoren in Schwierigkeiten gerieten, entschied er, ihnen Luftunterstützung zu gewähren; aber in dem Augenblick, als sie dafür bereit waren, gab es bereits keine Söldner mehr, die sie hätten unterstützen können. In weniger als zweiundsiebzig Stunden hat der vernichtende Gegenangriff der Rebellenarmee und der revolutionären Milizen diese Expedition zunichtegemacht. Eine schwere Niederlage für das Imperium und eine große Demütigung.

Wie reagierte Kennedy auf diese Erniedrigung?
Auf der einen Seite förderte er die Wirtschaftsblockade, die Piratenangriffe und den schmutzigen Krieg. Er reagierte aber auch intelligenter, erarbeitete ein politisches Programm, das soziale Reformen und Wirtschaftshilfe für Lateinamerika vorsah.

Kennedy schlug nach der Niederlage in der Schweinebucht die »Allianz für den Fortschritt« vor, die Peace Corps – eine ziemlich ausgekochte Strategie zur Eindämmung der Revolution. Er entwarf einen Plan, der zwanzig Milliarden Dollar in einem Zeitraum von zehn Jahren in die Region pumpen sollte, bestimmt für ein Programm mit Agrarreformen – eine Agrarreform! Sie, die niemals auch nur den Begriff »Agrarreform« akzeptiert hatten, die das als Thema von Kommunisten auffassten, präsentierten die Notwendigkeit einer Agrarreform in Lateinamerika. Und gleichzeitig schlugen sie Wohnungsbauprogramme vor, Steuerreformen, Bildungs- und Gesundheitsprogramme. Fast – fast all das, was wir taten.

Kennedy sah sich gegenüber der Kubanischen Revolution in der Notwendigkeit, solche Initiativen auf die Tagesordnung zu setzen. Er verstand, dass die objektiven sozialen und wirtschaftlichen Faktoren eine radikale Revolution auf diesem Kontinent auslösen könnten. Eine Kubanische Revolution im Maßstab eines ganzen Kontinents, vielleicht noch radikaler.

Am Ende raubten viele lateinamerikanische Regierungschefs so viel Geld wie möglich, und die Allianz für den Fortschritt endete sang- und klanglos. Dennoch war das ein raffinierter Schachzug Kennedys, der zweifellos ein sehr intelligenter Mann war.

13

OKTOBERKRISE 1962

*Die Welt am Rand eines Atomkrieges – Der »Verrat« der
Sowjets – Eine misslungene Verhandlung – Briefwechsel mit
Chruschtschow – Chruschtschow, Gorbatschow, Putin –
Die Ermordung Kennedys*

Mit Kennedy erlebten Sie und die ganze Welt eine der gefährlichsten internationalen Krisen: die Oktoberkrise im Jahr 1962, oder auch Raketenkrise. Wie bewerten Sie diese Situation heute, dreiundvierzig Jahre später?
Das war ein sehr angespannter Augenblick, und die Lektionen, die man aus dieser Krise ziehen kann, sind zahlreich. Die Welt befand sich am Rand eines Nuklearkrieges als Konsequenz der aggressiven und brutalen Politik der Regierung der Vereinigten Staaten gegen Kuba und eines Plans, die Insel zu überfallen – diesmal mit direktem Einsatz von Marine, Luftwaffe und Bodentruppen. Der Plan war etwa zehn Monate nach der schweren Niederlage in der Schweinebucht und etwa acht Monate vor der Krise bestätigt worden.

Die Sowjets schafften es, absolut vertrauenswürdige Informationen über diesen Plan zu bekommen, und informierten Kuba über die Gefahr, obwohl sie nicht ganz deutlich wurden, da sie ihre Quelle schützen wollten. Sie sagten, dass sie nach dem Treffen zwischen Chruschtschow und Kennedy in Wien zu dieser Überzeugung gelangt seien. Die Details dieses Plans wurden erst zwanzig Jahre später bekannt, nachdem die entsprechenden Dokumente von der Regierung der Vereinigten Staaten freigegeben und veröffentlicht worden waren.

Sie schickten Scharaf Raschidow, Parteisekretär in Usbekistan, und den Chef der Strategischen Raketentruppen der UdSSR, Marschall Sergei Birjusow. Beim ersten Treffen mit ihnen waren Raúl und ich anwesend.

Nachdem sie uns die Informationen übermittelt hatten, fragten sie mich, was meiner Meinung nach zu tun sei, um den Angriff zu verhindern. Ich antwortete mit völliger Gelassenheit: »Gebt eine öffentliche Erklärung ab, in der die Vereinigten Staaten gewarnt werden – so wie diese es in einigen Fällen selbst tun –, dass ein Angriff auf Kuba als ein Angriff auf die UdSSR gewertet würde.«

Ich untermauerte meine Position mit Argumenten. Sie dachten eine Weile darüber nach und fügten dann hinzu, dass man konkrete Maßnahmen ergreifen müsse, damit es sich nicht nur um eine simple Deklaration handle. In dem Moment schlugen sie die Stationierung einer minimalen Anzahl von Mittelstreckenraketen in Kuba vor.

Meiner Meinung nach wurde der Wunsch deutlich, das Kräfteverhältnis zwischen den Vereinigten Staaten und der Sowjetunion zugunsten Letzterer zu verbessern. Ich gestehe, dass ich mich nicht besonders wohl bei dem Gedanken fühlte, diese Waffen in Kuba zu haben. Wir wollten nie, dass der Eindruck entsteht, unser Land sei eine sowjetische Militärbasis, zumal im lateinamerikanischen Kontext. Ich antwortete: »Lassen Sie uns eine Pause machen. Ich möchte diese delikate und weitreichende Entscheidung mit der Nationalen Leitung der Revolution besprechen.« Das tat ich dann um die Mittagszeit. Außer Raúl nahmen an dem Treffen Blas Roca, Che, Dorticós und Carlos Rafael teil. Ich erklärte ihnen, worüber wir gesprochen hatten, und den Gesichtspunkt, dass, abgesehen vom ehrlichen Wunsch, einen Angriff auf Kuba zu vermeiden – ein Thema, das Chruschtschow sehr am Herzen lag –, die Sowjets auch die Korrelation ihrer strategischen Kräfte verbessern wollten; die Präsenz der Mittelstreckenraketen auf Kuba wäre ein Äquivalent zu vergleichbaren Waffen, die die Vereinigten Staaten in Nachbarländern der Sowjetunion stationiert hatten: in Italien und der Türkei.

Ich fügte hinzu, dass es inkonsequent von uns wäre, von der Sowjetunion und dem sozialistischen Lager maximale Unterstützung für den Fall eines Angriffs der Vereinigten Staaten zu erwarten, und uns andererseits zu weigern, politische Risiken und Risiken für unser Prestige einzugehen, wenn die Sowjets uns brauchten. Dieser ethische und revolutionäre Standpunkt wurde einstimmig in der Versammlung der Leitung akzeptiert.

Zurück an dem Ort, wo die beiden sowjetischen Vertreter warteten, sagte ich ihnen wörtlich: Wenn es darum geht, Kuba vor einem direkten Angriff zu schützen und gleichzeitig die UdSSR und das sozialistische Lager zu stärken, dann sind wir mit der Stationierung der nötigen Mittelstreckenraketen einverstanden.

Den Rest der Zeit investierten wir in die zusätzlichen Maßnahmen, die notwendig waren. Es sollten zweiundvierzig Mittelstreckenraketen geschickt werden. Die Marine sowie die Luft- und Bodeneinheiten Kubas würden durch Raketenboote verstärkt werden, des Weiteren durch Flugzeuge vom Typ MiG 21, vier motorisierte Infanteriebrigaden, gut ausgerüstet mit Panzern, und ein Regiment taktischer Nuklearwaffen, die beim Ausbruch der Krise bereits alle über atomare Sprengköpfe verfügen würden – dessen Chef würde befugt sein, diese Waffen ohne weiteren Befehl von oben einzusetzen. Jahre später war McNamara entsetzt, als er davon erfuhr. Boden-Luft-Raketenbatterien für die Luftabwehr mit dreißig Kilometer Reichweite würden zum Schutz der strategischen Nuklearwaffen verteilt werden.

Dieses Gespräch führten wir fünf Monate vor Ausbruch der Krise. Wir durften keine Sekunde verlieren. Es war eine kolossale Anstrengung.

Ohne diese Vorgeschichte kann man nicht verstehen, was im Oktober 1962 geschah. Unter anderem wurde die sofortige Ausarbeitung der relevanten Dokumente besprochen. Die Sowjets würden sie uns schicken, und kurz darauf kamen sie auch an.

Ich analysierte sie ausführlich und konnte mich davon überzeugen, dass das Projekt des Beschlusses oder militärischen Abkommens über die Stationierung der Raketen vom politischen Standpunkt aus Lücken aufwies und als öffentliches Dokument über ein so delikates Thema nicht geeignet war. Ich überarbeitete es vollständig, schrieb alles per Hand und schickte Raúl damit nach Moskau, wo er es mit dem Verteidigungsminister Malinowski und mit Chruschtschow diskutierte. Sie akzeptierten das Papier, ohne auch nur einen Punkt oder ein Komma zu ändern.

Die Vorbereitungen begannen. Gerechterweise müssen wir anerkennen, dass die Streitkräfte und der sowjetische Staat sehr effektiv arbeiteten, um die vereinbarten Ausrüstungen in so kurzer Zeit aufzustellen. Die Anstrengung von unserer Seite war enorm, gemeinsam mit den Sowjets die Punkte auszukundschaften, wo die Waffen und die Einheiten positioniert werden sollten, einschließlich der Mittelstreckenraketen und aller Elemente zu ihrem Schutz. All dies zu tun und die striktesten Normen für Tarnung und Diskretion einzuhalten ist vielleicht schwieriger, als sich irgendjemand vorstellen kann. Unsere Streitkräfte und die Sicherheitsorgane, die von der Partei und den Massenorganisationen unterstützt wurden, agierten mit einer Effizienz, wie sie die Welt noch nicht gesehen hat. Trotz all dieser Anstrengungen zirkulierten die Gerüchte überall. Die der Revolution Übelwollenden schickten auf allen Wegen Botschaften in die USA, informierten Angehörige und (Regierungs-)Funktionäre über die Bewegungen, die sie beobachtet hatten. Die Presse brauchte nicht lange, um diese Gerüchte aufzugreifen. Kennedy musste sich der Presse und der Opposition stellen.

Die Regierungen der Sowjetunion und der Vereinigten Staaten gerieten in eine byzantinische und seltsame Diskussion über den offensiven oder defensiven Charakter der in Kuba stationierten Waffen. Chruschtschow versicherte Kennedy, dass es sich um defensive Waffen handelte. Kennedy interpretierte, es gebe keine Mittelstreckenraketen. Ich denke, er glaubte auf seine Weise den kategorischen Informationen Chruschtschows, der weiterhin darauf bestand, dass es sich um reine Abwehrmaßnahmen handelte, und zwar nicht vom technischen Standpunkt aus, sondern ausgehend von den defensiven Absichten, die ihre Stationierung in Kuba rechtfertigten. Es gab für die UdSSR überhaupt keine Notwendigkeit, sich in solche Erklärungen zu verstricken. Was Kuba und die Sowjetunion taten, war völlig legal und strikt konform mit internationalem Recht. Chruschtschow hätte vom ersten Augenblick an erklären müssen, dass Kuba über die notwendigen Waffen für seine Verteidigung verfügte.

Uns gefiel die Richtung nicht, die die öffentliche Debatte nahm. Ich entsendete Che, Industrieminister und Mitglied der Nationalen Leitung der ORI, zu Chruschtschow, um ihm meinen Standpunkt darzulegen, einschließlich der Notwendigkeit, sofort das von der UdSSR und Kuba unterzeichnete Militärabkommen zu veröffentlichen.

Ich konnte ihn nicht überzeugen. Chruschtschows Antwort lautete, dass er später die Baltische Flotte schicken würde, um die Vereinigten Staaten von einer zu vehementen Reaktion abzuhalten.

Für uns, die Anführer der Kubanischen Revolution, war die UdSSR ein mächtiger und erfahrener Staat. Wir hatten kein anderes Argument, um sie davon zu überzeugen, dass die Strategie im Umgang mit dieser Angelegenheit geändert werden müsste, und uns blieb nichts anderes übrig, als ihnen zu vertrauen.

Wie begann die Krise?
Zwischen dem 14. und 15. Oktober entdeckten die US-Amerikaner die Raketenstellungen. Ein U-2-Spionageflugzeug fotografierte aus großer Höhe einige Abschussrampen. Heute ist bekannt, dass es ein Mitglied des sowjetischen Geheimdienstes war, Oleg Penkowski, der den US-Amerikanern die genaue Position der Raketen durchgab, den die U-2 entdeckte. Kennedy wurde am 16. Oktober informiert, und sechs Tage später kam es zu der Krise.

Das Unglaubwürdige am Verhalten Chruschtschows war, dass es während der Aufstellung der Boden-Luft-Raketen im ganzen Land nicht möglich gewesen sein sollte, zu verhindern, dass die Spionageflugzeuge die sowjetisch-kubanischen Abwehrmaßnahmen entdeckten.

Das hatte bereits nichts mehr mit Taktik oder Strategie zu tun. Es war eine Entscheidung, verbunden mit der Bereitschaft, eine wirklich feste Haltung angesichts der geschaffenen Situation zu bewahren oder nicht. Von unserem Standpunkt aus, den wir damals vertraten und den ich auch heute noch vertrete, gewährten wir dem Gegner damit, Spionageflugzeuge einzusetzen, ohne Not, ein ungemeiner Vorteil. Dadurch verfügte er über eine ganze Woche, um seine Antwort, sowohl politisch wie militärisch, zu planen.

Als die Krise dann vom Zaun brach, hatte Chruschtschow keine klare Vorstellung davon, was zu tun sei. Seine erste Erklärung verurteilte energisch die Position Kennedys.

Was tat Kennedy daraufhin?
Kennedy hatte schon Tage vorher auf die sich anbahnende Krise reagiert. Am 19. Oktober beriet er sich mit dem Generalstab der Streitkräfte der Vereinigten Staaten, der ihm zu einem massiven Luftangriff auf die Raketenstellungen riet. Am 20. Oktober beschloss Kennedy auf Anraten seines Verteidigungsministers Robert McNamara die Seeblockade der Insel mit 183 Kriegsschiffen, unter ihnen acht Flugzeugträger und 40 000 Marineinfanteristen an Bord der Transporter.

Gleichzeitig wurden in Florida 579 Kampfflugzeuge zusammengezogen, und fünf Divisionen der Armee standen bereit, unter ihnen die Elitetruppen der Lufttransporter 82 und 101. Die Öffentlichkeit in den Vereinigten Staaten und im Rest der Welt wusste da noch nicht, was im Gange war.

Wann informierte Kennedy die Öffentlichkeit?
Am 22. Oktober sprach er um 19.00 Uhr im Fernsehen, über alle Kanäle und mit einer großen Dramatik. Das war der Augenblick, in dem die Weltöffentlichkeit von der Krise Kenntnis bekam und davon, dass sich die Menschheit am Rand eines Atomkrieges befand. Kennedy kündigte an, dass die Sowjetunion entweder ihre Raketen abziehen müsse oder andernfalls diesen Krieg riskiere. Er kündigte auch die Seeblockade Kubas an, um die Anlieferung weiterer Raketen zu verhindern. In diesem Moment nahmen die Sowjets Oleg Penkowski fest und wussten, dass den US-Amerikanern alle Informationen vorlagen.

Wann erfuhren Sie, dass die Vereinigten Staaten Bescheid wussten?
Ich habe es mir, ehrlich gesagt, gedacht, als am 22. Oktober auf spektakuläre Weise die Ansprache Kennedys für 19.00 Uhr angekündigt wurde, und ich bemerkte eine Reihe weiterer Indizien. Es konnte nichts anderes sein als eine

Reaktion auf die in Stellung gebrachten Raketen. Ich hatte das sowjetische Militärkommando in Kuba gebeten, den Bau der Abschussrampen für die strategischen Waffen auf ein Maximum zu beschleunigen. Wir mussten bereit sein, zu kämpfen. Es wurde Tag und Nacht gearbeitet. Am 16. Oktober war noch keine einzige Abschussrampe fertig, am 18. Oktober waren es acht, am 20. Oktober dreizehn, und am 21. Oktober gab es dann zwanzig. Es ging mit voller Geschwindigkeit.

Was taten Sie angesichts einer so großen Gefahr?
Wie ich schon sagte, antizipierten wir den Grund für Kennedys Auftritt, bevor es wirklich so weit war, und beschlossen, Kampfalarm auszulösen und bis auf den letzten Mann zu mobilisieren. Etwa 300 000 Kämpfer in hoher Kampfbereitschaft wurden an die Waffen geholt.

Am 23. Oktober sprach ich im Fernsehen, um die Politik der Vereinigten Staaten anzuklagen, warnte vor einer möglichen Invasion, mobilisierte das ganze Volk und erklärte unsere Bereitschaft, zu kämpfen, was auch immer das bedeuten würde.

Wurde die Seeblockade der US-amerikanischen Marine wirksam?
Ja, die Blockade wurde am 24. Oktober gegen 14.00 Uhr wirksam, und zu diesem Zeitpunkt befanden sich dreiundzwanzig sowjetische Schiffe auf dem Weg nach Kuba.

Was taten die Vereinten Nationen in dieser Situation?
Es kam, wie ich es bewerten würde, zu der beschämenden Debatte zwischen dem US-amerikanischen Botschafter, Adlai Stevenson, und dem sowjetischen Botschafter, Walerian Sorin. Stevenson präsentierte dem Sicherheitsrat auf spektakuläre Weise Fotos von den strategischen Raketenstellungen. Der sowjetische Botschafter leugnete die Existenz und die Authentizität dieser Beweisfotos. Er verweigerte jegliche Diskussion. Es war alles improvisiert, der Mann war nicht vorbereitet auf eine Diskussion. Er griff nicht an, klagte nicht an, brachte keinen der berechtigten Gründe vor, die Kuba – ein kleines und angegriffenes Land, das von der Supermacht bedroht war – hatte, um die UdSSR um Hilfe zu bitten, und die ihrerseits die UdSSR hatte, diese Hilfe zu gewähren, getreu ihren Prinzipien und den internationalistischen Verpflichtungen. Stattdessen ließ er sich auf eine schwache Argumentation ein, die dem Zögern und der schlechten öffentlichen Handhabe des Themas durch Chruschtschow schon

vor Ausbruch der Krise entsprang. Er hatte den Fehler begangen, die wirkliche Debatte zu vermeiden, die Debatte, die über die Souveränität Kubas und sein Recht, sich zu verteidigen, sich zu schützen, zu führen gewesen wäre. Das war am 25. Oktober 1962.

Währenddessen, so nehme ich an, haben die US-Amerikaner Kuba weiter überflogen, oder?
Sie flogen weiter über unser Territorium, und man ließ es ungestraft zu. Trotz der Luftabwehrraketen, die zuvor aufgestellt worden waren, um ebendas zu verhindern: die offene und schamlose Spionage über dem nationalen Territorium, wodurch jedes kleine Detail unserer Verteidigung ausspioniert wurde.

Sie schickten weiterhin ihre U-2-Spionageflugzeuge und begannen auch mit Aufklärungsflügen in sehr niedriger Höhe. Wir beschlossen, auf jene US-amerikanischen Flugzeuge zu schießen, die im Tiefflug ankamen. Es gab damals noch keine Möglichkeit, diese aufzuspüren, sodass die Gefahr eines Überraschungsangriffes bestand. Wir brachten das gegenüber den verantwortlichen sowjetischen Militärs zur Sprache und sagten ihnen, dass die Tiefflüge nicht gestattet sein sollten. Wir informierten sie vorher, dass wir schießen würden, und eröffneten das Feuer mit der Fliegerabwehrartillerie.

Am 27. Oktober schoss eine Flugabwehrrakete SAM, die von den Sowjets manövriert wurde, ein Spionageflugzeug vom Typ U-2 ab. Das war in der Provinz Oriente und der Augenblick maximaler Spannung. Der Pilot des Spionageflugzeuges, der US-amerikanische Offizier Rudolph Anderson, kam dabei ums Leben. Dieser Vorfall war der Beweis dafür, dass man sich de facto bereits im Kampf befand. Jeden Augenblick konnte es zu einem neuen Vorfall kommen, der den Krieg vom Zaun brechen würde. Und lassen Sie mich Ihnen sagen, dass die Leute hier sehr ruhig waren.

Glaubten Sie an einem bestimmten Punkt, dass der Krieg unvermeidlich war?
Sehen Sie, es war eine sehr gereizte Lage. Wir selbst glaubten, dass der Konflikt unvermeidbar war, und waren bereit, dieses Risiko einzugehen. Es kam uns keine einzige Sekunde lang der Gedanke, vor den Drohungen des Feindes zurückzuweichen.

Aber die Sowjets gaben nach.
In diesem Augenblick höchster Anspannung unterbreiteten die Sowjets den

Vereinigten Staaten einen Vorschlag. Und Chruschtschow konsultierte uns nicht. Sie schlugen vor, die Raketen zurückzuziehen, wenn die Vereinigten Staaten im Gegenzug ihre Jupiter-Raketen aus der Türkei abziehen würden. Kennedy akzeptierte diesen Handel am 28. Oktober, und die Sowjets beschlossen, die SS-4-Raketen abzuziehen. Uns erschien das absolut nicht korrekt. Dieser Vorgang verursachte viel Empörung.

Hatten Sie den Eindruck, dass diese Vereinbarung hinter Ihrem Rücken getroffen worden war?
Wir erfuhren über öffentliche Kanäle, dass die Sowjets einen Abzug der Raketen vorschlugen. Und das war zu keiner Sekunde mit uns abgesprochen worden! Wir waren nicht gegen irgendeine Lösung, denn es war vorrangig, einen nuklearen Konflikt zu vermeiden. Aber Chruschtschow hätte den US-Amerikanern sagen müssen: »Man muss das auch mit den Kubanern besprechen.« Es mangelte ihm in diesem Augenblick an Besonnenheit und Standhaftigkeit. Grundsätzlich hätten sie uns konsultieren müssen.

Wäre es so gewesen, wären die Bedingungen des Abkommens mit Sicherheit vorteilhafter ausgefallen. Der Marinestützpunkt Guantánamo wäre nicht in Kuba geblieben, und die Spionageflüge in großer Höhe hätten ebenfalls aufgehört. All das belastete uns sehr. Wir protestierten. Und auch nach dem Übereinkommen nahmen wir weiterhin die Tiefflieger unter Beschuss, sodass sie sie aussetzen mussten. Unsere Beziehungen zur Sowjetunion verschlechterten sich. Das nahm über Jahre Einfluss auf unsere Zusammenarbeit.

Ich wollte Ihnen all die Schritte, die wir während der Krise unternahmen, gar nicht so im Detail schildern, aber es wäre nicht möglich, sie in ihrer politischen, moralischen und militärischen Tragweite zu verstehen, ohne den Briefwechsel zwischen Chruschtschow und mir in diesen Tagen zu kennen.

Ich lese Ihnen zunächst einmal den ersten Brief an Chruschtschow vom 26. Oktober 1962 vor:

> Lieber Compañero Chruschtschow,
> Nach Analyse der jetzigen Situation und der uns vorliegenden Berichte gehe ich davon aus, dass eine Aggression nahezu unmittelbar bevorsteht – innerhalb der nächsten vierundzwanzig bis zweiundsiebzig Stunden.
> Es gibt zwei Möglichkeiten: Die erste und wahrscheinlichste ist der Luftangriff gegen bestimmte Ziele mit dem einen Zweck, sie zu zerstören; die zweite, weniger wahrscheinliche, aber mögliche Option ist die Invasion. Meiner Auffassung nach würde diese Vari-

ante zweifellos eine große Anzahl von Kräften erfordern und wäre außerdem die abstoßendste Form eines Angriffs, was sie davon abhalten könnte.

Sie können sicher sein, dass wir fest und entschlossen jedem Angriff, wie auch immer er ausfällt, entgegentreten werden.

Die Moral des kubanischen Volkes ist sehr hoch, und das Volk wird sich dem Aggressor heldenhaft entgegenstellen.

Ich möchte Ihnen in diesem Augenblick in wenigen Worten meine persönliche Meinung ausdrücken.

Sollte es zur zweiten Variante kommen, dass die Imperialisten Kuba mit dem Ziel überfallen, das Land zu besetzen, dann ist die Gefahr, die von dieser aggressiven Politik für die Menschheit ausgeht, so groß, dass die Sowjetunion niemals Umstände zulassen darf, unter denen die Vereinigten Staaten einen nuklearen Erstschlag gegen sie ausführen können.

Ich sage Ihnen dies, weil ich glaube, dass die Aggressivität der Imperialisten äußerst gefährlich ist, und wenn sie eine so brutale und Gesetz und universale Moral verletzende Handlung wie die Invasion Kubas begehen, dann wäre dies der Moment – als Akt legitimer Selbstverteidigung –, eine solche Gefahr für immer zu beseitigen. So hart und schrecklich diese Lösung auch wäre, ich sehe keine andere.

Es hat Einfluss auf diese Meinung, zu sehen, wie sich diese aggressive Politik entwickelt, wie die Imperialisten sich, der Weltmeinung zum Trotz, über Prinzipien und Recht hinwegsetzen, Meere blockieren, unseren Luftraum verletzen und eine Invasion vorbereiten, während sie gleichzeitig jede Verhandlungsmöglichkeit scheitern lassen. Und das, obwohl sie um den Ernst der Lage wissen.

Sie waren und sind ein unermüdlicher Verfechter des Friedens, und ich verstehe, wie bitter diese Stunden für Sie sein müssen, wo Sie sehen, wie die Resultate Ihrer übermenschlichen Anstrengungen so ernsthaft bedroht sind. Wir werden trotz allem bis zur letzten Sekunde die Hoffnung auf eine friedliche Lösung nicht verlieren und sind bereit, mit den uns zur Verfügung stehenden Mitteln dazu beizutragen. Gleichzeitig schicken wir uns an, gelassen einer Situation entgegenzutreten, die wir sehr nah und sehr real sehen.

Ich möchte noch einmal die unendliche Dankbarkeit und Anerkennung des kubanischen Volkes gegenüber dem sowjetischen Volk zum Ausdruck bringen, das sich so großzügig und brüderlich uns gegenüber verhalten hat, und unsere tief empfundene Dankbarkeit und Bewunderung Ihnen gegenüber, verbunden mit dem Wunsch auf Erfolg für die große Aufgabe und die schwere Verantwortung, die in Ihren Händen liegt.

Brüderlich
FIDEL CASTRO

Am 28. Oktober schrieb mir Chruschtschow einen Brief:

Lieber Genosse Fidel Castro,
Unsere Nachricht vom 27. Oktober an Präsident Kennedy ermöglicht es, die Angelegenheit in Ihrem Interesse zu lösen, die Invasion Kubas abzuwehren und den Ausbruch des Krieges zu verhindern. Kennedys Antwort, die Sie, wie ich sehe, auch kennen, bietet die Sicherheit, dass die Vereinigten Staaten nicht nur davon absehen, Kuba mit ihren eigenen Kräften anzugreifen, sondern auch ihren Verbündeten eine Invasion in Kuba nicht genehmigen werden. Damit antwortet der Präsident der Vereinigten Staaten positiv auf meine Mitteilungen vom 26. und 27. Oktober 1962.
(...)
Aber nicht so sehr das Recht, sondern die Unvernunft der Militaristen des Pentagons beherrscht das Geschehen. Nun, da ein Abkommen in die Nähe gerückt ist, sucht das Pentagon nach Vorwänden, die Vereinbarung zu vereiteln. Deshalb organisiert es die provokatorischen Überflüge. Gestern schossen Sie eines dieser Flugzeuge ab, während Sie das früher nicht taten, wenn sie Ihr Territorium überflogen. Dieser Schritt wird von den Angreifern für ihre eigenen Zwecke genutzt werden.
(...)
N. Chruschtschow

Am gleichen Tag, dem 28. Oktober, antwortete ich Chruschtschow:

Lieber Compañero Chruschtschow,
die Position unserer Regierung bezüglich dessen, was Sie uns mitteilen, findet sich in der heute formulierten Erklärung wieder, deren Inhalt Sie sicherlich kennen. Ich möchte Ihnen etwas klarlegen in Bezug auf die Luftabwehrmaßnahmen, die wir getroffen haben. Sie sagen: »Gestern schossen Sie eines von ihnen ab, obwohl Sie sie vorher nicht abschossen, wenn sie Ihr Territorium überflogen.«
Vorher gab es Einzelfälle ohne eine bestimmte militärische Zielsetzung und ohne dass von diesen Flugzeugen eine reale Gefahr ausging.
Diesmal war das nicht der Fall. Es bestand die Gefahr eines Überraschungsangriffs auf bestimmte militärische Einrichtungen. Wir beschlossen, dass wir nicht in aller Seelenruhe mit ausgeschaltetem Detektionsradar auf einen Überraschungsangriff warten konnten, während potenzielle Aggressoren ungestraft über Ziele fliegen, die sie völlig zerstören könnten. Wir waren nicht der Meinung, dass wir das nach all den Kosten und Anstrengungen gestatten sollten, zumal es uns militärisch und moralisch sehr schwächen würde. Aus diesem Grund mobilisierten die kubanischen Streitkräfte am 24. Oktober

fünfzig Luftabwehrbatterien, unsere gesamte Reserve, um die Positionen der sowjetischen Kräfte zu unterstützen. Um das Risiko eines Überraschungsangriffes zu vermeiden, mussten wir der Artillerie den Schießbefehl erteilen. Das Kommando der sowjetischen Militärs kann Ihnen zusätzliche Berichte über das, was mit dem abgeschossenen Flugzeug geschah, übermitteln.

Früher wurden die Verletzungen des Luftraums de facto durchgeführt, heimlich. Am gestrigen Tag versuchte die Regierung der Vereinigten Staaten, das Privileg der Verletzung unseres Luftraums zu jeder Tag- und Nachtzeit amtlich zu machen. Das können wir nicht akzeptieren, denn es käme einem Verzicht auf unsere Souveränität gleich. Dennoch sind wir damit einverstanden, dass in der augenblicklichen Situation ein Vorfall vermieden werden muss, der den Verhandlungen schaden könnte. Wir werden die kubanischen Einheiten anweisen, nicht zu schießen, aber das gilt nur für die Dauer der Verhandlungen und ohne unsere gestern veröffentlichte Erklärung über die Entscheidung zur Verteidigung unseres Luftraums zu widerrufen. Wir müssen auch damit rechnen, dass es in der aktuellen angespannten Situation kurzfristig zu Zwischenfällen kommen kann.

Ich muss Sie auch davon in Kenntnis setzen, dass wir prinzipiell gegen eine Inspektion unseres Territoriums sind.

Ich schätze die Anstrengungen außerordentlich, die Sie unternommen haben, um den Frieden zu erhalten; wir stimmen der Notwendigkeit, für dieses Ziel zu kämpfen, absolut zu. Wenn man das auf gerechte, solide und endgültige Weise erreicht, wird es ein unschätzbarer Dienst für die Menschheit sein.

Brüderlich
FIDEL CASTRO RUZ

Chruschtschow schrieb mir am 30. Oktober zurück:

Lieber Genosse Fidel Castro,
wir haben Ihren Brief vom 28. Oktober und die Mitteilung über die Gespräche erhalten, die Sie und Präsident Dorticós mit unserem Botschafter geführt haben.
(…)
Wir verstehen, dass für Sie aufgrund unserer Zusage an die USA, die Raketenbasis aus Kuba abzuziehen, gewisse Schwierigkeiten entstanden sind, da es sich in der Qualität um Offensivwaffen handelt – im Gegenzug erfolgte das Versprechen der USA, die Pläne einer Invasion Kubas durch eigene Truppen oder die ihrer Verbündeten in der westlichen Hemisphäre aufzugeben, somit die sogenannte »Quarantäne«, das heißt die Blockade Kubas, zu beenden. Das führte zum Ende des Konflikts in der Karibik, der, wie Sie gut verstehen,

den Zusammenstoß der beiden Supermächte und seine Transformation in einen Weltkrieg mit Nuklearwaffen und Raketen in sich barg.

Wie wir unseren Botschafter verstanden haben, sind einige Kubaner der Meinung, das kubanische Volk hätte sich eine Erklärung anderen Charakters gewünscht, in keinem Fall aber die Erklärung über den Abzug der Raketen.

(…)

Ebenso herrscht die Meinung, dass wir und Sie, wie gesagt wird, keine Konsultationen hinsichtlich dieser Fragen durchgeführt hätten, bevor die Entscheidung, die Sie kennen, fiel.

(…)

War es denn nicht Ihre Konsultation mit uns? Wir verstanden dieses Telegramm als ein Signal höchsten Alarms. Wenn wir, unter den entstandenen Bedingungen und unter Berücksichtigung der Information, dass die hemmungslose Gruppe der Kriegstreiber unter den Militärs der USA die entstandene Lage nutzen und den Angriff auf Kuba realisieren wollte, die Konsultationen fortgesetzt hätten, dann hätten wir Zeit verloren, und dieser Schlag wäre geführt worden.

Wir sind der Meinung, dass sich unsere strategischen Raketen für die Imperialisten in eine attraktive Kraft verwandelt haben: Sie haben sich erschreckt und, aufgrund der Furcht, dass die Raketen in Marsch gesetzt würden, hätten sie sich erdreisten können, sie mittels eines Bombardements oder der Invasion Kubas zu beseitigen. Und man muss sagen, dass sie sie außer Gefecht hätten setzen können. Deshalb, ich wiederhole es, war Ihr Alarm vollauf berechtigt.

In Ihrem Telegramm vom 27. Oktober schlugen Sie uns einen atomaren Erstschlag gegen den Feind vor. Sie wissen ja sicher, was das bedeuten würde. Es wäre kein einfacher Schlag, sondern der Beginn eines nuklearen Weltkrieges.

Werter Genosse Fidel Castro, ich halte diesen Vorschlag für nicht korrekt, obwohl ich Ihre Motive verstehe.

Wir haben den bisher ernsthaftesten Augenblick erlebt, an dem die Welt kurz vor einem Atomkrieg stand. Sicher würden die Vereinigten Staaten in einem solchen Fall große Verluste erleiden, aber das Gleiche gilt für die Sowjetunion, und das gesamte sozialistische Lager würde auch sehr leiden. In Bezug auf Kuba, auf das kubanische Volk ist es schwer, generell zu sagen, wie es ausgegangen wäre. An erster Stelle wäre in diesem Kriegsfeuer Kuba verbrannt. Zweifellos hätte das kubanische Volk tapfer gekämpft, aber ebenso heldenhaft wäre es zugrunde gegangen, auch daran besteht kein Zweifel.

(…)

Mit den jetzt durchgeführten Maßnahmen haben wir das Ziel erreicht, das wir uns gesetzt hatten, als wir mit Ihnen übereinkamen, die Raketen nach Kuba zu schicken. Wir haben den Vereinigten Staaten das Versprechen abgerungen, dass sie weder selbst Kuba angreifen, noch einem ihrer Verbündeten in den lateinamerikanischen Ländern eine Invasion erlauben werden. All das haben wir ohne einen Atomschlag erreicht.

(…)

Natürlich können wir bei der Verteidigung Kubas wie der anderen sozialistischen Länder nicht auf das Veto der Vereinigten Staaten vertrauen. Wir haben bisher alle Anstrengungen unternommen und werden das auch weiter tun, unsere Verteidigung zu stärken und Kräfte zu sammeln für den Fall, dass ein Gegenschlag notwendig werden sollte.

(…)

Unserer Ansicht nach hat der Aggressor eine Niederlage erlitten. Er hatte sich auf eine Invasion Kubas vorbereitet, aber wir haben ihn gestoppt und dazu gezwungen, vor der Weltöffentlichkeit zu erklären, dass sie es in der gegenwärtigen Phase nicht tun werden. Wir werten das als einen großen Sieg. Die Imperialisten werden selbstverständlich nicht aufhören, gegen den Kommunismus zu kämpfen. Dieser Kampf wird weitergehen, solange es in der Welt zwei gesellschaftspolitische Modelle gibt, solange eines dieser Systeme, und wir wissen, dass es unseres sein wird, nicht weltweit gesiegt hat.

N. Chruschtschow

Am 31. Oktober – das ist der letzte Brief, den ich vorlesen werde – antwortete ich Chruschtschow mit folgenden Worten:

Lieber Compañero Chruschtschow:
Ich habe Ihren Brief vom 30. Oktober erhalten. Sie sind der Meinung, wir seien vor der Entscheidung, die strategischen Waffen abzuziehen, konsultiert worden. Dabei berufen Sie sich auf die alarmierenden Nachrichten, die, wie Sie sagen, Sie aus Kuba erreichten, und zuletzt auf mein Telegramm vom 27. Oktober. Ich weiß nicht, welche Nachrichten Sie erhalten haben; ich selbst habe Ihnen nur die Nachricht vom 26. Oktober geschickt, die Sie am 27. Oktober erhielten.

Was wir aufgrund der Geschehnisse taten, Genosse Chruschtschow, war, uns auf den Kampf vorzubereiten. In Kuba gab es nur eine Art von Alarm: Kampfalarm. Als der imperialistische Angriff unserer Meinung nach unmittelbar bevorstand, hielt ich es für angebracht, Sie zu verständigen und sowohl die Regierung als auch die militärische Führung der Sowjetunion – zumal es sowjetische Kräfte gab, die sich in der Pflicht fühlten, zusammen mit uns die Republik Kuba gegen einen Angriff von außen zu verteidigen – auf die Möglichkeit eines Angriffs aufmerksam zu machen, den wir nicht würden verhindert haben können, gegen den wir uns aber zur Wehr setzen würden.

(...)

Die Gefahr konnte uns nicht schrecken, denn wir leben in unserem Land schon seit langer Zeit mit ihr und haben uns in gewisser Weise an sie gewöhnt.

(...)

Viele Männer, sowohl Kubaner als auch Sowjets, die bereit gewesen wären, in höchster Würde zu sterben, brachen in Tränen aus, als sie von der überraschenden, unerwarteten und bedingungslosen Entscheidung hörten, die Waffen abzuziehen.

Sie wissen vielleicht nicht, in welchem Ausmaß die kubanische Bevölkerung bereit war, ihre Pflicht gegenüber ihrem Vaterland und der Menschheit zu erfüllen.

Es ist mir während des Schreibens nicht entgangen, dass die Worte in meinem Brief von Ihnen fehlinterpretiert werden könnten, und genau so ist es gekommen; vielleicht haben Sie sie nicht aufmerksam genug gelesen, vielleicht lag es an der Übersetzung, vielleicht wollte ich zu viel in zu wenigen Zeilen sagen. Aber ich habe nicht gezögert, es zu tun. Glauben Sie, Genosse Chruschtschow, wir hätten egoistisch an uns gedacht, an unser edelmütiges Volk, das bereit war, sich zu opfern, und wären uns nicht, natürlich in gewisser Weise unbewusst, über das Risiko, das wir eingehen würden, völlig im Klaren?

(...)

Es war uns klar – nehmen Sie bitte nicht an, dass wir das ignoriert hätten –, dass wir ausgelöscht werden würden, wie Sie in Ihrem Brief andeuten, wenn es zu einem Atomschlag gekommen wäre. Wir haben Sie deshalb aber nicht darum gebeten, die Raketen abzuziehen, und wir hätten Sie deshalb auch nicht darum gebeten, nachzugeben. Glauben Sie wirklich, wir hätten diesen Krieg gewollt? Aber wie hätten wir ihn im Fall einer Invasion verhindern können? Es ging darum, dass die Möglichkeit dieses Angriffs bestand und dass der Imperialismus jede Form einer Lösung blockierte. Seine Forderungen waren, von unserem Standpunkt aus betrachtet, inakzeptabel für Kuba und für die Sowjetunion.

Und wenn es passiert wäre, was hätten wir mit den Wahnsinnigen gemacht, die diesen Krieg vom Zaun gebrochen hätten? Sie haben selbst davon gesprochen, dass sich unter den bestehenden Bedingungen der Krieg unvermeidbar schnell in einen Atomkrieg verwandeln könnte.

Ich bin der Meinung, dass man im Fall einer vom Feind ausgehenden Aggression diesem nicht auch noch die Entscheidung überlassen darf, wann die nukleare Waffe zum Einsatz kommt. Die Zerstörungskraft dieser Waffe ist so unendlich groß, und die Schnelligkeit der Transportmittel des Angreifers würde ihm von Anfang an einen unschätzbaren Vorteil einbringen.

Und ich habe Ihnen nicht vorgeschlagen, Genosse Chruschtschow, dass die Sowjetunion angreifen soll, denn das wäre inkorrekt, unmoralisch und niederträchtig von mir, sondern dass man in dem Augenblick, da die Imperialisten Kuba angreifen und in Kuba die Streitkräfte der UdSSR – dazu bestimmt, unsere Verteidigung im Fall eines Angriffs von außen zu unterstützen – und sich die Imperialisten durch diese Tatsache in Aggressoren gegen Kuba und gegen die UdSSR verwandeln würden, ihnen mit einem vernichtenden Gegenschlag antwortet.

(...)

Ich habe Ihnen nicht vorgeschlagen, Genosse Chruschtschow, dass die UdSSR inmitten der Krise angreifen solle. So scheint es, wenn ich Ihren Brief richtig interpretiere, von Ihnen verstanden worden zu sein. Vielmehr müsse im Fall eines Angriffs auf Kuba die UdSSR, ohne zu zögern, handeln und nicht den Fehler machen, dem Feind den atomaren Erstschlag zuzugestehen. Und in diesem Sinne, Genosse Chruschtschow, bleibe ich bei meinem Standpunkt, denn ich bin der Meinung, dass es die richtige Einschätzung einer Situation zu einem gegebenen Augenblick war. Sie können mich davon überzeugen, dass ich mich irre, aber Sie können mir nicht sagen, dass ich mich irre, ohne mich davon zu überzeugen.

(...)

Sie werden sich fragen, welches Recht ich hatte, das zu tun. Ich habe es angesprochen, ohne mich darum zu kümmern, wie heikel die Angelegenheit ist. Es ging mir einzig darum, meinen revolutionären Prinzipien und Pflichten zu folgen, inspiriert auch von einer völlig selbstlosen Bewunderung und Zuneigung für die UdSSR.

(...)

Ich wüsste nicht, wie ich sagen könnte, wir seien vor der von Ihnen getroffenen Entscheidung konsultiert worden.

Nichts wünschte ich mir sehnlicher in diesem Moment, als mich zu täuschen, und ich hoffe sehr, dass Sie es sind, der recht behält.

Es sind nicht einige, wie man Ihnen sagte, sondern sehr viele Kubaner, die in diesem Augenblick traurig und verbittert sind.

Die Imperialisten sprechen schon jetzt wieder von einer Invasion des Landes. Das ist der Beweis dafür, wie flüchtig und wenig vertrauenswürdig ihre Versprechungen sind. Unser Volk jedoch wird weiterhin ungebrochen den Angreifern widerstehen und muss vielleicht mehr denn je auf sich selbst und seine eigene Kampfbereitschaft zählen.

Wir werden gegen die widrigen Umstände ankämpfen, die aktuellen Schwierigkeiten überwinden und vorwärtsgehen, nichts kann unsere freundschaftlichen Verbindungen und unsere unendliche Dankbarkeit gegenüber der Sowjetunion zerstören.

Brüderlich
FIDEL CASTRO

Diese Briefe wurden bereits früher veröffentlicht, aber ich hielt es für opportun, sie in diese Zusammenfassung der Geschehnisse zur Oktoberkrise, um die Sie mich gebeten haben, einzubeziehen, denn ohne sie wäre es, wie schon gesagt, nicht möglich, die ganze politische, moralische und militärische Tragweite unseres Verhaltens während der Krise zu verstehen.

Im September 1991 verhandelte der sowjetische Präsident Michail Gorbatschow anlässlich eines Besuches des US-amerikanischen Außenministers James Baker in Moskau über die letzten sowjetischen Truppen in Kuba, die sogenannte Ausbildungsbrigade für die mechanisierte Infanterie. Wurden Sie dieses Mal konsultiert?
Nein. Wie hätten sie uns konsultieren sollen! Sie waren bereits im völligen Niedergang begriffen. Sie haben uns niemals gefragt. Alles, was sie von hier abgezogen haben, haben sie ohne Rücksprache getan. Während der Oktoberkrise haben sie uns nicht konsultiert und stattdessen zugesagt, dass der Abzug der Raketen überwacht würde unter Kontrolle der Vereinten Nationen. Wir sagten: »Hier kontrolliert niemand. Wir genehmigen es nicht. Wenn sie abziehen wollen, dann ist das nicht unsere Angelegenheit.« Sie haben sich dann überlegt, die Inspektion auf dem Weg, also auf offenem Meer durchführen zu lassen. Das war die Ursache für eine angespannte Situation, die Art und Weise, in der sie vorgingen; aber die Sowjetunion war noch immer eine Supermacht. Man könnte lange darüber sprechen, es wurden viele Fehler gemacht, ich habe das bei anderen Gelegenheiten schon erwähnt.

Dazu noch ein Detail. Als sie 1991 die sowjetischen Brigaden aus Kuba abzogen ...
Sie haben das direkt mit den Vereinigten Staaten verhandelt, ohne uns zu konsultieren. Schließlich hatte es auch keine Bedeutung, über diese Brigade zu verhandeln; sie war sowohl personell als auch in ihren Mitteln sehr geschwächt. Wie hätte sie kämpfen können, wenn die Sowjetunion in sich schon sehr gespalten war? Und die Mitglieder der Brigade kamen aus verschiedenen Republiken. Obwohl die russischen Militärs technisch sehr gut ausgebildet und sehr mutig sind, das haben sie im Zweiten Weltkrieg bewiesen. Aber die alte UdSSR stand zu diesem Zeitpunkt politisch schon sehr schlecht da.

Auch hier hätte man sich vorstellen können, dass im Gegenzug zum Abzug der sowjetischen Brigaden aus Kuba die US-Amerikaner die Militärbasis in Guantánamo aufgeben, oder?
Das wäre einzig und allein während der Oktoberkrise möglich gewesen. Man hätte das leicht erreichen können, mit ein wenig Gelassenheit und kühlem Kopf, denn die Welt war nicht bereit, aufgrund der Launen der Regierung der Vereinigten Staaten einen Atomkrieg zu riskieren.

Einen Weltkrieg.
Wir haben fünf Forderungen gestellt. Unter anderem die Beendigung der Piratenangriffe und jeglicher Aktionen von Gewalt und Terrorismus gegen Kuba, die anschließend noch Jahrzehnte andauerten; die Beendigung der Wirtschaftsblockade und die Rückgabe unseres Territoriums, auf dem sich unrechtmäßig die US-Marinebasis Guantánamo befindet. All das hätte man innerhalb dieser dramatischen und angespannten Situation erreichen können, denn – wie ich schon sagte – niemand war bereit, einen Weltkrieg zu riskieren wegen einer Wirtschaftsblockade gegen Kuba, ein paar terroristischer Anschläge und einer illegalen Marinebasis, die sich gegen den Willen der kubanischen Bevölkerung auf ihrem Territorium befindet. Niemand hätte deswegen einen Weltkrieg provoziert.

Die Präsenz der strategischen Waffen war ein starkes Motiv dafür, dass sich die Vereinigten Staaten mit ihren Verbündeten zusammentaten. Aber das Wichtigste war die Tatsache, dass die Vereinbarung zur Stationierung der Mittelstreckenraketen, die wir mit der Sowjetunion getroffen hatten, vor dem Hintergrund der realen Gefahr einer unter allen Vorwänden bereits geplanten Invasion, keinesfalls unrechtmäßig war. Die Historiker der Vereinigten Staaten selbst haben in ihren Archiven all diese Papiere, die das belegen: das Projekt der Invasion. Als die Sowjets uns also vorschlugen, die Mittelstreckenraketen als Garantie unserer Sicherheit zu installieren, hatten die Vereinigten Staaten ihre Pläne für die Invasion Kubas nach der Schweinebucht bereits entworfen. Die Vorwände, die sie für die Invasion nutzen würden, waren bereits im Februar 1962 ausgearbeitet worden, und die Raketen kamen, glaube ich, im Juli hier an.

Im Sommer 1962.
Ja, es war im Sommer, es waren einige Monate vergangen. Möglicherweise haben die Sowjets das erwähnt, denn sie waren in der Regel gut informiert. Beide Supermächte haben sich jahrzehntelang mit allen Mitteln gegenseitig ausspio-

niert. Aufgrund ihrer Spionage- oder Geheimdiensttätigkeit kannten die Sowjets den Invasionsplan. Sie haben uns nicht gesagt, dass sie über den Plan im Bilde waren, sondern dass sie das aus den Gesprächen zwischen Chruschtschow und Kennedy in Wien herausgehört hatten und all solche Sachen, aber ich bin sicher, dass sie ihn kannten.

Unsere Vereinbarung mit den Sowjets hatte überhaupt nichts Illegales, denn auch die US-Amerikaner hatten Jupiter-Raketen der gleichen Reichweite in der Türkei und in Italien stationiert, ohne dass jemand die Absicht hatte, diese Länder zu bombardieren oder anzugreifen. Es ging hier um kein rechtliches Problem, sondern um den nicht korrekten politischen Umgang Chruschtschows mit diesem Thema, der sich, obschon sowohl die UdSSR als auch Kuba ein legitimes Recht darauf hatten, Theorien über den offensiven oder defensiven Charakter der Waffen ausdachte. In einer politischen Schlacht darf man nicht die Moral verlieren, sei es durch Tarnung oder Lügen.

Die Vereinbarungen waren absolut legal, ich wiederhole das, legitim und sogar gerechtfertigt. Es war kein illegaler Akt. Inkorrekt war die Lüge zum Zweck der Desinformation, was Kennedy erst ermutigt hatte. Dieser hatte nun durch die Luftaufnahmen der US-Amerikaner, die sie mit ihren U-2-Spionageflugzeugen unter Verletzung unseres Luftraums besorgt hatten, einen wahrhaftigen Beweis. Wenn Sie Boden-Luft-Raketen installieren, dann können Sie nicht gleichzeitig zulassen, dass der Gegner das Territorium überfliegt, das Sie mit diesen verteidigen wollen. Die Vereinigten Staaten erlauben nicht, dass ein Flugzeug ihr Territorium überfliegt, und hätten auch keinem sowjetischen Flugzeug erlaubt, ihre Raketenstützpunkte auf dem Gebiet Italiens oder der Türkei zu überfliegen.

Es gab viele politische und militärische Fehler; man muss sie kennen, um beurteilen zu können, was damals passierte.

Im Oktober 1962 ging es nicht darum, zu erlauben, die Raketen abzuziehen, sondern wir haben keine Maßnahmen zur Verhinderung des Raketenabzugs unternommen, denn damit wären wir in einen Konflikt mit beiden Supermächten gekommen, was für Kuba zu viel gewesen wäre.

Das wäre zu viel gewesen!
Wir haben die Kontrolle über unser Land, und nichts hätte sich hier bewegt, wenn wir es beschlossen hätten. Aber das wäre unvernünftig, sinnlos gewesen. Was wir nicht zuließen, war die Inspektion. Wir protestierten, erklärten uns damit nicht einverstanden und forderten die fünf Punkte.

Als nun die Sowjets – es war genau so, wie ich Ihnen das erzähle – mit den US-Amerikanern im Rahmen dieser Politik verhandelten, innerhalb dieses Techtelmechtels, das in diesen Tagen zwischen ihnen entstanden war, einer Art brennender Liebe inmitten eines kalten Krieges, beschlossen sie gemeinsam mit den US-Amerikanern die Inspektion auf offener See anstatt der Inspektion auf kubanischem Territorium.

Später, als sie im Oktober 2001 ankündigten, das Zentrum für Elektronische Forschung[1] zu schließen und mitzunehmen, war das beschlossene Sache. Sie informierten uns lediglich darüber, damit wir unser Einverständnis erklärten.

Auch dieses Mal gaben Sie Ihre Zustimmung nicht?
Wir waren damit nicht einverstanden, denn während des Besuches von Wladimir Putin in Kuba im Dezember 2000 besuchten wir dieses Zentrum – ein wichtiger elektronischer Stützpunkt im Süden Havannas. Putin war als Freund gekommen. Ich habe in diesem Zentrum eine Art Getto vorgefunden, denn die Sowjets dort waren sehr isoliert. Sie hatten sich selbst mit ihren Familien isoliert, sodass wir sogar beschlossen, ein paar Programme für die Kinder auszuarbeiten. Freizeitaktivitäten, Kulturprogramme und andere Dinge. Ich hatte keine Ahnung davon, wie sie dort lebten. Als sie ankündigten, dass sie das Zentrum schließen und die Einrichtung mitnehmen würden, war das eine unilaterale Entscheidung. Sie teilten uns das etwa zehn Monate nach Putins Besuch mit. Weder bei dem einen noch bei dem anderen Fall gab es vorher ein Übereinkommen.

Trotz der Oktoberkrise haben Sie eine positive Meinung von Kennedy.
Kennedy hat durch diese Krise an Autorität gewonnen. Er hatte die Fähigkeit zu einer effektiven Antwort gezeigt.

Hätten wir an den Verhandlungen teilgenommen, wäre das in einer konstruktiven Form geschehen. Vielleicht wären wir damit in einen Dialog getreten, hätten Eindrücke ausgetauscht, und viele Probleme, mit denen unsere Länder später konfrontiert waren, hätten vermieden werden können.

Wenn ich die Politik Kennedys, unabhängig von den Dingen, die passiert sind, bewerten will, muss ich die Zeit analysieren, in der wir lebten, die herrschenden Doktrinen, muss überlegen, welche Verwirrung eine Revolution stiften konnte, die sich nur neunzig Meilen von den Vereinigten Staaten entfernt zum Sozialismus bekannt hatte; und das von sich aus, denn für den Triumph der Revolution haben die Sowjets keinen einzigen Centavo und kein einziges Gewehr gegeben.

Im Januar 1959 kannte ich weder einen einzigen Sowjetbürger noch die Führungsfiguren.

Ihr Bruder Raúl scheint einige Sowjets gekannt zu haben.
Raúl hatte einen kennengelernt, Nikolai Leonow, ein junger Sowjet, den er zufällig bei seiner Rückkehr von einem internationalen Kongress über die Rechte der Jugend in Wien 1953 auf dem gleichen Schiff traf. Ich habe Ihnen ja schon erzählt, dass Raúl der Sozialistischen Jugend angehörte. Die machten mit ihm einen guten Fang! Da gibt es keinen Zweifel. Ich lernte Leonow, der als Diplomat nach Mexiko ging, kennen – er lebt noch immer. Sie waren zusammen auf dem gleichen Schiff und sonst nichts. Der Sozialismus hier ist weder durch ein Klonverfahren noch durch künstliche Befruchtung entstanden. Bei uns war die Entwicklung ganz anders, und das muss man berücksichtigen, wenn man Kuba mit den anderen Prozessen oder Versuchen, den Sozialismus in den osteuropäischen Ländern aufzubauen, vergleicht, wo jetzt versucht wird, den Kapitalismus aufzubauen.

Trotz der historischen Evolution, der Entwicklung der menschlichen Gesellschaft und der Tendenzen, die den größten, vielleicht sogar bestimmenden Einfluss auf sie haben, gibt es Faktoren subjektiver Art, die enorm auf Ereignisse einwirken, die manchmal den wahrscheinlichen Lauf der Geschichte entweder verlangsamen oder beschleunigen.

Im Fall Kuba gibt es keinen Zweifel, dass eine Kombination aus objektiven und subjektiven Faktoren den revolutionären Prozess und die Veränderungen in unserem Land beschleunigt hat. All dies führte zur Konfrontation mit den Vereinigten Staaten und zur Krise im Oktober 1962.

Aber Kennedy besann sich in diesem Moment. Er wollte die Dinge nicht weiter verkomplizieren, gab Befehl, die Aufklärungsflüge einzustellen, und später ordnete er auch den Abbruch der Operation »Mongoose«[2] an.

All das führte zu einem tief greifenden Hass seitens der Gegner der Kubanischen Revolution auf Kennedy, denn er hatte der Flotte vor der Schweinebucht nicht den Befehl der Invasion Kubas zur Unterstützung der Söldnergruppen erteilt und nutzte auch die Spannungen während der Oktoberkrise nicht, um uns anzugreifen, obwohl ihm zahlreiche Generäle und viele unserer Feinde dies rieten. Möglicherweise standen diese Leute hinter dem Mordkomplott gegen Kennedy. Obwohl ich keine Beweise habe, ziehe ich Rückschlüsse auf das, was möglicherweise passierte. Ich wage zu sagen, dass es so ist, es gibt triftige Gründe, argwöhnisch zu sein.

Als man Kennedy am 22. November 1963 ermordete und Lee Harvey Oswald beschuldigte, von dem man sagte, er hätte Sympathien für Kuba gehegt: Glauben Sie, dass das ein Versuch war, Kuba mit dem Attentat in Verbindung zu bringen?
Wie gut, dass dieser Typ keine Genehmigung bekam, Kuba zu besuchen. Das hätte eine gewaltige Manipulation und eine große Provokation nach sich ziehen können. Sie hätten das nutzen können, um Kuba zu beschuldigen. Als die Untersuchungen durchgeführt wurden, gaben wir ihnen alle Informationen, die wir hatten.

Was halten Sie von der offiziellen Version über die Ermordung Kennedys?
Na ja, das ist alles sehr seltsam. Aufgrund meiner Kenntnisse im Präzisionsschießen kann ich nicht verstehen, wie man mit einem Gewehr mit Zielfernrohr einen Schuss abgeben kann und innerhalb von wenigen Sekunden nochmals einen genauso präzisen Schuss. Wenn Sie mit einem Zielfernrohr schießen, bewegt sich die Waffe ein paar Millimeter, und Sie verlieren das Ziel aus den Augen. Wenn Sie zum Beispiel auf einen Teller in 500 oder 600 Meter Entfernung zielen, dann verlieren Sie mit der Bewegung durch den Schuss das Ziel aus dem Fokus und müssen es erneut suchen.

Wenn Sie aus einem Fenster schießen, dann müssen Sie gleich neu laden, das Ziel wieder suchen und schießen. Und mit einem Zielfernrohr ein bewegliches Ziel innerhalb von Sekunden zu erfassen ist sehr schwer. Drei so präzise Schüsse in einem so kurzen Zeitraum sind für jemanden, der sicherlich keine große Erfahrung hatte, unglaublich schwer.

Glauben Sie, es hat mehrere Schützen gegeben?
Was mir bei diesen Schüssen unerklärlich bleibt, ist die Art, wie sie abgegeben wurden. Ich kann keine andere Theorie erarbeiten. Es gibt viele Theorien. Ich kann nur aus meiner Erfahrung im Umgang mit Waffen mit Zielfernrohr sprechen, und was die offizielle Version aussagt, entbehrt einfach jeder Grundlage, ist nicht möglich.

Wir haben es nach meiner Einschätzung bei diesem Mord mit zwei unbegreiflichen Phänomenen zu tun: zum einen die Art der Schüsse, die ein Mann mit einem Gewehr abgibt, und dass er sie mit einer unglaublichen Zielsicherheit in Sekundenschnelle wiederholt. Mit der Erfahrung, die ich habe, ist das nicht vereinbar.

Zweitens ist Oswald im Gefängnis, sitzt dort ein, als eine barmherzige und noble Seele namens Jack Ruby auftaucht, so von der Tragödie bewegt, dass er dort, vor der Polizei und laufenden Fernsehkameras, Oswald tötet. Ich weiß nicht, ob so etwas irgendwann irgendwo schon einmal passiert ist.

Misstrauen Sie der offiziellen Version?
Ja. Ich misstraue dieser ganzen Version darüber, wie dieser Oswald geschossen haben soll. Und Arthur Schlesinger[3], ein Berater Kennedys, der später hier war, schrieb ein 900 Seiten starkes Buch[4], in dem er die Geschichte dieses Mannes erzählt. Dieser Oswald hatte versucht, hierherzukommen, und da unsere Leute ihm sehr misstrauten, verweigerten sie ihm die Einreise.

Stellen Sie sich mal vor, der Kerl wäre hier gewesen und dann zurück in die Vereinigten Staaten gegangen, wo er einige Tage später Kennedy ermordet hätte, genau eine Woche nach seinem Besuch in Kuba. Da steckte ein Plan dahinter. Nicht nur gegen Kennedy, sondern auch gegen Kuba. Ich wusste, dass diese Version unmöglich ist, Schlesinger erzählt das detailliert.

Oswald war möglicherweise ein Doppelagent. Man weiß, wie die Sache war, dass er in die Sowjetunion ging und zurückkam, und man weiß, wie sie sich während des Kalten Krieges gegenseitig überwacht haben.

War er in der Sowjetunion?
Ja, er war dort. Er hat eine sowjetische Frau geheiratet, ist dann zurückgekehrt und hat sich scheiden lassen. Schlesinger hat sogar eine fast freudianische These herausgearbeitet, um das Verhalten dieses Individuums zu erklären.

Was wollte dieser Mann mit seiner Reise nach Kuba bezwecken? Wie zum Teufel konnte dieser Kerl, dieser Jack Ruby, zur Polizeiwache gehen und Oswald ermorden? Das sind zwei sehr seltsame Umstände, die jede Form von Argwohn oder der Vermutung einer Konspiration rechtfertigen. Aber ich habe keine Beweise, ich kann nur spekulieren. Nur über diese beiden Dinge kann ich etwas sagen und vor allem über die physische Unmöglichkeit, die Schüsse in der dargestellten Form auszuführen. Was wiederum dazu führt, dass man an der offiziellen Erklärung zweifeln muss.

14

DER TOD CHE GUEVARAS

*Che Guevara und die antiimperialistische Bewegung –
Der Abschiedsbrief – In der afrikanischen Guerilla – Rückkehr
nach Kuba – Vorbereitung der Mission in den Anden –
Der letzte Kampf – Ches Vermächtnis*

Nach der Oktoberkrise war die Gefahr eines US-amerikanischen Angriffs ein wenig in die Ferne gerückt. Die Revolution setzte ihren Konsolidierungsprozess fort. Che Guevara begann, um die Welt zu reisen. Es hat den Anschein, als habe er sich sehr für das internationale Geschehen interessiert, für die antiimperialistische Bewegung, oder?

Er hatte ein besonderes Augenmerk auf die Situation in der Dritten Welt. Er beschäftigte sich mit internationalen Angelegenheiten, der Konferenz von Bandung[1], der Bewegung der Blockfreien und anderen Themen. Er ging im Jahr 1965 weg – zuvor war er überall auf der Welt unterwegs gewesen zu Treffen mit Zhou Enlai[2], mit Nehru[3], mit Nasser[4], Sukarno[5], denn er war ein großer Internationalist und interessierte sich insbesondere für die Probleme der Entwicklungsländer.

Was China betrifft, so weiß ich, dass Che mit vielen chinesischen Persönlichkeiten zusammengetroffen ist. Er hatte, wie schon gesagt, Kontakt zu Zhou Enlai, traf sich mit Mao, wollte das Denkmodell der chinesischen Revolution begreifen. Er hatte keine Konflikte mit der Sowjetunion, aber es war offensichtlich, dass er größere Sympathien für China hegte.

Er besuchte sogar Jugoslawien, trotz der Selbstverwaltung und all der Dinge, die mir persönlich, ehrlich gesagt, nicht so gut gefielen. Denn eine Kooperative unterhielt Hotels und andere Aktivitäten, anstatt sich ihrer eigentlichen Aufgabe zu widmen. Ich hatte einige in Kuba gesehen, die sich dann anstelle der Landwirtschaft plötzlich dem Handel oder dem Tourismus widmeten.

Im Dezember 1964 war er bei den Vereinten Nationen, dann in Algerien, und in den ersten Monaten des Jahres 1965 bereiste er zudem Afrika.
Ja, aber das war später, das war bereits eine Strategie in der letzten Phase der Herausbildung seiner Mission, als die Entscheidung, nach Bolivien zu gehen, bereits getroffen war. Es ging ihm gut. Er hatte einen unglaublichen Enthusiasmus und die Absicht, zur Revolution in Argentinien beizutragen. Er war dabei, die Bedingungen dafür zu schaffen, denn damals wollten uns alle zerstören, und unsere Antwort darauf war, das Bestehende zu verändern. Das war die große Wahrheit, und diesem Prinzip sind wir immer treu geblieben.

Sie haben mir gegenüber einmal geäußert: »Sie haben die Blockade internationalisiert, wir internationalisieren die Guerilla.«
Der Fall Trujillo, gegen den eine Gruppe bewaffneter Dominikaner im Juli 1959 von Kuba aus zu Felde zog – was zur ersten Unterstützungsbewegung für einen Kampf gegen eine Diktatur führte –, war eine Ausnahme; in diesem Fall handelte es sich um eine alte Verpflichtung den Dominikanern gegenüber, die mit uns gekämpft hatten. Trujillo hatte Batista Waffen geliefert, welcher dann auch am Ende des Krieges in die Dominikanische Republik geflüchtet ist und von dort aus bewaffnete Aktionen gegen unser Land geführt hat.

Was andere Länder in ähnlichen Situationen anging, so war die Norm der Respekt; wir hielten uns an internationales Recht, obwohl von denen sicherlich keiner Sympathien für uns hegte. Aber es gab verschiedene Nuancen, einige hatten mehr Unabhängigkeit von den Vereinigten Staaten, andere weniger. Natürlich brachen diejenigen, die den USA am treuesten waren, umgehend ihre Beziehungen zu Kuba ab. Andere widerstanden: Brasilien widerstand, Uruguay widerstand, Chile widerstand. Venezuela hingegen hielt überhaupt nicht stand, denn dort gab es einen Rómulo Betancourt[6], der zunächst eine Weile links war und später dann zu einem rachsüchtigen Reaktionär mutierte. So kam es, dass einige lateinamerikanische Länder für eine gewisse Zeit Beziehungen zu Kuba unterhielten, Mexiko sogar die ganze Zeit über.

Die Vereinigten Staaten warfen Kuba vor, in allen Teilen der Welt subversive Bewegungen zu unterstützen.
Die Forderungen der Vereinigten Staaten an Kuba waren unterschiedlichster Art; sie variierten. Ständig fügten sie neue hinzu.

Zuerst sollten wir dem Sozialismus abschwören, dann den Handel und alle sonstigen Beziehungen zur UdSSR abbrechen. Ständig wurden neue Forderungskataloge erarbeitet, nachdem sie uns verurteilt und isoliert hatten; nach der Schweinebucht, nach der Oktoberkrise – es kamen immer neue Probleme auf. Später waren es dann die revolutionären Kämpfe in Lateinamerika. Sobald irgendwo eine kämpferische Auseinandersetzung aufflammte, forderte man Kuba auf, jegliche Unterstützung für diese zu unterlassen – ich nenne nur einige der Forderungen. Noch später war es Angola, als dieses Land 1975 von Südafrika angegriffen wurde. Jeder weiß, was dort passierte: Wir sollten uns aus Angola zurückziehen, denn wenn wir das täten, würden alle Probleme mit Kuba gelöst werden. Solche und ähnliche Dinge versprachen sie uns immer wieder, in diesem Stil.

In der folgenden Zeit gab es weitere Probleme, denn 1974 war es zur Revolution in Äthiopien gekommen, und aufgrund der Situation, die dort entstand, sahen wir uns gezwungen, 1977 mit den Äthiopiern zu kooperieren. So war es auch mit anderen Bewegungen. Wir waren ein isoliertes Land, und je mehr die Vereinigten Staaten versuchten, uns abzuschotten, desto mehr verbündeten wir uns mit dem Rest der Welt.

Aber Kuba wurde weiter beschuldigt, die »Revolution zu exportieren«.
Zu jener Zeit, also in den 60er-Jahren, hatte in Lateinamerika keiner mehr Beziehungen zu Kuba, mit Ausnahme von – wie schon gesagt – Mexiko. Wir hielten uns an alle internationalen Regeln. Ja, wir wollten die Revolution, wir sehnten sie herbei, weil wir davon überzeugt waren, aber wir haben das internationale Recht respektiert. Ich behaupte, dass eine Revolution nicht exportiert werden kann, denn niemand kann die objektiven Bedingungen exportieren, die eine Revolution erst ermöglichen. Von diesem Kriterium sind wir stets ausgegangen, und so denken wir bis heute.

Nach dem Triumph der Revolution war ich 1959 in Buenos Aires. Mein Besuch fiel mit einem Treffen der OAS (Organisation Amerikanischer Staaten) zusammen, und dort schlug ich eine Art Marshallplan für Lateinamerika vor – in Anlehnung an den berühmten Plan für die Hilfe beim Wiederaufbau Europas – und schätzte die Kosten auf zwanzig Milliarden Dollar. Nun, ich hatte damals nicht die Erfahrung, über die ich heute verfüge, aber ich hatte einige Ideen. Und nur sehr wenig internationale Erfahrung, außer all den Dingen, die ich in meinem Leben gelesen und worüber ich meine eigenen Überlegungen angestellt hatte. Auch was Lateinamerika betraf, besaß ich keinen Erfahrungsschatz. Dennoch warf ich in Buenos Aires die Entwicklungsfrage auf. Wissen Sie, wie hoch die Auslandsverschuldung Lateinamerikas zu dieser Zeit war?

Nein.
Fünf Milliarden Dollar.

Im Vergleich zu den Auslandsschulden, die es heute hat – 850 Milliarden Dollar –, scheint das nicht viel.
Lateinamerika zählte damals die Hälfte der gegenwärtigen Bevölkerung, es gab weniger als 250 Millionen Lateinamerikaner, heute sind es mehr als 500 Millionen. Die Auslandsschulden – ich spreche nicht von den Inlandsschulden, die ebenfalls die Schulden des Landes bei denen sind, die viel Geld haben – sind die Schulden, die ein Land dem Ausland zuzüglich Zinsen zahlen muss. Das schließt Kapitalfluchten und ungleichen Handel nicht mit ein, Kapitalflucht in die Länder, die eine stärkere Währung und eine solidere Wirtschaft haben, die Privilegien, die Bretton Woods den Vereinigten Staaten einräumte,[7] die Rechte derer, die in dieser Welt die Dollars drucken. Und das Schlupfloch für das Papiergeld ist nicht mehr das Gold, denn Präsident Nixon hat im August 1971 unilateral die Konvertierung des Dollars in Gold suspendiert, seitdem blieb nur der Dollar als einzige Devise in dieser Hemisphäre, alle anderen variierten sehr stark, keine war sicher. So tendiert das gesamte Geld der lateinamerikanischen Länder, auf welche Weise auch immer erworben, zur Flucht – und es flieht in die Vereinigten Staaten.

Ich kann mir vorstellen, dass dieser Plan, den Sie der OAS vorschlugen, abgelehnt wurde.
Mit diesem Plan hätte man viele Tragödien auf diesem Kontinent verhindern können. Und zwei Jahre später, das hatte ich ja bereits angesprochen, nahm Kennedy den Gedanken wieder auf und sprach von seinem eigenen Marshallplan für Lateinamerika, der Allianz für den Fortschritt: Agrarreform, Steuerreform, Wohnungsbau et cetera.

Was ihn nicht davon abhielt, Kuba weiter anzufeinden.
Ja, damals haben sie uns von Verpflichtungen befreit. Ich glaube, dass es objektive Bedingungen gab und dass das, was Che tat, absolut korrekt war – es gab nicht die geringste Diskrepanz. Damals sprach man schon von der interventionistischen Politik der Vereinigten Staaten, und Präsident Kennedy, ein Typ, der wirklich Talent hatte, hatte das Pech, die Schweinebuchtinvasion gegen Kuba geerbt zu haben. Er nahm das Erbe an und setzte es um. In der Niederlage bewies er Mut, denn er übernahm die volle Verantwortung. Folgenden Satz

sprach er aus: »Der Sieg hat viele Väter, aber die Niederlage ist ein Waisenkind.«

Kennedy hat sich sehr mit den »Green Berets« identifiziert, den Spezialeinheiten, und er schickte sie nach Vietnam. Er selbst hatte im Zweiten Weltkrieg gekämpft, und man attestierte ihm eine einwandfreie Führung. Dennoch setzte er sich unverantwortlich und ungerechtfertigterweise für den grausamen und schändlichen Krieg gegen Vietnam ein, unternahm die ersten Schritte und begann, Truppen zu entsenden. So begann alles. Die Vietnamesen, die bereits 1954 einen Krieg gegen Frankreich gewonnen hatten – so erzählten sie uns –, begriffen den Sieg der Kubanischen Revolution in der Schweinebucht als Inspiration. Immer haben sie gesagt, dass unsere Sache Einfluss auf sie nahm, und sie hatten Vertrauen, kämpfen zu können. Vielleicht haben sie es aus Höflichkeit gesagt ... Sie haben ihre Kampforganisation im Süden immer erhalten.

Vietnam hat auch Sie und Ihre Gefährten inspiriert. Che sagte: »Schaffen wir zwei, drei, viele Vietnam.«[8]
Ich gebe ihm völlig recht und kann bestätigen, dass zwölf Jahre nach seinem Tod, 1979, als der Vietnamkrieg zu Ende war, die sandinistische Bewegung in Nicaragua triumphierte. Mit einem ähnlichen Kampf, wie wir ihn geführt hatten, wie auch Che ihn führte. Auch die salvadorianische Bewegung entwickelte sich mit einer furchterregenden Stärke und war eine der Bewegungen mit dem größten Gewinn an Erfahrung.

Sie haben den Salvadorianern viel geholfen, richtig?
Wir haben unsere bescheidene Kooperation angeboten. Die Vietnamesen hatten uns nach ihrem Sieg gegen die Vereinigten Staaten 1975 viele nordamerikanische Waffen übergeben, die sie nach dem Fall von Saigon zurückerobert hatten. Wir transportierten die Waffen per Schiff um den Süden Afrikas und übergaben einen Teil den Salvadorianern der Nationalen Befreiungsarmee FMLN (Frente Farabundo Martí para la Liberación Nacional).

Schätzen Sie die Bedingungen in Lateinamerika so ein, dass sich eine revolutionäre Erfahrung wie die Kubas wiederholen könnte?
Sehen Sie, es gibt subjektive Faktoren, die die Geschichte verändern können. Manchmal sind objektive Bedingungen für revolutionäre Veränderungen vorhanden, aber die subjektiven Faktoren fehlen. Damals waren es in der Tat diese subjektiven Umstände, die die Ausbreitung der Revolution verhinderten. Die

Methoden des bewaffneten Kampfes waren erprobt. Wie schon gesagt, triumphierte Nicaragua zwölf Jahre nach Ches Tod in Bolivien. Das soll heißen, dass die objektiven Bedingungen in vielen Ländern Lateinamerikas besser waren als damals in Kuba. Hier waren die Bedingungen objektiv schlechter, aber sie reichten trotzdem für zwei oder drei Revolutionen aus. Im Rest Lateinamerikas waren die objektiven Bedingungen wesentlich besser.

Ich muss sagen, dass wir sehr viel zur Einheit der Menschen in Nicaragua, El Salvador und in Guatemala beigetragen haben: der Sandinisten, die gespalten waren; der Salvadorianer, die in nicht weniger als fünf Gruppen aufgeteilt waren, und der Guatemalteken, ebenfalls zersplittert. Unsere Aufgabe war die Einheit, und wir schafften sie. Wir waren solidarisch und haben den Revolutionären in Zentralamerika eine bescheidene Hilfe gegeben. Aber solidarisch zu sein und in irgendeiner Form mit einer revolutionären Bewegung zu kooperieren bedeutet nicht, dass man die Revolution exportiert.

Aber Sie, Kuba, halfen Che, die Revolution nach Bolivien zu tragen.
Ja, wir kooperierten mit Che und teilten seinen Standpunkt. Che tat in diesem Moment das Richtige. Damals hätte der Kampf ausgeweitet werden können, davon bin ich ehrlich überzeugt. Zu dieser Zeit, 1968, hat es Torrijos in Panama noch nicht gegeben. Phänomene wie Allende in Chile im Jahr 1970 traten in Erscheinung, und man begann, die Beziehungen zu Kuba wieder aufzunehmen.

In Kolumbien existierte die Guerilla bereits seit 1948, schon bevor wir unseren Kampf in Kuba begannen. Das ist aber eine andere, etwas komplizierte Geschichte, denn die Guerilla in Kolumbien war lange Zeit so etwas wie die »Bewegung des 26. Juli« in Kuba. Später gab es einige Begleiterscheinungen. Ich möchte das aber jetzt nicht analysieren, denn es ist ein sehr delikates Thema.

Erzählte Ihnen Che, was er vorhatte und wie seine Projekte für Bolivien und Argentinien aussahen? Teilten Sie seine Auffassungen?
Er war ungeduldig. Das, was er sich vorgenommen hatte, war sehr schwierig. Aus unserer eigenen Erfahrung heraus sagte ich Che, dass man zunächst bessere Bedingungen schaffen könnte. Wir sagten ihm, dass mehr Zeit notwendig sei, dass er nicht ungeduldig werden solle. Wir wollten, dass andere Kader, die weniger bekannt waren, die ersten Schritte machten und eine bessere Ausgangsposition schafften für das, was Ches Vorstellung entsprach. Er wusste, was das Leben in der Guerilla bedeutete und dass man physische Widerstands-

kraft brauchte und ein bestimmtes Alter. Obwohl er sich über seine gesundheitlichen Grenzen stets hinwegsetzte und einen stählernen Willen hatte, war ihm auch klar, dass er – wenn er länger warten würde – physisch nicht mehr die besten Voraussetzungen hätte.

Es kam der Augenblick, wo ihm das Sorgen bereitete, auch wenn er es nach außen nicht zeigte. Es gab andere Erwägungen, die auf ihm lasteten: Er hatte in den ersten Jahren der Revolution einen jungen Journalisten, Jorge Ricardo Masetti – der mit uns in der Sierra war[9] und später die Agentur Prensa Latina gründete –, in den Norden Argentiniens geschickt, um dort eine Guerilla zu organisieren. Che und er waren sehr gute Freunde. Masetti starb bei dieser Mission.[10] Che war außerdem ein Mensch, den es immer sehr mitnahm, wenn er jemandem eine Aufgabe übertragen hatte und sich dann die Tragödie des Todes ereignete. Es schmerzte ihn jedes Mal, wenn er sich an die Kameraden erinnerte, die gestorben waren. Man kann in dem Tagebuch, das er in Bolivien geschrieben hat, lesen, wie sehr ihn der Tod seines Kameraden Eliseo Reyes getroffen hat, des »Capitán San Luis«. Er schrieb in sein Tagebuch: »Wir haben den besten Mann der Guerilla verloren und natürlich eine ihrer Stützen.«

Einer von denen, die damals mit in Bolivien und auch im Norden Argentiniens waren, ist heute unser Innenminister, Abelardo Colomé Ibarra, »Furry«, der damals zweiundzwanzig Jahre alt war.[11] Masetti war bereits gestorben. Che dachte an seinen Plan, den wir natürlich voll unterstützten, eingedenk unseres gegebenen Versprechens.

Als Che, ungeduldig, aufbrechen wollte, um seine Mission zu erfüllen, erwiderte ich ihm: »Die Bedingungen sind nicht da.« Ich wollte nicht, dass er nach Bolivien ging, um eine kleine Gruppe zu organisieren, sondern dass er wartete, bis die notwendigen Kräfte organisiert waren. Wir hatten in unserem Fall die ganze Odyssee der ersten Phase unserer Guerilla selbst durchlebt. Ich sagte: »Che ist ein strategischer Anführer, er soll nach Bolivien gehen, wenn sich dort eine genügend solide und erprobte Bewegung herausgeschält hat.« Er war ungeduldig und wollte nicht warten; aber es gab nicht einmal die minimalen unerlässlichen Voraussetzungen für die Durchsetzung eines solchen Plans. Ich musste ihn überzeugen: »Die Bedingungen sind nicht geschaffen.« Er war ein strategischer Führer mit großer Erfahrung und den Qualitäten eines Staatsmannes, deshalb sollte er das Risiko in dieser Anfangsphase nicht eingehen.

Im Kongo halfen wir Lumumbas[12] Leuten. 1961 schon hatten wir die Algerier bei ihrem Kampf gegen die marokkanische Invasion unterstützt.[13] Che war ungeduldig. Aber da Afrika und sein Kampf ihn stark anzogen, schlug ich ihm vor, für eine wichtige Aufgabe nach Afrika zu gehen, während in Bolivien die minimalen Voraussetzungen für einen Kampf geschaffen würden, dessen Hauptziel sein Heimatland Argentinien war und der sich später auf eine größere Region ausdehnen sollte. Die Aufgabe in Afrika war, aufgrund der Notwendigkeit, die Guerillabewegung im Osten von Belgisch-Kongo gegen Tschombé[14], Mobutu[15] und die europäischen Söldner zu unterstützen, sehr wichtig.

War das die Bewegung, die damals von Laurent-Désiré Kabila angeführt wurde?
Nein, damals war Gaston Soumialot der Anführer. Er kam nach Kuba, und wir boten ihm unsere Hilfe an. Wir hatten sie ihm auch über Tansania mit dem Einverständnis von Julius Nyerere angeboten, der damals Präsident des Landes war. So überquerten Che und die Kubaner, die mit ihm gingen, von dort aus den Tanganjikasee. Genau dahin schickten wir im April 1965 ein gutes Kommando mit Che. Rund 150 gut bewaffnete und sehr erfahrene Männer. In der revolutionären Bewegung Afrikas fehlte es noch an fast allem: Erfahrung, Ausbildung, Instruktion. Das war eine schwere Aufgabe, und Che verbrachte einige Monate seines Lebens damit.

In seinem Afrika-Tagebuch[16] geht Che sehr kritisch mit den Anführern der dortigen Guerilla um.
Er war generell kritisch, ob mit jenen Chefs oder mit jedermann. Das war ein Wesenszug von ihm, die Gewohnheit, sehr kritisch auch in Bezug auf sich selbst zu sein. Er übte Kritik an anderen ebenso hart wie an der eigenen Person.

Er war hart gegen sich selbst?
Ja. Er forderte sich sehr viel ab. Ich habe Ihnen ja schon von dem Popocatepetl in Mexiko erzählt. Manchmal kritisierte er sich selbst, weil irgendeine Kleinigkeit ihn aus der Fassung brachte. Aber er war auch sehr ehrlich und respektvoll.

In Afrika stieß er bei seiner Ankunft im April 1965 auf große Hindernisse. Das ist eine wunderbare Geschichte. Zu einem bestimmten Zeitpunkt schritten weiße Söldner, Südafrikaner, Rhodesier, Belgier und sogar kubanische Konterrevolutionäre, die für die CIA arbeiteten, ein. Die afrikanischen Kräfte waren nicht genügend ausgebildet. Che wollte ihnen das Kämpfen beibringen und ihnen erklären, welche unterschiedlichen Möglichkeiten des Kampfes es gab. Denn wenn sie erst einmal die Erfahrung gewonnen und eine Kampfkultur entwickelt haben, dann sind diese Kongolesen furchterregende Soldaten. Auch bei den Äthiopiern war das so, bei den Namibianern, und auch die Angolaner waren außergewöhnliche Soldaten, wenn sie erst einmal die Kultur des Kämpfens verinnerlicht hatten.

Unter den Kämpfern im Osten Kongos hatte sich diese Kriegskultur noch nicht durchgesetzt. Das sagten wir Che. Von Havanna aus schickten wir ein paar Leute, um die Situation zu analysieren, und sie waren bereit, sie zu unterstützen. Wenn wir mehr Truppen hätten schicken müssen, dann hätten wir das getan, denn wir hatten hier hinreichend Freiwillige. Aber dieser Kampf hatte keine Perspektiven. Die Voraussetzungen für seine Entwicklung waren zu der Zeit nicht gegeben, und wir baten Che, sich zurückzuziehen. Er blieb etwa sieben Monate im Kongo. Von dort ging er nach Tansania und blieb eine Weile in Daressalam.

Um all das zu tun, hatte Che sich verabschiedet und, logischerweise, Kuba in geheimer Mission verlassen, könnte man sagen. Dann begannen die Gerüchte, und es wurde herumerzählt, Che sei »verschwunden«.

Die internationale Presse behauptete, es hätte einen Bruch zwischen ihm und Ihnen gegeben, schwerwiegende politische Differenzen. Es hieß, man hätte ihn hier verhaftet, und sogar, dass er ermordet worden sei …
Wir haben diese ganzen Gerüchte und Verleumdungen stillschweigend ertragen. Aber Che hatte mir, als er im März 1965 das Land verließ, einen Abschiedsbrief geschrieben.

Hatten Sie diesen Brief noch nicht öffentlich gemacht?
Nein. Ich hatte diesen Brief in meinen Händen und habe ihn am 3. Oktober 1965 öffentlich auf einer Veranstaltung verlesen, bei der die Zusammensetzung des Zentralkomitees der neuen Kommunistischen Partei Kubas bekannt gegeben wurde, denn wir mussten Ches Abwesenheit in diesem Zentralkomitee erklären. Währenddessen hielten die Verleumdungen an, und unsere Feinde versprühten Gift und säten Zweifel mit der Verbreitung von Gerüchten, denen zufolge Che Guevara aufgrund politischer Differenzen mit mir von uns abgestraft worden sei.

Es gab eine regelrechte Kampagne mit diesen Gerüchten.
Er hatte mir diesen Brief spontan geschrieben, in einer unglaublichen Offenheit: »Ich bereue es, nicht ausreichend an dich geglaubt zu haben …«[17] Und

dann sprach er von der Oktoberkrise und anderen Dingen. Ich glaube, dass er an viele Menschen nicht geglaubt hat, weil er prinzipiell kritisch war.

Einmal hat er ein paar Verse für mich geschrieben. Ich wusste nichts davon. Er war immer sehr herzlich mit mir, immer respektvoll, und immer hat er meine Entscheidungen anerkannt. Ich habe mich ihm nie aufgedrängt, ich diskutierte. Es ist nicht meine Art, Befehle zu erteilen, ich möchte überzeugen, was zu tun ist. Nur ganz selten musste ich ihm sagen: »Du wirst das nicht tun«, und etwas verbieten.

Von Afrika aus ging er in die Tschechoslowakei, nach Prag, im März 1966. Eine schwierige Situation, denn er war tatsächlich heimlich dort. Da er den Abschiedsbrief geschrieben und ein unglaubliches Ehrgefühl hatte, kam es ihm nicht in den Sinn, nachdem er sich einmal verabschiedet hatte, nach Kuba zurückzukehren. Aber die Kader für Bolivien waren bereits ausgewählt und bereiteten sich vor. Also schrieb ich ihm einen Brief, in dem ich ihm zuredete, an sein Pflichtgefühl und seine Rationalität appellierte.

Damit er nach Kuba zurückkehrte?
Ja. Ich glaube, seine Familie hat diesen Brief veröffentlicht, den ich schrieb, und in dem ich sehr ernst sprach. Ich überzeugte ihn davon, zurückzukehren, da es das Vernünftigste für seine Ziele sei: »Es ist unmöglich, diese Unternehmung von dort aus durchzuführen. Du musst kommen.« Ich sagte ihm nicht: »Du musst zurückkommen«, in Form eines Befehls; ich versuchte zu überzeugen, ich sagte ihm, dass es seine Pflicht sei, zurückzukommen – jede andere Erwägung beiseiteschiebend – und die Vorbereitungen für den Plan in Bolivien zu beenden. Er kam zurück, heimlich. Niemand hat ihn erkannt, nirgendwo. Im Juli 1966 kam er zurück.

War er verkleidet?
Er war dermaßen verkleidet, dass ich einmal einige Compañeros der Leitung eingeladen habe und ihnen sagte: »Ich möchte, dass ihr einen sehr interessanten Freund kennenlernt.« Wir aßen zu Mittag, und keiner erkannte ihn. Da können Sie sich vorstellen, dass er wirklich gut verkleidet war.

Hat auch Raúl ihn direkt aus der Nähe nicht erkannt?
Raúl hatte sich einige Tage zuvor in seiner Ausbildungsstätte von ihm verabschiedet, und am Tag des Mittagessens war er zu einem Besuch in der UdSSR. Keiner von denen, die mit mir waren, hat gemerkt, dass es Che war. Zweifellos,

unsere Leute waren äußerst begabt, ihm eine Tarnung zu geben, ihn zu verwandeln.[18] Er ging an einen Ort in Pinar del Río und wohnte dort in einem Haus, in der Finca San Andrés, im Bergland. Dort organisierte er seine Gruppe und verbrachte Monate mit der Ausbildung der fünfzehn Männer, die ihn begleiten sollten. Er hatte die Leute selbst ausgewählt, die er sich wünschte. Dort sah er auch zum letzten Mal seine Frau und seine Kinder, dort besuchte ich ihn.

Diese Männer wollte er in die Guerilla nach Bolivien mitnehmen?
Einige von ihnen waren Veteranen aus der Sierra, andere hatten mit ihm im Kongo gekämpft.[19] Er sprach mit jedem Einzelnen von ihnen. Ich machte ein paar Einwände in Bezug auf einige Compañeros, sagte: »Hör mal, mach das nicht.« Er wollte zwei Kämpfer trennen. Sie waren Brüder und einander sehr eng verbunden, und ich meinte: »Trenn die beiden Brüder nicht, lass sie zusammen.« Sie waren gut.[20] Von einem anderen, den ich sehr gut kannte mit all seinen Eigenschaften, wusste ich, dass er ein sehr guter Soldat war, manchmal ein wenig zu aufsässig.

Ich gab ihm ein paar Ratschläge. Die Männer, die mit ihm nach Bolivien gingen, waren durchweg fantastische Leute, unter ihnen Eliseo Reyes, der »Capitán San Luis«, über den er nach dessen Tod schrieb: »Deine kleine Figur eines mutigen Feldherrn ...« Von Neruda hatte er diese Zeile, denn er las viel von Pablo Neruda. Ein sehr schöner Vers, er findet sich in seinem bolivianischen Tagebuch. Er liebte Neruda sehr. Auch so war Che.

Alle Männer wählte er aus, und wir sprachen darüber. Ein paar Vorschläge habe ich ihm unterbreitet, und er verteidigte einen Mann, der große Qualitäten besaß, den ich aber auch sehr gut kannte und um dessen Disziplin ich ein wenig Angst hatte. Das war sehr wichtig. Wir sprachen sehr viel miteinander, bis er im Oktober 1966 ging. Und mit welchem Enthusiasmus er ging!

Über die Region Ñancahuazu, in der Che die Guerilla organisierte, wurde viel diskutiert. Wie denken Sie darüber?
Als er nach Bolivien ging, gab es keine Alternative, denn in dieser Situation, mit den Männern seines Vertrauens, die er mitnahm, mit seiner Erfahrung ... Nun, er kannte das. Debray war bereits vor Ort. Er hatte als Journalist gearbeitet und Kartenmaterial besorgt. Diese Aufgabe hatte ich ihm zugeteilt.

Sie haben Régis Debray nach Bolivien geschickt?
Er sollte Informationen und Kartenmaterial über das Gebiet besorgen. Che war

noch nicht dort. Als er im November 1966 ankam, begann er damit, die Leute zu organisieren.

Letztendlich – davon bin ich überzeugt, und ich kannte ihn sehr gut – hat er eine hervorragende Bewegung organisiert und hatte bereits bolivianische Kader wie Inti Peredo und andere. Er kannte die Bolivianer sehr gut, ihren Charakter, das sagte er mir. Anfangs richteten sie sich aus verständlicher Vorsicht in einem Gebiet ein, wo es eine bäuerliche Basis gab. An dem Ort, den er ausgesucht hatte, kam es während einer Exkursion, die der Ausbildung seiner Leute diente und länger dauerte als geplant, zu Problemen. Er machte einen kurzen Streifzug durch ein etwas bewohnteres Gebiet, und unglaublicherweise hatte Che zum dritten Mal – von den beiden ersten erzählte ich Ihnen bereits – seine Medikamente nicht dabei.

Er hatte in Bolivien keine Medikamente gegen sein Asthma?
Zum dritten Mal war er ohne Medikamente. Er ging auf eine Exkursion, eine lange Wanderung, die sich ausdehnte und etwa vierzig Tage dauerte. Danach brach er wieder auf zu einem kurzen Streifzug, und die Medikamente gegen das Asthma blieben im Camp zurück, das von der bolivianischen Armee besetzt worden war. Dann kam es zu ernsthaften Schwierigkeiten.

Wie erklären Sie Ches Tod?
Als Che von seiner ausgedehnten Exkursion zurückkam, gab es Probleme im Lager, es kam zu einem Streit zwischen dem Führer der Kommunistischen Partei Boliviens (PCB – Partido Comunista Boliviano), Mario Monje, der einige Leute dort hatte, und einem der Anführer der anderen Richtung, die gegen Monje war, Moisés Guevara. Monje forderte die Befehlsgewalt, und Che war sehr direkt und unnachgiebig. Ich denke, Che hätte mehr für die Einheit innerhalb der Gruppe tun müssen, das ist meine persönliche Meinung. Sein Charakter brachte ihn dazu, sehr offen zu sein, und so begann er eine harte Diskussion mit Monje, dessen Leute viel zur Organisation der Einheit beigetragen hatten, denn Inti und die anderen gehörten zu Monjes Gruppe. Was der verlangte, war unmöglich: Er wollte der Anführer der gesamten Einheit sein, was ein völlig ungeheuerlicher Anspruch war und zudem zu einem sehr schlechten Zeitpunkt kam.

Es gab bereits einige Probleme und etwas, das man nicht erwähnte oder worüber kaum gesprochen wurde, und was den revolutionären Bewegungen Lateinamerikas nichtsdestoweniger großen Schaden zugefügt hat: die Spaltung zwischen prosowjetischen und prochinesischen Kräften. Das spaltete die gesamte Linke und alle revolutionären Kräfte ausgerechnet in dem historischen Moment, in dem die objektiven Bedingungen existierten und die Art von Kampf, die Che dort befördern wollte, perfekt möglich war.

Welche Anstrengungen wir unternehmen mussten, als wir von diesem Bruch erfuhren! Im Dezember 1966 kam Mario Monje hierher, kurz darauf Jorge Kolle, der zweite Chef der Partei. Ich lud sie ein und erklärte ihnen, was passiert war. Wir baten auch Juan Lechín hinzu, einen bekannten Arbeiterführer, und ich verbrachte etwa drei Tage mit ihm im Osten, um ihn dazu zu bewegen, Che zu unterstützen. Er versprach es.

Sie haben Lechín hierher nach Havanna eingeladen?
Ja, denn ich war sehr besorgt wegen dieses Bruchs. Ich denke, es gab überhaupt keinen Grund für diesen Führungsanspruch, aber vielleicht hätte man nur, sagen wir mal, ein wenig Geschick haben müssen. Denn wenn Monje einen Führungsanspruch äußerte, dann hätte Che ihm vielleicht den Rang des Chefgenerals geben können, ohne Kommando über die Truppen. Es war ein Problem des Anspruchsdenkens, und es wirkte ein wenig lächerlich, dass er die Befehlsgewalt über die gesamte Operation wollte, denn Monje hatte überhaupt nicht die Fähigkeit, eine solche Gruppe zu leiten.

War Che zu starr in seiner Haltung?
Ches Schwäche war seine Superehrlichkeit, er war überanständig, und Begriffe wie Diplomatie oder List stießen ihn möglicherweise ab.

Aber hören Sie, wie oft haben wir in unserer eigenen Revolution solche Ambitionen unter den Männern erlebt? Wer konnte wen ablösen? Wer hatte das Talent und das Prestige, um eine bestimmte Verantwortung zu übernehmen? Lächerlichkeiten. Mehr als einmal mussten wir irgendwelche Titel verleihen und Konzessionen machen. In manchen Situationen braucht man ein gewisses Taktgefühl und kommt, wenn man zu direkt ist, zu keiner Lösung. In diesem Augenblick war der Bruch zwischen Monje und Che schädlich.

Er hat dem Vorhaben geschadet?
Er hat großen Schaden angerichtet. Es ist kaum zu glauben, was wir alles unternommen haben, um diesen Schaden abzuwenden.

Um zu versöhnen.
Sie können sich das nicht vorstellen. Einige Dinge waren dabei, die wir tolerierten, große Fehler. Große Fehler! Begangen mal von den einen, mal von den anderen. Wir haben vor allem Kritik an der Sache geübt, aber immer im Sinne der Einheit.

Natürlich hatte sich Monje falsch verhalten, und dann kam der Zweite aus der PCB, Jorge Kolle. Ich überzeugte ihn davon, dass er unabhängig von der Parteidisziplin diese Leute nicht alleinlassen konnte. Ich rief Lechín, sprach mit ihm und konnte ihn dafür gewinnen, die Guerilla zu unterstützen.

Dann kam Che von seiner Wanderung zurück – die sich ausgedehnt hatte, weil er die Männer einem Test unterwarf; er trainierte sie, basierend auf der eigenen Erfahrung, die wir in den Bergen gemacht hatten – und fand diese Probleme vor, während fast gleichzeitig eine feindliche Gruppe in das Gebiet eindrang und die Guerilla in einen Hinterhalt der Armee geriet.

Sie waren verraten worden,[21] und die Armee wusste bereits, dass sich eine Guerilla in der Region aufhielt. Und dann kam es – viel zu früh – zu den ersten Kämpfen, es geschah das, was wir vermeiden wollten: Denn vor dem ersten Kampf schon wollten wir eine Front errichtet haben und über ausreichend Leute verfügen, um diese zu organisieren.

Hier fließen politische Faktoren mit ein. Che erklärt das alles in seinem Tagebuch. Es passierte Folgendes: Die Gruppe spaltete sich. Er versuchte die ganze Zeit, Kontakt mit »Joaquín« aufzunehmen und mit seiner Gruppe, zu der auch Tania[22] gehörte. Er investierte viel Zeit, und auf der Suche nach Joaquin kam es zu mehreren Kämpfen. Das ist eine seltsame Geschichte, Che verbrachte Monate damit, sie zu suchen. Monate! Er glaubte, es sei eine Lüge, als er im Radio von der Zerschlagung dieser Gruppe hörte.

Schließlich war er irgendwann selbst davon überzeugt, dass die Gruppe tatsächlich vernichtet worden war, und das schon seit längerer Zeit. Er drang mit Inti Peredo und den anderen Guerilleros in ein Gebiet vor, wo Inti Kontakte und Einfluss hatte, da erreichte ihn diese Nachricht. Das hat ihn sehr getroffen, und ich glaube, dass er in diesem Moment in gewisser Hinsicht leichtsinnig gehandelt hat. Er drang immer weiter vor, sogar mit einigen Kameraden, die in keinem guten Zustand waren und sich kaum bewegen konnten, was sie aufhielt, aber er marschierte weiter. Er verfügte bereits über bolivianische Kader.

Diese Gruppe hätte erfolgreich sein können, wenn sie dieses Gebiet tatsächlich erreicht hätte. Aber Che selbst schreibt an diesem Tag in sein Tagebuch: »Radio Bemba geht uns immer voraus, alle erwarten uns.« Trotzdem ging er weiter. Um die Mittagszeit kam er in ein kleines verwaistes Dorf. Ein verlassenes Dorf weist darauf hin, dass etwas nicht in Ordnung sein könnte, auf die mögliche Präsenz einer feindlichen Einheit, aber er setzte seinen Marsch fort, noch dazu am helllichten Tag. Inti bildete die Vorhut. In diesem Augenblick erschoss ein feindlicher Trupp, der alles beobachtet hatte, einen Bolivianer aus Ches Gruppe und ein paar andere Leute. Sie trieben die kleine Guerillagruppe zurück, und Che hatte Kranke dabei und nur wenige kampffähige Männer, als in einem sehr schwierigen Gebiet, der Yuro-Schlucht, der Kampf entbrannte. Dort kämpfte und widerstand er bis zu dem Augenblick, wo eine Kugel ihn entwaffnete.

Che war kein Mann, der sich hätte gefangen nehmen lassen; aber eine Kugel zerstörte sein Gewehr, und dann, da waren sie schon sehr nah, verletzten sie ihn. Er war verletzt und ohne Waffe, und so nahmen sie ihn gefangen und brachten ihn in das nahe gelegene Dorf La Higuera. Am Mittag des nächsten Tages, dem 9. Oktober 1967, wurde er kaltblütig hingerichtet. Che, der niemals mit der Wimper gezuckt hat, ganz im Gegenteil – wenn er in Gefahr geriet, wuchs er über sich hinaus.

Glauben Sie, Che hätte sich geopfert?
Ich hätte mich eher geopfert, als mich gefangen nehmen zu lassen. Es ist sicher, dass er es auch getan hätte, aber er hatte keine Wahl. Er kämpfte, das war, was er tun musste. Che war ein Mann, der bis zur letzten Kugel kämpfte und keinerlei Furcht vor dem Tod kannte.

Wie erfuhren Sie von Ches Tod?
Obwohl mir die Gefahr, in der er sich seit Monaten befand, bewusst war, ebenfalls die extrem schwierigen Bedingungen, unter denen er sich bewegte, erschien mir sein Tod als etwas Unglaubliches, eine Tatsache, mit der man sich kaum abfinden konnte. Die Zeit vergeht, und manchmal träumt man von dem Compañero, der starb, man sieht ihn lebendig, spricht mit ihm, doch dann weckt die Realität uns wieder auf.

Es gibt Menschen, die für dich nie gestorben sind. Ihre Präsenz ist so groß, so mächtig, so intensiv, dass man ihren Tod, ihr Verschwinden nicht begreifen kann. Hauptsächlich, weil sie in Gefühlen und Erinnerungen präsent sind. Nicht nur ich, sondern das ganze kubanische Volk, wir litten entsetzlich bei der Nachricht seines Todes, obwohl sie nicht unerwartet kam.

Eine Pressemeldung informierte uns darüber, was am 8. Oktober in der

Yuro-Schlucht passiert war. Meistens waren es Lügen, die durch die Meldungen verbreitet wurden, aber diese Nachricht erzählte etwas, das wirklich geschehen war, denn jene Leute hatten nicht die Vorstellungskraft, eine Geschichte zu erfinden, die zu der einzigen Form passte, in der eine Guerilla vernichtet werden konnte. Für mich war die Schlussfolgerung augenblicklich: Ich erkannte, dass diese Meldung wahr war.

Die Gewohnheit, ständig Nachrichten zu interpretieren, in denen du Lügen siehst, Lügen über Lügen, ohne jegliche Fantasie, und dann zu spüren, dass sie die Geschichte über die einzige Art, wie man diese Gruppe liquidieren konnte, nicht hätten erfinden können.

Das Interessante ist, nicht nur zu lesen, was Che in seinem Tagebuch schreibt, sondern auch, was die Anführer der Truppen schrieben, die gegen ihn kämpften. Es ist beeindruckend, wie viele Kämpfe und Erfolge diese kleine Gruppe mit einer Handvoll Leuten erzielt hatte.

Wir litten sehr – es war klar, dass wir leiden würden –, als die Nachricht von seinem Tod uns erreichte, die verlässliche Nachricht, meine ich. So kam es dazu, dass ich in einer Rede in tiefer Trauer über seinen Tod die Frage aufwarf: »Wie wollen wir, dass unsere Kinder sind?«, und ich antwortete: »Sie sollen sein wie Che.«[23] Das wurde der Leitsatz unserer Pioniere: »Pioniere für den Kommunismus: Wir werden sein wie Che.«

Später kam das Tagebuch – ein Dokument von unschätzbarem Wert –, das uns ermöglicht, zu erfahren, was passiert ist. Seine Gedanken, sein Bildnis, seine innere Kraft und sein Vorbild. Ein Mann von einer Kraft, Würde und enormen Integrität, das ist Che, und das ist es, was die Welt bewundert. Ein intelligenter Mann, ein Visionär. Che hat nie für etwas anderes gekämpft als für die Ausgebeuteten und Unterdrückten Lateinamerikas. Er starb für nichts anderes als für die Armen, die einfachen Leute dieser Welt. Die Sache von Che wird siegen, die Sache von Che ist im Begriff, zu siegen.

Sein Bild ist in aller Welt.
Che ist ein Vorbild. Eine unzerstörbare moralische Kraft. Seine Sache, seine Ideen siegen in diesem Kampf gegen die neoliberale Globalisierung. Und später, im Juni 1997, welch ein Verdienst, als sie die sterblichen Überreste Ches und fünf weiterer Kameraden fanden! Wir müssen ihnen dankbar sein, auch den Bolivianern, den zuständigen Behörden, denn die unterstützten uns.

Dabei, seine sterblichen Überreste zu finden?
Dieser Mann, Jorge González, der heutige Leiter unserer Fakultät für Medizinwissenschaft. Was für ein Verdienst! Es ist ein Wunder, wie sie es geschafft haben, ihn zu finden.

Welche große Lektion hinterlässt uns Che?
Was bleibt? Ich denke, das Größte sind wirklich die moralischen Werte, das Bewusstsein. Che ist Symbol für die höchsten menschlichen Werte und ein außergewöhnliches Beispiel. Er hat einen großen Glanz und eine große Mystik geschaffen. Ich bewunderte ihn sehr, und ich verehrte ihn. Diese Art von Verehrung bringt immer große Zuneigung hervor. Und ich habe Ihnen die Geschichte dieser besonderen Nähe erklärt.

Er hat uns viele unauslöschliche Erinnerungen hinterlassen, und ich bekräftige, dass er einer der edelsten, der außergewöhnlichsten und uneigennützigsten Menschen war, die ich je kennengelernt habe. Das hätte aber keine Bedeutung, wenn ich nicht glauben würde, dass Menschen wie er millionen- und abermillionenfach in den breiten Massen existieren. Herausragende, einzigartige Menschen könnten nichts erreichen, wenn es nicht Millionen Menschen gäbe, die wie er fähig wären, sich diese Qualitäten zu eigen zu machen. Deshalb hat unsere Revolution unaufhörlich gegen den Analphabetismus und für die Fortentwicklung des Bildungswesens gekämpft, damit alle so werden wie Che.

15

KUBA UND AFRIKA

*Angola – Ahmed Ben Bella – Che im Kongo – Guinea-Bissau –
Südafrikas Überfall auf Angola – Die Operation »Carlota« –
Ein entscheidender Sieg – Neue Aggression – Die Schlacht in
Cuito Cuanavale – Eine »vergessene« Heldentat –
Lektionen eines Krieges*

Mit dem Tod Che Guevaras versiegt nicht gleichzeitig das Engagement der Kubanischen Revolution für andere unterdrückte Völker. Nicht nur in Lateinamerika und Zentralamerika – in El Salvador, Guatemala oder Nicaragua –, sondern auch, was vielleicht weniger bekannt ist, in Afrika. Ich würde gern über dieses Thema sprechen, über die Beteiligung Kubas und kubanischer Kämpfer an den Unabhängigkeitskämpfen afrikanischer Länder.
Das ist ein wichtiges Thema. Wir haben es schon angeschnitten, als wir über Che sprachen, aber ich glaube, dass die heroische Solidarität Kubas mit den Brudervölkern in Afrika nicht hinlänglich bekannt ist. Diese glorreiche Seite unserer revolutionären Geschichte verdient es aber, dass sie gekannt wird – und sei es nur als Ansporn für die Hunderttausende von Männern und Frauen, die internationalistischen Kämpfer, die diese Geschichte schrieben, als Vorbild für jetzige und zukünftige Generationen. Ich bin auch der Meinung, dass die Geschichte der Plünderungen und des imperialistischen und neokolonialen Raubes – von Europa in Afrika begangen –, die mit voller Unterstützung der Vereinigten Staaten und der NATO stattfanden, nicht ausreichend bekannt gemacht wurde.

Der ehemalige algerische Präsident, Ahmed Ben Bella, hat mir einmal gesagt,[1] Kuba habe nach dem Triumph der Revolution keine Sekunde gezögert, die algerischen Kämpfer zu unterstützen, die noch für die Unabhängigkeit ihres Landes von Frankreich kämpften. Können Sie das bestätigen?
Natürlich. Es war klar, dass unser Sieg im Januar 1959 nicht das Ende der be-

waffneten Kämpfe bedeuten würde. Die Niedertracht der Imperialisten, die mit jeder Maßnahme zugunsten des Volkes oder zur Stärkung unserer Unabhängigkeit erbitterter wurde, führte dazu, dass wir unsere Rucksäcke bereithielten und die Stiefel schnürten. Viele unserer Landsleute mussten auch weiterhin ihr Leben einsetzen zur Verteidigung der Revolution, sowohl in Kuba als auch in anderen Ländern der Welt, bei der Erfüllung heiliger Pflichten.

Und in der Tat brachte im Jahr 1961 ein kubanisches Schiff Waffen nach Algerien. Es waren noch keine zwei Jahre seit unserem Sieg vergangen, und die algerische Bevölkerung kämpfte noch immer um ihre Unabhängigkeit. Auf dem Rückweg hatte es Hunderte von Waisenkindern und Kindern mit Kriegsverletzungen an Bord.

Erlauben Sie mir hier einen Einschub, denn jetzt, wo ich darüber spreche, fällt mir noch etwas anderes ein, was ich nicht vergessen möchte. Diese Geschichte sollte sich Jahre später, 1978, wiederholen, als die Überlebenden des Kassinga-Massakers[2], die große Mehrheit davon Kinder, zu uns kamen. Die jetzige Botschafterin von Namibia hier in Kuba war eines dieser Kinder. Da können Sie sehen, wie das Leben manchmal spielt.

Ich kann mich an die Episode von Kassinga gar nicht erinnern. Könnten Sie darüber noch mehr erzählen?
Es war im Süden Angolas. Eine kubanische Einheit, die die lange Linie im Süden Angolas verteidigte, führte einen heftigen und verlustreichen Kampf unweit von Kassinga, wo es ein namibianisches Flüchtlingslager gab. Sie drangen entschlossen zu diesem Ort vor, um die südafrikanischen Fallschirmjäger zu bekämpfen, die dort mit unaufhörlicher Unterstützung moderner Kampfflugzeuge ein unglaubliches Gemetzel anrichteten. Unsere Truppen drangen praktisch ungeschützt und unter feindlichen Luftangriffen zu diesem Ort vor, wo Kinder, Frauen und alte Leute massakriert wurden. Das war eine der verlustreichsten Aktionen in diesem Krieg, und wir hatten sehr viele Tote und Verletzte zu beklagen. Aber das Massaker wurde beendet, und Hunderte von überlebenden oder verletzten Kindern wurden nach Kuba gebracht. Sie erholten sich hier und besuchten anschließend die Grund- oder Sekundarschule. Einige von ihnen studierten später an kubanischen Universitäten.

Ich will das nicht allzu weit ausführen, wir sprachen ja über Algerien, doch kann man hieraus die Umstände und Faktoren ableiten, die zu den rassistischen Völkermorden der Südafrikaner geführt haben und zu all dem, was sie über Jahre in Angola taten. 1976 mussten sie dann mit großer Geschwindigkeit vor unseren Truppen zurückweichen, die sie bis zur Grenze Angolas und Namibias verfolgten.

Um wieder auf Algerien zurückzukommen, da sprachen Sie von einem Schiff ...
Ja, ich erzählte Ihnen von dem Schiff, das den algerischen Truppen, die gegen die französische Armee kämpften, Waffen lieferte. Letztere hatten ihr Mutterland ganz in der Nähe. Fast konnte man algerischen Boden vom anderen Ufer des Mittelmeeres aus sehen, und es wurde hart gekämpft. Die Schiffsladung enthielt Kanonen, 105-mm-Haubitzen und eine Menge Munition. Es war ein grausamer Krieg, und man weiß nicht, wie viele Hunderttausende Algerier ihr Leben verloren. Erst kürzlich haben sie uns daran erinnert, dass die Franzosen noch immer nicht die Karten der Felder herausgerückt haben, auf denen sie Minen gesät hatten, dabei sind mittlerweile Jahre vergangen, mehr als vierzig Jahre. Mit diesem Schiff kamen eine Menge verletzter Waisenkinder an, die bei uns in Kuba geheilt wurden.

Ich muss hinzufügen, dass, obwohl man unserem Land die Hälfte des medizinischen Personals geraubt hatte und nur 3000 Ärzte übrig waren, Dutzende kubanischer Ärzte nach Algerien geschickt wurden, um die Menschen dort zu unterstützen. Damit begann, vor mehr als vierzig Jahren, das, was heute die außergewöhnliche medizinische Kooperation ist, die Kuba mit den Ländern der Dritten Welt unterhält.

Sie sind zu einer Art »medizinischer Supermacht« geworden.
Ich weiß nicht, ob das der passende Begriff ist, aber was ich sagen kann, ist, dass wir mittlerweile über mehr als 70 000 Ärzte und derzeit 25 000 Medizinstudenten verfügen. Das erlaubt uns in der Tat – ich sage das ohne Übertreibung –, einen unvergleichlichen Platz in der Geschichte der Menschheit einzunehmen.

Ich weiß nicht, was die anderen machen, denn alles, was unsere Nachbarn im Norden tun können, ist, Hubschrauber zu schicken; Ärzte können sie nicht schicken, denn sie haben keine, um irgendwelche Probleme in der Welt zu lösen. Europa, »führend im Bereich der Menschenrechte«, hat nicht einmal hundert Ärzte, die es nach Afrika schicken kann, wo mehr als dreißig Millionen Menschen mit Aids infiziert sind. Es hat mehrere Milliarden Dollar aufgebracht, aber sie bekommen keine hundert Ärzte zusammen. Um diese Epidemie zu bekämpfen, müssten die Europäer über ein »Henry Reeve«-Kontingent[3] und viele andere Ärzte und Spezialisten verfügen, die Kuba ausbildet. Ich gehe davon aus, dass wir in zehn Jahren mehr als 100 000 Ärzte haben, und vielleicht haben wir bis dahin weitere 100 000 Mediziner aus anderen Ländern ausgebildet. Wir sind diejenigen, die die meisten Ärzte ausbilden. Ich glaube, wir sind mittlerweile in der Lage, zehnmal so viele Ärzte auszubilden wie die Vereinigten Staaten, die viele unserer Ärzte mitgenommen und nichts unversucht gelassen haben, uns um unser medizinisches Personal zu bringen. Das ist nun unsere Antwort darauf.

Im August 2005, nachdem der Hurrikan Katrina New Orleans ausradiert hatte, bot Kuba den Vereinigten Staaten Hilfe an.
Ja, wir boten ihnen 1610 Ärzte an, und bevor der zweite Hurrikan kam, eine noch größere Anzahl, die viele Leben hätten retten können. Aber der Stolz der US-Regierung geht so weit, dass sie ihre Bürger lieber auf den Dächern ihrer Häuser oder auf den Dächern der Krankenhäuser sterben ließ, wo niemand sie evakuierte, oder in den Stadien und Pflegeheimen, wo in einigen Fällen Sterbehilfe geleistet wurde, um den Menschen den schrecklichen Tod durch Ertrinken zu ersparen, als Hilfe von uns anzunehmen.

Das ist das Land, das sich als Verteidiger der Menschenrechte präsentiert, es ist das Land, das uns 1959 ohne Ärzte auskommen lassen wollte, und am Ende blieb es selbst ohne Ärzte zurück, denn sie stehen nicht zur Verfügung, wenn sie am meisten gebraucht werden. Es gibt in den Vereinigten Staaten Millionen und Abermillionen von Immigranten oder Afroamerikanern, Dutzende Millionen Menschen, die keine Krankenversicherung haben, während hier in Kuba jeder Mensch eine solche hat, ohne dass er jemals gefragt wurde, was er denkt oder ob er die Blockade unterstützt, wie das einige der miserablen Söldner tun. Wir haben nie jemanden nach solchen Dingen gefragt und werden das auch niemals tun!

Heute, wo wir 30 000 kubanische Ärzte im Auslandseinsatz haben, bleiben uns noch immer 40 000 Ärzte, und wir verfügen über die notwendigen Krankenhäuser und Polikliniken für die Gesundheit unserer Bevölkerung. Wir haben es sogar in der harten Zeit der Sonderperiode, an deren Ende wir so langsam angelangen, geschafft, die Sterblichkeitsrate auf das heutige Niveau zu reduzieren und stattdessen die Lebenserwartung zu steigern, und der Standard im Gesundheitswesen, den wir über diese Zeit gehalten haben, ist nichts im Vergleich zu dem, was wir heute leisten können. Unser Ziel ist es, im Laufe der nächsten Jahre eine durchschnittliche Lebenserwartung von achtzig Jahren zu erzielen. Mit einer Aidsinfektionsrate von 0,07 Prozent ist Kuba heute das Land mit der niedrigsten Infektionsrate weltweit. Auch wenn wir noch einige Schwierigkeiten bewältigen müssen, so hat das Land, das bei der HIV-Infektion in Lateinamerika an zweiter Stelle hinter Kuba steht, eine immer noch achtmal so hohe Infektionsrate wie Kuba.

Sie haben kürzlich Ärzte nach Guatemala entsandt und nach dem Erdbeben in Kaschmir auch nach Pakistan, richtig?
Ja, wir haben 700 Ärztinnen und Ärzte des »Henry Reeve«-Kontingentes nach Guatemala geschickt – zusammen mit den 300 Ärzten, die dort bereits seit einiger Zeit tätig sind, waren das 1000 Ärzte – angesichts einer der größten Naturkatastrophen des Landes, des Hurrikans Stan; vielleicht noch größer als Hurrikan Mitch, nach dem wir unser Integriertes Kubanisches Gesundheitsprogramm aufgelegt haben, um mit den Ländern der Dritten Welt zusammenzuarbeiten. Diese mutigen Compañeros, die am Fuße der Berge schufteten, in allen betroffenen Ecken Guatemalas, waren über Monate im Einsatz. Und das war nicht die einzige großartige Leistung unserer Ärzte.

Seit der Gründung des Kontingentes »Henry Reeve« hat es zwei große Katastrophen gegeben: die von Guatemala und anschließend das Erdbeben in Pakistan. Die kubanischen Ärzte haben in Pakistan aufopferungsvoll, effizient und mit großer Hingabe gearbeitet. Wie andere große Leistungen, die die Revolution erbracht hat, wird auch diese in die Geschichte eingehen.

Beim Erdbeben in Pakistan lernten wir, dass nicht nur möglichst viele Bagger und Spürhunde zur Verfügung stehen müssen – das Wichtigste und Notwendigste nach einem Erdbeben sind die Ärzte, unter diesen Umständen notwendiger als bei allen anderen Naturkatastrophen. Bei dem Erdbeben in Pakistan, das in einem unwegsamen, bergigen, aber stark bewohnten Gebiet auftrat, hat es etwa 100 000 Tote gegeben, und noch mehr Menschen waren traumatisiert und erlitten Knochenbrüche, vor allem der oberen und unteren Gliedmaßen ... Man kann sich kaum eine größere Katastrophe vorstellen, ebenso wenig wie den Kampf dieser Regierung um Zusammenarbeit mit den immens reichen Ländern, deren tägliche Praxis es ist, die Völker der Dritten Welt auszurauben, die Umwelt zu zerstören, die sie durch die Verschwendung einer Energieressource verändern, die zur Neige geht, immer rarer wird und immer teurer ... Und da gibt es die kubanischen Ärzte, die eine wunderbare Seite in der solidarischen Geschichte schreiben. Bitte verzeihen Sie mir die Abschweifung, aber dieses Thema hat für mich eine besondere Bedeutung.

Ich weiß, dass das Thema Gesundheitsversorgung Sie begeistert und die internationalistische Solidarität Kubas im Bereich der Gesundheitsversorgung Sie stolz macht, aber ich würde gern noch einmal auf das heutige Thema zurückkommen. Wir sprachen über die Unterstützung Kubas für Algerien in den ersten Jahren nach dem Triumph der Kubanischen Revolution.

Wir schickten damals etwa dreißig bis vierzig Ärzte nach Algerien, die genaue Anzahl müsste ich erfragen.[4] Und nachdem Algerien im Juni 1962 seine Unabhängigkeit erreicht hatte, lernten wir Ben Bella persönlich kennen. Er besuchte uns in Havanna, kurz vor den dramatischen Tagen der Oktoberkrise im selben Jahr. Er kam damals direkt aus Washington, wo er mit Kennedy gesprochen hatte. Unter anderem hatten sie sich über die sich abzeichnende Raketenkrise zwischen Kuba und den Vereinigten Staaten ausgetauscht. Er erklärte uns seine Solidarität. Unser Volk empfing Ahmed Ben Bella mit großer Begeisterung, denn es kannte seinen Lebensweg als Kämpfer, das Heldentum der Algerier und ihren historischen Sieg über den französischen Kolonialismus.

Waren kubanische Truppen 1963 an dem Krieg zwischen Algerien und Marokko beteiligt?

So war es. Ein Jahr nach der Oktoberkrise, im Herbst 1963, passierte etwas Unerwartetes und Unvorstellbares. Algerien, nach einem langen, ungleichen Kampf endlich unabhängig, sah sich in der Region von Tinduf, nahe der Sahara, von einem Angriff Marokkos bedroht, dessen Streitkräfte mit logistischer Unterstützung durch die Vereinigten Staaten versuchten, dem gebeutelten algerischen Volk wichtige Rohstoffe zu rauben. Zum ersten Mal überquerten zu diesem Anlass kubanische Truppen den Ozean, mit einem Bataillon von mit Nachtsichtgeräten ausgerüsteten Panzern, die wir von der UdSSR für unsere eigene Verteidigung erhalten hatten, mit Artilleriegerät und mehreren Hundert Kämpfern,[5] ohne irgendjemanden um Erlaubnis zu bitten, nicht einmal die Lieferanten der Geräte. Wir reagierten auf den Hilferuf des algerischen Volkes, um es bei der Verteidigung seines Territoriums und seiner Reichtümer zu unterstützen, die sie mit sehr großen Verlusten im Kampf gegen eine mächtige Kolonialmacht gerade erst zurückerobert hatten.

Sie haben sehr früh auch schon die Rebellen unterstützt, die in Afrika gegen den portugiesischen Kolonialismus kämpften, einem der letzten, der auf dem afrikanischen Kontinent noch existierte. Richtig?

1965 begann auch unsere Zusammenarbeit mit der Unabhängigkeitsbewegung in Angola und Guinea-Bissau, die vorwiegend in der Ausbildung von Kadern, der Entsendung von Ausbildern und materieller Hilfe bestand.

Guinea-Bissau war eine portugiesische Kolonie. Dort tobte seit 1956 ein heftiger Unabhängigkeitskampf, der von der Afrikanischen Partei für die Unabhängigkeit Guinea-Bissaus und der Kapverden (PAIGC) unter der Leitung des tapferen Amílcar Cabral geführt wurde. Guinea-Bissau wurde im September 1974 unabhängig. Zehn Jahre lang waren etwa 600 kubanische Internationalisten bei der dortigen Guerilla im Einsatz, darunter siebzig Ärzte, die von 1966 an den Unabhängigkeitskampf begleiteten.

Im Juli 1975 erlangten auch die Kapverdischen Inseln und das Archipel São Tomé und Príncipe die endgültige Unabhängigkeit von Portugal. Zeitgleich, etwa in der Mitte des Jahres, erzielte Mosambik nach einem harten Kampf unter der Leitung der mosambikanischen Befreiungsfront (FRELIMO) und seinem Anführer Samora Machel, einem unvergesslichen Freund und Compañero, die endgültige Unabhängigkeit. Dieses Land wurde, als es endlich unabhängig war, noch häufig von südafrikanischen Truppen angegriffen, ebenso wie Simbabwe, das von seinem mutigen Volk unter der Leitung des zähen und intelligenten Robert Mugabe und anderen herausragenden Leuten befreit wurde. Die letzte portugiesische Kolonie, die ihre Unabhängigkeit erreichte, war im Jahr 1999 Osttimor, dort, in Ozeanien, ziemlich weit von Kuba entfernt. Unser Land war mitten in der Sonderperiode und nach dem Zusammenbruch der UdSSR und des sozialistischen Lagers weitgehend isoliert.

Wie kam es im Fall des ehemaligen Belgisch-Kongo zur Zusammenarbeit mit Kuba, deren Gipfel die Präsenz Che Guevaras in diesem Land war?
Denken Sie daran, dass Che Guevara mehrere afrikanische Länder besucht hat. Wir haben darüber gesprochen. Er verurteilte vor der Generalversammlung der Vereinten Nationen am 11. Dezember 1964 den US-amerikanisch-belgischen Angriff gegen den Kongo aufs Schärfste. Er erklärte etwas wie – ich zitiere aus dem Gedächnis: »Alle freien Menschen dieser Welt müssen die gegen den Kongo verübten Verbrechen ahnden.«

Ich versuchte damals, seine Ungeduld zu zügeln und Zeit zu gewinnen, während in Südamerika die Bedingungen geschaffen wurden.

Ende Dezember 1964 startete Che – nach Absprache mit uns – direkt von New York aus eine lange Reise in neun afrikanische Länder: Algerien, Ägypten, Mali, Kongo, Guinea, Ghana, Dahomey – das heutige Benin –, Tansania und Kongo-Brazzaville. Der große kongolesische Anführer Patrice Lumumba war im Januar 1961 ermordet worden und wurde in der Region als Märtyrer im Kampf gegen den Kolonialismus verehrt.

Che erreichte Gespräche mit allen großen afrikanischen Patrioten: Kwameh Nkrumah in Accra, Sékou Touré in Conakry, Modibo Keita in Bamako und Massemba Débat in Brazzaville. In Algerien führte er zudem lange Gespräche mit den Anführern der Befreiungsbewegungen jener Länder, die noch portugiesische Kolonien waren: mit Agostinho Neto und Lucio Lara aus Angola; mit Amílcar Cabral, dem großen Revolutionär aus Guinea-Bissau, und führenden Mitgliedern der FRELIMO aus Mosambik.

Beschloss Che bei diesen Treffen, sich der Guerilla im Kongo anzuschließen?
Nein, nach dieser ersten Reise kehrte er nach Kuba zurück. Er interessierte sich sehr für die Lage in Afrika, noch mehr nach dieser historischen Reise und seinen Kontakten mit den angesehenen Führern Afrikas, aber er war weiterhin ungeduldig, nach Bolivien zu gehen. Und da, das habe ich Ihnen schon dargelegt, schlug ich ihm vor, mit einer Gruppe Compañeros nach Afrika zu reisen, während wir die Konditionen in Bolivien in Angriff nahmen. Seine Aufgabe bestand vorwiegend darin, die Guerillabewegung im östlichen Kongo zu unterstützen. Das war eine wichtige Mission, die es ihm zudem erlaubte, neue Erfahrungen zu sammeln und Kader auszubilden.

Am 24. April 1965 – das ist das genaue Datum – kam Che mit einer Gruppe kubanischer Kämpfer in Kibamba nahe Fizi an, in der Provinz Sud-Kivu am Tanganjikasee, ein Gebiet, das von der Guerilla Laurent-Désiré Kabilas kontrolliert wurde. Kabila hatte eine politische und militärische Ausbildung in China absolviert. Die Chinesen arbeiteten damals auch mit ihm zusammen. Kabila war mehrere Monate auf einer Militärakademie in Nanjing ausgebildet worden. Seine Guerilla steckte damals aber in einer schweren Krise, schlecht organisiert und seit 1964 ständig von feindlichen Gruppen weißer Söldner angegriffen, Südafrikaner, Rhodesier, Deutsche und Kämpfer anderer Nationalitäten unter belgischen und US-amerikanischen Offizieren.

Schickten Sie weitere Einheiten zu Ches Unterstützung?
Ja. Im Juli desselben Jahres, also drei Monate nachdem Che im Kongo angekommen war, brachten wir ein Kontingent von etwa 250 Männern auf den Weg, handverlesen aus unseren besten Kämpfern, unter Leitung von Jorge Risquet. Sie kamen nach Brazzaville, im anderen Kongo; damals gab es, wie heute,

zwei Kongos, das ehemalige Belgisch-Kongo, das später Zaire hieß, und dessen Hauptstadt Kinshasa ist, und das ehemals französische Kongo mit der Hauptstadt Brazzaville. Zwei Städte, die einander gegenüberliegen und nur durch den riesigen Kongofluss voneinander getrennt sind. Wir entsendeten die Kämpfer, um die nationalistische Regierung von Massemba Débat zu unterstützen und um von dort aus Che zu helfen, der sich an der östlichen Grenze des anderen Kongo aufhielt.

Aber Risquet und seine Männer in Brazzaville begannen ebenfalls damit, Kämpfer anderer Guerillas auszubilden. Insbesondere bildeten sie Leute der Volksbewegung zur Befreiung Angolas (MPLA – Movimento Popular de Libertação de Angola) aus. In kürzester Zeit hatten sie ausreichend Kämpfer vorbereitet, um drei Kolonnen zu bilden, die sich von Brazzaville kommend in die angolanischen Guerillas integrierten.

Auf diese Art trat unsere Zusammenarbeit mit der Unabhängigkeitsbewegung im Kongo sowie in Angola und Cabinda, das angolanisches Territorium war, ab dem Jahr 1965 in Kraft. In all diesen Fällen bestand unsere Zusammenarbeit vorwiegend in der Ausbildung von Kadern, der Entsendung von Instruktoren und materieller Unterstützung.

Die bekannteste kubanische Intervention in Afrika ist die von Angola. Erinnern Sie sich daran, wie das begann?
Ja, ich kann mich sehr gut daran erinnern. Nach der sogenannten »Nelkenrevolution« im April 1974 in Lissabon begann der Zerfall des portugiesischen Kolonialreiches. Das Land war geschwächt durch eine jahrelange reaktionäre, profaschistische Pro-Yankee-Regierung, eine ruinierte Wirtschaft und die Zermürbung durch den patriotischen Krieg, der dieses Imperium unhaltbar machte und schließlich besiegte.

Ich hatte ja schon gesagt, dass 1975 die Mehrheit der portugiesischen Kolonien in Afrika – Guinea-Bissau, Kapverden, Sao Tomé und Mosambik – durch den Zusammenbruch der kolonialen Regierung ihre vollständige Unabhängigkeit erzielt hatte, die von der progressiven Regierung, die sich in diesem Augenblick in Lissabon konstituierte, bereits anerkannt worden war.

Im Fall Angolas, der größten und reichsten unter den portugiesischen Kolonien, war die Situation jedoch sehr anders. Die Regierung der Vereinigten Staaten hatte einen verdeckten Plan in Gang gesetzt – das kam erst jetzt ans Licht, bis vor Kurzem war Washington »unschuldig« und hatte »nichts mit dem zu tun, was dort passierte« –, um die berechtigten Interessen des angolanischen

Volkes zu unterhöhlen und eine Marionettenregierung zu installieren. Kernpunkt war ihre Allianz mit Südafrika, um die Organisationen, die von den portugiesischen Kolonialherren geschaffen worden waren, mit Instruktionen und Ausrüstung zu versorgen, mit dem Ziel, die Unabhängigkeit Angolas zu verhindern und sich das Land in Zusammenarbeit mit dem korrupten Mobutu, dem Herrn von Zaire, anzueignen. Dieser Mobutu ist einer der größten Diebe, die es je auf dieser Welt gegeben hat. Niemand weiß, wo seine vierzig Milliarden Dollar sind, auf welcher Bank sie liegen und welche Regierung ihm dabei geholfen hat, diese Dutzende von Milliarden Dollar beiseitezuschaffen, in einem Land, dem fast nichts geblieben ist – weder Uran noch Kupfer oder einer der anderen zahlreichen Bodenschätze –, denn es war eine der wichtigsten europäischen Kolonien in Afrika. Gut, der Plan war, aus Angola ein Kondominium des korrupten Mobutu und des südafrikanischen Faschismus, dessen Truppen Washington ohne Bedenken für die Invasion Angolas einsetzte, zu machen. Diktatoren, Terroristen, Diebe und bekennende Rassisten ordneten sich ständig ohne die geringste Zurückhaltung in die Reihen der sogenannten »freien Welt« ein, und wenige Jahre später taufte der US-amerikanische Präsident Ronald Reagan diese Gruppen mit einem ganz speziellen Zynismus »Kämpfer für die Freiheit«.

Die Vereinigten Staaten arbeiteten damals mit dem Apartheidregime zusammen.
Absolut. Und da gibt es noch etwas sehr Wichtiges, das ich bisher nicht erwähnt habe – wo wir schon von dem südafrikanischen Faschismus und der Apartheid sprechen. Ich sollte Ihnen nicht vorenthalten, dass, während Kuba in Angola war und das Land von Südafrika angegriffen wurde, die USA mehrere Atombomben vom gleichen Typ der auf Hiroshima und Nagasaki abgeworfenen an Südafrika lieferten – dem faschistischen Südafrika, dem rassistischen. Dieser Krieg wurde also von den angolanischen und kubanischen Kämpfern gegen eine Armee geführt – das wird ja oft vergessen –, die über acht Atombomben verfügte, von den Vereinigten Staaten über Israel, den ewigen Befürwortern der Blockade gegen Kuba, geliefert. Ich denke, sie hatten wirklich die Hoffnung, die Waffen gegen uns einsetzen zu können. Wir hegten diesen Verdacht und ergriffen alle Maßnahmen für den Fall, dass die Südafrikaner Atombomben gegen unsere Truppen einsetzen würden.

Die Südafrikaner verfügten über Atombomben, die sie von Washington erhalten hatten? Das ist nicht bekannt.
Es ist nicht bekannt, aber es ist die Wahrheit. Die »Demokraten« – nicht die Demokratische Partei, sondern das »demokratische Imperium« –, mit wem haben sie nicht alles paktiert? Welche Art von Banditentum haben sie ausgelassen? Sie paktierten mit Mobutu und tolerierten seine Verbrechen. Nicht zu vergessen, dass, als Lumumba ermordet wurde, Mobutu jene Söldnertruppen befehligte, die von den Europäern bewaffnet worden waren und die viele Menschen im Kongo, dem späteren Zaire, ermordeten.

Eines Tages fragte ich Präsident Nelson Mandela: »Sagen Sie, Herr Präsident, haben Sie eine Ahnung, wo die Atomwaffen sind, die Südafrika hatte?« – »Nein, das weiß ich nicht.« – »Was haben Ihnen die südafrikanischen Militärs dazu gesagt?« – »Sie haben mir kein einziges Wort gesagt.« Das bedeutet, dass zu diesem Zeitpunkt keiner wusste, wo sie waren, und niemand in der Welt fragte danach, kein Mensch. So wie niemand nach den Nuklearwaffen Israels fragt, niemand! In der Welt zirkulieren Meldungen, dass das Imperium und seine Verbündeten sogar nach dem Monopol über nuklearen Brennstoff streben, wenn Öl und Gas aufgebraucht sind.

Exakt in diesem Moment, Ende des Jahres 2005, versuchen sie widerrechtlich, dem Iran zu verbieten, nuklearen Brennstoff herzustellen, und fordern praktisch von ihm, seine Gasreserven – die sehr groß sind – und seine Ölreserven zu verbrennen, denn aus beiden Kohlenwasserstoffverbindungen stellt er heute täglich fünf Millionen Barrel Brennstoff her. Der Iran bemüht sich mit allem Grund und jedem Recht, diese Produkte zu sparen und eines Tages das zu tun, was in vielen Ländern getan wird: Strom aus nuklearem Brennstoff zu gewinnen. Frankreich produziert fast achtzig Prozent seines Stroms aus nuklearen Brennstoffen, und viele andere Länder wie Japan, Südkorea oder Kanada handhaben das ebenso. Der Iran will nichts anderes: einen wichtigen Anteil seiner Stromversorgung aus nuklearem Brennstoff herstellen, ohne seine Erdöl- und Erdgasreserven zu verbrennen.

Angesichts südafrikanischer Truppen, die mit Atomwaffen ausgerüstet waren – welche Taktik hat Kuba verfolgt? Denn ich kann mir vorstellen, dass das, vom militärischen Standpunkt aus betrachtet, eine völlig neue Situation für Kuba war?
Ja, eine vollkommen neue Situation. Wir mussten hinsichtlich der südafrikanischen Armee, die über nukleare Waffen verfügte, fürwahr asymmetrische

Methoden anwenden. Wir beschlossen, taktische Einheiten zu bilden, die aus nicht mehr als 1000 Männern bestanden und mit Panzern, gepanzerten Transportfahrzeugen, Artillerie und Luftabwehrwaffen ausgerüstet waren, denn davon war am meisten vorhanden. Die wagemutigen MiG-23-Einheiten schafften es bald durch Tiefflüge und Luftkämpfe, den Luftraum zu beherrschen, und das gegen eine Supermacht, die über Dutzende und Aberdutzende der modernsten Kampfflugzeuge verfügte. Das ist eine schöne Geschichte. Schade, dass sie nicht niedergeschrieben wurde, mit allen notwendigen Details!

Wann wurde Angola angegriffen?
Das war Mitte Oktober 1975. Während die Armee Zaires und Söldnergruppen mit schwerem Gerät und unterstützt durch südafrikanische Militärberater neue vom Norden Angolas ausgehende Angriffe vorbereiteten und bereits in der Nähe der Hauptstadt Luanda waren, drohte im Süden eine viel größere Gefahr. Südafrikanische Panzereinheiten überquerten die südliche Grenze des Landes und drangen rasch tief ins Landesinnere vor. Ziel war es, die Truppen der afrikanischen Rassisten aus dem Süden mit den aus dem Norden kommenden Söldnergruppen Mobutus zu vereinen und Luanda vor der Verkündigung der Unabhängigkeit Angolas, geplant für den 11. November 1975, zu besetzen. Das waren furchtbare Tage.

Dem waren viele andere Ereignisse vorausgegangen, der Kampf in Cabinda und andere Episoden, die zu erzählen hier zu weit ausufern würde.

Gab es zu diesem Zeitpunkt kubanische Truppen in Angola?
In diesem Moment hatten wir lediglich 480 Militärberater in Angola – zusammen mit einer Gruppe in Cabinda, die dort ausbildete. Sie waren auf Gesuch des Präsidenten der MPLA, Agostinho Neto, gekommen, dem berühmten und angesehenen Anführer, der den Kampf seines Volkes viele Jahre organisierte und leitete und dabei auf die Unterstützung der afrikanischen Völker und die Anerkennung der Welt zählen konnte. Er hatte uns einfach um Hilfe bei der Ausbildung der Bataillone gebeten, die die Armee des neuen unabhängigen Staates bilden sollten. Unsere Instruktoren verfügten nur über leichte Waffen. Es mag die eine oder andere schwere Waffe für die Ausbildung gegeben haben, sagen wir, einen Mörser, in der Ausbildungsschule. Aber im Wesentlichen hatten diese Männer leichte Waffen.

Nahmen diese Kubaner, als sie mit der doppelten Invasion Angolas konfrontiert waren, an den Kämpfen teil?
Natürlich. Sie reihten sich umgehend in die Verteidigung Angolas ein. Eine kleine Gruppe von ihnen stellte sich im November 1975 gemeinsam mit unerfahrenen Schülern aus dem Revolutionären Ausbildungszentrum von Benguela der rassistischen Armee entgegen. Bei diesem Überraschungsangriff und im ungleichen Kampf der Südafrikaner gegen angolanische Rekruten starben Dutzende von Menschen, unter ihnen acht kubanische Ausbilder. Sieben weitere wurden verletzt. Die Südafrikaner verloren ihrerseits sechs Panzerwagen und anderes Gerät. Sie haben nie öffentlich gemacht, wie viele südafrikanische Soldaten bei dieser Konfrontation gefallen sind. An jenem fernen geografischen Punkt des afrikanischen Kontinentes vergossen Kubaner und Angolaner zum ersten Mal Seite an Seite ihr Blut für die Freiheit dieses Landes, das so viel Leid hatte ertragen müssen.

So führte im November 1975, exakt neunzehn Jahre nach der Landung mit der *Granma*, eine kleine Gruppe von Kubanern in Angola erste Kämpfe in einer Schlacht, die noch viele Jahre andauern sollte.

Das war der Zeitpunkt, als Kuba beschloss, weitere Einheiten nach Angola zu schicken?
So war es. Wir haben diese Herausforderung, ohne zu zögern, angenommen. Unsere Ausbilder hätten wir nicht ihrem Schicksal überlassen, und Gleiches galt für die selbstlosen Angolaner und ihre Unabhängigkeit, für die sie seit zwanzig Jahren kämpften. In Absprache mit Präsident Neto beschloss Kuba die umgehende Entsendung von Spezialtrupps des Innenministeriums und regulären Einheiten der Revolutionären Streitkräfte, die auf dem Luft- und Seeweg nach Angola gebracht wurden, um sich dem Angriff der Apartheid entgegenzustellen.

In 10 000 Kilometer Entfernung von unserer Insel nahmen kubanische Einheiten den Kampf gegen die Streitkräfte Südafrikas, der stärksten Macht auf diesem Kontinent, und gegen Zaire auf, der reichsten und am besten bewaffneten afrikanischen Marionette der Vereinigten Staaten und Europas.

Sie starteten damals die sogenannte Operation »Carlota«[6].
Ja. Operation »Carlota« war der Deckname für die gerechteste, längste, massivste und erfolgreichste internationalistische Militäroperation in der Geschichte unseres Landes.

Warum erhielt sie den Namen »Carlota«?
Der Name der Operation ist gleichzeitig Symbol und Hommage an die Tausenden von Sklaven, die während der ersten Aufstände in Kuba starben oder exekutiert wurden. Durch diese Aufstände wurden Frauen wie Carlota hervorgebracht – eine schwarze Frau der Lucumí aus der Zuckerfabrik »Triunvirato« in der heutigen kubanischen Provinz Matanzas. Diese Frau führte im Jahr 1843 einen der zahlreichen Sklavenaufstände an und kam dabei ums Leben.

War diese Operation erfolgreich? Konnten die kubanischen Truppen die Besetzung Luandas verhindern?
Ja. Ende November 1975 hatten wir die feindliche Invasion im Norden und im Süden des Landes gestoppt. Ich weiß noch, wie die kubanischen und angolanischen Truppen Dorf für Dorf einnahmen und uns die Nachrichten erreichten: »Sie sind im Dorf Soundso angekommen«, »Sie ziehen weiter«. Bis sie schließlich an beiden Grenzen ankamen, sowohl im Norden als auch im Süden. Das Imperium hat sein Ziel nicht erreicht, Angola zu spalten und seine Unabhängigkeit zu torpedieren. Der gemeinsame Kampf der Völker Angolas und Kubas konnte das verhindern.

Vollständige Panzereinheiten, Boden- und Luftabwehrartillerie, Panzerinfanterie, fast in Brigadestärke und transportiert mit unserer Handelsflotte, wurden in Angola schnell zusammengezogen, wo 36 000 kubanische Soldaten eine blitzartige Offensive bis an die Grenzen des mächtigen Apartheidstaates einleiteten. Während dieser ersten Offensive gegen die Südafrikaner flogen unsere Piloten mit MiG-21- und MiG-17-Flugzeugen der angolanischen Armee. Als sie über die Brücke des Queve-Flusses bis zur anderen Seite vordrangen, setzten sie diese MiG-21 bis zur Grenze ihrer Belastbarkeit gegen die Südafrikaner ein.

Als sie im Süden den Hauptfeind angriffen, musste dieser mehr als 1000 Kilometer bis zu seinem Ausgangspunkt an der Grenze zwischen Angola und Namibia zurückweichen, der damaligen Kolonialenklave der Rassisten. Man bündelte alle Kräfte und zwang Mobutu, seine relativ schwache Armee mehrere Kilometer weit zurückzuziehen, aber der Hauptfeind, die Südafrikaner, wurde sofort angegriffen. Am 27. März 1976 verließ der letzte südafrikanische Soldat angolanisches Territorium.

Ein wichtiger Punkt: Angola war unglaublich weit entfernt. Wenn man mit einem Flugzeug fliegt und auf die Karte schaut, dann würde man glauben, Angola sei näher als Moskau, aber in Moskau ist man eineinhalb Stunden früher als in Luanda. Das ist schon eine große Distanz.

Ein weiterer sehr wichtiger Punkt: Wenn man sich in einer solchen Situation befindet, darf man nicht den Fehler machen, Schwäche zu zeigen; wer schwach ist, erleidet mit Sicherheit eine Niederlage. Du musst bereit sein, alle Kräfte einzusetzen, die nötig sind, und noch mehr, das Doppelte oder Dreifache. »Kräfte« meint nicht nur die Anzahl der Männer, denn die hängen von der Feuerkraft ab, von der Anzahl und der Stärke der Waffen und so weiter. Später haben wir sogar Flugzeuge geschickt, und ich erinnere mich, dass wir ein paar MiG-23 im Lagerraum eines Schiffes transportierten.

Bei der ersten Offensive waren diese jedoch noch nicht unterwegs. Wir flogen angolanische Kampfflugzeuge und mussten Huambo einnehmen, die Hochburg Jonas Savimbis, des Anführers der UNITA (Nationale Union für die vollständige Unabhängigkeit Angolas), einer von Pretoria und Washington bewaffneten und finanzierten Organisation. Das war ein Gebiet, dessen Stämme mehrheitlich der gleichen ethnischen Gruppe wie Savimbi angehörten und ihn folglich unterstützen sollten, doch die MPLA hatte in Huambo weitaus mehr Rückhalt als Savimbi. Ich erinnere mich – ich war dort. Sie zählte viel mehr Leute als Savimbis Gruppe, trotz der ethnischen Mehrheit in dieser Region.

Die Entscheidung, die notwendigen Kräfte zu schicken, wurde am Abend des 4. November getroffen, und im März waren die Truppen bereits unterwegs. Sie drangen in zwei Richtungen vor. Im Süden blieb den Südafrikanern nicht einmal mehr Zeit, Brücken zu sprengen.

Richtung Norden konnten wir in wenigen Wochen und mit minimalem Kraftaufwand Mobutus reguläre Truppen und die Söldner auf die andere Seite der Grenze von Zaire zurückdrängen. Das ging sehr schnell. Ich kann mir nicht erklären, warum sie sich nicht früher zurückzogen, als sie sahen, was mit den Südafrikanern geschah.

Wie erklären Sie sich, dass die US-Amerikaner weder die Operation »Carlota« noch die Intervention Kubas in Angola stoppten?
Nun, heute wissen wir aufgrund der offiziellen Dokumente, die in den letzten Jahren freigegeben wurden, viel mehr darüber, wie die Autoritäten in Washington damals dachten und handelten. Zu keiner Zeit haben sich weder der Präsident Gerald Ford noch sein mächtiger Außenminister Henry Kissinger oder die Geheimdienste der USA die Möglichkeit einer Beteiligung Kubas – dieses kleinen blockierten Inselstaates – in Angola auch nur vorstellen können. Das, obwohl dieses Ländchen sie schon in der Schweinebucht geschlagen und sich ihnen während der Oktoberkrise ehrenhaft entgegengestellt hatte, als hier kei-

ner Angst verspürte oder mutlos war. Niemals zuvor hatte ein Land der Dritten Welt einem anderen Volk in einem militärischen Konflikt beigestanden, wenn es sich nicht in unmittelbarer geografischer Nähe befand.

Nun, letztendlich konnte Kuba auf den Schutz durch die Sowjetunion zählen.
Als wir die Operation »Carlota« beschlossen, rechneten wir unter keinen Umständen mit einem eventuellen »Schutz« durch die Sowjetunion. Um die Wahrheit zu sagen, nach dem militärischen Sieg war Kuba dafür, von Südafrika einen gewichtigen Preis für sein Abenteuer zu fordern, die Unabhängigkeit Namibias inbegriffen. Aber die sowjetische Regierung drängte uns stark, unsere Truppen schnell abzuziehen, sie war wegen möglicher Reaktionen der Yankees besorgt. Darüber gab es Briefe und alle möglichen weiteren Unterlagen.

Was hat Kuba getan?
Nach ernsten Einwänden von unserer Seite blieb uns keine andere Alternative, als die sowjetische Forderung – wenn auch nur zum Teil – zu akzeptieren. Die Sowjets, die vor der Entscheidung, kubanische Truppen zu schicken, nicht konsultiert worden waren, hatten später Waffen nach Angola geschickt, für den Aufbau der dortigen Streitkräfte, und während des Krieges reagierten sie positiv auf bestimmte Materialanfragen. Ohne die politische und logistische Unterstützung der UdSSR nach dem Krieg hätte es für Angola möglicherweise keine Perspektive gegeben.

Die Sowjets waren die Einzigen, die diesem Land die Waffen liefern konnten, die es dringend benötigte, um sich gegen Angriffe einer Supermacht wie Südafrika im Süden und Mobutu im Norden zu verteidigen. Es lag schließlich nicht in unserer Absicht, die ganze Zeit in Angola zu bleiben, auch keine zehn Jahre. Es war notwendig, die Minimalvoraussetzungen zu schaffen.

Ich kann mir vorstellen, dass Kubaner und Sowjets aufgrund ihrer unterschiedlichen militärischen Traditionen nicht die gleiche Konzeption in puncto Kriegführung vertraten?
Das ist richtig. Zwischen den Kubanern und den Sowjets gab es unterschiedliche Auffassungen hinsichtlich Taktik und Strategie. Wir bildeten Zehntausende angolanischer Soldaten aus, berieten die Truppen des Landes bei der Ausbildung und den Kämpfen. Unsere Devise lautete: »Unsere Aufgabe ist es nicht, in einem inneren Krieg zu kämpfen, sondern vor dem Angriff von außen

zu verteidigen.« Unabhängig davon unterstützten wir sie, wenn es zu Angriffen oder kritischen Situationen kam. Die Sowjets berieten die militärische Führung und lieferten großzügig die notwendigen Waffen für die angolanische Armee. Aktionen, die von höherer Stelle geplant waren, bereiteten uns nicht selten Kopfschmerzen, trotz der guten Beziehungen und der Freundschaft. Es waren einfach unterschiedliche Konzepte: Sie besaßen eine andere Auffassung vom Krieg, ich würde fast sagen, eine akademische, aufgrund der Erfahrung, die sie selbst in einem unglaublichen Krieg erworben hatten, bei dem so viele Menschen ums Leben kamen. Und wir hatten die andere Erfahrung, die man heute »asymmetrischen Krieg« oder irregulären Krieg nennt. Aber es spielten auch andere Dinge eine Rolle, die nichts mit Asymmetrie zu tun hatten, sondern ausschließlich mit gesundem Menschenverstand.

Dennoch überwogen zwischen kubanischen und sowjetischen Militärs ein großer Respekt und tief empfundene Gefühle von Solidarität und gegenseitigem Verständnis. Das ist die Wahrheit, wir haben uns sehr gut mit ihnen verstanden. Dieser Geist war stets präsent.

Kuba zog sich also 1976, nach dem Krieg, aus Angola zurück?
Ja, aber in der Geschwindigkeit und mit der Intensität, die wir für notwendig hielten. Angesichts der entstandenen delikaten Situation – man musste mit den Angolanern sprechen, sie kannten unsere Position mehr oder weniger, und man musste ihnen die Situation erklären; unserer Auffassung nach hatten wir keine Alternative, als das Thema mit ihnen zu besprechen – reiste Raúl, unser Verteidigungsminister, im April 1976 nach Angola, um mit Präsident Neto die unvermeidbare Notwendigkeit des graduellen Abbaus eines wichtigen Teils der kubanischen Truppen zu analysieren. Ehrlich gesagt, waren wir mit der Maßnahme nicht einverstanden, denn es schien uns nicht notwendig und als ein Zeichen der Schwäche gegenüber den Invasoren, jetzt, wo wir eine sehr vorteilhafte Position hatten und der Gegner völlig demoralisiert war. Wir dachten, dass wir dort so lange bleiben sollten, wie beide Seiten, Kuba und Angola, es für angebracht hielten, um eine starke angolanische Armee aufzubauen.

Dennoch begannen wir mit dem Rückzug der Männer und Einheiten. Präsident Neto verstand unsere Argumente, was sehr nobel war, und stimmte dem Rückzug der kubanischen Truppen zu. Es handelte sich um einen langsamen und schrittweisen Abzug. Wir reduzierten unsere Präsenz. Gleichzeitig unterhielten wir noch immer starke Kampfeinheiten in der zentralen Hochebene. Aber in der Tat kam es zu einer Schwächung, und als die Südafrikaner das spürten, begannen sie zu stören, anzugreifen, vorzudringen, sich wieder zurückzuziehen, in diesem riesigen Gebiet zwischen der Hochebene, wo sich unsere Leute an den strategisch wichtigsten Positionen befanden, ungefähr 250 Kilometer entfernt von der Grenze zu Namibia.

Sie nutzten die Situation aus. Sie kennen den Imperialismus und seine Handlanger. Sie nutzten jede Situation auf opportunistische Weise aus. Zweifellos wussten sie, dass wir eingeschränkt waren, dass wir unter Druck standen und dabei waren, unsere Truppen abzuziehen.

Sie besuchten 1977 Angola, richtig?
Ja, weniger als ein Jahr später, im März 1977, konnte ich endlich Angola besuchen und den angolanischen und kubanischen Kämpfern persönlich zu ihrem Sieg gratulieren. Etwa 12 000 Internationalisten waren mittlerweile nach Kuba zurückgekehrt, also ein Drittel unserer dort eingesetzten Kräfte. Bis zu diesem Moment lief unser Truppenabzugsplan wie vorgesehen.

Aber die Vereinigten Staaten und Südafrika waren nicht zufrieden. Die Regierungen von Pretoria und Washington hatten sich verschworen, obwohl Letztere sich bedeckt hielt. Eine göttliche Verschwörung, die in den 80er-Jahren publik wurde unter dem sogenannten »konstruktiven Kompromiss« und dem von Präsident Reagan etablierten *linkage* zwischen Südafrika und den USA. Die Hartnäckigkeit der Vereinigten Staaten und Südafrikas erforderte unsere direkte Unterstützung des angolanischen Volkes für mehr als fünfzehn Jahre, trotz der Vereinbarungen im ersten Truppenabzugsplan.

Es gab zwei Zeitpläne für den Rückzug. Den von 1976 und den letzten, diesen aber mit einem bereits geschlagenen Südafrika, etwas, das wir damals schon gern erreicht hätten. Mehr als 300 000 Kubaner meldeten sich freiwillig, als dieser Kampf begann. Nach Angola gingen nur Freiwillige, hier nennen wir sie die Reserve. Das war ein unumstößliches Prinzip. Einen Bürgerkrieg wie den schmutzigen Krieg im Escambray-Gebirge, von dem ich Ihnen bereits erzählt habe, kann man nur mit Freiwilligen führen. Woanders wurde nicht mit Freiwilligen gekämpft, was teuer bezahlt wurde, denn es ist ein Naturgesetz, dass, wer kämpft, getötet werden kann. Eine internationalistische Mission kann man prinzipiell nur mit Freiwilligen durchführen.

Nur wenige glaubten, dass wir den heftigen Angriffen der Vereinigten Staaten und Südafrikas über so viele Jahre standhalten würden, obendrein mit einem so höchst vorsichtigen Verbündeten.

Half Kuba von Angola aus auch anderen unterdrückten Völkern in der Region, wie Südwestafrika – heute Namibia –, das von Südafrika besetzt war, oder Rhodesien – heute Simbabwe – oder dem südafrikanischen Volk selbst, das unter dem rassistischen Apartheidregime litt?

Zu dieser Zeit, in den 80er-Jahren, nahmen die Kämpfe der Völker Namibias, Simbabwes und Südafrikas gegen die Kolonialherrschaft und die Apartheid zu. Angola hatte sich zum Bollwerk dieser Völker entwickelt, denen Kuba in der Tat auch Hilfe zukommen ließ.

Die Regierung Pretorias hat immer hinterlistig agiert. Cassinga – von dem wir bereits sprachen –, Boma, Novo Katengue und Sumbe zum Beispiel waren Schauplätze einiger der Verbrechen der Apartheid gegen die Völker Namibias, Simbabwes, Südafrikas und Angolas und gleichzeitig Patentbeispiele für unsere Solidarität vor dem gemeinsamen Feind.

Was passierte an diesen Orten?
Ich nenne nur ein einziges Beispiel: den Angriff auf die angolanische Stadt Sumbe, das ehemalige Novo Redondo. Es handelt sich um ein sehr aussagekräftiges Beispiel für die kriminellen Absichten Südafrikas. Dort gab es weder kubanische noch angolanische Truppen, sondern lediglich Ärzte, Lehrer, Bauingenieure und andere Helfer, die der Feind zu entführen versuchte. Diese Männer und Frauen verteidigten sich mit ihren Milizgewehren im Verbund mit ihren angolanischen Brüdern, bis die Verstärkung kam und die Angreifer in die Flucht geschlagen wurden. Sieben Kubaner fielen in dieser unverhältnismäßigen Konfrontation.

Das ist nur eines von vielen Beispielen, die ich Ihnen von den Opfern und dem Mut unserer Internationalisten, Soldaten oder Zivilen nennen könnte, die bereit waren, Schweiß und Blut zu geben, wann immer es nötig war – gemeinsam mit den Angolanern, Namibiern, Simbabwern und unterdrückten Südafrikanern.

Es war eine Heldentat unseres Volkes, vor allem der Jugend, der Zehntausenden von Kämpfern des aktiven Militärdienstes und der Reservisten, die mit wirklich internationalistischem Geist ihre Pflicht an der Seite der ständigen Revolutionären Streitkräfte erfüllten.

Hinzu kommen Millionen von Männern und Frauen, die von Kuba aus den Erfolg jeder einzelnen Mission absicherten, die durch mehr Arbeitsstunden diejenigen ersetzten, die gegangen waren, und sich darum kümmerten, dass es der Familie des Kämpfers oder des zivilen Helfers an nichts fehlte.

Besondere Anerkennung gebührt auch den Familien unserer Internationalisten. Sie haben deren Abwesenheit bereitwillig ertragen, ihnen in ihren Briefen Mut gemacht und es vermieden, Schwierigkeiten oder Sorgen zu erwähnen. Das herausragendste Beispiel stellen die Mütter, Söhne, Brüder und Partner unserer gefallenen Brüder dar. Sie alle waren dem Opfer gewachsen. Sie haben es verstanden, den tiefen Schmerz in größere Liebe zu ihrem Land, mehr Treue und Respekt für die Sache zu verwandeln, wofür die geliebte Person letztendlich gestorben ist.

1987 gab es eine neue Offensive gegen Angola. Südafrika griff wieder an.
Ja, Ende 1987 kam es zur letzten großen südafrikanischen Invasion auf angolanischem Boden unter Umständen, die das Überleben des neuen Staates gefährdeten. Um diese Zeit lancierten Südafrika und die Vereinigten Staaten ihren letzten und bedrohlichsten Schlag gegen eine starke Einheit angolanischer Truppen, die auf sandigem Gebiet in Richtung Jamba zur südöstlichen Grenze vordrang, wo man den Befehlsstand Jonas Savimbis, des Anführers der UNITA, vermutete. Ich muss sagen, dass wir uns solchen Offensiven gegen Jamba immer widersetzt haben, denn jedes Mal, wenn das geschah, griff Südafrika in letzter Sekunde mit seiner modernen Luftwaffe ein, seiner mächtigen Artillerie und seinen Panzerkräften, die in der Lage waren, den angolanischen Truppen große Verluste zuzufügen.

Wir berieten darüber in all den Jahren mit Sowjets und Angolanern: »Tut das nicht. Führt diese teuren, kräftezehrenden und nutzlosen Offensiven nicht durch. Zählt bei diesen Abenteuern nicht auf uns.«

Einmal schafften wir es, aber es war eine jährlich wiederkehrende Übung. Eine der letzten Gelegenheiten war, als ich Simbabwe zu einem Treffen der blockfreien Staaten besuchte. Es war eine schwierige Aufgabe, denn die Sowjets bestanden auf ihrer Theorie, die Staatsgrenzen wiederherzustellen, in mehr als 1000 Kilometern Distanz zu Luanda, in einer entfernten Ecke des Landes, fast unerreichbar, wo der Rädelsführer Savimbi vermutet wurde, während die UNITA ihren schmutzigen Krieg über das ganze Land verbreitete, bis fast in die Hauptstadt. In der ersten Etappe instrumentalisierten wir das Rückzugsprogramm, aber etwas Unerwartetes ist eingetreten.

In der Zeit kurz vor der Unabhängigkeit Angolas war eine bewaffnete Gruppe aus Zaire in das Land eingedrungen, die Katanger. Diese hatten nach dem Krieg gegen die Invasion Mobutus auf eigene Faust, mit der Unterstützung einiger angolanischer Offiziere, Katanga angegriffen, eine reiche Provinz in Zaire. Die europäische Presse machte einen riesigen Skandal daraus. Frankreich, Belgien, alle entsendeten sofort Truppen. Nicht nur, dass Südafrika seine Armee an der südlichen Grenze hatte; von Norden kamen belgische und französische Truppen, kurz gesagt: die NATO.

Angesichts dieser Situation setzten wir den erwähnten Truppenabzug aus.

Aber der Generalstab Angolas war Ihren Empfehlungen nicht gefolgt. Was unternahm Kuba also angesichts des südafrikanischen Angriffs?
Beziehen Sie sich auf die letzte Offensive gegen die imaginäre Hauptstadt Savimbis an der südöstlichen Grenze Angolas?

Bei dieser Gelegenheit wiederholte sich abermals die bereits bekannte Geschichte. Die Offensive wurde in ihrer Schlussphase von den Südafrikanern scharf angegriffen. Dies verursachte große Verluste aufseiten der Angolaner, Verluste von Männern und völlig neuen Panzerfahrzeugen, die von den Sowjets zusätzlich zur militärischen Beratung für die Operation geliefert worden waren. Der Feind hatte extremen Mut gefasst und drang bis tief nach Cuito Cuanavale, einem alten NATO-Flughafen in der Nähe des Luftstützpunktes Menongue, vor und traf Vorbereitungen für einen tödlichen Schlag gegen Angola. Dort gab es, wie schon in ähnlichen Situationen zuvor, keinen einzigen Kubaner, denn wir hatten ihnen angekündigt, sie könnten nicht mit uns rechnen. Nach dem Desaster, das sie geschaffen hatten, ohne Frage das größte von allen, für das wir nicht die geringste Verantwortung tragen, kamen verzweifelte Hilferufe der angolanischen Regierung bei uns an, mittels derer sie uns um Unterstützung baten.

Stellen Sie sich vor, in welchem Gemütszustand wir waren, denn wir hatten diese Situation antizipiert. Wir waren verständlicherweise ziemlich verärgert. Aber dieses Mal war das Risiko weitaus größer, denn obwohl der Rest der Truppen, die noch dort waren, sich geordnet zurückzog – die angolanischen Soldaten waren opferbereit, mutig und diszipliniert –, lag die Moral dieser Truppen am Boden. Die verbliebenen Panzer und gepanzerten Transporter konnten kaum bewegt werden. Unsere nächste Einheit hielt sich etwa 200 Kilometer entfernt auf.

Kuba willigte schließlich ein.
In einer titanischen Anstrengung, trotz der ernsten Gefahr eines militärischen Angriffs gegen uns hier, so nah an den Vereinigten Staaten, beschlossen die militärische und politische Leitung der Revolution, das Problem ein für alle Mal

zu lösen. Das hatten wir den Sowjets bereits mehr als einmal vorgeschlagen: die nötigen Kräfte und Mittel zusammenzuziehen und die südafrikanischen Truppen endgültig zu zerschlagen.

Unser Land wiederholte die große Tat von 1975. Eine lange Kette von Einheiten und Kampfgeräten überquerte rasch den Atlantik und ging an der südlichen Küste Angolas an Land, um den Feind im Südwesten des Landes in Richtung Namibia anzugreifen. Währenddessen drang 800 Kilometer weiter östlich eine komplette Panzerbrigade, die zuvor einen Streckenabschnitt von hundert Kilometern die Route entlang von Minen geräumt hatte, in Richtung Cuito Cuanavale vor, wo sich die angolanischen Truppen unter den Angriffen der Südafrikaner zurückzogen. Mit Helikoptern wurden Panzerfahrer, Artilleristen und Spezialisten für Militärtechnik zu dem genannten strategischen Punkt geflogen, um das viele technische Gerät der Angolaner, das dort stand, zu reparieren. Wir hatten zuvor den Präsidenten José Eduardo dos Santos um das Kommando über sämtliche angolanischen Truppen an der Südfront gebeten. So gab es in der Schlacht gegen die südafrikanischen Rassisten nur eine einzige Befehlsgewalt über alle Kräfte. Der Panzerbrigade folgten neue Verstärkungen, und viele Tage hindurch erregte dieser vergessene Ort die internationale Aufmerksamkeit. Um das nicht weiter auszudehnen, beschränke ich mich darauf, zu sagen, dass unsere Kämpfer und ihre brillanten Anführer gemeinsam mit den angolanischen Offizieren und Soldaten, der mächtigen südafrikanischen Armee, die in Richtung dieses großen Flughafens marschierte, eine tödliche Falle stellten, an der sich die rassistische Armee aufrieb.

Wie viele Männer hatte Kuba zu diesem Zeitpunkt in Angola?
Wir wussten sehr genau, was wir tun würden. Wir folgten zwei wesentlichen Prinzipien. Erstens: Man muss stark genug sein, oder man riskiert eine Niederlage. Eine Niederlage dort hätte die Revolution insgesamt in Gefahr gebracht. Während dieser ganzen Jahre war auch unser eigener Prozess gefährdet. Hier in Kuba konnten sie uns nicht besiegen. Sie hätten uns nur dort in Angola schlagen können. Es stand zu viel auf dem Spiel, mehr als sich manch einer vorstellen kann.

Zweitens: Die Kriege ohne große und kostspielige Schlachten entscheiden, so, wie wir es in der Sierra Maestra getan hatten. Wir konnten die große Offensive Batistas in der Sierra mit nur einigen Dutzend tödlichen Verlusten niederschlagen. Unsere Philosophie: Gefechte gewinnen mit einem Minimum an Verlusten. Dieser Taktik sind wir in Angola buchstäblich gefolgt.

Dieses Mal hatten wir 55 000 Soldaten in diesem Land zusammengezogen. Während also in Cuito Cuanavale die südafrikanischen Truppen geschlagen wurden, rückten im Südosten 40 000 kubanische Soldaten, 30 000 angolanische Soldaten und etwa 3000 namibische Guerilleros der SWAPO (South West Africa People's Organization) mit Unterstützung von etwa 600 Panzern, Hunderten von Artilleriegeschützen, 1000 Luftabwehrwaffen und den wagemutigen MiG-23-Lufteinheiten, die sich des Himmels bemächtigten, zur Grenze von Namibia vor. Sie waren bereit, die südafrikanische Armee, die hauptsächlich in dieser Richtung lag, im wahrsten Sinne des Wortes wegzufegen. Ja, wegzufegen, aber durch viele überraschende und heftige Schläge, ohne Feldschlachten, indem wir mehr denn je den zuvor genannten Prinzipien folgten.

Leopoldo Cintras Frías (Polito)[7], der General, der die Operationen im Süden Angolas leitete, erwies sich als brillanter militärischer Führer. Ich kann mich noch daran erinnern, wie er im Alter von sechzehn Jahren mit den Truppen der Kolonne 1 zwischen dem 20. und 30. November 1958 an der Schlacht von Guisa teilgenommen hat. Die wichtigste Aufgabe, die wir ihm an jenem 28. übertrugen, war die des Artilleristen eines Panzers, der während der heftigen Gefechte gekapert wurde und mit dem wir in den frühen Morgenstunden die wichtigste Kaserne der Garnison angriffen. Nachdem dieser T-17-Panzer mit fünfundfünfzig Schüssen einer feindlichen Bazooka außer Gefecht gesetzt worden war, zog sich Polito, beladen mit einem Schwerverletzten, aus unserer Truppe zurück. Als ihm bewusst wurde, dass der Kamerad sterben würde, setzte er den Kampf mit einem Maschinengewehr Kaliber 30 fort. Man kann kaum glauben, was er dort geleistet hat. Über ein Funkgerät PRC-10, das wir Tage vorher vom Feind ergattert hatten, verfolgte ich seine Großtat aus der Nähe, und es war nicht seine einzige in den letzten zweiunddreißig Tagen des Befreiungskrieges.

Neunundzwanzig Jahre später nahm er als Kommandeur der kubanischen, angolanischen und namibischen Truppen an der Schlacht von Cuito Cuanavale teil und an der Gegenoffensive im Südosten Angolas in Richtung Namibia, die diesen Krieg entschied.

Man könnte viel über die Gefechte und die Auswirkungen dieser Kämpfe erzählen. Es war eine lange und sehr komplexe Schlacht, zweifellos die größte militärische Operation in der Geschichte der kubanischen Streitkräfte. Ich könnte Stunden über ihren Verlauf sprechen, über die verfolgte Strategie und über die zahlreichen Zwischenfälle und Anekdoten. Das alles ist in meiner Erinnerung noch sehr präsent. Eines Tages sollte man die ganze Geschichte aufschreiben.

In Cuito Cuanavale erlitten die südafrikanischen Truppen eine schwerwiegende Niederlage.
Ja, ich würde sagen, die entscheidende. Der unumstrittene Sieg in Cuito Cuanavale und vor allem das blitzartige Vordringen des starken kubanischen Truppenverbandes im Südwesten Angolas bereiteten ausländischen Militäraggressionen gegen dieses Land ein Ende. Der Feind musste seine gewohnheitsmäßige Arroganz herunterschlucken und sich an den Verhandlungstisch begeben.

Was war das Resultat dieser Verhandlungen?
Die Verhandlungen gipfelten im Friedensvertrag für den Südwesten Afrikas, der von Südafrika, Angola und Kuba im Dezember 1988 im Hauptsitz der UNO unterzeichnet wurde und unseren Rückzug aus Angola innerhalb von drei Jahren von da an fixierte. Das geschah dann auch methodisch, strukturiert, bis zum letzten Mann, innerhalb des Zeitplans, den wir entworfen hatten.

Man nannte sie die Viererverhandlungen, denn es nahmen auf der einen Seite des Tisches Angolaner und Kubaner teil, und auf der anderen Seite die Südafrikaner. Die Vereinigten Staaten besetzten die dritte Seite des Tisches, sie fungierten als Vermittler. Tatsächlich waren sie Richter und Partei, sie waren Verbündete des Apartheidregimes. Sie hätten eigentlich neben den Südafrikanern sitzen müssen.

Der US-amerikanische Verhandlungsleiter, Unterstaatssekretär für Afrikanische Angelegenheiten, Chester Crocker, widersetzte sich jahrelang der Teilnahme Kubas an den Verhandlungen. Angesichts der Schwere der militärischen Lage für die südafrikanischen Aggressoren blieb ihm nichts anderes übrig, als unsere Präsenz zu akzeptieren. In einem Buch[8], das er über das Thema schrieb, war er realistisch; sich auf das Betreten des Verhandlungssaales durch die Vertreter Kubas beziehend, schrieb er: »Die Verhandlungen waren kurz davor, sich für immer zu verändern.« Diese Person der Reagan-Administration wusste genau, dass, wenn Kuba am Verhandlungstisch saß, sie mit ihren grobschlächtigen Manövern, ihren Erpressungs- und Einschüchterungsversuchen oder Lügen nicht durchkommen würden.

Diesmal passierte nicht so etwas wie in Paris 1898, als US-Amerikaner und Spanier einen Frieden aushandelten, ohne dass auch nur ein Vertreter Kubas, des Befreiungsheeres oder der kubanischen Regierung, anwesend gewesen war. Diesmal waren unsere Streitkräfte präsent ebenso wie die legitime Vertretung der Revolutionären Regierung Kubas, zusammen mit der Regierung Angolas.

Waren Sie der Meinung, dass mit diesen Abkommen die kubanische Mission in Angola beendet war?
Ja. Ohne Zweifel. Die internationalistische Mission war vollbracht. Unsere Kämpfer kamen nach und nach mit erhobenen Häuptern zurück und brachten nichts weiter mit als die Freundschaft des angolanischen Volkes, die Waffen, mit denen sie Tausende von Kilometern von ihrer Heimat entfernt gekämpft hatten, die Genugtuung über die erfüllte Pflicht und die sterblichen Überreste unserer gefallenen Brüder. Die letzten unserer Soldaten kehrten im Mai 1991 aus Angola zurück.

Ihr Beitrag war entscheidend, um die Unabhängigkeit Angolas zu festigen und die Namibias im März 1990 zu erreichen. Sie muss außerdem als ein bedeutender Beitrag zur Befreiung Simbabwes und zum Verschwinden des verhassten Apartheidregimes in Südafrika gewertet werden.

Nicht oft in der Geschichte wurde ein Krieg – die schrecklichste, herzzerreißendste und schwierigste menschliche Handlung, die vorstellbar ist – von einem solchen Humanismus und einer solchen Bescheidenheit vonseiten des Siegers begleitet. Man zeige uns einen einzigen Gefangenen, der in diesen fünfzehn Jahren von kubanischen Soldaten erschossen wurde. Einen einzigen! Ich würde für den Rest des Lebens meinen Mund halten. Unglücklicherweise wissen wir, was mit einigen unserer Compañeros geschehen ist, die in Gefangenschaft gerieten. Was taten die Südafrikaner? Was tat die UNITA? Was taten die Yankees? Die letztendlich Unterlegenen bewiesen den völligen Mangel jeglicher Werte in ihren Reihen. Die Prinzipientreue und Reinheit unserer Absichten erklären die absolute Transparenz in den Aktionen unserer internationalistischen Kämpfer.

Entscheidend dafür war zweifellos die Tradition, die unsere eigenen Mambises in den Unabhängigkeitskämpfen begründet hatten. Sie wurde gestärkt durch die Rebellen und Untergrundkämpfer im nationalen Befreiungskrieg und fortgesetzt von den Milizen, den Mitgliedern der Revolutionären Streitkräfte und vom Innenministerium, indem sie nach dem Triumph der Revolution gegen die äußeren und inneren Feinde kämpften.

Wie erklären Sie es sich, dass diese Aktion Kubas international kaum bekannt ist?
Warum diese außergewöhnliche Heldentat niemals in Gänze erzählt wurde? Dafür gibt es eine Erklärung. Als kürzlich, am 11. November 2005, der 30. Jahrestag der Unabhängigkeit Angolas begangen wurde, setzten die Yankees alles daran, dass der Name Kubas nicht einmal in den Gedenkveranstaltungen auf-

tauchte. Und der Gipfel ist, dass Washington versucht, die Geschichte umzuschreiben: Kuba hatte anscheinend niemals etwas mit der Unabhängigkeit Angolas, der Unabhängigkeit Namibias und der Niederlage der bis dahin unbesiegbaren südafrikanischen Armee zu tun. Kuba existiert nicht einmal. Alles war ein Werk des Zufalls und des Einfallsreichtums der Völker.

Sie tun auch so, als trügen die Vereinigten Staaten für die Hunderttausenden von ermordeten Angolanern nicht die geringste Verantwortung, für die Tausenden von Dörfern, die sie dem Erdboden gleichgemacht haben, die Millionen Minen, die sie auf angolanischem Boden gelegt haben und die noch heute viele Kinder, Frauen und Männer in Stücke reißen.

Das ist eine Beleidigung der Völker Angolas, Namibias und Südafrikas, die so hart gekämpft haben, und eine grobe Ungerechtigkeit gegenüber Kuba, dem einzigen nicht afrikanischen Land, das für Afrika gekämpft und geblutet hat und gegen das schändliche Apartheidregime zu Felde gezogen ist.

Glauben Sie, dass zu diesem »Vergessen« der Aktionen Kubas die Tatsache beiträgt, dass die Vereinigten Staaten heute ein wichtiger Verbündeter Angolas sind und ein wichtiger Abnehmer angolanischen Öls?
Es ist wahr, dass der Yankee-Imperialismus heute in Angola Öl im Wert von Milliarden von Dollars fördert, dessen nationale Ressourcen verschwendet und die nicht erneuerbaren Ölreserven aufbraucht.

Kuba hat das erfüllt, was der antikolonialistische Anführer Amílcar Cabral sagte: »Die kubanischen Kämpfer sind bereit, ihr Leben für die Freiheit unserer Länder zu opfern, und als Gegenleistung für diese Hilfe zugunsten unserer Freiheit und des Fortschritts unserer Bevölkerung werden sie nichts weiter mitnehmen als ihre Männer, die im Kampf für die Freiheit unserer Völker gefallen sind.«

Die lächerlichen Versuche der Vereinigten Staaten, die Rolle Kubas zu ignorieren, beleidigen die Völker Afrikas. Dass ein Leugnen überhaupt möglich ist, liegt teilweise darin begründet, dass die wahre Geschichte dessen, was passiert ist, niemals aufgeschrieben wurde. Berühmte Forscher suchen immer wieder nach Informationen. Nun kann ich erklären, dass Kuba, das nie darüber schreiben wollte und das sich immer zurückgehalten hat, darüber zu sprechen, was wir aus Solidarität und ohne Eigeninteresse getan haben, heute bereit ist, seinen bescheidenen Beitrag zu leisten und seine Archive und Dokumente den Historikern zugänglich zu machen, die ernsthaft die authentische Geschichte dieser Geschehnisse erzählen möchten.

Wie viele Kubaner waren alles in allem über die Jahre hinweg an diesem langen Krieg in Angola beteiligt?
In Angola haben über einen Zeitraum von fünfzehn Jahren mehr als 300 000 internationalistische Kämpfer und etwa 50 000 zivile Helfer ihre Mission erfüllt. Das war eine großartige Leistung unseres Volkes, vor allem der Jugend, die zu Zehntausenden freiwillig an dieser internationalistischen Mission teilgenommen hat. Sie spielten die Hauptrolle, absolut freiwillig, in unzähligen heldenhaften, selbstlosen humanistischen Aktionen. Die große Leistung in Angola, der Kampf für die Unabhängigkeit Namibias und gegen das Apartheidregime haben unser Volk gestärkt und sind für viele ein Schatz von außergewöhnlichem Wert. Obwohl ich es schon gesagt habe – es waren insgesamt Millionen von Männern, die in Kuba die Nachhut, um es so auszudrücken, gebildet haben.

Unsere Mambises, Rebellen, Guerilleros, die Kämpfer der Schweinebucht, der Oktoberkrise und des Kampfes gegen die Banditen, unsere Internationalisten, Milizionäre, Mitglieder der Revolutionären Streitkräfte und des Innenministeriums, letztlich das kämpfende Volk, sind Früchte des kräftigen Stammes, der in diesem Land aus afrikanischen und spanischen Wurzeln hervorgegangen ist. Hunderte Kubaner zogen in den Spanischen Bürgerkrieg, als, zwischen 1936 bis 1939, die Republik vom Faschismus und der Reaktion angegriffen wurde, und nicht wenige kamen dort ums Leben. Vier Jahrzehnte später landeten kubanische Kämpfer in Afrika, mit der vielfachen Kraft der Revolution, um ein Volk zu verteidigen, das von den gleichen Feinden attackiert wurde. Dort starben 2077 Kubaner.

Ohne sich den Staub des Weges abzuklopfen – wie Martí das vor der Statue Bolívars tat –, gingen die Mitglieder des letzten internationalistischen Kontingentes, das aus Angola zurückkehrte, gemeinsam mit den Führern der Revolution zur Grabstätte des Titans aus Bronze, um jenen, die für die Freiheit unseres Volkes kämpften, die letzte Ehre zu erweisen.[9]

Diese wundervolle Tradition wird heute von Zehntausenden Ärzten, Arbeitern im Gesundheitswesen, Lehrern, Sporttrainern und Spezialisten der verschiedensten Bereiche gepflegt, die ihre solidarischen Pflichten oft unter ebenso schwierigen Bedingungen, wie es die des Kampfes sind, erfüllen.

Welche Lehren ziehen Sie aus diesem langen Krieg in Angola?
Die erste Lektion ist: Ein Volk, das in der Lage ist, eine solche Leistung zu erbringen – was würde es nicht alles tun, wenn es um die Verteidigung des ei-

genen Landes geht! Wir sind auf ewig unseren ruhmreichen Toten verpflichtet, die Revolution voranzubringen und uns immer ihres Beispiels würdig zu erweisen: den Kubanern, die gestern und heute mit Würde gekämpft haben und für die Verteidigung der Gerechtigkeit gestorben sind; den Männern und Frauen, die wie Máximo Gómez, Henry Reeve und Che uns gezeigt haben, hierzulande und in der Geschichte, welch immensen Wert die Solidarität hat.

Die jetzigen und zukünftigen Generationen Kubas schreiten weiter voran, egal wie groß die Schwierigkeiten sind, und kämpfen dafür, dass die Revolution auf der politischen Ebene so unverletzlich bleibt, wie sie es auf der militärischen Ebene ist und bald auf der wirtschaftlichen sein wird. Wir stellen uns jedes Mal mit mehr Energie den eigenen Fehlern und Schwächen. Wir werden weiterkämpfen. Wir werden weiter widerstehen. Wir werden weiterhin jeden imperialistischen Angriff niederschlagen, die Lügen ihrer Propaganda und ihre politischen und diplomatischen Manöver.

Wir werden weiterhin den Konsequenzen der Blockade widerstehen, die eines Tages zusammenbrechen wird – durch die Würde der Kubaner, die Solidarität der Völker und die fast unumschränkte Opposition der Regierungen der Welt. Auch durch die wachsende Ablehnung seitens der US-amerikanischen Bevölkerung gegen diese absurde Politik, die ihre verfassungsmäßigen Rechte untergräbt.

So, wie die Imperialisten und ihre Handlanger in Angola die Folgen eines vielfach multiplizierten Girón erlitten, werden diejenigen, die unser Land betreten, um Krieg zu führen, sich mit Tausenden von Quifangondos, Cabindas, Ebos, Morros de Medunda, Cangambas, Sumbes, Ruacanas, Tchipas, Calueques und Cuito Cuanavales konfrontiert sehen und mit Niederlagen, wie sie dem Kolonialismus und der Apartheid von heroischen Völkern in Nationen wie Angola, Namibia und Südafrika beigebracht wurden. Niederlagen, von denen sie nie geglaubt hätten, dass sie in Verbindung stehen könnten mit der Geschichte dieser kleinen Nation in der Karibik.

16

DIE MIGRATIONSKRISEN MIT
DEN VEREINIGTEN STAATEN

*Die Abkommen mit Reagan – Camarioca – Mariel –
Die »Bootsflüchtlinge« – Schiffbruch am 13. Juli 1994 – Die
Unruhen am 5. August 1994 in Havanna – Das Regulierungsgesetz – Auswanderer und »Flüchtlinge«*

Ich würde nun gern auf ein Problem zu sprechen kommen, das Kuba fast ständig mit denjenigen hat, die das Land verlassen möchten – aus politischen oder ökonomischen Gründen –, was zu starken Spannungen mit den Vereinigten Staaten, zu den sogenannten »Migrationskrisen«, geführt hat. Ich könnte mir vorstellen, dass es schon vor der Revolution immer Menschen gegeben hat, die in die Vereinigten Staaten auswandern wollten, oder nicht?

Es gab immer viele Menschen, die in die Vereinigten Staaten emigrieren wollten. Das war Tradition. Die USA waren idealisiert durch die Filme und später durch den Zweiten Weltkrieg. Im Jahr 1958 betrug die offizielle Zahl der in den USA registrierten Kubaner 125 000, einschließlich der Nachfahren. Das gilt für die Zeit vor 1959, der Krieg war noch nicht so lange vorüber, der Faschismus, der Holocaust und all die Dinge, die geschehen sind. Die USA erteilten damals etwa 2000 bis 3000 Visa pro Jahr. Die Macht, der Reichtum, viele in einem regelrechten US-Kult erzogene Menschen und vor allem die Idealisierung – erinnern Sie sich – des Autos, der Ressourcen, der hohen Gehälter. Das zeitigte seine Wirkung auf eine kubanische Bevölkerung mit einem sehr niedrigen Bildungsstand, in der es mehr als dreißig Prozent Analphabeten oder Halbanalphabeten gab.

Dieses Land übte eine enorme Anziehungskraft aus. Und der Triumph der Revolution hatte einen starken Einfluss auf die Migration, vor allem in Richtung der Vereinigten Staaten. Es entstanden neue Konflikte in der Beziehung zwischen unseren Ländern. Schätzungen zufolge wanderten zwischen 1959 und 1962 etwa 270 000 Personen in die Vereinigten Staaten aus, unter ihnen Tausende von Ärzten, Ingenieuren, Lehrern, Professoren, technisches Fachpersonal, und ein Teil der ersten 70 000 Auswanderer ging ohne jegliche Migrationsformalitäten. Bedenken Sie, dass die Vereinigten Staaten 1961 ihre diplomatischen Beziehungen zu Kuba abgebrochen haben.

Das erste Einwanderungsabkommen schloss Kuba mit der Reagan-Administration ab?

Ja, mit Ronald Reagan unterzeichneten wir im Dezember 1984 den ersten Vertrag. Er war in dieser Hinsicht flexibel, denn er hatte ein Interesse daran, die »Auszuschließenden« zurückzuschicken. Reagan wollte ein Abkommen über die sogenannten Auszuschließenden unterzeichnen, die 1980 über den Hafen von Mariel ausgereist waren, die sie uns aber zurückschicken wollten. Wir akzeptierten den Vorschlag und sagten ihnen: »Schließen Sie die Liste der ›Auszuschließenden‹ in das Abkommen ein.« Eine bestimmte Anzahl, über 2000, wurde in Form einer Namensliste mit Vor- und Nachnamen dem Abkommen beigefügt. Die Behörden der Vereinigten Staaten bestätigten, dass sie bis zu 20 000 Visa jährlich erteilen würden, was bedeutete, dass diese Menschen ohne Probleme und Risiken würden reisen können.

Es wurde eine Vereinbarung getroffen, und wir erklärten uns mit der Rücknahme der Auszuschließenden einverstanden. Einige von dieser Liste der 2000 kommen noch heute; sie sitzen dort ihre Gefängnisstrafe ab, dann werden sie zu uns zurückgeschickt.

Nach dem Abkommen kam es zu einer angespannten Situation, die dessen Anwendung für eine Zeit, in den Jahren 1986 und 1987, aussetzte. Das fällt zeitlich mit einer speziellen Aktion zusammen – der Gründung von Radio Martí. Es gab nur wenige Fälle, in denen die US-Amerikaner redlich handelten. Später wurden die Vereinbarungen wieder wirksam, was geschah, weil das Problem fortbestand und eine Lösung gefunden werden musste, um die illegale Ausreise zu verhindern.

Das Abkommen war nicht schlecht, aber es wurde nicht eingehalten. Und ehrlich gesagt bestand zu diesem Zeitpunkt auch keine volle Klarheit über dieses unheilvolle Papier, das »Regulierungsgesetz«[1], das von der US-amerikanischen Regierung interpretiert, wieder interpretiert und nochmals interpretiert wurde, um immer wieder neue Passagen hinzuzufügen.

Was für Passagen waren das?

Nun, früher war es zum Beispiel so, dass diejenigen, die illegal in die Vereinigten Staaten eingewandert waren, ein Jahr warten mussten, bis sie die ständige

Aufenthaltserlaubnis beantragen konnten. Auch für die Arbeitserlaubnis waren Formalitäten erforderlich. Das Ganze ist dann über sukzessive Interpretationen, Zusätze und Konzessionen an die Mafia weiterentwickelt worden, nicht als Gesetz, sondern in der Praxis, und damit haben sie das Problem der illegalen Auswanderung zugespitzt. All diese Anforderungen sind jetzt aber nicht mehr Voraussetzung. Alles wird in dem Augenblick im Eilverfahren abgewickelt, wo Kubaner US-amerikanischen Boden betreten.

Später provozierten sie uns dann mit dem sogenannten Radio Martí. All dies behinderte die erste Stufe des Abkommens mit Reagan, sodass es von 1986 bis 1987 für zwei Jahre ausgesetzt und später erst in beiderseitigem Einverständnis wieder aufgenommen wurde. Die USA setzten die Rücksendung der sogenannten Auszuschließenden fort, und wir nahmen alle auf, die auf der Liste standen. Allerdings war jene Versprechung – bis zu 20 000 Visa pro Jahr auszustellen – Betrug, denn das Höchstmaß, was sie je an Visa erteilten, waren 1200 in einem Jahr, später reduzierte sich diese Zahl auf 1000.[2] Sie lagen also weit unter den vereinbarten 20 000. Das ist der Kontext, in dem es nach dem 5. August 1994 zur Migrationskrise kam.[3]

An diesem 5. August gab es schwere Unruhen in einem bekannten Stadtteil von Havanna.
Ja, damals war Clinton Präsident. Über Radio Martí hatten sie angekündigt, dass ein paar Schiffe nach Havanna kommen würden, um Leute abzuholen. Alle wussten, dass wir ganz zu Beginn die Regel aufgestellt hatten, keinen Versuch zu unternehmen, ein Schiff auf offener See, zudem ein entführtes, aufzuhalten, selbst wenn es sich noch mitten in der Bucht von Havanna befand – eine Verhaltensnorm, um Unfälle zu vermeiden.

In dieser Situation kam es am 5. August 1994 zu diesen Unruhen.

Ich glaube, Sie sind damals sogar persönlich vor Ort gewesen, um die Aufrührer zu beruhigen, oder?
Ja, ich bin selbst hingegangen, dort wurde weder ein Polizeiwagen noch ein Wasserwerfer eingesetzt. Ich hatte lediglich meine Eskorte, die den Auftrag hatte, nicht zu schießen, ganz simpel. Als ich von den Vorfällen gehört hatte, sagte ich: »Keiner rührt sich. Weder Polizisten noch Soldaten.« Ich nahm Felipe Pérez Roque[4] mit, anschließend suchte Carlos Lage[5] uns und schloss sich uns, als wir uns trafen, auf dem Weg an. Als diese Elemente dann sahen, dass keine Schiffe kamen, um sie abzuholen, waren sie irritiert. Sie begannen, Steine

zu werfen, und zerstörten einige Fenster. Zum Teil wurden Leute angegriffen, und es kam zu diesem Tumult.

War es das erste Mal, dass so etwas in Kuba passierte?
Das erste Mal. Das war der einzige Aufruhr, den wir in sechsundvierzig Jahren hatten. Zu diesem Zeitpunkt kam alles zusammen, die schwierige wirtschaftliche Lage unter den Bedingungen der Sonderperiode, die betrügerische Ankündigung, sie abzuholen, und das Regulierungsgesetz. Auch die Nichterfüllung eines Abkommens mit Reagan nach der Migrationskrise von Mariel im Jahr 1980. Wir haben sie zwingen müssen. Die US-Amerikaner schlossen die Pforten, und wir öffneten sie. So war die Geschichte.

Wann wurde dieses Regulierungsgesetz in den Vereinigten Staaten erlassen?
Das Gesetz wurde 1966 erlassen, nach den Ereignissen von Camarioca, dem kleinen Hafen in der Provinz Matanzas. Aufgrund der Krise in Camarioca im Oktober 1965 erhielten alle, die das Land verlassen wollten, ein kostenloses Ticket. Das war drei Jahre nach der Oktoberkrise, denn die USA hatten als Konsequenz aus der Krise den Reiseverkehr eingestellt. Es gab keine Transportwege zwischen Kuba und den Vereinigten Staaten. Vor der Oktoberkrise hatten sie die Leute ständig ermutigt, das Land zu verlassen. Wir schätzen, dass zwischen 1962 und 1965 Zehntausende Menschen das Land auf illegale Weise verlassen haben. Die Regierung der Vereinigten Staaten hatte die Operation »Peter Pan« begünstigt, von der ich Ihnen bereits erzählt habe, bei der 14 000 Kinder fortgebracht wurden.

Hat sich diese Entwicklung beschleunigt, nachdem Sie den sozialistischen Charakter der Revolution verkündet hatten?
Die Operation »Peter Pan« hatte weitaus früher stattgefunden. Die Proklamation des sozialistischen Charakters der Revolution war am 16. April 1961, fast zweieinhalb Jahre nach unserem Sieg, als wir die Opfer beerdigten, die bei einem Bombardement kurz vor der Invasion in der Schweinebucht ums Leben gekommen waren. Ein Bombardement durch nordamerikanische Flugzeuge, die mit den Farben und Abzeichen der kubanischen Luftwaffe getarnt waren und von US-Piloten sowie Männern aus Batistas alter Armee geflogen wurden. Bei dieser Gelegenheit, während des Begräbnisses der Opfer, wurde zum ersten Mal von Sozialismus gesprochen.

Man muss verstehen, dass das Land aufgrund der revolutionären Gesetze sozialistisch wurde. Alles begann mit den Tatsachen; zuerst der Sturz Batistas und seiner Tyrannei, dann die Auflösung der Armee und Polizei, die Beschlagnahme der zu Unrecht erworbenen Güter. Das ist jedem Volk recht, auch ohne Revolution oder Ähnliches. Aber es war noch kein sozialistisches Bewusstsein vorhanden. Darüber, wie dieses Bewusstsein geschaffen wurde, könnte man lange reden.

Lassen Sie uns noch einen Augenblick bei der Einwanderungspolitik bleiben. Sie erzählten soeben, dass die Vereinigten Staaten nach der Oktoberkrise den Reiseverkehr stoppten.
Sie blockierten alle Reisen. Das war 1962. Man konnte plötzlich nicht mehr reisen, und so wurden viele Familien getrennt. Viele Eltern, die ihre Kinder in die Vereinigten Staaten geschickt hatten, glaubten noch immer, dass die Revolution von kurzer Dauer sein würde. Sie blieben für immer von ihren Kindern getrennt.

Sie sagten, die erste Krise hätte es in Camarioca gegeben. Unter welchen Umständen?
Camarioca war die erste, im Oktober 1965, weil, wie schon gesagt, sie den Reiseverkehr unterbunden hatten. Die Leute konnten nicht wegkommen. Da nahmen die illegalen Ausreisen ihren Anfang, die Probleme und die Propaganda. Diejenigen, die schon in den USA waren – es waren schon eine Menge Leute ausgewandert –, hatten Geld, denn die Ersten, die gingen, waren die Fachleute mit Geld; die wenig Bemittelten kannten diese Möglichkeit nicht. Fachleute, Ärzte, Lehrer und qualifizierte Arbeiter waren die Ersten, die auswanderten. Und wir hier ertrugen es, stellten uns dem Mangel an qualifiziertem Personal.

Die USA haben die Reisemöglichkeiten nach der Oktoberkrise beschnitten, und so kam es zur Trennung von Familien und illegalen Ausreisen mit der erhöhten Gefahr von Unfällen. Also sagten wir: »Es ist nicht nötig, dass sie sich Gefahren aussetzen. Kommt sie abholen.« Und wir stellten einen kleinen Hafen zur Verfügung, Camarioca, in der Nähe von Varadero. Es kamen bis zu 1000 Schiffe, denn in Florida hatten sie völliges Vertrauen zu uns, als wir sagten: »Sie können kommen, und sie können gehen.« Damals konnten aufgrund eines neuerlichen Migrationsabkommens mehr als 300 000 Kubaner frei und ohne Risiken ausreisen.

Konnte das die illegalen Ausreisen für eine Weile eindämmen?
Ja, wir mussten dem Einhalt gebieten. Ohne jegliche Probleme wurde der ge-

fährliche illegale Verkehr gestoppt, denn die Leute handelten in Absprache mit uns. Auch wenn sie gehen wollten, weil sie andere Interessen oder kein patriotisches Bewusstsein hatten, so vertrauten sie doch den kubanischen Behörden. Damals kam es zu einer Vereinbarung mit den Vereinigten Staaten: Jeder, der in die Vereinigten Staaten ausreisen wollte, konnte dies auf legale Weise tun. Wir beschafften diese Erlaubnis. Wir waren es, die Kubanische Revolution, die die Visa besorgten, damit diese Leute gehen konnten. Drei Jahre lang, von 1962 bis 1965, hatten sie in unsicheren und gefährlichen Aktionen die Leute aus dem Land geholt, bis wir den Weg über Camarioca eröffneten und etwa 300 000 Personen ausreisen konnten.

Was passierte, war, dass es dort in den USA schon viele Leute gab und dass die Sehnsucht der Familienangehörigen, die hiergeblieben waren, wuchs – sie wollten emigrieren, um sich mit ihren Verwandten zu vereinen. Sie reisten auch in Flugzeugen aus, sicher, eine Luftbrücke wurde geschaffen, und es gab kein einziges Opfer. Sie emigrierten auf diesem Weg, den wir ihnen durch die Operation »Camarioca« geschaffen hatten.

Ich weiß noch, dass sie qualifiziertes Personal mitgenommen haben, und das nicht zu wenig. Unser Land hat das ertragen und sich über einen beträchtlichen Exodus von Spezialisten, Technikern und Facharbeitern hinweggesetzt, die dort Gehälter und materielle Möglichkeiten erwarteten, die mehr als zwanzigmal so hoch waren wie die, die ein blockiertes Land bieten konnte. Wenn man genaue Kalkulationen anstellen würde, wäre es wahrscheinlich noch mehr. Ganz zu schweigen davon, dass die Verteilung von Gütern rationiert werden musste, damit sie wirklich für alle reichten. Die ersten sechs Jahre der Revolution waren vergangen, und noch hatte sich der patriotische Geist nicht genug herausgebildet. Es gab das sozialistische Bewusstsein noch nicht, das sich später bei der großen Mehrheit der Bevölkerung entwickelte. Dem neuen Staat fehlte es an Erfahrung, Organisation und Fähigkeiten, die er erst Jahre später in seiner Konfrontation mit der größten Supermacht der Erde erwarb. Nur die großen Anstrengungen der Revolution im Bereich der Bildung ermöglichten es uns, den Aderlass von qualifiziertem Personal aufzufangen. Man darf nicht vergessen, dass sich zur gleichen Zeit der schmutzige Krieg, die Invasion in der Schweinebucht und die Oktoberkrise entwickelten.

Camarioca war im Oktober 1965. Und wenig später, im November 1966, verabschiedeten die US-Amerikaner das Regulierungsgesetz. Ich habe keine Ahnung, warum sie das taten.

Wir haben die Bedeutung und die Konsequenzen des Regulierungsgesetzes erst mit der Zeit erfasst. Deshalb haben wir auch nie von der US-Regierung gefordert, das Gesetz zu eliminieren.

Später, 1980, kam es zur Krise von Mariel.
Mariel war die zweite Krise, die aufgrund der Provokation der Vereinigten Staaten in Komplizenschaft mit anderen lateinamerikanischen Ländern und Europa entstand. Nach einem Zwischenfall beim gewalttätigen Eindringen in die peruanische Botschaft, bei dem der kubanische Wachmann der Botschaft ermordet wurde, und nach der Entscheidung der Peruaner, den Mörder nicht herauszugeben, beschlossen wir, die Wachleute von der peruanischen Botschaft abzuziehen. Es war uns klar, was passieren würde. Etwa 10 000 Personen drangen dort ein, mehrheitlich Pöbel, die in die Vereinigten Staaten wollten, aber niemals ein Visum bekommen hatten. Wir bereiteten den Hafen von Mariel vor und legten denen, die ausreisen wollten, keine Steine in den Weg. Wir autorisierten die Schiffe der berühmten kubanisch-amerikanischen Emigranten dazu, nach Kuba zu kommen und die Ausreisewilligen abzuholen. Wie in Camarioca wurde auch hier eine Seebrücke eingerichtet, und mehr als 100 000 Menschen wanderten nach Florida aus.

Das wurde von uns beschlossen und ebenso von uns gelöst, so wie wir später mit Verantwortungsbewusstsein das Problem der Entführungen US-amerikanischer Flugzeuge gelöst haben, denn wir hatten festgestellt, dass selbst eine Verurteilung der Urheber zu zwanzig Jahren Gefängnis diese Leute nicht aufhalten konnte. Und wir konnten beweisen, dass die Männer, die in den USA Flugzeuge umgeleitet hatten, Leute mit psychischen Problemen waren. Ich kann mich an keinen politischen Fall der Entführung eines Flugzeuges von den Vereinigten Staaten nach Kuba erinnern. Es handelte sich um Leute, die mehr oder weniger die gleichen Probleme hatten wie diejenigen, die so etwas tun, um in die Vereinigten Staaten zu gelangen.

Mariel haben wir schließlich gestoppt, einseitig und bedingungslos, aus Rücksicht auf Präsident Carter, denn wir wollten nicht zum Triumph der Rechten in den Vereinigten Staaten beitragen. Wir genehmigten den Transport von etwa 100 000 Leuten, dann schlossen wir Mariel. Aber erneut begannen die Effekte des Regulierungsgesetzes und der illegalen Emigration ihre Wirkung zu zeigen.

Die dritte große Migrationskrise war die der Balseros 1994.
Ja. 1994 war die sowjetische Krise bereits eingetreten, der Zusammenbruch der

UdSSR, und damit der Beginn der Sonderperiode in unserem Land. Zu dieser Zeit erteilten die Vereinigten Staaten weniger als 1000 Visa pro Jahr. Sehen Sie, wie sich die Umstände ändern? Man kann sie schlechterdings nicht linear betrachten.

In dieser Zeit verwandelte sich das Regulierungsgesetz in eine greifbare Alternative für diejenigen, die in die Vereinigten Staaten ausreisen wollten, und außerdem in ein fürchterliches Propagandainstrument gegen Kuba. Im Jahr 1994, mitten in der Sonderperiode, konnten weniger als 1000 Kubaner legal mit einem Visum der Vereinigten Staaten ausreisen, während 5000 bis 6000 auf illegale Weise das Land verließen, um vom Regulierungsgesetz zu profitieren, trotz der Verpflichtung auf bis zu 20 000 Visa, die Reagan eingegangen war. So versuchten sie, Unzufriedenheit zu schüren und die Subversion anzufachen. Nachdem sie selbst das Abkommen von 1984 missachtet hatten, war der Weg für Auswanderungswillige das Regulierungsgesetz. Aber diejenigen, die sich dieses Gesetzes bedienten, waren weder Lehrer noch Arbeiter oder Leute ohne Vorstrafen ... Leute dieser Art verließen das Land nicht auf illegale Weise, indem sie Boote und Barkassen stahlen. Die Leute, die so etwas taten, waren andere: Pöbel, Gesetzlose, solche Leute waren das. Sie waren es, die diese Unruhen am 5. August 1994 anstifteten.

Den Unruhen des 5. August war ein Zwischenfall vorausgegangen, dem die internationale Presse viel Bedeutung zumaß: der Untergang eines entführten Schleppers, der viele Opfer forderte. Man beschuldigte Kuba, diese Tragödie provoziert zu haben, was zu einer großen Kampagne gegen das Land führte. Erinnern Sie sich, wie das war?
Ja, das kann ich Ihnen erzählen. Vor dieser Geschichte mit dem Schlepper war es zu einem Vorfall in Cojímar gekommen: Ein Schnellboot ging im kleinen Hafen des Dorfes an Land und lud vor den Augen der Öffentlichkeit Leute ein, die auf illegale Weise in die Vereinigten Staaten ausreisen wollten. Eine ungewöhnliche Sache, ein US-amerikanisches Boot direkt an unserer Küste. Das war schon ernst, denn einige der Polizisten, die an diesem Ort waren, schossen auf das Boot.

Kurz darauf kam es zu einem weiteren Zwischenfall: Ein voll beladener Traktor mit Personen, die ebenfalls illegal in die Vereinigten Staaten ausreisen wollten, fuhr in Richtung Meeresufer, und ein Polizist versuchte, ihn anzuhalten. Dabei wurde er eiskalt mit dem Traktor überfahren. Diese beiden Vorfälle traten in kurzer Folge auf. Es gab eine eindeutige Anweisung, dass keine Schiffe abgefangen werden sollten, auf denen sich Personen befanden. Wir hielten uns prinzipiell an diese Regel.

Kurze Zeit später, ich glaube, es war genau dieser 13. Juli 1994, kam es zu dem von Ihnen erwähnten Vorfall, den unsere Feinde aufs Äußerste ausgeschlachtet haben.

Es gibt einen Kai, von wo aus die Schleppkähne für die Schiffe, die im Hafen von Havanna einlaufen, verkehren und wo sie über Nacht vor Anker liegen und so weiter. Eine Gruppe von Leuten entführte einen dieser Schlepper. Es war ein Schiff aus Holz, das nur für kurze Distanzen in Binnengewässern geeignet war. Sie stahlen es in der Nacht und zerstörten die Funkgeräte. Drei oder vier Besatzungsmitglieder von zwei weiteren Schleppern waren irritiert und ziemlich erbost über den Diebstahl des Schiffes, nahmen, weil es dort keine Funkverbindung gab, auf eigene Faust und ohne Rücksprache mit irgendjemandem die Verfolgung des alten Schleppers auf, der den Hafen bereits verlassen hatte.

Kein Verantwortlicher war in irgendeiner Weise informiert über das, was plötzlich geschah. Uns liegt ein kompletter Bericht der Geschehnisse in der Nacht vom 13. zum 14. Juli vor. Sobald der Vorfall bekannt wurde – vielleicht eine Stunde später, oder etwas mehr –, schickte die Küstenwache eine Patrouille mit voller Geschwindigkeit hinterher. Nicht um das erste Boot abzufangen, sondern um die Besatzungsmitglieder auf den anderen Schleppern, die den gestohlenen verfolgten, zur Umkehr aufzufordern.

Es war eine dunkle Nacht mit hohem Wellengang. Was taten diese Besatzungsmitglieder? Die Schlepper bewegten sich sehr langsam vorwärts, mit fünf oder sechs Meilen pro Stunde. Sie verfolgten den entführten Schlepper und erreichten ihn ungefähr zwei bis drei Stunden später, soviel ich weiß. Dann unternahmen sie Manöver, um den anderen zur Rückkehr zu zwingen. Einer platzierte sich vor den gestohlenen Schlepper, der andere dahinter, und in dieser Situation kam es zu dem Unfall. Der hintere Schlepper, ein Schiff aus Metall, kam zu nah an den Holzschlepper heran, und in dem Moment drückten ihn die Wellen dagegen. Durch die Kollision wurde eine Bresche in das entführte Boot gerissen, auf dem sich mehr als sechzig Personen befanden. Wasser drang ein, und Leute fielen ins Meer.

Der Schlepper aus Metall, der den Unfall verursacht hatte und auf dem sich höchstens drei oder vier Besatzungsmitglieder befanden, hatte nicht die Mittel, den Schiffbrüchigen zu Hilfe zu kommen, aber die Besatzung begann damit, Leute aus dem Wasser zu ziehen, und sie schafften es, einige zu retten, bis zu dem Augenblick, in dem sie Angst bekamen, dass die Geretteten zu viele würden und nun ihren Schlepper entführen könnten. Glücklicherweise tauchte in diesem Augenblick, wenige Minuten nach dem Unfall, mit voller Geschwindigkeit das Boot der Küstenwache auf.

Was passierte dann?
Die Unfallverursacher hatten einige gerettet, aber die große Mehrheit, etwa dreißig Personen, wurde von der Küstenwache an Bord genommen, die für solche Fälle ausgerüstet ist. Sie verfügten über Rettungsringe, Seile, alles, was nötig ist, um Leute aus dem Wasser zu holen. Auf jeden Fall war es die Patrouille, die den größten Teil der Schiffbrüchigen rettete. Es war ein tragischer Unfall, der mehr als dreißig Menschenleben kostete. Wie üblich versuchten unsere Feinde das auf die gleiche Weise auszuschlachten, wie sie es mit vielen anderen Dingen tun.

Sie gehen also davon aus, dass es ein Unfall war? Der Zusammenstoß war nicht beabsichtigt?
Die Verfolger des entführten Schleppers hatten nicht die geringste Absicht, mit dem Boot zu kollidieren. Sie hatten selbstständig beschlossen, das Boot zu verfolgen, um es zur Umkehr zu bewegen. Sie trifft an dem Vorfall keine Schuld, denn sie reagierten lediglich auf den Raub eines Schiffes, das in unserem Hafen unentbehrlich ist. Die Schuldigen sind diejenigen, die von der Regierung der Vereinigten Staaten aus den Vandalismus begünstigen. Der Fall wurde hier bis ins Detail untersucht, und die Geschehnisse waren das Resultat von Disziplinlosigkeit oder Ungehorsam, aber keinesfalls eine beabsichtigte Aktion.

Natürlich können wir uns auch fragen, ob sie denn die Anordnungen überhaupt kannten. Ich gehe davon aus, aber auf der anderen Seite werden solche Anordnungen nicht an die Schleppkahnfahrer weitergegeben, sondern vielmehr an die Kapitäne und Einsatzleiter der Küstenwache. Jede Patrouille kennt die Anordnung, Entführungen nicht zu behindern, um Unfälle und Opfer zu vermeiden.

Die Besatzung des Schleppers hat aufgrund einer Irritation oder aus Ehrgefühl heraus oder warum auch immer versucht, den entführten Schlepper zur Rückkehr zu zwingen, und nach dem Unfall haben sie versucht, die Leute zu retten. Die Behörden hatten mit diesem Unfall und all seinen Konsequenzen überhaupt nichts zu tun, sondern haben im Gegenteil die Hälfte der über Bord gegangenen Menschen gerettet.

Sie können sich vorstellen, dass das der perfekte Stoff für infame Anschuldigungen gegen Kuba war, wir hätten absichtlich ein Schiff versenkt, auf dem sich Zivilpersonen, Frauen und sogar Kinder befanden, wie das so ist bei diesen Abenteuern, in die Frauen und Kinder verstrickt werden, obwohl man um die Gefährlichkeit einer Aktion weiß. Das war es, was im Juli 1994 passierte.

In der Kritik gegenüber Kuba wird dieser Schiffbruch immer wieder thematisiert.
Ja, damit ist sehr viel Propaganda gegen Kuba gemacht worden. Aber die Wahrheit ist, dass unsere Leute genau diese Anweisung haben: Ein entführtes Schiff, auch wenn es sich noch in unseren Gewässern befindet, wird zur Vermeidung von Unfällen nicht abgefangen.

Wir haben diesen Unfall, wie schon gesagt, bis ins kleinste Detail untersucht, die Besatzung des Schleppers hatte nicht die geringste Absicht, dieses Schiff zu versenken. Sie haben sogar Leben gerettet. Es wäre demagogisch und ungerecht gewesen, diese Besatzungsmitglieder mit schweren Strafen zu belegen.

Denken Sie, dass dieser Schiffbruch und die Kampagne, zu der er Anlass gab, zusätzlich die Atmosphäre aufgeheizt haben, die zu den Unruhen am 5. August führten?
Die Unruhen in Havanna waren darauf zurückzuführen, dass Radio Martí – es fällt mir sehr schwer, den Namen Martí in diesem Zusammenhang auszusprechen – angekündigt hatte, es würden Schiffe an die Küste von Havanna kommen, um dort Leute aufzunehmen. Es versammelten sich Leute, vorwiegend Pöbel, denn es sind ganz bestimmte Leute, die sich auf ein solches Abenteuer der Schiffsentführung einlassen, egal in welchem Zustand das Schiff ist, ungeachtet der Tages- und Nachtzeit, sogar bei schlechtem Wetter. Da geht es nicht um irgendwelche politischen Differenzen oder Zerwürfnisse. Mehr als neunzig Prozent der Menschen, die unser Land verlassen haben, taten dies, ebenso wie die Mexikaner und andere, aus wirtschaftlichen Gründen, nicht weil sie keine Arbeit hätten oder keine Bildung oder keine Gesundheitsversorgung oder keine garantierte Menge an Lebensmitteln zu minimalen Preisen.

Und warum wandern sie dann aus?
Sie wandern aus, weil sie gern ein Auto hätten, weil sie gern in einer Konsumgesellschaft leben möchten, für die ja sehr viel geworben wird. Man könnte auch die Chinesen fragen: Warum wandert ihr aus? Alle sprechen über die

großen Fortschritte Chinas, reale Fortschritte und beachtliche Verbesserungen. Ich spreche nicht nur von den Errungenschaften der Revolution – das Recht der Menschen auf Boden und andere Rechte und Möglichkeiten –, ich beziehe mich auf das China mit einer Wachstumsrate von zehn Prozent jährlich. Und dennoch hört man immer wieder von einem Schiff mit 800 oder 1000 Menschen, das illegale Auswanderer an Bord hat.

Es gibt einen weltweiten Migrationsdruck, wie Sie das aus Europa auch kennen: Man wandert aus Algerien aus, aus Marokko, aus ganz Afrika. Laut Europa ist Marokko ein wunderbares Land, ein Verbündeter, und trotzdem überqueren die Marokkaner die Straße von Gibraltar, und es gibt auch dort Unfälle, obwohl die Distanz viel geringer ist.

Es gibt sehr viele Unfälle.
Dort?

Ja, dort gibt es jedes Jahr Dutzende von Toten in der Meerenge.
Ah! Also mehr als hier?

Wahrscheinlich ja.[6]
Obwohl die Entfernung so gering ist?

Ja, trotzdem.
Und die Mexikaner ... trotz des NAFTA[7]. An der Grenze zu Mexiko sterben jährlich bis zu 500 Menschen. Nicht nur Mexikaner, sondern auch Menschen aus anderen zentralamerikanischen Ländern, die versuchen, in die Vereinigten Staaten zu gelangen, aber die Mehrzahl sind Mexikaner – andere versuchen es über das Meer.

Aus Santo Domingo sind in den letzten zwanzig Jahren etwa eine Million Dominikaner emigriert, die Mehrheit über den Kanal von La Mona. Das ist sehr gefährlich, viele sterben. Verstehen Sie? Sie gehen über Puerto Rico. So kommt es zu mehr als einer Million Auswanderer aus der Dominikanischen Republik. Die größte Finanzkraft dieses Landes kommt heutzutage über Geldsendungen aus dem Ausland.

Das von den Emigranten geschickt wird?
Ja. Diese Geldsendungen übertreffen alle anderen Einkünfte des Landes. Sie sind höher als die Gehälter der zahlreichen Textilarbeiterinnen in diesem Land.

Fordert Kuba die Aussetzung des Regulierungsgesetzes, weil es unmenschlich ist?
Dieses Gesetz hat den Verlust unzähliger Menschenleben verursacht, Tausende Leben! Sie informieren uns nie, wer in den USA angekommen ist, ob jemand gestorben ist, niemals! Kuba ist das einzige Land der Welt, das diesem brutalen Gesetz unterworfen ist.

Was wäre, wenn sie das im Fall Mexikos anwendeten? Ich verlange das Regulierungsgesetz nicht für andere, es ist ein mörderisches Gesetz; ich sage, wenn man, auf der Basis des Neoliberalismus, den freien Kapital- und Güterverkehr verteidigt, dann sollte man, wie die Europäer das im Schengener Raum tun, auch den Personen freie Bewegung zubilligen. Das ist meine Meinung. Kein Regulierungsgesetz, das die illegale Ausreise fördert und den Tod vieler Menschen zur Folge hat.

Wie viele sterben an der Mauer, die Mexiko von den Vereinigten Staaten trennt? Man sprach von der Berliner Mauer. Jeder, der möchte, kann untersuchen, welche Gründe dazu führten, welche Bedingungen: die Gefahr des Krieges, die Panzer, die sich dort gegenüberstanden, der schreckliche ideologische Krieg und die Propaganda zwischen der Konsumgesellschaft und den industriell am meisten zurückgebliebenen Ländern Europas. Nun gut, ich werde nicht über die Gründe diskutieren, die 1961 zum Bau der Mauer in Berlin geführt haben, ob man andere Formen hätte finden können, um die Abwanderung der Menschen zu verhindern. Aber ich darf mich fragen, welchen Grund es für die 3000 Kilometer lange Mauer zwischen Mexiko und den Vereinigten Staaten gibt. Jährlich sterben mehr als 500 Menschen an der Grenze zwischen Mexiko und den USA, um in ein Territorium zu gelangen, das selbst einmal mexikanisches war, und von dem man weiß, dass es dort Millionen Illegale gibt. Millionen Illegale! Viele von ihnen trennen sich für lange Zeit von ihren Familien.

Auf der anderen Seite besteht der größte Teil der Einnahmen Mexikos heute – und zwar ist er weitaus höher als die aus dem Ölgeschäft – aus Geldsendungen der Emigranten. Zweiundzwanzig Milliarden Dollar im Jahr. Je gefährlicher das Überqueren der Grenze wird, desto seltener werden diese Menschen ihre Familien besuchen. Sie können sie nicht mehr besuchen, denn es sind Millionen.

Die Anzahl derer, die in die Vereinigten Staaten auswandern wollen, steigt proportional zum Bevölkerungswachstum, zur Arbeitslosigkeit und den Gehaltsunterschieden von mindestens dem Fünfzehnfachen für die gleiche Arbeit im Vergleich zwischen einem Fabrikarbeiter in Mexiko und einem in den USA. In anderen Industrien sind es zwanzigmal so viel, und wenn sie aus dem Süden Mexikos kommen, dann verdienen sie in den Vereinigten Staaten sogar dreißigmal so viel wie in ihrem Land.

Sie sagen also, dass die Kubaner, die ihr Land verlassen, dies aus wirtschaftlichen Gründen tun, ebenso wie die Mexikaner, die Dominikaner und die Argentinier?
Ja, Sie haben mich gefragt: »Warum wandern sie aus?« Ich sagte Ihnen, dass die Emigration aus Kuba keinesfalls anders gelagert ist als die Emigration der Dominikaner, Mexikaner, Zentralamerikaner und Südamerikaner. Und das sind Länder, die keiner Blockade unterliegen, die nicht sozialistisch sind und wo es jede Menge Autos und andere Luxusartikel gibt. Für diejenigen, die von einem bürgerlichen Lebensstil träumen, gibt es dort viele Dinge einer typischen Konsumgesellschaft, dort gibt es aber kein Regulierungsgesetz, das ihnen das Recht geben würde, ohne jegliche Dokumente legal in die Vereinigten Staaten einzureisen. Ein Regulierungsgesetz, das die Hauptmotivation für die illegale Emigration aus Kuba ist.

In Mexiko gibt es ein solches Gesetz nicht. Wenn es dieses Gesetz gäbe, auch für die anderen Länder in Mittelamerika, dann würden dreißig bis vierzig Prozent der Bevölkerung in die Vereinigten Staaten auswandern. Selbst mit den Hunderten und Tausenden Fabriken in Mexiko, die Produkte für die Vereinigten Staaten herstellen und deren Arbeiter etwas mehr als den Mindestlohn bekommen, hätten für den Fall der Existenz eines Regulierungsgesetzes bereits vierzig oder fünfzig Millionen Mexikaner die Grenze zu den Vereinigten Staaten überschritten. Ich kann keine genauen Zahlen nennen, aber ich weiß, dass in Argentinien, und sogar vor der Krise ...

Die Krise vom Dezember 2001?
Ja, aber schon vor dieser Krise wollten in Argentinien Umfragen zufolge etwa dreißig Prozent der Bevölkerung aufgrund wirtschaftlicher Probleme und Arbeitsplatzmangels nach Europa oder in die USA emigrieren. Dreißig Prozent! Und Argentinien hat keine Blockade und ist zudem einer der größten Nahrungsmittelproduzenten der Welt.

Natürlich emigrieren auch viele Akademiker, Wissenschaftler, Intellektuelle, herausragende Professoren, denn die Vereinigten Staaten nehmen sich immer das Beste. Allerdings beschreiten die Akademiker doch eher den legalen Weg.

Die Abwanderung der Intelligenz funktioniert nicht über Leute, die unter abenteuerlichen Bedingungen ein Schiff entführen oder bei einem Grenzübergang ihr Leben riskieren.

Ich denke, Argentinien war wirtschaftlich immer in einer besseren Verfassung als Mexiko, hatte einen höheren Lebensstandard, nur dass man die Argentinier, die in die Vereinigten Staaten auswandern, Emigranten nennt, ebenso wie die Mexikaner.

Nicht »politische Flüchtlinge«, wie die Kubaner.
Seit mehr als vierzig Jahren ist jeder Kubaner, der das Land verlässt, ein »Exilkubaner«, ein »Feind des sozialistischen Regimes«. Unter allen Lateinamerikanern, die in die Vereinigten Staaten auswandern, haben die kubanischen Immigranten das höchste Bildungsniveau und sind somit auch diejenigen, die dort am meisten verdienen. Viele, die aus den Ländern dieser Hemisphäre auswandern, sind in den USA gezwungen, härteste Arbeiten zu verrichten, denn sie haben häufig keine Schul- oder Berufsausbildung. Viele von ihnen sind halbe Analphabeten und enden bei der Ernte von Tomaten und anderem Gemüse oder als Haushaltshilfen. Sie erledigen als billige Kräfte Arbeiten, für die sich die Elite zu fein ist. Ich glaube wirklich, wenn es das Regulierungsgesetz in ganz Lateinamerika gäbe, dann würde die Hälfte der US-Bevölkerung aus Lateinamerikanern bestehen.

Stellen Sie sich einmal ein solches Gesetz für China vor, für die asiatischen Länder, sogar für Europa. Niemand weiß, wie viele Menschen aus den weniger reichen Ländern Europas, oder Arbeitslose, in die Vereinigten Staaten auswandern würden. Auf jeden US-Amerikaner, der dort geboren wurde, kämen dann mit Sicherheit zwei, drei kürzlich Eingewanderte. Um es kurz zu machen: Sie würden in die Vereinigten Staaten einfallen, das Land besetzen, gäbe es ein weltweites Regulierungsgesetz, wie es das für Kuba gibt. Dieses Gesetz ist nun seit fast vierzig Jahren in Kraft, und es gewährt denen, die Schiffe oder Flugzeuge entführen, uneingeschränkt alle Rechte. Es kommt einer Ermunterung zum Verbrechen gleich.

Denken Sie, es sind die Verzweifelten, die zu diesen Mitteln der Emigration greifen?
Die Organisatoren dieser Abenteuer sind Menschenhändler. Sie wählen Leute aus, die Familie in den Vereinigten Staaten haben und sich mit ihren Angehörigen gern wieder vereinen möchten. Diese Leute müssen häufig eine Ewigkeit

auf ein Visum warten, wenn sie keine Akademiker oder qualifizierten Techniker sind. Die Mehrheit derjenigen, die die Hoffnung haben, auf die eine oder andere Weise legal in ein Zwischenland auszureisen, zum Beispiel nach Spanien, Mexiko, Kanada oder in irgendein anderes Land, entführen keine Schiffe, lassen sich nicht zu etwas so Unverantwortlichem hinreißen, benutzen keine Flöße und bringen nicht das Leben von Kindern in Gefahr.

Werden die Personen, die eine Straftat begangen haben, um auszureisen, von den US-Behörden nicht festgenommen und zurückgeschickt?
Die Leute, die illegal ausreisen, sind die einzigen Bürger der Welt, die, wenn sie die Gesetze der USA verletzen und auf irgendeinem Weg einreisen, sogar wenn sie mit falschen Papieren kommen, mit einem falschen Pass, am Flughafen nur sagen müssen: »Ich bin der und der, und ich berufe mich auf das Regulierungsgesetz.« Damit haben sie das Recht auf eine Aufenthaltserlaubnis und eine Arbeitserlaubnis vom darauffolgenden Tag an.[8] Früher mussten sie ein Jahr warten, das haben sie jetzt alles abgeschafft. Das Ziel? Destabilisierung! Wie viele Menschenleben das gekostet hat!

Jeder, der irgendein Verbrechen begeht oder vorbestraft ist, kann dieses Gesetz in Anspruch nehmen und wird zum »Exilanten« und zum »Feind des Sozialismus« erklärt. Zu Beginn der Sonderperiode hatten wir eine Emigrationsvereinbarung, die die USA nicht eingehalten haben. All das hat die illegale Ausreise angeheizt, denn denjenigen, die keine Visa bekommen – das muss ich noch mal sagen –, schicken die Angehörigen ein Schiff und rufen an, wann sie abgeholt werden. Die Menschenhändler benutzen dann Schnellboote.

Sprechen sie sich ab, um an einem unauffälligen Punkt an Bord genommen zu werden?
Sie telefonieren einfach, egal zu welcher Tages- oder Nachtzeit. Es ist nicht schwer, einen Punkt an der Küste zu verabreden und eine exakte Uhrzeit, zu der sie kommen. Aber in diesem Klima, mit all der Geheimniskrämerei, gibt es immer den einen oder anderen, der nicht legal ausreisen kann und von einer solchen Absprache erfährt. Er fängt an, die Leute zu erpressen, und begibt sich ebenfalls dorthin, um auch an Bord zu gehen. Das Problem ist, dass die Menschenhändler in einem Boot, das für sechs bis acht Personen ausgelegt ist, zwanzig, fünfundzwanzig oder sogar dreißig Leute transportieren.

Mit dem Risiko, unterzugehen.
Deshalb weiß man nicht, wie viele dabei sterben. Man spricht von Tausenden, aber niemand kennt die Zahlen, denn Sie erfahren ja nie, wer angekommen ist, ob es einen Unfall gab und wie diejenigen heißen, die ertrunken sind. Die Vereinigten Staaten geben uns nicht einmal die Namen der Verstorbenen. Sehen Sie, in welchem Geist sie dieses Regulierungsgesetz anwenden?

Die Exilkubaner in Miami verteidigen dieses Gesetz und organisieren Shows und Happenings für die dortigen Behörden. Sie nehmen Fernsehjournalisten mit zur Küstenwache, um zu vermeiden, dass irgendjemand versucht, ein Boot aufzuhalten. Stellen Sie sich einmal vor, jemand möchte die Küste erreichen und kämpft mit der Patrouille der Küstenwache, die versucht, die Leute abzufangen, die im Begriff stehen, von der Regel »trockene Füße – nasse Füße« Gebrauch zu machen.[9] Sie wissen, dass sie von der Exilgemeinde unterstützt werden, und machen alles, um nordamerikanisches Territorium zu betreten. Die Mafia hat schon unglaubliche Shows arrangiert, um die Küstenwache zu demoralisieren.

Filmen sie die Küstenwache?
Ja, alle Leute die dort sind, kommen ins Fernsehen. Unter diesen Bedingungen haben sie versucht, die Küstenwache einzuschüchtern. Sogar in einer weniger feindseligen Regierung, wie der Clintons, hat es all diese Situationen gegeben, und all das wird auch in den Wahlkämpfen benutzt, um die Stimmen der Floridianer zu bekommen. Clinton hatte auch in Florida gewonnen. Er sagte nichts, doch die Macht dieser Leute ist die Macht der Skandale, der antikubanischen Lobby im Kongress. Clinton hatte im Kongress keine Mehrheit, somit hatten sie dort die Macht – die Kubaner in Florida –, sowohl Demokraten als auch Republikaner, denn die Kubanisch-Amerikanische Nationalstiftung gibt ihnen viel Geld für ihre Kampagnen, und sie können auf Dutzende Kongressabgeordnete zählen, die Wahlgelder von ihnen erhalten; der berühmte Bob Menéndez[10] aus New Jersey zum Beispiel, der von den Kubanern unterstützt wurde und der Demokratischen Partei angehört. In der antikubanischen Lobby, die sehr viel Geld hat, gibt es also Demokraten und Republikaner.

Denken Sie, dass Clinton konstruktiver war?
Ja, er war nicht besonders fordernd. Aber Clinton hat die Gemeinde der Exilkubaner geerbt, er hat die Kampagnen gegen Kuba geerbt und konnte nicht viel tun, um sich anständiger zu verhalten. Diese Dinge lagen vor seiner Regie-

rungszeit, das geschah schon unter Reagan so. Aber nach 1989, in der Sonderperiode, war Bushs Vater mit anderen Dingen beschäftigt: mit dem Golfkrieg und damit, den größten Vorteil aus der neuen sowjetischen Politik zu ziehen, strategische Waffenabkommen zu unterzeichnen. Alle Welt kennt die Konzessionen, die ihm Gorbatschow und vor allem Schewardnadse[11] eingeräumt haben. Die beiden verhandelten, ohne viel von Waffen zu verstehen, von Strategien, von irgendetwas. Sie wollten einfach verhandeln, die Vorteile lagen bei der Regierung der Vereinigten Staaten.

Ist es richtig, dass Kuba jetzt trotz des Embargos, das seit 1962 in Kraft ist, Lebensmittel in den USA einkaufen kann?
Ja. Seit im November 2001 der zerstörerische Hurrikan Michelle über die Insel hinweggefegt ist, ist dies aufgrund eines Gesetzes gegen die Nahrungsmittelblockade möglich. Dieses ist zwar voller Flicken und Einschränkungen, aber es wurde von der Mehrheit des Kongresses verabschiedet.[12]

Von den Republikanern?
Es waren sowohl Demokraten als auch Republikaner, die mehrheitlich ein Gesetz zum Verkauf von Nahrungsmitteln nach Kuba autorisiert haben.

In anderen Bereichen, wie beim Recht, nach Kuba zu reisen, blockierten sie die Initiative, da gab es keine Diskussion. Auf welche Vorgehensweise griffen die Mafia und die extreme Rechte zurück? Sie schlugen fundamentale Gesetzesänderungen vor, die sie jeweils Verbesserung oder Abänderung nannten. Wenn man wichtige Gesetze diskutiert, sagen wir, den Verteidigungshaushalt oder landwirtschaftliche Subventionen oder den Staatshaushalt, dann sind diese Gesetze so bedeutend, dass, wenn eine Kommission eine Zusatzklausel anhängt, es praktisch unmöglich ist, gegen diese anzukämpfen, denn sie wurde in ein Gesetz implementiert, dem niemand widersprechen kann. So änderten sie das Gesetz, das verabschiedet wurde, und grenzten es so weit ein, dass es nicht mehr praktikabel war.

Nun, wir waren nicht einverstanden, denn Sie können nicht einverstanden sein damit, dass nur in eine Richtung verkauft werden kann. Aber überdies wurde das Gesetz so verbogen, dass für jeden Verkauf nach Kuba eine Sondererlaubnis des Finanzministeriums der Vereinigten Staaten erforderlich ist. Das ist so, als wenn Sie, um einen Anzug in einem Geschäft zu kaufen, den Bürgermeister des Dorfes um Erlaubnis ersuchen müssten.

Oder meine Bank.
Nein, nein, nicht die Bank. Den Minister der Finanzbehörden der Vereinigten Staaten. Es muss von einem Ministerium autorisiert werden. So kam es, dass sie wenige Tage nach dem Hurrikan Michelle eine Geste zeigten, so wie wir das nach dem 11. September 2001 getan hatten. Sie schlugen uns humanitäre Hilfe vor und wollten Techniker schicken, um die Schäden auszuwerten. Wir antworteten, dass wir die Auswertungen bereits vorgenommen hätten, dass wir den Geschädigten mit unseren Nahrungsmittelreserven helfen würden, über die wir verfügten. Wir bedankten uns für das Angebot und fügten hinzu, dass es für Kuba nützlich wäre, gemäß dem Abkommen, in den Vereinigten Staaten die entsprechende Menge an Lebensmitteln für die Geschädigten des Hurrikans kaufen zu können. Sie akzeptierten das, und gemäß den Regeln dieses Gesetzes, das voller Einschränkungen ist, verkauften sie uns bestimmte Nahrungsmittel. Auf alle Fälle musste man für jede Lieferung die Erlaubnis beim Finanzministerium beantragen.

Wir erklärten öffentlich, dass für jede freundliche Geste ihrerseits es eine freundliche Geste unsererseits gäbe. Sie erteilten die Erlaubnis sogar für ein Jahr – unserer Meinung nach ein konstruktiver Vorgang –, und wir steigerten die Nahrungsmitteleinkäufe, um Reserven aufzubauen. Alle Nahrungsmittelkäufe, die wir unter Berufung auf dieses Gesetz tätigten, mussten von uns bar bezahlt werden, und das taten wir.[13]

Sowohl im Repräsentantenhaus als auch im Senat gibt es eine große Mehrheit gegen die Blockade.[14] Sie ist dafür, dass das verfassungsmäßige Recht der Nordamerikaner, zu reisen, respektiert wird, und für die Annahme eines Gesetzes, das es auch gestattet, kubanische Produkte zu kaufen.

Es gibt auch eine starke Strömung innerhalb der öffentlichen Meinung; mehr als siebzig Prozent sprechen sich gegen die Blockade aus und sind für das Recht der nordamerikanischen Bürger, nach Kuba zu reisen.[15] Dennoch ist das verboten; nur US-Amerikaner kubanischen Ursprungs dürfen einmal alle drei Jahre nach Kuba reisen.[16]

US-amerikanische Bürger dürfen nicht nach Kuba kommen?
Das ist verboten. Aber es gibt einige, die trotzdem reisen, und wenn sie die bestrafen würden, dann müssten sie die Gefängniskapazitäten in den Vereinigten Staaten aufstocken. Sie können zu Gefängnisstrafen bis zu zehn Jahren verurteilt werden.

Weil sie nach Kuba reisen?
Für einen Besuch in Kuba oder für irgendeine andere Art der Verletzung der Blockade-Gesetze kann ein US-Amerikaner eingesperrt werden. Und wenn ich mich nicht irre, liegt die Strafe bei bis zu 250.000 US-Dollar, wenn sie unser Land ohne Genehmigung besuchen. Wenn es sich um einen Verein oder eine Gesellschaft handelt, dann beträgt die Strafe bis zu eine Million Dollar. Es werden zudem Administrativstrafen bis zu 55.000 Dollar pro Verletzung angewendet.

17

DER ZUSAMMENBRUCH DER SOWJETUNION

*Das ökologische Desaster – Zustand der Infrastruktur –
Mittelmäßigkeit in der Informatik – Das Reich der Mafia –
Leben ohne die UdSSR*

Nach dem Zusammenbruch der Sowjetunion im Jahr 1991 und anderer Länder des Ostens traten furchtbare Dinge zutage. Eine Umweltkatastrophe größten Ausmaßes, ein jämmerlicher Zustand der Infrastruktur. Sie selbst sagten mir, dass das Gesundheitswesen nicht funktionierte …
Es funktionierte mit Defiziten, aber noch zehnmal besser als jetzt.

Man stellte fest, dass es große Schwierigkeiten im Alltagsleben gab und dass sich eine Art Mafiareich gebildet hatte, eine Korruption astronomischen Ausmaßes. Die Parteikader selbst hatten sich einen großen Teil des nationalen Reichtums angeeignet. Letzten Endes haben siebzig Jahre sowjetischer Sozialismus es nicht geschafft, den neuen Menschen zu schaffen. All diese Enthüllungen: Erstens, haben Sie all das vermutet? Und zweitens, hatte es Einfluss auf Ihre eigenen Überzeugungen?
Das werde ich Ihnen beantworten. Sie haben eine Reihe von Dingen angesprochen, von denen einige bekannt waren, aber viele erst später ans Licht kamen. Man muss sie sorgfältig analysieren.

Ich habe in vielem nicht übereingestimmt. Zum Beispiel habe ich mich, wenn ich nach Moskau fuhr, beschwert, weil sie mir irgendeinen Parteikader an die Seite stellten, der mich auf Schritt und Tritt begleitete und mich praktisch zu seinem Eigentum machte. Ich beobachtete kleine Miseren, Eifersüchteleien, Egoismen. Diese Dinge gab es, aber es gibt sie überall auf der Welt und in den kapitalistischen Gesellschaften in noch viel größerem Ausmaß. Ich gestehe also, dass diese Probleme vorhanden waren, aber in erheblich geringerem Umfang als anderswo.

Schauen wir sie uns eins nach dem anderen an. Das Erste habe ich genannt.

Die Umweltkatastrophe.
Richtig. Man wusste nicht, dass es in der Welt so etwas wie eine Umweltkatastrophe gab, und man kann sagen, dass der Westen sie zuerst entdeckt hat. Marx dachte, dass die Entwicklung des Reichtums ihre Grenzen im Gesellschaftssystem hätte und nicht in den natürlichen Ressourcen, wie man das heute weiß.

Den Sowjets war die ökologische Gefahr nicht bekannt, und bei einem so gigantischen Territorium wie dem der UdSSR war es vielleicht schwierig, das wahrzunehmen, aber die Umweltkatastrophen, die man dort entdeckte, sind nicht anders als die in Europa und den Vereinigten Staaten.

Und Tschernobyl?[1]
Tschernobyl, die einzige Tragödie, die es mit den Reaktoren gegeben hat, die nicht mit Wasser, sondern mit Graphit funktionieren, hat in der Tat einen unglaublichen Schaden angerichtet. Aber schon zuvor hat es andere ökologische Desaster gegeben: die Zerstörung, die in Mexiko stattgefunden hat, in Mittelamerika, in Südamerika; der Amazonasdschungel ... es wird darüber diskutiert, wie man ihn retten kann, wenn er überhaupt zu retten ist. Die Umweltzerstörung ist universell, und man kann sie nun wirklich nicht der Sowjetunion zuschreiben.

Aber der Aralsee zum Beispiel. Die Sowjets haben damals entschieden, die Flüsse umzuleiten, und der Aralsee ist im Verschwinden begriffen. Aufgrund eines Produktionsgigantismus.
Aber das ist ja kein Einzelproblem. Es ist vielfach erörtert worden, von Chruschtschow bis Breschnew und anderen. Sie wollten produzieren. In Kasachstan beispielsweise begannen sie den Weizenanbau zu entwickeln, immer wieder wurde versucht, die Produktion zu steigern. Dann hatten sie vor, die sogenannten Hungersteppen in Usbekistan zu kultivieren – ich war übrigens dort –, wozu sie einigen Flüssen Wasser entnahmen, die aus den Bergen kamen. Sie gewannen Millionen Tonnen Baumwolle. Ich bin der Meinung, dies war eine falsche Anwendung der Technik. Es trat nicht in ihren Horizont, sie ahnten vielleicht nicht einmal, dass sie mit einer Sache, die sie für großartig hielten, eine enorme Umweltkatastrophe anrichten könnten. Ich weiß noch, wie Chruschtschow mir von diesem Plan erzählte, von der Erschließung neuer Bodenflächen, der Superproduktion. Die Sowjets wollten das Gleiche tun wie die Vereinigten Staaten. Und, gut, die Landwirtschaft gedieh, die Aussaat mit

Bewässerung und so weiter funktionierte, aber die Probleme mit den salzhaltigen Ablagerungen wurden immer größer.

Auch wir machten Entdeckungen. Die Revolution hat Herbizide eingesetzt. Als die Zuckerproduktion sich auf acht Millionen Tonnen erhöht hatte, mussten wir diese chemischen Produkte einsetzen, weil es sonst keine landwirtschaftliche Industrie gegeben hätte. Düngemittel, nun gut, die Düngemittel haben in einem bestimmten Augenblick die Menschheit gerettet, denn es war nicht vorstellbar, mehr als sechseinhalb Milliarden Menschen zu ernähren, wovon ein großer Teil unterernährt und hungrig ist in der Dritten Welt. Andererseits kann ich mich an ein Buch von André Voisin[2] erinnern mit dem Titel *Hierba, suelo y cáncer (Boden und Pflanze. Schicksal für Tier und Mensch)*. Er analysierte die Auswirkungen des Kaliums auf die Entwicklung bestimmter Krebstypen – ich habe viele ähnliche Bücher gelesen, denn ich interessierte mich sehr für die Landwirtschaft – und die Gefahr eines Übermaßes an Kalium. Knollenfrüchte brauchen es für gewöhnlich. Bei Bananen oder Zuckerrohr werden Stickstoff, Schwefel und Kalium eingesetzt. Es gibt eine Reihe von Nahrungsmitteln, für deren Produktion man diese drei Elemente benötigt.

Heute kennen wir viele unerwünschte und unsägliche Nebenwirkungen des Missbrauchs von Düngemitteln und Herbiziden. Rachel Carson schrieb *Der stumme Frühling*, und von diesem Buch lernte ich sehr viel. Heute erforscht man die Gene, vor zwanzig Jahren wusste man kaum etwas darüber. Die Genetik orientierte sich an den mendelschen Gesetzen, diese Entdeckungen, die mithilfe von Erbsensamen gemacht wurden, trugen durch die Kombination von Chromosomen und Genen viel zur traditionellen Genetik bei. Gentechnik gab es damals noch nicht, es waren noch keine Gene von einer Zelle in eine andere transferiert worden. Wir arbeiteten sehr viel mit der traditionellen Genetik, später sahen wir die Möglichkeiten der genetischen Wissenschaften, die wir auch fortentwickelten: Heute verfügen wir über Medikamente, die mittels dieser Methoden hergestellt wurden, Impfstoffe oder Arzneimittel nicht natürlichen Ursprungs. Arzneimittel natürlichen Ursprungs können mit unerwünschten Stoffen kontaminiert sein, sodass ein synthetischer Impfstoff eine wesentlich größere Sicherheit bietet als ein natürlicher.

Es gab eine Zeit, da schien es, als könne die Wissenschaft alle Probleme lösen. Heute stellen wir fest, dass das nicht so ist. Die Herausforderung ist schwieriger, denn wir können auch nicht auf sie verzichten, und die Wissenschaft wird viele Probleme lösen müssen, die sie selbst verursacht. Die Rettung der Menschheit wird Aufgabe von Titanen sein, aber im Rahmen von Wirtschafts- und Gesellschaftssystemen, in denen nur Profit und Werbung entscheiden, wird sie nie möglich sein.

Das heißt, es handelt sich um sehr schwierige und komplexe Fragestellungen, die die Menschheit noch nicht gelöst hat, für die aber nicht, ganz und gar nicht, die ehemalige UdSSR verantwortlich zu machen ist.

Der jämmerliche Zustand der Infrastruktur, der Verkehrswege, der Eisenbahn, der Straßen, des Telefonsystems, der Elektrizität – alles war in einem bedauerlich schlechten Zustand.
Sehen Sie, ich hege kein Interesse daran, irgendetwas Schlechtes, das die Sowjets getan haben, zu verteidigen, das möchte ich klarstellen. Ich kam zu der Auffassung, und ich denke noch heute so, dass ohne die beschleunigte Industrialisierung, zu der sich dieses Land gezwungen sah – woran zu einem großen Teil der Westen die Schuld trägt, der die UdSSR blockiert und angegriffen hat –, die Sowjetunion dem Prankenhieb der Nazis nicht entkommen wäre, sie wäre geschlagen worden. Mitten im Krieg waren sie in der Lage, Fabriken zu verlegen, sie in verschneiten Gebieten aufzubauen und die Produktion dort aufzunehmen, selbst wenn ihnen das Dach noch fehlte. Sie waren die Protagonisten einer unglaublich großen Leistung, einer der verdienstvollsten Taten in diesem Krieg, dem so viele politische Fehler vorausgegangen waren. Da würde ich die hauptsächliche Kritik ansetzen, bei den begangenen Fehlern.

Wenn ich mich an die Beziehungen mit der Sowjetunion erinnere, die mehr als dreißig Jahre aufrechterhalten blieben, bis zum Kollaps, dann denke ich, dass die Sowjets mehr als genug Benzin hatten, denn Benzin bleibt übrig, wenn man Öl und Diesel für die Industrie, das Transportwesen und die Landwirtschaft herstellt. Sie haben keine Konsumgesellschaft aufgebaut, gesättigt von Privatfahrzeugen und großen Benzinverbrauchern, so wie das beispielsweise in den Vereinigten Staaten und Westeuropa der Fall ist. Ich denke, das haben sie sehr gut gemacht. Ich glaube, dass das Benzin übrig war und die UdSSR in den 60er-Jahren keinen Markt dafür gefunden hatte. Es gibt keine andere Erklärung für den unglaublichen Benzinverbrauch der russischen Lkw, Kleinlaster, Jeeps und Pkw. Wer wüsste das besser als wir, die wir in diesen dreißig Jahren Zehntausende davon gekauft haben und denen es niemals an einem Schiff der sowjetischen Flotte mit einer Ladung Benzin mangelte? Es ist nur gerecht, festzustellen, dass auch niemals einem Schiff Öl, Treibstoff oder Diesel fehlte. Die Maschinen mit Dieselmotoren waren dabei weitaus effizienter.

Aber in der Tat hatten sie technologische Rückstände in verschiedenen

Bereichen der Produktion. Das hatte seinen Preis im Kampf des Sozialismus gegen den Imperialismus und seine Verbündeten. Das Kuriose ist, dass die UdSSR das Land war, dass die meisten Forschungszentren gründete, die meisten Forschungsvorhaben realisierte und, mit Ausnahme des militärischen Bereichs, die Fülle der Forschungsergebnisse am wenigsten in der eigenen Wirtschaft anwendete.

Die Straßen waren schmal. Vielleicht hat man aus Sicherheitsgründen keine großen Autobahnen gebaut. Aus Sicherheitsgründen hatten ihre Eisenbahnen eine andere Spurbreite als in Europa. Bei diesem Transportmittel konnten sie ziemliche Fortschritte vorweisen. Vielleicht waren ihre Autos nicht besonders luxuriös, aber die sibirische Eisenbahn fuhr auf einer Strecke von vielen Tausend Kilometern, und das Bahnsystem, das über große Entfernungen ohne jeden Zweifel viel ökonomischer ist als der Transport auf der Straße, erreichte alle Winkel dieses immensen Landes. Der größte Teil des Benzins, das die Raffinerien herstellen, wird heute von Privatfahrzeugen verbraucht. In den Vereinigten Staaten übersteigt der tägliche Benzinkonsum achteinhalb Millionen Barrel. Das ist eine wahrhaft unhaltbare Menge, die zur raschen Erschöpfung der nachgewiesenen und der vermuteten Ölreserven der Welt beiträgt.

Auch auf dem Feld der Informatik sind sie nicht vorangeschritten, obwohl sie Tausende von Ingenieuren hatten, eine unglaubliche Kapazität. Wie erklären Sie sich das?
Dafür gibt es keine Rechtfertigung, das ist ein Mangel an Vision. Man muss sich wundern. Die Yankees dagegen entwickelten sie mit voller Geschwindigkeit. In einigen Dingen waren die Sowjets mittelmäßig, nicht so sehr bei der Forschung, sondern bei der Anwendung. Sie betrieben extensivere Forschung, waren früher im Weltraum, und dort kommt man ohne Informatik nicht hin.

Haben Sie diesen Fehler in Kuba vermeiden können? Fördern Sie die Informatik?
In unserem Land gab es Zeiten, da wurde EDV nicht einmal an den Universitäten unterrichtet. Wir haben langsam damit angefangen, und zwar eben an den Universitäten. Später haben wir 170 Computerclubs für Jugendliche geschaffen, und vor Kurzem konnten wir diese Anzahl auf 300 ausbauen, sogar mit der doppelten Anzahl von Geräten in jedem Club. Das Wichtige ist, dass heute in Kuba die Arbeit am PC schon in der Vorschule beginnt. Hundert Prozent aller Kinder in unserem Land verfügen über Computerräume, von der

Vorschule bis zur Universität, und wir haben die enormen Möglichkeiten entdeckt, die sich daraus ergeben. Ebenso werden audiovisuelle Medien verstärkt in der Bildung für Kinder, Jugendliche, Erwachsene und die ganze Bevölkerung eingesetzt. Die Energie für die Nutzung dieser Technologien stammt vor allem in den ländlichen Gebieten aus Solarzellen, die einen geringen Verbrauch und geringe Kosten garantieren.

Wir befinden uns bereits in einem massiven Entwicklungsstadium und arbeiten intensiv in anderen Bereichen der Informatik. Wir bilden Zehntausende Programmierer und Softwareentwickler aus und haben eine Universität gegründet, die jetzt bereits im fünften Studienjahr ist: die Universität für Informatikwissenschaften, für die wir die Studenten unter den besten Absolventen des Landes auswählen. An dieser Universität schreiben sich jährlich 2000 Studenten ein.

Zurück zur UdSSR. Als die Sowjetunion zusammenbrach, kam aus allen Ecken eine Art Mafiareich hervor; man entdeckte eine gigantische Korruption. Es war nicht gelungen, moralische Werte einzuimpfen, sondern im Gegenteil, es wurde eine Art allgemeine Korruption geschaffen.
Das analysiere ich im Einzelnen. Der Kapitalismus schafft alle möglichen Keime, die Mafia ist eine Erfindung des Kapitalismus. All diese Keime der Korruption gibt es. Auch im Sozialismus gibt es sie, denn Menschen haben Bedürfnisse. Man muss Werte schaffen, muss diese fördern.

Wir stritten – und streiten noch heute viel –, denn eine Revolution beginnt erst einmal mit der Abschaffung aller Gesetze. Ich kann mich erinnern, dass ich eine Kultur der Reichen entdeckte und eine Kultur der Armen. Die der Reichen, sehr ordentlich: Ich kaufe, ich zahle. Die der Armen: Wo kriege ich das her? Wie raube ich es dem Reichen oder irgendjemand anderem?

Viele einfache Familien, gute, patriotische, sagten ihrem Sohn, der zum Beispiel im Hotelbereich arbeitete: »Du, bring ein Laken mit, steck ein Kissen ein, bring mir dies, bring mir das.« Diese Verhaltensweisen entstammen der Kultur der Armut, und wenn man gesellschaftliche Wechsel durchführt, um alles zu verändern, so halten die Gewohnheiten dennoch lange an.

Wenn der Sozialismus in Kuba verschwinden würde, weil wir die Ratschläge von Felipe González[3] und all den anderen befolgt hätten, dann wären auch hier die Mafiosi aus dem Boden geschossen und mit ihnen all die anderen Auswüchse des Kapitalismus, einschließlich der Drogen und der Kriminalität. Es gibt ganze Bereiche in unserer Gesellschaft, die wir noch nicht verändert haben, und der Enthusiasmus, der uns zu eigen ist, hat seinen Ursprung darin, dass wir ganz klar sehen, wie sie langsam über eine Bildungsrevolution umgestaltet werden können. In der Sowjetunion muss es auch so gewesen sein. Ich weiß nicht, bis zu welchem Ausmaß es diese Dinge gab, von denen Sie gerade sprachen, denn die UdSSR hatte eine Menge Schulen, sie forschten sehr viel, und die Universitäten hatten ein sehr gutes Niveau.

Auf jeden Fall ist der Mensch, wie er ist, und wir können ihn nicht idealisieren. Glücklicherweise habe ich ein sehr großes Vertrauen in die Menschen, mit all ihren Fehlern und Grenzen, und glaube, dass sie die Fähigkeit zum Selbsterhalt besitzen und genügend Intelligenz, sich zu bessern. Wenn ich nicht daran glauben würde, dann hätte ich keinen Grund, bis zum Tod zu kämpfen. Ich würde sagen: »Seht her, da ist nichts zu machen, das geht auf jeden Fall den Bach runter!« Man kann also alle möglichen Vergleiche anstellen, und ich denke, der eine oder andere Grund mag erklären, was scheinbar nicht zu rechtfertigen ist; es gibt Phänomene anderer Natur.

In Kuba wurde, was man unter Gorbatschow Perestroika nannte, die Generalrevision des Systems, nicht durchgeführt. Glauben Sie, dass hier eine Perestroika nicht notwendig war und dass dieser Umstand geholfen hat, die Revolution zu retten?

Sehen Sie, in der Sowjetunion hat es historische Phänomene gegeben, die es bei uns nicht gab. Den Stalinismus gab es hier nicht, es gab in unserem Land zu keiner Zeit ein solches Phänomen: Machtmissbrauch, Personenkult, Statuen etc. In Kuba wurde gleich zu Beginn der Revolution ein Gesetz verabschiedet, das es verbietet, einer Straße oder einem Werk den Namen einer noch lebenden führenden Person zu geben oder ihm ein Denkmal zu setzen. Hier gibt es keine offiziellen Porträts in den öffentlichen Büros, wir sind immer sehr gegen den Personenkult gewesen. So einen Kult hat es hier nicht gegeben.

Wir sehen keinen Grund, Fehler zu korrigieren, die anderswo gemacht wurden. Es gab hier genauso wenig eine Zwangskollektivierung von Boden, zu keinem Moment. Wir haben immer das eine Prinzip respektiert: Der Aufbau des Sozialismus ist die Aufgabe von freien Menschen, die eine neue Gesellschaft aufbauen möchten. Wir haben keinen Grund, Fehler zu korrigieren, die wir nicht begangen haben.

Sicherlich hätten sich die US-Amerikaner gefreut, wenn wir die Perestroika durchgeführt hätten, denn die Sowjets haben sich in der Tat selbst zerstört. Wenn wir uns hier in zehn Fraktionen geteilt hätten, die gegeneinander um die

Macht kämpfen, dann wären die US-Amerikaner die glücklichsten Menschen der Welt gewesen und hätten gesagt: »Jetzt werden wir uns endlich von der Kubanischen Revolution befreien.« Wenn wir uns mit Reformen dieser Art befasst hätten, die mit der kubanischen Realität nichts zu tun haben, dann hätten wir uns selbst zerstört. Aber wir werden uns nicht zerstören, das sollte klar sein.

Haben Sie sich für die Reformbemühungen der UdSSR seitens Gorbatschows interessiert?
Sehen Sie, ich hatte eine sehr schlechte Meinung von allem, was Gorbatschow ab einem bestimmten Punkt seiner Führung tat. Er gefiel mir am Anfang, als er von der Anwendung der Wissenschaft in der Produktion sprach; davon, auf dem Weg der intensiven Produktion voranzukommen, gestützt auf Arbeitsproduktivität und nicht auf ein extensives Wachstum durch den Bau von immer neuen Fabriken. Der Weg war bereits ausgetreten, und man musste den Weg der intensiven Produktion einschlagen. Mehr und mehr Produktivität, die intensive Anwendung der Technik, daran konnte niemand zweifeln. Er sprach auch von seiner Ablehnung gegenüber Einkommen, die nicht aus Arbeit resultierten. Das waren die Worte eines wahren revolutionären Sozialisten.

Dies waren die ersten Erklärungen Gorbatschows, er gefiel uns vom ersten Augenblick an. Übertriebenem Alkoholkonsum sagte er den Kampf an, was mir sehr korrekt erschien. Nun, ich denke, dass dieses Problem dort gar nicht so leicht in den Griff zu bekommen ist und man viel predigen muss, denn die Russen wissen seit Langem, wie man Wodka und Schnaps in jedem möglichen Reagenzglas herstellt. Ich sprach sogar mit ihm über dieses Thema, denn seine Einstellung dazu gefiel mir gut.

Ich erklärte ihm auch die Notwendigkeit, dass die UdSSR andere Beziehungen zu den übrigen Parteien etablieren müsse, dass sie offener sein müsse, nicht nur gegenüber kommunistischen Parteien, sondern auch gegenüber der gesamten Linken und insgesamt fortschrittlichen Kräften.

Sie verhielten sich zu den übrigen prosowjetischen kommunistischen Parteien ziemlich hegemonial, nicht wahr?
Sehen Sie, ich gehöre nicht zu denen, die historische Persönlichkeiten kritisieren, die von den reaktionären Kräften in aller Welt verteufelt wurden, um der Bourgeoisie und den Imperialisten eine Freude zu machen. Aber ich werde auch nicht die Dummheit begehen, mich nicht zu trauen, etwas zu sagen, was gesagt werden muss. In der Sowjetunion hat sich aufgrund der Tradition absolutis-

tischer Regierungen, hierarchischer Mentalität, Feudalkultur – oder wie immer man das nennen mag – eine Tendenz zum Machtmissbrauch entwickelt und besonders die Angewohnheit, anderen Ländern und Parteien die Autorität des eigenen Staates oder Landes oder einer hegemonialen Partei aufzuzwingen.

Wir unterhalten seit mehr als vierzig Jahren Beziehungen zur revolutionären Bewegung in Lateinamerika, sehr enge Beziehungen. Niemals sind wir auf die Idee gekommen, dort jemandem zu sagen, was er tun sollte. Wir beobachteten außerdem ein Bestreben, wonach jede revolutionäre Bewegung ihre Rechte und ihre Vorzüge verteidigt. Ich kann mich an entscheidende Augenblicke erinnern: Als die UdSSR zusammenbrach, blieben viele Menschen allein, unter anderem wir, die kubanischen Revolutionäre. Aber wir wussten, was wir zu tun hatten. In vielen Teilen der Welt kämpften andere revolutionäre Bewegungen. Ich werde nicht sagen, welche, ich werde nicht sagen, wer, aber es handelte sich um sehr ernsthafte Bewegungen. Angesichts dieser hoffnungslosen Situation, des Zusammenbruchs der Sowjetunion, fragten sie uns, ob sie weiterkämpfen oder mit den feindlichen Kräften einen Friedensvertrag anstreben sollten, selbst wenn sie wussten, wohin dieser Frieden führen würde.

Ich sagte ihnen: »Ihr könnt dazu nicht uns um eine Meinung bitten, ihr seid es, die ihr kämpfen würdet, ihr seid es, die ihr sterben würdet; nicht wir sind es. Wir wissen, wozu wir bereit sind, aber für euch könnt ihr das nur selbst entscheiden. Wir werden die Entscheidung, die ihr trefft, unterstützen.«

Das war der größte Beweis an Respekt gegenüber den anderen Bewegungen. Und nicht der Versuch – aufgrund unserer Kenntnisse und Erfahrungen und des großen Respekts, den sie vor unserer Revolution hatten –, das Gewicht unseres Standpunktes durchzusetzen. Wir durften zu dieser Zeit nicht daran denken, welchen Vorteil oder Nachteil ihre Entscheidung für Kuba gehabt hätte. »Entscheidet ihr!« Und so folgte jede Bewegung im entscheidenden Moment ihrer eigenen Linie.

Kannten Sie Boris Jelzin?
Ja, ich kannte Boris Jelzin. Er war ein bemerkenswerter Parteisekretär in Moskau mit einer Menge guter Ideen: Da war beispielsweise die Absicht, die Notwendigkeiten der Hauptstadt zu berücksichtigen, die Entwicklung der Stadt. Ich habe ihn sehr nachdrücklich darauf hingewiesen, die historischen Teile zu erhalten, sie nicht zu zerstören. Jelzin hatte die Idee, für die Nahrungsmittelversorgung Moskaus Gewächshäuser zu bauen; er ging sehr kritisch und anspruchsvoll mit allen Kadern um, sodass wir in Kuba die Reden Jelzins druck-

ten, wegen der Rigorosität, mit der er Fehler und Mängel kritisierte. Als ich dort war, sagte ich ihm: »Hütet die historischen Gebäude, ihr habt das alte Moskau fast verschwinden lassen und ein anderes gebaut.« Einmal hat er auf dem Weg nach Nicaragua eine Zwischenlandung hier gemacht, und wir haben sehr viel miteinander gesprochen.

Eines Tages, als ich zu Besuch in Moskau war, stellten sie mir Jelzin als besonderen Gastgeber zur Seite, sodass ich mit ihm über einige Dinge sprechen konnte. Es sei zum Beispiel unverständlich, dass einige Produkte noch die gleichen Preise wie vor vierzig Jahren hätten, denn ihr Vorkommen sei in der Zwischenzeit seltener geworden, und das gebe Anlass zu einigen Problemen. Der Kaviar hatte den gleichen Preis wie zur Zeit Stalins. Ich sagte: »Einige eurer Produkte sind so billig, dass sie verschwendet werden. Das Brot ist zu billig«, meinte ich, »und viele Leute kaufen das Brot, um damit Hühner zu züchten und diese dann auf den freien Bauernmärkten zu verkaufen.« Ich sah hohe Unkosten, einen großen Verbrauch – viele dieser superbilligen, unwirtschaftlichen Produkte, wo sich so viele Dinge in diesem Land verändert und sich die Geldmasse in der Welt vervielfacht hatte. Häufig waren das keine Produkte des täglichen Bedarfs. Diese Politik eignete sich meines Erachtens für jedwede Form von Verschwendung und Umleitung von Ressourcen.

Es herrschte dort ein großer Widerspruch: der freie Markt, der zu dem Preis verkaufte, den er selbst bestimmt; aber es gab auch die Theorie – die US-Amerikaner haben dieses Argument oft benutzt, um das Privateigentum zu verteidigen –, dass ein großer Prozentsatz der Kartoffeln auf den Kolchosen in kleinen Parzellen produziert wurde, ich weiß nicht, wie viel Prozent der Eier oder anderer Dinge. Aber was sie nicht sagten, war, dass der Besitzer einer Kolchose billige Eier und billiges Fleisch produzieren konnte, weil er die Körner aus der Sowchosenproduktion oder aus der staatlichen Produktion verwendete, die sehr billig waren. Man kann auf einer Fläche von 15 × 15 Metern 2000 Hühner, 3000 Hühner, sogar bis zu 5000 Hühner züchten und obendrein ein paar hoch effiziente Milchkühe.

Haben Sie diesbezügliche Versuche angestellt?
Ja, wir haben einmal ein Experiment im Zimmer eines Hauses durchgeführt, mit elektrischem Licht, um festzustellen, wie viel Milch man pro Quadratmeter produzieren kann. Wir fanden eine Methode, das Grünfutter für die Kuh in Wasser zu züchten, und untersuchten parallel, wie viel Kilogramm Grünfutter man mit dieser Methode auf einem Quadratmeter erwirtschaften konnte. Wir

wollten mit diesen Untersuchungen herausfinden, wie viel Energie wir für eine Fläche von einem Hektar verbrauchten. Theoretisch könnten Sie in der Stadt ein Gebäude mit zwanzig Stockwerken bauen und diesen Hektar auf zwanzig Hektar ausdehnen, die in der Lage wären, die Menge von regulär fünfzig Hektar Fläche zu produzieren, wenn Sie über ausreichend Licht, Wasser, Düngemittel und ein paar hochproduktive Kühe verfügten. Es ist unglaublich, was eine Kuh produziert! Die Kuh ernährt sich pflanzlich, sogar fast ohne Körner, aus denen die saftigen grünen Keimlinge entstehen, die sehr viel Eiweiß enthalten. In den ersten Jahren der Revolution mussten wir uns äußerst intensiv mit diesen Problemen befassen, und über diese Dinge sprach ich auch mit Jelzin. Damals war er noch nicht Präsident Russlands.

Darüber, wie die Dinge in der Sowjetunion funktionierten?
Schauen Sie mal. Vier Centavo kostete der Trolleybus, die U-Bahn glaube ich fünf Centavo. Das führte dazu, dass die Menschen unglaublich viel hin und her fuhren, von einem zum anderen Ende Moskaus. Ich erklärte Jelzin, was in diesem Zusammenhang bei uns passierte, denn er sagte mir einmal, dass er der Meinung sei, öffentlicher Transport müsse kostenlos sein. Ich sagte ihm, dass ich da einen anderen Standpunkt vertrete. Die Verkehrsmittel sollten nicht kostenlos, sondern zu einem angemessenen Preis angeboten werden, und sei es, um die nicht notwendigen Fahrten zu vermeiden, zu denen ein kostenloses Transportwesen führt. Wir haben diese Erfahrung einmal in Kuba gemacht, als wir dem Parteisekretär einer Region – als die Regionen noch existierten, die kleiner waren als eine Provinz, aber größer als ein Municipio – ein paar Busse zur Verfügung stellten und dieser beschloss, die Busse dürften kostenlos benutzt werden.

Hier kostete der Transport fast nichts, und die Leute liefen nicht einmal mehr sieben oder zehn Blocks weit, sondern nahmen nur noch den Bus für diese Strecke und zahlten oft nicht einmal, weil sie nicht lange genug im Bus saßen, oder sie zahlten für 700 oder 800 Meter, häufig also ein nicht notwendiger Konsum. Stellen Sie sich in etwa vor, was Jelzin mir sagte. Ich gab ihm den Rat, weder kostenloses Transportwesen noch andere kostenlose Dienstleistungen einzuführen, außer natürlich Bildung und ärztliche Versorgung, und wies darauf hin, dass es bereits viele fast kostenlose Dinge gebe, denn die Preise waren festgesetzt, etwas, was wir gut kannten. So sah ich Jelzin während dieser Reise mehrmals, und damals schätzten wir ihn aufgrund seiner radikalen Positionen sehr. Das war lange vor der Katastrophe des Zerfalls.

Wie war Ihr Verhältnis zu Gorbatschow?
Mit Gorbatschow war es genau das Gleiche. Wir hatten ein sehr gutes Verhältnis. Rául hatte ihn schon Jahre vorher anlässlich eines Besuches in der Sowjetunion kennengelernt und pflegte eine freundschaftliche Beziehung zu ihm. Ich unterhielt mich viel mit ihm, war mit ihm bekannt, wir sprachen oft. Er war ein sehr intelligenter Mann, eine seiner auffälligsten Eigenschaften. Uns gegenüber war er wirklich überaus freundschaftlich, er verhielt sich wie ein Freund, und sein Respekt für die Kubanische Revolution war deutlich. Während er in der Sowjetunion die Macht ausübte, tat er alles in seiner Macht Stehende, um den Interessen Kubas und den guten Beziehungen zu unserem Land nicht zu schaden.

Ein Mann mit guten Absichten, denn ich zweifle nicht daran, dass Gorbatschow die Absicht hatte, für eine Perfektionierung des Sozialismus zu kämpfen, daran habe ich nicht den geringsten Zweifel.

Aber er fand keine Lösungen für die großen Probleme seines Landes. Zweifellos spielte er eine wichtige Rolle bei den Phänomenen, die sich in der Sowjetunion Bahn brachen, und bei dem darauf folgenden Debakel. Er konnte den Zerfall der Sowjetunion nicht verhindern und schaffte es nicht, sie als großes Land und als Weltmacht zu erhalten. Im Gegenteil, seine Fehler und seine späteren Schwächen beförderten diesen. Wie gesagt, wir schlugen ihm vor, zu ihren Parteikongressen und den Jahrestagen, die sie organisierten, nicht nur die kommunistischen Parteien einzuladen, sondern auch andere linke oder fortschrittliche Kräfte. Als ein Hurrikan über Kuba hinwegfegte, rief er an und sendete uns Hilfslieferungen, alles prima. Sie entwarfen einen Anfangsplan, der gut war, auf der Grundlage der Ideen für eine Intensivierung der Produktion, die entwickelt werden sollte.

Später begannen die Konzessionen auf dem Gebiet der internationalen Politik, die Konzessionen hinsichtlich strategischer Waffen, in allen möglichen Bereichen. Eines Tages erbat Gorbatschow sogar die Beratung von Felipe González und der PSOE. Er selbst erzählte mir das, glaube ich, in einem Brief. Er war bereits in einer sehr schwierigen Lage, und ich las das mit Verwunderung, war aber nicht wirklich überrascht. Ich fügte mich der Realität, dass der Sozialismus in der Sowjetunion hundert Jahre zurückversetzt wurde.

Haben Sie zu irgendeinem Augenblick geglaubt, dass Ihre eigene Sicherheit durch die militärische Macht der Sowjetunion garantiert war?
Niemals. In einem bestimmten Moment kamen wir zu der Überzeugung, dass

im Falle eines direkten Angriffs der Vereinigten Staaten die Sowjets unter keinen Umständen für uns kämpfen würden. Wir hätten das auch nicht verlangen können. Wegen der Entwicklung der modernen Technologien wäre es naiv gewesen, zu glauben oder zu verlangen, dass diese Macht gegen die Vereinigten Staaten kämpft, wenn diese die kleine Insel angreifen würden, die neunzig Meilen von US-amerikanischem Territorium entfernt ist.

Und wir waren fest davon überzeugt, dass es zu dieser Unterstützung niemals kommen würde. Und noch etwas: Wir haben die Sowjets eines Tages ganz direkt gefragt, mehrere Jahre vor dem Zusammenbruch. »Sagt es uns frei heraus.« »Nein.«, antworteten sie. Wir hatten diese Antwort vorausgesehen. So haben wir mehr denn je die Entwicklung unseres eigenen Konzepts beschleunigt und die taktischen und strategischen Ideen perfektioniert, mit denen unsere Revolution gesiegt und sogar auf militärischem Gebiet eine Armee hatte schlagen können, die sicher hundertmal stärker an Männern und wer weiß wie viel stärker an Waffen war. Nach dieser Antwort haben wir uns mehr denn je auf unsere eigenen Konzeptionen verlassen, sie ausgebaut und uns in solchem Maße gestärkt, das es uns heute gestattet, zu sagen: Dieses Land ist militärisch unverwundbar, und das nicht aufgrund von Massenvernichtungswaffen.

Nach dem Zusammenbruch der UdSSR haben viele auch den Zusammenbruch der Kubanischen Revolution vorausgesagt. Wie haben Sie sich widersetzen können?
Als die UdSSR und der sozialistische Block zusammenbrachen, hätte niemand auch nur einen Pfifferling auf das Überleben der Kubanischen Revolution gegeben.

Unser Land erlitt einen vernichtenden Schlag, als von einem auf den anderen Tag die Supermacht zusammenbrach und uns allein ließ, ganz allein, und wir alle Märkte für den Zucker verloren, keine Lebensmittel mehr bekamen, keinen Treibstoff und nicht einmal mehr das Holz, das wir für die christliche Beisetzung unserer Toten benötigten. Von jetzt auf gleich hatten wir keinen Treibstoff mehr, keine Rohstoffe, keine Lebensmittel, keine Körperpflegeartikel, nichts. Und alle dachten: »Das bricht zusammen.« Und einige Idioten glauben immer noch, dass Kuba zusammenbricht, wenn nicht heute, dann irgendwann später. Je mehr Illusionen sie sich machen und je mehr sie davon überzeugt sind, desto angestrengter müssen wir darüber nachdenken und Schlüsse daraus ziehen, damit sich niemals eine Niederlage dieses siegreichen Volkes bemächtigen kann.

Die Vereinigten Staaten haben die Blockade verschärft. Sie haben das Torricelli-[4] und das Helms-Burton-Gesetz[5] verabschiedet, beides Gesetze von extraterritorialem Charakter. Unsere Märkte und unsere wichtigsten Zulieferquellen verschwanden abrupt. Der Kalorien- und Eiweißverbrauch sank fast um die Hälfte. Das Land hat standgehalten und ist auf sozialem Gebiet beträchtlich vorangekommen. Heute haben wir einen Großteil unseres Nahrungsmittelbedarfs zurückgewonnen und auch auf anderen Gebieten Fortschritte gemacht. Sogar unter diesen schwierigen Bedingungen haben die über die Jahre hinweg geleistete Arbeit und das geschaffene Bewusstsein ein Wunder vollbracht. Warum konnten wir standhaft sein? Weil die Revolution immer die Unterstützung des Volkes hatte, hat und noch haben wird, eines intelligenten Volkes, das zunehmend größere Einigkeit erlangt, gebildeter und kämpferischer ist.

18

DER FALL OCHOA UND DIE TODESSTRAFE

Die Enthüllung des Navarro Wolf – Die Geschäfte des MC – Dollars und Drogen – Die kolumbianische Connection – Die Erschießung Ochoas – Die Revolution und die Todesstrafe – Ein de-facto-Moratorium

Der Fall Ochoa im Jahr 1989 verursachte zahllose Kommentare.[1] Bei jener Gelegenheit verhängte Kuba die Todesstrafe, was international eine große Erschütterung hervorrief und sicherlich in Kuba ebenso.
Ja. Wir mussten ihn erschießen aufgrund der berühmten *Causa uno*, nachdem wir ernste Handlungen von Verrat entdeckt hatten. Es gab keine Alternative, denn das Land war in große Gefahr gebracht, und wir mussten hart sein, vor allem da es sich um Leute aus unseren eigenen Reihen handelte, die das Land und die Revolution auf diese Art kompromittierten. Was den Innenminister angeht, so war es leichter, seine Komplizenschaft zu beweisen als seine Unschuld. Ich kannte ihn sehr gut und konnte mir sein seltsames Verhalten erklären.

Sprechen Sie von Minister Abrantes?
Ja. Er gehörte zu meiner Eskorte, wurde später sogar ihr Chef und stieg aufgrund seiner Verdienste auf. Ah! Aber Macht ist Macht. Vielleicht ist der wichtigste Kampf, den ein Mächtiger zu führen hat, der gegen sich selbst. Der Kampf, sich selbst zu kontrollieren. Vielleicht ist das eines der schwierigsten Dinge.

Gegen die Korruption, die von der Macht begünstigt wird?
Gegen die Korruption und sogar gegen den Missbrauch der eigenen Vorrechte. Man braucht ein sehr gut ausgebildetes und sehr starkes Bewusstsein, denn ich habe gesehen, wie Leute eitel werden und die Macht nicht korrekt gebrauchen; die Tendenz des Machtmissbrauchs ist eine, die man stets beobachten muss. Ich kannte diesen Compañero, wie schon gesagt, sehr gut. Als wir seinen Fall dann gründlich untersuchten, hatte er große Erinnerungslücken.

Von wem sprechen Sie?
Ich spreche in diesem Fall von dem damaligen Minister.

Abrantes.
Ja. Ich ordnete eine Untersuchung an, denn ich las wiederholt bestimmte Nachrichten und Daten, die mich beunruhigten. Ich bat Abrantes um eine Untersuchung von Berichten, die über die Fernmelder kamen – da wurde von Flugzeugen geredet, die in Varadero landeten. Obwohl mir diese Nachrichten, wie so viele andere, falsch erschienen, sagte ich ihm: »Untersuch konkret das, was behauptet wird.«

Ich schickte nach jemandem aus Kolumbien, Navarro Wolf[2], der noch am Leben ist. Er gehörte der M-19 an, war von einer Bombe verletzt worden und wurde hier bei uns behandelt. Er kam. Ich konnte ihn aber nicht persönlich treffen, denn viele Male, wenn Angelegenheiten von großer Bedeutung zu betreuen sind, verhindert der Arbeitsstress, dass ich mich um andere Dinge kümmere, die auch wichtig sind, auch wenn sie keine absolute Dringlichkeit haben. Navarro Wolf sprach mit einigen Compañeros und kehrte nach Kolumbien zurück. Abrantes hatte mich auch nicht darauf aufmerksam gemacht, dass Navarro Wolf im Begriff war, in sein Land zurückzukehren.

Abrantes kam fast jeden Tag in mein Büro, er war ständig mit uns in Kontakt, und er hatte gegenüber der Konterrevolution gute und effiziente Arbeit geleistet. Leider entwickelten sich, auf subtile Art, auch seine Ambitionen. Darüber will ich nicht sprechen. Aber Tatsache ist, dass er praktisch jeden Tag da war, er wartete; immer hatte er irgendeine Nachricht oder eine Begebenheit, die er mit mir bis ins kleinste Detail besprach, denn er hatte die Angewohnheit, mich sowohl für wichtige als auch für weniger wichtige Angelegenheiten zu konsultieren. Manchmal stahl er mir die Zeit, die für mich immer knapp bemessen war.

Wie der Zufall es wollte, fragte ich Abrantes, als gerade Navarro Wolf kam: »Habt ihr ihn schon gesehen? Hat er etwas Wichtiges gesagt?« Er antwortete: »Nein, nichts Wichtiges.« Später werden wir sehen, ob das stimmte. Wir waren mit dem Problem Ochoa beschäftigt, einem Offizier mit historischen Verdiensten, »Held der Republik Kubas«, Soldat der Kolonne von Camilo Cienfuegos. Ah, aber er hatte Macht, eines Tages hatte er mit Fonds zu tun, doch ich kann nicht sagen, dass Ochoa aus diesen Fonds etwas gestohlen hätte.

Hat Ochoa sich persönlich bereichert?
Das Unglaubliche ist, dass die Leute, die sich in die Sache verstrickten, von der

Idee ausgingen, der Republik damit zu helfen. Da wir uns in einem blockierten Land befanden und ständig irgendwelche Ersatzteile kaufen mussten oder andere Dinge, zu denen wir aufgrund der Blockade keinen Zugang hatten, gab es ein paar kleine Unternehmen, vom Innenministerium verwaltet, die sich dem Kampf gegen die Blockade widmeten, die ein Ersatzteil, das für irgendeine Industrie sehr wichtig war, kauften und es – logisch – ohne Zollformalitäten einführten. Ja, wir akzeptieren die Blockade nicht. Sie ist etwas Illegales, völkermörderisch. Und diese Compañeros verkauften bisweilen Zigarren und andere kubanische Produkte. Wenn sie Ersatzteile mitbrachten, dann mussten sie diese natürlich bezahlen, und sie verkauften sie an einen bestimmten Betrieb. Diese Einnahme nutzte das Ministerium für Kommunikation und Transporte. Unser Land hatte immer sehr geringe Ressourcen, aber die Compañeros verfügten über einige kleine Unternehmen für diese Zwecke. Wir hatten ihnen bereits verboten, weitere Unternehmen für diese Art von Einnahmen zu gründen, sie sollten nur mit den bestehenden arbeiten, sie hatten einen gewissen Grad an Erfahrung erreicht.

Gab es auch in Panama einige dieser Unternehmen?
Das ist möglich, die Details kenne ich nicht. Sie verfügten über logische Erleichterungen durch die Beziehungen zu Grenzbeamten, Zoll und anderen Institutionen.

Eines Tages kamen sie auf die verrückte Idee, sich mit ein paar Drogenschmugglern in Verbindung zu setzen.

Mit Drogenhändlern?
Ich habe keine Ahnung, wie das begann; gut, man weiß es, es gibt Daten über einige Schmuggler, und sie übergaben das Geld dem Ministerium. Der Innenminister verwaltete und investierte es vorwiegend in den Kauf von Ersatzteilen und anderen Dingen. Aber wenn man mit Geld in dieser Art und Weise umgeht, beginnt man, schwach zu werden: für das Auto speziell getönte Scheiben, ein paar auffallende Felgen, ein Radio mit CD-Player, Luxus für den kleinen Lada, damit er schöner aussieht. Und so landet das Geld eben nicht bei der Bank.

Ochoa hatte ein Konto im Ausland, mit Geld, das von den Sandinisten kam. Sie hatten es ihm übergeben, damit er ein paar Ausrüstungen kaufte, an die sie nicht herankamen – früher war er als Berater dort in Nicaragua.

War er an dem Krieg der Sandinisten zum Sturz Somozas beteiligt?
Die Sandinisten hatten bereits gesiegt. Er reiste später dorthin, um den Sandinisten im Kampf gegen den schmutzigen Krieg zu helfen. Aber warten Sie, vorher muss ich Ihnen noch etwas erzählen, ich hatte ja von Navarro Wolf gesprochen.

Ja, der Kolumbianer Navarro Wolf, ehemaliger Guerillero der M-19.
Ein Kolumbianer der M-19, der einen Friedensvertrag unterzeichnet hatte. Aber ich habe Ihnen nicht gesagt, worüber er uns informierte. Als Abrantes mir sagte: »Nichts Wichtiges«, waren wir bereits mitten in den Untersuchungen der Fehler, die Ochoa begangen hatte. Er besaß ein Konto im Ausland, dessen Bestimmung nicht ganz klar herauszubekommen war, und es gab einige Unregelmäßigkeiten aus seiner Zeit als Chef der kubanischen Militärmission in Angola. Wir wollten erreichen, dass er uns alles offenlegte, damit wir – in Anbetracht seiner Geschichte – eine Lösung finden konnten, die nicht die strengste wäre. Er legte aber eben nicht alles offen, und so kamen wir in die Lage, keine weiteren Untersuchungen durchführen zu können, ohne dass er davon erfuhr. Wir mussten mit Adjutanten und anderen Leuten sprechen, und es war nicht möglich, das mit völliger Diskretion zu tun. Wir untersuchten aber nicht im Hinblick auf Drogen, sondern einfach wegen generell begangener Fehler.

In Angola?
In Angola, wo er, wie schon gesagt, als Chef der militärischen Mission eingesetzt war. Er schüttete sein Herz nicht aus. Raúl, unser Verteidigungsminister, sprach drei oder vier Mal mit ihm.

Persönlich?
Ja, natürlich. Und sehr vorsichtig, aber er erreichte nicht, dass Ochoa Farbe bekannte. Man konnte nicht weiter gegen einen wichtigen Chef, dem man helfen wollte, ermitteln, ohne energischere Disziplinarmaßnahmen auf der Grundlage der bereits verfügbaren Fakten durchzusetzen.

Hatte er persönliche politische Ambitionen? Man sprach über Konspiration, und es hieß, er könnte ein Rivale für Sie sein.
Nein, nein, aus der Richtung drohte keine Gefahr, politische Gefahren gab es keine. Die Disziplin, das Bewusstsein und die Mobilisierung unserer Streit-

kräfte beruhen nicht auf irgendeiner Art von Caudillo-Kult oder sonstigen persönlichen Faktoren, sondern auf einer soliden politischen Bildung.

Es war eine Straftat, die man nicht als politisch motiviert betrachten kann, denn Ochoa hat sich nie in irgendeiner Form gegen die Revolution ausgesprochen. Und festgenommen wurde er, weil er nicht ehrlich über die Probleme gesprochen hat, und bei der Überprüfung eines Hauptmanns, Jorge Martínez, der während Ochoas Zeit in Nicaragua sein Adjutant war, tauchte dann die Visitenkarte eines Hotels in Medellín auf.

Medellín in Kolumbien.
Im Verhör fragte man den Offizier: »Was hat das zu bedeuten?« Und er antwortete, er habe von Ochoa die Anweisung bekommen, nach Medellín zu reisen und dort Kontakt zu Pablo Escobar aufzunehmen.

Einer der Hauptbosse des Drogenkartells.
Der berühmteste Drogenhändler der Welt. Das war bereits enorm ernst. Es setzte das Land dem Risiko aus, der Verstrickung in den Drogenhandel beschuldigt zu werden. Die Tatsache, dass sich ein kubanischer Offizier mit Pablo Escobar traf, war eine äußerst ernst zu nehmende Angelegenheit.

Wie ist es dazu gekommen? Weil Ochoa in Angola eng mit einem hochrangigen kubanischen Offizier des Innenministeriums befreundet war, einem Repräsentanten des Ministeriums in dem Land. Über ihn erfuhr er von einigen Vorhaben, die dessen Bruder plante. Wer der Bruder war? Es handelte sich um Zwillingsbrüder, die innerhalb und außerhalb Kubas über viele Jahre revolutionäre Aufgaben und Missionen erfüllten.

Die Brüder Patricio und Tony de la Guardia?
Genau. Nach einer Reihe von Jahren waren beide gute Freunde Ochoas. Einer war Chef der Abteilung, die für das Unternehmen verantwortlich war, von dem ich gesprochen habe – das sogenannte MC –, das diese Transaktionen durchführte.

Um Devisen zu beschaffen?
Keine Devisen, sondern um Ersatzteile zu kaufen. Und nebenbei verkauften sie einige Waren, die ebenfalls der Handelsblockade unterlagen. Sie waren auch sehr gut mit Abrantes befreundet. Dieser hatte die Neigung, wenn es sich um Freunde handelte, sie nicht nur zu beschützen, sondern sich auch einzubilden,

diese wären nicht fähig, etwas Unkorrektes zu tun. Als die Anweisung an ihn erging, das, was in besagten Meldungen über Drogenhandel via Varadero veröffentlicht worden war, zu untersuchen, kam Navarro Wolf, den wir um Informationen darüber baten, wie man in Kolumbien das Thema kommentierte. Abrantes sagte mir, dass die Informationen von Wolf keine Bedeutung gehabt hätten. Ochoa war am 12. Juni verhaftet worden, und während er bereits in Gefangenschaft war, entdeckten wir die Verbindungen zur Drogenmafia über diesen Hauptmann Martínez, der uns erklärte, was es mit der Visitenkarte dieses Hotels in Medellín auf sich hatte.

Waren Sie sehr überrascht, als Sie das herausfanden?
Uns überraschte die Tatsache, dass ein solches Phänomen überhaupt entstanden war. Ochoa hatte seinen Adjutanten losgeschickt, einen ernsthaften Fehler zu begehen, während der Chef jenes Unternehmens, das in den Drogenhandel über Varadero verwickelt war, Tony de la Guardia war. Diese Entdeckung war natürlich eine unsägliche Überraschung. Obwohl es, wie schon gesagt, keine Anzeichen dafür gab, dass sich einer der verschiedenen Beteiligten persönlich an diesem Geld bereichert hätte: Sie waren noch immer dabei, Ersatzteile zu besorgen, für die wir die Blockade umgehen mussten. Sie verschleuderten aber andererseits bereits das Geld, es gab sogar Unmengen von Bargeld, weil bei einigen Geschäften der Partner im Ausland verspätet zahlte und das Geld erst einige Tage vor der Festnahme ankam.

Wo liegt nun der Schlüssel? Navarro Wolf erzählte dem Compañero, der mit ihm sprach, dass Gerüchte im Umlauf seien, denen zufolge Leute von Pablo Escobar Kontakt zu Tony de la Guardia, dem Direktor des besagten Unternehmens, hätten.

Das Unternehmen MC.
Wie schon gesagt, wir kannten die Brüder de la Guardia seit vielen Jahren, und sie genossen Ansehen und Autorität. So stießen wir im Verlauf einer Untersuchung auf eine andere Sache von viel größerer Tragweite, und es wurde nötig, sofort wichtige Chefs und andere Personen festzunehmen.

Sogar einen Teil des Geldes, das sie kürzlich erst erhalten und in Häusern von Freunden aufbewahrt hatten, fanden wir noch. Im Haus von Norberto Fuentes[3], einem Schriftsteller, der ein Buch über Hemingway geschrieben hat und der in Angola war, hatten sie etwa 200.000 Dollar aufbewahrt. Auch an anderen Orten gab es Geld. Das waren Summen, die die Schuldner erst kürzlich beglichen hatten. Die Drogenhändler zahlten ihnen 1000 Dollar für jedes Kilo Kokain, das sie transportierten. Wenn sie also 500 Kilogramm beförderten, dann waren das 500.000 Dollar. Und 500.000 Dollar sind eine Menge Geld.

Wie gingen sie dabei vor? Wie operierten sie?
Die Piloten, die diese Flugzeuge flogen, setzten ihr Leben aufs Spiel. Sie flogen im Tiefflug, sogar nachts; wenn sie verfolgt wurden, reagierten sie auf keine Warnung. Sie bombardierten, das heißt, sie warfen die Drogenpakete ein paar Meilen von der Küste entfernt ab. Und was passierte dann? Die Pakete mussten von der Küste aus mit Booten abgeholt werden. Es gab eine weitere Methode, bei der nicht mehr bombardiert werden musste. Ein Flugzeug kam aus Kolumbien, landete in Varadero, und die Leute des Unternehmens MC übergaben die Drogen an einige Schiffe, die offiziell Lebensmittel geladen hatten und dafür Zigarren mitnahmen. Die MC-Leute bewegten sich, wo immer sie wollten. Sie genossen aufgrund ihrer Rolle und der Funktionen, die sie für das Innenministerium ausübten, hohes Ansehen.

Es war sehr viel bequemer, wenn ein Flugzeug landete und die Drogen an einem Kai an einen Schnellbootkurier übergeben wurden. So kam es zur *Causa uno*.

Aber Abrantes hatte eines nicht erwähnt, das für mich entscheidend war. Hätte er in jenem Moment die Wahrheit gesagt, dann hätten die beiden Dinge – die Untersuchung gegen Ochoa und die Operation Drogenhandel – nicht zusammentreffen können. Ich hatte ihn mit der Untersuchung beauftragt, weil ich einige Meldungen gelesen hatte, die mir verdächtig vorkamen. Mit der Zeit wird man Experte im Lesen von Nachrichten. Man weiß, wo Wahrheit drinsteckt, wo Dinge erfunden sind und wo etwas dran sein könnte. Und so bat ich ihn um die Untersuchung.

Wir hatten etwa zwei Monate vor dieser seltsamen Situation Nachrichten über die Flüge, jene Landungen in Varadero, bekommen, und mitten in der Verhandlung gegen Ochoa entdeckten wir über diesen Hauptmann Martínez das mit der Reise nach Medellín.

Eines Nachmittags traf ich während unserer täglichen Sitzung im Verteidigungsministerium zufällig Alejandro Ronda Marrero, einen jungen Offizier, der wichtige Funktionen in Sondereinheiten innehatte. Er war es, der Navarro Wolf betreut hatte. Ich kenne diesen Jungen sehr gut, er hat viele Verdienste. Also fragte ich ihn: »Sag mal, worüber hast du mit Navarro Wolf gesprochen?« Und er antwortete: »Haben Sie den Bericht nicht bekommen, den ich Minister

Abrantes übergeben habe?« »Nein«, antwortete ich, »hast du eine Kopie?« Er sagte: »Ja«. Er hatte sie sogar auf einem Computer gespeichert. Nach der Sitzung ging ich mit ihm bis zum Palacio, wir unterhielten uns, fuhren in mein Büro hoch, und dort beauftragte ich ihn, das Dokument im Computer zu suchen. Er brachte mir die Kopie der Aussagen von Navarro Wolf. Abrantes nahm auch an den Sitzungen des Generalstabs der Revolutionären Streitkräfte zur täglichen Lagebesprechung teil.

Und diesen Bericht hatte er Abrantes gegeben, damit dieser ihn an Sie weiterleite?
Er übergab ihn Abrantes, und Abrantes, der sonst wegen jedem Papierchen zu mir kam und um Rat fragte ...

Dieses gab er Ihnen nicht?
Dieses Papier erwähnte er nicht und nahm an all den Diskussionen über die Operation und an all den Untersuchungen über den Drogenhandel teil, in den Leute von ihm verstrickt waren. Ich ließ ihn noch am gleichen Nachmittag holen und sagte zu ihm: »Hör mal, Abrantes, ich habe hier den Bericht mit den Aussagen von Navarro Wolf. Was hast du getan? Hast du keine Kopie?« Ich wiederholte: »Du hast keine Kopie?« Wir schickten jemanden los, um die Kopie zu suchen, doch er besaß keine. »Aber wieso hast du mir diesen Bericht nicht übergeben?« Es gab keine Erklärung.

Er erinnerte sich fast gar nicht an diesen Bericht. »Aber wie ist es möglich, dass du nicht ein Wort gesagt hast?« Dann sagte ich ihm: »Geh los und such die Kopie!« Sie tauchte nicht auf. Erinnern wir uns daran, dass Navarro den Namen Tony de la Guardia in Zusammenhang mit Pablo Escobar aufgrund von Gerüchten erwähnte, von denen der kolumbianische Besucher gehört hatte.

Es war unbestreitbar, dass das Unterbewusstsein des Ministers da eine Rolle spielte. Dieser Bericht kompromittierte Leute, die sein uneingeschränktes Vertrauen genossen und von denen er glaubte, sie seien Olympiasieger im Geschäftemachen. Ich weiß nicht, ob George Soros oder Bill Gates brillanter sein könnten als diese Leute, die einige Ersatzteile bezahlten und ein paar Zigarren verkauften ... Aber diese Leute vom MC präsentierten sich wie Handelsmeister. Sie bunkerten das Geld sogar an allen möglichen Orten, um es nach und nach wieder hervorzuholen, damit nicht allzu hohe Beträge auf einen Schlag erschienen, was Verdacht erregt hätte.

Mit diesen Unternehmungen haben sie etwa drei oder vier Millionen Dollar eingenommen, vielleicht mehr. Aber diese Leute haben nicht gestohlen. Da ich jedes Detail verfolgte, kann ich das sagen. Es handelte sich um eine kolossale, vollkommen unverantwortliche Verrücktheit, die dem Land einen sehr großen Schaden zugefügt und seine Sicherheit in ernste Gefahr gebracht hätte – sie wäre ein Geschenk des Himmels für das heimtückische und aggressive Imperium gewesen. Es waren bereits eine Menge anderer Leute an diesen Aktionen beteiligt, unter anderem ihr Freund Norberto Fuentes. Nicht alle fielen unter die *Causa uno*. Norberto zum Beispiel war Schriftsteller und hatte ein Buch über Hemingway herausgegeben. Auch in Angola hielt er sich als Schriftsteller auf. Es gab andere, die nicht unter die *Causa uno* fielen, aber Geld aufbewahrten und als eine Art Bank der MC fungierten. Gewisse Leute wurden von der *Causa uno* ausgeschlossen. Die Hauptbeteiligten unterhielten eine Menge Verbindungen; alle Mitarbeiter einzubeziehen, viele davon in gutem Glauben, hätte gar nichts gebracht. So war das mit der berühmten *Causa uno*.

Ochoa hatte bereits die grandiose Idee, ein großes Schiff mit den gewissen Paketen zu beladen. Was ging da in Ochoas Kopf vor? Dass Escobar ein Schiff mit sechs Tonnen Drogen schicken, die Schnellboote die Pakete an der südlichen Küste Kubas aufnehmen und in die Vereinigten Staaten bringen würden? Eine verrückte Idee, und sie glaubten auch noch, dem Land damit einen Dienst zu erweisen.

Damit wäre Kuba in den Drogenhandel verstrickt gewesen.
Sehen Sie, ein Land, dessen exportierbare Güter und Dienstleistungen sich auf mehrere Milliarden Dollar belaufen und dessen Importe einen noch höheren Betrag aufweisen ... Angenommen, sie hätten, was weiß ich, 50 000 Kilogramm gedealt und damit fünfzig Millionen Dollar zusammengebracht – glauben Sie, dass ein Land so, wie diese Leute es angestrebt haben, seine ökonomischen Probleme löst? MC muss etwa vier bis sechs Tonnen abgewickelt haben, denn sie waren schon eine ganze Weile damit beschäftigt. Das war der Grund für die Untersuchungen und für die Maßnahmen, die wir getroffen haben.

Aber meinen Sie nicht, dass die Strafen zu hart waren?
Es war viele Jahre her, dass wir zum letzten Mal die Todesstrafe in eindeutigen Fällen von Konterrevolution oder aus politischen Gründen, Vergehen konterrevolutionärer Art, angewendet hatten. Es gab eine geringe Anzahl von Hinrichtungen für schreckliche Straftaten, Abscheu erregende Morde, aber nichts

anderes. Die *Causa uno* war eine Mischung unterschiedlicher Straftaten. Das war 1989.

Für Sie persönlich muss die Entscheidung, den Erschießungsbefehl gegen Kameraden zu beschließen, sehr hart gewesen sein, nicht?
Ja, aber es war keine persönliche Entscheidung. Es war eine einstimmige Entscheidung des Staatsrates, der aus einunddreißig Mitgliedern besteht. Ich erkläre Ihnen, wie das funktioniert. Im Lauf der Jahre ist der Staatsrat zu einer Art Richter geworden. Das ist ein sehr schwieriges Vorrecht, und das Wichtigste ist, dass wir immer versuchen müssen, Entscheidungen im Konsens zu treffen. Wenn einige Mitglieder nicht einverstanden sind mit einer Maßnahme, dann wird diskutiert und wieder diskutiert, wobei alle Compañeros im Staatsrat engagierte und gebildete Leute sind, die diese Fälle sehr ernst nehmen. Unser Bestreben ist, Entscheidungen einstimmig zu treffen, und meist haben wir das erreicht. Wenn es aber eine oder zwei Gegenstimmen gibt, dann wird noch mal diskutiert oder die Strafe einfach nicht vollstreckt. Jene Sitzung des Staatsrat, als es um die *Causa uno* ging, war öffentlich, sie wurde live im Fernsehen übertragen.

Steht in Kuba auf Drogenhandel die Todesstrafe?
Sehen Sie, mit den Drogen sind hier wirklich unglaubliche Dinge passiert. Ein Spanier zum Beispiel hat ein gemischtes Unternehmen gegründet und dafür Märkte gesucht. Er verfügte über die Technologie und das Kapital. Er stellte sehr schöne Figürchen her. Die Rohstoffe importierte er aus Kolumbien, in Containern konnte er bis zu einer Tonne transportieren. Sie kamen hier an – er schien der tüchtigste aller Unternehmer zu sein –, wurden abgeladen, das fertige Produkt aufgeladen und in Containern nach Spanien geschickt. Eines Tages erreichte uns eine Nachricht: »Container mit Kokain« – ich weiß nicht, ob es zwei oder drei Tonnen waren – »auf dem Weg von Kolumbien nach Kuba abgefangen!« Sie hatten es als Milchpulverlieferung oder so etwas getarnt. Was war passiert? Ein Fehler des Polizeichefs dort in Kolumbien. Er hatte uns nicht informiert, sie sagten uns kein Wort. Hätten sie uns Informationen zukommen lassen, wären diese Leute gefangen genommen worden, doch sie flohen, als die Nachricht sie erreichte. Und wissen Sie was? Sie sind heute frei!

Wir haben alle Unterlagen nach Spanien geschickt, die Container untersucht, sie hatten nicht viele verschifft, aber einige, und wir haben die Beweise gesehen. Ich möchte, dass Sie wissen: Diese Leute sind in Freiheit.

In Spanien?
Ja, sie wurden nicht bestraft. Sie haben ausgesagt, dass wir ihnen das anhängen wollten, um uns ihr Unternehmen unter den Nagel zu reißen, wo zwölf bis vierzehn Leute arbeiteten. Sie blieben unbestraft, und ich nutze die Gelegenheit, das hier einmal zu sagen.

Das hat zu großem Ärgernis und zu Entrüstung geführt. Wir sagten: »Wie können sie nur ein Joint-Venture-Unternehmen für Drogenhandel im großen Stil benutzen? Die Nationalversammlung wurde daraufhin einberufen, die härtere Strafen für solche Aktivitäten festgelegte. Das geht bis hin zur Todesstrafe für den Versuch, das nationale Territorium für Drogenhandel im großen Stil zu missbrauchen. Diese Strafe ist festgeschrieben, und es gibt Gesetze, die bis zu lebenslänglich vorsehen, wenn es sich um ein solches Vergehen handelt.

Gibt es viele Fälle von Drogenhandel?
Nun, die meisten Fälle spielen sich auf sehr niedrigem Niveau ab. Es gibt Leute, die Drogen im Magen transportieren oder an anderen Stellen im Körper. Einige sterben, sie werden nervös. Die Drogenhunde können zwar nicht riechen, was sich im Magen befindet, aber die Leute, die sich damit beschäftigen, haben mittlerweile Erfahrung damit, Verdächtige aufzuspüren. Einige lassen sich sogar operieren und bringen ein Kilogramm im Körper mit. Wissen Sie, was ein Kilogramm wert ist? 50.000 oder 70.000 Dollar, keine Ahnung, wie hoch die Preise für kleine Mengen in Europa oder anderswo sind.

Einmal kam eine Gruppe – einige Engländer, die anderen Kanadier –, die bis zu siebzehn Kilogramm in den Hüllen mitbrachten, in die sie ihre Anzüge einpackten. Unfassbare Vorgänge sind das. Einige sterben. Andere verstecken die Drogen in irgendwelchen Dingen mit doppeltem Boden. Sie erfinden immer neue Tricks. In unserem Land sitzen etwa 150 Ausländer wegen Drogenhandels im Gefängnis. Viele bringen sie mit, um sie anschließend nach Europa weiterzutransportieren, aber es gab bereits auch einen kleinen internen Markt.

Woher kommen die Drogen?
Vorwiegend werden sie von Flugzeugen aus abgeworfen, und einige Pakete landen an der Küste. In der Nähe Kubas befindet sich der Bahamas-Kanal.

Werfen sie die Drogen ins offene Meer?
Die Küstenwache der Vereinigten Staaten patrouilliert, und sie verfügt ebenfalls über Flugzeuge und Geheimdienste. Es besteht eine gewisse Zusammenar-

beit mit uns, aber sie haben nie ein Abkommen über den gemeinsamen Kampf gegen den Drogenhandel mit uns unterzeichnen wollen, das Kuba seit 2001 zusammen mit zwei anderen Vereinbarungen – Kampf gegen Terrorismus und Regelung der Einwanderung – immer wieder vorgeschlagen hat. Die Schiffe nähern sich der Küste, und wenn sie merken, dass Gefahr droht, werfen sie die Drogen ab. Aus Holguín kommt manchmal die Nachricht: »Es hat zwei Ladungen gegeben.« Was ich unter »zwei Ladungen« verstehe? Zwei Drogenladungen sind an die Küste geschwemmt worden. Meist sind das Pakete mit Marihuana, aber eine Ladung kann von einem Schiff kommen, das dreißig oder vierzig Pakete abgeworfen hat.

Wenn sie sich verfolgt sehen.
Wenn sie verfolgt werden, werfen sie sie ins Meer, und die Wellen schwemmen sie an, vor allem in jene Regionen im Osten.

Es gibt noch eine andere Vorgehensweise: Ein großes Schiff fährt ein, ein Handelsschiff, kontaktiert Schnellboote aus den Vereinigten Staaten, die dann kommen und die Pakete abholen, die per Schiff transportiert oder aus der Luft abgeworfen wurden. Es gibt hier inzwischen aufgrund des Tourismus und auch aus anderen Gründen einen kleinen Markt. Zum Beispiel kamen jährlich mehr als 100 000 Kubaner aus den Vereinigten Staaten zu Besuch, sie durften kommen. Natürlich verhielt sich die Mehrheit dieser Leute sehr korrekt, aber manche brachten auch ihre Ration Drogen mit, genauso wie einige Touristen, für ihren Eigenbedarf, obwohl der Tourismus in unserem Land generell ein gesunder Tourismus ist. Wir haben uns viel mit diesem Thema beschäftigt.

Es gibt andere Formen von Drogenhandel in großem Stil, in welchen Fällen die Drogen dann von einer Jacht transportiert werden. Es gibt Tausende von Touristenschiffen. An einigen Orten der Insel landen private Schiffe, Jachten, es kommen viele Leute, und einige von ihnen haben Drogen dabei. Man kann die entsprechenden Pflanzen auch anbauen, aber das ist nicht die Hauptquelle. Die Bauern sind gut organisiert und haben ein ausgereiftes Bewusstsein. Die Hauptlieferungen sind diese »Ladungen«. Wir kämpfen erfolgreich gegen dieses Problem an und müssen es verhindern, denn Drogen zerstören Gehirne. Die Droge hat etwas besonders Schlechtes: Sie entfremdet Menschen und zerstört ihr Urteilsvermögen. Sie bringt sie in ein sehr ernstes moralisches und ethisches Dilemma. Sehen Sie, der Mensch, der mit Drogen handelt, um Geld zu verdienen, sieht sich vor, denn die Sanktionen wirken als Bremse. Das ist einer der wenigen Fälle, wo ich glaube, dass die Angst vor der Todesstrafe jemanden ziemlich bremsen kann, ein solches Delikt zu begehen. Es ist ein ernstes Delikt, denn der Handel mit Drogen gefährdet letztendlich Menschenleben, und man muss verhindern, dass der Drogenkonsum zu einem sozialen Problem mit ernsthaften Konsequenzen führt.

In vielen Ländern der Welt wird die Todesstrafe geächtet. Alle Länder der Europäischen Union haben sie beseitigt, und viele Menschen fragen sich, warum in Kuba, wo es so große soziale Fortschritte gibt, die Todesstrafe noch nicht abgeschafft wurde.
Ich denke, das ist ein schwieriges Thema und zugleich eine interessante Frage. Es ist etwas, worüber man hier, genauso wie über die ökologischen Probleme und viele andere, lange Zeit diskutiert hat.

Haben wir die Todesstrafe diskutiert, als wir zu Revolutionären wurden oder als wir kämpften oder als die Revolution triumphierte? Nein, in der Tat, da haben wir sie nicht infrage gestellt. Haben wir über sie in all den Jahren der Invasionen, des schmutzigen Krieges, der Attentate, Sabotagen und all der anderen Geschehnisse diskutiert? Nein, das haben wir nicht. Wir haben über die Formen, über das Verfahren und die rechtlichen Aspekte des Themas nachgedacht, und wir haben auch ein wenig historische Erfahrung vorzuweisen. Was ist passiert? Die politischen Bewegungen mussten sich verteidigen. Auch die bürgerlichen. Sowohl die Konterrevolutionen als auch die Revolutionen mussten sich auf die eine oder andere Weise verteidigen. Für uns war das Wichtigste, dass wir uns bei unserer Verteidigung an Normen, an legale Verfahren hielten und Ungerechtigkeiten vermieden. Das stand über allem. Alles vermeiden, wie ich erklärt habe, was auf irgendeine Art und Weise außerrechtlich oder außergerichtlich war.

Es ist ja nicht so, dass wir glücklich darüber wären, die Todesstrafe anzuwenden. Es gab sogar eine Zeit, in der sie ausgesetzt wurde, aber was wir an terroristischen Plänen und Attentatsversuchen aufdeckten, war nicht gerade unerheblich. Im ersten Jahr der Revolution hatten wir die Todesstrafe ausgesetzt, und dadurch haben einige ihr Leben gerettet, über viele war noch zu urteilen oder sie waren flüchtig, und irgendwann hatten wir keine andere Wahl, als die Todesstrafe wieder in das Gesetz aufzunehmen. Das, was uns erwartete, war etwas, das wir uns nicht einmal vorstellen konnten.

Wir hatten eine bestimmte Perspektive: Das war die Frage nach Leben oder Tod. Dabei gingen wir auch von Kriterien aus, die vor langer Zeit in revolutionären Prozessen entstanden sind, in tief greifenden Revolutionen. Für gewöhnlich wissen die Leute, die sich auf solche Auseinandersetzungen einlassen, dass es sich um einen Kampf auf Leben und Tod handelt. Wenn du nicht in der Lage bist, dich zu verteidigen, dann wirst du unterliegen und das mit deinem Leben bezahlen.

Das war uns völlig klar. Angesichts sehr schlimmer Verbrechen fragten wir: »Wie können wir ihnen Einhalt gebieten?« Wenn es sehr viele Söldner gibt, dann ist das kein ideologisches Thema. Glücklicherweise mussten wir hier nicht gegen ideelle Fanatiker kämpfen. Wir haben das Privileg, vorwiegend gegen Leute zu kämpfen, die von materiellen, ökonomischen oder sozialen Ambitionen geleitet werden.

Also einfache Söldner und keine Fanatiker für eine Sache.
Von den Fanatikern hätten wir uns nicht befreien können, und ich hätte sicherlich all die Attentate nicht überlebt. Niemand entrinnt einem Fanatiker, aber wir hatten das Glück, dass diejenigen, die gegen uns kämpften, keine solchen Fanatiker waren und zudem der Geist des Kalküls bei ihnen überwog. Es haben sich also diejenigen getäuscht, die glaubten, Leute zu töten, Lehrer zu ermorden, das Leben von Bauern und Soldaten zu opfern – weil die Arbeiter und Bauern unsere Stärke ausmachen – brächte ihnen danach eine Prämie. Das war es nämlich, worauf sie hofften.

Haben Sie viele von ihnen festgenommen?
Wir haben sie gefangen genommen, denn wir haben es geschafft, alle Maßnahmen zu treffen, die Institutionen zu bilden und alles was nötig ist, um jede Aktion aus dem Ausland vollständig zu unterbinden – Methoden der Unterwanderung, der Information, technische Methoden. Wir können zum Beispiel auch erfahren, von wo aus jemand spricht. Das findet jeder heraus, der eine technische Ausbildung hat.

Und wurden sie verurteilt?
Diejenigen, die Bomben in Hotels gelegt hatten, wurden zum Tode verurteilt, aber aus offensichtlichen politischen Gründen beschlossen wir, die Todesstrafe nicht zu vollstrecken. Es waren junge Söldner aus Lateinamerika, von denen es Tausende gibt, und es ist möglich, dass wir für sie die Strafe schließlich abändern. In der Tat gab es für alle schlimmen Verbrechen eine Art Moratorium.

Die Gesetze sind noch immer gültig, aber die Strafen werden nicht vollzogen. Das bedeutet keinen Verzicht, denn Sie wissen nicht, welch barbarische

Dinge noch kommen können. Wenn ein Passagierflugzeug mit Menschen an Bord in die Luft gesprengt wird, dann wird unser Land keine Amnestie für die Schuldigen akzeptieren, auch keine Begnadigung, denn die öffentliche Meinung pflegt im Allgemeinen hart zu sein.

Eine Regierung muss nicht immer das tun, was die Menschen verlangen. Sie wissen genau, dass fast überall auf der Welt die Todesstrafe mehr Befürworter als Gegner hat. In Europa selbst gibt es viele Länder, in denen die Todesstrafe verlangt wird.

Ja, die öffentliche Meinung ist dafür. In Frankreich ist die Mehrheit für die Todesstrafe.
Trotzdem hat man die Pflicht, sich nicht mitreißen zu lassen und nicht blind einem Kriterium zu folgen, nur weil es populär und vorherrschend ist, denn es kann auch extremistisch sein.

Ist nach öffentlicher Meinung in Kuba die Mehrheit für die Todesstrafe?
Die Leute sind in der Regel viel radikaler. Es gibt Situationen, die die Bevölkerung tief empören. Wenn jemand von der Marinebasis in Guantánamo aus beschossen und verletzt oder getötet wird und man die Leute befragt, dann können Sie sich vorstellen, wie radikal die Antwort wäre. Aber man muss nicht immer das tun, was die Leute sagen.

Wenn ein solch schreckliches Verbrechen geschieht, dann können Sie sich nicht vorstellen, wie schwierig es ist. Wenn zum Beispiel, aus irgendeinem Grund – sagen wir, weil die Person, die ein schlimmes Verbrechen begangen hatte, vielleicht noch sehr jung war – bei den obersten Stellen eine Neigung gibt, das Strafmaß zu reduzieren, dann kommt es zu Problemen mit den Nachbarn, den Angehörigen, der Öffentlichkeit. Das jedoch beeinflusst die endgültige Entscheidung nicht. Aber ich versichere Ihnen, dass es nicht leicht ist.

Wäre es nicht das Einfachste, so wie es die europäischen Länder gemacht haben, die Todesstrafe abzuschaffen?
Gesetzlich haben wir sie nicht abgeschafft. De facto wurde die Todesstrafe seit April 2000 nicht mehr vollstreckt,[4] aber wir verzichten nicht auf sie. Ich glaube nicht, dass wir in einer Welt leben, wo das möglich ist. Ist etwa die Formel von Ford verwirklicht? Wir wissen es nicht, niemand hat uns darüber informiert. Gerald Ford hatte entschieden, die Beteiligung von US-amerikanischen Funktionären an der Organisation, Planung und Durchführung von Morden an

Gegnern der Vereinigten Staaten zu verbieten. Keiner weiß in diesem Augenblick, wo es neue, sehr aggressive Doktrinen gibt, ob die Bush-Regierung dies nicht schon lange über Bord geworfen hat. Einige glauben, dass dem so ist.[5]

Wenn sie terroristische Aktionen gegen unser Land richten und Verbrechen begehen, wenn sie Kinder in einer Schule töten, dann garantiere ich Ihnen, dass es unter diesen Bedingungen sehr schwer sein wird, die strengsten Gesetze nicht anzuwenden. In diesem Fall würden wir uns auf den Absatz – ich weiß nicht, wie man es nennen soll, wenn jemand Bomben in einer Schule legt – »im Dienst einer ausländischen Macht oder Regierung« stützen.

Die Europäer unterliegen keiner Blockade, bei ihnen werden auch nicht täglich Bomben gelegt. Ich weiß nicht, was sie taten, als sie Gruppen wie die Roten Brigaden[6] hatten. Von einigen Verbrechen gegen Mitglieder der Roten Brigaden habe ich gehört. Ich habe auch von Leuten gehört, die im Ausland ermordet wurden, Basken beispielsweise, ein paar Dutzend sogar ...

Beziehen Sie sich zum Beispiel auf die GAL[7]? Denn in Spanien gibt es keine Todesstrafe.
Nun, es gibt keine Todesstrafe in Europa, aber dafür haben sie etwas getan, was wir nie getan haben, nämlich, Personen aus politischen Gründen ohne vorheriges Urteil hinzurichten – in Europa haben sie Dutzende von Menschen hingerichtet.

Außergerichtlich?
Lassen Sie einmal die Geschichte der Mitglieder der Roten Brigade schreiben, die außergerichtlich hingerichtet wurden, oder die wahre Geschichte der ETA-Mitglieder, die außergerichtlich hingerichtet wurden, wo es doch in Spanien keine Todesstrafe gibt.

Hier gibt es zwar die Todesstrafe, aber es kommt zu keinen außergerichtlichen Tötungen. Es gibt keinen einzigen Fall. Damit Sie sich über Schein und Sein bei diesem Thema klar werden, wo die Wahrheit liegt und wo demagogische und heuchlerische Theorien herrschen.

Wir garantieren, dass es in Kuba niemals eine außergerichtliche Tötung geben wird und auch keine Folter. Sie können diejenigen fragen, die jene Bomben gelegt haben, im Jahr 1997, ob sie irgendeiner Form von Folter ausgesetzt oder auch nur ein Mal geschlagen wurden. Natürlich sind es keine Fanatiker, sondern Söldner. Sie erzählen Ihnen sofort alles, sobald Sie ihnen unwiderlegbare Beweise für ihre Schuld vorlegen. Sie selbst haben uns erklärt, wie sie den

Sprengstoff in einem kleinen Fernseher transportierten: Kunststoff in dieser oder jener Farbe, und damit die Hunde nichts wittern konnten, verwendeten sie einen Sprengstoff, der von ihnen nicht wahrgenommen wird; ein Initialsprengstoff, der mit den Kabeln verbunden war, und die Uhr, die sie am Handgelenk trugen, um die Bomben in die Luft zu jagen. Sie konnten die Sprengsätze in den Hotels verstecken und je nach Lust und Laune fünf Minuten oder eine Stunde oder neunundneunzig Stunden später explodieren lassen. Ein ausgeklügeltes Verfahren.

Aber diese Leute kooperieren. Sie erzählten uns umgehend alles, denn sie hatten es für Geld getan ... und wir bieten ihnen kein Geld. Die Schuldigen, über die ich hier spreche, erzählten uns das alles völlig gefasst und kaltblütig. Von diesen Leuten gibt es Tausende da draußen.

Nach all den Problemen und Konflikten in Zentralamerika und in anderen Teilen der Welt gibt es Leute, die für 5000 Dollar alles tun würden. Sogar für weitaus weniger Geld. Einigen boten sie 2000 Dollar pro Bombe, das Flugticket und alles Drum und Dran. Sie nutzten die touristischen Wege, um in unser Land zu kommen. Das ist sehr gefährlich, denn in einem Flugzeug kann jede Achtlosigkeit für alle fatale Folgen haben. Kein Gerät ist hundertprozentig sicher. Sie verwenden einen speziellen Sprengstoff und eine gewöhnliche Digitaluhr, irgendein medizinisches Gerät und einen kleinen Fernseher, wenn man sie damit an Bord lässt. Sehen Sie, das sind die Probleme, die die US-Amerikaner jetzt haben, nach dem 11. September. Die Verletzbarkeit durch Techniken, die sie den Terroristen, die gegen Kuba agieren, selbst beigebracht haben.

Posada Carriles persönlich hat Pläne für die Zerstörung von Flugzeugen ausgearbeitet, die von Zentralamerika aus mit US-amerikanischen Passagieren an Bord nach Kuba flogen. Ich denke, dass die ganze Welt einen Nutzen davon hat, wenn wir Wege finden, terroristische Pläne aufzudecken und Drogen natürlich ebenso. Das sind zwei enorm große Probleme, und jedes Programm, das wir entwickeln, um sie zu bekämpfen, wird letztendlich uns allen zugutekommen.

Wie oft wurde die Todesstrafe verhängt, aber nicht vollstreckt?
Keiner dieser Menschen, die aus dem Ausland kamen, um in Hotels Bomben zu legen, wurde erschossen. Ich kann Ihnen nicht genau sagen, seit wann, aber auf jeden Fall seit mehreren Jahren.

Für allgemeine Straftaten wurde sie bis in den April 2000 verhängt. Die genaue Anzahl kann ich augenblicklich nicht sagen, aber wir können sie erfragen, vielleicht mehrere Dutzend. Vollstreckte Todesstrafen gab es vielleicht zwanzig bis fünfundzwanzig. Aber die genaue Anzahl kenne ich im Moment nicht.

Und seither wurde sie nicht mehr angewendet?
Nein, kein einziges Mal.[a]

Seit drei Jahren?
Es handelt sich um eine Art Moratorium. Aber ich möchte auf jeden Fall anmerken, dass sie nicht abgeschafft wurde. Ich kann Ihnen später, wenn Sie wollen, meine Meinung dazu sagen, aber sie ist nicht abgeschafft. Nun, es gibt so viele Formen des Tötens – die Wissenschaft oder die Kunst des Tötens ist hoch entwickelt, und Sie können jetzt nicht sagen: »Wir werden auf die Todesstrafe verzichten!« Es gibt zwei Fälle schweren Mordes, für die noch ein Gerichtsverfahren anhängig ist. In einem Fall wurde eine komplette Familie, einschließlich eines Kindes, ermordet, die Besuch aus Miami bekommen hatte. Diese schrecklichen Verbrechen, die von gewöhnlichen Straftätern begangen werden, schaffen ernsthafte Probleme hinsichtlich der öffentlichen Meinung, und diese Fälle müssen noch verhandelt werden. Es ist weder so, dass es uns gefällt, noch haben wir es eilig oder tun es besonders gern. Aber ich denke, es wird noch einige Zeit vergehen, bis wir über eine vollständige Abschaffung der Todesstrafe für alle Delikte nachdenken können, was wir sehr gern sähen. Es gibt keine Verpflichtung auf ein definitives Moratorium.

Untersuchen Sie die Möglichkeit, das zu tun?
Ich habe Ihnen ja geschildert, welche Schwierigkeiten wir hatten und wie wir die Anwendung der Todesstrafe bei politisch motivierten Verbrechen eingeschränkt haben. Ich habe Ihnen vom Fall der Söldner berichtet, die Bomben legten, und Ihnen gesagt, dass wir seit einigen Jahren die Todesstrafe nicht mehr angewendet haben; aber wir haben nicht auf sie verzichtet, denn wir leben in einer schwierigen Epoche.

Im Falle von gewöhnlichen Straftaten wurde die Todesstrafe nicht angewendet, doch auch hier haben wir nicht auf die Möglichkeit verzichtet, wie ich erklärte, denn ich möchte niemanden täuschen, und wir glauben, dass unsere Gesellschaft noch nicht darauf vorbereitet ist. Wir bekämen ein großes Problem mit der öffentlichen Meinung. Sie können jedoch sicher sein, dass es hier in keinem Fall eine Ungerechtigkeit geben wird. Aber es kann auch nicht sein, dass diejenigen, die schreckliche Straftaten begehen, durch eine Großherzigkeit begünstigt werden, die das Volk nicht wirklich verstehen würde. Auch hier ist noch viel Bildung nötig.

Was halten Sie persönlich von der Todesstrafe?
Ich habe ein Konzept bezüglich der Todesstrafe. Ich denke, dass sie keine Probleme löst und dass der Einfluss der Todesstrafe nur relativ ist.

Wir beschäftigen uns jetzt mit Delikten und ihren Hintergründen und müssen in die Tiefe gehen. Ich bin sehr zufrieden mit den Arbeiten und den Studien, die wir auf diesem Gebiet bisher gemacht haben. Es gibt Verbrechen, die so schrecklich sind, dass zweifellos jeder, der Jura studiert hat, weiß, dass es ein Prinzip gibt: Ein Mensch, der nicht im Vollbesitz seiner geistigen Fähigkeiten ist, kann nicht bestraft werden. Wir analysieren diese Frage sehr gründlich. Wir studieren Fälle von psychisch Kranken. In den Vereinigten Staaten gibt es unglaublich viele Menschen mit psychischen Erkrankungen, und es gibt ein juristisches Prinzip: Man muss beweisen – die Frage ist, wie man das beweist –, dass ein Mensch das besagte Verbrechen nicht in diesem Zustand verübt hat.

Wie viele Studien wurden nicht über die psychischen Hintergründe von Verbrechen angestellt. Diese können sowohl genetisch bedingt sein als auch durch einen Unfall. Unfälle, die dazu führen, dass Menschen Probleme bekommen und gewalttätig werden. Welches sind die genetischen oder unfallbedingten Faktoren, die die Funktionen des menschlichen Geistes beeinträchtigen und dazu führen, dass bestimmte Leute zu Monstern werden?

Wir haben uns diesen Realitäten mit unseren Erfahrungen und Konzepten angepasst. Hier wird niemals jemand aus Rache bestraft. Es gibt als Alternative zur Todesstrafe auch noch die lebenslange Haft.

Ich denke, wir bewegen uns in unserem Land auf eine Zukunft zu, die irgendwann die Todesstrafe nicht mehr braucht. So werden wir eines Tages auch zu den Ländern gehören, die die Todesstrafe abgeschafft haben. Wir streben das an, aber nicht bloß aus philosophischen Gründen, sondern im Sinne der Gerechtigkeit und der Realität. Das ist unser augenblicklicher Standpunkt und unsere Position, was die Todesstrafe angeht.

19

KUBA UND DIE NEOLIBERALE GLOBALISIERUNG

Der neue Kapitalismus – Was ist Sozialismus heute? – Ideologische Verwirrung – Die ökologische Tragödie – Der Umweltschutz – »Kampf der Ideen« – Für eine globale Bildung

Als ich vor einiger Zeit mit Ihnen sprach und Sie fragte, wie Sie vermeiden wollen, dass die liberale Globalisierung sich auf Kuba ausdehnt, da sagten Sie: »Wir werden geduldig warten, bis die Globalisierung zusammenbricht!« Denken Sie heute noch genauso?
Als ich Ihnen diese Antwort gab, hatte Stiglitz[1] noch kein Buch geschrieben. Soros[2] hörte man über seine großen Spekulationen sprechen, die argentinische Krise vom Dezember 2001 war noch nicht ausgebrochen und auch die anderen Krisen nicht, von denen wir heute wissen.

Wir sind uns nach und nach darüber klar geworden, was die Globalisierung bedeutet, und beschäftigen uns seit Langem mit der diesbezüglichen Literatur, die uns zu dem Schluss kommen ließ, dass es zu einer weitaus kritischeren Situation kommen könnte als der des Jahres 1929. Daraufhin beschäftigten wir uns mit der Krise von 1929, lasen noch einmal Galbraith[3] und andere Wirtschaftswissenschaftler. Wir studierten die Thesen, die grundlegenden Ideen des kapitalistischen Produktionswesens, und fragten uns sogar, was von diesem System übrig geblieben ist, ob überhaupt etwas erhalten geblieben ist, ob es noch freien Wettbewerb auf der Welt gibt, ob so etwas wie freie Unternehmen noch existieren und all diese »Wahrheiten«, die als göttliche Dogmen betrachtet wurden.

Sie haben für diese Globalisierung einen anderen Ausdruck verwendet. Ich glaube, Sie nannten sie »Einheitsdenken«[4], andere sprachen vom »Ende der Geschichte«[5]. Ich war jedoch der Meinung, dass es genau umgekehrt ist und dass man sich dem entgegenstellen müsse. Da war ich vollkommen sicher.

Sie fragten sich, was vom Kapitalismus übrig geblieben war? Glauben Sie, dass die Globalisierung sogar den Kapitalismus selbst zerstört?
Heute gibt es keinen Kapitalismus und keinen Wettbewerb. Was es heute gibt, ist eine Monopolstellung in allen großen Bereichen. Es gibt Wettbewerb zwischen verschiedenen Ländern um die Produktion von Fernsehgeräten, Computern, sogar Autos hat die Weltbank produzieren lassen, aber jenen Kapitalismus gibt es nicht mehr.

500 globale Unternehmen kontrollieren 80 Prozent der Weltwirtschaft. Die Preise sind nicht Ergebnis des Wettbewerbs; die Preise, zu denen zum Beispiel Medikamente gegen Aids verkauft werden, sind Monopolpreise. Die Arzneimittel gehörten zu den am meisten missbrauchten und ausgenutzten, extravagantesten Waren der Welt – die Medizin, die man den Leuten verkauft, hat in vielen Fällen einen Preis, der zehnfach über den Produktionskosten liegt. Die Werbung legt fest, was sich verkauft und was nicht. Wer nicht viel Geld hat, der kann keinerlei Werbung für seine Produkte machen, obwohl sie exzellent sein mögen.

Nach dem letzten weltweiten Gemetzel in den 40er-Jahren versprach man uns eine Welt voller Frieden, eine geringere Diskrepanz zwischen Armen und Reichen und dass die entwickelten Länder den weniger entwickelten Ländern helfen würden. Alles hat sich als enorme Falschheit erwiesen. Sie haben uns eine Weltordnung aufgedrängt, die sich weder halten kann noch zu ertragen ist. Die Welt wird in eine Sackgasse geführt.

Keine jener Kategorien, von denen wir glaubten, dass auf ihnen der Kapitalismus basiert, existiert heute; deswegen gibt es auch die Theorie nicht, die die Chicago Boys[6] die Leute lehren. Auf der anderen Seite sind Theorie und Praxis des Sozialismus noch zu entwickeln und zu schreiben.

Sie sprachen mit mir bei einer anderen Gelegenheit darüber, dass es kein Modell im politischen Sinne mehr gebe und dass gegenwärtig keiner wirklich wisse, was das Konzept des Sozialismus bedeutet. Sie erzählten mir, dass es bei einem Treffen des São-Paulo-Forums, das in Havanna stattfand und an dem alle linken Bewegungen Lateinamerikas teilnahmen, nötig war, sich darauf zu verständigen, das Wort »Sozialismus« nicht auszusprechen, weil es ein Wort ist, das »spaltet«.
Sehen Sie, was ist Marxismus? Was ist Sozialismus? Das ist nicht klar definiert. Erstens, die einzige Volkswirtschaft, die es auf der Welt gibt, ist die kapitalistische, und zwar die von Adam Smith[7]. Also machen wir Sozialismus häufig

in den Kategorien, die wir vom Kapitalismus übernommen haben, was eine unserer großen Sorgen ist. Denn wenn man die Kategorien des Kapitalismus als Instrument für den Aufbau des Sozialismus einsetzt, dann zwingt man alle Unternehmen, gegeneinander zu konkurrieren, es tauchen betrügerische Unternehmen auf, Piraten, die hier kaufen und dort kaufen. Darüber müsste eine intensive Studie vorgenommen werden.

Che führte seinerzeit einige Auseinandersetzungen über die Konsequenzen der Anwendung von Haushaltsfinanzierung gegenüber der Anwendung von Eigenfinanzierung. Wir haben das bereits angerissen ...[8] Als Minister hatte er die Organisation einiger großer Monopole studiert, die Haushaltsfinanzierung nutzten. In der UdSSR wendete man eine andere Methode an: die Eigenfinanzierung. Und Che hatte sehr strikte Auffassungen hierzu.[9]

Marx hat mit seiner *Kritik des Gothaer Programms*[10] nur einen vorsichtigen Versuch unternommen, zu definieren, wie der Sozialismus aussehen könnte, denn er war zu weise, zu intelligent und zu realistisch, um zu glauben, dass man eine Utopie darüber, wie der Sozialismus sein würde, schreiben könnte. Das Problem lag in der Interpretation der Lehren, von denen viele angestellt wurden. Aus diesem Grund waren die Progressiven über lange Zeit gespalten, und es kam zu Auseinandersetzungen zwischen Anarchisten und Sozialisten, den Problemen nach der bolschewistischen Revolution von 1917 zwischen Trotzkisten und Stalinisten oder sagen wir – für die Anhänger jener großen Polemiken – zur ideologischen Spaltung zwischen zwei großen Führern, von denen der intellektuellere ohne jeden Zweifel Trotzki war. Stalin war eher ein Mann der Praxis, ein Verschwörer. Er war kein Theoretiker, obwohl er später manchmal die Rolle des Theoretikers übernahm. Ich kann mich an ein paar kleine Büchlein erinnern, die verteilt wurden, in denen Stalin versuchte, die Essenz des dialektischen Materialismus am Beispiel des Wassers zu erklären. Sie wollten einen Theoretiker aus Stalin machen. Er war ein Organisator, mit großen Fähigkeiten, ich glaube, dass er ein Revolutionär war, und ich glaube nicht, dass er je im Dienst des Zaren stand. Später machte er die Fehler, von denen wir alle wissen, die Repressionen, die Säuberungen und all die übrigen Dinge.

Lenin war das Genie. Er starb relativ jung, aber er wäre sicher noch zu vielem fähig gewesen. Die Theorie ist nicht immer hilfreich. In der Epoche des Aufbaus des sozialistischen Staates hat Lenin seit 1921 verzweifelt die NEP, die Neue Ökonomische Politik, angewandt. Wir sprachen ja bereits darüber, und ich sagte ihnen, dass Che von der NEP nicht sonderlich begeistert war.

Lenin hatte wirklich eine geistreiche Idee: den Kapitalismus unter der Diktatur des Proletariates aufzubauen. Vergessen Sie nicht, dass die mächtigen Länder die bolschewistische Revolution zerstören wollten, sie wurde von der ganzen Welt attackiert. Wir können die Geschichte der Zerstörung nicht vergessen, die sie in diesem unterentwickelten Land angerichtet haben. Russland war das am wenigsten industrialisierte Land Europas, und Lenin glaubte, der Linie von Marx folgend, dass die Revolution in einem einzelnen Land nicht existieren könne, sondern dass sie, ausgehend von einer umfassenden Entwicklung der Produktivkräfte, zeitgleich in den wichtigsten Industrienationen stattfinden müsse.

Deshalb war die große Frage nach dieser ersten Revolution in Russland, welchen Weg man gehen sollte. Nachdem die revolutionären Bewegungen in den anderen europäischen Ländern gescheitert waren, blieb Lenin gar keine andere Wahl, als den Sozialismus in einem einzigen Land aufzubauen – in Russland. Stellen Sie sich den Aufbau des Sozialismus in einem Land mit achtzig Prozent Analphabeten vor, in einer Situation, in der es gegen alle Angreifer zu kämpfen hatte und in der die wichtigsten Intellektuellen, die mit den meisten Kenntnissen, weggingen oder erschossen wurden. Verstehen Sie?

Das war eine ziemlich schlimme Zeit, mit intensiv geführten Debatten.
Es gab so viele Kontroversen. Lenin war bereits tot. Meiner Meinung nach hat die Sowjetunion in den zehn Jahren der NEP Zeit für den allmählichen Aufbau von Kooperativen in der Landwirtschaft verloren. Da die individuelle Produktion das Maximale lieferte, was unter den damaligen Umständen zu erwarten war, führten sie eine überstürzte Kollektivierung durch. In der kubanischen Landwirtschaft hat es immer mehr als 100 000 individuelle Kleinbauern gegeben. Das Erste, was wir 1959 taten, war, allen Pächtern und Bauern in unsicheren Verhältnissen das Land, das sie bearbeiteten, zu übereignen.

Denken Sie, dass wir zurzeit in einer großen ideologischen Verwirrung leben?
Ja. Es gibt in der Ideologie massive Konfusion. Die Welt, in der wir leben, hat sich sehr verändert. Es gibt viele Probleme, die die großen politischen und gesellschaftlichen Vordenker auf eine so große zeitliche Distanz nicht vorhersehen konnten, obwohl ihre Kenntnisse entscheidend dafür waren, dass wir Menschen mit revolutionären Ideen geworden sind.

Die Menschen kämpfen gegen Unterwicklung, Krankheiten, Analphabetismus, aber eine globale Lösung der Aufgaben der Menschheit ist noch immer nicht in Sicht. Diese Probleme können nicht auf nationaler Ebene gelöst werden, denn mehr als je zuvor wird die Herrschaft global ausgeübt: die sogenannte neoliberale Globalisierung, die sich auf die Macht des Imperiums und seiner Verbündeten stützt. Die WTO (Welthandelsorganisation), die Weltbank und der Internationale Währungsfonds stellen die Regeln für eine Situation von Beherrschung und Ausbeutung auf, die de facto gleich oder schlimmer und in ihren Konsequenzen verhängnisvoller ist als die koloniale Sklaverei. Viele Menschen suchen eine Möglichkeit, sich von dieser Herrschaft zu befreien. Sie selbst sind Zeuge, wie viele Teilnehmer es am Weltsozialforum in Porto Alegre gab oder an dem in Bombay im Jahr 2004. Ich weiß nicht, wie viele Artikel aus Ihrer Zeitschrift wir über die Globalisierung gelesen haben,[II] aber auch in anderen seriösen Publikationen.

Die Compañeros haben hier viele Jahre lang aus Zeitschriften wie der ihren, Zeitschriften der Mitte und auch der Rechten Woche für Woche die wichtigsten Artikel über ökonomische Probleme in der Welt gesammelt. Wir können bestätigen, dass diese Probleme schwer zu verstehen sind, denn in der Mehrheit der Länder lernen die Menschen nicht viel über Wirtschaft, Geschichte oder Politik. Die Völker reagieren auf wirtschaftliche und soziale Situationen, die immer unhaltbarer werden.

Haben Sie nicht dennoch den Eindruck, dass die liberale Globalisierung einige harte Schläge bekommen hat und nicht mehr ganz so arrogant ist wie noch vor wenigen Jahren?
Ja, diesen Eindruck habe ich auch, denn es ist zu der Krise in Argentinien gekommen, dem Sieg Néstor Kirchners im Jahr 2003 und der Niederlage des Symbols der neoliberalen Globalisierung in diesem Land in entscheidenden Momenten der internationalen Wirtschaftskrise. Es geht ja nicht nur um eine Krise in Südostasien, wie die von 1997 – es ist eine weltweite Krise, plus Irakkrieg, plus Konsequenzen einer enormen Verschuldung, plus wachsender Verschwendung und steigender Kosten von Energie, plus Fatalismus darüber, dass das Geld seinen Wert verliert und einem durch die Finger rinnt, weil zu viel gedruckt wird und wegen des Defizits der wichtigsten ökonomischen und militärischen Macht dieses Planeten.

Das Problem ist ein weltweites, und so bildet sich auch weltweit ein Bewusstsein. Deshalb wird der Tag, an dem schließlich eine andere Welt möglich sein wird, ein ruhmreicher Tag sein. Sehen Sie, wie dieser Satz, den Sie meines Wissens selbst einmal vorgeschlagen haben, an Gewicht gewonnen hat: »Eine bessere Welt ist möglich.« Aber wenn man eine bessere Welt erreicht hat, die möglich ist, dann müssen wir das wiederholen: Eine bessere Welt ist möglich. Und danach abermals wiederholen: Eine bessere Welt ist möglich. Denn die Welt steht vor der Alternative, besser zu werden oder zu verschwinden.

Ich glaube an Ideen, und ich glaube an Bewusstsein, an Wissen, an Kultur, vor allen Dingen an die politische Kultur. Wir haben viele Jahre dafür aufgewendet, ein Bewusstsein zu schaffen, und wir haben großes Vertrauen in die Bildung und die Kultur, besonders die politische Kultur. Wir leben allerdings in einer Welt, in der politische Kultur fehlt. Sie wissen das besser als irgendjemand sonst, denn Sie haben dafür gekämpft, sie im Hinblick auf so komplizierte Themen wie die neue Wirtschaftsordnung und die neoliberale Globalisierung, die Sie angesprochen haben, einzuführen.

In den meisten Schulen dieser Welt werden ausschließlich Dogmen gelehrt; auch hier ist das passiert.

Irritieren Dogmen Sie?
Ich bin zutiefst antidogmatisch, das haben wir ja schon bei anderer Gelegenheit angerissen. Und hier werden Sie Zeuge des Vertrauens unseres Volkes in die unglaubliche Kraft der Ideen. In all das, was wir in mehr als vierzig Jahren über den Wert der Ideen und des Wissens gelernt haben. Dennoch gibt es Gefahren, und wir versuchen, die neuen Generationen diesbezüglich auszubilden. Denn die globalisierte Welt von heute erfordert größere Kenntnisse und das ständige Suchen und Finden von globalen Lösungen.

Welche zum Beispiel?
Zunächst den Erhalt der Menschheit, denn ihr Überleben ist keinesfalls gesichert. Dies ist der Augenblick in der Geschichte der Menschheit – die recht kurz ist –, in der das Überleben der Spezies so unsicher ist wie nie zuvor. Die Spezies ist ziemlich neu und hat vielleicht nicht einmal eine Million Jahre in den verschiedenen Etappen der Evolution erreicht.

Den heutigen Menschen, mit all seinen intellektuellen Fähigkeiten, gibt es vielleicht 100 000 Jahre. Man weiß, dass die Evolution des Lebens durch einen Meteoriten behindert wurde – das ist herrschender Konsens –, der im Isthmus von Tehuantepec einschlug. Es heißt, der Einschlag sei wie eine enorme Nuklearexplosion gewesen, die die Atmosphäre über Wochen mit Staub füllte und Dunkelheit brachte. Er tötete eine Menge Dinosaurierarten und ähnliche Lebensformen, andere entwickelten sich. Aber den Menschen gab es noch nicht.

Heute besteht eine neue Gefahr für die industrialisierte Welt: eine Bevölkerung von mehr als sechseinhalb Milliarden, die jährlich um fast hundert Millionen wächst, mindestens achtzig Millionen. Ich habe da drüben drei Uhren, die ungefähr das tägliche Bevölkerungswachstum anzeigen. Und wir haben Glück, dass China große Anstrengungen unternommen hat, um das demografische Wachstum zu begrenzen, sonst hätten wir jetzt bereits sechs Komma sieben Milliarden Menschen.

Jeder weiß, wie stark das Bevölkerungswachstum ist, jeder kennt die Relation zwischen Analphabetismus, Bildungsmangel und der Anzahl der Kinder pro Familie. Jeder weiß das und noch viele andere Dinge. Es gibt eine wahrhafte demografische Explosion in vielen Ländern, wo die Wirtschaft nicht wächst, dafür aber die Schulden und die Miseren.

Die Globalisierung ignoriert diese explosiven Realitäten. Die Regeln des IWF werden weiterhin viele Länder und viele Menschen in den Abgrund stürzen, denn sein Diktat besteht unverändert. Der Imperialismus, der gern die Interessen seiner großen Unternehmen schützt, treibt sein Unwesen, streitet notfalls mit der ganzen Welt; legt für jeden Beliebigen eine willkürliche Steuer fest, sogar für Kanada. Eines Tages haben sie dieses Land mit einer Steuer von dreißig Prozent für den Export von Holz belegt, was einen Markt von mehreren Milliarden Dollar betrifft.

Außerdem gibt es einen Herrscher über die Welt ... Nur um einigen Ländern Schaden zuzufügen, erhoben die USA zum Beispiel ungeheure Steuern auf den Import von Stahl. Ihren kleineren Unternehmen gegenüber machten sie jedoch alle möglichen Konzessionen. Die US-amerikanische Wirtschaftspolitik war dem Rest der Welt gegenüber, einschließlich ihrer Verbündeten, nie so egoistisch wie heute.

In aller Welt entwickeln sich starke Nationalgefühle. Das ist nicht gut. Es ist an der Zeit, dass wir uns weltweit sorgen und nicht nur auf jeweils nationaler Ebene. Die Welt muss internationalistische Gefühle entwickeln. Wir würden keine Internationalisten sein und keine Doktrin einer weltweiten Solidarität unser Eigen nennen, wenn wir begännen, andere Völker zu beschuldigen. Das wäre, als würden wir der deutschen Bevölkerung die Schuld an der schrecklichen Herrschaft der Nazis geben; dabei haben in Deutschland an einem bestimmten Punkt viele Menschen diese abscheuliche Sache unterstützt.

Hitler und der Nationalsozialismus.
Ja, aber es war das Volk, das unter den unerträglichen Konsequenzen des Ver-

sailler Vertrages von 1919 zu leiden hatte. Was Hitler letztendlich die Mehrheit verschaffte, waren die im Versailler Vertrag vereinbarten Punkte, die die deutsche Bevölkerung in eine sehr schwierige Lage brachten. Nach einer Niederlage, einem blutigen Krieg für die Neuaufteilung der Welt, einte dieser Vertrag die Deutschen. Und sie wählten, denn Hitler kam über Wahlen an die Macht, in das Kanzleramt, an die Spitze der Regierung, es gab keinen Staatsstreich damals. Es ist richtig, dass er 1923 versucht hat, in München einen Putsch zu organisieren, und daraufhin für eine Weile inhaftiert wurde. Über den Nationalismus führte er das Volk zu einer rassistischen, absurden und kriminellen Lehre. Ich war 1972 in Auschwitz, und es ist schwierig, sich die Verbrechen vorzustellen, die dort begangen wurden.

Das Verbrechen aller Verbrechen.
Die Menschheit wird sich noch lange mit Schrecken und Abscheu an den Holocaust erinnern, an die Verbrechen in Auschwitz und die anderen Vernichtungslager.

Auch wenn nichts mit dem Schrecken von Auschwitz vergleichbar ist, heute begünstigt die Globalisierung die großen Verbrechen gegen die Umwelt, die furchtbare Schäden verursachen und unheilvolle Konsequenzen für die zukünftigen Generationen haben können. Sind Sie offen für das Problem des Umweltschutzes?
Vor dreißig Jahren sprach man noch nicht über das, was wir heute über diese Dinge wissen. Es gab die Mitglieder des Club of Rome[12], einige Persönlichkeiten, die auf Grundlage von Daten und Interessenanalysen Vorhersagen machten. Einige kritisierten diese Leute, nannten sie »Utopisten« oder »Untergangspropheten« und so weiter. Sie waren die Ersten. Ich glaube, vor nicht mehr als dreißig Jahren. Das ökologische Problem hat sich vertikal entwickelt, in voller Geschwindigkeit, im letzten Viertel des Jahrhunderts. Das wirkliche Drama ist womöglich die Unwissenheit über die Risiken, mit denen wir während dieser ganzen Zeit gelebt haben.

Glauben Sie, dass man es nicht wusste oder dass man es nicht wissen wollte, weil man blindes Vertrauen in Wissenschaft und Technik hatte?
Ich denke, dass all die Menschen, die fünfundzwanzig Jahre nach Ende des Zweiten Weltkrieges lesen, schreiben und denken konnten, nie ein Wort über den blinden, unaufhaltsamen und beschleunigten Marsch der Menschheit in

Richtung Zerstörung der natürlichen Ressourcen und infolgedessen ihres eigenen Lebens gehört haben. Keine andere der Hunderten von Generationen, die der aktuellen vorausgingen, kannte ein solch bitteres Risiko, und auf keiner anderen Generation lastete eine solch enorme Verantwortung.

Vor kaum dreißig Jahren, darauf beharre ich, hatte die Menschheit nicht das geringste Bewusstsein von dieser großen Tragödie. Damals glaubte man, die einzige Gefahr der Auslöschung der Menschheit bestünde in der kolossalen Menge von Atomwaffen, die innerhalb weniger Minuten abschussbereit waren. Ohne dass derartige Bedrohungen zu existieren aufgehört hätten, lauert der Menschheit nun eine zusätzliche erschreckende, danteske Gefahr auf. Sicherlich haben Sie selbst damals in der Universität nichts über das Ozonloch und den Klimawandel gehört. Die Probleme begann man erst viel später zu diskutieren, als Sie die Universität bereits verlassen hatten. Es gibt sehr viele neue Probleme.

Heute weiß man, dass die Menschheit die nachgewiesenen und möglichen Reserven des Erdöls, das ein Wunder der Natur ist und 300 Millionen Jahre für seine Entstehung brauchte, innerhalb von nur 150 Jahren völlig aufgebraucht haben wird ... Das ist so schlimm wie die größte aller Umweltkatastrophen, denn wenn wir plötzlich keine Energiequellen mehr haben, dann stehen alle Autos der Welt still. Und für Erdöl gibt es noch keinen Ersatz – man glaubte einmal, die Nuklearenergie könnte das sein.

Die Mitglieder des Club of Rome selbst waren es, die von der Notwendigkeit Tausender Atomkraftwerke sprachen, und wir erschraken allein beim Gedanken an all die radioaktiv verseuchten Gebiete, die eine solche Menge an Atomkraftwerken dreißig Jahre später zurücklassen würde.

Kuba wurde irgendwann von der nuklearen Energie verführt und hatte mit dem Bau eines Atomkraftwerkes – ich glaube, in Cienfuegos – begonnen. Später gaben Sie das Vorhaben auf.

Ja, wir haben dieses Projekt aufgegeben. Es war kein offenes Werk, das brennbares Grafit als Moderator verwendete, wie das von Tschernobyl, sondern ein geschlossenes mit Wasserkühlung, also die bis heute sicherste und meistverwendete Technologie. In einigen Ländern, wie in Frankreich, hat die Atomenergie das Energieproblem gelöst. Aufgrund ihrer Technologie und weil sie ihren Nachbarländern einen Gefallen taten, indem sie Atomkraftwerke in ihrem eigenen Land bauten und den anderen europäischen Ländern, die keine Atomkraftwerke gebaut hatten, den überschüssigen Strom billig verkauften. Aber als der Ölpreis anfing zu steigen – was niemand vorausgesehen hatte, weil man glaubte, die Ölreserven seien so unendlich wie der Pazifik –, hatte diese Preiserhöhung des Erdöls in den 70er-Jahren zweifellos auch gute Seiten: Man war gezwungen, Technologien zu entwickeln, die weniger Energie verbrauchten. In den Fabriken, Industrien, bei Autos, Omnibussen, Flugzeugen und so weiter, damit das Erdöl, sagen wir, einige Jahre länger reichen würde. Zu sparen war unmöglich, und Länder wie Frankreich, aber auch andere, entwickelten ihre nuklearen Industrien, was dazu führte, dass die Umweltverschmutzung weniger hoch war, als wenn der Ölpreis nicht gestiegen wäre.

Frankreich konnte seine Nuklearindustrie entwickeln, aber jetzt will beispielsweise Iran nuklearen Brennstoff herstellen, und Washington erlaubt das nicht, worauf es zu einer weltweiten Krise kommt. Was denken Sie über die Situation, die mit dem Iran entstanden ist?
Der Iran fordert sein Recht, nuklearen Brennstoff herzustellen, wie jedes Industrieland das tut, und nicht gezwungen zu werden, seine Reserven eines Rohstoffes zu zerstören, der nicht nur als Energiequelle dient, sondern als Basis für die Herstellung einer Menge von Produkten: Düngemittel, Textilien und zahlreiche Materialien, die heute universell eingesetzt werden. Das Imperium droht damit, den Iran anzugreifen, wenn er diesen Brennstoff herstellt. Nuklearer Brennstoff ist keine Nuklearwaffe, ist keine Atombombe. Einem Land zu verbieten, den Brennstoff der nahen Zukunft herzustellen, ist so, als würde man einem Land verbieten, nach Öl zu bohren, dem heutigen Brennstoff, von dem man weiß, dass er zur Neige gehen wird. Welchem Land dieser Welt verbietet man, nach Kohle, Gas oder Öl zu suchen?

Iran, ein Land mit siebzig Millionen Einwohnern, hat die Absicht, seine Industrie auszubauen, und ist zu Recht der Meinung, dass es unverantwortlich sei, seine Gas- und Ölreserven für die Millionen von Kilowattstunden zu verschwenden, die ein Land der Dritten Welt so dringend für seine industrielle Entwicklung braucht. Das Imperium will das verbieten und droht mit der Bombardierung. Heute, im Dezember 2005, wird bereits international darüber debattiert, an welchem Tag und zu welcher Stunde das Bombardement stattfinden wird und ob es die US-Amerikaner selbst tun werden oder ob sie – wie sie das im Fall des Irak getan haben – ihren Satelliten Israel einsetzen für die präventive Bombardierung von Forschungszentren, die an der Technologie für die Herstellung nuklearen Brennstoffs arbeiten. Und wir werden sehen, was passiert, wenn es Ihnen einfallen sollte, den Iran zu bombardieren.

Man hat Kuba beschuldigt, dem Iran mit Technologie zu helfen.
Ja, sie haben uns beschuldigt – es gibt ja nichts, das sie uns nicht vorwerfen –, dass wir mit dem Iran zusammenarbeiten und zu diesem Zweck Technologie transferieren. Dabei ist das, was wir zusammen mit dem Iran bauen, eine Fabrik für Medikamente zur Bekämpfung von Krebs! Das ist es, was wir tun. Iran hat ebenso wie Kuba den Atomwaffensperrvertrag unterzeichnet. Wir haben niemals daran gedacht, Atomwaffen zu produzieren, weil wir keine brauchen. Selbst wenn wir die technischen Möglichkeiten dazu hätten – was würde es kosten, diese Waffen herzustellen? Und was für einen Sinn hat es, eine Atombombe zu bauen, angesichts eines Feindes, der über Tausende ebensolcher verfügt? Das würde bedeuten, in das Spiel der nuklearen Konfrontationen einzutreten. Niemand sollte das Recht haben, Atomwaffen herzustellen. Noch viel weniger das Vorrecht, das der Imperialismus fordert, um seine Hegemonialherrschaft zu errichten und den Ländern der Dritten Welt ihre natürlichen Ressourcen und Rohstoffe zu nehmen. Wir haben das tausendfach angeklagt. Und wir werden um jeden Preis auf allen Plattformen dieser Welt ohne Furcht und Angst das Recht der Völker auf die Herstellung von nuklearen Brennstoffen verteidigen. Es muss endlich Schluss sein mit der Bettelei, dem Missbrauch und der Herrschaft der Macht und des Terrors auf dieser Welt. Immer mehr Völker haben immer weniger Angst, es werden immer mehr, die aufbegehren, und das Imperium wird das infame System nicht aufrechterhalten können, das es heute noch stützt. Salvador Allende sagte eines Tages: »eher früher als später«. Ich denke, dass dieses Imperium eher früher als später aufhören wird, Herr und Herrscher über die Welt zu sein.

In gewissem Maße ist diese Krise eine der ersten Auswirkungen der schwindenden Ölreserven und der Veränderungen, die das bedingt.
Richtig. Achtzig Prozent des Erdöls sind aktuell in den Händen der Länder der Dritten Welt, da die anderen ihre Reserven bereits aufgebraucht haben – darunter die USA, die einmal über immense Erdöl- und Gasreserven verfügten. Jetzt reichen sie ihnen nur noch für ein paar Jahre, deshalb versuchen sie, sich den Besitz von Erdöl in irgendeinem Teil der Welt und in irgendeiner Form zu sichern. Aber diese Energiequelle geht ihrem Ende zu, und in fünfundzwanzig, dreißig Jahren wird für die massive Stromversorgung – neben Solarenergie, Windenergie, Biomasse et cetera – nur noch eine wichtige Quelle zur Verfügung stehen: die Nuklearenergie. Denn der Tag ist noch weit, an dem Wasserstoff mittels technologischer Prozesse, die noch in den Kinderschuhen stecken,

die geeignetste Quelle für Brennstoff wird, ohne den die Menschheit nicht überleben kann – eine Menschheit, die eine gewisse technische Entwicklung erreicht hat. Das ist ein ernstes Problem unserer Tage. So sieht diese Welt aus.

Es gibt unzählige ökologische Probleme, die wir noch nicht einmal kennen. Die Katastrophen kommen eine nach der anderen, und es gibt schlimmere Naturdesaster als den nuklearen Brennstoff, Krebs zum Beispiel.

Oder Aids.
Aids gab es vor fünfundzwanzig Jahren noch nicht, und heute liegt die Zahl bei nicht weniger als vierzig Millionen Kranker oder mit HIV Infizierter. Diejenigen, die über die besten Labore der Welt verfügen, widmen sich der Therapie, nicht aber der Prävention, den Impfungen, denn eine Behandlung – das ist allgemein bekannt – kostet 10.000 Dollar im Jahr, und der Kranke muss sie Jahr für Jahr wiederholen, sodass sie mehr Profit bringt. Es ist ganz einfach so, dass die therapeutische Medizin weitaus mehr Geld bringt als eine präventive Medizin. Jetzt tauchte auch noch das Virus der atypischen Lungenentzündung, SARS, auf, mit dem niemand gerechnet hat; oder das Nilfieber, das im Nordosten der Vereinigten Staaten entdeckt wurde, offensichtlich von irgendeinem Ort der Welt eingeschleppt; oder das berühmte, viel zitierte Denguefieber, mit vier unterschiedlichen Viren, die, wenn sie zusammentreffen, zu schweren und komplizierten Krankheiten wie der Dengueblutung führen. Und dann kann es zur Vogelgrippe kommen mit einer Pandemie unbekannten Ausmaßes. All diese Probleme kannte man bis vor Kurzem noch nicht. Heute weiß man, dass es eine starke Verbindung zwischen all diesen Themen gibt: Wirtschaft, Industrie, Demografie, Entwicklung, Ökologie …

Im Allgemeinen haben sich die ehemaligen sozialistischen Länder – wie angesprochen – wenig um Umweltthemen gekümmert. Sorgt man sich in Kuba darum?
Wir haben verfolgt, wie die Sorge um die Umwelt stetig gewachsen ist. Den Klimawandel haben wir hier beobachtet und haben Messungen durchgeführt. Den Anstieg des Meeresspiegels haben wir bemerkt und gemessen. Die Verschmutzungen haben wir gesehen und ebenfalls Messungen durchgeführt. In der Tat gibt es in unserem Land ein wachsendes Umweltbewusstsein. Wir erziehen die Leute. Es gibt ständig Fernsehsendungen, die darüber informieren und Orientierung geben. Alle Kinder werden in diesen Themen unterrichtet und sind heute die wichtigsten Kämpfer für die Umwelt.

In nur hundert Jahren ist die Menschheit, wie ich schon sagte, von etwa eineinhalb Milliarden auf sechseinhalb Milliarden angewachsen. Sie wird in der Zukunft völlig von Energiequellen abhängig sein, die noch erforscht und entwickelt werden müssen. Die Armut wächst, alte und neue Krankheiten drohen komplette Nationen auszulöschen, der Boden erodiert und verliert an Fruchtbarkeit, das Klima verändert sich, die Luft, das Trinkwasser und die Meere sind mehr und mehr verschmutzt.

Die UNO wird ihrer Autorität beraubt, sie wird behindert und immer stärker zerstört, die Entwicklungshilfe sinkt. Man verlangt von der Dritten Welt die Zahlung einer Auslandsschuld von zweieinhalb Trillionen Dollar, was unter den augenblicklichen Umständen absolut unbezahlbar ist. Auf der anderen Seite wird jährlich eine Trillion Dollar für immer intelligentere und effizientere Waffen ausgegeben. Warum? Und wozu?

Ein ähnlicher Betrag wird in die Werbung investiert, um Konsumsehnsüchte zu schaffen, die nicht zu befriedigen sind. Warum? Und wozu?

Unsere Spezies läuft zum ersten Mal wirklich Gefahr, sich auszulöschen, und zwar aufgrund der Verrücktheiten der Menschen selbst, die Opfer der sogenannten »Zivilisation« sind.

Vor fünfzehn Jahren etwa, im Jahr 1992, als noch fast kein Politiker darüber gesprochen hat, habe ich das in einer Rede auf dem Umweltgipfel in Rio de Janeiro, den die UNO einberufen hatte, thematisiert. Viele waren damals der Meinung, ich übertreibe, und man bezeichnete mich als Schwarzmaler. Ich habe damals gesagt, dass eine Spezies vom Aussterben bedroht sei: der Mensch. Die Zeit hat mir recht gegeben, leider, und das wird von Tag zu Tag deutlicher.

Sehen Sie irgendeine Beziehung zwischen der liberalen Globalisierung und der Beschleunigung der Umweltzerstörung?
Ich denke, dass alle Anstrengungen, die Umwelt zu erhalten, mit dem furchtbaren Wirtschaftssystem nicht kompatibel sind, das der Welt aufgezwungen ist – dieser erbarmungslosen neoliberalen Globalisierung, den Auflagen und Bedingungen, mit denen der IWF Gesundheit, Bildung sowie soziale Sicherheit von Milliarden Menschen opfert, und der brutalen Form, wie man über den freien Devisenhandel zwischen starken Währungen und den schwachen Währungen der Dritten Welt Letzterer jährlich sagenhafte Summen entreißt.

Um das alles noch einmal zusammenzufassen: Ich bin der Meinung, dass der Schutz der Umwelt mit der Politik der WTO nicht vereinbar ist. Die WTO scheint geschaffen worden zu sein, damit die reichen Länder die Welt mit ihren

Waren ohne irgendwelche Restriktionen überfallen und die industrielle und landwirtschaftliche Entwicklung der armen Länder zunichtemachen können. Diesen bleibt keine andere Zukunft, als Rohstoffe und billige Arbeitskräfte zu liefern: mit dem ALCA (Amerikanische Freihandelszone) und anderen Freihandelsverträgen zwischen Haien und Sardinen; mit der monströsen Auslandsschuld, die in einigen Fällen bis zu fünfzig Prozent des Staatshaushaltes aufzehrt und unter den aktuellen Bedingungen absolut unbezahlbar ist; mit dem Raub an Know-how, dem fast vollständigen Monopol auf intellektuelles Eigentum und dem missbräuchlichen und unverhältnismäßigen Verbrauch der natürlichen und Energieressourcen unseres Planeten.

Die Liste der Ungerechtigkeiten ist unendlich. Der Abgrund wird tiefer und die Plünderungen immer größer ...

Kuba ist keine Konsumgesellschaft. Der Konsum ist eher bescheiden, und einige Leute beklagen sich darüber. Was würden Sie denen sagen, die sich darüber beschweren, dass sie nicht über die Produkte der kapitalistischen Konsumgesellschaften verfügen?
Ich würde ihnen sagen, dass die Konsumgesellschaft eine der finstersten Erfindungen des entwickelten Kapitalismus und heute der neoliberalen Globalisierung ist. Sie ist unheilvoll, denn ich stelle mir 1,3 Milliarden Chinesen vor, mit einer Pro-Kopf-Zahl an Autos wie bei den US-Amerikanern. Ich kann mir nicht ausmalen, wie Indien, mit mehr als einer Milliarde Einwohnern, in einer Konsumgesellschaft leben wollte. Ich kann nicht denken, wie sich die afrikanische Subsahara, deren 600 Millionen Einwohner nicht einmal Strom haben und wo an einigen Orten mehr als achtzig Prozent der Menschen nicht lesen und schreiben können, in eine Konsumgesellschaft verwandelt.

Unter einer teuflischen und chaotischen Wirtschaftsordnung werden die Konsumgesellschaften es in maximal fünfzig oder sechzig Jahren geschafft haben, sowohl die nachgewiesenen als auch die vermuteten Reserven fossiler Brennstoffe völlig aufzubrauchen. Es gibt nicht einmal eine klare und kohärente Vorstellung von der Energie, mit der in fünfzig Jahren die motorisierten Fahrzeuge betrieben werden sollen, die die Städte und Straßen der reichen Länder, aber auch einiger Länder der Dritten Welt überschwemmen. Diese Gesellschaft ist Ausdruck einer völlig irrationalen Lebens- und Konsumform, die für die zehn Milliarden Menschen, die nach dem fatalen Ende der Erdölvorräte auf diesem Planeten leben werden, kein Modell sein kann.

Eine solche Wirtschaftsordnung und solche Konsummodelle sind mit den begrenzten und nicht erneuerbaren Ressourcen unseres Planeten und den Gesetzen der Natur und des Lebens nicht vereinbar. Sie widersprechen auch den elementarsten ethischen Prinzipien, der Kultur und den moralischen Werten, die der Mensch selbst erschaffen hat.

Aber der Mensch braucht auch materielle Güter, meinen Sie nicht?
Natürlich. Ich spiele nicht im Geringsten die Bedeutung der materiellen Bedürfnisse herunter. Immer muss man sie an die erste Stelle setzen, denn um lernen zu können, um eine andere Lebensqualität zu erwerben, muss man bestimmte Bedürfnisse befriedigen, die physisch, materiell sind. Aber die Lebensqualität besteht im Wissen, in der Kultur. Es sind die Werte, die wahre Lebensqualität ausmachen, die höchste Qualität des Lebens, die über Nahrung, Dach und Kleidung steht.

Sie sind noch immer ein unverbesserlicher Träumer.
Es gibt keine Träumer. Und das sagt Ihnen ein Träumer, der das Privileg hatte, Realitäten zu sehen, die er sich nicht einmal im Traum hätte vorstellen können.

Muss man am Menschen verzweifeln? Oder können wir noch ein bisschen Hoffnung bewahren, dass er in der Lage sein wird, den Wettlauf hin zum Abgrund zu bremsen?
Heute wissen wir, was passiert. Meiner Meinung nach gibt es keine dringlichere Aufgabe, als ein universelles Bewusstsein herauszubilden und diese Problemstellung der Masse der Milliarden Männer und Frauen jeden Alters, einschließlich der Kinder, die unseren Planeten bewohnen, klarzumachen. Die objektiven Zustände und das Leid der großen Mehrheit dieser Menschen bilden zusammen die subjektiven Bedingungen für diese Aufgabe der Bewusstseinsbildung. Alles hängt zusammen: Analphabetismus, Arbeitslosigkeit, Armut, Hunger, Krankheiten, Mangel an Trinkwasser, Wohnraum und Strom; Wüstenbildung, Klimawandel, das Verschwinden der Wälder, Überschwemmungen, Trockenheiten, Bodenerosionen, Biodegradation, Plagen und andere Tragödien, die Sie gut kennen.

Welche Ergebnisse haben wir seit dem Umweltgipfel 1992 in Rio erzielt? Fast keine. Im Gegenteil. Während das Kyoto-Protokoll Opfer eines arroganten Boykotts wird, ist der Ausstoß von Kohlendioxid weit davon entfernt, sich zu verringern, sondern er ist um neun Prozent angestiegen. Und in dem Land, das die größte Verschmutzung verursacht – die Vereinigten Staaten –, sogar um achtzehn Prozent! Die Flüsse und Ozeane sind heute stärker verschmutzt als 1992; fünfzehn Millionen Hektar Wald werden Jahr für Jahr zerstört, fast viermal die Grundfläche der Schweiz.

Die Menschheit hat kolossale Fehler begangen und begeht sie noch immer. Dennoch bin ich fest davon überzeugt, dass der Mensch in der Lage ist, die edelsten Ideen zu ersinnen, die großzügigsten Gefühle zu hegen und – die mächtigen Instinkte, mit denen die Natur ihn ausgestattet hat, überwindend – sein Leben zu geben für das, was er fühlt und woran er glaubt. Das hat er im Lauf der Geschichte vielfach bewiesen.

Hat Kuba Initiativen zum Schutz der Umwelt ergriffen, die Sie nennen könnten?
Unser Land, das seit mehr als vierzig Jahren einer Blockade unterliegt, hat es nach dem Zusammenbruch des sozialistischen Lagers, als wir gezwungen waren, uns einer enorm schwierigen Lage zu stellen, geschafft, auf freien Flächen mitten in der Stadt jährlich drei Millionen Tonnen Gemüse in sogenannten *organopónicos* – Zentren der urbanen Landwirtschaft – herzustellen. Dabei haben wir Stroh und Abfallprodukte aus der Landwirtschaft eingesetzt und mit Tröpfchenberieselung oder Mikrojet bewässert. So hatten wir einen minimalen Wasserverbrauch, haben zusätzlich 300 000 Leuten Arbeit gegeben und kein einziges Gramm Kohlendioxid in die Atmosphäre entlassen.

Kuba stellt Tabak her, und viele Verbraucherorganisationen klagen heute an, dass Tabak krebsfördernd ist. Sie selbst waren als Zigarrenraucher bekannt, aber Sie haben das Rauchen aufgegeben. Wie stehen Sie zu diesem Problem?
Nun, es ist kein Geheimnis, dass wir seit mehr als fünf Jahrhunderten Produzenten von Tabak sind. Der Tabak war ein autochthones Produkt und wurde bereits auf dieser Insel angebaut und verbraucht, als Kolumbus kam und er »uns entdeckte«, zusammen mit dem Tabak. Wir können nicht auf ihn verzichten und schon gar nicht als blockiertes Land. Das wäre ein wunderbares Eigentor. Aber wenn wir einem Freund eine Kiste Zigarren schenken, dann sagen wir ihm: »Wenn du rauchst, dann kannst du sie rauchen. Wenn du einen Freund hast, der raucht, dann kannst du sie ihm anbieten. Aber das Beste, was du mit dieser Kiste machen kannst, ist, sie deinem Feind zu schenken.«

Kuba produziert und exportiert Tabak und fährt dennoch Kampagnen gegen das Rauchen. Kuba ist Hersteller von qualitativ hochwertigem Rum, dennoch empfehle ich ihn nicht, aber wenn jemand ihn probieren möchte, dann sollte er das mit Maß tun. Schwangeren Frauen raten wir, fast bestehen wir darauf, keinen Alkohol und keinen Tabak zu konsumieren. Das tun wir, weil wir wissen, welchen Schaden Alkohol und Tabak bei einer schwangeren Frau anrichten können.

In Kuba wetteifert man um das, was man »Kampf der Ideen« nennt. Was verstehen Sie darunter?
Der Kampf der Ideen ist das, was wir tun. Es gibt neue, und zwar sehr neue Dinge. Es gibt Dinge, die ich problemlos als außergewöhnlich bezeichnen könnte. Wir haben sehr, sehr viel gelernt, aber das hat vor allem – und das ist ein Privileg – in den letzten Jahren stattgefunden.

Sie haben auch dazu beigetragen, denn Ihr Buch über die Kulturinvasion[13] und die Daten, die es über die transnationalen Monopole der wichtigsten Kommunikationsmedien geliefert hat, haben wir studiert, diskutiert und in einem Kulturkongress zur Debatte gestellt. Unser erster Kampf, noch vor dem »Kampf der Ideen«, war die Frage: Wie retten wir die Kultur unseres Landes? Und die Intellektuellen erinnern sich an einen Satz, den ich während der Sonderperiode einmal aussprach, als all das in Gefahr war: »Man muss die Kultur retten.«

Wir hatten vor einigen Monaten einen Kongress des Künstler- und Schriftstellerverbandes UNEAC, der viele Tage andauerte – wir sprachen bereits von der »kulturellen Invasion«, und dort verwendeten wir wertvolle Daten aus einem anderen Ihrer Bücher, das wir später selbst herausgebracht haben.[14] Aber auch die Journalisten haben einen Kongress veranstaltet, und die Debatten wiederholten sich fast alle sechs Monate. Es sind uns Zusammenhänge bewusst geworden.

Sie selbst haben viele dieser Probleme der neoliberalen Globalisierung ans Tageslicht gebracht. Wann haben die Intellektuellen, Gelehrten und Volkswirte der Welt begonnen, sich damit zu befassen? Ich denke – denn ich bin Optimist –, dass diese Welt sich retten kann, trotz der Fehler, die begangen wurden, trotz der immensen unilateralen Mächte, die sich gebildet haben, denn ich glaube daran, dass Ideen der Gewalt überlegen sind.

Es sind die Ideen, die die Welt erleuchten, und wenn ich von Ideen spreche, dann meine ich nur die gerechten, die der Welt den Frieden bringen können, die Lösungen für die schrecklichen Gefahren des Krieges bringen und der Gewalt ein Ende setzen können. Deshalb sprechen wir vom »Kampf der Ideen«.

Kuba setzt auf etwas, das wir »globale Erziehung« nennen könnten. Eine generelle Steigerung des Niveaus der Kenntnisse, der Bildung und der Kultur für alle Bürger. Eine Sozialisierung des Wissens. Wissen als Allgemeingut. Ist es so?

Wir haben lange gebraucht, um Folgendes zu entdecken: Viele glauben, dass Geld das Entscheidende sei. Falsch. Entscheidend ist das Niveau der Kenntnisse und der Bildung. Einige Zehntausend Menschen, die der bürgerlichen oder kleinbürgerlichen Klasse angehörten und über professionelles und technisches Wissen und Bildung verfügten, sind nach Miami gegangen. Die Revolution hat etwa 800 000 Fachleute und Intellektuelle ausgebildet, die aus den einfachen Kreisen der Gesellschaft kamen.

Was haben wir entdeckt? Je mehr Wissen und Kultur es innerhalb einer Familie gibt, desto wahrscheinlicher ist es, dass die Kinder die besten Schulen besuchen, für die man eine Bewerbung oder ein Zeugnis vorlegen muss. Sie bekommen später die besten Stellen und Posten. Die Tendenz geht dahin, dass immer die gleichen Sektoren die Führungskräfte und wichtigsten Kader stellen. Gleichzeitig tendieren diejenigen, die aus einer weniger gebildeten Familie kommen, dazu, ebenfalls in ihrem Umfeld zu verharren. Für gewöhnlich sind das die Ärmsten der Armen und die Diskriminiertesten unter den Diskriminierten im Kapitalismus.

Ich spreche nicht von einem Unterschied der Klassen vom rein ökonomischen Standpunkt aus; ich spreche von unterschiedlichen Bildungsniveaus, verbunden natürlich mit den Niveaus der Armut und Marginalisierung. Der Aufbau einer neuen Gesellschaft ist viel schwieriger, als es den Anschein hat, denn die Faktoren, die den Weg behindern, sind zahlreich.

In unserer sozialistischen Gesellschaft kam es vor – nach vielen Jahren, als es schon keine Analphabeten mehr gab und jedermann mindestens die neunte Klasse erreichte –, dass ein Sektor, sagen wir, der am meisten begünstigte, dazu neigte, sich in sich zu bewahren, und ein anderer, marginaler Sektor ebenfalls diese Tendenz aufwies.

Wir haben ab 1959 das gesamte Bildungswesen verändert, und es gibt keinen Analphabetismus mehr. Es gibt kein einziges Kind, das nicht die Schule besucht, aber innerhalb des Bildungswesens selbst, an der Universität, wo man Zeugnisse vorlegen und eine Aufnahmeprüfung machen muss, trat unvermittelt der Unterschied zwischen den sozialen Sektoren zutage. Ein Sektor besaß klare Vorteile gegenüber dem anderen, in dem sich die Weißen, Schwarzen und Mestizen fanden, die aus den ärmsten Kreisen der Armen noch aus der

Zeit des Kapitalismus stammten. Das Bildungsniveau der Eltern hat auch nach einer Revolution einen ganz entscheidenden Einfluss auf die Zukunft des Kindes. Die Kinder, deren Eltern aus den einfachsten Sektoren kommen oder die weniger gebildet sind, bekommen nicht die erforderlichen Noten, um bessere Schulen zu besuchen. Das hat die Tendenz, sich zu manifestieren, wie wir beobachten konnten, sich über Jahrzehnte fortzusetzen. Wenn man die Dinge so lässt, wie sie sind, dann kann man davon ausgehen, dass die Kinder dieser Leuten niemals Direktoren von Unternehmen werden, Manager werden oder andere wichtige Positionen einnehmen, denn niemand kann heute ein Unternehmen ohne ein Universitätsstudium führen.

Wie kann man diesen gesellschaftlichen Determinismus verändern?
Um das zu korrigieren, arbeiten wir zurzeit an einer tief greifenden Bildungsrevolution, die in der ersten Etappe unseres Prozesses nicht einmal vorstellbar war. Wir ändern das alles. Das bedeutet nicht, denen, die Zutritt zu den besten Schulen haben, die selbst revolutionär sind, die Chance zu nehmen. Wir weiten die Möglichkeiten der Hochschulbildung auf das ganze Land aus. Das ist zum einen ein unvermeidbarer Schritt in Richtung der Fortentwicklung des Bildungswesens, zum anderen ein ausgezeichnetes Instrument zur Nivellierung der Gesellschaft. Seit Jahren laden wir zu diesem Zweck diejenigen jungen Leute zwischen siebzehn und dreißig Jahren ein, die zwar die neunte Klasse geschafft, aber danach aus irgendeinem sozialen oder auch aus anderen Gründen nicht studiert oder gearbeitet haben; wir versuchen, sie zu überzeugen, dass sie weiterstudieren, und haben für sie sachgemäße, abwechslungsreiche und attraktive Kurse geschaffen und stellen sogar finanzielle Unterstützung bereit.

Das begann im September 2001, und im September 2005 haben sich mehr als 45 000 von ihnen als Studenten an der Universität eingeschrieben. Diese Leute werden zu den revolutionärsten gehören, denn für sie bedeutet das Programm so etwas wie ein neues Leben. Wo würden viele dieser jungen Leute ohne Studium und Arbeit und ohne eine entschlossene soziale Unterstützung enden?

Was wäre ihr Schicksal gewesen?
Ich habe darum gebeten, dass man in den Gefängnissen die Fälle junger Staatsbürger zwischen zwanzig und dreißig Jahren auswertet, die wegen allgemeiner Straftaten in einem sozialistischen Staat festgenommen worden waren. Fall für Fall. Und wir entdeckten etwas Unglaubliches: Nur zwei Prozent der Gefange-

nen stammten aus Familien von Fachkräften oder Intellektuellen. Dann gehen Sie an die beste Schule des Landes und stellen fest, dass die große Mehrheit der Schüler dort aus Familien mit einem intellektuellen Hintergrund kommt und kaum jemand aus einer der ärmeren Schichten. Ich habe Ihnen all die Daten gegeben.

Jetzt perfektionieren wir das, was wir auf dem Gebiet der Bildung bisher erreicht haben. Bei den 16 000 jungen Leuten an den Schulen für Kunstausbildung, die an ausgezeichneten Einrichtungen mit einem enormen Prestige studieren, ist die soziale und rassische Zusammensetzung weitaus zufriedenstellender als das historische Mittel. Und das nicht nur beim Tanz, wo die eine ethnische Gruppe vielleicht weniger Mühe hat als die andere, sondern auch bei Theater, Musik, Malerei, das heißt in allen künstlerischen Ausdrucksformen. Das bereitet uns große Befriedigung. Bei den integralen Kursen für junge Leute, die für diejenigen vorgesehen sind, die nicht studieren, und bei denen das neue Konzept »Studium als Arbeit« angewandt wird, gibt es in diesem Augenblick 113 000 Studenten. Es gibt neue Fakultäten für Spezialgebiete der Medizin, auf denen unser Land eine immer herausragendere Stellung einnimmt. Es wurden Hunderte von Computerklubs gegründet und polytechnische Schulen für Informatik, an denen Zehntausende von Jugendlichen studieren, sowie eine angesehene Universität für Informatikwissenschaften, an der 8000 Studenten eingeschrieben sind.

Wenn wir irgendjemanden »wegrationalisieren« müssen, weil zum Beispiel die Belegschaft eines Betriebes verkleinert werden muss, dann zahlen wir der Person weiterhin das Gehalt und schicken sie zum Studium, natürlich nur, wenn er oder sie das möchte. Unter den Bedingungen in unserem Land ist eine uneffiziente wirtschaftliche Tätigkeit immer kostspieliger für die Gesellschaft als ein hochwertiges Studium.

Wie viele Studenten gibt es heute in Kuba?
Derzeit sind etwa 600 000 Studenten an unseren Universitäten eingeschrieben, in allen Bereichen der Wissenschaft. Diejenigen, die qualifizierbar und wiederqualifizierbar sind, können von einer Tätigkeit zu einer anderen übergehen, sie sind fähig, viele Dinge zu tun. Unter den Studenten gibt es etwa 90 000, die zuvor weder eingeschrieben waren noch eine Arbeit hatten. Viele von ihnen kommen aus sehr einfachen Verhältnissen – heute studieren sie und erzielten exzellente Resultate. Es gibt 958 Universitätssitze, 169 auf Gemeindeebene, die dem Ministerium für Hochschulbildung angehören; vierundachtzig Univer-

sitätssitze in ehemaligen Zuckerrohrfabriken; achtzehn in Gefängnissen, das ist absolut neu; 169 Universitätssitze im öffentlichen Gesundheitswesen und 1392 in Polikliniken, Gesundheitseinrichtungen und Blutbanken, wo wir verschiedene Magisterstudiengänge im Bereich Gesundheitswesen anbieten. Und es gibt im Hochschulwesen fast 100 000 Lehrer, ordentliche Professoren und Unterstützungskräfte. Viele Personen, die in der Verwaltung der Zuckerrohrfabriken oder an anderen Orten gearbeitet haben, unterrichten heute, sie sind Zusatzlehrer. Mit diesen beiden Kategorien, Studenten und Professoren – und ich spreche nicht von anderen Angestellten an den Universitäten –, kommen wir auf etwa 600 000.

20

DER BESUCH DES EXPRÄSIDENTEN JIMMY CARTER

*Torrijos und die Frage des Panamakanals – Carter und die
Mariel-Krise – Erste Treffen – Die Präsidenten der Vereinigten
Staaten – Das Varela-Projekt – Die Verfassung ändern? –
Die Antwort*

2002 luden Sie den ehemaligen US-Präsidenten Jimmy Carter, der später den Friedensnobelpreis erhielt, nach Kuba ein. Was war der Grund für diese Einladung?
Zum einen hatte ich immer eine sehr gute Meinung von Carter als Mann mit Ethik. Seine Politik im Zusammenhang mit Kuba war konstruktiv, und er war einer der ehrenwertesten Präsidenten. Er hatte eine Ethik, eine Moral. Ich erinnerte mich an sein berühmtes Interview für den *Playboy* im Jahr 1976, in dem er mit einem sehr gesunden Geist antwortete.[1]

Sie lesen *Playboy*?
Nein, aber ich las die Zeitschrift, weil sie dieses sehr interessante Interview mit Carter enthielt. Sie fragten ihn alles Mögliche, sogar, ob er seiner Ehefrau immer treu gewesen sei und nie einen Fauxpas begangen habe, und er antwortete: »Nun ja, in Gedanken.« Er war wirklich so ehrlich, das zu sagen. Carter war nicht fähig, sich eine Lüge auszudenken. Damals, schon bevor er gewählt war, erfasste ich intuitiv, dass es sich um einen Mann mit ethischen Prinzipien handelte, die von ehrlichen religiösen Gefühlen ausgingen.

Gab es während der Präsidentschaft Carters von 1977 bis 1981 keine besonderen Krisensituationen?
Nein. Als mir klar wurde, dass er die Wahlen 1976 gewinnen würde, standen einige wichtige Probleme an, unter anderem das von Panama. Es bestand das Risiko, dass Torrijos[2], ein sehr entschlossener, patriotischer Mann, irgendeine Aktion unternehmen würde, denn er hatte bereits mehr als einmal öffentlich

geäußert, dass Panama sich den Kanal mit Gewalt zurückholen würde, wenn man ihn nicht freiwillig zurückgäbe. Mir war völlig klar, welche Folgen ein solches Handeln nach sich ziehen würde. Ich sympathisierte mit dem patriotischen Kampf Torrijos, und wir standen in Kontakt. Er war einer derjenigen, die mit Unterstützung verschiedener karibischer Staaten gegen die Isolierung Kubas kämpften, als alle Beziehungen abgebrochen waren.

Omar Torrijos reklamierte die Rückgabe des Kanals und ein gerechtes Abkommen über diese Angelegenheit. Aufgrund der Erklärungen Jimmy Carters, seines Diskurses, spürte ich, dass der mögliche zukünftige Präsident der Vereinigten Staaten ein ehrenwerter Mann war – ich kannte ihn nicht sehr gut, aber man gewöhnt sich daran, aufgrund einiger Wesenszüge eine Persönlichkeit aus der Ferne einzuschätzen. Und ebenso spürte ich, dass Torrijos sich mit seinen Äußerungen in eine drastische Aktion verstricken könnte, die für ein kleines Land wie Panama unheilvoll geendet hätte. Deshalb wagte ich es, ihm zu empfehlen, das Ergebnis der Wahlen in den Vereinigten Staaten abzuwarten und Geduld zu haben.

Noch war Ford[3] Präsident der Vereinigten Staaten. Gerald Ford war nicht aggressiv, aber er war ein provisorischer Präsident, ein Übergang, nach Nixon. Ich sagte Torrijos zwei Dinge: »Ich bin überzeugt davon, dass Carter die Wahlen gewinnen wird« – diesen Schluss konnte man bereits aus zahlreichen Faktoren ziehen –, und ich fügte hinzu: »Ich glaube, er ist ein Mann, der das Problem verstehen wird und mit dem man möglicherweise zu einer Absprache wegen des Kanals kommen könnte.« Das ist die Wahrheit. Ich habe ihm das mehr als einmal geraten. Er erzählte das selbst. Ich gebe hier nur etwas wieder, was er eines Tages selbst erzählt hat.

Was Torrijos selbst erzählte?
Ja. Oder vielmehr, er erzählte nicht, was ich gesagt hatte; er bezog sich auf das, was ich ihm erzählt hatte bezüglich der Idee, sich den Kanal mit Gewalt zurückzuerobern, und sprach uns sogar während eines Besuches in Kuba seinen Dank für diesen Rat aus.

Ich erkannte in diesem Mann, in Carter, ein moralisches Verhalten. Später gewann Carter nicht nur die Wahlen, sondern nahm sogar Kuba gegenüber eine bessere Haltung ein. Er wollte etwas verändern. Ihm verdanken wir die Interessenvertretung[4].

DER BESUCH DES EXPRÄSIDENTEN JIMMY CARTER

Dieses Büro wurde während der Präsidentschaft Carters gegründet?
Richtig. Zudem war das Problem der Territorialgewässer aufgekommen und das mit der 200-Meilen-Zone; wir fischten zwölf Meilen vor der Küste der Vereinigten Staaten und Kanadas. Das Recht auf die 200 Meilen hatten wir aus Solidarität mit Chile, Peru und anderen Ländern der Dritten Welt verteidigt. Anschließend standen wir zu dem Zeitpunkt, an dem wir endlich über eine exzellente Flotte verfügten, ohne Meer da, in dem wir hätten fischen können. Einer unserer wichtigsten Fischereigründe war das Meer nahe des US-amerikanischen Territoriums, da es kälter und reicher an Plankton war und es aus diesem Grund dort mehr Fische gab. Wir diskutierten. Carter erklärte sich sogar bereit, über die maritimen Grenzabkommen zu verhandeln und uns weiterhin dort fischen zu lassen, so wie wir es mit den Kanadiern auch handhabten. Obwohl diese Erlaubnis auch sehr umstritten und eingeschränkt war. Es wurden Auflagen durchgesetzt, die sowohl die Quote als auch die Kosten in die Höhe trieben.

Die Abkommen zwischen Torrijos und Carter, mehrere Maßnahmen, die Einrichtung der Oficina de Intereses, der Interessenvertretung der Vereinigten Staaten in Kuba, all das waren positive Schritte zu Zeiten Carters. Zu diesem Zeitpunkt bestand auch eine schwierige Situation – der Krieg in Angola, der seit 1975 herrschte –, aber Carter war ein Mann, der die Probleme mit unserem Land lösen wollte.

Doch die Migrationskrise von Mariel gab es auch, oder?
Ja. Das war 1980, darüber sprachen wir bereits. Aber Mariel fand eben deshalb ein Ende, weil Carter Präsident war, weil er sich im Allgemeinen gut verhalten hatte und wir nicht mit einer störrischen Haltung zum Sieg Reagans und der extremen Rechten beitragen wollten. Das Problem im Iran existierte bereits, und es gab den unnötigen Versuch, das Personal der Botschaft der Vereinigten Staaten in Teheran mit Gewalt zu befreien, was zu einem Verlust von Menschenleben und zu einem blutigen Krieg hätte führen können.[5] Die Sache in Mariel wurde von Leuten verursacht, die in Botschaften eindrangen, Unterstützung von außen erhielten und straffrei ausgingen.

In die Botschaft Perus?
Die Botschaften von Peru und Venezuela. Die Botschaften brachten sie sogar auf Befehl von außen in ihre Häuser und Wohnungen zurück. Dann beschlossen sie, dass sie einige von denen doch wieder zurückhaben wollten. Sie holten

sie ab und brachten sie erneut in die Botschaften, von denen es nicht viele gab, denn damals unterhielten nicht sehr viele Länder Lateinamerikas Beziehungen zu uns. Dann drangen einige Verbrecher gewaltsam mit einem Bus in die peruanische Botschaft ein, wo sie aufgenommen wurden. Ein Polizist starb dabei.

Am nächsten Tag zogen wir die Wachen von der Botschaft ab; die Leute verstanden sofort, was das bedeutete – ein Haufen Pöbel verschaffte sich Zugang zur Botschaft. Konkret: Sie reisten ohne Visa in die Vereinigten Staaten aus, noch dazu mit dem Markenzeichen »politischer Flüchtling«. Das Botschaftsgebäude füllte sich schnell. In den USA betrog die Propaganda Carter, man machte ihn glauben, das »versklavte Volk« wolle sich in die Freiheit der Vereinigten Staaten flüchten. Aber die Leute, die da eindrangen, waren Pöbel, die nie ein Visum bekommen hätten.

Nur Pöbel?
Die große Mehrheit. Es sind natürlich immer auch andere Leute darunter.

Es waren Tausende, oder?
Es waren etwa 10 000, die dort eingedrungen sind.

Zehntausend! Aber es gab doch gar nicht so viel Platz.
Ja, sie passten kaum hinein. Daraufhin hatte Carter die schlechte Idee, zu sagen, dass sie in den Vereinigten Staaten »mit offenen Armen empfangen würden«. So kam es zum Zwischenfall im Hafen von Mariel. Es wiederholte sich Camarioca.[a]

Das, was Carter, der durch die Episode mit dem Iran bereits einen relativ starken Schlag abbekommen hatte, damals tat, betrachte ich wirklich als einen Fehler. Das Regulierungsgesetz war zu jener Zeit voll in Kraft, ebenso wie es das heute noch ist.

Haben Sie ihn daran erinnert, als er hier war?
Ich konnte ihm das nicht ins Gesicht sagen. Teilweise hatte das dazu geführt, das er nicht wiedergewählt wurde. Zuerst geschah das mit dem Iran. Es ist Fakt, dass Carter das sehr schwächte. In dem Augenblick, wo er auf ein zweites Mandat hoffte, kam es für Carter zu einem Fiasko, der Rettungsmission in den Iran.

Die militärische Expedition zur Befreiung der US-amerikanischen Geiseln aus der Botschaft in Teheran schlug fehl, ein Hubschrauber stürzte dabei ab.

In die Zeit Carters fällt – das war vielleicht das Schlimmste – die zweistellige Inflation. Die Ölpreise stiegen ins Unermessliche, und das ermöglichte es, dass rechte Strömungen sich breitmachten, Reagans Leute.

Der Bruder Kennedys, der Senator, war Kandidat der Demokraten, und er fegte in den Vorwahlen alles weg; eine Person, die damals ziemlich einflussreich war, ein sehr kommunikativer Mensch.

Sie meinen Edward?
Edward. Er war eine Legende, sodass er trotz der Katastrophe von Chappaquiddick,[6] dem Zwischenfall, bei dem das Mädchen ertrank, innerhalb der Demokratischen Partei enorm an Stärke gewann. Die Geschichte mit dem Iran unterbrach diesen Prozess und führt dazu, dass die Rechte ziemlich erstarkte. Carter verwandelte sich in den schwächsten Kandidaten. Ich bin überzeugt, dass Ted Kennedy der Einzige gewesen wäre, der in diesem Augenblick Reagan vielleicht hätte schlagen können. Jene traurige Episode war schon halb vergessen. Einen ähnlichen Skandal, nicht im Hinblick auf das Ausmaß, sondern darauf wie man ihn ausschlachtete, erlebte Clinton, obwohl er sein Mandat beendete.

Sie beziehen sich auf die Sache mit Monica Lewinsky?
Ja, das Bedauerlichste ist, dass sie zu seinem Nachfolger den jetzigen Präsidenten, George W. Bush, gewählt haben und es dabei obendrein Wahlbetrug gegeben hat.

Kuba hat den Exodus von Mariel gestoppt, um für Carter keine Probleme im Hinblick auf seine Wiederwahl zu schaffen?
Ja. Sehen Sie, als wir Mariel stoppten, hätten wir zum Beispiel das Regulierungsgesetz neu diskutieren können, aber wir taten das nicht, um keine Zeit zu verlieren, um Carter mitten in diesem politischen Prozess nicht zu schaden. Wir lösten damals sogar ein Problem, das von den Vereinigten Staaten selbst geschaffen worden war: die Flugzeugentführungen. Ich habe Ihnen ja schon erzählt, dass wir diejenigen, die mit Flugzeugen kamen, die sie in den Vereinigten Staaten entführt hatten, mit immer härteren Strafen belegten, manchmal mit bis zu zwanzig Jahren Gefängnis.

In jenem Augenblick trafen Sie die Entscheidung, Entführer US-amerikanischer Flugzeuge systematisch in die Vereinigten Staaten zurückzuschicken?
Die Strafen in Kuba hielten die Entführer nicht auf. Carter beendete sein Mandat im Januar 1981, und Reagan trat an. Am 18. September 1980 hatten wir sie ihnen erstmals zurückgeschickt, unter der Regierung Carter.

Unter Carter haben wir zwei Dinge gemacht: Wir geboten den Ausreisen aus Mariel Einhalt und schickten ihm die ersten beiden Flugzeugentführer zurück, traurigerweise Kubaner, die illegal in die Vereinigten Staaten eingewandert waren und zurückkehrten. Manchmal waren es gerade erst ausgereiste Kubaner, die ein Flugzeug kaperten, um nach Kuba zurückzukehren, trotz der Strafen, die sie erwarteten. So handelten wir aber nur mit Carter, denn er vertrat eine eher konstruktive Position.

Ich glaube, sie wurden zu vierzig Jahren Haft verurteilt. Diese Maßnahme haben wir öffentlich angekündigt, denn wenn ein entführtes nordamerikanisches Passagierflugzeug auftauchte, war das Risiko einer Katastrophe sehr real; die Strafen waren nicht hinlänglich, und es war offensichtlich, dass nur die Rückführung das Problem lösen würde. Aber die USA haben uns Entführer kubanischer Maschinen niemals zurückgeschickt, sie ermutigten sie eher und haben sie nie bestraft. Trotzdem beschlossen wir unsererseits, diese Leute an die US-amerikanischen Behörden zu übergeben. Das ist die reale Geschichte, das sind die Fakten.

Haben Sie Carter nie als besonders feindselig Kuba gegenüber empfunden?
Carter war ein Mann, wie ich schon sagte, bei dem ich erkannte, dass er, obwohl er Chef eines verhassten Imperiums war, menschliche Qualitäten besaß. Er war weder Mörder noch Völkermörder. Das, was ich von ihm las, die Erklärungen und Interviews, zeigte, dass er ein anständiger Mann war. So anständig man sein kann, wenn man ein Land mit solchen Interessen, Privilegien, Sonderrechten und so viel Macht regiert.

Und unter einem solchen Druck.
Dazu noch immer mitten im Kalten Krieg. Ich würde sagen, er war der beste Präsident von denen, die ich kennengelernt habe, unabhängig davon, wie ich jeden Einzelnen der anderen bewerte. Ich habe eine Meinung über Kennedy, über Clinton. Zu allen muss ich irgendeine Meinung haben, denn ich lese täglich Nachrichten und Meldungen und muss dabei mit der Feindseligkeit und dem Hass der Imperialisten umgehen.

Seit Eisenhower hatten Sie faktisch alle zu Gegnern, oder sie waren zumindest die Präsidenten des Landes, das zu Kuba die schwierigsten Beziehungen hatte.

Wir sind sehr leidenschaftliche Menschen, aber wir tragen keinen Hass in uns. Das ist etwas anderes. Man weiß nicht, woher der Hass kommt, vielleicht liegt er in der menschlichen Natur. Es gibt Menschen, die gelassener sein können, andere sind leidenschaftlicher; man kann Verachtung empfinden, Geringschätzung, man kann eine äußerst schlechte Meinung über ein politisches System haben, aber keinen Hass gegen Personen.

Aus Prinzip hegen wir keinen Hass. Man muss eine bestimmte Auffassung davon haben, was den Menschen ausmacht, und das andere ist, Probleme zu personalisieren, einem Mann die Schuld zu geben, der vielleicht in eine bestimmte Position gebracht worden ist und gar nichts anderes machen kann, vielleicht nicht einmal ehrlich sein.

In jenem großen und kolossalen Land, in jenem großen und kolossalen Imperium, wie dem Römischen, das einige intelligente, brillante Kaiser hatte und andere, die waren ... Nun, da gab es einen, wie uns Sueton[7] erzählt, der sein Pferd zum Konsul ernannt hat.

Der Kaiser Caligula.
Man kennt die Geschichte Roms mehr oder weniger, zumindest das, von dem man sagt, es sei Geschichte, obwohl die Geschichte auch voller Anekdoten ist.

Es gibt Präsidenten in den Vereinigten Staaten, die anders sind: Einige haben damit geprahlt, nie ein Buch gelesen zu haben oder nicht mehr als eins; andere haben sehr wenig und wieder andere viel gelesen. John F. Kennedy war zum Beispiel ein Mann, der viel gelesen hatte. Er war ein gebildeter Mann und schrieb sein berühmtes Buch *Zivilcourage*[8], hat zudem im Zweiten Weltkrieg gekämpft, wo er die Befehlsgewalt über ein Torpedoboot im Pazifik hatte, und er hat geholfen, einige Gefährten zu retten, wofür er ausgezeichnet wurde.

Würden Sie Präsident Carter zu den Gebildeten zählen?
Für mich war Carter so rechtschaffen, wie man es als Präsident der Vereinigten Staaten nur sein kann. Er musste zudem mit dem Erbe des Vietnamkrieges leben, in den fast alles Geld geflossen war, 500 Milliarden Dollar. Die Goldreserven waren von dreißig Milliarden Dollar in Unzen auf zehn Milliarden Dollar gesunken, als der Preis pro Unze bei fünfunddreißig Dollar lag. Das führte Nixon 1971 dazu, die Eintauschbarkeit des US-amerikanischen Dollars in Gold

aufzuheben, womit er einseitig den Vertrag von Bretton Woods[9] verletzte und die freie Ausgabe des Dollars ohne Deckung durch Metall festlegte. Der Goldpreis stieg im Zusammenhang mit der Ölkrise, und die Menschen suchten in Gold eine Absicherung, sie hatten kein Vertrauen in das Papiergeld; dann stieg der Preis des Goldes pro Unze auf mehr als 300 Dollar an, und die verbliebenen zehn Milliarden Dollar wurden zu 300 Milliarden Dollar, dem Gegenwert in Papiergeld. Zur Zeit von Bretton Woods, 1944, betrugen die Reserven der Vereinigten Staaten 300 Milliarden bei einem Goldpreis von fünfunddreißig Dollar je Unze. Es gab eine Menge solcher Phänomene, die in Vergessenheit geraten sind – es gibt so viele Dinge, die vergessen werden.

Ich sage Ihnen, ich hatte immer eine gute Meinung von Carter. Sie haben mich gefragt, wie er war; wo ich ihn traf. Das war beim Begräbnis von Trudeau[10], Anfang Oktober 2000. Pierre Trudeau, ein großer Freund und eine außergewöhnliche Persönlichkeit, war gestorben.

Er war Premierminister Kanadas und pflegte trotz des Drucks seitens der Vereinigten Staaten immer gute Beziehungen zu Kuba.
Ja, er war ein nobler Mann. Ich kann mich erinnern, dass er hierherkam, als sein Sohn gerade drei oder vier Monate alt war. Der Sohn, der kürzlich bei einem Unfall ums Leben kam.[11] Das war eine tragische Geschichte.

Wir nahmen Trudeau zu einer kleinen Sandinsel mit, die ich gewöhnlich besuchte und wo es nichts anderes gab als das Haus des Leuchtturmwärters. Es war alt und unbenutzt, mehr als 150 Jahre alt oder fast 150, wir hatten das Dach repariert. Dort schlief er mit seiner Frau und seinem Kind. Außerhalb des Hauses und ganz in der Nähe des Meeres unterhielten wir uns viel. Ich mochte diesen Mann sehr, er kam mehr als einmal nach Kuba. Er war Sportler und liebte es, auf den Flüssen zu fahren. Er verfügte über ein Tiefseetauchgerät oder etwas Ähnliches und suchte vor der Küste Grönlands nach der *Lusitania*[12]. Er war diese Art von Mensch, der die Natur liebt, ein sehr gesunder Mensch. In Kanada hätte Carter vielleicht wie Trudeau sein können, in den Vereinigten Staaten war das nicht möglich.

Sie waren auf der Beerdigung Trudeaus, und dort trafen Sie Carter?
Ja, in Ottawa, im Oktober 2000. Ich kannte ihn bereits. Ich weiß nicht, ob ich ihn schon irgendwo einmal getroffen hatte. Nach der Präsidentschaft setzte er seine Politik fort, gründete Stiftungen und hatte andere akademische, soziale und politische Initiativen. Seine Ethik basierte, wie gesagt, nicht auf einer po-

litischen Theorie, wie bei vielen von uns, sondern sie wurzelte in seinen religiösen Vorstellungen.

Carter war ein protestantischer Pfarrer, nicht wahr?
Ja. Wir sahen uns also während Trudeaus Begräbnis und unterhielten uns. Ach, ich hatte ihn schon einmal gesehen, ich glaube, bei der Amtsübernahme von Carlos Andrés Pérez im Januar 1989.

In Venezuela.
Es war das zweite Mal, denn Carlos Andrés Pérez blieb aktiv und wurde erneut zum Präsidenten gewählt. Bei dieser Gelegenheit lernte ich Carter in Caracas kennen, sprach mit ihm, unterhielt mich ein bisschen, auch mit der Witwe Robert Kennedys. Die Kennedys, die Kennedy-Familie, hatte nach der Ermordung von John F. Kontakt zu uns aufgenommen, und es entwickelten sich wirklich freundschaftliche Beziehungen und ein reger Austausch. Das sind Beweise dafür, dass man sich nicht von Hass hinreißen lässt.

Kam auch der Sohn John F. Kennedys?
Bei einer seiner letzten Reisen kam auch Kennedys Sohn, der damals noch ein Kind gewesen war.

John-John Kennedy, der zwei oder drei Jahre alt war, als sein Vater ermordet wurde.
Er war Herausgeber einer Zeitschrift, *George Magazine*. Er aß mit mir zu Abend, und wir unterhielten uns etwa zwei oder drei Stunden. Kurz darauf, im Juli 1999, kam es zu dem Unfall mit dem kleinen Flugzeug, bei dem er und seine Frau ums Leben kamen. Das war eine große Tragödie. Ja, bei den Kennedys gab es einige solcher Tragödien.

Eine Menge.
Aber damals waren sie in Venezuela, wo ich die Witwe von Robert Kennedy kennenlernte. Auch mit einer Schwester wurde ich bekannt, Eunice[13]. Sie war mit Sargent Shriver verheiratet, der 1961 die Peace Corps organisiert hatte. Und ich kenne einige der Söhne Bob Kennedys.

Damals, 1989, trafen Sie zum ersten Mal auf Carter.
Ja, damals in Caracas, in den Zwillingstürmen, in denen er untergebracht

war. Wir unterhielten uns ein wenig, denn er wollte auf gewisse Weise die Beziehungen zwischen Kuba und den Vereinigten Staaten in Ordnung bringen. Einige seiner Leute besuchten uns in Kuba, aber es war immer mit einer Forderung verbunden. Da gab es die Situation in Angola oder den revolutionären Kampf in El Salvador, das heißt Probleme und Situationen, bei denen wir keine Konzessionen machen konnten. Aber es gab eben auch einen Mann, der die Politik in Bezug auf Kuba verändern wollte – dieser Mann war Carter.

Es war die Zeit der zweistelligen Inflation in den Vereinigten Staaten, Ergebnis des Vietnamkrieges, wie ich schon gesagt habe, und seiner Kosten. 1979 kam es im Iran zur islamischen Revolution – all das beeinflusste später seine gescheiterte Wiederwahl –, und der mächtigste Gendarm des Mittleren Ostens wurde, so kann man sagen, von einer Massenbewegung gestürzt. Ein außergewöhnliches Beispiel dafür, dass die Völker in bestimmten Situationen in der Lage sind, selbst die mächtigste Armee aufgrund ihrer Gefühle, Ideen und ihres Heroismus zu stürzen, ohne einen einzigen Schuss abzufeuern. Der Iran ist ein großes historisches Beispiel dafür.

Für Carters Wiederwahl war das fatal.
Es war fatal. Für Carter war es ohnehin schwer geworden. Es war verhängnisvoll für die Wahl eines Kandidaten der Demokratischen Partei. Ich kann mich daran erinnern, wie damals Edward Kennedy hervortrat. Angesichts der Probleme, die Carter beschädigten ... Ich wiederhole – erstens: das, was im Iran passierte, der vergebliche Rettungsversuch im Rahmen einer Operation, von der man nicht weiß, wie man ihn hat überzeugen können, dem zuzustimmen, denn Carter war ein intelligenter Politiker. Vielleicht haben sie ihm eine Art Schweinebucht-Operation oder so etwas eingetrichtert. Auf jeden Fall schadete ihm diese militärische Niederlage, und er ist der Mann, der sich der Wiederwahl stellte, und er verlor. Zweitens – oder erstens, wenn Sie so wollen –: die zweistellige Inflation und die Explosion der Ölpreise. Wir dürfen nicht vergessen, dass fast noch zu seiner Amtszeit die Preise auf fünfunddreißig Dollar pro Barrel anstiegen, den gleichen Preis, den wir heute haben, im Januar 2003.

All diese Faktoren trafen aufeinander. In den Vorwahlen war ein Mann aufgetreten, der Kraft hatte, der mitriss, das war Edward Kennedy, zweifellos ein talentierter Mann. Man sagte sogar, er sei der politischste – so haben ihn die Angehörigen beschrieben – der Familie der Kennedys. Er war auf dem Vormarsch, aber als die genannten Probleme im Ausland aufkamen – immer wenn es ein Problem in der Außenpolitik gibt, das ist ein fast physikalisches Gesetz, dann tendieren die Meinungen zur Einheit, und dieses Phänomen ergibt sich inmitten der Vorwahlen, in denen Kennedy im Begriff ist, aufzusteigen –, änderte sich die Lage plötzlich, und es kam zu einem Schulterschluss gegen Präsident Carter.

All diese Dinge tendieren im Allgemeinen dazu, verherrlicht zu werden, nicht nur wegen ihrer Bedeutung per se, sondern weil sie unbestreitbar einen Widerhall innerhalb der Vereinigten Staaten geben. Die Geiselnahme war etwas Wichtiges, aber ein Problem, das man hätte lösen können, vielleicht nicht in zwei Minuten oder zwei Tagen – es handelte sich um eine große gedemütigte Macht, die voller Arroganz reagierte.

Das machte die Supermacht ein wenig lächerlich.
Es hatte eine enorme Auswirkung und änderte den Trend bei den Wahlen. Carter, der mit Edward Kennedy konkurrierte und laut Umfragen in den Vorwahlen der Demokratischen Partei hinten lag, begann emporzusteigen und wurde der Kandidat. Wie auch immer, die zweite Wahl konnte Carter in diesem Moment nicht gewinnen, während Kennedy möglicherweise dazu in der Lage gewesen wäre. Er war es, der bei der offiziellen Nominierung Carters zum Kandidaten die Rede hielt, es war zweifellos eine brillante Rede.

Der Mann, der 1980 gegen Reagan vielleicht hätte gewinnen können, hieß Edward Kennedy. Es gibt viele Menschen, die nicht darüber sprechen oder nie über das Thema nachgedacht haben. Mit einigen habe ich mich unterhalten, und manche bestreiten es sogar. Dennoch ist das die These, die ich vertrete. Ich kann mich sehr gut an diese Tage erinnern.

Danach kam Reagan, und während Nixon den Krieg ohne Steuern geführt hatte, realisierte Reagan die Aufrüstung mit frisch gedrucktem Papiergeld. Die Staatsverschuldung vervielfachte sich; das Gleiche, was Bush jetzt unternimmt, der die Welt in eine Katastrophe führt.

Später lernten wir Carter bei seinem Besuch in Kuba besser kennen. Wir erfuhren von seinem Erfahrungsschatz, seinem Scharfsinn, seinen diplomatischen Fähigkeiten, und ich sah auch die Punkte, bei denen die Dinge für ihn nicht so klar sind, die Punkte, bei denen ein bisschen Naivität mitschwingen mag.

Als Sie ihn eingeladen haben – was war das Motiv für diese Einladung?
Wir hatten ja bereits in Venezuela eine Begegnung gehabt, und in Kanada haben wir dann miteinander gesprochen; ich sagte ihm, er solle uns irgendwann einmal besuchen. Denn man lernt ein Land nicht nur über das Geschriebene

kennen und noch weniger, wenn all diese Dinge vom Gegner verfasst werden – dann hat man es fast mit dogmatischen Vorstellungen darüber zu tun, was ein Land ist. Ich sagte: »Gut, der direkte Kontakt ist besser, damit er es ein bisschen kennenlernt.«

Häufig erreichten uns Nachrichten über ihn und seine Aktivitäten, und als ich nach Kanada ging, anlässlich der Beerdigung von Trudeau, sprach ich bei einer der Zeremonien – ich glaube, es war in der Kirche oder kurz bevor wir die Kirche betraten – einige Minuten mit ihm, ich begrüßte ihn, erinnerte ihn an unser Gespräch in Kanada und sagte ihm: »Wir warten auf Ihren Besuch.« Ich erinnerte ihn noch einmal. Und er sagte mir dann: »Ja, ich werde bald kommen.« Und dann, eines Tages, kam die Nachricht, dass er die Entscheidung getroffen hatte, uns zu besuchen.

Und so, wie wir das mit allen Besuchern tun, schlugen wir ihm vor, dass er sich sein Programm zusammenstellen und über alle Themen entscheiden sollte; dass er über die Themen spricht, die er will und mit wem er will und auch an der Universität: »Sprechen Sie, legen Sie Ihre Ideen dar«, von denen absolut nicht alle, ganz im Gegenteil, mit den unsrigen übereinstimmten. Es waren zwei verschiedene Konzeptionen vom Leben, der Gesellschaft, des Produktionssystems, des politischen Systems, der Existenz von Parteien und vieler anderer Dinge.

Die Rede Carters an der Universität habe ich live über CNN verfolgt. Sie schien mir kühn und ehrlich, er legte seine mangelnde Übereinstimmung ziemlich offen und direkt dar. Hat Sie das überrascht?
Ich hatte ihn in die Universität begleitet. Er hielt eine starke Rede, und einige der Studenten debattierten mit ihm. Als er geendet hatte, erhob ich mich, ging zu ihm und reichte ihm die Hand. Anschließend gingen wir zu einem Baseballspiel, das Stadion war brechend voll. Dort überzeugte ich ihn, was nur möglich war, weil ich zunächst einen seiner Leibwächter überzeugen konnte; ich sagte ihm: »Hören Sie, gehen wir runter auf das Feld«, wir reden ihm zu, den ersten Ball zu werfen. Also sagte ich zu Carter: »Lassen Sie uns auf das Feld gehen, aber ich möchte gern, dass nur Sie und ich gehen.« Dort im Stadion befanden sich 60 000 Leute.

Ohne Leibwächter, ohne alles.
Nein, nein, wir waren allein. Ich hatte schon ausgelotet, ob der Chef seiner Eskorte ein Typ war, der davon zu überzeugen sein würde. Für mich war es nicht leicht, wie sich herausstellte, aber ich erteilte meinen Leibwächtern schließlich

einen Befehl, und den mussten sie befolgen, denn ich sagte: »Das ist ein Befehl.«
Also, wir diskutierten mit ihnen, ich sagte meiner Eskorte: »Ich habe es bei der
Eskorte von Carter geschafft, wir werden allein rausgehen.« Als wir aus dem
Unterstand herauskamen, mussten wir etwa hundert Meter bis zur *Home Plate*
und dort vorbei, wo die Massen von Menschen standen – wir ganz allein.

Bis zur Mitte des Spielfeldes.
Bis dorthin, wo der Abwurfhügel ist. Auf den Treppen standen eine Menge
Leute, und wir gingen allein. Später haben wir noch Späße gemacht, denn
einige Leute aus dieser Menschenmasse waren ziemlich sauer über die Dinge,
die er an der Universität gesagt hatte.

Sprechen wir davon.
Es gab Diskussionen. Später sprach ich mit ihm darüber. Alles war normal,
aber am Ende unserer Konversation, die wir hier hatten und die rational und
freundschaftlich war, ein Austausch von Ideen, von Meinungen, sagte ich ihm:
»Hören Sie, was für ein Glück wir hatten, dass all die Leute im Stadion wahrscheinlich schon dort waren, als Ihre Rede live übertragen wurde und sie sie somit nicht hören konnten, sonst hätten wir ein großes Problem gehabt.« Denn
die Leute empfingen uns beide mit großem Applaus, mit Freude und einer
enormen Freundschaft.

Wurde die Rede Carters im kubanischen Fernsehen live übertragen?
Alles live. Wir hatten ihm ja gesagt: »Wer kommen will …« Wir würden auch
für Bush den Platz hier mit Menschen füllen. Denn er geht nach Miami und
spricht dort …

Sie haben auch Präsident Bush eingeladen, nach Kuba zu kommen?
Wir haben Bush gesagt, dass wir bereit sind, mit ihm zu diskutieren, und dass
wir die gesamte Bevölkerung dazuholen würden. Wir würden auch alle Aktivisten, Anführer und Kader dazu einladen.

Lassen Sie mich Ihnen sagen, dass die immense Mehrheit des kubanischen
Volkes den revolutionären Prozess ohne Zögern unterstützt. Wenn es um Ideen
geht, sind wir bereit, zu diskutieren, hier auf dem Platz der Revolution, mit
dem, der hierherkommen will, um unser Volk zu überzeugen. Wenn nötig,
stellen wir dieser Person alle Lautsprecher auf und geben ihr so viel Zeit, wie sie
braucht, um zu unserem Volk zu sprechen und mit ihm zu diskutieren. Es geht

nämlich nicht darum, Dogmen zu leben, sondern das, was man denkt und verteidigt, auf der Basis von Argumenten und Begründungen aufrechtzuerhalten.

Das heißt, dass selbst Präsident George W. Bush hierherkommen könnte, um seine Argumente darzulegen und zu diskutieren. Und Kuba würde das gestatten?
Wir ja, aber sie werden ihn nicht kommen lassen.

Nein, wahrscheinlich werden sie ihn nicht kommen lassen.
Aber wenn sie es wünschen, ja. Hier auf dem Platz. Und er wird hier sicherer sein als in Washington, denn unser Volk verfügt über politische Kultur. Unser Volk ist kein fanatisches, es wurde weder zu Fanatismus noch zu Hass erzogen. Wenn wir ein Volk zum Hass erzogen hätten, dann wären wir gar nichts. Man kann andauernde und wachsende Stärke für eine Sache in dem Maße haben, in dem man sich auf Ideen und Überzeugungen stützt, nicht auf Fanatismus.

Während unserer ganzen Revolution haben wir niemals der Bevölkerung der Vereinigten Staaten die Schuld gegeben, obwohl der größte Teil der Bürger der Vereinigten Staaten zu bestimmten Zeiten von all dem überzeugt war, was man gegen Kuba vorbrachte. Dass wir eine Gefahr für die Sicherheit der Vereinigten Staaten seien und all solche Dinge. Kuba empfängt jeden US-Amerikaner respektvoll und ohne jede Beleidigung.

Mit der größten Sicherheit?
Mit der größten Freundschaft. Wir haben nie Hass gesät. Es ist dumm, einem Volk die Schuld dafür zu geben, dass es glaubt, was man ihm weisgemacht hat. Auch durch die Medien, Lügen und Verleumdungen.

Niemals ist Hass gegen jemanden gepredigt worden. Wir sind kein Volk von Fanatikern. Sie sprechen von Sicherheit. Hier können wir einem US-Amerikaner diese Sicherheit garantieren, denn alle Kubaner sind es, nicht nur die Sicherheitskräfte, die Besucher aus dem Ausland schützen und respektieren, die respektvoll zuhören und diskutieren.

Ich kann Ihnen zwei Beispiele nennen: Als Papst Johannes Paul II. 1998 kam, sprach er auf dem Revolutionsplatz. Er hat hier mit völliger Freiheit seine Reden gehalten. Was er predigte, stimmte nicht mit den Gedanken und den Lehren der Revolution überein, unabhängig vom Standpunkt, den Sie über die Person und die Verdienste des Papstes haben können. Und er war eine außergewöhnliche Persönlichkeit, ohne jeden Zweifel. Ich habe dem Volk seine

Gedanken erklärt und die historischen Ursachen seiner Position, die sehr hart gegen den Sozialismus ist. Er war umgeben in unserem Land von Hochachtung und Respekt.

In Santiago de Cuba gab es eine Veranstaltung, an welcher der Papst teilnahm und bei der die ganze Stadt anwesend war. Bei dieser Gelegenheit hielt einer von denen, die dort sprachen, eine sehr, sehr harte Rede. Die Leute gingen nach und nach, und der Platz blieb leer. Nur etwa zehn Prozent der Leute waren dort geblieben. Ich habe es im Fernsehen gesehen, die Kameras mussten Winkel suchen, damit man nicht sehen konnte, wie leer der Platz geworden war. Raúl war dort, denn ich hatte ihn darum gebeten, an der Veranstaltung teilzunehmen. Aber es gab keinen einzigen Protestruf. Wir haben der Bevölkerung hier gesagt: »Nicht ein Schild, nicht ein Plakat, nicht eine Losung dagegen, nicht einen Zwischenruf; es spielt keine Rolle, wenn ihr mit irgend einer Sache nicht einverstanden seid.« Dies hier ist ein Volk mit einer politischen Bildung, es verstand, dass dies die korrekte Form war. Und der Papst wurde nicht nur von den Gläubigen, sondern vom ganzen Volk empfangen. Ich selbst sprach zweimal im Fernsehen, denn man musste sicherstellen, dass die Leute seine Persönlichkeit gut verstehen würden, seine Geschichte, seine Solidarität mit den Armen, kurz, wer er war und wie er war.

Deshalb meinte ich auch zu Carter: »Hier können wir Ihnen den Platz füllen. Kommen Sie und überzeugen Sie die Leute. Überzeugen Sie sie davon, dass die Revolution nichts taugt und warum sie nichts taugt. Verteidigen Sie Ihre Argumente, diskutieren Sie. Wir holen die Leute für Sie zusammen und stellen Ihnen alle Fernsehsender des Landes zur Verfügung, alle Kanäle, damit jeder die Debatten verfolgen kann. Unter diesen Bedingungen sind wir bereit, Sie einzuladen.«

Sie haben eine Andeutung bezüglich Carters Rede an der Universität gemacht, die direkt übertragen wurde und bei der sich Präsident Carter auf eine Initiative, das Varela-Projekt, berief. Wie ich gelesen habe, stützt sich diese Initiative auf einen Artikel in der kubanischen Verfassung, der besagt, dass die Gesetze kein Monopol des Parlaments sind, sondern dass die Bürger selbst, unter der Voraussetzung, dass es der Wille von mindestens 10 000 von ihnen sei, Gesetzesinitiativen einbringen können.

Eine solche Initiative wurde anscheinend von 11 000 Bürgern unterzeichnet, und Präsident Carter brachte diesen Fall vor Ihnen auf die Tagesordnung. Die Presse druckte seine Rede in ganzer Länge ab, und ich möchte Sie

gern fragen: Finden Sie, dass die Anspielung Carters auf dieses Projekt eine Taktlosigkeit war, eine Unkorrektheit, ein Angriff vonseiten des Präsidenten Carter?

Keinesfalls. Er kam, er entschied sein Programm, er traf alle, die er treffen wollte, völlig frei, es gab keinerlei Beleidigung. Wie sollten wir Carter sagen, dass er nach Kuba kommen soll, und ihm dann Einschränkungen auferlegen, in der einen oder anderen Richtung, worüber er sprechen darf? Nein, nein, das war keinesfalls eine Beleidigung.

Was halten Sie von diesem Varela-Projekt?
Sie können sowohl eine politische als auch eine juristische Analyse dieser Initiative vornehmen. Ich möchte mal ganz leidenschaftslos darüber sprechen.

Wir könnten sagen, dass dies die letzte Erfindung unter Dutzenden war, die die Vereinigten Staaten gemacht haben, vielmehr die Politik der Vereinigten Staaten. Die jüngste, also nur eine weitere, bestand darin, den Namen von Félix Varela zu benutzen – eines kubanischen Priesters mit fortschrittlichem Gedankengut. Varela war zum Beispiel ein Feind der Sklaverei und hatte einige, für die Zeit, in der er lebte, so könnte man sagen, sehr humane Ideen. Er gehörte zu den Ersten, die von Unabhängigkeit redeten, denn in jener Zeit sprach man nicht viel von Unabhängigkeit, ich meine, im 19. Jahrhundert. In dieser Kolonialzeit war Varela ein angesehener kubanischer Intellektueller, ein nobler Mann, einer von denen, die patriotische Gefühlen hegten, unter den sehr isolierten Gruppen von Bürgern, die eine ähnliche Sichtweise teilten. Wie schon gesagt, wir hatten eine Sklavenhaltergesellschaft mit Hunderttausenden von Sklaven.

In jenem Jahrhundert traten in Kuba einige brillante Denker in Erscheinung. José de la Luz y Caballero zum Beispiel war ein großer Pädagoge. Zu dieser Gruppe, die sich für Veränderungen oder irgendeine Autonomie oder jedwede Verbesserungen innerhalb jenes Kolonialsystems, unter dem unser Land litt, aussprachen, gehörte der Priester Félix Varela.

Später wanderte er in die Vereinigten Staaten aus. Dort war er eine Respektsperson, hatte Referenzen, gehörte zu den großen Denkern. Martí war der Gipfel jenes kubanischen Denkens, und es gab noch zahlreiche andere, aber Varela war einer der Ersten. In der Aula Magna der Universität von Havanna befindet sich die Asche Félix Varelas, Vorbote eines Denkens, das sich später in der Ablehnung der Sklaverei und im Kampf für die Unabhängigkeit manifestierte. Das ist die Geschichte Varelas, eine wunderbare, menschliche Geschichte.

In jüngster Zeit gab es Pläne, Varela heiligzusprechen. Wir respektieren und bewundern Varela, aber wir sehen ihn als zivile, weltliche Person. Da es in bestimmten Momenten – wir haben schon davon gesprochen – zu Beginn, in den ersten Jahren der Revolution, zu einigen Konflikten mit der katholischen Kirche kam, versuchten die Vereinigten Staaten auch dies zu nutzen und eine religiöse Opposition aufzubauen, das Bild einer Revolution gegen die Religion zu präsentieren. Die Imperialisten haben auch versucht, die Kirche für sich einzuspannen.

Ich wusste nicht, dass die Kirche Varela heiligsprechen wollte.
Als die Idee der Heiligsprechung aufkam, waren viele von uns misstrauisch, wir sahen das fast als einen Versuch an, eine weltliche Person, die respektiert und bewundert wurde, in eine religiöse Figur, einen Heiligen, zu verwandeln. Okay, ich wäre damit einverstanden, aber dann müsste man auch – ich sage das mit Respekt – viele andere Kubaner heiligsprechen.

Man müsste zum Beispiel Che heiligsprechen, denn wenn man die Patrioten aufgrund ihrer Güte und ihrer Opferbereitschaft, ihrer Fähigkeit, Märtyrer der Menschheit zu sein und für eine Sache zu sterben, heiligspricht, dann gäbe es viele. Viele der Moncada-Kämpfer hatten auch die eine oder andere Religion und starben im Kampf gegen die Tyrannei, starben im Kampf gegen ein repressives Regime. Andere starben im Kampf für ihr Land, das in der Schweinebucht angegriffen wurde.

Ich will mich in keine Angelegenheit der Kirche einmischen, aber ich war, wie gesagt, ein wenig misstrauisch. Trotzdem haben wir niemals im Geringsten protestiert, nicht einmal etwas reklamiert. Varela ist tatsächlich eine weltliche Figur, ein Patriot, und es ist angebrachter, ihn in dieser Position zu belassen. Warum sollte Varela, der allen gehört, in eine Kirchenfigur verwandelt werden, selbst wenn es eine sehr anerkannte und anerkennenswerte Kirche ist, die auch wir respektieren? Damit sind wir nicht zufrieden.

Zurück zu Ihrer Frage nach dem Projekt Varela; der Versuch, seine Figur gegen die Revolution zu benutzen, war ein weiterer zynischer Versuch, der, wie alle anderen auch, eine enorme Publizität erreicht hat.

Ich musste ein wenig in die Breite gehen und einige Dinge erklären, die für die öffentliche Meinung wichtig sind. Es schien mir notwendig, dass Sie wissen, wer Varela ist, und ich habe mir dafür ein paar Minuten Zeit genommen. Jetzt bin ich bereit, ins Detail zu gehen und Ihre Fragen hinsichtlich des Projekts Varela zu beantworten.

Stört es Sie besonders, wenn die Opposition Namen von Persönlichkeiten wie Pater Varela oder sogar José Martí benutzt?
Wenn Sie mit »Opposition« die Leute in Miami meinen, die den Namen Martís verwendet haben, dann handelt es sich in Wirklichkeit um eine terroristische Mafia. Was Varela betrifft, so hat man diese historische Persönlichkeit, die von allen Kubanern geachtet wird, für das neue Manöver benutzt. Ebenso wie den Namen José Martís, der meistbewunderten Persönlichkeit, der heiligsten Person unseres Landes – sein Name wurde für einen illegalen, subversiven Radiosender missbraucht, der unser Land destabilisieren soll.

Der Sender, der in Miami stationiert ist?
Die größte Lügenfabrik, die in jüngster Zeit gebaut wurde. Außerdem wurde der Name für einen ebenso illegalen Fernsehsender benutzt, der von einem Ballon in 3000 Meter Höhe aus sendete und jetzt von einem Flugzeug aus, das in der Nähe des kubanischen Luftraums hin und her fliegt, um die internationale öffentliche Meinung zu vergiften. Und das sind offizielle Institutionen der Regierung der Vereinigten Staaten.

Um auf das Varela-Projekt zurückzukommen: Was wird das kubanische Parlament mit dieser Petition anfangen, die von 11 000 Bürgern unterschrieben wurde? Wird es eine Antwort geben?
Sie erwähnten den legalen Aspekt, dass man mit 10 000 Unterschriften eine Gesetzesinitiative einbringen kann.

Einen Gesetzesvorschlag.
Einen Vorschlag. Unsere Verfassung – ich denke, das ist bei allen Verfassungen der Fall – legt fest, wer das Recht hat, Initiativen für etwas einzubringen. Es gibt viele Leute, die Initiativen haben. Zum Beispiel die Massenorganisationen, die Gewerkschaften, die Frauen, die Jugend, die Studenten, die Abgeordneten, Leiter, Minister … Es sind also unzählige Personen, die eine Gesetzesinitiative vorschlagen können. Fast alle Verfassungen nehmen in der ein oder anderen Weise Bezug auf dieses Thema. Ich kann Ihnen nicht sagen, wie das beispielsweise in den Vereinigten Staaten ist oder in Mexiko oder in den anderen lateinamerikanischen Ländern, aber unsere Verfassung legt unter anderem fest, dass 10 000 Personen eine Initiative einbringen können. Nun, dieser verfassungsmäßige Mechanismus ist das legale Instrument, auf dem dieses Manöver fußt.

Was ist also passiert? Sie haben ein Jahr lang darüber gesprochen, sie haben zumindest ein Jahr gebraucht, um darüber zu sprechen und zu versuchen, die 10 000 Unterschriften zusammenzubekommen. Darüber gibt es eine Geschichte, über die ich gar nicht allzu viel sprechen will, aber ich sollte hinzufügen, dass es dabei allerlei Vorkommnisse gab.

Um die Unterschriften zu sammeln?
Ja. Man versprach Leuten Visa für die Vereinigten Staaten, denen man aus irgendwelchen Gründen ansonsten kein Visum gibt. All das wurde mit ökonomischen Mitteln von den Organisationen in den Vereinigten Staaten unterstütz. Es sind Gelder geflossen, so wie bei traditionellen Wahlkampagnen, eine Sache, die in Cuba seit Langem verschwunden ist.

Wollen Sie damit sagen, dass einige dieser Unterschriften gekauft wurden?
Alles kam vor, auch Bestechung. Außerdem, einige Unterschriften muss man kontrollieren, denn die Daten müssen überprüft werden. Und zwar gründlich. Elftausend sind ziemlich wenig, oder? Für die Initiativen der Revolution haben wir zum Teil acht Millionen Stimmen gesammelt.

In einer offiziellen Wahl?
Nein, nicht bei einer Wahl, sondern nach der Rede Bushs in Miami am 20. Mai 2002, in der er praktisch eine Verfassungsänderung und die Abschaffung des Sozialismus in Kuba forderte. Gesetze und alle möglichen Bedingungen. Eine richtige Ansprache hielt er da vor seinen Freunden in Miami, die, wie jeder weiß, die Präsidentschaftswahl für ihn entschieden hatten. Jeder kennt auch die Art und Weise, wie damals, im November 2000, der Wahlbetrug vonstattenging: mit schmutzigen politischen Tricks, denn sogar die Toten stimmten für George Bushs Wahl. Ganze Sektoren von Afroamerikanern konnten ihr Recht nicht ausüben, weil man ihnen den Zutritt zu den Wahllokalen verwerte. Es wurden technische Fallen gelegt, die Anordnung der Kandidaten auf den Listen getauscht. So kam es dazu, dass ein Mann, der nicht einmal hundert Stimmen auf sich vereinigen konnte, plötzlich Tausende von Stimmen bekam, nur weil man die Anordnung auf den Listen getauscht hatte. Einige Wähler wollten den Fehler, als sie ihn bemerkten, korrigieren, und ihre Stimmzettel wurden annulliert. Man geht davon aus, dass mindestens 40 000 bis 50 000 Stimmen auf diese Weise nicht gewertet werden konnten.

Die zu einem Sieg Al Gores geführt hätten.
Und der Sieg Bushs kam aufgrund von einigen Tausend Stimmen zustande. Nach diesem kolossalen Wahlbetrug wurden neue Ministerien und Schlüsselpositionen im Außenministerium, sogar im Nationalen Sicherheitsrat mit Personen besetzt, die mit der terroristischen Mafia in Miami verbunden sind, die Bush zu seinem falschen Sieg verholfen hatte. Jener Herr, den sie zeitweise zum Unterstaatssekretär für Lateinamerika ernannt hatten …

Otto Reich?
Ja, wir sprachen bereits über ihn. Ein Mann, der in den schmutzigen Krieg in Nicaragua verstrickt war, als die USA die Entscheidungen des Internationalen Gerichtshofs in Den Haag nicht anerkannten, der die Vereinigten Staaten 1987 aufgrund ihrer konstanten Angriffe gegen die Sandinistische Revolution verurteilt hatte. Denn die USA hielten ihre eigenen Gesetze nicht ein, als der Irangate-Skandal bekannt wurde und all die anderen Frevel, bei denen Reich Komplize war. Die Geschichte kann darüber nicht einfach hinwegsehen.

Die kubanische Mafia in Florida entschied wirklich die Präsidentschaftswahlen in den Vereinigten Staaten. Der Zufall wollte es – nicht dass sie so viel Macht hätten, sondern auch der Zufall spielte mit –, dass Florida sich in den Staat verwandelte, der die Wahl entschied. Sie wurde durch einige Tausend Stimmen entschieden. Danach kamen die Stimmen von Militärs hinzu, die sich außerhalb der Vereinigten Staaten aufhielten, und Bush gewann. Seine Gegner hatten nicht einmal eine intelligente Strategie.

Zu keinem Zeitpunkt kamen sie auf die Idee, eine Wiederholung der Wahl zu fordern, obwohl sie die rechtlichen Möglichkeiten dazu gehabt hätten, sodass auch niemand hätte behaupten können, das sei nicht demokratisch.

Sie forderten eine erneute Auszählung der Stimmen.
Sie forderten, dass noch einmal gezählt werden sollte, aber sie hätten die Wiederholung der Wahl an den Orten fordern müssen, wo es Unregelmäßigkeiten gegeben hatte, von denen jeder wusste. Sollte es in einer so »perfekten« und »brillanten« Demokratie wie derjenigen der Vereinigten Staaten nicht möglich sein, in einem Distrikt, nicht in den gesamten USA, die Wahlen zu wiederholen? Wie viel kostet das? Es hätten einige wenige Distrikte gereicht, und die Differenz zugunsten von Al Gore hätte bei einigen Zehntausend Stimmen gelegen, dort, wo sie hätten abstimmen können. Doch das Wahlrecht der Armen ist sehr eingeschränkt, vor allem der Schwarzen, denn sie sind es, die aus dem

ein oder anderen Grund die Gefängnisse füllen und damit ihr Wahlrecht nicht ausüben können. Es sind die Ärmsten, die keine Möglichkeit haben, Universitäten zu besuchen und wichtige Funktionen in privaten Unternehmen oder staatlichen Einrichtungen auszuüben. Und wer einmal im Gefängnis war ...

Der hat kein Stimmrecht mehr.
In vielen Ländern verliert man sein Stimmrecht, wenn man im Gefängnis sitzt, man verliert seine Rechte für eine bestimmte Zeit. In den Vereinigten Staaten verlieren sie ihr Wahlrecht auf Lebenszeit, zumindest in einigen Bundesstaaten, wenn auch nicht in allen, so aber doch in vielen Staaten. Sie wissen möglicherweise besser als ich, dass ehemalige Häftlinge dann bis an ihr Lebensende nicht mehr wählen dürfen. Aber in Florida haben sie im Jahr 2000 nicht einmal diejenigen wählen lassen, die das Recht darauf hatten.

So wurden die Wahlen in den Vereinigten Staaten entschieden. Diejenigen, die zwischen 1959 und 1961 von Kuba nach Miami auswanderten, waren die Champions im Wahlbetrug. Sie führten in den USA Dinge ein, die bis dahin dort nicht existiert hatten, wie zum Beispiel eine Abstimmung der Toten. So gewann Bush seine Wahl.

Aber was, definitiv, hat Kuba mit dem Varela-Projekt gemacht?
Alle Erwägungen über die Unterschriften, über die Legitimität einer bestimmten Zahl von Unterschriften wurden zur Seite gelegt, und man ging davon aus, dass es sich um 11 000 Unterschriften von Personen handelte, die legal und verfassungsmäßig das Recht hatten, einen Antrag zu unterzeichnen. Das entsprechende Prozedere wurde eingeleitet, der Antrag angenommen, von der zuständigen Kommission der Nationalversammlung geprüft und eine Antwort gegeben.

Und wie lautete die Antwort?
Ich habe das Schriftstück nicht hier.

Zusammengefasst.
Die Initiative wurde abgelehnt. Die Idee, eine Verfassungsänderung vorzuschlagen, wurde zurückgewiesen, und das war um so logischer, wenn man bedenkt, dass nur wenige Wochen zuvor acht Millionen Menschen, also 98,05 Prozent der wahlberechtigten Personen, ein Dokument unterzeichnet und der Nationalversammlung vorgelegt hatten, das den sozialistischen Charakter der

Revolution für »unwiderruflich« erklärt. Alle Rechte der Nationalversammlung wurden respektiert außer dem des Widerrufs des in der Verfassung festgeschriebenen sozialistischen Charakters der Revolution. Das war unsere Antwort auf die Forderungen des Präsidenten Bush in seiner Rede am 20. Mai 2002 in Miami. Diese Reform wurde von allen Massenorganisationen in unserem Land präsentiert und von der zuvor genannten Anzahl von Einwohnern unterzeichnet, eigenhändig, denn hier können alle lesen und schreiben.

Ist das letztendlich die offizielle Antwort auf das Varela-Projekt?
Das war die Antwort, nicht auf das Varela-Projekt, sondern auf die dreiste Forderung Bushs, was mehr oder weniger dasselbe ist.

Denken Sie, dass die Gegner diese Antwort, diese Art von Antwort akzeptieren werden?
Wir haben aufgrund der Forderungen des US-Präsidenten alles mobilisiert. Das hatte nichts mit dem Varela-Projekt zu tun, denn das würde bedeuten, wir würden mit Kanonen auf Spatzen schießen. An einem einzigen Tag demonstrierten acht Millionen Menschen im ganzen Land, die größte Mobilisierung, die je stattgefunden hat, und alles ist filmisch belegt.

Natürlich ignorieren das die Medien weltweit. Aber für unsere Bevölkerung ist das sehr wichtig. Was muss man in Frankreich für eine Verfassungsänderung tun?

Es ist nötig, dass zumindest zwei Drittel beider einberufenen Kammern damit einverstanden sind, sie zu ändern.
Von wem gehen in Frankreich Gesetzesinitiativen, die eine Änderung vorschlagen können, aus?

Die Regierung kann eine Änderung vorschlagen, und es kann ein Referendum geben, aber es besteht keine Möglichkeit, dass die Bürger mit einer Unterschriftensammlung die Verfassung ändern können.
Nun, dann ist unsere Verfassung demokratischer als Ihre. Hier haben viele Organisationen, Gewerkschaften, die Bürger selbst die Möglichkeit, Vorschläge einzubringen. Aber vorschlagen bedeutet nicht, man geht einfach in die Nationalversammlung und diskutiert darüber. Es heißt auch nicht, dass man die Verfassung der Republik verändern muss, schon gar nicht, wenn es sich dabei um den sozialistischen Charakter der Revolution handelt.

Dieses Varela-Projekt wurde also von der entsprechenden Kommission in Empfang genommen, studiert und darauf geantwortet. Es geschah Folgendes: Die Initiatoren wollten die Antwort nicht akzeptieren. All das ist öffentlichkeitswirksamer Stoff; worüber sie gratis und in rauen Mengen verfügen, das sind die Möglichkeiten der Publikmachung in der internationalen Presse, diese aber sind eine virtuelle Realität.

Jede beliebige Person kann nach Kuba kommen und sich überzeugen, was hier passiert, welche Stärke die Massenorganisationen haben und was die Kraft der kleinen Gruppen der sogenannten Dissidenten ausmacht, die noch dazu gespalten sind. Dieses konterrevolutionäre und Pro-Yankee-Projekt ist insofern geschickter gewesen, als es zeigt, dass kein Terrorismus vorhanden ist und man sich um einen »friedlichen Wandel« bemüht.

Und es verurteilt auch die Blockade.
Natürlich. Es gibt heute niemanden in diesem Land, der zehn Personen zusammenbekäme, die für die Blockade sind. Sogar in den Vereinigten Staaten ist es modern geworden, gegen die Blockade zu sein.

Aber wenn man all die anderen Dinge und all die Verleumdungen unterstützt, alle Lügen und alle Kampagnen unterzeichnet, die die Stützpfeiler der Blockade sind und diese rechtfertigen sollen, dann kann man sich mit Worten der Blockade widersetzen. Doch dann unternimmt man exakt das, was sie für den Versuch, die Blockade zu rechtfertigen, brauchen, obwohl niemand auf der Welt mehr sie rechtfertigt. Das ist, was ich weiß, denn ich habe mich erkundigt.

Was ich Ihnen damit sagen will, ist: Unser Land befindet sich inmitten einer großen, entscheidenden Schlacht über fundamentale Fragen. Andere Dinge haben eine untergeordnete Bedeutung. Der Lobgesang auf das Projekt rührt ganz und gar von einer Medienkampagne her, etwas, das Sie sehr gut kennen.

Nicht nur eine mediale Kampagne, denn der Autor jenes Varela-Projektes, Oswaldo Payá[14], erhielt den Sacharow-Preis für Menschenrechte und kam nach Straßburg, Frankreich, um ihn entgegenzunehmen. Viele Kommentatoren und auch einige Intellektuelle behaupteten, er dürfe aus Kuba nicht ausreisen, um diesen Preis in Empfang zu nehmen; aber er reiste aus und fuhr zurück, ganz normal. Dieses Projekt hat auch Unterstützung in vielen politischen, gewerkschaftlichen und religiösen Bereichen. Denken Sie, dass sich Europa an einer Kampagne gegen Kuba beteiligt?

Europa weiß nichts darüber, das kann ich Ihnen sagen, Ramonet. Sogar der französische Präsident schrieb uns, weil er gehört hatte, wir würden Payá nicht ausreisen lassen und was nicht alles. Das ergibt keinen Sinn, denn für gewöhnlich lassen wir diese Leute reisen; es hat keine Bedeutung. Aber was von Bedeutung ist: All die Anführer und all die Bandenchefs dieser konterrevolutionären Gruppen, die gegen die Revolution sind, werden von der Interessenvertretung der Vereinigten Staaten organisiert.

Sie können sich nicht vorstellen, bis zu welchem Punkt die Interessenvertretung in innere Angelegenheiten Kubas eingreift. Sie dient als Versammlungsort für diese Leute, sie stellt ihnen Geld und Literatur zur Verfügung. Und mit einem Dollar kann man hier 100 Liter der Milch kaufen, die unsere Kinder täglich als garantierte Ration bekommen – mit einem Dollar bei einem Wechselkurs von fünfundzwanzig Peso und bei vier Litern, die man für einen Peso erhält.

All diese sogenannten Dissidenten gehen nicht nach Miami, um dort eine Kur zu machen. Wenn sie für einen Dollar im Rahmen gewisser Grenzen hundert Liter Milch kaufen können, dann haben sie in unserem Land mit hundert US-Dollar 2500 Peso zur Verfügung, und wenn sie keine Miete bezahlen, wenn sie keine Steuern bezahlen, weil sie Besitzer der Wohnung sind, wenn die Miete der Wohnungen hier, die den Mietern nicht als Eigentum überlassen werden können – weil sie von einer Fabrik oder einer Industrie gebraucht werden – nur symbolisch ist, wenn ihre Kinder die beste Bildung der Welt gratis bekommen und exzellente Gesundheitsversorgung dazu, wenn ihre Kinder eine hohe Lebenserwartung garantiert bekommen, jede notwendige medizinische Maßnahme, egal ob es sich um eine Operation am offenen Herzen oder um kardiovaskuläre Chirurgie handelt, die 50 000 Dollar kosten kann, oder eine Herztransplantation, die 100 000 Dollar kosten kann, eine Leber- oder Nierentransplantation, wenn zu alldem die sogenannten »Dissidenten« dann noch die Yankee-Dollars bekommen, um sich alles zu kaufen, was sie sich wünschen, dann haben sie hier ein ziemlich süßes Leben.

Wir haben nie jemanden gefragt, ob er Revolutionär ist, ob er sympathisiert oder nicht, ob er Dissident ist oder nicht. Es mag sein, dass jemand begünstigt wird, weil er Dollars hat, die er aus dem Ausland bekommt und die eine gewisse Korruption fördern, wenn es um Mangelware geht. Aber es ist niemals die eine oder andere soziale Schicht diskriminiert worden. Suchen Sie einen Beweis! Die sogenannten Dissidenten haben all jene Garantien, und die Organisationen aus Miami schicken ihnen mindestens hundert Dollar monatlich.

Die US-Amerikaner haben erklärt, wie viele Millionen sie nach Kuba transferieren werden, um einigen Dissidenten zu helfen, die hier wirklich nur virtuell existieren.

Was man jeden Einzelnen von ihnen fragen muss, ist, was er bisher produziert hat, was er arbeitet und wie viel Geld er über Prämien bekommt. Sie schreiben irgendeinen Artikel, einen verleumderischen Artikel, und schicken ihn an entsprechende Medien, die antikubanischen Sender in den Vereinigten Staaten; ein Verhalten, das nach dem Gesetz strafbar ist, nach geltenden, einfach nicht angewendeten Gesetzen, denn es liegt in der Befugnis des Staates, der Staatsanwaltschaft der Republik, sie anzuwenden oder nicht. In keinem Teil der Welt darf man sich in den Dienst einer feindlichen Macht stellen oder im Auftrag einer ausländischen Regierung handeln, egal unter welcher Maskierung. Und wir haben eine Menge Beweise.

All diese sogenannten Dissidenten sind virtuelle Realität. Wie ich schon gesagt habe, sie existieren nicht, es handelt sich um eine verschwindende Zahl, die zudem von der Interessenvertretung der Vereinigten Staaten gelenkt werden.

Sie sind gespalten, weil einige sagen, sie möchten mit der Regierung verhandeln, andere hingegen nicht. Aber wir sind nicht verpflichtet. Man müsste uns hinauswerfen oder für schwachsinnig und unfähig erklären, wenn wir hier eine parlamentarische Debatte eröffnen würden, weil ein paar Mann das wünschen, meinetwegen auch zehntausend.

Aber zehntausend ist die von der Verfassung festgelegte Anzahl.
Ja, sie haben das Recht, es einzubringen, und wir haben in diesem Fall auch ein Recht, im Namen der vielen Millionen Kubaner. Sie haben in keiner Weise all die Details der Unregelmäßigkeiten berücksichtigt: wiederholte Unterschriften, das Fehlen von Nachnamen et cetera. Wir wissen das, aber das ist nicht das Thema, darum geht es hier nicht.

Wir sind von der Annahme ausgegangen, dass es diese Unterschriften tatsächlich gibt, dass sie real sind, dass alle spontan geleistet wurden, ohne Vorteilsnahme, weder Begünstigungen noch Visa für die Vereinigten Staaten. Wir haben all das außer Acht gelassen. Wir sind von der Annahme eines ehrlichen Ablaufs ausgegangen. Sie haben die entsprechende rechtliche Behandlung erfahren, und die parlamentarische Kommission hat ihr Recht ausgeübt, absolut legal und verfassungsgemäß.

Wenn Europa seine ganze Geschichte und seine Verfassungen analysierte und das, was dort passiert ist, dann würde es sich nicht so überrascht darüber zeigen, dass eine Kommission der kubanischen Nationalversammlung eine Entscheidung trifft. Es gibt eine Menge Kommissionen, und dieser Antrag wurde von der hierfür zuständigen behandelt. Es sind nicht zwei oder drei, sondern Dutzende Abgeordnete, die darüber befinden. Wir haben uns streng an das Gesetz gehalten. Warum herrscht eine so große Verwunderung über all diese Dinge?

Das ist alles, was in diesem Fall vorgefallen ist, und sonst nichts. Das ist die Situation, wie sie ist, da Sie an diesem Thema interessiert waren.

Herr Payá kam und ging. Ist er frei?
Er hat eine Methode, mit der er die Aufmerksamkeit der internationalen Medien erregte: Er sucht sich jeden Tag irgendeinen Vorwand für irgendeine Sache. Viele Male hat er nicht einmal die notwendigen Formalitäten erledigt. Sie suchen ständig irgendwelche Vorwände, die als Rohstoff für Publizität dienen, und Erklärungen jeglicher Art. Jeder von ihnen hat da seine eigene Technik.

Die Kubanische Kommission für Menschenrechte hat im Januar 2003 ein Dokument veröffentlicht, nach dem 223 Dissidenten in kubanischen Gefängnissen inhaftiert sind.
Hören Sie, es scheint, dass es etwas mehr als ein Prozent sind, von jenen 15 000, die es eine Zeit lang gab und die wir freigelassen haben. Aber es gibt noch einen Aspekt: Wir garantieren den Gefangenen die Ausreise in die Vereinigten Staaten, allen, die durch die Gefängnisse gingen. Mehr als fünfundneunzig Prozent befinden sich dort, denn das war die Entsprechung eines Visums für die USA. Sie waren es, die sie in all das hineinzogen, denn sie inspirierten sie.

Damals gab es diese Anzahl in den Gefängnissen. Wenn sie jetzt sagen, es seien 203 in Haft, dann sollten wir der Revolution ein Denkmal errichten.

Zweihundertdreiundzwanzig.
Wir könnten die Tausende in die Waagschale werfen, die wir freigelassen haben. Darunter sogar einige wie zum Beispiel Rolando Cubela, der die ganzen Waffen für die Verschwörung erhalten hatte. Er war Student, hatte sich in der Epoche des Tyrannen, in der Batista-Ära, hervorgetan, ich glaube, er hatte irgendeinen Militärchef Batistas exekutiert und hatte eine Zeit in der Guerilla verbracht – gut, wir waren alle Freunde. Aber in irgendeinem Moment haben sie ihn herumgekriegt, und er begann gegen uns zu konspirieren. Er wurde festgenommen, verurteilt und war eine kurze Zeit im Gefängnis.

Wofür er bestraft wurde? Dort im Ausland, in den USA, trainierte man ihn unter einem Vorwand, sie gaben ihm ein Gewehr mit Zielfernrohr, stellten ihm alles für ein Attentat auf mich. Er war nicht lange gefangen, wir haben ihn freigelassen.

Dutzende Einzelpersonen, die an Attentatsplänen beteiligt waren, wurden freigelassen, ins Ausland geschickt, und viele haben dieses Geschäft weitergeführt, denn es war tatsächlich zu einem Geschäft geworden. So, wie andere ein Reisebüro haben, hatten sie ein Büro, in dem sie Attentate planten. So war das. Wie viele, sagten Sie, 202?

Zweihundertdreiundzwanzig?
Sie können in jedem Fall sicher sein, dass diese Leute Gesetze gebrochen haben. Und wenn wir alle verurteilt hätten, die sich in Komplizenschaft mit der Interessenvertretung befanden und sich, bezahlt von den Vereinigten Staaten, dem Gewerbe des »Dissidenten« widmeten, wenn wir all diese Leute, die Gesetze verletzten, bestraft hätten, dann wären es nicht 223, sondern einige mehr. Die Zahl ist eher ein Beweis für die Großzügigkeit der Revolution. Es sind wenige. Als der Papst hier war, gab es noch mehr.

Papst Johannes Paul II. hat Sie um die Freilassung einiger Gefangener gebeten?
Sie hatten dem Papst eine Liste übergeben, eine leider sehr schlecht angefertigte, denn auf der Liste erschienen sogar Leute, die längst frei waren. Die Liste gaben sie ihm ganz zum Schluss. Der Papst hatte das Thema in der Vorbereitung auf die Reise nie angesprochen, und am Schluss dann präsentierte er diese Aufstellung, eine schlechte Liste, leider. Diejenigen, die sie ihm übergaben, haben keine Rücksicht auf ihn genommen, denn manchmal hatten wir nur entweder einen Vor- oder einen Nachnamen, um die Person, die auf der Liste stand, zu identifizieren und zu versuchen, seiner Bitte zu entsprechen. Aber viele waren bereits frei, und einige lebten sogar schon im Ausland. Sie haben dem Papst, der kein Wort über dieses Thema verloren hatte, eine miese Liste gegeben.

Wir sagten: »Nun, wir sind bereit ...«, und der Kanzler des Vatikans antwortete: »Egal, es müssen nicht nur politische Gefangene sein.« Wir unsererseits nennen sie Konterrevolutionäre, aber wir bestreiten nicht, dass die Konterrevolution eine politische Aktion ist, obwohl Jiménez de Asúa[15] meinte, es sei keine. Jener große spanische Jurist sagte, politische Gefangene seien jene, die im Gefängnis sitzen, weil sie Veränderungen und revolutionäre Fortschritte in der Gesellschaft gefördert haben, und dass diejenigen, die so etwas wieder rückgängig machen wollen, keine politischen Gefangenen seien. Ich wäre sehr einverstanden mit ihm, doch Konzepte sind Konzepte. Wir haben immer das Wort »Konterrevolution« benutzt, aber sie haben darauf bestanden, politische Gefangene genannt zu werden oder Gefangene, weil sie »Dissidenten« waren. Ich behaupte, dass alle unsere Gesetze gebrochen haben und dass da noch mehr sind. Die Revolution hat ihre Gesetze, aber aus Großzügigkeit werden sie nicht immer angewendet, dafür verdient sie fast ein Denkmal.

Während wir sprechen, kommt mir ein Gedanke: Wir sollten die Compañeros bitten, die Listen all jener herauszugeben, die freigelassen wurden, nachdem sie nicht einmal die Hälfte ihrer Haftstrafen abgesessen hatten. Und nicht nur das. Wir gaben Ihnen sogar die Möglichkeit, zu arbeiten, in irgendeinem Betrieb, beim Bau von sozialen oder wirtschaftlichen Einrichtungen, und sie bekamen ihr volles Gehalt, ohne irgendwelche Abzüge, und es gab Tausende von ihnen.

Zu Beginn der Revolution, in den Tagen der Schweinebucht-Invasion und der anderen terroristischen Vorfälle, gab es eine große Anzahl gefangener Konterrevolutionäre. Ich traf mich mit ihnen, als viele auf der Insel der Jugend waren. Ich ging an ihnen vorüber, als sie dort mit Schaufel und Spitzhacke arbeiteten. Ich ging näher, praktisch mitten in die Gruppe, und habe mit vielen von ihnen gesprochen, und man half sogar ihren Familien.

Ich werde veranlassen, eine Studie anzufertigen. Eine Liste der Freigelassenen und durch wen sie freikamen – manche kamen durch die katholische Kirche in den Vereinigten Staaten frei. Wir sagten ihnen: »Besorgen Sie ihnen Visa.« Denn Sie werden verstehen, dass es in diesem Umfeld schwierig war, einem Konterrevolutionär Arbeit und Wohnung zu verschaffen, denn die Menschen sind ihm gegenüber feindselig eingestellt. Und wir entschieden: »Sollen sie ins Ausland gehen«, und man besorgte ihnen Visa. Es müssen Zehntausende gewesen sein; es gab auch einige, die ihre Strafe absaßen. Doch man reduzierte das Strafmaß, sie wurden also nicht nur freigelassen, sondern bekamen zuvor auch noch Haftnachlass, sodass irgendwann alle das einforderten.

Sie haben also die Gefangenen in die Vereinigten Staaten ausreisen lassen?
Als es das Migrationsabkommen mit den Vereinigten Staaten noch nicht gab, hatten alle Gefängnisinsassen das Recht, ein Visum zu beantragen, und es wurden nur sehr wenige abgelehnt. Das beste Zeugnis, um garantiert ein Visum für die USA zu bekommen, ist es, Konterrevolutionär zu sein und in einem kuba-

nischen Gefängnis gesessen zu haben. Heute finden »Verlosungen« statt – bisweilen ein wenig seltsam, das mit den Verlosungen –, und es gibt eine Quote über 20 000 Visa im Jahr.

Meine Antwort lautet: Es können 223, 250 oder 300 sein. Keiner ist im Gefängnis, wenn er nicht ein Gesetz verletzt hat.

Es gab hier vier berühmte »Dissidenten«[16]. Die Dinge, die sie getan haben ... Ich war drauf und dran, mich im Innenministerium zu beschweren, als ich von all den Dingen erfuhr, die sie gegen unser Land unternommen hatten. Sie haben Investitionen sabotiert, den Investoren Briefe geschrieben und ihnen damit gedroht, ihre Investitionen würden konfisziert. Ich war empört, dass sie all das tun konnten. Eines Tages wurden sie verhaftet ... Gut, vier Verhaftete, die zu leichten Strafen verurteilt wurden. Denken Sie nicht, dass sie hart gewesen wären, weil die Vergehen schlimm waren. Während der Sonderperiode gab es Leute, die sich darauf konzentrierten, die Anstrengungen des Landes zu sabotieren. Wenn es zu einem Extrem kam und keine Alternative blieb, wurden sie festgenommen, aber das Innenministerium handelt nicht aus Angst und lässt sich nicht von einer Politik der Repression leiten. Es hat klare Befugnisse und macht keinen Gebrauch von seiner Stärke, ganz und gar nicht. Dies ist eine Revolution, die sich verteidigt und immer verteidigt hat, und wenn sie sich nicht verteidigen würde, dann gäbe es sie nicht mehr. Und sie existiert nicht, weil wir Atomwaffen hätten oder weil wir reich wären. Wir haben bis jetzt sechsundvierzig Jahre lang der Blockade standgehalten, all den Feindseligkeiten, Angriffen, dem Wirtschaftskrieg, und als wäre das nicht genug, auch noch einer sehr harten Sonderperiode. Kein Land dieser Welt hätte das ausgehalten ohne die Unterstützung der Bevölkerung, ohne ein politisches Bewusstsein. Das kann ich denen sagen, die uns wegen Menschenrechtsverletzungen anklagen und weil wir Gefangene haben, die wir Konterrevolutionäre und sie »Dissidenten« nennen. Das ist die Antwort.

21

FESTNAHME VON DISSIDENTEN IM MÄRZ 2003

James Cason in Havanna – Versammlungen in der Interessenvertretung der Vereinigten Staaten – Krieg gegen Kuba? – Der Fall Raúl Rivero – Die Affäre Valladares – Die Todesstrafe

Um das vorherige Thema noch einmal aufzugreifen, würde ich gern auf die Festnahme mehrerer Dutzend Dissidenten im März 2003 zu sprechen kommen sowie auf die Hinrichtung dreier Entführer eines Schiffes im April desselben Jahres. Ich habe die Erklärung und die Pressekonferenz von Felipe Pérez Roque gelesen[1], Ihre Rede vom 25. April und auch Ihre Rede vom 1. Mai; ich bin also im Großen und Ganzen mit Ihren Erklärungen zu den Geschehnissen vertraut.

Die Frage ist: Warum beschloss man die Festnahme der Dissidenten ausgerechnet zu diesem Zeitpunkt? Also vor der Entführung des Schiffes und vor Beginn des Irakkrieges? Was war die Motivation der kubanischen Behörden, sie in genau diesem Augenblick festzunehmen? Die ersten Verhaftungen waren, glaube ich, am 15. März.

Nichts von dem, was Sie ansprechen, war seitens der kubanischen Behörden vorher beraten oder geplant worden. Die makabren Pläne der Regierung der Vereinigten Staaten wurden einer nach dem anderen vollzogen. Der Irakkrieg war noch nicht ausgebrochen. Kuba war – nach Ankündigung von Bush – eines der möglichen Ziele für einen präventiven Überraschungsangriff, ein Land, das sie als terroristisch eingestuft hatten. Kurz zuvor hatte es die perfiden Anschuldigungen Boltons[2] gegeben, wir führten Forschungen zur Herstellung von biologischen Waffen durch, und andere unverschämte Lügen über unser Land.

In der Interessenvertretung der Vereinigten Staaten in Kuba[3] arbeitete man auf Hochtouren, um die von Bushs Kamarilla ausgearbeiteten Pläne zur Destabilisierung des Landes und der Revolution zu vervollständigen und Vorwände für einen Angriff zu finden.

Das Ganze verschärfte sich mit der – seit September 2002 angekündigten –

Ankunft James Casons, der ab November 2002 als Leiter der Interessenvertretung der Vereinigten Staaten in Kuba zu agieren begann. Er hatte bereits vorher einige Erkundungsreisen nach Kuba unternommen.

Cason war ein Mann Otto Reichs. Diese unheilvolle Person, Reich, hatte im blutigen schmutzigen Krieg gegen Nicaragua eine herausragende Rolle gespielt, sowohl als Theoretiker als auch als Redakteur von Proklamationen und Manifesten der Chefs der bewaffneten konterrevolutionären Banden, die gegen die Sandinistische Revolution kämpften. Die Erklärungen, die im Namen der Konterrevolution publiziert wurden, waren von Otto Reich ausgearbeitet worden. Wie man weiß, führte der schmutzige Krieg zu einem internationalen Skandal, weil seine treibenden Kräfte im Weißen Haus, unter der Präsidentschaft Reagans, die Anordnungen des Kongresses missachteten, Waffen für Geld tauschten und am Drogenhandel beteiligt waren.[4] Der Kongress war bei dieser Farce so verhöhnt worden, dass der Senat, als Bush Otto Reich zum Unterstaatssekretär für Lateinamerika ernennen wollte, trotz der republikanischen Mehrheit in jenem Flügel des Kongresses die Ernennung zurückwies. Eine Unterbrechung dieses Verfahrens ausnutzend, ernannte Bush ihn dann trotzdem und machte ihn später zu seinem Berater für Kuba, ein Posten, der keiner Ratifizierung durch den Kongress bedarf.[5]

Die Person, die sie uns als Leiter der Interessenvertretung der Vereinigten Staaten schickten, James Cason, war also ein Mann Otto Reichs. Er löste Frau Vicki Huddleston ab, die sehr feindselig uns gegenüber war, wie es der von der Regierung der Vereinigten Staaten verfolgten Politik Kuba gegenüber entsprach; sie war sogar vor der Amtsübernahme Präsident Bushs schon hier, wurde aber nicht in einer bestimmten Mission geschickt. Cason kam und war bereits mit einem konkreten Zweck ernannt. Es war klar, dass eine neue Person kommen würde; wir gingen davon aus, dass es eine dem Vorgänger mehr oder weniger ähnliche sein würde, mit der gleichen feindseligen politischen Haltung. Aber nein, sie hatten speziell Cason ausgewählt, Otto Reich hatte ihn auserkoren, und ihm gaben sie all die Instruktionen.

Wann kam Señor Cason nach Havanna?
Wie ich bereits erwähnte, hatte er zuvor einige Erkundungsreisen durchgeführt, bei denen er sich auf seinen Status als Gast und zukünftiger Leiter der Interessenvertretung stützte. Eine zynische Aktion. Im November trat er sein Amt an. Er charakterisierte sich durch eine Reihe von im Vorfeld abgegebene Statements. Er traf mit einem fertig konzipierten und extrem provokativen Plan hier ein.

Um jenes Datum herum erlebte die Region eine angespannte Situation: Am 11. April desselben Jahres der Militärputsch gegen den Präsidenten Hugo Chávez, in jeder Hinsicht von der Regierung Bush gefördert und unterstützt. Zustimmung für den rechtmäßig gewählten venezolanischen Präsidenten und Chef des revolutionären Prozesses durch die Truppe und die Chefs und Offiziere der neuen Jahrgänge. Volksaufstand und Rückkehr des Präsidenten. Im Dezember der Ölputsch, ebenfalls in Venezuela, verheerende Auswirkungen, Produktion auf nahe null gesunken, dreimonatiger Kampf, das Wunder der Rückgewinnung unter der festen und entschlossenen Leitung des bolivarischen Präsidenten. »Kein Fass für Kuba«, so der proimperialistische und profaschistische Aufruf. Die Preise verdoppelten sich, die Verträge zwischen Kuba und Venezuela waren für Monate ausgesetzt, wir mussten hohe Aufpreise an Dritte zahlen, unser Land blutete wirtschaftlich aus, die konterrevolutionäre Aktion in Venezuela verhinderte den Austausch und fügte auch Kuba schwere Schäden zu.

Während diese Dinge passierten, landete Otto Reichs von Bush geschickter Leutnant in der Interessenvertretung Washingtons in Havanna. Zwischen dem 11. November 2002, dem Tag, an dem Cason in Kuba ankam, und dem Tag, an dem vier Monate und wenige Tage später der Irakkrieg beginnen sollte, dem 19. März 2003, sah ich mich aufgrund der Entwicklung der Ereignisse gezwungen, drei wichtige Auslandsreisen zu unternehmen: Ende November 2002 die Reise nach Quito zur Einweihung der Capilla del Hombre, die von dem ausgezeichneten Maler Oswaldo Guayasamín[6] erschaffen wurde; Ende Dezember 2002 die Reise nach Brasilien zum Amtsantritt Lulas als Präsident Brasiliens am 1. Januar, einem brüderlichen und beharrlichen Kämpfer der Arbeiter und der Linken, Freund unseres Volkes; am 19. Januar erneut nach Quito zur Amtsübernahme Lucio Gutiérrez', gewählter Präsident Ecuadors aus einer Koalition sozialer Kräfte und linker Parteien.

Ich muss noch einmal darauf hinweisen, dass, wenn wir die Daten im Dezember und Januar genau anschauen, Venezuela sich noch nicht von dem schweren und äußerst gefährlichen Putsch erholt hatte. Unser grundlegender Gedankenaustausch in jenen entscheidenden Momenten war unerlässlich für unsere von einer ausländischen Aggression bedrohten Völker und bildete für jede Reise eine starke Motivation. Damals entstanden einige der Ideen über eine enge Zusammenarbeit und die Grundlagen für das, was später die Bolivarische Alternative für Amerika (ALBA) wurde.

Hier muss ich auch die Sitzung der Nationalversammlung der Poder Popular[7] (»Volksmacht«) in der dritten Woche des Dezember 2002 erwähnen und die allgemeinen Wahlen für die Poder Popular, die am 19. Januar stattfanden.

Während ich persönlich also intensiv mit den internen und externen Aktivitäten dieser Monate beschäftigt war, betrieb Cason das Seine, mit fieberhafter Anstrengung, geschützt durch seine diplomatische Immunität und die imperialistische Gewohnheit, nach Gutdünken unter völliger Missachtung der Völker zu schalten und zu walten. Anscheinend wusste er absolut nichts von all den Geschehnissen, da die Aktionen des Imperiums am eisenharten Willen unseres Volkes gescheitert waren.

Sie haben aufgrund all Ihrer Aktivitäten nicht sonderlich darauf geachtet, was Herr Cason hier tat?
Ich bin nicht der Einzige, der sich mit konterrevolutionären Aktivitäten des Imperialismus und seinen Angriffen auf unser Land beschäftigt, denn das ist ein Kampf, der an vielen Fronten geführt wird. Logischerweise widme ich gewöhnlich den strategischen Angelegenheiten der Revolution spezielle Aufmerksamkeit. Sie haben mir eine Reihe von Fragen gestellt, die mit diesen Angelegenheiten verbunden sind. Da wir an die Missetaten dieser Interessenvertretung schon so gewöhnt waren, gab ich nicht sonderlich auf das völlig abnormale Verhalten des Herrn Cason acht. Vor seiner Amtsübernahme hatte er sich mit der Mafia in Miami getroffen und dort Erklärungen abgegeben. Als er seine Arbeit dann aufgenommen hatte, flog er hin und her von Miami nach Havanna und von Havanna nach Miami und bekam Instruktionen und Unterstützung sowohl vom Weißen Haus als auch von der extremistischen und terroristischen Gruppe in Miami, welche die entscheidende Rolle beim Wahlsieg Bushs gespielt hatte. Er nutzte sein Diplomatengepäck, um Tausende tragbarer Radiogeräte, voreingestellt auf die subversiven Sender, einzuführen, ebenso Prospekte, Flugblätter, operative Anweisungen und ähnliche Dinge.

Das waren ernsthafte Vorgänge, die weit über das Normale hinausgingen. Die Tage vergingen schnell. Es kam der 24. Februar 2003, ein Feiertag, ein patriotisches Datum in Kuba, an dem man des Beginns des letzten Unabhängigkeitskrieges gegen Spanien im Jahr 1895 gedenkt. An diesem Tag berief Cason eine große Versammlung ein.

In der Interessenvertretung?
Nein, in einer Wohnung. Im Haus eines sehr bekannten konterrevolutionären Anführers. Er ging dorthin und versammelte einige Dutzend, etwa zwanzig bis

dreißig Konterrevolutionäre – ich weiß nicht mehr genau, wie viele es waren –, zu einem Fest. Das korrespondierte absichtlich mit dem Datum, er lud die Freunde ein.

Welche Bedeutung hatte dieses Treffen?
Die Bedeutung lag in dem, was er dort öffentlich erklärte. Er gab an diesem 24. Februar einige sehr unverschämte und beleidigende Erklärungen ab, und das öffentlich. Er sprach dort außerdem von einem Programm, wonach er 6000 Meilen durch das Land reisen wollte, ganz so, als sei er ein Präsidentschaftskandidat der Vereinigten Staaten. Keiner der Diplomaten aus den anderen Botschaften, die er eingeladen hatte, nahm an diesem Treffen teil. Er ging allein hin, und als man ihn fragte, ob er keine Angst habe, dort zu sein, äußerte er ziemlich schreckliche Dinge, persönliche Beleidigungen und Angriffe – wahrhaftig nicht tolerierbar.

Gegen Sie?
Ja. Ich steckte in so vielen Dingen und so vielen Programmen, dass ich davon kaum Notiz nahm. Aber einige Tage später, am 6. März, gab es eine Sitzung der Nationalversammlung, und zu diesem Anlass analysierte ich seine Deklarationen genau.

Die Tage zwischen dem 24. Februar und dem 6. März vergingen, ich hatte nicht öffentlich gesprochen, aber all seine Erklärungen hatte ich gelesen, die hier abgegebenen und die aus Miami,[8] denn, wie gesagt, er kam und ging, ganz offen, äußerst provokativ. Es war offensichtlich. Ich weiß nicht, ob der Typ verrückt war oder ob er wirklich geglaubt hat, man könne das dulden, oder aber, wie viele vermuten, er wollte einen Konflikt heraufbeschwören. Unsere Freunde in den Vereinigten Staaten und überall auf der Welt waren darüber sehr besorgt und sagten uns, wir sollten uns auf keine Provokation einlassen.

Weil es eine Falle hätte sein können?
In welches Dilemma verstricken sie einen, wenn ein Mann anfängt, über die ganze Insel zu reisen, und sogar konkrete Planungen vornimmt ... Der Vorwand war, dass er die Leute überwachen wollte, die die US-Amerikaner auf dem Meer eingefangen und zurückgeschickt hatten. Nicht alle, nur einen Teil, denn die Vereinigten Staaten halten sich nicht an die Migrationsabkommen, von denen ich bereits sprach, haben sich nie daran gehalten, einige behalten sie immer dort. Einige von denen, die sie im Meer gefangen nehmen konnten,

schickten sie zurück. Aber diese Leute, einmal auf dem Meer und der Unterstützung durch die Gruppen in Miami sicher, gehorchten oft nicht einmal den Befehlen. Und sie suchten Konflikte mit der US-amerikanischen Küstenwache, die von der antikubanischen Lobby in Miami als »Verfolger kubanischer Patrioten« beschuldigt wurde. Ich habe Ihnen schon erklärt, dass die große Mehrheit der Kubaner, die wegging, dies keinesfalls aus politischen Gründen tat, denn diejenigen, die aus politischen Gründen gehen wollten, erhielten ein Visum, wie es das Migrationsabkommen vorsieht.

Der Sinn meiner Frage, die ich Ihnen am Anfang stellte, ist folgender, unabhängig von der technischen Antwort: In diesem Moment befand sich die Welt am Vorabend des Irakkrieges ...
Nun, so kurz davor war es noch nicht. Der Irakkrieg brach am 19. März aus, und die größten Provokationen Casons fanden am 24. Februar statt, fast einen Monat zuvor, als noch niemand den Tag, an dem die Yankees gegen den Irak losschlagen würden, kannte.

Ich erläutere es Ihnen. Er gab also die besagte Erklärung ab. Das war bereits nicht tolerierbar. Andere Diplomaten, die zu diesem Treffen am 24. Februar Einladungen erhalten hatten, gingen nicht hin. Cason gab der Presse dort ein Interview. Als der Journalist ihn fragte, ob seine Anwesenheit auf diesem Treffen die Anschuldigungen der kubanischen Regierung nicht bestätige, antwortete Cason: »Nein, denn soviel ich weiß, haben sie das gesamte diplomatische Korps eingeladen, und unser Land steht immer auf der Seite der Demokratie«, et cetera, et cetera, »und ich wurde hierher eingeladen.« Und dann sagte er: »Ich habe keine Angst.«

Auf eine andere Frage antwortete er beleidigend ... Und dann fügte er in perfektem Spanisch hinzu: »Unglücklicherweise hat die kubanische Regierung Angst: Angst vor der Gesinnungsfreiheit, vor der Meinungsfreiheit, Angst vor den Menschenrechten; die Gruppen beweisen, dass es Kubaner gibt, die keine Angst haben«, et cetera, et cetera, eine enorme Ansprache. Und Herr Cason beendete seine Erklärung folgendermaßen: »Ich bin hier als Gast, und ich werde im ganzen Land alle Personen besuchen, die Freiheit und Gerechtigkeit wollen.«

Nun, ich weiß nicht, was die Franzosen oder die Europäer täten, wenn jemand eine solche Erklärung abgäbe. Jeder Bürger begreift, dass es sich um eine Provokation handelt. Sehen Sie: Diese Krise entstand völlig unabhängig von den Plänen des Irakkrieges, die noch keiner kannte.

Und die Krise mit der Europäischen Union, hatte die irgendetwas mit einem internationalen Problem zu tun oder mit einer Entscheidung, die man getroffen hat? Wir haben eine Menge zu tun, große Aktivitäten, und wir sind nicht daran interessiert, uns zusätzliche Probleme zu schaffen. Aber können wir der Europäischen Union erlauben, die Erklärungen abzugeben, die sie abgab,[9] nachdem der Irakkrieg bereits begonnen hatte und wir auf einer Liste »terroristischer Länder« stehen, wo wir zu den »sechzig oder mehr« Ländern zählen, von denen Herr Bush sagte, dass sie präventiv und überraschend angegriffen werden könnten? Kann man uns vorwerfen, dass wir darin eine große Gefahr sehen? Müssen wir jetzt auf die Knie fallen und diplomatisch mit der Europäischen Union diskutieren? Uns reicht es aus, dass eine solche Hinterlist bereits begangen wurde, um so zu antworten, wie man antworten muss. Diejenigen die nicht antworten, die nicht ringen, die nicht kämpfen, die haben von vornherein verloren, doch in uns werden sie diesen Typ von Leuten nicht finden.

Mit Cason war es das Gleiche. So etwas hat noch nie ein Beamter irgendeiner der Botschaften getan, und dieser tut das im Haus eines Konterrevolutionärs, trifft sich dort mit einer Gruppe und feiert ein Datum der Unabhängigkeit; wenn es ein Volk gibt, das seine Unabhängigkeit verteidigt hat, dann dieses hier, aber die Vereinigten Staaten wollen sich Kuba einverleiben und dies Land in einen Wurmfortsatz Floridas verwandeln. Wenn viele Länder, sogar große, sich erst in Wurmfortsätze der Vereinigten Staaten verwandelt haben, dann sagen Sie mir: Worin würde Kuba sich verwandeln, wenn es von Leuten wie jenen geleitet würde, die mit den Banditen verbündet sind, die dieser Otto Reich und Co. und die extreme Rechte der USA führen? Was würde aus Kuba werden? Und wie kann diese Gruppe von Vaterlandsverrätern den Unabhängigkeitstag Kubas feiern?

Ich sagte also: »Das ist so seltsam, dass jeder sich fragen könnte, wie viel während dieses ›patriotischen‹ Aktes getrunken wurde.« Und ich sagte – ironisch –: »Da Kuba wirklich so viel Angst hat, wird es sich die nötige Ruhe nehmen, um zu entscheiden, wie mit diesem seltsamen Beamten zu verfahren ist. Vielleicht erklären ihm die zahlreichen Geheimdienstmitarbeiter, die in der Interessenvertretung arbeiten, dass Kuba getrost auf dieses Büro verzichten kann, das eine Brutstätte für Konterrevolutionäre ist und ein Kommandoposten für die gröbsten subversiven Aktionen gegen unser Land. Die Schweizer Beamten, die hier lange die USA repräsentierten, haben über Jahre sehr gute Arbeit gemacht, und sie haben weder Spionage betrieben noch Subversion organisiert. Dann meinte ich noch: »Gut, sollen die Schweizer kommen und sie wieder repräsentieren.«

»Wenn es wirklich das ist, was sie mit solch beleidigenden Erklärungen provozieren wollen, dann sollten sie den Mut und die Scham besitzen, es zu sagen. Eines Tages, gleich wann, wird uns das Volk der Vereinigten Staaten einen echten Botschafter schicken …« So sprach ich am 6. März, nachdem bestätigt worden war, dass unsere Cinco Héroes (Fünf Helden)[10], die in den USA im Gefängnis sind, in Spezialeinheiten verlegt wurden. Die USA ergriffen harte Maßnahmen gegen sie, das ist hier ein sehr sensibles Thema, denn die fünf sind in unserem Land Idole, die zu »Helden der Republik« ernannt wurden. Und dort sperren sie diese Männer in ein »Loch«[11] ein, völlig grundlos, weil sie Lust dazu haben, aus Rache, Feindseligkeit, Beleidigung. Die Tatsache, dass sie diese auf grausame und unbarmherzige Weise in eine Gruft gesteckt hatten, löste hier große Empörung aus. Am nächsten Tag wurde uns bestätigt, dass sie sich dort befanden. Wir hielten Reden, und die USA taten das ebenso.

Am 10. März übergab das Ministerium für Auswärtige Beziehungen dem Leiter der Interessenvertretung eine diplomatische Note. Sie haben sie.

Ich habe sie, und ich habe sie gelesen.
Aber das Wichtige ist, was danach geschah. Diesem Herrn Cason, der erklärte, er werde das ganze Land bereisen, teilten wir zwei Dinge mit: Erstens, die Überwachung der Kubaner, die zurückgeschickt wurden, ist nicht Teil der Migrationsabkommen, sie ist eine Geste, die wir gezeigt haben, und in zehn Jahren hat es keinen einzigen Fall von Verletzung der Migrationsabkommen unsererseits gegeben.

Diese Abkommen beinhalten, dass die zurückgekehrten Balseros, die sogenannten Bootsflüchtlinge, ihr normales Leben wieder aufnehmen und zu ihrer Arbeit zurückkehren?
Ja. Und das ist nicht immer einfach, manchmal mussten wir für sie eine andere Arbeitsstelle besorgen, weil die, die mit ihnen arbeiteten, es ablehnen, dass sie ganz ruhig erneut ihre Tätigkeit wieder aufnehmen. Im Fall einer Universität zum Beispiel wird man nicht die Universität besetzen oder einen Krieg mit den Leuten beginnen, damit sie einen zurückgekehrten Balsero akzeptieren; man kann ihm schlicht eine ähnliche Arbeitsstelle suchen.

Cason war bereits auf der Insel umhergereist, denn einige Balseros hatten sich in einer Organisation ehemaliger Balseros zusammengeschlossen.

Es gibt eine Organisation von ehemaligen Balseros?
Es sind zurückgeschickte Balseros, die hier sind, mit denen Cason sich traf, er organisierte sie beinahe; er bildete mit den Balseros Gruppen, unter dem Vorwand der Überwachung. Diese Überwachung ist keine Verpflichtung für Kuba, sondern eine freundliche Geste unsererseits, so wie wir ihnen bei einer großen Zahl von Balseros, die sie in Guantánamo hatten, entgegenkamen, während der Krise von 1994. Da befanden sich mehr als zehntausend dort, sie hatten sich »übernommen«. Wir boten ihnen an, einen Teil der 20 000 Visa, die im Migrationsabkommen festgeschrieben sind, für die Leute in Guantánamo einzusetzen. Sie erteilten später ein paar Visa mehr, aber über ein paar Visa mehr oder weniger diskutierten wir nicht; auch das veranlassten wir. Auf jeden Fall aber hatten sie kein Recht zu einer Überwachung, und wir teilten ihnen mit, dies sei nicht Teil des Abkommens.

Zweitens sagten wir ihnen, die US-amerikanischen Diplomaten könnten nicht reisen. Sie hatten die Verpflichtung, zweiundsiebzig Stunden vorher anzukündigen, dass sie aus diesem oder jenem Grund reisen würden. Dieselbe Verpflichtung hatten unsere Diplomaten in Washington. Aber das hier ist ein kleines Inselchen und das dort drüben ein riesiges Land. Sie haben hier in ihrer Interessenvertretung zehnmal mehr Leute als wir in Washington. Dabei kann es keinerlei Reziprozität geben. Das kann man nicht vergleichen. Die Anzahl unserer Leute dort, umgelegt auf die Größe des Landes, und die Anzahl der Leute, die sie hier haben, in Relation zur Größe unseres Landes. Um zu reisen, ist es nicht ausreichend, darüber Kenntnis zu geben, sondern sie müssen zweiundsiebzig Stunden im Voraus eine Genehmigung einholen – diesem Herrn hätten wir die Erlaubnis nicht erteilt.

Sie haben dasselbe Verfahren dort auch angewendet, aber gut, die Situation war nicht vergleichbar. Was taten wir? Wir informierten sie, dass sie nicht reisen konnten. Also berief Cason zwei Sitzungen ein. Erneut, nach der vom 24. Februar ... Sie hielten zwei Versammlungen ab, eine am 12. und die nächste am 14. März.

Betrachten Sie diese Treffen als Antwort auf Ihre Erklärungen vom 6. März und auf die Entscheidung, seine Reisen zu begrenzen?
Sehen Sie, ich redete am 6., ich habe gesagt, dass wir auf die Interessenvertretung verzichten könnten, dass die Welt davon nicht unterginge und dergleichen ...

Und am 12. März fand eine Versammlung mit achtzehn Konterrevolutionären in der Residenz Casons statt. Er gab ihnen sein Haus, der Mann, der die 6000-Meilen-Tour nicht mehr konterrevolutionär und einflussnehmend zurücklegen kann, benutzt nun sein Haus für die Versammlung von achtzehn sogenannten »Dissidenten«. Es waren durchweg Leute, die von ihnen organisiert, motiviert und bezahlt wurden, denn, hören Sie, wir haben hier alle Unterlagen. Wir haben alle Beweise, und wir hätten noch viel härter sein können in dieser Sache.

Ich habe das Buch *Los disidentes*[12] gelesen, das Kuba herausgegeben hat. Sie trafen sich auch am 14. im Haus von Cason. Die Notiz sagt: »14. März. Erneut findet im Haus des Chefs der Interessenvertretung der Vereinigten Staaten eine Versammlung der Rädelsführer statt.« Das geschah schon praktisch jeden zweiten Tag. Es handelte sich dabei um einen »Ethik-Workshop« für sogenannte kubanische Journalisten, und von den vierunddreißig Leuten, die dort anwesend waren, hatten nur vier irgendwann einmal etwas studiert, das im weitesten Sinne mit Journalismus zu tun hatte, aber alle waren sie »Journalisten«, den Titel haben sie von Cason und der Propaganda.

An jenem 14. März hatte ich spät eine Sitzung, gegen 23.00 Uhr, und bat um Details: Was ist passiert? Was geschah an diesem Tag? Denn man konnte das nicht länger tolerieren. Worauf sollten wir warten? Auf das Ende eines Krieges, der vielleicht sechs Monate dauern würde? Wir wussten ja nicht, wie lange er sich hinziehen würde. Auf jeden Fall konnten wir das nicht mehr hinnehmen. Unsere Freunde dort, in den Vereinigten Staaten, sagten: »Hört zu, lasst euch nicht provozieren.« Sie waren besorgt.

Warum hat Kuba Herrn Cason nicht des Landes verwiesen?
Wir haben noch nie einen US-amerikanischen Diplomaten ausgewiesen. Sie allerdings haben das Mittel der Ausweisung genutzt. Außerdem beging Cason keine Straftat, er verletzte lediglich die internationalen Regeln. Man konnte nicht vor den Internationalen Gerichtshof ziehen, denn es handelte sich nicht um einen Kriminellen. Er traf Vorbereitungen für einen Völkermord, aber er nahm noch nicht an einem Völkermord teil.

Konnten wir das erlauben? Man wird einem Mann, der Immunität genießt, keine gesetzliche, diplomatische Verantwortung abverlangen. Aber er durfte nichts davon in die Wege leiten. Und diese Leute, die »Dissidenten«, inzwischen voller Mut, begannen sich unverschämterweise öffentlich zu organisieren. Ich weiß nicht, was die Franzosen getan hätten. Ich kenne die Franzosen sehr gut, es ist ein Volk mit einem hoch entwickelten Gefühl für Würde.

Nun, es wusste auch niemand, an welchem Tag der Irakkrieg beginnen würde, und wir stellten fest: »Wir müssen gegen die wichtigsten Anführer vorgehen.« Sie waren sehr aktiv. Unter ihnen befand sich Frau Martha Beatriz Roque, die die Versammlung am 24. Februar in ihrem Haus organisiert hatte. Völlige Straffreiheit? Das konnten wir nicht gestatten! Und ebenso wenig konnten wir das einem Mann erlauben, der ein Land repräsentierte, dessen Pläne wir ganz genau kennen, denn sie begehen viele Indiskretionen. Wir wissen, was sie denken, was sie beweisen wollen. Wir kannten ihre Vorhaben, und es hatte Erklärungen gegeben, mit denen sie eine Massenemigration auslösen wollten, als Vorwand für einen Angriff. Das Klima war bereits schlechter als in den Tagen vor dem 5. August 1994. Dieses offenkundige Verhalten war mit Ideen einer Aggression verbunden – es waren unzweideutige Provokationen.

Sie sagen »Provokationen«: Glauben Sie nicht, das Verhalten Casons war eben genau eine solche Provokation und dass die Verhaftungen bedeuteten, dieser Provokation zu erliegen?
Was ist das Konzept der Provokation? Vielleicht müssten wir in einem Wörterbuch nachschlagen, aber die Auffassung, die ich habe, besagt, dass Aktionen durchgeführt werden, um ein bestimmtes Ziel zu erreichen. Es gibt Provokationen, die können eine Beleidigung sein, womöglich ohne jeden Grund. Manchmal provozieren Leute andere, um zu streiten ... Die Welt ist voller Provokationen; aber ist gibt solche Provokationen und solche. Wir verstanden, was unsere Freunde in den USA und in anderen Teilen der Welt uns rieten: uns nicht provozieren zu lassen. Sie wollten nicht, dass wir Cason ausweisen.

Wenn sie dich töten wollen und alle Bedingungen dafür schaffen, um dich zu töten, wie kannst du das vermeiden? Indem du dich selbst töten lässt?

Aber es gab einen Kontext. Diese Provokationen wurden von vielen Leuten als genau kalkuliert eingeschätzt, im internationalen Kontext, am Vorabend der nordamerikanischen Intervention gegen den Irak. Es gab in vielen sozialen Bewegungen eine Ablehnung des Präsidenten Bush und seiner Alliierten. Es gab einen Kontext, in dem Präsident Bush international zu den am meisten kritisierten politischen Persönlichkeiten gehörte. Und in diesem Augenblick, da die Festnahmen hier stattfanden, ergab sich eine Ablenkung, gab man der nordamerikanischen Administration ein Argument; sie konnten sagen: »Sehen Sie, was sogar in Kuba passiert, wo nicht gewalttätige Oppositionelle festgenommen werden.« So kam es dazu, dass selbst die Freunde

Kubas, die gegen Bush protestiert hatten, sich in einer Verlegenheit sahen, und viele von ihnen, wie Sie wissen, fühlten sich unter Druck gesetzt und gezwungen, zu sagen: »Was Bush tut, ist nicht richtig. Aber auch was in Kuba passiert, ist nicht richtig.« Als sei das genau das Gleiche. Dieser Kontext hat dazu geführt, dass die Unterstützung für Kuba nachließ.

Richtig, wir verstanden das. Aber wenn du etwas tust, dann aus einer totalen und absoluten Überzeugung heraus. Man handelt nicht ohne tiefe Überzeugungen: Man muss das Land verteidigen. Das Land ist in Gefahr, das Land wird bedroht, all das ist äußerst ungerecht.

Wir dachten an den nordamerikanischen Gegner. Unser Problem ist nicht Europa, ist niemand sonst; wir denken an denjenigen, der uns direkt bedroht, der uns direkt provoziert, der unmittelbar eine Gefahr für uns heraufbeschwört. Und dort in den Vereinigten Staaten kämpfen viele unter schwereren Bedingungen als in Europa, denn ein Europäer ist nicht in Gefahr, nicht einmal, wenn er fortschrittlich denkt – er verteidigt seine Argumente, er geht von einer Reihe von Prinzipien aus.

Im Falle unserer Freunde in den Vereinigten Staaten waren sie selbst es, die uns sagten: »Nicht ausweisen«, aber auch wir sahen in der Ausweisung keine Lösung. Denn der Kampf findet nicht in Europa statt oder in Japan oder an irgendeinem anderen Ort der Welt, die Schlacht wird hier geschlagen, gegenüber einem Nachbarn, der uns seit sechsundvierzig Jahren anfeindet.

Man kommt in eine Situation, die nicht hinnehmbar ist. Wenn wir ihn ausgewiesen hätten, wäre das lediglich ein diplomatischer Akt gewesen. Aber ich denke nicht, das sage ich ganz ehrlich, dass wir darüber noch lange hätten grübeln müssen. Es ist leichter, die Dinge hinterher, nachdem sie passiert sind, zu analysieren als vorher. Wir sagten also: »Das muss unterbunden werden«, und wir unterbanden es.

Sie haben die Fünf Helden dort, und die Menschen hier sind empört, dass diese in Gefangenschaft sind – vollkommen zu Unrecht, das zum einen. Sie haben zweitens all die Pläne, die ich Ihnen gegenüber erwähnt habe, sie realisieren diese Dinge hier, ohne dass jemand sie aufhält, ohne einen Weg, sie zu stoppen. Man analysiert, gut, fragt sich: Bin ich sogar im Begriff, einen Fehler zu begehen? Nein. Wer begeht eine Straftat? Das sind genau diese Leute.

Sie hatten dort ungerechterweise fünf Personen in Haft, die Informationen suchten, weil wir uns mit Bomben, Piratenangriffen, Sabotage, Attentatsplänen, Bomben in Hotels konfrontiert sahen ... Und diese fünf Kubaner sitzen nicht erst jetzt, sondern seit dem 12. September 1998 im Gefängnis.

Inmitten der terroristischen Offensive, nach dem 11. September 2001, folgte eine große Kampagne gegen den Terrorismus. Und auch das Datum der Verhaftung der fünf Kubaner fiel mitten in eine antiterroristische Offensive, denn es hatte die schrecklichen Attentate am 7. August 1998 gegen die US-amerikanischen Botschaften in drei ostafrikanischen Ländern mit etwa 300 Toten gegeben. Die fundamentale Rolle jener unserer Compañeros dort vor Ort war die Penetration mit dem Ziel, Informationen über geplante terroristische Aktionen zu erhalten.

Hatten die fünf versucht, die terroristischen Aktivitäten gegen Kuba zu unterbinden?

Ja. Das war ein völliges Paradoxon im Empfinden unserer Bürger, ein Widerspruch: einerseits jene fünf Gefangenen, die sie dort in eine Gruft gesteckt hatten, und auf der anderen Seite die Freunde Casons, die völlige Straffreiheit genossen. Hinzu kommt, dass die härtesten Gesetze, die wir gemacht hatten, unter normalen Umständen ganz einfach nicht angewendet wurden. Einmal, als wir sie anwendeten, gab es sogar großen Druck auf uns, aber wir sind nicht davor eingeknickt; sie haben ihre Strafen abgebüßt, je nach Verhalten, so wie jetzt.

Ich gestehe Ihnen, dass unter diesen Bedingungen keine andere Überlegung über die Notwendigkeit gesiegt hätte, denn wenn du mit Krieg bedroht bist, dann kannst du nicht erlauben, dass sich eine fünfte Kolonne bildet, an der sogar der potenzielle Verbrecher beteiligt ist. Das haben sie getan. Es gibt Theoretiker, die nicht akzeptieren ... Jiménez de Asúa, von dem ich ja schon gesprochen habe, einer der großen spanischen Strafrechtler, akzeptiert nicht, dass diejenigen, die so geartete Handlungen begehen, die gegen einen Prozess des Fortschritts kämpfen, als verantwortlich für »politische« Delikte bezeichnet werden können. Wir nennen das »konterrevolutionäre« Verbrechen, aber sie haben zweifellos mit Politik zu tun und in diesem Fall mit der internationalen Politik.

Diese Leute wissen, dass die Revolution – obwohl Schwierigkeiten existieren, unter denen das Volk in gewisser Weise leidet – die fast einmütige Unterstützung der Bevölkerung gehabt hat und noch immer hat, besonders in den letzten Jahren, und wir kennen die Motivationen dieser Leute nur zu gut. Also sagte ich: »Gut, meine Herren, jetzt ist Schluss mit der Toleranz und der Straflosigkeit, wir müssen antworten.« Wir wollten sie nicht rauswerfen; wenn sie gehen wollten, dann sollten sie gehen, man musste die Anführer verhaften, und nicht einmal alle, sondern die, die am aktivsten an den konkreten Aktionen mitgewirkt haben: am Treffen im Haus von Frau Martha Beatriz, bei dem Cason am 24. Februar seine Erklärungen abgab, an jenen Workshops für »journalistische Ethik« und all den anderen Versammlungen mit einem ähnlichen Charakter.

Ich habe gemeinsam mit den Compañeros bis gegen 23.00 Uhr nachts alle Daten ausgewertet, alle Nachrichten und die Bestätigungen darüber, dass all die Bedingungen existierten, dann sagten wir: »Die einzige Entscheidung, die wir treffen können, ist diese, egal zu welchem Preis.« Wir tragen die Verantwortung für das, was wir tun.

Haben Sie und Ihre Berater sich überlegt, welchen Preis das für das Image Kubas in der Welt haben würde?

Der Preis, ja, aber hauptsächlich für den Feind, der uns provozierte und all das organisierte. Die Antwort war für sie gedacht, für niemanden sonst.

Darum geht es, wir sind in einem politischen Konflikt mit den Vereinigten Staaten und in der Gefahr eines militärischen Konflikts mit ihnen. Wir denken an nichts anderes. Das Wichtigste, das Wesentliche, das Fundamentale, das Vitale, die Frage nach Leben oder Tod war der Kampf mit ihnen.

Niemand aus Europa würde uns angreifen, es sei denn, es handelte sich um einen Verrückten. Wir waren auf das Eine konzentriert; ich war überzeugt, und nicht nur ich, sondern auch die anderen Compañeros, mit denen wir die Situation analysierten, dass keine andere Alternative existierte als jene Antwort. Denn wir dachten, dass es etwas noch viel Besorgniserregenderes gab: die Möglichkeit eines Krieges. Es hatte zu diesem Zeitpunkt noch nicht einmal das Ultimatum an den Irak gegeben, aber man konnte der Propaganda und den Diskussionen, die geführt wurden, ablesen, dass es darauf hinauslief. Man konnte aber nicht wissen, ob es in einem Monat sein würde.

Ein Krieg gegen Kuba?

Ja. Unsere Entscheidung hätte früher fallen können, wenn ich das Material über die Aktivitäten Casons vom 24. Februar sorgfältig studiert hätte. Aber ich war, wie gesagt, mit vielen Dingen beschäftigt, und solche Papiere kommen täglich. Aber plötzlich sehen Sie eins, das keinem anderen ähnelt, und es erreicht ein Extrem, das absolut unerträglich ist, und das nicht, weil ich persönlich angegriffen wurde. Mir ist es egal, ob sie Millionen Dinge über mich sagen, denn ich bin die Angriffe gewohnt, und manchmal kommen Attacken aller Art. Einige sind so infam, dass einem schlecht wird davon.

Der Kampf nimmt diesen Weg, und man muss antworten. Eines Tages gehen sie vor deiner Küste an Land, und du sagst: »Na ja, eine Provokation.« Aber schießen musst du trotzdem. An welchem Punkt ist eine Provokation, die dieses Ziel verfolgt, noch aufzuhalten, und an welchem Punkt kann man ihr nicht mehr Einhalt gebieten? Sie waren entschlossen, alles zu unternehmen – was es auch war –, um uns zu provozieren. Dann kam der Punkt, an dem es unserer Meinung nach – wenn es darüber hinausginge –, nicht mehr hätte gestoppt werden können. Das war der Faktor, der unsere Reaktion bestimmte, und alles andere war Zufall.

Glaubten Sie und Ihre Berater tatsächlich, dass die Vereinigten Staaten im Begriff waren, eine Falle vorzubereiten, um einen Krieg gegen Kuba zu entfesseln?
Sehen Sie, es kam nicht zum Krieg, und niemand weiß, wie er geführt worden wäre. Obwohl wir natürlich wissen, denn es ist viel darüber nachgedacht worden, wie eine Aggression gegen das Land aussehen würde, wie viele Opfer es gäbe, wie viel Zerstörung stattfinden würden. Dante hätte sich die Kosten einer Invasion Kubas heutzutage nicht vorstellen können, man weiß nicht, wie viel mal höher als im Irak. Wir haben viel darüber nachgedacht, denn es gab schon Krieg in Vietnam, wir wissen, was dort passierte; es gab schon Krieg im Kosovo; es gab einen davor, den Golfkrieg im Irak selbst. Wenn Sie sich in einer Situation befinden, wo das Leben des Landes und das Leben von Millionen Menschen in Gefahr ist, dann kann man ausgezeichnet verstehen, dass Kuba sich um dieses Problem weit mehr sorgt als um irgendein anderes, dass das Priorität gegenüber allem anderen hat, wofür es sich interessiert.

Die Verteidigung des Landes?
Ja. Lassen Sie mich Ihnen sagen, dass hier Millionen Kubaner vorbereitet sind auf den Krieg des ganzen Volkes. Ich habe einmal gesagt, dass wir die »militärische Unverletzlichkeit« erreicht haben, dass dieses Imperium den Preis an Leben nicht bezahlen kann, unvorstellbar – es wären vielleicht so viele wie in Vietnam oder mehr, wenn sie versuchten, unser Land zu besetzen. Und außerdem, die nordamerikanische Gesellschaft ist schon nicht mehr bereit, ihren Regierenden Zehntausende von Menschenleben für ihre imperialistischen Abenteuer zuzugestehen. Glauben Sie nicht, dass ihre Reserven an Soldaten so hoch sind. Wie wir am Irakkrieg sehen können, melden sich immer weniger US-Amerikaner freiwillig. Sie haben den Militärdienst in eine Quelle für

Beschäftigung verwandelt, verpflichten Arbeitslose und versuchen häufig, die größtmögliche Zahl an Schwarzen für ihre ungerechten Kriege zu verpflichten. Aber es hat Meldungen gegeben, dass immer weniger Afroamerikaner Bereitschaft zeigen, sich für die Armee einzuschreiben, trotz der Arbeitslosigkeit und der Marginalisierung, der sie ausgesetzt sind, denn ihnen ist bewusst, dass sie als Kanonenfutter benutzt werden. Als der Hurrikan Katrina im September 2005 über die Gettos von Louisiana hinwegfegte, schrie die Regierung »Rette sich wer kann!« und überließ Hunderttausende von Menschen einfach ihrem Schicksal. Unter ihnen waren viele Schwarze, und ein Teil von ihnen verlor sein Leben, ertrank oder starb in den Altersheimen und Krankenhäusern, und bei einigen wandte man sogar Sterbehilfe an, aus der Angst des freiwilligen Personals heraus, sie durch Ertrinken sterben zu sehen. Das sind wahre Geschichten, öffentlich bekannte, über die man nachdenken sollte.

Sie suchen für ihre Kriege Lateinamerikaner, Immigranten, die auf der Flucht vor dem Hunger irgendwann einmal die Grenze überschritten, eine Grenze, an der mehr als 500 Menschen jährlich sterben. In zwölf Monaten sterben an dieser Mauer mehr als in den achtundzwanzig Jahren der Berliner Mauer. Über die Berliner Mauer sprach das Imperium täglich; über die, die sich zwischen Mexiko und den Vereinigten Staaten erhebt, wo jährlich Hunderte von Personen sterben, die glauben, der Armut und Unterentwicklung zu entfliehen, verliert es kein einziges Wort. Das ist die Welt, in der wir leben.

Eine Welt, in der man es verstehen muss, sich zu verteidigen.
Der Feind führt auch einen psychologischen Krieg. Wenn der Feind glaubt, dass man es toleriert; wenn der Feind glaubt, dass man nichts unternimmt, dann löst es bei ihm etwas aus, was man biologisch den Instinkt der Verfolgung nennen könnte.

Die Löwenbändiger drehen den Tieren manchmal den Rücken zu, benutzen die Peitsche, die Lärm macht, und hin und wieder grüßen sie das Publikum, nehmen Applaus entgegen und bewegen sich erneut auf den Löwen zu, denn wenn sie es nicht tun, reagiert der Löwe aus Verfolgungsinstinkt. Selbst der zahmste Schoßhund wird Sie anbellen, und wenn man davonläuft, rennt er hinterher und kann Ihnen sogar in die Wade beißen. Aber wenn man sich umdreht, weicht der Schoßhund zurück. Ich habe das im Meer mit Barrakudas und Haien erlebt; wenn man sich ihnen entgegenstellt, dann siegt ihr Überlebensinstinkt, der sie zurückweichen lässt. Es gibt nichts Schlimmeres, als dem

Feind den Rücken zu zeigen, denn er wird den Instinkt der Verfolgung entwickeln, den des Raubtieres, und ein Imperium ist schlimmer als ein Raubtier. Sogar die Psychologie derjenigen, die ein Imperium anführen und seine Waffen kontrollieren, ist die von Raubtieren.

Und die Kubaner möchten nicht Beute eines Raubtieres sein.
Nein, Raubtieren muss man sich entgegenstellen. Erstens muss das Imperium wissen, dass es einen Kampf geben und dass der Preis hoch sein wird. Zweitens sollten sie annehmen, alles könnte ebenso enden, wie ihre anderen Abenteuer geendet haben und wie ich sicher bin, dass eines hier auch enden würde. Wir wünschen es nicht, ganz im Gegenteil, wir können es uns nicht wünschen.

Es war also unser Kampf, und es war unsere Antwort, und die werden sie immer bekommen; nicht in der Form, in der sie sich eine Antwort vorstellen, denn ein Weiteres, das der Schwächere tun muss, ist, Intelligenz, Psychologie und List einzusetzen. Das heißt, ich spreche von sauberen Methoden, denn niemals wenden wir unmoralische Mittel des Kampfes an. Niemals wird es ein Vorgehen gegen unsere Ethik und unsere Prinzipien geben. Denn wie lange schon haben sie geplant, mich zu ermorden? Aber kein Kubaner in diesem Land hat jemals auch nur daran gedacht, einen Präsidenten der Vereinigten Staaten zu töten. Die Attentatspläne gegen mich gab es Jahre, was die Basis dafür war, dass einige Leute sich fragten, ob Kuba vielleicht etwas mit dem Tod Kennedys oder dem der anderen zu tun hatte. Man kennt die Geschichte. Das entspricht nicht unserer Ethik. Und so etwas zu tun ist auch nicht politisch. Wenn es Probleme gibt, muss man sich verteidigen.

Die Schlacht muss man gewinnen, indem man ihnen das Erreichen ihrer Ziele politisch erschwert, alles andere kann Torheit sein. Wir waren auf jeden Fall mittendrin in diesem Kampf.

Dazu möchte ich Ihnen zwei Fragen stellen. Erstens, es war eine große Überraschung – ich würde sogar sagen, auch unter den Freunden Kubas –, dass die Dissidenten zu solch hohen Haftstrafen verurteilt wurden, da es sich definitiv um gewaltfreie Oppositionelle handelte und Sie und Ihre Berater häufig vom »Kampf der Ideen« sprechen. Zweitens gibt es unter diesen Dissidenten einen Dichter, Raúl Rivero[13], und sogar in Kuba ist man sich einig, dass es sich bei ihm um einen großen Dichter handelt. Denken Sie nicht, dass es für das Image eines Landes negativ ist, einen großen Poeten einzusperren?
Es ist bedauerlich. Es ist bedauerlich, aber im Rahmen der Rechtsprechung ist

der Beruf, den eine Person haben mag, kein Grund für Straffreiheit. Ich habe, ehrlich gesagt, niemals gehört oder gelesen, dass er ein großer Dichter wäre. Man sagt, wir alle trügen ein bisschen etwas von einem Dichter und von einem Verrückten in uns. Für mich hingegen ist zum Beispiel Federico García Lorca[14] ein großer Dichter.

Man müsste definieren, was ein »großer Dichter« ist. Ob ein großer Dichter jemand sein kann, der mit der Ethik gebrochen hat, der mit seinem Land gebrochen hat, der von dem Geld derer lebt, die sein Land blockieren, derer, die es Hungers sterben lassen wollen, die Pläne machen, es zu zerstören; dann kann es jemanden geben, der die technischen Fähigkeiten hat, Wörter zu strukturieren und zu arrangieren, aber für mich wird derjenige nie ein großer Dichter sein. José Martí ist für mich ein großer Dichter, der sein Leben gab, Antonio Machado[15], Federico García Lorca, Miguel Hernández[16], jene, die starben, gehetzt oder von den Faschisten erschossen wurden, denn es ist etwas mehr nötig als schöne und harmonische Sätze.

Raúl Rivero habe ich nicht gelesen. Ich kann über die Wirkung seiner Kombination von Wörtern keine Aussagen machen.

Sie haben Raúl Rivero nicht gelesen?
Nein, aber ich habe eine Menge Dichter zu lesen. Es gibt Tausende guter Dichter in diesem Land, aber die hatten nicht das Glück, die weltweite Aufmerksamkeit zu erregen oder den Vorteil, dass man ihnen eine Statue als »großer Dichter« baute. Technisch kann ich es nicht beurteilen, ethisch sehr wohl; ich habe daher das Recht, zu sagen, dass es ohne Ethik keine Poesie gibt. Denn Poesie ist etwas sehr Ethisches, mehr noch als ein Roman. Der Roman ist Handlung, die Poesie verbinde ich mit einem Gefühl. Ich erinnere mich zum Beispiel an den Fall Valladares[17], der plötzlich als »Poet in der Welt« auftaucht ...

Armando Valladares, ein berühmter Fall. Er war hier im Gefängnis.
Ja, er war im Gefängnis, aufgrund rein terroristischer Akte, er hatte Bomben gelegt. Es waren zwei Leute beteiligt, einer, der jünger war und den wir nicht bestraft haben, weil er nicht das Alter hatte; aber Valladares verdiente eine Strafe. Das war in den Tagen nach der Schweinebucht-Invasion, als die berühmte Operation »Mongoose«, die Dutzende Attentatspläne einschloss und terroristische Aktivitäten, die in die Tausende – Tausende! – gingen, schon in Kraft war. Und während einer dieser Aktionen wurde Valladares festgenommen, vor Gericht gestellt und verurteilt. In einem bestimmten Moment gibt er sich als

gelähmt aus, täuscht alle Welt, denn eine enorme Kampagne findet statt, die von der Propaganda im Dienste des Imperialismus orchestriert wird.

Es gab in aller Welt starke Emotionen, weil Kuba jemanden gefangen hielt, den die Medien als Dichter präsentierten und der außerdem gelähmt war. Man mutmaßte, dass dies die Konsequenz schlechter Behandlung im Gefängnis sei.

Ein Gedichtband wurde veröffentlicht, *Desde mi silla de ruedas* (»Von meinem Rollstuhl aus«), und man schrieb über einen »gefangenen Dichter« – ein Terrorist, der Sprengkörper und Dynamit auslegt, ist kein Terrorist, der die Wirtschaft trifft, sondern einer mit Sprengkörpern und Dynamit, die das Leben treffen –, und Valladares verwandelte sich in eine sehr bekannte Persönlichkeit, mit im Ausland geschriebenen Büchern und als »Gelähmter«. Nun, du kennst Régis Debray genauso gut wie ich. Er arbeitete damals als Berater des französischen Präsidenten François Mitterrand – er kam nach Kuba, um sich für Valladares einzusetzen. Er sagte mir mehr oder weniger, dass die Regierung Mitterrands zusammenbreche, wenn der »gefangene Poet« nicht befreit werde.

Eine große Verantwortung.
Was passierte? Ich fragte einen hervorragenden Arzt: »Sag mal, was ist es wirklich, was er hat?« Denn es gab viele Gerüchte und eine große Kampagne. Der Arzt sagte mir: »Er hat nichts.« Ich erwiderte: »Aber was soll das heißen, er hat nichts? Das kann doch nicht sein.« Er bestand darauf: »Er hat nichts.«

Valladares saß im Rollstuhl.
Ja. Und ich sagte: »Beweisen Sie es.« »Beweisen« bedeutete ganz einfach, audiovisuelle Technik einzusetzen, um seine Aktivitäten zu kontrollieren. Das hatte man bisher nicht getan, nichts dergleichen. Man tat es, kontrollierte und fertigte eine Filmaufzeichnung seines Verhaltens an. Man sollte Valladares eine Olympiamedaille im Simulieren überreichen, er war in der Lage, die ganze Welt zu täuschen. Sobald er allein war, schaute er sich um – wir haben die Filme noch –, stellte sich hin, ging ins Bad, wo er alle möglichen Übungen machte. Er war besser drauf als Sie und ich und so mancher Athlet, perfekt gesund.

Er simulierte.
Ich habe Ihnen schon erzählt, was Régis Debray mir gesagt hatte. Wir riefen Debray an und zeigten ihm den Film. Auch ihm selbst.

Valladares.
Ja. Bevor wir die endgültige Antwort gaben, bestellten wir Valladares ein und zeigten ihm den Film von seinen exzellenten Turnübungen – er könnte ein Handbuch darüber schreiben, wie man sich eine perfekte Kondition erhält, während man gleichzeitig die Rolle eines Gelähmten spielt. Und seine Reaktion, als er den Film sah, war, hochzugehen wie eine Springfeder.

Wir zeigten Régis Debray den Film und sagten Valladares dann: »Pass auf, wir werden dich freilassen« – er hatte einen Großteil seiner Haftstrafe abgesessen und war zum Instrument einer enormen Kampagne geworden – »wir stellen nur eine Bedingung: Du wirst auf deinen Beinen ins Flugzeug einsteigen und gehend aus dem Flugzeug aussteigen.« Valladares wusste sofort, dass die einzige Bedingung, die wir stellen würden, die war, dass er zu Fuß in das Flugzeug einsteigt und auch wieder aussteigt und auf seine Rolle als Gelähmter verzichtet. Ich kritisiere ihn nicht einmal, denn ein Gefangener erfindet jede beliebige Sache, um herauszukommen.

Er hat das Recht, das zu tun.
Ja. Ich würde sagen, er hat das Recht, Dinge zu erfinden, aber wir sind ihm auf die Schliche gekommen. Ja, er war so geschickt, dass er viele Ärzte getäuscht hat. Ich war skeptisch. Wir schickten einen hervorragenden Spezialisten rein, und der sagte: »Er hat nichts.«

Dachten Sie, er sei wirklich gelähmt?
Ich glaubte, er hätte irgendein Problem, und wollte wissen, was es sei und warum er es hatte, ob es vom medizinischen Standpunkt aus eine Lösung dafür gebe oder nicht.

Wir werden niemals einem Druck nachgeben. Das ist ein genauso unumstößliches Prinzip wie der Respekt vor der menschlichen Person, wie die Prinzipien, die unsere Revolution geleitet haben. Eines lautet: Mit Gewalt erreicht man in diesem Land nichts, auf anderen Wegen kann man eine Menge erreichen.

Um noch einmal auf Raúl Rivero zurückzukommen, der seit 2004 frei ist. Er hat nicht gewalttätig agiert, keine Bomben gelegt und war zudem ein Lieblingsschüler von Nicolás Guillén, den Sie für einen großen Poeten halten.
Auch Vladimir Roca war der Lieblingssohn von Blas Roca, der lange Zeit Vorsitzender der Kommunistischen Partei war.

Aber Vladimir Roca, ein Oppositioneller, wurde nicht festgenommen. Weder er noch Oswaldo Payá, zum Beispiel, oder Elizardo Sánchez. Warum gab es diese Unterscheidung zwischen den einen und den anderen, die ja alle das Gleiche taten?
Eigentlich gibt es keine Unterschiede.

Aber diese wurden nicht festgenommen.
Es gab Unterschiede bei der Behandlung. Die einen sind schon seit längerer Zeit ständig straffällig geworden, und zwar schwer; wir kennen sie bis ins Detail. Aber die Aktion hier richtete sich vorwiegend gegen die jüngsten Ereignisse, und das bestimmte, wer diejenigen waren, die mehr Verantwortung trugen. Und einige von ihnen wären ein genauso großes Motiv für einen Skandal wie die anderen.

Es gibt zwei Dinge, die Ihre erste Frage beantworten könnten, ob die Strafen zu schwer waren. Ich würde sagen, dass sie nicht zu streng waren, denn die Sanktionen, die die Nationalversammlung für diese Art von Delikt, für »Landesverrat«, in unser Strafgesetzbuch aufgenommen hat, können sogar die Todesstrafe, lebenslänglich oder dreißig Jahre Gefängnis bringen. Und einige der verhängten Strafen standen in Übereinstimmung mit der Schwere der Umstände, und andere sind geringer gewesen, lagen bei fünf Jahren. Die Strafen bewegten sich zwischen fünf und achtundzwanzig Jahren Haft.

Es gibt Personen mit großer Verantwortung für die Verbrechen, und zwar nicht nur für die genannten, die jedoch keinem Gerichtsverfahren unterzogen wurden, aber sie gaben mehr als genug Anlass, dass man das hätte tun können. Und außerdem kann niemand glauben, dass sie das Recht haben, zu tun, was sie tun, und dass der Staat ihnen dabei nur zuschaut. Wenn wir es für notwendig erachten, gegen diejenigen vorzugehen, die Sie genannt haben, und gegen einige andere mehr, dann werden wir das tun. Wir sind nicht in ein Extrem verfallen, denn die Strafaktion war relativ moderat.

Sie fragen, und ich erkläre es Ihnen: Niemand hat garantierte Straffreiheit, alles hängt von der Entwicklung der Ereignisse ab, und wenn man eine Maßnahme ergreifen muss, werden wir das tun, denn die Dinge, die wir verteidigen, stehen für uns über allem anderen. Wenn es unumgänglich sein sollte, entsprechende Schritte zu unternehmen, werden wir sie tun, was auch immer geschehe, was auch immer es koste.

Ich sage das, weil Sie mich gefragt und mich fast verpflichtet haben, Ihnen zu antworten, unter Freunden, die wir sind. Sie stellen mir ganz logische Fragen, aber was ich sagen will, ist, dass ich nicht möchte, dass man das als Drohung versteht. Ich werde Sie nicht belügen, ich muss Ihnen antworten und habe mit aller Offenheit geantwortet, aber ich wünsche mir ehrlich, dass niemand das als eine Drohung versteht, sondern so, wie ich es gesagt habe, unter den Bedingungen und Umständen, die ich hier erwähnt habe. Es ist ein Recht, eine Amtsgewalt, die ausgeübt werden kann. Wir haben eine beträchtliche Zeit lang Geduld gehabt, die Gesetze sind schon seit einigen Jahren in Kraft.

Und sie wurden bisher nicht angewendet?
Diese Gesetze, die gültig sind, wurden nicht angewendet, jeder kennt sie, und die Nationalversammlung hat sie einstimmig verabschiedet. Wer glaubt, dass es sich bei der Nationalversammlung um eine Gruppe von Idioten handelt, bedingungslose Unterstützer ... Sollen sie glauben, was sie wollen! Aber wir haben eine sehr hohe Meinung von den Frauen und Männern in der Nationalversammlung und respektieren ihre Kriterien.

Es gibt in der Nationalversammlung beispielsweise eine Gruppe von Gläubigen, welche die Todesstrafe ablehnen. Sie unterstützen kein Gesetz, das diese Strafe beinhaltet. Deshalb sind einige Gesetze, unter denen die Todesstrafe angewendet werden könnte, nicht einstimmig verabschiedet worden. Es gibt Ausnahmen, und wir akzeptieren diese völlig, denn sie sind Ausdruck des Willens der großen Mehrheit der Nationalversammlung, und, allgemein gesagt, was beim Thema Todesstrafe noch viel schwieriger ist, ist die öffentliche Meinung.

Dann sprechen wir darüber.
Wenn Sie glauben, dass wir hiermit fertig sind ...

Ja. Die Logik der Frage ist: In Europa hat kein einziges Land der EU die Todesstrafe. Was ist die Höchststrafe, die die Todesstrafe ersetzt und die man für die schlimmsten Verbrechen anwendet? Das ist die lebenslange Haftstrafe. In der Praxis entspricht das einer Haftstrafe von maximal zwanzig Jahren. Ein Teil der europäischen Öffentlichkeit fragt sich offensichtlich: Warum werden nicht gewalttätige Oppositionelle, die keine blutigen Verbrechen begangen haben, zu solch hohen Haftstrafen verurteilt?
Ich wusste nicht, dass das die Höchststrafe ist.

Die höchste. Im Prinzip kann in Europa niemand länger als zwanzig Jahre im Gefängnis sein.
Betrifft das auch das Wehrstrafgesetz?

Auch in den Wehrstrafgesetzen Europas gibt es die Todesstrafe in Friedenszeiten nicht.
Es gibt keine Todesstrafe, aber ist die Haftstrafe in einem Fall von Vaterlandsverrat im Wehrstrafgesetz auf zwanzig Jahre begrenzt? Wie sieht es mit den Gesetzen im Kriegsfall aus?

Das weiß ich nicht. Die höchste Strafe ist die lebenslange Haftstrafe. Es ist zum Beispiel unmöglich, eine Person auszuliefern, wenn diese in Ihrem Land die Todesstrafe oder eine Haftstrafe von mehr als zwanzig Jahren zu erwarten hat. Deshalb herrscht große Emotionalität in Europa angesichts der Verurteilung von einigen friedlichen Oppositionellen zu Haftstrafen von bis zu achtundzwanzig Jahren ...
Und was ist mit den ETA-Mitgliedern, die dort in Frankreich ermordet wurden? Geschah das in Kenntnis oder Unkenntnis seitens der Behörden?

Das ist ein anderes Problem, über das wir schon gesprochen haben. Als wir das letzte Mal über die Todesstrafe sprachen, sagten Sie mir, dass Sie im philosophischen Sinne eigentlich dagegen seien und dass Sie denken, in Kuba könnte es vielleicht einen Schritt in Richtung ihrer Abschaffung geben.
Ja, und das bekräftige ich. Ich verstehe und danke Ihnen für die Information, die Sie mir geben, nicht nur, dass in Europa die Todesstrafe abgeschafft ist, sondern dass man auch die lebenslängliche Strafe nicht hat oder dass eine Haftstrafe von zwanzig Jahren nicht überschritten werden kann.

Im Prinzip, auch wenn es Ausnahmen geben kann, ist niemand länger als zwanzig Jahre im Gefängnis.[18]
Sie wissen, dass wir zu einem bestimmten Zeitpunkt Gesetze verabschieden und ändern mussten, denn sie waren ein wenig inspiriert von der Illusion, es gäbe ein internationales Recht, dass kein Land es sich herausnehmen würde, ein anderes anzugreifen. Obwohl es eine Ausnahme gab: unseren Nachbarn im Norden, der eines Tages, im Jahr 1983, Grenada überfiel – es gab dort einige US-amerikanische Studenten, die überhaupt nicht in Gefahr waren; es handelte sich für die Vereinigten Staaten wohl um eine Art ausgleichender Gerechtig-

keit für etwas, dass ihnen anderswo angetan worden war. Dieser Nachbar, der zudem 1989 Panama überfiel ... Damals gab es keine unipolare Welt, keine vorherrschende Supermacht, es gab zwei.

Hinsichtlich der Sicherheit schien die Lage Kubas viel besser. Die wirtschaftliche Situation war trotz der Blockade erträglich, da Rohstoffe, Benzin, eine bedeutende Menge an Nahrungsmitteln und anderen lebenswichtigen Produkten gesichert waren. Unser Zucker verkaufte sich zu einem akzeptablen Preis. Aber all das hat sich verändert.

Heute denke ich, es gab eine Art Illusionismus unter den Compañeros, die damals, 1976, an dem Vorentwurf für die Verfassung[19] arbeiteten und all jene Gesetze entwickelten. Die Todesstrafe hat es immer gegeben, und nie ist über sie diskutiert worden, eben aufgrund unserer dreißigjährigen Erfahrung mit Angriffen, Kriegsdrohungen, bis hin zur Gefahr eines Atomkrieges, einer Blockade, Tausender Tote, wie die Opfer terroristischer Handlungen, die über einen langen Zeitraum begangen wurden und die bis vor Kurzem andauerten. Sie wurden offiziell vonseiten der Vereinigten Staaten begangen, später inoffiziell, das heißt toleriert, erlaubt und sogar motiviert von den Behörden der Vereinigten Staaten, je nach den Umständen.

Wir haben zum Beispiel die mehr als 600 Attentatsversuche gegen mich berücksichtigt, einige direkte, andere angestiftet, von denen ich schon sprach. Die Menschen sind naiv und neigen dazu, die Dinge zu vereinfachen, aber es handelt sich in jedem Fall um Töten, ob man eine Verschwörung organisiert, um jemanden zu töten, oder ob man die Bedingungen und psychologischen Umstände dafür schafft, viele Menschen zum Töten aufzuhetzen. Ich spreche von den Plänen, die anstiften, der gesamten Propaganda, die provoziert, provoziert und noch mal provoziert.

Ich bin davon überzeugt, dass Sie in Europa keine Propaganda zulassen würden, die über sämtliche Massenmedien zum Töten anstachelt. Und die sagt: »Töten sie den, der in Ihr Haus einbricht«, »Töten Sie denjenigen, der eines Ihrer Kinder beleidigt«, »Töten Sie denjenigen, der Ihre Frau beleidigt«, oder »Tötet die Frau, weil sie sich nicht an alle Regeln der ehelichen Pflichten gehalten hat.« Sie würden sagen: »Das muss man verbieten.« Aber die Vereinigten Staaten, oder sagen wir, die Verantwortlichen der nordamerikanischen Politik, haben Jahre damit zugebracht, zu Morden zu verleiten. Ich spreche mit Ihnen über all diese Präzedenzfällen.

Um mich selbst mache ich mir keine Sorgen, das kann ich Ihnen versichern. Ein Beispiel ist die Invasion in der Schweinebucht, als sie unser Land mit Flugzeugen angriffen, die kubanische Hoheitszeichen aufgemalt hatten, aber einer anderen Großmacht gehörten. Eine der schlimmsten Verletzungen internationaler Regeln.

Die Todesstrafe war von allen anderen Strafmaßnahmen getrennt, man kann sagen, dass sie von Anfang an ausgesetzt war und dass man sie wieder aufnehmen musste, weil wir schändliche Verbrechen entdeckten – eine politisch ernste Situation entstand. Aber in Realität gab es zu Beginn der Revolution eine Aussetzung der Todesstrafe.

Ich kann mir vorstellen, dass Sie als Europäer, da Sie sich weder im Krieg befinden noch Fälle haben, die den unseren ähneln – niemand will die Europäische Ordnung stürzen, der Kalte Krieg ist beendet ... Ihre Existenz ist nicht in Gefahr, und es besteht kein Risiko für das Leben von Millionen von Europäern.

Das ist zumindest nicht absehbar.
Es ist nicht angekündigt, es ist nicht zu sehen, es gibt die NATO, die Super-NATO, der Kalte Krieg ist beendet, niemand bedroht die Europäer. Obwohl es schreckliche Attentate in Madrid und London gegeben hat. Ich frage Sie: Wann hat Europa die Todesstrafe abschaffen können?

In Frankreich wurde die Todesstrafe vor etwa zwanzig Jahren, 1981, von Präsident François Mitterrand abgeschafft. Die öffentliche Meinung war für die Todesstrafe; aber Präsident Mitterrand blieb bei seiner Entscheidung und wir, sagen wir mal, als Intellektuelle, als Bürger, brachten uns ein und unterstützten die Abschaffung der Todesstrafe. Sie wurde ausgesetzt, weil es einen Prozess gab gegen zwei Gefangene, Buffet und Bontemps, die 1971 im Gefängnis waren, einen Wachmann und eine Krankenschwester als Geiseln genommen und ihnen die Kehlen durchschnitten hatten; die beiden wurden wegen »Mordes« vor Gericht gestellt und beide zum Tode verurteilt und 1972 hingerichtet, doch es kam eine enorme Diskussion darüber auf, weil einer der beiden die Kehlen durchgeschnitten hatte, der andere aber nicht. Also sagte man: »Wie kann man jemanden zum Tode verurteilen, der nicht gemordet hat?« Einer hatte getötet, der andere mag ein Komplize gewesen sein, aber selbst getötet hatte er nicht, also sollte er auch nicht zum Tode verurteilt sein. Es kam zu einer sehr wichtigen Kontroverse, und es gab außerdem zwei oder drei weitere viel diskutierte Fälle. Ausgehend von diesen Auseinandersetzungen wurde festgelegt, dass man die

Todesstrafe streichen muss. Und schließlich beschloss Mitterrand, sie abzuschaffen.
War es zuerst in Frankreich und die anderen zogen dann nach?

Nein, andere Länder hatten sie bereits eingestellt, ich weiß nicht genau in welcher Reihenfolge.[20] Spanien hat erst kürzlich die Todesstrafe abgeschafft.
Wann war das?

In der Praxis wurde die Todesstrafe in Spanien mit der demokratischen Verfassung von 1978 eingestellt. Offiziell wurde sie 1995 abgeschafft.
Und in welchen Ländern Europas gibt es heute die Todesstrafe noch?

In keinem. Im Herzen Europa gibt es sie in keinem Land.
Und bei denen, die erst in die EU eintreten werden?

Diejenigen, die eintreten werden, können sie, wenn sie sie noch haben, nicht aufrechterhalten, denn das Protokoll Nr. 6 vom 28. April 1983 der Europäischen Menschenrechtskonvention fordert die Einstellung der Todesstrafe.
Aber es gibt sie noch?

Ich glaube nicht, dass sie sie haben. Aber wenn, dann werden sie diese einstellen müssen, sofern sie in die Europäische Union aufgenommen werden wollen.
Hat Tschechien die Todesstrafe?[21] Hat Ungarn sie?[22] Und Polen?[23]

Der Europarat in Straßburg fordert, dass sie im Interesse der Wahrung der Menschenrechte abgeschafft wird. Um also Mitglied der Europäischen Union zu werden, muss man die Todesstrafe abschaffen. Das ist eines der Probleme der Türkei. Die Türkei hatte die Todesstrafe, aber da sie Mitglied der Europäischen Union werden will, hat man sie gebeten, sie abzuschaffen. Zum Beispiel erinnern Sie sich vielleicht an die Festnahme Abdullah Öcalans, des PKK-Chefs, von der Kurdischen Arbeiterpartei – er war Anführer einer Gruppe, die viele Attentate durchgeführt hatte –, Europa bat die Türkei, ihn nicht zum Tode zu verurteilen.
Ich habe Ihnen gerade erklärt, dass die Todesstrafe bei uns nie aufgehört hat zu existieren, weil sie in Zusammenhang mit der Geschichte, die ich Ihnen erzählt habe, stand.

In unserem Land war sie nicht mit politischen Aktivitäten verbunden, sondern hauptsächlich mit ganz gewöhnlichen Verbrechen. Wir haben die Todesstrafe nicht auf konterrevolutionäre Aktivitäten angewendet.

Das ist jetzt sicherlich schon mindestens zehn Jahre her, oder viel mehr als zehn Jahre, es können zwanzig sein, fünfundzwanzig Jahre.

Sie sagten mir, dass sie praktisch nicht angewendet wird.
Ich müsste mir das genau ansehen. Sie wurde in einem Fall angewendet, den man als politischen Fall darstellen wollte, der aber in Wahrheit nicht politisch war.

Der Fall Ochoa?
Ja, die Sache mit Ochoa. Ich habe Ihnen erzählt, dass es um ein gewöhnliches Verbrechen ging. Nur dass diese Aktivitäten von Personen durchgeführt wurden, die sehr wichtige Verantwortung trugen und sogar große Verdienste – Ochoa war ja ein Mann, der sich in Missionen der Revolution, in internationalistischen Missionen verdient gemacht hatte –, de facto wurde ihre Tat zu einem Akt des Verrats, und das Land geriet in sehr prekäre zum Teil überraschende Aktionen, die politischen, zerstörerischen Charakter haben oder militärischer Natur sein konnten, wenn auch begrenzt. Wir waren der Meinung, dass unter den gegebenen Umständen in unserem Land bei Personen, die eine solche Verantwortung hatten, auch unter der Berücksichtigung des Charakters dieser Verantwortung, die eine derartige Aktion durchführten, dies als ein Akt des Verrats gewertet würde; es hatte keine politische Seite, aber es kam einem Akt des Vaterlandsverrates gleich oder noch Schlimmerem. Deshalb wurde es als Verrat bewertet.

Wurde er deshalb von einem Militärgericht verurteilt?
Ja, denn er und die anderen waren Offiziere der Streitkräfte und der Sicherheitsorgane des Staates. Ich glaube, dass es wenigen Leuten so wehgetan hat wie uns, das, was durch die Erschießungen von Ochoa, Tony de la Guardia und der anderen beiden geschah. Sie wissen, dass die feindliche Propaganda, die Propaganda der Vereinigten Staaten, versucht hat, diesen Fall als eine Art Rivalitätskampf darzustellen, einen Machtkampf. Jedes Mal, wenn hier etwas passiert, wird es unvermeidlich mit Lügen, Ehrgeiz, Ängsten und Rivalitäten in Verbindung gebracht, sodass über den Zeitraum von sechsundvierzig Jahren jede einzelne Sache jeglicher Art, die sich ereignet, in politischem Sinne genutzt wird.

Kuba wendet die Todesstrafe schon nicht mehr auf politische Fälle an?
Auf konterrevolutionäre Tatbestände wird sie nicht mehr angewendet. Ich weiß nicht, was hier passiert wäre, wenn wir Posada Carriles gefangen genommen hätten oder einen der anderen, die Bomben gelegt und so viele Attentate begangen haben. Ich möchte, dass Sie wissen, dass wir bei konterrevolutionären Fällen, wo wir höchst tolerant waren, um die Todesstrafe nicht anzuwenden, bei vielen Leuten auf Nichtverständnis gestoßen sind – in Fällen, wo Konterrevolutionäre mit Waffen gelandet sind und es sogar Tote gab. Diese Taten hatten nicht nur eine beabsichtigte Gefährlichkeit, es waren handfeste gefährliche Aktivitäten, nicht nur unmoralische, nicht nur zynische, nicht nur niederträchtige. Ich denke, diese Leute hätten hier nicht an Land gehen dürfen, sie waren Anwärter für die Todesstrafe, sowohl nach dem Gesetz als auch nach der Meinung der großen Mehrheit der Bevölkerung. Und wir hatten sogar Schwierigkeiten politischer Art, weil wir die Todesstrafe gegen diejenigen, die Anwärter darauf waren – wegen ihres Söldnertums im Dienst einer imperialistischen und völkermörderischen Macht – nicht angewendet haben. Aber was ich Ihnen sagen wollte, war, dass es Handlungen gibt, die unabhängig von den Absichten von unterschiedlich großer Tragweite sind; wenn sie mehr Bedeutung haben, sind die Schwierigkeiten, sich für die eine oder andere Option zu entscheiden, viel größer. Dieses Detail darf man nicht vergessen.

Letztendlich wird die Todesstrafe amtlich vom Staatsrat gefordert, was den Staatsrat in einen kollektiven Obersten Gerichtshof verwandelt. In Europa könnte diese Verantwortung von einer Person wahrgenommen werden, in unserem Fall ist es ein Kollektiv, das aus den einunddreißig Mitgliedern des Staatsrates besteht. Die strafbaren Handlungen, welche der Todesstrafe unterliegen können, sind genau die gewöhnlichen Verbrechen, die besonders abstoßend und monströs sind, ein heimtückischer Mord, ein vergewaltigtes Kind. Ein Mädchen zu vergewaltigen und es dann auch noch zu töten ist etwas Schreckliches. Die Nichtanwendung der höchsten Strafe in einem solchen Fall kann ein ernstes, politisches Problem mit der Bevölkerung heraufbeschwören. Sie wissen, dass es hier keine Reklame für Gewaltverbrechen gibt; es gibt hier keine »rote Chronik«; Reportagen über Gewalttaten, die ihrerseits andere zusätzlich verleiten können, sind nicht erlaubt. Früher war das üblich. Ein Mensch wurde zerstückelt, und der Fall bekam eine enorme Öffentlichkeit. Und kurz darauf gab es einen weiteren Fall von noch grausamerer Zerstückelung; Verrückte, völlig irre Menschen, die es gibt, und die Publizität über solche Fälle stiftet in ziemlich hohem Grad an, ein Verbrechen desselben Typs zu begehen.

Seit 1976 die Verfassung verabschiedet wurde, muss jeder Fall einer Todesstrafe dem Staatsrat vorgelegt werden, für den Fall einer Anfechtung oder Berufung. Sie können sehen, wie sich die einunddreißig Mitglieder unseres Staatsrates über jeden einzelnen Fall die Köpfe zerbrechen und die Handlungen im Detail analysieren, bevor sie eine Entscheidung treffen. Das tun sie aus einem Verantwortungsbewusstsein heraus und auch deshalb, weil niemand, wie schon damals in der Guerilla, gern die Todesstrafe verhängt, egal wie hassenswert das begangene Verbrechen auch sei. Sie haben immer auch die öffentliche Meinung bei jedem Fall in Betracht.

Es gibt keinen Fall, über den die Leute nicht Bescheid wüssten, auch wenn die grausamen Einzelheiten bestimmter Handlungen nicht veröffentlicht wurden. Der Mensch kommuniziert sehr viel, und auch wenn es keine »rote Chronik« gibt, so werden die Fälle doch in breitem Rahmen bekannt, und die Ablehnung ist oft einmütig. Und dann muss man die Beschwerden sehen. Das war immer ein doppelter und sogar ein dreifacher Kopfschmerz. Zum einen der Widerwille gegen die Tat selbst, zum anderen die Entscheidung zu treffen, die am korrektesten und angebrachtesten erscheint in Anbetracht der Tatsache, dass die Strafen als Instrument der Eindämmung weiterer Verbrechen und dem Schutz der Gesellschaft dienen.

Aber macht der Staatsrat einen Unterschied zwischen einer politischen und einer gewöhnlichen Straftat?
Man hat die Unterscheidung festgelegt zwischen dem einen Typ von Verbrechen und dem anderen. Diejenigen, die gegen die Todesstrafe sind, haben das Argument – unter anderen –, dass diese Strafe eine Wiederholung, eine Neuauflage solcher Verbrechen nicht verhindert. Zu Beginn haben wir uns mit all diesen Situationen beschäftigt, was die Analyse hinausgezögert hat, und danach beschäftigten wir uns intensiv mit dem Thema der bewussten Anwendung dieser Strafe. Wir haben uns in all diesen Jahren immer bewegt.

Natürlich ist uns auch bewusst, dass die Opposition gegen die Todesstrafe eine immer generellere Haltung in der Welt wird; es gibt eine natürliche Ablehnung, wenn man so will, eine Ablehnung durch die Menschen, die nicht zu Hass, zu Leidenschaft oder Rache erzogen wurden, was auch einem politischen Führer nicht gestattet ist. Zumindest billigen wir keine Rachegefühle. Wir haben die Erfahrung des Krieges in uns; ich habe Ihnen erzählt, dass man, als damals der Keim von Banditentum innerhalb der Rebellenarmee aufkam, strikte revolutionäre Gesetze anwenden und Erschießungen vornehmen musste. Es gab nur einige wenige Fälle. Aber wir haben es mit der Wurzel ausgerottet. Es hat sich nie wiederholt. Das ist ganz unabhängig von den Gefühlen, die philosophisch sein können, die religiös sein können. Und das sind, meiner Meinung nach, viel stärkere Argumente als das fragwürdige Argument, ob die Todesstrafe wirkungsvoll ist oder nicht. Ich denke, es gibt Verbrechen, bei denen die Todesstrafe wirklich keinerlei Wirkung hat, und ich denke andererseits, es gibt bestimmte Umstände, unter denen eine drastische Strafe dieser Art Wirkung zeigt, sogar langfristig.

22

DIE ENTFÜHRUNGEN IM APRIL 2003

*Luftpiraterie – Eine neue Migrationswelle? – Die Entführung der
Fähre von La Regla – Die Verhandlungen – Das Verhalten der
US-amerikanischen Behörden – Revolution, Sozialismus
und Verbrechen – Hinrichtung der drei Entführer –
Eine Erklärung von José Saramago*

Übrigens wollte ich Sie wegen der letzten drei Hinrichtungen im April 2003 ansprechen. Es war überraschend, dass drei Personen zum Tode verurteilt und hingerichtet wurden, die, trotz der Entführung einer Fähre und dessen, was sie getan hatten, niemanden töteten und niemanden verletzten. So war es wirklich überraschend, dass diese Personen zum Tode verurteilt wurden.[1] Die Entführung ist ein solcher Fall. Es bestand die große Gefahr, dass es zu einer Welle von Entführungen kommen würde, die ein sicherer Vorwand für eine Aggression, für einen Krieg gegen das Land gewesen wären. Alles im Rahmen jener Philosophie des »Präventivkrieges«.

Es hatte schon das Attentat am 11. September 2001 in New York gegeben, und man hatte eine Welle des Krieges erklärt, die wir als nazifaschistisch bewerten. Gut, dass wir über den 5. August 1994 gesprochen haben. Ich kann mich sehr gut daran erinnern, denn damals waren wir an einem Punkt angelangt, an dem die Ausreisewelle einsetzte, denn es gab schon keine sicheren Schiffe mehr, keine sicheren Fähren in der Bucht von Havanna, keine sicheren touristischen Aktivitäten auf dem Meer, keine des Fischfangs – nichts, was es auch war. Im Rahmen einer ökonomisch bedrängten Situation hatten wir 1994 bereits drei Jahre der Sonderperiode ertragen, mit sehr großen Mangelerscheinungen; die Einstellung der Leute, in der großen Mehrheit, war, die Revolution zu verteidigen, aber die Anzahl derer, die sich veranlasst sah, in die Vereinigten Staaten auszureisen – ich habe Ihnen schon gesagt, dass es ein Migrationsabkommen gab, das nicht eingehalten wurde –, war groß. Ich habe Ihnen erzählt, dass diejenigen, die auf andere Weise ausreisen wollten, das tun konnten und dass, wer auf illegalem Weg in die USA auswanderte, im Allgemeinen Pöbel war, kriminelle Leute und in vielen Fällen mit irgendeiner Vorstrafe belastet.

Was wollten die USA dieses Mal, im April 2003, provozieren? Eine Situation wie die von 1994, als die US-Amerikaner, nachdem sie die Anzahl der Visa auf weniger als 1000 pro Jahr reduziert hatten, ankündigten, Schiffe zu schicken, um emigrationswillige Personen aufzunehmen.

Eine Situation wie in einem Schnellkochtopf.
Ja. Sie hätten bis zu diesem Datum mindestens 10 000 Visa erteilen müssen und hatten etwa 500 ausgestellt. In der neuen Situation mit der Bush-Administration verfielen die Extremisten, die Otto Reichs, die Roger Noriegas und alle diese Banditen, auf die Idee, eine Auswanderungswelle zu provozieren, um einen Konflikt zu rechtfertigen.

Wir wussten von diesen Plänen, obwohl wir über viele Details nicht auf dem Laufenden waren oder darüber, wie sie die Krise provozieren wollten. Auf jeden Fall hatten sie einen solchen Plan ausgearbeitet. Moralisch betrachtet sind meiner Meinung nach die Straftaten der sogenannten »Dissidenten«, die konspirieren und von den Vereinigten Staaten ein Salär erhalten, schlimmer als das Delikt derjenigen, die zum Tode verurteilt wurden; das ist es, was Sie wissen wollen, und der Grund, warum die Todesstrafe verhängt wurde, obwohl kein Blut geflossen war, es keine Toten gab. Die Entführung des Schiffes in diesem Augenblick hatte mit der Situation zu tun, die ich Ihnen gerade geschildert habe, und es war eine schlimme, eine sehr üble Situation; aber sie wäre nicht so übel gewesen, bedenken Sie das, nicht so schlimm, wenn es nicht zu dem gekommen wäre, was kurz zuvor passierte. Zwei Stunden vor Beginn des Irakkrieges, um 19.00 Uhr, geschah etwas, was über zehn Jahre hinweg nicht vorgekommen war, fast seit der Unterzeichnung der Migrationsabkommen nicht mehr.

Es hatte zehn Jahre lang keine Entführungen gegeben?
Hier wurden lange Zeit Schiffe geraubt und Flugzeuge für die Schädlingsbekämpfung, Flugzeuge, die wir für unsere Produktion benötigen. Aber über zehn Jahre, seit dem Abkommen von 1994, waren keine Flugzeuge mit Passagieren an Bord entführt worden. Und seltsamerweise meldete am Mittwoch, den 19. März, ungefähr zwei Stunden vor Ausbruch des Irakkrieges ein Passagierflugzeug, das von der Insel der Jugend, etwa achtzig bis hundert Kilometer südlich von Havanna, zum letzten Flug des Tages gestartet war, bei seiner Landung im Flughafen Boyeros, dass es entführt worden sei. Sechs Personen waren mit

Stichwaffen in das Cockpit eingedrungen und hatten dem Piloten und dem Kopiloten Messer an die Kehle gesetzt; sie entführten das Flugzeug auf dieselbe Weise, wie sie von den Entführern der Flugzeuge, die an den Zwillingstürmen in New York zerschellten, angewendet wurde. Das ist ziemlich seltsam.

Wollten sie in die Vereinigten Staaten weiter?
Ja. Aber der Treibstoff im Flugzeug reichte höchstens aus, um bis nach Cayo Hueso in den Vereinigten Staaten zu kommen. Die Maschine verfügte über Treibstoff für den Flug zur Insel und zurück. Es sind Flugzeuge mit Platz für etwas mehr als vierzig Passagiere. Die Entführer waren zu mehreren, sie hatten das Ganze seit Monaten geplant: Sie waren hin und her geflogen, hatten beobachtet, wie Überwachung und Sicherheitsmaßnahmen auszutricksen waren, haben sogar Fotos gemacht. Es gab dort ein wenig Unachtsamkeit, das war normal, es war Routine, denn, wie ich Ihnen sagte, seit zehn Jahren war nichts Ähnliches geschehen. In den Vereinigten Staaten wurden sie empfangen. Was taten die Behörden? Sie nahmen die sechs mit Messern bewaffneten Männer fest; ihre Komplizen erhielten umgehend eine Aufenthaltserlaubnis auf der Basis des Regulierungsgesetzes. Untersuchungen wurden aufgenommen, ein Teil der kubanischen Crew währenddessen festgehalten. Das Flugzeug behielten sie dort und schufen die Voraussetzungen dafür, dass die terroristische Mafia von Miami es konfiszierte. Die restlichen Passagiere, die nach Kuba zurückkehren wollten, wurden schlecht behandelt, es gab Grobheiten, man versuchte, sie zum Bleiben zu bewegen. Alle Schweinereien, die sie im Zusammenhang mit dieser Maschine anstellen konnten, taten sie.

US-amerikanische Flugzeuge werden, seit Kuba vor zwanzig Jahren eine Maßnahme ergriffen hat, die das Problem ein für alle Mal gelöst hat, nicht mehr entführt. Damals kamen oft nordamerikanische Flugzeuge mit 200 oder 300 Passagieren hier an. Sie entführten sie mit einer Flasche Wasser, in die sie eine Lunte steckten und behaupteten, es sei ein Molotowcocktail – das waren oft völlig verwirrte Leute, aber fast nie politisch motiviert. Einige waren darunter, die auf der Flucht vor der Justiz waren, oder irgendwelche Abenteurer oder psychisch Kranke. Manchmal vergingen mehrere Wochen, ohne dass etwas passierte. Dann gab es wieder einen Fall, und in derselben Woche folgten drei oder vier weitere, wie eine Art ansteckende Psychose unter denen, die irgendeine Neigung zu solchen Abenteuern hatten.

Wir versuchten, die Flugzeuge und die entführten Insassen zu versorgen, wir gaben ihnen Treibstoff, wenn es nötig war, und das Flugzeug samt Passagieren wurde umgehend zurückgeschickt. Es gab Dutzende und Aberdutzende Fälle. Sie waren es, die diese feindselige Technik gegen Kuba in den ersten Jahren der Revolution entwickelt hatten: Sie empfingen die Flugzeugentführer wie Patrioten und verbreiteten die Nachricht überall, um Nachahmungen zu provozieren. So begann das Phänomen der Flugzeugentführungen in der Welt.

Kuba hatte das Problem für sie gelöst. Sie hingegen bestraften die Leute nicht, die uns ein Flugzeug oder ein Schiff stahlen. Im Gegenteil, sie entlasteten sie völlig. Niemand konnte verstehen, warum – da seit 1994 ein Migrationsabkommen existiert – im Jahr 2003 ein Passagierflugzeug entführt wurde, am Vorabend eines Krieges.

In Kuba hat dieser Vorfall große Empörung hervorgerufen. Aber das Unsägliche war, dass ein Richter in Miami die sechs Entführer wenige Tage später vorläufig aus der Haft entließ. Ah! Weil sie als ungefährlich betrachtet wurden. Außerdem glauben sie, dass diese Leute hier »Dissidenten« waren, wo ihr Motiv nicht einmal mit Politik zu tun hatte. Sie nutzten die politische Situation aus, aber sie waren keine politischen Aktivisten. Überprüfen Sie die Motivation der Leute, die so etwas tun, dann stoßen Sie in fast allen Fällen darauf, dass es Personen mit Vorstrafen sind oder mit sonst wie gearteten rechtlichen Problemen. Oder Leute, die auffällig geworden sind durch Streitereien oder durch Faulheit. Nicht alle, aber es gibt Leute darunter, die vorbestraft sind. Das ist jener Typ von Personen, der nicht arbeitet, der von asozialen Aktivitäten lebt – sie haben das ideale Milieu für diese Art von Aktionen. Es sind Abenteurer.

Wir führen seit einiger Zeit ein Projekt zusammen mit unseren sozialen Arbeitern durch, um diejenigen, die aus der Haft entlassen werden, wieder in die Gesellschaft zu integrieren, damit sie Arbeit bekommen. Man gibt ihnen Arbeit, und die sozialen Arbeiter haben ein Auge darauf, denn wenn jemand die ein oder andere Straftat begangen, eine solche Vorgeschichte hat, ist es schwierig, eine Arbeit für ihn zu finden … Dieser Fall jedoch war so seltsam, dass keiner hätte sicher sein können, Personen dieser üblen Sorte wären nicht von unserem Feind benutzt worden. Das war ein zu großer Zufall, und es war zu ungewöhnlich, sie fast umgehend in Freiheit zu setzen, trotz der extremen Schwere der Aktion.

Was passierte, als die Menschen hier in Kuba hörten, dass die Flugzeugentführer in Florida freigelassen wurden?
Die Meldung von der Freilassung der Entführer wurde am 29. März bekannt – der Irakkrieg lief schon seit 10 Tagen –, und kurz darauf, am 31. März, wurde ein anderes Flugzeug entführt, mit einer noch größeren Anzahl Passa-

giere an Bord. Auch dieses kam direkt von der Insel, aber es hatte eine etwas höhere Kapazität: fünfundvierzig Passagiere.

Eine Einzelperson mit einer Granate – sie gab vor, eine Granate zu haben, und sagte, sie werde sie explodieren lassen – befand sich im hinteren Teil des Flugzeuges. Der Mann wollte, dass sie ihn nach Miami bringen. Der Treibstoff reichte nicht aus, und der Pilot landete – er wollte nicht weiterfliegen, er sagte, lieber alles andere als das Flugzeug verlieren, und landete in Havanna –, aber er setzte mitten auf der Landebahn auf, sodass diese die ganze Nacht blockiert war.

Dann stellten wir fest, dass es in den Vereinigten Staaten Leute gab, die nicht wollten, dass das Flugzeug nach Florida gelangte. Sie waren interessiert, sie bewegten sich. Wir informierten sie sofort über das, was geschah, und sie sandten eine Erklärung, in der es hieß, sie seien dagegen, sie baten uns sogar, den Fall an die Öffentlichkeit zu bringen, sie sprachen mit uns.

Dieses zweite Flugzeug war etwa um die gleiche Uhrzeit entführt worden wie das vorherige, während des letzten Tagesflugs von der Insel der Jugend. Man suchte die Daten und versuchte, den Kerl zu überzeugen, man informierte das State Department in Washington und weckte den Verantwortlichen der Interessenvertretung der Vereinigten Staaten. Dann kam die ziemlich positive Botschaft: Sie widersetzten sich, sie waren dagegen, dass das Flugzeug auf nordamerikanisches Territorium käme.

Als sie das erklärten, baten wir sie, jemanden hinzuschicken, der es dem Entführer mitteilen sollte. Umgehend kam der Leiter der Interessenvertretung, dieser James Cason, der den Entführer darüber informieren sollte, und seltsamerweise folgte Cason, von dem wir ja wissen, was er alles getan hatte, den Instruktionen. Man empfing ihn im Flughafen, und er nahm Kontakt zu dem Piloten auf. Der einzige Weg, sich zu verständigen, ging über den Piloten, denn der Entführer – der mit der Granate – weigerte sich zu sprechen, er sagte Nein, wie man denn beweisen wolle, dass es wirklich Cason sei. Und dieser sagte, er sei bereit, ihm seinen Pass zu schicken. Er tat alles Notwendige, um sich zu identifizieren und die Sache zu beenden.

Man erwog sogar die Idee, das Flugzeug nicht in Florida, sondern in einem anderen Bundesstaat landen zu lassen. Aber die Schwierigkeit war, dass die Maschine nicht genügend Treibstoff hatte, und das, was man hätte auftanken können, reichte nicht, um in einem anderen Bundesstaat zu landen Sie wussten, was für ein Problem sich da anbahnte, denn in Florida dominiert die antikubanische Mafia alles. Es war ein langer Kampf, der die ganze Nacht andauerte.

Waren Sie persönlich involviert?
Ich war nicht in der Nähe des Flugzeugs, als Herr Cason kam, denn ich wollte diesen Herrn nicht mal auf eine Meile Entfernung sehen. Ich ging in das Flugkontrollzentrum. Neben dem Flugzeug waren die Compañeros vom IACC (Institut für zivile Luftfahrt Kubas), die versuchten, diese komplizierte Situation zu lösen; auch die Leute vom Außenministerium erschienen. Ein Beamter des Außenministeriums begleitete Cason, nachdem die in Washington gesagt hatten, dass er gehen solle – ich glaube, der Mann hatte geschlafen, es war so gegen 1.00 Uhr oder 1.30 Uhr morgens. Er ging an die Seite des Flugzeuges, denn dort gab es die Möglichkeit einer direkten Verständigung, nicht erst über den Piloten, und der Entführer, der Mann mit der Granate, wies ihn zurück, er sagte Nein und noch mal Nein.

Man spürte: Es gab zwei Tendenzen. Der Chef der SINA ging gegen 2.30 Uhr wieder schlafen; ich blieb mit der Aufgabe dort, den Mann zu überzeugen.

Sprachen Sie nicht mit dem Entführer?
Nein, der Entführer ließ nur den Piloten als Vermittler zu. Irgendwann bat ich den Piloten, mich über den Lautsprecher mit dem Inneren der Maschine zu verbinden, und ich sprach zur Crew. Ich sagte ihnen, dass sie nicht in Panik verfallen sollten – denn der Kerl drohte, die Handgranate zu werfen –, und ich beschuldigte ihn. Ich sagte: »Das ist ein vollkommen Verantwortungsloser.« Er machte Sachen, die man schon vorhersehen konnte, es war wichtig, den Mann psychologisch zu beurteilen. Der Entführer zwang die Männer, nach vorn in einen Frachtbereich zu gehen, und nahm die Frauen und Kinder mit nach hinten. Er war hinten.

War er allein, oder hatte er einen Komplizen?
Er war allein, aber er hatte zwei Granaten, er hielt sie in den Fäusten und drohte. Er sagte: »Wenn ich in so und so viel Minuten keinen Treibstoff bekomme, jage ich das Flugzeug in die Luft.« Ich gab dem Piloten Instruktionen: »Sag ihm dies, sag ihm jenes.« Als er drohte, antwortete ich ihm streng: »Sie sind völlig verrückt, wenn Sie das tun.« Alle Fragen zielten darauf ab, herauszufinden, wie gefährlich dieser Kerl war.

Nun, er drohte. Cason schlief, aber inzwischen müsste das Flugzeug nach Florida fliegen, wenn wir es zuließen, es konnte nirgendwo anders hin. Ein langer Kampf. Dann öffnete sich eine Tür, damit die Männer das Flugzeug verlassen konnten, aber da es auch einige Frauen an Bord gab und sie so etwas wie Kavaliere waren, sagten sie Nein. Man musste auch abwägen, wie man den Treibstoff einfüllte, die Maschine betankte, wenn es uns am passendsten schien.

So diskutierten wir weiter. Wir versuchten, die Passagiere zu schützen, damit sie von der Kabine aus das Flugzeug verlassen könnten, wenn dieses auch mit dem Entführer weiter nach Florida flog. Aber der Pilot weigerte sich, zu fliegen, er wollte nicht, denn er sagte, er wäre nicht bereit, das Flugzeug dort konfiszieren zu lassen.

Ich sagte ihm natürlich: »Hör mal, du wirst die Befehle erfüllen, die wir dir geben.« Er schwieg, und ich wiederholte: »Sie werden das tun, was man Ihnen sagt«, denn der Pilot streikte.

In dem Moment – ich verfolgte den Entführer ganz genau, das, was er machte –, als er die Frauen und das Kind in die eine Richtung brachte und die anderen in die entgegengesetzte, sage ich zu Rogelio Acevedo (Präsident der IACC), der neben mir stand: »Richte über die Lautsprecher eine Ansprache an die Passagiere. Sag ihnen, dass dieser Kerl ein Krimineller ist.« Ich gab ihm Anweisungen, was er sagen und dass er die Leute zur Ruhe aufrufen sollte. Aber seine Botschaft sollte vor allem den Entführer attackieren.

Sicher dauerte die Botschaft Acevedos etwa eine halbe Minute, und als er fertig war, sagte ich ihm: »Das, was und wie du es gesagt hast, wird dazu führen, dass er genau das Gegenteil tut.« Ich musste mich also dazu entschließen, selbst zur Crew, zu all diesen Leuten, zu den Passagieren zu sprechen.

Sie haben sich an die Passagiere gewendet?
Ja, ich sagte ihnen: »Ihr kennt meine Stimme, ihr habt sie gehört«, natürlich ruhig, ganz gelassen, »dieser Kerl gefährdet das Leben von Frauen und Kindern, und er ist erpicht darauf. Das ist ein Risiko.« Und ich ermutigte sie, zu verhindern, dass er diese Granate zünden konnte, wenn sie sähen, dass diese Gefahr bestünde. Ich teilte ihnen mit, dass wir dem Entführer keinerlei Versprechen machten, sondern eine Lösung suchten; dass die US-Amerikaner eine Landung des Flugzeugs dort nicht wollten, und alles, was sie zu diesem Thema geäußert hatten, dass der Entführer sich weigerte zu verhandeln, sogar mit dem Leiter der Interessenvertretung, dass er sich erbärmlich verhielt. Ich war hart, um ihn zu erweichen und um die Passagiere dazu zu bewegen, im Falle von Gefahr zu handeln. Alles drehte sich darum, den Kerl ausführlich zu studieren, um dann die richtigen Entscheidungen zu treffen.

Damit er die Leute freiließ?
Ja, damit er die Leute freiließ, wir ihm Treibstoff geben und er irgendwo landen konnte. Zu dieser frühen Morgenstunde mussten wir sogar Geografen damit bemühen, Karten zu studieren, denn die Luftfahrtkarten enthielten keine entsprechenden Informationen. Wir holten sie und sagten: »Sucht die Karten und fragt nach, wie groß die exakte Distanz bis zu dem und dem Punkt, bis zu dem und dem Flughafen ist«, um zu wissen, wie weit er kommen konnte. Es blieb ihm Treibstoff für etwa hundert Kilometer, vielleicht etwas mehr, um bis an den Rand des anderen Flughafens zu kommen. Es gab keine Möglichkeit, das Problem auf sichere Art zu lösen, aber wir kalkulierten alle durch.

Irgendwann sagte der Typ verzweifelt zu Acevedo: »Sag ihnen, sie sollen das Flugzeug abfliegen lassen.« Und der antwortete: »Der Treibstoff reicht nicht bis zu den Bahamas.« Bis zu den Bahamas hätte es gereicht, und wir hätten die Verantwortlichen dort anrufen können. Wir wussten nicht, wie sie reagiert hätten, aber die Bahamas sind sehr verletzlich, und sie nehmen das Abkommen, das wir mit ihnen hinsichtlich illegaler Einwanderer haben, sehr ernst. Sie senden sie zurück, aber sie haben sehr viele kleine Inseln, und die Schmuggler respektieren keine Souveränität …

Allerdings hätten wir anrufen können – wir hatten kurz zuvor ein Treffen der Staatsoberhäupter der karibischen Staaten –, und es wäre nicht schwer gewesen, sie zu bitten, wenn das Flugzeug dorthin flöge, den Entführer festzunehmen und ihn zurückzuschicken. Aber was sprach dagegen? Zunächst hätten wir den Premierminister ausfindig machen müssen, sehen, ob er dort war, ihn überzeugen und all das Übrige; zweitens war das, was wir taten, sinnlos, denn was galt, war, dass die Vereinigten Staaten ihre Pflicht erfüllten, dass sie das Flugzeug nicht dort behielten, die Crew nicht festhielten, und natürlich wollten wir auch nicht, dass das Flugzeug konfisziert wurde und ein Komplize, falls er einen hatte, dort blieb. Natürlich stellten wir all diese Bedingungen auf, planten, und sie schienen bereit zu sein, damit nicht geschah, was zuvor immer passiert war.

Auf den Bahamas gab es noch etwas anderes: Auf den Bahamas hätten sie das Flugzeug betanken können, aber auch damit hätte er nicht bis in die USA gelangen können. Das Problem könnte man auf den Bahamas gelöst haben. Wir hätten sagen können: Tankt auf, damit er in einen von den nordamerikanischen Staaten weiterfliegt. Aber wovor hatten wir Angst? Davor, dass er, obwohl auf den Bahamas mit Treibstoff versorgt, zu keinem jener Staaten kommen und ins Meer stürzen würde. Es gab Vorschläge, dass er vielleicht bis nach Jamaika kommen könnte, gerade eben, weil die Piloten immer eine kleine Reserve haben, er könnte es gerade schaffen, aber den Ärger hätten dann die Jamaikaner gehabt, also entschied man dagegen. Dem Entführer sagte ich Nein, weil man auf den Bahamas ein Problem zu lösen hätte und das in ein paar Minuten nicht möglich sei; für Jamaika bestünde die Gefahr, dass das Flugzeug abstürzte.

Wir hatten den Tankwagen vor Ort, aber auch die Feuerwehr, alles, was nötig war, falls die Granate explodieren sollte.

Hatten Sie den Entführer identifiziert?
Wir suchten unter den verschiedenen Passagieren nach dem mutmaßlichen Typen, denn er hatte auch eine Frau und ein Mädchen ... Am Anfang gab es einen Irrtum, eine passende Person tauchte auf, ein Arzt mit seiner Frau, die von einer Reise kamen. Und für einen Moment war die Annahme, wer der Entführer des Flugzeuges sei, falsch. Drei oder vier Stunden lang arbeitete man mit der Theorie, dass es ein anderer sei, und dann, am frühen Morgen, kam die Information, dass es nicht jener war, sondern jemand anders.

Wir lokalisierten seinen Wohnsitz. In seinem Haus fanden wir sogar Gussformen für Handgranaten, mit denen man Handgranatenabdrücke aus Gips herstellen konnte, aber das hätte auch einen Schritt vor dem Gießen der Granate sein können. Wir wussten nicht, ob der Kerl sie gegossen hatte oder nicht ... Und ich glaube auch, es wurden Plastikstoffe gefunden, sodass man davon ausgehen konnte, dass er eine echte Granate hatte, auch wenn wir nicht hundertprozentig sicher waren. Alle Antworten, Reaktionen und Sachverhalte analysierend, war ich mehr und mehr geneigt, zu glauben, dass er keine hatte.

Wir stellten fest, dass der Bruder des Entführers im Innenministerium arbeitete. Wir machten ihn in der Provinz Matanzas ausfindig, und er kam ebenfalls zum Flughafen und unterstützte uns. Ich sagte: »Er soll auch kommen, mal sehen, ob er den Mann überzeugen kann.« Er kam, um zu sehen, ob ein Übereinkommen zu erreichen war; um ihm zu sagen, dass, wenn er aufgäbe, er eine seiner Haltung entsprechende Strafe bekäme. Ich sagte allen, dass er bestraft werden würde, und mit dem Bruder vor Ort hätten wir vielleicht eine Lösung finden können. Wir kämpften darum und warteten in der Zwischenzeit auf Informationen aus den Vereinigten Staaten.

War Cason mittlerweile zum Flughafen zurückgekehrt?
Wir hatten Cason fast im Morgengrauen darüber informierte, dass das Benzin nicht ausreiche, um irgendwo anders als in Florida zu landen, und dass er sich einen Ort, einen Luftstützpunkt, ausdenken sollte, wo sie ihn hinfliegen

könnten, der mehr Möglichkeiten biete, um das Flugzeug mit der Crew und den Passagieren zurückzubekommen. Sie analysierten die Situation; es scheint, an jenem Morgen wurde im State Department oder an einem anderen Ort ziemlich viel diskutiert.

Wir nutzten diese Argumente, aber wir verhandelten auch mit dem Kerl, dass er aussteigen sollte, nach den Ansprachen und all jenen Bemühungen. Wir begannen mit ihm auf der Basis zu verhandeln, dass man ihm Treibstoff geben würde, damit er weiter käme. Man erklärte ihm verschiedene Schwierigkeiten, immer bemüht, Zeit zu gewinnen, während man auf die Antwort des Außenministeriums wartete, die gegen 11.00 Uhr kommen musste. Inzwischen gewannen wir Zeit, um zu erreichen, dass einige Passagiere vielleicht aussteigen könnten, und um aufzutanken. Mitten in diesem Kampf, während die Zeit verging und der Kerl müde wurde und all das, schaffte man es, Wasser für die Kinder an Bord zu bringen und dass zweiundzwanzig Personen das Flugzeug verlassen konnten. Mit dieser Gewichtsersparnis würde der Treibstoff ausreichen. Wir riefen erneut Cason an: »Gibt es Nachrichten?« »Nein.« Noch einmal: »Gibt es Nachrichten?« »Nein.« Sie hatten noch immer nicht definitiv festgelegt, wo das Flugzeug eine Landeerlaubnis bekäme. Wir informierten ihn, dass wir es geschafft hatten, zweiundzwanzig Passagiere rauszubekommen, und dass das Flugzeug somit irgendeinen US-amerikanischen Bundesstaat anfliegen konnte. »Sagen Sie ihm, er kann kommen, es gibt kein Risiko mehr.« Man gab ihm ziemlich viel Zeit, denn das Übereinkommen – die Freilassung der zweiundzwanzig Passagiere – war gegen 9.00 Uhr erreicht worden, wir gaben ihm weitere zwei Stunden, und noch immer nichts ... Und wieder fragten wir: »Gibt es bereits eine Antwort?« »Nein.« »Gibt es Antwort?« »Nein.« Es wurde 11.00 Uhr, und mit dem Entführer hatte man ausgehandelt, dass der Tankwagen sich nähern und dann betanken würde. Man hatte berechnet, wie lange der Tankvorgang dauern könnte – es konnten zwanzig Minuten sein oder eine Stunde oder eineinhalb Stunden, eben die Zeit, die nötig war, das Risiko einer Granatenexplosion zu vermeiden und zu erwirken, dass er in einen anderen US-Bundesstaat ausfliegen konnte, und zu sehen, ob es seitens der US-amerikanischen Behörden wirklich den Willen gab, die Politik zu ändern. Ich denke, es gab dort zwei unterschiedliche Arten von Politik.

Es gab zwei konkurrierende Tendenzen in Washington?
Ja. Zweifellos gab es zwei Linien, und wir wussten nicht, welche sich durchsetzen würde. Währenddessen wollte der Mann um 11.00 Uhr abfliegen, und wir

mussten Vorwände suchen: der Bruder, den wir kommen lassen würden, sei schon angerufen, er komme und alles sei auf dem Weg; das Flugzeug oder der Hubschrauber – ich erinnere mich nicht genau – mit dem Bruder des Entführers kam aus Varadero, und ich schaute ungeduldig auf die Uhr; sie brauchten etwas länger als vorgesehen, aber endlich kamen sie an. Ich glaube, es war fast um diese Uhrzeit. Ah! Der Kerl verlangte bereits nach Wasser und allem, was er für sich und die Leute brauchte: Geld ... Was für eine Mentalität! – er sagte, wir müssten ihm etwa 1000 Dollar leihen, damit er den Leuten dort etwas geben könne, wenn er aussteige ... Wir warteten weiterhin auf die Antwort Washingtons. Die Tatsache, dass die Maschine des Bruders verspätet kam, half uns. Endlich kam er. Er sprach mit seinem Bruder, aber der war in allem misstrauisch. So gewannen wir Zeit, und gegen 10.55 Uhr: »Haben Sie eine Antwort?« »Nein.« Wo sollte er landen? Man wusste es nicht.

Hatten Sie Cason über diesen ganzen Prozess und die Entwicklung der Situation auf dem Laufenden gehalten?
Wir erklärten Cason jeden einzelnen Schritt, den wir unternahmen. »Sehen Sie, wir haben das getan, man hat das gemacht, man hat erreicht, dass so und so viele aussteigen konnten, der Bruder kommt schon ...« Alle Informationen. Die Abflugzeit war gekommen. »Wir werden ein bisschen mehr Zeit gewinnen«, durch den Bruder, durch das und das, durch die Sandwiches, die zuzubereiten waren, durch das Geld. Der Chef der Luftfahrt, Rogelio Acevedo, hatte sehr wenig Lust ... Ich fragte: »Hast du Geld hier?« Er war empört. Nein, nicht dass er empört gewesen wäre, er litt. Ich fragte: »Hast du Bargeld hier?« »Ja.« »Gut, dann geben wir ihm 500 Dollar. Wir werden ihm keine 1000 geben, wir werden ihm 500 geben.« Um ihn festzuhalten, um Zeit zu gewinnen. Man übergab ihm das Geld. Aber er: »Seid ihr fertig? Wann fliegen wir?« Er wirkte resolut. »Nein, schon, bald.«

Dann sagten wir dem Mann auf der Landebahn: »Mach langsam.« Sie fuhren sehr langsam. Wir stellten zwei Piloten und zwei Kopiloten. Sie stiegen vorn ein, wo die Piloten normalerweise aussteigen, sodass er sie nicht sehen konnte. Es gab zwei Piloten, die die ganze Nacht und die Reise hinter sich hatten. Die Antwort kam nicht. Also gaben wir den Piloten Weisung: »Bereitet euch vor«, und sie hoben schließlich gegen 11.54 Uhr ab, eine Stunde nach der vereinbarten Zeit, und die Leute von der Interessenvertretung hatten keine Antwort. Ich sagte, gut, wartet ein bisschen in der Luft. Und nachdem das Flugzeug in der Luft war, erhielt Cason die Antwort: Sie sollen auf dem Flughafen von Cayo Hueso landen ... der schlimmste von allen! Der war schlechter als jeder andere Stützpunkt.

Dort wurden unsere Leute erneut sehr schlecht behandelt. Den Kerl nahmen sie fest. Ah, er hatte eine Frau mit einem Kind dabei, das nicht von ihm war, es war das Kind der Frau. Am nächsten Tag wurden Frau und Kind freigelassen. Das war nicht sauber, denn sie war eine Komplizin und hatte geholfen, die Granate an Bord zu bringen oder bestimmte Plastikteile der Granate, also die Teile, die nicht aus Stahl sind.

Damit sie nicht entdeckt werden?
Ja. Aber sie ließen die Frau am nächsten Tag frei. Der Entführer blieb dort. Offene Untersuchung, Misshandlung der Passagiere, Überzeugungsversuche, damit die Leute in den Vereinigten Staaten blieben, Druck; einige Leute der Besatzung blieben dort, warteten die betreffenden Untersuchungen ab, verließen die Maschine, und sie wurde konfisziert. Die USA taten genau das Gegenteil von dem, was sie versprochen hatten.[2]

Am nächsten Tag, dem 1. April 2003, wurde in der Bucht von Havanna eine voll besetzte Passagierfähre entführt, auch Touristen waren an Bord.
Eine sehr seltsame Sache, wirklich. Am nächsten Tag kam frühmorgens die Nachricht: Die Fähre nach Regla ist von einigen Männern mit Schuss- und Stichwaffen entführt worden ... Wir folgten unserem Prinzip: Keine Versuche, sie aufzuhalten. Sie verließen die Bucht in Richtung offenes Meer. Sie verständigten sich über Funk, und als sie sechs oder sieben Meilen von der Küste entfernt waren, forderten sie ein Schiff, um all die Leute nach Florida zu bringen. Sie sagten: »Wir haben fünfzig Passagiere«, fünfzig, sagten sie, es waren aber ein paar weniger, »wir haben so und so viel Kinder, wir haben ...«

Der Anführer der Entführer sagte, er hätte eine bestimmte Anzahl Kinder und mehrere ausländische Touristen an Bord. Sechs bis acht Kinder und fünf oder sechs Touristen. Sie übertrieben ein wenig, denn am Ende war nur ein einziges Kind an Bord. Fast verwunderlich, denn in der Regel befindet sich immer eine Gruppe Kinder an Bord.

Wohin fuhr diese Fähre?
Es war ein Fähre, ein Boot mit etwa hundert Plätzen, und es transportierte die Bewohner der Altstadt Havannas oder anderer Stadtteile quer über die Bucht zur anderen Seite.

In den Stadtteil Regla?
Ja. Es war ein Schiff für ruhige See. Diese Schiffe haben einen flachen Boden und können nicht in unruhigem Gewässer fahren. Sie entführten es also, sagten, dass sie fünfzig Passagiere hatten, und raubten es am frühen Morgen. Ich erfuhr am Vormittag davon, als sie bereits die erste Drohung ausgesprochen hatten. Sie wollten ein schnelleres Schiff und drohten damit, die Geiseln über Bord zu werfen, wenn sie es nicht bekämen. Das war die erste Drohung; sie wiederholten sie, sprachen über Megafon. Ich konsultierte die Küstenwache, die mich informierte, dass sie wie immer die US-amerikanische Küstenwache benachrichtigt hätte.

Wie lange nach der Geschichte mit dem entführten Flugzeug war das?
Vierundzwanzig Stunden später.

Sie hatten gerade die vorherige Verhandlung beendet?
Das Flugzeug wurde am 30. März entführt, am 31. März liefen die ganzen Verhandlungen, und in den frühen Morgenstunden des 1. April kam es zur Entführung der Fähre mit der gleichen Vorgehensweise ... Über das mit dem Flugzeug hatte man die Bevölkerung schon informiert, wohl am 31. Es ist davon auszugehen, dass, sobald die erste Nachricht über die Freilassung der Entführer des ersten Flugzeugs in Florida verbreitet wurde – jene vom 19. März, bei der Messer im Spiel waren –, die Planungen der Schiffsentführung begannen. Sie hatten sich alle einen Abend zuvor in einem Haus getroffen. Sie improvisierten ziemlich. Ich kann es nicht mit Gewissheit sagen, aber ich bin beinahe sicher, dass die Nachricht der Entführung des zweiten Flugzeuges vom Abend zuvor ihrem Plan Auftrieb gegeben hat. Diesmal sollte das Ziel die Fähre von Regla sein.

Sie waren zu neunt?
Es war eine große Gruppe, wirklich, alle waren Komplizen. Vielleicht elf oder zwölf Leute, unter ihnen auch Frauen. Die Frau mit dem Kind war Teil der Verschwörung.

Glaubten Sie, dass diese Geschehnisse, die Entführung der Fähre im Anschluss an die beiden vorhergehenden Flugzeugentführungen, eine neue Migrationswelle auslösen könnten? Eine neue Migrationskrise?
Es war offensichtlich und erwiesen, denn der Raub der Fähre von Regla war

Symbol dafür, dass man nicht ausreisen kann, was die US-amerikanischen Behörden stimulierte.

Am 19. März kam es zur ersten Flugzeugentführung. Die US-Amerikaner empfingen die Entführer und taten all das, was sie immer getan haben, obwohl sie nicht sagen konnten: »Wir werden sie freilassen.« Als der Richter die Freilassung dieser Leute anordnete, konnte man beobachten – es sei denn, es war eine Farce –, dass die Staatsanwaltschaft vorschlug, sie nicht freizulassen, und das Gericht in Atlanta anrief, dessen Rechtsprechung über der von Miami steht. Aber Atlanta gab den Richtern in Miami recht. Man kann sagen, dass sie nach den Attentaten des 11. September einige Anstrengungen betrieben, weil sie selbst in einer zu verfänglichen Lage waren, um Luftpiraten freizulassen, aber am Ende haben sie es doch nicht verhindern können.

Wie schon gesagt, waren neunzig Prozent der Leute, die illegal ausreisten, Personen, die von Florida aus abgeholt wurden. Nur zehn Prozent suchten sich ein Floß oder stahlen ein Boot. Diese Praktiken haben schon viele Menschenleben gekostet, weil, wie gesagt, die Boote überfüllt waren und Menschenhändler sie steuerten ... Und wenn sie dort ankommen, werden die Schuldigen nicht einmal von den US-amerikanischen Behörden bestraft. Wir mussten sehr harte Maßnahmen ergreifen, harte Strafen. Später haben die US-amerikanischen Behörden ihre Methoden geändert und andere Positionen im Hinblick auf das Einwanderungsthema bezogen.

Hat sich unter Präsident Bush das Migrationsproblem wieder verschlimmert?
Was taten sie? Sie setzten unter Vorwänden die Erteilung von Visa aus, so wie es in der Amtszeit Reagans geschah, immer gibt es Vorwände. Aber Tatsache ist, dass sie sie unterbrachen. Und kurz darauf kam James Cason, und es geschah der seltsame Vorgang vom 19. März – zwei Stunden vor Beginn des Irakkrieges –, als jene mit Messern bewaffneten Entführer ein voll besetztes Passagierflugzeug entführten. Und es kam zu einer Serie ähnlicher Handlungen.

Am 1. April passierte in den frühen Morgenstunden das mit der Fähre von Regla. Einen Tag später überfielen sie sogar einen Soldaten und entrissen ihm die Waffe. Man verhinderte eine dritte Entführung und mehr als dreißig weitere Projekte, unternommen von Leuten, die keinerlei politische Motive anführten. All diese Fälle, alle, bargen das verbrecherische Potenzial der Ereignisse vom 5. August 1994, als es zu den Tumulten in Havanna gekommen war und eine Situation entstand, die uns praktisch zwang, den Nordamerikanern zu sagen:

»Wir werden eure Grenzen nicht länger schützen«, und wir streiken. Das war der Moment, als es zum Massenexodus der Balseros kam, den sie fürchteten. Aber jetzt, unter den Umständen des begonnenen Irakkrieges, betrachteten sie das als den besten Vorwand, um eine Situation heraufzubeschwören, die einen Angriff rechtfertigte.

Wie endete die Entführung der Fähre von Regla?
Den Entführern ging irgendwann der Sprit aus. Was machten wir? Wir schickten den Innenminister, Abelardo Colomé Ibarra, dorthin. Auch der Chef der Küstenwache begab sich dorthin. Ich unterhielt mich mit einem Assistenten: »Sucht einen Transporter mit Treibstoff und schickt ihn und ein paar Boote hin«, um ja einen tragischen Schiffbruch, wie am 13. Juli 1994, zu verhindern.

Am gleichen Tag geschah etwas, das wir nicht außer Acht lassen dürfen: Die Küstenwache aus Florida informierte uns, dass sie ein paar Schiffe losschicken würde. Das taten sie immer, wenn wir ihnen mitteilten, dass ein Schiff illegal abgelegt hatte. Plötzlich informierten sie uns, dass sie ihren Schiffen den Befehl erteilt hatten, beizudrehen, denn es gebe ein Gesetz aus was weiß ich welchem Jahr – ich weiß nicht, ob sie von 1988 sprachen –, das besagt, das Land, unter dessen Flagge das entführte Schiff fährt, müsse das Problem lösen. Kuba müsse es lösen.

Sie wussten, dass es dort eine entführte Fähre gab, Geiseln und ein paar gefährliche Typen. Sie hätten sagen können: »Wir werden sie nicht einreisen lassen. Wir schicken ein Schiff und schicken die Leute, wie vereinbart, zu euch zurück.« Obwohl sie solche Vereinbarungen nie eingehalten haben, denn wenn sie Lust haben, dann behalten sie die Leute dort, mindestens zwanzig Prozent, um die Mafia in Miami zufriedenzustellen, die sich jeder Rückgabe widersetzt.

Sie sandten uns eine Nachricht, in der sie uns mitteilten, dass sie nicht das tun würden, was sie sonst taten: warten, sich annähern, sie eskortieren und dann in US-amerikanischen Gewässern entscheiden. Man sollte davon ausgehen, dass sie einen Vertrag erfüllen wollten, doch sie meinten: »Kümmert euch selbst darum.« Also mussten wir uns der Angelegenheit annehmen.

Eine Reihe von Bürgern waren also entführt, unter ihnen Kinder, auch Ausländer. Meine Anweisungen lauteten: »Schickt mehr Boote.« Das Meer hatte Seegang Stärke drei und wurde stärker. Bevor sie eine Entfernung von zweiundzwanzig Meilen von der Küste hatten, sagte ich: »Schickt mehrere Boote dorthin, ein Rettungsteam, Schlepper und so weiter.« Natürlich hätten wir die

Fähre nicht angegriffen, das wäre dumm gewesen. Wir mussten dafür sorgen, dass sie nicht unterging. Deshalb sandten wir den Innenminister. Die Anweisungen lauteten – wir hatten drei Schiffe dort: »Eines an der rechten Seite positionieren, hundert Meter von der entführten Fähre entfernt, ein weiteres hundert Meter zur Linken und ein drittes dahinter, etwa einen Kilometer weit weg. Eskortiert sie, damit ihr im Falle eines Schiffbruchs sofort retten könnt. Haltet diese Situation und die Eskorte aufrecht, bis sie US-amerikanische Gewässer erreicht haben. Versorgt sie, bis sie dort ankommen.«

Die US-amerikanischen Behörden haben mit ziemlichem Zynismus erklärt, dass dies unser Problem sei und sie wüssten, was sie zu tun hätten, wenn sie dort ankämen. Das kommunizierten sie, nachdem sie bereits angekündigt hatten, dass sie Schiffe losschicken würden. Als dem entführten Schiff das Benzin ausging, kam es zum Stillstand.

Die Entführer bedrohten eine Gruppe von Frauen, die sie als Geiseln hielten, mit dem Messer an der Kehle. Immer setzten sie das Messer einigen Frauen an den Hals und auch bei den Touristen. Sie wussten genau, was sie taten, sie waren sich im Klaren, welchen Schaden sie damit anrichteten. Als ihnen das Benzin ausging, akzeptierten sie, abgeschleppt zu werden.

Wie durch ein Wunder ging die Fähre nicht unter – wenn Sie sich die Szene vorstellen …

Es war ein Schiff mit flachem Boden, für Binnengewässer; das wussten die auf der anderen Seite auch und weigerten sich, sie aufzunehmen. Als ihnen das Benzin ausging, verständigten sich die Entführer mit uns und willigten ein, dass ein Schlepper ein Seil am Bug anbrachte, doch ihre Haltung änderte sich nicht. So kamen sie im Hafen von Mariel an, erreichten dort einen Kai, aber ergaben sich nicht. Sie banden das Boot mit einem mehrere Meter langen Seil an der Mole fest. Klar, sie kamen, um Benzin zu holen, genau so wie der Flugzeugentführer das getan hatte, mit einem unglaublichen Misstrauen.

Haben Sie auch diesen Fall persönlich verfolgt?
Auch dieser Sache habe ich mich angenommen. Und ich werde Ihnen erklären, warum. Es war etwa 23.00 Uhr am Abend, und ich war mitten in der Arbeit, als alle Kräfte dort waren, die Küstenwache … Sie wissen, was man tut, wenn es in Europa oder irgendwo anders auf der Welt zu einer Flugzeugentführung kommt. Da gibt es überhaupt keine Grenzen. Sie stürmen, schießen, töten sogar.

Auch dort waren Leute unserer Spezialeinheiten und von der Küstenwache anwesend, und ihre Idee war, die Fähre zu befreien. Als Erstes sagte ich ihnen, sie sollten nichts unternehmen.

Sie sind dorthin gefahren, nach Mariel?

Ich habe sie telefonisch instruiert, und als ich meine anderen Angelegenheiten beendet hatte, begab ich mich, so schnell ich konnte, an diesen Ort, bevor sie dort Maßnahmen zur Befreiung der Geiseln ergreifen konnten. Als ich dort ankam, etwa gegen halb zwölf, baten sie mich, zurückzubleiben, denn sie waren kurz davor, das Schiff zu stürmen. Sie hatten unsere Anweisungen, sich an den Seiten zu postieren, doch das Schiff lag bereits fast direkt am Kai. Sie hatten die Hoffnung, dass die Entführer, einmal angelandet, sich besinnen würden. Deshalb entschied ich, mich dorthin zu begeben, besorgt ... Ich gab den Befehl, keine Aktion auszuführen, wegen der Konsequenzen, die das für die Passagiere, die Entführer und alle anderen für gewöhnlich hat.

Um kurz vor zwölf Uhr war das Boot zum Stehen gekommen. All das erfuhr ich übers Handy; mit der Kommunikation müssen wir immer sehr vorsichtig sein. Sobald ich einen Anruf tätige, wissen sie in den Vereinigten Staaten über alles Bescheid.

Sie hören alles ab.

»Sagt ihnen, dass sie nichts unternehmen sollen.« Sie waren dabei, die Voraussetzungen für die Befreiungsaktion vorzubereiten, die zu treffenden Maßnahmen zur Befreiung der Geiseln, sie planten noch. Ich kam an, beobachtete die Situation und empfahl ihnen, vorerst nichts zu tun. Das Boot mit einigen anderen Vorgesetzten war noch nicht eingetroffen, zudem lag ein Handelsschiff am Kai, und ich sagte ihnen wieder: »Führt keine Aktion durch«, denn es war gefährlich, man musste eine Lösung suchen, die unblutig war, damit es keine Opfer gab.

In jener Nacht hatten wir uns über Funk eines der Patrouillenautos mit dem Kerl beschäftigt, der als Anführer der Truppe fungierte – diese Person war wirklich gefährlich, im Gegensatz zu dem anderen, dem mit der Granate im Flugzeug.

Wussten sie, wer die Entführer waren?

Am Anfang weiß man das nie. Man muss es herausfinden. Vor Ort analysiert man das Verhalten, wie er spricht, was er sagt, wie er argumentiert, welches Niveau er hat. Wir registrierten, dass er ein primitiver Typ war. Die Position, an der er die Pistole hatte, am Kopf der Geiseln, war äußerst gefährlich. Er suchte sich ganz bewusst die Französinnen aus; es waren zwei skandinavische Frauen an Bord und zwei Französinnen, vier Frauen.

Vier Touristinnen.
Dieser Anführer war gefährlich. Das war der Schluss, zu dem wir kamen, und so analysierten wir das ganze Problem. Ich war dort und beobachtete alles. Die Leute waren erschöpft. Sie hatten seit 1.00 Uhr morgens nicht geschlafen, es waren vierundzwanzig Stunden vergangen, und man wusste nicht, wer mehr Erholung benötigte, die Entführer oder unsere Leute. Ich ordnete an: »Alle ruhen sich aus.« Man erreichte eine Art Waffenruhe, damit sie schlafen konnten. Man schickte Wasser für die Kinder. Sie sprachen von »vier bis sechs kleinen Kindern«, man versorgte sie mit Milch, Wasser für die Geiseln und schaffte es, Verhandlungen mit ihnen aufzunehmen, um eine Lösung zu finden.

Ich ging weg und schlief ein paar Stunden. Der Kopf der Entführerbande hatte vereinbart, einen seiner Männer an Land zu schicken, um zu verhandeln.

Der Mann, den er schickte, kam ziemlich unverschämt daher, sehr hart, wo wir doch gerade eine gewisse Entspannung erzielt hatten. Sie blieben hart, fordernd und drohend und setzen uns ein Ultimatum. In dieser Situation änderten wir unsere Taktik. Wir beantworteten ihre Anrufe nicht mehr und berieten stattdessen, was zu tun sei, denn eine Verhandlung war nicht mehr möglich. Wir mussten Alternativen suchen, da die Geiseln sehr litten.

Dann begann ein mehr oder weniger psychologisches Taktieren. Es gab Möglichkeiten, mit Gewalt vorzugehen, aber wir verwarfen einige. Obwohl der Rädelsführer, der gefährlichste unter ihnen, verletzbar war.

Dachten Sie an einen Zugriff?
Ja. Er hatte die Touristinnen in seiner Gewalt und hielt die Pistole ungesichert an ihrem Kopf. Das erfuhren wir später, als sich bei dem Taucher, der die Pistole aus dem Wasser holte, ein Schuss löste. Die ganze Situation war gefährlich, wirklich, denn es handelte sich um einen Typen, der die Waffe hätte benutzen können. Das war es aber nicht, wofür er bestraft wurde, das war nicht das Problem.

Es war in der Tat eine sehr prekäre Situation, und wir mussten uns voll darauf konzentrieren. Wir wendeten keine Gewalt an, sondern psychologische Methoden verschiedenster Art. Die Bedingungen waren bereits geschaffen, sodass das Risiko sich fast auf null reduzierte. Bedenken Sie, dass es jetzt bereits um die Mittagszeit war, zwölf Stunden nach unserer Ruhepause. Aber wir hatten Erfolg. Am Ufer des Kais, auf der anderen Seite der Fähre, befand sich eine unserer Truppen, ein psychologisches Element, und eine der Französinnen schaffte es, ihnen ein kaum merkliches Signal zu senden. Sie hatten die Waffe auf sie angelegt. Der Kerl war zudem etwas erschöpft und nervös, weil die Verständigung mit uns unterbrochen war, seit einer Stunde sagte und antwortete man ihm nichts.

Um sein Verhalten zu eruieren, wurde eine Verbindung hergestellt ... Zu dem Minister meinte ich: »Sag ihm, die einzige Garantie, die er hat, ist, die Geiseln freizulassen.« Dann kam ein Moment – am Nachmittag, man war schon nah daran, andere Mittel zu nutzen, um eine gewaltfreie Lösung zu garantieren –, als das mit der Französin passierte. Die junge Frau gab den Männern der Spezialeinheiten, die dort standen, ein Zeichen, sie berieten sich mit uns, und wir sagten: »Ja, das wäre das Intelligenteste. Ermutigt sie, ins Wasser zu springen«, und die beiden Französinnen sprangen ins Wasser. Eine war entschlossener, die Frau, die sich in der größeren Gefahr befand. Die andere war etwas ängstlicher. Beide handelten sehr mutig. Ich weiß nicht, welchen Vorwand sie nutzten, aber es sprang erst die eine und dann die andere. Sogar einer, der beim Chef der Entführer war, sprang opportunistisch hinterher. Der Anführer drehte sich mit der Pistole in der Hand um, um zu sehen, was im Wasser los war. Einer der Entführten, ein Mitarbeiter des Innenministeriums, umklammerte ihn, sie rangen miteinander und fielen ins Wasser. Zuerst fiel sogar die Pistole, deshalb musste man später nach ihr suchen. Nach dreißig Stunden fand man sie, man holte sie hoch, und im Wasser löste sich ein Schuss. Der Entführer hatte sie geladen und entsichert. Es war gefährlich, ihn zu überwältigen. Aber er fiel ins Meer und alle an Bord taten das Gleiche: Sie sprangen ins Wasser.

Es gab keine Verletzten?
Nein, keine. Wir hatten ein psychologisches Vorgehen auf mehreren Ebenen durchgeführt. Der Anführer war zum Beispiel sehr eingeschüchtert, wenn sich ein Boot über Wasser näherte. Aber er konnte sich nicht beschweren, denn das Boot zog Kreise. Wir hatten alles Mögliche getan, all die Maßnahmen, mit denen wir Druck ausüben wollten, waren erschöpft; aber die junge Französin war es, die dem Drama ein Ende bereitete, und alle Entführten sprangen ins Wasser, die Entführer auch, und alle wurden rausgeholt.

Ich habe sie später gesehen und mit den französischen Touristinnen gesprochen. Ich fragte sie die notwendigsten Dinge und sprach auch mit den übrigen Geiseln. Mit dem Entführer habe ich mich nicht unterhalten, aber mit den anderen, und ich stellte ihnen einige Fragen. Unter den vierzig Passagieren gab es einige Komplizen. Sie waren insgesamt etwa zu zwölft, auch Frauen waren darunter. Sogar die Frau mit dem Kind war eine Komplizin der Entführer, aber mindestens achtundzwanzig Passagiere hatten mit dem Vorfall nicht das Geringste zu tun.

Wurde den Entführern während der Verhandlungen irgendetwas versprochen? Freiheit oder Visa für die Vereinigten Staaten oder irgendetwas anderes, wenn sie die Geiseln freiließen?
Sehen Sie, das Problem hatten sie selbst geschaffen. Sogar der Versuch, sie zu überzeugen, war sehr kompliziert. Mir gefiel das nicht, ich habe gesagt: »Erklärt Ihnen, dass sie bestraft werden, in Abhängigkeit von ihrem Verhalten«, wenn sie kooperieren, um das Problem zu lösen. Und ehrlicherweise besprach man mit ihnen die Priorität, diese konkrete Situation zu lösen, während wir auf der anderen Seite überlegen mussten, wie wir nach der zynischen Antwort der Vereinigten Staaten weiterverfahren sollten.

In dieser Situation war es unerlässlich, eine Lösung zu finden, wie wir sie damals im Zusammenhang mit der Entführung US-amerikanischer Flugzeuge aufgetan hatten, als wir ihnen die Verantwortlichen für die seither letzte Entführung eines US-amerikanischen Flugzeugs zurückschickten. Nach dieser Maßnahme hat es vierundzwanzig Jahre lang keine Flugzeugentführung mehr gegeben. Mittlerweile wissen alle Verrückten und Halbverrückten, dass sie ihr Ziel nicht erreichen, weil wir sie zurückschicken werden. Das jedoch wollten die nordamerikanischen Autoritäten in keinem Fall mit Entführern von kubanischen Flugzeugen oder Schiffen tun. Damit, sie einfach zurückzuschicken, könnte es Hoffnung geben, das Problem zu lösen. Im Falle Kubas reichte es mittlerweile nicht mehr aus, drastische Strafen zu verhängen. Wir mussten ein weiteres Risiko eingehen, davor warnen, dass der Entführer eines Schiffes oder eines Flugzeuges unter keinen Umständen Treibstoff oder Öl oder überhaupt irgendeine Form von Kooperation erwarten kann, weder für ein Flugzeug noch für ein Schiff.

Drittens werden alle, die solche Taten begehen, dem gleichen Prozedere unterworfen, wobei der Staatsrat keine Gnade walten lässt.

Schließlich ist es das Verhalten der US-amerikanischen Behörden, das hier zu einem Risiko für mögliche Geiselnahmen wird. Also fragte ich mich: Gut, wer ist dafür verantwortlich, wenn ein Linienflugzeug, ein Flugzeug mit hundert Passagieren, in der Luft Opfer einer Explosion wird? Wer ist für diese Toten verantwortlich? Diejenigen, die von dort aus zu solchen Aktionen anstiften. Deshalb sage ich auch all unseren Freunden, die uns manchmal kritisieren, dass sie versuchen sollen zu verstehen, unter welchen Bedingungen das Land sich verteidigen muss.

Aber selbst unter diesen Umständen hätten die Entführer zu langen Haftstrafen verurteilt werden können. In jedem anderen Land wäre das so gewesen. Aber warum die Todesstrafe und warum die fast sofortige Hinrichtung?
In der Tat war eine exemplarische Strafe nicht ausreichend. Es war sehr schwierig für uns, und wir waren trotzdem bereit, mit dem, der der Chef war, wenn er es wirklich war, einen Kompromiss zu erreichen. Es hieß: »Ihr werdet bestraft, doch das Strafmaß hängt davon ab, ob ihr kooperiert oder nicht.« Es sind wirklich große Anstrengungen unternommen worden, damit der Mann mit uns zusammenarbeitete. Aber er brachte uns in eine schwierige Lage, denn während der Gerichtsverhandlung gab es den Versuch, eine Waffe für eine weitere Flugzeugentführung zu stehlen. Es waren Dutzende, es gab mehr als dreißig solcher Projekte, von überall her kamen Nachrichten von versuchten Flugzeug- und Schiffsentführungen durch ebensolche Typen von Leuten, die dreist sind und nichts fürchten.

In jenem Augenblick hatten die US-Amerikaner uns bereits dieses Problem geschaffen. Und man weiß, dass es aufgrund der Umstände, unter denen sie arbeiten, zu beweisen gilt, es gäbe keine Lösung für dieses Problem. Dabei müssten sie einfach nur sagen, dass sie jedes entführte Flugzeug zurückschicken. An dem Tag, an dem sie uns auch nur einen einzigen Entführer zurückschicken, löst sich das Problem von selbst. Wir haben ihr Problem gelöst, aber sie haben unseres nicht gelöst. Noch immer gibt es das Regulierungsgesetz, noch immer gibt es die Entführungen, Diebstähle, Luftpiraterie mit unseren Schädlingsbekämpfungsflugzeugen, aber es werden keine Personenfähren mehr entführt. Niemand hatte geglaubt, dass das passieren könnte, es war eine große Überraschung.

Und bedenken Sie, dass die Flugzeugentführung am Vorabend des Irakkrieges stattfand, was von unserem Standpunkt aus die dringende Notwendigkeit aufwarf, das zu unterbinden. Wir mussten es stoppen, wir sahen keinen anderen Weg, die Welle der Entführungen aufzuhalten. Wir mussten anschließend viel reden und viel erklären, aber man musste sagen: »Die Politik lautet:

Keinen Tropfen Benzin.« Sie hätten also landen können, wo sie wollten, und es hätte kein Benzin gegeben, das heißt, niemand hätte Benzin bekommen, egal was er getan hätte. Und dann die anderen Maßnahmen.

Mit dem realen Verschwinden der Möglichkeit, mittels Entführung von Schiffen und Flugzeugen und Geiselnahmen ein Ziel zu erreichen – obwohl man natürlich ein Boot irgendwo stehlen konnte –, traten keine Entführungen von Schiffen und Flugzeugen mit Geiselnahme mehr auf.

Nehmen Sie die Fakten, die ich Ihnen gebe: Seit September 2002 unterbrechen die US-Amerikaner die Anwendung einer Vereinbarung, die zehn Jahre lang eingehalten wurde. Das war nicht, nachdem wir mit ihnen über die Überwachung gesprochen hatten, sondern sechs Monate bevor es zum Reiseverbot für Cason kam; sechs Monate vorher – wer weiß warum – kürzten sie die Ausgabe von Visa und schufen die gleiche Situation, die wir im August 1994 schon einmal hatten. Sie schufen einen chaotischen Zustand, der zu Schiffs- und Flugzeugentführungen führte. Überlegen Sie, welche Priorität wir dieser Sache einräumen mussten, fast mehr als allem anderen.

Sie entführten dieses Flugzeug auf eine seltsame Weise, die keiner versteht. Der Irakkrieg hatte noch nicht begonnen, und die Entführungen waren bereits geplant, denn sie hatten mehrere Reisen unternommen. Niemand wusste, wer diese Kerle waren, was sie wussten, ob sie angestiftet wurden, was ich für möglich halte, und ich glaube, es war sogar wahrscheinlich. Man brauchte ja nur einen, einen Anführer, das war alles ein zu großer Zufall. Sie hatten das von langer Hand geplant, die Vergabe von Visa war seit mehreren Monaten ausgesetzt, und sie hatten Pläne für irgendeine Aktion. Die erste Flugzeugentführung hatten sie bereits erreicht, und die US-Amerikaner wussten sehr gut, genau wie wir, welch ein Potenzial das hatte.

Als Oliver Stone[3] zurückkam, trafen wir uns mit ihm und den anderen, die ihn begleitet hatten; Felipe Pérez Roque war auch dabei und die acht Typen, die einen Soldaten überfallen und ihm das Gewehr entrissen hatten, mit dem Ziel, ein Flugzeug zu besetzen und es zu entführen. Sie wurden bestraft, obwohl man die Entführung verhindern konnte. Sie waren bereits auf dem Flughafen, hatten den ganzen Plan ausgearbeitet und wollten ihn ausführen. Selbstverständlich handelte keiner von ihnen aus politischen Gründen. Alle erzählten ihre Geschichte, jeder Einzelne hatte seine Motivation. Wir haben uns unterhalten, fast so, wie wir uns hier heute unterhalten. »Warum habt ihr das getan?« »Aus diesem und jenem Grund.« Alle hatten mindestens den Neunte-Klasse-Abschluss – denn jeder hat die neunte Klasse –, einer hatte ein bisschen mehr Schulbildung, denn dies ist eine Gesellschaft, die liest, und selbst die Verbrecher haben meist die neunte Klasse absolviert. Alles ist aufgezeichnet und gefilmt, eine Konversation mit Oliver und seiner Mannschaft. Oliver fragte, und ich fragte sie auch und erklärte ihnen sogar: »Ihr musstet bestraft werden, aber glücklicherweise habt ihr es nicht geschafft, das Flugzeug zu entführen.«

Sie erklärten einer nach dem anderen, wann und warum sie diese Entführung beschlossen hatten. Eines Tages sagten wir: »Lass sie uns besuchen.« Sie waren hier, denn der Ort der Rechtsprechung in ihrem Fall ist das Gericht von Havanna. Nichts von dem wurde publiziert, und sie sprachen, so wie Sie und ich jetzt sprechen.

Und haben sie gesagt, warum sie ausreisen wollten?
Sie haben alles gesagt. Aber es gibt noch dreißig weitere Fälle.

Die gerade schon stattfanden.
Ja, dreißig Projekte von Entführungen, und jetzt sind sie fast verschwunden.

Denken Sie, dass die Anwendung der Todesstrafe in diesem Fall wirksam war?
Das ist ein Fall, von dem ich behaupte, dass eine Maßnahme solcher Art das Problem beseitigt. Und den Präzedenzfall haben wir in dem Fakt, dass in fünfundzwanzig Jahren aus jenem Land, aus den Vereinigten Staaten, wo es so viele Verrückte und Haltlose gibt, niemand ein Flugzeug entführt hat, wo es früher Dutzende waren, trotz der Strafen, die ihnen drohten. Das Zurückschicken nur eines Entführers hat es definitiv gelöst. Würden sie uns die Entführer zurückschicken, wäre das Problem gelöst. Würden sie das Regulierungsgesetz abschaffen, hätten wir keines dieser Probleme mehr, Ramonet. Das ist die Geschichte, ich habe sie Ihnen vollständig erzählt und dabei fast vergessen, dass wir uns in einem Interview befinden.

Welche Gefühle erwecken bei Ihnen die Menschen, die gegen diese drei Hinrichtungen protestiert haben?
Wir respektieren die Meinung derjenigen voll und ganz, die aus religiösen, philosophischen oder humanistischen Gründen die Todesstrafe ablehnen. Auch wir kubanischen Revolutionäre verabscheuen sie, aus viel tieferen Gründen als denen, die die Sozialwissenschaften zum Thema Verbrechen – worüber in unserem Land derzeit eine Studie gemacht wird – vorbringen. Eines Tages werden

wir den Wünschen all jener Freunde entsprechen können – auch Sie gehören dazu –, die uns empfehlen, diese Strafe abzuschaffen. Ich muss sagen, dass es uns besonders leidgetan hat, die noble Intervention von Papst Johannes Paul II. nicht positiv beantwortet haben zu können.

Vor diesem Papst hatte ich tiefen und ehrlichen Respekt. Ich verstand und bewunderte seinen ehrenwerten Kampf für das Leben und den Frieden. Niemand hat sich so sehr und so hartnäckig wie er dem Irakkrieg widersetzt. Ich bin absolut sicher, dass er den Irakern niemals empfohlen hätte, sich töten zu lassen, ohne sich zu verteidigen – auch den Kubanern hätte er so etwas nicht geraten. Er wusste genau, dass es sich hier nicht um ein Problem unter Kubanern handelte, sondern um ein Problem zwischen der kubanischen Bevölkerung und der Regierung der Vereinigten Staaten. Nicht einmal Jesus Christus, der die Händler mit Peitschenhieben aus dem Tempel vertrieb, hätte das Volk davon abgehalten, sich zu verteidigen.

Überraschte Sie die Erklärung von José Saramago[4]?
Ja. Sie hat uns sehr wehgetan. Ich glaube, er hat da etwas voreilig gehandelt, ohne die Situation und die Umstände wirklich zu kennen. Aber ich respektiere seine Überzeugungen. Viele unserer Freunde haben an diesen Hinrichtungen Anstoß genommen. Wir respektieren ihre Prinzipien. Aber es hat viel Propaganda gegeben, was eine Menge Verwirrung gestiftet hat. Einige Freunde, die kritische Erklärungen abgegeben hatten, wie Eduardo Galeano, haben später ihre ursprüngliche Haltung revidiert. Wir haben es hoch geschätzt, dass einige unserer Freunde unsere Erklärungen zumindest teilweise berücksichtigt haben.

23

KUBA UND SPANIEN

Felipe González – José María Aznar – Die spanischen Sozialisten und die Kubanische Revolution – Die spanische Linke – Der Bruch mit Felipe González – Franco und Aznar – Der König Juan Carlos I. – Prinz Felipe – Manuel Fraga

Nach der Gefangennahme von Dissidenten im März 2003 gab der ehemalige Präsident der spanischen Regierung, Felipe González, einige sehr aggressive Erklärungen gegen Sie ab.[1]
Eine Dummheit. Er war ziemlich wütend über meine Äußerungen bezüglich der außergerichtlichen Hinrichtungen baskischer ETA-Mitglieder. Ich habe es öffentlich verurteilt, dass unter dem Mandat eines spanischen Regierungschefs – Felipe González – Dutzende von ETA-Mitgliedern außergerichtlich hingerichtet wurden, ohne dass jemand dagegen protestiert oder das vor der Menschenrechtskommission der Vereinten Nationen angeklagt hätte.[2] Und ich habe ebenfalls festgestellt, dass ein anderer Regierungschef – José María Aznar – in einem schwierigen Augenblick des Kosovokrieges dem Präsidenten der Vereinigten Staaten dazu geraten hat, den Krieg zu verschärfen, die Bombardierungen zu verstärken und zivile Objekte anzugreifen, vor allem das Fernsehen, was den Tod Hunderter unschuldiger Menschen verursacht und ein großes Opfer für Millionen bedeutet hätte. Die Presse schrieb nur: »Castro greift Felipe und Aznar an.« Von den wirklichen Geschehnissen kein Wort.

Ich habe mich in völliger Klarheit geäußert. Die Regierung dieser Epoche ist in die Exekutionen verstrickt, und ihr Präsident, Felipe González, kann das nicht verschweigen. Kein Mensch glaubt ihm, dass er davon nichts gewusst haben soll. Jemand, der auch nur über ein Minimum an Vorstellung vom Staat verfügt, weiß, dass eine solche Operation nicht ohne die Mittäterschaft der Regierung ausgeführt werden kann. Offensichtlich erhielten seine engsten Mitarbeiter – der Innenminister und der Polizeichef – Befehle. Diese Kollaborateure wurden verurteilt und bestraft,[3] er aber nicht. Die oberste Priorität, die jeder zu befolgen hat, ist, Verantwortung für das Geschehene zu übernehmen. Wenn ich mich so verhalten würde, könnte ich hier keinen einzigen Befehl mehr erteilen.

Sie verband eine lange Freundschaft mit Felipe González, ist das richtig?
Ich kannte Felipe seit der demokratischen Öffnung Spaniens im Jahr 1976, lange bevor die Sozialistische Arbeiterpartei (PSOE) eine große Kraft im Land wurde, noch vor den ersten Wahlen von 1977, als er zum Abgeordneten gewählt wurde. Als er Kuba im Juni 1976 besuchte, führten wir lange Gespräche. Später machte er auf seinen Reisen nach Lateinamerika immer halt in Kuba. Er fuhr nach Panama, wo er gute Beziehungen zu Omar Torrijos unterhielt, besuchte verschiedene Orte, denn für Lateinamerika hat er sich immer besonders interessiert. Er kam hierher, er liebte das Meer, das Fischen. Eine richtige Leidenschaft hatte er für das Angeln. Einmal sind wir für zwei Tage auf dem Meer gewesen und haben sehr viele freundschaftliche Gespräche geführt. García Márquez kam, Guayasamín kam, der peruanische Schriftsteller Bryce Echenique und auch Javier Solana, der später Kulturminister war, wie ich glaube, und sich danach in den »Obermarschall«, den Generalsekretär der NATO, verwandelte und heute so etwas wie ein Außenminister der Europäischen Union ist. Wir hatten eine Gruppe von Persönlichkeiten versammelt und führten in familiärer Runde positive, konstruktive Gespräche über alle möglichen Dinge.

Später griff ihn die spanische Presse an, denn in Kuba war der damalige Kopf einer terroristischen Organisation gefangen, und dieser war spanischer Herkunft.

Eloy Gutiérrez Menoyo[4]?
Ja. Gutiérrez Menoyo, dessen Freilassung wir beschlossen. Er hatte seine Strafe praktisch abgesessen. Wir wollten nicht, dass Felipe deswegen in Schwierigkeiten kam. Er hatte dieses Problem bei uns sehr vorsichtig und respektvoll angesprochen, und wir ergriffen die Initiative und ließen Gutiérrez Menoyo frei.

Sie hatten gute Beziehungen zu Felipe González, als er an die Macht kam, im Oktober 1982, als er zum Ministerpräsidenten ernannt wurde?
Wir hatten den Wahlsieg Felipes gewünscht, denn selbst mit all seinen Fehlern war er ein Mensch, mit dem man diskutieren, mit dem man reden konnte. Er bewahrte seriöse Formen und Anstand. Als er dann Regierungschef war, hat sich das geändert. Es gab einige Differenzen, denn wir waren der Meinung,

dass die Rolle Spaniens hinsichtlich der Beziehungen zu allen anderen Ländern während des Kalten Krieges eine positive war; es war in einer privilegierten Situation, einer Situation des Handels und des Friedens, und wir waren ganz einfach keine Befürworter seines Beitritts zur NATO.

Dieses Ereignis wurde damals diskutiert, weil ich einer spanischen Nachrichtenagentur gegenüber einige Erklärungen abgegeben hatte. Er hatte die Wahlen bereits gewonnen. Ich verstand das Vorhaben mit der wirtschaftlichen Integration in den Schoß der Europäischen Union, 1986, nur zu gut, denn es war zweckmäßig für Europa und folglich auch für Spanien. Aber in der Frage der NATO waren wir völlig anderer Meinung, und ich erklärte mich offen und ehrlich gegen die NATO, stellte dar, in welcher Rolle ich Spanien mit der diplomatischen Öffnung sah und welche Funktion Spanien in dieser Situation in der Welt übernehmen könnte – anstatt der NATO beizutreten, was Felipe González zuvor abgelehnt hatte –, ich sagte meine Meinung. Man kann die Äußerungen im Übrigen nachlesen, in einem langen Interview anlässlich des Beitritts Spaniens zur NATO im Mai 1982.

Hat das Thema NATO die Beziehungen zwischen Ihnen abgekühlt?
Nun, Felipe hatte sich ziemlich verändert. Dennoch waren wir 1992 für einen Wahlsieg Felipes gegen Aznar. Ich verfolgte die Debatten und beobachtete Aznar – er war ein Roboter, eine Maschine, der man einen Haufen Daten und Zahlen eingegeben hatte. Es kam zur Fernsehdebatte mit Felipe. In der ersten Debatte machte Felipe keine besonders gute Figur. Ich sah die Taktik Aznars, seine Psychologie, seine Art anzugreifen, zu beschuldigen, wie eine Maschine alles zu wiederholen, und trotz alledem war Felipe voller Vertrauen, er schenkte dieser ersten Debatte nicht die nötige Aufmerksamkeit, und die Ergebnisse der Umfragen nach dieser Fernsehdebatte sprachen gegen ihn. Sogar ich machte ihm gegenüber einige Bemerkungen und wies ihn auf die Notwendigkeit hin, die zweite Debatte ernst zu nehmen und sich gut vorzubereiten. Da er gebildeter ist als Aznar, mehr Erfahrung hat, mehr Fähigkeiten, war er beim nächsten Mal überlegen. In der zweiten Debatte gewann Felipe deutlich, brachte den anderen sogar aus der Fassung. Aznar hatte kein Konzept, vielmehr verlor er seins, weil Felipe es ihm aus der Hand nahm und gewann.

Nun gut, jeder weiß, was während der Amtszeit von Felipe González in Spanien vorgefallen ist: Es gab Korruption, einige Leute sind zu Millionären geworden, dann die Geschichte über das Haus, das sich einer gebaut hatte und das, glaube ich, vierzig Bidets hatte, und so bereicherten sich viele Leute, machten alle möglichen Geschäfte. Es gab einen fortschreitenden Prozess an Korruption, Bereicherung und den Verlust jeglicher Moral.[5]

Ich kann mich erinnern, dass in den ersten Jahren nach Felipes Triumph, während eines Abendessens in der spanischen Botschaft in Havanna, darüber diskutiert wurde, wie viele Jahre sich die Sozialistische Partei an der Macht würde halten können. Ich vertrat die Ansicht, dass die Sozialistische Partei unbegrenzt an der Macht bleiben könnte, wenn sie eine ehrliche und rechtschaffene Politik betrieb. Ich sah keine Möglichkeit, die es in Spanien geben könnte, ihr die Macht zu entreißen.

Der Rechtsruck in der Politik Felipes führte meines Erachtens zum Verschleiß, zur Korruption und zu all den anderen Vorkommnissen. Unsere Beziehungen waren eine Zeit lang gut, doch dann wurden sie zusehends schlechter. Irgendwann begannen die Iberoamerikanischen Gipfeltreffen. Felipe nahm an diesen Treffen teil, und wir gingen ganz normal und respektvoll miteinander um. Aber er verpflichtete sich mehr und mehr der Politik der Vereinigten Staaten, der NATO und allem Übrigen. Felipe hat sich aufgerieben, hat sich wirklich verschlissen, und dann gewann Aznar.

Hat Felipe González, nachdem die UdSSR zusammengebrochen war, Ihnen Ratschläge gegeben, welche Reformen Sie einleiten sollten, damit Ihnen nicht ein ähnliches Schicksal widerfährt?
Ich kann mich sehr gut daran erinnern, als die Sowjetunion zusammenbrach, wie viele Leute sich auf mich stürzten, um uns zu raten, dass wir die gleichen Schweinereien machen sollten wie all die anderen. Wenn ich mich zu irgendeinem Treffen, zu irgendeiner Amtsübernahme begab, trafen da immer einige aufeinander, Carlos Andrés Pérez[6], Felipe González, und es versammelten sich andere lateinamerikanische Persönlichkeiten, um mir zu sagen, was wir zu tun hätten, damit Kuba überleben könne ...

Ich hörte ihnen mit großem Anstand zu, diskutierte in dem Maße, in dem es sich darüber zu diskutieren lohnte, und blieb unnachgiebig. Felipe meinte, das sei eine »numantische Position«, und bezog sich auf die Geschichte von Numantia[7] und Mainz, als wollte er sagen: »Es wird dazu führen«, aber wir bevorzugen das andere.

Wir diskutierten über dieses Thema, und ich entgegnete ihm, ich sei ein großer Bewunderer jener Leute, der Numantiner, weil sie mutig waren und aufgrund ihrer Haltung. Ich stand in totaler Opposition zu den Konzessionen, die sie forderten, da ebendiese es waren, die sie einen nach dem anderen untergehen ließen, darunter Felipe, Carlos Andrés und an erster Stelle die UdSSR.

Ich glaube, auch Carlos Solchaga, der unter Felipe González Wirtschaftsminister war, kam nach Kuba, oder?
Ja, denn in jenen Tagen wollte Felipe González uns »helfen«, das muss man sich einmal vorstellen. Als seien wir ein Haufen Dummköpfe und wüssten nichts über Spanien. Aber er wollte uns so sehr »helfen«, dass er uns einen Berater anbot, und mit aller Gelassenheit der Welt dankten wir ihm dafür. Ich antwortete ihm: »Wir danken dir sehr.« Das heißt, wir lehnten sein Angebot nicht ab.

Sie hörten wohlerzogen zu.
Felipe hatte uns noch nicht gesagt, wen er entsenden wollte, aber wir wussten darüber Bescheid, dass die PSOE Gorbatschow beraten hatte. Die ersten Berater Gorbatschows waren Felipes Leute, und eines Tages sprach Gorbatschow per Telefon oder in einem Brief mit großer Bewunderung mir gegenüber von Felipe González: »Felipe, ein Sozialist.« Ich wusste schon seit Langem, dass Felipe nichts von einem Sozialisten hatte, absolut gar nichts. Und Felipe war glücklich, dass er seine Leute losschicken durfte, um Gorbatschow zu beraten.

Man sollte der PSOE ein Denkmal errichten für ihren großartigen Beitrag zu dem, was aus der Sowjetunion heute geworden ist. Sogar ein bisschen dazu, dass die Leute angesichts der schwindenden medizinischen Versorgung sterben – auch wenn diese nie optimal war –, zur gestiegenen Kindersterblichkeit, zur verkürzten Lebenserwartung, all den schlimmen Dingen, die danach kamen.

Sie sind also der Meinung, dass die PSOE eine gewisse Verantwortung dafür trägt?
Ja. Die PSOE ist verantwortlich, denn sie hat ihre Berater entsandt. Dann kamen die US-Amerikaner nach Moskau. Jedes Mal waren es mehr und mehr, und jedes Mal gab es mehr und mehr Konzessionen, und ganz einfach – die UdSSR ist zerfallen.

Waren es die gleichen Berater, die Felipe González Ihnen irgendwann schickte?
Ja. Und ich will Ihnen sagen, dass ich all diese Ratschläge, die sie mir geben

wollten, nur zu gut kannte. Die Ideen Felipes hatten mit unseren Konzepten nicht das Geringste zu tun. Es gab sogar einmal ein paar Tausend arbeitslose Ärzte in Spanien, und ich fragte Felipe: »Warum macht ihr es nicht so wie wir? Die Ärzte ausbilden und die Familienärzte in den Gemeinden einführen. Was die dort alles leisten könnten, in diesen Dörfern, überall.« Die Kosten sind so und so hoch, ich setzte ihm sogar auseinander, was es kosten würde, Zehntausenden von Ärzten Arbeit zu geben, und welchen Nutzen im Gegenzug die Bevölkerung davon hätte.

Und was gab er Ihnen zur Antwort?
Er hörte interessiert zu. Im November 1986 kam Felipe erneut zu Besuch, und wir fuhren zum Angeln ans Meer. Wir waren einen ganzen Tag dort, kamen zurück, gingen ins Tropicana. Auch Raúl Alfonsín, der Präsident Argentiniens, war dort. Felipe wollte ins Tropicana gehen, und sie bereiteten ihm dort eine große Show – mit wunderschönen, meist schwarzen Frauen, sehr guten Künstlerinnen, in dieser Show.

Ich erinnere mich, dass ich mit Felipe auf die Bühne ging, um sie zu beglückwünschen, und sie machten eine Menge Fotos, alles war sehr gefühlvoll und warmherzig. Es gab dort ein sehr gutes Mädchen, eine Sängerin, Linda Mirabal hieß sie, die am Ende in Spanien blieb, denn auch ihr Europäer stehlt Köpfe ...

Köpfe und Körper, wenn ich Sie richtig verstehe.
Ja, sie schauen zuerst auf den Körper, aber ich spreche vom künstlerischen Kopf. Der künstlerische Geist wohnt oft in sehr schönen Körpern, je nachdem um welche Kunst es sich handelt.

Sie machten ein Foto von Felipe, das ihn so darstellt: Diese sehr schöne und sehr revolutionäre Frau fasst Felipe so, am Hals, und er schaut die Mulattin so an, voller Bewunderung. In einer dieser Zeitschriften, ich weiß nicht in welcher von denen, für die ihr bei euch wer weiß wie viel Papier und Geld für glänzendes Papier verschwendet, die den ganzen Klatsch Europas und dieser Gesellschaften aufgreifen, schrieben sie: »Castro und Felipe, das große Gelage«; »Riesenfest mit dem Diktator in Havanna«. Es war lustig, denn Linda blickte Felipe mit ihrem schönsten Lächeln an, und er war verzückt. Ein wirklich sympathisches Foto.

Ich glaube, in der gleichen Zeitung schrieben sie über den Sohn des Königs Juan Carlos, wie er als Kadett um die Welt reiste. Zwei ganze Seiten hatten sie dem Königssohn gewidmet. Felipe und mir, aber hauptsächlich Felipe, widmete diese Zeitung »Die Wahnsinnsfete mit dem Diktator«, weil er das berühmte Tropicana-Ballett besucht hatte.

Wir lebten in diesem speziellen Klima, von dem ich zuvor gesprochen hatte, nach dem Verschwinden der UdSSR, dann fielen wir in die Sonderperiode, und sie trafen sich mit mir, um mir zu Dingen zu raten, die die Revolution binnen sechs Monaten beseitigt hätten. Das heißt, es war wirklich ein Witz für uns, tief drinnen …

Kuba hat diese Ratschläge nicht befolgt, aber einige Reformen haben Sie vorgenommen, oder?
Natürlich, ja, wir mussten einige Maßnahmen treffen. Wir mussten die Devisengeschäfte akzeptieren, eine Sache, die wir hassten, denn wir wissen, was das bedeutet; Diejenigen, die die Möglichkeiten hatten, an Devisen zu kommen, von denen, die legal oder illegal ausgewandert waren, waren privilegiert. Aber bestimmte Umstände zwangen uns, sie in Betracht zu ziehen. Nun, die Idee mit den gemischten Unternehmen hatten wir schon früher, vor allem für die Entwicklung im Tourismus.

Die Idee des Tourismus hatten Sie schon früher?
Ja, und auch die Idee einiger gemischter Unternehmen gab es schon vorher; aber damals ergriffen wir hauptsächlich einige moderate wirtschaftliche Maßnahmen. Man darf sich nicht in eines dieser Abenteuer stürzen. Wir schufen mit ausländischem Kapital einige gemischte Betriebe, studierten ihre Eigenheiten, wo sie vorteilhaft waren und wo nicht. Wir ertrugen den Schmerz über die Devisenläden. Wir begriffen die Tücken, die der Tourismus mit sich brachte, denn er kann Gewohnheiten einführen … Man muss die Korruption bekämpfen, schließlich können auch Drogen eingeführt werden. Obwohl wir im Allgemeinen, zum Glück und weil wir es gefördert haben, einen gesunden Tourismus haben. Kanadier und Europäer aus vielen Ländern kommen vorwiegend zur Erholung hierher.

Fast alle Hotels haben wir selbst gebaut, und nach außen erschien: »Das Unternehmen so und so … Das Hotel so und so in Havanna.« Das wirkt zunächst, als hätte das ausländische Unternehmen das Geld ausgegeben, es gebaut. Nein. Viele haben wir selbst gebaut, aber da sie die Erfahrung im Tourismus und die Technik haben – das Hotel gehörte uns –, haben wir einen Vertrag mit einem ausländischen Unternehmen als Betreiber. Nur wenige Hotels sind mit gemischtem Kapital erbaut worden – einige mit Geld zum Teil von uns und zum Teil von ihnen.

Zudem haben wir beim Bau der Hotels viele Materialien eingesetzt, die wir in unserem Land produzieren, es gab keine direkten Ausgaben in Devisen. Jetzt, wo die Hotels qualitativ immer besser werden, müssen auch importierte Elemente mit eingebracht werden ... Aber mindestens achtzig Prozent der Hotelkapazitäten wurden von Kuba mit seinen eigenen Ressourcen gebaut.

Es gab auch ausländische Unternehmen, denen das Kapital ausging, und wir mussten die Hotels fertig bauen. Sie laufen jetzt mit Pachtverträgen, aber achtzig Prozent sind kubanisch. Das Land hat sich im Wesentlichen über seine Arbeit gerettet und auch mit seinen Rohstoffen und durch die gebrachten Opfer, obwohl es auch einige vorteilhafte Verträge mit guten Unternehmen gab, will meinen, seriösen Unternehmen. Immer vorausgesetzt, dass man diskutiert, dass man weiß, was man will, denn sonst kaufen sie dir die Republik für einen Dollar ab.

Wir haben genaue Vorstellungen davon, worin man zu hundert Prozent die Kontrolle behalten muss, und hinsichtlich Strom, Öl und all diesen Dingen gibt es Abkommen. Aber wir privatisieren weder Krankenhäuser, Schulen noch sonst irgendwelche fundamentalen wirtschaftlichen oder sozialen Betriebe.

Wie kam es zum Bruch mit Felipe González? Warum ist er jetzt so kritisch?
Alles war gut, solange es das sozialistische Lager gab, die UdSSR und die anderen, und das Land nicht so in die Enge getrieben war. Damals gab es eine gewisse Freundschaft. Als die UdSSR von der Bildfläche verschwand, wollten Felipe und seine Freunde uns »retten«, mit Ratschlägen, die alle diejenigen, die sie befolgten, vernichtet hatten. Ratschläge wie jene der neoliberalen Globalisierung. Mit ihnen entrann niemand dem Verderben. All diese Ratschläge, politische und wirtschaftliche, haben viele Länder in den Ruin getrieben. Wir hatten sehr solide und feste Überzeugungen von unseren Ideen, unseren Vorhaben, unserem Ziel, davon, wo man Konzessionen zugestehen konnte und wo nicht, wir gewannen immer mehr an Erfahrung.

Beispielsweise bei den gemischten Unternehmen, über die wir sprachen. Manchmal geht es um eine Maschine, die eine Million oder eineinhalb Millionen Dollar kostet, und man braucht ein Jahr oder eineinhalb, um sie zu bezahlen. Sie dürfen kein Joint Venture gründen, in dem jemand Ihnen die Maschine hinstellt, und Sie stellen etwas anderes hin, und was sich in einem Jahr amortisiert, entzieht dem Land dann zwanzig Jahre lang Geld.

KUBA UND SPANIEN

Wenn Sie im Meer Bohrungen vornehmen müssen, wenn Sie Öl fördern müssen, Untersuchungen machen, all das in einem Zweig, in dem – aufgrund der Monopol-Phänomene und anderer Ursachen – die Marktpreise um ein Vielfaches höher liegen als der Wert der Kosten, können Sie Risikoverträge abschließen, wenn Sie weder über die Technologie noch über das erforderliche Kapital verfügen. Was Sie gut beherrschen sollten, sind die internationalen Normen, die diese Verträge regeln, die Aushandlung der Details und Hartnäckigkeit. Die Unternehmen werden hier zentral geprüft, es ist sehr angebracht, das zu tun. Wir haben einige sehr nützliche gemischte Unternehmen erlernt. Aber wir haben auch einige Geschäftchen und »Timbiriches« kennengelernt, die nichts lösen.

Was verstehen Sie unter Geschäften, die Sie »Timbiriches« nennen?
Ich hatte Ihnen ja von diesen zwei Spaniern erzählt, die mit einer Investition von etwas mehr als 100.000 Dollar kamen und einen Drogenhandel organisierten. Sie kauften die Rohstoffe in Kolumbien, und ihr Markt war Spanien. Sie schienen die perfekten Administratoren zu sein: Wenn ein Container kam, erwarteten sie ihn im Hafen, brachten ihn in die Fabrik, und wenn sie die Produktion nach Spanien verschifften – in denselben Containern –, begleiteten sie sie bis zum Kai. Und, wie ich sagte, später entdeckten wir, dass die Container einen doppelten Boden hatten, den sie mit Drogen füllten! Sie produzierten einige Waren, hatten zwölf oder dreizehn Angestellte – zu vielen Leute waren sie auf jeden Fall sehr zuvorkommend, das erfuhren wir später –, und dann fuhr der Container mit den Figürchen nach Spanien. Im doppelten Boden die Drogen, um sie in Europa zu verkaufen oder sie von dort in die Vereinigten Staaten zu transportieren.

Irgendwann entdeckte man den Trick, dort in Kolumbien, und was geschah, war Folgendes: Sie warnten die Typen, die daraufhin in Spanien blieben. Dort wurden sie beschuldigt, doch sie stritten alles ab; was passiert war, sei ein Problem mit Kuba, denn Kuba wolle sich ihre Fabrik einverleiben, ihre Produktion – sie seien unschuldige Investoren. Sie sind freie Leute, obwohl jedermann in Kolumbien und in Kuba weiß, dass es Versuche waren, Drogenhandel im großen Stil aufzuziehen. Wir haben uns aufrichtig beleidigt gefühlt, dass diese Kerle in Spanien ohne jegliche Konsequenzen frei herumlaufen. Das weiß jedermann.

Im Fernsehen habe ich Sie einmal ziemlich verärgert über Herrn Aznar gesehen.[8] **Ich habe den Eindruck, dass Sie für den ehemaligen Präsidenten der spanischen Regierung keine besonders große Sympathie hegen.**

Glücklicherweise. Obwohl ich nicht der Meinung bin, dass ich mich da aufgeregt habe, ich war eher ruhig. Es kann sein, dass Empörung im Spiel war angesichts dieser unangemessenen Erklärung der Europäer, obwohl doch jeder die Bombardierungen im Irak gesehen hatte, die herabfallenden Bomben, obwohl man wusste, dass Millionen Menschen für den Rest ihres Lebens traumatisiert wurden. Oft muss man die, die sterben, stärker beneiden als die Überlebenden, vor allem, wenn sie Verstümmelungen erleiden. Und wenn ich von Verstümmelungen spreche, dann muss man auch an die mentalen Verstümmelungen denken: die mental Verstümmelten, die für ihr ganzes Leben Traumatisierten, die Kinder, die fünf, sechs oder sieben Jahre alt sind, Menschen, die dreißig oder sechzig oder achtzig Jahre alt sind und vielleicht neunzig Jahre alt werden – Millionen Menschen, die psychisch gezeichnet und traumatisiert sind durch die Bombardierungen, deren Opfer einfach unermesslich sind, weil es so viele Tote und Verletzte gab. Hinzu kommt das psychologische Trauma des Verlusts aller Reichtümer, der Kultur und der Museen.

Die Leute hatten es gerade erst gesehen, was auch dazu geführt hat, dass in Spanien zweiundneunzig Prozent der Bevölkerung gegen den Irakkrieg waren, so wie sie in Frankreich und anderswo gegen diesen Krieg waren. Unser Volk sah das auch und befindet sich augenblicklich in der Gefahr, dass ihm das Gleiche geschieht. Dann tauchte eine Erklärung der Europäischen Union auf,[9] die das Arsenal der Argumente nährte, mittels derer die Regierung der Vereinigten Staaten ihre Gesetze der ganzen Welt aufdrücken und unser Land zerstören wollen, unser angegriffenes, beleidigtes, in seinem Stolz verletztes Land, weil wir uns widersetzt haben, weil wir ihren Befehlen nicht gehorcht haben – da ist ein Gefühl von Abscheu unvermeidlich. Die Empörung war riesig.

Später habe ich die Sendung gesehen, von der Sie sprechen. Und, ja, da war Empörung. Erregtheit oder Wut hingegen nicht.

Ich fand es ziemlich hart.

Ich war hart. Vielleicht waren auch meine Gesichtsausdrücke hart, aber ich habe viel Humor und Ironie angewandt. Ich ziehe Humor und Ironie der Wut und dem bösen Gesicht vor. Verärgert war ich in dieser Sendung wirklich nicht. Zumindest glaubte ich das. Sie hatten also diesen Eindruck, die anderen nicht, vielleicht weil sie verärgerter oder empörter waren als ich, kam es ihnen nicht so vor. Ich frage sie immer, und sie sagen es mir – ich weiß, dass Ernsthaftigkeit viel mehr Wirkung hat.

Natürlich muss ich manche Dinge auch mit gewisser Leidenschaft vorbringen. Mir scheint, dass ich in gewisser Weise leidenschaftlich gesprochen habe, mit gewissem Nachdruck, mehr als mit Zorn oder Wut. Aber die Reaktion des ganzen Volkes, die wir am nächsten Tag beobachten konnten, war wahrhaft entschlossen aufgrund der Empörung und der Gefahr, die diese Art von Erklärung bedeutete, die keines dieser europäischen Länder rechtfertigen konnte.[10]

Dass wir eine Partei haben, dass es Dissidenten und Gefangene gibt; wir sind nicht die einzige Partei, nicht das einzige Land auf dieser Welt ... Dürfen wir keine Partei haben? Müssen wir auf jeden Fall Dissidenten haben? Können wir kein Gesetz anwenden? Es gibt viele Fragen, die keine einzige Regierung Europas beantworten könnte – bedenkt man nur die Doppelmoral, die unterschiedlich angelegten Messlatten und die Diskriminierung, sobald es sich um ein kleines Land handelt.

Sie haben Herrn Aznar in dieser Rede ein »Führerchen« genannt, und unter anderem nannten Sie ihn einen Feigling. Denken Sie, dass es vor allem das Verhalten Aznars war, das schließlich zu den Maßnahmen der Europäischen Union gegen Kuba geführt hat?
Er war sozusagen der Rädelsführer. Sehen Sie, Aznar ist ein Freund der terroristischen kubanisch-amerikanischen Mafia in Miami – sie haben ihm Geld für seine Wahlkampagne gegeben, und er reiste in Flugzeugen dieser Leute umher.

Sie meinen die Freunde von Jorge Mas Canosa[11] und die Kubanisch-Amerikanische Nationalstiftung?
Ja. Obwohl man sagen muss, dass auch Felipe González bereits mit wirtschaftlichen Konzessionen an diese Leute begonnen hatte, aber Aznar war ein enger Freund von all denen. Als er Zentralamerika bereiste, bewegte er sich mit dem Privatflugzeug von Jorge Mas Canosa, sie halfen ihm bei seiner Wahlkampagne im Jahr 2000, sodass er gegen Felipe gewinnen konnte.

Aznar kam 1996 voller Vorurteile und reaktionärem Hass an die Regierung, denn Aznar ist genetisch reaktionär. Aznar ist konservativ und reaktionär.

Da war auch ein Umstand, der ihn bevorteilte: das Attentat auf ihn im April 1995, kurz vor den Wahlen, mit dem sie ihm praktisch zum Sieg verhalfen. Er verhielt sich gut, das muss man ihm lassen, er verhielt sich – nach dem, was ich gelesen habe – mutig. Er besuchte unverzüglich die Personen, die bei dem Attentat verletzt worden waren. So etwas gefällt dem Volk immer. Er zeigte diese Geste, das heißt, er nutzte das Attentat weidlich, und hinzu kamen Fehler und Unstimmigkeiten, Widersprüche und Spaltungen der Linken selbst.

Deshalb, so denke ich, hat er geglaubt, dass er das schreckliche Attentat auf dem Bahnhof von Atocha in Madrid, am 11. März 2004, erneut für sich nutzen könnte. Aber diesmal ging der Schuss nach hinten los, und seine Partei verlor die Wahlen. José Luis Rodríguez Zapatero gewann sie und zog die spanischen Truppen aus dem Irak ab. Das freute uns.

Sie glauben, dass die spanische Linke zu gespalten ist?
Da muss man die Wahrheit sagen. Ich bin kein Apologet der spanischen Linken. Wir hatten Beziehungen zur Vereinigten Linken, aber sie waren vollkommen zerstritten untereinander. Ich kann diese Linke nicht für die Spaltung verantwortlich machen, denn es war die PSOE, die sich jeder Form von Verständigung mit dem Rest der Linken hartnäckig verweigerte.

Alle Welt wusste, wie Aznar und die Leute seiner Partei dachten. Und natürlich hatten wir weder Sympathien für ihn noch den Wunsch, dass er die Wahlen gewänne, denn aufgrund seines Gedankengutes und seiner Beziehungen zur Mafia in Miami kannten wir mehr oder weniger die Konsequenzen. Er war ein Mann der Mafia, ich will sagen, er bekam große Hilfe von ihnen, weshalb diese viel Hoffnungen in die Politik Aznars setzten.

Als er 1996 an die Macht kam, begann er sehr bald, Kuba systematisch zu kritisieren.
Im Kongress in Madrid gab es hitzige Debatten aufgrund seiner Politik, denn er hatte einen Botschafter, José Coderich, ernannt, was normalerweise abgewartet werden muss, bis ihm das Einverständnis zugesprochen wird, doch dieser Botschafter begann umgehend damit, Erklärungen abzugeben, was er hier in Kuba tun würde und was nicht. Also haben wir dem Mann das Agreement einfach entzogen, wir sagten: »Diesen Herrn akzeptieren wir nicht als Botschafter und ziehen das Agreement für ihn zurück. Suchen Sie einen anderen.« All das führte im spanischen Parlament zu großen Debatten.

In besagtem Fernsehprogramm, als Sie die Position Aznars kritisierten, sagten Sie, so meine ich mich zu erinnern, so etwas wie: »Sogar Franco hat sich Kuba gegenüber korrekter verhalten.«
Zumindest würdevoller.

Würdevoller? In welchem Sinn?
Das kann ich Ihnen sagen. Aufgrund unserer Doktrin waren wir beim Sieg der Revolution zornige Antifranquisten. Die Yankees ergriffen alle möglichen Maßnahmen gegen uns, ganz Europa tat es ihnen nach. Schon einmal hat sich die Kubanische Revolution ohne Europa entwickelt und konnte zeigen, dass sie auch ohne Europa vorankam, denn damals, 1960, war der Krieg noch nicht lange vorbei, und es gab die NATO, den Kalten Krieg, die Blockade der Yankees und vieles mehr.

Die Vereinigten Staaten zwangen fast allen lateinamerikanischen Ländern den Bruch mit Kuba auf und forderten das Gleiche von ihren europäischen Alliierten. Wir kritisierten Franco, griffen ihn an, und er war der Einzige, der sich der Forderung Washingtons nicht beugte. Unsere Positionen waren absolut doktrinär. Es gab keine Stelle, an der ich Franco nicht angriff.

Einmal, ich glaube, es war im Januar 1960, war ein Botschafter Spaniens, Juan Pablo de Lojendio, ein Marquis ... In jener Zeit waren unsere Maßnahmen für Organisation und Sicherheit nicht besonders, es war 12.00 Uhr nachts im Gebäude von Telemundo, wo ich gerade im Fernsehen sprach und Franco kritisierte – da hörte man ein Wutschnauben, und eine Art Stier stürmte rein, wie ein Panzer, er war nämlich ziemlich dick, und verursachte einen unglaublichen Skandal mit Beleidigungen und allem Drum und Dran. Ich weiß nicht mehr genau, was ich ihm sagte, aber ich musste ihn vor gewalttätigen Reaktionen schützen, die seine Provokationen hätten verursachen können. Also sagte ich nur: »Schafft diesen Unhöflichen hier raus.« Das war nicht leicht. Der Mann war mutig, das muss ich anerkennen. Ich war nicht ernsthaft beleidigt, denn die Kühnheit dieses Menschen brachte mich fast zum Lachen. Dennoch mussten wir ihn ausweisen, wir hatten keine andere Wahl.

Aber die Beziehungen wurden nicht abgebrochen?
Nein, die Beziehungen zu Franco – es gab keinen, der abbrach. Spanien kaufte unseren Tabak, Spanien kaufte unseren kubanischen Zucker, Spanien kaufte unseren Rum – und dennoch waren wir in einer Art antifranquistischem Fieber und übten unaufhörlich Kritik an Franco. Zudem hatten wir offensichtliche Kontakte zu spanischen Kommunisten, La Pasionaria, Santiago Carrillo und vielen anderen.

Einige der Leute, die im Spanischen Bürgerkrieg gekämpft hatten und später in die Sowjetunion gingen, waren Militärs wie der General Enrique Líster und andere, die Kuba besuchten, oder sie hatten militärische Erfahrung, in bescheidenerem Maße, sie kamen her und halfen uns, unsere Milizen zu organisieren. Und Franco brach die Beziehungen nicht ab.

Wie erklären Sie sich das?
Es gibt einige Erklärungen. Franco war aus El Ferrol. Das Geschwader von Cervera bestand aus Leuten von dort, aus El Ferrol.

Admiral Cervera aus der Schlacht von Santiago de Cuba im Jahr 1898?
Aus der Schlacht, die eine Dummheit war, ein sinnloses Opfer. Cervera hätte jene Schiffe verlassen und die Marinesoldaten als Infanterie kämpfen lassen sollen, die Kanonen, die Infanterie für die Verteidigung der Stadt verwenden sollen. Man hatte ihm einen unsinnigen Befehl gegeben, einen, wie ihn Politiker geben, die keine Ahnung vom Krieg haben, so wie das heute im Irak geschieht, denn weder Aznar noch Bush hatten Ahnung vom Krieg.

Ein Politiker in Madrid erteilte dem Geschwader den Befehl, die Bucht von Santiago zu verlassen, und so wurde es beschossen, Schiff für Schiff. Eines der grausamsten Geschehnisse, das tut einem weh; bewundernswert war hingegen der Mut dieser spanischen Marinesoldaten. Da bewiesen sich die Quichotte-Art und der Heroismus der Spanier in hohem Grad. Wir ehren diese Männer und zollen ihnen Tribut. Es heißt, dass Franco von dort kam, aus El Ferrol, woher auch dieses Geschwader stammte, und dass das, was in Kuba passierte, ein großes Trauma für ihn, ein enormes Trauma für alle spanischen Militärs war.

Unter diesen Umständen führten die Vereinigten Staaten einen prinzipienlosen, sehr ungleichen Krieg gegen Spanien und versetzten ihm eine der größten Erniedrigungen in der Geschichte. Sie zerstörten sein ganzes Geschwader in einer einfachen Schlacht. Das war ein gewaltiger Schlag für den militärischen und für den Nationalstolz der Spanier. Das geschah zu der Zeit, als Franco in El Ferrol noch ein Kind war. Franco muss aufgewachsen und erzogen worden sein mit dieser bitteren Erfahrung, in einer Atmosphäre der Niedergeschlagenheit und des Dranges nach Revanche. Vielleicht war er dabei, als der Rest des besiegten Geschwaders zurückkam, die Soldaten, die Offiziere, erniedrigt und frustriert gleichermaßen. Das mag ihn womöglich stark gezeichnet.

Und vielleicht betrachtete er, was die Kubanische Revolution ab 1959 tat – nämlich, sich den Vereinigten Staaten zu widersetzen, gegen das Imperium zu rebellieren, es in der Schweinebucht zu schlagen –, als eine Art historische Revanche für Spanien. Letztendlich haben die Kubaner durch die Art, wie wir es verstanden haben, uns den USA entgegenzustellen und ihren Angriffen standzuhalten, die Gefühle und die Hochachtung der Spanier zurückgewonnen. Dieser historische, fast sentimentale Faktor muss einen Einfluss auf die Haltung Francos gehabt haben. Ich glaube nicht an wirtschaftliche oder irgendwelche anderen Gründe. Danach, in den 20er-Jahren, nahm Franco an einem Kolonialkrieg teil, dem gegen Marokko, bei dem die Armee große Verluste erlitt. Es gab eine Schlacht, die von Annual im Jahr 1921, wo die Spanier mehr als 3000 Männer verloren. Ich habe die ganze Geschichte dieses Krieges gelesen. Franco zeichnete sich dort als militärischer Führer aus, er erlangte den Ruf eines mutigen Mannes, hatte Ansehen beim Militär. In Asturien setzten sie ihn 1934 zur Unterdrückung der Bergarbeiterstreiks ein, und daraufhin stieg sein Ansehen in reaktionären Kreisen. Zweifellos war er schlau – ich weiß nicht, ob es darin begründet liegt, dass er ein Galicier war, denen man Schläue nachsagt –, jeder kennt die Geschichte, man muss sie nicht wiederholen: Die Rolle Mussolinis und Hitlers am Spanischen Bürgerkrieg, Guernica, die Schlacht von Guadalajara, wo die Italiener geschlagen wurden. Jeder weiß, wie das zustande kam. Franco war ausgekocht, deshalb wollten sie ihn später zur Teilnahme am Zweiten Weltkrieg verpflichten.

Mussolini trat in den Krieg ein, nachdem die Deutschen die Franzosen schlugen, erfolgreich in Frankreich einmarschierten und die Engländer vertrieben. Mussolini erklärte den Krieg, aber er glaubte, auf die römischen Legionen zählen zu können. Er hatte vergessen, dass die römischen Legionen sich letztendlich aus barbarischen Stämmen zusammensetzten und dass die Römer der alten Zeiten, aus der Epoche Julius Caesars, nicht mehr existierten. Die Italiener waren ein friedfertiges Volk mit einer anderen Kultur, einer anderen Mentalität, sie besaßen die einstigen kriegerischen Traditionen nicht mehr, die die Römer gehabt hatten – die Deutschen hatten sie sich erhalten –, er trat in den Krieg ein und, Sie wissen es: eine Niederlage nach der anderen. In Äthiopien fegten sie ihn weg, in Libyen machten sie ihn nieder, aus El Alamein vertrieben sie ihn. So verwandelten sich die Italiener in ein Hindernis für die Deutschen im Krieg, sodass diese Rommel nach Afrika schicken mussten, der dann berühmt wurde. Er hatte nicht den Ruf eines repressiven Militärs, er war, so scheint es, eine Art ritterlicher Militär.

Nun gut, Hitler war auf dem Höhepunkt seiner Macht und traf sich im Oktober 1940 mit Franco in Hendaya, aber er schaffte es nicht, ihn zu überzeugen. Franco war schlau.

Umsichtig – er wurde in diesen Krieg nicht hineingezogen.
Er verpflichtete sich, eine Division zu entsenden – die Blaue Division –, aber wie gesagt, er beteiligte sich nicht am Weltkrieg, diese Position behielt er bis zum Ende bei. Danach verbündeten sich die US-Amerikaner, ihrer Tradition der »tiefen Überzeugungen« folgend, für die sie Kriege führen, mit Franco, der ab 1953 auch von ihnen geschützt wurde.

Wenn man das Leben Francos analysiert, all die Menschen, die er ermordet hat, und die Unterdrückung, die er ausgeübt hat, in Betracht zieht, dann ist sein Name mit einer tragischen Epoche in der Geschichte Spaniens verbunden. Tatsächlich hat er die Mauren – wie man sie damals nannte – aus Marokko geholt; dieselben, gegen die er gekämpft hatte. Diese waren die ersten Truppen, die kamen, und er behielt sie die ganze Zeit über als seine persönliche Leibwache.

Ich glaube nicht, dass Aznar an Francos Stelle weniger grausam gewesen wäre. Er wäre meiner Meinung nach sogar noch grausamer gewesen, und es ist sehr wahrscheinlich, dass er sich auf den Zweiten Weltkrieg eingelassen hätte, wie es Mussolini tat. Aznar hat sich den Yankees unnötig ausgeliefert und sich in einen Ziehsohn der Vereinigten Staaten verwandelt.

Würden Sie sagen, dass er weniger politische Visionen hatte als Franco?
Er stand weit unter Franco, als Persönlichkeit, in seiner Fähigkeit, als Staatsmann – das will ich damit sagen. Was politische Fähigkeiten anging, so war Aznar lediglich das Abziehbild Francos. Zumindest hat Franco bewiesen, dass er welche hatte. Aznar wäre in der gleichen Situation bedingungsloser und möglicherweise grausamer gewesen, denn er ist ein Typ voller Hass und Komplexe.

Franco war ein Mensch mit reaktionären Ideen ... Im Lauf seines Lebens erlangte er seinen Platz, und Aznar ist ein Erbe Francos, denn man weiß, dass die spanische Volkspartei (Partido Popular) aus jenen Reihen hervorging, nicht aus den sozialistischen Reihen. Aznar kam nicht aus den Reihen der Anhänger von Karl Marx, sondern aus den franquistischen Reihen, und seine Mentalität war franquistisch.

Ich habe nicht sagen hören, dass Franco so viel Geld an sich gerissen hätte wie andere. Es waren Reiche, die ihn unterstützten, aber die Administration war anscheinend weniger korrupt. Wenn wir eine Art Lebensparallele herstellen und Franco auf eine Seite stellen und dieses Herrchen auf die andere Seite ...

Franco besaß zwei Zeitungen, Aznar mehr oder weniger ebenso, aber er kaufte sie einfach. In Spanien wurden die wichtigsten nationalen Massenmedien, die großen Fernsehkanäle, von Aznar und seinen Leuten kontrolliert. Wo sind da die Unterschiede?

Ich glaube auch nicht, dass Franco – selbst wenn er von kleiner Statur war – ein Mann mit Komplexen war. Aznar hingegen ist ein Mann von kleiner sowohl moralischer als auch politischer Statur. Ich bemerkte, als ich ihn das erste Mal in Santiago de Chile traf, ein seltsames Verhalten, ein Mensch mit geringem Selbstvertrauen – er war ein wenig verwirrt –, der mir einen lächerlichen und spaßhaften Krawattentausch aufdrängte.

Anfangs waren die Beziehungen zwischen Kuba und der Regierung Aznars sehr schlecht, als es zu den Debatten im Parlament kam. Eines Tages verständigten sie sich mit dem kubanischen Außenministerium, und es gab eine Vereinbarung: Aznar sollte mich anrufen. Ich wartete eines Morgens, und Aznar rief an, war freundlich – zu der Zeit befanden wir uns in einer heftigen Krise, weil wir dem Botschafter das Agreement nicht gewährt hatten; diese Auseinandersetzung lief gerade. Er sprach also, benutzte einen freundlichen Ton – es scheint, dass er das kann, wenn er will, obwohl er nicht immer kann –, er sprach darüber, dass sie die Beziehungen zu uns verbessern wollten, einen anderen Botschafter ernennen würden, und bei diesem Gespräch entstand ein normales Klima der Beziehungen zwischen unseren beiden Staaten. Ich dachte: »Gut, er hat es sich überlegt; vielleicht hat er gemerkt, dass man Kuba nicht rumschubsen oder ihm Bedingungen stellen kann.« Wir waren bereit, empfingen den neuen Botschafter, Eduardo Junco Bonet. Selbstverständlich sandte er uns einen Franquisten, er konnte keinen anderen schicken, einen Mann mit faschistischem Denken.[12] Und er kam.

Die ganze Zeit über, aber auch schon vorher, fungierte die spanische Botschaft in Kuba als Instrument der Konspiration in den Diensten der Interessenvertretung der Vereinigten Staaten. Das kann ich von der Zeit Felipe González' nicht sagen, obwohl Felipe, in dem Maße, wie seine Ideen und sein Gedankengut entarteten, bereits mit den Yankees kollaborierte.

Die spanische Botschaft arbeitete mit den Vereinigten Staaten zusammen und unterstützte die Verschwörung dieses James Cason und der sogenannten »Dissidenten«. Und von den europäischen Botschaften waren mehr als eine ziemlich angefressen. Die tschechische werde ich in diesem Zusammenhang nicht nennen, denn ich empfinde sie nicht als europäisch, auch die polnische nicht. Die Skandinavier, die sogenannten Linken, die Sozialdemokratische Partei, das ist nicht mehr die Partei von Olof Palme, der ein exzellenter Mann war, ein sehr guter Freund, der sich aufrichtig um die Probleme der Dritten Welt sorgte. Heute ist das völlig anders; sie sind immer weiter nach rechts gerückt, fast so weit wie dieser Herr Blair, der Mann des »Neuen Weges«, der Anführer der Labour Partei in der Nach-Thatcher-Ära, die eine Epoche der völligen Liberalisierung der Wirtschaft war. Und jetzt ist er ein aufgebrachter Krieger.

Haben Sie Tony Blair kennengelernt?
Ich habe Blair einmal in Genf auf einer Versammlung der WHO (Weltgesundheitsorganisation) gesehen, ich habe ihn beobachtet: überhebliche Haltung, stolz, wie jemand, der andere von oben herab behandelt. Wir haben ein paar kurze, aber säuerliche Worte gewechselt, wobei ich mit gewisser Abscheu an jene Politik der Abstimmung mit den Vereinigten Staaten gedacht habe; es waren die Tage, als die Europäer ihre feigen Positionen Kuba gegenüber mit den Yankees dahingehend aushandelten, dass Letztere einige Maßnahmen des Helms-Burton-Gesetzes bezüglich der Briten nicht anwenden sollten, im Gegenzug würden die US-Amerikaner ihnen ein paar Investitionen im Erdölgeschäft in Libyen genehmigen oder in einigen anderen Ländern des Mittleren Ostens oder vielleicht im Iran. Sie schlossen einen für sie zweckmäßigen, absolut unmoralischen Pakt.

Zwischen Briten und US-Amerikanern?
Alle untereinander, auch die Europäer, aber es war ein US-Botschafter, der das alles mit Blair verhandelte. Als ich diesen dort sah, war ich ziemlich unzufrieden. Ich lehnte ab, was sie getan hatten. Für mich war das ein Akt von Verrat, eine Verständigung ohne Moral und ohne Prinzipien.

Er sprach von Kinderarbeit, und ich sagte ihm: »Ich habe bemerkt, dass Sie von den Kindern sprachen, die in der Welt arbeiten, aber soviel ich weiß, gibt es in England zwei Millionen arbeitende Kinder.« Das sagte ich ihm in aller Ruhe. Ich denke, ihm schien das die Unverschämtheit eines Dummkopfes, eines Ignoranten aus der Dritten Welt, aber ich sagte die Wahrheit.[13]

Blair war der Erste, der dort eintraf. Die Leute kamen und gingen und pflegten einen natürlichen Umgang miteinander. Clinton hatte das Gebäude verlassen, doch hätte Clinton niemals das getan, was Blair tat. Der wirkte unglaublich stolz und arrogant, aber sonst auch gar nichts. Ich kann eine Person für mehr oder weniger sympathisch halten, aber das tut nichts zur Sache, mich interessiert, was die Leute denken und was die Leute tun.

Ich habe das Buch von Anthony Giddens gelesen, in dem er die Theorie formuliert, die, wie man vermutet, zum sogenannten »Dritten Weg«[14] geführt hat. Von einem dritten Weg hat das gar nichts. Es ist der Weg all der Überläufer auf dieser Welt. Ich sah genau, dass sich das gegen den Status der sozialen Sicherheit, den die Europäer erreicht haben, richtete: weniger Mittel für Renten, wenige Hilfe für Arbeitslose – weil es sie nach dieser Theorie in Faulenzer verwandeln würde, die danach nicht mehr arbeiteten, man müsste sie demnach in gewisser Weise zwingen. Ich gebe zu, dass man die Menschen erziehen muss, aber man muss sie nicht mit ökonomischen Mitteln zu irgendetwas zwingen. Ich spürte sofort, dass er einer von genau dieser Schule war.

Blair sah in Clinton ein Alter Ego. Clinton ist kultiviert, ein intelligenter Mann, ein Denker. Mir schien dieser Brite als jemand, der Kult mit Clinton trieb, aber niemals hätte ich mir vorstellen können, dass Blair eines Tages Bush in ein anderes Alter Ego verwandeln würde. Das ist es aber, was Blair tat.

Ich bin vorsichtig gewesen, denn ich greife nicht gern unnötig an, aber da wir über Fakten und über diese Themen sprachen, erinnerte ich mich daran.

Dennoch erscheint mir Blair ehrlicher als dieser Franquist, dieser Erbe Francos, Aznar. Zudem hat es in England keinen Franco gegeben. Wir wissen, dass im Lauf der Geschichte viele Fehler begangen und Missbrauch aller Art getrieben wurde, aber ich sehe Unterschiede zwischen Blair und Aznar. Ich sehe in Aznar ebenso wie in Silvio Berlusconi zwei große Lakaien, zwei große Erben des Faschismus, denn das sind sie.

Berlusconi besitzt alle Arten von Medien und dirigiert sie. Deshalb gelangte er an die Macht. Man weiß ganz genau, dass die Besitzer der Medien Meinungen schaffen und durchsetzen – und die Medien sind stark. Berlusconi stehen sie alle zur Verfügung, und mit ihnen kam er dorthin, wo er ist, er konnte Leute machen, und er konnte sie zerstören.

Ich würde gern noch einmal zurückkommen auf Spanien und die spanische Politik. Sie haben, andererseits, den spanischen König sehr gelobt. Würden Sie sagen, dass dieser im Allgemeinen eine korrekte Position hinsichtlich der Beziehungen zu Kuba eingenommen hat?
Ja. In jeder Beziehung, denke ich. Vor allem schätze ich König Juan Carlos, ein König, der, wie Sie ja wissen, in der Franco-Ära erzogen wurde. Man kann Franco eine gewisse Leistung nicht absprechen, zumindest schuf er eine Methode, durch die der König erzogen und unterrichtet werden konnte. Juan Carlos erwarb Kenntnisse im Militär, in der Flotte ... Franco hatte eine gute Methode gefunden, um in Spanien einen König auszubilden, einen König, der zweifellos ein Gentleman ist.

In seiner Beziehung zu Ihnen?
Ich denke, er ist generell ein Gentleman, denn sehen Sie, niemand schätzte ihn besonders, es gab keinen Grund dafür. Er war der König, und jeder wusste, warum er König war, aber er leistete Spanien einen außergewöhnlichen Dienst, als es zu diesem dummen Staatsstreich kam.

Der Staatsstreich vom 23. Februar 1981.
Und die Verschwörung. Der König schaffte es, mithilfe einiger intelligenter Militärs – an die Namen kann ich mich nicht mehr erinnern –, die Disziplin wiederherzustellen und den Triumph des Staatsstreiches, der tragische Konsequenzen gehabt hätte, zu vereiteln. Und das nach den Geschehnissen in Griechenland, denn auch in Griechenland gab es einen Militärputsch, 1967, der in einem Desaster endete. Man hätte ihn nicht aufrechterhalten können.

Das kostete seinen Schwager den Thron, König Konstantin von Griechenland.
Wen?

Der König von Griechenland, Konstantin, der den Staatsstreich in Athen unterstützte, ist der Bruder der Königin Sofia und Schwager des Königs von Spanien. Danach wollte er die Militärjunta stürzen und scheiterte. Er verlor den Thron, und die Obristen riefen 1973 die Republik aus. Es scheint, als hätte Juan Carlos aus dieser Geschichte gelernt, was man unter solchen Umständen nicht tun darf: putschende Militärs unterstützen.
Ich glaube, ich war auf einem Kongress in Moskau und habe dort von dem Staatsstreich Tejeros in Madrid erfahren. Später habe ich viel darüber gelesen, die ganze Geschichte der Rolle, die jeder Einzelne gespielt hatte, und wahrhaftig, der König zeigte Charakter, Überzeugung, Fähigkeit und Autorität. Er hat Spanien damit einen großen Dienst erwiesen, denn niemand kann ahnen, was er seinem Land damit erspart hat. Wir hatten nie einen Grund, eine schlechte Meinung von ihm zu haben, aber mit dieser Episode begannen die Leute, den König zu schätzen.

An jenem Tag wurde Juan Carlos König von Spanien, zuvor hatte man ihn lediglich als König eingesetzt. In jenem Moment machte er sich selbst zum König und verhielt sich respektvoll und wie ein Ehrenmann. Ich habe nie beobachten können, dass er seine Autorität ausgenutzt hätte, trotz seines enormen Prestiges. Er hat die Normen und die Verfassung streng respektiert. Er ist ein anständiger Mensch. Dabei möchte ich behaupten, dass einige Leute in gewissen Augenblicken versucht haben, ihn zu erpressen.

Ihn zu erpressen?
Ich sage nichts weiter, aber es gibt Leute, die versucht haben, Druck auf ihn auszuüben, um ihm seine Autorität und sein Prestige zu entziehen. Denen es nicht gefällt, dass es einen König mit Autorität und Prestige gibt und mit einem so respektvollen Verhalten. Als sie ihn fragten: »Werden Sie nach Kuba gehen?«, sagte er: »Nun, ich würde gern noch einmal nach Kuba reisen.« Aber er ist nicht wiedergekommen, denn …

Herr Aznar hat es ihm nicht erlaubt.
Das ist klar. So ist es festgelegt, und Aznar wollte nicht, er antwortete: »Er wird gehen, wenn er an der Reihe ist.« Eine ziemlich flegelhafte Antwort.

Später lernte ich den König kennen, wir haben uns häufig unterhalten. Er ist ein sympathischer Mann, erzählt Geschichten, hat persönliches Charisma. Er hat seinen Sohn erzogen. Denn in Großbritannien kritisieren sie die Monarchie ja dafür, dass sie den Prinzen nicht erzieht. Das kann man vom spanischen König nicht sagen, denn er hat zumindest versucht, Prinz Felipe zu erziehen und auszubilden. Prinz Felipe hat die Schule besucht, besitzt Kenntnisse auf militärischem Gebiet und über die Marine. Er ist ein sehr korrekter junger Mann, ich habe ihn in den Versammlungen der Gipfeltreffen und bei Amtsübernahmen verschiedener Regierungen gesehen, an denen ich teilgenommen habe. Und ich meine, dass König Juan Carlos dieses Verdienst auch für sich in Anspruch nehmen kann – die Erziehung seines Sohnes. Er schickt ihn in seinem Namen zu vielen internationalen Aktivitäten. Das ist auch ein Grund dafür, dass ich eine hohe Meinung vom König habe.

Ich lese an den spanischen Soldaten, die im Mai 2003 bei dem tragischen Flugzeugunglück in der Türkei ums Leben kamen,[15] ab, dass Spanien in diesem Krieg nichts verloren hatte, abgesehen davon, dass Herr Aznar als Lakai dienen und sich auf internationaler Ebene wichtigmachen konnte.

Es ist wie 1991, als der argentinische Präsident, Carlos Ménem, ein Kriegsschiff in den Persischen Golf schickte, um dann den Irakkrieg im Fernsehen sehen zu können. Aznar hatte die Soldaten dorthin geschickt, nach Afghanistan, damit sie anstelle der Invasoren Bushs dort starben.

Sehen Sie, wie es war: Das Interesse der Yankees war, die ganze Welt in ihre schmutzigen Angelegenheiten zu verwickeln. Soldaten aus Honduras, Nicaragua, El Salvador und der Dominikanischen Republik unter der Leitung von spanischen Offizieren, als Polizisten oder Minensucher oder was weiß ich nicht alles, dort im Irak. Das ist der Gipfel! Ehrlich, das ist doch 17. Jahrhundert.

Spanier dirigieren lateinamerikanische Soldaten – das ist wie aus *Tausendundeine Nacht*, nicht wahr? –, dort, als Polizisten im Irak, um zuzusehen, wie Lateinamerikaner und Spanier starben. Zum einen hatten diese Leute dort nichts verloren, zum anderen hatten die spanischen Autoritäten sie in Flugzeuge gesetzt, von denen jeder weiß, dass sie Unternehmen gehören, die überall in der Welt auf Geld aus sind, dabei denke ich, Spanien hat genügend Ressourcen und auch genügend Flugzeuge.

Aznar hatte einen gewichtigen Anteil an Schuld für den Verlust jener Menschenleben, denn ein Unfall kann sich trotz aller Maßnahmen ereignen, doch haben wir damals Hunderttausende von Soldaten per Flugzeug nach Afrika gebracht, ohne dass es einen einzigen Unfall gegeben hätte. Das hat zum großen Teil mit den Maßnahmen zu tun, die wir zur Sicherheit dieser Flüge ergriffen.

Aber von einer beliebigen Gesellschaft Flugzeuge zu mieten ... Gesellschaften, von denen jeder genau wissen sollte, wie sie sind und dass sie an allem Geld sparen wollen – wenn sie es an Ersatzteilen sparen können, dann sparen sie es an Ersatzteilen, denn sie sind von einer verzweifelten Geldgier geleitet. Die Spanier mieteten sie also und schickten ihre Soldaten mit diesen Flugzeugen, sodass es daher eine Verantwortlichkeit gibt, ich habe nicht den geringsten Zweifel.

Sie schickten dem König von Spanien ein Beileidsschreiben, aber dem Ministerpräsidenten hingegen nicht.
Ja, denn ich sehe die Offiziere und die Soldaten als Opfer. Sie sind dorthin gegangen, weil sie dorthin geschickt wurden, sie haben nicht darum gebeten. All unsere Leute, die an internationalen Missionen teilgenommen haben, gingen als Freiwillige, während diese spanischen Soldaten Befehle befolgten. Und was taten sie im Irak? Was hat der Irak Spanien getan?

Nein, die Soldaten, die den Unfall hatten, waren in Afghanistan.
Entschuldigung, ich wollte Afghanistan sagen. Noch weiter weg, ich weiß nicht, ob viele von ihnen gewusst hätten, wo Afghanistan überhaupt liegt, denn ich glaube, als junge US-Amerikaner gefragt wurden, wo Afghanistan liege, wussten es kaum zwölf Prozent. Das heißt, die jungen US-Amerikaner werden zum

Kämpfen in Länder geschickt, von denen sie nicht wissen, wo sie sich befinden, wenn sie denn je von ihnen gehört haben.

Deshalb fand ich es korrekt, ein Beileidsschreiben zu übermitteln. Dem Schwindler Aznar hätte ich kein Telegramm geschickt, denn er war der Schuldige am Tod dieser Soldaten, also schickte ich es dem König. Ein Glück, dass es einen König gab, sonst hätte ich nicht gewusst, an wen ich das Telegramm hätte richten sollen.

Sie unterhielten in Spanien auch sehr gute Beziehungen zu Manuel Fraga, dem ehemaligen Präsidenten der Xunta de Galicia.
Ja, ein ausgekochter, intelligenter Galicier. Glauben Sie jetzt nicht, dass ich das sage, weil ich selbst ein halber Galicier bin, nein. Fraga hat sich immer sehr um seine Freunde gekümmert, er hat versucht, alle Galicier zusammenzubringen. Er hat Veränderungen bewirkt, er hat für Spanien gearbeitet, er war ein guter Amtsinhaber. Ich habe dort in Galicien auch Verwandte, und ich spreche mit ihnen.

Klar, er ist nicht so gut erzogen, denn einerseits ist er sehr freundlich, auf der anderen Seite tut er Dinge, die nicht korrekt sind.

In welchem Sinne?
Fraga gehört zu denen, zusammen mit Felipe González und anderen – ich will sie jetzt nicht alle aufzählen –, er war Teil der Gruppe derer, die mich um jeden Preis beraten wollten, als die UdSSR zusammenbrach. Er führte mich eines Abend in ein sehr elegantes Restaurant aus – das war 1992, zur Zeit der Olympischen Spiele in Barcelona –, auch um mir Vorgehensweisen zu unterbreiten. Wissen Sie, was er mir vorschlug? – Don Manuel Fraga möge mir verzeihen – wissen Sie, wie er das Rezept definierte, das er mir für Kuba gab? »Das Rezept Nicaraguas«, sagte er, wortwörtlich. Trotzdem habe ich Hochachtung und Respekt vor ihm.

Und was bedeutet dieser Satz?
Nun, dass wir in Kuba das tun sollten, was man in Nicaragua nach den Sandinisten getan hat. All das, was Nicaragua in einen bodenlosen Abgrund aus Korruption, Raub und Auslieferung gestürzt hat. Schrecklich! Und das riet er mir, das war seine Formel.[16] Was für ein Rezept! Wie das russische, das Felipe und seine Eliteberater Gorbatschow empfohlen hatten. Und andere berieten die übrigen Länder dort. Nichts ist geblieben. Diejenigen, die den Neolibe-

ralismus auf Leben und Tod empfohlen haben, die Privatisierung, die strikte Erfüllung der Regeln des Internationalen Währungsfonds, haben viele Länder und ihre Bewohner in den Abgrund geführt.

Wann werden Sie Spanien wieder besuchen?
Nun, während dieser feine Herr Aznar dort war, ging das nicht. Aber jetzt, wo er nicht mehr da ist, wäre es sicher möglich.

Zum ersten Mal war ich 1984 bei einer Zwischenlandung in Spanien, als ich mit Daniel Ortega zusammen von der Beisetzung Juri Andropows[17] aus Moskau kam. Ich traf mich mit Felipe González in seinem Regierungssitz. Wir landeten in Madrid, und es war furchtbar nebelig, trotzdem brachten sie uns mit dem Hubschrauber in die Moncloa. Ich sprach per Telefon mit König Juan Carlos. Felipe empfing uns, ein guter Gastgeber, und da er ein waschechter Sevillaner ist, bekamen wir Sherry, Jabugo-Schinken und Manchego-Käse ... Später gingen wir zur nahe gelegenen Residenz, um zu Mittag zu essen, und der Sherry hatte meinen Appetit angeregt. Ich erinnere mich an das Mittagessen: ein wenig Gemüse und ein Wachtelbrüstchen, von dem ich dachte, es müsse die Vorspeise sein, und plötzlich brachten sie mir schon den Nachtisch! Das war lustig. Das war das erste Mal, dass ich in Spanien war. Von Madrid habe ich fast nichts gesehen, denn es waren nur ein paar Stunden. Später kam ich mit mehr Zeit zurück und reiste dann nach Galicien.

24

FIDEL UND FRANKREICH

*Eine französische Erziehung – Die Revolution von 1789 –
Victor Hugo und* Les Misérables *– Balzac und* Die menschliche
Komödie *– Jean-Paul Sartre – General de Gaulle –
Kommandant Cousteau – Régis Debray – François und Danielle
Mitterrand – Georges Marchais – Gérard Depardieu*

Sie haben mir erzählt, dass Sie von klein auf, im Haus der Lehrerin Eufrasia Feliú in Santiago, eine »französische Erziehung« genossen.¹ Denken Sie, diese hat in Ihrem Verhalten eine bemerkenswerte Spur hinterlassen?
Sicher. Etwas davon sollte geblieben sein. Wie ich Ihnen erzählte, waren die Lehrerin und ihre Familie haitianischen Ursprungs, zumindest der Vater der Lehrerin hatte lange Zeit in Haiti gelebt. Dieses Nachbarland Kubas war eine französische Kolonie und hatte vor dem Sklavenaufstand von 1791 eine Bourgeoisie französischen Ursprungs und einen Kleinadel von reinem Geschlecht. Denken Sie beispielsweise daran, dass Josephine de Beauharnais eine Bürgerliche war, zwar nicht haitianischen, sondern martinikinischen Ursprungs, und später konnte sie dem Wunsch Napoleons, sie in eine Kaiserin zu verwandeln, nicht widerstehen. Napoleon wurde zum Kaiser, nachdem er sich von den Idealen der Französischen Revolution von 1789 entfernt hatte, obwohl er in den Augen der überalterten europäischen Aristokratie immer ein Betrüger blieb.

Sowohl die Lehrerin als auch ihre Schwestern, die Musiklehrerin und die Ärztin, hatten eine höhere Schule in Frankreich oder in Haiti besucht und eine sehr strenge französische Erziehung genossen. Sie haben die Regeln und die Rituale dieser Erziehung immer strikt eingehalten und waren ihr sehr zugetan. In dieser Familie sprachen alle untereinander französisch, und etwas von dieser Sprache ist bei mir hängen geblieben, denn in diesem Alter lernen Kinder Fremdsprachen ja sehr schnell. Ich kann mich an einige Wörter erinnern, die ich damals gelernt und nie vergessen habe: »bonjour«, »bonsoir«, »fourchette«,

»merci beaucoup« ... Später, als ich das Abitur machte, lernte ich Französisch, und als begeisterter Anhänger der Französischen Revolution lernte ich das politische Trinom, das die Revolutionäre von 1789 der Menschheit hinterlassen haben: »Liberté, Égalité, Fraternité«. Erstmals in der Geschichte war der Klassenkampf von Philosophen und Intellektuellen vorausgesagt worden, und es war auch das erste Mal, dass man von diesen drei so schönen und so revolutionären Ideen sprach. Sie betrachteten sie als das Ideal der Menschheit. Das konnte niemand abstreiten. Allerdings konnten die Theoretiker nicht vorhersehen, dass die objektive Entwicklung der neuen Gesellschaft die Anwendung dieser drei Prinzipien unmöglich machen würde.

Glauben Sie, dass außer den Wörtern, die Sie behalten haben, auch in Ihrem Verhalten und in Ihren Gewohnheiten etwas von der »französischen Erziehung« übrig geblieben ist?
Meine Patentante Belén legte großen Wert darauf, uns gute Umgangsformen beizubringen. Insbesondere verlangte sie, dass wir uns beim Essen – obwohl es dort so wenig zu essen gab! – korrekt bei Tisch verhielten, dass wir uns an die bürgerlichen Regeln hielten, wie sich das gehörte: wie man die verschiedenen Bestecke benutzt, dass man nicht mit vollem Munde spricht, mit geschlossenen Lippen kaut, die Suppe nicht laut schlürft, die Ellbogen nicht auf den Tisch stützt, die Stimme nicht erhebt; all diese grundsätzlichen Dinge, die uns in Birán nicht sonderlich wichtig erschienen waren.

Dort auf dem Land lebte ich, wie ich Ihnen erzählt habe, in fast völliger Freiheit. Ohne Gesetze und größere Einschränkungen, immer draußen im Freien, spielend, rennend, Unsinn anstellend. Meine Eltern waren immer beschäftigt, mit der landwirtschaftlichen Produktion und dem Handel, sodass sie keine Zeit hatten, uns zu überwachen oder zu korrigieren – und sie verboten uns sehr wenige Dinge. Deshalb erschienen mir die Einschränkungen und Verpflichtungen im Haus dieser Lehrerin als harte und traumatisierende Erfahrung.

Aber einige Widersprüche weiß ich auch zu schätzen. Ich kam vom Land und war nicht gewohnt, Gemüse zu essen. Im Lauf des Lebens habe ich den enormen Wert des Gemüses für die Ernährung und die Gesundheit schätzen gelernt.

Später wurde mir klar, dass diese »formelle französische Erziehung« sehr nützlich war. Und sogar in der Sierra, trotz der unzähligen Schwierigkeiten des Krieges und des Lebens, waren wir immer um korrektes Verhalten, um gute Manieren bemüht, aus Respekt vor sich selbst und den anderen. Wir sind niemals, nicht einmal unter dem Vorwand oder mit dem Alibi, das Leben in den Bergen sei sehr hart, zu Wilden geworden.

Nahm die französische Kultur Einfluss auf Ihre intellektuelle Bildung und auf die Entwicklung Ihres politischen Gedankenguts?
Zweifellos, einen bedeutenden Einfluss. Ich habe Ihnen bereits erzählt, dass ich meine erste Bildung in einer Schule der französischen katholischen Brüder bekam, im Colegio de La Salle. Obwohl es wahr ist, dass ich die meiste Zeit in katholischen Schulen unterrichtet wurde, in denen die Lehrer sehr nationalistische Spanier waren und wo vorwiegend spanische Literatur gelehrt wurde; auch ein wenig kubanische, aber viel zu wenig.

In Eigenregie habe ich aber schon sehr früh viele französische Autoren gelesen, die entscheidenden Einfluss auf meine intellektuelle Entwicklung hatten und die mir geholfen haben, die Welt und die menschlichen Leidenschaften zu verstehen. Ein Autor beispielsweise, der beträchtliche Wirkung auf mich hatte, war Victor Hugo. Ein Gigant – der Literatur, des Denkens, der Politik. Mit für seine Zeit sehr fortschrittlichen Ideen. Ein Humanist und Revolutionär. Er verteidigte die Aufständischen der Pariser Kommune und forderte ihre Amnestie. Er setzte sich für das Wahlrecht der Frauen ein.

Noch als Jugendlicher las ich seinen Roman *Les Misérables* (*Die Elenden*), der mich unglaublich bewegte. Nicht nur aufgrund des dichterischen Reichtums, sondern vor allem auch wegen seines sozialen und politischen Inhalts. Zweifellos hatte dieses Werk indirekt meine Sicht auf die Welt gelenkt, auf ihre Ungerechtigkeiten und die Notwendigkeit des Kampfes, um diese Dinge zu verändern. Ich sage »indirekten Einfluss«, weil Autoren politischer Werke, wie Marx beispielsweise, einen direkten, sehr unmittelbaren Einfluss auf mich hatten, während die Literatur auf andere Weise wirkt. Auf jeden Fall war *Les Misérables* das literarische Werk, das mich neben Cervantes' *Quichotte* am meisten beeindruckte. Ich kann mich noch sehr genau daran erinnern, welchen Eindruck die ausführliche Beschreibung der Schlacht von Waterloo bei mir hinterließ.

Der venezolanische Präsident Chávez, der sehr belesen ist und zufällig auch Hugo heißt, wie Victor, hat kürzlich *Les Misérables* gelesen, oder erneut gelesen, und hat viele Episoden daraus in seinen öffentlichen Reden und Auftritten zitiert. Wir haben lange über diesen großartigen Roman gesprochen, der noch immer unglaubliche Aktualität besitzt; wenn wir bedenken, dass es heute in Lateinamerika viele ähnliche soziale und politische Situationen gibt, wie sie damals im Frankreich der beginnenden Industrialisierung Mitte des 19. Jahrhunderts bestanden.

Haben Sie auch Honoré de Balzac, einen anderen großen französischen Autor jener Epoche, gelesen?
Eine Menge. Seine Bücher habe ich vor allem in der Zeit von 1953 bis 1955 gelesen, als ich im Gefängnis war. Ich habe fast ein wenig Sehnsucht nach jener Zeit im Gefängnis, denn nie wieder hatte ich so viel Zeit zum Lesen. Ich las pausenlos, zwölf bis fünfzehn Stunden am Tag. Ich las alles. Hauptsächlich jedoch politische Essays, Geschichtsbücher, viel von José Martí, aber auch alle Arten von Literatur und auch Romane. Das war für mich eine wahre Universität der Kultur. Ein »fruchtbares Gefängnis«, wie ein Historiker mal sagte.[2]
Ich habe dort mehrere Bücher von Balzac gelesen, wie *Vater Goriot*, *Eugénia Grandet* oder *Oberst Chabert* aus seiner berühmten Reihe *Die menschliche Komödie*. Davor hatte ich schon *Das Chagrinleder* gelesen, eine faszinierende Geschichte, in der ein Mann einen Pakt mit dem Teufel schließt wegen einer seltsamen Haut, die ihm drei Wünsche gestattet, ihn aber im Gegenzug gleichzeitig schrumpft.
Einige Gelehrte behaupten, Karl Marx mochte den realistischen Stil Honoré de Balzacs. Er bewunderte diesen Schriftsteller sehr, aber auch – das muss man sagen – Cervantes und seinen *Quichotte*. Anscheinend hatte Marx die Absicht, nach Beendigung seiner Werke zu Wirtschaft und Politik eine kritische Studie über *Die menschliche Komödie* zu schreiben. Im *Kommunistischen Manifest* wird der stilistische Einfluss Balzacs sichtbar, in der Klarheit der Prosa, der Wirksamkeit und der Eleganz des einfachen Ausdrucks. Balzac schrieb seine Romane als Fortsetzungsromane in Tageszeitungen mit hohen Auflagen, er verstand es, für ein großes Publikum zu schreiben, für ein Massenpublikum. Vielleicht hätte das Manifest ohne Balzac nicht den gleichen Erfolg gehabt, nicht die große Verbreitung gefunden, die es hatte. Ein Paradox, nicht wahr? Denn Balzac hatte nichts von einem Marxisten, und obwohl er einer der ersten kritischen Romanciers der bürgerlichen Gesellschaft war, die sich zu konsolidieren begann, so war er doch stark in den monarchistischen Ideen verwurzelt. Sein größter Wunsch war es, einen Adelstitel zu erlangen, obwohl er mit dem, was man ihm zahlte, fast hungers gestorben wäre. Das war die große Illusion seines Lebens, was ihm seine literarischen Verdienste nicht streitig macht. Balzac ist neben Dostojewski, Tolstoi, Galdós[3] und Victor Hugo zweifellos einer der europäischen Romanciers des 19. Jahrhunderts, die ich am meisten bewundere.

Auch den französischen Romancier Romain Rolland[4] schätzen Sie sehr, wenn ich richtig informiert bin?
Ein wunderbarer Schriftsteller. Romain Rolland war ein großer Humanist, ein Pazifist, und seine Prosa ist von unvergleichlicher Qualität. Er kannte Gandhi und wurde zum Apostel der Gewaltfreiheit. Er widersetzte sich dem Ersten Weltkrieg. Er verteidigte die entstehende Sowjetunion. Er liebte die Musik. Ich habe alle zehn Bände seines langen Werkes *Johann Christof* mit großer Freude gelesen. Ein Meisterwerk. Eine außergewöhnliche Schilderung, ein Anspruch an den Menschen, eine Lektion der Menschlichkeit. Schade, dass er als Autor ein wenig in Vergessenheit geraten ist. Er wird heute weniger gelesen, möglicherweise sogar auch in Frankreich.

Ja, er wird wenig gelesen. Wo Sie sagen, dass Sie eine Leidenschaft für Geschichtsbücher haben: Haben Sie die Bücher der französischen Historiker zur Revolution von 1789 gelesen?
Ich habe die *Histoire socialiste de la Révolution française* von Jean Jaurés gelesen, dem großen Anführer der Linken, der kurz vor dem Ersten Weltkrieg ermordet wurde. Auch eine andere Geschichte der französischen Revolution. Ich konnte sie während der Vorbereitungen zu meiner Abiturprüfung lesen. Die einzige Version, an die ich kommen konnte, war die von Thiers. Weitere zehn Bände, diesmal aber nicht ganz so dicke. Später habe ich erfahren, dass Thiers die Aufständischen der Pariser Kommune im Jahr 1870 mit Unterstützung der deutschen Armee, die damals Paris besetzt hatte, niedergeschlagen hat. Ich habe auch Lamartine, einen anderen konservativen Schriftsteller, gelesen, der ein Buch über den rechten Flügel der Revolution, *Girondisten und Jakobiner*, geschrieben hatte.

Ich interessiere mich für alles, was mit der Geschichte um jenen Paukenschlag von 1789 zu tun hat, diesen ersten siegreichen Durchbruch des Volkes in der modernen Geschichte. Frankreich war über mehrere Dekaden die einzige Republik im monarchistischen und rückwärtsgewandten Europa des 19. Jahrhunderts. Diese politische Einzigartigkeit musste es mit jedweder Form von Angriffen und Verfolgung bezahlen. Sie wollten diese aufständische Nation im Keim ersticken, weil sie die Revolution gemacht und einen Leuchtturm der Freiheit errichtet hatte. Die Franzosen sahen sich viele Jahre lang von einem Ring des Hasses der benachbarten Imperien umgeben.

Später dann – und das muss man besonders berücksichtigen – hat die Revolution wie Saturn ihre eigenen Kinder verschlungen.

Die Franzosen haben der Welt außerdem die »Marseillaise« geschenkt, die schönste und universellste aller Hymnen. Ich kann mich nicht an den Namen des Autoren erinnern.

Rouget de Lisle.
Ja. Und ich vergesse auch nicht, dass die »Internationale«, eine andere bewegende revolutionäre Hymne, das gemeinsame Lied aller Proletarier und Rebellen dieser Welt, ein französisches Werk ist.[5]

Kennen Sie die neuen französischen Historiker, zum Beispiel aus der Schule von Annales, die mehr Wert auf lange Zeiträume und die materiellen Geschehnisse des täglichen Lebens der einfachen Leute legen als auf die Großtaten einiger mystifizierter Helden?
Mir gefällt Geschichte, immer hat sie mir gefallen, besonders – zudem es Notwendigkeit war – die Geschichte von Kriegen oder militärischen Dingen. Ich habe fast alles gelesen, was über den Zweiten Weltkrieg geschrieben wurde. Allerdings bin ich überhaupt kein Spezialist für Geschichtsschreibung und kenne die verschiedenen Schulen nicht. Ich habe viele exzellente sowjetische Historiker gelesen, welche die Geschichte so angehen: das konkrete, materielle Leben der Menschen, die langsame Evolution der Gewohnheiten.

Vielleicht gehört dieser Schule, die Sie ansprechen, ein leidenschaftliches Werk an, das ich vor einigen Jahren gelesen habe. Es stammt von einem modernen französischen Historiker namens Georges Duby. Eine wundervolle *Geschichte des privaten Lebens* in mehreren Bänden, die ins Spanische übersetzt wurde. Mit einem sagenhaften dichterischen Reichtum erzählt sie, beginnend in Griechenland und Rom bis ins moderne Zeitalter hinein, wie sich die Beziehungen innerhalb der Familie entwickelt haben, die Rechte der Kinder, die Rolle des Vaters und der Mutter, der Status der Frau, wie Hochzeit und Trennung geregelt sind, Haushalt, Tod, Erbe und all solche Dinge. Ein kollektives Werk mehrerer Historiker, ich glaube, es sind viele Franzosen darunter.

Welche Erinnerungen haben Sie an den französischen Philosophen Jean-Paul Sartre?
Ich lernte Sartre 1960 hier bei uns kennen. Er kam mit Simone de Beauvoir. Ich habe sie leider nur kurz gesehen und wenig mit ihnen gesprochen, ich hätte gern mehr Zeit mit ihnen verbracht, um mich mit ihnen zu unterhalten, sich auszutauschen. Sartre hat ein warmherziges Werk, *Huracán sobre el azúcar*,

eine freundschaftliche Reportage über die Revolution in den ersten Jahren, für eine Pariser Tageszeitung *(France-Soir)* geschrieben.

Einer der Männer, die die Geschichte Frankreichs im 20. Jahrhundert maßgeblich geprägt haben, ist General Charles de Gaulle. Beim Sieg der Revolution im Januar 1959 war de Gaulle seit einigen Monaten in Frankreich an der Macht und auf dem Weg zur Gründung der Fünften Republik. Man kann sagen, dass die Kubanische Revolution und die Fünfte Französische Republik gleichauf sind. Beide werden fünfzig Jahre alt.[6] Welche Meinung haben Sie von de Gaulle?

Auch wenn die Beziehungen zu ihm, wegen des Krieges gegen die Algerier, die wir unterstützten, nicht sehr gut waren, so war de Gaulle ein großer Mann. Mit all seinem Prestige und all seiner Macht fiel es ihm aufgrund der großen Zahl französischer Kolonialisten dort fürchterlich schwer, eine Lösung für das Problem in Algerien zu finden.

Ich erinnere mich an eine Leistung de Gaulles als Militär besonders: Er konzipierte die Idee, die Panzer zusammenzuführen und Panzerdivisionen zu schaffen. Er sah die Möglichkeit der Niederlage Frankreichs gegen die Deutschen voraus, denn obwohl die Franzosen mehr Panzer besaßen, vereinten die Deutschen die ihrigen in Panzerabwehrdivisionen.

Zweitens bewundere ich seine unnachgiebige Haltung gegenüber den Vereinigten Staaten, England und dem Rest der Welt. Er rettete Frankreich nach diesem schrecklichen Krieg, aus dem die Nation auch geschwächter als Spanien oder Italien hätte hervorgehen können. Er rettete die Traditionen, den Nationalstolz und die französische Widerspenstigkeit.

Später, im Jahr 1958, gab es eine ernsthafte Krise aufgrund des Krieges in Algerien, Drohungen und die Gefahr eines Staatsstreiches. In dieser Situation riefen sie de Gaulle: »Kommen Sie bitte und helfen Sie uns, aus dieser Situation herauszukommen.« Und wer sonst hätte es tut können? Er konnte es, weil er ein sehr hohes Ansehen genoss.

1971 widersetzte er sich den US-Amerikanern, als Präsident Nixon das Ende der Konvertierbarkeit des Dollars in Gold beschloss. Er wusste, dass es ein ungeheuerliches Privileg war, Geld zu drucken, das nicht durch Gold gedeckt war.

De Gaulle hat Frankreich große Dienste erwiesen; mit seinem Kampf gegen den Nazismus am Ende des Krieges sicherte er Frankreich einen Platz unter den fünf ständigen Mitgliedern des Sicherheitsrates der Vereinten Nationen. Frankreich setzte – mit dem Ansehen, das es zur Zeit des Krieges erlangt hat und das zum großen Teil de Gaulle geschuldet ist – alles daran, die Atombombe zu bauen. Und niemand konnte es ihnen verbieten, wie man es heutzutage aller Welt verbietet. Nur dem Land, das sehr eng mit den Vereinigten Staaten verbunden und Feind der arabischen Länder ist, Israel, hat man dabei geholfen, sich in eine Atommacht zu verwandeln.

De Gaulle war Genie und Persönlichkeit bis zu seinem Tod. Das ist es, was ich über ihn sagen kann. Ich habe alle drei Bände seiner *Erinnerungen an den Krieg* gelesen, ein sehr interessantes Buch. Man kann mit ihm einverstanden sein oder nicht, er hat in Frankreich eine historische Rolle gespielt. Wer die Geschichte dieser Nation gelesen hat – ein Thema, mit dem wir uns aus dem ein oder anderen Grund und sei es um der bedeutenden Rolle willen, die sie über die Jahrhunderte in der Welt gespielt hat, beschäftigen müssen –, weiß, dass es genau so gewesen ist. Jener de Gaulle des Widerstandes, jener de Gaulle, der die Fünfte Republik begründete, jener de Gaulle, der Frankreich 1968 erneut rettete. Auch wenn man nicht weiß, was er gerettet hat und wovor eigentlich, denn sie haben ja immer in politischen Krisen gelebt, und es gab Zeiten, in denen die Regierung alle sechs Monate wechselte.

Während der Vierten Republik von 1944 bis 1958.
Nun, Fehler, die im Zusammenhang mit Hitler und dem Faschismus vorkamen und die Rheinlandbesetzung ermöglichten und eine Million Dinge mehr: die Annektierung Österreichs, als Hitler nicht genügend Macht hatte und der Generalstab seiner Armee sich widersetzte, die Annektierung des Sudetenlandes nach dem niederschmetternden Münchner Abkommen von 1938. All das hat man Hitler durchgehen lassen. Später griff dieser dann mit seinen Panzerverbänden Frankreich an, genau so, wie de Gaulle es befürchtet hatte.

De Gaulle hat das in einem Buch theoretisiert.[7]
Über die Panzerdivisionen. Die Franzosen hatten ihre Panzer zur Unterstützung der Infanterieeinheiten verstreut, die Deutschen zerstörten diese Formationen. Es gibt nichts Schlimmeres für diese Mentalität als die Nachricht: »Panzer zurückziehen!« Die Russen hatten bereits Panzerdivisionen, sie begingen aus militärischer Sicht andere Fehler.

Aber de Gaulle war in der Lage, den Widerstand von London aus zu organisieren, trotz seiner Alliierten in den Vereinigten Staaten, denen er sich nicht unterwarf. Dank de Gaulle spielte Frankreich danach eine Rolle als bedeutende

Macht. De Gaulle war kein Mann der Linken, er war kein Sozialist, er war ein französischer Patriot und Militärstratege.

Was passierte allerdings im Mai 1968 vor einer drohenden Destabilisierung?
De Gaulle marschierte nach Deutschland, wo sich die französischen Truppen befanden, um sich der Unterstützung dieser Truppen zu vergewissern und jedwede Gefahr eines Volksaufstandes im Keim zu ersticken. So schien es mir, und damit konnte ich nicht einverstanden sein.

Der Franzose, den Sie am besten kennengelernt haben, ist wahrscheinlich Régis Debray. Ist das richtig?
Ich habe viele Franzosen kennengelernt, wertvolle Menschen wie den Agraringenieur André Voisin, ein Weiser, was die Technik für landwirtschaftliches Grünfutter angeht, wie ich Ihnen ja schon erzählt habe. In Kuba mochten wir ihn sehr. Er starb hier, während eines seiner Besuche. Für uns war er ein ausgezeichneter Professor, und ich las all seine Bücher über Viehzucht und Dünger. Ein Vorbote, was die Gefahr der Pestizide angeht. Die Bücher dieses weisen Franzosen, den wir sehr gut kennen, haben wir hier zu Zehntausenden verbreitet. Unser Land schuldet ihm viel.

Ein anderer Franzose, den ich sehr gut kannte, war der Kommandant Jacques-Yves Cousteau, der große Meeresforscher. Er kam sehr oft hierher und studierte mit seinem berühmten Schiff *Calypso* unsere Küsten. Er mochte Kuba und war uns immer sehr freundschaftlich und solidarisch verbunden. Ich sprach sehr viel mit ihm, bei allen möglichen Gelegenheiten. Ich hatte das außergewöhnliche Privileg, seine Sorgen über die Gefahren, die durch die Umweltzerstörung drohen, zu teilen. Viel haben wir von ihm gelernt. Viele seiner beliebten Dokumentarfilme hat er in Kuba gedreht. Er war ein glühender Verfechter des Naturerbes der Menschheit, ein großer Ökologe. Sein Tod 1997 war ein unermesslicher Verlust für unseren Planeten.

Zu Beginn kam auch ein anderer französischer Agrarwissenschaftler hierher, René Dumont, der allerdings sehr kritische Dinge über die Agrarreform in Kuba schrieb.
Nun, Dumont kritisierte alle Welt und vor allen Dingen die Länder der Dritten Welt. Er behauptete, in sämtlichen Ländern seien alle Agrarreformen gescheitert. Er war in den ersten Jahren der Revolution hier, und wir unterhielten uns ziemlich viel, weil ich mich damals sehr für die Probleme der Landwirtschaft interessierte. Er war ein sehr selbstsicherer, aber auch launischer Typ,

obwohl man ihm Anschauungen zusprechen kann, die wir heute als ökologisch bezeichnen würden, für die damalige Zeit ziemlich fortschrittlich. Aber er war nicht konstruktiv. In der Praxis konnten wir mit seiner pessimistischen Diagnostik nicht viel anfangen.

Kommen wir zurück auf Régis Debray. Wie haben Sie ihn kennengelernt?
Offensichtlich war er Anfang der 60er-Jahre, zur Zeit der Alphabetisierungskampagne, hier. Er hatte als Freiwilliger an dieser Kampagne teilgenommen und war durch das Land gereist. Anschließend kehrte er nach Frankreich zurück, wo er, glaube ich, Professor der Philosophie war und eine analytische Abhandlung über unseren revolutionären Prozess schrieb, die einige Compañeros interessierte.[8] Die Arbeit wurde übersetzt und war in Kuba ziemlich verbreitet. Ich habe sie mit Interesse gelesen. Später kam er wieder, wir sprachen mit ihm, und er unterstützte uns hier.

Wurde er hier militärisch geschult?
Das taten wir mit Freunden ganz regulär, die auf freiwilliger Basis irgendeine Art von Training bekommen wollten. Aber vor allem war er ein Intellektueller, ein typisch französischer Intellektueller, sehr rational, er hätte nie gekämpft. Ich sprach viel mit ihm. Er war gebildet und kultiviert, wollte helfen. Wir schickten ihn, wie gesagt, nach Bolivien, um die Ankunft Che Guevaras vorzubereiten, Informationen zu sammeln und Kartenmaterial über das Gebiet, wo das Hauptquartier stationiert werden sollte. Später wurde er festgenommen, wie bekannt. Wir setzten uns ein, und wir mobilisierten unsere Freunde in aller Welt, um seine Freiheit zu erlangen. Es gelang.

Später war er in Chile und verfolgte die Entwicklung der Unidad Popular. Und letztlich kam er, bereits als Berater des Präsidenten Mitterrand, um uns zu bitten, diesen falschen Poeten und falschen Gelähmten Valladares freizulassen.

Haben Sie Präsident Mitterrand kennengelernt?
Das erste Mal habe ich, so glaube ich, in Chile mit ihm gesprochen. Im September 1971 mit Salvador Allende. Beide kannten sich zweifellos von der Sozialistischen Internationalen.

Mitterrand war wenige Monate vorher zum Ersten Sekretär der Sozialistischen Partei Frankreichs gewählt worden und hatte seine Beziehungen zur Kommunistischen Partei ausgebaut, die in Frankreich damals sehr stark war, und hatte die Sozialisten mobilisiert, damit sie sich den internationalen Protesten gegen den Vietnamkrieg anschlossen. Er brachte seine Solidarität mit Kuba zum Ausdruck.

Welchen Eindruck hatten Sie von ihm?
Er war ein Mann mit einer unbestreitbaren Persönlichkeit. Gebildet und intelligent. Man spürte, dass er ein Führer mit langer politischer Erfahrung und einer unglaublichen Gewitztheit war. In diesem Augenblick begann er seinen langen politischen Marsch, der ihn zehn Jahre später zur Präsidentschaft führen sollte. Wir haben sehr gute Beziehungen zueinander aufgebaut.

Haben Sie ihn auch zu anderen Gelegenheiten gesehen?
Wir hatten ihn nach Kuba eingeladen, und 1974 kam er mit seiner Frau Danielle. Sie besuchten das Land, sahen all das, was wir machten: die Bildungsprogramme, das Gesundheitswesen, die sozialen Projekte, die wir realisierten. Wir unterhielten uns Dutzende Stunden lang. In Chile war es im Jahr zuvor bereits zu der großen Tragödie gekommen und in Portugal zur Nelkenrevolution. Er hatte eine exzellente Wahlkampagne in Frankreich absolviert und dem rechten Kandidaten Valérie Giscard d'Estaing gegenüber neunundvierzig Prozent der Stimmen erhalten. Ich glaube, er dachte da bereits an ein gemeinsames Programm aller linken Kräfte Frankreichs.

Das hat er getan, und 1981 wurde er gewählt. Haben Sie ihn noch einmal wiedergesehen, seit er Präsident war?
Nun, als er Präsident wurde, haben sich die Beziehungen unserer Länder zueinander ausgeweitet. Das war sehr positiv. Ein Beweis des Vertrauens und der Freundschaft: Er schickte uns seine Tochter Mazarine, die er aus einer anderen Beziehung hatte. Sie kam, glaube ich, Ende 1991, ich lernte sie kennen und sprach mit ihr im Haus des französischen Botschafters Jean-Raphael Dufour. Ein kühner Diplomat, couragiert, der dem Präsidenten Aristide während des Staatsstreiches in Haiti im September 1991 das Leben rettete.

Mitterrand sah ich vor allem während meines Frankreichbesuches wieder, im März 1995. Ich war auf dem Rückweg vom Gipfel für Soziale Entwicklung in Kopenhagen, und die UNESCO, die ihren Sitz in Frankreich hat, hatte mich offiziell eingeladen. Mitterrand behandelte mich trotz der Opposition der Rechten – es gab damals die »Kohabitation«, und sein Premierminister gehörte der rechten Opposition an – als offiziellen Gast der Republik.

Das war weniger als ein Jahr vor seinem Tod? Wie wirkte er auf Sie?
Man spürte, dass er krank war und sehr müde. Aber er begegnete seinem Schicksal mit enormer Standhaftigkeit und großer Würde. Trotz der Kritiken in der Presse lud er mich mit großer Zuneigung zu einem offiziellen Mittagessen im Elysée-Palast ein. Er war unterhaltsam und sehr freundschaftlich und ließ sich die Qualen seiner Krankheit nicht anmerken.

Als wir das Mittagessen beendet hatten und uns auf der Vortreppe des Elysée-Palastes verabschiedeten, durchbrach Danielle das Protokoll, umarmte mich und gab mir einen freundschaftlichen Kuss auf die Wange. Wie viele Vorwürfe kostete sie diese freundschaftliche Geste! Die Presse griff sie auf grausame Weise an.

Mit großer Liebenswürdigkeit empfing mich Danielle zusammen mit ihren Mitarbeitern auch im Privathaus der Mitterrands in der historischen Rue Bièvre im Quartier Latin. Von dort gingen wir zu Fuß durch die zauberhaften Gässchen am Ufer der Seine und der Kathedrale von Notre-Dame, um die nahe gelegenen Büros ihrer Stiftung France Libertés zu besuchen.

War es das erste Mal, dass Sie in Paris waren?
Das erste Mal. Ich wollte alles sehen: die Basilika, die Tuillerien, die Place de la Concorde, denn ich dachte an die Ereignisse der Französischen Revolution. Und natürlich die ewigen Monumente von Paris: den Eiffelturm, Notre-Dame, den Triumphbogen, die Champs-Elysées ... Ich konnte den Louvre besuchen, in Begleitung des ehemaligen Kulturministers Mitterrands.

Jack Lang.
Ja, der auch ein Freund von García Márquez ist. Ich hatte auch ein Treffen mit dem damaligen Präsidenten der Nationalversammlung, ein weiteres mit Unternehmern und dann im Lateinamerikahaus ein Treffen mit den in Frankreich so zahlreichen Freunden Kubas.

François Mitterrand verstarb zehn Monate nach Ihrem Besuch, am 8. Januar 1996. Waren Sie bei seinem Begräbnis?
Ich wurde eingeladen, und ich war dort. Ich konnte Danielle, die natürlich sehr mitgenommen war, persönlich mein Beileid aussprechen. Ich wohnte der religiösen Zeremonie in der Notre-Dame-Kirche bei. Beeindruckend. Es waren Dutzende Staats- und Regierungschefs gekommen. Unter den vielen waren neben anderen auch der neue Präsident Jacques Chirac, Boris Jelzin und

der spanische König Juan Carlos, Norodom Sihanouk aus Kambodscha und der damalige Vizepräsident Al Gore, dem Bush den Sieg der Präsidentschaftswahlen von 2000 gestohlen hatte.

Auf Anordnung des Protokolls hatten sie mich in die erste Reihe gesetzt, in die Nähe des deutschen Kanzlers Helmut Kohl, der während der Zeremonie weinte. Obwohl er ein Rechter war, ein Christdemokrat, hatte er eine sehr gute Beziehung zu Mitterrand, um die Bande zwischen Paris und Berlin zu festigen und den alten Hass aus den zahlreichen grausamen Kriegen zwischen den beiden Ländern zu vergessen.

Sie kennen Danielle Mitterrand besser, oder?
Sie ist eine wunderbare Person. Enthusiastisch, großzügig und unermüdlich in ihrem Kampf für die gerechten Dinge auf dieser Welt. Ich schätze und respektiere sie sehr. Für all das, was sie getan hat und was sie tut. Sie ist unzählige Male in Kuba gewesen. Sie kennt unseren Prozess gut und auch andere in Lateinamerika. Mit Interesse verfolgt sie die Entwicklungen in Venezuela, Brasilien, Bolivien. Sie war ebenso wie Sie in Chiapas, interessierte sich für die Belange der indigenen Bevölkerung und sprach dort auch mit Subcomandante Marcos.

Hat sie Kuba jemals gebeten, den Fall irgendeines Gefangenen zu überprüfen?
Ja, und wir haben eine Kommission, zusammengesetzt aus Repräsentanten internationaler Vereinigungen unter ihrer Leitung, autorisiert, herzukommen und die Fälle – es waren einige Dutzend –, um die sie sich sorgte, in aller Freiheit vorzubringen und sogar die Gefängnisse zu besuchen, die sie besuchen wollte. Wir haben ihnen keinerlei Steine in den Weg gelegt, denn wir wussten, dass sie ohne Vorurteile handelten, mit wirklich uneigennützigen Motiven.

In einigen Fällen konnten wir sie zufriedenstellen. Es musste eine Liste aller Personen angefordert werden, die von diesem Schritt Nutzen haben könnten. Die Kommission veröffentlichte später einen sehr objektiven und korrekten Bericht, der der Mehrheit der Argumente widersprach, mit denen wir angesichts dieses Themas permanent angegriffen werden.

Danielle hat sich immer sehr solidarisch mit Kuba gezeigt.
Die Stiftung, die sie leitet, machte sehr viele konkrete Gesten der Solidarität uns gegenüber. Wir haben sehr viel mit ihr gesprochen, und ich kann Ihnen

versichern, dass sie eine sehr starke Persönlichkeit hat. Nun, Sie kennen sie, sie sagt immer, was sie denkt, nimmt kein Blatt vor den Mund. Manchmal hat sie Differenzen uns gegenüber zum Ausdruck gebracht. Sie sagt offen, wenn sie mit etwas nicht einverstanden ist. Und wir hören ihr immer zu, denn sie ist eine ehrliche und anständige Person.

Sie haben auch Georges Marchais kennengelernt, den Generalsekretär der Kommunistischen Partei Frankreichs, nicht wahr?
Ja. Georges Marchais ist häufig nach Kuba gekommen. Er hat mit seiner Frau Liliane und seinen Kindern fast jedes Jahr die Ferien hier verbracht. Zu dieser Zeit ging ich noch sehr gern auf die Jagd und lud ihn ein, mich in den Süden Kubas, nicht weit von Trinidad, zu begleiten. Das waren günstige Bedingungen für einen Austausch über alle möglichen Themen. Immer wenn er kam, schenkte er mir mehrere Flaschen eines ausgezeichneten französischen Weines, wunderbaren Käse und eine *Foie gras* (Stopfleber), deren Produzenten ich persönlich kannte. Der französische Wein, die Käse und die *Foie gras* sind die besten der Welt! Was für ein Reichtum! Welch eine Vielfalt! Was für ein Geschmack!

Eines Tages fragte ich Marchais: »Was habt ihr eigentlich vor, wenn ihr an die Macht kommt?« Er antwortete: »Wir werden eine Reihe von Banken und großen Unternehmen verstaatlichen.« Gut, sagte ich ihm, aber kommt bloß nicht auf die Idee, die Landwirtschaft zu verstaatlichen. Lasst die Kleinbauern in Ruhe, rührt sie nicht an, sonst könnt ihr dem guten Wein, dem fantastischen Käse und der ausgezeichneten *Foie gras* Adieu sagen.

Auch Ihr Freund, der große französische Schauspieler Gérard Depardieu, liebt guten Wein! Nicht wahr?
Depardieu liebt fürwahr alle angenehmen Dinge des Lebens. Er ist ein Enthusiast. Ich kenne niemanden, der in der Lage wäre, so schnell wie er einen guten Wein zu erkennen. Er ist ein außergewöhnlicher Weinprüfer. Er ist selbst Winzer und besitzt einige Weinberge in Südfrankreich. Er produziert einen Weißwein, »Presidente«, so heißt die Marke, soviel ich weiß. Süß, obwohl ich selbst den Rotwein immer vorgezogen habe.

Depardieu ist seit 1992 häufig hier gewesen. Mit seinem Freund Gérard Bourgoin, einem Geschäftsmann, der Flugzeuge liebt und die Paris–Dakar-Autorennen, für die er ein Experte ist. Es ist ein Wunder, dass er trotz der vielen Unfälle all diese Abenteuer überlebt hat. Wir haben ihn, Depardieu und ein paar andere davon überzeugt, in Ölbohrungen zu investieren. Wir befanden uns mitten in der Sonderperiode. Obwohl weder sie noch wir große Ahnung von diesem Thema hatten, haben die einen und die anderen dazugelernt und konnten ein paar Erfolge erzielen. Wir sind noch heute Partner auf diesem Gebiet.

Als Sie 1995 in Frankreich waren, besuchten Sie gemeinsam mit Gérard Bourgoin Burgund, stimmt's?

Ja, wir waren mit ihm in einem kleinen Dorf, Chailley, in der Nähe von Auxerre, und besuchten seine Firma und die wunderschöne Region Burgund. Später bereisten wir die Region um Chablis, wo einige der besten Weißweine der Welt hergestellt werden, und unterhielten uns mit den Landwirten. Es war ein kurzer Besuch, aber warmherzig, unvergesslich.

Um die Betrachtungen rund um Frankreich zu beenden, würde ich gern mit Ihnen über Jean-Edern Hallier sprechen, einen zeitgenössischen, bereits verstorbenen, Schriftsteller, der Sie sehr mochte und ein ziemlich originelles Buch über Sie und Kuba geschrieben hat.[9] Erinnern Sie sich daran?

Wie könnte ich ihn vergessen! Ich kann mich sehr gut an ihn erinnern, er war 1990 hier. Er hatte schon vorher ein Buch geschrieben, das mir gefiel, *L'Évangile du fou*[10] oder so ähnlich. Er war ein talentierter Polemiker, Verfasser wilder Pamphlete mit einer überschäumenden Vorstellungskraft. Ein wahrhaftiger Agitator. Wir hatten den keltischen Ursprung gemeinsam – der mir seitens meines Vaters zuteilwird, der in Galicien geboren wurde –, auf den er sehr stolz war. Er war ein Rebell, der mit niemandem Frieden schloss. Seine Persönlichkeit erregte meine Aufmerksamkeit, und einmal sprachen wir stundenlang, fast ein ganze Nacht durch. Er zeigte sich uns gegenüber freundschaftlich und sehr solidarisch. Als wir erfuhren, dass er das Augenlicht verloren hatte, bedauerten wir das sehr. Und schließlich erfuhren wir 1997 von seinem Tod. Es war schade um ihn, denn er war jung und mit einem außergewöhnlichen Talent gesegnet.

25

LATEINAMERIKA

Der Subcomandante Marcos – Die Kämpfe der indigenen Bevölkerung – Evo Morales – Hugo Chávez und Venezuela – Der Staatsstreich gegen Chávez – Fortschrittliche Militärs – Kirchner und das Symbol Argentiniens – Lula und Brasilien

Comandante, ich würde Ihnen gern eine Frage zu Subcomandante Marcos stellen. Im Januar 2004 jährte sich zum zehnten Mal der Aufstand der Zapatisten in Chiapas anlässlich des Inkrafttretens des Freihandelsvertrages zwischen Mexiko, den USA und Kanada. Es würde mich interessieren, was Sie von dieser außergewöhnlichen Persönlichkeit halten, die innerhalb der Bewegung für eine andere Welt so populär geworden ist. Kennen Sie ihn, oder haben Sie seine Texte gelesen?
Ich kann ihn nicht beurteilen, aber ich habe einige Arbeiten von Ihnen über Marcos gelesen, und was man über ihn sagt, ist in der Tat sehr interessant, es hilft, seine Persönlichkeit zu verstehen, sogar, warum er sich diesen Rang »Subcomandante« gegeben hat.[1] Früher waren in Lateinamerika alle, die in Kriegen oder anderen Kämpfen engagiert waren, Generäle. Mit der Kubanischen Revolution bürgerte sich der Brauch ein, dass die Chefs »Comandantes« waren. Das war der Rang, den ich auf der *Granma* innehatte. Da ich der Anführer einer kleinen Rebellenarmee war und wir uns in der Sierra militärisch organisieren mussten, konnten wir uns keine Titel wie »Generalsekretär der Guerillakolonne« geben. So bekam ich den Beinamen »Comandante en Jefe« (Chefkommandeur). »Comandante« war der bescheidenste Titel in der traditionellen Armee, und er hatte den Vorteil, dass man ihm einfach die Bezeichnung »Chef« anfügen konnte.

Seit jener Zeit hat keine revolutionäre Bewegung mehr den Titel des Generals benutzt. Marcos jedoch benutzte den Titel »Subcomandante«. Richtig verstanden habe ich es nie. Ich habe es als eine Form von Bescheidenheit betrachtet.

Ja, er sagt: »Der Kommandant ist das Volk, ich bin der Subkommandant, denn ich stehe unter dem Befehl des Volkes.«
Das muss man erklären: Er ist der Subkommandant des Kommandanten-Volks. Sehr gut. Aus einem Buch von Ihnen über Gespräche mit ihm erfuhr ich viele Details über seine Ideen, seine Konzeption, seinen Kampf für die Sache der Indigenen. Ich las es mit großem Respekt und war sehr froh, dass ich eine so ausführliche Information über seine Persönlichkeit und über die Situation in Chiapas erhielt.

Es war zweifellos kühn, dass er diese Reise unternahm. Man kann darüber diskutieren, ob es korrekt war oder nicht, das zu tun, aber ich habe es auf jeden Fall mit großem Interesse verfolgt.

Beziehen Sie sich auf den »Friedensmarsch« durch Mexiko, den Marcos im April 2001 unternommen hat?[2]
Ja. Ich habe das alles besonders irritiert beobachtet. Ich sehe in Marcos Redlichkeit; es ist unzweifelbar, dass es sich um einen Mann mit Integrität, Konzept und Talent handelt. Er ist ein Intellektueller, ob er nun die Person ist oder nicht, für die er gehalten wurde, als man noch wenig von ihm wusste. Ich bin nicht genügend informiert, doch das ist nicht wichtig: Entscheidend sind die Ideen, die Konstanz, die Kenntnisse eines revolutionären Kämpfers.

Ich verstehe, dass ein Marcos – oder zwei, oder hundert – auftauchen kann, denn ich kenne die Situation, in der die indigenen Völker seit Jahrhunderten leben, sie ist mir bewusst: Ich habe sie in Bolivien, Ecuador, Peru und anderen Ländern erlebt. Und, ganz aufrichtig: Ich empfinde ehrliche politische, menschliche und revolutionäre Sympathie für die indigenen Völker Lateinamerikas.

Sie verfolgen den Kampf der indigenen Völker Lateinamerikas?
Mit großer Aufmerksamkeit. Wie Sie wissen, war ich ein enger Freund des Malers Guayasamín. Ich habe ihn sehr bewundert und mich viel mit ihm unterhalten. Er sprach oft zu mir von den Problemen und den Tragödien der Indios. Außerdem fand, wie man aus der Geschichte weiß, über Jahrhunderte hinweg ein Völkermord statt. Aber allmählich kommt ein größeres Bewusstsein auf. Der Kampf von Marcos und der Indios in Mexiko ist ein weiteres Zeugnis der neuen Kampfbereitschaft.

Das ist es, was ich Ihnen zu Marcos sagen kann. Wir beobachten mit großem Respekt die Linie, die er verfolgt, so wie wir die Linie jeder Organisation, jeder fortschrittlichen Partei, jeder demokratischen Partei respektieren.

Ich hatte keine Gelegenheit, es hat nie die Möglichkeit zu einem persönlichen Gespräch mit Marcos gegeben, ich kenne ihn nicht persönlich, nur aus den Nachrichten und den Berichten, die ich über ihn gelesen habe, und ich weiß auch von vielen Personen, darunter viele Intellektuelle, dass sie ihn außerordentlich bewundern.

Auch in Ecuador gibt es eine starke indigene Bewegung, nicht wahr?
Ich schätze – wie sollte es anders sein – die Organisationen der Indios in Ecuador, la Confederación de Nacionalidades Indígenas (CONAI) und Pachakutik (Unsere Erde), ihre soziale Organisation, ihre politische Organisation und ihre Anführer, sowohl Männer als auch Frauen. Ich habe sehr mutige Führer getroffen, auch in Bolivien, wo es eine beträchtliche Kampfbereitschaft gibt, und ich kenne den wichtigsten bolivianischen Führer, Evo Morales, ein außergewöhnlicher Mensch, eine herausragende Person.

Ich stelle mir vor, dass Sie sich über die Wahl von Evo Morales zum Präsidenten von Bolivien am 18. Dezember 2005 gefreut haben.
Sehr. Diese unbestreitbar überzeugende Wahl hat die Welt bewegt, weil es das erste Mal war, dass in Bolivien ein Indigener zum Präsidenten gewählt wurde, was außergewöhnlich ist. Evo hat alle Qualitäten, sein Land und sein Volk in dieser schwierigen Stunde zu führen.

Im Herzen Amerikas gelegen, hat Bolivien seinen Namen vom Befreier Simón Bolívar angenommen. Sein erster Gouverneur war Marschall Antonio José de Sucre. Es ist ein reiches Land, sowohl aufgrund seiner Menschen als auch wegen seiner Bodenschätze, aber heute ist es die ärmste Nation der Region, mit fast neun Millionen Einwohnern, die über ein vorwiegend gebirgiges Gebiet von mehr als einer Million Quadratkilometer verstreut sind.

Das ist der Rahmen, und in diesem Rahmen erscheint Evo Morales für die Mehrheit seines Volkes als Repräsentant einer Zukunft voller Hoffnung. Er verkörpert die Bestätigung des Bruchs mit dem politischen System, das traditionell in dieser Gegend angewendet wurde, ebenso wie die Entschlossenheit der großen Massen, ihre wahre Unabhängigkeit zu erobern. Seine Wahl ist Ausdruck dessen, dass sich die politische Landkarte Lateinamerikas verändert. Es wehen neue Winde in dieser Hemisphäre.

Zu Beginn gab es keine Garantie für die Überlegenheit, die Evo in der Wahl am 18. Dezember haben würde, und man hatte Sorge, dass es im Kongress zu Wahlmanipulationen kommen könnte. Aber sein Sieg mit fast vierundfünfzig

Prozent der Stimmen im ersten Durchgang und der Gewinn auch in der Abgeordnetenkammer beseitigten jede Art von Diskussion.

Es war die Wahl des Wunders, die Wahl, die die Welt erschütterte, die das Imperium und die unhaltbare Ordnung erschütterte, aufgezwungen von den Vereinigten Staaten. Sie zeigte, dass Washington nicht mehr wie zu früheren Zeiten auf Diktaturen zurückgreifen kann, dass der Imperialismus weder die Instrumente von früher hatte noch sie anwenden konnte.

Kuba war das erste Land, das Evo Morales am 30. Dezember 2005 besuchte, gleich nach seiner Wahl zum Präsidenten und sogar noch vor seiner Amtseinführung am 22. Januar 2006. Denken Sie, dass er aufgrund dieses Besuchs Probleme mit Washington bekommen hat?
Der freundschaftliche Besuch Bruder Evos, des gewählten Präsidenten Boliviens, fügt sich in den Rahmen der historischen und tiefen Beziehungen von Brüderlichkeit und Solidarität zwischen den Völkern Kubas und Boliviens ein. Niemand kann sich daran stören. Auch an den Abkommen nicht, die unterzeichnet wurden.[3] Das sind Abkommen für das Leben und für die Menschlichkeit, die keinerlei Vergehen darstellen. Ich denke, nicht einmal für die US-Amerikaner sind sie das. Wie könnte die Regierung der Vereinigten Staaten sich gekränkt fühlen, wenn Kuba hilft, die Lebenserwartung neugeborener bolivianischer Kinder zu erhöhen? Können die Reduzierung der Kindersterblichkeit und die Abschaffung des Analphabetentums irgendjemanden beleidigen?

Glauben Sie, dass nun auch andere lateinamerikanische Länder mit der indigenen Komponente rechnen müssen?
Es herrscht eine ziemlich kritische soziale Situation in drei Ländern, in denen es eine große Kraft und einen großen indigenen Faktor gibt: Neben Bolivien sind das Peru und Ecuador. Auch in Guatemala gibt es eine große Komponente, doch ist dort die Richtung anders als in den übrigen Ländern. Was den indigenen Faktor angeht, klar, so haben auch die Mexikaner viel davon. Ich kann nur sagen, in dieser Hemisphäre ist es mehr als erklärbar, dass es einen Marcos gibt, der für die Rechte der indigenen Völker kämpft, so wie es zehn oder hundert geben könnte. Besonders beeindruckt mich die Ernsthaftigkeit der indigenen Führer, die ich kenne. Mit den Ecuadorianern habe ich viel gesprochen. Sie sprechen sehr ernsthaft. Sie flößen Respekt, sie flößen Vertrauen ein, sie sind von großer Integrität. Und in Ecuador wie in Peru und in anderen Ländern wird man mit ihnen rechnen müssen.

Sie haben gesagt, Sie fühlen eine große Bewunderung für den venezolanischen Präsidenten Hugo Chávez.
Ja, sehen Sie, da haben wir noch einen Indio. Hugo Chávez ist, wie er selbst sagt, ein neuer Indio, eine »Mischung aus Indio und Mestize«. Eigentlich sagt er, dass er ein bisschen Schwarzer sei, ein bisschen Weißer und ein bisschen Indio. Aber du blickst Chávez an, und du siehst einen authentischen Sohn Venezuelas. Einen Sohn jenes Venezuelas, das eine Mischung der Rassen ist, mit allen ehrenwerten Zügen und einem außergewöhnlichen Talent. Ich pflege mir seine Reden anzuhören; er ist stolz auf seine bescheidene Herkunft und seine ethnische Mischung, in der sich etwas von allem befindet. Vor allem aber von denjenigen, die ursprünglich Indios waren oder als Sklaven aus Afrika geholt wurden. Vielleicht hat er auch ein paar weiße Gene, und das ist nicht schlecht – die Kombination der sogenannten Ethnien ist immer gut, sie bereichert die Menschheit.

Sie haben die Entwicklung der Situation in Venezuela aus der Nähe verfolgt, vor allem die Versuche der Destabilisierung des Präsidenten Chávez.
Ja, wir haben die Geschehnisse sehr aufmerksam verfolgt. Chávez besuchte uns 1994, neun Monate nachdem er aus dem Gefängnis entlassen worden war und vier Jahre bevor er zum ersten Mal zum Präsidenten gewählt wurde. Er war sehr mutig, denn man machte ihm seine Reise nach Kuba zum Vorwurf. Er kam, und wir tauschten uns aus. Wir entdeckten einen gebildeten Mann, intelligent, sehr fortschrittlich, ein authentischer Bolivarianer. Später gewann er die Wahlen. Mehrmals. Er änderte die Verfassung, mit einer gewaltigen Unterstützung durch das Volk. Seine Gegner haben versucht, ihn mit Gewaltstreichen oder mit wirtschaftlichen Schlägen hinwegzufegen. Er hat allen Angriffen der Oligarchie und des Imperialismus auf den bolivarischen Prozess die Stirn geboten.

In den berühmten vierzig Jahren der Demokratie, die Chávez vorangingen, sind gemäß Berechnungen, die wir in Zusammenarbeit mit dem erfahrensten Stab des Bankenwesens durchgeführt haben, etwa 300 Milliarden Dollar aus dem Land geschafft worden. Venezuela könnte höher industrialisiert sein als die Schweiz und seine Bevölkerung die Bildung desselben Landes genießen, wenn wahrhaftig eine distributive Demokratie existiert hätte, wenn jene Mechanismen funktioniert hätten, wenn es etwas Wahres oder Glaubhaftes an der ganzen Demagogie und ihrer kolossalen Propaganda gäbe.

Seit die Regierung Chávez' in Venezuela an die Macht kam, bis zur Errichtung der Wechselkurskontrolle im Jahr 2003, hat es unseren Berechnungen nach eine weitere Kapitalflucht von dreißig Milliarden Dollar aus dem Land gegeben.

Wir sind der Meinung, dass all diese Phänomene die bisherige Ordnung in unserer Hemisphäre unhaltbar machen.

Am 11. April 2002 kam es in Caracas zu einem Staatsstreich gegen Präsident Chávez. Haben Sie die Geschehnisse verfolgt?

Als wir am 11. April gegen Mittag sahen, dass die von der Opposition organisierte Demonstration von Putschisten umdirigiert worden war und in Richtung Miraflores[4] marschierte, wusste ich sofort, dass ernste Ereignisse bevorstanden. Wir haben die Demonstration über Venezolana de Televisión beobachtet, der noch auf Sendung war. Die Provokationen, die Schüsse, die Opfer kamen fast sofort, unmittelbar nacheinander. Minuten später war die Übertragung durch Venezolana de Televisión unterbrochen. Die Nachrichten begannen stückweise einzutreffen, auf unterschiedlichen Wegen. Wir hörten, dass sich einige ranghohe Offiziere öffentlich gegen den Präsidenten aussprachen. Es wurde bestätigt, dass die Präsidentengarde sich zurückgezogen hatte und das Heer den Präsidentenpalast Miraflores angreifen würde. Einige venezolanische Persönlichkeiten riefen ihre Freunde in Kuba an, um sich zu verabschieden, denn sie waren bereit, Widerstand zu leisten und zu sterben; sie sprachen ganz konkret von Opferung.

Ich hatte an jenem Abend eine Sitzung mit dem Exekutivkomitee des Ministerrates in einem Saal des Palacio de las Convenciones. Seit der Mittagszeit hatte ich eine offizielle Delegation aus dem Baskenland unter dem Vorsitz des Lendakari zu Gast, die zu einem Mittagessen eingeladen worden war, als noch niemand sich vorstellen konnte, was an diesem tragischen Tag passieren würde. Sie wurden Zeugen der Ereignisse des 11. April, zwischen 13.00 und 17.00 Uhr.

Ich versuchte seit dem frühen Nachmittag, den venezolanischen Präsidenten telefonisch zu erreichen. Es war unmöglich! Nach Mitternacht, um 00.38 Uhr des 12. April, erreichte mich die Nachricht, dass Chávez am Telefon war.

Ich fragte ihn nach der konkreten Lage in diesem Augenblick. Er antwortete mir: »Wir haben uns hier im Palast verschanzt. Wir haben die militärische Kraft verloren, die entscheidend sein könnte. Sie haben die Fernsehübertragung unterbrochen. Ich habe keine Streitkräfte, die ich mobilisieren könnte, und analysiere die Situation.« Ich fragte ihn schnell: »Welche Kräfte hast du vor Ort?«

»200 bis 300 sehr erschöpfte Männer.«

»Gibt es Panzer?«, fragte ich ihn.

»Nein, es waren Panzer da, doch die wurden in die Kasernen zurückbeordert.«

Ich fragte ihn noch einmal: »Mit welchen Kräften kannst du rechnen?«

Und er antwortet: »Wir haben andere, die aber weit weg sind, ich habe keine Verbindung zu ihnen.« Er bezog sich auf General Raúl Isaías Baduel und die Fallschirmjäger, die Panzerdivision und andere Einsatzkräfte, aber er hatte jegliche Kommunikation zu diesen loyalen bolivarischen Einheiten verloren.

Ich sagte ihm ganz vorsichtig: »Gestattest du mir, meine persönliche Meinung auszudrücken?« Er antwortete: »Ja.«

Ich fügte mit einem möglichst überzeugenden Ton hinzu: »Schreib die Bedingungen für ein ehrenwertes und würdiges Übereinkommen auf, schütze das Leben der Leute, die du hast, sie sind die loyalsten Männer. Opfere sie nicht, opfere auch dich nicht.«

Er antwortete mir bewegt: »Alle sind bereit, hier zu sterben.« Ohne eine Sekunde zu verlieren, fügte ich hinzu: »Ich weiß, aber ich glaube, dass ich in diesem Augenblick klarer denken kann als du. Tritt nicht zurück, fordere ehrenwerte und garantierte Bedingungen, damit du nicht Opfer eines Verrats wirst, denn ich denke, du musst dich schützen. Außerdem hast du eine Verpflichtung deinen Gefährten gegenüber. Opfere dich nicht!«

Mir war der grundlegende Unterschied zwischen der Situation von Allende am 11. September 1973 und der Situation von Chávez an jenem 12. April 2002 sehr bewusst. Allende hatte keinen einzigen Soldaten. Chávez konnte auf einen Großteil der Soldaten und Offiziere der Armee zählen, besonders auf die jüngeren Leute in der Armee.

»Gib nicht auf! Tritt nicht zurück!«, wiederholte ich.

Wir sprachen über andere Themen: über den Weg, wie er provisorisch das Land verlassen sollte, sich mit irgendeinem Militär, der in den Reihen der Putschisten wirkliche Autorität hatte, verständigen sollte, ihm seine Bereitschaft zeigen, das Land zu verlassen, nicht aber zurückzutreten. Von Kuba aus würden wir versuchen, das diplomatische Korps in unserem Land und in Venezuela zu mobilisieren, wir würden zwei Flugzeuge mit unserem Außenminister und einer Gruppe von Diplomaten entsenden und ihn abholen. Er dachte einige Sekunden darüber nach und akzeptierte schließlich meinen Vorschlag. Alles hing nun vom feindlichen militärischen Führer ab.

In dem Interview, das die Autoren des Buches *Chávez nuestro* (»Unser Chávez«) mit José Vicente Rangel führten – damals Verteidigungsminister und heute Vizepräsident –, der in diesem Augenblick mit Chávez zusammen war, kann man wörtlich lesen: »Der Anruf Fidels war ausschlaggebend dafür, dass es keine Selbstopferung gab. Er war entscheidend. Sein Rat half uns dabei, in der Dunkelheit klarer zu sehen. Er half uns sehr.«

Haben Sie ihn dazu ermutigt, sich mit der Waffe in der Hand zu widersetzen?
Nein, ganz im Gegenteil. Es war das, was Allende tat, meiner Meinung nach vollkommen zu Recht in der damaligen Situation. Und er hat dafür auf heroische Weise mit seinem Leben bezahlt, so wie er es versprochen hatte.

Chávez hatte drei Alternativen: sich in Miraflores zu verschanzen und bis zum Tod Widerstand zu leisten; den Palast zu verlassen und zu versuchen, sich mit dem Volk zu vereinen, um einen nationalen Widerstand zu entfesseln, mit geringen Aussichten auf Erfolg unter den gegebenen Umständen; oder das Land zu verlassen, ohne zurückzutreten, ohne sein Amt niederzulegen, um den Kampf mit einer realen Perspektive und der Möglichkeit eines baldigen Erfolges wieder aufzunehmen. Wir empfahlen die dritte Möglichkeit.

Meine abschließenden Worte, um ihn in diesem Telefongespräch zu überzeugen, waren im Wesentlichen: »Rette die mutigen Männer, die in dieser jetzt unnötigen Schlacht bei dir sind.« Die Idee ging von der Überzeugung aus, dass das Volk – in diesem Fall mit der Unterstützung der Besten seiner Armee – einen so populären und charismatischen Präsidenten wie Chávez, der durch Verrat gestürzt worden war, wenn er nicht getötet wurde, mit umso größerer Kraft zurückfordern würde und dass seine Rückkehr damit unvermeidbar wäre. Deshalb übernahm ich die Verantwortung, ihm zu unterbreiten, was ich ihm vorschlug.

Genau in diesem Moment, da die reale Alternative einer siegreichen und schnellen Rückkehr bestand, war die Parole, mit der Waffe in der Hand zu sterben, wie Salvador Allende das sehr richtig getan hatte, nicht angebracht. Und die siegreiche Rückkehr war das, was geschah, wenn auch viel eher, als ich mir vorstellen konnte.

Versuchten Sie und Ihre Leute in diesem Augenblick, Chávez irgendwie zu helfen?
Nun, wir konnten in diesem Augenblick nur den Weg der Diplomatie gehen. Wir beriefen im Morgengrauen alle in Havanna akkreditierten Botschafter ein und schlugen ihnen vor, Felipe, unseren Außenminister, nach Caracas zu be-

gleiten, um auf friedliche Weise das Leben von Chávez zu retten, des rechtmäßig gewählten venezolanischen Präsidenten.

Ich hatte nicht den geringsten Zweifel, dass Chávez binnen kürzester Zeit auf den Schultern seines Volkes und seiner Truppen zurückkehren würde. Jetzt mussten wir vor allem sein Leben retten.

Wir schlugen vor, zwei Flugzeuge bereitzustellen, um ihn zu holen, wenn die Putschisten seine Ausreise gewähren würden. Der militärische Führer der Putschisten lehnte den Vorschlag jedoch ab, teilte ihm außerdem mit, dass er dem Kriegsrat vorgeführt werden würde. Chávez zog seine Fallschirmjägeruniform an und setzte sich, nur in Begleitung seines treuen Adjutanten Jesús Suárez Chourio, in Richtung der Festung Tiuna in Bewegung, der Kommandozentrale des Militärputsches.

Als ich ihn, wie vereinbart, zwei Stunden später wieder anrief, war er bereits von den Militärputschisten gefangen genommen worden, und jegliche Verbindung zu ihm war verloren. Das Fernsehen verbreitete unermüdlich die Nachricht seines »Rücktritts«, um seine Anhänger und die gesamte Bevölkerung zu demoralisieren.

Stunden später, es war bereits der 12. April, konnte er einen Anruf tätigen, und er sprach mit seiner Tochter María Gabriela. Er sagte ihr, er sei nicht zurückgetreten, sondern ein »gefangener Präsident«. Er bat sie, mich zu verständigen, damit ich die Welt informierte.

Seine Tochter rief mich sofort am 12. April um 10.02 Uhr morgens an und übermittelte mir die Worte ihres Vaters. Ich fragte sie gleich: »Wärst du bereit, es der Welt mit deinen eigenen Worten mitzuteilen?« »Was würde ich nicht für meinen Vater tun!«, antwortete sie mir mit genau diesem präzisen, bewundernswerten und entschlossenen Satz.

Ohne eine Sekunde zu verlieren, setzte ich mich mit Randy Alonso in Verbindung, Journalist und Direktor von *Mesa Redonda* (»Runder Tisch«), einem bekannten Fernsehprogramm. Mit dem Telefon und dem Aufnahmegerät in der Hand rief Randy die Handynummer an, die María Gabriela mir gegeben hatte. Es war fast 11.00 Uhr morgens. Wir nahmen die eindeutigen, wehmütigen und überzeugenden Worte seiner Tochter auf, die umgehend transkribiert und elektronisch an die in unserem Land ansässigen Agenturen weitergeleitet wurden. Um 12.40 Uhr am 12. April 2002 wurden sie in unserer Nachrichtensendung mit Gabrielas eigener Stimme übertragen. Das Band wurde gleichzeitig an die in Kuba akkreditierten internationalen Fernsehsender übergeben. CNN verbreitete aus Venezuela genüsslich die Nachrichten aus den Quellen der Putschisten. Seine Reporterin in Havanna verkündete jedoch gegen Mittag aus Kuba die klärenden Worte María Gabrielas.

Welche Folgen hatte das?
Nun, das wurde von Millionen Venezolanern gehört, die mehrheitlich gegen den Putsch waren, und den Militärs, die Chávez treu geblieben waren und die man mit den unverschämten Lügen über seinen angeblichen Rücktritt zu verwirren und zu paralysieren suchte.

Am späten Abend, ungefähr um 23.15 Uhr, rief María Gabriela erneut an. Ihre Stimme hatte einen tragischen Unterton. Ich ließ sie ihre ersten Worte nicht beenden und fragte: »Was ist passiert?« Sie antwortete mir: »Sie haben meinen Vater in der Nacht mit einem Hubschrauber verlegt, und niemand weiß, wohin.« »Schnell«, sagte ich ihr, »in wenigen Minuten muss das mit deiner eigenen Stimme verurteilt werden.«

Randy war bei mir wegen einer Sitzung mit Leitern der Jugendorganisation und anderen Kadern über die Programme im Rahmen des »Kampfes der Ideen«; er hatte das Aufnahmegerät bei sich, und unmittelbar darauf wiederholten wir die Geschichte vom Mittag. Somit würde die Öffentlichkeit in Venezuela und der Welt über die nächtliche Verlegung Chávez' mit unbekanntem Ziel unterrichtet werden. Das geschah in der Nacht vom 12. zum 13. April.

Für Samstag, den 13. April, frühmorgens, war eine »Offene Bühne« in Güira de Melena, einer Gemeinde in der Nähe von Havanna, anberaumt. Als ich vor 10.00 Uhr morgens ins Büro zurückkam, rief María Gabriela an. Sie teilte mir mit, dass »die Eltern von Chávez beunruhigt seien«, sie würden von Barinas aus gern mit mir sprechen und eine Erklärung abgeben.

Ich informierte sie, dass eine internationale Presseagentur mitgeteilt hätte, Chávez sei nach Turiamo gebracht worden, zur Marinebasis in Aragua an der Nordküste Venezuelas. Ich erklärte ihr, dass die Art der Information und ihre Details die Meldung wahrhaftig erscheinen ließ. Ich empfahl ihr, alles daranzusetzen, das herauszufinden. Sie fügte hinzu, dass General Lucas Rincón, Generalinspektor der Streitkräfte, ebenfalls mit mir sprechen und eine öffentliche Erklärung abgeben wollte.

Chávez' Mutter und Vater sprachen mit mir; im Bundesstaat Barinas sei alles normal. Chávez' Mutter sagte mir, dass der Militärchef der dortigen Garnison mit ihrem Mann, Hugo de los Reyes Chávez, dem Gouverneur von Barinas und Vater von Hugo Chávez, gesprochen habe. Ich versuchte, ihr ein Maximum an möglicher Ruhe zu vermitteln.

Auch der Bürgermeister von Sabaneta, dem Ort in Barinas, in dem Chávez geboren wurde, setzte sich mit mir in Verbindung. Er wollte eine Erklärung abgeben und sagte mir nebenbei, alle Garnisonen seien loyal. Sein großer Optimismus war spürbar.

Ich sprach mit Lucas Rincón. Er bestätigte, dass die Fallschirmjägerbrigade, die Panzerdivisionen und der F-16-Jagdbomberstützpunkt gegen den Putsch und bereit zum Handeln seien. Ich wagte, ihm zu empfehlen, dass er alles tun solle, um eine Lösung ohne Kampf innerhalb des Militärs zu finden. Offensichtlich war der Putsch gescheitert. Es gab keine Erklärung des Generalinspektors, da die Kommunikation unterbrochen wurde und nicht wiederhergestellt werden konnte.

Minuten später rief María Gabriela erneut an: General Baduel, Chef der Fallschirmjägerbrigaden, müsse mit mir sprechen und die loyalen Kräfte aus Maracay wollten eine Erklärung an das venezolanische Volk und die internationale Öffentlichkeit abgeben.

Ein unstillbarer Hunger nach Informationen verleitete mich dazu, Baduel drei, vier Fragen über die Lage zu stellen, bevor der Dialog fortgesetzt wurde. Er befriedigte meine Neugier richtiggehend – aus jedem Satz war Kampfbereitschaft herauszuhören. Plötzlich sagte ich zu ihm: »Alles ist bereit für Ihre Erklärung.« Er sagte: »Warten Sie eine Minute. Ich übergebe Sie an den Divisionsgeneral Julio García Montoya, den Ständigen Sekretär des Nationalen Sicherheits- und Verteidigungsrates. Er ist gekommen, um seine Hilfe für unsere Position anzubieten.« Dieser Offizier, der dienstälteste unter den jungen Militärführern von Maracay, hatte in diesem Augenblick nicht das Kommando über Truppen.

Baduel, dessen Fallschirmbrigade eine der fundamentalen Achsen der mächtigen Kraft der Panzertruppen, der gepanzerten Infanterie und der Jagdbomber in Maracay im Bundesstaat Aragua darstellte, respektierte die militärische Hierarchie und übergab das Telefon an Montoya. Die Worte dieses ranghohen Offiziers waren wirklich intelligent, überzeugend und der Situation angepasst. Er sagte im Wesentlichen, dass die venezolanischen Streitkräfte der Verfassung die Treue halten würden. Damit sagte er alles.

Ich war in der Zwischenzeit zu einer Art Pressereporter geworden, der Nachrichten und öffentliche Botschaften empfing und verbreitete, mit einem einfachen Mobiltelefon und einem Aufnahmegerät in Randys Hand. Ich wurde Zeuge des gewaltigen Gegenschlags des Volkes und der bolivarischen Streitkräfte Venezuelas.

Die Lage war in diesem Moment ausgezeichnet. Der Putsch vom 11. April hatte nicht mehr die geringste Aussicht auf Erfolg. Aber noch immer gab es ein schreckliches Risiko für unser Bruderland. Das Leben Chávez' war in großer Gefahr. Entführt von den Putschisten, war die Person Chávez für die Oligarchie und den Imperialismus das Einzige, was sie von ihrem faschistischen Abenteuer noch in den Händen hatten. Was würden sie mit ihm tun? Würden sie ihn ermorden? Würden sie ihren Hass und ihren Durst nach Rache an diesem Rebellen und bolivarischen Kämpfer, dem Freund der Armen, dem unbeugsamen Verteidiger der Würde und der Souveränität Venezuelas, befriedigen? Was würde passieren, wenn, wie in Bogotá aufgrund des Todes von Gaitán, das Volk die Nachricht von der Ermordung Chávez' erhielt? Ich konnte den Gedanken an eine ähnliche Tragödie und die damit verbundenen blutigen und zerstörerischen Folgen nicht loswerden.

Während die Mittagsstunden verstrichen, nach den zuvor erwähnten Gesprächen, kamen aus allen Teilen Nachrichten über Empörung und Aufstände der Bevölkerung. In Caracas, dem Hauptort der Geschehnisse, bewegte sich ein Meer von Menschen durch die Straßen und Alleen in Richtung Präsidentenpalast Miraflores und zu den zentralen Einrichtungen der Putschisten. In meiner Verzweiflung als Freund und Bruder des Gefangenen schossen mir tausend Gedanken durch den Kopf. Was konnten wir machen mit unserem kleinen Mobiltelefon? Ich war kurz davor, von mir aus den General Vázquez Velasco[5] anzurufen. Ich hatte nie mit ihm gesprochen und wusste nicht, wie er war. Ich wusste nicht, ob er antworten würde oder nicht und wie er antworten würde. Und für diese besondere Mission konnte ich die wertvollen Dienste von María Gabriela nicht in Anspruch nehmen. Ich bedachte es besser. Um 16.15 Uhr rief ich unseren Botschafter in Venezuela, Germán Sánchez, an. Ich fragte nach, ob er glaube, dass Vázquez Velasco antworten würde, oder nicht. Germán sagte mir, es sei möglich, dass er antworte.

»Ruf ihn an«, bat ich ihn, »sage ihm in meinem Namen, dass ich der Meinung bin, es könne aufgrund der Geschehnisse zu einen Blutbad in Venezuela kommen und dass nur ein Mann das verhindern könne: Hugo Chávez. Ermuntere ihn, dass sie ihn umgehend freilassen sollen, um den wahrscheinlichen Lauf der Ereignisse zu verhindern.«

General Vázquez Velasco beantwortete den Anruf. Er bestätigte, dass er Chávez in seiner Gewalt habe und für sein Leben bürgen würde, aber dass er das, worum er gebeten worden sei, nicht erfüllen könne. Unser Botschafter beharrte, argumentierte, versuchte ihn zu überzeugen. Der General unterbrach verärgert die Kommunikation. Er legte auf.

Sofort rief ich María Gabriela an und informierte sie über die Worte des Generals Vázquez Velasco, besonders über die, die sich auf seine Verpflichtung bezogen, für das Leben von Chávez zu garantieren. Ich bat sie, mir erneut ein Gespräch mit Baduel zu vermitteln. Um 16.49 Uhr kam der Anruf. Ich berichtete ihm detailliert von dem Gespräch zwischen Germán und Vázquez Velasco. Ich sagte ihm, wie bedeutend es meiner Meinung nach sei, dass Vázquez Velasco zugab, Chávez in seiner Gewalt zu haben. Das waren günstige Umstände, um möglichst großen Druck auf ihn auszuüben.

In diesem Augenblick wussten wir in Kuba nicht mit Sicherheit, ob Chávez verlegt worden war und wohin. Seit Stunden gingen Gerüchte um, der Gefangene sei auf die Insel Orchila gebracht worden. Als ich gegen 17.00 Uhr mit Baduel sprach, wählte der Chef der Brigade die Männer aus und machte die Hubschrauber startklar, die Präsident Chávez retten sollten. Ich konnte mir vorstellen, wie schwierig es für Baduel und die Fallschirmjäger war, präzise Daten für eine so delikate Mission zu erhalten.

Den ganzen Rest des Tages bis Mitternacht auf den 13. April widmete ich meine Zeit der Aufgabe, mit so vielen Leuten wie möglich über das eine Thema, Chávez' Leben, zu sprechen. Ich unterhielt mich mit vielen, denn an diesem Nachmittag hatte die Bevölkerung mit Unterstützung von Soldaten und Führern der Armee bereits alles unter Kontrolle. Ich habe noch immer keine Ahnung, um welche Zeit und auf welche Weise Carmona, »der Kurzweilige«[6], den Präsidentenpalast Miraflores verließ. Ich erfuhr, dass die Eskorte, unter der Leitung von Chourio, und die Mitglieder der Präsidentengarde die strategischen Punkte des Gebäudes bereits besetzt hatten und dass Rangel, der die ganze Zeit standhaft geblieben war, ins Verteidigungsministerium zurückgekehrt war.

Ich rief sogar Diosdado Cabello[7] an, als dieser soeben die Präsidentschaft übernommen hatte. Als die Kommunikation aus technischen Gründen unterbrochen wurde, sendete ich ihm über Héctor Navarro, den Bildungsminister, eine Nachricht, in der ich ihm vorschlug, in seiner Funktion als verfassungsmäßiger Präsident Vázquez Velasco den Befehl zu erteilen, Chávez freizulassen, und ihn vor der großen Verantwortung zu warnen, die er zu übernehmen hätte, wenn er den Befehl missachten würde.

Ich sprach mit fast allen dort und fühlte mich als Teil des Dramas, in das mich der Anruf María Gabrielas am Morgen des 12. April verstrickt hatte. Erst als später die ganzen Details des Leidensweges Hugo Chávez' vom Zeitpunkt seiner Verlegung mit unbekanntem Ziel in den Abendstunden des 12. April an bekannt wurden, wussten wir, welch unglaublichen Gefahren er ausgesetzt war, während derer er seinen mentalen Scharfsinn, seine Besonnenheit, kühles Blut und revolutionären Instinkt einsetzte. Unglaublicher noch, dass die Putschisten ihn bis zur letzten Minute ohne Information darüber ließen, was im Land vorging, und bis zur letzten Minute darauf bestanden, dass er seinen Rücktritt unterzeichnete, was er nie getan hat.

Ein Privatflugzeug, das einem bekannten Oligarchen gehörte, dessen Namen ich nicht nenne, weil die Information nicht als völlig gesichert gilt, wartete darauf, ihn wegzubringen; man weiß nicht, wohin, und man weiß nicht, in wessen Hände.

Ich habe Ihnen alles erzählt, was ich weiß – andere Hände werden eines Tages mit allen Details das zu Papier bringen, was an dieser Geschichte noch fehlt.

Chávez ist ein Vertreter der fortschrittlichen Militärs, aber in Europa und auch in Lateinamerika werfen ihm viele progressive Menschen genau das vor: ein Militär zu sein. Welche Meinung haben Sie zu diesem scheinbaren Widerspruch zwischen der Fortschrittsbewegung und dem Militärischen?
Omar Torrijos in Panama war ein Beispiel für einen Militär mit einem tiefen Bewusstsein für soziale Gerechtigkeit und für die Heimat. Juan Velasco Alvarado[8] in Peru hat ebenfalls wichtige Aktionen für den Fortschritt durchgesetzt. Man sollt sich erinnern, dass bei den Brasilianern zum Beispiel Luis Carlos Prestes ein revolutionärer Offizier war, der von 1924 bis 1926 einen ebenso heroischen Marsch realisiert hat wie Mao Tse-tung von 1934 bis 1935.

Jorge Amado[9] schrieb unter seinen hervorragenden literarischen Werken eine schöne Geschichte über den Marsch von Prestes mit dem Titel *El caballero de la esperanza* (*Der Ritter der Hoffnung*). Diese militärische Großtat war etwas Beeindruckendes, sie dauerte mehr als zweieinhalb Jahre, in denen er riesige Gebiete seines Landes durchstreifte, ohne eine Niederlage zu erleiden. Es gab wichtige revolutionäre Heldentaten, die von Militärs des vergangenen 20. Jahrhunderts ausgingen. Unter ihnen kann ich Namen illustrer Militärs nennen, so wie Lázaro Cárdenas, ein General der Mexikanischen Revolution, der das Erdöl verstaatlichte, Agrarreformen durchführte und sich die Unterstützung des Volkes für alle Zeiten eroberte.

Unter den ersten, die sich im 20. Jahrhundert in Zentralamerika erhoben, war eine Gruppe guatemaltekischer Militärs in den 50er-Jahren, die unter Jacobo Árbenz, einem ranghohen Offizier der guatemaltekischen Armee, an historischen revolutionären Ereignissen teilnahmen. Darunter die noble und mutige Agrarreform, die zur Söldnerinvasion führte, die der Imperialismus – genau wie in der Schweinebucht und aus dem gleichen Grund – gegen die damalige Regierung aussandte und die es verdient, fortschrittlich genannt zu werden.

Es gibt viele Fälle fortschrittlicher Militärs. Juan Domingo Perón in Argentinien war auch militärischen Ursprungs. Man muss sich ansehen, zu welchem Zeitpunkt er in Erscheinung trat; 1943 wurde er zum Arbeitsminister ernannt und erließ Gesetze zum Vorteil der Arbeiter, die so weit reichten, dass das Volk ihn rettete, als er ins Gefängnis kam.

Perón hat einige Fehler gemacht, er hat die argentinische Oligarchie beleidigt, sie erniedrigt, das Theater und andere Symbole der Reichen verstaatlicht, wohingegen die politische und ökonomische Macht intakt geblieben waren, die ihn zur gegebenen Zeit mithilfe der Vereinigten Staaten stürzen konnten. Die Größe Peróns bestand darin, dass er an die Reserven und Ressourcen, über die das reiche Land verfügte, appellierte und alles tat, was die Lebenssituation der Arbeiter verbessern konnte. Diese soziale Klasse, stets dankbar und treu, machte aus Perón bis zu seinem Lebensende ein Idol der einfachen Menschen.

General Líber Seregni, der bis vor einigen Jahren Präsident der Frente Amplio, der Breiten Front in Uruguay, war, ist einer der fortschrittlichsten und geachtetsten Führer Lateinamerikas. Seine Integrität, sein Anstand, seine Standhaftigkeit und seine Entschlossenheit haben zum historischen Sieg dieses noblen und solidarischen Volkes beigetragen, das Tabaré Vázquez, Nachfolger Seregnis, Präsident der República Oriental del Uruguay, gewählt und die uruguayische Linke an die Regierung gebracht hat, zu einem Zeitpunkt, als das Land am Rand eines Abgrundes stand. Kuba ist Líber Seregni dankbar für die solide Basis, auf der er zusammen mit vielen hervorragenden Uruguayern die brüderlichen und solidarischen Beziehungen, die es heute zwischen Uruguay und Kuba gibt, geschmiedet hat.

Wir dürfen auf keinen Fall Francisco Caamaño vergessen, den jungen dominikanischen Militär, der viele Monate gegen 40 000 US-amerikanische Soldaten gekämpft hat, die Präsident Johnson 1965 in die Dominikanische Republik geschickt hatte, um die Rückkehr des verfassungsmäßigen Präsidenten Juan Bosch zu verhindern. Sein beharrlicher Widerstand gegen die Invasoren an der Spitze einer Handvoll Soldaten und Zivilisten, der mehrere Monate andauerte, gehört zu den glorreichsten revolutionären Episoden, die in dieser Hemisphäre geschrieben wurden. Caamaño ging nach einem Waffenstillstand, den er dem

Imperium abgenötigt hatte, in sein Land zurück und gab sein Leben im Kampf für die Befreiung seines Volkes.

Ohne einen Mann wie Hugo Chávez, der in einer bescheidenen Wiege geboren und in der Disziplin der Militärakademien von Venezuela erzogen wurde, wo Bolívar so viele Ideen der Freiheit, Einheit und der lateinamerikanischen Integration gesät hat, wäre es in diesem für Lateinamerika so entscheidenden Augenblick nicht zu einem Prozess von so großer historischer und internationaler Tragweite gekommen, wie ihn der aktuelle revolutionäre Prozess unseres Bruderlandes Venezuela verkörpert. Ich sehe da überhaupt keinen Widerspruch.

In Argentinien haben Perón und Peronismus noch immer einen großen Einfluss. Ein Argentinien, in dem in gewisser Weise im Dezember 2001 das neoliberale Modell mit einem lauten Knall in sich zusammenbrach. Was halten Sie von den jüngsten Geschehnissen in Argentinien?
Als uns im Mai 2003 die Nachrichten vom Wahlergebnis in Argentinien mit der Verkündigung des Wahlsieges Néstor Kirchners und der Niederlage Carlos Ménems erreichten, spürte ich große Genugtuung. Warum? Dafür gibt es einen wichtigen Grund: Das Schlimmste an diesem wilden Kapitalismus, wie Chávez sagen würde, das Schlimmste der neoliberalen Globalisierung in dem lateinamerikanischen Land, das zum Symbol par exellence des Neoliberalismus geworden war, hatte eine Niederlage erlitten.

Die Argentinier, auch wenn sie weit davon entfernt waren, die gesteckten Ziele zu erreichen, haben keine Ahnung, welchen Dienst sie den lateinamerikanischen Ländern und der Welt damit erwiesen haben, dass sie jenes wichtige Symbol der neoliberalen Globalisierung in der tiefsten Gruft des Pazifiks, in mehr als 8000 Meter Tiefe versenkt haben. Sie haben der wachsenden Anzahl von Personen enorme Kraft verliehen, die in unserem Amerika mehr und mehr ein Bewusstsein darüber entwickelt haben, wie schrecklich und fatal diese Geschichte ist, die die neoliberale Globalisierung darstellt.

Wenn man will, kann man sich daran erinnern, dass Papst Johannes Paul II., der weltweit großen Respekt genoss, als er 1998 unser Land besuchte, von der »Globalisierung der Solidarität« gesprochen hat. Könnte irgendjemand gegen diese Globalisierung im wahrsten Sinne des Wortes sein – die nicht nur die Beziehungen zwischen denjenigen berücksichtigt, die innerhalb von bestimmten Grenzen leben, sondern alle Menschen auf diesem Planeten mit einschließt – und dagegen, dass diese Solidarität morgen, in einer Welt wahrhaftiger Freiheit, Gleichheit und Gerechtigkeit, auch von denen ausgeübt wird, die heute unsere natürlichen Ressourcen verschwenden, zerstören und verschleudern und damit die Bewohner dieses Planeten zum Tode verurteilen?

Man kann den Himmel nicht an einem Tag erreichen, aber glauben Sie mir, dass die Argentinier einem Symbol einen ungeheuerlichen Schlag versetzt haben, und das ist sehr viel wert.

Lateinamerika hat noch immer das Problem der Auslandsverschuldung.
Diese Schulden sind in der Welt proportional zum Bevölkerungswachstum gestiegen. Der Gesamtbetrag der Auslandsverschuldung beläuft sich heute auf zweieinhalb bis zwei Komma sechs Trillionen Dollar! Die entwickelten Länder bieten den Ländern der Dritten Welt als offizielle Entwicklungshilfe für dieses Jahr etwa dreiundfünfzig Milliarden Dollar an, im Gegenzug kassieren sie mehr als 350 Milliarden Dollar nur an Zinsen für diese Auslandsverschuldung!

In Lateinamerika ist diese Auslandsverschuldung unaufhaltsam angestiegen und beläuft sich zurzeit auf rund 800 Milliarden Dollar. Niemand kann das bezahlen, und es macht jegliche ernsthafte Entwicklungspolitik unmöglich. Man kann den Hunger in Lateinamerika nicht beseitigen, wenn die Regierungen weiterhin ein Viertel ihrer Exporteinnahmen für Schulden aufbringen müssen, die sie fast schon zweimal bezahlt haben und die jetzt fast das Doppelte dessen betragen, was es vor zehn Jahren einmal war ...

Jetzt schlagen die Vereinigten Staaten als Lösung ALCA, die Freihandelszone für Amerika, vor. Was halten Sie von ALCA?
Ein Desaster. Aber ein vermeidbares Desaster. Denn wir waren Zeugen der Schlacht, die in Mar del Plata am 4. und 5. November 2005 während des sogenannten »Cumbre de las Américas«, des Amerikagipfels, geschlagen wurde. Es war ein großartiger Kampf gegen ALCA. Es gab zwei Kämpfe, einen auf der Straße und im Stadion und einen weiteren auf dem Gelände, wo sich die Staatschefs versammelt hatten.

In Mar del Plata erlitt das unheilvolle Projekt ALCA definitiv eine Niederlage. ALCA bedeutet die Öffnung der Grenzen aller Länder, die eine sehr geringe technische Entwicklung haben, für die Produkte jener Länder mit höchster Technologie und Produktivität, jener, die Flugzeuge neuesten Modells herstellen, jener, die die weltweite Kommunikation beherrschen, jener, die folgende Dinge von uns wollen: Rohstoffe, billige Arbeitskräfte, Kunden und Märkte. Eine neue Form erbarmungsloser Kolonialisierung.

Denken Sie, dass ein solches Projekt die Abhängigkeit Lateinamerikas von den Vereinigten Staaten verstärken könnte?
Wenn Lateinamerika vom Imperium verschlungen werden würde, dann würde es uns verschlingen wie jener Wal, der den Propheten Jonas verschlungen hat und ihn nicht verdauen konnte, dann müssten sie uns irgendwann wieder ausspucken, und wir würden wiedergeboren werden auf diesem Kontinent. Aber ich glaube nicht, dass wir so einfach zu schlucken sind, und ich habe die Hoffnung, dass wir nicht verschlungen werden können. Die Ereignisse der letzten Jahre zeigen es immer mehr: Man kann die Welt nicht mit einem Soldaten und einem Bajonett in jeder Schule, in jedem Haus und in jedem Park regieren.

Ich habe immer gesagt, dass man auf die Nordamerikaner selbst zählen muss, auf die Intellektuellen und das Volk der Vereinigten Staaten.

Man kann dieses Volk betrügen, aber wenn es die Wahrheit erfährt, wie im Fall des Jungen Elián ...[10] Dieses Volk hat zu achtzig Prozent die Rückkehr des kubanischen Jungen Elián González unterstützt.

Dieses Volk widersetzt sich heute der Blockade gegen Kuba. Dieses Volk widersetzt sich in wachsendem Maße der Doktrin des Überraschungs- und Angriffskrieges, trotz des grausamen Angriffs auf die Stadt New York am 11. September 2001. Man muss mit ihm rechnen.

Man muss auch mit den europäischen Intellektuellen rechnen, denn Menschen wie Sie haben große Anstrengungen unternommen, um ein Bewusstsein zu schaffen, und beträchtlich zur Herausbildung jenes notwendigen Bewusstseins beigetragen.

Mittlerweile gibt es zudem eine Reihe von Regierungen, die fortschrittliche Maßnahmen ergreifen, in Venezuela, Brasilien, Argentinien, Uruguay und in anderen Ländern. Wie beurteilen Sie zum Beispiel das, was Lula in Brasilien macht?
Natürlich sehe ich, was Lula macht, mit größter Sympathie. Er hat keine ausreichende Mehrheit im Parlament; er musste sich auf andere Kräfte stützen, bis hin zu den Konservativen, um einige Reformen voranzubringen. Die Presse hat einem Korruptionsskandal von Parlamentariern viel Publizität eingeräumt, aber sie konnten ihn da nicht mit hineinziehen. Lula ist eine populäre Führungspersönlichkeit. Ich kenne ihn seit vielen Jahren, wir haben seinen Kurs verfolgt, wir haben viel mit ihm geredet. Er ist ein Mann mit Überzeugungen, intelligent, patriotisch, fortschrittlich, von einfacher Herkunft, der seine Wurzeln ebenso wenig vergessen hat wie das Volk, das immer hinter ihm stand. Ich

denke, dass jeder das so sieht. Es geht nicht darum, eine Revolution zu machen, es geht darum, eine Herausforderung zu gewinnen: den Hunger zu besiegen. Er kann es schaffen. Und ich denke, wir alle sollten ihn unterstützten.[11]

Comandante, glauben Sie, dass die Ära der Revolutionen und der bewaffneten Kämpfe in Lateinamerika zu Ende ist?
Sehen Sie, niemand kann heute garantieren, dass es in Lateinamerika revolutionäre Veränderungen geben wird. Aber es kann auch niemand zusichern, dass sie in irgendeinem Moment, in einem oder mehreren Ländern, nicht auftreten werden. Wenn man die wirtschaftliche und soziale Situation in einigen Ländern objektiv analysiert, kann man nicht den geringsten Zweifel daran haben, dass es sich um eine explosive Situation handelt. Die Kindersterblichkeitsrate beispielsweise liegt in einigen Ländern bei fünfundsechzig pro Tausend Lebendgeborenen – bei uns liegt sie unter sechseinhalb. Es sterben im Durchschnitt zehnmal mehr Kinder in den Ländern Lateinamerikas als in Kuba. Die Unterernährung erreicht gelegentlich vierzig Prozent der Bevölkerung, Analphabetismus- und Halbanalphabetismusraten sind noch immer viel zu hoch, die Arbeitslosigkeit betrifft mehrere Millionen erwachsener Bürger in Lateinamerika, und es gibt das Problem der verlassenen Kinder, die Millionen ausmachen. Der Präsident der UNICEF hat mir einmal gesagt, wenn die Gesundheitsversorgung in Lateinamerika auf dem Niveau der Gesundheitsversorgung Kubas wäre, könnte man jährlich das Leben von 700 000 Kindern retten.

Wenn man für diese Probleme nicht dringend eine Lösung findet – und ALCA ist keine Lösung und die neoliberale Globalisierung auch nicht –, dann kann es in Lateinamerika zu mehr als einer Revolution kommen, wenn die Vereinigten Staaten es am wenigsten erwarten. Und sie werden niemanden beschuldigen können, diese Revolution gefördert zu haben.

26

KUBA HEUTE

Menschenrechte – Das Wirtschaftsembargo – Presse und Information – Die Attentate vom 11. September 2001 – Die Aggressivität von Präsident Bush – Der Irakkrieg – Ein »Präventivkrieg« gegen Kuba? – Über den Terrorismus

Welches sind zurzeit Ihre größten Sorgen als Staatschef?
Wir konzentrieren uns vor allem auf den Kampf gegen den Terrorismus und den Kampf gegen Spionage. Wir konzentrieren unser Land auf den Kampf für die Freilassung der Fünf Helden, die sich in den Vereinigten Staaten in Haft befinden. Intern geht es um einen Kampf gegen verschiedene Formen der Korruption, eine große Kampagne, die wir zur Einsparung von Energie führen und um das gesamte System der Energieerzeugung zu verändern – wir bezeichnen das als wahrhaftige Energierevolution –, und darum, die Qualität und die Effizienz unseres Gesundheits- und Bildungswesen weiter zu verbessern. Wir haben viel Aufmerksamkeit und Kraft in die Entwicklung neuer Programme der internationalen Zusammenarbeit gesteckt, wie die Präsenz Tausender Ärzte und Mitarbeiter des Gesundheitswesens an vielen Orten der Welt. In Pakistan beispielsweise nach dem Erdbeben, das so viel Tod und Zerstörung verursacht hat. Oder die Operation »Milagro«, die schon spektakuläre Ergebnisse erzielt hat.[1]

Unser Land sorgt sich um die internationale Wirtschaftskrise; wir sorgen uns um das Problem des Erdöls, und wir befassen uns damit, sämtlichen Maßnahmen des wirtschaftlichen oder politischen Krieges entgegenzuwirken; unser Land konzentriert sich auf Gefechte wie die in der Menschenrechtskommission der UNO in Genf, von der jeder weiß, welche Show dort alljährlich abgezogen wird und wie viele Lügen und Verleumdungen gegen uns vorgebracht werden. Niemand erzählt der Welt, dass achtzig Prozent der Maßnahmen zur Verteidigung der Menschenrechte, die von der Kommission verabschiedet werden, Anträge sind, die von Kuba eingebracht wurden.

In der Genfer Menschenrechtskommission?
Ja. Vorschläge, die von Kuba eingebracht werden und manchmal von allen Ländern außer den Vereinigten Staaten unterstützt werden. Immer mit dreißig, fünfunddreißig oder vierzig Stimmen. Es gibt nur ein einziges Thema, bei dem die Vereinigten Staaten sich einbringen, Druck ausüben und drohen.

Das Thema Kuba.
Das Thema Kuba. Um Kuba für »Menschenrechtsverletzungen« zu verurteilen. Und jedes Jahr gibt es dort ein großes diplomatisches Gefecht.

Ein weiteres findet in der Vollversammlung der Vereinten Nationen statt, wo Kuba jedes Mal mit mehr Stimmen gegen die Blockade rechnen kann. In diesem Jahr, 2005, stieg die Zahl auf 180. Nur vier Länder stimmten gegen die Resolution zur Verurteilung der Blockade. Die Vereinigten Staaten natürlich, Israel, ihr bedingungsloser Verbündeter, und zwei der winzigen Inseln im Pazifik, die in ihrem Fortbestand völlig von den Vereinigten Staaten abhängig sind. Das bedeutet, dass mehr als neunzig Prozent der Mitglieder der Vereinten Nationen die Blockade verurteilen.[2]

Neunzig Prozent der Länder der UNO unterstützen die Klage Kubas gegen die Wirtschaftsblockade?
Ja. Einige wenige enthalten sich, und nur drei unterstützen die Vereinigten Staaten: die Marshallinseln[3], ein paar Inselchen – ich respektiere jede Größe eines Landes, aber in diesem Fall handelt es sich um ein paar Inselchen, die ein Protektorat der Yankees waren –, Palau, ein weitere kleine Insel in der gleichen Situation, und Israel, das leider der ruhmlosen Rolle des Kompagnons der Vereinigten Staaten verfallen ist und das die Blockade gegen Kuba unterstützt, gegen die Auffassung der immensen Mehrheit der Länder der Welt. Die wenigen, die sich der Stimme enthalten, tun das nicht, weil sie mit der Blockade einverstanden sind, sondern wegen der Probleme, die sie sonst mit den USA bekommen würden.

Man muss die zahlreichen Länder bewundern, die einen Kredit beim Internationalen Währungsfonds oder bei der Weltbank oder sonstige wirtschaftliche Bedürfnisse haben und die von den Vereinigten Staaten abhängig sind und doch gegen die Blockade votieren. Die Abstimmung ist nicht geheim, sondern öffentlich; wenn alle Abstimmungen bei den Vereinten Nationen geheim wären, wenn die Abstimmungen in Genf geheim wären, sie würden keine – zu keinem Thema – gewinnen.

Selbstverständlich muss man aber auch »mit allem Respekt gegenüber Europa« sagen, dass es in Genf immer wie eine Mafia gemeinsam mit den Vereinigten Staaten abstimmt. Ich muss das sagen, es ist meine Pflicht. Aber das ist nie infrage gestellt worden. Die ganze NATO wählt – und diejenigen, die der NATO nicht angehören. Als das sozialistische Lager noch existierte, hatten solche Manöver in Genf keinen Erfolg; aber dann wurden die Trikots gewechselt, die Teams gewechselt, sie sind von der einen zur anderen Seite übergelaufen. Dennoch haben sie vor fünf Jahren nicht richtig aufgepasst und gerieten in die Minderheit.

Niemals hat es etwas gegeben wie das, was den Vereinigten Staaten passiert ist: Diejenigen, welche die Mitglieder der Menschenrechtskommission wählen, haben die Vereinigten Staaten nicht gewählt. Man hat monatelang versucht herauszufinden, welche Dämonen es waren, die, in geheimer Abstimmung, gegen sie gestimmt hatten. Aber sie blieben in der Minderheit, und jetzt wagten sie keine geheime Abstimmung, sondern sie suchten einen Kandidaten, der zurücktreten würde, damit ihr Wunschkandidat gewinnt. Das heißt, sie mussten einen Kandidaten um seinen Rücktritt bitten.

So funktionieren die Dinge dort, all diese Kampagnen sind angezettelt worden. Sie haben keine ausgelassen in den letzten sechsundvierzig Jahren, eine und noch eine und noch eine.

Der Vorwurf, der Kuba am häufigsten gemacht wird, ist, politische Oppositionelle ins Gefängnis zu stecken.
Wer war es, der Tausende und Abertausende von Konterrevolutionären freigelassen hat, bevor sie ihre Strafe abgesessen hatten? Die Regierung Kubas. Es war nicht die Regierung der Vereinigten Staaten. Die Vereinigten Staaten haben jede Festnahme, die in Übereinstimmung mit unseren Gesetzen erfolgt ist, für ihre Propagandafeldzüge missbraucht.

Sie in Europa haben für politische Delikte sehr strikte Gesetze, viel härtere Gesetze als unsere. In England waren die Gefängnisse voll mit gefangenen Iren, die politische oder patriotische Motive hatten. Ich kann mich erinnern, dass es einmal einen Hungerstreik gab, bei dem die Engländer zahlreiche gefangene Iren einfach sterben ließen. Die Spanier wenden sehr harte Gesetze gegen die baskischen Gefangenen an, die dort aus politischen Gründen kämpfen. Die italienische Regierung hat noch immer Mitglieder der Roten Brigaden in Gefangenschaft, die vor mehr als dreißig Jahren aktiv waren. Wir wissen, wie hart die deutsche Regierung gegen die Baader-Meinhof-Gruppe[4] vorgegangen ist;

fast alle starben im Gefängnis. In Frankreich gibt es seit Jahrzehnten korsische Gefangene, die aus politischen Gründen kämpfen.

Und warum lassen die Vereinigten Staaten die Puerto Ricaner nicht frei, die für die Unabhängigkeit von Puerto Rico kämpfen?[5] Warum lassen sie den Journalisten Mumia Abu-Jamal nicht frei, der seit mehr als dreiundzwanzig Jahren im Gefängnis sitzt? Warum befreien sie den Anführer der indigenen Völker Leonard Peltier nicht, der sich seit mehr als fünfundzwanzig Jahren in Haft befindet?

Ich habe Ihnen bereits erzählt, dass wir nach der Invasion in der Schweinebucht 1200 Gefangene auf einen Schlag freigelassen haben. Damals gab es etwa 300 konterrevolutionäre Organisationen, und es war die Zeit des Terrorismus und massenhafter Sabotagen. Es gab zu einem bestimmten Zeitpunkt etwa 15 000 Gefangene in unserem Land.

15 000 politische Gefangene nach der Revolution?
Nennen Sie sie politische Gefangene, wenn Sie möchten. Ich habe von jenen Jahren berichtet, von der Schweinebucht, der Oktoberkrise, der Operation »Mongoose«. Es gab Dutzende Pläne für Aktionen gegen uns, die zu Tausenden von Sabotageakten und terroristischen Handlungen geführt haben, zu bewaffneten Banden, schmutzigem Krieg; die uns mehr Leben gekostet haben als die Verluste im eigentlichen Krieg.

Es gab auch 1976 das Attentat auf ein kubanisches Zivilflugzeug, das in der Luft explodierte.
Und alle starben. Die Fotos aus jener Zeit zeigen eine Million protestierender Menschen. Und der Urheber jener Verbrechen, ein international überführter und geständiger Terrorist, Luis Posada Carriles, wurde im März 2005 von den Vereinigten Staaten aufgenommen. Mitten im sogenannten »Krieg gegen den internationalen Terrorismus« haben sie einem der größten internationalen Terroristen Asyl gewährt! Gibt es vielleicht zwei Formen von Terrorismus? Einen guten und einen schlechten? Wir haben Präsident Bush, dem »kleinen Bush«, viele Male eine ganz einfache Frage gestellt: Wie ist Posada Carriles in die Vereinigten Staaten gekommen? Auf welchem Schiff? Über welchen Hafen? Welcher der Erbkronprinzen hat ihn autorisiert? War es vielleicht der dicke Bruder in Florida, der Gouverneur Jeb Bush? Und er möge mir das »Dickerchen« verzeihen, es ist keine Kritik, sondern die Empfehlung, Sport zu treiben und eine Diät einzuhalten – das sage ich im Interesse der Gesundheit dieses Gentleman.

Wer hat Posada Carriles empfangen? Wer hat ihm die Aufenthaltserlaubnis erteilt? Warum darf derjenige, der ihn unverschämterweise in die Vereinigten Staaten mitgebracht hat, in Florida und in Miami frei herumlaufen? Und der höchst unverschämte »kleine Bush« hat noch immer nicht antworten wollen, er schweigt sich aus. Die Behörden unseres Bruderlandes Mexiko hatten auch noch keine Zeit, diese Frage zu beantworten – sie sind wohl sehr beschäftigt.[6]

Soll einer sagen, dass sie nicht dreist sind, sie erfinden alle Lügen dieser Welt, und wenn man eine arglose Frage stellt, eine einfache kleine Frage, dann vergehen Monate, und sie antworten kein Wort. Und in Kuba, angesichts so vieler Aggressionen und so vieler Komplizenschaften in all diesen Jahren, was hätten wir tun sollen? Es gab Gesetze, und die Gesetze waren rigoros, ja, aber was es hier niemals gegeben hat, ist, dass jemand in Haft gestorben ist oder außergerichtlich hingerichtet wurde. Wir mussten uns verteidigen. Ich glaube nicht, dass es ein Delikt ist, sich zu verteidigen. Es gibt keinen historischen Prozess, der sich nicht in der einen oder anderen Form verteidigt hätte. Das ist das Legitimste auf der Welt, was man machen kann, denn wenn nicht, dann kann man aufgeben und sich zum Teufel scheren, sich in einen Prediger verwandeln oder Priester werden, ausschließlich die Evangelien predigen – gegen die ich nichts habe, denn sie enthalten viele positive Dinge –, aber wir haben uns nicht für die Priester- oder Predigerkarriere entschieden, sondern für eine revolutionäre Politik, die einer bestimmten Ethik verpflichtet ist.

Auch der venezolanische Präsident Chávez wurde angegriffen.
Sie wissen es sehr gut, und die ganze Welt weiß es. Ein Staat, der sich nicht verteidigt, den zerfetzen sie. Sehen Sie, was sich in Venezuela ereignet hat. Wir haben darüber gesprochen. Es gibt keinen Menschen, der die demokratischen Rechte und die Menschenrechte so respektiert hat wie Chávez. Sie haben einen Staatsstreich angezettelt, haben den Präsidenten entführt, sein Leben war in Gefahr. Die Putschisten hatten einen Mann ernannt, der in wenigen Stunden sämtliche politischen und menschlichen Rechte und Freiheiten mit Füßen trat, das Parlament und die richterliche Gewalt auflöste, die Radiosender schloss, Patrioten gefangen nahm. Ein Faschist! Carmona, der Präsident des Unternehmerverbandes Fedecámaras, war der Anführer der Arbeitgeber der Oligarchie. Dann haben sie einen Erdölstreik angezettelt. Und dort gibt es bis heute keinen einzigen politischen Gefangenen.

Irritieren Sie die ständigen Vorwürfe der Menschenrechtsverletzung, die regelmäßig gegen Kuba vorgebracht werden, besonders?
Ich glaube, dass es kein Land auf der Welt gibt, das eine sauberere Geschichte in Bezug auf die Menschenrechte hat als Kuba. Was die Revolution für die Bevölkerung erreicht hat, können wir in Zahlen ausdrücken, die kein anderer Staat aufzuweisen hat. In diesen sechsundvierzig Jahren haben wir das Leben von mindestens 450 000 Kindern gerettet, die ohne die Fortschritte, welche die Revolution mit sich gebracht hat, gestorben wären. Die Lebenserwartung liegt im heutigen Kuba achtzehn Jahre über dem Durchschnitt, den sie vor dem Triumpf der Revolution von 1959 hatte.

Wir haben die Möglichkeit zur Alphabetisierung geschaffen, und alle Kinder können zur Schule gehen, alle Erwachsenen studieren. Auf dem Gebiet der Bildung und des Gesundheitswesens gibt es kein Land in der Dritten Welt und sogar in der entwickelten kapitalistischen Welt, das erreicht hat, was wir – für das Wohlbefinden der Bevölkerung – auf diesem Gebiet vorweisen können. Die Bettlerei, die Arbeitslosigkeit wurden beseitigt. Die Laster, der Drogenkonsum und das Glücksspiel, wurden ebenfalls beseitigt. Sie werden hier keine bettelnden Kinder finden oder Kinder, die auf der Straße schlafen, keine barfüßigen, unterernährten Kinder oder Kinder, die keine Schule besuchen.

Und ich will nicht zu sehr ausschweifen, was die Hilfe für zahlreiche Länder der Dritten Welt betrifft. Es gibt kubanische Ärzte, die in mehr als vierzig Ländern der Welt arbeiten und Tausende von Leben gerettet haben. Wir leisteten kostenlose medizinische Hilfe im Fall von Tausenden von Kindern aus Tschernobyl, die kein anderes Land aufgenommen hat. Ich glaube, dass es keinen Ort auf dieser Welt gibt, wo die Großherzigkeit für die Menschen so ausgeprägt ist wie in Kuba. Und das ist das Land, das man wegen Menschenrechtsverletzungen verurteilen will? Nur mit Lügen und Verleumdungen kann man solche zutiefst unehrlichen Anschuldigungen erfinden.

Ich denke nicht, dass Kuba aufgrund seiner Gesundheitspolitik kritisiert wird, das ist vielleicht, im Gegenteil, etwas, was man schätzt. Obwohl ich glaube, dass die Zahlen kaum bekannt sind und ebenso wenig das, was Sie von der Hilfe für die Dritte Welt sagen. Können Sie da Zahlen nennen?
Was die Gesundheitspolitik angeht, hat Kuba eine Kindersterblichkeitsrate von weniger als sechs pro Tausend Lebendgeborenen im ersten Lebensjahr zu verzeichnen, damit liegen wir leicht hinter Kanada. Wir sind auf dem Weg, diese in einer nicht allzu fernen Zukunft auf fünf und später sogar auf vier zu

reduzieren, womit wir den ersten Platz auf dem Kontinent einnehmen würden. Gleichzeitig werden wir die Hälfte der Zeit benötigen, die Schweden und Japan gebraucht haben, um die durchschnittliche Lebenserwartung von siebzig auf achtzig Jahre zu steigern; zurzeit liegt sie bei 77,5 Jahren. Das Gesundheitswesen hat die Lebenserwartung um fast achtzehn Jahre gesteigert, ausgehend von sechzig beim Triumph der Revolution im Jahr 1959.

Unsere Bevölkerung hat heute mindestens fünfzehnmal so viele Ärzte, wie damals, 1959, im Land geblieben sind, und sie sind viel besser übers Land verteilt. Weitere Zehntausende befinden sich im Ausland und leisten solidarische Dienste. Kuba hat mehr als 70 000 Ärzte. Es gibt in diesem Augenblick – ich kann Ihnen die genaue Zahl nennen – 25 000 Medizinstudenten. Da zähle ich die Zehntausende nicht mit, die andere medizinische Wissenschaften studieren. Wenn wir all die mit einschließen, die ein Staatsexamen in der Krankenpflege machen, und andere, die eine Ausbildung im Gesundheitswesen absolvieren, dann befinden sich zurzeit 90 000 junge Menschen in einer medizinischen Ausbildung.

In anderen kubanischen Städten gibt es medizinische Schulen mit 400 oder 450 Schülern, die in zuverlässigen Familien untergebracht sind, welche beruflich und kulturell entsprechend ausgerichtet sind und deren psychologisches Profil wir ebenso wie das des Studierenden überprüft haben. Eine neue und einzigartige Erfahrung. Schulen mit sehr guten materiellen Voraussetzungen und der nötigen Ausrüstung für das Studium, audiovisuellen Medien, interaktiven Programmen. Das bedeutet, dass ein Arzt in einem sechsjährigen Studium über die Kenntnisse verfügt, für die er mit traditionellen Methoden zwanzig Jahre gebraucht hätte.

Wir kämpfen darum, das beste medizinische Kapital der Welt zu schaffen. Nicht nur für uns, sondern für die Völker Lateinamerikas und andere Völker dieser Welt. In der ELAM (Escuela Latinoamericana de Medicina – Lateinamerikanische Medizinschule) sind bereits mehr als 10 000 Studierende immatrikuliert. Es gibt zum Beispiel 2000 junge bolivianische Abiturienten hier. Viele Länder bitten uns darum, ihnen Ärzte auszubilden. Wir können das leisten, und niemand wird das besser machen. Wir haben pädagogische Methoden entwickelt, von denen wir nicht einmal geträumt hatten. Das Ergebnis werden wir sehen, ziemlich bald. Wir werden Zehntausende lateinamerikanische Studierende an unseren Medizinschulen haben. Kuba soll in den nächsten zehn Jahren etwa 100 000 lateinamerikanische und karibische Ärzte unter den Prinzipien von ALBA (Alternativa Bolivariana para las Américas – Bolivarische

Alternative für Amerika) ausbilden, einem Vertrag, den Kuba und Venezuela unterzeichnet haben, und wir werden diese Zahl auf unserem entschlossenen Weg zur Integration unserer Völker erreichen.

Mit dem Präsidenten Hugo Chávez – im Namen unserer beiden Völker – haben wir uns zu wichtigen sozialen und ökonomischen Programmen mit großer menschlicher und integrativer Wirkung für unsere Region verpflichtet. Vor allem geht es um die Unterstützung bei der Alphabetisierung, bei der Bildung, für Petrocaribe und Electrocaribe, im Kampf gegen das HIV-Virus und um Gesundheit im Allgemeinen.

Sie haben auch die Operation »Milagro« begonnen.
Ja, im Rahmen dieser Vereinbarung haben wir mit der Operation »Milagro« begonnen. Eine ungeheure Aufgabe, die es in dieser Form noch nie gegeben hat, um nicht weniger als sechs Millionen Lateinamerikanern und Bewohnern der karibischen Länder ihr Augenlicht zu erhalten oder zurückzugeben. Wir haben in Venezuela begonnen und dann beschlossen, die Operation »Milagro« auf die Karibik auszuweiten. Im September 2005 belief sich die Anzahl der Karibikbewohner, die bei uns operiert wurden, auf 4212 und die der Venezolaner auf 79 450 Personen – eine Zahl, die täglich steigt.[7]

Und Kuba schickt auch ärztliche Brigaden in Katastrophengebiete, nicht wahr?
Ja, so ist es. Wir haben ein internationales Ärztekontingent gebildet, das auf Katastrophensituationen und schlimme Epidemien spezialisiert ist, das »Henry Reeve«-Kontingent. Kein anderes Land der Welt wäre in der Lage, einem Land in Zentralamerika, das von einem Hurrikan getroffen wurde, 1000 Ärzte zu schicken, so wie wir das im Herbst 2005 in Guatemala getan haben. Oder diejenigen, die sich jetzt in diesem Augenblick, achtzehn Flugstunden von Havanna entfernt, in Kaschmir, Pakistan, dem Tod und dem Schmerz einer der größten Tragödien stellen, die es in letzter Zeit auf der Welt gegeben hat. Ich kann mich an keine andere Katastrophe in einer solchen Größenordnung erinnern; wegen des Ortes, wo sie stattfand, wegen der Armut der betroffenen Bevölkerung – ein Hirtenvolk, das in den hohen Bergen lebt – und weil der Winter bevorstand, dort, wo die Kälte viel intensiver ist und die Armut allzu groß. Ich habe mit jeder einzelnen jener Brigaden gesprochen, ich habe sie verabschiedet. Wir wissen, was unsere Landsleute in aller Welt leisten. Wir stehen ständig in Kontakt mit ihnen, sowohl mit den Ärzten aus dem Kontingent »Henry Reeve«

als auch mit vielen anderen. Das ist eine wunderbare Geschichte, die sich zurzeit entwickelt wie nie zuvor im Verlauf unserer Revolution.

Sie haben mir die beeindruckende Dokumentation gezeigt, die Sie jeden Morgen lesen und konsultieren, um nah an den Geschehnissen in der Welt dran zu sein; Dutzende von Meldungen und übersetzten Artikeln aus der internationalen Presse. Und in diesem Zusammenhang möchte ich gern, dass wir über Nachrichten und Informationen in Kuba sprechen. Man hat den Eindruck, dass es, obwohl es hier exzellente Journalisten gibt, sehr wenig kritische Information gibt über das, was in Kuba passiert. Was ist Ihre Meinung?
Sehen Sie, ehrlich gesagt, unsere Zeitungen sind nicht in den Händen von Feinden der Revolution, nicht in den Händen von Agenten der Vereinigten Staaten. Sie liegen in der Hand von Revolutionären. Unsere Presse ist revolutionär, unsere Journalisten im Radio, im Fernsehen sind Revolutionäre. Wir haben viele Zeitungen, jede Organisation hat ihr Presseorgan: die Arbeiter, die Jugend, die Partei, die Bauern, die Streitkräfte. Es gibt Dutzende von Zeitungen, und alle sind revolutionäre.

Den Eindruck, den man beim Lesen bekommt, beim Radiohören oder beim Ansehen der Nachrichtensendung im Fernsehen, ist, dass es nur Erfolge gibt, Siege, dass es keine Probleme gibt, dass niemand unzufrieden ist. Das erscheint ein wenig seltsam, denn ich kann mir vorstellen, dass es sogar in der Partei Debatten, Diskrepanzen und Diskussionen gibt, die kritischer sind.
Hier hat es lange Zeit die Tendenz gegeben, anzunehmen, dass kritische Artikel oder das Anprangern von schlecht gemachten Dingen dem Feind dienen würden, dass sie dem Feind und der Konterrevolution helfen würden. Manchmal herrscht die Angst vor, über etwas zu informieren, weil man glaubt, dass es dem Feind nützen könnte. Und wir haben entdeckt, dass im Kampf gegen negative Umstände die Arbeit der Presseorgane sehr wichtig ist. Wir haben zu einem kritischen Geist angeregt. Wir sind zu der Überzeugung gelangt, dass es notwendig ist, diesen kritischen Geist viel stärker zu entwickeln. Ich habe das bis zum Äußersten getan, denn Kritik ist ein fundamentaler Faktor, um unser System zu perfektionieren.

Wir wissen, dass es Missstände gibt, aber wir möchten eine verantwortungsvolle Kritik. Trotz der möglichen Folgen, denn alles ist besser als das Fehlen von Kritik.

Es ist klar, dass man höchst verantwortlich mit den Themen umgehen muss und dem Feind keine sensiblen Informationen anbieten darf, die ihm für seine Pläne, unsere Revolution zu zerstören, nützlich sein könnten. Darin liegt das Schwierige der Aufgabe eines Revolutionärs.

Könnte diese verantwortungsvolle Kritik sogar zur Autorisierung der Pressefreiheit führen, die viele einfordern?
Wenn Sie unter Pressefreiheit das Recht der Konterrevolutionäre und Feinde Kubas verstehen, frei gegen den Sozialismus und gegen die Revolution zu schreiben und zu sprechen, zu verleumden, zu lügen und damit konditionierte Reflexe zu schaffen, dann würde ich sagen, dass wir nicht für diese »Freiheit« sind. Solange Kuba ein durch das Imperium blockiertes Land ist, Opfer ungerechter Gesetze wie des Helms-Burton-Gesetzes oder des Regulierungsgesetzes, ein Land, bedroht durch den Präsidenten der Vereinigten Staaten, können wir diese »Freiheit« den Verbündeten unserer Feinde, deren Ziel es ist, die Daseinsberechtigung des Sozialismus zu bekämpfen, nicht geben.

Freie Medien würden als nicht vereinbar mit der Revolution angesehen?
Wer würde in diesen »freien« Medien sprechen? Worüber würde man sprechen? Wer schreibt? Es wird das veröffentlicht werden, was die Inhaber der Zeitungen oder des Fernsehens verbreiten wollen. Und sie entscheiden, wer schreibt. Das wissen Sie sehr gut. Sie sprechen von »Meinungsfreiheit«, aber in Wahrheit verteidigt man das Recht auf Privatbesitz der Massenmedien. Hier in Kuba, das sage ich Ihnen ganz direkt, gibt es kein Privateigentum an Medien. Aber die verschiedenen Massenorganisationen haben ihre eigenen Medien: die Studenten haben ihre, die Arbeiter, die Gewerkschafter, die Bauern, sogar die Militärs. Jeder hat hier sein Informationsorgan, und glauben Sie mir, dass sie dort mit großer Freiheit Dinge publizieren, von denen sie überzeugt sind, dass sie angebracht sind.

Anstatt unsere Wege infrage zu stellen, die die Folge eines vierzigjährigen Widerstandes gegen unseren mächtigen Nachbarn sind, würde es sich eher lohnen, die Menschen in unserem Land zu fragen, ob sie sich frei fühlen oder nicht.

Es gibt ausländische Medien, die auch zensiert sind und in Kuba nicht verbreitet werden.
Hier werden viele ausländische Zeitungen, nordamerikanische und europäische, verbreitet. Bedeutende und ernsthafte Medien. Darin sind wir toleranter,

als man sagt. Es gibt sie an vielen Verkaufsstellen, und man kann sie mit Devisen erwerben. Die Touristen kaufen sie, und jeder Kubaner, der über Devisen verfügt, kann sie kaufen und verbreiten. Das ist kein Delikt. Niemand hat hier Angst davor, was diese Zeitungen gegen die Revolution sagen könnten – oder Nachrichtensender wie CNN, den viele problemlos empfangen können.

Aber wir können nicht unsere Ressourcen dafür aufwenden, ausländische Presse zu importieren. Wir verfolgen andere Prioritäten wie das Energiesparen, die Ernährung, die Gesundheit. Diese Importe haben für uns absolut keine Priorität. Und es ist auch sehr gut möglich, dass die Verbreitung dieser oder jener Publikation limitiert wird, weil sie systematisch Kampagnen gegen uns lanciert, konterrevolutionäre Kampagnen. Weil sie Lügen, Verleumdungen und falsche Informationen publiziert, uns zu spalten versucht und Konflikte heraufbeschwört. Das tolerieren wir nicht. Warum sollten wir akzeptieren, dass hier konterrevolutionäre Zeitungen zirkulieren?

Diejenigen Medien, die so viel von Pressefreiheit sprechen, veröffentlichen Dinge, die Kuba beklagt, auch nicht, wenn es ihnen nicht passt. Sie selbst wissen, dass jedes Blatt eine Linie verfolgt und dass diese Linie von jenen festgelegt wird, die das Organ kontrollieren, die Eigentümer dieses Mediums sind. Die einen mit mehr, die anderen mit weniger Freiheiten, obwohl es natürlich auch sehr viele unabhängige Leute gibt.

Sind Sie mit dem kritischen Niveau der Informationen hier im Land zufrieden?
Nun, ich weiß nicht, ob Sie unsere Informationsorgane im Detail verfolgen konnten, aber ich kann Ihnen sagen, dass meine wichtigste Informationsquelle in Bezug auf unser Land, die mir manchmal mehr hilft und besser ist als die Berichte, die mir die Partei oder die Staatsorgane zukommen lassen, die Zeitungen sind. Sie halten mich auf dem Laufenden über jede Sache, die passiert. Ich lese sie jeden Tag, am Ende des Tages.

Sie sprachen von einem kritischen Geist, und ich frage mich: Wo ist der kritische Geist in der Presse von so vielen Ländern, die den Anspruch haben, demokratischer zu sein als wir? Wo ist der kritische Geist der Journalisten und all der Fernsehsender in den Vereinigten Staaten, die wie richtige Propagandasprecher den Krieg des Präsidenten Bush gegen den Irak unterstützt haben?

Die Wahrheit, die Ethik, die das erste Recht oder Attribut des Menschen sein sollten, finden in jenen Medien immer weniger Raum. Die Pressemeldungen, das Radio, das Fernsehen, die Mobiltelefone und die Internetseiten laden pausenlos, in jeder Minute, eine Fülle von Informationen ab. Es ist nicht leicht für einen Bürger, dem Lauf der Geschehnisse zu folgen. Die menschliche Intelligenz kann sich in dieser Flut von Nachrichten kaum noch orientieren.

Jenen Informationsorganen, die behaupten, frei und kritisch zu sein, aber von der Werbung abhängig sind und ihre Anzeigenauftraggeber nie kritisieren, sage ich: Warum gibt das politische und soziale System, das sie verteidigen, solch horrende Summen für Werbung aus? Was könnte man mit diesen Milliarden Dollar, die für Werbung verschwendet werden, nicht alles tun? Sie haben hier ein Land vor sich, in dessen Bruttosozialprodukt nicht ein Centavo Unterstützung für Werbung enthalten ist, weder in den Zeitungen noch im Fernsehen, noch im Radio. Kuba gibt keinen Centavo für kommerzielle Werbung aus.

Welche Rolle haben diese Massenmedien, leider, vor allem in den Vereinigten Staaten, aber auch in vielen anderen Ländern der Welt gespielt? Ich greife sie nicht an. Diejenigen, die so gut wie Sie wissen, welche Auswirkungen die Massenmedien auf den Geist des Menschen haben, werden verstehen, dass wir die Medien hier nutzen, um zu lehren, zu bilden und um Werte zu schaffen. Ich bin aufgrund gelebter Erfahrung zutiefst überzeugt, dass Werte gesät werden können – in die Seele der Menschen, in die Intelligenz und in das Herz des menschlichen Wesens.

Wir reden nicht scheinheilig über die »Freiheit« in der europäischen Presse. Wir träumen von einer anderen Pressefreiheit, in einem gebildeten und informierten Land. In einem Land, das über eine umfassende Allgemeinbildung verfügt und mit der Welt kommunizieren kann. Denn diejenigen, die das freie Denken fürchten, bilden ihre Völker nicht, unterstützen sie nicht, bemühen sich nicht darum, dass sie ein Maximum an Kultur aufnehmen, an tiefen historischen und politischen Kenntnissen, und dass sie die Dinge wegen ihres Wertes an sich schätzen und mit ihren eigenen Köpfen schlussfolgern können. Um die Dinge aus dem eigenen Kopf zu holen, muss man das nötige Urteilsvermögen besitzen.

Als die Massenmedien aufkamen, haben sie sich des Geistes bemächtigt, und sie steuern nicht nur Lügen, sondern auch konditionierte Reflexe. Eine Lüge ist nicht das Gleiche wie ein konditionierter Reflex. Die Lüge beeinträchtigt das Wissen, der konditionierte Reflex beeinträchtigt die Fähigkeit, zu denken. Und es ist nicht das Gleiche, ob man desinformiert ist oder ob man die Fähigkeit, zu denken, verloren hat, weil die Reflexe deinen Verstand dominieren: »Der Sozialismus ist schlecht, der Sozialismus ist schlecht, er nimmt dir das Sorgerecht, er nimmt dir das Haus, er nimmt dir die Frau.« Und alle Unwissenden, alle

Analphabeten, alle Armen und Ausgebeuteten wiederholen: »Der Sozialismus ist schlecht, der Sozialismus ist schlecht.« So bringt man den Papageien das Sprechen, den Bären das Tanzen und den Löwen eine respektvolle Verbeugung bei.

Sie lehren die Massen nicht Lesen und Schreiben, sie geben eine Milliarde jährlich für Werbung aus, um einen Großteil der Menschen zum Besten zu halten, menschliche Wesen in Personen zu verwandeln, die, so scheint es, nicht mehr denken können. Man lässt sie Produkte konsumieren, die immer das Gleiche sind, mit zehn verschiedenen Marken; sie müssen sie betrügen, denn diese Milliarde, die für die Werbung ausgegeben wird, zahlen nicht die Unternehmen, sondern diejenigen, die die Produkte aufgrund der Wirkung der Werbung kaufen. Der eine kauft Palmolive, der andere Colgate, der dritte Candado-Seife. Einfach nur, weil sie es ihm hundertmal gesagt haben und es mit einem hübschen Bild verbanden, und so säten sie und schliffen sie ihr Gehirn. Diese Leute, die so gern von »Gehirnwäsche« sprechen, bearbeiten und reinigen die Gehirne so, dass sie den Menschen seines wunderbarsten Schatzes berauben: der Fähigkeit, zu denken.

Werden sie in Ländern, die zwanzig oder dreißig Prozent völlige Analphabeten und fünfzig Prozent funktionelle Analphabeten haben, von »Meinungsfreiheit« sprechen? Mit welchen Kriterien, auf welcher Grundlage urteilen sie und wo? Sogar viele gebildete und intelligente Leute wollen einen Artikel veröffentlichen, aber es gibt keinen Weg, dass er erscheint, er wird ignoriert, diskreditiert. Die großen Medien sind zu Instrumenten der Manipulation geworden.

Wir besitzen und nutzen die Medien, um die Kenntnisse unserer Bürger weiterzuentwickeln. Diese Instrumente besitzen eine Rolle innerhalb der Revolution, sie haben Bewusstsein geschaffen, Konzepte, Werte, und das, obwohl wir sie nicht optimal genutzt haben. Wir wissen aber, wozu sie in der Lage sind und was die Gesellschaft im Hinblick auf Wissen, Kultur, Lebensqualität und Frieden mit dem sozialen Gebrauch dieser Medien erreichen kann.

Wir werden das Märchen nicht glauben, dass die westlichen Medien dazu bestimmt sind, Werte wie Solidarität, Gefühle von Brüderlichkeit und den Geist der Gerechtigkeit zu schaffen. Sie stellen die Werte, eines Systems heraus, das von Natur aus egoistisch und individualistisch ist. Je gebildeter eine Person ist, desto eher wird sie verstehen, dass die immer komplexeren Probleme dieser Welt sich nicht über irrationale und entfremdete Gesellschaftsformen lösen lassen.

Obwohl Sie dem Personenkult feindlich gegenüberstehen und das auch immer wieder deutlich machen, sind Sie in den kubanischen Medien sehr präsent, nehmen ziemlich großen Raum im Inhalt der Medien ein. Stört Sie das manchmal?

Sehen Sie, ich will Ihnen etwas sagen: Obwohl einige das glauben, bin ich in der Öffentlichkeit nicht sehr präsent. Ich habe nicht die Angewohnheit, täglich in der Nachrichtensendung des Fernsehens aufzutauchen, und es können fünfzehn Tage vergehen, ohne dass in den Pressemedien eine mit mir in Verbindung stehende Nachricht veröffentlicht wird. Ich tauche auf, wenn es zum Beispiel um eine Gedenkveranstaltung geht, an der ich teilnehmen muss. Oder wenn irgendein Besucher nach Kuba kommt, ein Staatschef. Oder wenn etwas Außergewöhnliches passiert, ein verheerender Wirbelsturm oder ähnliche Dinge.

Ich kann Ihnen versichern, dass ich kein besonders großes Interesse daran habe, in der Zeitung, im Radio oder im Fernsehen zu erscheinen. Es gibt hier keinen Kult in Bezug auf Nachrichten über den Staatschef. Man schreibt auf ziemlich natürliche Weise. Ich würde sagen, dass die Medien respektvoll, aber familiär über mich sprechen. Niemand sieht in mir eine Figur, die auf den Olymp emporgehoben wurde. Viele Leute behandeln mich wie einen Nachbarn, sie unterhalten sich mit mir.

Von Natur aus stehe ich allem, was wie Personenkult aussehen könnte, feindselig gegenüber. Sie können feststellen, ich habe es Ihnen schon gesagt, dass in Kuba keine einzige Schule, Fabrik, kein Krankenhaus oder Gebäude meinen Namen trägt. Es gibt auch keine Statuen und praktisch keine Bilder von mir. Hier werden keine offiziellen Porträts produziert. Vielleicht hat in dem einen oder anderen Büro jemand ein Foto von mir aufgehängt, aber das geschieht dann aus einer persönlichen Motivation heraus, und es handelt sich dann nie um ein offizielles Porträt. Keine Institution dieses Staates gibt Geld aus und verliert Zeit, um offizielle Fotos von mir oder irgendeinem anderen revolutionären Führer anzufertigen und zu verteilen. Das gibt es in unserem Land nicht.

Es ist bekannt, dass ich alles daransetze, so wenig wie möglich in der Presse oder den Nachrichten zu erscheinen. Ich tue das nur, wenn es unvermeidbar ist. Sie werden feststellen, dass ich einer der Staatschefs bin, die am wenigsten in den Medien ihres Landes erscheinen. Ich mag es auch nicht, dass mein Name von Titeln und Funktionen begleitet wird. Glücklicherweise nennen die Leute mich Fidel.

Diejenigen, die mich kennen, die meine Reden und meine Gedanken kennen, wissen, dass ich kritisch und selbstkritisch bin und dass ich unnachgiebig jede Form von Personenkult oder Vergötterung bekämpft habe.

Massenmedien in den Händen des Staates haben oft dazu gedient, Propaganda zu verbreiten.
Abgesehen davon, dass wir unser Volk über die Geschehnisse im Land und in der Welt informieren, möchten wir die Medien dazu nutzen, das Wissen und das Niveau der Allgemeinbildung unserer Leute zu fördern, gegen die Lügen anzukämpfen und der Wahrheit treu zu bleiben. Dafür haben wir neue Bildungskanäle geschaffen. Das Programm »Universität für alle« beispielsweise erteilt Unterricht in Fremdsprachen und vielen anderen Fächern neben den normalen Schulfächern. Im Jahr 2003 haben wir den dritten Fernsehkanal eröffnet, der Bildungsprogramme ausstrahlt, und 2004 den vierten Kanal, ebenfalls ein Bildungssender. Das Fernsehen ist eine wunderbare und nicht ausreichend genutzte Form, um auf massive Art Kenntnisse zu vermitteln.

Mit der Nutzung audiovisueller Medien, die wir breit einsetzen, sind wir in eine Etappe der massenhaften Verbreitung von Wissen und Information eingetreten. Nicht um Gift zu säen oder Propaganda zu verbreiten, damit andere für uns denken. Wenn man diese Medien auf ungeheuerliche Weise inkorrekt einsetzt, so wie das in den kapitalistischen Gesellschaften der Fall ist, unterdrückt man beim Bürger die Option, zu denken. Sie denken dann für ihn und sagen ihm, welche Farbe der Anzug hat, den er tragen muss, ob ihr Rock lang oder kurz sein soll, welcher Stoff gerade modern ist, alles, was man zu tun hat vom Aufstehen bis zum Schlafengehen, einschließlich der Marke der Zahnpasta, mit der man sich die Zähne putzt, und der Tablette, die man einwerfen muss, um gut schlafen zu können. Werbung ist wahrhafte Propaganda, die häufig schadet und entmenschlicht. Niemand will, dass seine Kinder ihre Freizeit verbringen, indem sie sich damit vergnügen, Alkohol zu trinken oder Fast Food zu essen, Gewalt und andere dumme Dinge anzusehen, die den Geist der Kinder vergiften.

Glauben Sie, dass die Staaten heute, im Zeitalter der neuen Technologien, die Information noch kontrollieren können?
Immer weniger. Es gibt neue Formen, Nachrichten zu empfangen und zu übermitteln. Es gibt Satelliten, die Signale senden; es gibt das Internet, mit dem man Nachrichten in jeden Winkel der Erde verschicken kann, und diejenigen, die einen Internetzugang haben, verfügen im Allgemeinen auch über Strom, Telefon und andere Kommunikationsmöglichkeiten.

Auch dürfen wir die intellektuellen Sektoren nicht unterschätzen. Das sind Millionen und Abermillionen von Menschen, die nicht notwendigerweise der reichen oder ausbeutenden Klasse angehören. Denken Sie nur an Seattle, denken Sie an Quebec, an Genf, Florenz, Porto Alegre; denken Sie an die Mobilisierungen gegen die neoliberale Globalisierung in allen Teilen der Welt, die zum großen Teil über das Internet betrieben wurden, von Leuten, die über Kultur und Kenntnisse verfügen. Es gibt reichlich Phänomene, die das Leben auf diesem Planeten heutzutage bedrohen, zusätzlich zu den Kriegen: der Klimawandel, die Zerstörung der Ozonschicht, die Erderwärmung, die Verschmutzung der Luft, die wir einatmen, der Flüsse und Meere, die unser Leben gefährden. Alle Völker der Welt mobilisieren dagegen, und sie verfolgen damit eine gemeinsame Sache mit den Lateinamerikanern, den Nordamerikanern und den Europäern.

Heute gibt es Mittel und Wege der Kommunikation, die uns weniger abhängig machen von den großen Massenmedien, egal welchen, privaten oder staatlichen. Über die Netze im Internet können heute alle, die ein Ziel und eine Hoffnung haben, ob aus reichen oder aus unterentwickelten Ländern, für eine gemeinsame Sache kämpfen. Man kann sie auch mit schlechten Absichten nutzen, wie es die CIA und das Pentagon planen oder wie es anscheinend die Urheber der Attentate vom 11. September getan haben.

Hat Kuba die Attentate vom 11. September 2001 verurteilt?
Wir haben das Verbrechen vom 11. September, ohne zu zögern, verurteilt. Und wir haben unsere Verurteilung jeder Form und Manifestation des Terrorismus wiederholt. Die Regierung der Vereinigten Staaten hat Kuba zynischerweise auf eine Liste der Länder gesetzt, die »den Terrorismus fördern«, aber Kuba würde niemals zulassen, dass sein Territorium für die Vorbereitung terroristischer Aktionen gegen das Volk der Vereinigten Staaten oder gegen irgendein anderes Land missbraucht wird. Und wir verurteilen auch den Staatsterrorismus. Wir haben den Vereinigten Staaten ein gemeinsames Programm zur Bekämpfung des Terrorismus in unserer Hemisphäre vorgeschlagen, das sie ablehnten.

Würden Sie der Ansicht zustimmen, dass der Terrorismus zurzeit die größte Gefahr in der Welt darstellt?
Ich bin damit einverstanden, zu sagen, dass der Terrorismus heutzutage eine große Gefahr bedeutet. Aber ich denke ebenso, dass die Menschheit vor anderen Bedrohungen von gleicher oder sogar größerer Schwere steht: die beschleunigte

Zerstörung der Umwelt und der Bedingungen für das Überleben der eigenen Spezies, die Ausweitung der Armut, Krankheiten, die nicht geheilt werden, der Hunger von unzähligen Millionen Menschen auf dieser Welt … Es gibt neben dem Terrorismus in unserer Welt von heute eine Menge anderer ernsthafter Probleme. Alldem müsste man die hegemonialen Bestrebungen der weltweit einzigen Supermacht hinzufügen, die den Besitz des ganzen Planeten anstrebt und arrogante Herrschaftspolitik betreibt.

Was den Terrorismus angeht, so spricht die Regierung der Vereinigten Staaten beständig von einem »weltweiten Krieg gegen den Terrorismus«, aber ich wäre sehr vorsichtig mit diesem konzeptionellen Vorgehen, denn eine Sache sind die Attentate von New York, Madrid, London oder anderswo und der nötige Kampf gegen diese schändlichen Akte; eine andere ist es, dass man auf der Grundlage dieser berechtigten Sorge zu zweifelhaften Hochrechnungen kommt.

Seit dem 11. September sehen wir, dass es eine Neigung gibt, viele nationale Kämpfe – wie den des Irak oder den des Iran für die friedliche Nutzung der Kernenergie – als »terroristisch« zu klassifizieren. Schon in den 80er-Jahren, zur Zeit Reagans, haben die US-Amerikaner das Wort »Terrorismus« undifferenziert verwendet. Sie bezeichneten die Kämpfer des ANC, wie Nelson Mandela, die sich gegen das Apartheidregime in Südafrika auflehnten, als »terroristisch«. Oder die, die in Namibia für ihre Unabhängigkeit kämpften; oder die Palästinenser, die für einen eigenen unabhängigen Staat kämpften; oder die salvadorianischen Patrioten. Reagan verglich die Konterrevolutionäre in Nicaragua mit den Gründervätern der Vereinigten Staaten oder den Freiwilligen von La Fayette oder der französischen Maquis, die im Widerstand gegen die Besetzung ihres Landes durch die Nazis engagiert waren.

Aber als die israelischen Streitkräfte zivile Stadtteile in Gaza bombardierten und den Tod unschuldiger Zivilisten verursachten, da nannten sie das nicht »terroristische Handlung«; oder wenn die US-amerikanische Armee selbst ihre Raketen im Irak unterschiedslos abfeuert und Frauen und Kinder tötet, dann nennen sie das auch nicht terroristisch.

Wir haben in unserem Krieg gegen Batista – Sie wissen es, wir haben darüber gesprochen – immer, im Rahmen des Möglichen, Aktionen vermieden, bei denen Zivilisten hätten gefährdet werden können. Wir waren rabiat, aber, lassen Sie mich Ihnen das sagen, bei unserer revolutionären Gewalt haben wir niemals solche Methoden angewandt.

Ich sollte hinzufügen, dass die konstituierten Autoritäten ihrerseits in vielen

Teilen erheblich Gewalt ausübten, ziemlich repressive Maßnahmen, sehr blutige Repressionen, und niemand nennt sie Terroristen, was immer sie auch tun.

Macht Sie die Haltung von Präsident Bush besorgt?
Sehen Sie, wir leben in schwierigen Zeiten. Wir haben vor einiger Zeit Worte gehört, die Gänsehaut verursachen. In der Rede, die der Präsident der Vereinigten Staaten im Juni 2002 in West Point hielt, erklärte er den Soldaten wörtlich – ich zitiere: »Unsere Sicherheit erfordert einen Umbau dieser Armee, die von Ihnen geführt wird, in eine Armee, die bereit ist, in jedem dunklen Winkel dieser Erde auf der Stelle anzugreifen.«[8]

Am selben Tag proklamierte er die Doktrin vom »Präventiv- und Überraschungskrieg«, etwas, was niemals jemand in der politischen Geschichte der Welt getan hat. Monate danach, sich auf die Militäraktion gegen den Irak beziehend, bestätigte er: »Wenn Sie uns zwingen, Krieg zu führen, dann werden wir mit der geballten Macht unserer Streitkräfte kämpfen.«

Das erklärte nicht der Regierungschef eines kleinen Staates; es war der Chef der größten militärischen Macht, die jemals existiert hat, die Tausende von Atomwaffen besitzt, genug, um die gesamte Weltbevölkerung mehrfach zu vernichten, und eine Menge anderer furchterregender konventioneller und Massenvernichtungswaffen.

Laut Präsident Bush sind wir das: »dunkle Winkel der Erde«. So sehen einige die Länder der Dritten Welt. Noch nie hat uns jemand so bezeichnet, und schon gar nicht mit einer solchen Geringschätzung. Ehemalige Kolonien, die von den Großmächten untereinander aufgeteilt und jahrhundertelang ausgebeutet wurden, stellen heute in ihrer Gesamtheit die unterentwickelten Länder dar. Für keines dieser Länder gibt es wirkliche Unabhängigkeit, gerechte und gleichberechtigte Behandlung oder irgendeine nationale Sicherheit; keines dieser Länder ist ständiges Mitglied im Sicherheitsrat; keines hat das Recht auf Veto oder kann etwas entscheiden in den internationalen Finanzorganen. Sie können ihre besten Talente nicht im eigenen Land halten und sich nicht vor der Kapitalflucht, der Zerstörung der Natur und der Umwelt schützen, die von dem verschwenderischen, egoistischen und unersättlichen Konsumismus der wirtschaftlich entwickelten Länder verursacht wird.

Im Sicherheitsrat haben die Vereinigten Staaten bekräftigt, dass sie sich das Recht vorbehalten, nach eigenem Gutdünken in Zukunft andere Nationen anzugreifen. Unter Verletzung des Geistes und der Charta der Vereinten Nationen spricht man jetzt von »Präventivkrieg«.

Die Vereinten Nationen konnten den Krieg gegen den Irak nicht verhindern. Denken Sie, dass die UNO reformiert werden muss?
Ja, und zwar dringend. Man muss ohne weitere Verzögerung eine wirkliche Reform angehen und vor allem einen tief greifenden Prozess der Demokratisierung der Vereinten Nationen. Die Situation ist bereits untragbar. Einer der Beweise für diese Notwendigkeit war die beschämende Unfähigkeit des Sicherheitsrates, den Krieg gegen den Irak zu verhindern.

Ich denke, dass sich die Zukunft der Vereinten Nationen in der Lösung der internationalen Krise, die durch den Irakkrieg verursacht wurde, entscheiden wird. Die größte Gefahr, die heute auf uns lauert, ist, dass wir weiterhin in einer Welt leben, in der das Gesetz des Dschungels herrscht – die Stärksten üben die Macht aus, während die große Mehrheit den Gefahren der Aggression, der Unterentwicklung und der Hoffnungslosigkeit ausgesetzt bleibt. Wird man unseren Völkern eine weltweite Diktatur aufzwingen, oder werden sich die Vereinten Nationen und der Multilateralismus erhalten? Das ist die alles entscheidende Frage.

Ich denke, dass die Rolle der Vereinten Nationen heute, über fünfzig Jahre nach ihrer Gründung, völlig belanglos ist oder zumindest auf dem besten Weg, es zu werden. Aber es gibt einige, die das mit Besorgnis sagen, denn wir wollen die Organisation stärken. Andere äußern es mit geheimer Befriedigung und hoffen darauf, der Welt ihren Willen aufzuzwingen. Ich sage es offen: Welche Rolle spielt heute die Vollversammlung der Vereinten Nationen? Fast gar keine, und das ist die Wahrheit. Sie ist gerade mal ein Forum für Debatten, ohne jeglichen Einfluss und praktischen Nutzen.

Ich frage: Orientieren sich die internationalen Beziehungen an den Vorschlägen und den heiligen Prinzipien der Charta der Vereinten Nationen? Nein. Warum proklamiert man heute, wo die Philosophie, die Kunst und die Wissenschaft ein nie gekanntes Niveau erreicht haben, wieder die Überlegenheit einiger Völker über andere? Warum bezeichnet man andere Völker, die man wie Brüder behandeln sollte, als »dunkle Winkel des Planeten« und »euroatlantische Peripherie der NATO«?

Warum glauben einige über das Recht zu verfügen, einen unilateralen Krieg zu führen, wenn die Charta der Vereinten Nationen erklärt, dass die Streitkräfte nur »im Dienste gemeinschaftlicher Interessen« eingesetzt werden und für die Bewahrung des Friedens »kollektive Maßnahmen« angewendet würden? Warum spricht man gar nicht mehr darüber, Konflikte mit friedlichen Mitteln zu lösen?

Als die Charta 1945 in der Konferenz von San Francisco verabschiedet wurde, hat man das Prinzip der souveränen Gleichheit der Staaten festgeschrieben. Haben wir Mitgliedsstaaten wirklich die gleichen oder zumindest ähnliche Rechte? Gemäß der Charta, ja; aber gemäß der grausamen Realität, nein. Der Respekt vor der souveränen Gleichheit der Staaten, der ein Grundpfeiler der modernen internationalen Beziehungen sein sollte, kann nur gewahrt werden, wenn die mächtigen Staaten es akzeptieren, die Rechte der anderen zu respektieren, auch wenn diese weder die militärische noch die wirtschaftliche Macht haben, ihre Rechte zu verteidigen. Sind die mächtigeren Länder bereit, die Rechte der anderen zu akzeptieren, obwohl dies auf minimale Weise ihre Privilegien verletzten könnte? Ich fürchte, nicht.

Hielten Sie den Irakkrieg für vermeidbar?
Im Februar 2003, nur wenige Wochen vor dem Irakkrieg, war ich zum Gipfeltreffen der Blockfreien in Malaysia, gereist und dort, in Kuala Lumpur, habe ich lange mit den Mitgliedern der irakischen Delegation und dem damaligen Vizepräsidenten Taha Yassin Ramadan gesprochen. Ich sagte ihnen: »Falls ihr wirklich über chemische Waffen verfügt, dann zerstört sie, um den Inspektoren der UNO die Arbeit zu erleichtern.« Das wäre die einzige Möglichkeit für sie gewesen, den Angriff zu vermeiden. Und ich gehe davon aus, dass sie das getan haben, falls sie wirklich irgendwann einmal solche Waffen besaßen. Der Angriff war aber beschlossene Sache, ob sie nun Waffen in ihrem Besitz hatten oder nicht.

Welche Meinung haben Sie von Saddam Hussein?
Nach der Invasion von Kuwait im Jahr 1990 hat er sich in eine Logik geflüchtet, die zu einer schweren Krise führte. Wir haben in der UNO für die Resolution zur Verurteilung der Invasion gestimmt. Ich hatte ihm über einen persönlichen Kurier zwei Briefe geschickt, in denen ich ihm empfahl, zu verhandeln und sich rechtzeitig aus Kuwait zurückzuziehen.

In dem ersten Sendschreiben vom 2. August 1990 schrieb ich ihm Folgendes:

> Ich wende mich an Sie mit großer Betrübnis angesichts der heute erhaltenen Nachricht vom Einmarsch der Truppen Ihres Landes in den Staat Kuwait.
> Unabhängig von den Motiven, die zu dieser dramatischen Entscheidung geführt haben mögen, möchte ich Ihnen unsere Sorge über die schwerwiegenden Konsequenzen

übermitteln, die das in erster Linie für den Irak und für Kuwait, aber auch für die anderen Länder der Dritten Welt bedeuten könnte. Kuba kann, trotz der freundschaftlichen Beziehungen, die es mit dem Irak verbinden, nicht anders, als sich einer militärischen Lösung des Konfliktes zwischen Irak und Kuwait zu widersetzen.

Die umgehende Reaktion der internationalen öffentlichen Meinung, die von den transnationalen Medienkonzernen informiert wurde, erzeugt eine sehr gefährliche und verletzliche Situation für den Irak.

Ich halte es für sehr wahrscheinlich, dass die Vereinigten Staaten und andere Verbündete die Gelegenheit nutzen werden, um militärisch in diesen Konflikt einzugreifen und den Irak hart zu schlagen. Washington sucht außerdem seine selbsternannte Rolle als Weltpolizist zu festigen – auch im Golf.

In dieser Situation ist der Faktor Zeit entscheidend, und ich appelliere an Sie, die guten Dienste der Arabischen Liga zu nutzen oder die der Bewegung der blockfreien Staaten, an die wir uns mit diesem Ziel wenden, um Ihre Bereitschaft zum Rückzug der irakischen Truppen aus Kuwait zu erklären und umgehend eine politische und Verhandlungslösung zu suchen. Diese Schritte würden dazu beitragen, die internationale Position der Länder der Dritten Welt gegenüber der Polizistenrolle der Vereinigten Staaten zu stärken, ebenso wie die irakische Position in der Weltöffentlichkeit.

Das Wichtigste ist es im Augenblick, die imperialistische Intervention mit dem Vorwand, den Frieden und die Souveränität eines kleinen Landes der Region zu verteidigen, zu verhindern. Ein solcher Vorfall wäre schrecklich, sowohl für den Irak als auch für den Rest der Dritten Welt.

Eine klare Position des Irak und ein entschlossener Schritt in Richtung einer politischen Lösung werden uns helfen, die aggressiven Angriffspläne der Vereinigten Staaten zu verhindern und zu vereiteln.

Kuba ist bereit, an jedem Bemühen mitzuarbeiten, dass zum Erreichen einer Lösung beiträgt.

Ich bin sicher, dass mein Standpunkt die Gefühle Dutzender Länder in dieser Welt ausdrückt, die Ihr Land stets mit Achtung und Respekt betrachtet haben.

So endete unsere nachdrückliche Empfehlung für eine gerechte und vernünftige Lösung.

Kurz darauf, am 4. September 1990, bestätigte ich in Beantwortung eines Schreibens aus dem Irak die zuvor formulierte Position der Grundsätze und rief zu einer politischen Lösung jener schwierigen Lage auf, die jederzeit noch komplizierter und schlimmer werden sowie zu ernsten Konsequenzen für die Welt führen konnte.

Wir insistierten erneut. Ein Absatz aus diesem zweiten Brief besagte:

> Ich habe beschlossen, Ihnen diese Nachricht zu schreiben, und bitte Sie, diese zu lesen und zu überdenken, denn ich sehe mich in der Pflicht, Ihnen meine Gedanken über die sicherlich bittere Realität mitzuteilen, aber in der Hoffnung, dass sie nützlich sein können in diesem Augenblick, da Sie dramatische Entscheidungen treffen müssen.

Ein Stück weiter schrieb ich:

> Ich bin der Meinung, dass der Krieg unerbittlich losbrechen wird, wenn der Irak nicht bereit ist, eine politische Lösung auf der Basis eines Rückzuges aus Kuwait zu verhandeln. Dieser Krieg kann für die Region und insbesondere für den Irak außerordentlich zerstörerisch sein, unabhängig davon, wie mutig das irakische Volk auch kämpfen mag.
>
> Die Vereinigten Staaten haben es erreicht, ein großes Militärbündnis ins Leben zu rufen, das außer der NATO arabische und muslimische Kräfte mit einschließt. Auf politischer Ebene wurde vor der großen Mehrheit der internationalen Öffentlichkeit ein sehr negatives Bild des Irak gezeichnet, infolge der oben erwähnten Tatsachen, die jede für sich eine schwerwiegende Reaktion und sogar Feindseligkeit bei den Vereinten Nationen und in einem großen Teil der Welt hervorriefen. Das heißt, es sind ideale Bedingungen für die hegemonialen und aggressiven Pläne der Vereinigten Staaten entstanden. Der Irak könnte keine schlechteren militärischen und politischen Bedingungen für einen Kampf vorfinden. Unter diesen Umständen würde der Krieg die Araber auf viele Jahre spalten, die Vereinigten Staaten und der Westen würden eine zeitlich unbegrenzte militärische Präsenz in der Region aufrechterhalten, und die Konsequenzen wären nicht nur für die arabische Nation, sondern für die gesamte Dritte Welt katastrophal.

Der Irak setzt sich ohne solide politische Rechtfertigung und ohne moralische Unterstützung in der Welt einem ungleichen Kampf aus, mit Ausnahme natürlich der gezeigten Sympathien in vielen arabischen Ländern.

Dies war unsere Auffassung der Geschehnisse, und wir ließen nicht nach, Saddam zu ermahnen, seine Position zu ändern:

> Sie dürfen nicht zulassen, dass all das, was das irakische Volk sich in vielen Jahren aufgebaut hat, sowie seine großen Möglichkeiten für die Zukunft von den hochentwickelten Waffen des Imperialismus zerstört werden. Gäbe es gerechtfertigte und unwiderlegbare Gründe dafür, so wäre ich der Letzte, der Sie darum bitten würde, dieses Opfer zu vermeiden.

Dem Verlangen der großen Mehrheit der Mitgliedsländer der UNO nachzukommen, die einen Rückzug aus dem Kuwait fordern, sollte niemals als Schande noch als Erniedrigung für den Irak angesehen werden.

Unabhängig davon, welche historischen Gründe der Irak für sein Vorgehen gegen Kuwait in Betracht zieht, ist es Fakt, dass sich die internationale Gemeinschaft fast geschlossen dem angewendeten Vorgehen widersetzt. Und auf diesen internationalen Konsens stützt sich das imperialistische Vorhaben, den Irak zu stürzen und sich der Energieressourcen in der gesamten Region zu bemächtigen.

Aber keine dieser Anstrengungen brachte ein Ergebnis.

Haben Sie Saddam Hussein persönlich kennengelernt?
Ja, im September 1973. Ich besuchte ein Gipfeltreffen der Blockfreien in Algerien, und anschließend reiste ich auf Einladung der vietnamesischen Regierung nach Hanoi. Vietnam war noch nicht vollständig befreit. Saddam empfing mich am Flughafen von Bagdad. Damals war er Vizepräsident des Irak, er war noch nicht Präsident; er war Chef der Baath-Partei. Er schien mir ein korrekter Mann, er war sehr freundlich, wir durchquerten die Stadt, eine sehr schöne, mit breiten Alleen, die Brücken über den Tigris und den Euphrat. Ich blieb nur einen Tag dort. Es war in Bagdad, wo ich von dem Putsch in Chile gegen Allende erfuhr ...

Wie bewerten Sie vom militärischen Standpunkt aus die Form der Verteidigung der irakischen Kräfte in diesem Krieg?
Wir haben den Krieg von März bis Mai 2003 aufmerksam verfolgt. Warum hat der Irak nicht widerstehen können? Ein Mysterium. Warum haben sie die Brücken nicht zerstört, um das Vordringen der US-amerikanischen Truppen zu verzögern? Warum haben sie die Munitionslager und die Flughäfen nicht in die Luft gesprengt, damit sie nicht in die Hände der Invasoren fielen? All das ist ein großes Mysterium. Zweifellos gab es Chefs, die Saddam verraten haben.

Alle Länder haben ihre Botschaften im Irak vor dem Krieg geschlossen, außer Kuba. Wie lange sind Sie in Bagdad geblieben?
Unsere Botschaft war die letzte, die in Bagdad verblieben war. Außer der Botschaft des Vatikans. Sogar die Russen sind gegangen. Erst als die US-amerikanischen Truppen in Bagdad einmarschierten, gaben wir Befehl, Bagdad zu verlassen. Wir konnten von den fünf Leuten, die wir dort vor Ort hatten, nicht

verlangen, dass sie gegen zwei Armeen kämpfen. Unsere Diplomaten erhielten einen Freibrief und konnten den Irak ohne Probleme verlassen. Die Dokumente wurden ihnen durch eine internationale Organisation überbracht, nicht durch die US-Amerikaner.

Wie sehen Sie die Entwicklung der Situation im Irak?
Ich bin der Meinung, dass der Widerstand sich intensivieren wird, solange die Besatzung anhält. Es wird die Hölle sein, auch weiterhin. Das erste Ziel muss daher der umgehende Übergang der realen Kontrolle an die Vereinten Nationen sein, der Beginn der Wiedererlangung der irakischen Souveränität und die Errichtung einer legitimen Regierung als Ergebnis der Entscheidung des irakischen Volkes – aber einer authentischen und legitimen Entscheidung und nicht aufgrund von Wahlen mitten in einer neokolonialen militärischen Besatzung. Es muss auch sofort die skandalöse Verteilung der irakischen Reichtümer gestoppt werden.

Im Rahmen ihres »weltweiten Krieges gegen den Terrorismus« hat die Regierung Präsident Bushs die Marinebasis Guantánamo in Kuba als Hochsicherheitsgefängnis für ihre »Kriegsgefangenen« genutzt. Welche Gedanken löst das bei Ihnen aus?
Es ist bereits mehr als ein Jahrhundert vergangen, und die Vereinigten Staaten halten dieses Stückchen kubanisches Territorium noch immer gewaltsam besetzt, heute ein Schandfleck und ein Schrecken in aller Welt, seit die Nachricht verbreitet wurde, dass es, seit Januar 2002, in ein Folterzentrum verwandelt wurde, wo Hunderte von Menschen festgehalten werden, eingesammelt an beliebigen Orten der Welt. Die Vereinigten Staaten bringen die Gefangenen nicht in ihr eigenes Land, weil dort einige Gesetze existieren könnten, die ihnen Schwierigkeiten machen würden, um illegal, gewaltsam – für viele Jahre entführt –, ohne irgendeine Instanz, ohne irgendein Gesetz, ohne irgendein Verfahren jene Männer festzuhalten, die außerdem, zur Bestürzung des Planeten, sadistischen und brutalen Foltermethoden unterworfen wurden.

Davon erfährt die Welt, als dort, in einem Gefängnis im Irak, in Abu Ghraib, Hunderte von Gefangenen des Landes, das mit der ganzen Macht eines kolossalen Imperiums angegriffen wurde, gefoltert wurden und Tausende irakischer Zivilisten ihr Leben verloren haben. In Guantánamo werden etwa 500 irakische Männer festgehalten – von Jugendlichen bis hin zu alten Männern –, mit einer absoluten und totalen Verachtung, die niemand niemals gezwungen sein sollte zu ertragen. Sie wurden jeglichen Schutzes durch internationales Recht beraubt und unter brutalen, unmenschlichen und entwürdigenden Bedingungen eingesperrt.

Jeden Tag entdeckt man neue Dinge. Kürzlich wurde bekannt, dass die Vereinigten Staaten geheime Gefängnisse in den Satellitenstaaten Osteuropas unterhalten. Das sind diejenigen, die in Genf gegen Kuba votieren und es wegen der Verletzung von Menschenrechten anklagen. In diese geheimen Gefängnisse schicken sie Entführte unter dem Vorwand der Bekämpfung des Terrorismus. Jetzt gibt es nicht nur in Abu Ghraib und nicht nur in Guantánamo, sondern in jeder Ecke der Welt ein geheimes Gefängnis, wo die »Verteidiger der Menschenrechte« ihre Gefangenen foltern.

Aber das ist noch nicht alles. Es wurde ebenfalls bekannt, dass bei den Kämpfen in Fallujah weißer Phosphor eingesetzt wurde, als das Imperium gewahr wurde, dass ein Volk, das praktisch unbewaffnet war, dennoch nicht besiegt werden konnte. Die Invasoren befanden sich dort in der Situation, dass sie weder gehen noch bleiben konnten: Gingen sie, kämen die Kämpfer zurück, blieben sie, würden sie die Truppen an anderer Stelle benötigen. Weißer Phosphor in Fallujah! Als dieses Verbrechen angeklagt wurde, behaupteten die Vereinigten Staaten, der weiße Phosphor sei eine ganz »normale Waffe«. Wenn es so normal war, warum haben sie es dann nicht öffentlich gemacht? Warum wusste niemand davon, dass sie Waffen einsetzten, die kraft internationaler Abkommen verboten sind? Wenn Napalm verboten ist, dann ist weißer Phosphor umso mehr verboten!

Schon jetzt sind mehr als 2000 junger US-amerikanischer Soldaten ums Leben gekommen, und einige fragen sich, wie lange sie noch in einem ungerechtfertigten Krieg sterben sollen, der mit unverschämten Lügen gerechtfertigt wurde.

Sogar ranghohe US-amerikanische Offiziere erkennen mittlerweile, dass dieser Krieg verloren ist und sie sich zurückziehen sollten. Das wäre für die Vereinigten Staaten von Nutzen, deren junge Leute dort in einem ungerechten und ruhmlosen Krieg mit beschämenden und unmoralischen Handlungen wie Folter sterben; und es wäre von Nutzen für den Irak, dessen Bevölkerung eine neue Etappe in seiner Geschichte beginnen könnte; es wäre von Nutzen für die Vereinten Nationen, die auch ein Opfer dieses Krieges geworden sind; es wäre von Nutzen für all unsere Länder, die unter der weltweiten Wirtschaftsrezession leiden und unter der wachsenden Unsicherheit, die uns alle bedroht.

Befürchten Sie, dass es zu einem Angriff oder einem »präventiven Krieg« gegen Kuba kommen könnte?
Wenn Bush sich für eine Invasion in Kuba entscheiden würde, gäbe es einen schrecklichen Krieg. Sie müssten sich unserem gesamten, organisierten und bewaffneten Volk und einem unendlichen Widerstand entgegenstellen. Uns würde diese Invasion teuer zu stehen kommen, aber um Kuba zu überfallen und die Besetzung des Landes aufrechtzuerhalten, würden sie – so kalkulieren wir – Millionen Soldaten benötigen. Im Irak haben Sie 150 000 Soldaten, und wie man sieht, kontrollieren sie damit recht wenig. Wenn Sie das Kräfteverhältnis unseres Kampfes gegen Batista analysieren – 80 000 Männer gegen 3000 –, werden Sie feststellen, dass ihnen mehr als fünfundzwanzigmal mehr Männer zur Verfügung standen. Deshalb sage ich, dass sie für die Invasion und Besetzung unserer Insel Millionen Soldaten benötigen würden, die sie nicht haben.

Wir haben Mittel, um einem potenziellen Angreifer das Leben sehr schwer zu machen. Neben der regulären Armee und den Reservisten haben wir die Milizen der territorialen Truppen. Millionen Menschen, Männer und Frauen, die bereit sind, ohne Pause für die Verteidigung des Vaterlandes zu kämpfen. Wenn wir davon ausgehen, dass die US-amerikanische Armee zwei Soldaten für jeweils einen unserer Kämpfer benötigt, um diesen Land zu liquidieren, dann würden sie schon mehr oder weniger fünf Millionen Soldaten brauchen. Und sie würden große Verluste erleiden, das kann ich Ihnen versichern. Wir können Ihnen garantieren, dass hier alle Bedingungen gegeben sind, damit Kuba für sie zu einer Hölle, zu einer tödlichen Falle wird.

Sie wissen das, denn sie würden Mann gegen Mann kämpfen müssen und nicht in Form mechanisierter Divisionen gegen mechanisierte Divisionen oder Luftwaffe gegen Luftwaffe oder Marine gegen Marine. In einem konventionellen Krieg hätten sie viele Vorteile. Aber in einem Widerstandskrieg, der vom gesamten Volk getragen wird, wo es weder eine Front noch eine Nachhut gibt, wäre ihre ganze Technologie nichts wert. Sehen Sie, was im Irak passiert. Was nützt den US-Amerikanern dort ihre Überlegenheit im Bereich der schweren und hochentwickelten Waffen? Jeder Mann und jede Frau in Kuba würden eher in den Tod gehen, als unter dem Stiefel der Vereinigten Staaten zu leben.

Würden Sie die Außenpolitik unter Präsident George W. Bush als »kriegerisch« oder »gefährlich« für die Welt und für Kuba einstufen?
Kuba, das, wie ich schon sagte, das erste Land war, das sich nach den Attentaten vom 11. September 2001 mit dem Volk der Vereinigten Staaten solida-

risierte, war auch das erste, das darauf hinwies, dass die Politik der extremen Rechten in den Vereinigten Staaten – die 2001 aufgrund eines Betruges an die Macht kam – die Welt bedrohte. Die Politik des Präsidenten Bush war keine Folge der terroristischen Anschläge gegen das Volk der Vereinigten Staaten, verübt von Mitgliedern einer fanatischen Organisation, die in der Vergangenheit US-Regierungen dienlich waren. Ich bin davon überzeugt, dass es sich um ein eiskalt ausgearbeitetes Konzept handelt, das die Aufrüstung und die kolossalen Ausgaben für Waffen erklärt, zu einem Zeitpunkt, wo es den Kalten Krieg nicht mehr gab und die Ereignisse vom 11. September noch in weiter Ferne lagen. Die Ereignisse vom 11. jenes unseligen Monats dienten als idealer Vorwand für die Umsetzung dieses Projektes.

Am 20. September jenes Jahres hat Bush dies vor einem – aufgrund der Ereignisse neun Tage zuvor – erschütterten Kongress in Washington offen erklärt. Er verwendete seltsame Ausdrücke wie »unendliche Gerechtigkeit« als Ziel eines offensichtlich auch unendlichen Krieges: »Das Land darf keine einzelne Schlacht erwarten, sondern einen langen Feldzug, einen in unserer Geschichte beispiellosen Feldzug.« – »Wir werden jegliche Kriegswaffe einsetzten, die dafür notwendig ist.« – »Jegliche Nation, an jedem Ort der Welt, muss jetzt eine Entscheidung treffen: Entweder sie sind auf unserer Seite oder auf der Seite des Terrorismus.« – »Ich habe die Streitkräfte angewiesen, in Alarmbereitschaft zu sein, und dafür gibt es einen Grund: Es nähert sich der Zeitpunkt, an dem wir in Aktion treten.« – »Dies ist ein Kampf der Zivilisation.« – »Die Errungenschaften unserer Zeit und die Hoffnungen für alle Zeiten hängen von uns selbst ab.« – »Wir wissen nicht, wie dieser Konflikt verlaufen wird, aber wir wissen sehr wohl, wie er enden wird ... und wir wissen, dass Gott nicht neutral ist.«

Sprach da ein Staatsmann oder ein unaufhaltbarer Fanatiker? Zwei Tage später, am 22. September, verurteilte Kuba diesen Diskurs als Entwurf der Idee einer weltweiten Militärdiktatur unter der Schirmherrschaft brutaler Gewalt, ohne Gesetze oder irgendwie beschaffene internationale Institutionen.

Monate später, anlässlich des 200. Jahrestages der Militärakademie von West Point, vertiefte Präsident Bush bei der Abschlussfeier für 958 Kadetten am 1. Juni 2002 – ich habe es schon erwähnt – seine Gedanken in einer zündenden Ansprache an die jungen Soldaten, in der seine fixen Ideen enthalten sind: »Unsere Sicherheit erfordert es, dass wir vorausschauend und entschlossen handeln, dass wir bereit sind, Präventivmaßnahmen zum Schutz unserer Freiheit und zur Verteidigung unseres Lebens zu ergreifen.« – »Wir müssen terroristische

Zellen in sechzig oder mehr Ländern aufspüren ...« – »Wir werden Sie, unsere Soldaten, überall dorthin entsenden, wo sie gebraucht werden.« – »Wir werden die Sicherheit der Vereinigten Staaten und den Frieden auf der Welt nicht einer Handvoll Terroristen und verrückter Tyrannen überlassen. Wir werden unser Land und die Welt von dieser dunklen Bedrohung befreien.« – »Einige sind darüber besorgt, es könnte irgendwie undiplomatisch oder unhöflich sein, deutlich auszusprechen, was richtig oder falsch ist. Ich bin anderer Meinung ... Wir befinden uns in einem Konflikt zwischen Gut und Böse, und die Vereinigten Staaten von Amerika werden das Böse beim Namen nennen. Indem wir bösen und gesetzlosen Regimes entgegentreten, schaffen wir kein Problem, sondern wir decken ein Problem auf. Und wir werden die Welt anführen, wenn wir uns ihm widersetzen.«

Aber diese Erklärungen hatten zum Ziel, im Namen des Krieges gegen den Terrorismus die Militärinterventionen gegen Afghanistan und den Irak vorzubereiten. Warum glauben Sie, dass auch Kuba bedroht ist?
Sehen Sie, die Politik der Regierung der Vereinigten Staaten von Amerika ist derart provokativ, dass Herr Kevin Whitaker, damals Chef des Kuba-Büros im State Department, am 25. April 2003 – nach den Flugzeugentführungen, der Entführung der Fähre von Regla und den Verhaftungen der Dissidenten – dem Leiter unserer Interessenvertretung in Washington sagte, die dem Nationalen Sicherheitsrat untergeordnete US-Heimatschutzbehörde gehe davon aus, dass die »ständigen Entführungen in Kuba« eine »ernste Bedrohung für die Sicherheit der Vereinigten Staaten« darstellten, und er forderte die kubanische Regierung unmittelbar auf, die nötigen Maßnahmen zur Vermeidung solcher Vorfälle zu ergreifen.

Als ob sie nicht diejenigen gewesen wären, die diese Entführungen provoziert und motiviert haben! Und als ob nicht wir diejenigen gewesen wären, die, um das Leben und die Sicherheit der Passagiere zu schützen und weil wir seit Langem die kriminellen Pläne der extremen Rechten gegen Kuba kennen, drastische Maßnahmen zur Vermeidung solcher Vorfälle getroffen haben. Nachdem der Kontakt vom 25. April in den USA durchgesickert war, führte er innerhalb der Mafia von Miami zu großer Unruhe. Sowohl in Miami als auch in Washington wird heute darüber diskutiert, wie und wann Kuba angegriffen oder das Problem der Revolution aus dem Weg geräumt werden kann.

Für den Moment haben sie Maßnahmen ergriffen, die die brutale Blockade verschärfen.[9] Wenn ihr Schema wäre, Kuba anzugreifen, so wie den Irak, würden die Verluste an Menschenleben und die Zerstörung, die das für unser Land bedeutete, mir sehr wehtun. Aber es wäre vielleicht der letzte Angriff dieser Regierung, denn der Kampf wäre ein sehr langer, und die Angreifer würden sich nicht nur einer Armee, sondern Tausender von Armeen gegenübersehen, die sich wieder und wieder reproduzieren würden und den Gegner einen Preis an Verlusten zahlen ließen, der hoch über dem liegen würde, was das nordamerikanische Volk bereit wäre an Söhnen für die Abenteuer und Launen des Präsidenten Bush hinzugeben.

Die US-Regierung hat Kuba in einigen Erklärungen angeklagt, biologische Waffen zu entwickeln. Was haben Sie ihnen geantwortet?
Diese Anschuldigungen sind umso zynischer und widerlicher, als wir selbst am eigenen Leib den Einsatz von Viren und Bakterien erfahren haben, um unsere Landwirtschaft und sogar unsere Bevölkerung anzugreifen. Ich versichere Ihnen, und ich übertreibe nicht, ich würde kein Fünkchen Scham besitzen, wenn ich Ihnen eine einzige Lüge erzählen würde. Wir wissen einige Dinge, und für fast alle haben wir Beweise, wenn wir über diese Probleme sprechen.

Unser Land besitzt weder Atomwaffen noch chemische Waffen oder biologische Waffen. Zehntausende von Wissenschaftlern und Ärzten in unserem Land wurden in dem Geist erzogen, Leben zu retten. Es stünde in völligem Widerspruch zu seiner Auffassung, einen Wissenschaftler oder einen Arzt mit der Herstellung oder Entwicklung von Substanzen, Bakterien oder Viren zu betrauen, die andere Menschen töten könnten.

Die Anschuldigungen, Kuba würde Untersuchungen über biologische Waffen führen, haben natürlich nie gefehlt. In unserem Land forschen wir, um so schwere Krankheiten wie Meningokokken-Meningitis, Hepatitis zu heilen, über Impfungen, die wir mit gentechnologischen Maßnahmen entwickeln. Oder ebenso wichtig: die Suche nach Impfstoffen oder therapeutischen Formeln über Molekularimmunologie – entschuldigen Sie, dass ich diesen technischen Begriff verwendet habe, es geht dabei um Methoden, wodurch bösartige Zellen direkt angegriffen werden können –; die einen können vorbeugen, die anderen können sogar heilen, und auf diese Weise kommen wir voran. Das ist der Stolz unserer Ärzte und unserer Forschungszentren.

Zehntausende kubanischer Ärzte haben, wie ich schon sagte, an den entlegensten und unwirtlichsten Flecken der Erde internationalistische Dienste geleistet. Ich habe einmal gesagt, dass wir niemals präventive oder Überraschungsangriffe gegen »dunkle Winkel der Erde« durchführen könnten und würden, aber dass unser Land dagegen in der Lage ist, die nötigen Ärzte in die »dunkelsten Winkel der Erde« zu schicken. Ärzte – und keine Bomben; Ärzte – und keine intelligenten Waffen, oder eher Waffen mit hoher Treffgenauigkeit, denn: schließlich ist eine Waffe, die heimtückisch tötet, absolut keine intelligente Waffe.

Denken Sie, dass die Vereinigten Staaten mit der Bush-Regierung in ein autoritäres Regime abgleiten könnten?
Die Menschheit hat vor kaum einem Dreivierteljahrhundert die tragische Erfahrung des Nazismus gemacht. Hitler hatte als untrennbaren Verbündeten – Sie wissen es – die Angst, die er seinen Gegnern einflößen konnte. Er war bereits im Besitz einer furchterregenden Armee, als er einen Krieg entfesselte, der die Welt in Brand setzte. Mangelnde Vision und die Feigheit der Staatsmänner der stärksten Länder Europas in jener Epoche haben zu einer großen Tragödie geführt.

Ich glaube nicht, dass sich in den Vereinigten Staaten ein faschistisches System errichten ließe. Innerhalb ihres politischen Systems hat es ernsthafte Fehler und Ungerechtigkeiten gegeben – von denen viele noch heute andauern –, aber das Volk der Vereinigten Staaten verfügt über bestimmte Institutionen, Traditionen, erzieherische, kulturelle und politische Werte, die das fast unmöglich machen würden. Das Risiko liegt auf internationalem Gebiet. Die Befugnisse und Vorrechte eines US-Präsidenten sind so groß, und das Netz aus militärischer, ökonomischer und technologischer Macht jenes Staates ist so immens, dass – unter Umständen, die vom Willen des nordamerikanische Volkes weit entfernt sind – die Welt tatsächlich bedroht ist.

Haben Sie Angst vor einem Attentat auf Ihr Leben?
Ein Mann mit dem unverdienten Vornamen Lincoln und dem Nachnamen Díaz-Balart, intimer Freund und Berater von Präsident Bush, hat 2003 in einem Fernsehsender in Miami, Bezug nehmend auf meine Person, die folgenden rätselhaften Worte geäußert: »Ich kann nicht in Details gehen, aber wir versuchen gerade, diesen Teufelskreis zu durchbrechen.«

Auf welche Methoden zur »Unterbrechung des Teufelskreises« bezieht er sich? Auf eine physische Eliminierung mit modernen, raffinierten Mitteln, die sie entwickelt haben, so wie Herr Bush es ihnen vor den Wahlen in Miami versprochen hat?[10] Falls es das sein sollte, dann habe ich überhaupt keine Sorge. Obwohl ich denke, dass sie zu den Attentaten zurückkehren werden. Es ist bekannt, dass sie Chávez ermorden wollen. Und sie glauben, dass sie, wenn sie mich noch dazu ermordeten, das Problem gelöst hätten. Die Ideen, für die ich mein Leben lang gekämpft habe, können nicht sterben, und sie werden lange Zeit leben. Die Vorsichtsmaßnahmen wurden verschärft. Ich unterhalte mich hier mit Ihnen ... Nun gut, wir haben Maßnahmen ergriffen, aber ich mische mich unter alle möglichen Leute, überall. Was eine Invasion in unser Land anbelangt, dagegen könnte man keinen Krieg führen, wie man es 1959 gemacht hätte oder 1961 oder während der Oktoberkrise oder später. Als der Kampf Division gegen Division hieß. Wir haben viel darüber nachgedacht und sind zu dem Vorgehen »Krieg des gesamten Volkes« gekommen, denn nach dem alten Lehrbuchkonzept hättest du sechs Divisionen, und die Vereinigten Staaten hätten hundert – oder so viele, wie sie wollen würden. Nach der klassischen Konfrontation betrachtet das Volk den Kampf so, wie es heute die Kriege auf CNN beobachtet, und nimmt an gar nichts teil. Jene haben mehr Divisionen, sie zerstören die deinen, sie haben mehr Technologie, Luftüberlegenheit und so weiter und so weiter. Wenn du dann bei der Landesverteidigung Lehrbuchtaktiken anwendest, bist du verloren.

Das ist eines der Dinge, über die wir Bescheid wissen und die ich bereits kommentiert habe. Wir sind oft zu jenen Ideen zurückgekehrt, denn wir haben vor langer Zeit gelernt, nach der Oktoberkrise, dass wir im Falle einer Invasion Kubas allein würden kämpfen müssen. Das ist eine Wahrheit, die wir seit Langem kennen, und wir haben deshalb den »Krieg des gesamten Volkes« vorangetrieben – die Organisation der kompletten Bevölkerung; denn es gilt auch als erwiesen, dass ein kämpfendes Volk von niemandem geschlagen werden kann ...

Beziehen Sie sich auf Vietnam?
Nun, es gibt auch andere bemerkenswerte Fälle, wie beispielsweise die Westsahara: Die Saharaner, mitten in der Wüste, wo es nicht einmal einen Wald gab, hat niemand geschlagen.

Auch in Tschetschenien kann man das heute sehen.
Ja, auch die tschetschenische Realität zeigt das. Selbst wenn man mit ihrer Vorgehensweise und ihren Methoden nicht einverstanden sein kann, denn sie sind unbarmherzig mit dem noblen russischen Volk umgegangen, aber eine mächtige und erfahrene Armee hat die tschetschenischen Extremisten nicht besiegen können.

Sehen Sie, was im Kosovo passiert ist. Die Serben waren bewundernswert in ihrem Widerstand, und am Ende des Krieges waren ihre Kräfte praktisch unversehrt.

Haben Sie diese jüngsten Kriege analysiert?
Wir haben sie alle studiert, und zwar sehr genau. Vom Krieg in Vietnam bis zum letzten Krieg im Irak, über den Golfkrieg, den Krieg in Bosnien, im Kosovo und andere.

In den jüngsten Kriegen haben diejenigen, die einer Besatzung widerstehen – in Palästina, Tschetschenien, Afghanistan, dem Irak – häufig und auf zu kritisierende Weise auf terroristische Aktionen zurückgegriffen. Könnte auch Kuba auf solche Maßnahmen zurückgreifen?
Nein. Ich habe das schon oft gesagt und wiederhole, dass wir die Vorgehensweisen, die wir als Soldaten verfolgten, nicht aufgeben werden, und wir werden niemals Methoden anwenden, denen unschuldige Menschen zum Opfer fallen könnten. Wir verfolgen im Kampf gegen unsere Gegner, gegen die Soldaten und gegen das Militär, unsere bekannte Politik, aber niemals werden wir gegen die Bewohner eines Landes, aus dem die Aggressoren kommen, kämpfen; wir kämpfen hauptsächlich gegen Kombattanten.

Es gibt eine Waffe, auf die wir nicht verzichtet haben, die einzige, die wir besitzen: das ist das Volk, wir werden nicht auf den »Krieg des gesamten Volkes« verzichten

Dagegen, ich habe es Ihnen gesagt und ich wiederhole es, werden wir uns nicht von der Verrücktheit oder der Dummheit verführen lassen, biologische Waffen herzustellen. Was wir die Menschen gelehrt haben, ist, Impfstoffe herzustellen und gegen Tod und Krankheiten zu kämpfen. Unsere Wissenschaftler haben wir ethisch erzogen, und wir werden ihnen nicht sagen: »Hört mal, fangt an, Pocken zu produzieren«, oder Ähnliches. Warum auch? Gegen einen Feind, der hundertmal mehr hat?

Wir werden auch keine chemischen Waffen herstellen. Wie sollten wir die transportieren? Gegen wen sollten wir sie einsetzen? Gegen das nordamerikanische Volk? Nein! Das wäre absurd und ungerecht! Sollen wir eine Atombombe bauen? Wir würden uns ruinieren. Eine Atomwaffe ist gut, wenn man in einem bestimmten Augenblick Selbstmord begehen will. »Meine Herren, der Moment ist gekommen, wir werden uns opfern, und diese Atomwaffe ist sehr gut dafür.« Eine Atomwaffe herstellen, um das Land zu ruinieren? Gegen ein Land, das mindestens über 30 000 von dieser Sorte verfügt? Ich spreche dabei nicht einmal von strategischen Waffen, ich spreche von taktischen und nuklearen Waffen. Die Vereinigten Staaten müssen sie sogar in Köfferchen haben, denn in der Zeit des Kalten Krieges haben sowohl die Sowjets als auch die Nordamerikaner Aktenkoffer mit Atombomben für Sabotageakte hergestellt ... Es gab keine Barbarei, die sie nicht erfunden hätten.

Tragbare Atombomben?
Ja. Was? Wirst du drei herstellen? Du wirst dich ruinieren und die öffentliche Meinung der Welt gegen dich aufbringen. Wir hatten ja den Vertrag nicht unterzeichnet, weil ...

Den Atomwaffensperrvertrag.
Aber es war so, dass wir keine Lust hatten, auf unser Recht zu verzichten; wir haben nie, niemals daran gedacht, Atomwaffen herzustellen, aber wir sagten: »Gut, aber, warum diese Ungleichheit, dass einige sich das Recht einklagen, solche Waffen zu besitzen?« Und jetzt haben wir das fast vergessen.

Sie haben ihn unterzeichnet?
Ja, wir haben unterzeichnet. Als klares Zeichen unseres Engagements für einen Prozess der Abrüstung, der den Weltfrieden garantiert, und wir wünschen uns, dass eines Tages die vollständige Eliminierung – unter strikter internationaler Beobachtung – sämtlicher Nuklearwaffen durchgeführt werden kann. Wir haben auch die zwölf internationalen Vereinbarungen der Vereinten Nationen für den Kampf gegen den Terrorismus unterzeichnet und ratifiziert. Und wir haben beschlossen, den Vertrag für die Ächtung der Atomwaffen in Lateinamerika und der Karibik zu ratifizieren, bekannt auch als Vertrag von Tlatelolco, den wir bereits im Jahr 1995 unterzeichnet hatten.

Aber das Abkommen zum Verbot von Antipersonenminen haben Sie nicht unterzeichnet.
Nein, dieses nicht. Wir haben den Krieg mit Minen und Gewehren geführt; sie hatten Flugzeuge, Artillerie, Panzer, alles. Aber unsere Minen waren gegen Panzer gerichtet oder gegen vorrückende Truppen, und sie wurden elektrisch gesteuert. Es waren keine automatischen Minen.

Aber Minen können Zivilisten töten.
Ich erinnere mich an keinen einzigen Zivilisten, der durch unsere Minen getötet wurde. Wir haben sie ausschließlich gegen Truppenbewegungen eingesetzt.

Hoffen wir, dass Sie diese nie wieder einsetzen müssen. Und auf jeden Fall stelle ich mir vor, dass die Kubaner im Fall einer Invasion Kubas mit der Solidarität Tausender Menschen in aller Welt rechnen können, die sich mobilisieren würden.
Die Kubanische Revolution hat viele Freunde in vielen Ländern. Sie kann auf viel Sympathie zählen. Viele haben ihre Solidarität mit uns ausgedrückt nach den Drohungen gegen uns, die von Präsident Bush geäußert wurden. Auf der anderen Seite würde ich gern wissen, wie viele derjenigen, die von sogenannten linken und humanistischen Positionen aus kürzlich unser Volk wegen der legalen Maßnahmen attackiert haben, die wir – in einem Akt legitimer Verteidigung – uns gezwungen sahen anzuwenden, jene Drohungen gegen uns lesen konnten, sie sich bewusst machten und die Politik, die in den Reden von Herrn Bush gegen Kuba angekündigt wurde, angeklagt und verurteilt haben …

Niemand jedoch wird für uns kämpfen. Nur wir selbst, mit Unterstützung der Völker der Dritten Welt und von Millionen Werktätigen und Intellektuellen aus den entwickelten Ländern – die auch auf ihre Völker die Katastrophe der neoliberalen Globalisierung herabfallen sehen – werden, indem wir Ideen säen, Bewusstsein schaffen, die öffentliche Meinung in aller Welt und innerhalb des nordamerikanischen Volkes mobilisieren, fähig sein, zu widerstehen.

27

BILANZ EINES LEBENS UND EINER REVOLUTION

Eloquenz und Reden – Liebe und Hass – Über Verrat –
Ein Diktator? – Die Liebe zur Uniform – Reuegefühle – Das Ende
der Monokultur des Zuckers – Erfolge der Revolution – Das Urteil
der Geschichte – Persönlichkeiten, die ihn beeindruckt haben

Sie stehen in dem Ruf, ein außergewöhnlicher politischer Redner zu sein, aber ich sehe doch einen Unterschied zwischen Ihren mehr oder weniger improvisierten Reden, in denen Ihre Beredsamkeit beeindruckend ist, und den Reden, die Sie ablesen und die, sagen wir einmal, weniger brillant sind? Wie bereiten Sie Ihre Reden vor?
Ich habe oft nicht einmal die Zeit, meine Reden noch einmal durchzusehen, und gesprochene Sprache, ich sage es Ihnen, ist nicht dasselbe wie geschriebene Sprache – der Akzent, die Betonung beim Sprechen. Wenn man etwas geschrieben vor sich sieht, dann erscheint es einem manchmal fast unnötig, ein bestimmtes Wort in einem Absatz zu wiederholen. Gesprochen ist es korrekt, weil man Nachdruck verleiht. Im Geschriebenen ist Wiederholung unnötig, sie gefällt nicht. Ich schaue mir die improvisierten Reden in der Regel noch einmal an, gehe sie durch. Manchmal könnte ein Satz besser entworfen sein.

Schreiben Sie Ihre Reden selbst, oder haben Sie Mitarbeiter, die sie für Sie vorbereiten?
Immer wenn ich jemanden gebeten habe, eine Rede für mich zu schreiben oder zumindest einen Entwurf anzufertigen, war das eine Katastrophe. Nichtiger Text, nichtssagende Inhalte. Ich musste alles neu schreiben. Ich habe mit mehreren Mitarbeitern US-amerikanischer Präsidenten gesprochen, die Hunderte von Reden geschrieben haben, aber für mich ist das nach wie vor ein Mysterium. Ich konnte nie eine Rede halten, die ich nicht selbst vorbereitet oder geschrieben habe. Wie machen das die französischen Präsidenten?

Das hängt von dem jeweiligen Präsidenten selbst ab, aber in der Regel haben sie einen Beraterstab, der ihnen die Reden schreibt. Die einen sind dabei federführend, was den Inhalt angeht, andere für Stil und Form zuständig, und wieder andere polieren und perfektionieren. Am Ende sieht der Präsident die Rede durch, fügt eine persönliche Note hinzu, einen Satz, ein Wort ... So machen sie das fast alle.
Stimmt es, dass Régis Debray die Reden Mitterrands schrieb?

Ja. Vor allem schrieb er die berühmte Rede von Cancún im Jahr 1981. Ein Aufruf zugunsten der Völker der Dritten Welt.
Aber waren das die Ideen Mitterrands oder die Ideen von Debray?

Ich denke, es waren Debrays Ideen.
Ah!

Um auf ein anderes Thema zu sprechen zu kommen: Sie sind ein viel bewunderter und sehr beliebter Mann, nicht nur in Kuba, sondern auch in vielen anderen Ländern. Das konnte man Ende Mai 2003 während Ihrer Reise nach Argentinien sehen.
Ich würde das auf Kuba begrenzen.

In Argentinien konnte man das sehen, und ich selbst habe im Januar 2003 in Ecuador an einer Volksdemonstration der Zuneigung für Sie teilgenommen. Aber gleichzeitig sind Sie auch einer der meistgehassten Männer, der von vielen Gegnern und vielen Feinden beschuldigt wird, ein »grausamer Diktator« zu sein. Wie ertragen Sie diesen Dualismus aus Liebe und Hass?
Darüber habe ich nie auch nur eine Sekunde nachgedacht. Ich lebe mit absoluter, vollständiger und totaler Ruhe. Diesen Hass kann ich mir nicht wirklich erklären. Den Hass erkläre ich mir aus ideologischen Gründen, aus Frustration über das Scheitern der Angriffe oder angesichts der Fähigkeit eines kleinen Volkes, so mächtigen Kräften wie denen, die versucht haben, uns zu zerstören, zu widerstehen. Aber die Japaner zum Beispiel haben keinen Grund, mich zu hassen, denn ich habe keine Bombe auf Hiroshima oder Nagasaki geworfen, noch habe ich jemals irgendwo auf dieser Welt den Tod eines Japaners verursacht. Die Japaner behandeln mich nicht mit Hass, sondern sind eher unbeteiligt.

Der Hass auf die Kubanische Revolution ist in einigen lateinamerikanischen Ländern oder in den Vereinigten Staaten stärker, aufgrund von Frustration und aufgrund von Propaganda, die vor nichts haltmacht. Von einigen Fällen hatte ich Ihnen ja berichtet. Stellen Sie sich vor, kürzlich gab es in einem Dokument sogar eine Beschuldigung, die Kuba mit unendlicher Frechheit in die Kategorie der Länder einordnete, die »Menschenhandel betreiben, weil sie Kinder sexuell ausbeuten, um damit Einkommen zu erzielen«. Können Sie sich etwas Widerlicheres oder Ärgerlicheres vorstellen?

Das mit dem »Diktator« kann ich mir auch nicht erklären. Was ist ein Diktator? Das ist jemand, der willkürliche Entscheidungen trifft, eigenmächtige, der sich über die Institutionen hinwegsetzt, sich über die Gesetze hinwegsetzt und keine andere Kontrolle hat als seine Willkür und seine Launen. Nun, in diesem Fall könnte man Papst Johannes Paul II., der sich immer dem Krieg widersetzt hat, vorwerfen, ein Diktator zu sein, und Bush hingegen als einen Verteidiger des Friedens und Freund der Armen betrachten und seine Regierung als die demokratischste Regierung der Welt. So behandeln ihn zumindest die Industrieländer Europas, ohne sich anscheinend im Geringsten darüber im Klaren zu sein, dass Bush schreckliche Entscheidungen treffen kann, ohne irgendjemanden zu konsultieren. Er kann sogar einen Atomkrieg entfesseln, ohne den Senat zu konsultieren, ohne das Repräsentantenhaus zu konsultieren, nicht einmal sein Kabinett muss er fragen! Nicht einmal die römischen Imperatoren besaßen die Macht, über die der Präsident der Vereinigten Staaten verfügt! Jeder US-amerikanische Präsident hat mehr Möglichkeiten, Befehle zu erteilen – und zwar entscheidende und dramatische Befehle –, als ich.

Sehen Sie, ich treffe keine eigenmächtigen Entscheidungen. Dies ist nicht einmal eine Präsidialregierung. Wir haben einen Staatsrat. Meine leitenden Funktionen nehme ich innerhalb eines Kollektivs wahr. In unserem Land werden wichtige Entscheidungen, fundamentale Entscheidungen, immer kollektiv analysiert, diskutiert und gefällt. Es gab hier immer eine kollektive Führung und ein Führungskollektiv. Ich kann weder Minister ernennen noch Botschafter. Nicht einmal der einfachste öffentliche Beamte in diesem Land wird von mir ernannt. Natürlich habe ich reell Autorität, klar, ich habe Einfluss, aus historischen Gründen, aber ich erteile keine Befehle und regiere nicht per Dekret.

Was die Grausamkeit angeht ... Ich denke, dass ein Mann, der sein ganzes Leben dafür eingesetzt hat, gegen Ungerechtigkeit und Unterdrückung jeder Art zu kämpfen, anderen zu dienen, für die anderen zu kämpfen, Solidarität zu predigen und zu praktizieren – ich denke, dass all das mit Grausamkeit völlig unvereinbar ist.

Es gibt auch viele Menschen, die Kuba lieben und verteidigen.
Ja, es gibt auch viele Menschen, die unser Land lieben, vor allem in Afrika und Lateinamerika, denn wer hatte mehr Solidarität mit Afrika als Kuba? Welches war das einzige Land, das sein Blut vergoss gegen Faschismus und den Rassismus der Apartheid und zur Eliminierung jenes verhassten Systems beigetragen hat? Wir haben die Kultur des Internationalismus gegen den Chauvinismus gesetzt, und Kuba ist ein Land mit einer internationalistischen Kultur. Mehr als eine halbe Million Kubaner waren an solchen Missionen beteiligt, als Techniker oder als Kämpfer.

Wer hat mehr Ärzte geschickt, mehr Lehrer, und wer hat kostenlose Hilfe geleistet, obwohl wir ein so armes Land sind? Welches kleine Land – und wir leisten uns das nicht als Luxus, sondern weil wir uns in der Verpflichtung fühlen – bietet Zehntausenden jungen Leuten, im Übrigen mit steigender Tendenz, aus Lateinamerika ein kostenfreies Medizinstudium?

Dieser Hass kann also nur eine ideologische Angelegenheit sein, wie ein Gift, das eingedrungen ist. Wenn sie eine Person ständig so darstellen, als sei sie schlimmer als der Satan persönlich, dann neigst du dazu, diese Person zu hassen. Ich weiß, dass ihre ganze Propaganda sich auf Hass und Lügen stützt. Wie können sie behaupten, in Kuba sei irgendjemand gefoltert worden? Oder dass ich die Folter gegen irgendjemanden angeordnet hätte? Wie können sie so etwas sagen?

Hier ist noch niemals irgendjemand bestraft worden, weil er ein Dissident ist oder einen anderen Standpunkt vertritt als die Revolution. Unsere Gerichte urteilen auf der Grundlage von Gesetzen und sanktionieren konterrevolutionäre Aktionen. Im Verlauf der Geschichte, in allen Epochen, ist es immer als besonders ernst angesehen worden, wenn jemand im Dienste einer ausländischen Macht gegen sein eigenes Land agiert hat.

Die Idee, dass hier jemand bestraft wird, weil er einen anderen Glauben vertritt als den der Revolution, ist lächerlich. Hier werden kriminelle Handlungen bestraft, aber keine Ideen. Es gibt Zehntausende von Menschen hier mit anderem Glauben und anderen Ideen als denen der Revolution, und sie genießen alle Rechte und allen Respekt.

Auf der anderen Seite habe ich Ihnen bereits erzählt, dass wir eine Linie des absoluten Respekts vor der physischen Integrität des Individuums verfolgt haben. Auch wenn unsere Feinde uns verleumden: Es hat in der Geschichte der Revolution keinen einzigen Fall von physischer Misshandlung oder Folter gegeben. Niemand kann Ihnen einen einzigen Fall von Folter nennen, einen

Mord, ein »Verschwinden«, etwas, das in ganz Lateinamerika so alltäglich und geläufig ist.

Außerdem, es hat hier nie einen Ausnahmezustand oder einen Belagerungszustand gegeben. Niemals ist hier eine Demonstration gewaltsam aufgelöst worden. Niemals, in sechsundvierzig Jahren Revolution, hat hier ein Polizist einen demonstrierenden Bürger geschlagen oder mit Tränengas geschossen oder abgerichtete Hunde auf Demonstranten gehetzt. All diese Dinge passieren täglich in vielen lateinamerikanischen Ländern und sogar in den Vereinigten Staaten selbst.

Und warum ist das so? Weil die Bevölkerung diese Revolution unterstützt, weil das Volk sie verteidigt. Das ganze Volk ist Verteidiger der Revolution.

Trotz alledem, diejenigen, die die Revolution kritisieren, geben Ihnen alle Schuld und sprechen von »Castros Kuba«.

Diese Leute konzentrieren alles auf eine Person, als gäbe es das Volk nicht. Alles, was für sie existiert, ist der Führer. Die Millionen Menschen, die kämpften, die die Revolution verteidigten; die Hunderttausende von Ärzten und Fachleuten, diejenigen, die die Felder bestellen, produzieren, studieren, diese Leute existieren für sie nicht. Für sie existiert nur ein furchtbar schlechter Typ namens Castro, der sich irgendwelche Maßnahmen ausdenkt, um den Leuten Kultur beizubringen.

Hier ist es so: Je mehr Bildung die Menschen haben, umso revolutionärer, umso mehr bewundern sie die Revolution, denn im Lauf der vielen Jahre haben sich eine Menge an Ereignissen und Errungenschaften angesammelt – sie sehen eine konstante Linie, sie schätzen die Würde und die Ernsthaftigkeit. Wir haben hier sehr schwierige Zeiten durchlebt, ohne in unnötige Fehler zu verfallen.

Wenn es hier eines Tages einen Krieg gibt, dann, weil sie ihn uns aufgezwungen haben. Wenn sie uns vor die Alternative stellen, uns zu ergeben oder Krieg zu führen, dann wird es Krieg geben, denn an den anderen Begriff der Alternative werden wir nicht einmal denken.

Aber es gibt viele Anschuldigungen, ich habe es schon gesagt, aller Art. Jetzt sagen sie: »Castro benutzt die Kinder«, aber sie sagen nicht, dass wir Lehrer ausbilden, dass wir die Bedingungen dafür schaffen, dass in der Grundschule zwanzig Kinder in einer Klasse sitzen und ab der Sekundarstufe fünfzehn. Sie sagen nicht, was wir alles für die Gesundheit tun. Alles für die Menschen, denn all das zu tun ist Teil der Natur eines jeden von uns. Dagegen besitzen sie die Unverschämtheit, uns in die Kategorie derer einzureihen, die mit Menschen handeln oder die »den Sex kommerziell ausbeuten, um Einkommen zu erzielen« ... Jeder, dem sie das sagen und der daran gewöhnt ist, es zu hören, und gewöhnt, es zu glauben, kann denken: »Welch ein Bandit ist das! Was für ein Heuchler ist dieser Mann!« Es werden viele Lügen erzählt, das ist gewiss, aber die Realität wird sie zusammenbrechen lassen.

Ich weiß, dass es Schaden verursacht. Aber wir haben auch sehr schwierige Zeiten durchgemacht, und wir haben uns wieder erholt. Wir sind eine Stufe aufgestiegen und wieder eine ab, obwohl wir in Bezug auf Respekt und internationales Ansehen zwei Stufen nach oben gestiegen sind. Sie können sich nicht vorstellen, wie viele Unterschriften ich leisten und wie viele Autogramme ich geben muss. Wenn ich mich mit den US-Amerikanern treffe, die hierherkommen, um zu reden, dann sprechen wir ernsthaft über verschiedene Themen, verschiedene Fragen, und fast komme ich nicht zu Wort. Manchmal versammeln sich fünfzig Leute bei einem Treffen, sie schenken mir einen Blumenstrauß oder irgendwelche Sachen, und was ich dann unterschreiben muss an Büchern, Karten und anderen Dingen, die Menge an Fotos, die sie von mir machen, Blitzlichter, die den Blick erschweren, das ist unglaublich. Dann komme ich mir vor wie ein seltsames, irreales Wesen.

Ein Star.

Ja. Als müsse man schnell noch eine Gelegenheit ergreifen, um dann vielleicht sagen zu können – manche Leute erzählen es gern innerhalb der Familie –: »Schau mal, ich habe ein Foto mit dieser Person drauf.«

Einige glauben, dass wir nicht das sind, was wir sind. Nur wir wissen, was wir sind; nur wir können uns beurteilen, und Sie können mir glauben, dass ich streng mit mir selbst und selbstkritisch bin. Wenn ich ein Wort zu viel gesagt habe oder wenn mir etwas herausrutscht, das vielleicht ein wenig als Eitelkeit gewertet werden kann, glauben Sie mir, dann bin ich hart mit mir, sehr hart. Man muss sich sehr gut selbst überwachen. Für mich sind die Taten wichtig, der Ruhm interessiert mich nicht.

Auch bin ich gewahr geworden, dass im Laufe der Jahre der Einfluss, die Macht und all das – statt mich nach und nach in einen Wichtigtuer zu verwandeln, denke ich, dass ich von Tag zu Tag weniger eitel, weniger eingebildet, weniger selbstgenügsam werde. Es ist ein Kampf gegen die Instinkte. Ich denke, dass nur Erziehung oder ehrliche und hartnäckige Selbsterziehung das Tierchen zum Mensch werden lässt.

Etwas fällt mir häufig auf: Die Menschen werden, wenn sie ein klein wenig Macht haben, eitel und wollen das ausnutzen; manchmal scheint es wie eine Droge. Man weiß das und muss dagegen ankämpfen. Und man weiß, dass man mit den Jahren nicht weniger, sondern mehr Enthusiasmus haben kann; nicht weniger, sondern mehr Energie, und die Energie wächst aus der Überzeugung.

Aber Ihre Frage war, wie das auf mich wirkt. Ich schwöre Ihnen, dass ich nicht daran denke, nie lähmt es mich, und ich glaube an die Leute; niemals habe ich das Gefühl von Undankbarkeit empfunden. Und die Menschen mögen es nicht, wenn sie erkennen, was sie anderen schulden, das ist ein universelles Gesetz.

Ich möchte Ihnen eine andere Frage dieser Art stellen. Sie haben Freunde gehabt, extrem enge Freundschaften geführt, gekennzeichnet durch große Solidarität; aber sie wurden auch von einer Reihe von Compañeros verraten. Welches Gefühl weckt der Verrat bei Ihnen?
Ich muss sagen, ich habe nur ein Minimum an Verrat kennengelernt, ganz, nur ganz gering. In einer bestimmten Situation gab es den Verrat eines Anführers.[1] Er wurde gefangen genommen, er befand sich in den Händen von Batistas Armee und sah den Unterschied zwischen unserer kleinen zerlumpten Truppe und jener starken Macht, bestens ausgerüstet und mit beeindruckenden Waffen versorgt, die ihm Versprechungen machten und Geld boten. Das war ein Verrat von zentraler Bedeutung, und nicht der Einzige während unseres Kampfes. Gab es politischen Verrat? Ja, zum Beispiel – ich versuche mich an die wichtigen zu erinnern ...

Zum Beispiel Carlos Franqui[2], Hubert Matos[3], Manuel Urrutia ...
Carlos Franqui war nicht mein Freund. Ich habe Carlos Franqui in der Sierra Maestra kennengelernt. Er wurde nach dem missglückten Streik im April 1958, der die Konsequenz einer Fehlentscheidung der »Bewegung des 26. Juli« war, von der Organisation geschickt. Davon habe ich Ihnen berichtet. Nach jenem fürchterlichen Scheitern schickten sie ihn in die Sierra. Franqui war der Leiter einer kleinen Zeitung, die von der Organisation herausgegeben wurde, er war Kommunist gewesen; die Führung unserer Bewegung fing irgendwann damit an, Exkommunisten zu rekrutieren, und es gibt nichts Schlimmeres als einen Renegaten, das ist sicher.

Einige dieser ehemaligen Kommunisten hassten die Kommunisten wie kaum sonst jemand. Es ist nicht so, dass die Kommunisten perfekt waren, sie machten eine Menge Fehler; aber sie haben für die Arbeiter gekämpft. Ihr Kampf war effizient; mehr konnte man von ihnen nicht verlangen, denn es war die Zeit des Kalten Krieges und der McCarthy-Ära. Kommunist zu sein war ein Unglück, und in Kuba gab es dennoch mehr als 100 000 registrierte, bekannte und rechtschaffene Kommunisten. Die Schwierigkeiten waren andere – Sektierertum und in gewissem Sinne Opportunismus, ausgehend vom Sektierertum. Die These einiger lautete: Sollen die Kleinbürger der »Bewegung des 26. Juli« kämpfen, nach dem Krieg werden wir die Gelegenheit nutzen und das Land führen.

Wie bekämpfte man zu Beginn der Revolution den wütenden Antikommunismus, der sich in einigen Leuten festgesetzt hatte? Einen Antikommunismus, der Anlass zur Fahnenflucht aus der Rebellenarmee gab, als Vorwand genutzt von einigen, die in Wirklichkeit ihrem Denken nach Kleinbürger und vergiftet waren; denn hier gab es bei den Massen noch kein Bewusstsein, keine sozialistische Kultur. Es waren die Gesetze, die Reden und das Beispiel, was dieses Bewusstsein geschaffen hat. Neunzig Prozent derjenigen, die mit uns gekämpft haben, waren keine Kommunisten, gehörten nicht der Kommunistischen Partei an; aus der Partei hatten wir nur wenige Kämpfer oder Chefs, man schickte sie nicht. Und diejenigen, die Kommunisten waren wie Che oder ich, wir waren es auf eigene Rechnung; obwohl es einige gab, die die Partei geschickt hatte, die gut und beharrlich kämpften. Neunzig Prozent der Anführer kamen aus der »Bewegung des 26. Juli«, und fast keiner von diesen Leuten beging Verrat. Neunzig Prozent dieser Leute blieben bei der Revolution und starben mit der Revolution.

Insgesamt habe ich persönlich sehr selten Verrat erfahren. Hubert Matos ist ein Mensch, der sich dem Krieg anschloss, als dieser bereits fortgeschritten war. Das hat mir überhaupt nicht wehgetan. Ich kannte ihn, man sah ihm seine prokapitalistische Ader sofort an, er besaß eine unglaubliche Eitelkeit. Es passierte, dass wir gegen Ende, bei der letzten Offensive, viele Kader verloren, und Hubert Matos erhielt während dieser Offensive den Befehl über eine Truppe, denn er verfügte über ein gewisses Bildungsniveau, und es mussten Befestigungen errichtet werden. Am Ende mussten wir ihm eine Kolonne mit mehreren Dutzend gut bewaffneter Männern überlassen; aber man sah schon, dass er arrogant war, ambitioniert. Ich habe ihm fast ohne Notwendigkeit in dieser letzten Etappe des Krieges diese Kolonne zugeteilt. Das heißt, er war keiner von den Moncada-Leuten oder von der *Granma*. All jene Leute, die bei dem Sturm auf die Moncada-Kaserne oder auf der *Granma* dabei waren, das waren Leute, die sich anschlossen, wie Che, Camilo, Raúl, Almeida und viele andere. Aber Hubert Matos gehörte nicht zu jener alten Garde.

Auch Manuel Urrutia war kein Verräter. Urrutia war ein guter Richter, und wir, in dem Bestreben, zu zeigen, dass wir nicht für Ämter oder aus persönlichen Ambitionen heraus gekämpft hatten, schlugen ihn als Präsidenten vor, ausgerechnet in einem Augenblick, wo es zu einem nicht vereinbarten Pakt zwischen der »Bewegung des 26. Juli« und Kräften der alten Regierung kommen sollte. Er war kein Verräter, sondern ein Opportunist, ein mittelmäßiger Mensch, ja, hauptsächlich Letzteres.

General del Pino[4]?
Nun gut, hier handelt es sich um einen Verrat, denn er hatte eine herausragende Stellung bei der Invasion in der Schweinebucht innegehabt. Er war ein guter Kämpfer, und es war nicht zu erwarten … Aber es ist nicht so, dass ich gelitten hätte unter dem gewichtigen Verrat dieses Kämpfers, der sich auf die Seite derjenigen schlug, die für den Tod seiner Kameraden in Girón verantwortlich waren. Ich kannte ihn, wie ich all die anderen kannte, bewunderte ihn, so wie ich sie zu gegebener Zeit als Helden bewunderte. Ich habe Ihnen den Fall Ochoa erklärt, bei dem jener Offizier sich auf Korruption eingelassen hat.

Sehen Sie, ich erinnere mich an niemanden mit wahrhaftigen revolutionären Qualitäten, der zum Verräter geworden wäre. Wenn man mir gesagt hätte: Che ist ein Verräter. Stellen Sie sich vor, was für eine furchtbare Sache! Hören Sie, Raúl hat Verrat begangen, Juan Almeida, Ramiro Valdés hat verraten, Guillermo Garcia beging Verrat – all jene Kommandeure der Revolution, all jene wertvollen Menschen von denen, die überlebt haben, die bei der Moncada dabei waren, auf der *Granma*, in der Sierra und die die entscheidenden Zeiten erlebt haben, ohne jemals zu wanken.

Es gibt eine Menge neuer wertvoller Menschen, es gibt viele neue Werte. Nehmen Sie Felipe Pérez Roque zum Beispiel. Felipe war damals noch nicht geboren; viele von ihnen waren beim Triumph der Revolution noch nicht geboren. Es gibt eine Menge neuer Kader, die aus dem vergossenen Blut vieler Helden geboren wurden.

Es gibt auch viele Militärführer, die sich im Krieg verdient gemacht haben, in militärischen Aktionen, und wir hatten keinen wirklichen Fall von Verrat. Wir hatten den beschämenden Fall Ochoa, eher ein Fall von Korruption, Degeneration, er war kein Compañero mit großen Kenntnissen, mit viel Kultur; er war mutig und hatte seine Verdienste als Kämpfer. Ich spreche ihm keine seiner Qualitäten ab, uns schmerzte der Schaden sehr, den er verursacht hatte. Was es gegeben hat, Ramonet, ist, dass der Feind jeden minimalen Zwischenfall ausgenutzt hat.

Und sehen Sie diese Jungs, die in den Vereinigten Staaten in Haft sitzen, die Fünf Helden! Was für Männer das sind! Was für eine Standhaftigkeit!

Sie haben einige Male hohe Führungskräfte abgestraft. Zuletzt Carlos Aldana, Roberto Robaina ...
Nun, sie sind nicht verurteilt worden. Sie haben einige ernsthafte Fehler begangen, aber sie sind nicht zu einer Strafe verurteilt worden; eher hat der Feind dem Ganzen viel Publizität gegeben und das Problem politisiert. Es tut uns einfach leid, dass sie Fehler gemacht haben. Den Schaden haben sie selbst.

Wurden sie einfach nur ersetzt?
Sagen wir, es ging dabei nicht um Verrat: Es gab ernsthafte und schlimme Fehler.

In Bezug auf Verhalten, auf Moral?
Sagen wir, um Ambitionen und darum, Bedingungen zu schaffen für mehr Macht. Möglicherweise sind ihnen die Dinge ein wenig zu Kopf gestiegen.

Seit einigen Jahren sieht man Sie, vor allem bei Ihren Auftritten auf internationalen Veranstaltungen, mit Anzug und Krawatte, aber hier in Kuba tragen Sie fast immer die Uniform. Woher rührt diese Anhänglichkeit zur olivgrünen Uniform?
Vor allem hat das praktische Gründe, denn mit der Uniform muss ich mir nicht jeden Tag eine Krawatte umbinden. Es entfällt das Problem der Wahl; welchen Anzug anziehen, welches Hemd, welche Strümpfe, damit alles zueinander passt. Einen Anzug trage ich nur zu ganz besonderen Anlässen, zu irgendeiner internationalen Konferenz oder als der Papst hier war oder bei einem Treffen mit irgendeinem Staatschef, obwohl man dieses Protokoll in Kuba vereinfacht hat.

Wenn ich mich recht erinnere, trat ich beim Iberoamerikanischen Gipfel in Cartagena de India 1994 zum ersten Mal mit ziviler Kleidung auf, denn die kolumbianischen Gastgeber hatten alle teilnehmenden Staats- und Regierungschefs darum gebeten, ein Guayabera[a] zu tragen. Von da an habe ich, wie Sie sagen, auch bei anderen internationalen Treffen Zivil getragen, aber auch zu besonderen Gelegenheiten in Kuba.

Aber diese Uniform, die ich immer trage, seit der Sierra, ist meine tägliche Kleidung. Ich habe mich an sie gewöhnt und finde sie äußerst bequem. Es ist keine raffinierte Uniform. Sie ist sehr einfach, fast wie die, die ich in der Sierra trug. Man hat nur einige kleine Veränderungen vorgenommen, nichts weiter. Ich habe auch eine Uniform für Empfänge, die ich für einige Anlässe nutze, mit Kragen und Krawatte, sie ist etwas formeller. Aber mit dieser hier fühle ich mich wohler.

Sie waren ein starker Raucher, und in den ersten Jahren der Revolution hat man Sie auf Fotos fast immer mit einer beeindruckenden *puro habano*[b] gesehen. Tut es Ihnen leid, dass Sie so viel geraucht haben?
Es war mein eigener Vater, der mir damals in Birán meine erste Zigarre anbot. Ich war vielleicht vierzehn oder fünfzehn Jahre alt. Ich kann mich erinnern, dass ich diese erste Zigarre rauchte und nicht wusste, wie man es macht. Zum Glück habe ich den Rauch nicht inhaliert, obwohl immer eine kleine Menge absorbiert wird, auch wenn man den Rauch nicht inhaliert.

Ja, Sie haben aber recht, ich habe zu viel geraucht in meinem Leben. Bis ich eines Tages, vor etwa zwanzig Jahren, beschloss, damit aufzuhören. Niemand hat mich dazu gezwungen, ich habe mir das selbst auferlegt. Auf diese Gewohnheit zu verzichten schien mir ein unerlässliches Opfer für die Gesundheit des Volkes zu sein. Nachdem ich so viel gehört hatte über den notwendigen Kampf gegen Übergewicht, zu wenig Bewegung, Rauchen, habe ich mich davon überzeugt, dass das letzte Opfer, das ich zugunsten der öffentlichen Gesundheit in Kuba bringen sollte, der Verzicht auf das Rauchen sei. Mit gutem Beispiel vorangehen! Ich gab das Rauchen auf und habe die Zigarre seitdem nicht vermisst.

Wenn Sie mit jetzt neunundsiebzig Jahren Ihr Leben betrachten, tut es Ihnen dann um irgendetwas leid, das Sie nicht tun konnten?
Dass ich all die Dinge, die wir heute kennen, nicht vorher entdecken konnte. Denn dann hätten wir in der Hälfte der Zeit viel mehr erreichen können als das, was wir in sechsundvierzig Jahren vollbracht haben.

Und was tut Ihnen leid getan zu haben?
Lassen Sie mich darüber nachdenken, was ich bedauern könnte, etwas, das ich bereuen könnte.

Ich habe Fehler gemacht, aber keiner war strategisch, es waren einfach taktische Fehler. Man bedauert viele Dinge, manchmal sogar in einer Rede ... Aber ich empfinde nicht ein Fünkchen von Reue über das, was wir in unserem Land getan und wie wir unsere Gesellschaft organisiert haben.

Bedauern Sie zum Beispiel Ihre Billigung des Einmarsches der Truppen des Warschauer Paktes in Prag, im August 1968, die unter den Anhängern der Kubanischen Revolution so viel Verwunderung ausgelöst hat?[5]
Nun, ich kann Ihnen sagen, dass wir davon ausgehen – und die Geschichte hat uns recht gegeben –, dass die Tschechoslowakei in eine konterrevolutionäre Situation hineinlief, in Richtung Kapitalismus, in die Arme des Imperialismus. Wir waren gegen alle liberalen Wirtschaftsreformen, die dort und in anderen Ländern des sozialistischen Lagers stattfanden. Eine Reihe von Maßnahmen, die dahin tendierten, die Marktbeziehungen im Schoß der sozialistischen Gesellschaft zu akzentuieren – Gewinn, Einkommen, Nutzen, materielle Anreize –, all diese Dinge, die den Egoismus und den Individualismus fördern. Deshalb akzeptierten wir die bittere Realität der Notwendigkeit, Truppen in die Tschechoslowakei zu schicken, und verurteilten die sozialistischen Länder nicht, die diese Entscheidung trafen.

Gleichzeitig vertraten wir die Meinung, dass diese sozialistischen Länder konsequent sein und sich verpflichtet fühlen müssten, die gleiche Haltung im Fall von Drohungen gegen ein sozialistisches Regime in anderen Teilen der Welt einzunehmen. Andererseits waren wir der Ansicht, dass die ersten Probleme, die in der Tschechoslowakei angesprochen worden waren, zutreffend waren, denn es ging darum, Verbesserungen am sozialistischen System vorzunehmen. Die Verurteilung der Methoden der Regierung – die Bürokratie, das Sich-Entfernen von den Massen – war zweifellos korrekt. Aber von den richtigen Losungen kam man zu einer offen reaktionären Politik. Und wir mussten – es war bitter und schmerzlich – jener militärischen Intervention zustimmen. Der Erhalt der Einheit und der Stärke des Sozialismus gegenüber dem Imperialismus war für uns lebensnotwendig und erhielt Priorität.

Ein anderes Beispiel: Die »Schlacht der zehn Millionen«[6]**. Denken Sie, das war eine wichtige ökonomische Schlacht, oder bedauern Sie, dem Land diese kolossalen Anstrengungen auferlegt zu haben?**
Dieser Kampf war ein Heldenepos. Wir haben auf einigen Gebieten Ziele erreicht, von denen wir nicht zu träumen gewagt hatten, und auf anderen Ge-

bieten zwei Drittel oder drei Viertel oder die Hälfte. Aber all diese Schlachten gingen von dem Wunsch aus, die Wirtschaft voranzutreiben, um dem Volk zu helfen. Es kann dabei Fehler gegeben haben, das leugne ich nicht, aber nicht in Bezug auf unsere Prinzipien.

Sie haben kürzlich beschlossen, die Fläche für den Zuckerrohranbau zu reduzieren und zahlreiche Zuckerfabriken zu schließen. Das lässt Tausende von Menschen ohne Arbeit sein. Sind Sie nicht von einem Extrem in das andere übergegangen?
Die Zuckerindustrie erreichte eine stabile Produktion von etwa acht Millionen Tonnen, und heute erreicht sie kaum 1,5 Millionen. Wir mussten das Urbarmachen von Land und die Aussaat radikal verringern, denn der Preis für Benzin kletterte auf vierzig Dollar pro Barrel, und das ruinierte unser Land. Vor allem, wenn man dazu Faktoren nimmt wie Wirbelstürme, die immer häufiger auftreten, oder Dürreperioden, die immer länger andauern. Und außerdem weil ein Zuckerrohrfeld gerade mal vier bis fünf Jahre überlebt – früher waren es fünfzehn oder mehr, als Anbau und Schnitt noch von Hand erledigt wurden und man keine schweren Maschinen benutzte –, während der Zuckerpreis auf dem Weltmarkt auf sieben Dollarcent gesunken ist. Eines Tages habe ich dann eine Frage nach dem Preis für Zucker gestellt und eine andere nach den Produktionskosten, die ein Zuckerbetrieb hat! Sie konnten mir nicht einmal sagen, wie viel Zucker in unseren Fabriken produziert wird! Als ich nach den Kosten einer Tonne Zucker in Devisen fragte, konnte niemand das beantworten. Sie boten die Antwort für anderthalb Monate danach an. Stellen Sie sich das vor.

Ja, wir mussten ganz einfach Zuckerfabriken schließen, sonst wären wir tief unten im Cayman-Graben[7] gelandet. Es gab viele Ökonomen im Land, viele, und ich möchte sie nicht kritisieren, aber mit der gleichen Offenheit, mit der ich von den Fehlern der Revolution spreche, kann ich fragen: Warum haben wir nicht festgestellt, dass die Aufrechterhaltung jener Produktion absolut ruinös war, nachdem die UdSSR schon vor Jahren untergegangen war, das Erdöl vierzig Dollar pro Barrel kostete und der Zuckerpreis völlig am Boden war? Warum wurde in dieser Industrie nicht rationalisiert? Warum musste man dieses Jahr 20 000 *caballerías*, das heißt fast 270 000 Hektar, säen? Dafür musste der Boden mit Traktoren und schweren Pflügen urbar gemacht, Zuckerrohr gesät werden, das später mit schweren Maschinen gereinigt, gedüngt und mit teuren Unkrautbekämpfungsmitteln behandelt werden musste und so weiter und so weiter.

Wie es aussieht, hat keiner unserer Ökonomen das bemerkt. Es musste also einfach eine Anweisung erfolgen, fast ein Befehl, diese Rodungen zu beenden. Das ist, als wenn sie dir sagen: »Das Land wird angegriffen.« Dann kannst du nicht sagen: »Warte, ich werde mich dreißigmal mit hundert Personen zusammensetzen, um herauszukriegen, was man tun muss.« Das wäre, als wenn wir in Girón, als das Imperium unsere Luftbasen bombardierte und jenen Ort mit Söldnern angriff, gesagt hätten: »Lasst uns eine Sitzung einberufen und drei Tage lang die Maßnahmen diskutieren, um die Invasoren zu stoppen.« Ich kann Ihnen versichern, dass die Revolution während ihrer ganzen Geschichte ein wirklicher Krieg war, mit einem Feind, der ständig auf der Lauer lag und bereit war, zuzuschlagen, und der zuschlug, sooft wir ihm die Gelegenheit dazu gaben.

Ich habe also in der Tat den Minister gerufen und ihm gesagt: »Wie viel Hektar Land sind gerodet worden?« Er antwortete: »80 000«, und ich sagte ihm: »Rodet keinen einzigen Hektar mehr.« Das war eigentlich nicht meine Rolle, aber ich hatte keine andere Wahl, denn man kann nicht zulassen, dass das Land untergeht.

Wie viele Zuckerfabriken wurden geschlossen?
Es wurden etwa siebzig Zuckerfabriken außer Betrieb genommen, die am wenigsten effizienten, bei denen die Produktionskosten in Devisen die Einnahmen aus dem Verkauf überstiegen. Und mit einem Teil von dem, was durch das Schließen der Zuckerfabriken, die mehr Devisen kosteten, als sie einbrachten, eingespart worden ist, konnte den Arbeitern dieser Industrie das Gehalt gezahlt werden, das sie bis dahin bekommen hatten. In unserer Gesellschaft können wir auf diese Möglichkeiten zurückgreifen. Aber die vielleicht mutigste Entscheidung, die wir in jüngster Zeit getroffen haben, war jene, das Studium in eine Art Arbeitsanstellung zu verwandeln, zum Nutzen vieler Arbeiter aus jenen Fabriken. Heute ist bereits für fast vierzigtausend Arbeiter das Studium die Arbeit.

Mehr als 100 000 junge Leute zwischen siebzehn und dreißig Jahren, die früher weder studierten noch arbeiteten, nehmen heute begeistert an den Kursen teil, wo sie ihre Kenntnisse auffrischen und erweitern und dafür eine Vergütung erhalten. Unser Land hat trotz Blockade praktisch fast Vollbeschäftigung erreicht, was bedeutet, dass die Arbeitslosigkeit unter zwei Prozent liegt. An dieser Zahl sind wir ziemlich nah dran.

Des Weiteren haben wir 70 000 Arbeitern aus der Zuckerindustrie, die nicht von der Umstrukturierung des Sektors betroffen waren, die Möglichkeit geboten, täglich nach ihrer Arbeitszeit zu studieren.

Das ist etwas Außergewöhnliches, wirklich, wenn so viele noch aktive Arbeiter der Zuckerindustrie an diesen Kursen teilnehmen, die keine bezahlte Arbeit bedeuten; es handelt sich um Arbeiter, die in der Produktion tätig sind, in der Industrie und in der Landwirtschaft.

Sie fragten mich, ob ich etwas beklage. Etwas, was ich beklagen könnte, ist, nicht mehr studiert zu haben. In jener Etappe meines Lebens, als ich Jura, Sozialwissenschaften und Internationales Recht studierte – drei miteinander verbundene Materien – hatte ich mir vorgenommen, mein Wissen in anderen Bereichen zu vertiefen, vor allem im Bereich der Wirtschaftswissenschaften. Ja, es tut mir leid, nicht weiter studiert zu haben. Wenn ich es aber getan hätte, dann hätte ich die Gelegenheit der Revolution verpasst, die vor mir lag und näher war, als ich mir vorgestellt hatte.

Es tut einem weh, nicht in einer Zeit mit besserer Bildung gelebt zu haben; es tut weh, keinen Erzieher gehabt zu haben, sondern aus der eigenen Erfahrung heraus schon sehr früh selbständige Entscheidungen treffen zu müssen. Meine Familie lebte auf dem Land, das wissen Sie, und ich war in Internatsschulen. Das sind Dinge, die einem wehtun, für die man nichts kann. Aber ich bedaure es nicht.

Ein halbes Jahrhundert später – haben Sie gedacht, dass alles so schwer sein und es so viel Hindernisse geben würde?
Eigentlich wusste ich, dass es sehr schwer werden würde. Am schwierigsten schien es mir, an die Macht zu gelangen, um die Revolution durchzuführen. Zunächst Batista stürzen, aber ihn nicht stürzen, damit alles so bliebe, sondern um es zu verändern. Denn beim Sturm auf die Moncada hatte ich bereits meine wesentlichen Ideen ausgebildet; es ging jetzt darum, eine Taktik und eine Strategie zu entwickeln, um sie zu verwirklichen.

Wenn wir am 26. Juli 1953 gesiegt hätten, wären wir jetzt nicht hier. Das Kräfteverhältnis im Jahr 1953 war so, dass wir nicht hätten widerstehen können. Stalin war soeben gestorben – im März 1953 –, und die Troika, die auf ihn folgte[8], hätte Kuba nicht so unterstützt, wie Chruschtschow das – sagen wir mal – sieben Jahre später tat, als die Sowjetunion zwar noch nicht auf gleicher Höhe mit den Vereinigten Staaten rangierte, aber dennoch eine wirtschaftliche und militärische Macht darstellte.

Würden Sie sagen, dass die Träume, die Sie beim Sturm auf die Moncada-Kaserne hatten, erfüllt wurden?
Das wollte ich gerade sagen, weil Sie einige Dinge ansprachen. Ich sagte Ihnen ja, dass wir andere Probleme lösen mussten; Regieren ist weitaus schwieriger, und das war mir durchaus bewusst. Ich sagte das damals am 8. Januar auch, als ich nach Havanna kam, als das mit den Tauben passierte.[9] Ich empfand sogar Wehmut am Tag des Triumphes, ein bisschen so wie das Gefühl, das ich hatte, als wir nach der Niederlage der großen feindlichen Offensive im Sommer 1958 fast den Krieg gewannen. Ich hatte den Eindruck, dass wir etwas gelernt hatten, aber alles war anders.

Am 1. Januar 1959 hatte ich dieses Gefühl. Ich sagte: »Gut, nun haben wir gelernt, das so zu tun, wie wir es taten, und jetzt steht uns eine wesentlich größere Aufgabe bevor.« Und als ich nach Havanna kam und dort einige der Probleme vorfand, verstand ich, dass nach dem Triumph alles viel schwieriger sein würde.

Wir waren sehr unwissend, wir hatten viele gute Ideen, aber sehr wenig Erfahrung. Wir hatten die Erfahrung der Männer, einige Ideen, ohne die wir nicht die Strategie hätten entwickeln können, die uns zum Sieg führte ... Nun, ich habe überlebt. Überleben ist ein Privileg, kein Verdienst, denn die Erfahrung kann man nicht ignorieren, das Gewicht der Erfahrungen, die man sammelt.

Und heute, sechsundvierzig Jahre nach dem Triumph und mehr als fünfzig Jahre nach Moncada, kann ich sagen, dass das, was wir erreicht haben, weit über dem liegt, was wir uns seinerzeit erträumt hatten. Und wir waren ziemlich große Träumer, damals zu Beginn.

Einige Ankläger häufen Anschuldigungen gegen die Kubanische Revolution an und werfen ihr ständig alle möglichen Dinge vor. Was würden Sie als Anwalt diesen Leuten entgegnen? Welche Argumente für die Revolution würden Sie entgegensetzen?
Nun, ich werde ausführlich sein, ich warne Sie. Und ich werde einige Argumente meiner Rede zum fünfzigsten Jahrestag der Moncada aufgreifen. Also, wir wollen sehen: Was ist die Schuld Kubas? Welcher ehrliche Mensch hat Grund, Kuba anzugreifen?

Das kubanische Volk hat die grausame Diktatur Batistas, die uns von der Regierung der Vereinigten Staaten auferlegt worden war und die 80 000 Männer unter Waffen hatte, mit seinem eigenen Blut und den Waffen, die es dem Feind entrissen hat, gestürzt. Kuba war das erste Territorium in Lateinamerika und in der Karibik, das frei von imperialistischer Herrschaft war, und das einzige Land der Hemisphäre, wo – in der gesamten postkolonialen Geschichte – Folterknechte, Mörder und Kriegsverbrecher, die Zehntausende getötet haben, verurteilt und bestraft wurden.

Die Revolution hat Grund und Boden komplett zurückerobert und unter den Bauern und Landarbeitern verteilt. Die natürlichen Ressourcen, die Basisindustrien und die wichtigsten Dienstleistungen wurden in die Hände des einzigen wirklichen Eigentümers gelegt: der kubanischen Nation. In weniger als zweiundsiebzig Stunden hat Kuba, Tag und Nacht unaufhörlich kämpfend, die von einer Regierung der Vereinigten Staaten organisierte Söldnerinvasion in der Schweinebucht niedergeschlagen und somit eine direkte militärische Invasion und einen Krieg mit unkalkulierbaren Folgen verhindert. Die Revolution verfügte bereits über ihre Rebellenarmee, mehr als 400 000 Waffen und Hunderttausende von Milizen. Sie stellte sich, mit Würde und ohne irgendwelche Zugeständnisse zu machen, im Jahr 1962 dem Risiko, mit Dutzenden von Nuklearwaffen angegriffen zu werden. Sie schlug den schmutzigen Krieg nieder, der sich im ganzen Land ausgebreitet hatte und mehr Menschenleben forderte als der ganze Befreiungskrieg. Sie ertrug Tausende von Sabotageakten und terroristischen Angriffen, die von der Regierung der Vereinigten Staaten organisiert worden waren. Sie brachte Hunderte von Attentatsplänen gegen die Führer unserer Revolution zum Scheitern.

Inmitten einer rigorosen Blockade und unter einem Wirtschaftskrieg, die nun bereits ein halbes Jahrhundert andauern, war Kuba in der Lage, in nur einem Jahr den Analphabetismus auszurotten, eine Sache, die die übrigen lateinamerikanischen Länder in mehr als vier Jahrzehnten nicht geschafft haben – mit der bemerkenswerten Ausnahme Venezuelas und dank der Bolivarischen Revolution. Nicht einmal die Vereinigten Staaten haben das geschafft. Kuba ermöglichte die kostenlose Schulbildung für hundert Prozent der Kinder. Es besitzt die höchste Abschlussquote – neunundneunzig Prozent zwischen Vorschule und neunter Klasse – aller Länder der Hemisphäre. Seine Schüler der Grundschulen belegen den ersten Platz weltweit, was das Wissen im Bereich Sprache und Mathematik angeht. Kuba steht ebenso weltweit an erster Stelle, was die Zahl von Lehrern pro Kopf betrifft, und es hat die geringste Klassendichte. Sämtliche Kinder mit physischen oder geistigen Schwierigkeiten lernen in Sonderschulen. Die Ausbildung am Computer und die intensive Anwendung von audiovisuellen Mitteln stehen heute für alle Kinder, Jugendlichen und Heranwachsenden zur Verfügung, in der Stadt und auf dem Land.

Die Möglichkeit des bezahlten Studiums ist weltweit die erste, die allen jungen Leuten zwischen siebzehn und dreißig Jahren, die weder studiert haben noch einer Beschäftigung nachgingen, gegeben wird. Jeder kubanische Bürger hat die Möglichkeit, zu studieren, von der Vorschule bis zum Doktor der Wissenschaften zu kommen, ohne dafür auch nur einen einzigen Centavo auszugeben. Die Nation zählt heute mehr als dreißig Universitätsabsolventen, Intellektuelle und professionelle Künstler auf jeden von denen, die es vor der Revolution gab. Das durchschnittliche Niveau an Wissen eines jeden Kubaners liegt heute nicht unter dem des neunten Schuljahres. Es gibt in Kuba nicht einmal funktionellen Analphabetismus.

Kunstschulen und Schulen für Kunstlehrer sind heute über das ganze Land verteilt; in ihnen studieren mehr als 20 000 junge Menschen und entwickeln ihr Talent und ihre Berufung. Zehntausende tun das in Hobbykunstschulen, die wiederum eine Schmiede für die professionellen Kunstschulen sind. Die Universitätssitze breiten sich aus und erreichen heute sämtliche Gemeinden unseres Landes. Niemals hat es irgendwo eine so kolossale Bildungs- und Kulturrevolution gegeben, wie sie Kuba zum Land mit dem meisten Wissen und der meisten Kultur weltweit machen wird, denn wir sind tief überzeugt von der These José Martís, dass ohne Kultur keine Freiheit möglich ist.

Die Säuglings- und Kindersterblichkeit wurde von sechzig pro tausend Lebendgeburten auf eine Zahl reduziert, die zwischen sechs und 6,5 variiert.[10] Es ist die niedrigste Rate in der Hemisphäre, mit Ausnahme Kanadas, von den Vereinigten Staaten bis nach Patagonien. Die Lebenserwartung hat sich um fünfzehn Jahre erhöht. Infektionskrankheiten und übertragbare Krankheiten wie Kinderlähmung, Malaria, Tetanus bei Neugeborenen, Diphtherie, Masern, Röteln, Parotitis, Keuchhusten und Denguefieber wurden eliminiert; andere wie Tetanus, Meningokokken-Meningitis, Hepatitis B, Lepra, Meningitis aufgrund von Hämophilie und Tuberkulose sind vollständig unter Kontrolle. In unserem Land sterben die Menschen heutzutage aus den gleichen Gründen wie in den entwickelten Ländern: an Herz-/Kreislaufkrankheiten, Tumorerkrankungen, Unfällen und anderen.

Eine tief greifende Revolution wird durchgeführt, um die medizinischen Dienstleistungen näher zu den Menschen zu bringen und ihnen den Zugang zu den Gesundheitszentren zu erleichtern, Leben zu erhalten und Schmerzen zu lindern. Wir führen intensive Studien durch, um bei Problemen genetischen und pränatalen Ursprungs die Kette zu unterbrechen und geburtsbedingte Krankheiten zu lindern oder zumindest auf ein Minimum zu reduzieren. Kuba verfügt heute über die weltweit größte Ärztedichte pro Kopf; die Zahl ist fast doppelt so hoch wie die der Länder, die auf uns folgen.

Die wissenschaftlichen Zentren arbeiten pausenlos daran, präventive oder therapeutische Lösungen für schwerste Krankheiten zu finden. Die Kubaner werden das beste Gesundheitswesen der Welt haben, dessen Leistungen sie weiterhin absolut gratis erhalten werden. Die soziale Sicherheit erfasst hundert Prozent der Bevölkerung.

Fünfundachtzig Prozent der Bevölkerung sind Besitzer ihres Wohnraums, und das völlig steuerfrei. Die restlichen fünfzehn Prozent zahlen eine absolut symbolische Miete, die sich auf höchstens zehn Prozent des Einkommens beläuft.

Der Drogenkonsum betrifft eine minimale Anzahl von Personen, und man kämpft entschlossen dagegen. Lotterien und andere Formen von gewinnbringenden Glücksspielen sind seit den ersten Jahren der Revolution verboten, damit niemand seine Hoffnung, vorwärtszukommen, auf den Zufall setzt.

Unser Fernsehen, Radio und die Presse arbeiten nicht mit kommerzieller Werbung. Jegliche Promotion widmet sich ausschließlich Themen wie Gesundheit, Bildung, Kultur, Sport, gesunde Freizeitgestaltung, Umweltschutz, dem Kampf gegen Drogen, gegen Unfälle und andere soziale Probleme. Unsere Medien bilden, sie vergiften nicht, sie entfremden nicht. Weder treiben wir Kult mit den Werten der verdorbenen Konsumgesellschaften, noch lobpreisen wir sie.

Es gibt keinen Kult um irgendeine der lebenden revolutionären Persönlichkeiten, etwa in Form von Statuen, offiziellen Fotos, Namen von Straßen oder Institutionen. Die Männer und Frauen, die das Land führen, sind Menschen und keine Götter.

In unserem Land gibt es keine paramilitärischen Gruppen oder Todesschwadronen, und es wurde nie Gewalt gegen das Volk angewendet; es werden keine außergerichtlichen Hinrichtungen durchgeführt und es gibt keine Folter. Wir pflegen Brüderlichkeit und Solidarität zwischen Menschen und Völkern, innerhalb und außerhalb unseres Landes.

Man erzieht die neuen Generationen und die gesamte Bevölkerung zum Umweltschutz. Die Medien werden im Sinne der Entwicklung eines Umweltbewusstseins genutzt. Unser Land verteidigt vehement seine kulturelle Identität, übernimmt die besten Dinge aus anderen Kulturen und bekämpft gleichzeitig alles, was die Menschen deformiert, entfremdet und erniedrigt. Die gesunde – und nicht kommerzielle – Entwicklung des Sports hat Kuba eine Vielzahl von Medaillen und Ehrentiteln weltweit eingebracht.

Die wissenschaftliche Forschung im Dienste der Bevölkerung Kubas, aber auch der gesamten Menschheit, wurde hundertfach gesteigert. Ergebnis dieser Anstrengungen sind wichtige Medikamente, die in Kuba und überall auf der Welt Menschenleben retten. Niemals wurde an biologischen Waffen geforscht oder gearbeitet, denn das stünde in absolutem Widerspruch zu den Werten und dem Bewusstsein, in dem unser wissenschaftliches Personal ausgebildet wird.

In keinem anderen Volk ist der Geist der internationalen Solidarität so stark verwurzelt. Unser Land hat die algerischen Patrioten im Kampf gegen den französischen Kolonialismus unterstützt, auf Kosten der politischen und wirtschaftlichen Beziehungen zu einem so wichtigen europäischen Land wie Frankreich. Wir haben Waffen und Kämpfer zur Verteidigung Algeriens gegen die marokkanische Expansion des Königs Hassan II. geschickt, der sich der Eisenvorkommen von Gara Djebilet nahe der Stadt Tinduf im Südosten Algeriens bemächtigen wollte.

Das Personal einer gesamten Panzerbrigade hielt auf Bitten der arabischen Nation Syrien von 1973 bis 1975 vor den Golanhöhen Wache, nachdem dieser Landesteil Syrien unrechtmäßig entrissen worden war.

Patrice Lumumba, der Führer der Republik Kongo, erhielt, als sie gerade ihre Unabhängigkeit erreicht hatten und von außen angegriffen wurden, unsere politische Unterstützung. Als er 1961 von den Kolonialmächten ermordet wurde, unterstützten wir seine Nachfolger. Vier Jahre später, 1965, wurde kubanisches Blut im Gebiet westlich des Tanganjika-Sees vergossen, wo Che mit mehr als hundert kubanischen Ausbildern die kongolesischen Rebellen unterstützte, die gegen weiße Söldner im Dienste Mobutus, des Mannes des Westens, kämpften, von dessen vierzig Milliarden geraubten Dollar niemand weiß, in welcher europäischen Bank sie unter wessen Händen versteckt liegen.

Das Blut kubanischer Ausbilder wurde vergossen, als sie die Kämpfer der Afrikanischen Partei für die Unabhängigkeit Guineas und der Kapverdischen Inseln, die unter dem Kommando von Amílcar Cabral für die Unabhängigkeit dieser alten portugiesischen Kolonien kämpften, trainierten und unterstützten.

Viele Dinge passierten während der zehn Jahre, die wir die MPLA von Agostinho Neto im Kampf für die Unabhängigkeit Angolas unterstützten. Nachdem diese erreicht war, nahmen noch fünfzehn Jahre lang Hunderttausende kubanischer Freiwilliger an der Verteidigung Angolas gegen die rassistischen Truppen aus Südafrika teil, die in Komplizenschaft mit den Vereinigten Staaten die Taktiken des schmutzigen Krieges anwendeten, Millionen von Minen säten, komplette Dörfer auslöschten und mehr als eine halbe Million angolanischer Männer, Frauen und Kinder ermordeten. In Cuito Cuanavala und an der Grenze zu Namibia im Südwesten Angolas führten angolanische und namibische Kräfte zusammen mit 40 000 kubanischen Soldaten einen entscheidenden Schlag gegen die südafrikanischen Truppen, welche über Atombomben verfügten, die mit voller Kenntnis und Unterstützung durch die Vereinigten Staaten von Israel geliefert worden waren. Dies führte zur unmittelbaren Befreiung Namibias und beschleunigte das Ende der Apartheid vielleicht um zwanzig oder fünfundzwanzig Jahre.

Fünfzehn Jahre lang nahm Kuba einen Ehrenplatz bei der Solidarität mit dem heldenhaften Volk von Vietnam ein, während eines barbarischen und brutalen Krieges der Vereinigten Staaten, dem zwei Millionen Vietnamesen zum Opfer fielen, ungeachtet der zahllosen Verletzten und Verstümmelten. Dieser Krieg hat den Boden des Landes mit chemischen Substanzen verseucht, die unkalkulierbare Schäden verursacht haben, deren Auswirkungen noch heute spürbar sind.

Kubanisches Blut wurde auch an der Seite von Kämpfern zahlreicher lateinamerikanischer Länder vergossen, zusammen mit dem kubanisch-lateinamerikanischen Blut Ches, der im Auftrag von Agenten der Vereinigten Staaten in Bolivien ermordet wurde, als er verletzt und gefangen und seine Waffe durch eine Kugel im Kampf unbrauchbar geworden war.

Kubanische Bauarbeiter, die kurz vor der Fertigstellung eines internationalen Flughafens waren, der immens wichtig war für die Wirtschaft einer winzig kleinen, vom Tourismus abhängigen Insel, starben bei der Verteidigung Grenadas, das unter zynischen Vorwänden von den USA überfallen wurde.

Kubanisches Blut wurde in Nicaragua vergossen, als Ausbilder unserer Streitkräfte die mutigen nicaraguanischen Soldaten trainierten, die sich einem schmutzigen Krieg ausgesetzt sahen, der von den Vereinigten Staaten gegen die Sandinistische Revolution organisiert und bewaffnet worden war.

Und ich habe noch nicht alle Beispiele genannt. Mehr als 2000 heldenhafte kubanische internationalistische Kämpfer ließen ihr Leben bei der Erfüllung der heiligen Pflicht, den Befreiungskampf für die Unabhängigkeit befreundeter Völker zu unterstützen. In keinem dieser Länder gibt es in irgendeiner Form kubanisches Eigentum. Kein anderes Land unserer Zeit kann eine solche Geschichte ehrlicher und uneigennütziger Solidarität vorweisen.

Kuba ist immer mit gutem Beispiel vorangegangen. Es hat nie gezögert. Es hat nie die Sache eines anderen Volkes verraten. Es hat nie Zugeständnisse gemacht. Es hat nie Prinzipien verraten. Nicht umsonst wurde es im Juli 2003 im

Wirtschafts- und Sozialrat der Vereinten Nationen erneut, unter Beifallsrufen, für drei Jahre in die Menschenrechtskommission gewählt, der wir ununterbrochen seit fünfzehn Jahren angehören.

Mehr als eine halbe Million Kubaner haben in internationalen Missionen gedient, als Kämpfer, Lehrer, Techniker oder Ärzte und Mitarbeiter des Gesundheitswesens. Von Letzteren haben in den vergangenen vierzig Jahren Zehntausende Dienst geleistet und Millionen Leben gerettet. Zum jetzigen Zeitpunkt sind mehr als 3000 Fachärzte in Allgemeinmedizin und andere Mitarbeiter des Gesundheitswesens an den abgelegensten Orten in achtzehn Ländern der Dritten Welt aktiv, wo sie mit präventiven und therapeutischen Maßnahmen jährlich Hunderttausende von Leben retten und Millionen Menschen helfen, ihre Gesundheit zu erhalten oder wiederzuerlangen, ohne dafür auch nur einen Centavo zu verlangen.

Ohne die kubanischen Ärzte, die wir der Organisation der Vereinten Nationen angeboten haben, wenn sie die notwendigen finanziellen Mittel zur Verfügung stellen – ohne die ganze Nationen und komplette Regionen wie die Südsahara Gefahr laufen, zugrunde zu gehen –, sind die unerlässlichen und dringlichen Programme zur Aidsbekämpfung nicht durchführbar.

Kuba hat Methoden entwickelt, um über Radio lesen und schreiben zu lernen mit Texten, die in fünf Sprachen ausgearbeitet wurden; Kreolisch, Portugiesisch, Französisch, Englisch und Spanisch, Kurse, die in einigen Ländern in die Praxis umgesetzt wurden. Ein ähnliches Programm von außergewöhnlicher Qualität haben wir gerade in spanischer Sprache für die Alphabetisierung über das Fernsehen herausgegeben. Es sind in Kuba erdachte Programme, und sie sind genuin kubanisch. Wir sind nicht an einer Exklusivität des Patentes interessiert. Ohne dafür einen Centavo zu verlangen, bieten wir dieses Programm allen Nationen der Dritten Welt an, wo sich die meisten Analphabeten befinden. In fünf Jahren könnte man die achtzig Millionen Analphabeten mit minimalen Kosten um achtzig Prozent reduzieren.

Ich höre jetzt auf, um Sie nicht zu überlasten, aber ich könnte weitersprechen …

Diese Bilanz ist beeindruckend. Was glauben Sie, wie die Geschichte Sie beurteilen wird?

Darüber lohnt es nicht, sich den Kopf zu zerbrechen. Wissen Sie, warum? Weil diese Menschheit so viele Fehler gemacht hat, dass im Falle ihres Überlebens – was erst zu beweisen ist – uns die Menschen in hundert Jahren als

Stämme von Barbaren und Unzivilisierten wahrnehmen werden, die es nicht wert sind, dass man sich weiter an sie erinnern muss.

Vielleicht rufen sie sich unsere Zeit als eine Epoche der Geschichte in Erinnerung, in der die Menschheit fast ausgelöscht wurde, in der furchtbare Dinge passierten, als wir noch unzivilisierte Barbaren waren. Vielleicht ist das die Vorstellung, die eine zukünftige Generation von uns im Jahr 2100 haben wird. Sie werden in uns das sehen, was wir noch vor Kurzem in den Steinzeitmenschen gesehen haben, da bin ich sicher. Jede Dekade, die in diesem entscheidenden 21. Jahrhundert vorübergeht, wird in diesem Fall tausend Jahre wert sein.

Es wäre also sinnlos, über ein zukünftiges geschichtliches Urteil zu sprechen. So denke ich ganz ehrlich. Mich interessiert mehr das Prestige, das unser Land haben kann aufgrund seines Kampfes, seiner heutigen Schlacht – ein Prestige, das nicht notwendigerweise mit meiner Person verbunden ist. Sehen Sie, ich habe viel über berühmte Persönlichkeiten gelesen, die von Ruhm sprachen. Napoleon sprach vom Ruhm, ständig sorgte er sich um den Ruhm. Und heute kennt man den Namen Napoleon wahrscheinlich eher wegen des Kognaks, der nach ihm benannt wurde, als aufgrund all dessen, was er auf den Schlachtfeldern vollbrachte. Ich frage mich also, warum man sich darum sorgen sollte.

Auch Männer wie Bolívar sprachen viel von Ruhm. Ich war immer ein großer Bewunderer Bolívars. Während einer Rede an der Universität von Caracas sagte ich einmal: »Bolívar sprach von Ruhm, aber Bolívar war kein Eroberer der Völker, sondern ein Befreier. Alexander war ein Eroberer von Völkern und Schöpfer von Imperien. Es gibt auch große Persönlichkeiten, die in der Welt jahrhundertelang bewundert wurden: Hannibal, Julius Caesar, sie waren alle Eroberer und Krieger.

Wenn Sie einmal genauer darüber nachdenken, werden Sie feststellen, dass man erst seit Kurzem den jungen Leuten beibringt, dass Shakespeare ein großer Schriftsteller und Dramaturg war; dass andere große Werke der Malerei geschaffen haben; dass wieder andere brillante Philosophen waren; dass noch andere außergewöhnliche, bis heute unübertroffene Dichter sind.

Ich meine, von den großen intellektuellen Leistungen, den großen Schöpfern von Musik, der Malerei, dem Theater, der Literatur, wusste man sehr wenig, und die Geschichte, die sie uns lehrten, erwähnte sie fast nicht. Man erzählte uns nur von Christopher Columbus; Hernán Cortéz; Pizarro; Magellan, der die Welt umsegelt hatte; Napoleon; Drake, dem Piraten; Xerxes, dem Perserkaiser, der gegen Leonidas in den Thermophylen kämpfte; Julius Caesar; Hannibal – alles Krieger, und westliche Krieger, denn die Krieger des Ostens kannte keiner.

Oder nur die »schlechten«, wie Attila.
Ja, aber auch der ist nach Westen gekommen. Wenn Christopher Columbus recht gehabt und es keinen Kontinent dazwischen gegeben hätte, wäre er in China gelandet, und wenn er Lust gehabt hätte, dann hätte er versucht, es mit zwölf Pferden und ein paar Musketen zu erobern, so wie sie das, glaube ich, mit Kuba gemacht haben. Er wäre auf eine mongolische Armee mit Hunderttausend berittenen Soldaten gestoßen, und man hätte Columbus nur als den Typen gekannt, der die verrückte Idee hatte, nach China zu gelangen, wo er fünfzehn Minuten nach seiner Ankunft verschwunden wäre, wenn er wirklich versucht hätte, von diesem Land Besitz zu ergreifen. Sehen Sie, wäre er wie Marco Polo gekommen, hätten sie ihn empfangen, aber bei einer Eroberung im Namen der katholischen Könige, mit dem Kreuz und dem Schwert, hätten sie ihm in fünfzehn Minuten sein Ende bereitet, ebenso wie Cortés und all diesen Leuten.

Aber von anderen Personen spricht die Geschichte für gewöhnlich nicht. Von großen Wissenschaftlern, großen Erfindern, die der Menschheit so viel hinterlassen haben. Die Geschichte, kann man sagen, spricht nicht von ihnen. Vielleicht erinnern sich einige an sie. Aber politische Führer haben keine so großen Leistungen erbracht, dass man sich an sie erinnern würde.

Welcher politische Führer, von allen, die Sie kennen, hat Sie am meisten beeindruckt?
Lassen Sie mich nachdenken. An Che denke ich immer als eine der außergewöhnlichsten Persönlichkeiten, die ich kannte. Einer der nobelsten und uneigennützigsten Menschen, die ich je kennengelernt habe. Auch Nelson Mandela ist ein Mann, den ich aufgrund seiner Verdienste, seiner Geschichte und seines Kampfes bewundere. Unter den zeitgenössischen ausländischen Führungspersönlichkeiten ist Jiang Zemin[II] jemand, den ich sehr schätze, denn ich kenne ihn schon sehr lange, nicht erst ein paar Tage, sondern seit vielen Jahren, auf der Basis von Kontakten und Zeit; er ist ein sehr fähiger Mensch.

Im modernen Zeitalter der westlichen Welt würde ich sagen, dass der bundesdeutsche Kanzler Willy Brandt einer der fähigsten Staatsmänner war. Ich habe ihn kennengelernt, und wir haben viel miteinander geredet. Er war ein Mann mit Visionen, er war ein großer Denker und um den Frieden und die Probleme der Dritten Welt besorgt.

Und wo ich vom Westen spreche: Ein anderer Staatsmann, den ich kennengelernt habe und den ich für verantwortungsvoll, ehrlich und fähig hielt, war der schwedische Premierminister Olof Palme. Ich empfand eine tiefe Sympathie für ihn, und sein Tod, seine Ermordung unter seltsamen Umständen, war ein großer Verlust.

Präsident Kennedy haben Sie nicht persönlich kennengelernt?
Nein. Ich glaube, dass Kennedy ein Mann mit großem Enthusiasmus war, sehr intelligent, mit persönlichem Charisma, der versuchte, positive Dinge zu bewirken. Vielleicht war er nach Franklin Roosevelt eine der brillantesten Persönlichkeiten der Vereinigten Staaten. Er hat Fehler gemacht: Er hat für die Invasion in der Schweinebucht 1961 grünes Licht gegeben, aber diese Operation war nicht von ihm vorbereitet worden, sondern von der vorangegangenen Regierung, von Eisenhower und Nixon. Er war nicht in der Lage, sie beizeiten zu stoppen. Auch hat er die Aktivitäten des CIA toleriert; in seiner Legislaturperiode wurden die ersten Attentatspläne gegen mich und andere internationale Führer ausgearbeitet. Es gibt keine zweifelsfreien Beweise für seine persönliche Komplizenschaft, aber es ist wirklich schwer vorstellbar, dass jemand bei der CIA auf eigene Faust die Entscheidung getroffen hat und Aktionen solcher Art ohne das Einverständnis, zumindest das stillschweigende, des Präsidenten durchführt. Vielleicht war er tolerant oder hat erlaubt, dass doppelsinnige Worte von ihm durch die CIA nach Gutdünken interpretiert wurden.

Aber gleichzeitig denke ich – denn ich sehe ganz klar, dass Kennedy, obwohl er Fehler begangen hat, darunter einige von ethischem Charakter –, ein Mann war, der die Fähigkeit besaß, sich zu berichtigen, und den Mut, um innerhalb der Politik der Vereinigten Staaten Veränderungen herbeizuführen. Einer seiner Fehler war der Vietnamkrieg. Mit seinem Enthusiasmus, mit seiner zwanghaften Sympathie für die Green Berets und mit seiner Überschätzung der Macht der Vereinigten Staaten unternahm er die ersten Schritte, die sein Land in den Vietnamkrieg führten.

Er hat Fehler gemacht, ich wiederhole es, aber er war ein intelligenter Mann, manchmal sogar brillant, mutig, und ich denke – das habe ich zu anderen Gelegenheiten schon gesagt –, dass es möglich ist, dass, wenn Kennedy überlebt hätte, sich die Beziehungen zwischen Kuba und den Vereinigten Staaten verbessert hätten.[12] Denn nach Girón und der Oktoberkrise war er sehr beeindruckt. Ich glaube nicht, dass er das kubanische Volk unterschätzte. Möglicherweise spürte er sogar irgendeine Bewunderung für die Standhaftigkeit und den Mut unseres Volkes.

Genau an dem Tag, als sie ihn ermordeten, sprach ich mit einem französischen Journalisten, Jean Daniel[13], den Kennedy mit einer gewissen Nachricht zu mir geschickt hatte, um darüber mit mir zu sprechen. Wir waren also dabei, eine Verbindung zwischen uns aufzubauen, die vielleicht eine Verbesserung unserer Beziehungen hätte begünstigen können.

Sein Tod schmerzte mich. Er war ein Gegner, natürlich, aber sein Verschwinden bedauerte ich. Es war, als hätte ich einen Gegner mit Verdiensten verloren. Mir tat es auch weh, wie sie ihn ermordet hatten. Mit einem feigen Attentat, ein politisches Verbrechen. Ich spürte ein Gefühl von Empörung, Ablehnung und Trauer, und in diesem Fall für einen Gegner, der meines Erachtens ein solches Ende nicht verdient hatte.

Seine Ermordung machte mir auch Sorgen, denn zu dem Zeitpunkt, als er von der Bildfläche verschwand, besaß er genügend Autorität in seinem Land, um für eine Verbesserung der Beziehungen zu Kuba zu sorgen. Das wurde allein schon deutlich anhand der Unterhaltung, die ich mit dem französischen Journalisten Jean Daniel geführt hatte, der mir wichtige Gedanken und Worte Kennedys übermittelte, der Mitteilung zufolge aufgrund der fürchterlichen Tage, die die Oktoberkrise für ihn bedeutet hatten: »Sprechen Sie mit Castro und kommen Sie dann zurück und sagen mir, was er denkt«, hatte Jean Daniel mir gerade mitgeteilt. Im selben Augenblick erhielten wir die Nachricht von seinem Tod.

Kannten Sie Ernest Hemingway gut?
Ich hätte Hemingway gern besser gekannt. Kuba gefiel ihm. Er liebte diese Insel. Er hat hier gelebt und uns viele Dinge hinterlassen, seine Bibliothek, sein Haus, das heute ein Museum ist. Im ersten Jahr der Revolution konnte ich zweimal mit ihm sprechen, ganz kurz. Wenn Hemingway ein paar Jahre länger gelebt hätte, dann hätte es mir gefallen, Zeit zu haben, um viel mehr mit ihm zu sprechen. Um eine ein wenig engere Freundschaft mit ihm zu führen.

Ich habe einige seiner Romane mehrmals gelesen. In vielen seiner Bücher – *Wem die Stunde schlägt, In einem anderen Land* – lässt er die Hauptfigur mit sich selbst einen Dialog führen. Das gefällt mir am besten bei Hemingway, die Monologe, wenn seine Hauptfiguren mit sich selbst sprechen. Wie in *Der alte Mann und das Meer*, dem Buch, für das er den Nobelpreis erhielt.

Nach dem wenigen, was ich von ihm kennenlernen konnte, erschien er mir als Mensch, in seinen Gewohnheiten, seinen Praktiken, seinen Ideen, eine sehr humane Person zu sein. Seine Literatur habe ich immer sehr gemocht. Er zeichnet in seinen Büchern ein Bild von sich selbst, von den Abenteuern, die er erlebt hat und die er erleben wollte und nicht konnte; ich bewunderte seine Abenteuerlust.

Kannten Sie Mao Tse-tung?
Nein, Mao kannte ich nicht. Leider hatte ich auch nicht das Privileg, Ho Chi Minh kennenzulernen, den ich als einen der Führer mit den reinsten Gedanken ansehe.

Mao Tse-tung hat große historische Verdienste. Zweifellos war er der Organisator und Inspirator der Chinesischen Revolution, einer der großen Revolutionen des 20. Jahrhunderts. Ein Mann von großem politischen und militärischen Talent, der den siegreichen Kampf gegen den japanischen Imperialismus, gegen die Marionettenregierung von Chiang Kai-shek, förderte, vorantrieb und durchführte, und der ohne Zweifel brillante Seiten in der Geschichte geschrieben hat.

Aber gleichzeitig bin ich der absoluten Überzeugung, dass er in der letzten Etappe seines Lebens schwerwiegende politische Fehler begangen hat. Es waren keine rechten Fehler, es waren linke Fehler oder besser gesagt linksextremistische. Die Maßnahmen zur Umsetzung dieser Ideen waren hart und ungerecht, wie während der sogenannten »Kulturrevolution«, und ich denke, dass als Konsequenz einer linksextremistischen Politik danach eine Wendung nach rechts innerhalb des revolutionären Prozesses in China einsetzte, denn all diese großen Fehler produzieren ihr Gegengewicht: Linksextremistische Fehler führen in einem bestimmten Augenblick zu Gegenausschlägen und zu einer Politik der Rechten.

Ich will nicht sagen, dass die Revolution in China verloren ist. Dieses Land sucht einen richtigen Weg. Mao war ein großer Revolutionär, mit großen historischen Verdiensten, mit großem Talent, aber in der letzten Phase seines Lebens beging er schwerwiegende Fehler. Es war wirklich etwas beunruhigend, zu sehen, welchen Grad der Personenkult erreichte.

Sie haben einige marxistische Führer kennengelernt, die sich, als sie an der Macht waren, verabscheuenswert und kriminell verhalten haben. Ich denke da zum Beispiel an Hafizullah Amin in Afghanistan, an Ieng Sary in Kambodscha, Mitverantwortlicher des Völkermordes 1975 in diesem Land. Welche Erinnerungen haben Sie an diese Männer?
In Afghanistan leitete Amin 1979 als Premierminister eine geheime Gruppe, die gegen den Präsidenten Muhammad Taraki konspirierte, genau während dieser

zu Besuch in Havanna war. In wenigen Tagen kam es dann im Juli desselben Jahres in Kabul zu einer Palastrevolte, die damit endete, dass sie Tarik heimlich ermordeten, und mit der Machtübernahme durch Amin, der sich zum Präsidenten erhob. Dieser Mord, den Breschnew missbilligte, führte zur Invasion der Sowjets im Jahr 1979.

Amin war in gewissem Sinne eine Person wie Pol Pot. Wir hatten Gelegenheit, Amin im April 1978 nach dem Triumph der Revolution in Afghanistan kennenzulernen. Sie hätten sich keinen freundlicheren Menschen vorstellen können! Genau wie Ieng Sary, der uns ebenfalls nach dem Triumph der Revolution in Kambodscha einen Besuch abstattete.

Ich hatte in der Tat das seltsame Privileg, einige Persönlichkeiten kennenzulernen, die mir als ganz normale Menschen erschienen, sehr gebildet, mit einer westlichen Kultur, Universitätsabschlüssen in Europa oder den Vereinigten Staaten, die später grauenhafte und verabscheuenswerte Dinge getan haben. Es ist, als würden die Menschen in einem bestimmten Augenblick durchdrehen. Anscheinend gibt es einige Menschen, deren Neuronen im Gehirn der Komplexität der Probleme, die innerhalb eines revolutionären Prozesses auftreten, nicht gewachsen sind. Und sie begehen schändliche und verrückte Taten, die mich immer wieder überraschen.

Haben Sie Deng Xiaoping kennengelernt?
Nein, aber ich hätte ihn gern kennengelernt.

Sie haben mich zuvor gefragt, welche politischen Führer mich beeindruckt haben. Ich habe damit begonnen, Ihnen von Che zu erzählen, einem Lateinamerikaner, und ich habe vergessen, einen anderen wichtigen Lateinamerikaner zu erwähnen, der mich seit unserem ersten Zusammentreffen sehr beeindruckt hat: Hugo Chávez.

Welche Führungspersönlichkeit aus der zweiten Hälfte des 20. Jahrhunderts bedauern Sie nicht persönlich getroffen zu haben?
Eine habe ich bereits genannt, Ho Chi Minh. Und auch Mao hätte ich gern kennengelernt. Es war nicht möglich, denn bald begannen die Probleme und Differenzen aufgrund des chinesisch-sowjetischen Konfliktes. Unter den großen politischen Strategen und den großen militärischen Anführern, egal welcher Zeit, muss man Mao Tse-tung mit einbeziehen. Ich habe den Brief Ho Chi Minhs nicht vergessen, in dem er China und die UdSSR bat, ihre Rivalitäten zu überwinden und sich zu einigen.

28

WAS KOMMT NACH FIDEL?

Der Oppositionelle Nummer eins – Die Korruption – Die Einheitspartei – Fidels Gehalt – Sozialismus, eine unwiderrufliche Option? – Nachfolge – Raúl Castro – Kann der revolutionäre Prozess zerstört werden? – Die Zukunft der Revolution

Ich möchte, dass wir über die interne Situation in Kuba sprechen. In allen Ländern gibt es unzufriedene Leute, auch in Kuba. Und es scheint, Sie hatten die Gewohnheit, die Alltagsprobleme der Leute zu spüren und der Erste zu sein, der sie in seinen Reden ausdrückt: Dies und jenes funktioniert nicht, hier müssen wir etwas verbessern. Und die Leute entdeckten in Ihren Reden genau das, was sie empfanden. Seit einiger Zeit sprechen Sie nicht mehr so viel darüber, was in der Gesellschaft nicht funktioniert, und viele Leute vermissen Sie in der Funktion des »Oppositionellen Nummer eins«.

Es stimmt, dass ich immer der Oppositionelle Nummer eins war. Nicht des Landes, sondern der Fehler und der Dinge, die schlecht gemacht wurden. Aber wir haben jetzt Methoden, die es uns ermöglichen, die Meinungen wie unter einem Mikroskop zu erkennen. Man muss anerkennen, dass die Leute es gewohnt sind, sich frei auszudrücken, sie haben diesen Zug in ihrer Tradition, und sie drücken ihren Standpunkt aus.

Seit Jahren sammeln wir nach allen Geschehnissen spontane Meinungen, und darunter gibt es einige, die widrig sind. Außerdem besteht die Anweisung, wie gesagt, dass jede gegnerische Meinung immer auch ihren Platz haben muss. Ich verlese niemals öffentlich Meinungen, die in Beziehung zu mir stehen, denn sie könnten voller Lob sein, und es wäre penetrant, unangenehm und eitel, so etwas zu verlesen. Es besorgt mich sogar, wenn unter Millionen Landsleuten nur einige Tausend nicht einverstanden sind. Es reicht, wenn zum Beispiel 16 000 Leute eine andere Meinung haben. Dann sollte man sich Sorgen machen, nicht wegen des Prozentsatzes, sondern weil es vernünftige und berechtigte kritische Meinungen sein können. Oder es kann sich um Meinungen von Leuten handeln, die offen feindselig sind, die nicht mit der Revolution sympathisieren.

Man kennt das, denn wenn sie sagen: »Das muss ja ziemlich teuer gewesen sein«, oder: »Diese Fernsehsendung sollte man so machen oder auf so eine Art und Weise«, dann sind das keine Meinungen von Feinden, aber auch die von Feinden sind dabei: »Man spricht von diesem und jenem, aber über das Essen spricht man nicht«, »Man spricht über dieses Problem, aber nicht über jene.« Das heißt, die Information über den Zustand der Meinungen ist total, ist umfassend, geleitet vom Bestreben, die Meinungen so wiederzugeben, wie sie sind. Inklusive alles, was negativ ist. Man muss sich kümmern, und oft helfen jene gegensätzlichen Meinungen – sie sind sehr spontan.

Ich bin in der Tat noch kritischer und unerbittlicher. Man sollte sich genau ansehen, welche Dinge ich sage. Und dass ich sie öffentlich gesagt habe.

Sie haben bei einer Rede am 17. November 2005 einen »Krieg ohne Unterlass« erklärt, und zwar einigen Übeln, die das Land zerfressen – Kleinkorruption, Diebstahl am Staat, widerrechtliche Bereicherung – und die man bis dahin so harsch nicht öffentlich angeklagt hatte.

Ja. Wir haben die Bevölkerung dazu aufgerufen, in einem großen Kampf mit uns zusammenzuarbeiten, dem Kampf gegen die Unzulänglichkeiten, unter anderem gegen den kleinen Diebstahl und den großen Missbrauch jeder Art und überall. Es fehlt ein tiefes ökonomisches Bewusstsein, das wir nicht verstanden haben dem ganzen Volk zu vermitteln.

Darüber denken wir mehr als über alles andere nach: über unsere Fehler, unsere Ungleichheiten, unsere Ungerechtigkeiten. Wir sind in einen Kampf gegen die Laster, gegen das Abzweigen von Ressourcen, gegen bestimmte Verhaltensformen, die zur Gewohnheit geworden sind, verwickelt. Ja, wir stehen vor einer großen Schlacht, die wir mit mehr Kraft und Erfahrung als je zuvor beginnen und die wir gewinnen werden.

Es gibt hier – wir müssen es gestehen – einige Zehntausend Parasiten, die nichts produzieren und sich dennoch bereichern, zum Beispiel indem sie Benzin kaufen und stehlen. Viele laufen mit dem Schlauch herum und füllen Benzin in die *almendrones*[a] und bekommen dafür Geld von einem der Neureichen, der nicht einmal das Benzin bezahlen will, das er verbraucht. Es gibt ein heilloses Durcheinander diesem und anderen Gebieten, mit Verlusten von Dutzenden Millionen Dollar.

Wie erklären Sie es sich, dass Sie persönlich eingreifen mussten? Warum griff hier die gewöhnliche Methode der kollektiven Kritik und der Selbstkritik nicht?
Wir vertrauten auf die Kritik und die Selbstkritik, ja. Aber sie scheint mittlerweile fast versteinert. Diese Methode, wie sie bisher angewendet worden ist, ist praktisch sinnlos geworden. Denn die Kritiken bewegen sich in der Regel innerhalb einer bestimmten Gruppe: Niemals wählt man die breitere Kritik, Kritik auf der Bühne eines Theaters zum Beispiel, in dem sich Hunderte oder Tausende von Personen aufhalten. Wenn ein Funktionär des Gesundheitswesens, um ein Beispiel zu nennen, eine Information über die Existenz der Stechmücke *Aedes Aegypti* gefälscht hat, dann wird er gerügt, wird kritisiert. Gut. Aber ich kenne einige, die sagen: »Ja, ich bin selbstkritisch«, dabei bleiben sie ganz ruhig, lachen sich tot! Sie sind glücklich. Und was ist mit dem Schaden, den sie angerichtet haben? Und den Millionen, die infolge dieser Achtlosigkeit oder dieser Art, zu handeln, verloren gegangen sind?

Wir müssen kritisch und selbstkritisch sein, im Klassenraum, im *nucleus*[b], dann außerhalb des *nucleus*, in der Gemeinde und auf dem Land. Wir müssen das Schamgefühl ausnutzen, das die Menschen zweifellos in sich tragen, denn ich kenne viele Menschen, die man als »Schamlose« bezeichnet hat, die aber, wenn in der Lokalzeitung eine Nachricht über ihr Vergehen erschien, doch voller Scham waren. In dieser Schlacht wird es für niemanden Waffenruhe geben, man wird alle Dinge beim Namen nennen, und wir werden an das Ehrgefühl aller Bereiche appellieren. Am Ende werden diejenigen, die nicht verstehen wollen, sich selbst berichtigen, doch auf eine andere Weise; sie werden sich in ihrem eigenen Dreck suhlen. Einer Sache sind wir uns sicher: In jedem Menschen steckt eine gehörige Portion Schamgefühl. Und die erste Pflicht eines Revolutionärs ist, streng mit sich selbst zu sein.

Wir werden diesen Kampf führen und schwerere Geschütze auffahren. Die Revolution muss mit diesen Waffen kämpfen, und sie wird das tun, wenn es notwendig werden sollte. Die Revolution wird die Kontrollen einführen, die nötig sind. Wir sind kein kapitalistisches Land, in dem man alles dem Zufall überlässt.

Denken Sie, dass die Schwierigkeiten und Entbehrungen der Sonderperiode diese Gewohnheiten der Korruption und des Diebstahls begünstigt haben?
Ja. Obwohl der Diebstahl von Material und Ressourcen nicht erst von heute oder von der Sonderperiode herrührt. Die Sonderperiode hat dies natürlich

zugespitzt, denn sie hat viele Ungleichheiten geschaffen und es einigen Leuten ermöglicht, zu viel Geld zu kommen. Aber es ist nicht neu. Ich weiß noch, dass wir bis 1990, als die Sowjetunion sich noch nicht selbst zerstört hatte, in Bejucal, außerhalb Havannas, ein wichtiges Zentrum für Biotechnologie gebaut haben. Dort in der Nähe gab es einen kleinen Friedhof. Ich drehte ein paar Runden, und eines Tages ging ich zu diesem Friedhof und fand dort einen geheimen Markt vor, wo die Bautrupps, ihre Chefs und eine große Zahl von Bauarbeitern den Handel mit Materialien organisiert hatten: Zement, Draht, Holz, Farbe, alles was man benötigt, um zu bauen ...

Wie viel dort gestohlen worden ist, manchmal sogar in wichtigen Fabriken, die Produkte herstellen, für die ein großer Bedarf besteht? Medikamentenfabriken zum Beispiel. Ich weiß von einer in La Lisa[c], wo sie den Verwalter und eine Menge Leute kündigen mussten, Dutzende. Sowohl die Verwaltung des Unternehmens als auch eine Gruppe von Arbeitern waren in den Diebstahl dieser Medikamente verstrickt. Dutzende mussten sie dort entlassen und ersetzen. Es reicht aber nicht, die Leute nur einfach abzusetzen, das wird nicht die einzige Lösung sein. Sehen Sie, wie tief verwurzelt bestimmte Laster sind? Wie Missbrauch getrieben wurde, wie Ressourcen abgezweigt wurden, wie gestohlen wurde?

Wie erklären Sie sich all das?
Während der Sonderperiode sind hier große Ungleichheiten entstanden. Wie bitter war für uns der Tag, an dem die Devisengeschäfte eingeführt wurden, um einen Teil des Geldes aufzufangen, das einige aus dem Ausland geschickt bekamen und für begehrte Produkte in jenen Geschäften ausgaben – in einer Zeit großer nationaler Kargheit –, deren Preise unvermeidlich hoch waren und sein werden, um das Geld in die Grundbedürfnisse derer, die aus dem Ausland absolut nichts bekommen, zu investieren.

Außerdem verdienten einige von denen, die das, was sie auf eigene Rechnung machten, sehr teuer an die Bevölkerung verkauften, in einem Monat das Vielfache von dem, was einer unserer Ärzte verdient, der in den Bergen von Guatemala oder an irgendeinem fernen Ort in Afrika oder in Kaschmir in Tausenden Metern Höhe im Himalaja Leben rettet. Und diese Ärzte verdienen dann fünf Prozent oder zehn Prozent von dem, was ein Kleinganove verdient, der den Neureichen Benzin verkauft, der tonnenweise Ressourcen aus dem Hafen über einen Lkw umleitet, der in einem Devisenladen stiehlt, der in einem Fünfsternehotel Staatseigentum stiehlt, vielleicht indem er die Rumflasche tauscht gegen eine, die er im Devisengeschäft gekauft hat, er stellt die eine an den Platz der anderen und steckt sich die Einnahmen für die Mojitos und Daiquirís von einer Flasche mehr oder weniger guten Rum in die eigene Tasche. Wie viele Formen von Diebstahl gibt es in diesem Land?

Es scheint, dass an Tankstellen am meisten gestohlen wurde.
Sehen Sie, wir haben in Pinar del Río angefangen zu prüfen, was an den Tankstellen passiert, wo Benzin für Devisen verkauft wird. Und wir stellten schon bald fest, dass genauso viel gestohlen wie eingenommen wurde! Sie haben fast die Hälfte gestohlen! Und an einigen anderen Orten sogar mehr als die Hälfte!

In Havanna haben viele gelernt, wie die Verrückten zu stehlen. Wenn ich Ihnen die Geschichte aller Tankstellen in Havanna erzähle, dann würden Sie staunen; es gibt mehr als doppelt so viele, als es geben sollte, reines Chaos. Jedes Ministerium entschied, seine eigene hinzustellen und Benzin da und dort zu verteilen. In den Poderes Populares in der lokalen Verwaltung ist das Chaos, das Desaster universell. Zudem haben sie den Poderes Populares die ältesten Lastwagen gegeben, die am meisten Sprit verbrauchen. Als es so aussah, als ob der Gebrauch von Lastwagen rationalisiert werden würde, wurde dem Land in Wahrheit eine Hypothek für alle Zeiten auferlegt. Denn man weiß, dass viele dieser Lkw des Staates von der einen Ecke zur anderen fahren, ohne dass dies mit der normalen Arbeit zu tun hätte. Und der eine ist mal mehr, der andere mal weniger mit dem Lkw unterwegs – um einen Verwandten, einen Freund, eine Familie oder seine Freundin zu besuchen.

In Kürze wird uns die Technik (GPS) ermöglichen, so wie das in den entwickelten Ländern bereits der Fall ist, nachzuvollziehen, wo sich jeder Lkw gerade aufhält, an welchem Ort, in welcher Straße. Niemand wird dann herumfahren können, um die Tante, irgendjemand anders oder die Freundin zu besuchen. Nicht dass es etwas Schlechtes wäre, die Familie, einen Freund oder die Freundin zu besuchen, aber nicht in dem Lkw, der allein für die Arbeit bestimmt ist.

Ich erinnere mich, dass ich einmal, einige Jahre vor der Sonderperiode, auf der Quinta Avenida in Havanna einen schnellen, nagelneuen Frontlader der Marke Volvo sah, gerade gekauft, der damals sicherlich 50.000 oder 60.000 Dollar gekostet hat. Ich war neugierig, wohin der mit dieser Geschwindigkeit unterwegs war, und sagte meiner Eskorte: »Warte, frag ihn, wo er hinfährt. Er soll es dir ganz ehrlich sagen.« Und der Fahrer gestand, dass er mit jenem Volvo,

mit dem er in vollem Tempo über die Quinta Avenida fuhr, auf dem Weg zu seiner Freundin war ... Sachen gibt es, Mío Cid[d].
Nun, solche Dinge sind passiert. Im Allgemeinen wissen wir das alles, und viele dachten sich: »Die Revolution kann das nicht regeln, nein, niemand wird das regeln können.« Doch, das Volk wird das regeln, die Revolution wird das regeln.

Wie?
Vor allem ist es eine Frage der Ethik. Ich habe viel über die Rolle der Ethik nachgedacht. Was ist die Ethik eines Revolutionärs? Jede Form revolutionären Denkens beginnt irgendwo mit Ethik. Aber außerdem ist es eine Frage des wirtschaftlichen Überlebens. Dies ist eines der verschwenderischsten Völker, was Elektroenergie und Sprit angeht. Niemand kennt hier den Wert des Benzins, niemand kennt den Wert des Stroms, niemand weiß, welchen Wert sie auf dem Markt haben. Schließlich schenken wir ihnen sogar die Wohnungen. Kann Kuba das Wohnraumproblem lösen, wenn Wohnungen verschenkt werden? Einige haben sie gekauft, sie waren Besitzer. Sie hatten fünfzig Peso oder achtzig Peso monatlich bezahlt. Wenn sie das Geld aus Miami geschickt bekamen, dann waren das etwa drei Dollar! Im Lauf der Jahre hatten sie die Wohnungen mit weniger als 500 Dollar gekauft, und einige verkauften sie dann für 15.000 oder 20.000 Dollar. Und wer hat sie gekauft? Der Arbeiter? Der einfache Mann? Es gab viele einfache Leute, die ihr Haus geschenkt bekamen und es später den Neureichen verkauften. Sieht so Sozialismus aus?

Es erscheint paradox, auch wenn es legal ist, dass diejenigen Kubaner, die Devisen aus dem Ausland erhalten, größere Vorteile haben als Bürger, die niemanden im Ausland haben. Das hat zu Unzufriedenheit geführt.
Ja, aber beachten Sie die Inkohärenz. Diese Vorteile haben sie vor allem aufgrund der staatlichen Subventionen. Was tun zum Beispiel diejenigen, die heute im Ausland leben, mit einem Dollar? Sie schicken ihn hierher ... Ich habe Familienangehörige, denen sie Geld schicken. Ich habe damit nichts zu tun. Eines Tages fragten wir nach, und da gibt es Provinzen, in denen dreißig oder vierzig Prozent der Bewohner Geld aus dem Ausland bekommen, auch wenn es nur ganz wenig ist. Aber es ist offenkundig ein so gutes Geschäft, einen Dollar zu schicken – ein so gutes Geschäft! –, dass sie uns perfekt ruinieren könnten, indem sie Dollars schicken, aufgrund der enormen Kaufkraft, die diese Dollars in einem blockierten Land haben, mit rationierten Produkten,

die stark subventioniert werden, und Leistungen, die kostenfrei oder außergewöhnlich günstig sind.

Wie viel gibt das kubanische Volk aufgrund dieses Dollars, den sie von dort schicken, aus? Denn es ist kein Dollar, den du mit deiner Arbeit verdient hast. Den Dollar schickt dir jemand, der gesund von hier weggegangen ist; alles, was er seit seiner Geburt gelernt hatte, war gratis, er ist nicht krank, es sind die gesundesten Bürger, die in den USA ankommen. Gut, um diesen Dollar zu subventionieren, den sie aus den Vereinigten Staaten schicken, gibt Kuba dagegen durchschnittlich vierundvierzig Dollar aus. Das wurde untersucht.

Dies ist ein nobles Land, es subventioniert die Dollars derjenigen, die im Ausland leben, die dir sagen: »Also, ich schicke dir zwei Dollar für den subventionierten Strom. Ich schicke dir außerdem einen Kühlschrank, oder ich schicke dir Geld, damit du dir im Einkaufszentrum einen kaufen kannst.« Dann setzt der großzügige Dollarspender das fort: »Mach dir keine Sorgen, ich schicke dir alles, was du brauchst, und garantiere dir die 300 Kilowatt subventionierter Elektrizität, die du von diesem idiotischen sozialistischen Staat beziehst.« Wir sind gut, aber vielleicht denkt der eine oder andere Bürger zu Recht, dass wir blöd sind. Und da hätte er teilweise Recht. Achtung!

Ich kann mich erinnern, dass wir die Stromkosten analysierten und feststellten, dass ein *paladar*ᶜ 11 000 Kilowatt Strom pro Monat verbraucht und dieser idiotische Staat den Besitzer subventioniert, zu dem die Bourgeoisie so gern ihre Besucher führt, damit sie wissen, wie Langusten oder Garnelen schmecken, als ein Wunder des privaten Unternehmens. Und all das gestohlen, von jemandem, der die Meeresfrüchte aus Batabanó brachte; und vier oder fünf Stühle. Nein! Selbstverständlich ist dieser »totalitäre, widerrechtliche Staat« ein »Feind des Fortschritts«, denn er ist ein Feind der Plünderungen.

Der Staat subventionierte also den *paladar* mit monatlich mehr als 1000 Dollar. Das weiß ich, weil ich gefragt habe, wie viel Strom sie brauchen und wie viel das kostete, was er verbrauchte, denn er kaufte den Strom zum subventionierten Preis: 11 000 Kilowatt! Ich glaube, dass er nach Überschreiten der Menge von 300 Kilowatt noch dreißig Centavo pro Kilowatt bezahlte. Er zahlte 3000 kubanische Peso, also 120 Dollar. Aber den Staat kostete das – ich habe das damals mit zehn Dollarcent kalkuliert – 1250 Dollar. Das ist die Freiheit des Handels, das ist Fortschritt, Entwicklung, Vorankommen ...

Was wird Kuba also tun? Werden Sie die Subventionen abschaffen?
Nein, aber wir haben die Stromtarife für diejenigen erhöht, die viel verbrau-

chen. Um den übermäßigen Konsum derer, die verschwenderisch sind, einzuschränken – unabhängig davon, wie ihre ökonomische Situation ist. Auf der anderen Seite müssen wir uns nach und nach von der Subventionspolitik lossagen, die sich heute wie Ballast auswirken kann.

Deshalb wird es ab sofort nur noch für wichtige oder lebensnotwendige Dinge Subventionen oder Kostenfreiheit geben. Gesundheits- und Bildungswesen sowie ähnliche soziale Leistungen sind nach wie vor kostenfrei. Aber Wohnraum muss bezahlt werden. Wir müssen noch sehen, zu welchem Preis. Natürlich kann es Subventionen geben, aber das, was man für die Wohnung als Miete zahlt, muss sich nach einer Anzahl von Jahren den Bereitstellungskosten annähern. Alles ist uns erreichbar, und alles gehört dem Volk; das Einzige, was nicht gestattet wird, ist, Reichtümer egoistisch und unverantwortlich zu verschwenden. Null Verschwendung.

Wir werden auch die Bedingungen schaffen, damit die *libreta*[f] verschwindet. Wir schaffen die Bedingungen dafür, dass die *libreta*, die zu einem bestimmten Augenblick unverzichtbar war und jetzt hinderlich ist, verändert wird. Ohne Missbrauch, ohne dass jemand verhungern muss, mit einfachen Prinzipien. Die *libreta* muss verschwinden. Im Gegenzug haben wir die niedrigsten Gehälter und Pensionen angehoben. Diejenigen, die arbeiten und produzieren, werden mehr verdienen und einen besseren Zugang zu Konsumartikeln und Dienstleistungen erhalten. Diejenigen, die viele Jahre hart gearbeitet haben, werden mehr bekommen und mehr Waren haben. Viele Arten von Missbrauch werden aufhören. Vielen der Ungleichheiten werden wir den Nährboden entziehen und die Bedingungen, die sie ermöglichen. Wenn es endlich niemanden mehr gibt, der subventioniert werden muss, dann sind wir auf dem Weg zu einer gerechten und anständigen Gesellschaft einen großen Schritt vorangekommen.

Sie räumen in dieser Hinsicht einige Fehler der Revolution ein. Einige im Ausland werden sich darüber freuen, und hier im Land selbst werden einige Ihre Kritik vielleicht für zu hart halten.
Es ist hart, aber ich spreche es aus. Ich werde es so oft sagen, wie es nötig ist. Ich habe keine Angst davor, die Verantwortung zu übernehmen, die ich übernehmen muss. Wir können nicht mit Samthandschuhen vorgehen. Sollen sie mich angreifen, sollen sie mich kritisieren. Ja, sicher tut vielen das ein bisschen weh … Wir müssen uns trauen, wir müssen den Mut haben, die Wahrheit zu sagen. Es ist unwichtig, was die Banditen da draußen sagen und die Nachrich-

ten, die morgen oder übermorgen hier eingehen und das mit Ironie kommentieren ... Wer zuletzt lacht, lacht am besten.

Und das heißt nicht, schlecht über die Revolution zu sprechen. Das bedeutet im Gegenteil, gut über die Revolution zu sprechen, denn wir sprechen von einer Revolution, die in der Lage ist, solche Themen anzugehen und den Stier bei den Hörnern zu packen – besser als ein Torero in Madrid. Wir müssen genau aus diesem Grund den Mut haben, unsere eigenen Fehler zu erkennen, denn nur so können wir das Ziel erreichen, das wir uns gesetzt haben.

Um den Diebstahl zu bekämpfen, insbesondere an den Tankstellen, greifen Sie auf junge soziale Arbeiter zurück, oder?
Ja. Diese Probleme werden ernsthaft in Angriff genommen. Sie können sich nicht vorstellen, mit welchem Enthusiasmus diese jungen sozialen Arbeiter die Aufgabe angehen. Sie erfüllen bereits eine Menge Aufgaben. Ich habe selten in meinem Leben so viel Enthusiasmus gesehen, so viel Ernsthaftigkeit, so viel Würde, so viel Stolz, so viel Bewusstsein darüber, was sie an Gutem für das Land tun. Heute sind die sozialen Arbeiter in den Raffinerien und steigen in einen 20 000- oder 30 000-Liter-Tankwagen und sehen ungefähr, wo dieser hinfährt, welcher vom Weg abweicht ... Auf diese Art haben wir private Tankstellen ausgemacht, die mit dem Benzin der Tankwagen versorgt wurden!

Wenn nötig, werden wir die 28 000 sozialen Arbeiter, die es im Land gibt, einsetzen: Ein Teil von ihnen arbeitet schon jetzt an der Schaffung von Zellen zur Bekämpfung der Korruption. Überall, um jeden Punkt herum: eine Zelle. Dort gibt es auch Mitglieder des Jugendverbandes, der Massenorganisation, Kämpfer der Revolution ... Es wäre besser, wenn diejenigen, die heute Benzin abzweigen, sich besinnen würden und wir nicht Punkt für Punkt entdecken müssten, wer wie viel Benzin stiehlt.

Manchmal mussten die Sozialarbeiterbrigaden mit dem Überraschungseffekt arbeiten, schnell, diszipliniert und effizient. In beeindruckenden Aktionen. In der Stadt Havanna waren es Tausende, und wir haben weitere tausend als Reserve mobilisiert. Sie wurden eingesetzt, und die Tankstellen in Havanna hatten plötzlich die doppelten Einnahmen. Warum haben die Angestellten vorher nicht mehr eingenommen? Erst mussten die sozialen Arbeiter dorthin kommen. Ich sagte: »Ist es möglich, dass sie nicht aus der Erfahrung lernen und sich selbst korrigieren?«

Havanna ist zu einer eindrucksvollen Schule geworden, wo man lernen kann, was man tun muss, und die sozialen Arbeiter befördern immer neue Dinge ans

Licht. Wir sind bereit, die 28 000 jungen Leute einzusetzen und auch die 7000, die noch studieren. Und wenn die nicht reichen, dann kann ich jetzt schon ankündigen, dass wir uns mit dem Studentenverband treffen werden und weitere 28 000 Studenten rekrutieren, die dann jeweils mit einem sozialen Arbeiter, der bereits Erfahrung hat, mobilisiert werden. Und wenn diese 56 000 nicht ausreichen, dann suchen wir noch mal 56 000 zur Verstärkung. Wir werden den Korrupten beibringen, was Fortschritt, was Entwicklung und was Gerechtigkeit ist und was es bedeutet, mit dem Diebstahl aufzuräumen. Mit der entschlossenen Unterstützung des Volkes. Unsere Gesellschaft wird in der Tat eine ganz neue Gesellschaft sein. Es wird nicht mehr viele geben, die sagen: »Das kann man nicht regeln, das hört nie auf.« Zusammen mit dem Volk werden wir beweisen, dass es möglich ist. Wir müssen entschieden sein: Entweder besiegen wir diese Abweichungen, oder wir werden untergehen.

Wo wir von den politischen Strukturen in Kuba sprechen, wollte ich Sie fragen, ob nach Ihrer Auffassung die Struktur einer Einheitspartei nicht ungeeignet ist für eine immer komplexere Gesellschaft, wie es die kubanische ist. Sie fragen nach der Einheitspartei, oder? Je mehr Kultur unsere Bevölkerung erlangt und je mehr sie die Welt kennt, desto mehr freut sie sich über die Einheit und schätzt sie. In der Tat beobachte ich das Spektakel, zu dem es in einigen Ländern kommt, die hundert oder hundertzwanzig Parteien haben. Ich glaube nicht, dass man diese Realität als Regierungsform idealisieren kann, und man kann sie auch nicht als eine Form der Demokratie idealisieren. Das ist verrückt, es ist ein Ausdruck der Entfremdung. Wie soll sich ein Land der Dritten Welt mit einhundert Parteien organisieren und entwickeln können? Das führt zu keiner gesunden Regierungsform.

In vielen Ländern verwandelt sich das klassische, traditionelle Wahlsystem mit mehreren Parteien in einen Wettbewerb der Sympathien und nicht in einen Wettstreit von Kompetenz, Ehrlichkeit und Talent dafür, ein Land zu regieren. In einer solchen Art Wahl wählt man letztendlich den sympathischsten, der am besten mit den Massen kommuniziert, jenen, der vielleicht sogar die angenehmste Erscheinung hat, die beste Werbung im Fernsehen, in der Presse oder im Radio. Oder schließlich, als allgemeine Regel, den, der mehr Geld hat, um es für Wahlpropaganda auszugeben.

Sie wissen das sehr gut, denn Sie haben in irgendeinem Ihrer Bücher analysiert, dass in gewissen Ländern unserer Hemisphäre, deren Namen ich nicht nennen will, die Wahlkampagnen Dutzende Millionen und manchmal sogar

Hunderte Millionen Dollar kosten. Im US-amerikanischen Stil, mit Imageberatern, die dem Kandidaten beibringen, wie er sich frisieren, sich anziehen, sich an das Volk wenden soll, was er sagen soll und was nicht. Das ist ein wahrhaftiger Karneval, eine wirkliche Farce, Theater ...

Häufig nehmen an diesen Wahlen nur diejenigen teil, die über ausreichend finanzielle Mittel verfügen, um sie in den Dienst der Propaganda stellen zu können. Der Wahlsieg gehört fast immer denjenigen, die den besten Zugang zu den Massenmedien haben. Wenn ein Kandidat der Opposition nicht genügend Geld für eine effiziente Wahlkampagne hat – was man in den Vereinigten Staaten eine »wissenschaftliche Werbekampagne« nennt –, kann er die Wahl verlieren. Das ist die Realität. Die Resultate dieser Art Wahl sind sehr seltsam, vor allem aufgrund all dieser Faktoren, die mit der Fähigkeit des Kandidaten, zu regieren, wenig zu tun haben.

In Kuba ist im Übrigen die Partei nicht dafür zuständig, Abgeordnete aufzustellen und zu wählen, wie das sonst wo ist. In Spanien zum Beispiel, in der PSOE, entschied der Präsident Felipe González, wer im Namen der PSOE im Parlament sitzt. Eine so einfache Methode wie eine simple Umfrage, wenn man dann noch das Geld berücksichtigt, das ihnen zur Verfügung steht, und die Werbung, auf die sie zählen können ... Aber egal, wenn Sie sich ausrechnen, dass er in einer Provinz oder einem Verwaltungsbezirk oder einer Region fünfzehn oder zwanzig Prozent hat, dann weiß er exakt, wie viele Abgeordnete ihm zustehen, ernennt sie zu Kandidaten, und der Bürger wählt dann eine Partei, denn die Partei ist ein abstraktes Gebilde, eine Organisation, und der Wähler entscheidet sich für diese abstrakte Sache. Derjenige, der konkret die Abgeordneten wählt, sie designiert, das ist die Partei.

Andere, wie die Engländer oder die Jamaikaner, haben Bezirke. Das ist schon ein wenig besser, die Methode mit den Distrikten, wo einer pro Partei aufgestellt wird – in der Regel sind es zwei Parteien –, und der Abgeordnete erwirbt im Parlament eine Menge Erfahrung. Es ist die Norm, dass die politischen Kader der karibischen Inseln effizienter und besser vorbereitet sind als die Kader, die aus einem Präsidialsystem hervorgehen.

In Kuba ist es eines der obersten Prinzipien, dass niemand von der Partei aufgestellt wird, das Volk stellt Kandidaten auf. Die Bewohner jedes Ortsbezirks halten Versammlungen ab und stellen Kandidaten auf, benennen die, die sie im Parlament repräsentieren sollen. Es ist strikt verboten, dass die Partei in diesen Prozess eingreift.

Man kann kaum glauben, dass die Partei nicht interveniert.
Unsere Partei nominiert nicht und wählt nicht. Die Delegierten der Ortsbezirke, welche die Grundlagen unseres Systems bilden, werden in Versammlungen von der Bevölkerung vorgeschlagen, in jedem einzelnen Bezirk. Es dürfen nicht weniger als zwei und nicht mehr als acht sein, und diese Delegierten, die in jeder Gemeinde des Landes unsere Gemeindeversammlungen bilden, die vom Volk nominiert und gewählt werden, müssen mehr als fünfzig Prozent der Stimmen erreichen. Die Nationalversammlung Kubas, mit etwas mehr als 600 Abgeordneten, besteht zu fast fünfzig Prozent aus den Kandidaten dieser Ortsbezirke, denen nicht nur die Rolle zufällt, die Gemeindeversammlungen zu bilden, sondern auch, die Kandidaten für die Provinzversammlungen und die Nationalversammlung zu nominieren.

Ich will das nicht allzu weit ausführen, aber ich würde mich sehr freuen, wenn das kubanische Wahlsystem eines Tages bekannter würde, denn wir sind immer wieder erstaunt, dass sie uns von dort, aus dem Norden, manchmal fragen: Wann wird es in Kuba Wahlen geben? Ebenso könnten wir Kubaner die Frage stellen: »Was für ein Supermillionär muss man sein, um Präsident der Vereinigten Staaten werden zu können?«, oder es muss nicht unbedingt der Kandidat ein Supermillionär sein, aber wir könnten die Frage auch so stellen: »Wie viele Milliarden braucht ein Kandidat, um zum Präsidenten gewählt zu werden?«, und: »Wie viel kostet jedes Amt, oder auch nur ein bescheidener Gemeindeposten?«

In unserem Land passiert das nicht und kann auch nicht passieren. Die Wände werden nicht mit Pamphleten plakatiert, und wir nutzen auch nicht das Fernsehen für »unterschwellige Botschaften«, wie sie das, so glaube ich, nennen.

Hier können es zwei, drei, bis zu acht Kandidaten sein. Meist sind es zwei oder drei. Manchmal ist es gar nicht so leicht, auszuwählen, denn es zählt vor allem der Lebenslauf, die persönliche Entwicklung und die Geschichte der Kandidaten, die gemeinsam ihre Kampagne machen und immer sehr wertvolle Leute sind. Fast die Hälfte des Parlaments besteht aus den Leuten, die in diesen Ortsbezirken in Versammlungen gewählt werden.

Und diese Personen sind keine Parteimitglieder?
Sie müssen es nicht sein, nein, keinesfalls. Zufälligerweise sind viele von ihnen Parteimitglieder. Aber was zeigt das? Nichts weiter, als dass viele der besten Leute Mitglieder unserer Partei sind. Dieser Partei können sogar Katholiken

oder Protestanten angehören, Religion ist kein Hindernis. Am Anfang war sie das, wie ich Ihnen ja erzählt habe. Aber heute ist die Partei offen für Gläubige der unterschiedlichsten Religionen.

Und die Tatsache, dass diejenigen, die aufgestellt sind – etwa 13 000 oder 14 000 Kandidaten – und von der Bevölkerung gewählt werden, in Wahlen, bei denen die Kandidaten mehr als fünfzig Prozent der Stimmen erlangen müssen, in ihrer großen Mehrheit Parteimitglieder sind, beweist, dass die Frauen und Männer, die unsere Partei aufgenommen hat, nicht korrupt sind. Es sind gute Leute und unter ihnen zunehmend viele neue Leute mit einem höheren Bildungsgrad. Ich kann Ihnen versichern, dass in diesem Land, mit all seinen Kämpfen und Auseinandersetzungen, die Menschen Tag für Tag mehr Kultur besitzen und die Einheit als etwas Wesentliches und Unerlässliches schätzen und würdigen.

In vielen Ländern des verschwundenen sozialistischen Lagers war der Eintritt in die Partei mit Privilegien und Vergünstigungen verbunden. Man trat mehr aus persönlichem Interesse als aus Überzeugung oder Opferbereitschaft in die Partei ein. Ist das in Kuba nicht ähnlich?
Diese Partei ist nicht dazu da, um zu Privilegien zu gelangen. Wenn es irgendeine Pflicht zu erfüllen gilt, dann steht das Parteimitglied in der ersten Reihe, das zu tun. Und es nominiert oder wählt nicht, denn das tut die Bevölkerung über ihre mehr als 10 000 Wahlbezirke. Die Partei führt, ich würde sagen, ideologisch, sie entwirft Strategien, teilt diese Verantwortung mit dem Parlament der Republik, mit den Massenorganisationen und mit dem ganzen Volk. Es ist ein anderes Konzept.

Aber wir haben ja gesehen, dass es auch hier Korruption gibt. Glauben Sie, dass es in Kuba innerhalb der Führungsriege keine Korruption gibt?
Es ist vorgekommen, dass Funktionäre mit mächtigen ausländischen Unternehmen verhandeln mussten, und manchmal wurden sie in ein Restaurant eingeladen oder nach Europa, wo sie im Haus des Besitzers dieser Firma wohnten oder in irgendeinem Luxushotel. Es gab einige Funktionäre, die Millionengeschäfte abwickelten und auf der einen Seite Millionen einkauften, während auf der anderen Seite die Kunst der Korruption wirkte, die viele Kapitalisten beherrschen. Subtiler als eine Schlange und manchmal schlimmer als die Mäuse. Mäuse betäuben, während sie zubeißen, und wären in der Lage, einem Menschen mitten in der Nacht ein Stück Fleisch herauszureißen. Und so haben die

Korrupten die Revolution manchmal eingeschläfert und auch ihr ein Stück Fleisch entrissen.

Nicht wenige zeigten ihre Korruption ganz offen, und viele wussten oder vermuteten es, denn man konnte es ihrem Lebensniveau entnehmen; manchmal erkannte man es auch aufgrund irgendwelcher Dummheiten: ein neues Auto, neuer Lack, man motzte es auf, oder schönere Felgen, weil man eitel geworden war. Zwanzig Mal hörten wir das von allen Seiten, und dann mussten wir Maßnahmen ergreifen. Aber das ist gar nicht so leicht zu lösen.

Wir haben große Anstrengungen unternommen und hatten das Glück, dass wir in hohem Maße – ich weiß von keinem weiteren Fall – die Phänomene der Korruption oder des Machtmissbrauchs verhindert haben. Es mag Korruption geben, darüber haben wir gesprochen, es gibt viele Leute, die hineingeraten sind, aber nicht bei einem Führungskader der Partei oder in der Leitung des Staates. Da kann sich das niemand erlauben.

Mich haben sie ja sogar auf eine Liste der reichsten Männer der Welt gesetzt. Das ist wirklich der Gipfel. Ich werde darauf verzichten, Anklage zu erheben. Ich besitze wirklich nichts. Ich habe ein paar Peso, denn wenn man die Beträge, die seit dem Beginn der Revolution für jeden Service festgelegt sind und die sehr moderat sind, bezahlt hat, kann noch etwas übrig bleiben. Ich habe das gleiche Gehalt, das ich immer hatte, und zahle davon den Mitgliedsbetrag für die Partei und einen bestimmten Prozentsatz für die Wohnung, jeden Monat. Seit einer geraumen Zahl von Jahren habe ich keinen Urlaub gemacht, seit vielen Jahren keinen freien Tag, weder Samstag noch Sonntag. Mir fehlt es materiell an nichts. Ich habe, was ich brauche. Und ich brauche nicht viel.

Ich erkläre Ihnen das Fundament, das Wesentliche des ethischen Verhaltens. Sollen sie doch überprüfen, ob irgendein Führer der Revolution ein Bankkonto im Ausland hat – jedem, der es schafft, so etwas nachzuweisen, geben wir alles, was er will. Die führenden Mitglieder der Revolution haben keinen Centavo. Vielleicht haben wir ein paar Peso übrig, die uns bleiben, weil wir fast keine Kosten haben.

Würden Sie mir sagen, wie hoch Ihr Gehalt ist?
Wenn wir mein Gehalt mit fünfundzwanzig Peso pro Dollar umrechnen, dann verdiene ich dreißig Dollar im Monat. Aber ich verhungere nicht. Ich zahle den Beitrag für die Partei, das andere, soundsoviel Prozent für die Miete, ich glaube, es sind zehn Prozent. Sie müssen verstehen, dass ein Mann, der hier und dort und an zwanzig Stellen verfolgt wird, sich nicht immer am gleichen

Ort aufhalten kann. Nun, all diese Bedingungen haben sich verändert, wir haben Erfahrungen gesammelt.

Ich helfe einer Tante mütterlicherseits, deren Sohn im Krieg ums Leben kam, bevor es hier die Pensionierung gab, denn die Rebellenarmee hatte etwa sechs Monate kein Geld.

Und wo wir darüber sprechen, kann ich sagen, dass sich hier viele Geschenke angesammelt haben. Ich habe keine Ahnung, wie viele Millionen Dollar diese Geschenke wert sein könnten, vor allem weil die Menschen gern Dinge verkaufen, die diesem oder jenem gehört haben. Eines Tages habe ich Eusebio Leal, dem Stadthistoriker von Havanna, etwa 17 000 Geschenke übergeben. Ich habe das nie sagen wollen, denn ich wollte nicht, dass einige Leute, die mir Geschenke mitbringen, denken, ich schätzte diese nicht. Das Gegenteil ist der Fall, und genau aus diesem Grund habe ich sie dem Stadthistoriker übergeben. Ich habe ihn nur um eine Ausnahme gebeten: »Lass mir die Bücher. Wenn ich sterbe, dann gehören sie allen.« Aber alle anderen Geschenke habe ich abgegeben. Es gibt eine Menge Anekdoten. Man kann über vieles lachen, denn ich habe Schlafanzüge übergeben und sogar Uhren, die 6000 oder 7000 Dollar wert sind, Kunstwerke, alles Mögliche – wirklich wertvolle Kunstwerke und Wertgegenstände, Antiquitäten.

Ich verteidige mich nicht, ich erzähle Ihnen nur ein paar Dinge, über die man lachen muss. Und schon zwei Mal haben sie mich auf diese Liste der reichsten Männer gesetzt. Ich weiß nicht, warum sie das tun und was sie mit einer so lächerlichen Aktion bezwecken. Ich besitze keinen Centavo, ich verwalte keinen Centavo. Es ist die Administration des Staates, die die Ausgaben im Zusammenhang mit der Präsidentschaft verwaltet, wie in jedem anderen Land. Wenn ich reise, muss ich in einem Hotel übernachten und muss irgendwo essen gehen, aber ich habe nie auch nur einen Centavo direkt bei mir.

Ich kann sagen, dass wir hier eine Formel angewendet haben: von jedem nach seinen Fähigkeiten, an jeden nach seinen Bedürfnissen. Also, meine persönlichen Bedürfnisse sind wirklich sehr gering, und mein Gehalt ist nie erhöht worden. Ich werde in dem Ruhm sterben, keine umtauschbare Devise zu besitzen. Sie haben mir Millionen geboten, wenn ich meine Memoiren und irgendwelche Bücher schriebe, aber das habe ich nie getan. Ich habe immer gesagt: »Wenn ich es mache, ist es für die Schulen.« Und man fühlt sich ruhig, man fühlt sich wirklich glücklich, man fühlt sich stark mit solchen Normen. Ungerechtigkeit passt nicht in den Kopf eines Revolutionärs, sie passt nicht.

Ich habe bereits gesagt, dass Rache nicht in das Herz eines Revolutionärs gehört. Du kannst mit aller Standhaftigkeit der Welt kämpfen, aber du kannst es nicht aus Hass tun. Ich habe damals, als wir in der Sierra gekämpft haben, einen Satz von mir gegeben. Ich beobachtete eine Bombardierung mit Raketen, die die Batista-Truppen von den Vereinigten Staaten bekommen hatten, und schrieb Celia[1] am Ende einer langen Nachricht:

»Als ich die Raketen sah, die sie auf Marios Haus abfeuerten, schwor ich mir, dass die Nordamerikaner teuer bezahlen werden, was sie tun. Wenn dieser Krieg zu Ende ist, dann wird für mich ein viel längerer und größerer Krieg beginnen: der Krieg, den ich gegen sie führen werde. Ich fühle, dass dies meine wahre Bestimmung ist.«

Es war eine Vorahnung, als ich diese Bomben sah.

Aber später habe ich so viele Dinge gesehen ... Ich habe Millionen Vietnamesen sterben sehen, ich habe Millionen Invaliden gesehen, ich habe gesehen, wie Napalm sich über den Dschungel dieses zarten, schmächtigen Volkes mit einer tausendjährigen Kultur ergoss; 20 000 Kilometer von den Vereinigten Staaten entfernt vollzogen sie diese Bombardierungen. Ich habe die Dinge gesehen, die sie getan haben, die Folter in den Gefängnissen von Abu Ghraib, die Anwendung von weißem Phosphor in Falludscha ... Sehen Sie sich die Diktaturen an, die sie errichtet haben, die Folterer, die sie zu Zehntausenden in den Vereinigten Staaten in eigens dafür errichteten Zentren ausgebildet haben, diejenigen, die 20 000 oder 30 000 Argentinier »verschwinden« machten, die ihnen die Kinder raubten, die 100 000 Guatemalteken »verschwinden ließen«, »verschwinden«! Wenn Sie die Repression in Chile dazurechnen und all die grausamen Dinge, die sonst geschehen sind – in der Dominikanischen Republik, wo sie mehr als einmal intervenierten, wo es das Regime Trujillos gab, das von den Nordamerikanern geschaffen und unterstützt wurde, ebenso wie Somoza in Nicaragua ...

Ich habe so viele grausame Dinge gesehen, seit ich Celia jenen Brief geschrieben habe, dass ich denke, was ich schrieb, war gerechtfertigt. Ich war nicht gegen die Nordamerikaner als Volk. Im Gegenteil. Das Land, das einen nordamerikanischen Bürger am besten empfängt, ist Kuba, hier gibt es weder Vorurteile noch Komplexe. Komplexe führen zu Hass und Verachtung. Hier gibt es keine Verachtung für nordamerikanische Bürger. Das kubanische Volk ist nicht im Chauvinismus, es ist nicht im Fanatismus erzogen. Es ist ein Volk, erzogen im Geist gerechter Ideen; wir hätten nicht überleben können, wenn es nicht so wäre. Nur auf Grundlage dieser Ideen ist eine Revolution haltbar.

Was würden Sie denen sagen, die vielleicht zu Beginn sogar Freunde Kubas waren, aber angesichts von so viel Kritik an der Revolution an den Kubanern zweifeln oder sie am Ende verurteilen?

Ich würde denjenigen, die Zweifel haben oder uns verurteilen, weil sie bestimmte Ideen haben, sagen, dass sie überlegen sollen, wie dieses kleine Land fast ein halbes Jahrhundert den heftigen Angriffen der mächtigsten Macht standhalten konnte. Das kann man nur auf der Basis von Prinzipien, von Ideen und Ethik erreichen. Das ist die einzige Möglichkeit.

Wir glauben an den Menschen, an das menschliche Wesen, an seine Fähigkeit, sich eine Ethik anzueignen, ein Bewusstsein, an seine Fähigkeit, große Opfer zu bringen ... Er hat dies sogar für schlechte Dinge getan, denn im Ersten Weltkrieg zum Beispiel, da konnten sie ihn sehen auf den Schlachtfeldern von Verdun, wo sogar eine Menge französischer Arbeiter für die französische Hymne, die ja wirklich schön ist, und für die Flagge Frankreichs gekämpft haben. Für Symbole sind viele Menschen gestorben, für Symbole und in dem Glauben, sie seien es wert, dafür sein Leben zu geben, während sie in Wahrheit für die Interessen des Imperiums, der großen Kapitalisten und der Kolonialmächte in Afrika, Asien und anderen Teilen der Welt kämpften.

Man hat im Lauf der Geschichte Männer für die Ehre sterben sehen, für Werte, die sie fähig sind zu schätzen. Jemand hat sie ihnen beigebracht. Man sollte den Menschen die besten Werte aus menschlicher Sicht, aus der Sicht der Gerechtigkeit und Brüderlichkeit, einschärfen.

Von der Französischen Revolution, ich sagte es schon, gefällt mir besonders dieser Anspruch: »Freiheit, Gleichheit, Brüderlichkeit«. Das war eine Predigt. Heute, in dieser Welt, kann man von keinem dieser drei sprechen. Nicht von der Freiheit, wenn wir all das sehen, was überall passiert, in den Vereinten Nationen und im Sicherheitsrat, und die Art, wie die Vereinigten Staaten regieren. Von Gleichheit zu reden ist unmöglich, weder unter den Menschen noch unter den Nationen. Und von Brüderlichkeit zu sprechen ist sehr schwierig, denn es ist schwer erkennbar, dass Brüderlichkeit in der Welt herrscht. Dennoch werden die Freiheit, die Gleichheit und die Brüderlichkeit eines Tages herrschen, denn man kann die Keime dieser Gefühle allerorts erkennen.

Deshalb sagte ich, dass die Rolle der Intellektuellen sehr wichtig sei, denn nur Menschen mit einem intellektuellen Niveau, die wir Geistesarbeiter nennen, Professoren, oder all diejenigen, die über das Internet starke und mächtige Bewegungen organisieren – wie den Protest gegen den Irakkrieg, der aus dem Sozialforum in Porto Alegre hervorgegangen war, wie die Proteste in Seattle und an vielen anderen Orten –, sind in der Lage, die Herren der Welt das Fürchten zu lehren.

Ich bin davon überzeugt, dass es in den Vereinigten Staaten nicht möglich wäre, dauerhaft ein faschistisches Regime zu installieren, denn es gibt Traditionen, es gibt ethisch-moralische Werte und Institutionen ... Im Allgemeinen glaubt der Nordamerikaner, wenn er etwas tut, dass er es gut tut, deshalb greifen viele Regierende in erster Linie auf den Betrug zurück. Wie Lincoln damals sagte, kann man einen Teil des Volkes die ganze Zeit über täuschen und das ganze Volk für eine Weile, aber man kann niemals das ganze Volk die ganze Zeit täuschen.

Wir sind glücklich darüber, dass wir zu dem Bewusstsein gelangt sind, dass Hass und Vorurteile keine politischen Waffen darstellen. Es gibt politische Waffen, und wir haben uns selbst bewiesen, dass Prinzipien die besten aller politischen Waffen sind.

Kuba hat kürzlich in der Verfassung festgehalten, dass der Sozialismus eine Option ist ...
Dass er unwiderruflich ist.

Glauben Sie, dass die Tatsache, dass man das in der Verfassung festgeschrieben hat, eine ausreichende Garantie dafür ist, den Sozialismus in Kuba auf Dauer zu erhalten?
Nein, das hat einen Grund. Am 20. Mai 2002 forderte Herr Bush Kuba zu einem sozialen und politischen Wandel im Land auf und verlangte, dass wir den Kapitalismus hier etablieren sollten, eine Demokratie im Stile Nicaraguas oder anderer Länder, die ich hier nicht nennen muss. Es gab eine Antwort. Die Massenbewegung dauerte zwei Monate an, man machte große Demonstrationen, und es entstand ein Vorschlag an die Nationalversammlung, von dem ich schon gesprochen habe, unterschrieben von acht Millionen und mehr, echte Unterschriften, denn mit Ausnahme derer, die ein Problem mit den Augen oder mit dem Arm hatten, unterschrieben alle, die das wollten. Acht Millionen Unterschriften! Und es gab vielerorts Proteste, weil einige, die sich gerade nicht dort aufhielten, wo sie gemeldet waren, nicht unterzeichnen konnten. Ein Santiaguero zum Beispiel, der sich in diesem Moment außerhalb seiner Stadt aufhielt, konnte nicht woanders unterschreiben, das hat den Leuten missfallen, und es gab viele, die sagten: »Ich will unterschreiben!« Für die Wahl eines nationalen Abgeordneten ist es nämlich möglich, an einem anderen

Ort abzustimmen, aber in diesem Fall war es so, wie ich es erklärt habe. Es gab große Diskussionen um diese Unterschriften – alles wurde in vier Tagen durchgeführt –, denn die Leute verstanden nicht, warum sie nicht außerhalb abstimmen durften. Es konnte ein Botschafter sein, der sich gerade in einem anderen Land aufhielt, der eine arbeitete dort, der andere war zu Besuch. Man weiß nicht, wie viele Hunderttausend Unterschriften nicht gesammelt werden konnten, weil die Leute sich nicht an Ihrem Wohnsitz aufhielten.

Nun, ich werde aufhören, Ihnen das zu erklären. Da man uns zwingen wollte, den Kapitalismus wiederherzustellen, haben wir eine große Schlacht für unser sozialistisches System geführt. Zum ersten Mal kamen die Vertreter aller Massenorganisationen zusammen, diskutierten nacheinander alle Fragen, und die Millionen Unterschriften unterstützten diesen Schritt.

Man fragt sich: Wie soll das unwiderruflich sein? Alles ist widerruflich. In unserer Verfassung hatten wir festgeschrieben, in welcher Form die Nationalversammlung die Verfassung ändern kann. Als eine Art verfassungsgemäße Ermächtigung konnte die Nationalversammlung fast uneingeschränkt, mit bestimmten Verfahrensvorgaben natürlich, Änderungen verabschieden. Also beschlossen wir, den sozialistischen Charakter der Revolution als »unwiderruflich« festzuschreiben. Was bedeutet das? Dass man eine Revolution bräuchte, um den Sozialismus rückgängig zu machen, oder sagen wir besser, eine Konterrevolution. Das müsste man tun, und ein solches ist nicht sehr leicht mit einem gebildeten und vereinten Volk. Es war also mehr oder weniger eine würdige Antwort auf das, was Bush von den USA aus von uns forderte. Und so ist es geblieben.

Die Feinde der Revolution haben ja sogar theoretisch eine Möglichkeit, die Regierung der Republik ganz legal zu übernehmen, es bleibt ihnen eine theoretische Klausel: dass sie in die Nationalversammlung kommen und dort eine Mehrheit bilden. Sie können sich in den Wahlbezirken als Delegierte aufstellen lassen und eine Mehrheit gewinnen, wenn die Leute für sie stimmen, und – stellen Sie sich vor – über den Weg von Wahlen könnten sie die Macht übernehmen und von der Macht aus eine Konterrevolution aufziehen, ganz legal. Das hat es gegeben. Und dann machen sie das Gleiche, sammeln x Millionen Unterschriften, was sie nie schaffen, und erklären es per Gesetz, heben den Sozialismus per Gesetz auf. Ich nenne das eine Konterrevolution, denn sie müssten an die Macht kommen, um das durchzusetzen, und zwar nicht einmal gewalttätig, sie können mit unserem Wahlsystem die Macht vollkommen mit den heute im Land existierenden und den Wahlprozess bestimmenden legalen

Mechanismen übernehmen. Da wir es so festgeschrieben haben – »unwiderruflich« –, bedeutet das »unwiderruflich«. Das heißt, dass nicht einmal die Nationalversammlung den Sozialismus widerrufen kann. Das ist die Änderung in unserer Verfassung.

Mit einem Wahlsieg hätten sie aber die Möglichkeit zu dieser Veränderung. Das ist ein etwas längerer Weg, aber der eine ist so schwer wie der andere.

Sehen Sie die Zukunft der kubanischen Gesellschaft mit Optimismus?
Eines kann ich Ihnen sagen, wir sind Optimisten, wir wissen, was wir für ein Schicksal haben können, ein hartes Schicksal, aber auch ein sehr heroisches und sehr ruhmreiches. Dieses Volk wird niemals besiegt werden, das kann ich Ihnen sagen. Dieses Volk wird auf dem Gebiet des Wissens und der Kultur wie bei einem Marathonlauf um mehrere Längen vor den anderen Völkern liegen, die hinter uns kommen, das sage ich ohne jeglichen Chauvinismus. Ich hasse den Chauvinismus, aber ich mag Kritik, und ständig, jedes Mal, wenn ich davon spreche, was wir getan haben, drücke ich auch Scham darüber aus, dass es nicht mehr war; jedes Mal, wenn wir Dinge anwenden, die wir entdeckt haben, drücke ich Scham darüber aus, dass wir sie nicht früher entdeckt haben; jedes Mal, wenn wir neue Möglichkeiten anwenden, gestehe ich meine Traurigkeit, über diese Erfahrung nicht schon früher verfügt zu haben. Aber zumindest an Erfahrung haben wir jetzt gewonnen.

Sehen Sie, dies ist eine Gesellschaft, die immer gebildeter wird und über mehr und mehr Kenntnisse verfügt, die heute in sehr beschleunigtem Rhythmus voranschreitet, mehr als je zuvor, in Richtung Vervielfältigung der Kenntnisse auf allen Gebieten: der Philosophie, der Politik, der Geschichte, der Wissenschaft, der Künste ... Alles ist im Fortschritt begriffen, denn in letzter Zeit haben wir ein Bewusstsein über die Möglichkeiten erlangt, die der technische Fortschritt uns bietet, um unser Wissen zu erweitern.

Ich nenne das Beispiel des Lesen- und Schreibenlernens über das Radio oder die Programme zum Lesen- und Schreibenlernen über das Fernsehen oder die Nutzung von Solarzellen für einen sicheren Strom, der nicht abzuschalten ist, in jedem Winkel oder Winkelchen auf dem Land, sodass mit geringen Kosten alle Kenntnisse, Kultur, alles Wissen per Fernsehen überallhin kommt. Die Unwissenheit ist der Komplize vieler Übel. Das Wissen ist der wichtigste Verbündete der Völker, die sich trotz all der Probleme und Tragödien wirklich emanzipieren und eine bessere Gesellschaft aufbauen wollen. Ich nenne Ihnen nur diese Beispiele, aber die Möglichkeiten, die wir entdeckt haben, gehen weit über das hinaus, was die Leute sich vorstellen können. All das liegt in unserer Hand, bei einem vereinten Volk.

Sie hatten heute mehrere Aktivitäten. Dieses letzte unserer Treffen findet sehr spät statt, Mitternacht ist vorüber, trotz der Müdigkeit, die all die Aktivitäten Ihnen verursacht haben werden ...
Zusätzlich zu meinen gewöhnlichen Aufgaben hatte ich am Ende des Tages noch zwei wichtige Aktivitäten: einen Fernsehauftritt und ein Treffen mit einer Delegation, die zu einem wichtigen internationalen Forum aufbricht. Zwei wichtige Themen. Daher bin ich ein bisschen verspätet gekommen, um diese Unterhaltung sehr gern fortzusetzen.

Sie sind am 13. August 2005 neunundsiebzig Jahre alt geworden, und Ihre Arbeitstage sind nach wie vor sehr intensiv. Ich möchte Sie fragen: Wie geht es Ihnen gesundheitlich?
Nun, es geht mir gut. Im Allgemeinen fühle ich mich gut, vor allem fühle ich mich energiegeladen, enthusiastisch für die Dinge. Mir geht es sowohl physisch als auch mental sehr gut. Sicherlich hat die Angewohnheit, Sport zu treiben, dazu beigetragen. Ich denke, das körperliche Training hilft nicht nur den Muskeln, sondern auch dem Geist, denn es übt einen Einfluss auf den Blutkreislauf und die Sauerstoffversorgung der Zellen aus, einschließlich der Gehirnzellen.

Sie sind am 23. Juni 2001 während einer öffentlichen Rede ohnmächtig geworden, und am 20. Oktober 2004 stürzten Sie, ebenfalls in der Öffentlichkeit, und brachen sich ein Knie. Wie haben Sie sich von diesen physischen Zwischenfällen erholt?
Sehen Sie, wie immer, man hat viel darüber spekuliert. Es stimmt, dass ich am 23. Juni 2001 in El Cotorro, einer Gemeinde von Havanna, bei intensiver Hitze und während einer Rede, die mehr als drei Stunden dauerte und live im Fernsehen übertragen wurde, kurzfristig das Bewusstsein verloren habe. Etwas mehr als Verzeihliches. Es handelte sich um einen leichten Schwächeanfall von wenigen Minuten, der Hitze und der übermäßigen Sonneneinstrahlung geschuldet. Einige Stunden später, als sie in Miami bereits feierten, überraschte ich sie mit einem erneuten Fernsehauftritt, wo ich dem Volk unmittelbar die authentische Version des Geschehens geben konnte. Das war keine große Sache. Es hätte jedem passieren können, der sich so lange der erbarmungslosen Sonne ausgesetzt hätte.

Und Ihr Sturz in Santa Clara?

Was den Unfall vom 20. Oktober 2004 angeht, habe ich direkt am nächsten Tag einen Brief an die Bevölkerung veröffentlicht. Am Ende einer Rede in Santa Clara kam es zu diesem unglücklichen Sturz. Einige Agenturen und andere Medien verbreiteten mehrere Versionen über die Unfallursache. Als Hauptakteur kann ich Ihnen ganz genau erklären, was geschah.

Ich hatte meine Rede gegen 22.00 Uhr beendet. Einige Compañeros kamen auf die Bühne, um mich zu begrüßen. Wir standen ein paar Minuten dort und gingen dann über dieselbe kleine Holztreppe hinunter, die auch der Zugang zur Bühne ist, um uns unten erneut zu treffen. Ich wollte mich wieder auf den gleichen Stuhl setzen, den sie mir zugeteilt hatten, bevor ich zum Sprechen auf die Bühne gekommen war, und lief über den Belag aus Granit, während ich mehrfach nach oben schauen musste, um die Gäste dieser Veranstaltung zu begrüßen.

Als ich zu dem bewussten Bereich kam, bemerkte ich nicht, dass sich ein ziemlich hoher Bordstein zwischen Belag und Menge befand. Mein linker Fuß trat aufgrund des Höhenunterschieds ins Leere. Der Impuls und das vor langer Zeit von Newton entdeckte Gesetz der Schwerkraft führten dazu, dass ich bei einem falschen Schritt nach vorn stürzte und in Sekundenbruchteilen auf den Granit fiel. Rein instinktiv hob ich die Arme, um den Sturz abzufangen, sonst wäre ich mit Gesicht und Kopf auf dem Boden aufgeschlagen.

Das war meine eigene Verantwortung. Die Emotionen dieses Tages, der voller Schaffen und Symbolik gewesen war, erklären meine Unvorsichtigkeit. Gegen 23.00 Uhr brachten sie mich auf einer Trage im Krankenwagen in die Hauptstadt. Einige Analgetika linderten meine Schmerzen.

Ich kann mich erinnern, dass Präsident Hugo Chávez sofort anrief, als ihn die Nachricht erreichte. Er bat darum, mit mir sprechen zu dürfen, was aufgrund der kabellosen Kommunikation möglich war.

Wir kamen zum Präsidentenpalast, und ich wurde direkt in eine kleine Einrichtung gebracht, die dort mit einem Minimum an nötiger Ausrüstung für Notfälle existiert. Man konnte genau feststellen, dass die Komplikationen im linken Knie und im rechten Oberarm lagen, wo der Oberarmknochen einen Haarrissbruch aufwies. Die Kniescheibe war in acht Teile zersplittert. Die Spezialisten und der Patient kamen überein, das Knie zu operieren und den rechten Arm mit einer Schlinge stillzulegen.

Die Operation dauerte drei Stunden und fünfzehn Minuten. Die Orthopäden konzentrierten sich darauf, jedes einzelne Fragment zu erfassen und an die ihm entsprechende Stelle zu bringen, und sie gingen vor wie die Weber, um alle zusammenzusetzen – sie vernähten sie mit einem dünnen Faden aus rostfreiem Stahl. Eine wahre Goldschmiedearbeit.

Ich bat die Ärzte, mir keine schmerzstillenden Mittel zu geben, sodass sie eine Rückenmarksanästhesie anwendeten, bei der man nur den unteren Teil des Körpers betäubt und der Rest des Organismus intakt bleibt. Unter den gegebenen Umständen war es nötig, eine Vollnarkose zu vermeiden, um in der Lage zu sein, auf jedwede wichtige Angelegenheit reagieren zu können. So erhielt ich während der ganzen Zeit Informationen und gab Anweisungen, wie mit der Situation, die dieser unvorhersehbare Unfall ausgelöst hatte, umzugehen sei.

Nachdem der chirurgische Teil abgeschlossen war, wurde das linke Bein mit einer Schiene stillgelegt, während das Gleiche mit dem rechten Arm geschah.

Der Prozess der Rehabilitation und der Heilgymnastik war recht kurz; ich schwamm sehr viel und machte viele Übungen, um den normalen Gebrauch von Bein und Arm zurückzuerlangen. Keinen einzigen Augenblick habe ich damit aufgehört, mich um alle Angelegenheiten des Landes zu kümmern. Und hier haben Sie mich vor sich. Wie Sie sehen, laufe ich, bewege mich und lebe ganz normal und ohne Probleme.[2]

Bei dieser Gelegenheit würde ich gern mit Ihnen über die Zukunft sprechen. Haben Sie irgendwann einmal daran gedacht, sich zurückzuziehen?
Nun, wir wissen, dass die Zeit voranschreitet und die menschlichen Energien schwinden. Aber ich werde Ihnen sagen, was ich den Compañeros der Nationalversammlung am 6. März 2003 gesagt habe, als sie mich erneut zum Präsidenten des Staatsrates wählten: »Jetzt verstehe ich, dass es nicht mein Schicksal war, geboren zu werden, um am Ende meines Lebens auszuruhen.« Und ich versprach ihnen, mit ihnen zu sein, wenn sie es so wünschten, solange es nötig sei und solange ich das Gefühl habe, nützlich sein zu können. Nicht eine Sekunde weniger und auch nicht eine Sekunde mehr.

Jahr für Jahr, so glaube ich, widme ich der Revolution mehr Zeit, schenke ihr mehr Aufmerksamkeit, denn man hat mehr Erfahrung, hat mehr überlegt, mehr nachgedacht. Platon schrieb in seinem Buch *Der Staat*, das ideale Alter für ein Regierungsamt sei nach dem fünfundfünfzigsten Lebensjahr. Ihm entsprechend denke ich, das ideale Alter sollte sechzig sein. Und ich stelle mir vor, dass sechzig Jahre in der Zeit Platons heute so um die achtzig bedeuten müssten. Sie fragen mich, wie lange ich da sein werde? Ich sage Ihnen, dass die Nationalversammlung das im Namen des Volkes entscheidet, das Volk soll es entscheiden.

Die CIA hat im November 2005 die Nachricht verbreitet, Sie litten an Parkinson. Welcher Kommentar fällt Ihnen zu dieser »Information« ein?
Sie warten auf ein natürliches und absolut logisches Phänomen, nämlich den Tod einer Person. In diesem Fall haben sie mir die beachtliche Ehre erwiesen, an mich zu denken. Das wäre ein Ausgleich für das, was sie all die Jahre über nicht geschafft haben: mich zu ermorden. Wenn ich eingebildet wäre, könnte ich stolz darauf sein, dass diese Typen zugeben, warten zu müssen, bis ich sterbe. Jeden Tag erfinden sie etwas. Castro habe dies, Castro habe jenes, die eine oder die andere Krankheit. Das Letzte, was sie erfanden, war, ich leide unter Parkinson. Die CIA sagte, sie hätten herausgefunden, dass ich Parkinson habe. Und wenn ich es bekäme, wäre es auch nicht schlimm. Papst Johannes Paul II. hatte Parkinson und reiste viele Jahre durch die Welt, denn er hatte einen starken Willen.

Ich hatte, wie gesagt, einen schlimmen Sturz und befinde mich wegen des rechten Armes noch immer in der Rehabilitation; er wird aber langsam besser. Zwei Liter Blut ergossen sich in das Innere der Schulter und des Oberarms, die auf dem Röntgenbild nicht zu sehen waren. Wenn ich damals auf den Kopf gefallen wäre, dann wäre ich jetzt nicht hier. Diejenigen, die mich so oft »getötet« haben, wären glücklich: Aber sie haben eine Enttäuschung nach der anderen erlitten.

Ich bin den Umständen dankbar, unter denen ich mir den Arm gebrochen habe, denn es zwang mich zu mehr Disziplin. Ich fühle mich besser denn je, trainiere mehr und bin disziplinierter. Sie haben mich zu einer harten Rehabilitationsarbeit für das Knie gezwungen, damit die Kniescheibe besser funktioniert. Ich habe mich angestrengt und tue das weiterhin. Ich habe gelernt, dass ich bis zur letzten Sekunde Übungen machen werde. Ich vernachlässige nichts, bin mehr gewillt als je zuvor, das zu essen, was ich essen soll. Und ich esse nicht ein Gramm mehr.

Durch die Übungen, die ich mache, muss ich den Arm Muskel für Muskel wieder aufbauen. Wie viele Menschen habe ich nicht begrüßen müssen? Es waren Tausende, und einige reißen dir fast den Arm heraus, und du kannst ihn nicht zurückziehen. Du musst es so wie diejenigen machen, die, wenn du sie anfasst, die Schulter anspannen, damit du glaubst, sie sei aus Stahl und unglaublich hart. Jedes Mal, wenn man mir die Hand gibt, mache ich das jetzt so.

Sie sind immer bewaffnet, und ich könnte mir vorstellen, dass Sie infolge dieses Sturzes ihren rechten Arm und somit die Waffe nicht mehr benutzen können. Macht Ihnen das Sorgen?
Da die Typen von der CIA immer an Attentate und solche Dinge denken, ist es verständlich, dass ich unter allen Umständen immer eine Waffe bei mir trage und in der Lage bin, von ihr Gebrauch zu machen. Ich folge diesem Prinzip. Ich habe eine Browning mit fünfzehn Schuss. Ich habe viel geschossen in meinem Leben. Zum Glück war ich immer ein guter Schütze, und ich bin es noch. Ich habe keine Angst vor dem Feind. Das Erste, was ich wissen wollte, war, ob ich mit meinem Arm die Waffe bedienen kann, die ich immer benutzt habe. Sie ist immer bei mir. Ich nahm das Magazin, legte es ein, entsicherte, sicherte, nahm das Magazin heraus, nahm die Kugel heraus und sagte mir: »Alles klar.« Das war am nächsten Tag, und ich fühlte mich stark genug, zu schießen.

Denn am Tag nach dem Unfall brachten sie mich in ein Krankenhaus, holten mich dort heraus und brachten mich woandershin, und du protestierst nicht, aber du weißt ganz genau, was sie mit dir machen, denn sie mussten die Operation mit mir besprechen. Wenn ich das Gefühl habe, dass ich mich nicht in der Verfassung befinde, irgendetwas zu tun, dann rufe ich die Partei an und teile ihnen mit: »Hört mal, ich bin nicht in der Verfassung.« Deshalb habe ich die Ärzte kritisiert, weil sie die Schwere einiger Dinge ein bisschen runtergespielt hatten. Für den Arm zog ich die Rehabilitation vor. Es wäre viel gefährlicher gewesen, sich einer Operation mit Nägeln und ähnlichen Dingen zu unterziehen. Wenn jemand zwanzig oder fünfundzwanzig Jahre alt ist, dann müssen sie das machen. Aber ich sagte ihnen: »Schließlich werde ich keinen Ball bei der nächsten Baseballmeisterschaft werfen, und an den Olympischen Spielen werde ich auch nicht teilnehmen.« Letztendlich musste das Richtige getan werden.

Wenn du das Gefühl hast, deine Verpflichtungen nicht erfüllen zu können, dann sagst du: »Mir ist das und das passiert, jemand muss die Leitung übernehmen, ich kann unter diesen Umständen nicht.« Wenn ich sterben werde, dann sterbe ich. Wenn ich nicht sterbe und die Fähigkeiten zurückerlange, dann nehme ich meine Ämter wieder auf. Ich würde mich zurückziehen, wenn sie mir klarmachen, dass es das Beste oder das Nützlichste ist oder dass ich Schaden verursache. Auf jeden Fall hat man ein wenig Erfahrung.

Ich musste in jenem Augenblick über diese Dinge nachdenken. Wir werden nicht beschreiben, wir werden nicht erzählen, welche Maßnahmen wir vorgesehen haben. Wir haben Maßnahmen getroffen und Maßnahmen vorbereitet, damit es keine Überraschung gibt, und unser Volk soll genau wissen, was in jedem Fall zu tun ist. Unsere Feinde sollen sich keine Illusionen machen, ich sterbe morgen und mein Einfluss mag zunehmen. Einmal habe ich gesagt, dass an dem Tag, an dem ich wirklich sterbe, niemand es glauben wird. Ich könnte es wie Cid Campeador machen, den sie tot auf dem Pferd mit sich führten und so Schlachten gewannen.

Sie haben in verschiedenen Reden und Interviews die Frage ihrer Nachfolge aufgeworfen und was in Kuba geschehen würde, wenn Sie das Land nicht mehr anführten. Wie sehen Sie die Zukunft Kubas ohne Fidel Castro?
Gut, ich versuche das kurz zu machen. Ich habe Ihnen ja von den Plänen zur physischen Eliminierung erzählt. Zu Beginn war meine Rolle entscheidender, denn es galt, eine Schlacht um sehr wichtige Ideen zu schlagen, man musste viel Überzeugungsarbeit leisten. Ich habe Ihnen gesagt, dass es Vorurteile gab und dass die Revolutionsgesetze dies verändert haben. Es gab Rassenvorurteile, asoziale Vorurteile, all das Gift, dass viele Jahre lang gesät worden war.

Soll das heißen, dass Sie schon lange an die Möglichkeit, man könnte Sie ermorden, gedacht haben und dass Sie überlegt haben, was danach geschehen könnte …?
Sie fragen mich ja fast schon nach der Nachfolge.

Ja, ja, die Nachfolge.
Sehen Sie, zu Beginn, als es all diese Attentatspläne gab, hatte ich eine entscheidende Rolle, die ich heute nicht mehr habe. Vielleicht habe ich heute mehr Autorität und genieße mehr Vertrauen denn je in der Bevölkerung.

Ich sagte Ihnen ja schon, dass wir den Stand der öffentlichen Meinungen untersuchen. Wie unter einem Mikroskop verfolgen wir die öffentliche Meinung. So kann ich Ihnen zum Beispiel sagen, was die Leute in Havanna und im Rest des Landes denken, und ich kann Ihnen all diese Meinungen präsentieren. Auch wenn es gegensätzliche Meinungen sind. Die große Mehrheit ist wohlwollend.

Meine Autorität ist nach sechsundvierzig Jahren Kampf und Erfahrung größer als je zuvor. Die Autorität derjenigen von uns, die gekämpft und Krieg geführt, die Diktatur niedergeschlagen und das Land in die Unabhängigkeit geführt haben, ist sehr groß.

Ein weiteres Privileg: das Alter. Das ist dem Zufall überlassen, denn Sie können durch natürliche Faktoren zu einem frühen Tod verurteilt sein oder bei einem Attentat ums Leben kommen. Und keines dieser beiden Dinge ist geschehen.

Es ist kein großes Verdienst, die Erfahrung gesammelt zu haben, die wir besitzen. Wenn es ein Verdienst geben kann, dann liegt es in der Tatsache, beständig gewesen zu sein in der Treue zu den Ideen und Prinzipien: mit der Macht nicht eitel geworden zu sein, nicht der Versuchung des Machtmissbrauchs erlegen zu sein, etwas, das den Menschen häufig unterläuft.

Damals, in jenen Tagen, wurde mir natürlich klar, was ein Attentat bedeuten könnte, und daher traf ich Vorsorge für die Nachfolge, das war ganz normal ... Raúl hielten sie für radikaler als mich. Ich glaube nicht, dass er radikaler war als ich, sondern würde eher sagen, genauso radikal. Aber da er bei der Kommunistischen Jugend gewesen war, hielten sie ihn für radikaler. Ich wusste, dass sie Angst davor hatten und dass ihnen das Sorge bereitete. Das war einer der Umstände.

Zweitens bin ich der Meinung und bekräftige das, dass Raúl derjenige ist, der am meisten Autorität, Erfahrung und Fähigkeiten hat, um die Rolle des Nachfolgers zu übernehmen. Ich habe Ihnen erzählt, wie Raúl beim Sturm auf die Moncada-Kaserne gefangen genommen wurde und wie er die Situation umgekehrt hat. Wie er die Kolonne an der Zweiten Front organisierte und dass er eine exzellente Arbeit machte als politischer und militärischer Organisator. Anschließend seine Mission bei den Streitkräften – er war ein Lehrer, ein Ausbilder der Menschen und arbeitete mit großer Gelassenheit und Ernsthaftigkeit. Er ist jemand, der bis heute größte Autorität genießt, und die Menschen setzen enormes Vertrauen in ihn.

Damals konnte man von Männern sprechen, die Männer ersetzten. Beim Triumph der Revolution war ich zweiunddreißig Jahre alt. Als sie am 1. Januar 1959 siegte – Raúl hat im Juni Geburtstag –, war er achtundzwanzig Jahre alt. Wir alle hatten noch viel Leben vor uns.

Auch gegen ihn gab es Attentatsversuche, obwohl ich aufgrund der Hierarchie und meiner Verantwortung ein attraktiveres Ziel darstellte. Er ist der Zweite Sekretär der Partei und Erster Vizepräsident des Staatsrates, was ihm Moral und Autorität verleiht.

Wenn Sie unter irgendwelchen Umständen verschwinden würden, wäre Raúl dann ihr unumstrittener Nachfolger?
Wenn mir morgen etwas passiert, dann tritt mit Sicherheit die Nationalver-

sammlung zusammen und wählt ihn, da gibt es keinen Zweifel. Das Politbüro tritt zusammen, und sie wählen ihn.

Aber er ist nicht viel jünger als ich, und es ist schon mehr ein Generationenproblem. Glücklicherweise haben diejenigen, die die Revolution gemacht haben, drei Generationen geschult. Wir dürfen auch unsere Vorreiter nicht vergessen, die alten Kämpfer und Anführer der Sozialistischen Volkspartei, welche die marxistisch-leninistische Partei war, und mit uns kam die neue Generation. Dann die Generation, die nach uns kommt und die direkt darauf folgende, das ist die Generation der Alphabetisierungskampagne und des Kampfes gegen die Banditen, des Kampfes gegen die Blockade, des Kampfes gegen den Terrorismus, des Kampfes in Girón – diejenigen, die die Oktoberkrise und die internationalen Missionen erlebt haben ... Viele Menschen mit vielen Verdiensten. Und viele Menschen in der Wissenschaft, der Technik, Helden der Arbeit, Intellektuelle, Lehrer. Das ist eine neue Generation. Zählen Sie diejenigen dazu, die jetzt im Jugendverband sind, Universitätsstudenten und soziale Arbeiter, zu denen wir sehr enge Verbindungen haben. Es gab immer sehr enge Beziehungen zu den Studenten und der Jugend.

Sie denken also, dass Ihr wahrer Nachfolger, jenseits von einer Person, jenseits von Raúl, vielmehr eine Generation sei, die gegenwärtige Generation?
Ja, es sind neue Generationen, die andere ersetzen werden. Ich habe Vertrauen, und das habe ich auch immer gesagt, aber wir sind uns darüber bewusst, dass einem revolutionären Prozess viele Gefahren drohen können. Da sind die Fehler subjektiver Art ... Gewisse Fehler hat es gegeben, und wir tragen dafür die Verantwortung, dass bestimmte Tendenzen und Fehler nicht entdeckt worden sind. Heute sind sie einfach überwunden.

Ich habe Ihnen gesagt, was morgen passieren könnte, aber es sind schon neue Generationen da, denn unsere geht zu Ende. Der nächstjüngere – ich habe Ihnen Raúl als Beispiel genannt – ist gerade mal vier Jahre jünger als ich.

Diese erste Generation arbeitet noch mit den neuen zusammen, die die Autorität der wenigen, die von uns noch geblieben sind, respektieren. Es gibt die zweite, und jetzt die dritte und vierte ... Ich habe eine genaue Vorstellung davon, wie die vierte Generation sein wird, denn du hörst Jungs und Mädchen der sechsten Klasse, wenn sie ihre Reden halten. Was für Talente haben wir da entdeckt!

Wir haben Tausende von Talenten entdeckt, diese Kinder beeindrucken und reißen mit. Wer weiß schon, wie viel Geist und Talent im Volk steckt? Ich vertrete die Theorie, dass es überall Talente gibt, wenn nicht für die eine Sache, dann für eine andere; für den Computer oder für die Musik oder die Mechanik. Das Genie ist allgemein, einige haben es für diese Sache und andere für jene. Man bilde und entwickle die ganze Gesellschaft – das tun wir ja –, und dann sehen wir mal, was am Ende herauskommt. Das sind die acht Millionen Menschen, die nach mehreren Jahren Sonderperiode unterschrieben haben: »Ich bin Sozialist.«

Ich habe große Hoffnung, denn ich sehe ganz deutlich, dass diejenigen, die ich als vierte Generation bezeichne, drei- oder viermal so viel Wissen haben werden wie wir von der ersten und etwa dreimal so viel Kenntnisse wie die zweite Generation. Und die vierte Generation wird mit allem, was heute unternommen wird, mindestens zweieinhalbmal so viel wissen, wie die dritte Generation.

Lassen Sie mich Ihnen eines sagen: Es werden mehr Personen nach Kuba kommen, um die soziale Entwicklung und die sozialen Erfolge dieses Landes kennenzulernen, als um an die Strände zu gehen. Unser Land leistet schon beeindruckende Dinge. Ein kleines Land wie unseres wäre in der Lage, das Personal für die vom Generalsekretär der Vereinten Nationen vorgeschlagene Kampagne zur Bekämpfung des Aidsvirus in Afrika zu stellen. Ohne die kubanischen Ärzte ist das heute nicht möglich. Europa und die Vereinigten Staaten bringen keine tausend Ärzte zusammen, die dorthin gehen, wo unsere Ärzte sind. Ich sage: eintausend, denn ich übertreibe, man weiß nicht, wie viele ... Wir haben den Vereinten Nationen nach dem sechsten Gipfel der blockfreien Staaten mehrere Tausend Ärzte für eine Zusammenarbeit bei der sozialen Entwicklung der armen Länder angeboten. Mittlerweile gibt es 3000 kubanische Ärzte allein in Afrika. Das erzeugt eine gewisse Befriedigung hier in diesem Land, das mehr als vierzig Jahre Blockade und zehn Jahre Sonderperiode hinter sich hat. Es hat Humankapital geschaffen, und Humankapital schafft man nicht mit Egoismus oder indem man den Individualismus in der Gesellschaft fördert.

Sie wollen damit sagen, dass diese Revolution nicht erschöpft ist?
Wir sind ganz und gar nicht am Ende. Wir leben in der besten Epoche unserer Geschichte, in der Zeit größter Hoffnung, und das können Sie überall sehen.

Es ist wahr und richtig, ich akzeptiere die Kritik, wir hätten aus Idealismus einige Fehler begangen. Vielleicht wollten wir zu schnell vorwärtskommen und haben unsere Kräfte überschätzt, das Gewicht der Gewohnheiten und andere Dinge. Aber kein anderes Land hat einem so mächtigen und reichen Gegner, seiner Propagandamaschinerie, seiner Blockade die Stirn geboten – und das selbst bei einem schlagartigen Wegfall der Unterstützung. Die UdSSR ist verschwunden und wir sind allein zurückgeblieben, und wir haben nicht gezögert. Ja, der weitaus größte Teil der Bevölkerung stand uns zur Seite. Ich sage nicht, dass es alle waren, denn einige verloren den Mut, aber wir waren Zeugen dessen, was dieses Land geleistet hat, wie es sich widersetzt hat und Fortschritte macht, wie die Arbeitslosigkeit sinkt, wie das Bewusstsein steigt.

Man muss unsere Wahlen nicht an der Zahl der Stimmen messen. Ich messe sie an der Tiefe der Gefühle, an der Wärme, die ich viele Jahre lang beobachtet habe. Ich habe die Gesichter nie hoffnungsvoller und mit mehr Stolz gesehen. All das kommt zusammen, Ramonet.

Würden Sie sagen, dass Ihre Ablösung problemlos vonstattenginge?
Sofort, es gäbe nicht ein Problem, auch später nicht. Unsere Revolution basiert nicht auf den Ideen eines Caudillo oder auf einem Personenkult. Ein Caudillo im Sozialismus ist unvorstellbar. In einer modernen Gesellschaft ist ein Caudillo nicht vorstellbar, unter dem die Menschen Dinge nur täten, weil sie ein blindes Vertrauen in ihren Anführer haben oder weil dieser etwas Bestimmtes von ihnen verlangt. Die Revolution basiert auf Prinzipien, und die Ideen, die wir verteidigen, sind schon seit langer Zeit die Ideen unseres Volkes.

Wie ich sehe, sind Sie nicht besorgt um die Zukunft der Kubanischen Revolution. Dennoch, Sie waren in den letzten Jahren Zeuge des Zusammenbruchs der Sowjetunion, des Zusammenbruchs Jugoslawiens, des Zusammenbruchs der albanischen Revolution, Nordkorea befindet sich in einer so traurigen Lage, Kambodscha ist im Terror versunken, und auch in China selbst hat die Revolution ein ganz anderes Gesicht bekommen. Macht Ihnen all das keine Angst?
Ich denke, dass die Erfahrung des ersten sozialistischen Staates, der Sowjetunion – eines Staates, der sich hätte verändern und sich nicht zerstören sollen –, eine sehr bittere Erfahrung war. Glauben Sie nicht, dass wir nicht sehr oft über dieses unglaubliche Phänomen nachgedacht hätten, wie eine der stärksten Mächte der Welt, die es geschafft hatte, an Kraft mit der anderen Supermacht gleichzuziehen, ein Land, das den Faschismus niedergeschlagen hatte, so enden konnte, wie es endete.

Es gab einige, die glaubten, den Sozialismus mit kapitalistischen Methoden aufbauen zu können. Das ist einer der großen historischen Fehler. Ich möchte nicht davon sprechen, ich möchte nicht theoretisieren, aber ich habe unzählige Beispiele dafür, dass die sogenannten Theoretiker in vielen Dingen immer wieder danebenlagen, dass sie die Ideen Marx', Engels' und Lenins nicht richtig interpretierten.

Ich habe einmal gesagt, dass es einer unserer größten Fehler war, sowohl zu Beginn als auch in späteren Jahren der Revolution, zu glauben, dass irgendjemand wisse, wie man den Sozialismus aufbaue. Heute haben wir meines Erachtens eine ziemlich klare Vorstellung davon, wie man den Sozialismus aufbauen sollte, aber wir müssen sehr viele Ideen entwickeln und uns viele Fragen darüber stellen, wie man den Sozialismus für die Zukunft erhalten kann.

In China ist das eine völlig andere Situation, denn hier kommt eine Großmacht zum Vorschein, die ihre Geschichte nicht zerstört hat. Eine Großmacht, die gewisse fundamentale Prinzipien beibehalten hat, die die Einheit suchte und ihre Kräfte nicht zersplitterte.

Ich darf hier kein Richter sein, aber ich stelle fest, dass China eine wirtschaftliche und politische Großmacht ist, mit der man in Zukunft rechnen muss. Und natürlich braucht jede Epoche und jede Nation immer besser ausgebildete und vorbereitete Führungskräfte. Es ist eine neue Welt, die zutagetritt. Wir haben uns dieser Welt angepasst, passen uns an und schauen, was jeweils zu tun ist. Wir haben das Gefühl für Solidarität, ein revolutionäres Bewusstsein und Werte entwickelt, die eine immense Macht haben.

Ich kann also sagen – und das sollte zumindest neugierig machen –, während Großmächte wie die UdSSR und viele andere Regime, die Sie genannt haben, und viele andere Dinge sich zerstört haben, hilft und teilt dieses blockierte Land, das die Sonderperiode noch immer nicht ganz überstanden hat, allerorts, bildet zudem Tausende von Akademikern der Dritten Welt aus – ohne einen Centavo zu verlangen – und schreitet in allen Bereichen voran. Wir werden von unserem Humankapital leben. Mit diesem Humankapital können wir vielen helfen. Mit unserer Erfahrung können wir helfen, und mit der Erfahrung können wir uns auch selbst helfen, Ramonet.

Ich habe keine Sorge, denn wir haben beobachtet und nochmals beobachtet, immer wieder. Und ich sagte Ihnen, dass es Gefahren gibt – Achtung! Ich habe so manche Fehler gesehen, und wenn man sie nicht gleich am Anfang bemerkt ... Man muss ständig auf der Hut vor den Risiken sein. Fast muss man hellseherische Fähigkeiten haben, denken und denken, aber vor allem an Alternativen denken. Es ist wichtig, dass man sich angewöhnt, Alternativen zu suchen und die besten unter ihnen auszuwählen.

Aber was sich viele fragen, ist, ob der revolutionäre Prozess in Kuba auch zusammenbrechen kann? Sind Revolutionen berufen, zusammenzubrechen, oder ist es so, dass Menschen den Zusammenbruch von Revolutionen verursachen können? Können die Menschen es verhindern oder nicht, kann die Gesellschaft es verhindern oder nicht, dass Revolutionen zusammenbrechen? Ich habe mir diese Fragen oft gestellt. Und ich kann Ihnen Folgendes sagen: Die Yankees können diesen revolutionären Prozess nicht zerstören, denn wir haben ein ganzes Volk, das gelernt hat, mit Waffen umzugehen, ein ganzes Volk, das trotz unserer Fehler über ein solches Niveau an Kultur, Kenntnissen und Bewusstsein verfügt, dass es nie zulassen würde, dass dieses Land wieder zu einer Kolonie wird.

Aber dieses Land kann sich selbst zerstören. Diese Revolution kann sich zerstören. Wir ja, wir können sie zerstören, und es wäre unsere Schuld. Wenn wir nicht fähig sind, unsere Fehler zu korrigieren. Wenn wir es nicht schaffen, viele Laster zu beseitigen: viele Diebstähle von staatlichen Produkten und viele Geldquellen der Neureichen, die in der Sonderperiode entstanden sind, zu der wir nicht zurückkehren dürfen.

Deshalb agieren wir jetzt, wir marschieren auf eine völlige Veränderung unserer Gesellschaft zu. Wir müssen uns erneut verändern, denn wir haben sehr schwierige Zeiten durchgemacht, in denen Ungleichheiten und Ungerechtigkeiten entstanden sind. Und wir werden diese Dinge ändern, ohne den geringsten Missbrauch zu begehen. Ich kann Ihnen versichern, dass die Überwindung dieses Problems ein absolut erreichbares Ziel ist.

Es wird eine immer größere Beteiligung geben, und wir werden ein Volk mit einer ganzheitlichen Allgemeinbildung sein. Martí sagte: »Gebildet zu sein ist die einzige Möglichkeit, frei zu sein«, und ohne Kultur gibt es keine Freiheit, Ramonet.

Aus diesem Grund habe ich große Vorbehalte und übe Kritik an der neoliberalen Globalisierung, ein System, in dem die Menschen Hunger leiden. Mit Betrug leben, mit der Lüge, Egoismus säen und Konsumgier schaffen, wofür? Damit der Mensch diesen Zustand erreicht, wenn er noch immer nicht einmal in der Lage ist, sein Überleben zu garantieren?

Wir können uns kein Monument für unsere politischen Fähigkeiten errichten, denn der Welt drohen unzählige Gefahren. Wir müssen erst noch beweisen, dass wir überlebensfähig sind. Da ich ein Optimist bin, hege ich die Hoffnung, dass diese Welt überleben wird, denn ich sehe sie reagieren, sehe, dass der Mensch trotz seiner Fehler und seiner tausendjährigen Geschichte – mehrere

Tausend, vielleicht drei oder vier – in einem einzigen Jahrhundert seine Kenntnisse und sein Wissen vervielfacht hat. Aber viele dieser Fortschritte wurden benutzt, um Gift zu streuen, sie dienen dazu, falsche Ideen und irrige Informationen zu verbreiten.

Ich versuche zu analysieren, wann wir vorangegangen sind und wann es Rückschritte gab, wann wir der Routine verfallen sind und wann dem Kopieren. Einige gute Qualitäten wie die Angewohnheit, nicht zu kopieren, sondern Vertrauen in das eigene Land zu setzen, den Chauvinismus zu bekämpfen …

Es gibt kein Land, das besser ist als ein anderes. Jedes hat seine nationalen und kulturellen Eigenheiten. In Lateinamerika können Sie das sehr deutlich sehen. Wir sind ein Bündel von Völkern, die dieselbe Sprache sprechen, wir haben fast, fast die gleiche Kultur, die gleiche Religion, die gleichen Eigenarten, wir sind die gleiche Mischung.

In Europa kann man sehen, dass sich die Finnen und die Ungarn, Leute, die unglaublich schwer zu erlernende Sprachen sprechen, zusammenfinden, die Deutschen, die Italiener und all die anderen, ein Kontinent, auf dem fünf Jahrhunderte Krieg gegeneinander geführt wurde. Nun gut, man kann ihnen – trotz meiner kritischen Kriterien – zum Niveau der Einheit, das sie erreicht haben, gratulieren. Und ich möchte anmerken, dass es zum Nutzen der Welt sein wird, wenn sie erfolgreich sind. Aber wir müssen beobachten, wie sie das erreichen, denn die Probleme in dieser globalisierten Welt sind zahlreich, und Sie wissen das sehr gut.

Ich danke Ihnen sehr für Ihr Interesse. Mich hat Ihr Interesse sehr stimuliert, denn ich habe viele Ihrer Artikel gelesen, und auch Ihre Bücher waren uns nützlich. Ich wünsche mir, dass Sie weiter schreiben, damit wir davon profitieren können, denn wir haben noch sehr viel zu lernen. Sie helfen uns dabei, unsere Allgemeinbildung zu verbessern, denn wie sollte man in dieser Welt ohne Allgemeinbildung überleben? Man könnte die Welt nicht retten.

Ich habe auch die Hoffnung, dass die Mehrheit der Programme, die wir entwickeln, Erfahrungen sind, die sich vervielfältigen. Es geht uns nicht um Urheberschaft und Patente, wir sind ganz im Gegenteil stolz, wenn jemand, inspiriert von dem, was wir hier tun, etwas Nützliches lernt.

Wir haben viele Stunden gearbeitet, und ich habe es mit Freude getan, und in wenigen Minuten werden wir uns trennen.

Ich glaube, ich habe Ihre Zeit überstrapaziert.
Nein, wir haben siebzehn oder achtzehn Stunden täglich gearbeitet, und es

geht uns gut. Es ist bewiesen, dass Sie in einer guten Verfassung sind, denn Sie haben, glaube ich, mehr gearbeitet als ich.

Ich habe Ihnen interessiert zugehört.
Und ich Ihren Fragen. Ich bin an all diesen Themen ebenso interessiert wie Sie. In unserem Land werden Ihnen immer die Türen offen stehen für all Ihre Interessen und all Ihre Fragen. Und wir werden Ihnen nie eine Lüge auftischen.

Vielen Dank, Comandante.

ANMERKUNGEN

EINLEITUNG: HUNDERT STUNDEN MIT FIDEL

1 Ignacio Ramonet: *Marcos, la dignidad rebelde. Conversaciones con el subcomandante Marcos.* Cibermonde, Valencia 2001.

2 König Bumibol Adulyade von Thailand, der am 5. Mai 1950 gekrönt wurde, und Königin Elisabeth II. von England, die am 6. Februar 1952 den Thron bestieg, waren im Jahr 2006 die einzigen Staatschefs, die über einen längeren Zeitraum an der Macht waren als Fidel Castro, aber keine dieser beiden Personen leitet effektiv die Politik ihres Landes, die jeweils von einem Premierminister geführt wird.

3 Im November 2006 haben die Vereinten Nationen zum fünften Mal in Folge, mit 183 zu vier Gegenstimmen, die Vereinigten Staaten aufgefordert, das Wirtschafts- und Handelsembargo aufzuheben, das sie einseitig gegen Kuba verhängt haben.
  Die am 6. Mai 2004 von der Bush-Administration eingeleiteten neuen Maßnahmen sind extrem streng: Zum Beispiel riskiert jeder kubanische Bürger, der in den Vereinigten Staaten lebt und einen kranken Verwandten in Kuba besucht, ohne zuvor vom zuständigen Ministerium eine Ausreisegenehmigung erhalten zu haben, oder der mehr als vierzehn Tage innerhalb von drei Jahren auf der Insel verbringt oder mehr als fünfzig US-Dollar pro Tag während seines vierzehntägigen Aufenthalts ausgibt, oder der einem Familienangehörigen, der Mitglied der Kommunistischen Partei Kubas ist, finanzielle Hilfe schickt, eine Gefängnisstrafe von zehn Jahren und eine Geldstrafe von bis zu einer Million Dollar. Siehe Salim Lamrani: »Cuba et l'espoir d'un monde meilleur«. In: http://www.smaq.net/node/26391, 28. Dezember 2006.

4 Die Schäden, die der kubanischen Wirtschaft zwischen 1961 und 2006 aufgrund des Embargos verursacht wurden, sind auf siebzig Milliarden Dollar geschätzt worden (etwa dreiundfünfzig Milliarden Euro).

5 Siehe zum Beispiel Laura Wides-Muñoz: »Cuba: Los Estados Unidos financian grupos anti-castristas en el extranjero«. In: *Associated Press*, 29. Dezember 2006.

6 Siehe Wayne S. Smith: »Bush's Dysfunctional Cuba Policy«. Center for International Policy, Washington, 9. September 2006. In: http://www.ciponline.org/cuba/Op-eds/110606_Dysfunctional.htm

7 Siehe Abby Goodnough: »U.S. Paid 10 Journalists for Anti-Castro Reports«. In: *New York Times*, 9. Dezember 2006.

8 Siehe Philip Agee (ehemaliger CIA-Agent): »Terrorism and Civil Society. The Instruments of US Policy in Cuba«. In: *Counterpunch*, 9. August 2003: http://www.counterpunch.org/agee08092003.html

9 Der Ausdruck »fünfte Kolonne« ist ein Begriff aus dem Spanischen Bürgerkrieg. Er kommt von dem franquistischen General Queipo de Llano, der versicherte, dass von den vier Ko-

lonnen, die auf Madrid vorrückten, es die fünfte wäre – gebildet aus kämpferischen Franco-Anhängern innerhalb der Stadt –, welche die Hauptstadt einnehmen würde. Ernest Hemingway (1899 bis 1961) veröffentlichte 1938 ein Theaterstück – das einzige, das er geschrieben hat – mit dem Titel *La quinta columna (Die fünfte Kolonne)*, und er machte diesen Begriff populär.

10 Siehe Maurice Lemoine: »Demain Cuba«. In: *Le Monde Diplomatique*, September 2006. http://www.monde-diplomatique.fr/2006/09/LEMOINE/13923

11 BBC World, London, 13. Juli 2006.

12 http://www.amnesty.org

13 Tatsächlich gibt es seit April 2003 in Kuba ein Moratorium für die Todesstrafe, die praktisch ihre Anwendung aussetzt. Amnesty International präzisierte in seinem *Jahresbericht 2006*, dass sich im Dezember 2005 »immer noch mehr als dreißig Gefangene im Todestrakt aufhielten; es hat keine Hinrichtungen gegeben«.

14 In seinem *Jahresbericht 2006* erklärt Amnesty International, dass in Kolumbien im Jahr 2005 mindestens siebzig Gewerkschafter und sieben Menschenrechtsaktivisten ermordet wurden und dass in der ersten Jahreshälfte 2005 mehr als 1050 Zivilisten den Tod fanden oder »verschwanden«. Allein die von der Regierung unterstützten Paramilitärs seien demnach für mehr als 2750 Morde und »Verschwundene« zwischen den Jahren 2002 und 2005 verantwortlich gewesen. Diese flagranten Menschenrechtsverletzungen waren kein Hindernis dafür, dass die Vereinigten Staaten der kolumbianischen Regierung eine finanzielle Hilfe in Höhe von 781 Millionen US-Dollar (etwa 659 Millionen Euro) zukommen ließen.

15 Im Jahr 2006 betrug die Kindersterblichkeitsrate – das heißt die Anzahl der Kinder, die lebend geboren, aber vor Vollendung des ersten Lebensjahres starben – in Kuba 5,3 pro Tausend Geburten, was die niedrigste Rate Lateinamerikas darstellt und nach Kanada die zweitniedrigste auf dem amerikanischen Kontinent.

16 Im *Weltentwicklungsbericht 2006* des Entwicklungsprogramms der Vereinten Nationen (UNDP) befand sich Kuba im oberen Drittel der 177 untersuchten Staaten, das heißt unter den »Ländern mit hoher menschlicher Entwicklung«. Kuba liegt auf dem fünfzigsten Platz, hinter Argentinien, Uruguay und Costa Rica, aber vor Mexiko, Brasilien, Kolumbien und allen anderen lateinamerikanischen Ländern.

17 Siehe »Amérique latine rebelle«. In: *Manière de voir*, Nr. 90, Dezember 2006, sowie das Dossier »Amérique latine, le tournant à gauche?«. In: *Mouvements*, Nr. 47–48, La Découverte, November 2006.

18 »Der Sieg durch Waffen stellt den Sieger über die anderen Menschen«, erklärte Alexander der Große, eine der von Fidel Castro am meisten bewunderten Persönlichkeiten.

19 Die anderen sechs Persönlichkeiten sind: José Ramón Balaguer, José Ramón Machado Ventura, Esteban Lazo, Carlos Lage, Francisco Soberón und Felipe Pérez Roque.

20 Nachricht der AFP (Agence France Presse), 3. August 2006.

21 Johann Peter Eckermann: *Gespräche mit Goethe in den letzten Jahren seines Lebens*. Erstmals erschienen im Jahr 1836.

22 Siehe Horace Greeley: »Two Hours with Brigham Young«. In: Christopher Silvester (Hrsg.): *The Penguin Books of Interviews*. Penguin, London 1993.

23 *Moi, Fidel Castro*, Sechs Dokumente à 52 Minuten, die von Éditions Montparnasse, Paris, im August 2006 auf zwei DVDs herausgegeben wurden.

24 Siehe Hernando Calvo Ospina: »Nouveaux médicins aux pieds nus. Une Internationale de la santé«. In: *Le Monde Diplomatique*, August 2006.

25 Deklarationen auf dem Festival von San Sebastián anlässlich der Präsentation des Dokumentarfilms *Looking for Fidel, Granma International*, Havanna, 13. Dezember 2006.

KAPITEL 1: DIE KINDHEIT EINES ANFÜHRERS

1 In den meisten westlichen Ländern war es zu jener Zeit üblich, dass die für den Wehrdienst ausgewählten Rekruten sich für eine bestimmte Geldsumme einen ärmeren jungen Mann mieten konnten, der für sie den Wehrdienst ableistete. In den Vereinigten Staaten beispielsweise wurde dieses ungerechte System im Juli 1863 mitten im Sezessionskrieg von Präsident Abraham Lincoln eingeführt, was zu einer Meuterei in New York führte, die Martin Scorsese in seinem Film *Gangs of New York* (2002) thematisierte.

2 Militärischer Stützpunkt inmitten eines Waldstücks, das von dichtem Buschwerk umgeben ist.

3 Landwirtschaftliche Maßeinheit für Flächen, die noch heute in Kuba gebräuchlich ist. Eine *caballería* sind etwa 13,4 Hektar, eine *roza* hat etwa 0,75 Hektar.

a Ansiedlung.

4 Giovanni Guareschi, italienischer Schriftsteller, Autor vorwiegend humoristischer Romane, sehr populär in den 50er-Jahren. Seine Hauptperson, ein Dorfpfarrer namens Don Camillo, führte ständig erbitterte, aber freundschaftliche Auseinandersetzungen mit Peppone, dem kommunistischen Bürgermeister des Ortes. Die Romane über Don Camillo wurden mehrfach erfolgreich verfilmt, wobei der Hauptdarsteller von dem berühmten französischen Komiker Fernandel gespielt wurde.

5 Der Abessinienkrieg (1935–1936). Am 2. Oktober 1935 begann das faschistische Italien Benito Mussolinis die koloniale Eroberung Äthiopiens. Am 2. Mai 1936 zogen die italienischen Truppen in Addis Abeba ein. Der äthiopische Kaiser Haile Selassie flüchtete aus Äthiopien. 1941 beendeten die Briten das faschistische Unternehmen, und Haile Selassie erhielt seinen Thron zurück.

6 Eusebio Leal Spengler, Historiker und Restaurateur der kolonialen Altstadt von Havanna.

7 Genesis 9, 18–29. Noah verflucht und verurteilt seinen Enkel Kanaan, Sohn seines Sohnes Ham, und seine Nachkommen, die Kanaaniter, die nach der Bibel die alte Region um Phönizien und Palästina besiedelten.

8 Der Kapitän Mariano Barberán Tros und Oberleutnant Joaquín Collar Serra hatten den zu diesem Zeitpunkt längsten Flug über das Meer vollbracht, indem sie mehr als 4000 Meilen – 7320 Kilometer – in neununddreißig Stunden und fünfundfünfzig Minuten geflogen waren. In Spanien waren sie am 10. Juni 1933 um 4.45 Uhr morgens vom Flughafen Tablada in Sevilla mit dem Doppeldeckerflugzeug *Cuatro Vientos* in Richtung Kuba aufgebrochen. Am 11. Juni um 15.40 Uhr kubanischer Zeit landeten sie in Camagüey auf kubanischem Boden. Von dort aus reisten sie zum Flughafen Columbia in Havanna weiter. Wenige Tage später verschwanden sie auf dem Flug von Havanna nach Mexiko-Stadt.

9 Am 3. Februar 1932, als Fidel Castro fünf Jahre alt war, kam es in der östlichen Region Kubas zu einem schweren Erdbeben, das große Zerstörungen in der Stadt Santiago de Cuba anrichtete.

10 Gerardo Machado (1871–1939), diktatorischer Präsident Kubas von 1925 bis 1933. Er war für seine pronordamerikanische Haltung und seine brutale Repression gegen Oppositionelle berüchtigt. 1933 flüchtete er aus Kuba infolge eines Generalstreiks, dem Höhepunkt der sogenannten Revolution von 1933. Einen Monat später, am 4. September 1933, kam es zum »Aufstand der Unteroffiziere«, angeführt von Fulgencio Batista.

11 Julio Antonio Mella (1903–1929) gründete 1922 den Studentenverband Federación Estudiantil Universitaria (FEU) und 1925 die Kommunistische Partei Kubas. Sein richtiger Name war Nicanor MacFarland. Während der Diktatur Machados (von Mai 1925 bis August 1933) kam er ins Gefängnis und trat in den Hungerstreik. Nach seiner Freilassung ging er ins Exil nach Mexiko, wo er am 10. Januar 1929 ermordet wurde.

12 Antonio Guiteras Holmes (1906–1935) wurde in Philadelphia, USA, geboren und verbrachte dort seine Kindheit. Seine Familie kam 1914 nach Pinar del Río, wo sein Vater einen Lehrstuhl für Englisch innehatte. Er war einer der Anführer der Revolution von 1933. Als Mitglied der provisorischen Regierung setzte er soziale Reformen durch, einschließlich des Gesetzes für den Mindestlohn und des Achtstundenarbeitstages. Nach dem Staatsstreich im Januar 1934 entfesselte Batista eine grausame Repression, und Guiteras wurde am 8. Mai 1935 ermordet.

13 Die Vereinigten Staaten, die Kuba seit 1898 militärisch besetzt hatten, zwangen die kubanische Regierung zu einer Verfassungsänderung, dem sogenannten Platt-Amendment – benannt nach dem Senator, der die Änderung vorgeschlagen hatte –, welche die Souveränität der neuen Republik Kubas bedeutend einschränkte und Washington das Recht gab, in interne Angelegenheiten der Insel einzugreifen. Die Isla de Pinos wurde der Gerichtsbarkeit durch Havanna entzogen, und mehrere Gebiete mit Kohlevorkommen mussten abgetreten werden, um US-amerikanische Schiffe mit Brennstoff zu versorgen. Eines dieser Gebiete wurde vom 2. Juli 1903 an zum Marinestützpunkt Guantánamo, den die Vereinigten Staaten bis heute gegen den Willen Kubas besetzt halten. Dieser gelangte in jüngster Zeit in der internationalen Presse zu zweifelhaftem Ruhm, nachdem er von der Regierung George W. Bushs in ein illegales Gefängnis für mutmaßliche islamische Terroristen verwandelt wurde, die dort Folter und anderer unmenschlicher Behandlung durch US-amerikanische Militärs unterworfen sind, weshalb die Regierung mehrfach angeklagt wurde.

KAPITEL 2: EIN REBELL WIRD GEBOREN

a Bei einem *durofrío* handelt es sich um ein Fruchtwassereis, das meist nichtkommerziell hergestellt und über Privathaushalte verkauft wird.

1 José María Heredia (Santiago de Cuba 1803 – Mexiko 1839), berühmter kubanischer Dichter der Vorromantik, Autor der »Himno del Desterrado« (»Hymne des Verbannten«), »En el Teocalli de Cholula« (»Im Teocalli von Cholula«) und anderer, anthologischer Werke spanischsprachiger Poesie. Seine berühmteste Ode »Niágara« entstand im Jahr 1824. Nicht zu verwechseln mit dem französischen Dichter gleichen Namens (1842–1905), der Autor des Buches *Les Trophées (Trophäen)* ist.

2 Von Fidel Castro und anderen Revolutionären im Jahr 1955 formell organisiert. Der Name erinnert an das Datum des Sturms auf die Moncada-Kaserne in Santiago de Cuba und die Kaserne Carlos Manuel de Céspedes in Bayamo am 26. Juli 1953. Diese Bewegung war, zusammen mit der Revolutionären Zentraldirektion, die Hauptorganisation im Krieg gegen Batista, mit zwei Flügeln: der Sierra (die Guerilla in den Bergen) und dem Llano (Untergrundbewegung in den Städten).

3 Frank País García, ein junger Revolutionär aus Santiago, arbeitete daran, die Studentenbewegung mit der Arbeiter- und Bauernbewegung in der Provinz Oriente zu vereinen. Er trat der »Bewegung des 26. Juli« am Tag ihrer Gründung im Juni 1955 bei und wurde Mitglied der Nationalen Leitung und nationaler Aktionschef. Er spielte eine wichtige Rolle in der Untergrundbewegung, die den Guerillakampf unterstützte, bis er im Juli 1957 von Batistas Polizei ermordet wurde.

4 Fidelis von Sigmaringen (1577–1622), Märtyrer, geboren im schwäbischen Sigmaringen. Er war ein Anwalt, der kostenlos die Verteidigung der Armen übernahm und deshalb den Beinahmen »Anwalt der Armen« erhielt. Mit fünfunddreißig Jahren gab er den Beruf des Anwalts auf und trat dem Franziskanerorden bei, wo er zum Kapuzinerbruder in Freiburg (Schweiz) wurde. Er war ein berühmter Redner und Prediger, der manchmal als »Demosthenes des Volkes« bezeichnet wurde. Papst Benedikt XIV., der ihn im Jahr 1746 heiligsprach, sagte von ihm: »Er schüttete all seine Güte aus, um den Armen zu helfen, umarmte mit väterlichem Herzen alle Betrübten und versorgte eine große Anzahl von Armen durch allerorts eingesammelte Spenden.« Fidelis von Sigmaringen wurde am 24. April 1622 in Seewis ermordet.

5 *Onkel Toms Hütte* (1851) von der US-amerikanischen Schriftstellerin Harriet Beecher Stowe (1811–1896).

6 Ingatius von Loyola (1491–1556), ein Adliger baskischen Ursprungs, verfolgte schon in sehr jungen Jahren eine militärische Laufbahn. Während der Belagerung Pamplonas durch die französische Armee im Jahr 1521 wurde er schwer verwundet. Die religiösen Lektüren während seiner langen Genesungszeit veranlassten ihn, sein altes weltliches Leben aufzugeben. In Rom gründete er 1539 die Gesellschaft Jesu, die sich der aktiven Lehre und dem militanten Apostolat verschrieb und militärisch strukturiert war. Er wurde 1622 heiliggesprochen.

7 Der Text der Jesuitenhymne, auch »Marsch des heiligen Ignatius« genannt, lautet: »Gründer / bist Du, Ignatius, und General / der Königlichen Gesellschaft, / die Jesus / mit seinem Namen auszeichnete. / Die Legion Loyolas / mit treuem Herzen / hisst ohne Angst / das Kreuz als Banner. / Ziehet, ziehet in das Gefecht / gegen den schrecklichen Teufel / und seine Heerscharen. / Die Legionen Luzifers / werden schon gesichtet, / und ihre schwarzen Fahnen verdunkeln die Sonne. / Gesellschaft Jesu, / lauf zum Gefecht! Zum Gefecht! / Die Menschen der Hölle / werden dein Licht nicht löschen, / das deine Stirn erleuchtet / durch Ignatius' Mut. / Schon hört man die Stimmen / des Kriegshorns, / und die heilige Armee / kämpft ohne Rast und Ruh, / erhebt ihre Fahne / in der Feldschlacht. / Verlässliches Omen / vom Lorbeer des Krieges / und von Frieden, / vom Lorbeer und von Frieden.

8 *Die Rebellenschmiede* (1941–1946) ist eine Trilogie – *Die Schmiede, Die endlose Straße, Die Stimme von Madrid* – des spanischen Romanciers Arturo Barea (1897–1957). In der sehr autobiografischen Schilderung geht es um das Leben eines Spaniers und zugleich um die gesamte spanische Nation vom Beginn des 20. Jahrhunderts an bis zum Bürgerkrieg 1936–1939.

9 Joe Louis (1914–1981), Boxer, alias »Brown Bomber«, Weltmeister im Schwergewicht, kämpfte zweimal gegen den deutschen Schwergewichtsweltmeister von 1930 Max Schmeling. Der erste Kampf fand am 19. Juni 1936 statt, und Joe Louis wurde von Schmeling geschlagen. Der zweite Kampf, auf den sich Fidel Castro hier bezieht, fand am 22. Juni 1938 im Stadion der New York Yankees vor mehr als 70 000 Zuschauern statt und wurde im Radio live in vier Sprachen übertragen: Englisch, Deutsch, Portugiesisch und Spanisch. Aufgrund seiner symbolischen Dimension war es ein bedeutsamer Kampf: Am Vorabend des Zweiten Weltkrieges kämpfte ein Afroamerikaner gegen einen »Arier«, die Demokratie gegen den Nationalsozialismus. Joe Louis gelang beim ersten Angriff der Sieg durch K. o.

10 Max Schmeling war als Fallschirmjäger an der deutschen Invasion in Griechenland beteiligt und wurde 1941 im Kampf verletzt.

11 *El Gorrión*, eine argentinische Comiczeitschrift, wurde 1932 in Buenos Aires gegründet. Ihre populärste Reihe war im Jahr 1938 *El Vengador* (»Der Rächer«), ein Superheld der Gerechtigkeit. Hauptzeichner war Alberto Breccia (1919–1993), der weltweit berühmt wurde. Im Jahr 1968 war Breccia Mitherausgeber einer von der Kritik gefeierten Comicbiografie über Che Guevara.

12 *De tal palo, tal astilla* (1880), Roman des spanischen Schriftstellers José María de Pereda (1833–1906).

13 Der auf Englisch verfasste Brief, den der Junge Fidel Castro dem Präsidenten der Vereinigten Staaten, Franklin D. Roosevelt, schrieb, lautete: »Präsident der Vereinigten Staaten von Amerika ... Wenn Sie können, dann schicken Sie mir eine grüne amerikanische Zehndollarnote, denn ich habe noch nie eine grüne amerikanische Zehndollarnote gesehen und hätte gern eine. Meine Anschrift lautet: Herr Fidel Castro, Colegio de Dolores, Santiago de Cuba, Provinz Oriente, Kuba. Ich kann nicht sehr gut Englisch sprechen, aber ich spreche sehr gut Spanisch, und ich gehe davon aus, dass Sie nicht sehr gut Spanisch sprechen können, aber sehr gut Englisch, denn Sie sind ein Amerikaner, aber ich bin kein Amerikaner ...«

KAPITEL 3: DER EINZUG IN DIE POLITIK

1 Eduardo R. Chibás (1907–1951) kam aus den Studentenkämpfen gegen Machado und war ein populäres Mitglied der Partido Auténtico (Authentische Partei). Im Mai 1947 gründete er aufgrund seiner Unzufriedenheit über den Verrat Ramón Grau San Martíns, des Präsidenten der Authentischen Partei, die Partido del Pueblo Cubano Ortodoxo (Orthodoxe), der sich kurze Zeit später Fidel Castro anschloss. Als charismatischer Führer, großer Redner und Verteidiger einer nationalistischen Linie, die Korruption und weiteren politischen Missbrauch verurteilte, wurde er zum Kandidaten seiner Partei für die Präsidentschaftswahlen im Juni 1952 ernannt, bei denen sein Wahlsieg vorhersehbar war. Am 5. August 1951 schoss er sich am Ende seiner sonntäglichen Radiosendung eine Kugel in den Bauch, was wenige Tage später zu seinem Tod führte.

2 Bis 1952 waren die wichtigsten politischen Kräfte Kubas um folgende Parteien versammelt: Auténtico (Authentische), Ortodoxo (Orthodoxe), Liberal (Liberale), Demócrata (Demokratische) und Republicano (Republikanische) und in geringerem Maße El Partido Socialista Popular (Sozialistische Volkspartei), die Kommunisten. Bei den Wahlen verbündeten sich in der Regel die Republikaner mit den Authentischen, und die Demokraten bildeten eine Koalition mit den Liberalen, an der in der ein oder anderen Form die Partido Acción Unitaria (Partei der Einheitlichen Aktion) beteiligt war, die wenige Jahre zuvor von Fulgencio Batista gegründet worden war.

3 Am 29. und 30. September 1938 unterzeichneten in München die Staatsoberhäupter Frankreichs (Daladier), Großbritanniens (Chamberlain), Italiens (Mussolini) und Deutschlands (Hitler) einige Verträge, die praktisch die Kapitulation der westlichen Demokratien vor den Expansionsansprüchen der faschistischen Mächte darstellten. Aus Furcht vor einem Konflikt, der jedoch schon fast unvermeidbar war, erlaubten London und Paris Hitler, das tschechoslowakische Sudentenland zu annektieren, was das Dritte Reich in seiner Expansionspolitik bestärkte. Der Verrat veranlasste die UdSSR dazu, ein Abkommen mit Deutschland zu schließen, den sogenannten Hitler-Stalin-Pakt, der am 23. August 1939 in Moskau unter-

zeichnet wurde – eine Woche vor der deutschen Invasion in Polen und dem Beginn des Zweiten Weltkrieges.

4 Rubén Martínez Villena, Dichter, Intellektueller und revolutionärer Kämpfer, wurde 1899 in dem Ort Alquízar in der Provinz Havanna geboren. Nachdem er schon in jungen Jahren in politischen Kämpfen gegen die Missstände der neokolonialen Republik aktiv gewesen war, übernahm er, gemeinsam mit anderen progressiven Intellektuellen, eine führende Rolle beim sogenannten Protest der Dreizehn. 1927 trat er in die Kommunistische Partei Kubas ein, deren Leitung er später übernahm und von wo aus er trotz gesundheitlicher Probleme eine herausragende Rolle bei den Arbeiter- und Volksaufständen gegen das diktatorische und gewaltbereite Regime Gerardo Machados spielte, den er für die Geschichte in einer Zeichnung als »Esel mit Krallen« porträtierte. 1934 starb er in Havanna an Tuberkulose. In der kubanischen Geschichte ist Rubén Martínez Villena das unangefochtene Symbol des politisch engagierten Intellektuellen. (Anmerkung des kubanischen Verlages)

5 Carlos Rafael Rodríguez (1913–1997). Seit 1930 politisch aktiv in den Kämpfen gegen die Diktatur Gerardo Machados. Rodríguez war schon in jungen Jahren aktives und leitendes Mitglied der Kommunistischen Partei Kubas, die ab den 40er-Jahren Sozialistische Volkspartei hieß. Er war ein Minister ohne Ressort, ebenso wie der junge Kommunist Juan Marinello, in der von Batista 1940 geschaffenen Koalitionsregierung. Nach dem Sieg der Revolution im Jahr 1959 hatte Carlos Rafael Rodríguez verschiedene Verantwortlichkeiten innerhalb der Kommunistischen Partei Kubas; er war Mitglied des Politbüros der Partei und des Staatsapparates. Zum Zeitpunkt seines Todes im Jahr 1997 war er als Vizepräsident des Ministerrates zuständig für Auswärtige Beziehungen.

6 Curzio Malaparte (1898–1957), italienischer Schriftsteller. Seine wichtigsten Werke waren *Technik des Staatsstreichs* (1931), *Kaputt* (1944) und *Die Haut* (1949).

7 Abel Santamaría Cuadrado (1927–1953), Mitglied der Orthodoxen Jugend und später Leiter der von Fidel Castro gegründeten Bewegung sowie zweiter Anführer beim Sturm auf die Moncada-Kaserne. Er wurde verhaftet, gefoltert und noch am selben Tag, dem 26. Juli 1953, ermordet.

8 Jesús Montané Oropesa (1923–1999) wurde auf der Isla de Pinos geboren. Einer der Anführer der Bewegung, die den Sturm auf die Moncada-Kaserne durchführte. Er wurde später festgenommen und zusammen mit Fidel Castro im Gefängnis festgehalten. Gründer und Mitglied der Nationalen Leitung der »Bewegung des 26. Juli«. Als Teilnehmer der *Granma*-Expedition wurde er nach der Zersplitterung der Gruppe in Alegría de Pío gefangen genommen. Nach dem Sieg der Revolution bekleidete er wichtige Ämter in der Partei und in der Regierung. Er starb in Havanna.

9 Der *aura tiñosa* ist ein Aasgeier, wie der Truthahn- oder Rabengeier, der in Kuba sehr weit verbreitet und häufig am Himmel zu sehen ist. Er wird auch als »Geier der Karibik« bezeichnet.

10 Rafael Leonidas Trujillo (1891–1961), Diktator der Dominikanischen Republik, Verbündeter und Protegé der Vereinigten Staaten von 1930 an bis zu seiner Ermordung im Jahr 1961. 1946 erteilte er eine Amnestie für die Kommunisten, die sich im Exil befanden, ließ sie nach ihrer Rückkehr aber hinrichten, woraufhin die Expedition von Cayo Confites geplant wurde. Die lange Diktatur Trujillos war eine der reaktionärsten und gewalttätigsten in der Geschichte Lateinamerikas.

11 Eine lebhafte Beschreibung der Ereignisse um den »Bogotazo« findet sich in: Gabriel García Márquez: *Vivir para contarla*. Mondadori, Barcelona 2002, S. 332–363. (*Leben, um davon zu erzählen*. Kiepenheuer & Witsch, Köln 2002.)

12 Im September 1981 führte der kolumbianische Journalist Arturo Alape ein langes Interview mit Fidel Castro über seine Erfahrungen während des »Bogotazo«. Siehe Arturo Alape: *El bogotazo: memorias del olvido*. Casa de las Americas, Havanna 1983.

13 Am 18. Oktober 1945 wurde durch einen Staatsstreich in Venezuela der diktatorische Präsident Isaías Medina Angarita gestürzt. Darauf bildete sich eine Revolutionäre Interimsregierung unter Rómulo Betancourt, bis am 15. Februar 1948 Rómulo Gallegos, Sieger der Wahlen vom Dezember 1947, die Präsidentschaft Venezuelas übernahm. Diese »revolutionäre« Periode hielt nur bis zum 24. November 1948 an, als Rómulo Gallegos durch einen Staatsstreich zu Fall kam.

14 Rómulo Gallegos (1884–1969), Politiker und vor allem großer venezolanischer Schriftsteller. Autor des Romans *Doña Barbara* (1929), ein klassisches Werk hispano-amerikanischer Erzählkunst, *Canaima* und weiterer Werke.

15 Das Seminar »Geschichte der Sozialwissenschaften« wurde an der Universität angeboten. Eines der behandelten Bücher war von Raúl Roa García (1907–1982) geschrieben worden, einem Intellektuellen und Schriftsteller, der sich der revolutionären Studentenbewegung angeschlossen hatte, die gegen Machado kämpfte. Während der Batista-Diktatur musste er ins Exil gehen. Er war viele Jahre Außenminister der Revolutionären Regierung Kubas. Aufgrund seiner leidenschaftlichen Verteidigung der kubanischen Außenpolitik erhielt er den Beinamen »Kanzler der Würde«. Ein weiterer obligatorischer Text im Seminar zur Arbeitergesetzgebung, der ebenfalls Teil des Studiums der Rechtswissenschaften war, stammte von Aureliano Sánchez Arango, dem Erziehungsminister der Regierung Prío Socarrás, der von Chibás angeklagt worden war. (Anmerkung des kubanischen Verlages)

16 Der *bohío* ist die typische Behausung der armen kubanischen Bauern. Seine Wände werden in der Regel aus Holzbrettern oder Teilen der Palme errichtet, für das Dach Palmblätter und für den Boden Lehm und Erde verwendet.

17 Nach dem Angriff auf die Moncada-Kaserne wurde Fidel Castro gefangen genommen und verurteilt. Als Anwalt übernahm er selbst seine Verteidigung. Sein Plädoyer wurde unter dem Titel »Die Geschichte wird mich freisprechen« bekannt; es ist gleichzeitig ein Manifest gegen Batista und seine Verbrechen – eine philosophische, rechtliche und moralische Legitimierung des Kampfes gegen die Diktatur Batistas und der Entwurf eines Programms, um die kubanische Gesellschaft radikal zu verändern. (Siehe auch Anmerkung 5, Kapitel 6.)

KAPITEL 4: DER STURM AUF DIE MONCADA-KASERNE

1 José Antonio Echeverría Bianchi (1932–1957) wurde in Cárdenas, in der Provinz Matanzas, geboren. Herausragender Studentenführer an der Universität von Havanna, der 1955 die Präsidentschaft des Studentenverbandes (FEU) übernahm und im Jahr darauf die Revolutionäre Zentraldirektion gründete, bewaffneter Arm und Aktionstrupp der Studentenbewegung. Er organisierte das Kommando, das am 13. März 1957 den Präsidentenpalast mit dem Ziel angriff, Fulgencio Batista hinzurichten und einen Volksaufstand auszulösen. Er starb bei einer der Aktionen an diesem Tag.

2 Franz Mehring: *Karl Marx: Geschichte seines Lebens*. Buchdruckerei-Aktiengesellschaft, Leipzig 1918.

3 Haydée Santamaría Cuadrado (1922–1980), Mitglied der Orthodoxen Jugend und später der »Bewegung des 26. Juli« von Fidel Castro. Sie war eine der beiden Frauen, die an den Aktionen vom 26. Juli 1953 beteiligt waren. Sie wurde verhaftet und kam ins Gefängnis, und sie

war an der Erstellung und Verteilung der ersten geheimen Ausgabe der Verteidigungsschrift »Die Geschichte wird mich freisprechen« beteiligt. Mitglied der Nationalen Leitung der »Bewegung des 26. Juli« während des Krieges gegen die Batista-Diktatur. Gründerin und bis zu ihrem Tod Leiterin des Amerikahauses, einer wichtigen Einrichtung kubanischer Kultur.

4 Raúl Martínez Ararás war eines der Mitglieder der kleinen Gruppe um Fidel Castro, die die Aktionen vom 26. Juli 1953 vorbereiteten. Seine Mission war, die Gruppe anzuführen, die an diesem Tag die Kaserne Carlos Manuel de Céspedes in der Stadt Bayamo angreifen und einnehmen sollte. Die Aktion scheiterte.

5 Bezieht sich auf die Einrichtungen, die vom Ingenieurcorps der Armee genutzt wurden. (Anmerkung des kubanischen Verlages)

6 Pedro Miret Prieto, geboren im Jahr 1927. Einer der Organisatoren und Teilnehmer des Sturms auf die Moncada-Kaserne, derzeit Vizepräsident des Ministerrates in Kuba.

7 Otto Skorzeny, Kommandeur deutscher Spezialeinheiten, befreite am 12. September 1943 Benito Mussolini, der in Gran Sasso, dem Bergmassiv des Apennin, nach seinem Sturz im Juni 1943 gefangen gehalten wurde. Siehe Otto Skorzeny: *Deutsche Kommandos im 2. Weltkrieg: Lebe gefährlich* (Bd. 1) und *Wir kämpften, wir verloren* (Bd. 2). Lohmar, Cramer, Königswinter 1973.

8 Renato Guitart Rosell wurde im November 1930 in Santiago de Cuba geboren. Er war der Einzige aus Santiago, der die Aktionspläne des 26. Juni 1953 im Voraus kannte und entscheidend an den Vorbereitungen beteiligt war. Er war Teil des Kommandos, das die Wache 3 der Moncada-Kaserne einnehmen sollte, und starb bei der Aktion.

9 Melba Hernández Rodríguez del Rey (geboren 1921), Anwältin und die zweite Frau, die zusammen mit Haydée Santamaría an den Aktionen des 26. Juli 1953 teilnahm. Sie wurde gefangen genommen und kam ins Gefängnis. Sie war maßgeblich an der Publizierung und Verbreitung der ersten geheimen Ausgabe von »Die Geschichte wird mich freisprechen« beteiligt. Während des Krieges gehörte sie der Dritten Front der Rebellenarmee an. Nach dem Triumph der Revolution hatte sie diverse Verantwortungsbereiche. Unter anderem war sie Präsidentin des kubanischen Solidaritätskomitees für Vietnam sowie Botschafterin in Vietnam und Kambodscha. Sie wird als »Heldin der Republik Kubas« gefeiert.

10 Für eine ausführliche Beschreibung, die als eine der präzisesten des Angriffs auf die Moncada-Kaserne gilt, siehe Robert Merle: *Moncada: Fidel Castros erste Schlacht*. Aufbau, Berlin 1968. Kubanische Historiker wie Mario Mencía und José M. Leyva haben die Ereignisse vom 26. Juli 1953 ebenfalls detailliert rekonstruiert. Siehe vor allem das Buch des Ersteren: *El grito del Moncada*. Editora Política, Havanna 1986.

11 Unter dem Befehl von Raúl Martínez Ararás, der fünfundzwanzig Männer anführte, scheiterte auch der Angriff auf die Kaserne Carlos Manuel des Céspedes in Bayamo. Zehn der Angreifer wurden anschließend festgenommen und ermordet.

KAPITEL 5: HINTERGRÜNDE DER REVOLUTION

1 Carlos Manuel de Céspedes (1819–1874), geboren in Bayamo. Studierte 1840 Jura in Spanien. Von 1842 bis 1844 reiste er durch Europa, die Türkei, Palästina und Ägypten. 1844 ließ er sich in Bayamo als Anwalt nieder, nahm 1852 an der Rebellion von Las Pozas teil und kam ins Gefängnis. Am 10. Oktober 1868 begann er auf seiner Zuckerplantage La Demajagua mit dem Schrei »Es lebe das freie Kuba!« den bewaffneten Kampf, befreite seine Sklaven und unter-

zeichnete die kubanische Unabhängigkeitserklärung. Am 20. Oktober nahm er Bayamo ein, und am 27. Dezember unterzeichnete er das Dekret über die Sklaverei. 1869 wurde er zum Präsidenten der Republik in Waffen ernannt, 1873 von einer Abgeordnetenversammlung in Jijagual seines Amtes enthoben. Er starb im Kampf in der Sierra Maestra am 27. Februar 1874.

2 1791 besaßen auf Santo Domingo etwa hundert Franzosen 7800 Zuckerrohrplantagen mit mehr als 500 000 Sklaven. Am 14. August jenes Jahres erhoben sich die Sklaven, von der französischen Revolution inspiriert, zu einem Aufstand unter der Leitung von Toussaint L'Ouverture, der auch »Der schwarze Spartakus« genannt wurde. Der Krieg dauerte dreizehn Jahre. Napoleon – der mit Josefine, einer Kreolin der französischen Insel Martinique, verheiratet war – schickte eine Expedition mit 43 000 Veteranen. Am 18. November 1803 unterlagen die Franzosen in der Schlacht von Vertières den Rebellen. Der Krieg weist eine schreckliche Bilanz auf: 150 000 tote Sklaven und 70 000 französische Gefallene. Am 1. Januar 1804 erklärte der französische Teil der Insel Santo Domingo in der Stadt Gonaïves seine Unabhängigkeit, und das Gebiet nahm seinen ursprünglichen indianischen Namen Haiti wieder an.

3 Francisco de Miranda (Caracas, Venezuela, 1750 – Cádiz, Spanien, 1816), venezolanischer Patriot, nahm als Offizier der spanischen Armee zwischen 1779 und 1781 am Unabhängigkeitskrieg der Vereinigten Staaten teil. In Frankreich zum General ernannt, beteiligte er sich auch an den Feldzügen Napoleons. 1806 organisierte er eine Expedition nach Venezuela mit dem Ziel, dort die Republik auszurufen, und ließ in Caracas 1811 über die Unabhängigkeitserklärung abstimmen. 1812 wurde er von den Spaniern gestürzt und landete im Gefängnis von Cádiz, wo er auch starb.

4 Einer der Berühmtesten war Bernardo de Gálvez (1746–1786), der während des Feldzugs von 1779 die Häfen von Thompson, Smith, Manchak, Baton Rouge und Natchez einnahm. Er besetzte ebenfalls die Städte Mobile (1780) und Pensacola (1781), wo er den britischen General Campbell gefangen setzte.

5 José Tomás Boves (1782–1814), in Oviedo geboren, wurde zum Caudillo der venezolanischen Llaneros, die für die spanische Krone kämpften. Er schlug Bolívar in der Schlacht von La Puerta (1814) und besetzte Caracas.

6 Arturo Uslar Pietri (1906–2001), großer venezolanischer Schriftsteller, schrieb unter vielen anderen Werken die Romane *Die roten Lanzen* (1931), *Rauch über El Dorado* (1947), *Oficio de difuntos* (1976), *Samuel Robinson* (1981), *La visita en el tiempo* (1990).

7 Alexandre Pétion (1770–1818), haitianischer General, einer der Urheber der französischen Niederlage von 1803, Präsident Haitis von 1807 bis zu seinem Tod.

8 Máximo Gómez Báez (1836–1905), geboren in Santo Domingo. 1865 kam er nach Kuba, wo er 1868 am Unabhängigkeitskrieg der Insel teilnahm. 1895 kehrte er gemeinsam mit José Martí als Oberbefehlshaber der Befreiungsarmee zurück. Brillanter Stratege, führte in beiden Kriegen unzählige Feldzüge und Schlachten an, in denen die besten kolonialen Streitkräfte entscheidend geschlagen wurden. Zu seinen Siegen gehört die Occidente-Invasion, die von vielen Militärhistorikern als eine der großen militärischen Heldentaten des 19. Jahrhunderts gewertet wird. Er starb in Havanna.

9 Antonio Maceo Grajales (1845–1896), einer der herausragendsten Kämpfer der kubanischen Unabhängigkeitskriege. Er erlangte den Rang des stellvertretenden Generals der Befreiungsarmee und führte in den zwei großen Kriegen unzählige militärische Schlachten an, unter ihnen die Occidente-Invasion. Ein Mann von klarem patriotischen Denken, der im Kampf in San Pedro am 7. Dezember 1896 starb.

10 Narciso López (1799–1851), geboren in Caracas, Venezuela, in einer spanischen Familie. Als Offizier der spanischen Armee kämpfte er gegen Bolívar. In Spanien nahm er am ersten Karlistenkrieg teil. 1841 kam er als Adjutant des Gouverneurs nach Kuba, sympathisierte ab 1848 mit den kubanischen Kreolen, die sich der spanischen Herrschaft widersetzten und den Anschluss Kubas an die Vereinigten Staaten wünschten. Er musste nach New Orleans flüchten, von wo aus er mehrere Expeditionen zur Insel organisierte. Inspiriert von der texanischen Flagge, schlug er die neue kubanische Flagge vor. Er wurde gefangen genommen und am 1. September 1851 von den spanischen Kolonialisten mit dem Würgeeisen hingerichtet.

11 Benito Juárez (1806–1872), indigener Abstammung, war 1858 Präsident Mexikos. Er weigerte sich, die Auslandsschuld seines Landes zu bezahlen, das von den Truppen des französischen Kaisers Napoleon III. besetzt worden war. Dieser setzte den österreichischen Prinzen Maximilian als Kaiser Mexikos ein. Juárez führte einen Widerstandskrieg an, nahm Maximilian gefangen und ließ ihn erschießen, schlug die Franzosen nieder und hatte bis zu seinem Tod wieder das Präsidentenamt inne.

12 Jorge Eliécer Gaitán (1898–1948). Anführer der Liberalen Partei Kolumbiens und legendärer Redner. Er wurde am 9. April 1948 ermordet, was zu einem Volksaufstand führte, der brutal niedergeschlagen wurde. Der sogenannte »Bogotazo« hatte Tausende von Toten zu verzeichnen (siehe auch die Anmerkungen 11 und 12, Kapitel 3).

13 Das Flottendesaster von Santiago de Cuba fand am 3. Juli 1898 statt. Das spanische Geschwader unter Befehl des Admirals Pascual Cervera wurde von der nordamerikanischen Marine des Admirals William Sampson zerstört, der über zweimal so viele Bruttoregistertonnen sowie über die doppelte Reichweite und Feuerkraft an Kanonen verfügte. 350 spanische Marinesoldaten starben.

14 Das genaue Zitat, in deutscher Übersetzung, lautet: »Weil er sich auf die Seite der Schwachen stellte, gebührt ihm Ehre«; der »Carta de Nueva York« vom 29. März 1883 entnommen, einem Brief, der am 13. Mai 1883 in der Tageszeitung *La Nación* in Buenos Aires veröffentlicht wurde. Martí bezeugte darin Ehre »in Erinnerung an jenen Deutschen mit der seidenen Seele und der eisernen Hand, des berühmten Karl Marx, dessen wir angesichts seines kürzlichen Todes gedenken«. Siehe José Martí: *En los Estados Unidos. Periodismo de 1881 a 1892.* Alberto Fernandez Retamar und Pedro Pablo Rodríguez (Hrsg.). ALLCA, Madrid, Paris, Havanna 2003. Das genannte Schriftstück erscheint in José Martí: *Obras Completas.* Bd. 9. Editorial de Ciencias Sociales, Havanna 1975, S. 387–397.

15 Die Idee einer Amerikanischen Freihandelszone (Área de Libre Comercio de las Américas, ALCA; englisch: Free Trade Area of the Americas, FTAA) wurde am 1. Juni 1990 von George Bush sen. aufgeworfen und von seinen Nachfolgern Bill Clinton und George W. Bush weiterverfolgt. Sie schlägt die Integration aller Länder Lateinamerikas und der Karibik – mit Ausnahme Kubas – in einer breiten Handelszone mit 800 Millionen Einwohnern vor. Ihr Ziel ist es, das Nordamerikanische Freihandelsabkommen (NAFTA), das von Kanada, den Vereinigten Staaten und Mexiko unterzeichnet wurde und am 1. Januar 1994 in Kraft trat, über die gesamte Hemisphäre auszudehnen. Von vielen wird ALCA als ein Versuch betrachtet, die ökonomische Hegemonie der Vereinigten Staaten in der westlichen Hemisphäre zu konsolidieren und so den nationalen Ökonomien der lateinamerikanischen Länder den Todesstoß zu versetzen. Die starke Bewegung, die sich in Lateinamerika gegen dieses Freihandelsabkommen entwickelt hat, konnte bislang verhindern, dass die US-amerikanische Regierung ihre Pläne weiterverfolgt, was eine bedeutende politische und strategische Niederlage für die Vereinigten Staaten darstellt. Auf dem Amerikagipfel in Mar del Plata, Argentinien, Anfang November 2005 wurde diese Position gefestigt, und es war Präsident Bush nicht

möglich, sein Projekt gegen die Opposition verschiedener lateinamerikanischer Delegationen durchzusetzen.

16 Matthäus-Evangelium, 5–7, und Lukas-Evangelium 6, 17–49. Die Bergpredigt enthält die Essenz der Lehren Jesu und stellt das Herzstück der christlichen Glaubenslehre dar.

17 Markus-Evangelium, 6, 30–44 und 8, 1–9.

18 Matthäus-Evangelium, 20, 1–16.

19 Markus-Evangelium, 11, 15–19.

KAPITEL 6: »DIE GESCHICHTE WIRD MICH FREISPRECHEN«

1 Óscar Alcalde Valls (1923–1993), Mitglied der Gruppe, welche die Moncada-Kaserne angriff, flüchtete anschließend zusammen mit Fidel Castro in die Gran-Piedra-Berge. Er wurde gefangen genommen, verhaftet und zu dreizehn Jahren Gefängnis verurteilt. Nach der Amnestie für die »Moncadistas« ging er 1955 ins Exil. Nach dem Sieg der Revolution bekleidete er mehrere Ämter und starb am 5. Januar 1993 in Havanna.

2 José (Pepe) Suárez Blanco (1927–1991), Mitglied der Gruppe, die die Wache 3 der Moncada-Kaserne überfielen. Auch er flüchtete nach dem Angriff mit Castro in die Berge des Gran Piedra, wurde ebenfalls gefangen genommen und verurteilt. Nach der Amnestie ging er 1955 ins Exil und starb am 15. Juni 1991 in Havanna.

3 Es handelt sich um Comandante Andrés Pérez Chaumont, Anführer der Operationen des 1. Regiments der Guardia Rural mit Sitz in der Moncada-Kaserne. Er war der direkt Verantwortliche für die Ermordung vieler der Angreifer.

4 Für Details über diesen Lebensabschnitt Fidel Castros siehe: Lázaro Barredo Medina: *Mi prisionero Fidel: Recuerdos del teniente Pedro Sarría*. Editorial Pablo de La Torriente, Havanna 2001.

5 Unter dem Titel »La historia me absolverá« (»Die Geschichte wird mich freisprechen«), in Anlehnung an den letzten Satz seines Plädoyers, wurde die ausführliche Verteidigungsrede bekannt, die Fidel Castro am 16. Oktober 1953 hielt, bei der vorletzten Gerichtsverhandlung in Santiago de Cuba gegen die Beschuldigten des Angriffs auf die Moncada-Kaserne in ebendieser Stadt und auf die Kaserne Carlos Manuel des Céspedes in Bayamo, jeweils am 26. Juli desselben Jahres. Programmatisches Manifest, Anklageschrift, rechtliche, moralische, philosophische und politische Verteidigungsschrift des revolutionären Kampfes gegen die Tyrannei. »Die Geschichte wird mich freisprechen« ist damit von selbst zu einem Grundsatzdokument der Kubanischen Revolution und einem der wichtigsten Texte über das politische Denken und die revolutionäre Aktion Kubas und Lateinamerikas geworden. Siehe Fidel Castro: *Die Geschichte wird mich freisprechen*. Hinder & Deelmann, Bellnhausen 1968. (Anmerkung des kubanischen Verlages)

6 Augusto César Sandino (1895–1934), nicaraguanischer Revolutionär, einer der großen Vorreiter der emanzipatorischen und antiimperialistischen bewaffneten Kämpfe Lateinamerikas im 20. Jahrhundert. 1926 griff er zu den Waffen und begann im darauffolgenden Jahr den Guerillakrieg gegen die konservativen Machthaber und die nordamerikanischen Besatzungskräfte in Nicaragua. 1928 trat der Salvadorianer Farabundo Martí der sandinistischen Guerilla bei. 1933 zogen sich die US-Amerikaner zurück. Die Sache Sandinos siegte, aber er wurde im Februar 1934 auf Befehl Anastasio Somozas ermordet, der zu diesem Zeitpunkt an der Spitze der Nationalgarde stand und der künftige Diktator war, der eine brutale diktatorische Dynastie

mit Unterstützung der Vereinigten Staaten begründete, die schließlich am 19. Juli 1979 von der sandinistischen Revolution gestürzt wurde.

7 Vo Nguyen Giap (geboren 1911), vietnamesischer General. Trat in der den 30er-Jahren der Kommunistischen Partei bei. Organisierte den Widerstand gegen die japanische Besatzung seines Landes während des Zweiten Weltkrieges. Ab 1946 führte er militärisch den Krieg gegen die französischen Kolonialmächte an. Er gilt als einer der großen Lehrmeister und Theoretiker des modernen Guerillakampfes. Urheber des Sieges gegen die Franzosen in Dien Bien Phu (1954) und Hauptstratege des siegreichen Krieges gegen die Vereinigten Staaten zwischen 1961 und 1975.

8 Ho Chi Minh (1890–1969), vietnamesischer Revolutionär und einer der großen politischen Führer der 20. Jahrhunderts. Er studierte in Moskau und trat der Kommunistischen Internationalen bei, kehrte gegen Ende des Zweiten Weltkrieges nach Vietnam zurück und führte den Unabhängigkeitskampf seines Landes gegen die Franzosen an. Nach der Niederlage und dem Rückzug der Kolonialisten im Jahr 1954 wurde er zum Präsidenten der Demokratischen Republik Vietnam, in der nördlichen Hälfte des vietnamesischen Territoriums, gewählt. Er organisierte den Widerstand gegen den Angriff der Vereinigten Staaten und den Kampf für die Befreiung Südvietnams, den die Nationale Befreiungsfront, der Vietcong, begonnen hatte, bis zum Sieg über die Vereinigten Staaten im Jahr 1975 und der Wiedervereinigung Vietnams.

9 Mao Tse-tung (1893–1976), Revolutionär und politischer Führer Chinas, war an der Gründung der Kommunistischen Partei Chinas im Jahr 1921 beteiligt. Ab 1927 stand er an der Spitze eines Bauernaufstandes gegen das reaktionäre Regime der Kuomintang, organisierte die Rote Armee und errichtete eine revolutionäre Regierung im Gebiet von Hunan. Ab Oktober 1934 leitete er den Langen Marsch seiner Truppen in die Provinz Shaanxi, der es ihm ermöglichte, die fundamentalen Regeln des revolutionären Krieges zu entwickeln. Nach einem Waffenstillstand mit der Kuomintang zum Zweck der gemeinsamen Bekämpfung eines japanischen Angriffs (1937–1945) brachte Mao den Bürgerkrieg zum revolutionären Sieg und der Proklamation der Volksrepublik China am 1. Oktober 1949, deren Präsidentschaft er übernahm.

KAPITEL 7: CHE GUEVARA

1 Fidel Castro hat sich sehr häufig in Texten, Reden und Interviews zu Che Guevara geäußert. Seine wichtigsten Erinnerungen sind in dem Buch *Che en la memoria de Fidel Castro*. Prólogo de Jesús Montané. Ocean Press, Melbourne 1998 zusammengefasst. Eine der ausgedehntesten und bewegendsten Referenzen findet sich in dem von Gianni Miná zusammengestellten Interviewband: *Un encuentro con Fidel*. Oficina de Publicaciones des Consejo des Estado, Havanna 1987, S. 311–349; in Spanien erschienen unter dem Titel: *Habla Fidel*. Mondadori, Madrid 1988, S. 345–371, mit einem Vorwort von Gabriel García Márquez.

2 Siehe »Reise durch das Innere Argentiniens (1950), Teile aus seinem Tagebuch«. In: Ernesto Guevara Lynch: *Mein Sohn Che*. Verlag am Galgenberg, Hamburg 1986.

3 Siehe Ernesto Che Guevara: *The Motorcycle Diaries: Latinoamericana. Tagebuch einer Motorradreise 1951/52*. Kiepenheuer und Witsch, Köln 2004.

4 Am 9. April 1952 kam es zum Volksaufstand, der in die Bolivarische Revolution mündete. Er wurde angeführt vom Movimiento Nacionalista Revolucionario (Revolutionäre Nationalis-

tische Bewegung/MNR) des Víctor Paz Estenssoro und der Central Obrera Boliviana (Bolivianische Gewerkschaft/COB) Juan Lechíns. Binnen weniger Tage wurde die *rosca* (die drei großen Familien, denen die Bergwerke und das nationale Eigentum gehörten) demontiert. Die Streitkräfte wurden zerschlagen, die Gewerkschaften bewaffneten sich und besetzten Land, Unternehmen und Präfekturen, bildeten eine Parallelmacht. Die indigene Mehrheitsbevölkerung, meist Analphabeten, bekam das Stimmrecht, Bergwerke wurden verstaatlicht und Großgrundbesitz aufgeteilt.

5 Alberto Granado: *Mit Che durch Südamerika*. Pahl-Rugenstein, Köln 1988. Diese Reise war Thema des wunderbaren Films *Die Reise des jungen Che* von Walter Salles, der im Jahr 2004 mit großem Erfolg weltweit in die Kinos kam.

6 Jacobo Árbenz (1913–1971), Offizier der guatemaltekischen Armee, war einer der Hauptakteure der Revolution im Oktober 1944, dem Volksaufstand, der das diktatorische Regime von Jorge Ubico stürzte, der vierzehn Jahre lang mit seiner Armee das Land regiert hatte. Er wurde 1951 in demokratischen Wahlen zum Präsidenten Guatemalas gewählt. Seine Regierung verabschiedete ein Gesetz zur Agrarreform, das große US-amerikanische Firmen, Besitzer von Ländereien, betraf, vor allem die United Fruit Company. Man beschuldigte ihn, »Kommunist« zu sein, und die CIA organisierte unter Zustimmung Präsident Eisenhowers und der Unterstützung einiger zentralamerikanischer Diktatoren eine Invasion und einen Staatsstreich gegen Árbenz, der schließlich am 27. Juni 1954 gestürzt wurde.

7 Antonio (Ñico) López Fernández (1930–1956) war Mitglied der Gruppe, die am 26. Juli 1953 die Kaserne in Bayamo angriff. Er schaffte es, zu entkommen, und flüchtete in die guatemaltekische Botschaft in Havanna. Nach der Amnestie für die Angreifer der Moncada 1955 kehrte er zurück; er gehörte der ersten Nationalen Leitung der »Bewegung des 26. Juli« an und nahm an der *Granma*-Expedition teil. Am 8. Dezember 1956 wurde er in Boca del Toro ermordet.

8 »Ich unterhielt mich die ganze Nacht mit Fidel, und beim Morgengrauen war ich der Arzt für seine geplante Expedition.« Interview Ches mit dem argentinischen Journalisten Jorge Ricardo Masetti im April 1958 in der Sierra Maestra. In: Jorge Masetti: *Los que luchan y los que lloran (El Fidel Castro que yo vi)*. Editorial Madiedo, Havanna 1960. In einem anderen Zeugnis dieses Treffens schreibt Che: »Es ist ein politisches Ereignis, den kubanischen Revolutionär Fidel Castro kennengelernt zu haben. Er ist jung, intelligent und selbstsicher und von einer außergewöhnlichen Kühnheit: Ich glaube, wir waren uns gegenseitig sympathisch.« Ernesto Che Guevara: *Notas del segundo viaje*. 1955.

9 Alberto Bayo Giroud: *Mi aporte a la revolución cubana*. Imprenta del Ejército Rebelde, Havanna 1960. Alberto Bayo Giroud ließ sich nach dem Triumph der Revolution in Kuba nieder und starb 1967 im Alter von fünfundsiebzig Jahren in Havanna.

10 Miguel Ángel Sánchez – als »El Coreano«, der Koreaner, bekannt, weil er am Koreakrieg teilgenommen hatte – war ein US-Amerikaner kubanischen Ursprungs, den Fidel Castro im November 1955 kennenlernte. Im darauffolgenden Monat schloss er sich in Mexiko den zukünftigen Revolutionären an, um an ihrer taktischen Ausbildung mitzuarbeiten. Ende 1956 löste er sich von den kubanischen Revolutionären.

11 Im Verlauf des zwanzigsten Parteitags der Kommunistischen Partei der UdSSR, vom 14.–25. Februar 1956 in Moskau, legte Nikita Chruschtschow einen geheimen Bericht vor, in dem er die Verbrechen Stalins und die Fehler im Bereich der Landwirtschaft anklagte.

12 Lázaro Cárdenas (1895–1970), General der Mexikanischen Revolution, von 1934–1940 Präsident Mexikos, beförderte eine wichtige Agrarreform und nationalisierte das Öl im Jahr 1938.

KAPITEL 8: IN DER SIERRA MAESTRA

1 Herbert Matthews war der erste nicht kubanische Journalist, der zur Sierra Maestra aufstieg, zu einer Zeit, als alle Massenmedien in Kuba die Informationen über die Guerilla zensierten und Batista verbreiten ließ, Fidel Castro sei nach der Landung der *Granma* ums Leben gekommen. Matthews war damals siebenundfünfzig Jahre alt und hauptverantwortlicher Redakteur für lateinamerikanische Angelegenheiten der Tageszeitung *The New York Times*. Zuvor war er Korrespondent seiner Zeitung in Äthiopien während der Invasion Italiens im Jahr 1935, in Spanien während des Bürgerkrieges und in Europa während des Zweiten Weltkrieges gewesen. Am 17. Februar 1957 interviewte er Fidel Castro und veröffentlichte drei Artikel in der *New York Times*. Der erste erschien am 24. Februar unter folgender Schlagzeile auf der Titelseite: »Kubanischer Rebell in seinem Versteck interviewt«. Die beiden anderen wurden am 25. und 26. Februar 1957 veröffentlicht. Am 28. veröffentlichte die *New York Times* zudem ein Foto von Matthews mit Fidel Castro, um zu beweisen, dass das Interview tatsächlich stattgefunden hatte, was von Batistas Regierung bestritten wurde. Schon bald durchlief dieses Foto die Presse in aller Welt. Dank Matthews erlangte somit die Guerilla Fidel Castros erstmals internationale Resonanz.

2 Nach diesem ersten Dienst, den José Isaac der Guerilla erwiesen hatte, leistete er während des gesamten Krieges wertvolle Zusammenarbeit mit der Rebellenarmee. Er starb Ende der 90er-Jahre in Havanna. (Anmerkung des kubanischen Verlages)

3 Guillermo García Frías, Bauer aus der Sierra, hatte entscheidenden Anteil an den Vorbereitungen für den Empfang der *Granma* und an der Neugruppierung der verstreuten Expeditionäre und der Wiederbeschaffung der Waffen nach Alegría de Pío. Er hatte sich schon früh der Guerilla angeschlossen und war an den ersten siegreichen Kämpfen beteiligt. Für seine herausragenden Dienste während des Krieges erhielt er den besonderen Rang des Comandante de la Revolución. Ab 1959 bekleidete er verschiedene militärische und zivile Ämter. Zurzeit steht er an der Spitze des Nationalen Direktoriums für Flora und Fauna.

4 Die Maestra, schlicht so bezeichnet, beschreibt in der Bergregion der Sierra Maestra die Längsachse des Hauptgebirgszuges, der sich vom Río Toro aus von Westen nach Osten ausdehnt. Sie bildet die Trennlinie, die das Bett der Flüsse teilt, die zum einen in Richtung Süden und zum anderen in Richtung Norden oder Nordosten fließen. Minas del Frío, der Ort, auf den sich Fidel Castro als Ziel des Vormarsches der Guerillakolonne in dieser Nacht bezieht, befindet sich im gleichen Massiv der Maestra. (Anmerkung des kubanischen Verlages)

5 Der Kampf von Uvero fand am 28. Mai 1957 statt.

6 Bei einem Besuch der Moncada-Kaserne in Santiago de Cuba in Begleitung von Fidel Castro am 19. Januar 2003 konnte ich dieses historische Gewehr sehen.

7 Der General Abelardo (Furry) Colomé Ibarra ist zurzeit Mitglied des Politbüros der Kommunistischen Partei Kubas, Vizepräsident des Staatsrates und Innenminister.

8 Juan Almeida Bosque (geboren 1927) steht im Rang eines Comandante de la Revolución. Er schloss sich nach dem Staatsstreich vom 10. März 1952 dem Kampf gegen Batista an und lernte Fidel Castro an der Universität kennen. Er war Teil der Einheit, die für die Erstürmung der Moncada-Kaserne mobilisiert wurde, im Anschluss verhaftet und zu einer Gefängnisstrafe verurteilt wurde. Er war bei der *Granma*-Expedition dabei und kämpfte mehrfach in der Sierra Maestra mit. 1958 erhielt er eine Beförderung zum Comandante und wurde zum Chef der Dritten Front der Rebellenarmee im Gebiet rings um Santiago de Cuba, im Osten der Sierra Maestra, ernannt. Er ist seit der Gründung im Jahr 1965 Mitglied des Politbüros der Kommunistischen Partei Kubas und übte diverse Äm-

ter aus. Zurzeit ist er Präsident der Vereinigung von Kämpfern der Kubanischen Revolution.

9 Celia Sánchez Manduley wurde 1920 in der Kleinstadt Media Luna in der jetzigen Provinz Granma geboren. Schon in jungen Jahren war sie aktiv in der Opposition bei der Partido Auténtico gegen die korrupten Regierungen und nach dem Staatsstreich vom 10. März 1952 gegen die Batista-Diktatur. Sie trat mit der formellen Konstituierung der »Bewegung des 26. Juli« in die Bewegung ein und schuf dort hauptverantwortlich an der gesamten Südostküste der damaligen Provinz Oriente die Voraussetzungen für die Landung der *Granma*. Unter der Leitung von Frank País war sie die Hauptorganisatorin des ersten Kontingentes von Kämpfern aus der Ebene, die der Guerilla zur Verstärkung in die Sierra Maestra geschickt wurden. Im Oktober 1957 folgte sie der Guerilla ganz und wurde bald zur engsten Vertrauten Fidel Castros bei der Organisation der Nachschubtrupps der Rebellen. Nach dem Triumph der Revolution arbeitete sie mit Fidel weiter an der Entwicklung wichtiger unterschiedlicher Aufgaben. Ab 1959 bekleidete sie das Amt der Sekretärin des Präsidenten und ab 1976 das der Sekretärin des Staatsrates bis zu ihrem Tod im Januar 1980. Siehe Pedro Alvarez Tabío: *Celia, ensayo para una biografía*. Oficina de Publicaciones del Consejo de Estado, Havanna 2004. (Anmerkung des kubanischen Verlages)

10 Rigoberto Sillero starb, während er mit dem Flugzeug nach Santiago de Cuba geflogen wurde, in Begleitung des Oberstleutnants Pedro Carreras, Anführer der Garnison von Uvero, der in diesem Kampf ebenfalls verletzt worden war. Ein weiterer verletzter Rebell, Mario Leal, überlebte und verbrachte den Rest des Krieges in einem Gefängnis auf der Isla de Pinos. (Anmerkung des kubanischen Verlages)

KAPITEL 9: LEKTIONEN EINER GUERILLA

1 Ernest Hemingway (1899–1961), US-amerikanischer Schriftsteller, Literaturnobelpreisträger 1954. Während des Bürgerkrieges Korrespondent in Spanien (1936–1939). Aufgrund dieser Erfahrung schrieb er – im Zimmer Nr. 525 des Hotels *Ambos Mundos* in Havanna – den Roman *For Whom the Bell Tolls (Wem die Stunde schlägt)*, der 1940 veröffentlicht wurde und eines der berühmtesten literarischen Werke zu diesem Konflikt ist. 1943 drehte der Regisseur Sam Wood in Hollywood einen Film mit dem gleichen Titel, der auf Hemingways Roman basierte. In den Hauptrollen: Gary Cooper und Ingrid Bergman.

KAPITEL 10: REVOLUTION: ERSTE SCHRITTE, ERSTE PROBLEME

1 Damaliger offizieller Name der alten Kommunistischen Partei Kubas, deren Generalsekretär in jener Zeit Blas Roca war und der damals auch Carlos Rafael Rodríguez angehörte.

2 1961 schloss sich »Movimiento 26 de Julio« (»Bewegung des 26. Juli«) zur Konsolidierung der Einheit revolutionärer Kräfte mit »Directorio Revolucionario 13 de Marzo« (»Revolutionäres Direktorium des 13. März«) und der Partido Socialista Popular (Sozialistische Volkspartei) zusammen, um die Organizaciones Revolucionarias Integradas (ORI) zu gründen. Später verwandelte sich ORI in Partido Unido de la Revolución Socialista de Cuba (PURSC) – Einheitspartei der Sozialistischen Revolution Kubas – und 1965 in Partido Comunista de Cuba (Kommunistische Partei Kubas).

3 Bezieht sich auf Eutimio Guerra, Bauer aus der Sierra Maestra, der noch vor dem ersten Kampf in La Plata der Guerilla beitrat und von Batistas Armee gefangen genommen wurde.

Mit großzügigen materiellen Angeboten wurde er überredet, Fidel Castro zu ermorden oder die Zerstörung der Guerillatruppen zu ermöglichen, was ihm in zwei Fällen beinahe gelang. Sein Verrat flog auf, der Verräter wurde ergriffen und von den Guerillatruppen am 17. Februar 1957 hingerichtet an dem Tag, als Fidel das Interview mit dem US-amerikanischen Journalisten Herbert Matthews führte. (Anmerkung des kubanischen Verlages)

4 Jesús Sosa Blanco, ein Militärchef Batistas, wurde am 22. Januar 1959 im Sportzentrum von Havanna hingerichtet, unter Mordanklage in einhundertacht Fällen. Eines seiner grausamsten Verbrechen war das Massaker an etwa einem Dutzend friedlicher Bauern auf dem Gehöft Oro de Guisa in der Sierra Maestra, darunter neun Mitglieder der Familie Argote.

5 Gustave Le Bon (1841–1931), französischer Arzt, Archäologe, Anthropologe und Psychologe. Autor zweier sehr berühmter Werke, die weltweit übersetzt wurden: *Psychologische Grundgesetze in der Völkerentwicklung* (1894) und *Psychologie der Massen* (1895).

6 Fidel Castro bezog sich auf die Programme, die sich zu dem Zeitpunkt im Rahmen einer großen Bildungskampagne in der Entwicklung befanden – die Anhebung des Niveaus der Allgemeinbildung und die Bewusstseinsbildung der Bevölkerung, die den Namen »Kampf der Ideen« erhalten hat. Die Anzahl der Programme ist beständig gewachsen und lag im Jahr 2005 bereits bei 150, mit ermutigenden Resultaten.

7 Die Truppe »Mariana Grajales« – benannt zu Ehren der Mutter Maceos, die in Kuba das Symbol der kämpfenden Frau darstellt – wurde von Fidel Castro im September 1958 nach der letzten großen, feindlichen Offensive gegen die Rebellenarmee ins Leben gerufen, gegen den Widerstand zahlreicher Rebellenoffiziere. Die »Marianas« hatten eine herausragende Rolle in zahlreichen Kämpfen und Aktionen. Siehe Sara Mas: »Mujeres en la línea de fuego: Las Marianas«. In: *Granma*, Havanna, 4. September 2003. (Anmerkung des kubanischen Verlages)

8 Diese Kampagne und ihre Instrumentalisierung erhielten den Namen Operation »Peter Pan«. Die aktive Beteiligung von Teilen des katholischen Klerus in Kuba und Miami an dieser Aktion ist historisch dokumentiert. Siehe das Buch von Ramón Torreira Crespo und José Buajasán Marawi: *Die Operation Peter Pan*. Verlag für Politik, Havanna, 2000.

9 Michail Scholochow (1905–1984), in der Ukraine geborener sowjetischer Schriftsteller, Nobelpreis für Literatur 1965, Autor der berühmten Tetralogie *Der stille Don* (1928–1940).

10 In Mexiko wurde von 1926–1929 die Rebellion der Cristeros, der Indigenen und der katholischen Bauern, die sich mit dem Schrei »Es lebe Christus König!« gegen die Antiklerikalen erhoben, zu einem wahren Bürgerkrieg mit Zehntausenden von Toten.

KAPITEL II: DIE VERSCHWÖRUNG BEGINNT

1 Ángel Sánchez Mosquera war zu Beginn des Krieges Oberleutnant. Er wurde aufgrund seiner brutalen Handlungen in der Sierra Maestra zum Hauptmann befördert. Er war einer der fähigsten und entschlossensten Anführer der Batista-Armee und einer der mörderischsten. Es waren seine Truppen, die während der großen feindlichen Offensive gegen die Erste Front der Rebellenarmee im Sommer 1958 am dichtesten an die Kommandantur in La Plata herankamen. In einem der letzten Kämpfe dieser Offensive wurde er durch einen Kopfschuss schwer verletzt. (Anmerkung des kubanischen Verlages)

2 José Ramón Machado Ventura, zurzeit Mitglied des Politbüros der Kommunistischen Partei Kubas.

3 Antonio Núñez Jiménez (1923–1998), Geograf, Höhlen- und Naturforscher. Hauptmann der

Rebellenarmee. Er bekleidete mehrere hohe Regierungsämter, unter anderem war er Leiter des Institutes für die Agrarreform (INRA), das mit dem Gesetz zur Agrarreform im Mai 1959 gegründet wurde. Autor zahlreicher Bücher über kubanische Geografie und andere Themen, einschließlich einer monumentalen Enzyklopädie in mehreren Bänden: *Cuba: la naturaleza y el hombre*. Editorial Letras cubanas, Havanna 1983.

4 *caballería*: alte spanische Flächeneinheit, die etwa 13,4 Hektar entspricht. Noch heute sehr gebräuchlich in Kuba. (Siehe auch Anmerkung 3, Kapitel 1.)

5 Der Zusammenbruch des sozialistischen Lagers in Europa und der Zerfall der Sowjetunion bedeuteten für Kuba den abrupten Wegfall seiner wichtigsten Handelsmärkte und Kreditgeber, was zu einer drastischen Wirtschaftskrise ab 1991 führte. Viele Menschen in aller Welt prognostizierten das unvermeidbare Ende der Kubanischen Revolution. In Kuba bezeichnet man mit dem Begriff »Sonderperiode« die Jahre, in denen das Land unter den Auswirkungen dieser schwierigen Situation zu leiden hatte, bis die kubanische Wirtschaft gegen Ende der 90er-Jahre einen steten Aufschwung erfuhr.

6 Im Jahr 1921, am Ende des Bürgerkrieges, war die Sowjetunion ruiniert, und die Bevölkerung hungerte. Lenin beschloss damals, den Kriegskommunismus aufzugeben und die NEP (Neue Ökonomische Politik) einzuführen, die einen teilweisen Rückfall in den Kapitalismus bedeutete, eine gemischte Wirtschaft, und räumte der Landwirtschaft Priorität ein. Die Resultate waren positiv. Lenin starb 1924. Stalin stoppte die NEP 1928 abrupt und führte ein vollständig sozialistisches Wirtschaftssystem ein. Er gab der Industrialisierung den Vorrang, um »den Sozialismus in einem einzelnen Land aufzubauen«.

7 In den Jahren 1963 bis 1964 kam es zu einer wichtigen theoretischen Auseinandersetzung über die ökonomische Struktur der Kubanischen Revolution, bei der die Befürworter des Systems der wirtschaftlichen Rechnungsführung mit den Befürwortern des Systems der Haushaltsfinanzierung diskutierten. Erstere, angeführt von Carlos Rafael Rodríguez, Alberto Mora, Marcelo Fernández Font und dem französischen marxistischen Wirtschaftswissenschaftler Charles Bettelheim, standen für ein politisches Projekt des Marktsozialismus, mit Unternehmen, die dezentral aufgebaut und finanziell autark sein, miteinander im Wettbewerb stehen und ihre Waren – über Geld – auf dem Markt austauschen sollten. In jedem dieser Unternehmen dominierte der materielle Anreiz. Die Planung sollte nach den Verfechtern dieses Systems über Wert und Markt gesteuert werden. Dies war zu jener Zeit der Hauptweg, den die Sowjets gewählt hatten und förderten.

Die zweite Gruppe, angeführt von Che Guevara und Luis Alvarez Rom und vom belgischen Wirtschaftswissenschaftler und Leiter der Vierten Internationale Ernst Mandel unterstützt, stellte die Verbindung von Sozialismus und Markt infrage. Sie verteidigten ein politisches Projekt, in dem Planwirtschaft und Markt antagonistisch waren. Che war der Meinung, dass die Planung mehr sei als ein rein technisches Instrument zum Aufbau einer Ökonomie. Sie war der Weg zur Ausweitung der menschlichen Ratio, die in fortschreitender Weise den Fetischismus einschränken sollte, auf den sich der Glaube an die »Autonomie der Wirtschaftsgesetze« stützte.

Diejenigen, die wie Che für die Haushaltsfinanzierung waren, schlugen eine Vereinigung der Banken für alle Produktionszentren vor, mit einem einzigen, zentralisierten Haushalt, sodass alle sich als Einheiten eines großen sozialistischen Unternehmens verstanden (dem jede einzelne dieser produktiven Einheiten angehören sollte). Zwischen den einzelnen Fabriken, die diesem großen Unternehmen angehören sollten, würde der Warenaustausch nicht auf der Grundlage von Geld und Markt abgewickelt werden, sondern in Form eines Austausches über ein Bankkontenverzeichnis. Die Produkte würden von einem Unternehmen in das andere übergehen, ohne dabei zur Handelsware zu werden. Che und seine Mitstreiter befürworteten freiwillige Arbeitseinsätze und moralische Anreize als bevorzugte – wenn auch nicht als einzige – Elemente, um das sozialistische Bewusstsein der Arbeiter zu fördern. Siehe Orlando Borrego (Mitarbeiter Ches im Industrieministerium): *Che: El camino del fuego*. Imagen Contemporánea, Havanna 2001. Siehe auch Néstor Kohan: »Che Guevara, lector de *El capital*, diálogo com Orlando Borrego«. In: *Rebelión*, Buenos Aires, 13. August 2003.

8 Zu Ches Gedanken über die Ökonomie siehe Ernesto Che Guevara: *El socialismo y el hombre en Cuba*. Ocean Press, Melbourne u. a.; Centro de Estudios Che Guevara, Havanna 2005.

9 Am 17. März 1960 gab der Präsident der Vereinigten Staaten seine Zustimmung zu dem von der CIA gegen Kuba ausgearbeiteten Aktionsprogramm, das unter anderem »die Bildung einer verantwortungsvollen, attraktiven und einheitlichen kubanischen Opposition gegen das Regime Castros« vorsah, die Entwicklung einer »mächtigen Propagandaoffensive«, die Fortsetzung aller Anstrengungen für »die Schaffung einer geheimen Spionage- und Aktionsstruktur innerhalb Kubas« sowie schließlich die Ausbildung »angemessener paramilitärischer Kräfte« außerhalb Kubas. Dieses Dokument ist der direkte Beweis der subversiven Kampagnen, der Destabilisierung und Aggressionspolitik, die im April 1961 in der Invasion in der Schweinebucht gipfelte. (Anmerkung des kubanischen Verlages)

10 Siehe José Ramón Fernández und José Pérez Fernández: *La guerra de EEUU contra Cuba: la invasion de Playa Girón, 638 planes para asesinar a Fidel Castro, 40 años de agresiones*. Editorial Politíca, Havanna 2001; und Jacinto Valdés-Dapena: *La CIA contra Cuba: la actividad subversiva de la CIA y la contrarrevolución (1961–1968)*. Edition Capitán San Luis, Havanna 2002. Siehe auch Luis Báez: *El mérito es vivir. Objetivo: asesinar a Fidel*. Editorial La Buganville, Barcelona 2002.

11 Nach der Veröffentlichung der ersten Ausgabe dieses Buches gab es in Miami einen großen Medienskandal aufgrund der Enthüllung eines ehemaligen Mitglieds der Leitung der Kubanisch-Amerikanischen Nationalstiftung, das die Existenz der Aktionsgruppe bestätigte und die Pläne zur Ermordung Fidel Castros während des Iberoamerikanischen Gipfels auf der Isla Margarita im Jahr 1997 im Detail beschrieb. (Anmerkung des kubanischen Verlages)

12 Über die Pläne zur Ermordung Fidel Castros siehe den Church-Bericht: »Alleged Asasination Plots Involving Foreign Leaders«. Unter der Leitung von Senator Frank Church, Senat der Vereinigten Staaten, Washington 1975. Die Church-Kommission akzeptierte acht Pläne zur Ermordung Fidel Castros mit direkter Beteiligung und mit Mitteln der CIA zwischen 1960 und 1965.

13 Luis Posada Carriles (geboren 1928) und drei weitere Kubaner, die an dem geplanten Attentat auf Fidel Castro beteiligt waren – Pedro Remón, Guillermo Novo und Gaspar Jiménez –, wurden in Panama verhaftet, verurteilt und kamen ins Gefängnis. Im August 2004 begnadigte die scheidende Präsidentin des Landes, Mireya Moscoso, die vier geständigen Terroristen, von denen drei umgehend in die Vereinigten Staaten reisten und dort durch die Behörden Aufnahme fanden. Im März 2005 klagte Kuba die geheime Einreise Posada Carriles' in die Vereinigten Staaten an, die zunächst von der Regierung der Vereinigten Staaten bestritten wurde. Aufgrund der intensiven Öffentlichkeitskampagne, die Kuba daraufhin in Gang setzte, wurde der Aufenthalt Posadas in Miami anerkannt, was die US-Regierung in eine schwierige Situation brachte, da sie, als Vorkämpfer des weltweiten Kreuzzuges gegen den Terrorismus, gleichzeitig einem bekannten und geständigen Terroristen Schutz bot (siehe Interview mit Posada Carriles in *The New York Times* am 12. Juli 1998). Die US-amerikanischen Behörden hatten keine andere Wahl, als ihn festzunehmen und wegen »illegaler Einreise« dem Gericht vorzuführen. Im September 2005 beschloss die US-amerikanische Justiz, dass Posada Carriles nicht an Venezuela ausgeliefert werden sollte (wo er 1985 aus dem Gefängnis

ANMERKUNGEN ZU S. 284–287

geflüchtet war) und auch nicht an Kuba, mit dem Argument, dass er in diesen Ländern »gefoltert werden könnte«. Die Staatschefs, die sich anlässlich des Iberoamerikanischen Gipfels im Oktober 2005 in Salamanca trafen, drückten ihre Solidarität mit Kuba und Venezuela aus und unterstützten die Bemühungen, die eine »Auslieferung oder eine Gerichtsverhandlung« Posada Carriles forderten.

KAPITEL 12: DIE INVASION IN DER SCHWEINEBUCHT

1 Schmaler Pass (zwischen zehn und fünfzig Meter breit) im alten Griechenland, wo im Jahr 480 vor unserer Zeit eine berühmte Schlacht zwischen den Spartanern unter dem Kommando von Leonidas und den von Kaiser Xerxes angeführten persischen Invasoren stattfand. Nach erbittertem Widerstand der Spartaner schafften es die Perser, den Engpass zu durchqueren.

2 Im Dezember 2001 verurteilte ein US-amerikanisches Gericht in Miami fünf Kubaner – Gerardo Hernández Nordelo, Ramón Labañino Salazar, Fernando González Llort, René González Sehwerert und Antonio Guerrero Rodríguez – zu langen Gefängnisstrafen. Sie hatten antikubanische terroristische Organisationen infiltriert, die von dieser Stadt aus operierten, und wurden 1998 in Florida verhaftet. Drei von ihnen wurden ohne jegliche Grundlage wegen Verdachts auf Spionage beschuldigt, und alle wurden angeklagt, sich nicht als ausländische Agenten registrieren zu haben. Die Nationalversammlung in Kuba verlieh jedem von ihnen im Dezember 2001 je den Titel »Held der Republik Kuba«. Im August 2005 erklärte eine Gruppe von drei Richtern des Berufungsgerichts von Atlanta die Gerichtsverhandlung, die in Miami stattgefunden hatte, für nichtig und damit auch die Strafen, die den fünf Kubanern auferlegt worden waren. Ein Urteil, das ein Jahr später vom Plenum des gleichen Gerichts ungeprüft widerrufen wurde. Derzeit befinden sich die fünf Kubaner nach wie vor in US-amerikanischen Gefängnissen, zwei von ihnen wird nach wie vor jegliche Möglichkeit, ihre Mütter, Ehefrauen oder Kinder zu sehen, verweigert. Der Fall der Fünf Helden, wie sie in Kuba genannt werden, hat zu einer großen internationalen Solidaritätswelle und zur Ablehnung der unrechtmäßigen Gefängnisstrafen geführt (siehe auch Anmerkung 10, Kapitel 21).

3 Mit seiner Unabhängigkeit im Jahr 1975 wurde Angola umgehend Opfer eines langen Bürgerkrieges, in dem die Regierung Luandas, die von Agostinho Neto angeführt und von der marxistischen MPLA (Movimento Popular de Libertação de Angola) kontrolliert wurde, gegen die von den Vereinigten Staaten und der Republik Südafrika (mit ihrem rassistischen Apartheidregime) unterstützte UNITA (Nationale Union für die vollständige Unabhängigkeit Angolas) kämpfte. Angesichts des direkten Angriffes der südafrikanischen und zairischen Truppen, die Angola überfielen und mit der Besetzung der Hauptstadt Luandas drohten, rief Kuba die Operation »Carlota« ins Leben und schickte ab November 1975 eine große Anzahl von Truppen in dieses Land, welche die Südafrikaner aufhielten, zurückschlugen und ihnen 1987 in der Schlacht von Cuito Cuanavale eine spektakuläre Niederlage bereiteten (siehe Kapitel 15, »Kuba und Afrika«).

4 1974 beendete ein Aufstand von Offizieren der Armee, der von Studenten, Intellektuellen und der Bevölkerung unterstützt wurde, das tausendjährige Imperium Äthiopiens und die Herrschaft des Kaisers Haile Selassie. 1977 übernahm Oberst Mengistu Haile Mariam die Macht, als das Land gerade von Somalia angegriffen worden war, das die Region von Ogaden besetzt hatte und deren Souveränität einforderte. Die Sowjetunion unterstützte Äthiopien, und Kuba entsandte ein Armeekorps. Im Jahr 1978 fügten die kubanisch-äthiopischen Truppen der somalischen Armee eine schwere Niederlage zu, die sie zwang, sich aus Ogaden zurückzuziehen.

5 Kardinal John O'Connor (1920–2000), Erzbischof von New York von 1984 bis zu seinem Tod am 4. Mai 2000. Er besuchte Kuba im Januar 1998 mit einer Delegation New Yorker Pilger anlässlich des Besuches von Papst Johannes Paul II.

6 Alpha 66, eine 1961 gegründete paramilitärische Organisation mit Sitz in Miami, wo sie über Trainingslager verfügt. Die Organisation führt Kommandoattacken durch und organisiert Attentate in Kuba. Omega 7, eine 1974 gegründete terroristische Vereinigung ebenfalls mit Sitz in Miami, wurde im Wesentlichen von Veteranen der Invasion in der Schweinebucht gegründet, die sich vorwiegend auf Attentate mit Autobomben und Angriffe mit Schusswaffen gegen Vertreter der kubanischen Regierung in New York, New Jersey und Florida spezialisierten. Es handelt sich hierbei um die beiden aktivsten Organisationen im Rahmen des systematischen Terrorismus gegen Kuba in den letzten sechsundvierzig Jahren.

KAPITEL 13: OKTOBERKRISE 1962

1 Diese bedeutende Einrichtung befand sich in der Nähe des Städtchens Lourdes, etwa vierzig Kilometer südlich von Havanna. Sie erstreckte sich über ein Gebiet von zweiundsiebzig Quadratkilometern. Dort arbeiteten etwa 1500 russische Ingenieure, Techniker sowie militärisches Personal. Diese Einrichtung wurde während der Zeit der engen politischen, wirtschaftlichen und militärischen Zusammenarbeit Kubas mit der Sowjetunion errichtet und zur Kontrolle der elektronischen Kommunikation eingesetzt. Im Jahr 1994 beschlossen Russland und Kuba die Aufrechterhaltung der Basis, für die Russland eine jährliche Miete von 200 Millionen Dollar zahlte. Im Oktober 2001 kündigte Moskau die Schließung der elektronischen Abhörstationen in Lourdes sowie in Cam Ranh in Vietnam an. Nach dem Rückzug der Russen aus Lourdes modernisierte Kuba die Basis, baute sie erheblich aus und errichtete dort die Universität für Informatikwissenschaften, die UCI, eines der weitreichendsten und spektakulärsten Projekte im Rahmen des »Kampfes der Ideen«.

2 Die Operation »Mongoose« war ein breites Programm des subversiven Krieges, das der Nationale Sicherheitsrat der Vereinigten Staaten gegen Kuba organisierte. Es beinhaltete terroristische Aktionen, Wirtschaftskrieg, Geheimdienstoperationen, psychologische Kriegführung, Unterstützung bewaffneter Gruppen sowie die Unterstützung konterrevolutionärer politischer Gruppen. Im November 1961 wurde es unter der Leitung des Generals Maxwell Taylor nach der gescheiterten Invasion in der Schweinebucht ins Leben gerufen und endete offiziell am 3. Januar 1963.

3 Arthur M. Schlesinger jr., Berater John F. Kennedys, besuchte Kuba im Alter von fünfundachtzig Jahren anlässlich der internationalen Konferenz »Die Oktoberkrise: eine politische Vision 40 Jahre später«, die am 11. und 12. Oktober 2002 in Havanna stattfand. Bei dieser Gelegenheit fragte man ihn, ob es richtig sei, dass Kennedy, wie häufig behauptet wird, die Absicht hatte, die Beziehungen zu Kuba nach der Oktoberkrise zu verbessern, und er erklärte: »Ich war direkter Zeuge dieser Absicht, denn er hat häufig darüber gesprochen, und ich kann Ihnen sagen, dass der Präsident trotz all der anderen Themen, die seine Aufmerksamkeit erforderten, über Wege und Möglichkeiten nachdachte, um seine Annäherung an Havanna zu konkretisieren.« In diesem Zusammenhang sprach er über »einen Brief, an dessen genauen Inhalt mich zu erinnern mir unmöglich ist, der an die kubanische Regierung gerichtet war und über die brasilianische Regierung geschickt worden war«. Und er endete so: »Seine Bemühungen wurden durch seine Ermordung am Ende desselben Jahres unterbrochen.« Nachricht der Agentur AIN am 13. Oktober 2002.

4 Arthur M. Schlesinger: *Die tausend Tage Kennedys*. Deutsche Buch-Gemeinschaft, Darmstadt, Berlin, Wien 1966.

KAPITEL 14: DER TOD CHE GUEVARAS

1 Die Konferenz von Bandung (Indonesien) fand vom 18. bis zum 24. April 1955 statt. Es trafen sich neunundzwanzig Länder der – wie sie sich zu bezeichnen begannen – Dritten Welt, die die Bewegung der blockfreien Staaten gründeten. Die einflussreichsten Teilnehmer waren Nehru (Indien), Zhou Enlai (China), Sukarno (Indonesien) und Nasser (Ägypten).

2 Zhou Enlai (1898–1976), chinesischer Revolutionär und Genosse Mao Tse-tungs, den er auf seinem Langen Marsch (1934–1935) begleitet hatte. Nach dem Sieg der Chinesischen Revolution von 1949 wurde er zum Premierminister und später zum Außenminister ernannt.

3 Jawaharlal Nehru (1889–1964), politischer Führer Indiens, Mitstreiter Mahatma Gandhis im Kampf um die Unabhängigkeit Indiens, die im Jahr 1947 erlangt wurde. Er war der Premierminister seines Landes.

4 Gamal Abdel Nasser (1918–1970), ägyptischer Oberst, war 1952 an dem Staatsstreich beteiligt, der die Monarchie des Königs Faruk stürzte. 1954 kam er an die Macht, lancierte die Idee des Panarabismus, unterstützte die nationalen Unabhängigkeitsbewegungen und wurde zu einem der bedeutendsten Anführer der afroasiatischen Welt. Im Jahr 1967 verlor er den Blitzkrieg gegen Israel.

5 Sukarno (1901–1970), politischer Führer Indonesiens. Gründer der Nationalistischen Partei Indonesiens im Jahr 1927, eroberte zweimal die Unabhängigkeit seines Landes: einmal gegen Japan im Jahr 1945 und ein weiteres Mal gegen die Holländer im Jahr 1948. Er war bis zu seinem Sturz am 30. September 1965 der erste Präsident Indonesiens.

6 Rómulo Betancourt (1908–1981), Anführer der sozialdemokratischen Partei Accion Democrática (»Demokratische Aktion«) Venezuelas, Präsident von 1945 bis 1948. Im Jahr 1958 wurde er erneut, diesmal auf demokratischem Wege, gewählt und führte einen erbitterten Kampf gegen die venezolanischen Guerillas. Im Jahr 1964 wurde er gestürzt.

7 Die Abkommen von Bretton Woods (Vereinigte Staaten) wurden im Juli 1944 von vierundvierzig Ländern unterzeichnet, um das Währungssystem zu reformieren und den internationalen Austausch nach dem Zweiten Weltkrieg zu fördern. Diese Abkommen schrieben den Kurs des Dollars in Gold fest (Gold Exchange Standard), führten den Dollar als internationale Währungsreserve ein und bildeten auch die Basis für den IWF (Internationalen Währungsfonds) und die Weltbank. (Siehe auch Anmerkung 9, Kapitel 20.)

8 Siehe Ernesto Che Guevara: *Schaffen wir zwei, drei, viele Vietnam. Das Wesen des Partisanenkampfes*. Oberbaumpresse, Berlin 1967.

9 Masetti interviewte Che Guevara im April 1958 in der Sierra Maestra. Siehe das Interview in: Ernesto Che Guevara: *América Latina: Despertar de un continente*. Ocean Press, Melbourne 2003, S. 199–207.

10 Die Gruppe von fünfundzwanzig Männern, die von Masetti (Comandante Segundo) angeführt wurde und sich in der argentinischen Region Salta im Grenzgebiet zu Bolivien aufhielt, »verschwand« zwischen dem 15. und dem 25. April 1964.

11 Siehe Luis Báez: *Secretos de generales*, Losada, Buenos Aires 1997.

12 Patrice Lumumba (1925–1961), politischer Führer des Kongo (Kinshasa), Anführer der Unabhängigkeitskämpfe gegen Belgien, wurde im Juni 1960 Premierminister und 1961 ermordet.

13 Ahmed Ben Bella: »Ainsi était le Che«. In: *Le Monde diplomatique*, Oktober 1997 (siehe Kapitel 15).

14 Moïse Tschombé (1919–1969), politischer Anführer des ehemaligen Belgisch-Kongo. Gründete die Partei Conakat in der Provinz Katanga. 1960 stellte er sich, unterstützt von mehreren westlichen Mächten, gegen Lumumba, ließ sich zum Präsidenten von Katanga wählen und proklamierte die Unabhängigkeit dieses reichen Gebietes. Lumumba forderte die Intervention der Vereinten Nationen und wurde unter Anstiftung der CIA von Offizieren der Provinz Katangas ermordet. Tschombé musste die Macht abgeben, ging ins Exil nach Europa und hielt sich eine Zeit lang in Spanien auf. Er starb in Algerien.

15 Mobutu Sese Seko (1930–1997), nach der Unabhängigkeit Anführer der kongolesischen Streitkräfte, stürzte den Präsidenten Kasavubu im Jahr 1965 und bekämpfte die Guerillas mit Unterstützung von Söldnern. Diktator des Landes bis zu seinem eigenen Sturz im Jahr 1997 durch die Truppen Laurent-Désiré Kabilas. Von der CIA für die Ermordung des großen kongolesischen Führers Patrice Lumumba instrumentalisiert, genoss er die volle Unterstützung der Vereinigten Staaten trotz der notorischen Korruption und Brutalität seines Regimes.

16 Ernesto Che Guevara: *Das Jahr, in dem wir nirgendwo waren: Ernesto Che Guevara und die afrikanische Guerilla*. Zusammengefasst und kommentiert von Paco Ignacio Taibo II., Froilán Escobar und Félix Guerra. Id-Verlag, Berlin 1996.

17 Das Zitat lautet exakt: »Mi única falta de alguna gravedad es no haber confiado más en ti desde los primeros momentos de la Sierra Maestra y no haber comprendido con suficiente celeridad tus cualidades de conductor y de revolucionario.« Zu Deutsch: »Mein einziger ernsthafter Fehler ist, dir nicht vom ersten Augenblick an in der Sierra Maestra mehr vertraut zu haben und deine Fähigkeiten als Anführer und Revolutionär nicht mit genügend Klarheit verstanden zu haben.« Siehe den vollständigen Text dieses Briefes, den Fidel Castro am 3. Oktober 1965 veröffentlichte, in: *Che en la memoria de Fidel Castro*. Mit einem Vorwort von Jesús Montané. Ocean Press, Melbourne 1998, S. 34–36.

18 Che hatte sich plastischer Chirurgie unterzogen und war maskiert unter anderem durch eine Mundprothese, vorgenommen von kubanischen Spezialisten.

19 Das Kommando, das ausgebildet wurde, um unter dem Befehl Che Guevaras nach Bolivien zu gehen, bestand aus folgenden Männern: Comandante Juan Vitalio Acuña (»Joaquín«), Comandante Antonio Sánchez Días (»Pinares« und in Bolivien »Marcos«), Comandante Gustavo Machín (»Alejandro«), Comandante Alberto Fernández Montes de Oca (»Pacho«), Capitán Jesús Suárez Gayol (»El Rubio«), Capitán Eliseo Reyes (»Rolando« und in Bolivien »Capitán San Luis«), Capitán Orlando Pantoja (»Antonio«), Capitán Manuel Hernández (»Miguel«), Octavio de la Concepción (»Moro«), Leonardo Tamayo (»Urbano«), Harry Villegas (»Pombo«), Dariel Alarcón Ramírez (»Benigno«), Carlos Coello (»Tuma«), José María Martínez Tamayo (»Ricardo«), Israel Reyes (»Braulio«) und René Martínez Tamayo (»Arturo«).

20 Es handelt sich um die Brüder José María und René Martínez Tamayo.

21 Ciro Bustos, ein Argentinier, einziger Überlebender der Gruppe Jorge Masettis und Verbindung der Kolonne Ches zu den argentinischen Aktivisten, die sich der Guerilla anschließen sollten. Er wurde gefangen genommen und gefoltert und lieferte scheinbar Informationen über den Aufenthaltsort Che Guevaras.

22 Tamara Bunke Bider (1937–1967), mit dem Decknamen »Laura González Bauer« und bekannt als »Tania la guerrillera«, Argentinierin deutschen Ursprungs, nahm in »Joaquíns« Gruppe an der Guerilla in Bolivien teil; die Gruppe geriet am 31. August 1967 in Vado del Yeso in einen Hinterhalt.

23 Fidel Castro hielt diese Rede am 18. Oktober 1967 anlässlich der feierlichen Ehrung Che Guevaras auf dem Platz der Revolution in Havanna vor einer Million Menschen.

KAPITEL 15: KUBA UND AFRIKA

1 Siehe Ahmed Ben Bella: »Ainsi était le Che«. In: *Le Monde diplomatique*, Oktober 1997.

2 Das Massaker von Kassinga ereignete sich am 4. Mai 1978, als südafrikanische Truppen ein namibisches Flüchtlingslager in der Provinz Cunene im Süden Angolas bombardierten und mehr als 600 Menschen, vorwiegend Frauen, Kinder und alte Menschen, töteten.

3 Das »Henry Reeve«-Kontingent erhielt seinen Namen im Gedenken an den jungen US-Amerikaner, der im ersten kubanischen Unabhängigkeitskrieg gekämpft und einen hohen Offiziersrang der Kubanischen Befreiungsarmee erhalten hatte (siehe Kapitel 5, Seite 160). Es wurde im Jahr 2005 ins Leben gerufen, nachdem die Regierung der Vereinigten Staaten das kubanische Angebot abgelehnt hatte, eine Gruppe von Ärzten und medizinischem Personal mit Medikamenten, vollständiger Ausrüstung und Feldkrankenhäusern zur Unterstützung der Opfer des zerstörerischen Hurrikans Katrina zu entsenden, der die Stadt New Orleans und weite Bereiche der nordamerikanischen Bundesstaaten Louisiana und Alabama verwüstet hatte.

4 Die erste Gruppe von Mitarbeitern aus dem Gesundheitswesen, die nach Algerien geschickt wurde, bestand aus neunundzwanzig Ärzten, drei Zahnärzten, fünfzehn Krankenpflegern und acht Medizintechnikern. Es handelte sich um fünfundvierzig Männer und zehn Frauen. (Anmerkung des kubanischen Verlages)

5 Die kubanischen Truppen standen unter dem Befehl des Kommandeurs Efigenio Ameijeiras, Veteran der *Granma* und der Sierra Maestra und ehemaliger Chef der Revolutionären Polizei Kubas.

6 Für eine detaillierte Beschreibung zur Durchführung dieser Operation siehe Gabriel García Márquez: »Operación Carlota«. In: *Tricontinental*, Nr. 53, Havanna 1977.

7 Zurzeit General einer Armeeeinheit, Mitglied des Politbüros der Kommunistischen Partei Kubas und Chef der West-Armee.

8 Chester A. Crocker: *High Noon in Southern Africa: Making Peace in a Rough Neighborhood*. Norton & Company, New York 1992.

9 Am 7. Dezember 1989, Jahrestag des Todes General Antonio Maceos, wurde die Operation »Tributo« eingeleitet, in deren Verlauf für die internationalistischen Kämpfer, die bei ihren solidarischen Aktionen auf afrikanischem Boden gefallen waren, Beisetzungszeremonien in Kuba durchgeführt wurden.

KAPITEL 16: DIE MIGRATIONSKRISEN MIT DEN VEREINIGTEN STAATEN

1 Das Regulierungsgesetz (Cuban Adjustment Act), das am 2. November 1966 unter der Präsidentschaft Lyndon B. Johnsons vom Kongress der Vereinigten Staaten verabschiedet wurde, modifiziert den Status kubanischer Einwanderer und verleiht ihnen den Status »politischer Flüchtlinge« mit automatischem Recht auf politisches Asyl und einer ständigen Aufenthaltserlaubnis für die Vereinigten Staaten. Kuba ist der Meinung, dass dieses Gesetz die illegale Ausreise befördere.

2 Im Jahr 1994 hatten die Vereinigten Staaten bis zum 22. Juli 544 Visa erteilt anstatt der mehr als 10 000, die sie zu diesem Zeitpunkt des Jahres gemäß der Vereinbarungen von 1984 bereits hätten erteilen müssen.

3 Am 5. August 1994, inmitten der Sonderperiode, versuchte eine Gruppe von Personen, sich in Havanna eines Schiffes zu bemächtigen, was zu Demonstrationen im Bereich des Hafens führte. Im Umfeld dieser Zone, in den Vierteln des Zentrums und in der Altstadt Havannas kam es am frühen Nachmittag zu einer Meuterei. Die Polizei fühlte sich überrumpelt, und die Situation drohte außer Kontrolle zu geraten.

4 Felipe Pérez Roque, amtierender Außenminister Kubas, war damals persönlicher Assistent Fidel Castros.

5 Carlos Lage Dávila, Vizepräsident des Staatsrates Kubas und Sekretär seines Ministerrates.

6 Man schätzt, dass jährlich mehr als 100 000 Marokkaner und Schwarzafrikaner versuchen, die Straße von Gibraltar illegal zu überqueren. Nur wenige schaffen es. Nach Informationen der Behörden in Madrid wurden in den ersten neun Monaten des Jahres 2003 15 985 Ausländer an spanischen Küsten festgenommen, die in kleinen, flachen Booten aus Marokko kamen. Nach Informationen des Verbandes AFVIC, der das Bewusstsein der Öffentlichkeit für die Gefahren einer illegalen Auswanderung wecken will, starben zwischen 1997 und 2001 etwa 10 000 von Marokko aus kommende illegale Emigranten bei dem Versuch, die Meerenge zu passieren.

7 Freihandelsvertrag zwischen Kanada, den Vereinigten Staaten und Mexiko, der seit dem 1. Januar 1994 in Kraft ist.

8 Im September 2003 wurde erstmals seit vierzig Jahren ein Kubaner, der im April desselben Jahres ein Passagierflugzeug entführt hatte, mit dem er nach Miami zu kommen versuchte, von einem Gericht in Florida zu zwanzig Jahren Haft verurteilt. Auf der anderen Seite schickten die nordamerikanischen Behörden im Juli 2003, ebenfalls zum ersten Mal im Lauf von vier Jahrzehnten, zwölf Kubaner, die in Camagüey ein Schiff entführt und mit diesem illegal nach Florida gekommen waren, nach Kuba zurück (siehe auch Anmerkung 2, Kapitel 22).

9 Jeder illegale kubanische Einwanderer, der einen Fuß auf US-amerikanisches Territorium setzt (*pie seco* – trockener Fuß), kann sich automatisch auf das Regulierungsgesetz berufen und in den Vereinigten Staaten bleiben. Wer im Meer aufgefischt wird, kann nach Kuba zurückgeschickt werden, obwohl die Vereinigten Staaten ihre eigene Gesetzgebung häufig missachten und auch den *pies mojados*, den »nassen Füßen«, die Aufenthaltserlaubnis gewähren.

10 Robert (Bob) Menéndez, geboren in Kuba, Repräsentant des 13. Distrikts von New Jersey, wurde am 14. November 2002 zum Democratic Caucus Chairman gewählt, ein hoher Posten in der Fraktionsführung der Demokraten, der Menéndez faktisch zum drittäußersten demokratischen Vertreter im Repräsentantenhaus machte.

11 Eduard Schewardnadse (geboren 1928), Minister für Auswärtige Beziehungen der Sowjetunion (1985–1990). Nach dem Zerfall der UdSSR war er für mehrere Jahre Präsident Georgiens, einer der alten Sowjetrepubliken.

12 2003 wurden die Vereinigten Staaten trotz des seit 1962 bestehenden Embargos zum größten Nahrungsmittellieferanten Kubas. In den ersten neun Monaten hatte man dem kubanischen Unternehmen Alimport bereits Lebensmittel und landwirtschaftliche Produkte im Wert von 238 Millionen Dollar verkauft. Im September 2003 reiste eine Delegation des Bundesstaates Montana unter dem demokratischen Senator Max Baucus und dem republikanischen

Kongressabgeordneten Dennis Rehberg mit einer Gruppe von Unternehmern nach Kuba, zu denen auch Robert Whitley, Präsident der American Travel Agents Association, zählte. Während dieser Reise unterzeichneten sie verschiedene Abkommen zum Verkauf von Lebensmitteln aus den Vereinigten Staaten im Wert von zehn Millionen Dollar. Die Verkäufe von US-amerikanischen Lebensmitteln und landwirtschaftlichen Produkten dauern trotz der scharfen Restriktionen seitens der US-amerikanischen Behörden an.

13 Am 14. September 2003 erklärte Pedro Álvarez, Präsident des kubanischen Unternehmens Alimport, dass Kuba innerhalb von acht Monaten von US-amerikanischen Unternehmen Lebensmittel im Wert von mehr als 200 Millionen Dollar gekauft habe.

14 Trotz der kriegerischen Politik der Bush-Regierung wächst die Zahl der Befürworter normalisierter Beziehungen zu Kuba (Unternehmer, Akademiker, Reiseveranstalter, demokratische und republikanische Kongressabgeordnete) immer stärker an. Einer der Beweise dafür war im September 2003 der Besuch des republikanischen Senators Norman Coleman, Chef der Unterkommission des Büros für Auswärtige Angelegenheiten der westlichen Hemisphäre, einer der zahlreichen republikanischen Politiker, die sich für eine Flexibilisierung des Wirtschaftsembargos einsetzen; am 21. September 2003 führte er ein Gespräch mit Fidel Castro.

15 Auf dieser Linie stimmte das Repräsentantenhaus in Washington im September 2003 mit 227 zu 188 Stimmen für eine Initiative zur Genehmigung von Reisen US-amerikanischer Bürger nach Kuba, eine Maßnahme, die aufgrund späterer Entscheidungen der Regierung Präsident George W. Bushs rückgängig gemacht wurde.

16 Im Mai 2004 verabschiedete die Bush-Regierung eine Reihe von Maßnahmen zur Verschärfung der wirtschaftlichen Aggressionen gegen Kuba, darunter die Ausweitung der Zeitabstände, in denen Kubaner, die in den Vereinigten Staaten leben, nach Kuba reisen dürfen, auf drei Jahre und die Einschränkung dieser Besuche auf die nächsten Angehörigen sowie die drastische Reduzierung von Geldsendungen.

KAPITEL 17: DER ZUSAMMENBRUCH DER SOWJETUNION

1 Am 26. April 1986 kam es im Kernkraftwerk von Tschernobyl, im Norden der Ukraine, nur zwölf Kilometer von der weißrussischen Grenze entfernt, zum schlimmsten friedlichen Nuklearunfall der Geschichte. Die örtlichen Behörden verbargen anfangs vor der Bevölkerung und der Welt das wahre Ausmaß der Katastrophe, die Hunderte von Todesopfern forderte und Zehntausende mit radioaktiver Strahlung kontaminierte.

2 André Voisin (1903–1964), französischer Agraringenieur, Autor des Buches *Boden und Pflanze. Schicksal für Mensch und Tier*. Bayerischer Landwirtschaftsverlag, München, Bonn, Wien 1959.

3 Felipe González (geboren 1942), Führer der Spanischen Sozialistischen Arbeiterpartei (PSOE), war von 1982 bis 1996 Präsident der Regierung Spaniens (siehe Kapitel 23).

4 Im Jahr 1992 bekanntgegeben, beinhaltet das Torricelli-Gesetz vor allem die folgenden beiden Sanktionen: erstens, Handelsverbot mit Kuba für Filialen US-amerikanischer Unternehmen, die ihren Sitz in Drittländern haben, und zweitens das Verbot für Handelsschiffe, die einen kubanischen Hafen anlaufen, während der folgenden 180 Tage – ab Auslaufen aus dem kubanischen Hafen – einen US-amerikanischen Hafen anzulaufen.

5 Jesse Helms, Präsident des Komitees für Auswärtige Angelegenheiten des Senats und Senator des Bundesstaates North Carolina, sowie Dan Burton, Mitglied im Repräsentantenhaus für den Bundesstaat Indiana, stellten ein Gesetz vor – das am 12. März 1996 von Präsident Bill

Clinton verabschiedet wurde – über »die Rechte von Personen, die von der Kubanischen Revolution betroffen sind«, und über »Maßnahmen gegen jene, die mit Kuba Handel treiben«.

KAPITEL 18: DER FALL OCHOA UND DIE TODESSTRAFE

1 Im Juni 1989 wurde der Divisionsgeneral Arnaldo Ochoa im Alter von neunundvierzig Jahren festgenommen. Er war »Held der Republik Kuba« und Veteran der Sierra Maestra, wo er zusammen mit Camilo Cienfuegos gekämpft hatte. Ochoa hatte sich in den Guerillabewegungen von Venezuela und Nicaragua verdient gemacht sowie in den Kriegen von Äthiopien und Angola. Des Weiteren wurden hohe Beamte des Innenministeriums festgenommen. Alle wurden der Korruption und des Drogenhandels angeklagt. Sie wurden vor ein Militärgericht gestellt – das Verfahren wurde als Causa 1/1989 *(Causa uno)* bekannt –, das sie für schuldig erklärte und vier von ihnen »wegen Hochverrats am Vaterland« zur Todesstrafe durch Erschießen und die anderen zu Gefängnisstrafen verurteilte. Am 9. Juli ratifizierte der Staatsrat die Verurteilung. Vier Tage später, am 13. Juli 1989, wurden General Ochoa, Oberst Antonio (Tony) de la Guardia, Hauptmann Jorge Martínez und Major Amado Padrón erschossen. Innenminister José Abrantes und weitere Kollaborateure wurden der Beihilfe bezichtigt, ebenfalls festgenommen, vor Gericht gestellt – Causa 2/1989 – und zu Gefängnisstrafen verurteilt. José Abrantes, der zu zwanzig Jahren Haft verurteilt worden war, starb am 21. Januar 1991 im Gefängnis.

2 Antonio Navarro Wolf, ehemaliger Anführer der Guerillagruppe M-19 und zurzeit unabhängiger Senator des kolumbianischen Kongresses.

3 Norberto Fuentes (geboren 1943), kubanischer Schriftsteller, Autor von *Hemingway in Kuba*. Mit einem Vorwort von Gabriel García Márquez. Aufbau, Berlin 1988. Professioneller Opportunist und hervorragender Simulant, ließ am Ende seine Maske fallen und ging nach Miami ins Exil. Er veröffentlichte eine tendenziöse Version des Falles Ochoa in *Dulces guerreros cubanos*, Seix Barral, Barcelona 1999. 2004 veröffentlichte er in Barcelona ein despektierliches Buch mit dem Titel *Autobiografía de Fidel Castro* (Anmerkung des kubanischen Verlages). Auf Deutsch: *Die Autobiographie des Fidel Castro*. Beck, München 2006.

4 Dieser Teil des Gespräches fand im Januar 2003 statt, also vor der Entführung des Schiffes am 1. April, der Festnahme der Entführer und ihrer Verurteilung zum Tode am 11. April 2003. Die Hinrichtungen beendeten eine Aussetzung de facto der Todesstrafe, ein Moratorium, das die kubanischen Behörden seit April 2000 praktiziert hatten. Laut Amnesty International gab es in Kuba im November 2003 insgesamt zweiundfünfzig Personen, die zum Tode verurteilt waren und von diesem Moratorium profitiert hatten.

5 Siehe Seymour M. Hersch: *Obediencia debida. Del 11-S a las torturas de Abu Ghraib*, insbesondere das Kapitel »La caza del hombre« (»Jagd auf Menschen«), S. 292–305, Editorial Aguilar, Madrid 2004.

6 Die Roten Brigaden, eine italienische Untergrundorganisation mit marxistischem Hintergrund, war vor allem in den 70er- und 80er-Jahren aktiv. Ihre Mitglieder verübten mehrere Attentate auf und Entführungen von italienischen Unternehmern, Industriellen und Politikern. Ihre bekannteste Aktion war die Entführung und Ermordung von Aldo Moro, dem Präsidenten der italienischen Christdemokraten im Jahr 1978. Die Polizei zerschlug die Organisation, und mehr als 500 Brigadisten wurden eingesperrt.

7 Antiterroristische Befreiungsgruppe (Grupos Antiterroristas de Liberación, GAL), Untergrundorganisation, die von Organen der spanischen Staatssicherheit während der Jahre 1983

bis 1987 geschaffen wurde, um mittels Attentaten, Ermordungen und schmutzigem Krieg die baskische Unabhängigkeitsorganisation ETA (Euskadi Ta Askatasuna; Baskenland und Freiheit) zu zerschlagen. Der GAL werden vierzig Attentate und sechsundzwanzig Morde angelastet.

a Fidel Castro bezieht sich hier auf den Zeitraum bis zum 11. April 2003.

KAPITEL 19: KUBA UND DIE NEOLIBERALE GLOBALISIERUNG

1 Joseph E. Stiglitz (geboren 1942), Nobelpreis für Wirtschaftswissenschaften 2001, ehemaliger Vizepräsident und Chefökonom der Weltbank von 1997 bis 2000. Autor des Buches *Die Schatten der Globalisierung*. Siedler, Berlin 2002, und *The Roaring Nineties. Der entzauberte Boom*. Siedler, Berlin 2004.

2 George Soros (geboren 1930), *Die Krise des globalen Kapitalismus. Offene Gesellschaft in Gefahr*. Fest, Berlin 1998.

3 John Kenneth Galbraith (geboren 1908), emeritierter Professor der Harvard-Universität, unter anderem Autor des Buches *Der große Krach 1929. Die Geschichte einer Illusion, die in den Abgrund führte*. Seewald, Stuttgart 1963.

4 Ignacio Ramonet: *Un mundo sin rumbo*. Debate, Madrid 1997.

5 Francis Fukuyama: *Das Ende der Geschichte*. Kindler, München 1992. Sowie: *Das Ende des Menschen. Wo stehen wir?* DVA, 2002.

6 Der ironische Ausdruck »Chicago Boys« bezeichnet die wirtschaftsliberalen Monetaristen der Chicagoer Schule, die als Zöglinge des antikeynesianischen Theoretikers Milton Friedman gelten. Ihre Thesen wurden in den 70er- und 80er-Jahren von den Regierungen des Generals Pinochet in Chile, Margaret Thatchers in Großbritannien und Präsident Ronald Reagans in den Vereinigten Staaten umgesetzt.

7 Adam Smith (1723–1790), schottischer Wirtschaftswissenschaftler, erster großer Theoretiker des Kapitalismus, Autor des Buches *Wohlstand der Nationen. Eine Untersuchung seiner Natur und Ursachen* (1776).

8 Siehe Anmerkung 7, Kapitel 11.

9 Ernesto Che Guevara: »Der Sozialismus und der Mensch in Kuba«. Brief an den uruguayischen Journalisten Carlos Quijano. In: *Ausgewählte Werke in Einzelausgaben*. Band 6. Pahl-Rugenstein, Bonn 1990.

10 Karl Marx: *Kritik des Gothaer Programms* (1875), Vorwort von Friedrich Engels (1891).

11 Bezug auf *Le Monde diplomatique*, eine einflussreiche Monatszeitung, die in Paris unter der Leitung (1991–2008) von Ignacio Ramonet veröffentlicht wird, mit mehr als zehn Ausgaben in anderen Sprachen und Ländern. (Anmerkung des kubanischen Verlages)

12 Club of Rome: Gruppe von Denkern und Wissenschaftlern, Initiatoren der modernen Ökologie und der Kritik der ökonomischen Hyperproduktion; gab 1972 einen Bericht heraus, der eine große Resonanz erfuhr: *Die Grenzen des Wachstums* (1972).

13 Ignacio Ramonet: *Die Kommunikationsfalle. Macht und Mythen der Medien*. Rotpunktverlag, Zürich 1999.

14 Ignacio Ramonet: *Liebesgrüße aus Hollywood. Die versteckten Botschaften der bewegten Bilder*. Rotpunktverlag, Zürich 2002.

KAPITEL 20: DER BESUCH DES EXPRÄSIDENTEN JIMMY CARTER

1 Robert Scheer: »Interview with Jimmy Carter«. In: *Playboy*, November 1976.

2 Omar Torrijos (1929–1981) panamaischer General, Präsident Panamas von 1968 bis 1978. Führte wichtige soziale und wirtschaftliche Reformen durch. Verhandelte 1977 mit Carter, dem Präsidenten der Vereinigten Staaten, ein Abkommen für die Rückgabe des Panamakanals, der sich seit seiner Fertigstellung im Jahr 1914 im Zuständigkeitsbereich der Vereinigten Staaten befand. Starb bei einem Flugzeugunglück; die genauen Umstände seines Todes wurden nie geklärt. Sein Sohn Martín wurde 2004 zum Präsidenten von Panama gewählt.

3 Gerald Ford (geboren 1913), achtunddreißigster Präsident der Vereinigten Staaten von August 1974 (nach dem Rücktritt Richard Nixons aufgrund des Watergate-Skandals) bis Januar 1977.

4 Die Interessenvertretung der Vereinigten Staaten in Kuba und die kubanische in den USA können als eine Art »Euphemismus« für die jeweiligen Repräsentationen in Havanna und Washington bezeichnet werden – angesichts der nicht vorhandenen diplomatischen Beziehungen zwischen beiden Ländern. Diese wurden im Januar 1961, drei Monate vor der Invasion in der Schweinebucht, abgebrochen.

5 Im November 1979, mitten in der Islamischen Revolution im Iran, überfiel eine Gruppe von Anhängern Ayatollah Khomeinis die Botschaft der Vereinigten Staaten in Teheran und nahm zweiundfünfzig US-Amerikaner als Geiseln. Alle Befreiungsversuche schlugen fehl. Carter autorisierte die Entsendung von Spezialtruppen zur Rettung der Geiseln, aber die Expedition scheiterte, als sie bereits im Laufen war, aufgrund von technischen Problemen und Unfällen. Die Geiseln wurden am 20. Januar 1981 von den Iranern freigelassen, am Ende der Amtszeit Carters und an dem Tag, als sein Nachfolger Ronald Reagan als Präsident vereidigt wurde.

a Siehe Kapitel 16, »Die Migrationskrisen mit den Vereinigten Staaten«.

6 Am 19. Juli 1969 verursachte Edward »Ted« Kennedy einen seltsamen Autounfall in Chappaquiddick (Martha's Vineyard, Massachusetts), bei dem seine Sekretärin Mary Jo Kopechne ums Leben kam. Es gab einen großen Skandal um diesen Unfall.

7 Gaius Suetonius Tranquillus (um 70–ca. 160), römischer Historiker, lebte in der Zeit der Kaiser Trajan und Hadrian, Autor des Buches *De vita caesarum – Die Kaiserviten*.

8 John F. Kennedy: *Zivilcourage* (1956), ausgezeichnet mit dem Pulitzerpreis für Geschichte 1957. Anhand wichtiger Persönlichkeiten der Geschichte der Vereinigten Staaten beschreibt Kennedy die Werte und Charaktereigenschaften, die seiner Meinung nach die Entwicklung der Nation ermöglicht haben: persönliche Opferbereitschaft, Hingabe und Charakterstärke.

9 Die Abkommen von Bretton Woods, die am Ende des Zweiten Weltkrieges von den großen kapitalistischen Mächten unterzeichnet worden waren, legten die Parität der Währungen im Bezug auf Gold fest (fünfunddreißig Dollar pro Unze) und begründeten das neue internationale Finanzsystem und seine spezialisierten Institutionen: den Internationalen Währungsfonds (IWF) und die Weltbank.

10 Pierre Elliott Trudeau (1919–2000), Premierminister Kanadas von 1968 bis 1979 und von 1980 bis 1984.

11 Es handelt sich um Michel Trudeau (1975–1998), der bei einem Lawinenunglück in British Columbia (Kanada) am 15. November 1998 ums Leben kam.

12 Ein britisches Transatlantikschiff mit 2000 Passagieren an Bord, das während des Ersten Weltkrieges, am 7. Mai 1915, aus New York kommend von einem deutschen U-Boot versenkt wurde.

13 Eunice Kennedy Shriver, Schwester von John, Robert und Edward Kennedy und Mutter von Maria Shriver, Fernsehjournalistin und Ehefrau von Arnold Schwarzenegger, dem republikanischen Hollywood-Schauspieler, der am 7. Oktober 2003 zum Gouverneur von Kalifornien gewählt und im November 2006 wiedergewählt wurde.

14 Oswaldo Payá Sardiñas (geboren 1952), Ingenieur, Organisator des sogenannten Varela-Projektes, ist Koordinator der sogenannten Christlichen Befreiungsbewegung, einer konterrevolutionären Gruppe, die erklärt, für »Freiheit und Menschenrechte für alle zu kämpfen«. Im April 2002 unterstützte er den Staatsstreich gegen den verfassungsmäßigen Präsidenten Venezuelas, Hugo Chávez. Oswaldo Payá erhielt 2003 den Sacharow-Preis der Europäischen Union für seine »Verteidigung der Menschenrechte«.

15 Luis Jiménez de Asúa (1899–1970), spanischer Jurist, Präsident der parlamentarischen Kommission, die 1931 die Verfassung der Spanischen Republik ausarbeitete. Nach dem Bürgerkrieg ging er ins Exil nach Argentinien, wo er den Lehrstuhl für Strafrecht an den Universitäten von Cordoba und Buenos Aires innehatte. Er ist Autor zahlreicher Bücher und eines Traktates über das Strafrecht.

16 Im März 1999 wurden die vier Anführer der sogenannten »Arbeitsgruppe für internen Widerstand« (GTDI – Grupo de Trabajo de la Disidencia Interna) wegen »Aktivitäten gegen die Sicherheit des Staates«, nachdem sie 1997 festgenommen wurden, zu Haftstrafen zwischen drei und fünf Jahren verurteilt.

KAPITEL 21: FESTNAHME VON DISSIDENTEN IM MÄRZ 2003

1 Pressekonferenz des Außenministers am 9. April 2003.

2 John Bolton, von 2005 bis 2006 Botschafter der USA bei den Vereinten Nationen, damals Unterstaatssekretär.

3 Kuba und die Vereinigten Staaten unterhalten seit Januar 1961 keine diplomatischen Beziehungen und verfügen daher weder über Botschaften noch Botschafter. Um Angelegenheiten von gemeinsamem Interesse regeln zu können, hat Ende der 70er-Jahre jedes Land das andere autorisiert, in den beiden entsprechenden Hauptstädten eine Interessenvertretung einzurichten, die de facto die Aufgaben einer Botschaft wahrnimmt und deren Leiter eine Funktion hat, die in vielen Aspekten der eines Botschafters ähnlich ist. (Siehe auch Anmerkung 4, Kapitel 20.)

4 Zwischen 1985 und 1987, während der Amtszeit Ronald Reagans, verkaufte der Nationale Sicherheitsrat des Weißen Hauses illegal Waffen an den Iran (der sich im Krieg mit dem Irak befand, einem Land, das zu jener Zeit Verbündeter der USA war) und unterstützte mit den Einnahmen aus diesen Waffenverkäufen die Konterrevolution (Contras) in Nicaragua. Die Aufdeckung dieser Geschäfte führte zu einem großen Skandal und wurde von der internationalen Presse »Irangate« getauft, in Anlehnung an den noch größeren Watergate-Skandal, der 1974 zum Rücktritt des Präsidenten Richard Nixon geführt hatte.

5 Im Juli 2003 ernannte die US-Administration anstelle Otto Reichs Roger Noriega zum Unterstaatssekretär für lateinamerikanische Angelegenheiten.

6 Oswaldo Guayasamín (1919–1999), ecuadorianischer Maler, herausragender Künstler der lateinamerikanischen Bildhauerkunst des 20. Jahrhunderts, großer Verfechter der Interessen der indigenen Bevölkerung in Lateinamerika, bedingungsloser Freund der Kubanischen Revolution und persönlicher Freund Fidel Castros. Die Capilla del Hombre, ein monumentales Gebäude, das am 29. November 2002 in Quito eingeweiht wurde, ist sein Meisterwerk.

7 Die Nationalversammlung der Poder Popular ist das höchste gesetzgebende Organ des kubanischen Staates. Es setzt sich aus mehr als 600 Abgeordneten zusammen, die in ihren jeweiligen über das ganze Land verteilten Wahlkreisen per direkter Abstimmung für einen Zeitraum von fünf Jahren gewählt werden. Pro Jahr finden zwei ordentliche Sitzungen statt und so viele außerordentliche wie nötig. Zu Beginn jeder Legislaturperiode wählt die Versammlung den Staatsrat und seinen Präsidenten.

8 Siehe: »Erklärungen des Leiters der Interessenvertretung der Vereinigten Staaten in Havanna im Fernsehen von Miami im Dezember 2002«. Auszugsweise zitiert unter: http://www.cuba.cu/gobierno/discursos/2003/ale/f250403a.html

9 Im Juni 2003 beschließt die Europäische Union nach der Verhaftung und Verurteilung von fünfundsiebzig Dissidenten und der Hinrichtung dreier Schiffsentführer eine Reihe diplomatischer Sanktionen gegen Kuba.

10 Gerardo Hernández, René González, Fernando González, Antonio Guerrero und Ramón Labañino, Agenten des kubanischen Geheimdienstes, schleusten sich in den 90er-Jahren in paramilitärisch-terroristische Organisationen in Miami ein, die Attentate gegen wirtschaftliche Objekte in Kuba organisierten, um den Tourismus aus dem Land zu vertreiben. Zum Beispiel hatte es am 4. September 1997 ein Attentat im Hotel *Copacabana* in Havanna gegeben, bei dem der junge italienische Tourist Fabio Di Celmo ums Leben kam. Im Juni 1998 legte Havanna dem FBI im Rahmen des gemeinsamen Kampfes gegen den Terrorismus die Berichte seiner fünf Agenten vor. Diese Dokumente wurden von den Vereinigten Staaten dazu benutzt, im September 1998 die fünf Agenten zu verhaften. Sie wurden in einem undurchsichtigen Prozess vor einem Gericht in Miami zu sehr langen Haftstrafen verurteilt, die sie zunächst unter extrem harten Bedingungen antraten. Im August 2005 erklärte ein Berufungsgericht in Atlanta die Urteile und die Strafen von Miami für nichtig. Ein Jahr später, im August 2006, wurde dies von demselben Gericht wieder zurückgenommen. Die fünf Kubaner sind weiterhin in Haft. (Siehe auch Anmerkung 2, Kapitel 12.)

11 Das »Loch« ist ein Kerker aus Wänden ohne Fenster, zwei mal zwei Meter groß, wo der Gefangene, barfuß und nur mit Unterhose bekleidet, eingesperrt wird. Ein grelles Licht leuchtet vierundzwanzig Stunden am Tag, jeglicher menschlicher Kontakt ist ihm verboten, sogar zu den Gefängnisaufsehern.

12 Rosa Miriam Elizalde und Luis Báez: *Los disidentes. Agentes de la seguridad cubana revelan la historia real.* Editora Política 2003.

13 Raúl Rivero (1945), kubanischer Journalist und Dichter. Korrespondent von *Prensa Latina* in der Sowjetunion. Gewinner des David-Preises für Poesie (UNEAC, Havanna, 1967) und des Poesie-Nationalpreises Julián de Casal (UNEAC, Havanna, 1969). Persönlicher Sekretär des großen Dichters Nicolás Guillén. Unterzeichnete 1991 den »Brief der Zehn«, in dem er die politische und wirtschaftliche Öffnung forderte. Gründer der unabhängigen Presseagentur CubaPress. Er wurde am 20. März festgenommen und am 4. April 2003 zu zwanzig Jahren Haft wegen »Aktivitäten gegen die territoriale Integrität des Staates« verurteilt. Am 30. November 2004 wurde er freigelassen und ging nach Spanien ins Exil.

14 Federico García Lorca (1899–1936), spanischer Dichter und Dramaturg. Autor der Werke *Zigeunerromanzen (Romancero gitano*, 1928) und *Bluthochzeit (Bodas de Sangre*, 1933) sowie wichtiger Theaterstücke. Einer der bedeutendsten spanischen Autoren des 20. Jahrhunderts. Er wurde zu Beginn des Bürgerkrieges in Spanien von den Franquisten ermordet.

15 Antonio Machado (1875–1939), spanischer Dichter, Vertreter der Generación del 98 (»Generation von 1898«), Autor von *Einsamkeiten (Soledas,* 1902) und *Kastilische Landschaften*

(*Campos de Castilla*, 1912). Machado starb am Ende des Bürgerkrieges im Exil in Collioure (Frankreich).

16 Miguel Hernández (1910–1942), spanischer Dichter. Autor, unter anderem von *El Rayo que no cesa* (1936, »Der unaufhörliche Blitz«) und *Vientos del pueblo* (1937, »Wind des Volkes«). Nahm an der Seite der Republikaner am Spanischen Bürgerkrieg teil, wurde von den Franquisten verhaftet und starb im Gefängnis.

17 Armando Valladares (geboren 1937), Polizist während der Batista-Diktatur, 1960 verhaftet und wegen terroristischer Aktivitäten zu dreißig Jahren Haft verurteilt, von denen er zweiundzwanzig Jahre abgesessen hat. Eine internationale Kampagne präsentierte ihn als »behinderten Dichter«, »Opfer der Haftbedingungen in Kuba«. Im Jahr 1982 freigelassen, wurde er von Ronald Reagan zum Botschafter der Vereinigten Satten für die Menschenrechtskommission der Vereinten Nationen ernannt.

18 Es gibt zahlreiche Ausnahmen. In Frankreich wurde beispielsweise am 3. Oktober 2005 Lucien Léger freigelassen, der 1966 zu lebenslanger Haft verurteilt worden war und einundvierzig Jahre im Gefängnis verbrachte. Zu dieser Zeit gab es in französischen Gefängnissen zwei weitere Gefangene, die bereits seit über vierzig Jahren inhaftiert waren.

19 Die Verfassung der Republik Kuba, deren vorläufiger Entwurf von einer Kommission bedeutender Juristen unter der Leitung von Blas Roca ausgearbeitet worden war, wurde einer breiten Öffentlichkeit zur Debatte vorgelegt, die praktisch die gesamte Bevölkerung erfasste, und der endgültige Gesetzestext wurde per nationalem Plebiszit mit 97,7 Prozent der Wählerstimmen angenommen und am 24. Februar 1976 proklamiert. Später wurden Reformen notwendig, die von der Nationalversammlung der Poder Popular gemäß den gesetzlichen Vorgaben für Verfassungsänderungen verabschiedet wurden. Diese Vorgaben sind in der Verfassung selbst festgeschrieben.

20 Vor Frankreich hatten bereits andere europäische Länder die Todesstrafe abgeschafft: Island 1928, Österreich 1968, Finnland und Schweden 1972, Portugal 1976, Luxemburg und Dänemark 1978 und Norwegen 1979. Die ersten Länder, die die Todesstrafe abschafften, waren jedoch Länder Lateinamerikas: Venezuela 1863, Costa Rica 1877 und Ecuador 1906, Uruguay 1907 und Kolumbien 1910.

21 Die Tschechische Republik schaffte 1990 die Todesstrafe ab.

22 Ungarn schaffte im Jahr 1990 die Todesstrafe ab.

23 Polen schaffte im Jahr 1997 die Todesstrafe ab.

KAPITEL 22: DIE ENTFÜHRUNGEN IM APRIL 2003

1 Am 1. April 2003 entführte eine Gruppe von Leuten in der Bucht von Havanna eine Fähre mit mehreren Dutzend Menschen an Bord. Die Entführung scheiterte. Die Entführer wurden festgenommen und verurteilt. Drei von ihnen wurden zum Tode verurteilt und am 11. April 2003 erschossen.

2 Am 19. September 2003, einige Monate später, verurteilte ein Gericht in Florida – zum ersten Mal in vierzig Jahren – den Urheber dieser Flugzeugentführung zu zwanzig Jahren Haft. Auf der anderen Seite lieferten im Juli 2003 die US-amerikanischen Behörden erstmals eine Gruppe von zwölf Kubanern aus, die ein Schiff in Camagüey entführt hatten. Kuba forderte diese Maßnahmen gegen die Piraterie seit Jahrzehnten.

3 Oliver Stone (geboren 1946), US-amerikanischer Filmemacher. Unter anderem drehte er *Platoon* (1986), *Geboren am 4. Juli* (1989), *JFK* (1991), *Natural Born Killers* (1994), *Nixon* (1995), *An jedem verdammten Sonntag* (1999), *Alexander* (2004). 2002 drehte er in Kuba einen Dokumentarfilm über Fidel Castro, *Comandante* (2003), den der Sender HBO in den Vereinigten Staaten, für den er bestimmt war, schließlich ablehnte, weil er ihn für nicht kritisch genug hielt. Nach der Verhaftung der Dissidenten im März 2003 und der Hinrichtung der drei Entführer im April 2003 kehrte Stone nach Havanna zurück, um ein neues Interview mit Fidel Castro aufzunehmen, eine Verlängerung des Films *Comandante*, der im Jahr 2004 unter dem Titel *Looking for Fidel* ausgestrahlt wurde.

4 José Saramago (geboren 1922), portugiesischer Schriftsteller, Nobelpreis für Literatur im Jahr 1998, veröffentlichte am 14. April 2003 in der spanischen Tageszeitung *El País*, wenige Tage nach der Hinrichtung der drei Entführer, einen kleinen Text mit dem Titel »Bis hierhin bin ich mitgegangen«, in dem er ankündigt, das er sich von Kuba distanziere. In einem Interview mit Rosa Miriam Elizalde, das am 12. Oktober 2003 in den Zeitungen *La Jornada*, Mexiko, und *Juventud Rebelde*, Havanna, veröffentlicht wird, bekräftigt Saramago jedoch: »Ich habe nicht mit Kuba gebrochen. Ich bin noch immer ein Freund Kubas.«

KAPITEL 23: KUBA UND SPANIEN

1 Erklärungen an Andrés Oppenheimer, *The New Herald*, Miami, 13. Juni 2003.

2 In einem Sonderprogramm des kubanischen Fernsehens am 25. April 2003. Siehe Fidel Castro: *Jamás un pueblo tuvo cosas más sagradas que defender*. Oficina de Publicaciones del Consejo de Estado, Havanna 2003.

3 José Barrionuevo, Innenminister der Regierung von Felipe González, und Rafael Vera, Staatssekretär für Sicherheit, wurden zu elf beziehungsweise sieben Jahren Haft verurteilt.

4 Eloy Gutiérrez Menoy wurde 1935 als Sohn republikanischer Eltern in Madrid geboren, kam als Kind nach Kuba und kämpfte gegen die Batista-Diktatur als Teil der sogenannten Zweiten Nationalen Front von Escambray, einer Gruppe, die nicht mit der »Bewegung des 26. Juli« von Fidel Castro verbunden war. Er brachte es bis zum Rang eines Comandante, konnte sich aber nach dem Triumph der Revolution nicht mit deren Grundsätzen arrangieren und ging 1961 in die Vereinigten Staaten. 1965 kehrte er in geheimer Mission zurück und beteiligte sich am schmutzigen Krieg gegen die Revolution. Er wurde gefangen genommen und verbrachte zweiundzwanzig Jahre im Gefängnis. Nach seiner Befreiung zog er nach Miami. Er gründete dort die Organisation Cambio Cubano, die für einen Dialog zwischen der kubanischen Regierung und ihren Gegnern plädiert. 1995 kehrte er zurück und sprach mit Fidel Castro. Im Sommer 2003 reiste er, mittlerweile fast blind, nach Kuba zurück und erklärte, dass er dort bleiben und »für einen politischen Raum« kämpfen wolle.

5 Die Sozialistische Arbeiterpartei Spaniens (PSOE) mit Felipe González an der Spitze war dreizehn Jahre lang für die Politik Spaniens verantwortlich, von 1982 bis 1996. In dieser Zeit kam es zu einer Reihe von Korruptionsskandalen und Fällen von Machtmissbrauch, welche die Gesellschaft aufhorchen ließ: der Fall Filesa, der Fall Ibercorp, die Abhörmaßnahmen des CESID, die Ermordungen der GAL, die Umleitung von Geldern, die Bestechung Luis Roldáns und Juan Guerras. In Spanien entwickelte sich in diesen Jahren das, was die Presse als *cultura del pelotazo* (»Kultur des schnellen Zuschlagens«) bezeichnete und was Carlos Solchaga, sozialistischer Wirtschaftsminister, folgendermaßen beschrieb: »Spanien ist das Land, wo man in der kürzesten Zeit das meiste Geld verdient.« Siehe Mariano Sánchez Soler:

Negocios privados con dinero público. El vademécum de la corrupción de los políticos españoles. Foca, Madrid 2003.

6 Carlos Andrés Pérez (geboren 1922), zweifacher sozialdemokratischer Präsident Venezuelas (1974–1979 und 1989–1994). Unterdrückte im Februar 1989 gewalttätig die Volksaufstände (der »Caracazo«) sowie die militärischen Aufstände vom Februar und November 1992. Er ging als erster Präsident Venezuelas in die Geschichte ein und wurde am 30. Mai 1996 wegen Veruntreuung öffentlicher Gelder verurteilt.

7 Numancia, Stadt in der spanischen Hochebene, etwa sechs Kilometer von der heutigen Stadt Soria entfernt, die im Jahr 134 v. Chr., nachdem sie sich zweimal erhoben hatte, von den römischen Legionen unter Scipio Africanus besetzt wurde. Die Besatzung dauerte etwa zwei Jahre an, und die Mehrheit der Bevölkerung zog es vor, sich zu opfern, statt sich zu unterwerfen. Cervantes verewigte diese tragische Geschichte in seinem Theaterstück *La Numancia*, geschrieben im Jahr 1582.

8 Im Programm *Mesa Redonda* (»Runder Tisch«) vom 11. Juni 2003.

9 Am 5. Juni 2003 beschloss die Europäische Union diplomatische Sanktionen gegen Kuba, darunter die Einschränkung der offiziellen Beziehungen zur kubanischen Regierung und eine stärkere Annäherung an die innere Opposition. Am vorangegangenen 30. April hatte die Europäische Kommission als ausführendes Organ der Union beschlossen, die Forderung Kubas nach dem Beitritt zum Cotonou-Abkommen, das die Handelsbeziehungen zwischen der Union und einer Reihe von Entwicklungsländern begünstigt, auf unbestimmte Zeit zu vertagen. Kuba entschied sich, die Petition zurückzuziehen. Am 3. Januar 2005 normalisierte Havanna seine Beziehungen zur Europäischen Union, nachdem diese ihre Haltung modifiziert hatte.

10 Am 12. Juni protestierten in Havanna etwa eine Million Menschen vor den Botschaften Spaniens und Italiens gegen die Sanktionen der Europäischen Union. Fidel Castro führte den Protestmarsch vor der spanischen Botschaft an.

11 Jorge Mas Canosa, Exilkubaner, Millionär, gründete in Miami die Kubanisch-Amerikanische Nationalstiftung. Er wurde als der Ultrarechteste unter den Falken betrachtet, die der kubanischen Regierung feindlich gegenüberstehen, und man brachte ihn mit der Organisation und Durchführung terroristischer Aktionen und Attentate, darunter einige auf Fidel Castro, in Verbindung. Er starb im November 1997.

12 Siehe »Eduardo Junco Bonet, der Botschafter Spaniens in Kuba, hielt sich an der Universität in der Nähe der extremen Rechten auf«. In: *El País*, Madrid, 11. Mai 1998.

13 Gemäß der UNICEF und dem Verband Low Pay Unit gibt es in Großbritannien etwa zwei Millionen arbeitende Kinder, in der Mehrheit Kinder von Einwanderern, die meistens illegal im Land sind.

14 Anthony Giddens: *Der dritte Weg. Die Erneuerung der sozialen Demokratie.* Suhrkamp, Frankfurt am Main 1999.

15 Am 26. Mai 2003 stürzte ein Flugzeug vom Typ Jakowlew-42, Eigentum der Ukrainian Mediterranean Airlines, das vom spanischen Verteidigungsministerium gechartert worden war, in der Nähe von Trabzon in der Türkei mit zweiundsechzig spanischen Soldaten an Bord ab, die von ihrem Einsatz in Kabul zurückkehrten.

16 In einem Telefongespräch (mit Ignacio Ramonet) am 12. Juni 2006 bestritt Manuel Fraga, diese These vertreten zu haben. Nach seiner Version habe er Fidel Castro die einzige Form vorgeschlagen, die er kenne: die der Transition in Spanien von 1975 bis 1978. Fraga fügte hinzu: »Dieses Gespräch, das mehrere Stunden dauerte, fand während eines Essens im Privatsalon eines Restaurants in Santiago de Compostela statt. Wir saßen zu dritt am Tisch: Fidel Castro, Mario Vásquez Raña, mexikanischer Millionär galicischen Ursprungs und Medienmogul, und ich. Vázquez Raña zeichnete das Gespräch über ein Miniaturaufnahmegerät auf, das sich in seiner Uhr befand. Ich nahm ihm das Versprechen ab, dieses Gespräch bis zu meinem Tod nicht zu veröffentlichen, aber da Castro – irrtümlicherweise – daraus zitiert, kann ich ihn (Vasquez Raña) von diesem Versprechen befreien. Ich kann es also bezeugen.« Nachdem Fidel Castro über die Präzisierung durch Manuel Fraga informiert worden war, bestand er weiterhin auf seiner Version, dass der ehemalige Präsident der Xunta de Galicia ihm vorgeschlagen habe, das Gleiche zu tun, was man in Nicaragua nach der Wahlniederlage der Sandinisten 1990 getan hatte.

17 Jurij Andropow (1914–1984), sowjetischer Politiker und Chef des mächtigen KGB, Apparat der Staatssicherheit, Mitglied des Politbüros der Kommunistischen Partei der UdSSR. Im November 1982, nach dem Tod Leonid Breschnews, wurde er zum Generalsekretär der Partei und zum Präsident der Sowjetunion ernannt. Er starb am 9. Februar 1984.

KAPITEL 24: FIDEL UND FRANKREICH

1 Siehe Kapitel 3, »Ein Rebell wird geboren«.

2 Mario Mencia. *Schule der Rebellen*. Dietz, Berlin 1983.

3 Benito Pérez Galdós (1843–1920), spanischer Romancier, Autor der Werke *Fortuna y Jacinta* (1886/87), *Nazarín* (1895), *Tristana* (1892). Seine berühmteste Arbeit ist das monumentalhistorische Erzählwerk *Eposodios nacionales*.

4 Romain Rolland (1866–1944), Nobelpreis für Literatur im Jahr 1915.

5 Der Text stammt von dem französischen Dichter Eugène Pottier (ein Gedicht, das 1871, nach der Unterdrückung der Pariser Kommune, geschrieben wurde), die Musik wurde von dem belgischen Kommunisten und Liedermacher Pierre Degeyter komponiert.

6 Am 8. Januar 1959, am selben Tag, als Fidel Castro in Havanna zum Triumph der Revolution eintraf, trat General Charles de Gaulle in Paris sein Amt als erster Präsident der Fünften französischen Republik an.

7 *Die Schneide des Schwertes* (1932).

8 Régis Debray: *Revolution in der Revolution? Bewaffneter Kampf und politischer Kampf in Lateinamerika*. Trikont, München 1967.

9 Jean-Edern Hallier: Fidel Castro. *Conversation au clair de la lune*. Messidor, Paris 1990.

10 Jean-Edern Hallier: *L'Evangile du fou. Charles de Foucauld, le manuscrit de ma mère morte*. Albin Michel, Paris 1986.

KAPITEL 25: LATEINAMERIKA

1 Ignacio Ramonet: *Marcos, la dignidad rebelde. Conversaciones con el subcomandante Marcos*. Editorial Cibermonde, Valencia 2001.

2 Am 1. Januar 2006 initiiert Subcomandante Marcos eine neue sechswöchige Reise durch ganz Mexiko. Diesmal auf einem Motorrad – in Erinnerung an die berühmte Reise Che Guevaras

und seines Freundes Alberto Granado im Jahr 1951 – mit dem Ziel, vor den Präsidentschaftswahlen am 2. Juli 2006 alle zweiunddreißig Bundesstaaten des Landes zu besuchen und eine »alternative nationale politische Front« als Opposition zu den traditionellen politischen Parteien zu schaffen. Die Zapatistische Armee der Nationalen Befreiung hatte im Juni 2005 auf alle »militärisch offensiven Operationen« verzichtet. Marcos präsentierte sich auf diesen Reisen als »Abgeordneter null« und erklärte die Ablehnung aller mexikanischer Parteien, einschließlich der Partei der Demokratischen Revolution (PRD), deren Kandidat, Andrés Manuel López Obrador, nach den Umfragen als Favorit galt.

3 Fidel Castro und Evo Morales, Letzterer in seiner Funktion als gewählter Präsident Boliviens, unterzeichneten am 31. Dezember 2005 ein Kooperationsabkommen, nach dem Kuba Bolivien Unterstützung für das Bildungs- und Gesundheitswesen gewährt. Das aus elf Punkten bestehende Dokument trat nach der Machtübernahme Morales', am 22. Januar 2006, in Kraft. Beide Länder vereinbarten die Bildung einer binationalen Non-Profit-Organisation, die mittellosen Bolivianern bei Bedarf eine Augenoperation ermöglichen sollte. Kuba würde dafür die Geräte und die Spezialisten (einschließlich ihrer Gehälter) stellen, während die neue Regierung von La Paz die Räumlichkeiten und Gebäude zur Verfügung stellt. Es wurde außerdem vereinbart, dass die nationale Klinik für Augenheilkunde in La Paz, die soeben von Kuba ausgestattet worden war, zwei weitere Zentren bilden sollte. Eines in Cochabamba und ein weiteres in Santa Cruz. Zusammen hätten diese Einrichtungen eine Kapazität für 50 000 Operationen im Jahr. »Diese Kapazitäten können ausgeweitet werden, wenn Bolivien beschließt, auch arme Patienten aus den umliegenden Ländern in den Augenheilkundezentren zu betreuen«, sieht das Abkommen vor.

4 Der Palacio de Miraflores in Caracas ist der offizielle Sitz des Präsidenten des Landes.

5 Der Infanteriegeneral Efraín Vásquez Velasco, der sich während des Staatsstreiches selbst zum »Chefkommandeur« der venezolanischen Streitkräfte ernannte, war zeitweise Sprecher und Anführer der Militärputschisten.

6 Pedro Carmona, Präsident des Unternehmerverbandes Fedecámaras, wurde von den Militärputschisten zum »provisorischen Präsidenten« Venezuela ernannt, ein Amt, das er weniger als achtundvierzig Stunden bekleidete.

7 Diosdado Cabello, verfassungsmäßiger Vizepräsident, hatte für kurze Zeit die Präsidentschaft Venezuelas inne, in der Zeit von der Zerschlagung des Putsches bis zur triumphalen Rückkehr von Hugo Chávez in den Palacio de Miraflores.

8 Juan Velasco Alvarado (1910–1977), General, übernahm an der Spitze einer Militärjunta die Macht und war von 1968 bis 1975 Präsident von Peru. Er verstaatlichte das Bankwesen und die strategischen Industrien (Erdöl, Fischfang, Kupfer) und führte eine wichtige Agrarreform durch.

9 Jorge Amado (1912–2001), bedeutender brasilianischer Schriftsteller, schrieb 1942 eine Biografie über Luis Carlos Prestes: *Der Ritter der Hoffnung. Das Leben Luis Carlos Prestes*. Volk und Welt, Berlin 1952.

10 Im November 1999 wurde das Kind Elián González von seiner Mutter illegal an Bord eines Floßes von Kuba in die Vereinigten Staaten gebracht. Die Mutter starb bei der Überfahrt nach Florida, das Kind wurde von Fischern gerettet und in den USA festgehalten, während sein Vater seine Rückkehr nach Kuba forderte. Dies führte zu einer diplomatischen Krise zwischen Havanna und Washington und zu einer großen Erregung innerhalb der kubanischen Bevölkerung, die die Rückkehr Eliáns forderte. Schließlich beschloss das Oberste Gericht der Vereinigten Staaten im Juni 2000, dass das Kind zu seinem Vater nach Kuba zurückkehren sollte.

11 Im Rahmen eines offiziellen Besuches des Präsidenten Lula in Havanna im September 2003 unterzeichneten Brasilien und Kuba zwölf Abkommen zur Kooperation in folgenden Bereichen: Energie, Fischerei, Tourismus, Arzneimittel, Industrie, Gesundheit, Bildung und Sport.

KAPITEL 26: KUBA HEUTE

1 Die Operation »Milagro«, die im Jahr 2004 ins Leben gerufen wurde, um Venezolanern eine Augenoperation in Kuba, vorwiegend des grauen Stars, zu ermöglichen, wurde auf mehr als zwanzig Nationen ausgeweitet. Vom Auftakt bis zum Dezember 2005 wurden auf der Insel 175 000 Personen operiert, denen das Augenlicht zurückgegeben werden konnte. Im Jahr 2006 sind im Rahmen der Operation »Milagro« in mehreren lateinamerikanischen Ländern Zentren für Augenheilkunde geschaffen worden, die von kubanischen Ärzten betreut werden.

2 Im November 2006 verurteilte die Vollversammlung der Vereinten Nationen zum fünfzehnten Mal in Folge die US-Blockade gegen Kuba. Dieses Mal mit 184 Stimmen ihrer 192 Mitglieder. Dieselben vier Länder des Vorjahres (USA, Israel, Marshallinseln und Palau) stimmten gegen die Verurteilung, ein Land enthielt sich (Mikronesien) und drei nahmen nicht an der Abstimmung teil.

3 Die Marshallinseln – 60 000 Einwohner, 180 Quadratkilometer Grundfläche – wurden 1529 von spanischen Seefahrern entdeckt. Von 1886 bis 1914 waren sie deutsches Protektorat und wurden anschließend von Japan verwaltet. Nach dem Krieg, 1945, gehörten die Inseln zum Treuhandgebiet der Pazifischen Inseln der USA im Auftrag der Vereinten Nationen. Von 1946 bis 1958 fanden im Bikini- und im Eniwetok-Atoll, zwei der Inseln, die zum nationalen Territorium gehören, insgesamt siebenundsechzig Atombombentests statt. Unabhängig seit 1979, aber durch ein »Assoziierungsabkommen« mit den USA verbunden. Mitglied der UNO seit 1990.

4 Rote Armee Fraktion. Gruppe bewaffneter Aktivisten, die zwischen 1968 und 1972 Attentate in der Bundesrepublik Deutschland durchführten. Fünf der wichtigsten Anführer wurden im Juni 1972 festgenommen und in einem Hochsicherheitsgefängnis in Stuttgart-Stammheim untergebracht. Im November 1974 starb Holger Meins nach mehreren Wochen im Hungerstreik. Im Mai 1976 geben die deutschen Behörden den Selbstmord Ulrike Meinhofs in ihrer Zelle bekannt. Am 18. Oktober 1977 werden mysteriöserweise auch Andreas Baader, Gudrun Ensslin und Jan-Carl Raspe tot in ihren Zellen aufgefunden.

5 Fünfzehn Puertoricaner – fünf Frauen und zehn Männer – wurden in den Vereinigten Staaten zu Haftstrafen verurteilt, die einer lebenslangen Haft gleichkommen, weil sie für die Unabhängigkeit Puerto Ricos kämpften. Die meisten von ihnen sitzen seit mehr als sechzehn Jahren im Gefängnis.

6 Nach wiederholten Anklagen Kubas wegen der Präsenz Luis Posada Carriles' auf US-amerikanischem Territorium und der Umstände, wie er eingereist war und wer ihn begleitet hatte, sahen sich die US-amerikanischen Behörden gezwungen, Posada Carriles in Miami festzunehmen und wegen »illegaler Einreise« einem Gericht vorzuführen, nachdem sie die Anklagen Kubas zunächst wochenlang ignoriert hatten. (Siehe auch Anmerkung 13, Kapitel 11). Im November 2005 wurde auch der als Komplize Posada Carriles' bekannte Santiago Álvarez, Besitzer und Führer des Schiffes, mit dem der Terrorist in US-amerikanisches Territorium eingedrungen war, festgenommen und wegen illegalen Waffenbesitzes ebenfalls den Gerichten

vorgeführt. Während des Verfassens dieser Anmerkung lotete man bereits verschiedene Möglichkeiten aus, Posada und seine Komplizen freizusprechen und aus der Haft zu entlassen.

7 Bis Mitte November 2006 waren insgesamt 485 476 Patienten aus achtundzwanzig Ländern, darunter mehr als 290 000 Venezolaner, von der Operation »Milagro« begünstigt.

8 Siehe die Rede George W. Bushs in West Point unter: http://www.uni-kassel.de/fb5/frieden/regionen/USA/westpoint-06-dt.html

9 Am 10. Oktober 2003, 135. Jahrestag des Beginns der Unabhängigkeitskämpfe Kubas gegen Spanien, kündigte Präsident George W. Bush im Rahmen einer Pressekonferenz im Weißen Haus eine Reihe neuer Maßnahmen gegen Kuba an: die Einschränkung der Reisemöglichkeiten zur Insel, die Aufstockung der Hilfe für konterrevolutionäre Gruppen in Florida und die Schaffung einer Präsidialkommission – unter der teilweisen Leitung des damaligen Außenministers Colin Powell –, um die »Befreiung Kubas« voranzutreiben.

10 Rede an der Florida International University, Miami, am 25. August 2000.

KAPITEL 27: BILANZ EINES LEBENS UND EINER REVOLUTION

1 Bezieht sich auf den Bauern Eutimio Guerra und die Ereignisse zwischen Januar und Februar 1957 in der Sierra Maestra, wenige Wochen nach Beginn des Krieges in den Bergen. Der Verrat wurde aufgedeckt, der Verräter war geständig und wurde hingerichtet (siehe Anmerkung 3, Kapitel 10). (Anmerkung des kubanischen Verlages)

2 Carlos Franqui (geboren 1921), Schriftsteller und Journalist. Gründete 1956 im Untergrund die Zeitung *Revolución*. 1958 schloss er sich den Rebellen in der Sierra Maestra an und war für die Leitung von Radio Rebelde verantwortlich. 1968 ging er ins Exil nach Italien. Er ist Autor verschiedener Bücher, u. a. *Diario de la revolución cubana (1952–1958)*. Editions Ruedo Ibérico, Paris 1976 und *Retrato en familia con Fidel*. Seix Barral, Barcelona, Caracas 1981.

3 Hubert Matos (geboren 1918), Guerillakommandeur, nahm am Kampf gegen Batista in der Sierra Maestra teil und wurde zum Anführer der neunten Kolonne »Antonio Guiteras« in der Dritten Rebellenfront. Im Oktober 1959, an der Spitze der militärischen Region um Camagüey, begann er eine Verschwörung zu organisieren, da er mit dem »kommunistischen Kurs«, den die Revolution nach seinen Worten einschlug, nicht einverstanden war. Camilo Cienfuegos begab sich nach Camagüey, um ihn festzunehmen und die aufständische Bewegung zunichtezumachen. Matos wurde zu zwanzig Jahren Gefängnis verurteilt. Seit 1979 lebt er in Miami im Exil und leitet dort die Organisation Cuba Independiente y Democrática (CID; Unabhängiges und Demokratisches Kuba). Autor der Autobiografie *Cómo llegó la noche* (2003).

4 Rafael del Pino (geboren 1938), Pilot, Brigadegeneral. Herausragend in der Schlacht von Playa Girón im April 1961. Im Mai 1987 desertierte er in die Vereinigten Staaten. Er veröffentlichte mehrere autobiografische Werke, wie *Amanecer en Girón* (1982) und *Proa a la libertad* (1990).

a Typisches Männerhemd der Region aus Leinen.

b Zigarre.

5 Siehe Fidel Castro, *Análisis de los acontecimientos de Checoslovaquia*, Rede vom 23. August 1968.

6 1970 hatte man sich das Ziel gesetzt, eine Rekordzuckerernte von zehn Millionen Tonnen einzufahren. Dieses Ziel wurde nicht erreicht.

7 Senke im Meeresbett im Südosten Kubas, die eine Tiefe von 7535 Meter erreicht und damit eine der tiefsten Senken der Welt ist.

8 Stalin starb am 5. März 1953, und sein Nachfolger an der Spitze der UdSSR wurde für einige Monate ein Dreigestirn mit Nikolai Bulganin, Nikita Chruschtschow und Georgi Malenkow. Nikita Chruschtschow, Erster Sekretär des Zentralkomitees der Kommunistischen Partei der UdSSR, setzte sich 1956 vorübergehend und definitiv im Jahr 1958 durch. 1964 wurde er abgesetzt, ihm folgte Leonid Breschnew.

9 Am 8. Januar 1959 hielt Fidel Castro seine erste öffentliche Rede in Havanna nach dem Triumph der Revolution. Er tat dies von einer kleinen Bühne im Militärcamp von Columbia aus. Mitten während seiner Rede flogen ein paar weiße Tauben herbei und schwirrten um ihn herum. Eine der Tauben setzte sich auf seine Schulter und blieb dort mehrere Minuten lang sitzen. Diese Szene faszinierte aufgrund ihres Symbolgehalts sowohl die Massen, die in Havanna zu Fidels Rede gekommen waren, als auch die zahlreichen Menschen, die der Rede im Fernsehen folgten.

10 Im Jahr 2005 betrug die Kindersterblichkeit in Kuba weniger als sechs pro Tausend Lebendgeburten ohne Unterschiede zwischen den einzelnen Regionen des Landes.

11 Jiang Zemin (geboren 1926), politischer Führer Chinas. Von Beruf Ingenieur mit Spezialisierung auf industrielle Technik. Trat 1946 in die Kommunistische Partei Chinas ein. 1978 wurde er auf Veranlassung Deng Xiaopings, des neuen Herrschers Chinas nach dem Tod Mao Tse-tungs, und mit der Unterstützung von Hua Guofeng, dem Generalsekretär der Partei und Premierminister des Übergangs, befördert. Als Bürgermeister von Schanghai beschleunigte Jiang 1985 die Wirtschaftsreformen in dieser Stadt. 1989 wurde er nach den Vorfällen auf dem Platz des Himmlischen Friedens zum Generalsekretär der Partei ernannt. Wahl zum Präsidenten der Republik im März 1993. Man betrachtet ihn als Urheber der Formel von der »sozialistischen Marktwirtschaft«. Im März 2003 verließ er sein Amt, und Hu Jintao wurde sein Nachfolger. Er wurde sodann zum Leiter der einflussreichen Zentralen Militärkommission der Partei ernannt, ein Amt, das er bis zum September 2004 bekleidete.

12 Im Jahr 2003 wurde der Inhalt einer Aufzeichnung des Gespräches zwischen Präsident Kennedy und seinem nationalen Sicherheitsberater McGeorge Bundy veröffentlicht. Das beweist, dass der Präsident den Weg der Annäherung mit Kuba versuchen wollte und dass er einverstanden war mit der Möglichkeit eines geheimen Treffens mit einem Abgesandten aus Havanna, entsprechend einem von Fidel Castro gemachten Angebot.

13 Chefredakteur von *Le Nouvel Observateur*, wichtige französische Tageszeitung jener Zeit.

KAPITEL 28: WAS KOMMT NACH FIDEL?

a US-amerikanische Autos aus den Jahren 1920 bis 1950.

b Am Arbeitsplatz, in einer kleinen Gruppe.

c Stadtteil von Havanna.

d Anspielung auf den spanischen Nationalhelden aus der Zeit der Reconquista El Cid, um den das berühmte Heldenepos *El Cantar de Mio Cid* entstand (1207).

e Privates Restaurant.

f Zuteilungsheft für rationierte Nahrungsmittel.

1 Celia Sánchez (1920–1980), kubanische Heldin, erste Frau in der Guerilla der Sierra Maestra und nach dem Triumph der Revolution 1959 bis zu ihrem Tod enge Mitarbeiterin Fidel Castros. (Siehe auch Anmerkung 9, Kapitel 8.)

2 Ende Juli 2006 musste sich Fidel Castro aufgrund einer Darmblutung einer komplizierten chirurgischen Operation unterziehen. Aus diesem Grund ließ er am 31. Juli eine Erklärung veröffentlichen, dass er wegen des erforderlichen Zeitraums der Genesung und einer längeren medizinisch notwendigen Pause seine Verantwortungen an der Spitze der kubanischen Regierung vorübergehend an seinen verfassungsgemäßen Vertreter, den Vizepräsidenten des Staatsrates, Raúl Castro Ruz, abgeben werde. Während wir diese Anmerkung als Teil der Vorbereitung für die dritte kubanische Ausgabe dieses Buches verfassen (Anfang November 2006), erholt sich Fidel zusehends, sodass er intensiv an der Überarbeitung der Materialien für die zweite Ausgabe und diese dritte Ausgabe arbeiten konnte. (Anmerkung des kubanischen Herausgebers)

CHRONOLOGIE
FIDEL CASTRO UND DIE KUBANISCHE REVOLUTION

13. AUGUST 1926: Fidel Alejandro Castro Ruz wird auf der Finca Manacas in Birán, Mayarí (damals Provinz Oriente, heutige Provinz Holguín) geboren. Sein Vater, Ángel Castro Argiz (geb. am 5. Dezember 1875) heiratet am 25. März 1911 seine erste Frau María Argota Reyes, eine Kubanerin aus Banes (Oriente), mit der er zwei Kinder hat: Pedro Castro Argota (geb. 1914) und Antonia Castro Argota (geb. 1915). Nach der Scheidung geht Ángel Castro eine Beziehung mit der achtundzwanzig Jahre jüngeren Lina Ruz González (geb. am 23. September 1903) ein, die er am 26. April 1943 heiratet, nachdem er bereits sieben Kinder mit ihr hat: Ángela (1923), Ramón (1924), Fidel, Raúl (1931), Juana (1933), Emma (1935) und Agustina (1938).

14. MAI 1928: Ernesto Guevara de la Serna, später unter dem Namen Che bekannt, wird in Rosario de Santa Fe, Argentinien, geboren.

24. OKTOBER 1929: »Schwarzer Freitag«. Der Zusammenbruch der New Yorker Börse ruft eine schwere ökonomische Krise in den Vereinigten Staaten hervor, die auch Kuba erfasst. Zehntausende Kubaner verlieren ihre Arbeit.

SEPTEMBER 1930: Fidel Castro besucht die Grundschule in Birán.

14. APRIL 1931: In Spanien wird die Republik ausgerufen. König Alfons XIII. geht ins Exil.

3. JUNI 1931: Geburt von Raúl Castro in Birán.

23. JANUAR 1932: Die Regierung der spanischen Republik verbietet den Jesuitenorden. Die Glaubensbrüder werden aus Spanien ausgewiesen. Einige von ihnen lassen sich in Kuba nieder.

8. NOVEMBER 1932: Franklin D. Roosevelt wird zum Präsidenten der USA gewählt.

ENDE 1932: Fidel Castro wird von seinen Eltern nach Santiago de Cuba geschickt, wo er, unter finanziellen Schwierigkeiten leidend, bei der Lehrerin Eufrasia Feliú lebt.

JANUAR 1933: Machtergreifung Adolf Hitlers in Deutschland.

12. AUGUST 1933: Der kubanische Diktator Gerardo Machado wird durch einen Generalstreik abgesetzt und von einer Interimsregierung ersetzt.

4. SEPTEMBER 1933: Die Interimsregierung wird durch den »Aufstand der Unteroffiziere« gestürzt, zu deren Anführern Fulgencio Batista gehört. Ramón Grau San Martín wird zum Präsidenten ernannt.

14. JANUAR 1934: Fulgencio Batista, Oberbefehlshaber der kubanischen Armee, stürzt den Präsidenten Ramón Grau San Martín. Für die nächsten zehn Jahre bestimmt Batista, unterstützt durch die USA, mehr oder weniger das politische Leben Kubas. Zunächst ernennt er Marionettenpräsidenten – Carlos Mendieta (1934/35), José A. Barnet (1935/36), Miguel Mariano Gómez (1936), Federico Laredo Bru (1936–1940) – und schließlich wird er selbst zum Präsidenten gewählt (1940–1944).

21. FEBRUAR 1934: In Nicaragua wird der Anführer des Widerstands gegen die US-Besatzung, Sandino, der »General der freien Menschen«, von Gefolgsleuten Somozas ermordet.

29. MAI 1934: Im Rahmen einer Politik des »guten Nachbarn« hebt die US-amerikanische Regierung unter US-Präsident Franklin Delano Roosevelt das Platt-Amendment auf, das 1901 der neu gegründeten kubanischen Republik auferlegt wurde, durch welches die USA nach Belieben in Kuba intervenieren konnten.

CHRONOLOGIE

5. OKTOBER–19. OKTOBER 1934: In Spanien findet die »asturische Revolution« statt. Der Arbeiteraufstand wird von den kolonialen Truppen, angeführt von Francisco Franco, gewalttätig niedergeschlagen.

18. OKTOBER 1934: In China beginnt der »Lange Marsch«. Mao Tse-tung befehligt nahezu 100 000 Kommunisten bis nach Yenán, über eine Strecke von schätzungsweise 13 000 Kilometern. Ungefähr 20 000 von ihnen überleben den Marsch.

JANUAR 1935: Fidel Castro wird in Santiago de Cuba getauft und besucht dort die städtische Schule, das Colegio de La Salle.

MÄRZ 1935: Der Generalstreik gegen die Politik Batistas wird mit Waffengewalt niedergeschlagen.

3. OKTOBER 1935: Die italienisch-faschistischen Truppen Benito Mussolinis nehmen Abessinien, das heutige Äthiopien, ein.

18. JULI 1936–1. APRIL 1939: Spanischer Bürgerkrieg. Die Republik wird von den nationalistischen Kräften, unterstützt vom faschistischen Italien und von Nazi-Deutschland, angegriffen und letztendlich unterworfen. Francisco Franco errichtet anschließend eine Diktatur.

19. AUGUST–24. AUGUST 1936: In der Sowjetunion beginnen die Moskauer Prozesse und damit die groß angelegten stalinistischen Säuberungen. Grigori Sinowjew und Lew Kamenew werden, neben weiteren, zum Tode verurteilt und hingerichtet. Stalins Ziel ist es, die Kommunistische Partei zu säubern, indem er die beliebten bolschewistischen Führer beseitigen lässt. Diese Prozesse sollen die im Zentrum der öffentlichen Aufmerksamkeit stehenden Persönlichkeiten diskreditieren, bevor sie in die Gulags deportiert oder hingerichtet werden.

17. JANUAR–23. JANUAR 1937: Zweiter Moskauer Prozess in der Sowjetunion. Georgi Pjatakow wird, neben weiteren, zum Tode verurteilt und hingerichtet. Karl Radek wird zu zehn Jahren Haft im Gulag verurteilt.

JUNI 1937: Dritter Moskauer Prozess in der Sowjetunion. Die geheime Gerichtsverhandlung verurteilt die Generäle der Roten Armee vor einem Militärtribunal. Feldmarschall Michail Tuchatschewski wird zum Tode verurteilt und am 11. Juni hingerichtet. Im Verlauf dieser Prozesse werden drei Fünftel der sowjetischen Feldmarschälle und ein Drittel der Offiziere der Roten Armee festgenommen und erschossen.

2. MÄRZ–13. MÄRZ 1938: Vierter und letzter Moskauer Prozess in der Sowjetunion. Alexei Rykow, Nikolai Bucharin und Genrich Jagoda werden, neben weiteren, zum Tode verurteilt und hingerichtet.

23. SEPTEMBER 1938: In Spanien ziehen sich die Internationalen Brigaden zurück. Sie bestehen aus Freiwilligen aus vierundfünfzig Ländern, die sich zusammengeschlossen hatten, um die Demokratie gegen den Faschismus zu verteidigen.

1. APRIL 1939: Ende des Spanischen Bürgerkriegs. Die Republik ist von den nationalistischen Kräften besiegt. Beginn der Franco-Diktatur.

23. MAI 1939: Das deutsche Passagierschiff *MS St. Louis* aus Hamburg läuft in den Hafen von Havanna ein. An Bord befinden sich eintausend deutsche Juden, die vor der antisemitischen Repression Hitlers flüchten. Die Flüchtlinge sind im Besitz kubanischer Visa, ausgestellt von der kubanischen Botschaft in Berlin, doch Batista und der kubanische Präsident Laredo Bru verweigern ihre Aufnahme und organisieren antisemitische Demonstrationen. Da weder die USA noch Kanada sich bereit erklären, die Flüchtlinge aufzunehmen, ist die Besatzung gezwungen, nach Nazi-Deutschland zurückzukehren. Die Mehrheit der Passagiere wird später in Konzentrationslager deportiert werden.

23. AUGUST 1939: Deutschland und die Sowjetunion unterzeichnen in Moskau einen Nichtangriffspakt, der später als Hitler-Stalin-Pakt bekannt wird.

SEPTEMBER 1939: Fidel Castro besucht die katholische Jesuitenschule Colegio de Dolores in Santiago de Cuba.

1. SEPTEMBER 1939: Das deutsche Heer des Dritten Reichs marschiert in Polen ein. Beginn des Zweiten Weltkriegs. Polen wird zwischen Deutschland und der UdSSR aufgeteilt.

22. JUNI 1941: Deutschland marschiert in der Sowjetunion ein. Beginn der Operation »Barbarossa«.

1. JULI 1941: Geburtsstunde des kommerziellen Fernsehens in den Vereinigten Staaten. Die Sender CBS und NBC übertragen wöchentlich ein fünfzehnstündiges Programm.

SEPTEMBER 1942: Fidel Castro besucht das berühmte Colegio de Belén in Havanna. Als beste Schule Kubas bekannt, wird sie ebenfalls von den Jesuiten geführt.

26. APRIL 1943: Offizielle Hochzeit der Eltern Fidel Castros.

4. JUNI 1943: In Argentinien findet der Staatsstreich der Gruppe der Vereinten Offiziere (GOU) statt. Unter ihnen befindet sich Oberst Juan Perón, der im November zum Staatssekretär für Arbeit und Wohlfahrt ernannt wird und in der Folge zu großem Ansehen unter den Arbeitern gelangt.

10. OKTOBER 1944: Ramón Grau San Martín, Präsidentschaftskandidat der »Authentischen« Kubanischen Revolutionspartei, wird erneut zum Präsidenten der Republik gewählt. Die hohen Erwartungen der Wähler werden durch seine korrupte Regierungspolitik jedoch bald enttäuscht.

4.–11. FEBRUAR 1945: Auf der Halbinsel Krim findet die Jalta-Konferenz zwischen Stalin (UdSSR), Churchill (Großbritannien) und Roosevelt (Vereinigte Staaten) statt. Die »Großen Drei« teilen die Welt in Einflussbereiche auf.

8. MAI 1945: In Europa endet der Zweite Weltkrieg mit der Niederlage Deutschlands.

JUNI 1945: Fidel Castro beendet seinen Besuch des Colegio de Belén und erhält den Titel eines Bachelors für Sprachen.

26. JUNI 1945: Repräsentanten aus fünfzig Ländern, unter ihnen Kuba, unterzeichnen in San Francisco die Gründungscharta der Organisation der Vereinten Nationen (UNO).

6. AUGUST 1945: Die Vereinigten Staaten werfen die erste Atombombe über der japanischen Stadt Hiroshima ab. Einhunderttausend Menschen kommen dabei ums Leben. Einige Tage später wird über Nagasaki eine zweite Bombe abgeworfen. Das nukleare Zeitalter beginnt.

2. SEPTEMBER 1945: Durch die Kapitulation Japans endet der Zweite Weltkrieg auch in Asien und im Pazifik.

4. SEPTEMBER 1945: Fidel Castro beginnt ein Jura- und Sozialwissenschaftsstudium an der Universität Havanna.

24. FEBRUAR 1946: Juan Perón wird zum argentinischen Präsidenten gewählt.

5. MÄRZ 1946: In Fulton, USA, beschwört der britische Premierminister Winston Churchill in einem antisowjetischen Diskurs den Europa spaltenden »Eisernen Vorhang« herauf. Beginn des Kalten Krieges.

3. JULI 1946: Die Philippinen, einst als Kolonie Spaniens, wie Kuba, von den Vereinigten Staaten 1898 erobert, erklären ihre Unabhängigkeit.

12./14. MÄRZ 1947: Der US-amerikanische Präsident Harry Truman verabschiedet die Containment-Politik zur Eindämmung des Kommunismus, die später auch als Truman-Doktrin bekannt wird.

26. JULI 1947: US-Präsident Harry Truman erlässt in Washington das Gesetz für die Nationale Sicherheit, das die Bildung des Zentralen US-Nachrichtendienstes (CIA) vorsieht.

JULI–SEPTEMBER 1947: Fidel Castro nimmt an den Vorbereitungen für die später gescheiterte Expedition nach Cayo Confites teil, die das diktatorische Regime Rafael Leónidas Trujillos in der Dominikanischen Republik stürzen sollte.

12. MÄRZ 1948: In der Tschechoslowakei findet der Prager Putsch statt. Die Kommunisten übernehmen unter der Führung Klement Gottwalds die Regierung.

17. MÄRZ 1948: In Europa wird der Vertrag von Brüssel unterzeichnet, der die Bildung der

Nordatlantikvertrag-Organisation (NATO) vorsieht. Die politisch-militärische Allianz wird von den Vereinigten Staaten dominiert und zielt auf die Bekämpfung der »kommunistischen Bedrohung« ab.

24. MÄRZ 1948: Unter der Schirmherrschaft der Organisation der Vereinten Nationen für Erziehung, Wissenschaft und Kultur (UNESCO) wird die Umsetzung der Havanna-Charta, die die Gründung einer Welthandelsorganisation (WTO) vorsieht, beschlossen. Aufgrund der Ablehnung durch den US-Kongress tritt sie aber nie in Kraft.

31. MÄRZ 1948: Im Rahmen seiner Teilnahme an einer Rundreise durch einige lateinamerikanische Staaten zur Vorbereitung eines Studentenkongresses kommt Fidel Castro in Bogotá, der Hauptstadt Kolumbiens, an.

9. APRIL 1948: Der populäre kolumbianische Führer der Liberalen, Jorge Eliécer Gaitán, wird in Bogotá ermordet, was den Volksaufstand »Bogotazo« auslöst. Fidel Castro nimmt an den Märschen des »Bogotazo« teil.

30. APRIL 1948: Auf der neunten Panamerikanischen Konferenz, an der auch Kuba teilnimmt, wird die Gründungscharta der Organisation Amerikanischer Staaten (OAS) verabschiedet.

10. OKTOBER 1948: Carlos Prío Socarrás, Kandidat der »Authentischen« Kubanischen Revolutionspartei (PRC), wird Präsident und trägt weiter dazu bei, dass die »Authentischen« Regierungen an Ansehen verlieren.

12. OKTOBER 1948: Fidel Castro heiratet Mirta Díaz-Balart, Tochter einer reichen und politisch einflussreichen Familie. Hochzeitsreise nach New York. Die Scheidung erfolgt 1955.

4. APRIL 1949: In Washington wird der Nordatlantikpakt unterzeichnet und die NATO gegründet.

1. SEPTEMBER 1949: Fidel Castros erster Sohn, Fidel Castro Díaz-Balart (»Fidelito«), wird geboren.

1. OKTOBER 1949: Mao Tse-tung, dessen Truppen Peking seit dem 1. Januar besetzt halten, ruft die Volksrepublik China aus.

14. FEBRUAR 1950: Mao Tse-tung und Stalin unterzeichnen den chinesisch-sowjetischen Freundschaftsvertrag.

JUNI 1950: Fidel Castro beendet sein Universitätsstudium mit dem Erhalt des Doktortitels der Rechtswissenschaft und wird als Anwalt zugelassen.

15. JUNI 1950: In Westberlin bildet der CIA-Agent Michael Josselson den »Kongress für kulturelle Freiheit«. In den folgenden dreißig Jahren richtet die Organisation, unter Teilnahme vieler berühmter Intellektueller und Künstler, eine Vielzahl kultureller Veranstaltungen aus, um den Kommunismus zu bekämpfen.

25. JUNI 1950: Der Koreakrieg beginnt.

APRIL 1951: In Teheran verstaatlicht der iranische Premierminister Mohammad Mossadegh die Ölreserven.

JUNI 1951: In Bolivien wird die Wahl Víctor Paz Estenssoros von der Revolutionären Nationalen Bewegung (MNR) zum neuen Präsidenten vom Militär für ungültig erklärt. MNR-Mitglieder organisieren den bewaffneten Widerstand zur Verteidigung des Wahlergebnisses.

16. AUGUST 1951: Der kubanische Senator Eduardo Chibás stirbt, nachdem er sich einige Tage zuvor am Ende seiner Radiosendung in den Bauch geschossen hatte. Chibás gründete im Jahr 1947 die Orthodoxe Kubanische Volkspartei, mit der auch Fidel Castro politisch verbunden war.

10. MÄRZ 1952: Zweiter Staatsstreich von General Fulgencio Batista, drei Monate vor den allgemeinen Wahlen, für deren Ausgang mit einem Sieg des Kandidaten der Orthodoxen Partei gerechnet wurde. Präsident Carlos Prío Socarrás wird gestürzt, und Batista errichtet eine proamerikanische, reaktionär-repressive Diktatur.

9. APRIL 1952: Nach drei Tagen schwerer Kämpfe in La Paz, Bolivien, und einigen Hundert

Toten ergreifen die Mitglieder des militanten Flügels der Revolutionären Nationalen Bewegung (MNR) gemeinsam mit Bauernmilizen und Minenarbeitern die Macht. Das allgemeine Wahlrecht wird eingeführt. Im Oktober 1952 werden die Zinnminen verstaatlicht, und im August 1953 werden per Dekret die Agrar- und die Bildungsreform, die eine allgemeine und unentgeltliche Schulpflicht beinhaltet, beschlossen.

20. JANUAR 1953: In Washington wird General Dwight D. Eisenhower zum Präsidenten gewählt.

5. MÄRZ 1953: Josef Stalin stirbt in Moskau.

17. JUNI 1953: In Ostdeutschland demonstrieren Arbeiter gegen das kommunistische Regime in Ostberlin.

26. JULI 1953: Fidel Castro versucht mit einer Gruppe aus 165 zumeist Jugendlichen die Moncada-Kaserne in Santiago de Cuba zu stürmen. Die als Initialzündung für einen Volksaufstand gegen die Batista-Diktatur geplante Aktion scheitert aufgrund unglücklicher Zufälle.

27. JULI 1953: Der Koreakrieg wird beendet. Die koreanische Halbinsel wird in einen kommunistischen Norden, Verbündeter der UdSSR und Chinas, sowie einen Süden unter US-amerikanischem Einfluss aufgeteilt.

1. AUGUST 1953: Fidel Castro, der sich nach der gescheiterten Übernahme der Moncada-Kaserne in den Bergen versteckt hält, wird von einer Militärpatrouille überrascht und gefangen genommen.

3. SEPTEMBER 1953: Nikita Chruschtschow wird in Moskau zum Generalsekretär der Kommunistischen Partei der UdSSR gewählt.

16. OKTOBER 1953: Gerichtsverhandlung Fidel Castros, der seine eigene Verteidigung übernimmt und sein Plädoyer spricht, das unter dem Titel »Die Geschichte wird mich freisprechen« berühmt wird. In diesem klagt er die begangenen Verbrechen gegenüber den Moncada-Angreifern an und erklärt das Batista-Regime als illegitim. Er rechtfertigt die gewalttätige Aktion und stellt sein revolutionäres Programm vor. Daraufhin wird er zu fünfzehn Jahren Gefängnis verurteilt.

4. MAI 1954: Militärputsch in Paraguay. Der General Alfred Stroessner ergreift die Macht am 8. Juli und wird das Land in den folgenden fünfunddreißig Jahren mit eiserner Hand und mit Unterstützung der Vereinigten Staaten regieren.

7. MAI 1954: In Dien Bien Phu, Vietnam, erleiden französische Kolonialtruppen eine empfindliche Niederlage gegen vietnamesische Aufständische unter Führung des Generals Vo Nguyen Giap. Dieses historische Ereignis initialisiert ein weltweites Erwachen der kolonisierten Völker.

17. JUNI 1954: Eine Gruppe von Söldnern, trainiert und ausgerüstet von der CIA, stürzt die legitime Regierung unter Jacobo Árbenz in Guatemala. Dieser hatte zuvor eine wichtige Agrarreform verordnet. Ernesto Che Guevara wird Zeuge des Geschehens. Der proamerikanische Oberst Carlos Castillo Armas errichtet am 15. August eine Militärdiktatur. Che Guevara flüchtet nach Mexiko.

28. JULI 1954: Hugo Chávez wird in Sabanetas, Venezuela, geboren.

24. AUGUST 1954: In Brasilien wird Präsident Getulio Vargas, der die Ölreserven verstaatlicht hatte und wichtige Sozialreformen durchführte, durch einen Militärputsch gestürzt. Daraufhin begeht er Selbstmord im Präsidentenpalast.

1. NOVEMBER 1954: Der algerische Unabhängigkeitskrieg beginnt.

27. NOVEMBER 1954: Streitkräfte aus Nicaragua marschieren in Costa Rica ein. Eine Gruppe kubanischer Studenten, angeführt von José Antonio Echeverría, Präsident des Studentenverbandes FEU, nimmt an der Verteidigung der Regierung unter Präsident José Figueres teil.

18.–24. APRIL 1955: Die afroasiatische Konferenz in Bandung, Indonesien, findet unter Teilnahme von Nehru (Indien), Zhou Enlai (China), Nasser (Ägypten), Sukarno (Indonesien) und der blockfreien Staaten statt. Der Begriff der »Dritten Welt« wird geboren.

14. MAI 1955: Der Warschauer Pakt, eine von der UdSSR dominierte militärische Allianz, wird als Gegengewicht zur NATO geschlossen.

15. MAI 1955: Gemeinsam mit seinem Bruder Raúl und anderen, die am Sturm auf die Moncada-Kaserne teilnahmen, wird Fidel Castro aus dem Gefängnis auf der Isla de Pinos (heute Isla de la Juventud) entlassen. Die von Batista erlassene Amnestie ist das Ergebnis eines außergewöhnlich starken öffentlichen Drucks.

12. JUNI 1955: Offizielle Gründung der »Bewegung des 26. Juli«, die bisher im Untergrund operierte, mit nationaler Leitung unter Führung Fidel Castros.

7. JULI 1955: Da es ihm unmöglich ist, seinen Kampf gegen Batista auf legalem Weg fortzusetzen, geht Fidel Castro ins Exil nach Mexiko, um von dort aus den bewaffneten Volksaufstand zu organisieren.

JULI 1955: Fidel Castro und Ernesto Che Guevara treffen sich zum ersten Mal in Mexiko.

16. SEPTEMBER 1955: Ein Militärputsch stürzt den argentinischen Präsidenten Juan Perón.

NOVEMBER 1955: Um Gelder einzutreiben, veranstalten Fidel Castro und Juan Manuel Márquez eine Reihe von öffentlichen Zusammenkünften in den Vereinigten Staaten. In New York treffen sie sich mit Exilkubanern im Palm Garden, Ecke Eighth Avenue und 52nd Street. Nach dem Treffen wird Fidel Castro von der New Yorker Polizei verhört. Castro und Márquez veranstalten weitere Versammlungen in Tampa, Key West und Miami.

14. FEBRUAR 1956: Auf dem zwanzigsten Kongress der Kommunistischen Partei der UdSSR in Moskau präsentiert Nikita Chruschtschow einen Bericht, der die von Stalin angeordneten Säuberungsaktionen offenbart und dessen repressive Politik anklagt. China enthält sich der Anklage.

19. SEPTEMBER 1956: Amílcar Cabral gründet in Afrika die Afrikanische Partei für die Unabhängigkeit Guineas und Kap Verdes (PAIGC).

21. OKTOBER 1956: Fidels Vater, Ángel Castro Argiz, stirbt in Birán.

23. OKTOBER–13. NOVEMBER 1956: Volksaufstand in Budapest, Ungarn. Die sowjetische Armee greift ein.

25. NOVEMBER 1956: Fidel Castro, sein Bruder Raúl, Che Guevara und neunundsiebzig weitere Kämpfer verlassen an Bord der Freizeitjacht *Granma* den mexikanischen Hafen Tuxpan in Richtung Kuba, mit der Absicht, den bewaffneten Aufstand in den Bergen der Sierra Maestra zu beginnen.

30. NOVEMBER 1956: Aufstand der Milizen der »Bewegung des 26. Juli« unter Führung von Frank País in Santiago de Cuba. Die Aktion scheitert, markiert aber den Beginn des bewaffneten Volksaufstands gegen die Tyrannei des Batista-Regimes.

2. DEZEMBER 1956: Die zweiundachtzig Passagiere der *Granma* erreichen die Ostküste Kubas in der Region Cayuelos, nahe des Strandes Las Coloradas. Die Kubanische Revolution beginnt.

5. DEZEMBER 1956: In Alegría de Pío wird die Expeditionseinheit von der Batista-Armee überrascht und vollständig aufgerieben.

18. DEZEMBER 1956: Fidel Castro, Raúl Castro und sechs weitere Überlebende treffen sich in Cinco Palmas. Zwei Tage später kommen Juan Almeida, Ernesto Che Guevara, Ramiro Valdés und vier Weitere hinzu.

17. JANUAR 1957: Die Guerilla, der sich weitere Überlebende der *Granma*-Expedition und Bauern angeschlossen haben, feiert ihren ersten militärischen Sieg mit der Einnahme der Kaserne La Plata Abajo. Fünf Tage später, in Los Llanos del Infierno, besteht die kleine Guerillagruppe erneut gegen eine Eliteeinheit Batistas unter Führung des Leutnants Ángel Sánchez Mosquera.

FIDEL CASTRO UND DIE KUBANISCHE REVOLUTION

17. FEBRUAR 1957: Der *New York Times*-Reporter Herbert Matthews kommt in die Sierra Maestra, um Fidel Castro zu interviewen. Am selben Tag findet zum ersten Mal seit Beginn des Kampfes ein Treffen der Nationalen Leitung der von Fidel Castro angeführten Organisation »Bewegung des 26. Juli« statt. Der Verräter Eutimio Guerra wird gefangen genommen und hingerichtet.

13. MÄRZ 1957: Ein Kommando der bewaffneten Studentengruppierung »Directorio Revolucionario« greift den Präsidentenpalast mit dem Ziel an, Batista zu töten. Als Teil der Aktion greift ein weiteres Kommando unter der Führung von José Antonio Echeverría, Präsident des Studentenverbandes FEU, den Nachrichtensender Radio Reloj an. Bei der Aktion werden alle Angreifer getötet.

28. MAI 1957: Die Guerilla nimmt nach erfolgreichem Kampf, den Che Guevara als »Erreichen der Volljährigkeit der Rebellenarmee« bezeichnet, die Kaserne in El Uvero ein. Wenige Wochen später wird Che von Castro zum Comandante ernannt und übernimmt eine eigene Guerillakolonne, die erste der Rebellenarmee.

20. AUGUST 1957: Kampf in Palma Mocha, mit der Befreiung der Stadt durch die Erste Kolonne José Martí, unter Führung Fidel Castros.

17. SEPTEMBER 1957: Erstes Gefecht in Pino del Agua.

OKTOBER 1957: Die Rebellenarmee bekämpft mehrere verbrecherische Machenschaften, die sich in der Region Caracas, in der Sierra Maestra, entwickelt hatten, und bringt diese zum Erliegen.

4. OKTOBER 1957: Die Sowjetunion schießt Sputnik, den ersten künstlichen Satelliten, ins All und übernimmt damit die Führung im Rennen um die Eroberung des Weltraums.

NOVEMBER–DEZEMBER 1957: Die Erste und Vierte Rebellenkolonne, jeweils angeführt von Fidel Castro und Che Guevara, erwidern die »Winteroffensive« der Batista-Armee. In Mota, Gabiro, El Salto, Mar Verde und anderen Orten der Sierra Maestra kommt es zu Kämpfen.

23. JANUAR 1958: Der argentinische Formel-1-Weltmeister Juan Manuel Fangio wird in Havanna von Mitgliedern der »Bewegung des 26. Juli« entführt. Nur achtundzwanzig Stunden später wird er in guter Verfassung wieder freigelassen. Die Nachricht von der Entführung sorgt für weltweites Aufsehen. Das Ziel, einer internationalen Öffentlichkeit die kubanische Situation darzulegen, ist damit erreicht. Es ist die erste politische Entführung mit medienwirksamen Zielen.

16.–17. FEBRUAR 1958: Die Rebellen tragen im zweiten Gefecht von Pino del Agua einen bedeutenden Sieg davon.

1. MÄRZ 1958: Die neu gebildeten Guerillakolonnen, unter Führung von Raúl Castro und Juan Almeida, verlassen die Sierra Maestra und bilden eine Zweite und Dritte Front in weiteren Gebirgsregionen der Provinz Oriente.

9. APRIL 1958: Die »Bewegung des 26. Juli« scheitert bei dem Versuch, einen nationalen Generalstreik durchzusetzen.

25. MAI 1958: Die Batista-Armee beginnt eine Großoffensive gegen die Rebellenarmee, wird jedoch nach vierundsiebzig Tagen erbitterter Kämpfe geschlagen. Während der Offensive finden die wichtigsten Kämpfe der Sierra Maestra statt, darunter die Kämpfe in Jigüe, Santo Domingo und Las Mercedes, die alle von Fidel Castro angeführt werden. Die Niederschlagung der Offensive bedeutet die definitive strategische Wende des Krieges.

ENDE AUGUST 1958: Zwei Guerillakolonnen, unter der Führung von Ernesto Guevara und Camilo Cienfuegos, brechen auf, um die zentralkubanischen und die westlichen Provinzen Kubas einzunehmen. Beide Kolonnen werden im Oktober neue Fronten in der zentralkubanischen Provinz Las Villas eröffnen.

15. NOVEMBER 1958: Fidel Castro verlässt die Sierra Maestra, um die letzte Offensive der Rebellenarmee gegen Santiago de Cuba anzuführen.

CHRONOLOGIE

30. NOVEMBER 1958: Die Schlacht um Guisa wird beendet. Dieser bedeutende Sieg macht den Rebellen den Weg nach Santiago de Cuba frei.

1. JANUAR 1959: Angesichts der militärischen Niederlage flüchtet der Diktator Fulgencio Batista aus Kuba. Die Rebellen übernehmen die Macht.

8. JANUAR 1959: Fidel Castro zieht siegreich in Havanna ein. Die Revolutionäre Regierung, unter dem Vorsitz des Richters Manuel Urrutia und dem Anwalt José Miró Cardona als Premierminister, wird offiziell errichtet. Fidel Castro übernimmt den Posten des Comandante en Jefe, des Oberbefehlshabers über die Revolutionären Streitkräfte.

8. JANUAR 1959: In Paris wird General Charles de Gaulle zum Präsidenten der Fünften Französischen Republik ernannt.

23.–27. JANUAR 1959: Fidel Castro besucht Venezuela. Mehr als 300 000 Venezolaner versammeln sich auf der Plaza del Silencio in Caracas, um ihm zuzujubeln und seine Rede zu hören.

16. FEBRUAR 1959: Fidel Castro übernimmt den Posten des Premierministers der Revolutionären Regierung.

15.–27. APRIL 1959: Fidel Castro reist auf Einladung des Nordamerikanischen Verbandes der Zeitungsverleger durch die Vereinigten Staaten. In New York hören 35 000 Menschen im Central Park seine Rede. Am 19. April trifft Castro US-Vizepräsident Richard M. Nixon.

17. MAI 1959: Als Teil des Moncada-Programms wird die Agrarreform auf Kuba umgesetzt.

21. OKTOBER 1959: Zwei US-amerikanische Flugzeuge eröffnen das Feuer auf Havannas Straßen. Bei dem Angriff werden zwei Menschen getötet und fünfzig weitere verletzt.

28. OKTOBER 1959: Nachdem er ein Komplott von Hubert Matos gegen die Revolution vereitelt hat, verschwindet Camilo Cienfuegos mit seinem Sportflugzeug auf dem Rückweg nach Havanna spurlos über dem Meer.

ENDE OKTOBER 1959: US-Präsident Dwight D. Eisenhower genehmigt ein vom Außenministerium und der CIA entwickeltes Programm verdeckter Aktionen gegen Kuba, das geheime Luft- und Seeangriffe sowie die direkte Anwerbung und Unterstützung konterrevolutionärer Gruppierungen auf Kuba vorsieht.

26. NOVEMBER 1959: Che Guevara wird zum Präsidenten der Kubanischen Nationalbank ernannt.

11. DEZEMBER 1959: Präsident Eisenhower genehmigt einen von der CIA erarbeiteten Plan, der »den Sturz Castros innerhalb eines Jahres und dessen Ersetzung durch eine proamerikanische Junta« vorsieht. Neben anderen Maßnahmen besteht der Aktionsplan aus »heimlichen Radioattacken« (internen Interferenzen mit kubanischem Radio und Fernsehen), der Unterstützung »proamerikanischer oppositioneller Gruppen«, damit diese »einen selbst kontrollierten Raum innerhalb Kubas schaffen«, und der Eliminierung Fidel Castros.

FEBRUAR 1960: Der sowjetische Vizepremierminister Anastas Mikoyan besucht Kuba. Die UdSSR gewährt Kuba einen Kredit in Höhe von einhundert Millionen US-Dollar und unterzeichnet einen Vertrag zum Kauf von Zucker im Austausch gegen Öl.

FEBRUAR–MÄRZ 1960: Die französischen Philosophen Jean-Paul Sartre und Simone de Beauvoir besuchen Kuba und treffen Fidel Castro. Sie wohnen im berühmten Hotel *Nacional de la Habana* und treffen ebenso auf Che Guevara.

MÄRZ 1960: Präsident Eisenhower und sein Staatssekretär Foster Dulles eröffnen einen dritten Aktionsplan, die Operation »Pluto«, gegen Kuba. Der Plan beinhaltet die Gründung einer paramilitärischen Einheit, bestehend aus Exilkubanern, um Fidel Castro mit Waffengewalt zu stürzen und ihn durch einen »moderaten Machthaber« zu ersetzen.

4. MÄRZ 1960: Das französische Dampfschiff *La Coubre*, das Kriegsausrüstung mitführt, explodiert im Hafen Havannas aufgrund eines Sabotageaktes, wie von offizieller Seite Kubas behauptet wird, obwohl nie Beweise gefunden werden. Hundertundeins Menschen (darunter sechs französische Seemänner) sterben, mehr als zweihundert werden verletzt.

5. MÄRZ 1960: Während einer Massendemonstration gegen das Attentat des Vortages in Havanna macht der kubanische Fotograf Alberto Korda das berühmt gewordene Foto von Che Guevara und schafft damit die Figur vom unsterblichen »heroischen Guerillero«. Erst am 16. April 1961, am Vortag der Invasion in der Schweinebucht, erscheint das Foto zum ersten Mal in der Zeitung *Revolución*.

8. MAI 1960: Die diplomatischen Beziehungen zur Sowjetunion werden wieder aufgenommen, nachdem Batista diese 1952 eingestellt hatte.

29. JUNI 1960: Kuba besetzt die Ölraffinerien der Texas Oil Company, der Shell und der ESSO Standard Oil, nachdem deren Führungskräfte sich geweigert hatten, sowjetisches Öl zu verarbeiten.

JULI 1960: Die UdSSR zieht ihre Berater aus China ab und unterbricht die Unterstützung für Peking. Beginn des chinesisch-sowjetischen Zerwürfnisses.

6. JULI 1960: Präsident Dwight D. Eisenhower verabschiedet ein Gesetz, das den Import kubanischen Zuckers verbietet. Dies ist der erste bedeutende Schritt im US-amerikanischen Wirtschaftskrieg gegen Kuba.

6. AUGUST 1960: Fidel Castro verkündet die Verstaatlichung von nordamerikanischen Ölraffinerien, Zuckerplantagen, Elektriziätswerken und Telefongesellschaften.

2. SEPTEMBER 1960: Erste Deklaration von Havanna, begleitet durch eine Massendemonstration auf der Plaza de la Revolución: »Die nationale Generalversammlung Kubas verurteilt die Ausbeutung des Menschen durch den Menschen und die Ausbeutung der unterentwickelten Länder durch imperialistisches Finanzkapital.«

9. SEPTEMBER 1960: Im Hotel *Teresa* werden mindestens acht Mordkomplotts gegen Fidel Castro aufgedeckt.

26. SEPTEMBER 1960: Rede Fidel Castros vor der Generalversammlung der Vereinten Nationen in New York: »Hört mit der Politik der Ausbeutung auf, und auch die Politik des Krieges wird aufhören!« Dem Guinnessbuch der Rekorde zufolge ist dies die längste jemals vor der UNO gehaltene Rede eines Staatsoberhauptes: vier Stunden und neunundzwanzig Minuten. In New York wohnt Fidel in einen Harlemer Hotel, in welchem er Treffen mit dem ägyptischen Präsidenten Gamal Abdel Nasser, dem indischen Premierminister Jawaharlal Nehru, dem schwarzen Anführer der Bürgerrechtsbewegung Malcolm X und dem sowjetischen Premierminister Nikita Chruschtschow, den er zum ersten Mal trifft, abhält.

28. SEPTEMBER 1960: Gründung der Komitees zur Verteidigung der Revolution (CDR).

13. OKTOBER 1960: Die größten Banken Kubas und einhundertfünf Zuckerbetriebe werden verstaatlicht.

14. OKTOBER 1960: Die Revolutionäre Regierung Kubas verabschiedet das Urbane Reformgesetz.

30. OKTOBER 1960: Washington verbietet sämtliche Exporte nach Kuba, mit Ausnahme von Nahrungsmitteln und Medikamenten.

NOVEMBER 1960: Die Operation »Peter Pan« beginnt. Die geheime Verschickung 14 000 kubanischer Kinder in die Vereinigten Staaten, von Gegnern der Revolution organisiert, findet nach einer intensiven Propagandaaktion statt, die über den angeblichen Entzug des Sorgerechts der Eltern durch die kubanische Regierung mutmaßt.

16. DEZEMBER 1960: Präsident Eisenhower reduziert den Import kubanischen Zuckers auf null.

3. JANUAR 1961: Die Vereinigten Staaten brechen ihre diplomatischen Beziehungen zu Kuba ab und schließen ihre Botschaft in Havanna.

11. JANUAR 1961: In Kuba beginnt die landesweite Alphabetisierungskampagne.

CHRONOLOGIE

17. JANUAR 1961: Ermordung Patrice Lumumbas im Kongo.

20. JANUAR 1961: Amtseinführung des neuen Präsidenten John F. Kennedy in Washington.

21. FEBRUAR 1961: Che Guevara wird zum Leiter der Industrieabteilung des kubanischen Instituts für Agrarreform (INRA), dem Vorläufer des kubanischen Industrieministeriums, ernannt.

13. MÄRZ 1961: Als Teil eines US-amerikanischen Sabotage- und Attentatsprogramms wird die Ölraffinerie Hermanos Díaz in Santiago de Cuba von einem Piratenschiff angegriffen. Dabei kommt eine Person ums Leben und mehrere werden verletzt.

13. MÄRZ 1961: US-Präsident Kennedy schlägt den lateinamerikanischen Staaten in Washington die Bildung einer Allianz für den Fortschritt, als Alternative zur Kubanischen Revolution, vor.

12. APRIL 1961: Der sowjetische Kosmonaut Juri Gagarin umrundet an Bord der *Wostok 1*, erbaut vom sowjetischen Ingenieur Sergei Koroljow, als erster Mensch in der Geschichte die Erde.

13. APRIL 1961: Ein Brandanschlag von CIA-Agenten zerstört das Kaufhaus *El Encanto* und fordert ein Todesopfer sowie mehrere Verletzte.

15. APRIL 1961: Bombardements der kubanischen Militärflughäfen in San Antonio de los Baños, Columbia und Santiago de Cuba durch Flugzeuge mit gefälschten kubanischen Hoheitszeichen, die in zentralamerikanischen CIA-Camps gestartet sind. Acht Menschen kommen bei den von kubanischen und US-amerikanischen Söldnern ausgeführten Angriffen ums Leben.

16. APRIL 1961: Auf der Begräbnisfeier der Opfer vom Vortag warnt Fidel Castro vor einer bevorstehenden Invasion und erklärt die Kubanische zur sozialistischen Revolution: »Dies ist die sozialistische und demokratische Revolution der Armen, von den Armen und für die Armen«.

17. APRIL 1961: Circa 1500 kubanische Konterrevolutionäre, organisiert, ausgebildet und ausgerüstet von der CIA, landen an den Stränden der Playa Girón und der Playa Larga in der Schweinebucht. In weniger als zweiundsiebzig Stunden werden sie besiegt und mehr als 1200 von ihnen gefangen genommen. Später werden sie gegen Medikamente und Nahrungsmittel im Wert von dreiundfünfzig Millionen US-Dollar ausgetauscht. Eingriffsbereite US-amerikanische Marineeinheiten verbleiben während dieser drei Tage in Gewässern nahe der Schweinebucht.

28. MAI 1961: Ein terroristisches Attentat auf das Riego-Kino in Pinar del Río während einer Kindervorführung verursacht Dutzende Verletzte.

30. JUNI 1961: Fidel Castro spricht seine »Worte an die Intellektuellen«, die die kulturelle Linie der kubanischen Regierung vorgeben: »Innerhalb der Revolution, alles; entgegen der Revolution, nichts.«

JULI 1961: Die Integrierten Revolutionären Organisationen (ORI) werden gebildet. Sie vereinigen die »Bewegung des 26. Juli« mit Blas Rocas Sozialistischer Volkspartei (PSP) und Faure Chomóns »Revolutionärem Direktorium des 13. März«. Der ehemalige Führer der PSP Aníbal Escalante wird zum Generalsekretär ernannt.

13. AUGUST–20. NOVEMBER 1961: Errichtung der Berliner Mauer in der Deutschen Demokratischen Republik (DDR).

22. DEZEMBER 1961: Im Rahmen der nationalen Alphabetisierungskampagne erklärt sich Kuba als »vom Analphabetismus befreites Territorium«.

22. JANUAR 1962: Auf Antrag der Vereinigten Staaten wird Kuba aus der Organisation Amerikanischer Staaten (OAS) ausgeschlossen.

3. FEBRUAR 1962: Präsident Kennedy verhängt ein totales Wirtschaftsembargo gegen Kuba mit dem Ziel, Kuba wirtschaftlich zu isolieren und den Missmut der Bevölkerung zu schüren. Das Embargo dauert bis heute an.

4. FEBRUAR 1962: Zweite Deklaration von Havanna, unter Zustimmung von mehr als einer Million Kubaner auf der Plaza de la Revolución in Havanna: »Die Pflicht eines jeden Revolutionärs ist es, die Revolution zu machen.«

7. FEBRUAR 1962: Washington verbietet sämtliche Importe aus Kuba.

12. MÄRZ 1962: Verabschiedung des Gesetzes 1015 der Revolutionären Regierung zur gerechten Verteilung der Nahrungsmittel unter kubanischen Familien, in Abhängigkeit der landesweit verfügbaren Ressourcen. Die *libreta* (Zuteilungsheft für rationierte Nahrungsmittel) wird eingeführt.

13. MÄRZ 1962: Fidel Castro klagt die Integrierten Revolutionären Organisationen (ORI) wegen »Sektierertums« in der Führungsebene öffentlich an. Aníbal Escalante wird seines Amtes enthoben.

14. MÄRZ 1962: Nach der gescheiterten Invasion in der Schweinebucht verabschiedet die Regierung Kennedy einen großflächig angelegten Geheimplan zur Durchführung von Operationen, die »Kuba helfen sollen, das kommunistische Regime zu stürzen«. Dieses Programm des schmutzigen Krieges wird unter dem Namen Operation »Mongoose« (»Mungo«-Operation) geführt und ist auch als »The Cuban Project« (»Kuba-Projekt«) bekannt. Die Operation, geführt von General Edward Landsdale, einem Spezialisten der Konteroffensive, umfasst mehr als dreißig Pläne, von denen eine Vielzahl umgesetzt wird: Propagandaaktionen, Attentate gegen die kubanische Regierung und die kubanische Wirtschaft, der Einsatz von Spezialeinheiten der US-Armee (Green Berets) im kubanischen Inland, Zerstörung der Zuckerernte, Zerstörung von Fabriken, Verminung der Häfen, Mordanschläge auf die führenden Politiker, Bewaffnung der Oppositionellen und die flächendeckende Errichtung von Guerillastützpunkten, um eine Invasion Kubas im Oktober vorzubereiten.

26. MÄRZ 1962: Die Integrierten Revolutionären Organisationen (ORI) werden in Einheitspartei der Sozialistischen Revolution Kubas (PURSC) umbenannt.

5. JULI 1962: Der Algerienkrieg endet mit der Unabhängigkeitserklärung des Landes.

22. OKTOBER 1962: Beginn der Kubakrise. Präsident Kennedy verordnet die Seeblockade Kubas, um den Abzug sowjetischer Nuklearraketen zu erzwingen. Die auf Gesuch der UdSSR und mit Einwilligung Kubas installierten Raketen dienen der Vereitelung weiterer Angriffspläne der Vereinigten Staaten gegenüber Kuba. Nach einigen Tagen und ohne die kubanischen Behörden zu unterrichten, die mit der Geheimhaltung der Verhandlungen nicht einverstanden sind, stimmt Moskau dem Abzug der Raketen zu. In vertraulicher Absprache versichert Kennedy, Kuba nicht anzugreifen.

23. DEZEMBER 1962: Das Handelsschiff *African Pilot* läuft in den Hafen Havannas ein. Es befördert einen Teil der von Kuba geforderten Reparationen für die durch die Invasion in der Schweinebucht entstandenen Material- und Personenschäden. Die gefangen genommenen Eindringlinge, die von der kubanischen Gerichtsbarkeit verurteilt wurden, werden den Vereinigten Staaten übergeben.

27. APRIL–3. JUNI 1963: Erster Staatsbesuch Fidel Castros in der Sowjetunion.

6. AUGUST 1963: Tod von Castros Mutter, Lina Ruz González.

28. AUGUST 1963: Nach einer Demonstration gegen Rassismus hält der Bürgerrechtler und Baptistenpastor Martin Luther King in Washington vor 250 000 Menschen seine berühmt gewordene Rede »I have a dream«.

OKTOBER 1963: Auf Anfrage des algerischen Präsidenten Ahmed Ben Bella schickt Kuba ein Bataillon von zweiundzwanzig Panzern und mehrere Hundert Soldaten unter Führung des Kommandanten Efigenio Ameijeiras nach Algerien, um die algerischen Truppen bei der Abwehr der marokkanischen Offensive in der Provinz Tinduf zu unterstützen. Es ist der erste internationale Militäreinsatz Kubas in Afrika.

4. OKTOBER 1963: Der Zyklon Flora verwüstet die Ostküste Kubas mit katastrophalen Aus-

wirkungen für die Bevölkerung und die kubanische Wirtschaft. Fidel Castro erklärt: »Eine Revolution ist gewaltiger als die Natur.«

22. NOVEMBER 1963: Ermordung des US-Präsidenten John F. Kennedy in Dallas, Texas. Kennedy hatte zuletzt die Möglichkeit einer Wiederannäherung an Kuba erwogen.

1. APRIL 1964: Durch einen Militärputsch wird der sozialreformistische brasilianische Präsident João Goulart gestürzt. Dieser hatte zuvor eine Agrarreform, die staatliche Kontrolle des Geldwechsels und weitere Maßnahmen zur Stärkung der Staatssouveränität beschlossen.

3. APRIL 1964: Kuba zieht sich aus dem Internationalen Währungsfonds (IWF) zurück.

14. OKTOBER 1964: In Moskau wird Parteichef Nikita Chruschtschow abgesetzt. Leonid Breschnew wird zum neuen Ersten Sekretär der Kommunistischen Partei der UdSSR gewählt.

3. NOVEMBER 1964: Staatsstreich in Bolivien durch die Generäle Barrientos und Ovando. Bolivien tritt damit in eine Periode der Militärdiktaturen ein, die insgesamt achtzehn Jahre andauern wird.

21. FEBRUAR 1965: In Harlem, New York, wird der Anführer der afroamerikanischen Bürgerrechtsbewegung, Malcolm X, der sich am 9. September 1960 mit Fidel Castro getroffen hatte, ermordet.

22.–27. FEBRUAR 1965: Afroasiatische Konferenz in Algier. Rede Che Guevaras.

APRIL 1965: In einem offiziellen Brief an Fidel Castro, der im Oktober veröffentlicht wird, verabschiedet sich Che Guevara von Kuba und geht unter Geheimhaltung nach Afrika, um die Guerillagruppen im Kongo zu unterstützen: »Andere Länder rufen nach meinen bescheidenen Bemühungen.«

28. APRIL 1965: Soldaten der US-Marineinfanterie landen in der Dominikanischen Republik, um die proreformistischen *Constitucionalista*-Truppen, angeführt von Oberst Francisco Caamaño, zu bekämpfen. Diese unterstützen die Rückkehr des reformistischen Expräsidenten Juan Bosch. »Wir werden kein weiteres Kuba in der Karibik zulassen«, erklärt der amtierende US-Präsident Lyndon B. Johnson.

11. AUGUST 1965: Im Wohnviertel Watts in Los Angeles findet ein gewalttätiger Aufstand der Afroamerikaner gegen Diskriminierung, Arbeitslosigkeit und allgemein schlechte Lebensbedingungen statt. Vierunddreißig Menschen kommen dabei ums Leben, weitere 800 werden verletzt. Das Viertel wird durch Brände und Plünderungen vollkommen zerstört.

OKTOBER 1965: »Erste Migrationskrise«: Der Hafen von Camarioca wird bereitgestellt, um die Auswanderung kubanischer Staatsbürger in die Vereinigten Staaten zu erleichtern.

3. OKTOBER 1965: Die Kommunistische Partei Kubas (PCC) wird gegründet. Fidel Castro wird zum Ersten Sekretär des Zentralkomitees gewählt. Während des Gründungsaktes erklärt Castro die Abwesenheit Che Guevaras und verliest seinen Abschiedsbrief. Castro kündigt darüber hinaus das Aufgehen der Zeitungen *Revolución* und *Hoy*, der respektiven Sprachorgane der »Bewegung des 26. Juli« und der Sozialistischen Volkspartei (PSP), in die neue Zeitung der Kommunistischen Partei Kubas, *Granma*, an.

29. OKTOBER 1965: In Paris wird der marokkanische Sozialistenführer Mehdi Ben Barka, Regimegegner von Hassan II. und beauftragter Organisator der Ersten Trikontinentalen Konferenz in Havanna, entführt und ermordet.

JANUAR 1966: Die Trikontinentale Konferenz in Havanna vereint Unabhängigkeitsbewegungen aus mehr als siebzig Ländern Asiens, Afrikas und Lateinamerikas.

15. FEBRUAR 1966: In San Vicente, Kolumbien, wird der Guerillapriester Camilo Torres von kolumbianischen Militärs erschossen.

16. MAI 1966: In China beginnt die »Kulturrevolution«.

2. NOVEMBER 1966: Der Kongress der Vereinigten Staaten beschließt den Cuban Adjustment Act (Regulierungsgesetz), ein Gesetz, das bis heute in Kraft ist. Indem den auf illegalem Weg in die USA gelangten Kubanern außergewöhnliche Privilegien gewährt werden, befördert das Gesetz die illegale Emigration und ist bis heute die Ursache für eine Unzahl von Todesopfern.

25. APRIL 1967: In Bolivien wird Régis Debray vom Militär gefasst.

9. OKTOBER 1967: Che Guevara wird ermordet, nachdem er im Kampf vom bolivianischen Militär gefangen genommen wurde, als er eine Guerillabewegung anführte.

18. OKTOBER 1967: Fidel Castro verkündet dem kubanischen Volk den Tod Che Guevaras.

17. NOVEMBER 1967: Regís Debray wird in Camiri, Bolivien, zu dreißig Jahren Gefängnishaft verurteilt.

9. DEZEMBER 1967: In Rumänien wird Nicolae Ceaușescu zum Vorsitzenden des Staatsrates gewählt.

JANUAR 1968: Aníbal Escalante und weitere fünfunddreißig Mitglieder der »prosowjetischen Mikrofraktion« werden in Havanna vor Gericht gestellt.

MÄRZ 1968: Die kubanische Regierung enteignet mit Ausnahme kleineren Agrarbesitzes den gesamten Privatbesitz auf der Insel.

4. APRIL 1968: In Memphis, Tennessee, wird Martin Luther King auf dem Balkon des Lorraine Motels von einem Rassisten ermordet, als er einen Demonstrationszug zur Unterstützung der lokal ansässigen afroamerikanischen Arbeitergewerkschaft vorbereitete.

20. APRIL 1968: Pierre Elliott Trudeau wird Premierminister Kanadas. Der neu gewählte Präsident nimmt persönliche Verhandlungen mit Fidel Castro auf.

MAI 1968: Weltweite Studentenproteste gegen die kapitalistische Gesellschaftsordnung des Westens. In Deutschland, Frankreich, Italien und im US-Bundesstaat Kalifornien fordern Zehntausende junger Menschen, die häufig Poster mit dem Konterfei Che Guevaras mitführen, Veränderungen des politischen Systems und der Lebensverhältnisse.

5. JUNI 1968: In Los Angeles, Kalifornien, in der Küche des Hotels *Ambassador*, wird Senator Robert F. Kennedy ermordet.

21. AUGUST 1968: Warschauer-Pakt-Truppen marschieren auf Geheiß der UdSSR in der Tschechoslowakei ein und beenden den »Prager Frühling«. China protestiert gegen die Invasion. In einer Rede am 23. August stimmt Fidel Castro der Intervention unter einigen Vorbehalten zu.

19. JANUAR 1969: In Prag entzündet sich der Student Jan Palach selbst, um gegen die sowjetische Invasion in der Tschechoslowakei zu protestieren.

20. JANUAR 1969: In Washington wird Richard M. Nixon ins Präsidentenamt eingeführt.

1. FEBRUAR 1969: Im Nahen Osten wird Jassir Arafat Vorsitzender der Palästinensischen Befreiungsorganisation (PLO).

20. JULI 1969: Mondlandung der amerikanischen Astronauten Neil Armstrong und Edwin Aldrin.

1. SEPTEMBER 1969: In Libyen stürzt Oberst Muammar al-Gaddafi König Idriss und wird neuer Machthaber.

14. OKTOBER 1969: In Schweden wird der Sozialdemokrat Olof Palme zum Premierminister gewählt. Dieser nimmt Verhandlungen mit Kuba und Fidel Castro auf.

21. OKTOBER 1969: In der Bundesrepublik Deutschland wird der Sozialdemokrat Willy Brandt Kanzler. Er nimmt ebenfalls Verhandlungen mit Kuba und Fidel Castro auf.

17. APRIL 1970: Eine Gruppe von Exilkubanern, finanziert und ausgerüstet von den Vereinigten Staaten, landet in der Nähe von Baracoa. Sie töten vier Milizsoldaten und verletzen zwei weitere schwer.

18. MAI 1970: Auf Kuba wird bekannt gegeben, dass das Jahresziel der Zuckerrohrernte von zehn Millionen Tonnen nicht erreicht wurde.

26. JULI 1970: In einer Rede übernimmt Fidel Castro die Verantwortung für das Scheitern der »Zehn-Millionen-Tonnen-Ernte«.

CHRONOLOGIE

4. SEPTEMBER 1970: In Chile wird Salvador Allende zum Präsidenten gewählt.

8. OKTOBER 1970: Alexander Solschenizyn, sowjetischer Dissident und Autor von *Ein Tag im Leben des Iwan Denissowitsch* (1962), *Krebsstation* (1968) und anderen Werken, erhält den Nobelpreis für Literatur.

23. DEZEMBER 1970: Nach drei Jahren Gefangenschaft wird Régis Debray aus der bolivianischen Haft entlassen.

20. MÄRZ 1971: Der Dichter Heberto Padilla, Autor des umstrittenen Gedichtbandes *Fuera del Juego*, wird festgenommen und wegen »subversiver Handlung gegen die Staatssicherheit« angeklagt. Seine Festnahme löst internationale Proteststürme aus, und eine Vielzahl Intellektueller verlangt seine Freilassung. Nachdem man ihn gezwungen hat, in Havanna in aller Öffentlichkeit eine Selbstkritik zu verlesen, wird der Autor freigelassen.

10. MAI 1971: Eine Gruppe Exilkubaner attackiert zwei Boote der Fischereigenossenschaft von Caibarén, nimmt elf Besatzungmitglieder gefangen und setzt diese auf einer kleinen Insel der Bahamas aus.

12. JULI 1971: In Miami erklärt sich eine Gruppe Exilkubaner für einen terroristischen Akt in Guantánamo verantwortlich. Dieser hatte ein Zugunglück mit vier Toten und siebzehn Verletzten verursacht.

19. JULI 1971: Im Sudan scheitert ein kommunistischer Putschversuch. Vierzehn kommunistische Anführer werden in Karthum öffentlich erhängt.

12. OKTOBER 1971: Ein aus Miami stammendes Kanonenboot greift die Siedlung Boca de Samá (in Banes, Provinz Oriente) an; dabei werden zwei Menschen getötet (Lidio Rivaflecha und Ramón Siam Portelles) und vier weitere, darunter zwei Minderjährige, verletzt.

25. OKTOBER 1971: Nach einem Besuch des US-Staatssekretärs Henry Kissinger in Peking wird Taiwan aus der UNO ausgeschlossen und durch die Volksrepublik China als ständiges der fünf Mitglieder im UN-Sicherheitsrat ersetzt.

10. NOVEMBER–4. DEZEMBER 1971: Besuch Fidel Castros in Chile, regiert vom Linksbündnis Unidad Popular (UP) unter Vorsitz Salvador Allendes.

15. FEBRUAR 1972: Kuba ratifiziert das Abkommen der Vereinten Nationen zur Eliminierung jeder Form von Rassendiskriminierung.

21. FEBRUAR 1972: US-Präsident Richard M. Nixon trifft sich in Peking mit Mao Tse-tung.

4. APRIL 1972: In Montreal zerstört ein Bombenattentat die kubanische Wirtschaftsvertretung und verursacht den Tod von Sergio Pérez del Castillo. In Miami erklärt sich die Organisation Grupo de Jóvenes Cubanos für das Attentat verantwortlich.

22. MAI 1972: US-Präsident Nixon besucht Moskau. Treffen mit Leonid Breschnew. Unterzeichnung eines beiderseitigen Abkommens zur Begrenzung nuklearer Waffenarsenale.

JULI 1972: Kuba wird Mitglied im Rat für gegenseitige Wirtschaftshilfe (RGW), dem gemeinsamen Markt sozialistischer Staaten.

JANUAR 1973: Vertrag von Paris zwischen Nord- und Südvietnam. Die Vereinigten Staaten, die seit Juni 1969 ihre Truppen schrittweise aus Vietnam abziehen, verpflichten sich, nicht militärisch einzugreifen.

20. JUNI 1973: Triumphale Rückkehr Juan Peróns nach Argentinien: Am 23. September wird er zum dritten Mal zum Präsidenten gewählt.

3. AUGUST 1973: In Abrainville, im Westen von Paris, stirbt ein Mitglied der terroristischen Organisation Acción Cubana durch die vorzeitige Explosion einer Bombe, mit der es einen Anschlag auf die kubanische Botschaft in Frankreich plante.

6. AUGUST 1973: Der ehemalige kubanische Diktator Fulgencio Batista stirbt in Spanien.

5.–10. SEPTEMBER 1973: Fidel Castro nimmt an der vierten Gipfelkonferenz der Bewegung der blockfreien Staaten in Algier teil.

11. SEPTEMBER 1973: Militärputsch in Chile und Tod Salvador Allendes. General Augusto

Pinochet wird neuer Machtinhaber und errichtet eine Gewaltdiktatur, unterstützt von den Vereinigten Staaten.

DEZEMBER 1973: Der sowjetische Autor Alexander Solschenizyn veröffentlicht *Der Archipel Gulag*, eine Beschreibung des Systems sowjetischer Konzentrationslager. Das Buch erscheint auf Russisch beim YMCA-Press Verlag in Paris, der 1921 von russischen Emigranten gegründet wurde.

FEBRUAR 1974: Alexander Solschenizyn wird in Moskau festgenommen und aus der UdSSR ausgewiesen.

13. FEBRUAR 1974: In der Postzentrale in Cibeles in Madrid, Spanien, explodiert eine Paketbombe, die an die kubanische Botschaft in Spanien gerichtet ist. Ein spanischer Beamter wird verletzt.

25. APRIL 1974: »Nelkenrevolution« in Portugal. Die Diktatur wird gestürzt.

1. JULI 1974: Juan Perón stirbt in Buenos Aires.

8. AUGUST 1974: Im Zusammenhang mit der Watergate-Affäre erklärt US-Präsident Richard M. Nixon in Washington seinen Rücktritt. Er wird durch Vizepräsident Gerald Ford ersetzt.

12. SEPTEMBER 1974: In Äthiopien findet ein Militärputsch in Addis Abeba statt. Eine Gruppe marxistischer Militärs, unter ihnen Mengistu Haile Mariam, entthront und ermordet Kaiser Haile Selassie.

NOVEMBER 1974: Kubanische und US-amerikanische Funktionäre nehmen Verhandlungen auf, um über eine Lösung der Migrationskrise zu beratschlagen.

APRIL 1975: US-Militärs ziehen sich aus Saigon zurück. Ende des Vietnamkriegs, mit dem Sieg Vietnams.

17. APRIL 1975: In Kambodscha nehmen die Roten Khmer Phnom Penh ein. Der Genozid gegen die Zivilbevölkerung und ethnische Minderheiten beginnt.

30. APRIL 1975: Vietnamesische Truppen marschieren in Saigon ein, das in Ho-Chi-Minh-Stadt umbenannt wird.

25. JUNI 1975: Die neue portugiesische Regierung, die aus der »Nelkenrevolution« hervorgegangen ist, verkündet die Unabhängigkeit seiner früheren Kolonie Angola.

29. JUNI 1975: Der schwedische Premierminister Olof Palme besucht Kuba.

11. NOVEMBER 1975: Die Operation »Carlota« beginnt. Kuba errichtet eine Luftbrücke und entsendet Tausende freiwilliger Soldaten nach Angola. Diese Freiwilligenarmee stoppt den Vormarsch südafrikanischer und zairischer Truppen in Richtung Luanda, die die Unabhängigkeit Angolas verhindern wollen.

20. NOVEMBER 1975: Der spanische Diktator Francisco Franco stirbt. König Juan Carlos I. wird neuer König.

15. FEBRUAR 1976: Mit überwiegender Mehrheit wird die erste sozialistische Verfassung Kubas durch ein Referendum bestätigt.

22. APRIL 1976: In Lissabon, Portugal, explodiert eine Bombe in der kubanischen Botschaft und tötet zwei kubanische Beamte: Efrén Monteagudo und Adriana Corcho.

9. JULI 1976: Auf dem Flughafen von Kingston, Jamaika, explodiert eine Kofferbombe, kurz bevor sie in ein Flugzeug der Fluggesellschaft Cubana geladen wird.

9. AUGUST 1976: Der kubanische Autor José Lezama Lima stirbt in Havanna.

9. SEPTEMBER 1976: Tod Mao Tse-tungs in Peking.

6. OKTOBER 1976: Ein kubanisches Passagierflugzeug explodiert aufgrund eines Sabotageaktes in der Küstenregion von Barbados. Dreiundsiebzig Personen sterben. Die venezolanischen und barbadischen Behörden überführen die Exilkubaner Orlando Bosch und Luis Posada Carriles als Täter. Beide werden festgenommen.

20. JANUAR 1977: In Washington wird Jimmy Carter neuer Präsident der Vereinigten Staaten.

11. FEBRUAR 1977: In Äthiopien wird Oberst Mengistu Haile Mariam neuer Machthaber.

CHRONOLOGIE

1. SEPTEMBER 1977: Die Vereinigten Staaten unter Präsident Jimmy Carter und Kuba eröffnen diplomatische Vertretungen (Interessenbüros) in ihren jeweiligen Hauptstädten.

MÄRZ 1978: Durch die militärische Unterstützung kubanischer Truppen schlägt Äthiopien somalische Invasionstruppen in der Ogaden-Kampagne.

28. JULI 1978: In Havanna werden die elften Weltfestspiele der Jugend und Studenten eröffnet.

9. SEPTEMBER 1978: Adolfo Suárez, der amtierende spanische Präsident, besucht Kuba. Es ist der erste offizielle Besuch eines spanischen Regierungsvertreters in Kuba seit 1959.

16. OKTOBER 1978: Im Vatikan wird der polnische Kardinal Karol Wojtyła zum Papst gewählt. Wojtyła nimmt den Namen Johannes Paul II. an.

NOVEMBER 1978: In Kuba findet eine erste Annäherung zu den moderaten Exilführern statt. Über 3000 politische Gefangene werden freigelassen.

24. DEZEMBER 1978: Das vietnamesische Militär marschiert in Kambodscha ein, das bis dahin von den Roten Khmer regiert wurde. Am 7. Januar 1979 nehmen die Vietnamesen Phnom Penh ein.

16. JANUAR 1979: Islamische Revolution im Iran mit dem Sturz des Schahs, Mohammad Reza Pahlavi. Ayatollah Khomeini, spirituelles iranisches Oberhaupt, kehrt am 1. Februar aus dem Exil nach Teheran zurück.

19. JULI 1979: Sandinistische Revolution in Nicaragua.

3.–9. SEPTEMBER 1979: Sechstes Gipfeltreffen der Bewegung der blockfreien Staaten in Havanna. Fidel Castro übernimmt das Amt des Präsidenten der Bewegung.

27. DEZEMBER 1979: Sowjetische Truppen besetzen Afghanistan.

11. JANUAR 1980: Celia Sánchez, eines der ersten Mitglieder von Castros Anti-Batista-Guerilla und eine seiner engsten Vertrauten, stirbt in Havanna.

FEBRUAR 1980: Fidel Castro heiratet Dalia Soto del Valle, eine Lehrerin aus Trinidad, mit der er seit 1961 eine Beziehung führt und fünf Kinder hat: Alexis (1963), Alex (1965), Alejandro (1967), Antonio (1968) und Ángel (1974). Die Hochzeit bleibt geheim.

16. MÄRZ 1980: Der Dichter Heberto Padilla geht in die Vereinigten Staaten ins Exil.

APRIL 1980: Zweite Migrationskrise. Der »Mariel Exodus« beginnt, als die kubanische Regierung erklärt, jeden gehen zu lassen, der gewillt ist, zu gehen. Ungefähr 125 000 Kubaner verlassen die Insel zwischen April und Ende September.

4. MAI 1980: Marschall Tito stirbt in Belgrad.

17. MAI 1980: Angeführt von der maoistischen Guerillaorganisation »Leuchtender Pfad«, beginnt in Peru der »Bürgerkrieg«, der Tausende Tote hinterlassen wird.

18. JULI 1980: Fidel Castro wohnt dem feierlichen Akt zu Ehren des einjährigen Bestehens der Sandinistischen Revolution in Managua (Nicaragua) bei. Er sagt der sandinistischen Regierung Hilfe im Kampf gegen die »Contras« und ihre US-amerikanischen Unterstützer zu.

14. AUGUST 1980: In Polen beginnt ein Generalstreik in der Danziger Werft, der bald auf das ganze Land übergreift. Die polnischen Werftarbeiter tragen den Sieg davon, woraufhin Verträge zwischen der polnischen Regierung und der Gewerkschaft Solidarność, geführt von Lech Wałęsa, unterzeichnet werden.

11. SEPTEMBER 1980: Der kubanische Diplomat Félix García wird von Mitgliedern der terroristischen Organisation Omega 7 in New York ermordet.

20. JANUAR 1981: In Washington wird Ronald Reagan neuer Präsident der Vereinigten Staaten.

JUNI 1981: In China wird der Nachfolger Mao Tse-tungs, Hua Guofeng, seines Amtes als Premierminister der Kommunistischen Partei enthoben und durch den Reformisten Deng Xiaoping ersetzt.

18. OKTOBER 1981: General Wojciech Jaruzelski wird Erster Sekretär der Polnischen Vereinigten Arbeiterpartei (PVAP).

22. OKTOBER 1981: Nord-Süd-Gipfel in Cancún, Mexiko. Zweiundzwanzig Regierungschefs verpflichten sich, eine weltweite Handelsbeziehung zwischen reichen und armen Staaten aufzunehmen. Washington drängt auf den Ausschluss Kubas, obwohl Kuba den Vorsitz der Gruppe der 77 innehat.

22.–23. OKTOBER 1981: Auf Initiative des französischen Präsidenten François Mitterrand wird eine internationale Konferenz zur Neuen Weltwirtschaftsordnung einberufen.

2. APRIL–13. JUNI 1982: Krieg um die Falklandinseln oder Islas Malvinas. Die britischen Truppen erobern das von Argentinien beanspruchte Gebiet zurück.

21. AUGUST 1982: In Mexiko entsteht eine Auslandsschuldenkrise. Das Land gibt einen Zahlungsaufschub bekannt. Die Finanzkrise breitet sich über ganz Lateinamerika und die Karibik aus.

18. OKTOBER 1982: Durch Vermittlung des französischen Staatspräsidenten François Mitterrand wird der Dichter Armando Valladares, der eine physische Lähmung vortäuscht, nach zweiundzwanzigjähriger Haft, die er wegen terroristischer Aktivitäten verbüßte, in Havanna freigelassen.

10. NOVEMBER 1982: Leonid Breschnew stirbt in Moskau. Juri Andropow übernimmt das Amt des Staatsoberhauptes der Sowjetunion.

25. OKTOBER 1983: Nach dem Mord an Premierminister Maurice Bishop intervenieren die US-Militärs in Granada. Kubanische Zivilisten, die in Granada arbeiten, kämpfen gegen die Invasionstruppen. Einige von ihnen sterben im Kampfgeschehen, andere werden später ermordet. Ungefähr 600 Kubaner werden gefangen genommen und nach Kuba ausgewiesen.

11. FEBRUAR 1984: Juri Andropow stirbt in Moskau. Konstantin Tschernenko wird neues Staatsoberhaupt der Sowjetunion.

16. FEBRUAR 1984: Nach einem Staatsbesuch in Moskau macht Fidel Castro auf seinem Rückweg nach Kuba einen Zwischenstopp in Spanien. Es ist Castros erster Besuch. In Moncloa trifft er Staatspräsident Felipe González.

DEZEMBER 1984: Der erste Migrationsvertrag zwischen Kuba und den Vereinigten Staaten wird unterzeichnet.

10. MÄRZ 1985: Konstantin Tschernenko stirbt in Moskau.

11. MÄRZ 1985: Michail Gorbatschow ergreift die Macht in der Sowjetunion und beginnt das politische und wirtschaftliche System des Landes infragezustellen. Er verkündet eine neue Politik der Glasnost (Offenheit) und Perestroika (Umbau).

11. APRIL 1985: In Tirana, Albanien, stirbt der langjährige kommunistische Machthaber Enver Hoxha, der seit 1945 Staatsoberhaupt war.

AUGUST 1985: Die US-amerikanische Zeitschrift *Playboy* publiziert ein Interview mit Fidel Castro über »Reagan und die Revolution«.

3. AUGUST 1985: Fidel Castro wohnt einer internationalen Konferenz lateinamerikanischer Schuldnerländer in Havanna bei, die Teil der kubanischen Kampagne gegen die Auslandsverschuldung armer Länder ist: »Vielleicht sollen auch noch die Schulden der Unterdrücker durch die Unterdrückten beglichen werden?«

FEBRUAR 1986: Fidel Castro besucht Moskau und wird von Michail Gorbatschow herzlich empfangen.

19. APRIL 1986: In Kuba beginnt die »Korrekturperiode«. Fidel Castro beklagt moralische Verfehlungen in Parteiführung, Wirtschaft und Bürokratie sowie Egoismus und Regierungskorruption.

25. APRIL 1986: Explosion im Kernreaktor in Tschernobyl, Ukraine. Kuba leistet wichtige Soforthilfe für Tausende vom Unfall betroffener Kinder.

NOVEMBER 1986: Staatsbesuch des spanischen Premierministers Felipe González auf Kuba.

JUNI 1987: Luis Orlando »Landy« Domínguez, ehemaliger Führer der Kommunistischen Jugend, Mitglied des Assistenzzirkels um Fidel Castro und Präsident des kubanischen Instituts für zivile Luftfahrt (IACC), wird festgenommen, als er im Begriff ist, Kuba mit seiner Familie zu verlassen. Er wird zu einer Haftstrafe von zwanzig Jahren wegen Unterschlagung verurteilt werden.

19. OKTOBER 1987: In New York bricht die Börse an der Wall Street zusammen. Der Dow-Jones-Index fällt an diesem Tag um mehr als zweiundzwanzig Prozentpunkte. Die Finanzkrise weitet sich auf die Börsen in Hongkong, London, Brüssel und Paris aus.

26. JULI 1988: Fidel Castro lehnt die Perestroika Gorbatschows ab, die er als »gefährlich« und »den Prinzipien des Sozialismus entgegengesetzt« bezeichnet.

20. JANUAR 1989: Amtsantritt des neuen US-Präsidenten George H. W. Bush in Washington.

27. FEBRUAR 1989: In Venezuela löst die angekündigte neoliberale »Schocktherapie« des Präsidenten Carlos Andrés Pérez einen Volksaufstand und die schwersten Unruhen in der Geschichte des Landes aus. Nach Schätzungen sterben zwischen 300 und 3000 Menschen während der blutigen Repression. Hugo Chávez, zu diesem Zeitpunkt Offizier der Präsidentengarde, ist von den Zusammenstößen tief betroffen.

3. APRIL 1989: Michail Gorbatschow besucht Kuba.

JUNI 1989: Diocles Torralba, Verkehrsminister und Vizepräsident des Ministerrats, wird abgesetzt. Am 24. Juli wird er zu einer zwanzigjährigen Haftstrafe wegen Amtsmissbrauchs, Veruntreuung öffentlicher Gelder und Urkundenfälschung verurteilt.

JUNI 1989: Michail Gorbatschow besucht Peking und trifft Deng Xiaoping. Ende des chinesisch-sowjetischen Zerwürfnisses. Der »Pekinger Frühling« beginnt, der schließlich im Tiananmen-Massaker von staatlicher Seite niedergeschlagen wird.

14. JUNI 1989: In einer Gerichtsverhandlung werden General Arnaldo Ochoa, Oberst Antonio de la Guardia und weitere hoch dekorierte Offiziere des kubanischen Militärs und der Staatssicherheit wegen Drogenhandels angeklagt. Ochoa, de la Guardia und zwei weitere Offiziere werden zum Tode verurteilt und am 13. Juli erschossen.

26. JULI 1989: Fidel Castro erklärt in einer Rede, dass die Kubanische Revolution auch im Falle eines Zusammenbruchs der Sowjetunion weitergehe.

5. OKTOBER 1989: Der chilenische Präsident General Augusto Pinochet verliert das Plebiszit, das ihm eine Mandatsverlängerung ermöglicht hätte.

9. NOVEMBER 1989: Fall der Berliner Mauer. Die sozialistischen Regierungen Osteuropas brechen nacheinander zusammen.

20. DEZEMBER 1989: Volksaufstand in Rumänien. Das kommunistische Regime wird gestürzt. Der rumänische Präsident Nicolae Ceaușescu wird einige Tage später erschossen.

20. DEZEMBER 1989: Blutige Militärintervention der Vereinigten Staaten in Panama. Der panamaische Präsident General Manuel Noriega wird von US-Militärs gefangen genommen.

APRIL 1990: Die Sandinisten verlieren die Wahlen in Nicaragua. Ende der Sandinistischen Revolution.

29. AUGUST 1990: Kubanische Behörden rufen die »Sonderperiode in Friedenszeiten« aus und kündigen vierzehn Restriktionsmaßnahmen für den Öl- und Elektrizitätsverbrauch an.

21. MAI 1991: Oberst Mengistu Haile Mariam wird in Äthiopien gestürzt und flüchtet daraufhin aus dem Land.

25. MAI 1991: Nach der Unterzeichnung eines Friedensabkommens durch die angolanischen Bürgerkriegsparteien kehren die letzten kubanischen Truppen zurück. Ohne die militärische Intervention Kubas hätte die Regierung Luandas den angreifenden südafrikanischen Truppen nicht standgehalten. Die Niederlage Südafrikas begünstigt die vollständige Unabhängigkeit Namibias und beschleunigt den Sturz des rassistischen Apartheidregimes in Südafrika.

11. SEPTEMBER 1991: Michail Gorbatschow kündigt den Abzug der 7000 auf Kuba stationierten Sowjetsoldaten an.

DEZEMBER 1991: Der Zusammenbruch der Sowjetunion beendet die Wirtschafts- und Handels-

FIDEL CASTRO UND DIE KUBANISCHE REVOLUTION

beziehungen mit Kuba. Die wirtschaftliche Leistung Kubas verringert sich in den folgenden drei Jahren um fünfunddreißig Prozent.

1. JANUAR 1992: Erstes Jahr der »Sonderperiode«. Unzählige Stimmen weltweit prognostizieren das sichere Scheitern der Kubanischen Revolution.

14. JANUAR 1992: Die salvadorianische Regierung und die Nationale Befreiungsfront Farabundo Martí (FMLN) unterzeichnen in Mexiko die Friedensverträge von Chapultepec, wodurch der seit zwölf Jahren anhaltende Bürgerkrieg in El Salvador beendet wird.

20. JANUAR 1992: Amtseinführung des neuen US-Präsidenten Bill Clinton in Washington.

4. FEBRUAR 1992: In Venezuela unternimmt Hugo Chávez an der Spitze einer Gruppe von Offizieren einen Putschversuch gegen den amtierenden Präsidenten Carlos Andrés Pérez. Der Putschversuch scheitert, und Chávez wird zu zwei Jahren Gefängnishaft verurteilt.

5. APRIL 1992: Der peruanische Präsident Alberto Fujimori, der dem Land eine Politik der »neoliberalen Schocktherapie« verordnet hat, stürzt seine eigene Regierung, löst den Kongress auf und überträgt sich selbst die uneingeschränkte Macht, per Dekret zu regieren.

JUNI 1992: Fidel Castro nimmt am Erdgipfel in Rio de Janeiro teil.

JULI 1992: Fidel Castro nimmt am zweiten Iberoamerika-Gipfel in Madrid teil. Auf Einladung des Regierungschefs der galicischen Regierung, Manuel Fraga, besucht Castro Galicien und hier insbesondere den Geburtsort seines Vaters, das Dorf Láncara in der Provinz Lugo.

12. SEPTEMBER 1992: In Peru wird die Guerillaorganisation »Leuchtender Pfad« mit der Gefangennahme ihres Anführers Abimael Guzmán aufgelöst. Einen Monat später wird Guzmán zu lebenslanger Haft verurteilt.

OKTOBER 1992: Carlos Aldana, Mitglied des Zentralkomitees, Chefideologe und in der Machthierarchie Kubas der dritte Mann hinter den Castros, wird aufgrund von »Defiziten und grober Verfehlungen persönlicher Natur« seines Amtes enthoben.

OKTOBER 1992: Der US-Kongress verabschiedet das Torricelli-Gesetz, offiziell bekannt als »Demokratiegesetz Kuba«, das das Handels- und Wirtschaftsembargo gegen Kuba verschärft.

24. FEBRUAR 1993: Erste Direktwahl für 601 Abgeordnete der kubanischen Nationalversammlung. Die Kommunistische Partei präsentiert keine offiziellen Listen. Fidel Castro wird zum Abgeordneten Santiago de Cubas gewählt und durch die Versammlung in seinem Amt als Präsident des Staats- und Ministerrats bestätigt.

27. JULI 1993: Auf Kuba werden Bauernmärkte, Eigenwirtschaft und Pachtverträge zugelassen, wodurch die Bauern einen Teil der Erzeugnisse auf den freien Märkten verkaufen dürfen. Das Verbot des Dollarbesitzes wird aufgehoben, und Geldsendungen aus dem Ausland an Privatpersonen werden zugelassen. Der Tourismus wird gefördert, und ab September werden in geringem Umfang private Kleinunternehmen erlaubt.

22. NOVEMBER 1993: Der chinesische Präsident Jiang Zemin besucht Kuba.

DEZEMBER 1993: Alina Fernández Revuelta, die am 3. März 1956 geborene »rebellische Tochter« Fidel Castros und Naty Revueltas, verlässt heimlich Kuba, geht erst nach Spanien und später nach Miami, wo sie sich den Gegnern der Kubanischen Revolution anschließt.

15. APRIL 1994: In Marrakesch, Marokko, wird ein Vertrag unterzeichnet, der eines der Hauptinstrumente neoliberaler Globalisierung schafft: die Welthandelsorganisation (WTO). Durch den Vertragsschluss löst die WTO damit die GATT (Allgemeines Zoll- und Handelsabkommen) ab und tritt zum 1. Januar 1995 in Kraft.

MAI 1994: Fidel Castro wohnt dem Amtsantritt von Nelson Mandela in Südafrika bei.

13. JULI 1994: Beim Schiffbruch eines von illegalen kubanischen Emigranten entführten Schleppschiffes ertrinken schätzungsweise dreißig Kubaner.

5. AUGUST 1994: Kubafeindliche Radiosender in Miami verbreiten bewusst Fehlinformationen, die in Havanna schwere Unruhen auslösen. Fidel Castro stellt sich öffentlich der aufgebrachten Menge.

CHRONOLOGIE

11. AUGUST 1994: Angesichts der fortschreitenden Nichteinhaltung des Migrationsabkommens mit Kuba durch die Vereinigten Staaten erklärt Fidel Castro, dass er jene Kubaner, die die Insel verlassen wollen, nicht daran hindern wird. Einige Tausend Balseros (kubanische Bootsflüchtlinge) versuchen daraufhin, die Vereinigten Staaten zu erreichen.

9. SEPTEMBER 1994: Ein neues Migrationsabkommen wird zwischen den USA und Kuba in New York unterzeichnet. Die Vereinigten Staaten verpflichten sich, 20 000 Visa jährlich auszustellen, bestehen allerdings auf der Rückkehr aller im Meer aufgegriffenen Balseros, die ihr Visum auf Kuba beantragen und ihre Ausreise abwarten sollen.

14. DEZEMBER 1994: Fidel Castro empfängt den Oberstleutnant der venezolanischen Fallschirmjäger Hugo Chávez mit besonderer Ehrenbezeugung in Havanna. Chávez war acht Monate zuvor aus dem Gefängnis Yare entlassen worden, nachdem er 1992 am Putschversuch gegen Carlos Andrés Pérez teilgenommen hatte.

24. FEBRUAR 1996: Kubanische Militärflugzeuge schießen zwei Sportflugzeuge der konterrevolutionären Organisation Hermanos al Rescate ab, nachdem diese wiederholt illegal in kubanischen Luftraum eingedrungen waren.

5. MÄRZ 1996: Der US-Kongress verabschiedet das Helms-Burton-Gesetz, das von Präsident Clinton am 12. März ratifiziert wird. Das Gesetz verschärft zusätzlich die Wirtschaftsblockade gegen Kuba, indem es jeglichen ausländischen Investoren Repressionen androht und Sanktionen gegenüber ausländischen Firmen ankündigt, die den durch Kuba verstaatlichten US-Privatbesitz nutzen.

1. MAI 1996: Die kubanischen Behörden warnen offiziell die Vereinigten Staaten von Amerika, dass jedes ausländische Flugzeug, welches während der Maifeiern versuchen sollte, in den kubanischen Luftraum einzudringen und sich der Hauptstadt Havanna zu nähern, abgeschossen würde.

15. JUNI 1996: Fidel Castro nimmt an der UNO-Konferenz zu Wohn- und Siedlungsraum in Istanbul teil. Auf seinem Rückflug nach Kuba macht er einen Zwischenstopp auf den Kanarischen Inseln und besucht Teneriffa.

27. JUNI 1996: Die Internationale Zivilluftfahrt-Organisation der Vereinten Nationen (IACO) veröffentlicht einen Bericht, der den Abschuss der beiden Cessna-337-Flugzeuge der konterrevolutionären Organisation Hermanos al Rescate über internationalen Gewässern bestätigt. Havanna behauptet weiterhin, dass die Flugzeuge innerhalb der Zwölfmeilenzone abgeschossen wurden.

APRIL–SEPTEMBER 1997: Terroristische Vereinigungen aus Miami führen eine Attentatsserie mit Bombenanschlägen auf Hotels in Havanna und Varadero durch. Der junge italienische Tourist Fabio Di Celmo wird bei einem der Anschläge getötet.

10. SEPTEMBER 1997: Der salvadorianische Staatsbürger Raúl Cruz León wird in Havanna festgenommen. Er gesteht, sechs der Bombenanschläge verursacht zu haben, für die ihm Exilkubaner aus Miami je Attentat 4500 US-Dollar versprochen hatten. Die Mittäterschaft des kubanischen Terroristen Luis Posada Carriles wird bewiesen.

OKTOBER 1997: Auf dem fünften Kongress der Kommunistischen Partei Kubas (PCC) wird Fidel Castro zum Ersten Sekretär und Raúl Castro zum Zweiten Sekretär des Politbüros ernannt.

17. OKTOBER 1997: Beerdigung der sterblichen Überreste Ernesto Che Guevaras, die nach langer Suche in Bolivien gefunden wurden, im Mausoleum in Santa Clara. In seiner Grabrede sagt Fidel Castro: »Du bist überall dort, wo es eine gerechte Sache zu verteidigen gilt; du bist ein Prophet für alle Armen dieser Welt.«

21.–25. JANUAR 1998: Papst Johannes Paul II. besucht Kuba.

6. MAI 1998: Der kolumbianische Autor Gabriel García Márquez überreicht im Weißen Haus dem amtierenden US-Präsidenten Bill Clinton eine Nachricht Fidel Castros. In seinem Brief an Clinton berichtet Castro von Attentatsplänen gegen kubanische Einrichtungen und Flugzeuge, die von Exilkubanern aus den USA vorbereitet werden.

16.–17. JUNI 1998: Auf Bemühen von Gabriel García Márquez empfangen die kubanischen Behörden zwei hochrangige FBI-Agenten in Havanna und übergeben ihnen zahlreiche Dokumente, die die terroristischen Aktivitäten verschiedener Gruppierungen aus Florida offenlegen.

12. JULI 1998: In einem Interview mit der Tageszeitung *New York Times* bekennt der kubanische Terrorist Luis Posada Carriles, die Attentatsserie von 1997 auf touristische Ziele vorbereitet zu haben, und bestätigt, dass diese von Jorge Mas Canosa und der Kubanisch-Amerikanischen Nationalstiftung (FNCA) finanziert wurden. Er bestätigt, den Salvadorianer Raúl Cruz León für die Bombenanschläge auf Hotels bezahlt zu haben.

AUGUST 1998: Durch Zufall vereitelt das FBI einen von Exilkubanern geplanten Mordanschlag auf Fidel Castro, der für den achten Iberoamerikanischen Gipfel geplant ist.

12. SEPTEMBER 1998: In Miami werden fünf kubanische Agenten (»Miami Five«) festgenommen, die die terroristischen Organisationen der Exilkubaner infiltriert hatten, um deren Aktionen zu verhindern.

16. OKTOBER 1998: In Spanien unterzeichnet der Richter Baltasar Garzón einen internationalen Haftbefehl gegen Augusto Pinochet. Der ehemalige chilenische Diktator wird neun Stunden später in London festgenommen.

20. OKTOBER 1998: Fidel Castro nimmt am Iberoamerika-Gipfel in Porto, Portugal, teil und nutzt den Aufenthalt in Europa, um die spanische Provinz Extremadura und die Stadt Mérida zu besuchen.

30. OKTOBER 1998: Manuel Fraga, der Regierungschef der galicischen Regierung, kommt im Rahmen eines offiziellen Besuches nach Kuba und trifft Fidel Castro.

6. DEZEMBER 1998: In Venezuela wird Hugo Chávez mit 56,5 Prozent der Wählerstimmen zum neuen Präsidenten gewählt.

17. JANUAR 1999: Erster Besuch von Hugo Chávez als neuer Staatschef Venezuelas in Kuba.

27. FEBRUAR 1999: In New York veröffentlicht die UNO den Bericht der offiziellen Wahrheitskommission »Guatemala, Memory of Silence«, der die USA anklagt, eine essenzielle Rolle bei der Unterstützung des Genozids und Staatsterrorismus in Guatemala gespielt zu haben. Die Wahrheitskommission (CEH) dokumentiert die systematische Folterung und den Massenmord an 200 000 Menschen, in der Mehrzahl Mayas, während der Repression zwischen 1978 und 1983.

28. MAI 1999: Der kubanische Außenminister Roberto Robaina wird seines Amtes enthoben. Im Mai 2002 wird er aus der Partei ausgeschlossen werden.

14.–16. NOVEMBER 1999: Im Rahmen des neunten Iberoamerika-Gipfels in Havanna besucht der spanische König Juan Carlos I. Kuba.

25. NOVEMBER 1999: Der sechsjährige Junge Elián González wird vor der Küste Floridas gerettet, nachdem seine Mutter und zehn weitere Kubaner bei dem Versuch, in die Vereinigten Staaten zu gelangen, ertrunken waren. Die US-Behörden geben auf Druck der konterrevolutionären kubanischen Gemeinde Miamis nach und gewähren dem Jungen ein Bleiberecht, widersetzen sich damit aber der Forderung des Vaters, der die Rückkehr seines Sohnes nach Kuba verlangt. In Kuba beginnt der mediale Kampf um die Rückkehr Eliáns.

30. NOVEMBER–3. DEZEMBER 1999: Die Ministerkonferenz der Welthandelsorganisation (WTO) in Seattle, USA, wird von starken Protesten begleitet. Die internationale Protestbewegung gegen die neoliberale Globalisierung entsteht.

21. JANUAR 2000: In Ecuador wird der Präsident Jamil Mahuad von einem Volksaufstand und einer indigenen Bewegung, die von einer Gruppe Offiziere unterstützt wird, gestürzt. Einer der aufständischen Offiziere ist Oberst Lucio Gutiérrez.

28. JUNI 2000: Elián González kehrt in Begleitung seines Vaters nach Kuba zurück, nachdem die Bestrebungen extremistischer Exilkubaner aus Florida, den Jungen in den USA zu behalten, gescheitert sind. Eine Million Kubaner, angeführt von Fidel Castro, feiern am Malecón von Havanna demonstrativ die Rückkehr des Jungen.

SEPTEMBER 2000: Fidel Castro nimmt am UNO-Millenniumsgipfel in New York teil. Bei dieser Gelegenheit hält er ein kurzes Treffen mit US-Präsident Clinton ab. Castro und Clinton reichen sich die Hand und wechseln einige Anstandsworte – es ist das erste Mal in vierzig Jahren, dass ein US-Präsident mit Fidel Castro spricht.

26.–30. OKTOBER 2000: Staatsbesuch Fidel Castros in Venezuela. In Caracas wird Castro als Held gefeiert.

29. OKTOBER 2000: Der peruanische Präsident Alberto Fujimori, der in Korruptionsskandale und Machtmissbrauch involviert ist, flüchtet nach Japan. Am 21. November wird er seines Amtes enthoben.

30. OKTOBER 2000: Abkommen zwischen Kuba und Venezuela, demzufolge Caracas 53 000 Barrel Rohöl zu Vorzugspreisen und unter Zahlungserleichterung täglich nach Kuba liefert (tagtäglich verbraucht Kuba zu diesem Zeitpunkt 150 000 Barrel, von denen gerade einmal 75 000 Barrel aus eigener Förderung stammen). Kuba schickt im Gegenzug generische Medikamente und medizinische Ausrüstung und wird ein Zentrum für Impfstoffforschung in Venezuela eröffnen. Fünf Jahre später nehmen nahezu 15 000 kubanische Ärzte, Zahnmediziner, Optometristen und Gesundheitsspezialisten am ehrgeizigen medizinischen Hilfsprojekt »Barrio Adentro« teil, das die Gesundheitsversorgung von siebzehn der fünfundzwanzig Millionen einkommensschwachen Venezolanern sichern soll. Außerdem befinden sich mehrere Tausend kubanische Lehrer und Professoren im Rahmen der Alphabetisierungskampagnen und weitere tausend kubanische Sporttrainer in Venezuela.

NOVEMBER 2000: Die kubanischen Nachrichtendienste decken einen Attentatsplan des Terroristen Luis Posada Carriles auf, der den Mord an Fidel Castro während des zehnten Iberoamerikanischen Gipfels in Panama vorsieht. Posada Carriles und weitere drei Terroristen werden von den panamaischen Behörden festgenommen.

13.–17. DEZEMBER 2000: Der russische Präsident Vladimir Putin besucht Kuba.

25.–30. JANUAR 2001: In Porto Alegre, Brasilien, findet das erste Weltsozialforum unter dem Motto »Eine andere Welt ist möglich« statt. Mehr als 30 000 junge Menschen aus der ganzen Welt versammeln sich, um Alternativen zur neoliberalen Globalisierung vorzuschlagen.

23. JUNI 2001: Fidel Castro erleidet während einer dreistündigen öffentlichen Rede im Cotorro-Viertel von Havanna, die live im Fernsehen übertragen wird, einen leichten Ohnmachtsanfall. Dieser beschränkt sich auf wenige Minuten; als Grund werden die extreme Hitze und die starke Sonneneinstrahlung angegeben. Acht Stunden später tritt Castro erneut im Fernsehen auf und erläutert den Vorfall.

11.–13. AUGUST 2001: Erneuter Besuch Fidel Castros in Venezuela. Zu Castros Ehren anlässlich seines fünfundsiebzigsten Geburtstags veranstaltet Hugo Chávez eine Feier in der venezolanischen Stadt Ciudad Bolívar.

11. SEPTEMBER 2001: Anschlag auf die Zwillingstürme des World Trade Centers in New York und auf das Pentagon in Washington, mit nahezu 3000 Toten. Fidel Castro verurteilt den Anschlag ausdrücklich, drückt sein Mitgefühl für die Opfer aus und bietet den US-Behörden logistische Unterstützung an (erleichterte Zugangsberechtigung auf den kubanischen Flughäfen). Er erklärt außerdem, dass Kriege den weltweiten Terrorismus nicht verhindern werden.

19. DEZEMBER 2001: Volksaufstand in Buenos Aires, Argentinien, gegen die neoliberale Politik. Die Regierung ruft den Belagerungszustand aus und ordnet an, auf die streikenden Massen zu schießen. Das Ergebnis sind mehrere Tote und eine zunehmende Wut unter den Aufständischen. Der argentinische Präsident Fernando de la Rúa wird am 21. Dezember gestürzt.

7. JANUAR 2002: Washington informiert Kuba über die Absicht, einen Gefängniskomplex auf dem US-Marinestützpunkt in Guantánamo zu errichten (dessen Besetzung von Kuba seit jeher angefochten wird), um Gefangene aus Afghanistan aufzunehmen, die der Mitwirkung an internationalen Terroranschlägen verdächtigt werden. Die Bedingungen, unter denen die Gefangenen dort behandelt werden, rufen schon sehr bald einen weltweiten Skandal hervor.

11. JANUAR 2002: Die ersten zwanzig Gefangenen, die des Terrorismus und der Zugehörigkeit zum Terrornetzwerk al-Qaida beschuldigt werden, kommen im Camp Delta auf dem US-Marinestützpunkt in der Guantánamo-Bucht an.

11. APRIL 2002: In Caracas wird ein Staatsstreich gegen Präsident Hugo Chávez durchgeführt. Fidel Castro verfolgt die Geschehnisse mit besonderer Aufmerksamkeit. Der Putsch scheitert, und Chávez kehrt am Morgen des 14. April in sein Amt zurück.

6. MAI 2002: US-Präsident George W. Bush beschuldigt Kuba unbegründet der biologischen Waffenforschung.

12.–17. MAI 2002: Besuch des ehemaligen US-Präsidenten Jimmy Carter auf Kuba. In der Aula Magna der Universität von Havanna hält er eine Rede, die vom kubanischen Fernsehen live übertragen wird.

21. MAI 2002: US-Präsident George W. Bush setzt Kuba auf die Liste der Terrorismus fördernden Staaten.

27. OKTOBER 2002: In Brasilien wird der Arbeiter- und Gewerkschaftsführer sowie Gründer der Arbeiterpartei (PT) und enger Freund Fidel Castros, Luiz Inácio Lula da Silva, zum Präsidenten gewählt.

11. NOVEMBER 2002: James Cason kommt als neuer Leiter der US-amerikanischen Interessenvertretung in Havanna (engl. USINT; sp. SINA) nach Kuba. Cason beginnt unverzüglich mit einer provokativen und konflikthaltigen Politik gegenüber der kubanischen Regierung.

25. NOVEMBER 2002: In Ecuador wird Oberst Lucio Guitiérrez durch die Unterstützung indigener Organisationen und weiter Teile der Bevölkerung zum Präsidenten gewählt.

MÄRZ 2003: In Kuba werden mehr als siebzig Konterrevolutionäre festgenommen und zu Haftstrafen verurteilt. Die kubanische Regierung veröffentlicht Beweise, die die finanzielle Unterstützung und politische Verbindung zur US-Regierung durch die US-amerikanische Interessenvertretung in Havanna belegen.

20. MÄRZ 2003: US-Kampfflugzeuge bombardieren Bagdad. Der Irakkrieg beginnt.

APRIL 2003: Mehrere Entführer einer kubanischen Fähre, die illegal versuchten, in die USA zu gelangen, werden festgenommen und verurteilt. Drei von ihnen erhalten die Todesstrafe und werden exekutiert.

27. APRIL 2003: In Argentinien wird Néstor Kirchner mit einem politischen Programm, das sich auf radikale Weise gegen den Neoliberalismus wendet, zum Präsidenten gewählt.

13. MAI 2003: Washington weist vierzehn kubanische Diplomaten aus.

26. MAI 2003: Fidel Castro nimmt an der Amtseinführung Néstor Kirchners in Buenos Aires teil. In der Universität hält Castro eine Rede vor mehreren Tausend Menschen.

JUNI 2003: Als Vergeltungsmaßnahme für die Inhaftierung der »Dissidenten« und die Exekution der drei Entführer in Kuba entscheiden die Länder der Europäischen Union, die oppositionellen Kubaner und ihre Familien im Rahmen ihrer jeweiligen Nationalfeier in ihre Botschaften einzuladen. Die kubanische Regierung reagiert daraufhin mit der Isolierung jener Ländervertretungen, die die Weisung befolgen, und verweigert den europäischen Diplomaten den Zugang zu offiziellen Stellen.

14. JUNI 2003: Die kubanischen Behörden schließen das spanische Kulturzentrum in Havanna wegen »Anstiftung zu den Sanktionen gegen Kuba, die von der Europäischen Union übernommen wurden«.

CHRONOLOGIE

18. JUNI 2003: Mehr als acht Millionen Kubaner unterzeichnen eine Petition zur Verfassungsänderung, die den Sozialismus als »unwiderruflich« erklären soll.

26. JUNI 2003: Die kubanische Nationalversammlung befürwortet die Verfassungsänderung und erklärt den Sozialismus als »unwiderruflich«.

16. SEPTEMBER 2003: Der kubanische Außenminister Felipe Pérez Roque beklagt, dass die US-Wirtschaftsblockade, die bereits vier Jahrzehnte lang anhält, bis zum jetzigen Zeitpunkt wirtschaftliche Verluste in Höhe von zweiundsiebzig Billionen US-Dollar verursacht habe.

19. SEPTEMBER 2003: Zum ersten Mal in vierzig Jahren wird ein Kubaner, der im April 2003 ein Passagierflugzeug entführt hatte und nach Miami gelangte, von einem US-Gericht in Florida zu zwanzig Jahren Haft verurteilt.

24.–27. SEPTEMBER 2003: Der brasilianische Präsident Luiz Inácio Lula da Silva besucht Kuba und unterzeichnet zwölf Kooperationsverträge.

OKTOBER 2003: Aufgrund der schweren Schäden auf Kuba, die durch den Wirbelsturm Michelle verursacht wurden, erlaubt die US-Regierung unter starken Restriktionen den Verkauf von Nahrungsmitteln und landwirtschaftlichen Erzeugnissen an Kuba. Die USA werden dadurch, trotz der seit 1962 andauernden Wirtschaftsblockade, zum Hauptlieferanten Kubas für Nahrungsmittel und Agrarprodukte.

10. OKTOBER 2003: US-Präsident George W. Bush verspricht in Florida, den Druck auf Kuba zu erhöhen, und kündigt die Bildung einer »Hilfskommission für ein Freies Kuba« an. Unter der Leitung von US-Außenminister Colin Powell soll der »demokratische Wechsel« vorbereitet werden. Bush beschließt ebenso, »die Kontrollen zu verschärfen, um die verbotenen Reisen nach Kuba weiter zu unterbinden«. Im Jahr 2002 besuchten ungefähr 230 000 US-Bürger die Insel, von denen 40 000 ohne Erlaubnis der USA einreisten und Geldstrafen in Höhe von bis zu 250 000 US-Dollar erhielten.

17. OKTOBER 2003: In Bolivien fordern die Volksmassen die Verstaatlichung des Wassers. Die staatlichen Einsatzkräfte schießen in die Menge und töten mehrere Demonstranten. Der bolivianische Präsident Gonzalo Sánchez de Lozada wird daraufhin gestürzt.

31. OKTOBER 2003: In Uruguay wird Tabaré Vázquez, der Anführer des linken Parteienbündnisses Frente Amplio, zum Präsidenten gewählt.

1. NOVEMBER 2003: In Bogotá gibt der kubanische Liedermacher Pablo Milanés folgende Stellungnahme ab: »Auf Kuba geschehen Fehler, und wir haben das Recht, diese anzuklagen.«

14. DEZEMBER 2003: Der kubanische Dissident Oswaldo Payá veröffentlicht in Havanna ein »Programm des politischen Wechsels«.

1. JANUAR 2004: Anlässlich des fünfundvierzigsten Jahrestags des Triumphes der Kubanischen Revolution wird auf Kuba ein »Kampf der Ideen« ausgerufen: Dieser soll die gemeinschaftliche kubanische Kultur stärken und den Kampf für die Abschaffung der US-amerikanischen Wirtschaftsblockade und der antikubanischen Migrationsgesetze in den Vereinigten Staaten vorantreiben. Darüber hinaus soll die Forderung nach Freilassung der fünf kubanischen Agenten (»Miami Five«), den »Helden der kubanischen Republik«, bekräftigt werden, die in den USA zu langen Gefängnisstrafen verurteilt sind.

3. JANUAR 2004: Anlässlich des fünfundvierzigsten Jahrestags der Kubanischen Revolution hält Fidel Castro eine Rede im Karl-Marx-Theater in Havanna, in welcher er das panamerikanische Freihandelsabkommen (engl. FTAA; sp. ALCA), ein von Washington verteidigtes Projekt, als »letzten Angriff auf die Unabhängigkeit Lateinamerikas« bezeichnet.

21. JANUAR 2004: Der ökumenische Patriarch Bartholomäus I., spiritueller Führer von 250 Millionen orthodoxen Christen, besucht Kuba.

22. JANUAR 2004: Fidel Castro trifft Robert Redford im Hotel *Nacional* in Havanna. Redford ist nach Kuba gekommen, um den von ihm produzierten Film über Che Guevara, *The Motorcycle Diaries*, zu präsentieren.

29. JANUAR 2004: Fidel Castro beschuldigt US-Präsident George W. Bush, Mordpläne gegen ihn zu schmieden.

APRIL 2004: Diplomatische Krise zwischen Mexiko und Kuba. Nachdem Mexiko dem Schuldspruch gegenüber Kuba in der UN-Menschenrechtskommission zustimmt, bezeichnet Fidel Castro die Außenpolitik der Regierung von Präsident Vicente Fox als »Schall und Rauch«, da diese sich den Interessen der Vereinigten Staaten beuge.

14. APRIL 2004: In den USA strahlt der Kabelfernsehsender HBO den Dokumentarfilm *Looking for Fidel* von Regisseur Oliver Stone aus. Es ist die zweite Version des 2002 gedrehten Films *Comandante*, nachdem der Sender sich wegen seines prokubanischen Inhalts geweigert hatte, diesen zu zeigen.

24. APRIL 2004: Der US-Richter James L. King verurteilt sechs Exilkubaner zu über zwanzig Jahren Gefängnishaft, wegen der Entführung eines Passagierflugzeugs des kubanischen Unternehmens Aerotaxi nach dem Start von der Isla de la Juventud am 19. März 2003.

29. APRIL 2004: In einem Bericht des US-Außenministeriums beschuldigt Washington Kuba, »Verbindungen zum internationalen Terrorismus zu unterhalten«.

8. MAI 2004: Die US-Regierung veröffentlicht einen Plan zur »Beschleunigung des Demokratisierungsprozesses in Kuba«, der die Reisen kubanischer Emigranten in Kuba einschränkt, die Wirtschaftsblockade weiter verschärft und den oppositionellen Gruppen in Kuba sechsunddreißig Millionen US-Dollar zur Verfügung stellt.

14. MAI 2004: Fidel Castro verliest in Havanna vor Hunderttausenden Demonstranten, die gegen die Haltung Washingtons protestieren, seine »erste Epistel an George Bush«.

18. MAI 2004: Kuba beruft in Havanna ein Treffen der moderaten Exilführer ein.

10. JUNI 2004: Die kubanischen Behörden lassen fünf Oppositionelle frei, die im April 2003 verurteilt wurden. Weitere Freilassungen werden folgen.

21. JUNI 2004: Fidel Castro verliest in einer Rede vor mehr als einer Million Menschen seine »zweite Epistel an George Bush« und droht, dass die neuen US-Sanktionen eine neue schwerwiegende Migrationskrise oder einen Krieg hervorrufen könnten.

JULI 2004: Inkrafttreten der von der US-Regierung im Februar beschlossenen Maßnahmen, um »dem kubanischen Regime das Fundament zu entziehen«: Die Besuche der Exilkubaner werden auf direkte Familienangehörige eingeschränkt, die alle drei Jahre insgesamt vierzehn Tage besucht werden dürfen; das mitgeführte Bargeld wird von 3000 US-Dollar auf 300 US-Dollar begrenzt, tägliche Ausgaben von 164 auf 50 US-Dollar; das Maximalgewicht des mitgeführten Gepäcks, vorher unbegrenzt, wird auf sechsundzwanzig Kilo gesenkt; die Geldsendungen werden auf maximal 1200 US-Dollar jährlich und nur an direkte Familienangehörige beschränkt. Nach Schätzungen erreicht der Dollarfluss aus den USA nach Kuba, hervorgegangen aus der Hilfe und den Besuchen der 1,3 Millionen Exilkubaner und von US-Bürgern, jährlich 1,2 Billionen US-Dollar.

17. JULI 2004: US-Präsident Bush beschuldigt Fidel Castro in einer Wahlrede in Florida, Kuba in »einen Haupthafen des Sextourismus« verwandelt zu haben.

26. JULI 2004: In Santa Clara, Kuba, bringt Fidel Castro, anlässlich des einundfünfzigsten Gedenktags des Sturms auf die Moncada-Kaserne, als Antwort auf US-Präsident Bushs Vorwurf, Kuba würde den Sextourismus fördern, den religiösen Fundamentalismus George W. Bushs mit Alkoholsucht in Verbindung.

15. AUGUST 2004: Präsident Hugo Chávez gewinnt in Venezuela das gegen ihn gerichtete Abwahlreferendum und festigt mit 58,25 Prozent der abgegebenen Stimmen seinen Amtsanspruch. Mehr als zehntausend junge Venezolaner waren zuvor im Rahmen des kubanisch-venezolanischen Kooperationsprojekts Plan Esperanza nach Kuba gereist, um an einer fünfundvierzigtägigen Ausbildung zu »sozialen Arbeitern« teilzunehmen. Nach ihrer Rückkehr gliederten sie sich in die Chávez nahestehende Organisation Frente Francisco de

Miranda ein, die eine Schlüsselrolle in der Erfassung der Wählerstimmen am Vorabend des Referendums einnahm.

26. AUGUST 2004: Kuba bricht als Konsequenz der Entscheidung der scheidenden panamaischen Präsidentin Mireya Moscoso, Luis Posada Carriles und drei seiner Komplizen Amnestie zu gewähren, die diplomatischen Beziehungen zu Panama ab. Sie werden von Kuba diverser terroristischer Aktionen bezichtigt und sind des geplanten Mordanschlags auf Fidel Castro für schuldig befunden.

10.–13. SEPTEMBER 2004: Hunderttausende Kubaner werden wegen des nahenden Wirbelsturms Ivan evakuiert. Es ist der stärkste in fünfzig Jahren. Fidel Castro übernimmt per Fernsehübertragung die Organisation der Evakuierungsmaßnahmen. Schließlich dreht Ivan ab und verschont die Insel, mit Ausnahme der westlichsten Spitze. Personenschäden werden nicht verzeichnet.

30. SEPTEMBER 2004: Nach einem Ausfall des zentralen Stromkraftwerks des Landes verordnet die kubanische Regierung strenge Maßnahmen zur Stromeinsparung. Einhundertachtzehn Betriebe und vierzig Hotels werden in Havanna und Varadero geschlossen.

20. OKTOBER 2004: Fidel Castro stürzt, bricht sich das linke Knie und erleidet eine Überdehnung des rechten Arms am Ende einer Rede vor dem Mausoleum Che Guevaras in Santa Clara. Wenige Stunden später hält Castro sitzend eine Fernsehansprache und erläutert, »um Spekulationen zu verhindern«, dass er sich das Knie gebrochen und einen Arm verletzt habe.

26. OKTOBER 2004: Fidel Castro hält, den rechten Arm in einer Schlinge haltend, erneut eine Fernsehansprache, in der er das Ende der »Dollarisierung« der kubanischen Wirtschaft ankündigt. Ab dem 8. November wird die Zirkulation des US-Dollars in allen Geschäften, Hotels und Betrieben auf der Insel eingestellt. Der US-Dollar wird durch den Peso Convertible ersetzt, eine Währung, die nur in Kuba gültig ist.

16. NOVEMBER 2004: Die Europäische Union bezeichnet den Abbruch des Dialogs mit Kuba als »nicht positiv«.

23. NOVEMBER 2004: Der chinesische Präsident Hu Jintao besucht Kuba. Es werden Verträge im Wert von über 500 Millionen US-Dollar unterzeichnet, die chinesisches Investment in der kubanischen Nickelindustrie, Kredite im Bildungs- und Gesundheitsbereich sowie den Kauf einer Million chinesischer Fernsehapparate vorsehen.

25. NOVEMBER 2004: Nach einem Jahr ohne offiziellen Kontakt normalisiert Kuba seine diplomatischen Beziehungen zu Spanien.

13. DEZEMBER 2004: Die gesamte Insel ist Szenario des gigantischen Militärmanövers »Bastión 2004«, an welchem 100 000 Soldaten und Hunderte Panzer teilnehmen. Das Manöver dient als Antwort auf »die fortlaufende Aggression und Bedrohung durch die USA«.

14. DEZEMBER 2004: Fidel Castro und Hugo Chávez unterzeichnen in Havanna einen Kooperationsvertrag, der die bereits bestehenden Verträge zwischen Kuba und Venezuela erweitert. Der Vertrag sieht den Wegfall jeglicher Importzölle zwischen den beiden Ländern vor, die Erleichterung der Kapitalinvestitionen, den Verkauf von Erdöl zu einem »Minimalpreis von siebenundzwanzig US-Dollar je Barrel« sowie die venezolanische Finanzierungsbeteiligung im kubanischen Energiesektor und in der kubanischen Elektrizitätsindustrie. Der Vertragsschluss soll damit auch eine deutliche Signalwirkung für die Bolivarianische Alternative für Amerika (ALBA), den Gegenentwurf zum panamerikanischen Freihandelsabkommen der Vereinigten Staaten (engl. FTAA; sp. ALCA), haben.

16. DEZEMBER 2004: Fidel Castro trifft sich in Havanna mit über dreihundert US-amerikanischen Geschäftsleuten, in ihrer Mehrzahl Landwirte und Bauern.

26. DEZEMBER 2004: Fidel Castro verkündet den Fund eines neuen Ölfeldes durch die kanadische Firma Sherritt-Peberco in der nördlichen Küstenregion Kubas, das einhundert Millionen Barrel Rohöl umfasse.

3. JANUAR 2005: Kuba nimmt die diplomatischen Beziehungen zu acht Ländern der Europäischen Union (Deutschland, Österreich, Frankreich, Griechenland, Italien, Portugal, Großbritannien und Schweden) wieder auf. Einige Tage später werden die diplomatischen Beziehungen Kubas zu allen Ländern der Europäischen Union wiederhergestellt.

13. JANUAR 2005: In einem Leitartikel der Tageszeitung *New York Times* schreibt der Redakteur Nicholas D. Kristof, »dass, wenn die Vereinigten Staaten dieselbe Kindersterblichkeitsrate wie Kuba hätten, 2212 US-amerikanische Kinder jährlich überleben würden«.

15. JANUAR 2005: Der Oberste Gerichtshof der Vereinigten Staaten erklärt die Gefangenschaft von 700 Kubanern in US-Gefängnissen für illegal. Die Kubaner werden trotz ihrer abgesessenen Strafen in einer Art rechtlichem Niemandsland weiterhin festgehalten, da Kuba ihre Rückkehr ablehnt. Die Mehrheit von ihnen war 1980 über die Seebrücke von Mariel nach Florida gekommen.

8. MÄRZ 2005: Anlässlich des Internationalen Weltfrauentags erklärt Fidel Castro in einer Rede, Kuba kurz vor der »wirtschaftlichen Unverwundbarkeit« stünde. Er versichert, dass das Energieproblem werde 2006 gelöst, der Hausbau verdopple sich und das landesweite Schienen- und Busnetz werde erneuert. Zusätzlich verkündet er die baldige Verteilung von fünf Millionen Druckkochtöpfen an die kubanischen Haushalte.

17. MÄRZ 2005: Fidel Castro kündigt die siebenprozentige Aufwertung des Peso aufgrund der »hervorragenden Entwicklung« der kubanischen Wirtschaft an.

18. MÄRZ 2005: Amnesty International fordert von Kuba die Freilassung von einundsiebzig politischen Gefangenen.

2. APRIL 2005: Im Vatikan verstirbt Papst Johannes Paul II.

13. APRIL 2005: Fidel Castro beschuldigt die USA, Luis Posada Carriles Zuflucht zu gewähren. Der kubanische Terrorist war 1976 als Urheber der Explosion eines Flugzeugs der Fluggesellschaft Cubana, bei der dreiundsiebzig Personen starben, verurteilt worden.

14. APRIL 2005: Auf nachdrückliches Verlangen der Vereinigten Staaten verurteilt die UN-Menschenrechtskommission in Genf Kuba für mehrere Verstöße gegen die Menschenrechte.

19. APRIL 2005: Im Vatikan wird Kardinal Joseph Ratzinger, Präfekt der Glaubenskongregation und Dekan des Heiligen Kollegiums, zum Papst ernannt. Er nimmt den Namen Benedikt XVI. an.

21. APRIL 2005: In einer Fernsehansprache erklärt Fidel Castro, dass keine weiteren herkömmlichen Glühbirnen auf Kuba verkauft werden, um Energie zu sparen. Er bittet um »ein wenig Geduld« und verspricht, dass die Stromabschaltungen in der zweiten Hälfte des Folgejahres aufhören werden.

28. APRIL 2005: Hugo Chávez und Fidel Castro nehmen am vierten Treffen amerikanischer Organisationen gegen das panamerikanische Freihandelsabkommen (engl. FTAA; sp. ALCA) teil.

2. MAI 2005: Der chilenische Sozialist José Miguel Insulza wird trotz Gegenstimme der USA Generalsekretär der Organisation Amerikanischer Staaten (OAS). Die strategische Positon wird damit zum ersten Mal von einem Kandidaten besetzt, der nicht von den USA favorisiert wird.

17. MAI 2005: Mehr als eine Million Kubaner, an ihrer Spitze Fidel Castro, klagen in Havanna die Doppelzüngigkeit des Anti-Terror-Kampfes von US-Präsident Bush an, der dem Drahtzieher mehrerer Attentate gegen kubanische Zivilisten, Luis Posada Carriles, Zuflucht gewährt. Die US-Behörden verhaften den Terroristen noch am selben Tag wegen eines Einreisevergehens.

27. MAI 2005: Die UN-Arbeitsgruppe für willkürliche Verhaftungen verurteilt die widerrechtlichen Verhaftungen der fünf kubanischen Agenten (»Miami Five«) in den USA und bekräftigt, dass die Verhaftungen gegen internationales Recht verstoßen.

6. JUNI 2005: In Bolivien finden Massenkundgebungen statt, die, unterstützt von indigenen

Organisationen und Evo Morales, die Verstaatlichung der Öl- und Gasreserven fordern. Präsident Carlos Mesa tritt zurück.

29. JUNI 2005: Fidel Castro und Hugo Chávez nehmen gemeinsam am ersten Treffen der Staatschefs und Energieminister der Karibik in Puerto La Cruz, Venezuela, teil, bei welchem die Mitgliedsnationen der CARICOM (Caribbean Community) die regionale Öl-Allianz Petrocaribe gründen.

24. JULI 2005: In Caracas wird der lateinamerikanische Fernsehsender Telesur eingeweiht. Das Gemeinschaftsprojekt wird von Venezuela, Kuba, Argentinien, Uruguay und Brasilien finanziert.

26. JULI 2005: Anlässlich des zweiundfünfzigsten Jahrestags des Sturms auf die Moncada-Kaserne bezeichnet Fidel Castro die kubanischen Dissidenten und Oppositionellen als »Verräter und Söldner« und beschuldigt die US-amerikanische Interessenvertretung in Havanna als Hauptanstifter oppositioneller Gruppen, der »hetzerische Kampagnen« organisiere.

28. JULI 2005: Die US-Außenministerin Condoleezza Rice ernennt Caleb McCarry zum ersten Transitionsbeauftragten für Kuba. Seine Aufgabe ist es, »das Ende der Tyrannei auf der Insel zu beschleunigen«.

9. AUGUST 2005: Das US-Gericht in Atlanta kündigt eine neue Verhandlung gegen die kubanischen Agenten (»Miami Five«: Gerardo Hernández, Fernando González, Ramón Labañino, René González und Antonio Guerrero) an, die im Jahr 2001 wegen Spionage zu hohen Haftstrafen verurteilt wurden. Fidel Castro begrüßt die Entscheidung als »Triumph der Rechtsstaatlichkeit« im Kampf um die Freilassung der »Helden der kubanischen Republik«.

20. AUGUST 2005: Fidel Castro, Hugo Chávez sowie weitere Staats- und Regierungschefs Lateinamerikas und der Karibik wohnen der Graduierungsfeier von 1610 Jungmedizinern der medizinischen Fakultät ELAM im Karl-Marx-Theater in Havanna bei. An der Fakultät, die 1998 gegründet wurde, studieren gebührenfrei mehr als 10 000 junge Menschen aus achtundzwanzig Ländern Lateinamerikas und der Karibik.

20. AUGUST 2005: Im Zuge des Besuchs des panamaischen Präsidenten Martín Torrijos in Havanna werden die diplomatischen Beziehungen zwischen Kuba und Panama wieder aufgenommen.

3. SEPTEMBER 2005: Nach der durch den Wirbelsturm Katrina hervorgerufenen humanitären Katastrophe in New Orleans und Louisiana bietet Fidel Castro den Vereinigten Staaten medizinische Unterstützung durch die Entsendung von 1100 kubanischen Ärzten an, die auf Katastrophenfälle spezialisiert sind. Die US-Regierung gibt auf das kubanische Angebot keine Antwort.

15. SEPTEMBER 2005: James Cason tritt als Leiter der US-amerikanischen Interessenvertretung in Havanna zurück und wird durch Michael Parmly ersetzt.

28. SEPTEMBER 2005: Die US-amerikanische Justiz beschließt, den siebenundsiebzigjährigen ehemaligen CIA-Agenten Luis Posada Carriles nicht an Venezuela oder Kuba auszuliefern, mit der Begründung, dass er in einem dieser Länder Gefahr liefe, gefoltert zu werden. Posada Carriles floh 1985, kurz vor seiner Verurteilung wegen des Attentats auf eine Passagiermaschine der Fluglinie Cubana, bei der dreiundsiebzig Menschen starben, aus einem venezolanischen Gefängnis und gelangte illegal in die USA.

OKTOBER 2005: Der US-amerikanische Senat bestätigt die Nominierung von Thomas Shannon zum Leiter des Büros für Angelegenheiten der westlichen Hemisphäre. Shannon, der auf Otto Reich und Roger Noriega folgt, war zuvor politischer Berater der US-amerikanischen Botschaft in Caracas und hatte im April 2002 seiner Freude über den kurzlebigen »Sieg« der Putschisten gegen Präsident Chávez Ausdruck verliehen.

14.–15. OKTOBER 2005: Iberoamerika-Gipfel in Salamanca, Spanien: Fidel Castro nimmt nicht daran teil. Die iberoamerikanischen Staatsoberhäupter verurteilen das Wirtschaftsembargo gegen Kuba und fordern die US-Regierung auf, den Prozess gegen den Terroristen Luis Posada Carriles zu ermöglichen.

15. OKTOBER 2005: Die jungen »sozialen Arbeiter« übernehmen die Tankstellen von Havanna als Teil einer Kampagne gegen Korruption.

22. OKTOBER 2005: Eine halbe Million Menschen müssen in Kuba aufgrund der Bedrohung durch den Wirbelsturm Wilma evakuiert werden. Die Weltorganisation für Meteorologie (WMO) lobt die Effektivität des kubanischen Frühwarnsystems bei Unwettern und bestätigt die »hohe Effizienz« Kubas in der menschlichen und wirtschaftlichen Schadensbegrenzung bei Katastrophen.

24. OKTOBER 2005: Der Wirbelsturm Wilma verursacht starke Überflutungen in Havanna.

28. OKTOBER 2005: Fidel Castro kritisiert in einer Rede die »neuen Reichen« und startet eine Offensive gegen Selbstbereicherung, Bestechlichkeit von Führungsriegen, Korruption und Diebstahl.

4.–5. NOVEMBER 2005: Der Amerika-Gipfel, der im argentinischen Mar de Plata abgehalten wird, weist George W. Bushs Vorschlag einer panamerikanischen Freihandelszone (engl. FTAA; sp. ALCA) als Versuch, die wirtschaftliche Hegemonie der USA innerhalb der westlichen Hemisphäre auszubauen, zurück.

7. NOVEMBER 2005: Die Ergebnisse des im Jahr 2002 durchgeführten Zensus werden veröffentlicht. Demzufolge hatte Kuba in diesem Jahr 11 177 743 Einwohner.

8. NOVEMBER 2005: Die UNO verurteilt zum vierzehnten Mal in Folge das von den USA gegen Kuba verhängte Wirtschaftsembargo; 182 Länder stimmen gegen die Blockade, nur vier Länder (USA, Israel, Marshallinseln und Palau) befürworten diese.

17. NOVEMBER 2005: In einer wichtigen, fünf Stunden dauernden Rede erklärt Fidel Castro, dass Korruption und Diebstahl von Staatseigentum eine Gefahr für die Revolution darstellen, und kündigt eine erneute Offensive gegen die Korruption an.

23. NOVEMBER 2005: Bis zu diesem Zeitpunkt haben in diesem Jahr zwei Millionen Touristen Kuba besucht, womit die erwartete Zahl von 2,3 Millionen Touristen für 2005 beinahe erreicht ist. Es ist die höchste Anzahl Touristen in der Geschichte Kubas.

7. DEZEMBER 2005: Die medizinische Notfallbrigade Kubas »Henry Reeve«, welche die bäuerlichen Gemeinden nach dem Wirbelsturm Stan im guatemaltekischen Hochland unterstützt hat, kehrt nach Kuba zurück.

8. DEZEMBER 2005: Fidel Castro nimmt am zweiten Kuba-CARICOM-Gipfeltreffen in Bridgetown, Barbados, teil.

12. DEZEMBER 2005: Kuba und der US-amerikanische Staat Virginia unterzeichnen ein Abkommen über den Verkauf von Nahrungsmitteln im Wert von dreißig Millionen US-Dollar binnen der nächsten achtzehn Monate.

14. DEZEMBER 2005: Das Amt für ausländische Vermögenskontrolle des US-Finanzministeriums verkündet, dass die kubanische Baseballnationalmannschaft keine Einreiseerlaubnis in die USA bekommt, um an der Baseballweltmeisterschaft teilzunehmen. Die Entscheidung wird nach erheblichen internationalen Protesten zurückgenommen.

16. DEZEMBER 2005: Unter Teilnahme des Schriftstellers Gabriel García Márquez beginnt in Havanna ein »Friedensdialog« zwischen der kolumbianischen Guerillagruppe »Heer der nationalen Befreiung« (ELN) und Vertretern der Regierung von Álvaro Uribe.

18. DEZEMBER 2005: Evo Morales, Anführer der Partei »Bewegung zum Sozialismus« (MAS), wird in La Paz, Bolivien, zum Präsidenten gewählt.

20. DEZEMBER 2005: Während des regulär ausgestrahlten kubanischen Fernseh- und Radioprogramms *Mesa Redonda* werden die Aktivitäten mit »Dissidenten« und Äußerungen Michael Parmlys, neuer Chef der US-amerikanischen Interessenvertretung in Havanna, als »provokant und zynisch« bezeichnet.

CHRONOLOGIE

23. DEZEMBER 2005: Während der Nationalversammlung nimmt der Außenminister Felipe Pérez Roque Bezug auf »die Zeit nach Fidel Castro« und bestätigt, dass das »Vakuum« nur unter drei Bedingungen gefüllt werden könne: Die Führungsriegen müssten mit ihrem aufrichtigen Benehmen und dem Verzicht auf Privilegien ein Beispiel geben, sie benötigten die Unterstützung der Bevölkerung, und sie müssten das Erscheinen einer Klasse von Eigentümern, welche seiner Meinung nach »proamerikanisch« sei, verhindern.
30. DEZEMBER 2005: Fidel Castro empfängt in Havanna Evo Morales, gewählter Präsident von Bolivien, mit allen Ehren eines Staatsoberhauptes. Die beiden Länder unterzeichnen wichtige Kooperationsabkommen.
31. DEZEMBER 2005: Die kubanischen Behörden teilen mit, dass Kuba nach Schätzungen der Regierung das Jahr 2005 mit einem Wirtschaftswachstum von 11,5 Prozent, die bereits die Kosten für soziale Leistungen enthalten, abschließt. In sechsundvierzig Jahren Sozialismus ist dies das bisher stärkste Wirtschaftswachstum. Auf Vorschlag Fidel Castros ernennt die Nationalversammlung das Jahr 2006 im Hinblick auf ein umfassendes Programm, das als Lösung für das Defizit in der Stromerzeugung und zugunsten des Stromsparens in Kraft gesetzt wird, »Jahr der Energie-Revolution Kubas«.
JANUAR 2006: Kubanische Parteifunktionäre kontrollieren im Rahmen des Kampfes gegen die Korruption Hunderte von Produktionszentren. Zahlreiche Entlassungen werden erwartet.
6. JANUAR 2006: Vor dem Gebäude der Interessenvertretung der Vereinigten Staaten in Havanna eröffnet Fidel Castro den »Wald aus schwarzen Fahnen«, welche die 3478 kubanischen Opfer des »durch die USA geförderten Terrorismus« symbolisieren. Diese Fahnen verhüllen das Gebäude und stellen somit eine Antwort auf die Entscheidung Michael Parmlys dar, mittels der Gebäudefassaden feindselige Informationen an die kubanischen Behörden zu verbreiten.
15. JANUAR 2006: Die sozialistische Kandidatin Michelle Bachelet wird in Chile zur Präsidentin gewählt.
20. JANUAR 2006: Die lateinamerikanischen Präsidenten Lula, Chávez und Kirchner beschließen, in Brasilien eine 10 000 Kilometer lange Gaspipeline zu bauen, die Venezuela mit Argentinien verbinden wird.
22. JANUAR 2006: Evo Morales wird in Bolivien als Präsident vereidigt.
3. FEBRUAR 2006: Das Sheraton Hotel *María Isabel* in Mexiko weist aufgrund einer Entscheidung des Amtes für ausländische Vermögenskontrolle des US-Finanzministeriums und mit Hinweis auf das Helms-Burton-Gesetz, das 1996 vom US-amerikanischen Kongress verabschiedet wurde und das die wirtschaftliche Verbindung jeglicher Art mit kubanischen Firmen oder Staatsangehörigen untersagt, eine sechzehnköpfige kubanische Delegation aus. Diese hatte dort Unterkunft genommen, um mit einer größeren Delegation US-amerikanischer Geschäftsleute zu verhandeln.
5. APRIL 2006: Während einer militärischen Aktion gegen Fluchthelfer südlich von Pinar del Río eröffnen die kubanischen Grenzschutztruppen das Feuer auf ein Motorboot aus Miami, das einer Gruppe Kubaner zur Flucht verhelfen sollte. Einer der Fluchthelfer wird erschossen, zwei weitere werden verhaftet.
28. APRIL 2006: Das Zentralkomitee der Kommunistischen Partei enthebt ihr Mitglied Juan Carlos Robinson wegen »Machtmissbrauchs und Bestechung« des Amtes. Am 21. Juni wird er zu zwölf Jahren Gefängnis verurteilt werden. Nie zuvor wurde ein Mitglied des Zentralkomitees vor Gericht angeklagt und verurteilt.
1. MAI 2006: Evo Morales unterzeichnet in Bolivien ein Dekret zur Verstaatlichung der bolivianischen Erdgasvorkommen.
24. MAI 2006: Die kubanische Ministerin für Rechnungs- und Fertigungsprüfung, Lina Pedraza, wird ihres Amtes enthoben.

3. JUNI 2006: Zum fünfundsiebzigsten Geburtstag Raúl Castros widmet ihm die kubanische Zeitung *Granma* eine achtseitige Sonderbeilage.
11. JUNI 2006: Die Regierung verkündet, dass Kuba in Zukunft keine Hilfe aus dem Ausland mehr annehmen wird, wenn diese an Bedingungen vonseiten des Geberlandes geknüpft ist.
12. JUNI 2006: Die Interessenvertretung der Vereinigten Staaten in Havanna berichtet, dass die kubanischen Behörden sie seit mehreren Tagen vom Stromnetz getrennt hätten.
14. JUNI 2006: In einer Rede unterstreicht Raúl Castro die Rolle der Kommunistischen Partei als Garant für die nationale Einheit und erklärt, dass die Partei nach Fidel Castro die Führung des Landes übernehme.
4. JULI 2006: Die Kommunistische Partei richtet das Sekretariat des Zentralkomitees, das in den 90er-Jahren abgeschafft wurde, erneut ein und benennt drei Frauen zu Mitgliedern des zwölfköpfigen Gremiums.
10. JULI 2006: In Washington veröffentlicht US-Präsident George W. Bush einen Bericht der »Hilfskommission für ein Freies Kuba« und verkündet, dass »die Vereinigten Staaten aktiv daran teilnehmen, einen Wechsel in Kuba zu begünstigen, und sich nicht mit Warten begnügen«. Es werden achtzig Millionen US-Dollar bestimmt, die »jene Kubaner unterstützen, die den Wechsel herbeisehnen«.
26. JULI 2006: Am Ende der feierlichen Zeremonienzum gedenken an den dreiundfünfzigsten Jahrestags des Sturms auf die Moncada-Kaserne in Santiago und auf die Céspedes-Kaserne in Bayamo, erleidet Fidel Castro eine schwere Darmblutung. Am 27. Juli unterzieht er sich einer Notoperation.
31. JULI 2006: Am Abend verliest der persönliche Assistent Fidel Castros, Carlos Valenciaga, eine »Anweisung des Comandante en Jefe an die Bevölkerung«. In dieser übergibt Castro seine Verantwortlichkeiten auf »provisorischer Basis« einer Gruppe aus sieben Personen unter Vorsitz von Raúl Castro; die anderen sechs Mitglieder sind José Ramón Balaguer, José Ramón Machado Ventura, Esteban Lazo, Carlos Lage, Francisco Soberón und Felipe Pérez Roque.
1. AUGUST 2006: Fidel Castro erklärt seinen Gesundheitszustand aufgrund der Belagerungssituation und der Bedrohung Kubas durch die USA zum »Staatsgeheimnis«.
3. AUGUST 2006: In Washington fordert US-Präsident Bush die Kubaner auf, »für den Wechsel zu arbeiten«.
9. AUGUST 2006: Das Berufungsgericht in Atlanta revidiert sein Urteil, das ein Jahr zuvor die fünf wegen Spionage in Miami am 2. April 2003 verurteilten Kubaner freigesprochen hatte.
13. AUGUST 2006: Achtzigster Geburtstag Fidel Castros. Die Presse veröffentlicht erste Fotografien seiner Genesung. Die offiziellen Feierlichkeiten werden auf den 2. Dezember verschoben.
14. AUGUST 2006: Eine weitere Fotoserie wird veröffentlicht, und das Fernsehen strahlt eine Videoaufnahme aus, die Fidel Castro zusammen mit Raúl Castro und Hugo Chávez zeigt.
16. AUGUST 2006: In Brasilien stirbt der ehemalige Diktator Paraguays Alfred Stroessner.
23. AUGUST 2006: Washington unterbreitet Kuba das Angebot, das Wirtschaftsembargo aufzuheben, wenn Kuba einen Demokratisierungsprozess einläutet und unter der Voraussetzung, »dass kein Castro politische Verantwortungen trüge«.
31. AUGUST 2006: Ramiro Valdés, Veteran der Kubanischen Revolution, wird kubanischer Informations- und Kommunikationsminister.
1. SEPTEMBER 2006: Das kubanische Fernsehen überträgt eine Aufzeichnung vom Treffen zwischen Hugo Chávez und Fidel Castro. Chávez berichtet: »Dies ist mein dritter Besuch, und der Patient ist mittlerweile hervorragend genesen.«
5. SEPTEMBER 2006: Fidel Castro versichert in einem Kommuniqué, das Schlimmste sei vorbei und er erhole sich auf befriedigende Weise. Er gibt an, 18,5 Kilogramm Gewicht verloren zu

haben, und erklärt, er habe keine Eile, die Staatsmacht erneut zu übernehmen, da sie »in guten Händen« sei.

11.–16. SEPTEMBER 2006: Gipfel der blockfreien Staaten in Havanna. Fidel Castro, der sich weiterhin erholt und am Treffen nicht teilnimmt, wird zum Präsidenten der Bewegung ernannt. In einzelnen Privatgesprächen trifft er Kofi Annan, Abdelaziz Bouteflika, Evo Morales und Hugo Chávez.

9. OKTOBER 2006: Raúl Castro dementiert die Gerüchte, wonach Fidel Castro an »Krebs im Endstadium« leide.

17. OKTOBER 2006: In Washington erlässt US-Präsident Bush ein Gesetz, das die Folterung jeder »Person, die eine Gefahr für die Nation darstellt«, erlaubt.

25. OKTOBER 2006: Die beiden kubanischen Oppositionellen, Ricardo Medina und Francisco Moure, werden freigelassen.

26. OKTOBER 2006: Die Naturschutzorganisation WWF erklärt in einem in Peking veröffentlichten Bericht, dass »Kuba als einziges Land den Richtlinien für nachhaltige Entwicklung entspricht«.

28. OKTOBER 2006: Nach vierzig Tagen ohne neue Nachrichten oder Fotos von ihm meldet sich Fidel Castro in einer sechsminütigen Fernsehansprache zurück, in der er erklärt: »Seit dem Beginn habe ich wiederholt gesagt, dass meine Genesung lange dauern und nicht ohne Risiken verlaufen wird.« Er erklärt zusätzlich: »Ich nehme Anteil an wichtigen Regierungsentscheidungen.« Es ist seine letzte öffentliche Ansprache in diesem Jahr.

29. OKTOBER 2006: Luiz Inácio Lula da Silva wird erneut Präsident Brasiliens.

5. NOVEMBER 2006: In Nicaragua geht der sandinistische Führer Daniel Ortega siegreich aus den Präsidentschaftswahlen hervor und widmet seinen Erfolg Fidel Castro.

7. NOVEMBER 2006: In den Vereinigten Staaten verlieren die Republikaner die Kongresswahlen zwischen den Präsidentschaftswahlen (Midterm Elections) und damit die Mehrheit im Repräsentantenhaus und im Senat.

8. NOVEMBER 2006: Zum fünfzehnten Mal verurteilt die Generalversammlung der UNO, mit 183 zu vier Stimmen, das durch die USA unilateral verhängte Wirtschaftsembargo gegenüber Kuba.

14. NOVEMBER 2006: Auf Kuba werden drei Oppositionelle freigelassen.

16. NOVEMBER 2006: In San Francisco, Kalifornien, stirbt der Wirtschaftswissenschaftler Milton Friedman im Alter von sechsundneunzig Jahren. Friedman war der große Vordenker des Neoliberalismus, der in den 70er-Jahren unter anderem nach Chile exportiert wurde und maßgeblich die ultraliberale Politik des chilenischen Diktators Augusto Pinochet prägte.

26. NOVEMBER 2006: In Ecuador wird der Chávez nahestehende Kandidat der Linken, Rafael Correa, zum Präsidenten gewählt.

28. NOVEMBER 2006: Beginn der Feierlichkeiten zu Fidel Castros achtzigstem Geburtstag. In einer Nachricht an die Kubaner erklärt er: »Den Ärzten zufolge bin ich nach wie vor nicht in der Lage, an einem solch kolossalen Ereignis teilzunehmen.«

28. NOVEMBER 2006: In London strahlt der Fernsehsender Channel Four den Dokumentarfilm *638 ways to kill Castro* von Dollan Cannell aus, der die verschiedenen Attentatsversuche auf den kubanischen Präsidenten, unterstützt durch die CIA, dokumentiert.

2. DEZEMBER 2006: Fidel Castro nimmt nicht an der Militärparade teil, die zum fünfzigsten Jahrestag der Landung der *Granma* in Havanna abgehalten wird. Raúl Castro erklärt in seiner Rede: »Ich nutze diese Gelegenheit, um unsere Bereitschaft, die Meinungsverschiedenheiten zwischen den Vereinigten Staaten und Kuba am Verhandlungstisch zu lösen, ein weiteres Mal zu bekräftigen.«

3. DEZEMBER 2006: Hugo Chávez wird als Präsident Venezuelas wiedergewählt.

7. DEZEMBER 2006: Freilassung Héctor Palacios, der im März 2003 mit weiteren vierundsiebzig

Oppositionellen festgenommen wurde. Er ist der sechzehnte Freigelassene dieser oppositionellen Gruppe.

10. DEZEMBER 2006: Der ehemalige chilenische Diktator Augusto Pinochet stirbt in Santiago de Chile.

12. DEZEMBER 2006: Das Amt für ausländische Vermögenskontrolle des US-Finanzministeriums verurteilt den Filmregisseur Oliver Stone wegen seines Aufenthaltes 2002 und 2003 auf Kuba und wegen des Drehs zweier Dokumentarfilme über Fidel Castro zu einer Geldstrafe.

12. DEZEMBER 2006: Der Oberste Gerichtshof in Addis Abeba, Äthiopien, erklärt den ehemaligen Präsidenten Mengistu Haile Mariam, der sich zu jenem Zeitpunkt im Exil in Simbabwe befindet, des Genozids für schuldig und verurteilt ihn zu einer lebenslangen Haftstrafe.

13. DEZEMBER 2006: Der berühmte brasilianische Architekt Oscar Niemeyer bietet Fidel Castro eine neuneinhalb Tonnen schwere Skulptur an, die auf einem Platz vor der Universität von Havanna aufgestellt wird.

15. DEZEMBER 2006: Die Tageszeitung *Washington Post* veröffentlicht eine Stellungnahme des Leiters der US-Nachrichtendienste (DNI), John Negroponte, in welcher Negroponte den unmittelbar bevorstehenden Tod Fidel Castros voraussagt.

15. DEZEMBER 2006: Eine zehnköpfige Kommission des US-Kongresses, die sich für ein Ende des Wirtschaftsembargos einsetzt, reist für drei Tage nach Havanna. Am 17. Dezember wird die Kommission von Raúl Castro empfangen.

20. DEZEMBER 2006: Raúl Castro bekräftigt erneut, dass nur die Kommunistische Partei Fidel Castro ersetzen könne und dass die Förderung einer neuen Generation unabdingbar sei.

21. DEZEMBER 2006: Kuba bittet den spanischen Chirurgen José Luis García Sabrido, dem Ärzteteam, das Fidel Castro behandelt, beizutreten. Zurück in Madrid, erklärt García Sabrido am 26. Dezember, der kubanische Präsident leide an einer »gutartigen Krankheit«, er habe keinen Krebs, wie offizielle Stellen der USA zuvor verlauten ließen.

22. DEZEMBER 2006: Tagung des kubanischen Parlaments; Fidel Castro nimmt weder daran teil, noch lässt er eine schriftliche Nachricht übermitteln.

23. DEZEMBER 2006: Die Tageszeitung *Le Monde* veröffentlicht in Paris eine Umfrage, nach der Fidel Castro in Frankreich, Deutschland, Großbritannien, Italien und Spanien beliebter ist als der amtierende US-amerikanische Präsident George W. Bush.

28. DEZEMBER 2006: Präsident Hugo Chávez verkündet in Caracas, Venezuela, dass die Regierung die Sendelizenz für den Privatsender Radio Caracas Televisión (RCTV) nicht verlängern wird. »Es wird kein Medium toleriert, das zur Destabilisierung des Staates beiträgt«, so Chávez.

30. DEZEMBER 2006: Der irakische Exdiktator Saddam Hussein wird gehängt.

31. DEZEMBER 2006: Der kubanische Wirtschaftsminister José Luis Rodríguez gibt das kubanische Wirtschaftswachstum (BIP) mit 12,5 Prozent für das Jahr 2006 als »größtes Wachstum Lateinamerikas« an. Die UN-Wirtschaftskommission für Lateinamerika und die Karibik (CEPAL) bestätigt diese Zahl.

3. JANUAR 2007: In Oslo, Norwegen, weigert sich die Hotelleitung des *Scandic Edderkoppen* (Mitglied der multinational operierenden US-amerikanischen Hilton-Hotelgruppe) aus denselben Gründen wie am 3. Februar 2006 in Mexiko, einer vierzehnköpfigen kubanischen Delegation Zimmer zu vermieten.

5. JANUAR 2007: Der kubanische Fernsehkanal Cubavisión sendet eine Hommage an Luis Pavón Tamayo, Expräsident des staatlichen Kulturrates. Zwischen 1971 und 1976, den sogenannten »grauen Jahren«, galt er als Hauptverantwortlicher für die dogmatische Kulturpolitik, Unterdrückung und Verfolgung zahlreicher Intellektueller (unter ihnen José Lezama Lima, Virgilio Piñeira, Antón Arrufat, Pablo Armando Fernández und César López). Viele von ihnen organisieren, in Kuba und weltweit, Proteste. Die Vereinigung kubanischer Schriftsteller und

Künstler (UNEAC) veröffentlicht am 17. Januar eine Stellungnahme zur Beruhigung der Gemüter. Die Proteste und Verstimmungen dauern an.

8. JANUAR 2007: Der venezolanische Präsident Hugo Chávez verkündet in Caracas die Wiederverstaatlichung von Unternehmen, die vor seinem Amtsantritt im Dezember 1998 privatisiert wurden. Er nennt dabei das 1991 privatisierte Telekommunikationsunternehmen CANTV sowie den venezolanischen Energiekonzern. Außerdem schlägt er vor, die Unabhängigkeit der Zentralbank aufzuheben.

10. JANUAR 2007: In einer Erklärung des kubanischen Außenministeriums wird berichtet, dass am 27. November zum vierten Mal in Folge seit dem Triumph der Kubanischen Revolution »kubanisches Kapital gestohlen wurde, indem US-Banken dieses illegal eingefroren haben«. Nach Aussage des Ministeriums beläuft sich der eingefrorene Betrag von Konten der kubanischen Nationalbank und des kubanischen Telekommunikationskonzerns auf 170,2 Millionen US-Dollar. Ein Teil dieser Gelder, zweiundsiebzig Millionen US-Dollar, wird den US-Bürgern Janet Ray Weininger und Dorothy Anderson McCarthy übergeben, die vor US-Gerichten Forderungen gegen Kuba geltend gemacht hatten.

16. JANUAR 2007: In den Vereinigten Staaten wird Luis Posada Carriles, angeklagt wegen der Planung des Attentats auf ein kubanisches Flugzeug mit dreiundsiebzig Toten im Jahr 1976, in ein Gefängnis nach New Mexico überstellt, nachdem er über eineinhalb Jahre in El Paso, Texas, wegen eines Einreisevergehens festgehalten wurde.

17. JANUAR 2007: In Madrid berichtet die spanische Tageszeitung *El País*, dass »Fidel Castro sich einem chirurgischen Eingriff unterzog, der später zu Komplikationen führte und zwei weitere Operationen unumgänglich machte hatte«.

17. JANUAR 2007: In Washington erklärt der US-Justizminister Alberto González, das »Programm zur Überwachung von Terroristen« einzustellen. Seit Oktober 2001 erlaubte das Programm der Nationalen Sicherheitsbehörde (NSA), Telefongespräche und E-Mails ins Ausland abzufangen, ohne das 1978 eingerichtete Sondergericht, das im Rahmen des Gesetzes zur Beaufsichtigung ausländischer Geheimdienste (FISA) geschaffen wurde, davon zu unterrichten. Andererseits deckt die US-Presse auf, dass US-Präsident George W. Bush seit Dezember 2006 die Öffnung von E-Mail-Konten ohne richterlichen Beschluss genehmigt hat und dass das Pentagon und die CIA im Namen der nationalen Sicherheit die privaten Bankdaten von US-Bürgern abrufen können.

18. JANUAR 2007: Der stellvertretende russische Außenminister Sergei Kislyak erklärt die vorübergehende Aussetzung der Beziehung zwischen Russland und Kuba als Teil der Vergangenheit. »Havanna war stets unser engster Partner in Lateinamerika und wird es immer bleiben«, so Kislyak.

24. JANUAR 2007: In Miami, Florida, stirbt der gefeierte ehemalige CIA-Agent Howard Hunt, der am Sturz des guatemaltekischen Präsidenten Jacobo Árbenz (1954) und an der Invasion in der Schweinebucht (1961) beteiligt war.

29. JANUAR 2007: Die kubanische Ministerin für Ausländische Investitionen und wirtschaftliche Zusammenarbeit Marta Lomas gibt an, dass derzeitig auf Kuba 236 ausländische Verbände und Unternehmen aktiv sind. Im Jahr 2005 waren es noch 258, und im Jahr 2004 gab es 313 dieser Unternehmenszusammenschlüsse, die im Tourismussektor, der Nickel- und Eisenindustrie agieren. Unter gemeinsamen Geschäftspartnern Kubas befinden sich internationale Konzerne wie Sherritt International (Kanada), Altadis und Sol Meliá (Spanien) und Pernod Ricard (Frankreich).

30. JANUAR 2007: Zum ersten Mal seit dem 28. Oktober 2006 erscheint Fidel Castro, dessen Gesundheitszustand sich gebessert hat, im Fernsehen. An seiner Seite befindet sich der venezolanische Präsident Hugo Chávez, der bekundet: »Hier ist Fidel, wie er leibt und lebt!«

31. JANUAR 2007: Zwei Mitglieder des US-Kongresses stellen einen Gesetzesentwurf zur Locke-

rung des Embargos gegen Kuba vor, das unter anderem die Flugrestriktionen nach Kuba für US-Bürger und kubanische Immigranten aufhebt.

31. JANUAR 2007: In Caracas, Venezuela, stimmen die Abgeordneten des venezolanischen Parlaments in einer außerplanmäßigen Sitzung auf der Plaza Simón Bolívar im historischen Stadtkern einstimmig für ein Gesetz, das Hugo Chávez die Macht überträgt, für die folgenden achtzehn Monate per Dekret zu regieren.

26. APRIL 2007: Kuba und Venezuela stellen vor dem Ausschuss zur Bekämpfung des Terrorismus des Sicherheitsrates der Vereinten Nationen (CTC) formell Anzeige gegen die von der Regierung der Vereinigten Staaten erteilte Freilassung auf Kaution des Terroristen Luis Posada Carriles.

1. MAI 2007: Fidel Castro nimmt nicht an der jährlich stattfindenden Maiparade teil. Einige Tage später erklärt er, dass er sich mehreren Operationen unterziehen musste.

26. JULI 2007: Zum ersten Mal seit 1959 wird der Beginn der Kubanischen Revolution ohne die Anwesenheit von Fidel Castro gefeiert.

4. JULI 2007: In Havanna findet das neunte mexikanisch-kubanische Parlamentariertreffen statt. Die frühere mexikanische Außenministerin Rosario Green spricht im Vorfeld vom Interesse daran, wieder »eine Brücke zwischen beiden Ländern zu schlagen«.

22. OKTOBER 2007: In der ostbolivianischen Stadt Santa Cruz detonieren zwei Sprengsätze, die Unbekannte aus einem fahrenden Auto werfen. Ziel der Anschläge sind das venezolanische Konsulat und eine Unterkunft für Ärzte und Botschaftspersonal aus Kuba. Menschen werden bei dem Anschlag nicht verletzt. Während der bolivianische Präsident Evo Morales von einem »terroristischen Akt« spricht, beschuldigt die Opposition Venezuela und die Regierung von Hugo Chávez, hinter dem Anschlag zu stehen, um die Opposition Boliviens in Misskredit zu bringen.

DEZEMBER 2007: Fidel Castro erklärt im kubanischen Fernsehen, dass er »nicht versuchen wird, die Macht endlos zu beanspruchen«.

20. JANUAR 2008: Auf Kuba findet die vierte Wahl der Abgeordneten des Nationalparlaments sowie die der vierzehn Provinzparlamente statt. Laut der Tageszeitung *Granma* stimmen die Wähler mit überwältigender Mehrheit für alle Kandidaten der Einheitsliste.

18. FEBRUAR 2008: Fidel Castro zieht sich formal aus der Politik zurück. Er bleibt aber bis auf Weiteres Erster Sekretär der Kommunistischen Partei Kubas.

24. FEBRUAR 2008: Raúl Castro wird zum neuen Vorsitzenden des Staatsrates gewählt. Er kündigt Reformen des Regierungsapparates und in der Landwirtschaft an.

28. FEBRUAR 2008: Der kubanische Außenminister Felipe Pérez Roque unterzeichnet in New York die UN-Abkommen über wirtschaftliche, soziale und kulturelle und über bürgerliche und politische Rechte.

14. MÄRZ 2008: Rechte und ultrarechte Politiker Lateinamerikas beraten in San José, Costa Rica, auf Einladung der Christlich-Demokratischen Organisation Amerikas (ODCA) die aktuelle Lage in Kuba nach Fidel Castros Rückzug.

MAI 2008: Auf Kuba wird der Privatbesitz von Mobiltelefonen und Computern erlaubt.

25. MAI 2008: In einer dem lateinamerikanischen Fernsehsender TeleSur zugespielten Videonachricht bestätigt das Sekretariat der Revolutionären Streitkräfte Kolumbiens (FARC-EP) den Tod durch Herzinfarkt ihres Gründers und historischen Anführers Pedro Antonio Marin, bekannt unter seinem Decknamen »Manuel Marulanda« und »Tirofijo«, am 26. März.

4. JUNI 2008: Das US-Gericht in Atlanta bestätigt die Urteilssprüche – im Prozess der kubanischen Agenten (»Miami Five«) – gegen Gerardo Hernández und René González. Die Urteilssprüche gegen Ramón Labañino, Antonio Guerrero und Fernando González werden für revisionsbedürftig gehalten und an das Gericht in Miami zurückverwiesen.

JUNI 2008: In Kuba werden Pläne zur Aufhebung der Lohngleichstellung erwogen. Außerhalb

Kubas werden die Pläne als radikale Abwendung von der seit der Kubanischen Revolution 1959 bestehenden, sozialistischen Planwirtschaft gewertet.

20. JUNI 2008: Die Europäische Union hebt die diplomatischen Sanktionen gegen Kuba auf, die sie im Jahr 2003 verhängt hatte, nachdem die kubanische Regierung fünfundsiebzig Dissidenten inhaftiert hatte. Bereits im Jahr 2005 waren sie vorübergehend aufgehoben worden.

JULI 2008: Um die kubanische Nahrungsmittelversorgung weiterhin zu gewährleisten und die Abhängigkeit von Nahrungsmittelimporten zu verringern, lockert die kubanische Regierung die Richtlinien für den privaten Landbesitz der Kleinbauern.

6. JULI 2008: Nach der Befreiung Ingrid Betancourts und vierzehn weiterer Geiseln fordert Fidel Castro die kolumbianische Guerillaorganisation Revolutionäre Streitkräfte Kolumbiens (FARC) auf, alle verbleibenden Geiseln freizulassen. Castro erklärt, er habe »wiederholt die brutalen Methoden der Geiselnahme und der Gefangenschaft im Dschungel aufs Schärfste kritisiert«.

25. JULI 2008: Im Zusammenhang mit Spekulationen um die mögliche Stationierung russischer Langstreckenbomber auf Kuba verwahrt sich Fidel Castro gegen Kritik aus den USA. Es ist die erste Reaktion der kubanischen Führung auf einen Bericht der russischen Zeitung *Iswestija*. Demnach erwägt Moskau, als Reaktion auf die US-Raketenabwehrpläne in Mitteleuropa, Bomber nach Kuba zu verlegen. Die USA erklären, mit einem russischen Stützpunkt auf Kuba würde eine »rote Linie« überschritten. Moskau müsse mit einer »starken Ablehnung« aus Washington rechnen, so der designierte Chef der US-Luftwaffe, Norton Schwartz.

26. JULI 2008: In Kuba werden die Feierlichkeiten zum fünfundfünfzigsten Jahrestag des Beginns der Kubanischen Revolution offiziell eröffnet. Der kubanische Präsident Raúl Castro begrüßt unter einem großen Bild seines Bruders Fidel rund 10 000 geladene Gäste in der Moncada-Kaserne in Santiago de Cuba und läutet ein Kulturprogramm ein.

JANUAR 2009: Der Triumph der Revolution jährt sich zum fünfzigsten Mal.

LITERATURVERZEICHNIS

Um die verschiedenen Interviews vorzubereiten, haben wir vorwiegend, neben weiteren, die folgenden Quellen berücksichtigt:

1) Werke von Fidel Castro

Fidel Castro: *Palabras a los intelectuales*. Ediciones del Consejo Nacional de Cultura, Havanna 1961.
Fidel Castro: *Discursos*. 3 tomos. Editorial de Ciencias Sociales, Havanna 1975.
Fidel Castro: *La Revolución de Octubre y la Revolución Cubana. Discursos 1959–1977*. Ediciones del Departamento de Orientación Revolucionaria del Comité Central del Partido Comunista de Cuba, Havanna 1977.
Fidel Castro: *Discursos en tres congresos*. Editora Política, Havanna 1982.
Fidel Castro: *Die ökonomische und soziale Krise in der Welt, ihre Auswirkungen auf die unterentwickelten Länder, ihre düsteren Perspektiven und die Notwendigkeit zu kämpfen, wenn wir überleben wollen. Bericht an die VII. Gipfelkonferenz der Nichtpaktgebundenen*. Verlag Zeit im Bild, Dresden 1983. (*La crisis económica y social del mundo. Informe a la VII Cumbre de los Países No Alineados*. Oficina de Publicaciones del Consejo de Estado, Havanna 1983.)
Fidel Castro: *El Pensamiento de Fidel Castro. Selección temática. Enero 1959–abril 1961*. Tomo I, vols. 1 y 2. Editora Política, Havanna 1983.
Fidel Castro: *War & Crisis in the Americas. Speeches 1984–1985*. Pathfinder Press, New York 1985.
Fidel Castro: *Ideología, conciencia y trabajo político. 1959–1986*. Editora Política, Havanna 1986.
Fidel Castro: *Le Socialisme ou la mort*. Editorial José Martí, Havanna 1989.
Fidel Castro: *En la trinchera de la Revolución (Selección de discursos)*. Editora Política, Havanna 1990.
Fidel Castro: *Discursos/Documentos*. Editora Política, Havanna 1991.
Fidel Castro: *Die Geschichte wird mich freisprechen*. Nach der englischen Fassung ins Deutsche übersetzt von Franz Stolp. 2. Aufl. Hinder & Deelmann, Bellnhausen 1968. (*La historia me absolverá*. Edición anotada por Pedro Álvarez Tabío y Guillermo Alonso. Oficina de Publicaciones del Consejo de Estado, Havanna 1993.)
Fidel Castro: *Fidel en la memoria del joven que es*. Ocean Press, Melbourne 1998.
Fidel Castro: *Che en la memoria de Fidel Castro*. Prólogo de Jesús Montané. Ocean Press, Melbourne 1998.
Fidel Castro: *Sobre la globalización neoliberal y otros temas*. Oficina de Publicaciones del Consejo de Estado, Havanna 1998.
Fidel Castro: *La globalización neoliberal y la crisis económica global*. Oficina de Publicaciones del Consejo de Estado, Havanna 1999.
Fidel Castro: *Volverán a prevalecer las ideas progresistas*. Editorial Capitán San Luis, Col. Pensamiento Revolucionario, Havanna 2000.
Fidel Castro: *Capitalism in Crisis. Globalization and world politics today*. Ocean Press, Melbourne 2000.

Fidel Castro: *Jamás un pueblo tuvo cosas más sagradas que defender.* Oficina de Publicaciones del Consejo de Estado, Havanna 2003.

Fidel Castro: *Cuarenta años de discursos-diálogos. Primera parte. 1959–1979.* Selección Mirta Muñiz Egea, con la collaboración de Pedro Álvarez Tabío. Editorial Nuestra América, Havanna 2004.

2) Biografien über Fidel Castro

Katiuska Blanco: *Todo el tiempo de los cedros. Paisaje familiar de Fidel Castro Ruz.* Casa Editora Abril, Havanna 2004.

Jean-Pierre Clerc: *Les Quatre saisons de Fidel Castro.* Édition du Seuil, Paris 1996.

Claudia Furiati: *Fidel Castro. La historia me absolverá.* Plaza y Janés, Barcelona 2003.

Georgie Anne Geyer: *Guerrilla Prince. The Untold Story of Fidel Castro.* Little, Brown and Company, Boston 1991.

Herbert L. Matthews: *Fidel Castro.* Simon and Shuster, New York 2004.

Robert E. Quirk: *Fidel Castro. Die Biographie.* 2. aktualisierte Aufl. Aus dem Amerikanischen von Peter Zacher. Edition q, Berlin 2001. (*Fidel Castro.* Norton, London 1995.)

Gerardo Rodríguez Morejón: *Fidel Castro. Biografía.* P. Fernández y Cia, Havanna 1959.

Volker Skierka: *Fidel Castro. Eine Biographie.* 3. Aufl. Rowohlt, Reinbek bei Hamburg 2005.

Tad Szulc: *Fidel, a Critical Portrait.* William Morrow and Company, New York 1986.

3) Interviews mit Fidel Castro

Lourdes Álvarez: *Fidel Castro. Nuestra lucha es la de América Latina y el Tercer Mundo (Entrevista concedida al periódico* El Día, *México).* Oficina de Publicaciones del Consejo de Estado, Havanna 1985.

Frei Betto: *Nachtgespräche mit Fidel.* Mit einem Vorwort von Pedro Casaldáliga. Aus dem Portugiesischen von Sabine Petermann. 2. Aufl. Union-Verlag, Berlin 1988. (*Fidel y la religión.* Oficina de Publicaciones del Consejo de Estado, Havanna 1985.)

Tomás Borge: *Un grano de maíz. Conversación con Fidel Castro.* Oficina de Publicaciones del Consejo de Estado, Havanna 1992.

Alfredo Conde: *Una conversación en La Habana.* El País-Aguilar, Madrid 1989.

Roberto D'Avila: *Fidel em pessoa. A integra da primeira entrevista de Fidel a televisao Brasileira.* L&PM editores, Porto Alegre 1986.

Mervin Dymalli und Jeffrey Elliot: *Fidel Castro. Nada podrá detener la marcha de la Historia.* Editora Política, Havanna 1985.

Jean-Edern Hallier: *Fidel Castro. Conversation au clair de lune.* Messidor, Paris 1990.

Gianni Miná: *Un encuentro con Fidel.* Con prólogo de Gabriel García Márquez. Oficina de Publicaciones del Consejo de Estado, Havanna 1987.

Gianni Miná: *Fidel. Presente y futuro de una ideología en crisis analizada por un líder histórico.* Prólogo de Jorge Amado. Edivisión, Mexiko 1991.

Beatriz Pagés: *Presente y futuro de Cuba* (entrevista concedida al semanario mexicano *Siempre!*). Oficina de Publicaciones del Consejo de Estado, Havanna 1991.

4) Weitere Werke

Pedro Álvarez Tabío: *Celia. Ensayo para una biografía.* Oficina de Publicaciones del Consejo de Estado, Havanna 2003.

Pedro Álvarez Tabío, Pedro und José M. Leyva: *Apuntes sobre el Moncada.* Oficina de Publicaciones del Consejo de Estado, Havanna 2004.

Luis Báez: *El mérito es vivir. Objetivo: matar a Fidel.* Editorial La Buganville, Barcelona 2002.

Ramón L. Bonachea und Marta San Martín: *The Cuban Insurrection. 1952–1959.* Transaction Books, New Brunswick (New Jersey) 1974.

Juan Bosch: *De Cristóbal Colón a Fidel Castro. El Caribe frontera imperial.* Casa de las Américas, Havanna 1981.

Causa 1/89. Fin de la conexión cubana. Editorial José Martí, Havanna 1989.

Adys Cupull und Froilán González: *La CIA contre le Che.* Préface de Philip Agee. EPO, Brüssel 1993.

Régis Debray: *Revolution in der Revolution? Bewaffneter Kampf und politischer Kampf in Lateinamerika.* Aus dem Französischen. 2. und verbesserte Aufl. Trikont-Verlag, München 1967. (*Révolution dans la révolution.* Maspero, Paris 1967.)

Régis Debray: *La Guérilla du Che.* Édition du Seuil, Paris 1974.

Régis Debray: *Kritik der Waffen. Wohin geht die Revolution in Lateinamerika?* Aus dem Französischen von Monika López. Rowohlt, Reinbek bei Hamburg 1975. (*La critique des armes.* 2 Bde. Édition du Seuil, Paris 1974.)

Régis Debray: *Loués soient nos seigneurs.* Gallimard, Paris 1996.

Jean-François Fogel und Bertrand Rosenthal: *Fin de siècle La Havane. Les secrets du pouvoir cubain.* Édition du Seuil, Paris 1993.

Carlos Franqui: *Diario de la Revolución Cubana.* Ediciones R. Torres, Barcelona 1976.

William Gálvez: *El sueño africano del Che. ¿Qué sucedió en la guerrilla congolesa?* Casa de las Américas, Havanna 1997.

Daniele Ganser: *Die Kubakrise – UNO ohne Chance. Verdeckte Kriegsführung und das Scheitern der Weltgemeinschaft 1959–1962.* Aus dem Amerikanischen von Klaus Eichner. Homilius, Berlin 2007. (*Reckless Gamble. The Sabotage of the United Nations in the Cuban Conflict and the Missile Crisis of 1962.* University Press of the South, New Orleans 2000.)

Giulio Girardi: *El Ahora de Cuba. Tras el derrumbe del comunismo. Tras el viaje de Juan Pablo II.* Nueva Utopía, Madrid 1998.

Richard Gott: *Cuba. A New History.* Yale University Press, London 2004.

Albert Granado: *Mit Che durch Südamerika. Reisebericht.* Aus dem Spanischen von Christa Grewe. Pahl-Rugenstein, Köln 1988. (*Con el Che por Sudamérica.* Editorial Letras Cubanas, Havanna 1986.)

Ernesto Guevara: *Bolivianisches Tagebuch. Dokumente einer Revolution.* Aus dem Spanischen von A. Aschenbrenner. Rowohlt, Reinbek bei Hamburg 1989. (*Diario del Che en Bolivia.* Instituto del Libro, Havanna 1968.)

Ernesto Guevara: *Justicia global. Liberación y socialismo.* Ocean Press, Melbourne 2002.

Ernesto Guevara: *América Latina. Despertar de un continente.* Ocean Press, Melbourne 2003.

Janette Habel: *Ruptures à La Havane. Le castrisme en crise.* Préface de François Maspero. La Breche, Paris 1989.

Pierre Kalfon: *Che. Ernesto Guevara, une légende du siècle.* Édition du Seuil, Paris 1997.

K. S. Karol: *Les Guérilleros au pouvoir. L'itinéraire politique de la révolution cubaine.* Robert Laffont, Paris 1970.

Maurice Lemoine: *Les 100 Portes de l'Amérique Latine.* Les éditions de l'Atelier, Paris 1997.

Osvaldo Martínez, Ana Esther Cecena u. a. (Hrsg.): *Les Dessous de l'ALCA*. L'Harmattan, Paris 2003.
Mario Mencía: *Schule der Rebellen*. Aus dem Spanischen von Rolando Max und Monika Linke. Dietz Verlag, Berlin 1983. (*La prisión fecunda*. Editora Política, Havanna 1980.)
Mario Mencía: *El grito del Moncada*. Editora Política, Havanna 1986.
Robert Merle: *Moncada. Fidel Castros erste Schlacht*. Aus dem Französischen von Eduard Zak. Aufbau-Verlag, Berlin 1968. (*Moncada, premier combat de Fidel Castro. 26 juillet 1953*. Laffont, Paris 1965.)
Andrés Oppenheimer: *La hora final de Castro*. Javier Vergara Editor, Buenos Aires 1992.
Fernando Ortiz: *Los negros esclavos*. Editorial de Ciencias Sociales, Havanna 1975.
Gabriel Robin: *La Crise de Cuba (Octobre 1962). Du Mythe l'histoire*. Économica, Paris 1984.
Manuela Semidei: *Kennedy et la Révolution cubaine. Un apprentissage politique?* Julliard, Coll. Archives, Paris 1972.
Hugh Thomas: *Cuba. La lucha por la libertad. 1762–1970*. Grijalbo, Barcelona 1973.
Manuel Vásquez Montalbán: *Dios entró en La Habana*. Ediciones El País, Madrid 1998.

5) Aus dem Internet
Auf der Internetseite der kubanischen Regierung: Biografie, Reden und Schriften Fidel Castros:
http://www.cuba.cu/gobierno/discursos/index.html
Auf der Internetseite der französischen Monatszeitung *Le Monde diplomatique*: Dossier verschiedener Artikel aus dem Archiv zum Thema Kuba:
http://www.monde-diplomatique.fr/index/pays/cuba
Auf der Internetseite der britischen Tageszeitung *The Guardian*: Dossier mit einer Chronologie der Kubanischen Revolution, Artikel seit Januar 1959 und aktuelle Berichte über Kuba:
http://www.guardian.co.uk/cuba
Auf der lateinamerikanischen Internetseite *PatriaGrande*: Biografie Fidel Castros, Fotos und Reden von 1998 bis 2003:
http://www.patriagrande.net/cuba/index.html
Auf der Internetseite *marxists.org*: Reden von und Interviews mit Fidel Castro von 1959 bis 1963. Der komplette Text des berühmten Castro-Plädoyers von 1953 »La historia me absolverá«:
http://www.marxists.org/history/cuba
Auf der Internetseite des lateinamerikanischen Netzwerk-Informationszentrums LANIC: Sammlung von Reden Fidel Castros, sortiert nach Jahresdatum. Auch in englischer Fassung:
http://www.lanic.utexas.edu/la/cb/cuba/castro.html

DANKSAGUNG

Es wäre ziemlich unsinnig und außerdem wenig professionell gewesen, sich ohne gründliche Vorbereitung und ohne solide Dokumentation auf ein solches Projekt der Marathon-Konversation mit Fidel Castro einzulassen. Vom Augenblick der Entscheidung, dass dieses Buch entstehen sollte, bis zum effektiven Beginn der Gespräche mit dem kubanischen Präsidenten verging ein Jahr. Während dieser Zeit habe ich Freunde kontaktiert, die mit der kubanischen Problematik vertrauter waren als ich. In langen informellen Gesprächen mit ihnen kristallisierten sich die zu behandelnden Hauptthemen heraus, die unerlässlichen Fragen, die unumgänglichen Probleme. Sollte der Leser Fehler, Schwächen oder Unzulänglichkeiten in der Art, wie das Interview geführt wurde, aufspüren, so soll er wissen, dass ich der einzig Verantwortliche für diese Mängel bin.

Sollte er auf der anderen Seite einige Fragen als besonders sachgemäß bewerten, so kann er sicher sein, dass diese von einem der folgenden Freunde eingebracht wurden: Walter Achúgar, Gisela Arandia, Maximilien Arveláiz, Brunella Casartelli, Hernando Calvo Ospina, Bernard Cassen, Ramón Chao, Jorge Denti, Víctor de la Fuente, Carlos Gabetta, Eduardo Galeano, Omar González, Alain Gresh, Alfredo Guevara, Francisco Jarauta, Maurice Lemoine, Rigoberto López, Gianni Miná, Alfredo »Chango« Muñoz, Francis Pisani, Michel Porcheron, Emir Sader, Hugo Sigman, Susana Tesoro, Jorge Timossi, Miguel Torres, Manuel Vázquez Montalbán, Horacio Verbitsky, Mauricio Vicent und José Zepeda. Ihnen allen möchte ich meinen tiefsten Dank aussprechen.

Ich möchte auch denjenigen danken, die durch ihre ständigen Bemühungen und ihre zuverlässige Freundschaft die praktische Durchführung dieser Gespräche ermöglicht haben. In erster Linie dem Historiker Pedro Álvarez Tabío, »das andere Gedächtnis Fidels«, dessen Beitrag für die Fertigstellung und die editorische Vorbereitung des Buches entscheidend war und der mit seinen unentbehrlichen Präzisierungen (Namen, Daten, Orte, Fakten) dazu beigetragen hat, dass ich beklagenswerte Konfusionen vermeiden konnte. Auch Carlos Valenciaga möchte ich danken, dem jungen, effizienten und brillanten Assistenten Fidel Castros, der sehr dynamischen Carmen Rosa Báez, die meine erste Helferin bei diesem Projekt war, und der gesamten Gruppe von Fidels Assistenten.

Ich darf meinen Verleger, Cristóbal Pera, nicht vergessen, der meine Idee vom ersten Augenblick an unterstützt und mich stets motiviert hat, sie trotz zahlreicher Hindernisse immer weiterzuverfolgen.

Meine Ehefrau Laurence und meine jüngeren Kinder Ophélia und Flavien mussten meine wiederholte Abwesenheit ebenso erdulden wie die monatelange exklusive Beziehung zu meinem Computer auf Kosten der Zuneigung, die sie normalerweise von einem Ehemann und Vater erwarten konnten, der sie so sehr liebt. Ich bitte sie dafür um Verzeihung.

Mein größter Dank geht an Fidel Castro, der es stets akzeptierte, eine Bresche in seinen vollen Terminkalender zu schlagen, der mir zu jeder möglichen Stunde großzügig seine Zeit schenkte und meine Neugier mit seiner sprichwörtlichen Höflichkeit beantwortete.

IGNACIO RAMONET

REGISTER

Abbado, Claudio 12
ABC, faschistische Gruppe 62, 73f.
Abd-el-Krim 190
Abessinienkrieg (Äthiopienkrieg) 49f., 685, 724
Abrantes, José 401f., 404–408, 709
Abu-Ghraib-Gefängnis 610f., 664, 709
Abu-Jamal, Mumia 590
Acción Cubana (Kubanische Aktion) 736
Acción Democrática de Venezuela (Sozialdemokratische Partei Venezuelas) 111, 704
Acevedo, Rogelio 509f., 513
Acusador, El 95
Afghanistan 14, 19, 547f., 614, 618, 647f., 738, 745
Afrikanischer Nationalkongress → ANC
Agramonte, Ignacio 160
Agrarreform 42, 153, 187f., 238, 266–271, 275, 280, 296f., 324, 559, 580f., 696f., 700, 718, 727, 730, 732, 734
Aids 341, 343, 422, 432, 594, 642, 677
Alamein, Schlacht von El 541
Alape, Arturo 110
Alarcón Ramírez, Dariel 705
Alarcón, Ricardo 14
ALBA (Alternativa Bolivariana para las Américas – Bolivarische Alternative für Amerika) 475, 593, 748
ALCA (Área de Libre Comercio de las Américas – Amerikanische Freihandelszone) 170, 434, 583, 585, 693, 746, 748f., 751
Alcalde Valls, Óscar 174, 694
Aldana, Carlos 630, 741
Alerta 98, 121
Alexander der Große 51, 225, 643, 684
Alfonsín, Raúl 532
Algerien 11, 287, 322, 340f., 344–346, 378, 557, 609, 640, 705f., 727, 733

Allende, Salvador 12, 14, 17, 248, 280, 326, 431, 560, 573f., 609, 736
Allianz für den Fortschritt 297, 324, 732
Almeida Bosque, Juan 208f., 211f., 214, 268, 629, 697, 728f.
Alonso, Randy 575–577
Alpha 66, terroristische Organisation 13, 291, 703
Álvarez Rom, Luis 700
Álvarez Tabío, Pedro 26, 28, 698, 759–761, 763
Amado, Jorge 12, 580, 718, 760
  El caballero de la esperanza
  (Der Ritter der Hoffnung) 580
Ameijeiras Delgado, Efigenio 706, 733
Amerikagipfel 2005 (Cumbre de las Américas) 583, 693
Amerikanische Freihandelszone → ALCA
Amin, Hafizullah 647f.
Amnesty International 15, 684, 709, 749
ANC (Afrikanischer Nationalkongress) 603
Anderson, Rudolph 305, 756
Andropow, Juri 550, 717, 739
Angola 16, 287, 323, 339f., 345–348, 350–360, 362–366, 404–406, 409, 445, 452, 640f., 702, 706, 709, 737, 740
Annan, Kofi 754
Annual, Schlacht von 541
Antiterroristische Befreiungsgruppen → GAL
Antonio, Mechaniker aus Birán 58
Arafat, Jassir 12, 735
Árbenz, Jacobo 17, 187f., 280, 296, 580, 696, 727, 756
Argentinien 16–19, 29, 187, 189, 192, 268, 322, 326, 328, 380f., 425, 581–584, 622, 664, 684, 688, 693, 695f., 704f., 712, 723, 725, 728f., 736, 739, 744f., 750–752
Argota Reyes, María 723
Aristide, Jean-Bertrand 561

Arrufat, Antón 755
Associated Press 13, 683
Ataja 179
Äthiopien 16, 49, 287, 323, 329, 541, 685, 697, 702, 709, 724, 737f., 740, 755
Äthiopienkrieg → Abessinienkrieg
Attentat(e) vom 11. September 2001 14, 18, 279, 385, 417, 485, 503, 516, 584, 587, 602f., 612f., 744
Attila 644
Auschwitz 428
Authentische Partei → PRC
Aznar, José María 527, 529f., 536–538, 540, 542f., 545, 547–550

Baader-Meinhof-Gruppe 589, 719
Bachelet, Michelle 17, 752
Baduel, Raúl Isaías 573, 577, 579
Bahamas 510f., 736
Bahamas Cuban Company 80f.
Baker, James 314
Balaguer, José Ramón 684, 753
Baliño, Carlos 59, 100,
Balseros (Bootsflüchtlinge) 373, 480f., 517, 742
Balzac, Honoré de 554
 Das Chagrinleder 554
 Die menschliche Komödie 554
 Eugénie Grandet 554
 Oberst Chabert 554
 Vater Goriot 554
Bandung, Konferenz von 321, 704, 727
Barberán y Tros, Joaquín 52, 685
Barea, Arturo 687
Barnet, José A. 723
Barquín, Ramón 221
Barre, Siad 287
Barrionuevo, José 715, 744
Bartholomäus I., Patriarch 746
Batista, Fulgencio 11f., 61–63, 69, 73f., 95–101, 103, 111, 116f., 119f., 123, 125–128, 131, 133, 135, 137, 173f., 178f., 185, 190, 194, 199, 204–206, 211–216, 218–221, 225, 227, 230–232, 234f., 237, 241f., 244, 258, 265f., 272, 276, 278, 283, 287, 289, 291, 293, 322, 360, 370, 468, 603, 612, 627, 635f., 664, 686–691, 697–699, 714f., 720, 723f., 726–730, 736, 738

Baucus, Max 708
Bayamo, Kaserne von 124, 129f., 135, 145–148, 183, 189, 221, 240, 686, 691f., 694, 696, 753
Bayo, Alberto 190f., 196
 Meine gescheiterte Expedition nach Kuba 196
Beauharnais, Josephine de 551
Beauvoir, Simone de 12, 556, 730
Belafonte, Harry 12
Belgien 132, 345–347, 359, 704, 717
Ben Barka, Mehdi 11, 734
Ben Bella, Ahmed 12, 339, 344, 705f., 733
Benin → Dahomey
Berliner Mauer 18, 31, 379, 488, 732, 740
Berlusconi, Silvio 545
Bernardo, Bruder 81f.
Betancourt, Flores 147
Betancourt, Ingrid 758
Betancourt, Rómulo 111, 322, 690, 704
Bettelheim, Charles 700
Betto, Frei 20, 760
Bewegung der blockfreien Staaten 16, 321, 358, 606f., 609, 677, 704, 728, 736, 738, 754
Bewegung des 26. Juli 69, 124, 188, 212–214, 222, 238–241, 265, 267, 272, 274, 326, 627–629, 687, 689–691, 696, 698, 715, 728f., 732, 734
Bibel 50f., 171, 591, 685, 694
Birjusow, Sergei 299
Bishop, Maurice 739
Blair, Tony 544f.
Bogotazo 110f., 126, 242, 689f., 693, 726
Bolívar, Simón 154f., 158, 162, 167, 365, 569, 582, 643, 692f., 757
Bolivien 16–18, 26, 31, 154, 187, 212, 322, 326–328, 330–332, 334–336, 346, 560, 563, 568–570, 593, 641, 695f., 704f., 718, 726, 734–736, 746, 749, 751f., 757, 761
Bolton, John 473, 712
Bonasso, Miguel 29
Bontemps, französischer Gefangener 497
Bootsflüchtlinge → Balseros
Borge, Tomás 20, 760
Borja, Rodrigo 24f.
Bosch, Juan 17, 581, 734, 761
Bosch, Orlando 279f., 737
Boumedienne, Houari 12

REGISTER

Bourgoin, Gérard 564f.
Bouteflika, Abdelaziz 754
Boves, José Tomás 153, 692
Brandt, Willy 12, 644, 735
Brasilien 17, 19f., 322, 475, 563, 567, 584, 684, 719, 727, 744f., 750, 752–754
Bravo, Flavio 239
Breschnew, Leonid 12, 388, 648, 717, 721, 734, 736, 739
Bretton Woods, Vertrag von 324, 450, 704, 711
Bryce Echenique, Alfredo 528
Bucharin, Nikolai 724
Buchmesse von Havanna 10, 22
Buffet, französischer Gefangener 497
Bulganin, Nikolai A. 721
Bumibol Adulyade, König von Thailand 683
Bundy, McGeorge 721
Burton, Dan 709
Bush, George Herbert Walker 12, 280, 384, 693
Bush, George Walker 12f., 20, 416, 447, 453, 455f., 461–464, 473–476, 479, 483f., 504, 516, 540, 545, 547, 563, 587, 590f., 597, 604, 610, 612f., 615f., 620, 623, 666f., 683, 686, 693, 708, 720, 740, 745–747, 749, 751
Bush, Jeb 590
Bustos, Ciro 706

Caamaño, Francisco 581, 734
Cabello, Diosdado 579, 718
Cabral, Amílcar 11, 345, 346, 364, 640, 728
Caesar, Julius 541, 643
Camarioca (Migrationskrise 1965) 370–373, 446, 734
Cantillo, Eulogio 216–221
Cárdenas, Lázaro 197, 280, 580, 690, 696
Carmona, Pedro 579, 591, 718
Carreras, Pedro 698
Carrillo, Santiago 539
Carson, Rachel 389
  Der stumme Frühling 389
Carter, James »Jimmy« 12, 373, 443–455, 457f., 711, 737f., 745
Cartier-Bresson, Henri 12

Cason, James 473–476, 478–483, 485f., 507f., 511–513, 516, 524, 543, 745, 750
Castro Argiz, Ángel 9, 33f., 41, 728
Castro Argota, Antonia 52, 723
Castro Argota, Pedro 723
Castro Díaz-Balart, Fidel 726
Castro Ruz, Agustina 723
Castro Ruz, Angelita 35, 55f., 67, 88, 723
Castro Ruz, Emma 35, 723
Castro Ruz, Juana 35, 723
Castro Ruz, Ramón 35, 55, 58, 66, 68f., 80f., 85f., 723
Castro Ruz, Raúl 19, 29, 35, 80f., 85f., 124f., 134, 138, 142, 145, 188, 202, 208, 210f., 214, 220, 268, 272, 274, 299–301, 318, 330, 355, 398, 404, 457, 629, 649, 675f., 723, 728f., 742, 753–755, 757f.
Castro, Orlando 122
Cayo Confites, Expedition nach 95, 109–111, 116, 126f., 689, 725
CDR (Comités de Defensa de la Revolución – Komitee zur Verteidigung der Revolution) 731
Ceaușescu, Nicolae 735, 740
Celmo, Fabio Di 713, 742
Cervantes, Miguel de 553f., 716
  Don Quichotte 25, 553
Cervera, Pascual 540, 693
Céspedes, Carlos Manuel de 149, 151, 155, 157–159, 202, 686, 691, 694, 753
Chávez, Hugo 17, 19, 29–31, 102, 111, 171, 275, 280, 475, 553, 567, 571–580, 582, 591, 594, 617, 648, 670, 712, 718, 727, 740–745, 747–750, 752–757
Chávez, Hugo de los Reyes 576
Chávez, María Gabriela 575–579
Chaviano, Alberto del Río 179, 181
Chenard Piña, Fernando 122
Chiang Kai-shek 647
Chiapas, Aufstand der Zapatisten in 563, 567f., 688, 690, 726
Chibás, Eduardo R. 95–99, 101, 104, 120f., 183
Chile 14, 17, 187, 248, 278–280, 322, 326, 445, 543, 560f., 609, 664, 710, 736, 740, 743, 749, 752, 754f.
China 186, 321, 346, 378, 381, 427, 644, 647f., 678f.
Chirac, Jacques 562

Chomsky, Noam 12
Chruschtschow, Nikita 12, 30, 128, 197, 296, 299–316, 388, 635, 697, 721, 727f., 731, 734
Church-Kommission 289, 701
CIA (US-Nachrichtendienst) 276–279, 283, 289, 296, 328, 602, 645, 672f., 683, 696, 701, 705, 725–727, 730, 732, 750, 754, 756, 761
Cienfuegos, Camilo 9, 124, 199, 210–212, 214f., 218, 220–222, 238, 402, 429, 629, 709, 720, 729f.
Cinco Héroes —> Fünf Helden
Cintras Frías, Leopoldo »Polito« 361
Clinton, Bill 12, 369, 383, 447f., 544f., 693, 709, 741–744
Club of Rome 428f., 710
CNN 454, 575, 597, 617
Coderich, José 538
Coello, Carlos 705
Coleman, Norman 708
Collar y Serra, Joaquín 52, 685
Colomé Ibarra, Abelardo »Furry« 208, 327, 517, 697
Columbus, Christopher 643f.
CONAIE (Confederación de Nacionalidades Indígenas del Ecuador – Bündnis der indigenen Nationalitäten Equadors) 569
Concepción, Octavio de la 705
Correa, Rafael 17, 754
Cortázar, Julio 12
Cortés, Hernán 644
CORU (Coordinadora de Organizaciones Revolucionarias Unidas – Koordinierung der Vereinten Revolutionären Organisationen) 279
Costa-Gavras, Constantin 12
Coubre, La, französisches Schiff 276, 294, 730
Cousteau, Jacques-Yves 12, 551, 559
Cristobita, Schüler im Colegio de La Salle 80
Crocker, Chester A. 362, 706
Crombet, Flor 164
Cruz León, Raúl 742f.
CTC (Central de Trabajadores de Cuba – Kubanischer Gewerkschaftsverband) 267, 757

Cubela, Rolando 468
Cuito Cuanavale, Schlacht von 287, 339, 359–362, 366, 641, 702
Cumbre de las Américas —> Amerikagipfel

Dahomey (—> Benin) 345
Danger, Emiliana 88–90
Daniel, Jean 646
Davis, Angela 12
Débat, Massemba 346f.
Debray, Régis 331, 491f., 551, 559f., 622, 717, 735f., 761
Demokratische Partei (USA) 383f., 447, 452f., 447, 707f.
Demosthenes 43, 687
Deng Xiaoping 648, 721, 738, 740
Depardieu, Gérard 12, 551, 564f.
Deutschland 427, 559, 688, 719, 723–725, 727, 735, 749, 755
Diario de Cuba, El 45
Diario de la Marina 45, 275
Díaz, Julio 208
Díaz-Balart, Lincoln 616
Díaz-Balart, Mirta 726
Dickens, Charles 75
Domínguez, Luis Orlando »Landy« 739
Dominikanische Republik 11, 15, 17, 109–111, 127, 156, 165, 322, 378, 380, 548, 581, 664, 689, 725, 734
Donovan, James 289
Dorticós Torrado, Osvaldo 300, 309
Dostojewski, Fjodor M. 554
Drake, Francis 643
Duby, Georges 556
Geschichte des privaten Lebens 556
Dufour, Jean-Raphael 561
Dumont, René 559
Duvalier, François 11

Echeverría Bianchi, José Antonio 118, 690, 727, 729
Ecuador 17f., 22, 24, 475, 568–570, 622, 714, 743, 745, 754
Einstein, Albert 102
Eisenhower, Dwight D. 12, 276, 296, 449, 645, 696, 727, 730f.

REGISTER

ELAM (Escuela Latinoamericana de Medicina – Lateinamerikanische Medizinschule) 593, 750
Elisabeth II., Königin des Vereinigten Königreichs 683
Elizalde, Rosa Miriam 713, 715
Engels, Friedrich 102, 197, 679, 710
Dialektik der Natur 102
England (→ Großbritannien) 38, 102, 152, 157, 161, 243, 411, 541, 544f., 557, 589, 659, 683
Englisch 43, 76, 92, 154, 642, 686–688, 693, 759
Escalante, Aníbal 240f., 732f., 735
Escalante, César 241
Escambray-Gebirge,»schmutziger Krieg« im 228, 292f., 356, 715
Escobar, Pablo 405f., 408f.
Espín, Vilma 258
ETA, terroristische Organisation 416, 495, 527, 710
Europäische Menschenrechtskonvention 498
Europäische Union 413, 478f., 498, 528f., 536f., 712f., 716, 745, 748f., 758
Europarat 498

Falklandinseln 111, 115, 190, 739
Falklandkrieg 111, 115, 732
Familiengesetz 256
Fangio, Juan Manuel 729
FBI 713, 743
Felipe, Prinz, spanischer Thronfolger 527, 547
Feliú, Belén 58, 552
Feliú, Eufrasia 56, 551, 723
Feliú, Néstor 58
Fernández Font, Marcelo 700
Fernández Montes de Oca, Alberto 705
Fernández Revuelta, Alina 741
Fernández, Pablo Armando 755
Fernando, Bruder von 81
FEU (Federación Estudiantil Universitaria – Studentenverband) 59, 107, 109, 118, 658, 686, 727, 729
Fleitas, Gildo 121f., 142, 147

FMLN (Frente Farabundo Martí de Liberación Nacional – Nationale Befreiungsfront Farabundo Martí) 325, 741
FNCA → Kubanisch-Amerikanische Nationalstiftung
Ford, Gerald 12, 353, 415, 444, 711, 737
Fox, Vicente 747
Fraga Iribarne, Manuel 549, 716f., 741, 743
France Libertés, Stiftung 562
Franco Bahamonde, Francisco 28, 45, 47, 527, 538–543, 545, 684, 724, 737
Frankreich 12, 29, 58, 61, 100, 102, 152f., 161, 262, 325, 339, 349, 415, 429f., 464f., 495, 497f., 536, 541, 551, 553–555, 557–565, 590, 640, 665, 688, 692, 714, 717, 735f., 749, 755f.
Franqui, Carlos 627, 720, 761
FRELIMO (Mosambikanische Befreiungsfront) 345f.
Friedman, Milton 710, 754
FTAA (Free Trade Area of the Americas) → ALCA
Fuentes, Norberto 406, 409, 709
Fujimori, Alberto 741, 744
Fünf Helden (Cinco Héroes –»Miami Five«) 284, 480, 484f., 587, 630, 702, 743, 746, 749f., 757

Gaddafi, Muammar al- 735
Gaitán, Jorge Eliécer 110f., 165, 578, 693, 726
GAL (Grupos Antiterroristas de Liberación – Antiterroristische Befreiungsgruppen) 416, 710, 715
Galbraith, John Kenneth 421
Galeano, Eduardo 12, 526, 763
Gallegos, Rómulo 111, 690
Gálvez, Bernardo de 692
Gandhi, Indira 12
Gandhi, Mahatma 555, 704
García Bárcena, Rafael 117f.
García Frías, Guillermo 205, 207f., 211, 629, 697
García Lorca, Federico 490, 713
García Márquez, Gabriel 12, 24, 528, 562, 689, 695, 706, 709, 742f., 751, 760
García Montoya, Julio 577
García Sabrido, José Luis 755

García, Félix 738
García, Manuel 44–47
Garzón, Baltasar 743
Gates, Bill 408
GATT (Allgemeines Zoll- und Handelsabkommen) 741
Gaulle, Charles de 12, 23, 25, 551, 557–559, 717, 730
Erinnerungen an den Krieg 558
Gaza 603
Gesetz zur Nationalisierung der Arbeit 60, 71, 73
Ghana 345
Giáp, Võ Nguyên 186, 695, 727
Giddens, Anthony 544, 716
Gipfel für Soziale Entwicklung in Kopenhagen (1995) 561
Gipfeltreffen der Blockfreien (2003) 606
Girón, Playa (→ Schweinebucht) 283, 285–287, 289, 366, 629, 634, 645, 676, 701, 720, 732
Giscard d'Estaing, Valérie 561
Glover, Danny 12
Goebbels, Joseph 27, 249, 251
Golfkrieg 18, 30, 384, 487, 547, 606–609, 618
Gómez Báez, Máximo 36, 149, 156, 159f., 162–166, 169, 185, 366, 692
Gómez, Brüder 122
Gómez, Miguel Mariano 723
Gonzalez, Alberto 756
González Llort, Fernando 703
González Márquez, Felipe 392, 398, 527–534, 537f., 543, 549f., 659, 708, 715, 739
González Sehwerert, René 702, 713, 750, 757
González, Cándido 195
González, Elián 584, 718, 743f.
González, Jorge 237
González, María Antonia 189
Gorbatschow, Michail 12, 25, 299, 314, 384, 393f., 398, 531, 549, 739f.
Gore, Al 462, 563
Gorrión, El 90, 688
Gottwald, Klement 725
Goulart, João 17, 734

Granma 35, 42, 69, 108, 163, 176, 179, 191, 199, 203, 205, 208, 215, 233, 240, 351, 567, 628f., 685, 689, 696–698, 706, 728, 734, 753f., 757
Grau San Martín, Ramón 60, 74, 96, 100, 103, 688, 723, 725
Greeley, Horace 21, 684
Greene, Graham 12
Grenada, Invasion in 495, 641
Griechenland 43, 546, 556, 688, 702, 749
Großbritannien (→ England) 61, 100, 156f., 544f., 547, 710, 716, 725, 749, 755
Guantánamo, US-Marinestützpunkt 61, 99, 131, 151, 159, 306, 315, 415, 481, 610f., 686, 736, 745
Guardia, Ángel de la 166
Guardia, Patricio de la 405f.
Guardia, Tony de la 405f., 408, 499, 709
Guareschi, Giovanni 46, 685
Guatemala 11, 15–17, 97f., 161, 187–189, 269, 280, 296, 326, 339, 343, 570, 580, 594, 652, 696, 727, 743
Guayasamín, Oswaldo 12, 475, 528, 568, 712
Guerra, Eutimio 699, 720, 729
Guerrero Rodríguez, Antonio 702, 713, 750, 757
Guevara, Ernesto Che 11, 22, 25f., 115, 187–197, 265, 268f., 271–275, 300, 302, 321–337, 339, 345–347, 366, 423, 459, 560, 628f., 640f., 644, 648, 695f., 701, 704–706, 710, 717, 727–732, 734f., 742, 746, 748
Episoden aus dem Revolutionskrieg 212
Guevara, Moisés 332
Guillén, Nicolás 492, 713
Guinea-Bissau 11, 339, 345–347
Guitart Rosell, Renato 130f., 139f., 147, 691
Guiteras Holmes, Antonio 60–62, 74, 720
Gutiérrez Menoyo, Eloy 528
Gutiérrez, Carlos 14
Gutiérrez, Lucio 475, 743
Guzmán, Abimael 741

Haiti 11, 17, 38, 40, 54f., 58, 60, 67, 70f., 73, 149–151, 155, 551, 561, 692
Hallier, Jean-Edern 565, 717, 760
L'Evangile du fou 565, 717
Hannibal 51, 225, 643

Hassan II., König von Marokko 640, 734
Hatuey 150
Hawking, Stephen 102
  Eine kurze Geschichte der Zeit 102
Hay-Quesada, Vertrag 61
Helms, Jessie 708
Helms-Burton-Gesetz 13, 400, 544, 596, 709, 742, 752
Hemingway, Ernest 9, 12, 14, 229f., 406, 409, 646, 684, 698, 709
  Wem die Stunde schlägt 229f., 646, 698
  In einem anderen Land 646
  Der alte Mann und das Meer 646
  Die fünfte Kolonne 684
Heredia, José María 68, 686
Hermanos al Rescate, konterrevolutionäre Organsiation 742
Hernández Nordelo, Gerardo 702, 713, 750, 757
Hernández, Manuel 705
Hernández, Melba 135f., 258, 691,
Hernández, Miguel 490, 714
Heß, Rudolf 243
Hibert, Luis 70
Hilfskommission für ein Freies Kuba 14, 746, 753
Himmler, Heinrich 251
Hitler, Adolf 47, 49, 61, 100, 197f., 251, 427f., 541, 558, 616, 688f., 723f.
Hitler-Stalin-Pakt 49, 100, 198, 688, 724
Ho Chi Minh 11, 186, 647f., 695, 737
Holocaust 367, 428
Honduras 15, 547
Hoxha, Enver 739
Hu Jintao 721, 748
Hua Guofeng 721, 738
Huddleston, Vicki 474
Hugo, Victor 551, 553f.
  Les Misérables (Die Elenden) 551, 553
Hunt, Howard 756
Huracán sobre el azúcar 556f.
Hussein, Saddam 30f., 606, 609, 755

IACC (Instituto de Aeronáutica Civil de Cuba – Institut für zivile Luftfahrt Kubas) 508f., 740
Ibárruri (»La Pasionaria«), Dolores 539

Iberoamerikanischer Gipfel (2000) 279, 701f., 743f., 750
Iberoamerikanischer Gipfel in Cartagena de India (1994) 630
Ignatius von Loyola, hl. 15, 687
Indien 434, 704, 728, 731
Industrieministerium 272f., 701, 732
INRA (Instituto Nacional de la Reforma Agraria – Nationales Institut für die Agrarreform) 271f., 700, 732
Institut für zivile Luftfahrt Kubas → IACC
Insulza, José Miguel 749
Interessenvertretung der Vereinigten Staaten in Kuba 445, 466f., 469, 473f., 482, 507, 513, 543
Interessenvertretung Kubas in den Vereinigten Staaten 614
Internationaler Währungsfond → IWF
Internationales Rotes Kreuz 217
Irakkrieg 28, 30, 425, 473, 475, 478f., 483, 487, 504, 506, 516f., 523f., 526, 536, 547, 587, 605f., 665, 745
Isaac, José 205f., 697
Israel 50, 348f., 430, 558, 588, 603, 641, 704f., 719, 751
Italien 20, 47, 49, 129, 153, 300, 316, 541, 557, 589, 681, 685, 688, 697, 709, 713, 716, 720, 724, 735, 742, 749, 755
IWF (Internationaler Währungsfond) 425, 427, 433, 550, 588, 704, 711, 734

Jackson, Jesse 12
Jagoda, Genrich 724
Jalta, Konferenz von 725
Jamaika 38, 155, 249, 510f., 659, 737
Japan 15, 49, 101, 296, 349, 484, 593, 622, 647, 695, 704, 719, 725, 744
Jaruzelski, Wojciech 738
Jaurès, Jean 555
  Histoire socialiste de la Révolution française 555
Jelzin, Boris 395–397
Jiang Zemin 12, 644, 721, 741
Jiménez de Asúa, Luis 11, 469, 712
Jiménez, Gaspar 701
Johannes Paul II., Papst 12, 51, 250, 456, 469, 526, 582, 623, 672, 703, 738, 742, 749

Johnson, Lyndon B. 12, 581, 706, 734
Joseph Bonaparte, König von Spanien 152
Josselson, Michael 726
Juan Carlos I., König von Spanien 12, 527, 532, 545–547, 550, 563, 737, 743
Juárez, Benito 162, 693
Jugendarbeitsheer 247
Jugoslawien 321, 678
Junco Bonet, Eduardo 543, 716

Kabila, Laurent-Désiré 328, 346, 705
Kambodscha 563, 647f., 678, 691, 737f.
Kamenew, Lew 724
Kampf der Ideen 421, 437, 489, 699, 746
Kanada 289, 349, 382, 427, 445, 450, 453f., 567, 592, 638, 684, 693, 707, 711, 724, 735, 756
Kapverden 345, 347
Karl III., König von Spanien 152
Kasachstan 388
katholische Kirche 51, 156, 174, 237, 248–250, 259, 261f., 459, 470, 553, 644, 660, 699, 724
Katrina, Wirbelsturm 342, 488, 706, 750
Keita, Modibo 346
Kennedy, Edward »Ted« 447, 452f., 711f.
Kennedy, Eunice 451, 712
Kennedy, John F. 295, 318–320, 324f., 344, 447–449, 451, 489, 645f., 703f., 711, 721, 732–734, 763
  Zivilcourage 449, 711
Kennedy, John-John 451
Kennedy, Robert F. 451, 735
King, James L. 747
King, Martin Luther 733, 735
Kirchner, Néstor 17, 425, 582, 745, 752
Kislyak, Sergei 756
Kissinger, Henry 353, 736
Kleine, die, Cousine von Eufrasia Feliú 66
Kohl, Helmut 563
Kolle Cueto, Jorge 333f.
Kolumbien 15f., 110f., 151f., 154, 165, 184, 187, 326, 402, 405–407, 410, 535
Komitee für Demokratie in der Dominikanischen Republik der FEU 109, 127
Komitee für die Unabhängigkeit Puerto Ricos der FEU 109

Komitee zur Verteidigung der Revolution → CDR
Kommunistische Internationale 168, 231, 695
Kommunistische Partei Boliviens → PCB
Kommunistische Partei Frankreichs → PCF
Kommunistische Partei Kubas → PCC
Kongo 327–329, 331, 339, 345–347, 349, 640
Kongo-Brazzaville 345–347
Konstantin von Griechenland, König 546
Kontingent »Henry Reeve« 341–343, 366, 594, 706, 751
Koordinierung der Vereinten Revolutionären Organisationen → CORU
Kopechne, Mary Jo 711
Korda, Alberto 731
Koreakrieg 287
Koreaner, der → Sánchez, Miguel Ángel
Kosovokrieg 287, 487, 527, 618
Kubanisch-Amerikanische Nationalstiftung (FNCA – Fundacion Nacional Cubano Americana) 20, 277, 280, 294, 383, 537
Kubanische Kommission für Menschenrechte 468
Kubanische Nationalbank 272f.
Kubanische Nationalversammlung 411, 463f., 468, 475, 477, 493f., 660, 666–668, 671
Kubanische Revolutionspartei → PRC
Kubanische Verfassung von 1940 100
Kubanische Verfassung von 1976 496, 501
Kubanischer Gewerkschaftsverband → CTC
Kubanischer Staatsrat 410, 500f., 522, 623, 671, 675
Kuwait 30, 606–609
Kyoto-Protokoll 435

La Fayette, Marquis de 152, 603
Labañino Salazar, Ramón 702, 713, 750, 757
Lage Dávila, Carlos 369, 684, 707, 753
Lago, Pedro 134
Lamartine, Alphonse de 555
  Girondisten und Jakobiner 555
Landsdale, Edward 733
Lang, Jack 562
Lara, Lucio 346

Laredo Bru, Federico 723f.
Larriñaga, Alejandro 77
Lateinamerikanische Medizinschule
→ ELAM
Lateinamerikanischer Studentenverband 111
Lazo, Esteban 684, 753
Le Bon, Gustave 249–251, 699
Psychologie der Massen 250
Leal Spengler, Eusebio 50, 663, 685
Leal, Mario 698
Lechín, Juan 333f., 696
Léger, Lucien 714
Lenin, Wladimir Iljitsch 97, 102, 116, 167–169, 197, 423f., 700
Staat und Revolution 102
Der Imperialismus als höchstes Stadium des Kapitalismus 102
Leonow, Nikolai 318
Lesnik, Max 122
Letelier, Orlando 279
Lewinsky, Monica 447
Lezama Lima, José 737, 755
Libyen 541, 544, 735
Lincoln, Abraham 9, 157, 160, 666, 685
Linke, die 17f., 60, 97, 106, 112, 124, 238, 322, 333, 398, 527, 538, 581, 647
Lisle, Rouget de 556
Líster, Enrique 539
Llorente, Amando 48, 79
Llorente, der zweite 79
Lojendio, Juan Pablo de 539
Lomas, Marta 756
López Fernández, Antonio »Ñico« 188f., 696
López Obrador, Andrés Manuel 17, 718
López, César 755
López, Narciso 158, 693
Louis, Joe 87f., 687
Lula da Silva, Luiz Inácio 17, 745f., 754
Lumumba, Patrice 11, 327, 345, 349, 640, 705, 732
Luz y Caballero, José de la 458

M-19, Guerillagruppe 402, 404, 709
MacArthur, Douglas 296
Maceo Grajales, Antonio 36, 156, 159f., 162–165, 185, 692, 699, 706

Machado Ventura, José Ramón 684, 699, 753
Machado, Antonio 490, 713
Machado, Gerardo 57, 59f., 62, 69, 73f., 96f., 99, 106, 242, 686, 688–690, 723
Machel, Samora 345
Machín, Gustavo 705
Magellan 643
Mahuad, Jamil 743
Malaparte, Curzio 102, 689
Technik des Staatsstreichs 102, 689
Malenkow, Georgi M. 721
Mali 345
Malinowski, Verteidigungsminister 301
Mandel, Ernest 700
Mandela, Nelson 11f., 349, 603, 644, 741
Manley, Michael 249
Mao Tse-tung 186, 321, 580, 647f., 695, 704, 721, 724, 726, 736–738
Maradona, Diego Armando 12
Marañón, Gregorio 24
Marchais, Georges 564
Marcial, Cousin von Eufrasia Feliú 66
Marcos, Subcomandante 10f., 563, 567–570, 683, 705, 717f.
Marí, Neón 81, 84f.
Mariel, Migrationskrise von (1980) 368, 370, 373, 443, 445–448, 518f., 738, 749
Marighela, Carlos 11
Marinello, Juan 689
Marokko 190, 327, 344, 378, 541f., 640, 707, 733f., 741
Márquez, Juan Manuel 728
Marrero, Pedro 122, 147
Marshallinseln 588, 719, 751
Martí, José 9, 25, 59, 123, 161, 164f., 171, 460, 490, 554, 638, 692f., 729
Martínez Ararás, Raúl 124, 691
Martínez Tamayo, José María 705
Martínez Tamayo, René 705
Martínez Villena, Rubén 100, 106, 689
Martínez, Jorge Luis 405, 709
Marx, Karl 102, 112, 114–116, 122–124, 168f., 197, 388, 423f., 542, 553f., 679, 690, 693, 710, 746, 750
Das Kommunistische Manifest
→ *Manifest der Kommunistischen Partei*
Der achtzehnte Brumaire des Louis Bonaparte 102

Der Bürgerkrieg in Frankreich 102
Kritik des Gothaer Programms 102, 423, 710
Manifest der Kommunistischen Partei 102, 112, 554
Mas Canosa, Jorge 278, 537, 716, 743
Masetti, Jorge Ricardo 327, 696, 704
Masferrer, Rolando 127
Matos, Hubert 268, 627–629, 720
Matthews, Herbert 204, 697, 699, 729
Mazorra, Martín 87, 90
MC, Unternehmen 405–409
McCarry, Caleb 14, 750
McNamara, Robert 301, 303
Medina Angarita, Isaías 690
Medina, Ricardo 754
Mehring, Franz 122, 690
Mella, Julio Antonio 59, 62, 100, 106, 118, 686
Mendieta, Carlos 723
Ménem, Carlos 18, 547, 582
Menéndez, Bob 383, 707
Menschenrechtskommission der Vereinten Nationen 527, 587–589, 642, 714, 747, 749
Mercado, Manuel 166
Mercosur-Gipfeltreffen in Córdoba (2006) 19, 29
Merle, Robert 147, 691, 762
Mesa, Carlos 750
Mexiko 15, 17, 42, 52f., 59, 62, 69, 161, 167f., 185, 187–196, 229, 239f., 262f., 280, 318, 322f., 328, 377–382, 388, 460, 488, 567f., 570, 580, 591, 684–686, 693, 696, 699, 707, 715, 717f., 727f., 738f., 741, 747, 752, 755, 757
Miami Five → Fünf Helden
Migrationskrise 1965 → Camarioca
Mikoyan, Anastas 730
Milanés, Pablo 746
Miller, Arthur 12
Miná, Gianni 20, 695, 760, 763
Ministerium für Auswärtige Beziehungen 480, 689
Mirabal, Linda 532
Miranda, Francisco de 152, 154, 692, 748
Miret, Pedro 125f., 134, 137, 145, 691
Miró Cardona, José 730
Mitchell, Teodulio 131

Mitterrand, Danielle 12, 562f.
Mitterrand, François 12, 24f., 491, 497f., 560–563, 622, 739
Mitterrand, Mazarine 561
Mobutu Sese Seko 328, 348–350, 352–354, 358, 640, 705
Mola, Emilio 46
Moncada-Kaserne 11, 25, 35, 50, 97, 102f., 110, 117–149, 171, 173, 178–184, 188, 191, 201, 208, 218f., 228, 230f., 237, 239, 258, 459, 628f., 635f., 675, 686, 689–691, 694, 696f., 727f., 730, 747, 750, 753, 758, 761f.
Monje, Mario 332–334
Montané Oropesa, Jesús 103, 122–124, 136, 139–141, 689, 705, 759
Monteverde, Domingo 154
Mora, Alberto 700
Morales, Evo 17, 31, 569f., 718, 750–752, 754, 757
Moro, Aldo 709
Mosambik 345–347
Mosambikanische Befreiungsfront → FRELIMO
Moscoso, Mireya 701, 748
Mossadegh, Mohammad 726
Moure, Francisco 754
Movimiento de Países No Alineados → Bewegung der blockfreien Staaten
MPLA (Movimento Popular de Libertação de Angola – Volksbewegung zur Befreiung Angolas) 347, 350, 353, 640, 702
Mugabe, Robert 345
Mundo, El 45
Muñoz, Mario 121, 138
Mussolini, Benito 46f., 60, 98, 128, 541f., 685, 688, 691, 724

NAFTA → TLC
Namibia 329, 340f., 352, 354, 356f., 360f., 363–366, 603, 641, 706, 740
Napoleon Bonaparte 50f., 152, 551, 643, 692
Napoleon III. 693
Nasser, Gamal Abdel 12, 321, 704, 728, 731
Nationale Befreiungsfront Farabundo Martí → FMLN
Nationales Institut für die Agrarreform → INRA

NATO (Nordatlantikvertrag-Organisation) 287, 339, 359, 497, 528–530, 539, 589, 605, 608, 726, 728
Navarro Wolf, Antonio 402, 404, 406–408, 709
Navarro, Héctor 579
NED (National Endowment for Democracy) 13
Negroponte, John 755
Nehru, Jawaharlal 12, 321, 704, 728, 731
NEP (Neue Ökonomische Politik) 423f., 700
Neruda, Pablo 12, 331
Neto, Agostinho 346, 350f., 355, 640, 702
Neue Ökonomische Politik → NEP
New York Times 204, 683, 697, 701, 729, 743, 749
New York Tribune 21
Nicaragua 11, 14, 16f., 185, 280, 292f., 325f., 339, 396, 403, 405, 462, 474, 549, 603, 641, 664, 666, 694, 709, 712, 717, 723, 727, 738, 740, 754
Nicholson, Jack 12
Niemeyer, Oscar 12, 755
Nixon, Richard M. 12, 277, 296, 324, 444, 449, 453, 557, 645, 711f., 715, 730, 735–737
Nkrumah, Kwame 346
Noa, Carmelo 147
Nordatlantikvertrag-Organisation → NATO
Nordkorea 678
Noriega, Manuel Antonio 17, 740
Noriega, Roger 712, 750
Novo, Guillermo 701
NSA (National Security Agency – Nationale Sicherheitsbehörde) 756
Núñez Jiménez, Antonio 268, 699
Nürnberger Prozesse 242f.
Nyerere, Julius 328

O'Connor, Kardinal John 290, 703
OAS (Organisation Amerikanischer Staaten) 111, 323f., 726, 732, 749
Öcalan, Abdullah 498
Ochoa, Arnaldo 401–409, 499, 629, 709, 740

Oktoberkrise 1962 245, 251, 268, 296, 299, 314f., 317f., 321, 323, 330, 344, 353, 365, 370–372, 590, 617, 645f., 676, 703
Omega 7 13, 277, 291, 703, 738
Operation »Carlota« 351f., 353f., 702, 706, 737
Operation »Milagro« 587, 594, 719f.
Operation »Mongoose« 318, 490, 590, 703, 733
Operation »Peter Pan« 259, 370, 699, 731
Operation »Tributo« 706
Organisation Amerikanischer Staaten → OAS
ORI (Organizaciones Revolucionarias Integradas – Integrierten Revolutionären Organisationen) 241, 272, 302, 698, 732f.
Ortega, Daniel 17, 550, 754
Orthodoxe Jugend 103, 121f., 689, 691
Orthodoxe Partei 95f., 99, 101, 104, 111f., 117, 119–122, 183, 189, 205, 688–690, 726
Österreich 49, 558, 693, 714, 749
Osttimor 345
Oswald, Lee Harvey 319f.

Pachakutik (Unsere Erde) 569
Padilla, Heberto 736, 738
Padrón, Amado 709
Páez, José Antonio 155
Pahlavi, Mohammad Reza (Schah von Persien) 738
PAIGC (Partido Africano por la Independencia de Guinea-Bissau y Cabo Verde – Afrikanische Partei für die Unabhängigkeit Guinea-Bissaus und der Kapverden) 345, 728
País García, Frank 69, 124, 206, 208, 240, 687, 698, 728
País, El 45, 715f., 756, 760, 762
Pakistan 343, 587, 594
Palacios, Héctor 754
Palästinensische Befreiungsorganisation → PLO
Palau, Gabrielito 64
Palau, Insel 588, 719, 751
Palme, Olof 543, 645, 735, 737

Panama 17, 110f., 115, 190, 278, 326, 403, 443f., 496, 528, 580, 701, 711, 740, 744, 748, 750
Panamakanal 110f., 115, 190, 443f., 711
Pantoja, Orlando 705
Paraguay 11, 727, 753
Pardo Llada, José 98f.
Parmly, Michael 750–752
Partido del Pueblo Cubano → Orthodoxe Partei
Partido Popular 542
Pasionaria, La → Ibárruri, Dolores
Pavón Tamayo, Luis 755
Payá Sardiñas, Oswaldo 465, 468, 493, 712, 746
Paz Estenssoro, Víctor 696, 726
PCB (Partido Comunista de Bolivia – Kommunistische Partei Boliviens) 26, 332, 334
PCC (Partido Comunista de Cuba – Kommunistische Partei Kubas) 59, 100, 118, 329, 683, 686, 689, 697–699, 706, 734, 742, 757
PCF (Parti communiste français – Kommunistische Partei Frankreichs) 560, 564
Peace Corps 297, 451
Pedraza, Lina 752
Peltier, Leonard 590
Peña, Lázaro 239
Penkowski, Oleg 302f.
Pentagon 296, 308, 602, 744, 756
Peral, Enrique 91
Peredo, Inti 332, 334f.
Pérez Chaumont, Comandante Andrés 178–180, 694
Pérez Galdós, Benito 554, 717
Pérez Jiménez, Marcos 11
Pérez Roque, Felipe 369, 473, 524, 629, 684, 707, 746, 752f., 757
Pérez Serantes, Monsignore 173
Pérez, Carlos Andrés 111, 451, 530, 716, 740–742
Pérez, Faustino 200f.
Perón, Juan Domingo 581f., 725, 728, 736f.
Peru 18, 187, 373, 445f., 528, 568, 570, 580, 718, 738, 741, 744
Pétion, Anne Alexandre Sabès 155, 692
Piedra, Carlos 218
Piñeira, Virgilio 755

Pino Santos, Fidel 70
Pino, Rafael del 720
Pinochet, Augusto 279, 710, 737, 740, 743, 754f.
Pizarro, Francisco 643
Pjatakow, Georgi 724
PKK (Arbeiterpartei Kurdistans) 498
Platon 671
Der Staat 671
Platt-Amendment 61, 686, 723
Playboy 443, 711, 739
PLO (Palästinensische Befreiungsorganisation) 735
Poder Popular → Kubanische Nationalversammlung
Polen 49, 498, 543, 689, 714, 725, 738
Portela, Professor 105, 112
Porto Alegre, Weltsozialforum in 10, 425, 602, 665, 744
Portugal 344–348, 561, 640, 714, 737, 743, 749
Posada Carriles, Luis 278–280, 293, 417, 500, 590f., 701f., 719, 737, 742–744, 748–751, 756f.
Pot, Pol 648
Powell, Colin 720, 746
Prats, Carlos 279
PRC (Partido Revolucionario Cubano (Auténtico) – Kubanische Revolutionspartei) 96f., 99, 104, 119, 167, 688, 725f.
Prensa Latina, Agentur 327
Prestes, Luis Carlos 580, 718
Préval, René 17
Prío Socarrás, Carlos 179, 690, 726
PSOE (Partido Socialista Obrero Español – Spanische Sozialistische Arbeiterpartei) 398, 528, 531, 538, 659, 708, 715
PSP (Partido Socialista Popular – Sozialistische Volkspartei) 118, 238–240, 266f., 272, 676, 688f., 698, 732, 734
Puerto Rico 109, 111, 151, 166, 170, 190, 378, 590, 719
PURSC (Partido Unido de la Revolución Socialista Cubana – Einheitspartei der Sozialistischen Revolution Kubas) 698, 733
Putin, Wladimir 299, 317, 744

Queipo de Llano, Gonzalo 683
Quevedo Pérez, José 217

Radek, Karl 724
Radio Álvarez 98
Radio Martí 13, 368f., 377
Radio Rebelde 214, 219, 720
Rangel, José Vicente 573, 579
Raschidow, Scharaf 299
Reagan, Ronald 12f., 280, 348, 356, 362, 368–370, 374, 384, 445, 447f., 453, 474, 516, 603, 710–712, 714, 738f.
Redford, Robert 12, 746
Reeve, Henry 160, 366
Rego Rubido, José M. 220
Regulierungsgesetz 368, 370, 372–374, 379–383, 446f., 505, 523, 525, 596, 706f., 734
Rehberg, Dennis 708
Reich, Otto 462, 474f., 479, 504, 712, 750
Remón, Pedro 701
Revolutionäre Leitung → Revolutionäres Direktorium
Revolutionäre Streitkräfte Kubas 16, 19, 217, 246, 301, 308, 351, 357, 361–363, 365, 408, 499, 595, 641, 675, 730
Revolutionäres Direktorium (Revolutionäre Leitung) 118, 272, 698, 732
Revuelta, Naty 741
Reyes, Eliseo 327, 331, 705
Reyes, Israel 705
Ribadulla, Chef der Orthodoxen Partei 122
Rice, Condoleezza 14, 750
Rincón, Lucas 576f.
Riset, Schülerin 87
Risquet, Jorge 346f.
Rivero, Raúl 489f., 492, 713
Roa García, Raúl 690
Robaina, Roberto 630, 743
Robinson, Juan Carlos 752
Roca, Blas 239f., 300, 492, 698, 714, 732
Roca, Vladimir 492f.
Rodríguez Zapatero, José Luis 538
Rodríguez, Carlos Rafael 101, 268, 273, 689, 698, 700
Rodríguez, José Luis 755
Rodríguez, Simón 153

Rolland, Romain 555, 717
Johann Christof 555
Rommel, Erwin 541
Ronda Marrero, Alejandro 407
Roosevelt, Franklin Delano 61, 92, 645, 688, 723, 725
Roque, Martha Beatriz 483
Rosenberg, Ethel und Julius 101
Rote Brigaden 416, 589, 709
Rúa, Fernando de la 18, 744
Rubinos, Jesuitenpater 78
Ruby, Jack 320
Ruz González, Antonia (Tante Fidel Catros) 52
Ruz González, Lina (Mutter Fidel Castros) 30, 41, 723, 733
Rykow, Alexei 724

Salvador, El 16, 78, 293, 326, 339, 452, 548, 741
Sampson, William 693
Sánchez (»der Koreaner«), Miguel Ángel 191, 696
Sánchez Arango, Aureliano 690
Sánchez de Lozada, Gonzalo 746
Sánchez Días, Antonio 705
Sánchez Manduley, Celia 240, 258, 664, 698, 722, 738
Sánchez Mosquera, Ángel 266, 699, 728
Sánchez, Elizardo 493
Sánchez, Germán 578f.
Sánchez, Universo 195, 200f.
Sandino, Augusto César 185, 694, 723
Santamaría Cuadrado, Abel 103, 122–124, 130, 131, 136, 138, 142, 146, 689
Santamaría Cuadrado, Haydée (Yeyé) 123, 130, 135f., 138, 182, 258, 690f.
Santana 144f.
Santísima Trinidad, Kriegsschiff 38
Santos, José Eduardo dos 360
São Paulo, Forum von 422
São Tomé und Príncipe 345, 347
Saramago, José 12, 526, 715
Sardiñas, Pater Guillermo 262
Sarría, Pedro 177–180, 201, 694
Sartre, Jean-Paul 12, 556f., 730
Sary, Ieng 647f.
Savimbi, Jonas 353, 358f.

Schah von Persien → Pahlavi, Mohammad Reza
Schewardnadse, Eduard 384, 707
Schlesinger, Arthur M. 320, 703f.
Schmeling, Max 87f., 687f.
Scholochow, Michail 260, 699
  Der stille Don 260, 699
Schweden 593, 645, 714, 735, 737, 749
Schweinebucht, Invasion in der (Girón, Playa) 13, 245, 262, 268, 276, 283–297, 299, 315, 318, 323–325, 353, 365f., 370, 372, 452, 459, 470, 490, 496, 540, 581, 590, 629, 634, 637, 645, 676, 701–703, 711, 720, 731–733, 765
Selassie, Haile, Kaiser von Äthiopien 685, 703, 737
Senat der Vereinigten Staaten von Amerika 157, 278, 385, 474, 623, 701, 750, 754
Seregni, Líber 581
Shakespeare, William 76, 643
Shannon, Thomas 750
Shriver, Maria 712
Shriver, Sargent 451
Sicherheitsrat der Vereinten Nationen 304, 557, 604f., 665, 736, 757
Sigmaringen, St. Fidelis von 70, 687
Sihanouk, Norodom 563
Sillero, Rigoberto 698
Simbabwe 345, 357f., 363, 755
Sinowjew, Grigori 724
Skorzeny, Otto 128, 691
Smith, Adam 422, 710
Soberón, Francisco 684, 753
Solana, Javier 528
Solchaga, Carlos 531
Solschenizyn, Alexander 736f.
Somoza, Anastasio 11, 404, 664, 694, 723
Sorin, Walerian 304
Soros, George 408, 421, 710
Sosa Blanco, Jesús 699
Sosa, Elpidio 130
Soto del Valle, Dalia 738
Soto, Ehemann von Antonia Ruz 52
Soumialot, Gaston 328
Sowjetunion → Union der Sozialistischen Sowjetrepubliken
Sozialdemokratische Partei Schwedens 735
Sozialistische Internationale 560
Sozialistische Jugend 124, 318
Sozialistische Volkspartei → PSP
Spanien 16, 29, 35, 38, 47f., 53, 60, 131, 151–154, 156–159, 161f., 164, 229, 256, 410f., 416, 476, 498, 527–550, 557, 659, 685, 691–693, 695, 697f., 708, 713, 715f., 723–725, 736f., 743, 748, 750, 755f.
Spanische Sozialistische Arbeiterpartei → PSOE
Spanischer Bürgerkrieg 41, 43–48, 50, 95, 127, 167, 190, 196, 229f., 263, 365, 539, 541, 631, 687, 697f., 713f., 724
Spielberg, Steven 12
Stalin, Josef 128, 197f., 423, 635, 700, 721, 724–727
Stevenson, Adlai 304
Stiglitz, Joseph E. 10, 421, 710
Stone, Oliver 12, 25, 524, 715, 747, 755
Stroessner, Alfredo 11, 727, 753
Suárez Blanco, José 174, 694
Suárez Chourio, Jesús 575
Suárez Gayol, Jesús 705
Subsahara-Afrika 434
Sucre, Antonio José de 9, 569
Südafrika, Republik 16, 287, 323, 328, 340, 345f., 348–364, 366, 603, 640, 641, 702, 706, 737, 740f.
Südkorea 349
Südwestafrikanische Volksorganistion → SWAPO
Sueton 449, 711
Sukarno 321, 704, 728
SWAPO (South West Africa People's Organization – Südwestafrikanische Volksorganistion) 361

Tamayo, Leonardo 705
Tania, Tamara Bunke Bider 334, 705
Tansania 328f., 345
Taraki, Muhammad 647
Tejero Molina, Antonio 546
Thatcher, Margaret 544, 710
Thiers, Louis-Adolphe 555
Tito, Josip Broz 12, 738
TLC (Tratado de Libre Comercio de América del Norte; NAFTA – »Freihandelsvertrag zwischen Kanada, den USA und Mexiko«) 378, 693, 707

Tolstoi, Leo N. 554
Torralba, Diocles 740
Torres, Camilo 11, 734
Torricelli-Gesetz 13, 400, 708, 741
Torrijos, Martín 17, 750
Torrijos, Omar 326, 443–445, 528, 580, 711, 750
Touré, Sékou 346
Toussaint L'Ouverture, François-Dominique 150, 692
Trotzki, Leo 197, 423
Trudeau, Michel 711
Trudeau, Pierre Elliott 450f., 454, 711, 735
Trujillo, Rafael Leónidas 11, 108f., 111, 127, 190, 231, 322, 664, 689, 724
Truman, Harry S. 725
Tschechien 498, 543, 714
Tschechoslowakei 330, 632, 688, 725, 735
Tschernenko, Konstantin 739
Tschetschenien 617f.
Tschombé, Moïse 328, 705
Tuchatschewski, Marschall 724
Türkei 300, 306, 316, 498, 547, 691–716

Ubico, Jorge 696
UdSSR → Union der Sozialistischen Sowjetrepubliken
UMAP (Unidades Militares de Ayuda a la Producción – »Militärische Einheiten für die Unterstützung der Produktion«) 246
Umweltgipfel in Rio de Janeiro (1992) 433, 435
UNEAC (Unión de Escritores y Artistas de Cuba – Nationale Union der Schriftsteller und Künstler Kubas) 437, 713, 756
UNESCO (United Nations Educational Scientific and Cultural Organization – Organisation der Vereinten Nationen für Erziehung, Wissenschaft und Kultur) 561, 726
Ungarn 498, 681, 714, 728
UNICEF (United Nations International Children's Emergency Fund – Fonds der Vereinten Nationen für internationale Kindernothilfe) 585, 716
Unidad Popular (UP) de Chile 560, 736

Union der Sozialistischen Sowjetrepubliken 11, 16, 18, 31, 88, 100, 128, 184, 197f., 231, 241, 260, 263, 270f., 299–322, 330, 344f., 354, 374, 387–400, 423f., 530f., 533f., 539, 549, 555, 633, 635, 648, 652, 678f., 688, 696, 700, 702f., 707f., 713, 717, 721, 724f., 727–731, 733–735, 737, 739f.
Unita (Unión Nacional por la Independencia Total de Angola – Nationale Union für die vollständige Unabhängigkeit Angolas) 353, 358, 363, 702
United Fruit Company 38, 115, 696
Universität für Informatikwissenschaften 392, 440, 703
Universität von El Salvador 78
UNO (Vereinten Nationen) 13, 276, 304, 314, 322, 345, 362, 433, 527, 557, 587f., 604–606, 608–611, 619, 642, 665, 677, 683f., 705, 712, 714, 719, 725f., 731, 736, 742–744, 747, 749, 751, 754f., 757, 761f.
UP → Unidad Popular
Uribe, Álvaro 751
Urrutia, Manuel 237f., 266, 627, 629, 730
Uruguay 17, 322, 581, 584, 684, 710, 714, 746, 750
USA → Vereinigte Staaten von Amerika
USAID (United States Agency for International Development –»Behörde der Vereinigten Staaten für internationale Entwicklung«) 13
Usbekistan 299, 388
Uslar Pietri, Arturo 153f., 692
 Las lanzas coloradas (Die roten Lanzen) 153, 692
Uvero, Kampf 207f., 232, 697f., 729

Valdés, Ramiro 139–141, 194f., 208, 211, 629, 701, 728, 753
Valenciaga, Carlos 23, 753, 763
Valero, Sohn 95
Valero, Telegrafist 44, 46, 95
Valladares, Armando 57, 490–492, 560, 714, 739
 Desde mi silla de ruedas (»Von meinem Rollstuhl aus«) 491
Varela, Félix 458–460
Varela-Projekt 457–460, 463–465, 712

Vargas, Getulio 727
Vásquez Velasco, Efraín 578f., 718
Vázquez, Tabaré 17, 581, 746
Velasco Alvarado, Juan 580, 718
Venezuela 11, 16–19, 30f., 102, 111, 122, 152–155, 158, 161f., 171, 187, 275, 279f., 322, 445, 451, 453, 475, 553, 563, 567, 571–584, 591, 594, 637, 690, 692f., 701f., 704, 709, 712, 714, 716, 718–720, 727, 730, 737, 740–744, 747f., 750, 752, 754f., 757
Vera, Rafael 715
Verband Kubanischer Männer 258
Vereinigte Staaten von Amerika (USA) 11–20, 59, 61f., 68, 87, 89, 101, 106, 149, 152, 156–161, 163f., 166–168, 170, 188, 221, 242, 245, 251, 259–261, 265, 269, 275–281, 283f., 287f., 290–296, 299–304, 306–311, 314–318, 320, 322–325, 339, 342, 344f., 347f., 351, 353, 356, 358f., 362, 364, 367–385, 388, 390, 399f., 409, 411f., 416, 419, 427, 431f., 436, 443–450, 452f., 456, 458–463, 465–471, 473f., 477, 479f., 482–484, 486–489, 496, 499, 503–505, 507, 510f., 514, 519, 522, 525–527, 530, 535f., 539–544, 558, 567, 570, 581, 583–585, 587–590, 595–597, 602–604, 607f., 610–614, 616f., 619, 622f., 625, 630, 635–638, 640f., 645, 648, 655, 659f., 664–667, 677, 683, 686, 688f., 692f., 695, 701–703, 705–708, 710–715, 718–720, 723–728, 730–740, 742–758
Vereinten Nationen → UNO
Versailles, Vertrag von (1919) 428
Vertrag von Tlatelolco 619
Vietnamkrieg 286f., 325, 449, 452, 487, 561, 609, 617f., 641, 645, 664, 695, 704, 736–738
Villa, Pancho 191
Villegas, Harry 705
Viñes, Jesuitenpater 78
Vitalio Acuña, Juan »Joaquín« 705
Voisin, André 389, 559, 708
 Hierba, suelo y cáncer (Boden und Pflanze. Schicksal für Tier und Mensch) 389, 708
Volksbewegung zur Befreiung Angolas → MPLA

Wałęsa, Lech 738
Welles, Benjamin Summer 61
Weltbank 422, 425, 588, 704, 710f.
Weltgesundheitsorganisation → WHO
Welthandelsorganisation → WTO
Weltkrieg, Erster 555, 665, 711
Weltkrieg, Zweiter 11, 47, 49, 63, 88, 100f., 120, 127–129, 229, 242, 314, 325, 367, 428, 449, 541f., 556, 687, 695, 697, 704, 711, 725
Weltorganisation für Meteorologie → WMO
Whitaker, Kevin 614
Whitley, Robert 708
WHO (Weltgesundheitsorganisation) 544
Wirtschafts- und Sozialrat der Vereinten Nationen 642
WMO (Weltorganisation für Meteorologie) 751
WTO (Welthandelsorganisation) 425, 433, 726, 741, 743
WWF (World Wild Fund for Nature) 754

Ydígoras Fuentes, Miguel 11
Yidi, Maure 57
Young, Brigham 21, 684

Zaire 347–351, 353, 358f.
Zentrum für Elektronische Forschung 317
Zhou Enlai 321, 704, 728

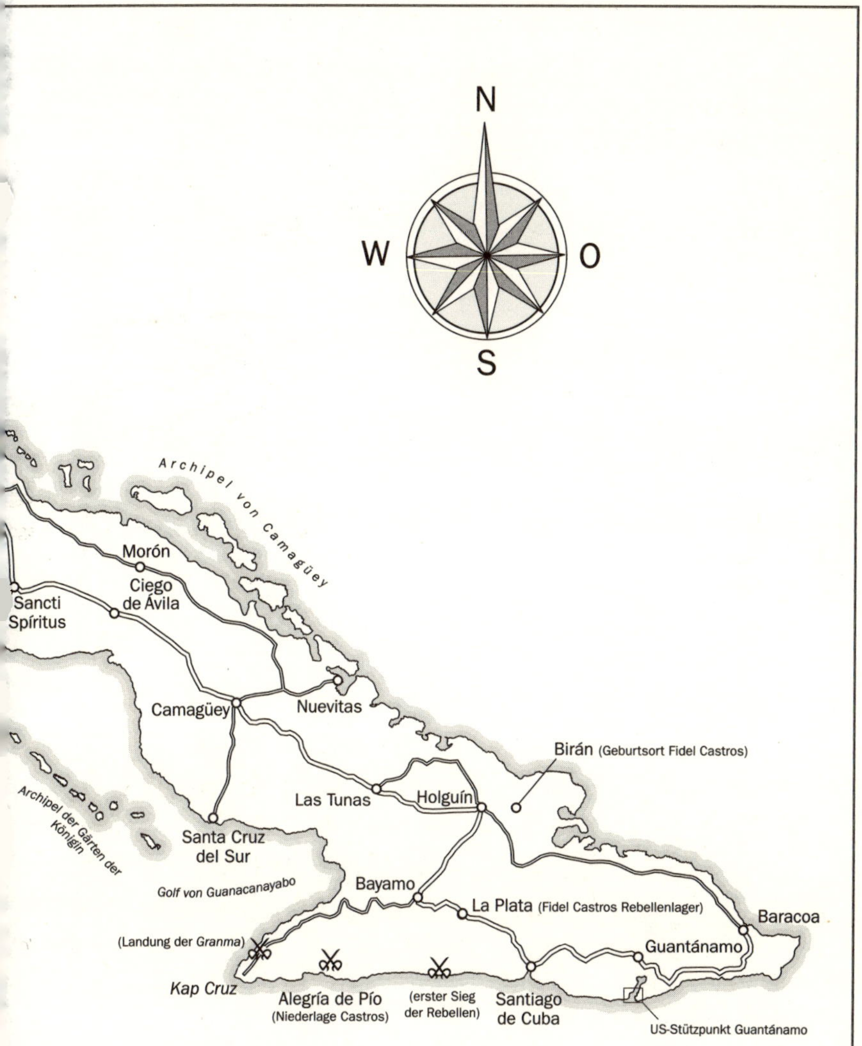
N
W
O
S
Archipel von Camagüey
Morón
Ciego de Ávila
Sancti Spíritus
Camagüey
Nuevitas
Birán (Geburtsort Fidel Castros)
Las Tunas
Holguín
Archipel der Gärten der Königin
Santa Cruz del Sur
Golf von Guanacanayabo
Bayamo
La Plata (Fidel Castros Rebellenlager)
Baracoa
(Landung der Granma)
Guantánamo
Kap Cruz
Alegría de Pío
(Niederlage Castros)
(erster Sieg der Rebellen)
Santiago de Cuba
US-Stützpunkt Guantánamo
KUBA

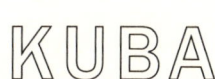